岳池农家文化志

YUECHINONGJIAWENHUAZHI

岳池县党史县志办公室　编

方志出版社
Publishing House of Local Records

岳池县行政区划图

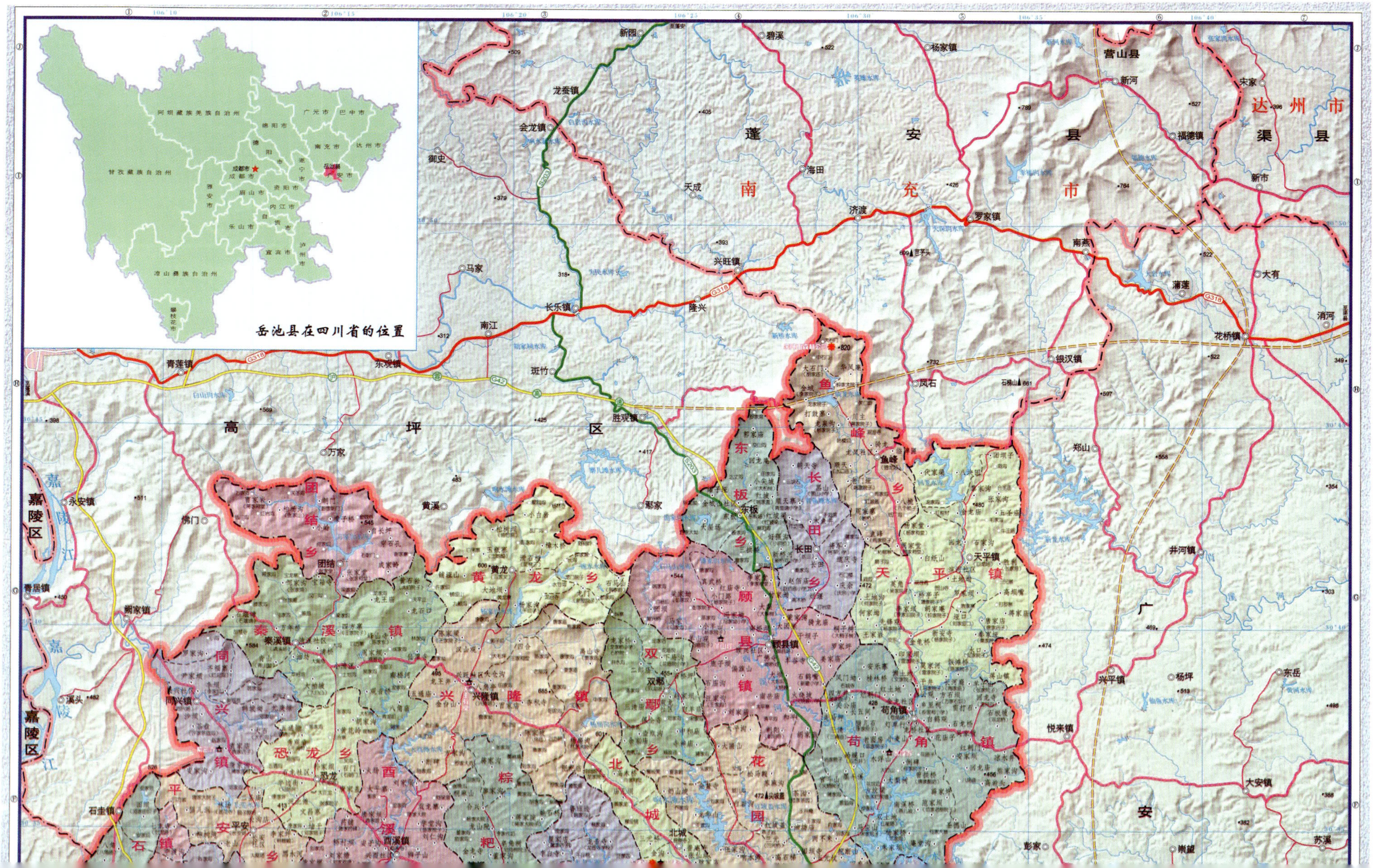

岳池县在四川省的位置
蓬
安
县
南
充
市
达州市
渠
县
营山县
高
坪
区
广
安
嘉陵区
鱼峰乡
东板乡
长田乡
天平镇
顾县镇
苟角镇
团结乡
黄龙乡
秦溪镇
双鄢乡
兴隆镇
同兴镇
恐龙乡
西溪乡
北城乡
花园镇
平安镇
石镇
罗家镇
济渡
兴旺镇
隆兴
长乐镇
南江
马家
海田
天成
龙蚕镇
会龙镇
御史
新园
碧溪
杨家镇
新河
福德镇
宋家
新市
南燕
蒲莲
大有
花桥镇
消河
银汉镇
凤石
郑山
井河镇
兴平镇
杨坪
东岳
悦来镇
大安镇
苏溪
彭家
青莲镇
东观镇
班竹
胜观镇
万家
黄溪
佛门
郑家
永安镇
青居镇
树家镇
溪头
石圭镇

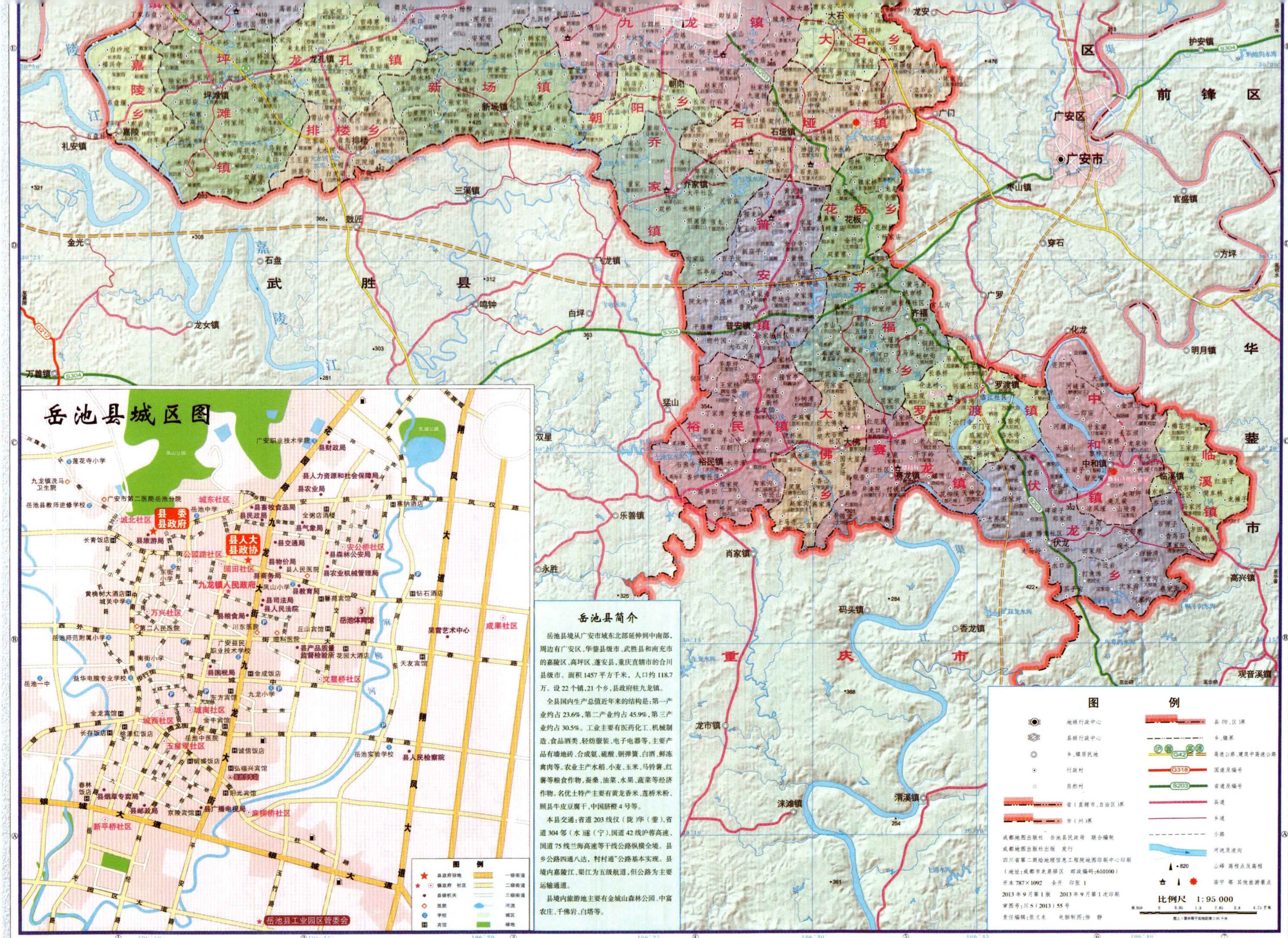

岳池县简介

岳池县境从广安市城东北部延伸到中南部，周边有广安区、华蓥县级市、武胜县和南充市的嘉陵区、高坪区、蓬安县，重庆直辖市的合川县级市。面积1457平方千米，人口约118.7万。设22个镇、21个乡，县政府驻九龙镇。

全县国内生产总值近年来的结构是：第一产业约占23.6%，第二产业约占45.9%，第三产业约占30.5%。工业主要有医药化工、机械制造、食品酒类、轻纺服装、电子电器等，主要产品有墙地砖、合成氨、硫酸、钢弹簧、白酒、鲜冻禽肉等。农业主产水稻、小麦、玉米、马铃薯、红薯等粮食作物，蚕桑、油菜、水果、蔬菜等经济作物。名优土特产主要有黄龙香米、莲桥米粉、顾县牛皮豆腐干、中国脐橙4号等。

本县交通：省道203线仪（陇）华（蓥）、省道304邻（水）遂（宁），国道42线沪蓉高速、国道75线兰海高速等干线公路纵横全境。县乡公路四通八达，村村通"公路基本实现。县境内嘉陵江、渠江为五级航道，但公路为主要运输通道。

县境内旅游地主要有金城山森林公园、中富农庄、千佛岩、白塔等。

成都地图出版社　岳池县民政局　联合编制
成都地图出版社出版　发行
四川省第二测绘地理信息工程院地图印刷中心印刷
（地址：成都市龙泉驿区　邮政编码：610100）
开本787×1092　全开　印张1
2013年9月第1版　2013年9月第1次印刷
审图号：川S（2013）55号
责任编辑：张文龙　电脑制图：徐　静

岳池县城区图

国家高速
G42
沪蓉高速
广南高速岳池管理处
花园小学
花园镇
车管所
交警大队
公安局
城市发展备用地
白庙职中
东湖学校
自生桥
消防大队
东湖桥
翰苑山公园
县职业技术学校
天骄大酒店
财政局
人社局
疾控中心
农业局
安公桥
幼儿园二分院
岳池中学
教师进修学校
县委
县政府
县人大
县政协
民政局
招商引资局
交通局
中国人民银行
发改局
县人民医院
卫生局
国土局
九龙镇
法院
风山小学
卧龙桥
北师大附中
公交首末站
长途汽车站
火车站
凤山公园
洗马滩桥
岳师附小
西门大桥
川东医院
吴管艺术中心
法院审判厅
东门大桥
南街小学
县党校
九龙小学
幼儿园第一分院
岳池一中
民生桥
状元桥
县中医院
检察院
实验学校
邮政局
公路运输管理所
文广新局
城南派出所
白塘一桥
白塘二桥
岳池经济技术开发区管理委员会
白鹤桥
白塘公园
气象局
工业发展备用地
石垭镇
岳池县城区图

民俗风情

办农家坝坝宴

吃农家坝坝席

坐歌堂

迎亲习俗世代相传

中秋赶粑会

老茶馆川剧座唱

茶语

农家堂屋神龛

喝早酒

赶集

田间劳作

砖厂劳作

交易

广场健身

名胜风景

岳池县城

岳池县城灵溪河

东湖风光

灵溪河畔

岳池翠湖

花园农家乐

顾县老茶馆

金果园农家乐

顾县古镇一隅

花园镇农家乐田园山庄

翠湖“水泊人家”休闲农家乐

大佛乡大佛山庄

城南文明塔

县城老街——北外街

金城山下象鼻河

翠湖龟山

翠湖龙华山龙华阁

凤山公园

天平镇饭滩桥

昔日安公桥

城东安公桥

传说赵云洗马处——城西洗马滩

和溪废县遗迹——古石板桥

乡村石板桥

新明废县遗迹——流杯池

九龙镇赵椿桥

中和镇渠江老码头

坪滩镇越江高低坑瀑布

岳池城北古官道

凤山公园内的古城垣

金城山古栈道

嘉陵江边万盏明灯

城北千佛寺

城北牛王庙

赛龙镇永清寨

城东灵泉寺

岳池万塔观

岳池文庙

城北观音寺

顾县聚贤宫

城南洞宾观

古寨门

戏剧曲艺

农家灯戏

农家灯戏

曲艺——连厢

曲艺——四川扬琴

曲艺——车灯

曲艺——三句半

曲艺——金钱板

曲艺——快板

曲艺——花鼓

曲艺——盘子

曲艺——清音

曲艺——荷叶

曲艺——竹琴

民间表演

稻草龙

高亭巡游

火龙

老艺人表演锣鼓技艺

被单戏

车车灯

工艺技艺

做豆腐干

酿酒

织竹席

打铁

补鞋

做木工活

补锅

刻章

滚皮蛋

打纸钱

理发

民间珍藏的木刻雕版

翔凤山石刻——“钟桃”

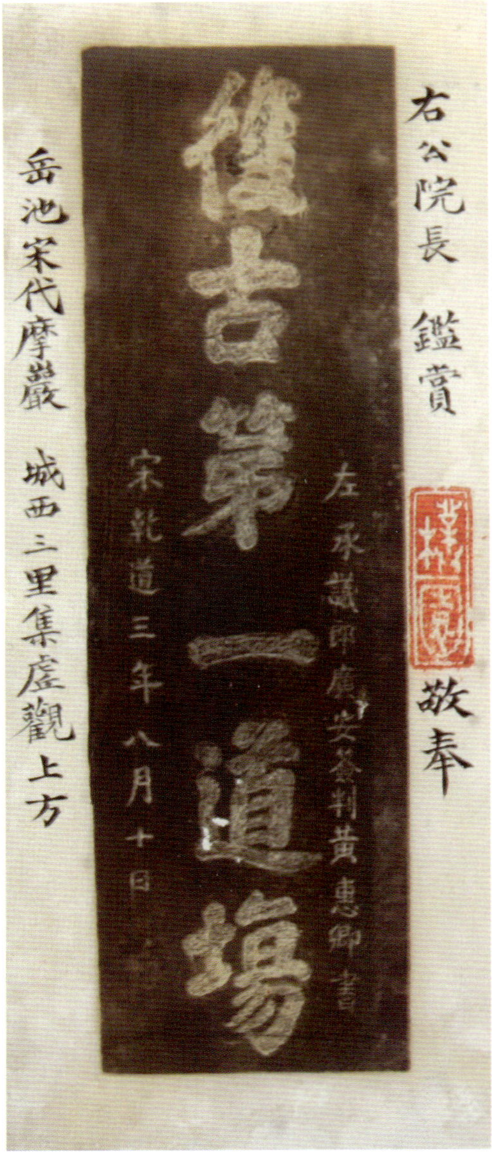

宋代石刻拓片

宋代石刻

民　居

传统民居

传统民居

农民新村

农民新村

石垭镇张口楼农民新村

美食特产

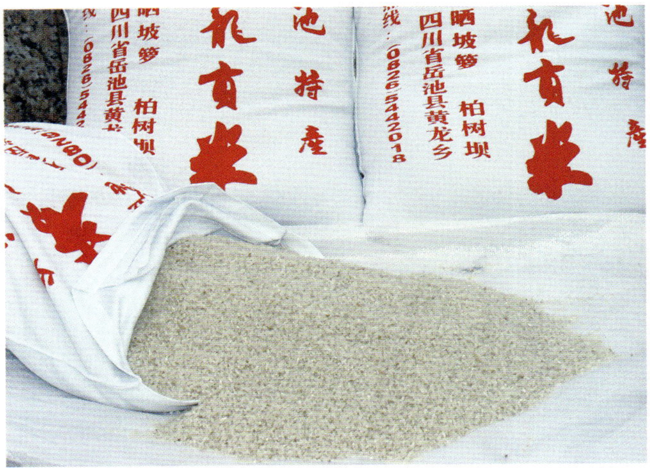

黄龙贡米

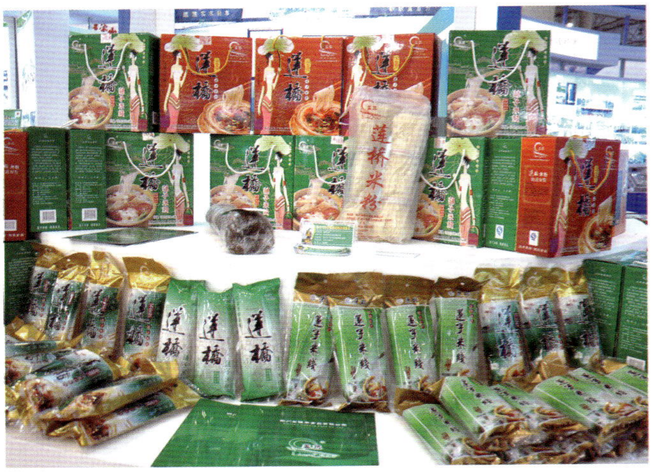

莲桥米粉

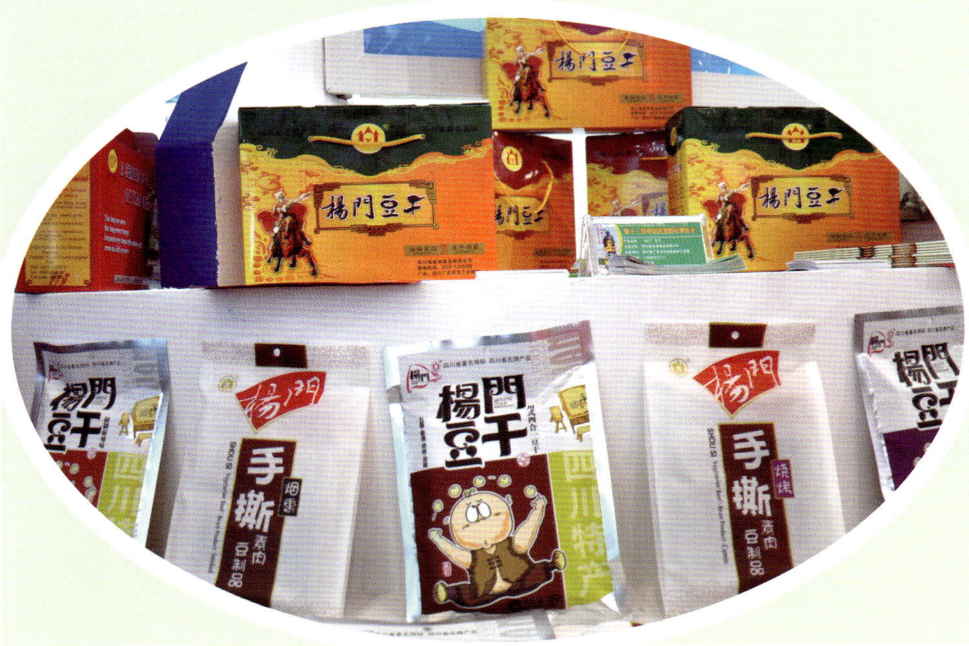

杨门豆干

西板豆豉

乔家镇三安合作社商品蔬菜

天登系列调味食品

双鄢脐橙

农家土鸡蛋

岳池特曲系列酒品

羊肉米粉

粉蒸羊肉格

羊杂汤

中和豆花

黄凉粉

五香豆腐干

牛皮豆腐干

豆腐宴

烟熏豆腐干

顾县豆腐干

家具用具农具

雕花木床

农家正堂屋陈设

八仙桌

烘笼

织布机

纺车

风车

水桶

石碾、石磨

簸箕

篇子

筛子、围席、撮箕等

连枷

条木凳、斗筐等农用具

木耙

拌桶

水车

岳池农家文化旅游节

2002 年 9 月 27 日，首届岳池·川东农家文化节开幕式暨大型文艺演出

2004 年 9 月 27 日，第二届岳池农家文化节大型文艺演出——“小平故里月更明”

2006 年 9 月 27 日，第三届岳池农家文化旅游节大型文艺演出——“农家农家乐复乐”

2009 年 9 月 27 日，第四届岳池农家文化旅游节大型文艺演出——“盛世农家乐”

2011 年 9 月 7 日，第五届岳池农家文化旅游节大型文艺演出——曲艺风情剧《岳池农家》

2011 年 9 月，第五届岳池农家文化旅游节期间举办的“喜乐农家”曲艺广场展演和曲艺坝坝舞

农家文化重要活动

1988 年 5 月，岳池灯戏晋京演出。时任全国人大常委会副委员长廖汉生、文化部副部长吴雪接见岳池晋京演出演员

2011 年 9 月，第五届岳池农家文化旅游节期间，中国曲协主席、著名评书表演艺术家刘兰芳在岳池曲艺展演现场登台即兴表演

2008 年 1 月，中国曲艺家协会副主席、著名相声表演艺术家姜昆为岳池和溪曲苑题字

2009 年 9 月，川渝谐剧人才培训班在岳池举行，姜昆出席并为培训班授课

2011 年 9 月 27 日，中国曲协主席刘兰芳、中共岳池县委书记李永平在第五届岳池农家文化旅游节开幕式上

2011 年 9 月 27 日，中国曲协分党组副书记刁惠香在第五届岳池农家文化旅游节开幕式上为全国青少年曲艺培训基地授牌。岳池县人民政府县长汤才勇接受授牌

2011 年 9 月，岳池杯首届“中国曲艺之乡曲艺大赛”在岳池吴雪艺术中心举行

2011 年 9 月，“中国曲艺之乡 · 岳池论坛”在岳池花园酒店举行

2011 年 9 月，“中国曲艺之乡建设委员会”在岳池成立。图为当选的全体委员合影

2010 年 8 月 7 日，第四届全国少儿曲艺大赛在北京举行，原全国人大常委会副委员长顾秀莲接见岳池参赛小演员并与之合影

2010 年 8 月 7 日，中央电视台著名节目主持人鞠萍与参加第四届全国少儿曲艺大赛的岳池小演员合影

获第四届全国少儿曲艺大赛二等奖的《曲乡娃娃爱曲艺》剧照

获第四届全国少儿曲艺大赛三等奖的《山里娃娃进城来》剧照

2007 年 8 月，岳池县选送的谐剧《广安小幺妹》荣获第二届全国少儿曲艺大赛三等奖

2012 年 8 月，岳池县选送的四川荷叶《学校来了北大生》获第五届全国少儿曲艺大赛二等奖

2004 年 9 月 28 日，岳池制作获得吉尼斯纪录认证的“千斤大糍粑”

1996 年 7 月，美国俄亥俄州立大学教授包筠雅博士到县考察木雕制版印刷术

农家文化设施

《岳池农家赋》墙

和溪曲苑

吴雪剧院

吴雪艺术中心

“中国曲艺之乡”牌坊

“农家文化主题公园”标志

农家文化诗词墙

农家文化成果

“岳池农家文化旅游节——中国·四川十大名节”牌匾

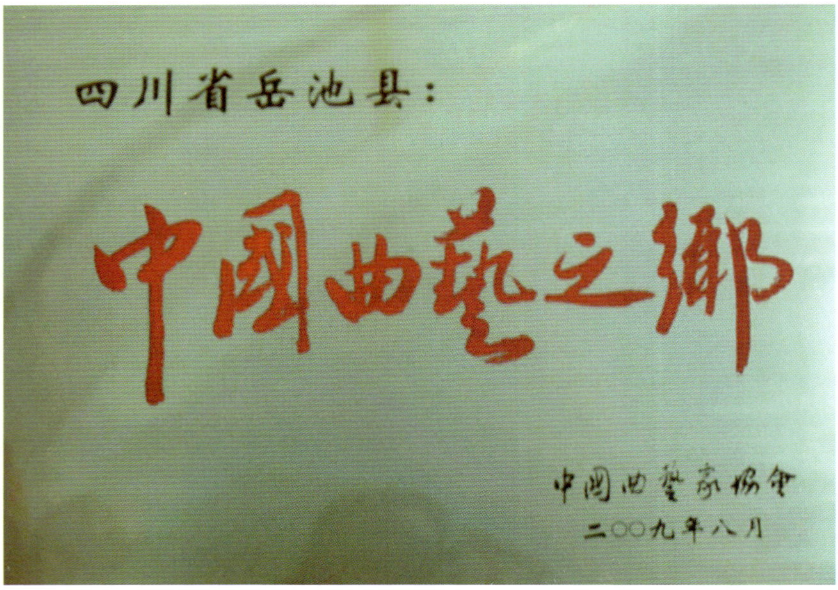

“中国曲艺之乡”牌匾

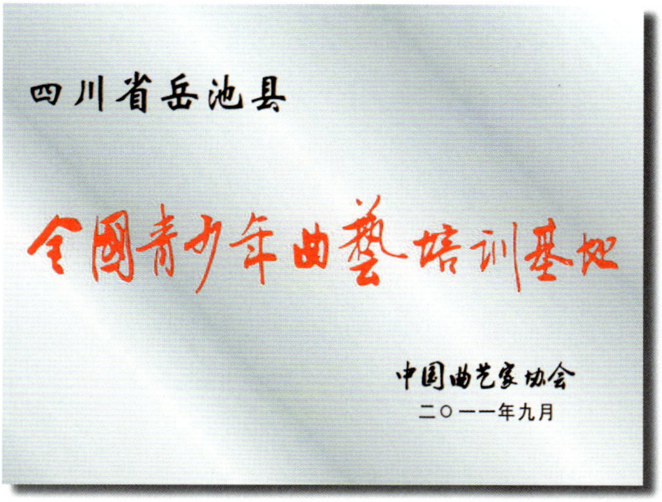
四川省岳池县
全国青少年曲藝培训基地
中国曲艺家协会
二○一一年九月

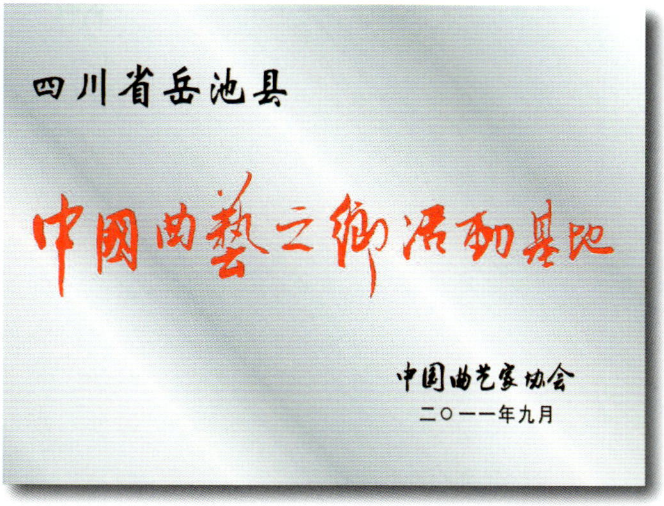
四川省岳池县
中国曲藝之乡活动基地
中国曲艺家协会
二○一一年九月

四川省岳池县
四川省曲藝创作基地
四川省曲艺家协会
二○一一年九月

四川省岳池县
四川省少儿曲藝活动基地
四川省曲艺家协会
二○一一年九月

岳池县园田社区:
四川省曲藝社区
四川省曲艺家协会
二○一一年元月

岳池县凤山小学:
四川省曲藝学校
四川省曲艺家协会
二○一一年元月

编纂活动

2012 年 2 月，岳池县史志办在县城花园酒店主持召开《岳池农家文化志》提纲编制座谈会

《岳池农家文化志》部分编纂人员合影。

前排左至右：周杰、杨顺光、刘明富、邓庆贵、田华；后排左至右：李辉、蒋芝全、蔡勤忠、戴苏岳

《岳池农家文化志》编纂委员会

顾　　问	李永平	郑鹏程	张永辉	曾邦才
	雷允树			
主　　任	汤才勇			
副 主 任	李国生	欧　彦	陈　莉	黄　褐
	李桂新	任世金	冯　维	
委　　员	莫如他	余　君	唐强云	邵建平
	刘明富	吴　焱	陈群芳	陈德舜

《岳池农家文化志》编辑部

主　　编　刘明富

执行主编　戴苏岳

副 主 编　田　华　　蒋芝全　　蔡勤忠

编　　辑　杨顺光　　邓庆贵　　周　杰　　金青禾

编　　务　袁晓霞　　李　辉

图片来源　县委宣传部、县文联、县史志办等

《岳池农家文化志》特约审稿

何　斌　　钟再原　　谯小松　　李有毅　　龙祥云

序

《岳池农家文化志》的编修，是岳池县实施文化立县战略、打造文化软实力工程的一项重要工作。县党史县志办公室组织力量，经过近三年的努力，《岳池农家文化志》终于定稿并即将付梓出版了。我们对此表示热烈的祝贺！

岳池农家文化历史悠久，底蕴深厚。南宋爱国诗人陆游旅居岳池，为岳池旖旎的田园风光所吸引，为和美、富庶的农家生活所打动，挥笔成就千古名篇《岳池农家》，“农家农家乐复乐”道出了岳池农家文化的独特魅力。《岳池农家》从此成为农家文化的一张名片。

岳池农家文化历经千余年的积累、扬弃和演变，特色独具，且散发出浓郁的乡土气息，饱含着岳池农家人勤劳朴实的高尚品质，体现出热情豪放、昂扬奋进的精神风貌。

岳池富庶的农家生活，为农家文化的发展奠定了坚实的物质基础。岳池地傍华蓥山西麓，位渠江与嘉陵江之间的三角台地上，因盛产优质大米而有“银岳池”之美誉。岳池农家风俗民风浓郁，内涵丰富；岳池地方戏剧曲艺，享誉盛名，独树一帜；岳池农家人雕刻、制造、文学、音乐等民间工艺、艺术，兼收并蓄，特色鲜明。

岳池具有旖旎多彩的农家文化。古往今来，岳池人在创造生活、美化生活的同时，创造了许许多多优美动人的民间文艺和名特产品，形成了衣食住行、婚丧嫁娶、人际交往等民风民俗。这些民风民俗，其内容所表现出的伦理道德、行为规范以及人们的喜、怒、哀、乐等多种行为和心理意识，培育了岳池农家人淳朴、善良、勤劳、豪放的性格品质，更铸就了岳池人与时俱进、开拓进取的精神品格和形象的文化形态。

岳池农家文化，是岳池人民创造和珍藏的一笔宝贵的文化财富，是岳池人民坚守的美好精神家园。为更好的挖掘、整理、保护、传承和发展地方特色鲜明的岳池农家文化，多年来，县委、县政府以举办“岳池农家文化旅游节”为载体，致力打造、弘扬岳池农家文化，并将其作为提升岳池文化软实力的重要抓手。通过近十年来的整理、总结和宣传，经过五届“农家文化旅游节”节会活动的历程，较为系统地宣传和弘扬了岳池农家文化，“农家乐之源”“中国曲艺之乡”“中国·四川十大名节”等一系列文化建设重大成果誉满岳池，并走出四川、走向全国，岳池农家文化已经成为岳池文化软实力的重要象征。

发展社会主义先进文化、弘扬具有民族特点和独具地方特色传统文化，是我们当前实施文化强县战略的重要工程。不断发掘、整理和弘扬岳池农家文化更是我们当前和今后文化建设的必要工作。建设农家文化名县，形成农家文化影响力，发展农家文化产业，拓展“中国曲艺之乡”建设活动，办好“中国·四川十大名节”等一系列文化建设活动及其取得的成就，将不断提升岳池对外形象和进一步促进岳池经济社会的发展。

我们相信：“看遍人间好景色，最美还是岳池农家！”一定会成为宣传岳池、发展岳池更加响亮的文化名片！

中共岳池县委书记　李永平

岳池县人民政府县长　汤才勇

二〇一四年六月

凡　　例

一、本志坚持以中国特色社会主义理论和科学发展观为指导，以党关于文化建设、发展、繁荣的若干路线、方针和政策为准绳，本着“存史、教化、传承”的宗旨，全面、客观地记载岳池农家文化的发展、演变的情况，为岳池文化建设和经济社会发展服务。

二、本志的时间断限为岳池县建置以来到2012年岳池农家文化的发展、演变的情况。个别事件因内容需要可适当上溯和下延。

三、本志系专业志，由卷首、概述、大事记、专志、附录、后记组成。卷首含地图、照片、编纂机构名单、序、凡例、目录；概述、大事记、附录、后记不入篇的序列；专志按岳池农家文化内涵分类，设篇、章、节、目四个层次，篇、章、节横分类别，节、目以下纵述史实。

四、本志体裁采用述、记、志、传、图、表、录，以志为主，辅以表和照片。文体为语体文记述体，寓观点于记事之中，均采用第三人称表述。内容力求准确、朴实、简洁、流畅、合乎语法，语言文字、标点符号、数字等的使用一律以国家语言文字工作委员会等七单位所规范标准为准，某些名词术语首次用全称，括注后用简称。方言土语注释音义。

五、本志历史纪年、民国年号用全称，并括注对应的公元纪年，或直接用公元纪年。中华人民共和国成立后一律用公元纪年。

六、本志坚持详今略古、详近略远原则。文化现象是在长期的生产生活中逐步形成，不能准确界定发生发展的具体时间，采用“明末清初”“民国时期”“20世纪50年代”“20世纪80年代”等时间概念予以表述。全志近现代农家文化现象记述较详细，“岳池农家文化旅游节”设专篇记叙。

七、本志志稿以记载农家文化为主体，主要记述岳池农家特有的文化现象，志稿收录相关体现农家文化的戏曲、歌谱、诗词作品和故事、民谣、谚语等。

八、本志不同篇目所涉相同或相关内容，根据志书内容需要均应载入者，采取某一篇目详记，其他篇目略记方法处理。如“石雕”“石刻”，在“农家工艺”篇中详记，在“古迹”篇中略记；“知名艺人”在“戏剧”“曲艺”篇中略记，在“人物”篇中详细介绍。

九、人物采用传、简介两种表述形式，坚持“生不立传”原则，主要收录岳池境内与农家文化相关的文学家、艺术家和从民间生长、为民众服务的普通的老艺人等。传记按卒年先后排列，简介按生年先后排列。在世人物的突出事迹以事系人载入相关专志。

十、本志专设艺文篇，主要设有“历代名人咏岳池”“现代骈文”“散文”“民间歌谣”“戏曲作品”“小说”等，凸显岳池农家文化内涵。

十一、附录主要辑存“农家文化论坛”“中国曲艺之乡·岳池论坛”关于岳池农家文化和曲艺之乡建设的相关论文以及文化建设与成果的相关文件。

目 录

概 述 …… 1
大事记 …… 5

第一篇 岳池农家

第一章 建置沿革 …… 26
第一节 置 县 …… 26
第二节 治(驻)地 …… 26
第三节 境 域 …… 27
第二章 农家居民 …… 27
第一节 早期岳池农家人 …… 27
第二节 宋元以后的岳池农家人 …… 28
第三章 《岳池农家》与农家文化 …… 32
第一节 陆游与岳池农家 …… 32
第二节 农家文化的发展 …… 33

第二篇 农家习俗

第一章 农事与农谚 …… 38
第一节 农事活动 …… 38

第二节　农事机具 …… 41

第三节　农事习俗与农谚 …… 42

第二章　农居风俗 …… 45

第一节　农家房舍 …… 45

第二节　场镇建筑 …… 47

第三节　农家建房习俗 …… 47

第三章　生活习俗 …… 55

第一节　饮　食 …… 55

第二节　服　饰 …… 60

第三节　家常用品 …… 62

第四节　娱　乐 …… 63

第五节　做　生 …… 65

第六节　交易习俗 …… 67

第四章　节庆习俗 …… 71

第一节　传统节庆 …… 71

第二节　法定节庆 …… 77

第五章　礼仪习俗 …… 78

第一节　婚姻习俗 …… 78

第二节　生育习俗 …… 93

第三节　悼念仪礼 …… 98

第四节　安葬仪礼 …… 106

第六章　信仰习俗 …… 113

第一节　宗教信仰 …… 113

第二节　家族祭祀 …… 123

第三节　禁忌　祈福求吉 …… 125

第七章　会社　社交习俗 …… 127

第一节　会　社 …… 127

第二节　会道门 …… 131

第三节　行　会 …… 133

第四节　社　交 …… 136

第八章 宗族 家庭 …… 139
第一节 宗 族 …… 139
第二节 家 庭 …… 140
第三节 宗祠 家庙 …… 140
第四节 族规 家训 家法 …… 141
第九章 方 言 …… 141
第一节 词 汇 …… 141
第二节 语 法 …… 143
第十章 农家风尚风貌 …… 144
第一节 思想观念变革 …… 144
第二节 农家新风尚 …… 145
第三节 农家新风貌 …… 152

第三篇 农家戏剧

第一章 川 剧 …… 158
第一节 川剧的传入与发展 …… 158
第二节 声 腔 …… 159
第三节 音 乐 …… 161
第四节 表 演 …… 165
第五节 舞台美术 …… 168
第六节 剧 社 …… 169
第七节 剧 目 …… 174
第八节 知名艺人 …… 176
第二章 灯 戏 …… 177
第一节 灯戏的形成与特点 …… 177
第二节 灯戏的发展 …… 177
第三节 剧 目 …… 178
第三章 话剧 小品 …… 183

第一节　话　剧 …… 183
第二节　小　品 …… 185
第四章　曲　剧 …… 186
第一节　曲剧的兴起 …… 186
第二节　曲剧音乐 …… 186
第三节　剧　目 …… 187

第四篇　农家曲艺

第一章　中国曲艺之乡 …… 190
第一节　岳池曲艺的形成和发展 …… 190
第二节　“中国曲艺之乡”的创建 …… 191
第三节　曲艺之乡拓展活动 …… 192
第二章　曲　种 …… 193
第一节　扬　琴 …… 193
第二节　竹　琴 …… 194
第三节　清　音 …… 196
第四节　方言相声 …… 197
第五节　评书　新故事 …… 197
第六节　金钱板　荷叶 …… 198
第七节　谐剧　方言诗朗诵 …… 200
第八节　车灯　连厢　盘子　花鼓　弹唱 …… 201
第九节　快板　莲花落　三句半 …… 203
第三章　曲　目 …… 204
第一节　传统及学习曲目 …… 204
第二节　自编曲目 …… 205
第四章　曲艺团体 …… 206
第一节　曲艺协会 …… 206
第二节　专业曲艺团队 …… 209

第三节 民间曲艺团队 …… 209
第五章 活动场所及知名艺人 …… 210
第一节 活动场所 …… 210
第二节 知名艺人 …… 211

第五篇 民间表演艺术 电影

第一章 杂技 武术 …… 214
第一节 杂 技 …… 214
第二节 武 术 …… 216
第二章 木偶 皮影 …… 219
第一节 木 偶 …… 219
第二节 被单戏 …… 221
第三节 皮 影 …… 222
第三章 巡游表演 …… 223
第一节 狮 舞 …… 223
第二节 龙 舞 …… 223
第三节 高 亭 …… 224
第四节 高 跷 …… 225
第五节 腰鼓 军鼓 …… 225
第六节 秧歌舞 扇舞 …… 225
第七节 彩灯 车车灯 …… 226
第四章 民间乐器 …… 226
第一节 吹奏乐 …… 226
第二节 耍锣鼓 …… 233
第五章 电 影 …… 240
第一节 电影事业的发展 …… 240
第二节 电影院队 …… 242

第六篇　农家文学

第一章　文学创作 …… 244
第一节　小说　散文创作 …… 244
第二节　戏剧　曲艺创作 …… 246
第三节　诗歌创作 …… 249
第二章　农家故事 …… 260
第一节　神　话 …… 260
第二节　传　说 …… 264
第三节　故　事 …… 275
第四节　寓　言 …… 288
第五节　笑　话 …… 293
第六节　其他传说故事 …… 302
第三章　农家歌谣 …… 305
第一节　情　歌 …… 305
第二节　劳动歌谣 …… 311
第三节　生活歌 …… 318
第四节　仪式歌 …… 324
第五节　时政歌 …… 331
第六节　儿　歌 …… 335
第四章　谚语　歇后语　俗话　顺口溜 …… 338
第一节　谚　语 …… 338
第二节　歇后语 …… 346
第三节　俗　话 …… 350
第四节　顺口溜 …… 353

第七篇 农家工艺

第一章 雕 刻 …… 358

第一节 石 雕 …… 358

第二节 木 刻 …… 364

第二章 编织 刺绣 …… 366

第一节 编 织 …… 366

第二节 刺 绣 …… 372

第三章 纸 业 …… 373

第一节 造 纸 …… 373

第二节 纸 扎 …… 375

第四章 制造 漂染 …… 375

第一节 制 笔 …… 375

第二节 器 具 …… 377

第三节 漂 染 …… 381

第八篇 文物 古迹 名胜

第一章 文 物 …… 386

第一节 地面文物 …… 386

第二节 馆藏文物 …… 388

第三节 近现代纪念建筑及纪念地 …… 390

第二章 古 迹 …… 391

第一节 建 筑 …… 391

第二节 庙 宇 …… 395

第三节 桥 梁 …… 399

第四节 碑 墓 …… 401

第五节 古 坟 …… 401
第六节 石 刻 …… 403
第七节 故城遗址 古镇 …… 404
第三章 风景名胜 …… 407
第一节 昔日十景 …… 407
第二节 山水名胜 …… 410
第三节 文化景观 …… 411

第九篇 岳池农家文化旅游节

第一章 节会活动 …… 416
第一节 “节会”活动的确定 …… 416
第二节 “节会”活动的历程 …… 416
第三节 “节会”品牌的形成 …… 416
第二章 文化活动 …… 417
第一节 主题文艺展演 …… 417
第二节 灯 会 …… 419
第三节 焰火晚会 …… 420
第四节 赛诗会暨诗书画展 …… 420
第五节 民间艺术表演 …… 422
第六节 农家文化与曲艺论坛 …… 423
第七节 “十大名节”授牌与中国曲协“曲艺之乡”建设活动 …… 424
第八节 岳池民风民俗展示 …… 425
第三章 文化设施建设 …… 426
第一节 文化场馆建设 …… 426
第二节 农家文化景观建设 …… 427
第三节 农家风情园建设 …… 429

第十篇 农家人物

第一章 人物传 …… 432

蒲 信 …… 432

游 似 …… 432

石天柱 …… 432

冯 驯 …… 433

朱炳江 …… 433

余丹廷 …… 434

覃巨武 …… 435

吴镜川 …… 435

王兴孝 …… 436

何 珞 …… 436

陈云门 …… 437

陈树棠 …… 437

李善清 …… 438

毛畅熙 …… 438

秦运甲 …… 439

邓九雷 …… 439

何宗明 …… 440

杜桴生 …… 440

李昌达 …… 441

何灵雅、田信川 …… 441

杨复生 …… 442

蒋殿梅 …… 442

陈明善 …… 443

罗济民 …… 443

罗玉君 …… 444

朱云辉 …… 444
周家洛 …… 444
陈伯村 …… 445
王向明 …… 446
蒋廷藩 …… 446
周慕白 …… 447
周西卜 …… 447
吴　雪 …… 448
杜泳樵 …… 448
杨仁恺 …… 449
刘　旷 …… 449
第二章　人物简介 …… 450
郭宗勋 …… 450
黄天琦 …… 450
邹志诚 …… 451

第十一篇　艺　文

第一章　历代名人咏岳池 …… 454
第二章　现代骈文 …… 477
岳池农家赋 …… 477
翔凤山赋 …… 478
岳池东湖赋 …… 479
翠湖赋 …… 479
千佛崖记 …… 480
牛王庙赋 …… 480
第三章　散　文 …… 481
四川农家乐的岳池孤本 …… 481
秀美的川东西子湖 …… 484

最打动我心灵的一句话："岳池的，有没得?" …… 485
岳池大牌坊 …… 486
第四章 歌 曲 …… 488
第五章 戏 曲 …… 531
第六章 小 说 …… 582
打工仔还乡 …… 582
《金剪之恋》 …… 598

附 录

一、农家文化论坛 …… 600
岳池农家与稻香文化 …… 600
农耕文明的赞歌 …… 603
我与岳池农家文化 …… 607
"岳池农家文化"解读 …… 609
岳池农家文化概念初探 …… 613
二、"中国曲艺之乡·岳池论坛"文章选载 …… 617
共谋新举，繁荣发展基层曲艺事业 …… 617
打造曲艺品牌 服务基层群众 …… 618
总结岳池曲艺经验 推动曲艺事业繁荣发展 …… 622
在《关于创建中国曲艺之乡的理论思考》中关于中国曲艺之乡—岳池的论述 …… 623
从岳池开始：中国曲艺之乡的全新视界 …… 625
三、文史考辨 …… 629
陆游在广安考 …… 629
四、文 存 …… 638
后 记 …… 644

概　述

岳池位于四川省广安市的西北部，嘉陵江与渠江交汇的三角台地，地势由北向南倾斜，地貌以中丘为主，境内海拔一般在250～400米，气候温和，四季分明，土质肥沃。北拥金城山森林公园，南依雄伟壮丽的华蓥山。境内交通便捷，陆路、水路四通八达。公路干线有沪（上海）蓉（成都）高速公路、兰（兰州）海（海口）高速公路、广（安）岳（池）快速通道、广（安）南（充）高等级路、岳（池）武（胜）路、仪（陇）北（碚）路，实现乡镇通油路、村村通公路。兰（州）渝（重庆）铁路穿县境而过。水运大通道嘉陵江、渠江流经县境。岳池紧邻重庆，地处川渝经济示范区，川渝地利兼得。

2012年，岳池县面积1479平方公里，耕地面积4.82万公顷。辖21个乡，22个镇，1个景区管理委员会，827个村民委员会，6217个村民小组，49个社区居民委员会，200个居民小组。总人口118.73万人。

岳池农家历史悠久，湖广等多地移民和谐融合，农耕文化兼收并蓄、特色独具。岳池唐朝万岁通天二年（697年）置县，因境内有“岳池水”而得名。1300多年以来，岳池农家人在这片土地上用他们的聪明才智和辛勤汗水换来丰厚的物质财富和经济的繁荣的同时，也创造了底蕴深厚、特色鲜明的岳池农家文化。800多年前，南宋爱国诗人陆游途经岳池作《岳池农家》，对岳池农家文化作出诗意表达。岳池农家文化成为当代岳池的一张文化品牌，一种地域资源。这种品牌和资源给巴蜀文化增添了鲜活、靓丽的色彩。岳池成为闻名遐迩的农家文化名县。

岳池农家文化有着自己独特的文化内涵和特征。其一，农家文化来自乡村，植根于乡土，是岳池农家人的方言和母语，具有文化的源头和根基的特点。其二，历史悠久，地域广泛。这种地域文化积淀深厚，它沿袭嘉陵江、渠江流域土著巴人等民族的文化传统，虽经历史的变革和居民的迁徙，但以川东文化为主要内容的民风民俗民情没有改变。其三，具有包容性和多元化特点。南宋末年及明末清初时，由于连年战乱，当地人口减少，陕西、甘肃、湖南、湖北、江西、福建、广东等十多个省的居民大批迁入。抗日战争时期外省人口的内迁，部分迁入岳池。1950年1月，岳池新生人民政权的建立，大批南下的军政人员到岳池任职。20世纪60～70年代“三线”建设中，外省厂矿和大批人员进入岳池定居。这些事件，改变了岳池历史和社会状况，同时改变了岳池社会成员的结构，对岳池政治、经济、文化以及民风民俗产生巨大影响。由此形成岳池文化的多元性和包容性。其四，具有广泛性和群众性的特点。自古以来，岳池处于自给自足、衣食无忧的环境之中，民风民俗纯朴，文化内涵丰富，群众参与广泛，它既包括了吃穿住行，又包括了婚丧嫁娶、生辰寿庆等诸类活动内容。由传统饮食文化、传统农耕文化、民居建筑、传统民间艺术、传统人文信仰、传统节日习俗和传统礼仪等组成多彩的岳池农家文化。

岳池农家习俗，是岳池农家人长期生产生活的文化积淀，既保持传统风俗习惯，又与时俱进，推陈出新。

农事遵时节。岳池农家的先民在这片土地上辛勤耕作，春种，夏耕，秋收，冬藏。在特定的季节从事特定的生产活动，从而形成许多农耕习俗，并以此指导安排农业生产而不误农时。稻米和蚕丝像银子一样雪白，银子一样鲜亮，因而，岳池便有“银岳池”之美誉。岳池农作物种植，基本上分为大春作物和小春作物种植两大类。大春作物有水稻、红薯、玉米、高粱、黄豆、绿豆、花生、芝麻等，以水稻、红薯、玉米为主；小春作物有小麦、油菜、胡豆、豌豆、大麦、荞麦等，以小麦、油菜、胡豆、碗豆为主；各类蔬菜瓜果一般分春秋二季种植。猪、牛、家蚕、水产等养殖在农家经济中占有重要地位，农家对其饲养极为讲究，从选种到饲养各个环节具有一套完善的经验和独特习俗。开秧门、封秧门、唱薅秧歌、尝新、农谚等农耕习俗凝聚升华成一种岳池农家独特的农耕文化景观。

岳池农家的传统居所是土墙房和木石结构的瓦房。修造讲究风水，依山临水而居；以姓氏相对集中聚居。现代农家民居，依地形而建的民宅庭院，翠竹掩映，清幽舒适，冬暖夏凉。择基、奠基、立梁、封顶、扫庭院等浓厚的农家建房习俗寄托着岳池农家人对未来美好生活的憧憬与向往。

岳池农家传统餐饮文化等生活习俗内涵丰富，美食、特产众多。岳池农家人继承原居住地湘江流域、洞庭湖区的湘菜制作以及“南食”三大支柱苏菜、浙菜、徽菜的制作，并将南北地方菜系的精华融入当地菜，发扬光大发祥于巴、蜀大地的川菜厨艺，致使岳池菜具有多样化的“百菜百味”特点。岳池农家菜凉、热、炒、炖、蒸、烩俱全；麻、辣、甜、酸、咸、淡各味皆有；软、硬、油腻、清淡不同。主菜为8个，俗称“八大碗”，是岳池农家宴席的传统菜肴。岳池饮食文化中，岳池米粉、黄龙贡米享誉全国；顾县牛皮豆干、西板豆鼓和中和豆花、中和香醋历史悠久。岳池酿酒业和农家酒文化历史源远流长，岳池特曲多次获金奖，荣登“中华文化名酒”之列。岳池茶馆遍布城乡，娱乐休闲、品茗听戏、讲评书，是茶文化的一道道亮点。

岳池农家传统的婚庆习俗的主要形式是婚礼的“六礼”，即纳采、问名、纳吉、纳征、请期、迎亲。古代的祭祀“神媒”曲折地表达人们对她寄予“联婚姻、通行媒”的美好愿望。媒人成为体现家长意志的代理人。岳池农家人在婚礼习俗上，不同的历史时期存在着很大的差别。虽然时代在发展变化，然而，婚礼是人生中第一重要的仪式这一点与古代一脉相承。

丧葬礼俗是岳池农家传统礼仪中对后世影响最大的礼仪之一，以葬式、丧礼、丧制的形式肩负着对儒家孝道的宣扬。岳池农家人承袭古代汉民族的一系列丧葬仪礼，包括在程序上有小殓、大殓、报丧、殓殡、发引、送葬、祭七、守灵等；丧礼器具有丧葬物、哭丧棒、丧盆、招魂幡、纸钱、纸马、供花等；在丧式上实行土葬。岳池农家祝寿、拜年、贺喜等其他传统习俗在传承过程中，经过继承、补充、完善而不断传承弘扬。

节日起源于农耕民族的生产、生活需要。岳池农家人根据一年四季自然气候变化与农事活动，确定传统的节日，春季祈生殖、夏季驱疫虫、秋季庆丰收、冬季慎储备。从古代的踏青、赶庙会，到跑端午、中秋拜月、重阳登高，到当代旅游业的兴起，都显现了岳池的地方文化新特色。

岳池农家对鬼神信仰，逐步演化为传统庙会。自唐代置县以来，岳池便有了祭祀孔子的文庙，祭祀关帝的武庙，祭祀除水害的战国蜀郡太守李冰的川主庙。盛大庙会如祭祀药王孙思邈的药王会，祭祀佛教东来的观世音菩萨的观音会，祭祀地狱治鬼之神的城隍庙会等等。这些庙会均有固定的会期，文庙会在孔子生日，即每年农历八月二十七日；观音会，每年农历二月十九日、六月十九日、九月十九日；城隍庙会，每年农历五月二十七日。庙会期间，善男信女，络绎不绝，异常热闹。文化活动广泛开展，商贾云集，商贸十分活跃。岳池农家人在庙会上品味传统文化大餐，享用美食，挑选日常生活用品。庙会在相当长时期内成为岳池农家人文化生活与商品交流的重要场所。其他会社、社交活动已成为岳池农家文化不可分割的组成部分。

岳池传统民间艺术源远流长。岳池农家人兼收并蓄，从古巴文化、中原文化、江浙文化和湖广文化艺术中吸取精华，形成具有地方特色的民间艺术——岳池农家文化艺术。这包括民间文学、戏剧、曲艺、音乐、舞蹈、绘画、纸工、雕塑等等。这些文化艺术既体现传统文化的特色，又表现了自身的创造力，传承和发展了巴蜀文化。著名戏剧艺术家吴雪自幼受故乡岳池“泰鸿班”的影响和艺术熏陶，创作方言话剧经典《抓壮丁》。岳池农家文化孕育了著名文学翻译家罗玉君、著名书画鉴赏家杨仁恺、著名音乐家周家洛、舞台美术设计师蒋廷藩、版画家刘旷、绘画大师杜咏樵等岳池籍文化名人。

以川戏为主要形式的农家戏剧至清末传入岳池以来，岳池农家人在生产闲暇之余，听川剧坐唱、看灯戏，已逐渐建成为岳池农家人的重要生活内容。川剧、曲剧、灯戏等艺术形式也不断丰富发展，泰鸿班、晓字科班、三三剧社等川剧班社，余丹廷、邓九雷、王兴孝等知名艺人驰名川东北。20 世纪 80 年代，岳池农家灯戏唱进了中南海。

农家曲艺艺术独具魅力，曲艺形式丰富多彩。三十余种曲艺曲种成为岳池农家文化的靓丽风景，扬琴、竹琴、盘子、清音、车灯、连厢、荷叶等曲艺形式普及城乡，曲艺学校、曲艺社区不断涌现。

2007 年，中国曲艺家协会命名岳池县“中国曲艺之乡”，岳池成为当时中国西部第一个“中国曲艺之乡”。“走进曲艺之乡，享受农家之乐”已成为岳池农家的一张响亮名片。

岳池农家群众性民间艺术异彩纷呈。春节的舞狮、火龙、高亭，中秋节的糍粑会等无不闪耀传统文化的光辉。农家民间表演艺术形式多样，杂技、硬气功、被单戏为岳池农家人喜闻乐见，高亭、车车灯、狮舞、龙舞、秧歌舞、扇舞等民间表演艺术节庆、重大活动街头巡游热烈隆重。2004 年，岳池草龙创吉尼斯纪录，草龙坝坝舞舞进中央电视台。

农家文学是岳池农家文化的重要内涵。岳池农家人在从事生产劳动的同时，也创造了丰富多样、形象生动而又抒发情感、讴歌生活的农家文学。戏曲、诗歌、小说、散文创作活跃普及，农家文学爱好者、农民作者不断涌现，文学创作成果丰硕。乡土气息浓烈的民间文学丰富多彩。农家故事的神话、传说、寓言、笑话，农家歌谣的情歌、劳动歌、生活歌、仪式歌、时政歌、儿歌，歇后语、谚语、顺口溜、俗语等作为农家文学的主要形式，如繁星缀满岳池农家夜空熠熠生辉。

农家工艺技艺精湛，源远流长。岳池石雕木刻、编织刺绣、织造漂染等传统民间工艺历史悠久。木刻技艺声名远播，美国学者多次到县考察研究。岳池盛产篾竹，岳池农家人绝大多数会编竹席、竹扇、竹篓、竹篮等器具，竹编艺术尤数苟角、顾县为最好，其竹篾席工艺精湛，竹编工艺品已走出农家，走向世界。

文物、古迹、名胜，是久远文化的积淀、物态的固化。岳池置县历经唐宋元明清至今 1300 多年来，岳池农家人历经世事沧桑，积淀了丰厚的文化遗产。文明塔、王字楼、文庙、永清寨、安公桥、千佛寺等古建筑、古庙宇、古桥梁凝聚着岳池农家先民智慧，顾县古镇、翠湖、金城山以及东湖等已成为岳池农家名胜景观。

农家文化旅游节是岳池农家文化的涅槃升华，成为岳池农家人自己的盛大节日。2002 年 9 月，岳池成功举办了第一届“岳池·川东农家文化节”。并由此形成每两年一届的岳池农家盛会——岳池农家文化旅游节。到 2011 年 9 月，共举办“岳池农家文化旅游节”五届。2009 年，岳池农家文化旅游节获首届“中国·四川十大名节”称号。从此，岳池农家文化旅游节以其自身丰富多彩的内涵和表现形式跻身四川全省知名节会活动，成为宣传岳池农家文化、展示岳池形象的一张文化名片。2009 年，从第四届岳池农家文化旅游节开始，岳池农家文化旅游节升格为由中国曲协、四川省文化厅、省旅游局、省文联、广安市人民政府主办，四川省曲协、岳池县人民政府承办高规格岳池农家文化盛会，岳池农家文化旅游节成为中国曲协年度活动内容之一。

岳池农家名人辈出。古有宋代状元蒲信、南宋“蜀贤五相”之一的游似、明代刺血上疏的进士石天柱、明弘治举人冯驯；近现代有话剧表演艺术家吴雪、书画鉴赏家杨仁凯、版画家刘旷、文学翻译家罗玉君等文化名家，还有终生奉献桑梓的老艺人余丹廷、覃巨武、邓九雷和图书收藏家陈树棠等，这些岳池农家优秀儿女的代表，构成了岳池农家历史长河中的农家人物画廊。

人类社会的步伐已经迈入新的时代。社会在发展，时代在进步，人类文明之步伐亦不断向前。八个多世纪前的陆游诗《岳池农家》描写的田园牧歌式的农耕社会已渐渐离我们远去。“劝君莫奏前朝曲，静听新翻杨柳枝。”我们要在传承、弘扬优秀的岳池农家文化的同时，不断发展新时代的新文化，谱写新时代的新颂歌，创造新时代岳池农家人精神文化生活的新的文明，努力建设好岳池农家更加美好的精神家园。

大事记

唐武德二年（619年）

分石镜县（今重庆市合川区）东北地置新明县，属合州。

唐武周万岁通天二年（697年）

分南充、相如（今蓬安县）二县地置岳池县，属剑南道果州。

唐开元二十年（732年）

岳池县治由“思岳池”迁伏江里。

宋

始镌刻千佛寺摩崖造像。

宋太平兴国年间（976—983年）

在县城西门路修建文庙。明末毁于战火。

南宋乾道八年（1172年）

诗人陆游卸任夔州，前往南郑（今陕西汉中）赴任，旅经岳池，作农家诗名篇《岳池农家》。

南宋开禧三年（1207 年）

新明县和溪镇升镇为县，县治在今新场镇大桥村三组附近。

元至元二十年（1283 年）

新明、和溪二县废，并入岳池县。属广安府。

明

修建千佛寺庙宇并增刻摩崖造像。

明洪武初年

岳池县治所由伏江里迁翔凤山南麓（今九龙镇）。

明天顺年间（1457—1464 年）

县城始筑城墙，正德年间重修，清乾隆十二年（1747 年）又重修。

明万历十三年（1585 年）

凤山书院于县城小南街试院左侧建成。

清乾隆五十二年（1787 年）

岳池文庙迁建县城南街半边街（今九龙镇中南街所在地）。

清嘉庆十六年（1811 年）

春、夏久旱不雨，庄稼无收。灾民在县城东修九龙堰。

清嘉庆二十二年（1817 年）

在县城南郊修建文明塔（今白塔），清道光元年（1821 年）竣工。

清道光六年（1826年）

东关、西关、资马三乡劝捐兴办乡学25处。

清道光二十七年（1847年）

在县城东郊雁塔寺内设凤修义学，清光绪九年（1883年）改为雁塔书院。

清咸丰五年（1855年）

灵泉山岩崩，王羲之书《兰亭序》石碑被发现。

清咸丰六年（1856年）

天主教传入岳池。

清光绪四年（1878年）

岳池余家场川剧艺人余继福创办了木偶戏班《泰鸿班》，在岳池、武胜、广安三县各乡镇演木偶戏，演唱的皆是传统川剧剧目。

清光绪七年（1881年）

黎梓卫陈燮森，开办燮森醋坊。

清光绪十五年（1889年）

西板桥陈庆如与油榨溪吴明清合伙开办义兴源酿造坊，制豆豉。

清光绪二十八年（1902年）

岳池石垭场首办官学堂。

清光绪三十一年（1905年）

县人朱炳江、朱瑞全合伙兴办炳瑞丝厂。

清光绪三十二年（1906 年）

县人曾梓贤、杨星阶等于旧试院西文场（今县城文庙）创办岳秀女学堂。后更名为岳池县立女子高等小学堂。

清光绪三十三年（1907 年）

春，县人张成等于旧试院东文场（今城关中学）创办岳池县立高等小学堂。

清宣统元年（1909 年）

余丹廷继承父亲余继福川剧艺术，在余家场创建岳池第一个川剧戏班，仍名“泰鸿班”，人称新泰鸿班，先后到武胜、合川、铜梁、大足、永川、壁山等地演出传统川剧。民国 17 年（1928 年），新泰鸿班在合川小沔镇遭当地袍哥大爷华剑一迫害被迫解散。民国 21 年（1932 年），余丹廷之子余云丰召集艺人恢复泰鸿班，在岳池、合川的一些乡镇演出川剧。民国 24 年（1935 年），泰鸿班在合川遭国民党一曾姓营长抢走女角王香云及演出行头，泰鸿班消亡。

清宣统二年（1910 年）

定远（武胜）县人唐海山在余家场（今普安镇）首办铸铧厂。

民国初年

岳池啸马乡肖家场（今重庆合川市肖家镇）财主肖四老爷创建川剧晓字科班（又名怀凌科班），培育出吴晓雷、肖晓康、刘晓扬、邱晓科等著名川剧演员。

民国元年（1912 年）

县人杨锡之从重庆购回美制缝纫机 1 台，在县城南街开店缝纫。

军人张至善从部队还乡，在县城用西药治病，始售西药。

民国 2 年（1913 年）

罗渡溪孀妇周陈氏捐赠给岳秀女子高等小学校 1.2 万块银元。

春，县人杜恒丰购小型电影放映机 1 部，首次在县城万兴街三元宫剧场放映黑白无声片。

民国 3 年（1914 年）

岳池县被列为四川省油桐、水稻产区。

民国 4 年（1915 年）

10 月，县人杨星阶等创办岳池女子师范学校。

县人唐子初、邓玉阶发起创建岳池县城最早的川剧玩友组织——“丝竹轩”。该玩友组织经常在岳池南街上的几家茶馆内坐唱川剧和扬琴。

民国 5 年（1916 年）

县人刘灼山、徐相臣等合伙在罗渡陈家坝云门寺开办和溪丝厂，民国 10 年（1921 年）停办。

县人罗洪安等购回铁木织布机和机制棉纱，生产宽白布、大贡呢和格子花布等。

9 月 30 日，岳池县农事试验场建成。场址在县城北门先农坛处。

民国 6 年（1917 年）

春，开办县立第一、第二模范初级小学。

3 月 15 日，岳池县蚕务局成立，专司栽桑、养蚕，推广缫丝技术。

4—5 月，县城霍乱流行，病死百余人。

民国 7 年（1918 年）

岳池县人汤学文在县城大北街创建“学文堂”，印刷、销售木刻版书籍。

民国 8 年（1919 年）

岳池女子师范学校校长秦珮璋在县城主持召开大足会，号召缠足妇女放足；组织游行，反对封建包办婚姻。

民国 9 年（1920 年）

岳池县人蔡召南、周子昂组建“金石声”玩友班进行川剧座唱。

民国 10 年（1921 年）

县人杨青廷在西板乡开办雷伯丝厂，民国 14 年（1925 年）停办。

肖家场袍哥谢国安等人创办川剧班社“九字科班”，培育出邓九雷（花脸）、唐九连（小生）、徐九江（生角）等一批著名川剧演员。

民国 11 年（1922 年）

在上海、武汉求学的刘荣简（刘披云）、陈人菊、唐晴初等寄回《新青年》《向导》等进步书刊，在县城高等小学、中学的爱国师生中秘密传阅，马克思主义开始在岳池传播。

始建和溪公园（今凤山公园一部分）。

春，杨星阶、田昌伯创办岳池县立初级中学校。民国 33 年（1944 年）秋，增设高中部。

4 月，岳池所产宽白布、大贡呢、蚕丝及谷类在成都四川省第三次劝业会上展出，分别获乙等和丙等奖。

民国 12 年（1923 年）

岳池县人周弼臣的指头画，参加日本画展。

民国 14 年（1925 年）

岳池县人田信川成立“世界书店”，出售图书、教科书、文具、体育用品，并兼营石印。

民国 15 年（1926 年）

岳池县公立图书馆成立。

民国 16 年（1927 年）

秋，中共党员罗方域、黄天朋在县城（文星街 50 号）创办岳池书店，出售进步书刊。

民国 17 年（1928 年）

县人廖人明、李化龙等在县城下南街创办私立开明中学。

3 月，开办岳池县女子初级中学校（校址今文庙）。

民国 18 年（1929 年）

年初，拓宽县城东、西、南、北四条街的街面。民国 21 年（1932 年）竣工。

秋，岳池县共产党人罗方域和进步教师李成林、黄阆华，在县城创办油印小报《岳民泪》。

民国 19 年（1930 年）

秋，《新岳池》周刊在县城中南街印刷社创刊。

民国 21 年（1932 年）

暑假，岳池旅外同学唐征久、唐晴初、胡慈特等人，回岳池临时筹建话剧演出组，在县城城隍庙义务演出话剧《李桂林之死》。

民国 22 年（1933 年）

12 月，布商黄源和、王友山等合伙在县城东郊白鹤林开办岳池县综合纺织厂。

12 月，县籍留法女学生罗玉君（罗正淑）获巴黎大学博士学位。后罗玉君成为著名文学翻译家。

民国 23 年（1934 年）

2 月，镇裕乡农民肖吉成始育成地方良桑——甜桑。

民国 24 年（1935 年）

四川省政府配给县政府超外差式五灯直流收音机 1 部。次年 5 月，县政府成立收音室。

是年，岳池县坪滩粟汝之私营电影在附近场镇放映无声电影《江湖奇侠》《奇女侠》等影片。

民国 26 年（1937 年）

春，岳池培育的“短须须粘”稻种参加广西全国水稻品种评比，被鉴定为优良品种，列入《全国水稻良种志要》。

11 月，岳中校学生王询、唐文奎、郭智丰等进步青年共 31 人，秘密奔赴延安参加革命。

岳池县人沈秋池、郭蔓锄等组织成立“岳池艺术协社”，开展文化艺术活动。

岳池县共产党人李兆鸿组织抗日宣传队在岳池城乡演出。

民国 27 年（1938 年）

岳池县民众教育馆创办《民众月刊》。

邓惠中、刘慕京等，发起组织“岳池妇女抗敌后援支会”，开展演出活动，募集捐款，支援抗日将士。

民国 28 年（1939 年）

3 月，吴雪、辛汉文组织的四川旅外剧人抗敌演出队到岳池演出《塞上风云》《古城的怒吼》等抗日话剧。

8 月，岳池私立新三中学在老农会（原县锅厂）开办。随后迁西城外土官寺（即今岳池一中）。民国 31 年增设高中部，为县第一所完全中学。

民国 29 年（1940 年）

县人黄平等集资办新民电影院，民国 33 年（1944 年）停业。

民国 30 年（1941 年）

县民众教育馆创办《岳池民报》。

民国 31 年（1942 年）

县人何灵雅、田信川开办私立和溪书院（原下南街县水电局处）。

秋，县人周绍文、周西卜在罗渡云门寺创办私立尚用初级中学；罗真卿在西溪场创办私立豫楚初级中学。

民国 32 年（1943 年）

春，私立文正初级中学在县城圣龙宫（今东街小学）开办。

民国 33 年（1944 年）

3 月 3 日，县人胡慈特、陈维衡等集资在县城城隍庙创办“三三剧社”，从事川剧演唱活动，除演出传统川剧外，还自编自演了《踊跃输将》《黑衣人》《黑海》《航空情侣》等时装剧。

民国34年（1945年）

春，县人杨晒轩、蒲健秋等在顾县场创办私立岳东初级中学。

是年，岳池县“乐群学会”创办《乐群学刊》，转载民国25年（1936年）《新华日报》刊登的毛泽东词《沁园春·雪》。

民国35年（1946年）

8月，蒋廷瑜以岳池旅北碚同学会名义，在县城组织公演进步话剧《雷雨》。

9月，私立渠华初级中学在中和望乡台开办。民国37年（1948年）停办。

民国36年（1947年）

秋，岳池新三中学欢送秋季毕业生的文娱晚会上，学生首次组织表演《秧歌舞》。

秋，岳池县立简易师范学校（在今城关中学）开办。民国38年（1949年）停办。

1949年

12月16日，中国人民解放军某部由广安进驻岳池，受到城乡人民热烈欢迎，岳池解放。

1951年

2月，拆城隍庙建县人民礼堂，1953年竣工。

3月，开办岳池师范学校。

10月，岳池县贯彻《婚姻法》运动委员会组织全县人民开展学习、宣传《婚姻法》活动。

12月9日，“岳池县文学艺术工作者联合会”成立，并创办刊物《岳池文艺》。

12月30日，第十区（中和）人民在黎梓卫正南街口建立抗美援朝烈士纪念碑。

12月，在翔凤山东麓建成烈士陵园。

12月，岳池县群众剧团成立。

1952年

冬，拆除县城城墙，修建环城公路，1956年初竣工。

年底，县艺人李善清雕制的木偶在北京参加全国木偶戏汇演，受到嘉奖。

1953 年

3 月，岳池县人民政府收音站成立。1956 年 1 月改为岳池县广播站。

4 月，岳池县人民剧团和岳池县戏曲改进会合并，成立“岳池县川剧团”。

1956 年

8 月，城郊粮站将千佛寺庙宇拆毁修建粮仓。后受到省人民委员会批评，县粮食局于 1957 年 4 月修复。

12 月，安东乡秦运甲用细篾织竹席 1 张，送北京全国手工艺品展览会展出，被评为优等手工艺品。

1957 年

4 月，县文化馆在华蓥山伏虎寺收集《华银山志》《虎溪诗稿》木刻书版 236 块。

1958 年

岳池曲艺协会演唱组及部分木偶组演员合并组成岳池县曲艺队，主演曲剧。

是年，在文化“大跃进”中，岳池县提出“人人当歌手，个个是作家，个个是诗人，个个是画家”的口号，县文化馆收到文艺作品 2120 件，代表作品有川剧《群龙飞舞》、表演唱《勇敢的施工员》《五老送肥》《两亲家夸火箭》、歌曲《岳池是个好地方》等。

1960 年

3 月 8 日，岳池县人民电影院成立。

1963 年

3 月，九龙镇（原杜家乡）农民王用中将 1949 年在重庆国民党机关任职的岳池籍人士蒋世英存放其家中的《史可法绝命书》交县文化馆。

9 月，响水滩水库左干渠杨家坡钢筋混凝土结构渡槽动工，次年 4 月建成。

1964 年

是年，岳池县文化馆举办古字画展览，展出《史可法绝命书》，徐悲鸿《骏马图》，冯玉祥、柯璜题写的“对联”，冯灌汉、沈尹默、蒲伯英题写的“单条”及国画等。

是年，中央发出“戏曲转轨”的指示，县剧团砍掉了传统戏的演出，全部上演现代剧目。

1965 年

8 月 7 日，地方国营岳池县罗渡糖厂动工兴建，11 月 7 日竣工投产。1976 年 10 月，利用蔗渣试制有光纸成功，1982 年转产造纸，次年更名为岳池县造纸厂。

1970 年

撤销岳池县川剧团。1977 年 7 月恢复。

1977 年

10 月，岳池县电影放映管理站影片管理员张明珍出席南京全国农村电影发行工作会议。

1979 年

5 月，新风电影院兴建，1984 年 4 月竣工。

年内，陆续收回下放改行的县川剧团演员，解放被禁锢剧目，岳池川剧艺术复苏。

1981 年至 1985 年间

县上先后在岳中校、乔家镇举办了两期业余川剧曲艺演员培训班。演员结业后，在全县组建了 11 个民间职业川剧团体。

1982 年

8 月 13 日，城南文明塔塔顶金属塔刹被盗，1987 年 10 月修复。

1983 年

5 月 18 日，《参考消息》刊文《旧金山一华侨珍藏史可法绝命书，经古物鉴定家考证确认为真迹》。同年 7 月，县政府组织专案调查组对县文化馆遗失《史可法绝命书》等珍贵文物进行清查。

1984 年

7 月下旬，岳池县凤山公园动工兴建。

10 月 1 日，岳池县翠湖风景区第一期工程竣工，开始接待游客。

1985 年

1 月 3 日，推倒“文化大革命”中建成的“三忠于”碑，建“凤女城标”。

5 月 1 日，大石乡黄天琦户办电影队开业。

1986 年

3 月 15 日起，县川剧团赴重庆、成都巡回演出 2 个多月。其间：3 月 24 日，日本驻华大使中江要介一行 3 人，在重庆观看岳池县川剧团演出的《王宝钏》。4 月 23—24 日，重庆电视台摄制县川剧团演出的《色公智斩洛阳县令》《青蛇传》录像带，并为《收姜维》《乔子口》《五台会兄》灌制唱片。4 月 30 日，文化部顾问、美学家、文艺评论家王朝闻在重庆观看岳池县川剧团演出的《萧方杀船》《三祭记》《五台会兄》《收姜维》。6 月 3 日，县川剧团赴成都演出，在锦江剧场登台亮相，演出期间中共四川省委宣传部长许川、中国剧协四川分会主席叶石、戏剧评论家萧赛、川剧表演艺术家李笑非等观看演出。《四川日报》《四川工人日报》《成都晚报》、四川人民广播电台、四川电视台等报道了县川剧团首次赴蓉演出盛况。四川电视台对演出的《三请樊梨花》《打神》《收姜维》《送京娘》《三祭江》进行了录像。

5 月 13 日，重建岳池县曲艺协会。

5 月 19 日，年逾 8 旬的西南师范学院退休教授周西卜向母校岳池第一中学捐款 1 万元作为“岳秀奖学基金”；赠给县图书馆图书 2000 册、英文打字机 1 台、美国收音机 1 部及现金 700 元。7 月 4 日，县委发文，号召全县人民向周西卜学习。1993 年 7 月，周西卜再次向岳池第一中学捐款 2 万元。

10 月 19 日，岳池旅京乡友会在水电部招待所召开有原水电部副部长陈伯村，全国艺术委员会副主任、中国青年艺术剧院总导演吴雪，原国务院机关事务管理局局长谢邦选等 90 余人参加的会议，成立岳池旅京同乡联络组。

1987 年

6 月，大石乡黄天琦户办影剧院在全国农村科教电影汇映活动中成绩显著，受到农牧渔业部、林业部、广播电影电视部、文化部、国家教育委员会、国家科学技术委员会、中国科学技术协会联合表彰。

6 月 11 日，县金城诗社成立并创办《映山红》诗刊。

1988 年

5 月 19 日，县川剧团进京演出《包公照镜子》等 8 出川北灯戏，时任中共中央政治局委员宋平，全国人大常委会副委员长廖汉生，原国务院副总理张爱萍，中共中央顾问委员会秘书长李力安，文化部常务副部长高占祥，文化名人曹禺、陈其通、吴雪、胡沙、谌容、冯牧和 18 个国家的外宾 300 人到场观赏。20 日，中央电视台晚间新闻对川北灯戏作报道，《人民日报》登载马也《真戏在民间》的评论文章，并配发传统灯戏《闹隍会》剧照。

12 月，抗美援朝志愿军特等功臣、一级战斗英雄柴云振的事迹创作拍摄成故事片《被遗忘的人》后，岳池县在县文化馆举行首映式。

1989 年

4 月 29 日，县政府公布灵泉寺摩崖石刻、和溪县城遗址及其石刻造像、临溪寺殿、东岩寺摩崖造像、福乐岩摩崖造像、武尚仁“雁塔”石刻、弥勒寺大殿、岳池文庙、观音堂石塔及石表 10 处为第二批县级文物保护单位。

1990 年

6 月 14 日，八一电影制片厂到岳池拍摄志愿军特等功臣、一级战斗英雄柴云振事迹的纪录片《寻战友》。

11 月 10 日，县民间艺人郭仲勋赴成都参加四川省外事办公室为 300 余名外国官员、专家举办的文艺演出活动。

1991 年

5 月 10 日，四川人民广播电台到岳池录制县川剧团演出的川北灯戏《幺妹嫁给谁》和《包公照镜子》。

1992 年

10 月 19 日，县委、县政府召开庆功会，庆贺岳池籍运动员高寒参加 25 届奥运会载誉归来和参加第六届世界田径赛获女子 4 × 100 米冠军的优异成绩，号召全县人民学习高寒的顽强拼搏精神，为振兴岳池做贡献。

1993 年

1 月，县酒厂开发低度酒“岳池特曲”成功。1996 年，岳池特曲获“中国文化名酒”称号。

4 月 23 日，县政府公布千佛寺及其摩崖造像、牛王庙、翠湖东汉崖墓群为第三批县级文物保护单位。

1994 年

11 月，岳池被列为国家扶持商品粮大县。

1995 年

9 月 13—15 日，全国农村学校体育工作现场研讨会在岳池召开，国家教委和 27 个省、市、自治区的 300 名代表出席大会，参观全县农村学校体育工作成果。

10 月，全县组织 11 个产品参加“95 中国 · 成都国际食品精品、食品机械及食品包装设备博览会”，岳池特曲、白庙牌米粉丝均获金奖。

1996 年

7 月，美国俄亥俄州立大学教授包筠雅博士到岳池县考察木雕书版印刷术。1997 年 8 月、2008 年 8 月再先后两次到岳池县考察。

1998 年

2 月，岳池被省政府评为“先进文化县”。

2000 年

1 月 11—30 日，县文化馆、县曲协应西藏拉萨市教体委邀请，派万里行艺术团参加拉萨市迎春灯会文艺演出，先后在该市公园及周边县巡回演出 20 余场。

2 月 25 日，广安市人民政府公布岳池临溪高寺、岳池白塔、岳池文庙为市级文物保护单位。

8 月，在团结乡发现明宰相陈以勤《游金田寺碑》，属首次发现。

2001 年

3 月 6 日，在秦溪镇发现唐宋时期摩崖造像崖墓 10 余座、古禅窟 1 座、千佛崖刻 1 处。

2002 年

9 月 3 日，“首届岳池·川东农家文化节”新闻发布会在成都岷山饭店举行。

9 月 9 日，县政府公布顾县镇川主庙为县级文物保护单位。

9 月 27—29 日，岳池举办“首届岳池川东农家文化节”活动，邀请李谷一、毛阿敏、唐国强、刘芳菲等明星参加开幕式大型文艺演出。举办翔凤山大型灯会、《稻香风情》文艺晚会、焰火晚会，开展诗书画展、赛诗会、民间文艺会演和高亭巡游。展出诗书画 200 件，演出民间文艺节目 20 余个，制作高亭 38 个。

2003 年

10 月 3—4 日，由中央电视台拍摄的介绍岳池顾县镇历史人文、旅游等专题片《顾县古镇》在中央电视台 4 套节目“走遍中国”栏目播出。

12 月 17 日，岳池县文学艺术界联合会成立。

2004 年

1 月 5—9 日，中央电视台 7 套《搜寻天下》栏目组在岳池摄制制作时长 1.5 小时的三集电视专题片《岳池农家乐》《一个“双枪老太婆”的故事》《丢失了三十三年的英雄》在中央电视台七套播出。

1 月 15 日，四川省电视台在顾县镇拍摄岳池民间艺人郭宗勋表演的被单戏。

3 月 27 日，川渝媒体记者组成的采风团到岳池采集农家文化和民风民俗。

4 月 5—11 日，县川剧团到广安分别为中央政治局常委、全国人大常委会委员长吴邦国，中央政治局常委李长春，中央政治局委员、全国人大常委会副委员长王兆国、中宣部副部长徐光春，全国政协副主席杨汝岱，四川省委书记、省人大常委会主任张学忠等领导演出“岳池灯戏”。

5 月，开展“岳池农家文化旅游月”活动。

5 月 28 日，启动岳池文庙维修工程。当年 12 月 30 日，文庙维修工程竣工通过验收。

6 月 13 日，文化部中外文化交流中心展览部主任、中央美术学院油画系教师林茂到岳池为美术爱好者举办专题讲座。

6 月 24 日，第二届岳池农家文化节暨创建省级卫生县城誓师动员大会在县体育馆召开。

6 月，县文管所在苟角民间征集到宋代石砚 1 台。

7 月 16 日，岳池县图书馆通过省级图书学会专家的评估，被评为国家二级图书馆。

7 月 13 日，岳池第一中学、岳池中学、白庙职业中学、顾县中学等学校，用稻草作原料，制做身长数百米的草龙数条，在翠湖广场进行草龙舞动比赛。中央电视台少儿频道现场录制了比赛实况。同年 9 月 13 日到 17 日，央视少儿频道“异想天开”栏目连续播出岳池农家草编工艺成就的系列专题片

《挑战吉尼斯·走进岳池—百变稻草》五集，时长达2.5小时。

8月3日，广安市人民政府公布岳中校王字楼、顾县川主庙、灵泉寺摩崖石刻为市级文物保护单位。

8月，“世纪伟人颂”大型歌咏会在县体育馆举行；开展“迎小平百年诞辰”广场群众文艺演展月活动。

9月10日，第二届岳池农家文化节新闻发布会在成都召开。

9月20日，县川剧团灯戏节目《嫁妈》《抬花轿》参加四川电视台“综艺大世界”栏目专题晚会录制演出。

9月24日，四川电视台“综艺大世界”第351期播出《岳池农家》专题文艺晚会实况。

9月27—28日，第二届岳池农家文化节在县城举办。27日，巴蜀农家文化与旅游论坛会在花园大酒店举行。同日晚，第二届岳池农家文化节开幕式暨“小平故里月更明”大型文艺演出在文体广场举行。28日，“岳池中秋糍粑会”在文体广场举行。会上，所制重达540公斤的“千斤大糍粑”被上海大世界基尼斯总部官员现场认证为中国最重的糍粑，列入中国吉尼斯纪录。

2005年

5月24—26日，举办“放歌岳池农家‘沱牌向阳红’杯”青年歌手大赛。

2006年

9月27—28日，举办第三届岳池农家文化旅游节。第三届岳池农家文化旅游节以“小平故里行，岳池农家乐”为主题，以宣传“中国农家乐之源”“中国米粉之乡”“农民自己的节日”为重点，以全面展示“新农村、新农民”为目标，举行全国白色农业科技座谈会、“农家文化主题公园”开园仪式、“岳池农家文化展览馆”开馆仪式、第三届岳池农家文化旅游节开幕式暨“农家乐复乐”大型赈灾文艺晚会、龙凤呈祥烟火晚会、投资说明会暨项目签约仪式、地方名优产品展销、名特小吃展示等系列活动。开展巴蜀民间艺术精品街头表演、独具地方特色的“坐歌堂”和反映岳池农家劳作场景的打夯、划船、抬滑杆、厨艺、钓鱼、纺织等竞技比赛活动。

2007年

4月6日，中央、省级媒体到岳池开展“桐麻山村治旱兴业建设社会主义新农村”主题集中采访宣传活动。

4月24日，市“文化惠民”演出暨“流动舞台”演出车启用仪式在苟角镇红星办事处双土地村举行，市委常委、市委宣传部部长何兴江为“流动舞台”演出车启用剪彩。

4月28日，岳池县创作协会更名为岳池县作家协会。

5月13日，“岳池曲苑”在宣传文化中心建成启用，成为岳池争创中国曲艺之乡的重要展演场所。

6月3日，岳池摄影创作从“县书法美术协会”中分离单设，成立“岳池县摄影家协会”。

6月4日，由省委宣传部、省文联主办，岳池县人民政府、省摄影家协会、《人民日报》海外版四川记者站承办的“天府新农村，岳池采风行”活动启动仪式在岳池农家文化主题公园举行。主题农家文化采风活动创作出一大批反映新农村建设中的新人、新事、新风貌的摄影佳作。

6月10－12日，中国曲艺家协会、四川省文联及四川省曲艺家协会专家组成的评审验收组就岳池申报“中国曲艺之乡”工作进行验收。

8月，由邓庆贵创作、李悦表演的谐剧《广安小幺妹》参加第二届全国少儿曲艺大赛获三等奖。

9月12日，岳池被中国曲艺家协会授予“中国曲艺之乡”，岳池成为当时中国西部地区唯一的“中国曲艺之乡”。

2008年

1月15日，在中国文联赴广安开展“送欢乐下基层”慰问活动中，中国摄影家协会副主席朱宪民等摄影家5人到岳池进行采风创作。

3月24—26日，广安电视台“和谐乡村·印象桃花”采风活动在东板乡桃花沟开展，摄制MTV《桃花赋》，并在四川电视台、重庆电视台、广安电视台播放。

4月16日，全国戏剧协会副主席魏明伦到岳池为创作《岳池农家赋》进行采风。

4月26—28日，上海东方卫视、《东方早报》《华西都市报》、四川在线、新华网广安分频道等媒体到新场镇砣甲桥村希望小学摄制“加油！2008”专题节目并采写稿件，东方卫视新闻栏目黄金时段播报相关新闻，在相关栏目直播岳池小学生郭伟林的竞技比赛，在中央、省、市各级媒体刊发相关稿件。

8月22日—9月5日，全县开展纪念岳武起义60周年主题宣传系列活动，县委召开“纪念岳武起义60周年大会”，设计制作50幅介绍岳武起义的宣传展板并在县城和10个中心镇进行巡回宣传，举办纪念“岳武起义”电影电视放映周，邀请四川新闻网广安频道等省、市媒体记者，开展“追寻岳武起义先烈的足迹”集中采访活动。

2009年

1月，岳池农家文化旅游节在四川省委外宣办、《四川日报》报业集团联合主办，四川在线网站承办的“共建美丽四川·叫响节日名片”大型网络展评活动中获首届“中国·四川十大名节”称号。

4月3日，“共建美丽四川·叫响节日名片”大型网络展评活动颁奖座谈会在新津县花舞人间酒店举行，岳池农家文化旅游节被大会授予“中国·四川十大名节”。

5月下旬，位于岳池县城东的麻柳河和新建的五座桥分别被命名为灵溪河，安公桥、卧龙桥、天柱桥、放翁桥、状元桥。

5月，岳池县南宋文化街被省商务厅评选为四川省第一批特色街区。

6月20日，岳池县首届民间艺术品收藏展览会在县文化馆举行。

8月，中国音乐家协会监制，中国音乐家音像出版社出版制作并面向全国公开发行的中国当代50位著名作曲家最具代表性作品《周鹏CD专辑》，收录岳池周鹏创作的15首音乐作品。

8月，体现岳池农家文化和中国曲艺之乡特色的标志建筑“一坊二亭三廊”（中国曲艺之乡大牌坊，孝亭、廉亭，孝廉文化长廊、南宋雕塑长廊、曲艺长廊）建成。

9月8日，由四川省人民政府新闻办主持的第四届岳池农家文化旅游节新闻发布会在成都锦江大礼堂举行，中国曲协、省委宣传部、省文化厅、省旅游局、省文联、省曲协、广安市人民政府、岳池县委、县政府相关领导出席发布会，新华社、《人民日报》海外版、中央电台、香港《大公报》、香港《文汇报》《四川日报》、四川电视台等海内外近30家媒体约40名记者出席。

9月21日，“中国曲艺之乡”牌坊竣工。

9月26—28日，第四届岳池农家文化旅游节在县城举行。节会活动以“走进中国曲艺之乡、享受岳池农家之乐”为主题。节会期间，举行“盛世农家乐”大型文艺晚会、投资说明会及项目签约仪式、地方名优产品展销、农家风味名小吃展示、“乡音、乡韵、乡情”中国曲艺之乡优秀节目展演及广东专场演出、中国曲艺之乡建设研讨会、中国曲艺优秀人才培养工程川渝谐剧培训班、“曲艺之夜”亮坝灯会、赶粑会、“婚嫁喜”大巡游、“走进岳池农家”书画摄影作品展、孝亲敬老之星颁奖仪式暨百岁老人长寿宴等活动。中国文联副主席、中国曲艺家协会主席刘兰芳，中国曲艺家协会分党组书记、副主席姜昆，省人大常委会副主任、省文联主席郭永祥，广安市委书记、市人大常委会主任王建军，广安市委副书记、市长侯晓春等领导出席。

2010年

2月2—5日，中央电视台、《四川日报》等媒体深入岳池开展“岳池农家风味小吃品牌”专题采访活动，随后在中央电视台等媒体推出“顾县豆腐干”等新闻稿件。

4月8日，县委办、县政府办下发《关于在全县开展“中国曲艺之乡”拓展年的实施意见》，号召全县机关开展曲艺竞赛，城乡社区、中小学校开展曲艺调演和创建“四川省曲艺社区”“四川省少儿曲艺学校”活动。

7月30日，全县军警政法系统“和谐曲乡·曲苑飘香”消夏文艺展演在文体广场举行，拉开“和谐曲乡·曲苑飘香”消夏文艺展演活动的序幕。全县政府系统、卫生系统、教育系统及省市驻岳池单位分别于8月6日、8月13日、8月20日、8月27日在文体广场举行“和谐曲乡·曲苑飘香”消夏文艺展演活动。

8月4—7日，在北京举行的“东方朔杯”第四届全国少儿曲艺大赛上，岳池县选送的四川曲艺表演唱《曲乡娃娃爱曲艺》获二等奖，四川盘子《山里妹娃进城来》获三等奖。

10月10日，中国曲协以《工作简报》转发岳池建设“曲艺之乡”的经验，要求全国各“曲艺之乡”、曲艺创作基地学习借鉴岳池经验。

10月13—15日，在全国第二届城区家庭文化艺术节上，岳池《比功夫》获趣味摄影大赛银奖，《家庭红歌会》《春晓》分别获红色经典展演、双胞胎艺术秀优秀奖。

2011年

1月16—21日，县科技、文化、卫生“三下乡”暨“信合杯”社区曲艺调演活动在坪滩镇、罗渡镇、九龙镇、苟角镇开展。

5月5日，岳池县音乐舞蹈家协会成立。

5月24日，省文联副主席杨茂成，省曲协副主席李蓉、董怀义等到岳池检查验收“四川省曲艺社区”“四川省曲艺学校”创建工作。坪滩镇兴坪社区等15个社区、师范附小等10所小学接受创建工作验收，并获得“四川省曲艺社区”“四川省曲艺学校”称号。

7月8日，《中国曲艺》特种邮票首发式在岳池县文体广场举行。

8月5日，中国曲艺家协会分党组书记董耀鹏一行到岳池，调研中国曲艺之乡建设及中国曲艺之乡“岳池论坛”“中国曲艺之乡建设委员会”成立和首届“岳池杯”曲艺大奖赛等中国曲协在岳池重大活动的筹备工作开展情况。

8月23日，省政府新闻办在成都市金河宾馆主持召开第五届岳池农家文化旅游节新闻发布会。省政府新闻办专职副主任赵英主持会议，县委书记李永平出席并进行新闻发布。中国曲协、省文联、省曲协和县上相关领导出席；中央人民广播电台、《人民日报》、新华社、《四川日报》、四川电视台等40余家媒体记者参加发布会。

8月31日，岳池县首届岳池文艺奖评选揭晓：冯焕如、郭仲勋获文艺终身成就奖，陈长春的长篇小说《金剪之恋》、杨建新的《篆刻作品》、邓庆贵等的曲艺表演唱《曲乡娃娃爱曲艺》、周鹏的歌曲专集《中国当代作曲家作品经典》获一等奖，周杰的长篇小说《人生环形道》等6件作品获二等奖，金青禾的故事《张献忠巧理破衣案》等20件作品获三等奖。

9月7日，吴雪艺术中心落成暨“和乐农家”——岳池书法、美术、摄影作品开展仪式在吴雪艺术中心举行。第五届岳池农家文化旅游节商贸展销展示活动在县城体育路开幕。第五届岳池农家文化旅游节新闻发布会在花园大酒店举行。

9月7—8日，“岳池杯”首届中国曲艺之乡曲艺大赛在吴雪艺术中心举行。

9月8日，“川商产业园”授牌暨重大工业项目集中开工仪式在城南工业园隆重举行。岳池特曲酒业有限公司举行建厂六十周年暨新厂投产庆典仪式。农家菜厨艺大赛在中富农庄举行。第五届岳池农家文化旅游节投资说明会暨项目签约仪式在花园大酒店举行。旅外岳池籍知名企业家联谊座谈会在花园大酒店举行。

同日晚　第五届岳池农家文化旅游节开幕式——大型曲艺风情剧《岳池农家》在陆游广场隆重举行。

9月9日，中国曲协主办的“中国曲艺之乡·岳池论坛”在花园大酒店举行。

同日晚　第五届岳池农家文化旅游节“喜乐农家·曲艺坝坝舞”大赛和11个舞台同时演出的

"喜乐农家·曲艺广场超市"在文体广场及灵溪河沿岸街区举行。

9月，县政府授予邓庆贵、康必健、郭宗勋、张渝生、裴良进、曾庆中、吴绍岷、刘正泉、李治平、唐明华10人为"岳池县首届十佳德艺双馨艺术家"称号。

11月21日，岳池县首届"欢乐农家"大赛在乔家小学举行。

11月25日，岳池县民俗文化协会成立。

2012年

1月23日，县委、县政府在东湖公园举行"东湖公园开园暨春节广场文艺展演"活动。

3月，《四川农村日报》社和四川农网发起的2012全省公众最喜爱的十大农产品品牌网上投票活动，"黄龙贡米品牌"获全省十大农业品牌。

8月，凤山小学选送的曲艺节目四川荷叶《学校来了北大生》荣获四川省首届少儿曲艺大赛一等奖，全国第五届少儿曲艺大赛二等奖。

11月，岳池大型曲艺民俗风情剧《岳池农家》荣获第七届四川省巴蜀文艺奖。

11月，市精神文明办公室、县委宣传部、县精神文明办公室与坪滩镇党委、政府在坪滩镇联合举办"岳池县第二届欢乐农家大赛"。

12月6日，中央电视台CCTV－4《远方的家》百集大型系列节目《北纬30°·中国行》播出《品岳池米粉》电视片。

第一篇　岳池农家

第一章　建置沿革

第一节　置　县

《岳池县志》记载：唐武周万岁通天二年（697 年），分南充、相如（今蓬安）二县置岳池县。因境内有源于岳安山的岳池水，故名。属剑南道果州，最初治所在思岳池。唐开元二十年（732 年）迁至伏江里，明洪武初年，迁翔凤山南麓至今。北宋开宝二年（969 年）隶广安军。北宋咸平四年（1001 年），属梓州路果州。元至元二十年（1283 年），撤新明（唐武德二年分石镜县置）、和溪（南宋开禧三年升和溪镇为县）县，并入岳池，属广安府。明洪武四年（1371 年），属顺庆府广安州。清康熙七年（1668 年）并入广安州，康熙六十年（1721 年）复置，隶川北道顺庆府。清宣统三年（1911 年），清王朝灭亡，岳池隶大汉蜀北军政府。民国元年（1912 年），隶大汉四川军政府；同年 4 月，隶四川都督府。次年，隶嘉陵道。民国 7 年（1918 年），四川军阀割据，岳池属第三防区。民国 24 年（1935 年），川政统一，全川划为 18 个行政督察区，岳池属第十一行政督察区，直至 1949 年。

1950 年，岳池县属川北行政区南充专区。1952 年 9 月撤销川北行政区后，岳池县属四川省南充专区。1968 年，南充专区改为南充地区，岳池县属南充地区。1993 年 7 月 2 日，岳池县由南充地区划归新设立的广安地区，1998 年 7 月广安地区改为广安市，岳池县隶属广安市。

岳池在唐“贞观之治”和“开元盛世”之间的盛唐时期置县，表明当时岳池地区人口繁庶，经济已较为发达。政治的稳定，经济的发展，为岳池地方文化的繁荣提供了良好的条件。

第二节　治（驻）地

岳池县最初治所在“思岳池”。史书记载：“治东三十五里岳安山，高六百丈，其水出焉，乃岳池水，岳池水附近有思岳池。”岳池县治所在此历经 35 年。唐开元二十年（732 年），岳池治所迁至“伏江里”（旧县铺）。至明洪武四年（1371 年），岳池治所在伏江里（秦溪镇旧县铺），经唐、宋、元三个朝代，历时 639 年后迁至今所翔凤山南麓（九龙镇）。

岳池地域内历史上曾存在新明、岳池、和溪三县并存时期，至元代至元二十年（1283 年），新明、和溪二县废县并入岳池。三县归一时，中国历史正处于元世祖忽必烈亡宋统一中国后的第四年。元代的统一促进了中国形成统一的多民族国家。在元朝统治下，不仅中原居民、北方居民得以进一步融合，而且西北、西南民族和中原民族的关系也得以进一步密切。在这样的大背景下，统治者为了巩固其统治地位，加强对地方的统治，偏居西南一角的新明县、和溪县由此被废除并入岳池。新明、和溪二县并入后，岳池县治所伏江里却偏居县境北边，而治地范围大部分在县境东、南、西三面，其南面距离县治所在地 50 多公里。治所所在周边又处于深丘低山地区，途径虽有官道和邮路，但出行仍不方便，更不便于加强对县域的管辖。而翔凤山南麓，方圆几十里沃野平畴，河流交错，富饶物丰，又有传说三国时期诸葛孔明屯兵的“亮坝”和赵云洗过马的“洗马滩”、姜维屯兵的“姜山寺”、遗存隋唐石刻的“千佛寺”等名胜。最为重要的是，翔凤山南麓位居县境中部，便于对县境加强管理。因此，新民县、和溪县废除并入岳池88年后的明洪武四年（1371年），县治所便由伏江里迁移翔凤山南麓（今治所九龙镇）至今。

第三节 境 域

夏（约公元前21—前16世纪），县境域属梁州。商（约公元前16—前11世纪），县境域属雍州。周（约公元前11世纪—前221年），县境域属巴子国。秦·西汉·新莽（公元前221年—25年），县境域属巴郡。东汉·三国·晋（25年—420年），县境域属巴西郡。南朝梁天监七年（508年），县境域属巴西郡。南朝梁天监八年至陈太建十三年（509—581年），县境域隶宕渠郡。隋（581—618年），县境域隶巴西郡。唐武德二年（619年），分石镜（今重庆市合川区）之东北地置新明县，属合州。唐武周万岁通天二年（697年），分南充、相如（今蓬安县）二县地置岳池，属剑南道果州。宋开禧三年（1207年），升新明县和溪镇为和溪县，属广安军。元至元二十年（1283年），撤新明县、和溪县并入岳池县。明洪武四年（1371年），岳池属顺庆府广安州。清康熙七年（1668年），岳池并入广安州；康熙六十年（1721年），复置岳池县，隶属川北道顺庆府。清宣统三年（1911年），大竹县人余临川率义军进驻岳池，结束清王朝在岳池统治，隶属大汉蜀北军政府。民国元年（1912年），岳池隶属大汉四川军政府；同年四月，隶属四川都督府。民国2年（1913年），岳池隶属嘉陵道。民国7年（1918年），四川军阀割据，岳池属第三防区。民国24年（1935年），川政统一，全川划为18个行政督察区，岳池属第十一行政督察区，直至1949年。

1950年1月，岳池县属川北行政区南充专区。1952年9月，撤销川北行政区，岳池县隶属四川省南充专区。1968年，南充专区改为南充地区，岳池县属南充地区。1993年7月，广安地区成立，岳池县属广安地区。1998年7月，广安地区改设为广安市，岳池县隶属广安市。

2012年，岳池县东邻广安区，东南接华蓥市，南毗重庆市合川区，西南靠武胜县，西界南充市嘉陵区，北枕南充市高坪区、蓬安县。县境南北长59.66公里，东西宽59公里。至2012年，岳池幅员面积1479平方公里。辖九龙镇、花园镇、石垭镇、普安镇、乔家镇、白庙镇、新场镇、坪滩镇、龙孔镇、镇裕镇、西溪镇、同兴镇、兴隆镇、秦溪镇、顾县镇、苟角镇、天平镇、罗渡镇、裕民镇、赛龙镇、中和镇、临溪镇、朝阳乡、北城乡、镇龙乡、花板乡、大石乡、粽粑乡、排楼乡、西板乡、石鼓乡、嘉陵乡、恐龙乡、平安乡、团结乡、黄龙乡、双鄢乡、东板乡、长田乡、鱼峰乡、大佛乡、齐福乡、伏龙乡和翠湖景区开发管理委员会。县人民政府驻九龙镇后山大院（九龙镇上南街一号）。

第二章 农家居民

第一节 早期岳池农家人

我国最早的地理著作《禹贡》称，古三皇时代中国分为九州，四川地区为梁州。周代为巴、蜀两国所割据。清·光绪版《岳池县志》载：岳池地域远古时属《禹贡》记载的九州之一的梁州，在夏朝属梁州，商朝属雍州，周朝为巴国属地。公元前316年秦灭巴、蜀，设巴郡、蜀郡，岳池地域属巴郡，汉代属益州巴郡，晋代属梁州巴郡，隋朝属巴郡。

岳池地域是巴郡的一部分。这块土地上曾长期生活着巴人和賨人等民族。秦人灭巴蜀之后，进入巴蜀的移民与一部分川东民族融合，一起辛勤耕耘，繁衍生息，开创包括岳池及川东地区在内的巴蜀农耕文明。至魏晋南北朝时，中国历史上开始出现黄河流域人口大量南迁，邻近巴蜀的陕西、甘肃移民从秦岭入川。至北宋末年，为避免战乱，又发生北民南迁的移民潮，在这个时候，陕、甘移民再入川，其中一部分移民进入岳池境内。

唐宋以来的岳池农家居民，无论他们的生产劳作习惯或者生活习俗都与华夏汉民族传统的习俗相一致。南宋时期，诗人陆游途经岳池，创作的《岳池农家》所描绘的岳池农家人的生活、劳动场景和民风民俗便是佐证。

沧海桑田，历史巨变。岳池农家多元包容的文化现象得到不断丰富和发展，并传承着历史的脉络，伴随着时代的步伐不断迈向新的未来。

第二节　宋元以后的岳池农家人

一、农家居民的两次大锐减

史料载，岳池设县以来的1300多年，巴蜀先后发生了两次大的动荡：一次是13世纪，遭受蒙古军和元军的大屠杀；另一次是17世纪中叶“张献忠剿四川”。经历两次战乱之后，四川人口锐减；后又实行移民填川政策，岳池人口便生生不息，逐步发展。

（一）抗元战争岳池人口锐减

1231年蒙军首次攻掠四川，此后蒙古发起了消灭南宋的战争，从1235年到1279年南宋灭亡的40多年时间里，蒙古军先后8次进攻四川。顽强的巴蜀军民坚持长达半个世纪的抗元战争。这场战争基本上是在盆地内部进行的。长期的拉锯战使四川人民的生命财产遭受到重大的损失。

史料记载，1231年，成吉思汗之子拖雷引兵攻掠四川“直至西水（今南部县），大掠而还，宋民死数十万”，如此大肆屠杀四川居民，使得整个四川地区人口锐减。元代，巴蜀地区的人口不足南宋时期的十分之一。明人虞集《道园学古录》卷二〇《史氏程夫人墓志铭》记载：“蜀人受祸惨甚，死伤殆尽，千百不存一二。”学者从宋史、元史提供的数字统计，四川人被蒙古人屠杀后，全省人口由1300万减少至不足50万。

近半个世纪的战乱和人口锐减，使四川的农业生产遭到极大的破坏。在元朝统治的将近100年间，巴蜀的经济一直未能得到恢复。根据梁方仲《中国历代户口、田地、田赋统计》一书的材料。四川经此蒙古军浩劫，千年的繁华与古老的文明形态几乎荡然无存。四川行省在元代向中央政府上交的赋税，在全国10个非少数民族行省中居于倒数第三，仅占全国收入的0.96%。一个农耕与商业发达的巴蜀几乎回到半游牧状态，呈现出农桑凋敝的的状态。

同整个巴蜀大地一样，岳池农家人口和社会经济亦遭受重大创伤，原著居民大量减少。

（二）“张献忠入川”岳池人口再次锐减

1644年，张献忠率农民起义军自湖北攻入四川，陷成都，建立大西政权。在大西政权存在的三年时间里，清王朝不断派重兵围剿，致使四川遭受严重的兵燹之祸，人口再次锐减，部分地区甚至没有了土著居民。《明史·张献忠传》《蜀记》和《蜀碧》等大批历史资料对此均有记载。

《四川通志》称："蜀自汉唐以来，生齿颇繁，烟火相望。及明末兵燹之后，丁口稀若晨星。"康熙二十四年人口统计，四川省仅余人口60万人，其中成都不足7万人。一些州县的户口存损比例，原有的人口剩下不足十之一二。

清光绪《广安州新志》记载："明末州民稀少，仅存少量土著人口，且屡遭虎害，城廓荆棘。"

清光绪版《岳池县志》载：清初，岳池"完屋居民仅12户"。由于人口太少，"清康熙七年（1668年）并入广安，康熙六十年（1721年）复置"。至乾隆六十年（1795年）岳池人口增长，全县19719户，99744人。

二、湖广填四川

由于人口锐减，土地荒芜，百业俱废，故元、明、清历朝统治者采取移民填川政策，以纾民生，以增税赋，固其统治。

在岳池，很多都知道自己祖籍不在四川，他们的祖先是在"湖广填四川"时迁进来的。许多人还会讲"八大王（指张献忠）剿四川"的故事，"张献忠剿四川—在劫难逃"已成为民间广为流传的歇后语。

（一）元末明初"湖广填四川"

因"填四川"的移民大部分是湖广（今湖北、湖南、江西西部、广东东北部）或经由湖北入川，故史称"湖广填四川"。迁川移民大致有以下几种情况：

"避乱入蜀"。《武胜县志》记载："李氏，祖籍湖北。南宋末年，元兵犯楚，李永宁之父率家人由湖北江陵县迁入定远县河东顺水桥卧牛椏（今武胜旧县乡境内）居住。从元到明，子孙繁衍，科名繁盛，成为明代县内第一名门旺族。"有一部分李氏家族迁岳池。

随明玉珍部红巾军入川。《明史》卷123《明玉珍传》记载：徐寿辉部下明玉珍，湖广随州（今湖北随县）人，元顺帝至正十七年（1357年）率部入蜀，攻克四川、重庆等州县。并于1362年在重庆建立了"大夏"农民政权。他的十几万军队基本上是湖北地区的农民，且多系湖北麻城县人。明玉珍不仅带来军队，也有大量少田缺地的农民，随之入川开垦务农。此次红巾军入川是历史上著名的"湖广填四川"的开始。岳池人的族谱里亦有记载。

跟随明朝的军队入川定居。明洪武四年，朱元璋派傅友德、汤和、廖永忠率军分别从北面和东面两路入川攻打明升。战后大量军事人员便入川籍。

明朝初年移民入川。清光绪版《广安州新志》卷十《户口》记载："洪武四年，廖永忠平蜀，大肆杀戮。复徙楚之黄（州）麻（城）人来兹是土。"这就是所谓"明初抽填四川"。这次填川有南方十余省移民。广安、岳池、武胜、邻水等县的土著居民（即《邻水县志》所称的"老民"）多是本次入川籍人员。

1993年版《岳池县志》"姓氏源流"记载的李、何、王三姓中的一部分注明"本地土著居民"，是明朝初年从湖广迁入的移民，即所谓"老民"。岳池另有"杨姓一支经湖北麻城县，于明洪武年间迁入岳池坪滩、西溪、苟角等地，后散居各乡"。

《清史稿·食货志一户口》记载：清以前广安从湖广迁入人家占该地迁入总户数的90%。在南宋灭亡后居住在广安、岳池等县的人口绝大多数是湖广填四川的汉族人。

（二）明末清初"湖广填四川"

《明清史料丙编》第十本《户部题本》记载：顺治、康熙年间，四川由于人口稀少，荒地多，城镇也是茂草丛生，甚至虎狼出没。清王朝提出“安民”“宽民”的主张，增加人口，劝民垦植，发展生产。清康熙三十三年（1694 年）正月颁《招民徙蜀诏》。诏曰：“朕承先帝遗愿，称制中国，自愧无能，守成自惕。今幸四海风同，八方底定，贡献维周，适朕愿也。独西蜀一隅，自献贼蹂躏以来，土地未辟，田野未治，荒芜有年，贡献维艰。虽征毫末，不能供在位之费。尚起江西、江南助解每年应用，朕甚悯焉。兹据御史温卢等奏称：湖南民有谷击肩摩之风，地有一粟难加之势。即着该部，饬行川省。湖南等处文武官员知悉，招民徙蜀。凡有开垦百姓，任从通往，勿得关隘阻扰。俟六年外，奉旨起科。凡在事官员，招民有功，另行嘉奖。”

于是，长达数十年的“湖广填四川”移民活动拉开序幕，湖北、湖南、广东、广西、江西、浙江、福建、河南等省的移民徙居四川。

为使移民活动顺利开展，清王朝采取一系列激励措施，其中一个主要内容是允许移民插占落业，六年后起科征税。《广安县志》称，清初，湖南、湖北、江西等近十省的一些老百姓成批迁入，省内射洪、阆中、双流等县也有人陆续到县定居。清光绪《广安州新志》卷十《户口》记载：清朝初年，新迁广安（清初，岳池合并于广安，这里的数据含岳池人口——编者注）的户籍，“大率黄麻籍四之，永零（湖南永州零陵县）籍五之，豫章（江西南昌）籍二之，浙闽籍一，齐鲁晋汴籍一，蜀人迁籍一”。《广安州新志》提供的数据，湖北黄、麻籍占广安州人数的 26.64%，湖北、湖南合计约占 60%。到乾隆三十四年（1769 年），县民增至 8861 户；到嘉庆二十五年（1820 年），县民达 24765 户；到咸丰八年（1858 年），全县为 26307 户，人口 131199 人，平均每平方公里 76.8 人，顺治十七年（1660 年）到咸丰八年（1858 年）的 198 年中平均年增加 653 人。

三、移民繁衍生息

（一）岳池人寻根问祖

1993 年版《岳池县志》“姓氏源流”记载：“杨姓，祖籍湖南天柱县；张姓，祖籍湖南零陵县；李姓，祖籍湖南零陵县；何姓，祖籍福建上杭县；周姓，祖籍湖南永州零陵；康姓，祖籍湖北省麻城县；郭姓，祖籍福建漳州；黄姓，祖籍湖北省黄冈县；胡姓，祖籍贵州绥阳县金；罗姓，祖籍湖南沅州；尹姓，祖籍湖南芷江；吴姓，祖籍福建汀州；董、范姓，祖籍湖北省麻城县；蔡姓，祖籍湖南零陵县；王姓，祖籍湖南祁阳；傅姓，祖籍湖北省麻城县孝感；蒋姓，祖籍湖北省麻城县孝感；章姓，祖籍湖南零陵县。”

外省人迁川，入川时间和情况不尽相同，县内一部分家谱均有记载。《唐氏族谱》记载：清康熙四十年（1701 年），唐氏始祖永州府零陵县唐家大湾唐大吉偕妻来到岳池县盘龙山下（今花园镇磨滩河村），插占土地，落户耕耘。后唐家子嗣后裔分居在县内高垭口、燕子崖和四方井。每年清明节，各处子嗣均要回盘龙山祭祖。

另一部《唐氏族谱》记载，湖广省永州零陵县（今湖南永州市芝山区）的丰乐乡秧丘田三乡村，晋阳唐氏之妻周氏，在其夫去世后，于康熙三十六年（1697 年），不顾年迈体弱，率子携孙，离开湖南来到岳池县齐福乡新庙村。其长子唐志洪居阳洞滩，次子唐志助居赵家嘴，三子唐志高居三块石。落业地均远离县城，插占土地并不肥沃。唐氏一家人全凭沐雨经霜，辛勤耕织，历经数年艰辛方才吃穿有余，成为这一带比较富裕的自耕农。如今唐氏宗族子嗣繁盛，富足安康。

《周氏族谱》记载：周氏祖籍湖南永州府东安县仁居乡月塘底。在清康熙三十四年（1695 年）左右，楚地周永年应诏“湖广填四川”。周氏入川后，定居于岳池城北阳巅沟庙坝（今北城乡境内）。周氏家族历经两三百年繁衍，在岳池县北门外阳旛沟、杜家九倒拐、县城内、土门赖台山、大石黑神庙、镇龙周家山以及广安、武胜县境均有周氏子嗣后裔。

《廖氏族谱》记载：廖氏祖先于明初（1370年）从江西迁湖北省麻城县孝感乡。清初，从湖广省迁往四川，在岳池、武胜、广安等地定居。

大量史料表明：岳池农家居民十之八九是湖广移民的后代，岳池农家人之根十之八九在“湖广”。

（二）岳池人的桑梓情

“湖广填四川”300多年以来，县境内湘、鄂、闽、赣等地移民同居一地，经长期交往，各自方言逐渐融合，形成了包容多样的独特农家文化。但是，虽经300多年时间，不少地方人仍然保留着祖籍的方言，至今保留着“湖广填四川”的历史痕迹。新中国建立后，中小学大力推广普通话，各地语言基本统一。但因为地理环境、生活习性、社会职业的差异，县民在语言上仍有一些差别。岳池顾县和苟角一带的人说话带湖南永州口音。比如：“吃（chi）饭”说成“吃（qi）饭”，“外公”说成“家（ga）公”，“读书（shu）”说成“读书（xu）”，“事做完了”说成“事做完刮了”等。

湖广人填川带来华夏汉民族优秀文化传统和语言文字，以及优良的民风民俗。如今，岳池农家人在衣食住行、婚丧嫁娶、节庆礼仪以及民居住宅建筑风格等方面都沿袭湖广文化传统。近年来岳池县的“农家文化旅游节”所展示的内容，承袭以汉民族文化为特征的湖广农耕文化，其文化的基本内涵和表现形式与祖籍地湖广的民间文化和民俗总体上是一致的。

《岳池县志》关于会馆和宗祠的记载反映了岳池农家人的桑梓情怀。

1993年版《岳池县志》530页记载：“明末清初，全县人口锐减。清康熙至乾隆年间，陕、鄂、湘、赣、闽、粤、桂、黔等省籍奉诏徙蜀来县定居的移民，募资修建同乡会馆，定期祭神祀祖。县城会馆有：福建会馆（福圣宫），江西会馆（万寿宫），湖广会馆（禹王宫），广东会馆（南华宫），陕西会馆（三元宫），黄州会馆（帝主宫），永州会馆（濂溪祠）。”各省移民定期齐聚会馆祭祀桑梓大神。随着时间的推移，移民后代已经逐步融入四川新环境而本土化了。

《岳池县文化志》载：1950年前，岳池县城内有包括会馆在内的“九宫十八庙”。1950年后，政府将这些宫庙相继拆除或改作他用。下南街万寿宫（江西会馆），划归县供销社；万兴街三元宫（陕西会馆），划归县物资局；会府街禹王宫（湖广会馆），一部分划归县川剧团，一部分作市场；文星街帝主宫（黄州会馆），改建为县看守所；西内街福圣宫（福建会馆），划归岳池师范附属小学；小东街圣龙宫，划归东街小学；文星街濂溪祠（永州会馆），划归县人民武装部。翔凤山南麓孔子殿、崇圣祠，改建为南充军分区礼堂；会府街文昌阁，划归城关中学。这些宫、庙后来先后被拆除。

除在会馆开展祭祀活动外，填川的同族人修建祠堂、家庙祭祀原籍祖先。1993年版《岳池县志》记载：“外省移民迁入时，同姓氏的族人多聚居于同一村院，后因子孙繁衍，便分居各乡。同族人集资修建祠堂、家庙，设神龛香案，供祭祖先牌位。县境内有80余家较大宗祠和10余座宗庙。”

1950年后，各地宗祠相继被拆除或改作他用。20世纪80年代改革开放后，一些姓氏的宗祠又开始逐渐恢复。岳池县天平镇的严氏祠堂近年重新修葺。

四、近代岳池社会与人口

1911年辛亥革命推翻满清王朝以后，中国社会连年战乱。1912年12月，大竹人余临川率保路同志军攻入县城，推翻清朝县署，实行“反正”，建立蜀北军政府驻军司令部，隶大汉蜀北军政府。1915年12月，蔡锷组织护国军及滇黔军入川，进攻袁世凯所封的四川军务会办陈宧起。1918年，四川军阀割据，战乱不止，岳池属第三防区。岳池县城先后被石青阳的靖国军、余际唐的江防军、黄隐的川28军、郑启和的靖川军、张藩的陕军、张遂良的边防军占领。以后，又是罗泽洲、杨森等10余个川军军阀你争我夺，实行封建军事专制统治20余年。抗日战争时期外省人口内迁，岳池也迁入一些人口。1949年12月，结束民国政府在岳池的统治，1950年1月10日，岳池新生人民政权建立，大批南下的军政人员到岳池任职。20世纪六七十年代“三线”建设中，外省、外县厂矿的职工及其家属大批迁入岳池定居，20世纪80年代以后的三十多年，城乡之间、区域之间人口的大流动等重大社会变迁。这些事件与人口的变动，改变了岳池的人口状况，对岳池政治、经济、文化以及民风民俗产生巨大影响。

第三章　《岳池农家》与农家文化

第一节　陆游与岳池农家

一、陆游作《岳池农家》

南宋乾道八年（1172年）春夏之交，48岁的陆游卸任夔州通判，前往南郑（今陕西汉中）赴任，途经岳池，到达封山寺下的岳池县治所伏江里。

伏江里是一片平坝。此时正是麦黄秧绿、布谷催春的季节，细雨纷纷。农夫们赶着牛在田野冒雨耕作，不时传出叱叱的吆牛声。一块块水田耙得平展展的。人们趁着田水浑浊时开始栽秧。水田里一会儿便披上了绿装。诗人眼中的岳池处处欢乐而祥和。西边村子里娶媳妇，东边的邻居添贵子，父老乡亲拿着鲜花，提着美酒前去祝贺。

岳池自然美，民风纯，生活在这里的岳池人自然也是美的。在陆游眼中，岳池农家小姑，她们头上戴着五光十色的饰物，眉毛描绘得像城里人流行的一样，一双双手洁白细嫩。女子养了蚕，收了茧，在缫丝作坊进行紧张的劳作。村里的姑娘和媳妇们你呼我唤，前去观看缫丝技能表演。

岳池农家人的农耕场景、岳池农家的淳朴和美民风触动了久经战乱之苦的陆游，便欣然写下《岳池农家》：

春深农家耕未足，原头叱叱两黄犊。
泥融无块水初浑，雨细有痕秧正绿。
绿秧分时风日美，时平未有差科起。
买花西舍喜成婚，持酒东邻贺生子。
谁言农家不入时？小姑画得城中眉。
一双素手无人识，空村相唤看缫丝。
农家农家乐复乐，不比市朝争夺恶。
宦游所得真几何？我已三年废东作。

二、《岳池农家》与岳池农家文化

陆游《岳池农家》描绘了一幅文明的农耕图景，唱出了一曲和谐的田园牧歌。人们由此看到在840年前，岳池先民创造了美好家园和灿烂文化。

昨天的现实就是今天的历史。巴蜀人早有筑堰修渠，引水灌溉农田的史料记载。唐宋以后，修山平塘、筑河堰，引水将旱地变为水稻田。水稻是宋代的主要粮食作物。史载，北宋时，越南的优良稻种占城稻传入中国，先在福建，后湖广填川移民在巴蜀各州、县推广。此稻成熟早，抗旱力强，不择地域，适宜于普遍栽种。经过农民长期培育，南宋时，有水稻品种粳稻140多种，糯稻50多种，其中一些已成为优良品种。《岳池农家》开头五句诗描绘的是水稻栽种场景，是一幅农耕风俗画。可以看出，南宋时期的岳池已是水稻的主产区。这里和江南一样富庶，是南宋抗金立国的大后方。

《岳池农家》描绘了岳池的民俗文化。“买花西舍喜成婚，持酒东邻贺生子。”从诗中看到840多年前岳池先民的“喜成婚”“贺生子”的礼仪，从而了解当时的民风民情民俗。

“谁言农家不入时？小姑画得城中眉。一双素手无人识，空村相唤看缫丝。”陆游诗通过农家人的穿戴打扮，反映出岳池商业的繁荣，手工业的兴盛。在封建的自然经济占主导地位的宋代社会，中小城镇和农村集市贸易已在岳池兴起，商品经济在岳池已初见端倪。农民的思想，尤其年轻人很前卫、时髦。唐宋时期，纺织业以两浙和川蜀最为发达。从陆游诗中，我们可以看到岳池的缫丝业已开始兴旺。

陆游《岳池农家》是对宋代岳池农家文化的诗意表达。从陆游诗中，我们看到岳池的先民用他们聪明的才智和辛勤的劳动推动了农业生产的发展，创造了丰富的物质财富，带来了经济的繁荣和农耕文明。

第二节　农家文化的发展

一、从渔猎到农耕

岳池地处四川盆地东部的丘陵地带，自古以来就是一个富饶的地区。巴族在这里定居以后，与居住在这里的原著居民一起，开垦土地，修建城堡，种植林木，挖掘矿藏，使原来较为落后的川东得到较好的发展。

巴族，原是一个渔猎民族。在殷商时期，巴族的经济仍然以渔猎为主。到了春秋前期，巴国在蜀国的影响之下，开始农业生产。《华阳国志·蜀志》载：“后有王曰杜宇，教民务农……巴亦化其教而力农务”。《华阳国志·巴志》称巴地“土植五谷，牲具六畜”，盛产“蚕桑、苎麻、鱼、盐、铜、铁、丹、漆、茶、蜜”等物品。而且岳池一带的先民很早就学会使用农具耕作，并兴修水利，引水灌溉农田。至战国初期，荆楚农耕文明传入巴地，促进了巴楚经济文化的互补和民族的融合。各族人民思想、文化和生活方式广泛的融合，从而在文化习俗的交融互补中形成共同的川东农耕文化。

在农作物中，岳池一带水稻的栽培较早。《华阳国志·巴志》载：在汉代“有稻田，出御米”。至于山区，农耕技术较落后，刀耕火种，作物有黍（黄米）、稷（小米，一说为高粱）之类。除了黍、稷以外，岳池一带还产燕麦。

二、农家经济的早期发展

农业生产发展以后，巴社会有了较多的剩余农产品，为畜牧业、手工业从农业中分离和发展创造了有利的条件。

酿酒。岳池一带的农家人在长期实践中掌握了酿酒技术，后世至今仍然有名。《太平御览》卷53引《郡国志》：“南山峡峡西八十里有巴乡村，善酿酒，故俗称巴乡村酒也。”在秦昭王（公元前306—

前302）时，为了优待境内的板楯族，与他们订立盟约："秦犯夷输黄龙一双，犯夷秦输清酒一钟。"反映出当时酿酒业的发展。

种茶、纺织。巴地是中国最早种茶和家纺业兴盛的地区之一，且有着悠久的历史。据近现代历史研究表明，巴蜀地区所产茶叶、细布、丝织品等，早在西汉时期就通过南方丝绸之路大宗运销中亚、西亚。张骞出使西域在大夏见到的这些产品，便来至中国巴蜀、滇及夜郎。

制盐。巴族使用卤水或岩盐的历史十分久远。《世本》记载，巴人早期就曾生活在"鱼盐所出"的清江上游，廪君传说中的地名如"盐水""盐阳"等，就说明了这一地区盐矿的丰富和人民利用盐的情况。巴族定居的川东地区是历史上盐业兴盛的地方。《华阳国志·巴志》载汉代均设有盐官。

岳池一带地区历经数千年农耕经济和渔猎经济的相互融合，互为补充，加之巴蜀地区受两河文明的推动，形成了早期农耕文化。

三、当代农耕文化

（一）古风古俗犹存

坐落在岳池这块土地上的民居是"岳池农家"的所在。岳池农家院落既体现了血缘亲情关系、宗法伦理思想，又具有自然朴实的地方特色，是典型的稻乡民居。

一般一个院子一个姓，每座院布局基本都是由正房和两侧厢房构成的"三合院"，结构多数采用青瓦屋面穿斗木质结构。正堂供奉着"天地君亲师"牌位，用来举行家祭礼仪，接待客人，左右耳房是长辈居住，厢房是晚辈居住或生活用房。院内铺有青石地坝，用着摊晒谷物。房前屋后种有树竹，绿荫掩映，冬暖夏凉。这种"三合院"是情感与审美的结合，是农作与自然的协调。

岳池境内居民大多是从湖广、江西、福建、陕西、甘肃等地的外来移民。早期同姓氏族居住同一院落，后因子孙繁衍，便逐渐散居各乡。为了祭祀家祖，维护本族人利益，一些族人开始"合族联宗"，编修家谱，集资修建祠堂、家庙，以此来强化家训，壮大宗族势力。1950年时，岳池共有96个宗祠家庙，仅县城就有文昌、万寿、禹王、福圣、观音庙、文庙等"九宫十八庙"。每到祭祖或庙会，香火不断，甚是热闹。

"岳池农家"宴席的主要菜品是"八大碗"。即凉拌瘦肉片、八宝蛋、夹沙肉、宝肋膀、肉片扣、酥肉排骨汤、回锅肉、粉蒸肉。"八大碗"都以农副产品搭底，做到凉热炒烩炖蒸样样有，麻辣甜酸咸味味俱全。其中"八宝蛋"选料精，做工细，火候讲究，是一道人人都喜爱的佳肴，至今还是待贵客的特色菜。除了农家主菜"八大碗"外，岳池还有许多有名的传统小吃。如羊肉米粉。岳池羊肉米粉是用优质大米，经磨碎、发酵、蒸煮、冲压等多道工序加工成的洁白如银、形细如丝的米粉，调之以山羊羔肉、嫩豌豆汤等多种佐料，是老少皆宜的传统食品。岳池名小吃还有顾县豆腐干、鸡八块、黄凉粉、元宵汤圆、酥儿糕等。

岳池盛产水稻，稻米制品繁多，其中一特（岳池特曲）、二白（黄龙贡米）、三黑（天登酱油、老陈醋）已成为遍销全国、名扬四海的"岳池三宝"。

"岳池农家"多从外地来，不仅给这里带来先进的种植技术，而且也带来了各地的风俗文化，全国各地的一些传统节日，如春节、元宵、端午、中秋、重阳等多在这里时兴。在这些传统节日中，尤其以中秋节最为隆重。农历八月十五日，家家户户用精糯米、蒸熟后倒入石碓中舂打成糍粑。晚上，在皎洁的月光下，设香案，摆上糍粑、月饼、瓜果祭月亮。祭完月亮后，阖家人围坐一团，听老人讲述天狗吃太阳的故事：很早以前，月宫中的天狗经常偷吃太阳，川东一带多是阴天，种上的水稻因缺少阳光而欠收。于是人们想了一个办法，用糯米做成太阳大的圆糍粑，请月宫中的嫦娥在太阳未出山之前拿去喂天狗，天狗吃饱了糍粑，就不会再去伤太阳，太阳就会天天出现在天上。后来，每年农历八月十五日，岳池一些地方都要举行“糍粑会”，家家户户舂打糍粑，到祠堂或祭月坛去祭月亮，祈祷来年丰收。“糍粑会”上，大家都要把各自的糍粑摆放好，让祭司依次观看检查，看谁家的糍粑做得又大又圆又好，最后评出“状元粑”。作为族人宴会上的一道好佳肴。

岳池还有许多民间喜俗，如以添人进口为喜事的“婚礼”和“打三朝”。由于受自然经济模式影响，每一家庭都以添人进口来增加劳动力，每一家族都以增人来扩大家族势力，人们往往以人丁兴旺为荣，不断进行人口生产。“迎亲礼”在岳池最热闹、复杂，贺生子“打三朝”礼在岳池最贵重、繁多，这当中的许多礼仪和礼品都体现了稻乡文化，如姑娘出阁跨米斗，喜酒送糯米，“打三朝”送米醪糟、阴米饭等。那“岳池农家”中的“买花西舍喜成婚，持酒东邻贺生子”的喜对，说明在宋代岳池就有这些风俗了。

（二）农业经济的发展

岳池地处浅丘，土地肥沃，气候温润，雨量充沛，适宜农耕。千百年来岳池农家在这里辛勤开垦、劳作生息，创造了发达的农耕文明，为农业经济的发展奠定了基础。如今，岳池是全省著名的水稻产区，获得“银岳池”之美誉，成为全国500个、全省30个每年向国家提供上亿斤的商品粮基地。这些荣誉都少不了像陆游诗《岳池农家》记载的那些先民们的辛勤努力。一代代岳池先民创造了灿烂的农家文化。

在历史的长河中，岳池这片土地上，发生过殷商文化、秦汉文化、荆楚文化、巴蜀文化的交流和融合，形成了一种内涵丰富的农耕文明，而这一文明在其发展过程中与岳池稻乡这一特定环境相结合，经历长期的积累、扬弃和演变，逐渐形成了当代风格独具的稻乡文化。

（三）农家文化艺术逐步繁荣

堪称“岳池农家”一绝的“岳池灯戏”又名“喜乐神”，它是在过去民间“跳端公”的基础上，融汇民间歌舞、皮影、木偶、杂技等表演手法，采用川东地方小调，来反映稻乡的凡人小事和豁达乐观精神的地方小戏。它演出场地为庭院晒坝，舞台以农家打谷的拌桶（翻过来），照明在四角挂摆上油灯。每到闲暇时节，农家就聚集在晒场上，观看起短小、夸张、风趣、幽默的灯戏来。真如清代嘉陵公子写的《竹枝词》“一堂歌舞一堂灯，灯有戏文戏有灯，庭前坝后灯弦调，满座捧腹妙趣生。”现在“岳池灯戏”不仅活跃在民间，而且走进城市，冲出四川，走向全国。1987年参加全国戏曲研究会第六届年会名扬京城，1988年首次登上北京长安吉祥等剧场和中南海演出《包公照镜子》《幺妹嫁给谁》《周元献鸡》等灯戏，深得首都观众和中央领导赞赏。

岳池还有许多民间艺术，木偶、车灯、竹琴、花鼓、秧歌、清音、荷叶、评书、被单戏、高亭等。其中以男女栽秧时的对歌最有趣，如男唱：“大田栽秧行对行，大姐二姐来帮忙；没有好的招待你，摸个鱼儿笆篓装。”女对唱：“大田栽秧排对排，莫把身子挨拢来，退步要端行行正，端端正正姐才爱……”，这种一唱一和，见物起兴，自编自唱，真是别具情趣。另外岳池的稻草龙也颇具特色。秋收后，人们用稻草扎成长长的草龙，在街头院坝飞舞，草龙制作精湛，舞龙技术高超，具有很高的艺术价值。

（四）稻乡人才辈出

岳池的石圣山（古名金陇山）有一农家青年蒲信，自幼品行端正，聪慧好学，除帮父母农作外，还常帮乡邻干活，农活之余一有空闲时间，就到金陇山上的石庙子后面的一块大石上伏案修读“四书五经”。族人为之感动，纷纷出资助之参考。蒲信乡试、院试屡屡夺冠。北宋仁宗庆历年间，压五百进士一举夺魁，成为从农家走出的唯一状元（历代状元榜录）。蒲信系农家子弟，做官后积极支持王安石变法，后来变法失败，蒲信被贬官而客死他乡。蒲信除在家乡石陇山上留下石头读书台外，其余什么也没有留下。明代诗人杜日章回归岳池访状元台留诗云：“为爱幽居处，天然落韵长。台高山翠远，峰转阁风凉。石圣今朝寺，金陇古道场。不凭骚客迹，谁记状元郎?”的确，今人知道蒲信这位农家状元的寥寥无几。岳池古今文人众多，仅古代就有91位进士，如古代康以铭、何棻同榜进士，杨昂、杨缙兄弟同榜中举皆成为美谈。现代更是人才辈出，其中著名版画家刘旷，著名翻译家罗玉君，电影《抓壮丁》作者、原文化部副部长吴雪，原中国社会科学院副院长、经济管理学博士陈佳贵，哲学博士祝明发，都是岳池农家走出去的名人代表。

进入21世纪以来，岳池农家正发生着深刻的变革并与时俱进。治理城乡环境，村容村貌改变；山水田林路综合治理，基础设施改善。全县基本实现村通水泥路，农民新村建设由点到面逐步推开，农家新居遍布乡村。农家人出行大多有自己的摩托车、小汽车，空调、电冰箱、电脑逐步在农家普及。“乡村农家居，互联网上游”已再不是农家人的奢望。全县常年30多万农家子弟遍布全国各地，人流、物流、信息流带来当代农家的深刻变革。“生产发展、生活富裕、乡风文明、村容整洁、管理民主”的农家风貌正逐步实现。“岳池农家文化旅游节”跻身“中国·四川十大名节”，“农家乐之源”“中国曲艺之乡”等文化品牌的影响力不断扩大，“岳池农家”正和着时代的节拍续写着“农耕文明”的时代新篇。

第二篇　农家习俗

第一章　农事与农谚

第一节　农事活动

一、备耕

适时耕田犁土以备种植叫备耕。每年农历惊蛰节后，天气转暖，农民即用牛套上铁犁耕田。犁时先绞田边以防渗水，先后犁二至三遍后，用锄头筑田埂，再用钉耙钩稀泥糊田埂，以防田水渗漏。若是干田则要先灌水，然后往返犁数次，再驾套耙耖田、耙田，将田泥整平耙融。田角犁不到的地方用锄翻挖，用钉钯钩平。冬水田一般是三犁三耙，夹干田三犁多耙，做到泥融水浑，以备育秧或插秧。没有耕牛的农家，租牛犁田，有的用人拉犁犁田或用锄挖田。秋收后，农历七月开始稻田秋耕，俗称“造板田”，农谚有“七月犁田一碗油，八月犁田半碗油，九月犁田光骨头”，说明及时“造板田”的重要性。秋播小春作物前，秋耕后的干田、干土用锄欠（谐音。将土挖细匀意）细、整平、开厢开沟后，播小春种子。冬季，农民用锄挖炕土，以备次年春播玉米。20 世纪 50 年代中期，开始试用单轮单铧和双轮双铧犁耕地。60 年代试用水耕机耕水田，80 年代后期，部分平坝地区使用拖拉机耕地，但因岳池多丘陵，梯田多、田块小而不规则，不适宜大型农机耕地，故多数农民仍使用牛耕。

二、种植

受气候条件的支配，古往今来，岳池农作物种植，基本上分为大春作物和小春作物种植两大类。以作物种类划分，则可分为粮食作物、经济作物（含林木）和蔬菜三大类。大春作物有水稻、红薯、玉米、高粱、黄豆、绿豆、花生、芝麻等，以水稻、红薯、玉米为主，约占全县粮食总产的 65% 左右。小春作物有小麦、油菜、胡豆、豌豆、大麦、荞麦等，以小麦、油菜、胡豆、碗豆为主，约占粮食总产的 34% 左右。各类蔬菜瓜果一般分春秋二季种植，有的品种由于生长周期短，随时有种有收。自 20 世纪 80 年代中期以来，逐渐推广地膜复盖技术和大棚温室种植技术，许多夏令蔬果冬季亦可产出。

（一）水稻

岳池水稻分粳稻和糯稻两大类。清光绪年间，岳池种植有早稻、红稻、花稻、糯稻等品种。水稻一般惊蛰至春分时节播种育秧。旧时习惯做板板秧田，满田播撒芽谷，育“丝毛秧”，谷种耗费多且秧苗纤细，抗病力弱，产量很低，亩产不到 200 公斤。1953 年，推广“整平晾底，1.7 米开畦，长根短芽，泥浆落谷（芽）”育种新技术，培育二粗秧和片子秧。1978 年，普遍推广杂交水稻“温室无土两段育秧”新技术，培育多蘖壮秧。1985 年后，又推广优质杂交水稻地膜复盖育秧技术，培育壮秧。立夏、小满时节移栽秧苗。第一天栽秧，农家要举行“开秧门”仪式。栽法很讲究，忌讳栽倒秧、浮秧和狗爪秧，但同时习惯栽“五大行”“六大行”白水秧（无底肥），行稀苗弱，产量较低。后又普遍推广旱育秧和“少秧密植，重施底肥，合理追肥”技术，并拉直线栽秧，保持适度行距、株距，通风透光性好，易于秧苗分蘖。

秧苗移栽完后，农家要举行“封秧门”仪式，庆祝栽秧结束，祈祷取得好收成。秧苗移栽大致 10 天至 15 天转青（俗称“转蔚”），即下田薅秧，前后薅二次至三次。薅秧时节，农家男女青壮年一手扯稗子和杂草，将其踩入泥底做肥；一手拄竹棍（俗称“薅秧棒”），支撑身体，用脚将泥推向秧苗根部并蹬平，促使分蘖。之后适时追肥、杀虫、管水。立秋至处暑前，新稻成熟，开始收割。收割时，农家用齿镰割稻，在拌桶内放上打谷架并三方围以挡席，放入田中，由2人至4人轮流将一束束稻穗在打谷架上甩打脱粒。同时，孩童提竹篮在田间拾散落的稻穗，做到“精打细收，颗粒归仓”。20世纪50年代后，使用手摇或脚踏齿辊打谷机脱粒，功效倍增。20世纪90年代以后，农村普遍用小型汽、柴油机带动打谷机脱粒，费省效高。如今，水稻收割普遍雇收割机收割。收割后，新谷用扁担箩筐挑运至晒坝曝晒，并用竹筢刮去杂草稻叶，用木朳翻晒。谷粒晒干后，用木制风车扬净秕壳灰渣，入仓储存。如今农家多以石板仓、砖混结构水泥仓或白铁皮立柱仓储谷，也有用陶制瓮、坛、缸或木柜、木扁桶储粮的。还有的在室内地板上用篾围席围谷储存，围席上方贴菱形“丰”字、倒贴“福”字，以示吉祥丰收。

（二）小麦

小麦是岳池仅次于水稻的主要粮食作物。旧时岳池农家每年霜降后稀窝点播小麦，产量很低。1956年后，全县改点播为条播、线播。1963年后，推广干田四方蔸和小窝疏株密植，将土挖成带状条形连窝点播（即每条带点4～5行小麦，中间加1行胡豆）种植技术。立夏前小麦黄熟，农家用齿镰割麦，用篾条捆成束挑到石坝或房前地坝用树条编织的连枷拍打脱粒，或在打谷架上甩打脱粒，也有用脱粒机脱粒的。除去杂草晒干后，用风车扬去秕壳，放入柜、桶、瓮、坛中或用塑料编织袋装包放入仓内储存。

二、养殖

养殖业是岳池农家仅次于种植业之又一主要产业和经济来源。牲畜类有猪、牛、羊、兔；家禽类有鸡、鸭、鹅、鹌鹑、鸽；水产类有鱼、鳝、龟、鳖；蚕虫类有家蚕、家蜂、药用昆虫。其中猪、鸡、鸭、蚕几乎家家饲养；牛、羊有条件的农家饲养。

由于猪、牛、家蚕养殖在农家经济中的重要地位，故农家对其饲养极为讲究，从选种到饲养各个环节具有一套完善的经验和独特习俗。

（一）养牛

岳池农家养牛分养耕牛、菜牛和奶牛三种。耕牛为黄牛、水牛。菜牛供居民食用，奶牛产奶。耕牛一般是一户养一头牛或几户合伙养一头牛。少数农户养1～2头菜牛或奶牛。农家养耕牛极精细，每天都要牵出让牛吃鲜嫩青草，晚上添喂干谷草或青草。养的是水牛，夏天还要牵去河塘洗澡。牛棚、牛栏要通风透气，窝草要干松，每天三刮三扫，或用石灰水消毒，保持干净卫生，并用铁篦梳牛毛去虫蚤。冬、春寒冷天气，牛棚要遮风，给牛喂玉米、黄豆、鸡蛋，在老牛背上盖旧棉絮或蓑衣防冻。农民去市场相牛买牛，主要看皮、毛、脚和蹄，即“上看一张皮，下看四只蹄，前脚直如松，后脚弯如弓”。牛买回家要开痧、磨牛角，然后喂饲料。母牛产仔时，忌孕妇看。牛胎盘要挂在树枝上，祈福小牛顺风长得快。每逢农历三月初八，农家去牛王庙祭祀牛王。

（二）养猪

岳池农家家家养猪，少则1头，多则2头以上。农民割野生植物茎、叶、藤和蔬菜、豆叶、苕藤、青草作青饲料（俗称打猪草）；米糠、麦麸、糖糟、酒糟、酱醋糟、潲水等作粗饲料；以大米、大麦、小麦、荞麦、玉米、红薯和粉渣（制淀粉所用的胡豆、豌豆、红薯渣）作精饲料。传统习俗喂熟食。将饲料加水或潲水煮熟后和糠喂过槽猪（中猪）和架子猪（大猪）；用米浆、麦糊喂“笼子猪”（未满 2 月奶猪)。除种猪外，奶猪满月后请骟猪匠或兽医阉割生殖器官，俗称“骟猪”；70 余公斤的架子猪，需用精饲料育肥。2000 年后，多数农家普遍应用生饲料喂养技术。农家去市场买猪，大多根据“耳大捧脸，一顿吃一碗”（小猪）、“前看一张嘴，后看两条腿；前头胸膛宽，后面屁股圆”（过槽猪和架子猪）的俗谚所概括的标准选购。若因天气热或猪走累后，容易“发痧”而死，使用鞋底针在猪耳上刺血“放痧”。旧时，农家修猪圈时，忌说“大、小、死、病”之类的话，恐猪长不大。新猪圈修成时，由匠人师傅手持新扫帚扫圈。同时，口诵吉祥词：“槽上吃食，圈上擦痒，日长百斤，夜长万两，肥如冬瓜，黑如乌鸦，槽槽肥猪，长齐牛大”。猪圈要不定期用石灰水消毒，艾蒲烟熏。猪睡的草窝要勤换，保持干松。2000 年以来，生猪养殖由农户分散养殖逐步发展为集约化良种养殖，几十头、几百头的养猪专业大户不断出现，农家分散养殖生猪已逐步减少。

（三）养家蚕

岳池栽桑养蚕历史悠久。每年早春桑绿叶嫩时节，蚕妇沐浴更衣，祭拜蚕神，秉烛燃香，化纸钱，祈蚕神保佑春蚕丰收。然后将蚕种纸置于小簸箕内盖上布单，或者贴于蚕妇胸部孵蚕。孵出蚁蚕后，用一片鹅翅毛轻轻将其扫于蚕簸，用切碎的细嫩桑叶喂养。蚕养至一、二、三眠时，逐“眠”增加蚕簸，分批分育，逐渐添加桑叶量和喂养次数。立夏前春蚕上蔟结茧。摘茧后，少数蚕农用木制缫丝机缫丝出卖，多数蚕农将蚕茧卖给蚕茧收购商。近年来，蚕桑业有所复苏，养蚕农家也逐渐增多。

三、副业生产

岳池土麻、灯草、慈竹资源丰富，纺织、编织成为农家副业生产的主要项目。

（一）绩麻

岳池农家妇女多会绩麻。先割取土麻，用麻刀剥取麻皮且刮尽表皮，用清水浸漂后，捞起晾干，用指甲撕成细长的麻丝，再用清水反复漂白晒干，搓成细麻线盛于麻篮，再用竹筒绕成麻线团到市场出卖，或上机织夏布（俗称麻布）用以做蚊帐、麻衣。技术熟练者，3 天可绩麻线 0.5 公斤。此项生产活动延续至 1950 年代。后农家改种苎麻销外地，少数妇女用以搓麻线纳鞋底。此后农家用苎麻纱织夏布者渐少。近年，苟角、天平、鱼峰等地引种黄麻出售，作为农家增收的一项副业。

（二）纺棉纱

自古以来，岳池城乡妇女手工纺纱织布者甚多。1950 年前，沿袭用手摇纺车纺纱。手摇纺车由竹片、麻绳制成立体大圆盘带摇柄置于“U”形木架后架上，木架前座安装车梃子（即纺轮），大圆盘与纺轮之间交叉套一根麻绳作传动带。纺织时，纺纱女坐于纺车侧，右手按顺时针方向摇动手柄带动纺轮旋转，同时左手捏棉条向左后慢慢地拉动棉条即纺出捻线（即棉线），当捻线拉长至左手臂伸直时，纺轮稍作反时针方向回旋，同时左手慢慢收回，将棉线绕于梃子上。如此反复进行。当纺满一梃子即成纱锭，纱锭经浆洗等工序处理后即可上机织成土白布。

（三）织棉布

清光绪乙亥年版《岳池县志》记载：“岳池土地不产棉，而昼纺夜织，出土布颇多，运贩他境。”故岳池素有“土布之乡”之称。织布所用脚踏木制织布机，分抛梭（俗称丢梭）和手扯梭两种。织工买回棉纱，浆洗晾干后，将一根根经纱分别穿过机梳梳格中，并分成奇偶两组分别固定在机头上，将纬纱装入梭子内备用。织工坐于机头后面机座上，脚蹬踏板，带动奇、偶两组经纱上下交错分开，同时双手左右交替抛梭，将纬纱一次次随梭穿过交错分开的两组经纱之间。每穿一次纬纱，就顺势稍推机梳拍紧纬纱。如此反复，一匹土白布便织成。后来将抛梭改成扯梭，即在织机上方装置一个固定滑轮，用手扯滑轮绳，带动梭子左右往返，使纬纱来回穿行于两组经纱间。扯梭工效高，技术熟练者5—6天可织土棉布一匹。

（四）缫丝

南宋乾道八年（1172年），陆游途经岳池所赋《岳池农家》“一双素手无人识，空村相唤看缫丝”的诗句，足以说明岳池养蚕缫丝历史悠久。宋、元、明、清时期，岳池农家栽桑养蚕、缫丝织绸相当普遍。所缫之丝除自用外，皆用以交易。1914—1921年，县人朱炳江、陈徙南、徐相臣、杨青廷先后创建罗渡富流滩丝厂、齐福炳瑞丝厂、坪滩雷伯孔丝厂，使用木制缫丝机40~70台，雇工100余人，年产蚕丝1.2万公斤，运交上海同康泰公司转销外国。抗日战争时期，日本丝大量倾销中国，县内各家丝厂倒闭，迫使农民毁桑种粮，民间缫丝业渐衰。1950年后，县人民政府发展蚕桑生产，所产蚕茧调运国营丝厂作原料，农家缫丝停止。

（五）织席

岳池盛产慈竹、水竹和灯草，编织竹席和草席历来是岳池农家主要家庭副业。顾县、苟角、安东、天平、白庙等地农家，男女老幼皆会织竹席。以慈竹、水竹为原料，先将竹子破成竹片，用刀将竹片划开，根据编织用竹篾的厚薄再手撕成竹篾，勾刀刮匀后编织竹席。编织时，边编织边用长木压板将篾片挤紧，然后在四边将竹篾回头收编于席内，即织成一张竹席。竹席其品种有枕席、床席、晒席、档席、围席、船棚席等。床席有宽席（长2米、宽1.5米）、窄席（长1.67米、宽0.93米）两种。夏天，青篾席凉爽舒适。黄篾席一般用于搭棚、做天花板。20世纪90年代，誉为“川北席乡”的苟角、天平、顾县镇，年产竹席300多万张，运销10余个省（市）。尤其是安东乡秦运甲夫妇所织细竹席，技术精湛，席面美观，折叠无断迹，细软轻巧。1956年精心设计编织的一张长2米，宽1.4米细青席，每分米用细竹蔑丝50~60片，勾刀刮匀，细如麻丝，送往北京全国手工艺展览会展出，被评为全国优等手工艺品。此外，农民农闲时，还用竹编织箩篼、背篼、斗筐、簸箕、撮箕、筲箕、竹筛、竹篓、竹篮、纤绳、犁扣、竹扇、竹椅、竹凳、竹帘等数百种竹编制品上市交易。

岳池九龙、花园、石垭、苟角、顾县农村盛产灯草。除划灯芯制蜡烛、点灯和药用外，主要用于织灯草席。织草席工具由矩形木架、苎麻绳和厚约1寸的木压板组成。操作时，先选好长度合格的灯草浸湿，然后一手将一根根浸湿的灯草头尾交替地用竹片送入麻绳经线并将草尾折转收入经线中，另一手用压板将灯草一次次压紧，如此反复，织成席坯，然后再剪齐边沿须草，晾干，用麻团擦光席面，一张草席即织成。岳池草席具有四季皆宜、草厚耐磨、柔软舒服、不翘不断、经久耐用的特点，品种规格齐全。20世纪20年代运销陕西、云南、贵州等地，60年代运销石家庄、郑州、武汉、贵阳、重庆等地，供不应求。70年代后。种植灯草者减少，全县草席业停业。

此外，20世纪80年代前，农家还有用麦草、灯草编织遮阳草帽以及用竹麻、稻草编织草鞋的习俗，现今已少见。

第二节　农事机具

一、传统农具

旧时，岳池农家使用石、木、竹、铁制农具，用牛拉铁犁耕田耕土，用锄头翻土、碎土、松土、打窝、垒行、开厢、播种和除草。大春栽秧前，用牛拉铁犁将上年大春收割后犁过的稻田再犁一次。

然后，用牛拉铁齿耙往复耙田，达到泥融水浑而后下种育秧、插秧。用木制龙骨水车或竹编戽斗提水灌干田。用钉耙钩挖稀泥糊田边防漏水。农作物田间管理阶段，用木制粪桶、竹撮箕挑人畜粪水、植物灰渣等农家肥给禾苗施肥、浇水。水稻、小麦收割时，用齿镰收割稻麦，再用竹编挡席围住三方的木制拌桶内甩打脱粒，而后用扁担、箩篼挑至石坝或竹编晒席上曝晒，并用木耙翻晒，用竹笊除杂草、杂质。待谷、麦晒干后，用木制风车扬尽空壳、尘土，收藏于用竹编围席围成的粮囤、木柜或粮仓中。豆类及油料作物收割晒干后，在石坝或土坝上用树条编排而成的连枷锤打脱粒。包谷脱粒全靠人工一粒一粒从包谷棒子上掰下。稻谷加工时，先用木制簺子磨或用石碓窝冲掉谷壳，用风车扬去糠壳后，放入石碾中反复碾压成“熟米”，用风车、竹筛、簸箕等除尽糠秕和残留的谷粒后食用。包谷、小麦、大麦、荞麦则用石磨磨成面粉而后食用。油菜籽一般送榨油坊用木制油榨机榨油。家畜、家禽养殖业除圈、栏、食槽外，别无其他设备。渔业，少数专业渔人使用大型渔网、小渔船，喂养水獭（俗称“毛子”）或鱼鹰（俗称“老鸹”）捕鱼。一般农家使用小渔网、竹编虾耙、罩子、濠子之类工具捕鱼。

二、农事机具

20 世纪 50 年代后，岳池农家在继续使用传统农具的同时，随着农业科技的发展进步，大量先进的农机具逐步运用于农副业生产之中。1954 年试用北方步犁。1955 年试用单轮单铧犁和双轮双铧犁。1978 年后，推广以钢代木、以塑料代木农具，试用钢犁钢耙、塑料粪桶、粪瓢等。1980 年后，开始使用半机械化农机具。1990 年后，耕种有拖拉机、插秧机、播种机；灌溉有抽水机（水泵）；收割有打谷机、脱粒机、联合收割机；粮食加工有粉碎机、打米机、磨面机、榨油机。特别 2000 年后，每当春种秋收大忙时季，本县及外省的“农机服务队”纷纷深入农家开展有偿服务，使先进农机具的使用更加广泛，传统农具或闲置或废弃。

第三节　农事习俗与农谚

一、农事习俗

（一）农事节气

岳池农家的农事按二十四节气进行。流传一首二十四节气歌：“春雨惊春清谷天，夏满芒夏暑相连，秋处露秋寒霜降，冬雪雪冬小大寒。上半年是七二一，下半年是八二三，每月两节日期定，最多相差一两天。”其中表示温度的有小暑、大暑、处暑、小寒、大寒；表示降水和水汽凝结现象的有雨水、谷雨、白露、寒露、霜降、小雪、大雪。农家以二十四节气中气温、光照和降水的变化情况为依据从事农事活动，颇有科学性。

（二）忌戊

旧俗逢“戊日”忌动土，尤忌头五戊。过去以干支纪日，立春后的第一个戊日为头戊，连续忌五个戊日。每逢戊日，农民不耕作。五戊之后，正是布谷催春大忙时节，也就不大忌戊了，人称“五戊大赦”。

（三）开秧门

农家每年开始插秧的第一天，先要用“刀头”（一方熟猪肉）、白酒、糖果等供品，焚香、蜡、纸、烛，祭祀土地菩萨（社神），祈求满栽满插，稻谷丰收。而后下秧田扯秧子，俗称“开秧门”，然后把秧子一把把抛到田中，待栽秧人到齐后，即请栽得又快又好的人第一个下田“开蔚口”，栽出样式，然后一个个跟着下田，接着蔚口栽秧。此俗1950年后消失。

（四）“打幺台”、送“栽秧腊肉”

缺少劳力的农家，为抢农时适时栽秧，常雇请短工或与乡邻、亲友换工互助。当秧栽到太阳快到顶时，主人要备办“幺台”（即三餐之外的加餐饭）送到田头。栽秧人吃高兴后，又下田栽秧，俗称“打幺台”。“幺台”除饭菜之外，不能少了盐蛋。据说，不吃盐蛋，栽下的秧要浮起来。栽完秧后，主人备办“栽秧酒席”。大家酒醉饭饱后，主人送给每个帮工一块重约3两的熟腊肉，并用细竹丝或麻线穿挂，提回家中，表示主人对帮工全家的谢意。

（五）封秧门

插秧结束时，农家集中祭祀土地神（社神）。同时大家筹资请艺人演灯戏、川剧、木偶、皮影等地方戏曲庆祝。俗称“封秧门”，也称办“秧苗会”。

（六）浴佛节祛虫害

传说农历四月八日佛祖生日，为浴佛节。此日农家将一束根部带稀泥的秧苗抛粘在屋檐上祛毛虫。同时。墙壁上贴上用红纸书写有“佛生四月八，毛虫今日嫁，嫁到深山去，永世不归家”或“佛主诞辰，毛虫远行”之类的符咒，以此求佛保佑，除祛秧苗虫害。

（七）求雨

每逢久旱不雨，农家便抬上“城隍”“玉皇”“王母娘娘”“龙王”神像和传说能通神的狗游乡，并到庙宇祭祀祈祷，赶旱魃神。同时，要“水龙”（即用水泼草龙），请端公道士设坛斋醮，城乡禁止屠宰牲畜，以求天神、龙王赐雨救灾。

（八）塞磨眼止雨

相传，天宫有一神仙名“磨神”，只要它一发怒，就将天河的水引入天磨中，磨一转动，水就流洒于人间，并久洒不停（人间称之为下“连绵雨”）。相传每遇这一情况，只有天神哪吒才能制服它。因此，凡遇下连绵雨，农家便选一名男童扮作哪吒，拿一把干稻草使劲将农家石磨磨眼塞上，并口念“天爷赐大福，磨神停灾雨”，而后向天上磨神三拜叩即去。连绵雨未停之前，不得抽动、抽走塞磨眼稻草，更不能磨带水的粮食。连绵雨停止后，“哪吒”将塞磨草拔出，至野外烧掉。烧时撒少许五谷杂粮，以谢天神、磨神的恩德。

（九）唱薅秧歌

秧苗移栽10～15天后转青，农家即下田薅秧，先后薅秧2～3次。男女青年薅秧时，有唱薅秧歌的习俗。一人领唱，众人合声，交替反复。歌词属即兴创作，其内容多为表现农家劳作的艰辛、男女欢爱、爱情甜蜜和劳作的欢愉。

1980年后，稻田除草开始使用除草剂，加之农业科研成果证明，薅秧有损植株根系，不利秧苗生长，故不再薅秧，唱薅秧歌之俗逐渐消失。

（九）尝新

新稻成熟后，农家喜割几束新稻穗，脱粒后用石碓窝、石碾加工成“熟米”蒸新米干饭，并备刀头、白酒、菜肴先祭祀稷神（五谷之神）同时，舀一勺新米饭和菜肴喂狗，看狗先吃什么，以此预测当年谷米的贵贱。然后，全家人共享新米饭。俗称“尝新”。

（十）秋社祭社神

立秋后第五个戊日（即农历八月初二）是秋社，农民备“刀头”、白酒、新米饭去土地庙酬谢社神（俗称“土地菩萨”），保佑当年五谷丰收。同时，农民集钱演木偶戏、傩戏（端公戏）自娱自乐。

（十一）嫘祖会祭蚕神

传说轩辕氏之妻嫘祖发明栽桑养蚕，蚕农尊嫘祖为蚕神。每年农历9月16日嫘祖诞辰之日，蚕农集钱办“嫘祖会”祭祀。次年早春时节，蚕妇沐浴更衣，秉烛燃香，焚化纸钱，再祈蚕神保佑春蚕平安、春茧丰收。然后将蚕种纸贴于蚕妇胸，用体温育出蚁蚕后，用一片鹅翅羽毛将蚁蚕扫入竹编蚕簸内，切碎细嫩桑叶喂养。

（十二）买猪招财

旧时，岳池农家在买回来的生猪入圈前，主妇将事先备好的一杯水递给买猪回家的人，将杯内的水一口气喝干。习俗认为如此才能使猪有好的胃口，长得快。买猪人喝水后，主妇带上扫帚清扫猪圈，将生猪牵或抱入圈内，切勿打逼或死拖硬拉入圈，免使猪暴跳吼叫。生猪入圈后，主妇将圈门向外推搧八次，边搧边说：“八方财神有眼，托猪引财入圈，保我家财银满罐”之类的吉祥话。关好圈门后即去，让猪歇息静睡。待猪饿极时，方首次投食。投食必须适量，既要使猪吃饱，又不能槽食有剩。同时，主妇要从头到尾顺抹猪背脊四次，抹一次念一声：“乖猪在行，为我带来财粮”。猪入圈的当晚，主妇在圈旁听，只要听到有猪叫声、圈响声便认为是猪在招财进圈。

（十三）收猪魂

旧时，岳池农家当将要出卖的猪牵离猪圈不远处时，家庭主妇站在猪圈旁边向猪去的方向连唤三声“猪儿啰啰！”俗称“收猪魂”。主妇唤猪后，牵猪人即调头，牵猪回走三步，并说“留财，留财！”和“你要到贵富人家去了”等吉祥语。在上市的路上，不得推猪或鞭打猪，也不要骂“发瘟的”“刀杀的”“死猪”等不吉利的话，以免把家畜兴旺的财运打骂跑了。在市场上经评行（评中）人的撮合，猪卖掉后，在交牵猪绳给买主时，卖猪人用猪刮子在猪身上刮三下，俗说此举要猪归顺买主；让猪为自家留下财运。买主一手接过牵猪绳，一手即向卖主交钱，以示给卖主留财。

猪离圈的当天，主妇要清扫猪圈。若圈内还留有猪，则不能清扫圈舍，而要将留圈的每头猪用刮子梳理皮毛，并对猪说：“旧伴走，新伴来，你不得缺伴，家不得折财”等吉祥语。同时，还要给留圈猪吃一顿好食，安抚它们不要念伴哄叫，保持圈舍安宁。

（十四）茶神会祭茶神

唐代陆羽著《茶经》，记述种茶、采茶、制茶、饮茶等茶道，故茶农奉陆羽为茶神。每年农历三月十五日，茶农集钱办“茶神会”隆重祭祀茶神，观戏曲、聚餐，互相交流种茶经验。

（十五）唱采茶歌

1978年以前，岳池沿华蓥山、金城山一带及黄龙寨的农家有种茶习俗。每逢采茶季节，男女青年一边手持茶篮、茶篓采撷茶叶，一边即兴唱采茶山歌。其形式是男女对唱或一人领唱，众人合声“哟嗬嗬！”歌声清脆嘹亮，颇有情趣。

（十六）喊号子

农家在打石、撬石、抬石、抬轿、抬滑竿、拉船、打夯等重体力劳动中，往往要喊劳动号子，以协调动作，驱散疲劳。号子即兴自编自唱。

二、农谚

岳池农家在长期农业生产中，观察大气中冷、热、风、云、干、湿、雨、晴、霞、雾、霜、雪、雹、闪电、光象等气象，并验证这些气象变化对天气、气候以及对动植物生长、发育、繁殖的影响，从而形成许多有关农事的气象和物候谚语，在民间广泛流传。这些谚语通俗易懂，形象生动，简练明白。农民按照这些农谚的提示、指导，合理地安排生产和生活，做到不误农时。“农家文学”有“谚语”专述。

第二章　农居风俗

第一节　农家房舍

一、单座房舍

农家单座房舍，一般呈“一”字形或“┐”“┌”字形（俗称磨把手形）。“一”字形开间一般为三到四间，中间为堂屋，供奉“天地君亲师”神位，也作客厅、饭厅。两侧为寝室、厨房和储藏室。畜圈、厕所在屋外“偏厦”或“拖部”内。屋前有院坝，用于晾晒衣物、粮食。“┐”“┌”形房的转角多为灶房、畜圈。此类房舍，因贫富各异，建材不同，大致有以下类型：

（一）茅草棚

简易茅草棚以竹木作框架或檩桷，房顶成“人”字形，上盖茅草。四壁以巴茅或高粱、玉米秸秆围成。1950年前，山区穷人多住此类茅草棚。

（二）土墙草房

此种房屋墙壁用黏土筑成，一般墙高五板至七板（3.5米~4米）。以木、竹做梁、檩、桷，以稻草、麦草盖顶。特别是中和、罗渡、石垭、坪滩等地农家用黏土与竹麻、草筋或猪毛拌合筑墙，再以石灰抹墙壁。这种土墙草舍坚实牢固，内部光洁，冬暖夏凉。

（三）木壁、泥壁瓦房

此类房屋属木质穿斗结构平房。一种以石头奠基，以木作梁、檩、枋、角，以木板作墙壁、房顶盖小青瓦，俗称木板瓦房。另一种用篾片编壁，上糊一层用纸筋、稻草、黏土拌匀的混和泥，表面再抹一层石灰，此种房屋俗称泥壁瓦房。这两种结构的农房有三柱二瓜（筒）的，也有五柱四瓜的。一般正房四排三间，每间屋长7米，宽4米，中柱高5米，中间是堂屋，两厢是寝室，屋侧修“偏厦”，屋后配“拖部”，分别做灶房或猪圈牛栏，屋前修石板地坝，四周空地栽竹种树，绿荫蔽地，居住舒适。

（四）石板壁农房

顾县、苟角、兴隆一带以石板做墙壁的石木结构农房较多。尤以顾县骑龙庙打岩塘和黄龙寨出产可一层层剥离的青石板做墙壁最佳，既平整且坚固。

（五）“干打垒”房

20世纪六七十年代，由于缺乏钢材、木材等建筑材料，岳池农家有用片石修建“干打垒”平房的。他们就近取片石（小砣不成形的石料）垒墙，用石灰或水泥沙浆勾缝，墙上部用砖拱成“∩”形房顶，不用檩桷和盖瓦，内部用泥浆或水泥砂浆抹平涂上白石灰即可；有的只垒墙，房顶按普通房顶修建。这种“干打垒”平房坚固牢实，节约原材料和建筑成本。华蓥山、中和一带农家修建此类平房居住者众多。

（六）岩洞

岩洞即山中自然形成的较大的洞穴。旧时一般为贫苦农民或乞丐栖身之处。

二、庭院

庭院一般呈“冂”“口”形。

（一）“冂”字形庭院

“冂”字形，亦称“三合院”。此类房舍，正房两端各有一个抹角，抹角与正房连接处有排水沟，又称“角沟”。正房多为木质穿斗结构，房顶盖瓦或盖草，牛肋小窗。正中做堂屋，两侧是寝室。两端抹角各修二至四间，做厨房、仓库等，有的也做子女宿舍。尽头处搭“偏厦”做畜圈、厕所和柴草、农具储藏用房。正房前有院坝，屋前房后种树栽竹。

（二）“口”字形庭院

“口”字形，又叫“四合院”。这种院子一门关尽，自成独居环境。院中房屋为木质穿斗结构、木板壁。开间比“三合院”大。由正房、厅房、厢房、抹角构成四方形，中央是院坝。正房对面是厅房。正房中间是堂屋，供奉家神，两侧是家主及长子寝室。厅房为客厅、客室、书斋。厢房作次子（女）寝室或仓库。抹角作厨房、杂物室。水井有的在院坝内，有的在院外。院周一般有砖砌或夯土围墙。此类院子大多数是富裕之家居所。

（三）大宅院

这类房舍多为乡绅、官宦和明末清初“湖广填四川”时迁居岳池的大家族所建。其建筑设计相当考究，气势宏伟。一般为二进二厅，三进三厅，木质斗拱建筑。门厅外有朱漆龙门，正门双扇，上钉鼓钉，并有“门神”浮雕。正门两边有雕花侧门（又称“耳门”）。龙门前有八字短墙（照壁）和一对石狮蹲立左右。正厅堂屋一般为单檐斗拱翘角式建筑。雕梁画栋，梁柱及门楣上高悬匾额、楹联。正厅、前厅及厢房通过走廊相通相连，通过各自天井形成一组组相对独立小庭院，从而使整座宅院大中见小、小中见大，显得既紧凑而又不局促，既古朴而又雅致。民国时期，岳池有两座此类代表性的大宅院，其建筑形式和豪华程度从中可见一斑。一座是裕民镇水井湾周恒堂的“福寿庄”。“福寿庄”占地面积1500平方米，建筑面积364平方米，属四水归堂、走马转角楼、飞檐斗拱木质结构建筑。宅院四周是石砌高墙，从八字朝门入内，有上、中、下3厅和左右2排厢房，2座戏楼，6个天井，1块300平方米的海面庭院石坝，1座石拱桥，1个荷花池。上厅左后方是大花园，右后方筑四层石砌碉楼1座。宅内有书房、卧室、马房、厨房和雇工佣人住房计90余间，门108扇。另有1座粮仓，1座秘密仓库和1个地窖。朝门前有两尊石狮。厅周围石栏镌刻花鸟虫鱼图案，石栏上置各种盆花。厅堂雕梁画栋，金匾、楹联耀眼夺目。另一座是西溪镇杨宗显的宅院，占地面积4000平方米，依山傍水而建。宅院分上、中、下三厅，左右分布4个对称的天井和花园，中厅两侧是厢房，另有1座戏楼和2幢书楼，戏楼前有1块50平方米海面石坝，宅内有绣房、厢房、马房、药房、作坊、厨房和碾米房共60间。宅院四周是石砌高墙。朝门正上方立有一尊口含宝剑、青面獠牙的钟馗木雕头像充当门神。

（四）院坝

无论单座农舍或庭院，房前皆修院坝，用以晾晒粮食、衣物等，也是农家的活动场所。院坝有土坝和石坝两种。石坝一般用长方形石板铺成，面积较大的俗称“海面坝子”。现在农家新房院坝均用混凝土铺就，个别富裕农家用人造大理石板铺成。

三、新式农房

20世纪90年代以后，岳池农家经济发展，生活改善，居住习俗亦随之改变。住房追求宽敞明亮，美观舒适，相继将旧有的茅屋、木质穿斗结构平房或砖木结构、砖混结构平房，改建为钢混结构2～3层楼房（俗称“小洋楼”）。底楼正中为堂屋（作客厅），两侧为厢房，或做生产用房、粮食储藏室，或住人。二楼以上为寝室。楼后配建“拖部”或另建小屋做厨房和畜圈。多数楼房正面及两侧外墙皆用白色或淡黄色瓷砖装饰，房顶多为“人”字形，用红色仿琉璃瓦或小青瓦盖顶。室内墙壁、天花板一般用白色涂料粉饰或用装饰材料装修。地板铺以瓷砖或大理石地板砖。窗户一般为铝合金推拉窗并配置防蚊纱窗。楼前皆修有混凝土院坝，坝外栽植果树、花草。楼房侧及楼房后多植树栽竹。远处眺望，座座小楼在绿树翠竹掩映下，琳琅雅致，令人赏心悦目。

2000年以来，按照“美观大气、川东特色”的总体要求，逐年推进川东民居风格农民新村建设。到2012年，已建成渠江流域“美好家园”、普安镇县级新农村示范片和岳（池）武（胜）路沿线省级新农村建设三大区域农民新村。

第二节　场镇建筑

1950年前，县内场镇的街房皆为木质穿斗结构平房，间或有草房，且房房相依，户户相连。较大的场镇，临街面为一楼一底，高矮大体一致。“人”字形青瓦屋顶，开间4米左右，进深8米至10米。有的楼中有天井，天井四周为卧室、厨房。街面较狭窄，一般3米至5米宽，路面铺以青石板。较大而古老的场镇，一般都建有戏楼、祠堂、庙宇、会馆，有的还有亭、台、楼、阁、碉堡等建筑，古色古香，但大多年久失修。

1979年后，随着经济的发展，场镇街房逐步得到改造。新式钢筋混泥土结构楼房鳞次栉比。目前，场镇主要街道的面貌大体与县城街道相仿。旧有的一些木质结构、飞檐斗拱、雕梁画柱的戏楼、祠堂、庙宇、会馆等古建筑，由于20世纪50年代破除迷信和“文化大革命”期间“破四旧”等原因，绝大部分已荡然无存。

第三节　农家建房习俗

一、择基

农家当建房准备工作基本就绪后，一般先请“堪舆”（俗称“阴阳先生”）看风水，即看地形、地貌，测阴阳，确定建房的具体地点和房屋方位朝向（俗称择基）。所请阴阳先生到来时，主家要递烟送茶。阴阳先生接烟时要唱《烟根生》：

顺治王，坐北京，那时才把烟儿兴。
烟是小娘坟上长，生出烟苗只一根。
上长四叶成北斗，下长三叶透黄金。
感谢主家心肠好，吸了烟叶更精神。

风水先生唱罢即开始择基。

住宅的风水好坏，被视为决定建房主人未来命运和子孙后代祸福的大事。因此，在择基前要进行卜吉活动，然后以《黄帝内经》所载“以形势为身体，以泉水为血脉，以土地为皮肤，以草木为毛发，以舍屋为衣服，以门户为冠带”的原则和依据择基。即一看四周河流与道路。屋基选在河流或道路内弯环抱处为吉，在河流或者道路弯弓外为凶，道路或者河流从正面笔直地冲来是“箭煞”，为大忌。二看后面。如有高大平整的建筑物或者方、园、尖而秀丽的山体做后托为吉，相反后面低矮或者零乱、空缺、有尖射，过于逼压等情形为不吉。三看前方。开阔、景色秀美为吉，有重压、闭塞或有屋箭、屋角等形如凶器的建筑物冲射为不利。四看左右。左边的建筑物高于右边的为吉，若右边的建筑物比左边的高，或有奇形怪状的石堆土包为不利。五是房屋不宜建在孤山顶、山坳水源上和悬崖峭壁下面。应远离寺庙、坟场、神坛等。总之，在周围山明水净、前方开阔、后有高靠、环境整洁优美、没有明显的凶煞，祥和安静的地方建房为好。如地形似双龙抱柱，鱼跃龙门，玉马归槽，回龙上岸，金蝉捕食，犀牛戏水，将军升账等，更是最理想的风水宝地。阴阳先生选择到满意的宅基地后便唱道：

“左青龙，右白虎，前朱雀，后玄武；山管人丁水管财，荣华富贵滚滚来。”（青龙、白虎、朱雀、玄武为东、西、南、北四方镇慑邪恶鬼怪的神灵）。

随即用罗盘划定屋基的地理位置。

屋基位置确定后，还要选择房屋的朝向。房屋朝向一般是坐北朝南。因当时的房屋，左右两头的墙壁不到顶，最上部有一空出的三角形“山花”。如坐东朝西或坐西朝东，冬天的北风就会从山花灌进屋内，容易使人受寒生病，故民间有“北风灌堂，家败人亡”“坐北朝南屋，住着好享福”“坐北又朝南，夏凉冬不寒”“坐北朝南，好运如连环”等说法。

二、奠基

修建房屋，下地基是关键的一步。不管是修建小型的土墙草房，或是一般的木质穿逗平房、四合院都要举行奠基仪式，只不过仪式规格各异。房屋的建筑规模越大，仪式越讲究，排场也越多。

奠基要请风水先生挑选黄道吉日进行，即“太岁”不值班之日。动工的时间要与房主属相“不犯冲克”。奠基选择凌晨进行，不可让生人看见，尤其是女人。破土前，先要祭山神和土地。由风水先生摆起三牲供品，点燃一对蜡烛和三支清香，再焚化锡箔、纸钱，磕头作揖，撒一些祭品到地上供奉神灵，驱赶鬼魔，请祖宗保佑。再将罗盘架在地上测，边测边唱：

白鹤仙来白鹤仙，手拿罗盘把地观。

左一看来右一看，选好阳宅把房建。

又取出两块斑竹篼或羊角尖做的合在一起形如羊角的“卦”来，根据罗盘的指针与卜卦显示的“意向”（上抛落地后，两卦同向天为阳，同向地为阴，向天向地各一为圣卦）确定地基的具体位置。然后在屋基四角打入木桩，在桩上贴“姜太公在此动土，百无禁忌”的红纸，在四角各插三支香，各烧三张黄表纸，接着杀只公鸡，绕屋基四周淋洒鸡血。在鞭炮声中，阴阳先生用锄头连挖三下，土工接过锄头，破土安放基石，俗称“下基脚”。此时，阴阳先生唱道：

黄道吉日把土破，泥工泥匠是先行，地基平稳最坚固，主家修房福绵绵。

第一块基石为奠基石由石匠掌墨师安放。边安边唱一些吉祥的祝词：

盘古天王地开张，女娲补天石一方，主家今天下基石，堂中有人把官当。

吉日良辰把石安，代代为官帝王前，家中粮食仓库满，吉祥如意自然安。

奠基石安毕，随后的挖基槽，安地脚石是一般石匠的活。此时石匠掌墨师要注意屋基四角“角尺”，俗称“角墨”。忌房屋四角不成直角，形成房间一头宽，一头窄，呈棺材状。另外，要在正堂屋大门的地基下安一块质量最好的青石镇宅，寓意百鬼可镇、灾祸敢挡。石匠边安边唱：

这块石头大又长，主家用来造华堂。

从今石王安坐后，荣华富贵万年长。

安基石时遇蛇不能打，蛇被认为是龙的化身，吉祥的征兆。如遇老鼠也不可伤，鼠喜居住富贵有食之家，示意此地富饶，年年有余。

三、取石

修房建屋，石头是重要材料。安地基要用礅子石，所以必须开山取石。由“掌墨师”选择取石地点，标准是：一是石头好，坚硬不易风化；二是不伤风水龙脉，免招灾祸；三是离房址越近越好，减少运输；四是尽量不要损坏庄稼与树木；五是根据用材情况，选取易采者。开工取石之前要祭山王、祖师。掌墨师先去河溪将手洗净，在石头前放上刀头，插上三炷香和一对蜡烛，再烧纸钱，连磕三个响头，请求山王菩萨和鲁班祖师保佑采石平安、顺利，并吟唱一些吉祥的歌谣：

手拿银锤把石开，个个都是好石材。

建座华堂主家住，子孙一代胜一代。

掌墨师唱完后，石工喊着劳动号子开山取石。

石头打好后，由人工抬到屋基地。抬石之前用绳子拴石头时，抬工们边拴边唱道：

手拿金绞丈二长，我给主家拴石王。

石王抬到华堂上，代代儿孙状元郎。

抬上肩后，抬工一手柱着打础，一手把着抬杠，齐喊劳动号子，将石材抬到屋场。

四、筑墙

石基下好后，紧接着的工序是筑墙（旧时农家大多修建土墙房）。

按照选定的日期，由打墙的土匠掌墨师先用刀头、香、烛、纸钱，祭拜祖师，趁着鞭炮的硝烟未散，土匠就将墙板架起筑墙。筑墙工分为两组，一为冲墙工，二为供泥工。边上土边冲，每轮上土厚一二寸，每轮来回冲两次，反复冲五到六轮，当泥与墙板上沿相平时，即可取墙板。板取后，为了使墙体坚固而光滑，立即拍打墙面。拍墙时，墙里墙外各一人相对拍，这样才不至于将墙体拍歪。

筑墙也要唱念歌谣，如架墙板时唱：

吉时良辰喜开工，鲁班到此显神通。

修建华堂主家坐，荣华富贵人称颂。

下墙板时唱：

下板先下狮子头，一股银水往屋流。

主人把板接下来，荣华富贵万万秋。

土墙筑好后，要在顶端分别开几个安放大梁和檩子口子。土工边开口子边唱吉祥歌：

手拿踩锹往上走，我给主家开梁口。

一开东方甲乙木，事主加官又晋禄。

二开南方丙丁火，锯开梁口就是我。

三开西方庚辛金，秤称银子斗量金。

四开北方壬癸水，免了纠纷与是非。

五开中央戊已土，来年朝贺老财主。

再开一个团团转，荣华富贵万万年。

梁口开好后，土匠久久不下来，站在墙顶反复唱。主人知道土匠的用意，急忙发给匠人小红包。

五、立梁

修房造屋立梁是最重要的一环，所体现的民俗风情最精彩，“讲究”也最多。

（一）选梁木

正房大梁（又名中梁）要选长在向阳的半山坡上又大又直且无疙瘩的柏树。砍伐前，先在树前点燃三柱香，烧上一堆纸钱，作揖磕头后，边砍树边唱：

天地阴阳之谓性，听我说个木根生。

此树是从哪里来？此树又在何处生？

青山童子来扫地，扫得大米转回程。

昆仑山前撒一把，八宝山前种一升。

只有中央戊已土，弟子一把生一根。

露水婆婆养成树，土地公公养成林。

张郎过路不敢砍，李郎过路不敢掀。

这根树该何人砍，就到仙山找鲁班。

只有鲁班神通大，拷起斧头到跟前。

踏一脚，哼一声，此树倒在地埃尘。

去了头，去了尖，去了两头要中间。

中间剩了丈多长，主家拿来做中梁。

叫声弟子来帮忙，一直抬到大瓦房。

斧头砍，锛子锛，推子口里吐光生。

墨斗丝线软如绵，黄龙背上缠三缠。

左缠三转生贵子，右缠三转点状元。

在歌声中，将树砍倒削掉枝桠，主家在树根处放上红包，木匠捡起红包抬起木头就走，中途不歇气也不说话，直接抬到木工做活的场所，放在早已准备好的三脚“木马”上，不得落地，因此树最忌讳有人踩踏，尤其是不能让女人从树上跨过或在上面骑坐。

（二）加工木梁

木匠加工大梁时，先由木匠掌墨师对大树吟诵祝词：

墨斗拿在手，金丝挂两头。

一线弹得荣华富贵，二线弹得子孙满堂，

三线弹得三元及第，四线弹得四时顺当。

诵罢祝词，木匠师傅将梁木树皮刨光染白后，彩绘太极、八卦等图案于梁木中间。有的还写上建房的黄道吉日。画梁时，木匠师口吟：

孟子去见梁惠王，听我匠人说神梁。

张代清，李代清，五色颜料带在身。

手提锋笔有五支，抓到神梁就画起。

画了这头画那头，中间画个太极图。
神梁上头画得黑，子子孙孙做老爷。
神梁上头画得绿，儿子儿孙做都督。
自从今日画完了，主家礼信快请出。

木匠师傅画完后，用大红绫、红布或红纸写上“紫微高照”或“吉星高照”四个大字帖挂在大梁正中，开始赞梁：

一根树儿乖又乖，这山育苗那山栽。
先前只说配风水，哪晓今日栋梁材。

大梁画好后，放在安全而不会移动的地方，等待上梁时抬到正房内。

安放在正房大梁之下的二梁，又叫抬梁、梁担，同样要事先选好、画好，唱画大梁时类似的画梁歌。二梁画好后写好建房志放着待用。

土墙草房，只有一根中梁。加工仪式也简单得多。

（三）上梁仪式

上梁又叫“升梁”“立梁”，是最为隆重的仪式，选择在“良辰吉日”的早晨举行。立梁前，木匠先将砍直、刨光的房柱与瓜筒、挑枋逗好，一排排立在基石上，并用杈子在两边叉着房柱使之固定不移位。房柱都是单数，每排有五柱、七柱、九柱的，也有十一柱的。每排房柱一般用四到六根杈子撑，忌撑七或八根。因七是乡间忌讳的数字，人死后要忌“头七”“二七”“三七”……直到“七七”。七七八八的谐音是“悽悽趴趴”，不顺利，不吉祥。

木柱瓦房一般是四排三通，或六排五通，正中间为堂屋。也有八排七通的，最少也是三排两通。各排木柱安好、稳定好后开始举行一系列立梁仪式：

敬神。在新房的正房正中设立神位，神位用黄纸或大红纸竖写“天地全神之位”。摆上香案，放上“刀头”等供品。然后点香、燃烛、烧纸、放鞭炮、磕头作揖，求神保佑。

祭梁。敬神之后，掌墨师高喊“请大梁”！数个木匠立即将大梁与二梁抬入正房，放在木马上。这时主家出来唱《谢情歌》：

太阳出来喜洋洋，感谢亲友来送梁。
又帮忙来又带匠，又送情来又捧场。
扯来彩红五尺五，送来梁木丈多长。
送了现金好几百，包子糖果用箩装。
事主叩头来致谢，捡个粑粑转回乡。
小孩吃了添福寿，老者吃了寿绵长。

主人唱完《谢情歌》后，掌墨师便在二梁上贴一张传说可镇慑妖魔鬼怪的阴阳八卦图、挂祭梁布（或贴祭梁纸），在正梁的中间挂红绸或红布（俗称“挂红”）。红布两下角悬吊钱币，寓意家藏金银万贯。红布一般由建房人亲戚赠送，上写象征吉祥的内容，如正中写“紫微高照”或“吉星高照”四个大字，两旁书喜庆对联。前款写“恭祝某某某（房主的尊称及名字）华堂落成志喜”，落款书“某某某人，某年某月某日某时（即立梁的具体时刻，均用天干地支记时）敬贺”。

在贴八卦和祭梁纸时，主人手捧盛有盐、茶、米、蛋的木盘，随风水先生唱礼，将盘中的物品撒向四周，同时掌墨师手逮大红公鸡，在公鸡鸡冠上掐出几滴血，滴入酒中，并将鸡血涂在房梁上，沾上鸡毛，以示吉祥。同时继续唱《祭梁酒歌》：

此鸡不是凡间鸡，天上王母赐给的。
下了三双六个蛋，抱了三双六个鸡。
脱了毛，换了衣，玉皇封为凤凰鸡，
皇帝封它为锦鸡，鲁班封它为竹鸡，
山王封它为野鸡，弟子封它祭梁鸡。
祭了梁头祭梁尾，子孙个个有出息。

立梁。掌墨师祭梁后高喊“起梁”！木工用绳子拴梁时唱：

手拿金带丈二长，我给主家拴栋梁。
今日拉到华堂上，代代儿孙状元郎。
拴了这头拴那头，代代儿孙作王侯。
荣华富贵长享受，寿高彭祖八百秋。

梁拴好后，开始上梁，顿时鼓锣齐鸣，鞭炮乍响。在掌墨师的指挥下，四个木工用新绳索先将二梁（抬梁）向上慢慢提升，同时念道：

先升东来后升西，状元打马步云梯。
鲁班弟子心要齐，状元府第把梁立。
一立天长与地久，二立洪福与天齐。
三立南山松不老，四立王母展蟠桃。
五立仙姑配董永，六立子孙点翰林。
七立西天极乐地，八立得道吕洞宾。
九立观音来送子，十立主家满园春。

（掌墨师）问：“主人家，愿富愿贵?”（房主）答：“富贵齐全!”掌墨师唱道：

金梁升一寸，快快封礼信。
主人礼信要大方，恭喜明年买田庄。
上梁礼信要成双，老爷太太得安康。
上梁礼信要得多，这座新房金窝窝。
主人快把礼信添，大人少爷皆升官。
仁义君子不克财，一文支去万文来。

唱罢，房主赶紧向掌墨师发礼信钱，俗称“喜钱”。

二梁升到房屋顶部位置后就开始搁梁头子、逗梁。木匠掌墨师吟唱《搁梁头子歌》：

中梁搁的沉香木，二梁搁的紫檀香。
沉香木，紫檀香，儿子孙子把官当。

二梁安放好后，再将大梁提升到二梁上面安放，并压上金钱，掌墨师再唱道：

梁口压了金银钱，发财一年接一年。
子子孙孙永富贵，金钱银钱用不完。

如果是土墙房，上梁后还要封梁口，掌墨师唱《封梁口歌》。

踩梁。梁搁好后，掌墨师手拿尺子和斧头在大梁上来回走一趟，叫踩梁。踩梁前，掌墨师接过房主家专做的踩梁鞋，起步朝梁上踩时唱：

手杵五尺来踩梁，脚踩蛟龙跨四方。
我从梁上踩过去，后代子孙状元郎。
踩了这头踩那头，一股银水往屋流。
我今踩个团团转，荣华富贵万万年。

踩梁是上梁最紧张的时刻，也是上梁仪式的高潮，大家既想看看踩梁人的本事，同时也为他的安全担心。掌墨师如果唱得好，并平安踩过大梁，主家为其发给一个大红包。

踩梁时忌说不吉祥的话。如工匠会将开山（即斧头）等工具从梁上丢下地，并问："房后头有人没得？我丢东西下来了啊！"下面的人回答："有人，你丢吧！"要是有人答："后头没人，你丢吧！"这就犯了忌。会误解为咒房主无后，人丁不旺。

踩梁之后，掌墨师在梁上遍撒象征"满满当当""甜甜蜜蜜"的糕点糖果，并高声唱道：

老板今年造高楼，师傅踩梁云中走。
糕点落地变黄金，子子孙孙作诸侯。

随之燃放鞭炮。听到爆竹声，石、瓦、泥、木工匠齐集，左邻右舍都来凑热闹，人们兴高采烈，争相上前抢糕点食品，向主家祝贺。

掌墨师将糕点撒完后，将装糕点的木盘、升、斗交还房主，唱《放斗歌》：

斗大黄金印，天高白玉堂。
主人来接印，子孙状元郎。

踩梁之后，主人与工匠、左邻右舍、亲朋好友欢聚一堂，吃喜宴，喝庆贺酒，祝贺建房成功。

六、安大门

堂屋门俗称"大门"，都是两扇对开。大门做好后，先钉上、下门斗，木匠师边安边唱道：

太阳出来喜盈盈，主家今日安财门。
万年财门已安定，秤称银子斗量金。
主家财门高又高，后代儿孙戴纱帽。
主家财门宽又宽，后代儿孙作高官。

如果是竹编的草房门，则唱：

青丝篾儿三尺三，财门背上缠三转。
左缠三转生贵子，右缠三转中状元。

刚安上的大门都呈关闭状，木匠师要将门打开，俗称"开财门"。开财门时唱：

上开一栋天财门，添财买马进金银。
下开一栋地财门，人也发来财也兴。
春开财门春越旺，夏开财门夏也兴。
秋开财门多富贵，冬开财门进金银。
四季财门我开尽，永远发达万事兴。

七、封顶

不管是修建土墙草房或穿斗瓦房，当工程进行到盖瓦叠脊（草房为盖脊）封顶阶段，还要举行简单的封顶仪式。工匠在屋脊里放"文房四宝"、皇历等物，脊上插面小红旗。泥水工照例要说些吉利话，主家照例发放红包。

封顶结束后，房主设待工酒，款待工匠和帮工。这也是开工酒、上梁酒、圆工酒之后的酒席。建房特别是瓦房耗资大，故民间有“没有三年陈酒浆，不能动用木瓦匠”的说法。所以，穷人一辈子都无力修建新瓦房。

八、扫院坝

新房基本完工时，工匠要将房屋、天井或地坝的地面弄平，将渣土垃圾清除干净。工匠在清扫时唱：

一扫东方甲乙木，苍松翠柏映华屋，福禄寿喜三星照，万代子孙享洪福。

二扫南方丙丁火，招财童儿就是我，招来金银无其数，招来宫花无数朵。

三扫西方庚辛金，西方派来太白星，太白金星保佑你，人也发来财也兴。

四扫北方壬癸水，扫除口角与是非，口角是非全扫尽，睦邻友好多清平。

五扫中央戊已土，左青龙来右白虎，青龙白虎守家宅，家财万贯无法数。

九、乔迁

新房落成，先要修好神龛，继而装好壁子与门窗，砌好灶台和水缸等，一切工程告竣后，由最后完工的匠师主持祭祀新房。烧钱化纸后，唱道：

新立华堂万事兴，王母天子送麒麟。

麒麟本是天上子，送给主家作儿孙。

房主赶快递送红包。祭祀新房之后，房主便可搬进新房。搬前首先要择个“黄道吉日”，并发放请帖，请亲朋好友及四邻同庆。而且，乔迁的头一天要在新房里生炉火，堂屋正中放把椅子，蒙件衣服。衣上放个瓶子，插一把尺子，象征“红红火火、有依有靠、有吃有穿”。家主先在新房里睡一晚。正式乔迁之日，还要贴喜联、放鞭炮，要设香案，祭祀神灵、祖宗。俗话说：“东西搬进门，先要请家神”。

进新房同样有讲究。男主人挑着满担谷子，上面插上秤杆，（但不带秤砣）走在前。女主人一手拿扫把，一手提升斗随其后，长子带柴火，长女抱柴草紧随之。凡进新屋的人手里必须拿件东西，没有什么拿条凳子也可以，总之不可空手。所有这些都是寓意称心如意，得心应手，五谷丰登，红红火火，节节高升。

帮着搬家的人进房时，由一人领唱《进财歌》：

一进华堂喜洋洋，恭贺主家好华堂。

二进堂屋大大开，四六天官送财来。

左面送来千百宝，右面送来万里财。

恭贺你来恭贺你，财源就从今年来。

家具摆放也有讲究，特别是床要与房梁顺着安，相反称为骑梁，骑梁则不吉利。

乔迁的当天，如有小孩在房中大小便，视为送财而不会令主人生厌。

乔迁之日中午或晚上，主人邀亲朋好友及邻里前来赴宴，共贺乔迁之喜，当然，客人要送礼。

1950年后，农家建房习俗曾一度消失。但近些年来，建房习俗又开始在农家兴起，又兴请阴阳先生看风水、选屋基、定座向、择吉日破土、安基、上梁……等仪式习俗，只是形式和内容有所简化，不似旧时那般繁琐。

第三章 生活习俗

第一节 饮 食

一、主食

岳池农家一般主食大米，间食面粉、玉米、红薯、洋芋（马铃薯）、豆类等杂粮。饮食干稀及餐次多少因经济条件而异。1950年前，富裕人家天天食大米、白面；贫困农家则主食玉米、红薯、洋芋（马铃薯）等杂粮和瓜菜。1936年至1937年岳池连续两年特大旱灾，粮食颗粒无收，全县⅔的人家断炊，灾民食草根、树皮和白泥（俗称“观音土”）充饥。自1979年后，随着农业生产关系的变革，生产力的提高，先进农业科技的应用，以水稻、小麦等为主的粮食总产逐年大幅递增，全县人民一日三餐皆以大米、白面为主。一般家庭，习惯于早晨和夏天食大米粥，中餐白米干饭，间以红薯、芋头、洋芋（马铃薯）、蔬菜蒸饭，俗称“孔（谐音）菜饭”，晚餐吃米饭或面条。

二、副食

岳池农家副食主要以蔬菜瓜果为主。一般农户自种自食，城镇附近农民经营小宗蔬菜上市出售。1949年全县蔬菜品种150余个。1958年后，逐渐引进蔬菜新品种。1985年以来，农村推广大棚温室种植新技术，大量种植塑料大棚蔬菜、反季节性蔬菜和引进种植外地品种蔬菜。迄今大宗蔬菜品种达200种以上。主要有青菜、白菜、白萝卜、胡萝卜、茭白、高笋、竹笋、黄花、瓢儿白菜、冲菜、木耳菜、莴笋、羊角菜、大头菜、红苋菜、冬苋菜、藤尔菜、菠菜、花椰菜、甜菜（牛皮菜）、花菜、儿菜、棒菜、本地茄子、墨茄、芹菜、韭菜、菱角菜、南瓜、黄瓜、丝瓜、地瓜、笋瓜、瓠瓜、苦瓜、冬瓜、甜瓜、豆芽、豆荚、刀扁豆、峨嵋豆、岩豆、菜豆（四季豆）、豇豆、芋子、洋芋（马铃薯）、茼蒿、藕、大葱、四季葱、鹅巴腿葱、火葱、苦薤、芫荽、蘑菇、平菇、金针菇、凤尾菇、鸡腿菇、黑木耳、银耳、海味干、鲜品、茄蓝、山东大白菜、结球白菜、结球甘蓝、抱子甘蓝、牛心白菜、上海青（小白菜）、成都花菜等。不仅满足了本县城乡人民菜篮子需要，还大量外销。沿嘉陵江、渠江两岸农民大面积种植坨坨姜和竹根姜，畅销省内外。中和、罗渡、赛龙开发立体农业，大量种植高笋，销往重庆、贵阳等地。顾县、高桥、东板、长田、双鄢等地种植蒜薹，销往重庆。春季，罗渡、赛龙、裕民沿渠江边河坝种植的沙罐萝卜（圆形红皮白萝卜）闻名遐迩，销路极广。

以蔬菜瓜果为副食的同时，农家也食家畜家禽肉类、鱼类、禽蛋和各种豆类及豆制品。肉类消费量以猪肉为最多，禽肉、牛肉、鱼类次之。旧时，农家很少吃肉，一年难得吃几次。因此称吃肉叫“打牙祭”。

三、菜肴

因气候潮湿，岳池农家历来喜吃辣椒或辣椒豆瓣炒菜。菜肴烹饪方法主要有生煸、炒、炸、焖、烧、炖、煨、煎、溜、氽、卤、熏、蒸等，并精细配料，讲究刀工，掌握火候，恰当配以姜、葱、蒜、盐、糖、醋、酱油、花椒、胡椒、料酒、味精等调料，力求色、香、味、形俱佳。四季菜肴特点是：春，人们喜吃竹笋炒肉丝、黄鳝爆蒜薹；夏，爱吃苦瓜炒回锅肉、青椒炒肉丝；秋，喜吃鲜嫩生姜爆鸭子、猪蹄炖藕；立冬后，爱吃炖羊、牛、狗肉。年末宰杀年猪，用柏树桠、锯木屑熏制腊肉、香肠。但平时农家一日三餐菜肴较为单一，家庭条件差些的农家且常以咸菜（泡菜）下饭佐餐。

咸菜。腌制家常咸菜是岳池农家饮食习俗一大特色，至今仍沿袭。咸菜分干、泡、鲜三种。农家将大蒜、鹅巴腿葱头、洋姜、干萝卜卷、干萝卜丝、大头菜丝、刀扁豆丝、干青菜等干菜，拌盐后放入倒阉坛中，并将坛口用干净笋壳、棕匹和竹篾衬紧，倒阉于土陶盘上，保持盘内水不干、不透空气，几月后干咸菜即腌成。腌3年以上的干咸菜更香，更回味爽口。泡菜是将青菜、萝卜、辣椒、白菜、豇豆、苦葱、蒜薹、大蒜、生姜、洋姜、茄子、芋叶竿、儿菜、苦瓜、黄瓜等洗净放入盐水坛中，并配以花椒和少许白酒，盖上坛盖，保持坛沿水不干，不几天鲜泡菜即腌好可食。将藠头、苦葱、黄瓜用刀锤破（鲜嫩生姜切薄片）加盐和蒜泥便拌成鲜咸菜（也称“暴腌咸菜”）。除干、泡、鲜咸菜外，岳池农家最普遍、最常见的咸菜佳品还有：

黑豆豉。冬天，先将黑大豆加水煮熟，放筲箕将水滤干，再搁至阴凉处15－20天左右使黑豆充分发霉使之成为“淡豆豉”。再将淡豆豉加少量白酒拌和去霉放入钵内，太阳暴晒、夜露7—10天，加盐、花椒、卤香粉（八角茴香、三柰、桂皮、丁香粉）拌匀置入干坛密封，腌制一段时间便可食用。

辣椒豆瓣。夏天，先将胡豆用冷水泡软，去壳成瓣，放入簸箕内用南瓜叶或构树（即楮树）叶盖上，放阴凉处发霉15天至20天，然后将发霉（绿霉）的豆瓣加酒拌和去霉，反复晒露至颜色变褐色，再加上用石磨磨成或菜刀砍细的鲜红辣椒和适量的盐、花椒、姜蒜拌匀入干坛，一段时间后即腌渍成红辣椒豆瓣。

红豆腐。冬天，先将豆腐切成约3厘米见方的小坨豆腐，剪干净稻草成节，一层稻草一层豆腐排列于干框中，面上盖严保温，放阴凉处7天至10天发霉，然后取出发霉的霉豆腐，在白酒碗内翻滚去霉后放入混合有辣椒、花椒、胡椒粉和盐的碗里滚动，待蘸满这些调料后，用半干的白菜叶或青菜叶包裹，放入坛内腌7天至10天即可食用。

四、风味食品

米粉。岳池米粉有干米粉丝和水米粉丝二种。干米粉丝，银白晶莹，是岳池名优土特产之一。食用前将干米粉丝放入热水中浸泡变软，食用时用竹编滤勺捞起放入沸水中烫热，滤干水后盛于碗中，加骨头汤、肉馅、红油、盐、葱、蒜、味精等调料即可食用，食之细绵爽口，回味无穷。水米粉丝是将大米磨成米浆，打熟芡（谐音）上笼蒸熟，再用米粉机压成粉丝。水米粉丝比干米粉丝更加细嫩爽口，老少皆宜。其烹调方法是：先熬制大锅猪骨汤至汤色鲜浓雪白。用冷水将鲜水米粉丝浸散，放入滤勺在沸水中烫热，滤干水分后盛于碗中，加入红油、盐、姜、葱、蒜、味精、花椒粉、胡椒粉、骨头汤，再分别加入鳝鱼、牛肉、羊肉、肥肠等各类肉馅即食。清汤粉和鸡肉粉不用红油。20世纪90年代后，一些商户去南充、华蓥、广安、成都、上海、北京等地开米粉馆，岳池米粉蜚声省内外。今岳池县城“米粉一条街”的米粉最为驰名，尤以“老羊肉粉馆”为佳。

面食。岳池城乡家庭和餐馆以面粉作原料做馒头、包子、油条、烧饼（俗名“锅魁”）、油饼、麻花、油麻丸、花卷、饺子、馄饨（俗名“抄手”）等面食。旧时，岳池各地皆用面粉制作手工盐挂面或鸡蛋面，特别是中和、赛龙、石垭、苟角、顾县、白庙等地干盐挂面久煮不泥，绵柔有筋道，是馈赠亲友的食用佳品。今普遍用面机制作干盐挂面或水面。各家面馆所卖出的水面，配以牛肉、羊肉、猪肉、肥肠、鳝鱼馅和红油、葱花、花椒粉、味精、盐等调料及骨头汤，亦味美爽口。原南外街赵德礼的手拉担担面，面薄馅鲜，调料齐全，放入菠菜，清香爽口，每日食客众多。

松花皮蛋、盐蛋。每年立夏前，农家将鸭蛋洗净晾干，放入含有食用碱、石灰、盐和松柏树叶灰的容器中滚动，再在碳灰中滚动，然后放入土陶瓮坛内密闭10天左右后，取出晾2～3天，即可剥壳佐餐。此法所制皮蛋蛋清呈茶色透明状，并有柏树或松树叶影，蛋黄或黄或黑，故称松花皮蛋。也有使用黄泥加食用碱、盐、酒包盐蛋的。此法腌制的盐蛋要密闭15天至20天，需煮熟食用。

同乐园糟蛋。原县城上南街杨清明经营的“同乐园”包席馆制作的糟蛋，风味独特，别具一格。每年三月，将若干新鲜鸭蛋洗净后，用白色酒醋浸泡至蛋壳变软起白膜，取出放入拌有八角、茴香、桂皮、白酒和醪糟的缸中密封，腌三个月启封即可。食用时剥去蛋壳和软膜，撒白糖于糟蛋上，即成上等美味佳肴。食之，蛋白鲜嫩，蛋黄红沙带油，香甜爽口。1941 年后，同乐园包席馆停业，从此糟蛋手艺失传。

顾县五香牛皮豆腐干。原顾县镇豆腐干制作传承人姚学敏、吴秀礼合伙精细制作薄如牛皮、约 0.1 平方米大小的 16 方格的豆腐干，再用卤香油（用桂皮、八角茴香、木香、丁香、沉香、小茴香、三柰等中药加冰糖、菜油熬制）反复刷于表面，直至颜色变成茶色或深褐色且油亮，晾至豆腐干变硬，即成五香牛皮豆腐干。食之芳香可口，回味无穷，是筵席佐酒和馈赠宾朋之佳品，畅销省内外。

坨坨五香豆腐干。原县城会府街陈登伯承祖传技艺制作五香坨坨豆腐干，先将豆腐切成 3 厘米见方的小坨，晾干，放入骨头汤内用文火煮，再放入自制的卤水中卤，卤后放箢篑上晒干，反复刷卤油，再晾干即可。这种坨坨五香豆腐干是下酒佐餐的好菜。

凉鸡八块。原文星街彭茂奎餐馆制作的凉鸡八块，风味独异。其制作方法是：将稚嫩的公鸡宰杀，去内脏，放入锅中煮熟至用竹筷能插通鸡肉即起锅晾干，切成八块，浇上红辣椒油、芝麻香油、花椒粉、盐、葱花、姜蒜泥和少量酱油，色红味鲜，食之肉嫩爽口，麻辣且有回味。

味不同凉粉。原县城西外街曾兴华开设的味不同凉粉馆，用上等白豌豆粉制作白凉粉，加少许姜黄汁制作黄凉粉。食用时，用刀切成条片或食用特制的刮子刮成条状置入碗中浇上红辣椒油、胡椒粉、花椒粉、盐、葱花、姜蒜泥和芥末即可，食之麻辣可口，是居民所喜爱的名小吃。将此凉粉灌入锅魁（即烧饼）食之更是一番风味。原国防部部长张爱萍在抗美援朝朝鲜战场时因其岳池籍警卫员常给他做黄凉粉吃而喜爱黄凉粉，2001 年 6 月“首届成都美食节”期间，张爱萍将军还念及岳池展区的黄凉粉。

米豆腐。将大米浆加入适量胡豆梗灰或稻草灰制作的碱水入锅，用文火煮熟即成米豆腐。可凉拌或焖烧成菜。米豆腐农家户户会做，市场也有米豆腐卖。

魔芋。岳池农村都种植魔芋。将魔芋从土里挖出洗净，切成片曝晒干，用石磨推成魔芋粉，加入米浆煮熟即成食用魔芋。魔芋红烧鸭肉风味最佳。

黎梓卫麸醋。清光绪七年（1881 年），黎梓卫（今中和镇）陈燮森聘请外地制醋技师开办燮森醋坊，以小麦、大麦、大米为原料，用白水曲发酵，制作的麸醋，汁酽色浓，甜酸芳香，是烹饪和凉拌菜的必备调料，畅销重庆及川东各县。

中和豆花。制作技术由重庆北碚、合川三汇坝等地传入。制作方法是：用石磨将黄豆磨成豆浆，用滤布过滤后，将豆浆倒入大锅煮沸，除去泡沫，然后将石膏水均匀点滴入豆浆锅，用文火煮，即成一锅豆花。拌红辣椒油、芝麻香油、青椒豆瓣、姜蒜泥、盐、芥末、葱花、熟芝麻（不用味精）食用。农家常以豆花待客。今豆花馆遍布岳池县城和各乡镇。

豆腐脑。豆腐脑制作技术与豆花相似。豆腐脑又细又嫩，放入香油、麻辣调料，加上油炸黄豆，吃起来麻辣香脆。

安公桥油豆腐。原县城东门外安公桥曾德轩制作油豆腐历史悠久、风味独特。其制作方法是：将豆腐切成 5 分见方的小坨，用少量明矾水浸渍，放入油锅里炸至皮黄内呈蜂窝状，用漏勺捞起即可。油豆腐煮白菜、菠菜和干粉条，是餐桌美食之一。

岳池竹筒饭。用珍珠米、岳池黄龙香米或上等糯米拌入猪瘦肉、腊肉、芋子、洋芋（马铃薯）颗粒和盐、清水、姜葱丝倒入竹筒，筒口用竹节塞紧，上蒸笼蒸熟即食，这种竹筒饭竹香浓郁，风味独特。如将竹筒饭放入未熄灭的柴火灰中焖熟，其味更香。

砂胡豆。将胡豆用开水适当浸泡，捞出“捂汗”，将废砂罐锤成细粒状加菜油与胡豆一并放锅里反复翻炒直至胡豆炸开口子，筛去砂即成又香又脆的砂胡豆。过去，逢年过节，许多人家自炒砂胡豆自食和待客，现在一般在商店购买。上世纪八、九十年代，县内不少个体商户经营炒葵瓜子和砂胡豆，批发到南充、武胜、广安、邻水、华蓥等地销售。

五、吃庖汤

岳池农家人，无论家境如何，都要专喂一头大肥猪，等到农历的冬至以后宰杀自食。年猪杀了后，把猪血、肝、肺、肚、肠等内脏及部分猪肉，以炖锅大杂烩为主，兼以焖、炸、炒为美味菜肴，请亲友、左右四邻共餐，即吃庖汤。

杀年猪吃庖汤是岳池农家的一件盛事，家家户户十分重视，是农家人精神和物质的需求与寄托。

杀年猪邀请亲友和左右四邻来吃庖汤，一是体现主人与亲友乡邻共同分享一年来劳动收获的快乐，祈求来年五谷丰登、万事吉利；二是体现亲友乡邻和睦友好，即使是已往吵过嘴、闹过矛盾的人，这天也要请到，通过吃庖汤，大家欢聚谈心，互相谅解，误会、矛盾、隔阂就消除了。

每年冬至节后，岳池农家都开始杀年猪。吃庖汤习俗在岳池广大农家至今盛行。

六、就餐赴宴忌讳

（一）居家进餐忌讳

忌用筷子敲碗。旧俗认为，乞丐才敲着空碗，挨家挨户乞讨。因此，农家从小就教育孩子，在饭前或吃饭时，切不可以筷敲碗，成人更不能这样。

忌手心朝上托碗。端碗的手势很有讲究，应以拇指扣住碗口，食、中、无名指扣住碗底。切不可五指并拢用掌心托着整个碗底。旧俗认为乞丐要饭的姿势就是这样的，所以被视为禁忌。

忌筷子竖插在饭中。旧时习俗，祭祀亡灵时把筷子竖插在饭中，所以竖插筷子被视为有丧兆、不吉利。

忌筷子分开放。一双筷子要放于碗、杯的同一侧，不能一边放一只。即使放同一侧，也要并在一起，不能分开放。否则视为不吉，有“快（筷）分开”的兆头。

忌吃饭时分心。旧时认为，吃饭是一件非常严肃的事，忌讳吃饭时分心，如边吃饭边干活、边吃边玩耍等，将视为是对五谷的不敬，将遭天谴。

忌吃饭时说不吉利的话。吃饭时若说伤、亡、病、灾、祸之类不吉利的话，讲不吉利的事，认为将带来灾祸。因此也是犯忌讳的。俗谚有“食不言，睡不语”之说。

忌狼吞虎咽。旧时认为饿鬼抢水饭才是这种吃相，既不雅、不利消化伤肠胃也不吉利故忌讳。

忌吃饭不端碗。吃饭时手不端饭碗，将其放于桌上，弓背低头吃饭。旧时认为此种吃相如同猪狗吃食，不仅吃相难看，而且被人认为懒惰。

忌吃饭剩饭。旧俗认为“吃不光，好生疮”，并认为吃不光“作践谷物，将遭雷击”。所以大人要求孩子吃饭不能剩饭，吃多少盛多少，将碗中食物吃尽不浪费一粒粮食。如果小孩确有剩饭，其父母或长辈也要将其吃完。成人剩饭或碗中没有吃干净，会被人们认为没教养。

（二）待客进餐忌讳

待客吃饭时，主人要请客人上座并亲自给客人布菜、敬酒。否则被视为对客人不敬。

盛饭时忌勺子往外翻。旧时认为牢房给犯人发牢饭时才勺子外翻。

忌主人提前离席。宴客时，主人要始终陪坐陪吃，忌讳提前离席，否则客人会尴尬。

忌客人未吃完饭就将空碗碟收走或席未散就抹桌扫地，民俗以为这是“赶客”的举动。

忌待客第一餐吃饺子。民间有“送客的饺子迎客的面”之说，所以待客第一顿饭忌吃水饺，以免客人认为自己不受欢迎，主人要撵客人走。

（三）做客进餐忌讳

忌移动酒樽时客人将酒洒泼，认为这是有讼争发生的征兆。客人忌席间脱衣、松裤带。忌主人未喊“请!”就动手饮酒、拈菜。忌谈论饭菜不好。忌站起身来夹远处的菜。忌食空食光菜盘中的菜肴。忌主动要求添菜添饭。客人吃鱼时忌主动把鱼翻转过来。忌不道别就离席而去。

七、饮酒、饮茶

（一）饮酒

岳池用高粱、玉米酿造白酒（即俗名“匠酒”）历史悠久。县内各地皆有小酢坊酿白酒。此外，逢年过节或产妇“坐月”，家家户户皆酿米酒。即用糯米蒸熟，放簸箕摊温凉后，将酒曲粉与糯米饭拌匀放入坛，中间旋一小洞再加适量酒曲粉和温凉开水，坛口盖紧，周围包上稻草、棉絮、旧棉衣等物在箩篼里捂使其发酵，视季节捂二至三天，即酿制成甜米酒（俗名醪糟）。还有许多家庭用白酒加人参、枸杞、首乌、熟地、大枣等自制药酒饮用。岳池产“岳池特曲”系列酒品被评为“中国文化名酒”。平时，餐馆和小酒店皆卖白酒，供人们小酌。小酒馆，人们称为“冷酒馆”，或一盘花生，或一碟五香豆干，或一个松花皮蛋佐酒，或一人独饮或三两友人对饮，或行酒令劝饮，皆有一番情趣。农家人赶集，尤喜坐冷酒馆。

农家饮酒文化中，划拳行酒令是重要表现。划拳，又叫猜拳、豁拳。是岳池农家流行的一种劝酒游戏和饮酒习俗。划拳在两人中进行。划拳开始，首先要相互握着对方的手以示友好，然后两人同时伸出一只攥起的拳头，嘴里喊出零到十中的任何一个数字，并同时松开拳头伸出一到五个手指。如两人伸出的手指所表示的数字之和与其中一人喊出的数字相符，喊准数字者为赢家。输者饮酒。

划拳不仅是一种文明的劝酒游戏，而且含有深厚的传统文化元素。划拳喊出的数字特殊，寓意吉祥。“零”叫“宝不露”或“不出门”，“一”叫“一心敬”，“二”叫“二逢喜”或“哥俩好”（与长辈则喊“爷俩好”），“三”叫“三桃园”（桃园三结义之意）或“三星高照”，“四”叫“四季财”，“五”叫“五魁首”，“六”叫“六六顺”，“七”叫“七巧巧”，“八”叫“八大王”，“九”叫“九长寿”，“十”叫“十全福”等，也有即兴喊出一些吉祥顺意的话语的。划拳要讲信义守规矩，双方同时出拳。出拳时，只能拳对拳，不能指向对方的身体或面部，否则有失礼貌。

（二）饮茶

岳池人素爱饮茶。无论城镇或乡村，家家户户都用土陶茶壶沏茶，全家饮用。有乐善好施的乡民，还将茶水盛于瓦缸中，放在大路旁免费供来往行人解渴。县人饮茶四季有所不同，一般春天爱饮花茶；夏天爱饮藿香茶、薄荷茶；秋天爱饮菊花茶；冬天饮沱茶。待客时有的沏名山蒙顶茶、杭州龙井茶、巴山富硒茶、成渝特级毛尖、云南普洱茶等名茶，而且沏茶方法较讲究：泡第一开时，开水只渗及茶杯的一半；泡第二开时，只及茶杯的多半；第三开时可渗满杯。客人饮茶也要讲“茶道”：第一开时，要小口慢饮，以品其味，谓之“品茶”；第二开时，茶味正浓，同样要慢慢“品”；第三开以后可随便，不过亦不能大口大口的地喝。20 世纪 50 年代后，城乡广泛使用保温瓶、电热水器等，为随时用开水提供了方便。另外，农家居民不仅在家饮茶，还爱到街市茶馆饮茶。

（三）坐茶馆

岳池人到集镇市井饮茶，俗称“坐茶馆”。清末民初，岳池城乡茶馆十分兴盛。几乎乡乡有茶馆，县城更甚，有“太平洋”“各说各”“三北前”等大小茶馆20多家。旧时人们生活节奏缓慢，到茶馆一坐，喝盖碗茶，看看街景，吹吹壳子，玩玩棋牌，时间也就消磨掉了。不过，人们喜欢座茶馆更主要的原因还在于茶馆具有多种社会功能。它既是人们休闲、饮茶的地方，也是社会各阶层人士的交际场所，是政治、经济信息和社会新闻的交流传播中心。更是商贾们交易洽谈、帮会联络和民间纠纷调解、婚嫁事宜协商的重要场所。有的茶馆还附设理发室、饭馆、旅店或赌场；有的茶馆常年有民间艺人在其间表演评书、竹琴、扬琴、金钱板、木偶、皮影、花鼓、西洋镜、川剧坐唱等等。除上述各色人物外，茶馆还活动着几种特殊职业者，一是装烟的，他们手提白铜水烟壶，拿一小把草纸卷的纸捻、数根香，在他的叫喊声中招揽瘾君子，有要吸几口的，说定价格后，他便在水烟壶嘴上装上水烟，然后用香火石点燃带有媒子的纸捻，用嘴将纸捻吹燃，为茶客点燃水烟，客人便可过把瘾了；二是打扇的，每到夏季，天气十分炎热时，打扇者手握竹扇出现在茶馆里，与茶客说好价钱后，便站到客人后面，为客人驱赶蚊子和搧凉；三是掏耳朵的，俗称“挖耳匠”。他们敲着长钳发出“嗡嗡”的响声招揽顾客，一手拿着若干大小不等、长短不一的小钳子、挖勺（俗称“挖耳子”）和顶端扎着一团毛的签子，走行于茶馆酒肆之间，为客人服务。茶馆的丰富内涵和形形色色人物活动形成独特的茶馆文化。

茶馆的堂倌是茶馆中最为活跃的人物，雅名“茶博士”。茶博士大都有一套过硬的本领。一要善于察言观色识别各类人物，了解顾客的心理状态；二要眼观四路，耳听八方，灵机应变，应酬周到及时；三要嘴儿甜，能说会道，鸣堂响亮悦耳，善于表达出顾客心声；四要腿勤，一呼即到，沏茶添水及时，有着日行百里不出门的功夫；五要手勤，桌凳茶具随时打整得干净整齐，一只手能夹八至十套盖碗茶具（一套茶具有三样，一个瓷茶碗，一个瓷茶盖，一个铜茶座），摆碗、沏茶水、扣盖子还得亮点手风，老远掺个“雪花盖顶”，一手一只壶同时掺个“二龙戏珠”，茶水盈碗不滴不溢，幺指拇把茶盖子勾个“海底捞月”，稳稳当当地扣在碗口上。茶馆生意好坏与堂倌的服务态度和技能紧密相关。服务技术最好的堂倌各茶馆争相高薪聘请。

茶馆所独具的文化气息和堂倌良好的服务技能，吸引众多茶客，无论士农工商、男女老幼、农村城镇，也无论春夏秋冬，人们都喜欢到茶馆休闲，或从事其他活动。故岳池人坐茶馆的习俗普遍存在。

20世纪五六十年代，特别是“文化大革命”时期，茶馆业逐渐萧条。到90年代后，岳池茶馆大量复兴。全县各地茶馆纷纷开业。2000年后，县城和一些较大的乡镇茶馆一般都高档化了，成为茶厅、茶座、茶楼、茶语会所，环境优雅，设施豪华。茶具再不用盖碗，大多改用玻璃制品或陶瓷的茶杯、茶盅。大众化的茶馆则集中到背街小巷，且多衍化为棋牌、麻将室，失去了茶馆的原味，但消费低廉、顾客众多。

第二节　服　饰

一、服装

岳池农家因经济条件不同而服装殊异，但大多崇尚俭朴。民国时期，富人衣料用机制细纱布、夏布、英丹士林洋布和绸、缎、绢、呢、皮毛等。夏天男穿衬衫、对襟衫、绸衫、长袍马褂，冬着毛衣、裘皮长袍，外罩青缎马褂，或穿青呢长大衣；妇女常着大镶大滚花边满襟长衫、百褶裙，或穿凸胸、圆臀、低岔的中式旗袍（面料用英丹士林或呢绒布）。经济条件差的普通百姓则一年四季皆以土棉白布、青布、蓝布为衣料，由主妇自己缝制或请缝纫师傅手工缝制。夏秋季，男人一般穿土白布无袖布纽扣汗褂、对襟布纽扣汗衫、短裤，腰系白布汗帕（约2米长，0.33米宽），干活时用以擦汗，寒冬缠头当帽。冬季，穿布纽扣满襟长衫、肥腰（即抄腰）长裤，裤腰系麻绳或棉纱织的鸡肠带，或者穿短棉袄、棉褂或长棉袍。妇女穿矮领大袖镶花边的满襟短衫、长衫或罗裙。公务人员着中山服或短衫。小学、初中学生上身着草绿色童子军服。夏季，男生穿短裤，女生着青裙。高中、师范男生穿芝麻呢中山服，女生着满襟长袖上衣，蓝、青、草绿色短裙。偶见西装革履的大学生回乡度假，引人注目。

1950年后，卡叽布、华达呢、斜纹布、灯芯绒等机制细纱布逐渐取代土棉白布。城镇流行男穿中山装，女穿列宁服和不分男女的学生装、工作服。夏天，妇女喜欢穿各色花布短裙或苏联式的长袖连衣裙。不少男青年移风易俗，穿"苏联花布"缝制的短袖衬衫，非常耀眼。但此段时期，广大农村农家男女服饰均无多大变化。20世纪六七十年代，棉布凭票定量供应，缝新衣者少，且服装颜色、款式、面料单一，普遍用灰、蓝、草绿色布料缝制中山装、仿解放军装。80年代后，棉布等布料取销凭票供应，城乡男女服装开始变得多姿多彩，四季各异，款式新颖，色彩艳丽。多数人去商店买服装，少数人去缝纫店量体裁衣。衣料有机制细纱白布、府绸、的确良、乔其纱、柔姿纱、麻纱、腈纶、涤纶、丝绸、呢子灯芯绒、金丝绒、毛料、真丝织品、毛哔叽、呢绒、皮革等，一扫过去人人中山装，满街兰衣裳的单调状况。2000年后，春秋衫、运动衫、T恤衫、蝙幅衫、蝴蝶衫、羽绒服、太空服、拉练皮夹克、西装、猎装、娃娃衫和各式风衣风靡一时。男青年西装革履，打各色领带。女青年爱美讲时髦，喜爱穿牛仔裤、马裤、直筒裤、喇叭裤、运动裤、紧身健美裤和各种西式短裤，还喜爱穿风衣、毛呢和羊皮大衣。中年妇女爱穿旗袍。女裙样式更多，有细纱裙、丝裙、百褶裙、蝙蝠或蝴蝶式连衣裙、西装裙、旗袍裙、皮裙等各种花色的长、短裙。冬、春季，气候寒冷，岳池人多数喜欢以腈纶线、混纺线、棉线和羊毛线手工编织男女毛线衣，现在仍有不少家庭妇女编织毛衣、毛裤、毛帽、毛袜、毛背心、毛手套、毛围巾等。今城乡穿毛衣、绒衣、皮衣、羽绒衣过冬的较多。穿棉袄、棉衣、棉裤、棉褂的多是老年人。松紧带、帆布带、化纤带以及各种皮革腰带代替了从前的稻草绳、麻绳、鸡肠腰带。妇女今用棉织内衣、文胸代替以前自做的胸带肚兜。中小学生着统一校服。医护人员穿长袖白大褂。公、检、法、司、税务、工商等部门干警和职工全国统一着制式服装。

二、发型、首饰

自辛亥革命后，岳池男子剪辫留发，蓄中山头、平头，老幼剃光头。年轻女子梳丫头、扎单辫、双辫、系红头绳，婚后绾发髻带丝网，插金钗和银、铜簪，仅少数富家妇女佩戴项链、耳环、膀圈、手链、手镯、戒指等金玉等饰物。1950年后，男子发型有光头、平头、学生头、青年头、左右分头、西式、游泳式等发型，也有个别蓄齐耳短发或蓄长发的。中青年妇女梳辫子或剪短发的较多。老年妇女仍有绾发髻戴丝网插簪的。1980年后，中青年妇女烫发、焗染发者渐多，流行三七、云纹、波浪、卷云、狮子型及菊花式等多种发型。女青年流行披肩发、或马尾式长发，不少将黑发染成棕色或棕红色发式。且涂胭脂、抹口红、画眉，戴戒指、手镯、手链、耳环、项链、佩胸花和胸针。少数皓首老人用染发剂染白发为青丝。妇女梳妆用具也发生变化，牛角梳、塑胶梳代替木梳、木篦。各种流行的洗发剂代替皂角水（旧时，居民买皂角（荚）熬水洗头或毛衣）。

三、帽、鞋

1950年前，富裕人家，中、老年男人戴青缎瓜皮帽或博士礼帽。一般家庭，男人多数以白布长帕缠头，少部分戴布制遮阳帽、毡帽、线帽，夏天戴草帽。中老年妇女多以青布、青丝帕包头。农家男子夏、秋打光脚或穿草鞋，冬天穿蒲鞋（俗名“麻窝子”），少数穿布鞋和棉鞋，雨天穿桐油浸渍的马蹄型钉鞋。富人穿布鞋、胶鞋、皮鞋。许多农家妇女都会用笋壳、布壳粘千层鞋底，用麻线纳鞋底，鞋面用青、蓝、红布或青质贡呢做面料，做圆口式系带布鞋，有的在鞋面绣花。20 世纪 80 年代后，市场销售用布、呢、的确良、涤卡制作的帽子各式各样，有遮阳帽、鸭舌帽、猴头帽、八角帽、解放帽、大盖帽、军棉帽、博士帽、骑士帽、毛线帽和各式童帽等。妇女用绉纱或绒毛线自织大围巾包头围颈或戴毛线帽御寒，不再用青布、青丝帕包头，从而全面取代旧式帽子和青、白色包头布。尼龙袜、真丝袜、腈纶袜取代布袜。如今岳池人普遍穿塑料鞋、胶鞋和各种款式规格的皮鞋、靴子。穿草鞋的极少，钉鞋绝迹。

四、床上用品

1950 年前，富裕人家多用嵌有玻璃镜、三步木梯上床的红漆雕花宁波床，床上铺垫棕垫、棉褥，床面铺布毯或毛毯。夏用青蔑席，盖绸缎面绣花被盖，挂夏布蚊帐和绣花缎面帐帘，床侧装有梳妆台。普通农家睡木架子床，铺垫稻草。夏铺青蔑席，冬铺灯草席，盖蓝布印花统统被盖（内套棉絮），挂麻布（苎麻织成）蚊帐。枕长方体绣花枕头。1950 年后，宁波床已罕见。多用木制简易床、红漆架子床、高低床、学生用的上下两层床、钢丝床、组合床和棕绳织的绷子床等。现大多数家庭冬铺棉絮或席梦思弹簧床垫，床面铺印花床单、毛毯或电热毯。盖棉被或羽绒被，被面为花布面、绸缎面。20 世纪 90 年代后，民众普遍用印花统统棉被和踏花被等各种新式轻薄保暖被盖。夏铺青篾席、竹块席，竹丝席等，盖毛巾被。枕套或绣花，木棉枕芯，铺以各色提花枕巾或枕席。蚊帐有纱布、夏布、尼龙蚊帐。今城镇家庭普遍不挂蚊帐，用蚊香、灭蚊剂、电灭蚊器驱蚊。

第三节　家常用品

一、起居用品

旧时，一般农家日常起居用具少而简陋，大多仅有 1 ~ 2 张简易木架床和 1 ~ 2 个木柜、木箱、竹箱、一张四方桌、几条长条凳。较富裕的家庭有红漆雕花宁波床、龙凤床，床头柜、木漆衣柜、平柜、衣箱、桌椅、锡灯盏等，挂夏布蚊帐。20 世纪 80 年代以后，农家普遍用上单档高低床、弹簧床垫、组合衣柜、木质沙发、皮沙发。少数农家室内分别有木制多种规格的装嵌玻璃镜大衣柜、平柜、角柜、多用柜、木箱、藤箱、写字台、茶几、圆桌、八仙桌、四方桌、椭圆形桌、钢骨架绘画玻璃钢桌。门帘、窗帘多用竹丝帘或布帘，室内分别放置竹凳竹椅、方木凳木椅、藤椅、钢架多层板椅、单用或多用沙发等。客厅放冰箱、彩色电视机、音响、VCD 录放机、电脑、收录机、收音机、缝纫机、电风扇等。2000 年以后，固定电话机、寻呼机、移动电话机先后进入寻常百姓家。近年来，农村普遍用电力带动水泵抽水、小型打米机打米、小型钢磨磨面、小型饲料粉碎机粉碎饲料。各型电风扇取代篾扇、纸扇、棕叶子扇、绢扇、蒲扇纳凉。旧时照明用的桐油灯、菜油灯、煤气灯已极少见。各式手电筒已取代纸糊篾丝灯笼和火把夜行照明。

二、避雨用品

农家过去使用桐油浸渍后制作的纸伞或布伞避雨。劳作时，用斗笠、蓑衣、背褡避雨。20 世纪 80 年代后，胶质、塑料、油绸、尼龙雨衣和尼龙钢架伞已成普遍的避雨用品。

三、炊餐用品

旧时，农家灶屋内安放木（竹）质碗柜、案板和土陶瓦缸或石缸。炊餐用具有铁锅、鼎锅、锅铲、菜刀、火钳、钩、叉、木瓢、铜瓢和各种土陶钵、瓮、罐、壶、碗、盘、杯、碟、调羹、砂罐以及竹编筲箕、漏勺、刷把等。1990 年后，除部分木制、竹制和土陶炊餐具仍适用而保留外，现代炊餐用具高压锅、电饭煲、微波炉、电冰箱、电炒锅、细瓷餐具、铝合金餐具、整体厨柜厨具、抽油烟机、排风扇等已普及农家厨房。铜碗、铜瓢、铜茶（酒）壶已罕见。过去农村以秸秆、稻麦草、木材和煤作燃料，现在不少农家使用罐装液化气作燃料，城镇普遍安装、使用天然气。

四、运输、代步用具

旧时，官绅富豪多以骑马、坐轿、乘舟、坐滑竿代步。普通百姓皆步行，用箩篼、背篼肩挑背负运物资。1931 年，川鄂公路通过县境，始有汽车运输，也用马（牛）拉板车、架架车、独轮鸡公车运送货物。1950 年后，随着公路、铁路建设发展，自行车、摩托车、汽车逐渐成为代步工具。外出人员可去广安、华蓥、南充、重庆乘火车，或去成都、重庆乘飞机。江河中柴油机作动力的机动船逐渐取代人力划浆木船。如今，滑竿极少见。仅老弱病残就医和旅游地供游客使用。官轿、花轿、鸡公车绝迹。山区有马、骡驮运物资。凡通公路的地方，从事客、货运输的运输户购置各种汽车和拖拉机载客、运货。2000 年后，县城居民以公共汽车、出租车代步。近年来，小汽车大量进入城乡居民家庭，电动摩托车代替自行车成为民众出行代步的主要交通工具。汽车长途客运远达广东、广西、福建、上海等地。兰（州）渝（重庆）铁路、沪（上海）蓉（成都）高速、兰（州）海（口）高速穿县境而过。

第四节　娱　乐

一、少儿游戏

碰铜圆。旧时，众少儿用铜圆在石墙（壁）上一碰，铜圆落地最远者，拾起铜圆打另一枚落地近于自己的铜圆，打着者为赢，并依次打下去。若打不着，则让没被打着者打。如此依次打下去，直至打光，再重开下一盘。

抱蛋。一少儿在地上划一圆圈，内放几枚小鹅卵石或石子代表“蛋”，同时，两手触地像母鸡孵蛋一样，匍伏保护身下圆圈内的石子“蛋”，并用两脚左右旋转，蹬踢“取蛋”的小伙伴。若被“抱鸡母”踢上者即输，接替当“抱鸡母”。若无人被蹬踢上且“蛋”又全被取走，则“抱鸡母”为输，继续当“抱鸡母”，游戏继续进行。

过关。一少儿弯腰弓背为“关”，其余少儿依次轮流像跳木马一样，双手在弓背上一按，双腿叉开跨跃过去称“过关”。若一轮全部跳过，做关者起身适当抬高“关”的高度，直至“关”完全直立。跨不过关者则输，便弓背做“关”，让他人过“关”。

猜铜钱。一少儿用一铜钱在桌上旋转，猛然用手掌按住，众小儿猜朝上一面是阴或阳，猜准为胜，猜不准为负，俗呼“猜麻（妹）儿”。

拣仔。以石子或杏尔骨（即杏核）数枚（俗称“仔”）放桌上，众多少儿（女）依次参与拈拣。拈拣时选一枚大的石子或杏尔骨（俗称为“砣”）向上抛，同时赶紧用同一只手拈抓住桌上的“仔”，并迅速翻手接住下落的“砣”，然后将“仔”和“砣”一并向上抛，用手背接住，又向上抛，用手掌接住，接住多少赢多少，直至“仔”被赢完，大家再出同等数量的“仔”玩下一盘。

踢毽。用布缝合一枚小铜钱，再缝上一鹅毛筒，筒内插紧一束公鸡毛即成毽。男女青年皆可用左、右脚踢毽，谁连续踢的次数多为胜，少者为负。输者向赢者供毽，即输家抛毽，赢家踢毽，赢家故意责难输家，将毽踢很远，使对方难以接住，直至输家接住毽后，方才停止供毽。或者不计踢的次数多少，而比踢的花样，花样多者为赢，少者为输。

放风筝。风筝古名纸鸢。用细篾片和薄白纸扎成，并绘以彩色蝴蝶、蝙蝠、鸟形图案，再在风筝重心处系上长线，惊蛰至清明春风习习期间，少儿便可手握线筒，慢慢放线，让风筝像小鸟般乘风飘向高空，观之令人心旷神怡。

划甘蔗。划甘蔗的规则是，将一根甘蔗去尖直立地上，并用划甘蔗的小刀轻轻按在甘蔗上端使其稳定不倒，然后小刀突然离开甘蔗上端，在侧边绕一个圆圈后顺势从甘蔗上端垂直向下划，力争削下一块甘蔗来。然后按削下来的长度截下给划者。剩下部分，由下一人继续划。如此依次进行，划完一根或几根甘蔗后，比谁削下的甘蔗最长谁为赢，最短的为输，输者付甘蔗钱。

跳橡筋。幼儿园和小学的女孩爱好跳橡筋，两人相对用后腰绷紧橡筋圈成两根绳状。一人或多人一边唱：“黄桷树，黄桷垭，黄桷树下我的家，我家来了个好姐姐，她的名字叫马兰花”之类儿歌，一边在两股橡筋绳之间按规定的动作姿势跳跃、勾绳，若踩到橡筋或未按规定动作姿势跳即输，罚绷拉橡筋绳，其余人继续跳，且橡筋绳逐级升高，直到决出最后优胜者。

猜谜语。有猜字谜、猜诗谜、猜物谜等，学校、厂矿、机关、单位逢年过节或周末娱乐活动，常组织师生、职工猜谜语。猜中得奖。

翻豆腐干。少儿用一张书本纸折叠成方形“豆腐干”（俗称“纸豆腐干”）打别人的“豆腐干”，打翻为胜，赢走别人这块纸“豆腐干”；反之则输掉这块豆腐干。有的少儿玩手搧烟盒或火柴盒商标纸游戏，规则与翻豆腐干相同。

打弹弓。少儿在“丫”形树枝杈或钢丝做成的“丫”状体两端各系一条橡筋，橡筋另一端与一小块皮革相连做成一把弹弓。玩时，一手握弹弓把，一手将石子放入小皮块中，用拇指和食指夹捏紧小皮块，然后拉长橡筋，松手向目标弹射。少儿常以弓弹射雀鸟。

弹珠珠。两人或多名少儿围在地上，用拇指、食指配合弹射玻璃珠，击中别人的珠子为赢，被击中者为输。珠子谁赢谁得。

打水飘。许多少儿就地取碎瓦片、碎石片若干，斜向投掷于江河、水库、塘堰水面，瓦片、石片在水面如青蜓点水一般向前跳跃，同时水面荡起一圈圈波纹，十分有趣。

此外，小儿还有玩斗官司草、斗鸡、斗蟋蟀、爬树、爬竹竿、打秋千、跳绳、坐翘翘板、躲猫猫、蒙猫猫、丢手帕等多种娱乐形式。2000 年后，城镇开网吧、电脑娱乐中心，不少青少年玩电脑游戏。民间少儿游戏逐渐减少或消失。

二、休闲娱乐

民国时期，农家农闲或有重大祭祀活动时，常集钱请艺人在村头院坝唱川剧、演木偶戏、皮影戏、被单戏、板凳戏、猴戏和傩戏（俗名“端公戏”）等，县城戏班也常下乡巡回演出。平时有的去茶社听艺人讲评书、唱清音、弹道琴、弹扬琴、打金钱板、讲圣谕和表演口技等。20 世纪 50 年代后，县人普遍喜看川剧、曲艺、皮影戏、木偶戏、被单戏和电影。80 年代后，喜爱看电视、彩色宽银幕或立体电影和录像。同时，城乡流行玩扑克、纸牌、麻将、打台球、打保龄球和跳舞等娱乐活动。但有极少数成年人以扑克、麻将、纸牌为赌具，采取诈金花、赌马、下赌注、放炮数番等形式在茶社或家庭赌博。老年人的文化娱乐更是丰富多彩。在街旁下六子冲、三三棋、裤裆棋，去茶社或老年活动中心下围棋、中国象棋、跳棋、军棋等。早晨去公园或广场做体操、跳坝坝舞、打太极拳、散步，或到郊外登山锻炼身体。逢节假日，有的到乡间“农家乐”休闲；不少人去外地风景名胜地旅游；或去水库、塘堰、江河垂钓，或养鸟、培植盆花。喜爱诗词、书法、绘画的老年人在家挥毫赋诗填词，写字绘画，陶冶情操。喜爱戏剧的老年人“打玩友”“吼干腔”、唱几段川剧、灯戏，自娱自乐。还有人喜爱集邮，收藏钱币、票证、字画、古董等文物。政府部门不定期组织全县田径、球类、棋类、游泳和太极拳比赛。各乡（镇）建起文化站，农家建起农家书屋，村（社）建起文化室、图书室，文明健康的文化娱乐活动在全县城乡广泛开展。

第五节　做　生

对寿（生）日的祝贺，称“祝寿”“庆寿”“寿庆”，岳池民间惯称“做生”。做生习俗一直在民间传承，并且是一项重大喜庆活动，无论家境贫富都较为重视，特别是子女为父母做生更力争办得隆重、体面。但民国时期，未成年男女不做生，故有“大人生，吃顿嘎（谐音，肉）；小人生，挨顿打（意谓小人不做生）”之说。同时，未婚成年男女，即使大至几十岁仍被视为“老女子”“老童子”，他（她）们一般也不做生。另外，县内个别地方还有“父母（健）在，不做生”的习俗。认为子女的生日便是“母难”之时，故做生便是对父母的大不敬。除上述种种习俗。已婚男子一般 30 岁开始做生，已婚年轻妇女做生的，在农村极少见，城镇也不多见。

寿庆有小庆、大庆之分，即民间所谓的“小生”“大生”。寿龄逢十为大生，不逢十为小生。30 岁以下寿庆，一般从简，40 岁以上，除贫困人家外，多办得比较隆重，而且年龄越大越讲究。特别是富有之家，对 60 岁以上长者的生日更为重视，操办得更阔气、更讲究，规模更大。此外，小生都在逢周岁之日做，大生则做上不做满（即逢十的前一年做大生）。现今，女性普遍做生庆贺生日，年长女性则流行逢十的后一年做大生。所以现今流行“男做九女做一”的新习俗。

旧时寿庆，一般不发请帖，故有“做生不请”之说，但有的要向至亲、密友发请帖，上写“×月×日为贱辰，敬备薄酒（菲酌），恭候光临。”有的人不做寿庆，便写出辞帖张贴于大门或门侧墙壁上，上写“贱辰无力治酌，谨辞贵趾。”还有的在生日即将来临之前借故出走，由儿子或孙儿口头告诉亲友以避寿，此种情况，称为“逃寿”。

寿庆活动分拜寿和寿宴两部分进行。

拜寿。拜寿即贺寿者向寿星表示祝贺的仪式，通常在寿诞前一天晚上举行。首先，祝寿人向寿者献礼物，礼有厚有薄，一般以双方家境、关系与过往的密切程度来确定。民国初期，送母鸡（或公鸡）加鸡蛋、衣料等是为厚礼。普通礼品则是猪肉 1 公斤、挂面 4 把或糕点 1 封等。也有不送礼物送钱的，重礼银圆 1 元，薄礼铜钱两吊（两千文），并用红纸包上银钱，上写“敬具贺礼银×元（或钱×吊）”。至民国中期，使用法币为主，送礼改送法币，但因法币贬值迅猛，物价不时波动，因此，人们多不以法币多少来衡量礼品的轻重，而以当时的米价与所送礼品的比价来衡量礼品的厚薄。通常重礼为可买市值 20 至 40 公斤米的钞票；普通礼为可买 1 升至 2 升米的钱。另外，“小生”的祝寿礼物多比较薄，“大生”送礼较重。60 岁为花甲，70 岁为古稀，80 岁、90 岁为耄耋，100 岁为期颐，送礼更厚。亲友除送礼品外，多数要送寿联、寿屏和面粉制作的寿桃（产桃时则是鲜桃）。四邻和一些沾亲带故的，出于对高龄寿星的敬仰，也邀约凑礼或单独备礼前去祝贺。豪绅巨贾、名人学士及官宦人家，逢花甲、古稀寿诞、亲友还要送寿匾、寿联。寿匾为木制，一般黑漆匾面（亦有紫漆的），通常长2米、宽1.1米，上书（刻）“福如东海，寿比南山”“松鹤遐龄”“龟鹤同春”“萱草永茂”（女寿星）等鎏金寿语。寿联一般常选用“寿比彭祖，德绍周公”“寡欲能高寿，有德可延年”“福如东海长流水，寿比南山不老松”等联语。

亲友献寿匾时要举行隆重的仪式。司仪人高声喊道：鸣炮、奏乐，全体肃立！向寿星老人敬寿匾！行三鞠躬礼，请来宾献匾赞匾。献匾者要说一些祝福长寿的话。献匾毕，请工匠师傅祭匾，一般要宰杀一只红公鸡，工匠师傅唱道：“此鸡不是非凡鸡，王母娘娘报晓鸡，×氏堂前把匾祭，祝愿老人享期颐。”祭完匾，由当地有名望的来宾赞匾、竖匾。诵：

亲族邻朋颇费心，敬献寿匾光门庭，
福寿康宁四个字，恭祝老人长寿星。
亲族齐聚，预祝期颐，
竖起寿匾，光耀门楣。

竖匾后，寿者子孙及祝寿亲友相继或一道向寿匾揖拜。除上述排场外，一般还要打川剧围鼓、有的要请川剧班到家唱堂会或利用公共场所搭台唱戏，少则二三天，多者十多天。

寻常百姓拜寿大多在自家堂屋内举行简单仪式。届时，寿者穿戴整齐，自己先敬家神，接着与配偶并排坐于堂内神龛之前高椅上，儿、媳和女儿、女婿依长幼顺序成对依次向寿者跪拜，然后是家中孙辈（已婚者成双）和族亲晚辈先后跪拜，再次是平辈族亲等拱手致贺，也有免去拜寿仪礼的。拜寿后，请至亲好友和家人一起在堂屋内团聚，吃寿面，赴小宴（称道喜宴），摆家常，教育儿、孙等晚辈。寿面为长条挂面，以喻长寿。中富人家，拜寿仪礼与普通人家基本相同。

名门富豪人家的寿庆，有的专设拜寿堂。堂内挂寿匾、寿联、寿幛，正中贴榜书“寿”字。生日前夜，亲友与家人拜寿行仪的同时，还吟诗作赋，渲染喜庆气氛。如男寿吟：

南极星明映少微，笙歌缥缈奏庭闱。
蝇头细字犹能读，鹤发高年早已祈。
月下兰孙绕绿水，筵前桂子舞斑衣。
称觞愿进长生酒，凫履翩翩双鸟飞。

女寿吟：

彤管人来纪母仪，况如钟郝最堪师。
丁年挽鹿曾偕隐，子夜丸熊自课儿。
霭霭绛云连海屋，翩翩青鸟度瑶池。
笑看璇闺题诗句，薛凤荀龙到处随。

寿宴。乃寿者对亲友的答谢宴，于寿日当天中午举行。寿日的筵席，因寿者的经济条件和社会地位不同，差异较大。贫困之家，无力操办，大多只是吃一顿寿面，自备小酌，家人和主要族亲聚会一下表示庆贺而已。中富之家，一般设普通酒席，请厨师到家烹饪“九大碗”，宴席三五桌、七八桌，多者十来桌。大富人家的寿宴，则大操大办，席上有鸡、鸭、鱼肉以至山珍海味，且设上等酒席与普通席两种，分别款待显贵客人与普通客人。

寿宴结束后客人离开时，寿家要将客人所赠礼品的一半回赠客人；所赠钱币的1/3回馈客人；对客人的小孩还要“打发”钱，富裕人家还要回赠寿碗或寿巾等物（一般一件）作纪念。一些高龄寿星做大生时，有意不回赠钱物，散席后又推迟收拾餐桌，故意让客人悄悄地把吃饭的碗“偷”走，俗称“偷碗”。寿龄越高，“偷碗”的客人越多。习俗认为：“老寿星宴席上的碗拿回去使用，会添福添寿。”

20世纪50年代至70年代，民间寿庆都十分简朴。在城镇，好些人已不做生，特别是机关单位干部职工。农家做生的虽比城镇多些，但一般宴客1～2桌，规模较小。且宴客的菜肴寿家自己烹制，并不计丰盛与否，炒几个菜待客，也不设寿堂、挂寿幛和寿匾、寿联。不举行专门的“拜寿”仪式，只是在寿宴前子孙等晚辈行礼如仪表示祝福。80年代以来，祝寿习俗又日渐恢复，做生的规模日益扩大，祝寿的礼品越来越厚重，宴席档次不断提升，由宴客二三桌、四五桌发展到一二十桌，甚至更多。祝寿礼品变成送现金，由一二十元逐步增加到上一二百元，个别更多。送寿联、寿屏、寿匾者也不断增多。待客的宴席也越来越丰盛讲究，且普遍在餐馆、酒店举办生日宴会，宴席每席金额高达数百元。寿庆习俗也发生很大变化，男女老少都做生，小孩和未婚男女不做生的习俗不复存在，而且为小孩做生，宴席档次高、宾客多，办得非常隆重体面。老年人寿庆形式、仪式也发生改变。除少数农家乃沿袭传统仪式办寿庆外，无论城镇、农村，寿庆活动普遍改在餐馆、酒店举行。并请专业的婚庆公司或乡村文艺队的司仪先生（小姐）主持仪式，将“拜寿”与“寿宴”两个环节合二为一，一并进行。在欢乐的“祝您生日快乐”的乐曲声中仪式开始，礼花缤纷，管弦齐奏，宾客就位，司仪恭请寿星及其配偶端坐于祝寿台正中，接受儿孙辈献花；司仪简介寿星贵庚、寿龄和经历，代寿星向宾客致欢迎词（有的由寿星本人致词）；子孙后代等晚辈依次向寿星及配偶敬礼或跪拜，寿星发给“红包”，以示爱戴；子孙代表（长子或长孙）致祝寿词，感激寿星及其配偶的养育之恩，恭祝福寿绵绵；亲朋好友代表献礼，致贺词，述说寿星的人格人品、美德情操，祝福寿比南山，福如东海；寿星致答谢词，感谢亲朋的光临与美意，祝宾朋们福体安康，长命百岁。寿庆仪式结束，鞭炮齐鸣，鼓乐喧天，寿宴开始，众宾朋举杯起立共祝寿星生日快乐，健康长寿，然后享用美味佳肴，寿星率全家逐席敬答谢酒……寿庆过程中，主持人充分发挥临场应变能力和语言艺术，把各个程序有机地融合于一体，一气呵成，使整个寿庆活动自始至终充满欢快、温馨、祥和的气氛。寿庆活动结束后，寿龄八十以上的寿星往往要给宾朋赠一烧制有“×××老人××寿诞（辰）纪念”字样和寿星图案的小瓷碗作纪念。现今，乡村流行请厨师做坝坝宴席，别有乡俗情趣。

第六节　交易习俗

一、场和赶场

场，由古代的“市”发展而来。“市”从什么时候兴起，无从稽考。相传三国时期，诸葛亮治蜀，重视农业生产，不仅大力倡导栽桑养蚕，而且还建起了蚕市，交换蚕种、蚕具等等。此后因人们生产和生活的需要，民间遂逐渐兴起其他的“市”，如粮市、布市、猪牛市等。

最初，“市”的地点，不是在乡镇上，而是在乡镇边上或者某个交通方便、人口相对集中的地方。以后随着生产的发展，“市”上交换活动的频繁、量的增大，到了唐代，“市”被迁到州、县城外官府专设的物资交易场所——“草市”中，并逐渐在其间兴建起店铺、住房、客栈、饭店等等。“市”遂慢慢演化为后来人们所称谓的“场”。

起初，人们到场上交易是不定期的，没有相对固定的时间，到了宋代才有了相对固定的逢场日子，分为单日逢场和双日逢场。而且，把“赶场”不叫“赶场”，而叫“痎（音 jie 接）市”。“痎”是古代医书上所说的两天一发的疟疾，得了这种病会一冷一热，川人称之为“打摆子”。赶场隔天一次，赶场时热闹，不赶场时冷清，一热一冷，形同“打摆子”，故当初人们把赶场取了这么个怪名字。后来有的人觉得这个名字的确不好听、不吉祥，遂改称“痎市”为“结市”“集市”，而普通民众则把它通俗地称为“赶场”。

清代以后，作为交易场所的“场”，有了很大变化：“场”逐渐与乡镇合一，以街为市，有的还划定固定的街区作专卖品市场，如菜市、鸡鸭市、米市、竹木市等等；赶场时间固定，场期合理。视地域而异，有的三天一场，有的五天一场，而且相邻的“场”场期错开，行商及腿脚勤快者天天有场赶。

《岳池县志》载，从宋代起，岳池县境内“场”普遍兴起，明、清时蓬勃发展，至民国时期发展到 48 场。1976 年以后，由于行政区划几经变动，现全县有场期的“场”40 个。其中不少场因其土特产品而名闻遐迩，如苟角因竹编而闻名，顾县因豆腐而闻名，中和因醋闻名，西板因豆豉而闻名等等。

岳池是农业大县，物产丰富，赶场是农家传统的交易形式，而且人们特别钟情于赶场。民间流传着一句顺口溜：有钱之人场场赶，无钱之人赶耍场。那怕什么东西都不买不卖，看热闹也要到场上走一遭。

岳池各场镇的逢场日，分别为一、四、七，二、五、八，三、六、九日。值逢场日，农家男女老少穿上较整洁的衣装，特别是年轻妇女及未婚青年男女更是打扮一新。将要上市交易的物品肩担背负带进市场交易，在市场各摊点选购所需要的生产、生活用品。一般赶场高潮（俗称“登场”）在上午 10 点左右至下午 2 点左右（夏季略提前），这时整个场镇人流如潮，拥挤难通，到 3 点以后陆续散场。在高潮时，人多货杂，少有空隙。叫卖声、招呼声、喊价还价声、报称算账声以及嬉笑、吵闹声、卖艺人的锣鼓声等交织一起，极其热闹。散场前一些妇女要去小食摊店“打幺台”。或向饭馆或小食摊要点盐开水（俗“活汤”）把自带的饭团子泡了吃。一些男人则留在茶馆喝茶，或邀约朋友进酒馆、饭店喝酒，或到戏场看戏。一些赶场人在散场前还要给家里老人、小孩买上一些小吃或糕点、糖果。

1958 年“大跃进”时期，政府取消逢集赶场，后改为十天一次逢集赶场。“文化大革命”时期，政治上“以阶级斗争为纲”，经济上“割资本主义尾巴”，政府再次取消逢集赶场。商品交易由商业主管部门，组织城乡合作商店的店员送货下乡与农民交换生活必需品。同时将国家不允许上市的物品如鸡蛋、花生等（定为二类物资）收购上来，或者与国家凭证供应的煤油、菜油、食盐等物资相调换，并给一定奖励。部分农家罔顾这些规定，冒风险将自己的鸡蛋、花生等农副产品悄悄在“黑市”上交易。1979 年后，传统的逢集赶场活动迅速恢复。

二、交易

一般以货币为交换手段进行交易。民国 37 年（1948 年），国民政府滥发金圆券，货币贬值，物价飞涨，各场镇集市曾一度出现以物易物的交换方式，农家用粮食换油、盐、布、火柴、铁器等生活、生产必需品，相差部分补差价。1950 年人民币发行后，一律实行以人民币交易，但农村仍存在少数以物易物的习俗。如有农家专磨豆腐、凉粉卖，每天将豆腐、凉粉担起转乡，一边走，一边叫“左（谐音，即“交换”意）豆腐、凉粉啰!”买者就用自家粮食与之交换。此种交易方式，20 世纪 70 年代后期逐步消失。现今一律以人民币交易。

三、议价

20 世纪 50 年代以前，岳池集市上买卖双方为了保守商业秘密，不使业外人士和本业客商了解行情而杀价、抢生意，在大宗商品如耕牛、生猪、粮油、蚕丝、大型农具等的交易中有一种特殊的议价方式—摸手指议价。因当时一般男人都穿长衫，在议价中，卖方将自己的长衫衣襟捞起，手伸进对方长衫袖筒里，用手指示价，买方便将手伸进卖方衣襟下探察手指所标价格。若不同意，亦用同样的方法给出还价。彼此在袖内或襟下边互捏手指讨价还价，同时口语“这个的这个”或“这个的整数”“这个的零头”。如此反复多次，双方议定价格，交易成功。如一方坚持不让价，另一方不加价，交易就作罢。也有交易议价通过中介人（俗称“评行人”或“评中人”）的手也伸进交易双方衣襟或袖筒内，摸双方的手指所示价格从中协调撮合的。手指示价分别为：食指为“1”，加中指为“2”，加无名指为“3”，加小指为“4”，手指全伸为“5”。只伸拇指为“6”，拇指与食指相摁捏为“7”，直竖拇指与食指其余三指紧屈为“8”，单屈食指为“9”。另外也有用行语说价的。如一般商业行话以“姑、尼、仲、子、折、敖、黑、挂、金、勾”，分别代表“1、2、3、4、5、6、7、8、9、10”。而油盐行则以“余、欠、川、差、土、高、照、毛、求、日”，分别代表“1、2、3、4、5、6、7、8、9、10”。以上议价方式、商业行话，随着衣着的改变及社会的发展变化已消失。现今交易表价直接用阿拉伯数字喊价，但也逐步兴起一种新的行话，把人民币10元叫“大团结”，百元叫“主席头”或“老人头”，千元叫“吊”，万元叫“方”。也有少数人把元称“分”，10元称“角”，100元称“一块”的。

四、交易中介

在大宗商品交易活动中，为了促成交易和避免纠葛，往往要求助中介人，于是城乡集市，特别是大市中的行业经纪人应运而生。经纪人主要有三种：一是行业中协调价格撮合成交的“行户”；二是量计谷米的“斗手”；三是掌称的“秤手”。行户一般由交际广、熟人多、信息灵、懂行情、嘴灵且有一定的经济实力，在商界有影响的人充当，并须经政府批准、注册。注册后，本人不得做生意。他们的中介活动一般选择在市场以外的茶馆酒肆。由买卖双方约请“行户”居间协调撮合，做成生意。生意做成后，由买方按成交额的适当比例付给行户劳务费。也有因买方买得便宜，买方另给行户辛苦费的。有的行户一面拉中介业务，一面自己也趁机做生意，便宜货自己买，从中牟取高利。在小宗粮食交易中，多是经过“斗纪”（又叫“斗手”）居间协调成交。成交之后，由买方出条子标明成交数量、价格、应付款额，交由“斗纪”给卖方付清货款，卖方定期将货物运到买方指定地点。若到期未送，“斗纪”有督促交货或赔偿责任。这种交易方式，往往只见条子，不见实物，因而给斗纪和粮商提供了转手交易之便，容易导致价格不稳。尤其在民国末期，货币贬值，物价一日数涨，政府给一般公务人员发谷条作为薪金，于是一些人将谷条子拿到市场出售。买者以低价购进，高价卖出，获取暴利。在粮食等农副展品零售交易中，买卖双方主要是一般民众。农民将自产的粮食运来出售给城镇居民、饮食加工行业或粮商，其价格由买卖双方按行情面议，成交之后须交“升、斗费”方可出市。若买方对粮食重量、数量有怀疑，可交市场“秤手”复核，无误则由买方付少许复秤费。

五、商贩

商贩，有专业和兼业之分，专业者多从事长途贩运，少数人自有车（货车）、船载货。主要经营粮油、蔬菜、布匹或其他大宗农副商品，往返于成、渝或相邻县（镇、乡），有较多本钱，盈利较丰。兼营者则是农闲跑些生意，大多在县境内各场镇摆摊设点或走村串户的个体单干户。20世纪80年代后，国家鼓励商贩经营，各类商贩大批出现。

（一）菜贩子

从事蔬菜贩卖的人将本地不产的蔬菜从外地运往本地或将本地蔬菜运往外地。罗渡盛产生姜，顾县、兴隆盛产大蒜，到了产出季节，贩子就将其收购运进县城和重庆等地销售。近些年，温室、大棚反季节蔬菜的大量生产，菜贩子到蔬菜产地大量购进（或从专业运菜贩子手中接货）到各地销售。县城的一些菜贩，每天清晨早早堵候在进城的各个路口，收购一些农民进城销售的自产蔬菜，然后进市贩卖。现县城市场的蔬菜，主要由小菜贩子经营，这些人经营时间长，价格灵活，方便顾主，对活跃集市起到了重要作用。2000年后，蔬菜产业不断发展，蔬菜品种越来越丰富，各类升级版菜贩——蔬菜运销大户、蔬菜专业合作社不断发展壮大，县内的“三安蔬菜”“坪滩辣椒”等特色农产品通过现代“菜贩”大量销往重庆、成都等大中城市。

（二）猪贩子

猪贩子大多懂得猪的常见病防治知识，具有善于相猪的技能，诸如看猪嘴长短、骨架结构，皮毛色泽等以断定其长势如何。遇到肚大皮皱、背脊高耸等病弱猪，以低价买回后，用药物内服外洗，加喂精料，经短期喂养，即可使皮毛光亮上膘缩肚，从而卖得高价。他们或就地这场买，下场卖，或从相邻县（镇、乡）买来在本县各乡场卖。20世纪80年代至90年代，不少人自购摩托车，用两个竹笼分设后座两旁，一次装运7~8只仔猪，在各乡场之间贩卖。

（三）牛贩子

牛贩子通常由二人以上结伴（即打伙）到达县、蓬安、营山等地贩买耕牛。一次买回几头或数十头。这些人吃苦耐劳，他们脚穿草鞋，肩挂牛草鞋，赶着牛群步行，一天走30~40里，夜宿牛马店，饮食很简单。可他们懂得相牛知识，看牛牙可辩牛的年龄，看牛身与四脚知其耕田能力和脾性。他们在市上议价时，采用摸手指的方式，而且大声吼叫。他们买回的牛一般要精心喂养一段时间，如洗口开痧、打磨牛角、勤刮皮毛、加喂精料等，待膘肥体壮时，再去市场出卖。

（四）药材贩子

药材贩子，一般是去药材产地直接采购。民国时期，岳池华蓥山一带盛产中药材，品种达300余个，年产量数十吨。仅高兴、溪口、华蓥三个药材初级市场，年成交额4万元上下（折人民币）。来此地收购贩运药材的贩子称“山客”或“水客”，华蓥山的药材一般就由这些山客、水客外运南充或重庆销售，部分留作本地中药店用。同时，本地不产的药材也由药材贩子从外地贩运回岳池卖给药店和摊贩。

（五）其他商贩

旧时，有少数商贩往返于甘肃天水、碧口，四川广元、成都、重庆等地贩棉纱棉布。20世纪50年代中期实行粮棉统购统销后，棉布、面纱商贩停业绝迹。1990年以来，市场体制不断完善，经济活动愈加活跃。除上述商贩外，家禽、水果、粮食、竹编、林木等各类农产品商贩如雨后春笋般出现。他们随农产品的产出或走村串户、或设点收购，采购各类农副产品运销外地。他们既自己获得经济利益，又帮助农家解决农副产品销售问题，活跃农村经济。

六、市声

旧时岳池各色小商小贩、小吃担子、修补行业、工匠和拾荒者等，常串街游巷走村串户，高声叫卖自己的商品或招揽“活路”。其叫声或悠扬婉转，或高昂粗旷，时起时伏、抑扬顿挫，极富音乐感。

收破烂的高叫：“有破铜烂铁、鸡毛鸭毛、酒瓶子、烂玻璃、烂胶鞋、废纸、报纸卖！”；

修补匠高叫：“补啊！补锅、补盆、补碗、补缸子、坛子”；

磨刀匠高喊：“磨剪刀、起（谐音锵）菜刀”；

箍桶匠高喊：“箍桶、箍脚盆啰”。

每天清晨，卖早点的在县城街巷中高叫："热泡粑，酥儿糕"；晚上卖炒米糖开水的小贩一头担着炭火水壶，另一头挑着里面装有藕粉、炒米花、食糖、碗、勺子等的大竹篮边走边高叫："藕粉、炒米糖开水!"。

卖黄糕的一边叫喊"黄糕，热黄糕"，一边敲着竹筒，发出"梆梆梆"的声音。

卖麻糖的用小铁锤有节奏的敲击马蹄型刀，发出"叮叮当""叮叮当"的声音，人们便知道卖麻糖的来了。

卖锅魁的一边做锅魁，一面用擀面棒拍打桌面发出"噼里啪啦"的声音以招揽顾客。

卖针头麻线的小贩，手举小铜锣（有长柄、与拨浪鼓相似)，不断转动手柄，发出"叮当""叮当"的声音，召唤人们买针头麻线。

如今商贩的市声和市声方式已大为改变，普遍用上现代音响设备。卖小吃、小商品的不再是歌唱似的推销自己的商品，招徕自己的顾客。少数商铺或老板自己，或安排店员喊道："快来买，快来选，过了这街没这店"，"便宜货一元三样、一元两样"，"大降价""大出血""大甩卖""最后×天"或"门面转让，流血大甩卖"等以此招引顾客。现今提倡文明经商，商家已不再叫喊招客了，而是以商铺、门店的高档装潢或用音响播放歌曲（叫卖录音）来吸引顾客。仅修理行业的少数上门服务的工匠用电喇叭在街上或居民小区里高叫："修电视机、洗衣机、天然气灶、热水器、高压锅"等，声音虽大，却了无旧时市声的韵味。

第四章　节庆习俗

第一节　传统节庆

一、春节

农历正月初一为春节，是中国最隆重的传统节日。为过好春节，冬至节后，农家就开始准备过年东道了。首先是"洗冬至猪"，即杀年猪。杀的年猪越肥越体面，宰杀洗净后，先将年猪抬至堂屋神位前的板凳上，在猪背上戳三个小口，插上香烛，祭祀祖宗神祇。然后，邀请族亲及友邻聚餐，名曰"吃刨汤"。然后，主妇们便忙于腌制腊肉和香肠。无条件杀年猪的农家，则到肉摊买肉腌制腊肉、香肠。时过腊月十六日，各家各户便开始宰杀鸡、鸭、鹅、兔等，为"团年"做准备。

除杀年猪、家禽外，各家各户还要陆续置办其他年货，如：做豆腐干，蒸醪糟，炒花生、瓜子、胡豆，爆米花，制杂糖等等。还要缝制新衣、新鞋。全家人特别是家庭主妇忙得不可开交，但心情十分愉快。不过，家境不宽裕的人家，为准备过年东道颇为作难，欠债者更要千方百计付清欠债，以免过年时债主登门讨债不吉利，故他们戏称过年为"过年关"。

腊月初八相传是释迦牟尼成佛之日，各寺庙这天都要用米、豆、大枣、莲子等煮粥供佛，并布施信众，谓之吃"腊八粥"。后来，此俗传至民间，每到此日，农家也以糯米、红豆、红白萝卜、花生仁、青笋、莲米、苡仁、大枣等食材为原料伴少许腊猪肉丁煮腊八粥。

腊月十六日，是各店铺业主为店员、徒弟最后一次加餐，即最后一次"打牙祭"的日子，俗称"倒牙"。是日中午，店主备刀头（熟猪肉一方块)、酒菜祭祀行业神祖后，与店员徒弟共进午餐。酒菜比平时打“牙祭”丰盛，以示业主宽厚。店铺亦从此日催讨欠账，并在店铺门前贴上“年关在迩，请来了账”。私塾即日起散学。售年画、门画、门神，写春联、神榜的“红货摊子”纷纷上市。典当业主开始在门前设摊，推销拍卖“死当”衣物。成衣业将滞销的旧衣、鞋、帽，依据物品的类别、成色和质量，信口编唱一些戏谑性的顺口溜当街叫卖。

“倒牙日”后，至年后正月十五日，城乡随处可见游乡串户讨“嘉封”的“闹年鼓队”。闹年鼓队由鼓、大锣、大钹和马锣组成。鼓由一人掮身后，另一人紧跟其后敲打；脚盆鼓自挂腹前自打；大锣则挂于打锣人背后所缚的铁弯弓上端，悬于腹前敲打。一支“闹年鼓队”一般由七八个能熟练地敲打十多种曲牌的川剧玩友组成。他们每到一处便热热闹闹的敲打一番，道声吉祥，受拜商户或住户便给他们“嘉封”（即喜钱），并道“同喜”。闹年鼓队所敲曲牌常用的有《万年欢》《滴滴金》《花点头》《二巷子》和一些川剧锣鼓。从20世纪50年代起，春节闹年鼓者渐少。春节期间由街道居委会或村委会组织的秧歌锣鼓队游街串乡。2000年后，又见极少鼓队、舞狮队于春节期间游走于城乡，或向沿街商铺讨要“嘉封”。

贴春联是民间喜迎新春佳节又一主要形式，各家各户在此期间都要在大门、灶房、寝室门枋上贴一幅鲜红的对联，檐下挂一大红宫灯或圆形彩灯。有的农户还在猪牛圈栏贴上对联。内容多以喜庆、祈福为主。常用春联有：“爆竹一声除旧岁，桃符万户更新春”“天增岁月人增寿，春满乾坤福满门”“天地间诗书最贵，家庭内孝悌为先”“有柴有米足矣，无是无非乐哉”；“猪肥牛壮六畜旺，粮丰林茂五业兴”；商家多写：“生意兴隆通四海，财源茂盛达三江”；药店写：“但愿世间人无病，何妨架上药生虫”。春联除孝家用绿色或白色纸外，全用鲜红银珠或红色撒金纸以墨或金粉（铜末）书写。至除夕日，春联彩灯早已将千门万户装点得焕然一新。

从腊月二十三日起，商铺为回家过年的管账先生、工人、学徒设宴团年。燃放鞭炮祭祀祖师后，店主为学徒发过年钱，宽厚者赠与衣帽鞋袜，送腌腊食品，让其回家孝敬父母，同时约定来年这些雇佣人员的去留。

同日，民间举行“送灶君”仪式，恭送灶君上天述职。仪式前几天就有人在街上叫卖“灶书”（颂灶王菩萨功德及祈求平安的小册子），这声音使年味更浓厚起来。月宫仙子是女的，灶君菩萨是男的，民间有“男不拜月，女不祭灶”的传说，人神之间照样也得避嫌疑，故“送灶”的事由男主人行之。每家除备刀头、燃香蜡纸烛和灶书外，还特别备有糖果，甜一甜灶王菩萨的嘴巴，好在玉帝面前美言两句，故灶房中贴的对联即是：“上天言善事，下地保平安”。腊月三十日晚以同样的仪礼迎灶君归来。

腊月二十四日，无论贫富，农家都有一番“除旧布新”大扫除，俗称“打扬尘”。全家齐动手，擦拭门窗、粉刷墙壁、清理卧室杂物、打扫厨房烟尘、洗涤衣物家具、疏通阴阳沟……里里外外，弄得干干净净。喜欢讨吉利的人，一面打扫，一面说点吉言吉语：“虫虫蚂蚁扫出去，金银财宝招进来。”并将所有垃圾全撒在大路上，让千人踏，万人踩，驱走种种不祥。

腊月三十日为岁末除夕，此日家人务必团圆，远行子女必须赶回家与父母团聚，俗称“团年”。团年时忌外人来家“岔年”，故上午不要到别人家去，去了就岔了别人家的“年”。是日清早，各家就忙于做年饭，家主备上刀头、香、蜡、纸、烛到祖坟上祭祖。中午全家聚餐，俗称为“吃年饭”。团年饭前，先由家主陈雄鸡、刀头、酒肴等祭品，燃香点烛，放鞭炮，率全家长幼按序跪拜于神龛前祭祀家神，然后全家团坐于堂屋聚餐。团年饭很丰盛，满桌菜肴，而且菜肴中必须有猪头、猪尾、象征一年有头有尾；要有鱼有猪腰（肾），寓意“有余有剩”，菜肴丰盛吃不完寓意“年年有余”。如果能摆上12样菜，便叫“月月红”，来年更吉祥。嫁出的女子和异姓者均不能入座，如有特殊原因，则另摆酒菜于他屋进餐。如今，团年忌外人的习俗改变，而且邀亲朋好友一起团年者众多。

农历腊月最后一天，农家都兴赶半天场，称“赶火把场”或“跑跑场”。民间有“赶了火把场，来年才硬梆（健康）”之说。故各家户主不论有无买卖，均喜到附近的场镇走一趟，来去匆忙。至中午前各自赶回家或张贴春联、年画，或打扫清洁卫生，将水缸储满水（因天黑封水井，次日忌担水、扫地）。

是夜即“除夕”，即所谓“一夜连双岁，子时分两年”。家家红烛高照，鞭炮频响，祭祀祖先。笃信佛教者以香烛、果品供佛神。入夜点亮门前悬挂的各式吊灯，俗称新年灯。清宣统时期，有举人以上功名者还将镌有官衔、功名的红底金字“火牌”列于门首以示荣贵。县城各主要街口以及乡、镇、庙宇点亮高约8米至10米的玉皇灯（灯架由若干木条用绳连结成菱形灯塔，灯数有9、36、99盏不等）。玉皇灯一直亮至正月十五日，有的亮33天，以祈保一方平安。是夜农家有“守岁”的习俗。家人欢聚一堂，吃胡豆、花生、瓜子和糖果、糕点，漫话家常，通宵不眠。守岁时，大人小孩都要把脚洗得干干净净，据传来年才不会走霉运。小孩恭恭敬敬依次向长辈们叩拜辞岁，长辈发“压岁钱”。不过，平时调皮捣蛋的小孩，则要跪在神龛前检讨，并接受父亲训斥、责打，俗称“封印”。故小孩是夜总是喜忧参半，躲藏到母亲或爷爷奶奶身边，希望得到保护而躲过“封印”这一关。此夜严禁家人之间争吵，以求来年人人平安，事事如意。守岁至子时，农家有吃年夜饭的习俗。年夜饭简单但精致，一般是醪糟煮鸡蛋、汤圆、糍粑或油煎鸡蛋挂面之类小吃素食。

1950年后相当长时期，除夕诸俗逐渐简化、淡化。1980年后，“守岁”逐渐复兴，但大多以收看电视节目、打麻将、玩纸牌方式守岁迎新年。给小孩压岁钱较旧时丰厚。

大年初一尤其隆重热闹，而禁忌也特多。忌讳扫地、挑水、动土，忌用刀、剪、针，忌说死、鬼、梦、破、耗子等不吉利的话，故有“初一吉利管一年”的说法。这天零时家家燃放鞭炮，辞旧岁迎新年。男子持香、烛，备祭品“开财门”“出天行”。按历书指示的方向（年属干支的单数为阳年，双数为阴年。阳年东西利，阴年南北通），在离住处东方百步之外焚香叩头迎接财神。如能在周围寻得一块金属物，即认为今年将大吉大利。早餐吃汤圆称吃“圆宝”，吃挂面称“长命百岁”。忌吃饭，因“饭”与“犯”同音，不吉。而且早餐由男子操办，女人不能早起和下厨房。饭后，大人带小孩到近处向同族或长辈拜年，不带礼物。长辈用糖食、花生、水果等招待。拜后即离去。然后，男女老幼穿年前缝制的新衣，年轻妇女搽胭脂、涂口红（俗称“打摩登”），全家去城镇或寺庙游玩。这是大年初一一项约定俗成的重要活动。大约9时许，但见通往乡镇的乡间路上，游人如织，前呼后应，留下串串欢声笑语。10时许，各乡镇街道早已游人熙熙攘攘，摩肩接踵。熟人相见，相互道声“拜年！拜年！”老者相见，相互拱手抱拳，共祝“吉祥！吉祥！”晚辈纷纷给长辈作揖叩头，致以新年的祝福，长者则纷纷解囊，给晚辈以喜钱，一派祥和温馨的场景。此时，卖瓜子、花生、砂胡豆、甘蔗、水果、凉粉、锅魁、糖果、糕点等等的小商小贩，似乎忘却了新年初五前不做生意的忌讳，不放过这天赐良机，或摆摊，或往来穿梭于游人间叫卖。要把戏、打金钱板、唱道琴、演西洋镜的民间艺人，各选一开阔处围场献艺，不时传出阵阵叫好声、欢呼声。各乡镇政府，照例在大门口燃放鞭炮，给乡亲们拜年祝福，并赠给每人两个柑橘、两节甘蔗、几粒糖果，聊表拜年之意。民间“送财神”的小分队，三三两两，也忙个不停。他们在身穿蟒袍、头戴官冕的“财神爷”带领下，吹吹打打，不时向游人拜年，道声“恭喜发财”！游人们纷纷“随喜，随喜”给财神送点吉钱，图个新年大吉。玩得最惬意、最忘形的要数小孩们，他们不时燃放一个鞭炮、一个“飚老鼠”，在游人中“乓乓”炸响，“嗖嗖”乱窜，逗引人们一片欢笑。如此热烈、祥和的场景一直延续到下午，游玩闹年的人群方才尽兴归家。尽兴而归时，有的在路边捡一些柴回家，叫做“空手出门，抱柴（财）归家”。

从初二至十五日，新婚夫妇选双日给双方的近亲拜年。正月初五称“破五”日，作坊、商店开始开工、营业，帮会各“公口”开始往来团拜。初七农民敬地脉龙神后开始干活，称“破七”。各地耍龙灯、舞狮、打闹年鼓、送财神的小分队走村串户，庆贺新年，求偿礼金。至亲、好友在此期间互设宴席请客，庆贺新春，谓之“吃春酒”。城乡茶馆，同乡会馆组织川剧、木偶、围鼓、评书、金钱板等民间文艺演出，这一切将春节烘托得欢天喜地、热热闹闹。1950年开始，政府规定正月初一至初三日为春节假，此后传统春节习俗逐渐淡化或演变，惟团年、亲友之间相互拜年、放鞭炮、吃汤圆等习俗沿习下来，但少有年味。1980年后，打闹年鼓、送财神，吃春酒等习俗又自发恢复，不过形式和内容有所变化。闹年鼓队改为了腰鼓队、秧歌队、军乐队；送财神的祝词变为“恭喜发财”“勤劳致富”之类的新词汇；成百上千人的大型文艺演出和街道文艺表演取代了戏曲坐唱。特别是春节前后，党政机关、学校及有关单位所举办的春节团拜活动，慰问武警战士、公安干警、烈军属、荣誉军人、离退休老人及“五保”老人等活动形成新的习俗，“开财门”“出天行”之类旧俗和诸多禁忌也被群众自觉摒弃。

二、元宵节

农历正月十五日，是传统的“元宵节”，又叫“上元节”“灯节”“过大年”。这天，各家各户都要备办酒菜，祭祀祖先、神灵，宴请亲朋好友。入夜，全家早早吃过元宵汤圆，便纷纷走上街头，观赏闹元宵街头文艺表演。

观龙灯。每年元宵节必举行，县城各大街道和较大的场镇至少扎一条龙，扎龙的钱及玩龙费用，由居民、商户和农户捐献。龙扎好后于正月十五上午移置街旁，等待例行的“迎龙典礼”。一条龙的精华全在龙头，编扎绘画龙头者，匠心独运，巧思大展，一条比一条精彩生动，吸引来往路人观赏。各街道邀请最有名望人士主持“迎龙典礼”，敲锣打鼓，点香燃烛，焚纸鸣炮，主持人双手拿起桌上预先备好的红绫挂在龙头上，随即三拜九叩，典礼便告完毕，仪式简单隆重。

舞龙表演。元宵节晚上，一对四方灯作前导，舞狮队、高跷队，紧随之，边走边舞，引导彩龙入场。彩龙侧面书明是何镇、何乡、何街彩龙，正面写着“国泰、民安”“风调、雨顺”等词语以示祝愿，其次是整整齐齐花灯队，再次是吹吹打打鼓乐队，彩龙摇头摆尾在后跟进，并不时作蛇行般大幅度左右摆动，当舞至各家门前时各种规格的“焰花”便对准玩龙人嘘放。“花”用木炭、硫磺、焰硝、铁砂混合筑成，装入长约一尺，粗约二寸竹筒内，筒后填紧泥土，筒前顶端中央钻一小孔，安装导火线，点燃导火线即喷射出灿烂而有轰鸣声的焰火。一些人家和商店，还专请烟花商筑“花”，多者数百筒，少者数十筒，装进箩筐，摆在门前，等龙灯经过时就点燃导火线，顿时“花”吐出粗大的火舌，发出巨大的轰鸣声，向着玩龙人身上喷射。玩龙人既要协调舞龙动作，又要不停地跳跃躲闪，以免焰火直射身体。观者见此情景皆情不自禁地欢呼呐喊，鼓乐队也拼命地吹打，发出激烈的音响。观者、舞者融为一体，气氛格外热烈，从而构成一幅热烈、粗旷的立体风俗画卷。龙灯大约在晚九时收灯，接着是车车灯展示和平台戏表演。如今，无论城镇或乡村，不少人家都在元宵节晚上自购焰火燃放，为节日夜空增添了更多的灿烂。

车车灯表演。车厢用薄木板合成，长约6尺，因无车轮车底，前进后退时，一边一人抬起车厢，走三步退两步，扭扭捏捏显出几分风骚情调。车厢里外以彩色布遮掩，四角悬挂小巧玲珑宫灯。车中站一佳人，但非大家闺秀，也不是小家碧玉，而是由年轻的男小伙妆扮。他们洗了澡，穿着彩色衣裙，头戴假发和鲜花，面部经化装后变成一个女娃娃。再由行家教导如何作态，如何浪笑，如何抛媚眼。表演起来真有点诱惑力，逗得观众大为开心，欢呼："要得，要得，硬是要得！好得很！"

连厢表演。元宵夜，几乎所有家里的人都出来观看，街上人潮汹涌，处处人挤人。伴随车灯表演的还有连厢队，边表演边唱民间小调《十二月》。由嗓音嘹亮者独唱上句，其余的人帮腔合唱下句。

正月家家拜菩萨哟，（合）柳呀一柳连柳呀。
二月忙把风筝扎哟，（合）荷花闹海棠海棠花。
三月清明把坟挂哟，（合）柳呀一柳连柳啊。
四月蚕儿上了架哟，（合）荷花闹海棠海棠花。
五月龙船下河坝哟，（合）柳呀一柳连柳呀。
六月扇儿手中拿哟，（合）荷花闹海棠海棠花。
七月中元冥钱化哟，（合）柳呀—柳连柳呀。
八月中秋看月华哟，（合）荷花闹海棠海棠花。
九月菊花开得雅哟，（合）柳呀一柳连柳呀。
十月腊梅渐渐发哟，（合）荷花闹海棠海棠花。
冬月烘笼涨了价哟，（合）柳呀一柳连柳呀。
腊月忙把年猪杀哟，（合）荷花闹海棠海棠花。

此类民间小调音乐婉转悠扬，歌词俚俗，极富乡土韵味，体现岳池民间的喜怒哀乐和各种生活情调。

平台（高亭）戏表演。车车灯、连厢队走过之后，是"平台戏"登场。"平台戏"的平台请木匠定做，每台装扮一出历史戏或一个感人故事，请几个壮汉抬起游街。为使抬者省力，常选择角色最少的戏，并用比大人身轻的小孩装扮，加以训练、开脸，穿上戏装，外表跟戏班子的伶人无异。每年的平台戏大都按忠、孝、节、义或仁、义、礼、智、信这一主题安排，如某年县城所表演的四出平台戏分别为：第一台《岳母刺字》岳母勉儿岳飞杀贼，在他背上刺"精忠报国"四字。岳飞力行慈训，大败金兵，体现"忠"。第二台，《彩衣娱亲》。春秋时代，楚国老莱子，年已七旬，每日除以美食孝敬双亲外，常常穿着五彩衣学孩子样，使父母快乐，列入"二十四孝"之中，宣扬"孝"。第三台，《苏武牧羊》。苏武出使匈奴，遭扣押不屈，囚北海牧羊，受苦十九年，其节不变，颂扬"气节"。第四台，《关羽送嫂》。关羽与结义兄长刘备失散，保护二位皇嫂，暂居曹营。曹操欲得关公投效，大献殷勤，赐官赠金，但关公义薄云天，终挂印封金而去，护二位皇嫂与刘备重聚。彰显一个"义"字。

看花灯。花灯展览与花灯游行，是闹元宵中最后一项玩乐。展出的花灯，种类繁多且精巧，主要有走马灯、财神灯、八仙灯等。看"走马灯"的人最多，有人见灯里骑马的，走路的，挑担的，不停地自转，情不自禁地指着骑马的大叫"又来了！又来了！"故岳池人流行一句歇后语，常用于到朋友家玩时自我取笑地说："岳池人看走马灯——又来了"。

参加花灯游行者都是小孩，他们手持兔子灯、鱼儿灯、蝴蝶灯、荷花灯、莲花灯……由大人带领游行。队伍中更有乐手吹奏管弦丝竹，传出阵阵悠扬的乐曲声，此时天上明月皎洁，地下彩灯辉煌，天地交相辉映，营造出一派满城灯火红、弦歌散夜空、欢快元宵夜、万家明月中的温馨气氛。至此，喧嚣狂欢的闹元宵活动缓缓结束，观者、舞者、玩者踏着月色，尽兴归家。

岳池民间元宵节除上述习俗外，还有一些奇特的习俗：有的人家想把自己的儿子“抱”给别的人家当“干儿子”，便把别人门前挂的檐灯“偷”来，又敲锣打鼓地提着偷来的檐灯，将儿子给他家送去，这家人则按娶儿媳的礼节接待，俗称“元宵提灯送子”。还有“偷青”的习俗，有的人有意出外“偷”别人家的蔬菜，逗引该家责骂，骂得越凶越好，据说这样可保一年清静平安。

三、清明节

清明时节岳池民间素有扫墓习俗。有儿有女者在清明节之前备刀头、水果、糕点及香蜡、纸钱、鞭炮到祖先坟墓祭扫，祈求先祖保佑平安、吉祥、发财。并在坟上竖起白色纸幡，以表对先祖的哀思，同时掘土垒坟（新坟三年后垒），保祖先安息。清明节当天，由族长率领同族男人到祖宗墓前祭扫后，即在墓前或回祠堂开清明会，讲一年来全宗族生产、生活、婚丧嫁娶、人口繁衍、族人关系、财务收支等情况。同时，对违背族规家训、伤风败俗、好逸恶劳、偷盗乞讨者和从事剃头修脚等“低贱职业”者实施体罚，以儆效尤。对光宗耀祖、恭行孝悌者予以施表。会后聚餐，称之为“吃清明会”。学校师生沐浴美好春光到郊外“踏青”春游。1950 年后，清明扫墓习俗得以延续，但开清明会、“吃清明会”被禁止。1980 年后，清明诸俗在民间逐渐恢复。每逢清明节，中小学校都要组织青少年学生到烈士陵园扫墓、献花圈，祭奠缅怀革命先烈，激发青少年爱国热情。

四、端午节

农历五月初五为端午节，民间习称“端阳节”。当日农家习将菖蒲、蕲艾扎成小把挂在门枋上以避瘟疫。用朱砂、雄黄或白矾书“茶”“白”“仪方”等字倒帖室内，以避毒虫。传说当天百草皆是药，故医生多于端午制膏、丹、丸、散。早餐家家吃粽子，中午饮雄黄酒，并于室内外洒雄黄酒驱毒虫，给小孩脸上搽雄黄避邪驱虫，下午家人或乡邻邀约去场镇、寺庙玩耍，称之“跑端午”。家长持粽子、盐茶蛋、礼金带孩子同去私塾先生处送节礼或学生相邀去送。先生一般回赠学生折扇一把或毛笔一支，不备酒宴。工商界学徒也要为师傅送礼，多数是衣料。新婚夫妇备粽子、糖、肉、面、包子等向岳父、岳母拜节。岳父母除具酒食款待外，赠以衣、帽、伞、扇等物，并将送来的粽子等以半数回赠。

罗渡、中和、石鼓、坪滩、酉溪等沿江河群众端午节还要举办龙舟会赛龙舟，开展比速度、争彩头，争抢江中鸭子、夺猪尿泡等竞技活动。舟中桨手划船如箭，两岸观众人山人海，鼓劲呐喊之声轰动四方，场面十分壮观。今岳池嘉陵江、渠江两岸端午节仍沿袭龙舟竞渡习俗。

五、中元节

农历七月十五日为中元节（又称“月半节”），本为佛教节日之一，后传入民间。传说七月初十开始冥府开鬼门，放老人亡魂回家与家人团聚。因此家家户户早早打叠一些纸钱封成包，（俗称“包封”），并在包封上面写明“某某魂灵亲领受用”。有的还用红纸开具清单，上书“兹值中元佳节，后嗣××等谨具冥财，上俸故祖、岳父母、或外公、舅父母等××魂下受到××包”。从七月十二日开始，备酒菜、水果等供奉三日，称“接老人”，十四日备酒菜、焚封包纸钱为死者送行，称“送老人”。寺庙僧尼做“盂兰盆会”，念经，超度亡魂。另外，十五日这天，民间还有施米、豆、盐、茶于道旁慰孤魂野鬼者，称之为“施孤”。

六、中秋节

农历八月十五日为中秋节。它与春节、端阳节并称三大传统节日。至唐代初年始形成固定节日，宋时始盛行，明清时成为我国主要节日。八月十五日这一天，全家务必团圆。如有回娘家妇女，必须回夫家团聚，外出者虽千里迢迢也必须于节前赶回。当日各家备酒菜，吃糍粑。入夜，设香案于院坝，供月饼、糖果，插香于橙上，燃香点烛，边赏月，边吃月饼。听老人讲“吴刚伐桂树”“嫦娥奔月”“八月十五杀鞑子”等神话传说和民间故事。旧时还有“摸青”的习俗。无子之人是夜潜入他人菜地偷摘南瓜（或亲友送南瓜至无子之家），菜地主人见偷瓜人也不计较，若偷得的南瓜破开见籽，寓将得子。20 世纪 80 年代后，每年中秋节，县政府召开侨胞、台胞、港澳同胞中秋茶话会，共话团圆和振兴中华大业。

七、重阳节

重阳名称来源于《易经》“以阳爻为九”一语。古人以“单日为阳日，双日为阴日”。因农历九月九日，月日均逢九，两阳相重故名“重阳”。重阳节前，民间用糯米蒸醪糟（酿重阳酒）。是日携果、酒郊游，登高赏菊，采菊瓣贴眼皮以清目，或插茱萸以驱凉寒。中医于当天用陈艾灸病，疗效特佳。1987 年，国务院将重阳日法定为“老年节”。是日，县政府召开离退休老干部座谈会，听取他们对岳池发展和工作的建议和意见，表彰老有所学、老有所为的先进个人。各乡镇、机关、企事业单位均向离退休老干部及其他所有老人祝贺节日。

第二节　法定节庆

民国时期，国民政府颁定的纪念节日有：3 月 12 日孙中山逝世纪念日（植树节）；3 月 29 日黄花岗七十二烈士殉难日；4 月 4 日儿童节；6 月 3 日禁烟节；10 月 10 日国庆节（又称“双十节”）。逢节日，县城机关职员、学校师生、民众到南门外校场或岳中操场集会纪念。“双十节”各城门扎牌坊，贴标语，晚上师生列队提灯游行庆祝。

1949 年中华人民共和国成立后，国务院颁定节日有：1 月 1 日元旦，3 月 8 日国际妇女节，3 月 12 日植树节，5 月 1 日国际劳动节，5 月 4 日中国青年节，5 月 12 日国际护士节，6 月 1 日国际儿童节，7 月 1 日中国共产党成立纪念日，8 月 1 日中国人民解放军建军节，9 月 10 日教师节，农历 9 月 9 日老年节，10 月 1 日国庆节。2010 年颁定农历清明节、端午节、中秋节为法定节日。逢节日，各有关部门根据各节日特定意义开展不同形式和内容的庆祝、纪念活动。国庆节庆祝、纪念活动十分隆重。

第五章　礼仪习俗

第一节　婚姻习俗

以 1950 年 5 月《中华人民共和国婚姻法》颁布为分水岭，婚姻形式和习俗殊异。

一、传统婚姻形式

旧时，岳池民间的婚姻类型大致如下：

（一）媒妁婚

此类婚姻是岳池民间最主要、最普遍的婚姻形式。其特征是：成年未婚男女，借助媒人撮合，并经双方父母首肯，而后按照传统婚姻程序结为夫妻。

（二）买卖婚

这是私有制婚俗的一种代表形式。它要求男方以相当数量财物为代价换娶女方为妻。

（三）表亲婚

表亲婚，通常又称姑舅表亲婚。即兄弟的子女与姊妹的子女之间结成的婚姻关系。它对自然优选原则的人类再生产，对子女的健康都有极大危害。这种婚姻关系下生育的子女，绝大多数有先天性遗传病症、痴呆与血友病等，弊害之多已为医学所证明。中国现行婚姻法明令禁止五代以内表亲婚。

（四）交换婚

由两家协议互换其姊妹为妻，或互换其女儿为媳，是一种几乎完全对等的交易婚形式。这种形式也表现在姑舅之间，姑先出嫁，生女后将女嫁回到舅家为媳。这种婚俗在贫困家庭之间多见，可以相互节省一大笔彩礼。

（五）转房婚

转房婚，俗称“填房”。即兄亡嫂嫁给弟，姊亡妹续嫁给姐丈，弟亡弟妇转嫁给兄。此种婚姻形式既继承和维护了原有的亲族系统，使死者子女不致流落无依，劳动力不外流，又维持了原有两个家庭间的姻亲关系。

（六）招养婚

招养婚，也称为“招郎上门”。是古已有之的入赘婚形式。它的表现是女不出嫁，招男方入女方家为婿。这种婚姻形式的存在主要由于女方需要劳力、赡养父母和传宗接代。

（七）童养婚

童养婚，旧时在岳池比较盛行。一是家有子女，同时抱养或买进别家幼女作为养女，到婚龄期与自家儿子成婚，养女即成为儿媳；二是婚后暂无子嗣，先抱养别家女为养女，或买进养女，待生子长大后与养女结婚，这种形式的童养婚又称做“等郎婚”，有的养女十二三岁才等来“郎”。如始终未等来“郎”，则将养女出嫁；三是失去父母的孤女或因家境贫穷，父母难以将其抚养成人的幼女，经媒人撮合，与别家男人订亲，并由男家收养，待婚龄期正式与该男人成婚。

（八）童子婚

童子婚，又叫“娃娃婚”，与“童养婚”一样，是另类畸形的婚姻形式。这种婚姻的表现是：男女双方均未成年之时，由双方父母做主订下婚约，待其成年之后，择期完婚，正式结为夫妻。若一方早夭，则婚约自动废止。

（九）指腹婚

“指腹婚”的表现是：两异姓人家，其妻同期怀孕后，在尚不知所孕是男是女的情况下就约定：若生下异性婴儿，长大后结为夫妻；若为同性，则结为弟兄、姊妹。一旦约定不得改变。此种婚姻形态在岳池县内极个别，而且一般在关系密切的异姓亲朋之间存在。

（十）自愿婚

自愿婚是男女双方以爱情为基础的自主婚姻形式。它是以双方在生活、感情等各方面都保持着平等与均衡，不受其他外力左右或支配为特点的正常婚姻。旧时岳池有自愿婚存在，但不多见，且总有来自家长制和封建观念的强大阻力。

（十一）改嫁

妇女改嫁有两种形式：一是因犯“七出”，即无子、淫泆、不事姑舅（父母）、口舌、盗窃、妒忌、恶疾等被丈夫遗弃而改嫁。二是丈夫亡故而改嫁。此类婚姻皆通过媒妁和夫家父母或族首同意方可达成。

二、婚姻程序

（一）说媒

媒人在传统婚姻中发挥着重要作用，故民间广泛流传着“天上无云不下雨，地上无媒不成亲”之说。旧时大凡子女到十二三岁时，父母就要请托亲朋好友代为探择门当户对人家的子女，从中撮合定亲。而人们也认为“当上一百个红爷，死了就可以当南天门的土地”，所以社会上好事者、亲朋好友，特别是已婚妇女都乐意做这种事。后来人们给当红爷的人取义为“媒”，叫做“媒人”“媒婆”，也有人称之为“月老”“红娘”，后来统称为“介绍人”。

说媒可分为两种：一种是托人说媒，男女双方的任何一方相中了某男子或某女子，就托亲友去打探对方是否有意向应亲。若有，就续谈下去；否则就悄然作罢。另一种是媒人见某对男、女可相婚配，便主动从中撮合。说媒的过程大致是，媒人先去女方家打探后，才去男方搭说，若双方皆有意向，媒人就竭力说动男、女的父母作出订亲决定。一旦订亲，即便以后发现一方条件不相当，也不得更改。而且在订亲过程中，男、女本人不能做主，甚至较长时间都不知道自己已订了亲。收养的童养媳和未经媒人撮合的童子婚姻，到完婚时，要确定媒人，俗称“安媒人”。

1950年后，实行婚姻自主，自由恋爱，男、女都能主宰自己的婚姻大事，父母只能作参谋，介绍人（媒人）也只能起到介绍、牵线搭桥的作用。并且有不少男女通过自由恋爱，约定婚期后，才礼仪性地安个媒人，有的甚至连名义媒人都不安，就喜结良缘。

男、女订亲后，媒人对其后的各项婚姻事务都得参与出谋铺排。双方婚宴，都少不了请媒人坐上席、给酬谢。

（二）访人户

当通过媒人撮合，男女双方意向性同意开亲后，女方（或入赘的男方）家长为稳妥起见，便约集两三个同族长辈或机灵的亲友由媒人带路，到对方家探访其家境，伺机观察其男子（或女子）相貌人品，此举民间称之为“访人户”。

被访家为了应访，事先将家具等家什整饰一新。有的被访家为了不让对方看出自家的穷窘样，便弄虚作假，将亲友邻里家的好铺笼帐被和其他家什借来摆设家中；有的将空而无物的箱柜、坛罐装上泥沙、碎石，封锁严实，冒充谷物满柜，粮食满缸；有的干脆将访人户的人引进家境好的邻居、亲友家探访，甚至有的将拟开亲的男子（或女子）换成另一个中看的人去亮相应付。这些做法民间称之为“打佯”。其目的，全是为了撑面子，摆阔气，蒙蔽访客，以达到对方许婚的目的。

访人户的访客大多谙熟“打佯”之道，他们到被访家后，通过眼看、耳听、手敲（敲击箱柜坛罐）等多种办法尽力打探被访家的财产多少、家业大小、家人礼仪、男子（或女子）才貌、人品、健康等情况。若探访较中意，便接受被访家的款待；若不中意，拒绝款待，连茶水都不喝，便辞别而去。但对贵富人家和知晓底细的亲友家，一般不用访人户。

1950年后，访人户之俗一直沿袭，访人户的方式却与以前大不相同，有的在介绍人介绍的过程中就作了暗访；有的在男女双方耍朋友、讲恋爱的过程中就相机进行了了解，男、女本人心中早已有数。随着时代的进步，婚姻观念也有所改变，主要是看男、女本人的才、貌、品德、志气、创业潜质，对既有的家产不太看重，但有的人也只看财、貌。

（三）合八字

在男、女双方有意订亲后，男女双方得把用天干地支表示的出生年、月、日、时合起来的生辰八字拿去求八字先生排成四柱，以生日为中心，以阴阳五行相生相克之说为依据，进行推算、照应、排比、组合后，编出一套是否可以成婚和预言婚后凶吉的说词。俗称“合八字”。

合八字时，女家将女子的生庚八字用红纸条写好，装在红纸袋内，民间称之为“书纸”，交与媒人，再与开列男子生庚八字的红纸条叠在一起交给八字先生。八字先生将男、女两人的生辰日期换成“金、木、水、火、土”五行。俗传这五行表示万物的相生相克关系，即金能克木、水能克火、火能克金、木能克土、土能克水；水能生木、木能生火、火能生土、土能生金、金能生水。八字先生通过两相照应，若生辰八字中的八个字对应出来都相生持，无一相克制的叫“合上了八个字”，八个字中有六个字照应相生持的，叫“合上了六个字”，这两种婚配叫做“上婚”，结婚后能白头到老、儿孙满堂、六畜兴旺、家业发达。若四个字照应相生持的，即叫“合上四个字”，叫“中婚”，这种婚姻祸福不遇，凶吉一般，但人生贫寒。三个字相生持的，叫“下婚”。只有两个字相生持或无一字相生持的，是“忌婚”，不能婚配。一般都取上婚，在迫不得已的情况下，也有少数取“中婚”的，不管情况怎样，都没有取下“下婚”的，更无取“忌婚”的。民间又说，男、女两人只要是同年同月同日同时出生的，八字必是全相生持，毫无相克制，能做长寿夫妻。因此，便有人大行舞弊，有的为了与富贵人家或所倾慕的人家攀亲，不择手段地隐瞒自家男子或女子的真实出生年、月、日、时，而谎报成与对方家女子或男子相同的出生年、月、日、时，使之合上“上婚”八字，达到与其成婚的目的；还有的人事先打听到对方的生辰八字后，买通将要找的八字先生试算，然后再正式与对方去合八字，从而合成“上婚”八字，达到结缘成婚的目的。

20世纪50年代至80年代，城乡基本无八字先生活动，也基本无人结婚前去合八字。但后来特别是近些年来，婚前合八字之风俗又悄然兴起。

合八字是一种没有科学依据的旧习俗，仅凭八字先生牵强附会的阴阳五行之说，假托“天意”，往往使本来可成眷属的姻缘，终成泡影，甚至酿成悲剧。

（四）开庚

男女双方合上八字后，即进行开庚，今叫“订婚”。

女方先将女子的生辰八字开列在一张红纸帖上，并用红纸封成“书纸”，择黄道吉日交媒人送与男方，表示女方允婚。送“书纸”的黄道吉日尽量选在上年的五月初六或下年的八月十六两日，因为这两日可趁过节送粽子、糍粑时“沾亲”。男方收女方“书纸”后，将糖食、衣物、布料等礼物交媒人转赠女方。媒人必须在当日午饭前送到女家。俗传午饭后送到则女家不吉利，会变婚红为丧白。女家接礼物后，立即将糖食摆好供奉神祖，女子向神祖三拜三叩，表示自己将要离家出嫁，祈神祖保佑婚事圆满，终生平安。之后，家人陪媒人午餐。

1950年后，男女婚姻，不兴送生庚八字开庚，只要两家同意开亲，便由男方或女方选定一个吉日约集对方家人、亲友和介绍人吃一顿饭，叫做“吃订婚酒”，就算定下了婚事。有的不吃订婚酒，全由男女本人说定婚事，并互赠礼品，交换“信物”。订婚后，男女双方相互来往，相亲相近，其亲属成为至亲，往来密切。

（五）备嫁奁、彩礼

开庚后，男女双方即准备完婚物品。民国年间，女方要为即将出嫁的女儿制备起居家具、盥洗用具、床上用品、衣物鞋袜等，俗称“嫁奁”。富裕人家的“嫁奁”都较丰厚。家具一般有雕花嵌镜宁波（牙）床1架（含踏凳和床头柜）、大小立柜各1架、千牙桌1张、抽屉1张、柜子1口、箱子2口、饭桌及凳子1套、椅子1对、梳妆台及梳妆凳1套、洗脸盆及洗脚盆各1个，有的还陪嫁田地若干；差的备简易木床1架、柜子和箱子各1口；极差的则仅柜子、箱子各1口。床上用品也不一样，富裕人家有的多到12铺12盖，即12床绸缎面、丝绵或棉絮被盖，另外还有配套的枕头和2笼蚊帐、绸缎檐子、用铜钱串成的花式帐钩；差的只能凑起双铺双盖。至亲好友也有赠送床上用品给出嫁女子的，多者4铺4盖，少者1铺1盖，俗称“添箱”，也有用钱“添箱”，不赠物品的。

在女方家尽力筹备嫁奁的同时，男方亦积极为儿子和即将过门的儿媳制备衣服、首饰、新房和“过礼”时的彩礼。彩礼料质好坏和数量的多少因富贫而异。富贵人家的衣料有的好到绫罗绸缎，数量多到12套（件），表示一年十二个月都有新衣穿，首饰是美玉、金器、珠宝；贫困人家的衣料多是粗纱土布，数量1~4套（件），首饰是简单的银器普通玉器，或者无首饰。凡男方备制的这些彩礼，“过礼”时均须送至女家。有的为了方便起见，双方约定男方不制备实物，全部折钱送去女家，由女家随心制备。

1950年后，随着社会制度的变革和经济的发展，彩礼、陪奁也日渐改变。20世纪50年代，一般人家备婚物品或与民国时期相似，60年代也非常俭朴。七八十年代，备婚物品开始追求时髦，男方所备彩礼由衣物、首饰等逐步增加到手表、自行车、缝纫机、收音机，即所谓的“三转一响”。90年代后至2000年以来，彩礼由普通的家具和收录机、电视机、电风扇、电冰箱“四大件”发展到多腿的组合家具、组合音响、高档衣料和金戒指、项链、耳环、手镯、电脑及可观数量的现金，甚至开始要求男方要有城镇单元房和小汽车。因耗资巨大，至使一些经济条件一般的家庭子女的婚事困难。

（六）报期

男方确定的迎亲时间及迎亲事宜用红纸写成期单，以“书纸”的形式交媒人送至女家，叫做“报期”，又叫“送期”。

报期前，男方要请算命先生测定迎亲的黄道吉日，所谓“黄道吉日”必须避开忌年、忌月、忌日。忌年，俗传无春之年（即当年无“立春”节气）是寡年。一说“寡年”完婚不生崽、绝后；又说“寡年完婚成寡妇、寡居”。忌月，民间认为婚嫁的月份与人的属相相系。俗传鸡兔两属相嫁娶宜正月、七月；蛇猪两属相嫁娶宜三月、九月；马鼠两属相嫁娶宜六月、腊月；牛羊两属相嫁娶宜五月、冬月；狗龙两属相嫁娶宜四月、十月；虎猴两属相嫁娶宜二月、八月。忌日，都忌单日，取双日，俗说“好事成双”。还忌农历初五、十四、二十三日，尤其忌七月七日牛郎织女聚散之日。民间笃信腊月和新年前神祇上天时期，百事无忌，万事皆宜，是嫁娶的最佳时期，每天都是吉日，故这段时间举办婚礼的特别多。

报期时，除媒人送“书纸”（期单）给女方外，男方还得遣专人随媒人给女家送去做行架的钱、送亲客的请帖及礼物以及女方祭神祖的祭品、坐歌堂的糖食等物。女方接过期单和礼物后，对媒人及其随行厚礼相待。在媒人及随行人员离开时若打发“鲊包”（一般是糖食和盐菜）并托男方来客带回回敬男方的礼品，则表示对男方所报完婚日期毫无异议。

完婚日期征得女方同意后，男方还要通过媒人了解清楚女方筹办婚事的情况和要求，譬如：女方准备了几铺几盖，行架的制式数量，首饰和装饰品的质地和数量，送亲客和押轿娃的人数、称呼、年岁以及女方对迎亲方式和规模的要求等。情况摸清后，便做相应准备和安排，并分项表明对女方所提要求的应允情况。对不能应允的要求，要礼述原因，以求谅解。

1950 年后，大多数人不再依据这些习俗，结婚日期及相关事宜由双方商定，大多数选择有纪念意义的“三八”“五一”“七一”“八一”“十一”“元旦”等节日举办婚礼。90 年代后，上述礼俗在民间有所恢复，但内容和形式发生较大改变。

（七）哭嫁

民国时期，女子出嫁前，通兴哭嫁。哭嫁时间在出嫁前的半个月，至少也在前四天开始哭嫁，直至出嫁上花轿时止。哭不来的，请人随教随哭。每天早、晚坐在床上各哭 1 次，每次哭唱二三支歌。第一次开口哭嫁，俗称“开声”，鸡叫头遍就开始哭，因此时凌晨人静，哭起来四邻才听得到，出嫁后，娘家才吉利，尤其是大户人家、富贵人家更讲究这些。

每次哭嫁的调谱基本一样：

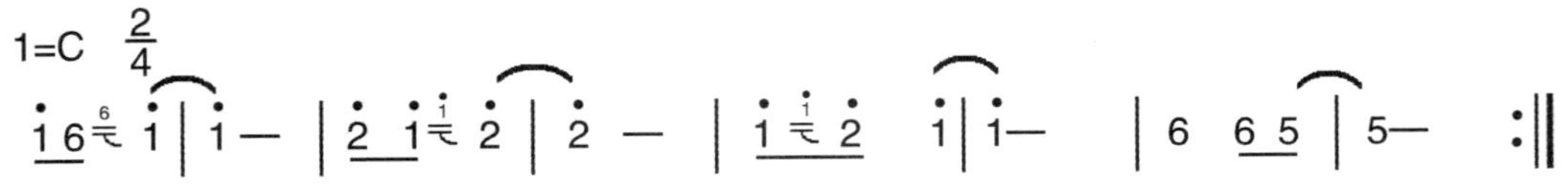

歌词则因环境和涉及的对象不同而各异。歌词多为赞词和劝词，也有骂媒人的、诉苦情的、表亲情的。岳池农家流传的哭嫁歌词很多，以下略录几首：

开声歌

新打剪刀新开锆（谐音），十二花园金鸡叫，
金鸡开叫一大群，女儿开口一个人。
女儿开口惊动人，惊动别人很高兴。
惊动哥哥赶早场，惊动嫂嫂进灶房。
惊动爹娘好心伤，爹娘带儿磨心肠。
今朝女儿哭声吵，哭声惊动各老小，
四邻客人莫见外，女儿出阁回来拜。

颂恩歌

爹爹为儿在坡上，母娘盘儿在床上，
一口饭来一口汤，一脬屎来一脬尿，
累得爹爹筋骨断，磨得母娘皮瘦黄。
公婆（祖父母）带孙胜爹娘，为孙换上新衣裳，
又喂花生又喂糖，公婆恩情孙难忘。

颂哥嫂歌

哥哥背妹满地跑，告诉妹妹事多少，
摘起管管（豌豆角）教妹吃，采起果果拿妹尝。
嫂嫂更比哥哥强，教妹比过爹和娘，
教我煮饭又炖汤，教我针线补衣裳。
哥哥嫂嫂好心肠，细细教妹细细讲，
不打妹来不骂妹，不告爹娘不讨偿。
教我勤快莫偷懒，出家之后要自强。

颂姐歌

姐姐带我像我娘，小时喂饭又喂汤，
夜晚带我同床睡，叫我起夜好几趟。
铺盖盖我周身暖，帮我盖好不受凉，
教我梳头洗脑壳，教我洗澡换衣裳。

劝弟妹歌

我的弟弟我的妹，姐姐出姓心头碎，
弟弟妹妹都在行，难舍难分痛断肠。
弟妹仔细听姐劝，爹娘盘儿很艰难，
姐姐不在娘身边，弟妹莫惹爹娘烦。

俗传对媒人骂得越凶，姑娘出嫁才无晦气，媒人更交好运，故哭嫁歌中有不少骂媒歌。

骂媒人歌

平家小户贱媒客，你夸婆家有大田，
娘家嫁奁办齐了，你夸娘家好嫁奁。
又说不煮不上坡，婆家大田已卖完。
天上撒的拦天网，煮饭自有火头婆。
天上起的白色云，背时媒人好哄人。
后头有块四方土，四方土里栽苦瓜。
今年苦瓜不开花，回去死你女花花。
今年苦瓜不牵藤，回去死你亲男人。
背时媒人发了癫，走了这边走那边。
谢媒谢个猪脑壳，拿起回去打大锣。
谢媒谢个猪脚杆，拿起回去打霉伞。

骂了媒人，还得给媒人消气。

消气歌

我骂媒人不本心，骂了媒人有好运。

媒人遭骂免灾星，伸伸展展好做人。

如果当着媒人骂，有的媒人要唱歌回敬。

媒人回骂歌

打起剪刀要开锆（谐音），我不做媒哪个要。

背起包袱打起伞，团转四邻你去喊！

从男家过礼的当天（即迎亲的头天）起，每来一个长辈或显客，姑娘都得哭颂歌迎客，俗称“哭迎客嫁”。

迎客歌

贵家客人来得早，走了远路脚发烧。

丢下家活来操心，为的女儿出阁门。

来客不嫌路儿远，添了箱儿又送钱。

快请客人高堂坐，快喝茶来快抽烟。

坐歌堂之前，拜天地、拜香火、拜祖、拜父母时，要哭舍不得离开娘家的歌和祈求神祖送子歌。

姑娘要拜客时哭拜客歌，被拜的客人，都得向拜席上丢钱，俗称“给押箱钱”。

拜客歌

堂房中间一盘棋，我给××来作揖。

××待我一向好，明日出嫁难分离。

姑娘面对跪拜过的席子，哭颂篾匠歌。

颂篾匠歌

篾匠师傅好儿郎，打床席子铺中堂，

供女今夜来拜香，拜客散钱在席上。

篾匠师傅手艺巧，编的席子比人好，

上下打的“人”字路，中间有圆又有方。

迎亲日，姑娘由女傧相牵扶哭着出闺门、上花轿，俗叫“发亲”。有的姑娘久久哭颂爹娘，舍不得离开家，男方迎亲乐队便急急吹打，催促发亲。发亲时，姑娘用凉伞遮蔽背后，左右手各捏八双筷子，往凉伞后撒，先撒右手的八双，后撒左手的八双，哭颂：

前八双筷哪个捡？爹娘捡了添寿年。

后八双筷哪个捡？哥嫂捡了买大田。

唱毕，姑娘踩斗上花轿，长达数日至半月的哭嫁即结束。

（八）过礼

迎亲前日，男方将“拜香火”用的半边猪肉（富有人家活猪1头，贫困人家至少也得1腿猪肉）和每块重约1公斤的4块（或6块、8块）衬抬盒用的猪肉、片盒子糖、中心点有红五梅花的一对大糍粑、熟米15~30斤、酒2壶、鸡2只（有的还有鸭2只）、坐歌堂用的盐菜及糖果瓜子、上梳用的6个或9个红鸡蛋、拜神及“发亲”用的香蜡纸烛和两圆大火炮，以及新姑娘过门要穿的衣服、鞋袜、扯脸用的五色线、梳子、篦子等物品，一并于清早分别整整齐齐摆在抬盒内。抬盒多少因贫富不同而异，一般为2～6抬，或更多。礼物摆上抬盒后，男方的母亲一一将抬盒点交与媒人，以示慎重。媒人当即奉承说“丰盛，丰盛!”（俗说有了媒人这句话，就会很快带孙孙）早饭后，媒婆便带领抬盒队和送礼品的人将上述礼品敬送给女家，民间称之为“过礼”。

过礼的礼品到达女家后，新姑娘即哭《过礼歌》：

堂前洗手生得早，婆家过礼来得好。
又来丝帕五尺长，又来头上凤冠霞。
又来耳环金吊子，又来压钱三节瓜。
又来圈子二两八，又来手上银指甲。
又来细衫二三件，又来裙子挂绒花。

新姑娘的亲哥嫂或兄长辈首先接收“拜香火”的礼物，其次接收送岳父母的礼物，再接收送新姑娘的礼物，最后接收其他礼物。礼物接收后，由接收礼物的人送给抬抬盒的人小礼信，然后安排男方送礼客人于厢房或旁厅歇息、请茶。切忌将男方家客人引进堂屋。民俗认为此时“男家客人入堂屋，姑娘出姓无后路”，即姑娘过门后会有“半途失夫，另投他郎”之厄运。男方客人吃过午饭后，绑好女方嫁奁，于当日下午抬至男方家。坪滩、西板、龙孔、酉溪一带，除家具外，嫁奁一般于迎亲日随新娘一起抬至新郎家，与其他地方有所不同。

20世纪50年代后的三四十年内，渐渐不兴过礼，过礼习俗只在个别地方延续，男方所送礼品于迎亲前陆续送去女家，多数于迎亲日早上随秧歌队用挑子将礼物挑到女家。90年代后，城乡始有人家用小汽车载送过礼礼品，迎娶新娘。现城镇婚嫁迎娶普遍用小汽车车队迎亲，县城尤甚。

（九）拜香火

姑娘在出嫁的前一天晚上，要拜别祖先、亲人，俗称为“拜香火”。

当天晚饭后，新姑娘头顶一条四角各塞有一个小钱（表示出嫁后进四方财宝）的红绸缎方帕（俗称“盖头帕”），由两名女傧相搀扶，另两名女傧相掌灯作前导，并齐声唱着“今时点明灯，明灯亮海棠，今夜新姐出绣房……”等歌，从闺房走进红烛高照的堂屋。在女傧相搀扶下，先向四方连续拜四次，随后依次拜祖宗、拜爹娘。拜爹娘时，爹娘得当众丢钱于拜席上。拜后，其母立即将席上的钱拾起，放入姑娘衣箱的四角，叫做“压箱钱”。俗说“姑娘有了压箱钱，一年四季如过年”。最后，按客人辈分的高低和亲戚关系的远近，依次揖拜，俗称为“拜客”。拜客时，受拜的客人都要向拜席上丢钱，俗称“丢拜钱”。拜钱必须丢在席上，不能丢出席外。俗说“拜钱丢出席，姑娘嫁出无出息”。拜钱全归于新姑娘。拜香火时，姑娘要分别哭唱《迎灯歌》《祭祖歌》《拜父母歌》等嫁歌，赞谢受拜者。

（十）坐歌堂

“拜香火”后，随即为新姑娘举办歌唱仪式，俗称“坐歌堂”。在堂屋中间镶几张方桌，摆上糖食、盐菜、瓜子、花生和茶水，招待前来参加坐歌堂的姐妹和客人。坐歌堂时，新姑娘搭上盖头帕由女傧搀扶，坐入桌上方的中位，陪歌姐妹及客人围桌就坐，桌边坐不了的便坐于堂屋的两侧。

开始坐堂歌时，新姑娘先哭嫁歌，欢迎陪伴的姐妹和客人。坐于上方的陪歌姐妹唱答，随后陪歌姐妹们相继接唱。歌词的内容多为回忆姊妹情谊、赞颂新姑娘的为人和心灵手巧、祝福新姑娘出嫁后美满幸福等。一般是姐妹们唱几首歌后，新姑娘就回唱一首，但有的地方是姊妹们唱完后，新姑娘一并唱答一首（详见《哭嫁》）。坐歌堂一般要进行一两个时辰。结束时，全体合唱终结歌。

坐歌堂时，新姑娘的婶娘或舅娘等女长辈，要替女家给参加坐歌堂的姊妹们赠小礼品，俗称“歌堂礼”。坐歌堂结束后，新姑娘仍由女傧搀扶进闺房，趁客人尚未安睡时以哭歌的形式请第二天的送亲客。

大红书纸二红色，我请××当贵客，
今夜请您早早睡，明天请您早早起。
早早起来慢收拾，收收拾拾送小侄，
吃了晌午莫道谢，就在贫家歇一夜。

送亲客听后，便答唱。

××，××你莫急，明天我要去送你，
保你一路有平安，保你过门不受气。

现已很少有举办坐歌堂仪式习俗的了，但亲友和邻居的姑娘、小媳妇（少妇）要应邀在姑娘出嫁的头一晚上，去姑娘家，陪姑娘唱歌、闲谈、话别。出嫁姑娘家要摆糖果、瓜子、花生、茶水等款待客人，但不给小礼信。

（十一）迎亲

男方接新姑娘过门成亲称为“迎亲”。

迎亲日的早晨，新姑娘的母亲（或婶娘）请命运好、心灵手巧的大嫂用男方送来的五色线绞去新姑娘脸上的汗毛，梳头，化妆。此时，新姑娘哭歌。

一盒火柴一封书，请你为我来上梳。
我家爹娘好糊涂，怎能舍得女儿出。
莫说不是你的女，是个鸡鸭也喂熟。
我娘请你来吃酒，哪个请你下毒手。
扯了花间（额上部）把姓改，扯了眉毛弯又弯。
扯我十根赔百根，扯我百根赔千根。
手拿丝线生叉子，口衔丝线生蛾子。

扯脸人便祝福新姑娘：

妹妹扯脸变了相，今天会把福门上。
进入贵门多福气，儿孙满堂寿年长。

扯脸、梳妆后，便盖上盖头帕等候迎亲。

此时，男方的迎亲队正敲着两面大锣，吹起两至四支唢呐，高擎六至八面彩旗，撑打一把凉伞，抬一乘披红挂彩的大花轿，带上用红纸条围扎好的新姑娘的离娘肉和鸡，欢天喜地地由媒人带领着去女家迎亲。

迎亲队一到女家，女家就迎接赴早宴。

早宴后，女家要尽早“发亲”（送新姑娘上花轿）。若发亲迟缓，男方的迎亲乐队便吹打不停，催促发亲。发亲时，堂屋神龛上双烛高烧，屋外爆竹震天，堂屋门外两旁放置的一束火把熊熊燃烧。在此热闹时刻，新姑娘由女傧相搀扶走出闺房，踩过覆着的大斗，左右手各拿八双筷子，先右后左向头后抛撒，俗传这样做，新姑娘才不会带走娘家的衣食俸禄。接着新姑娘在凉伞的遮掩下，戴上花冠

（或凤冠），换上男方送来的新鞋，由女傧相搀扶登上花轿。轿内事先由新姑娘的嫂嫂等放进一盒火柴或一个烘笼（竹编取暖用具）。俗传，此举意在新姑娘到婆家后不愁烟火。

新姑娘上轿后，抬轿人抬上花轿在原地转三圈，表示新姑娘拜别乡土。之后径直上路去往男家。

去男家的路上，迎亲队伍行走先后有序：打大锣的走在前，俗为鸣锣开道；打彩旗的走第二，俗为张旗引路；第三是吹唢呐的；第四是打凉伞的；第五是花轿。押轿娃和送亲客（一般是六至八人）坐着滑竿紧随花轿后。乐队相间吹打，一路热闹非凡。

迎亲队伍出发后，男方家要赶紧把新房布置妥贴，新郎穿上女方送去的装郎衣帽、鞋袜、披红挂彩等候迎亲。

花轿快到新郎家时，男方一位老太婆，挡住花轿，掀开轿帘，将一位属新娘晚辈的缺牙小男孩抱送给新娘，新娘便恭敬地搂入轿中，放坐于腿上嬉逗，使小孩张笑口，接受新娘摸牙。摸后，新娘给小孩打发钱，叫做“摸牙小礼”。然后，将小孩抱还老人。俗传新娘摸了小孩的牙齿，小孩的牙齿会终身健全；新娘被送童进怀，会早生胖小子。

花轿拢男家之后，押轿娃掀启轿门帘，女傧相将新娘从轿内搀扶至堂屋，司礼者即高唱：“开地开张，日吉时良，新人下轿，大吉大昌”。新娘过堂屋门槛时，有的人家要在门槛上搭一条红（红布），寓意谨防新娘突然行了经（来月经）而带来不吉利。此时司礼者又唱道：

东方一朵紫云开，西方一朵祥云来，
两朵祥云来相会，百年到老俩和谐。

然后又反复喊：“福”“兴”！……当喊道“拜天地”时，女傧相搀扶新娘站于新郎小手边，与新郎同时向着屋外三叩首。“拜祖宗、三叩首”。二人又转身拜祖宗、拜父母。“夫妻对拜”，二人相对三叩首。民间俗称此番仪礼为“拜堂”。尔后，新郎引新娘拜灶，拜猪圈，俗传新娘以后煮饭喂猪才顺当。拜堂后，司仪喊道：“童子秉烛，引入洞房，礼成。”一孩童便持“长命富贵灯”为前导，新郎牵帕引新娘入洞房。新郎为坐在新床上的新娘掀开盖头帕，始见新娘真容貌，然后同坐于床边饮交杯酒或交杯茶，吃红鸡蛋，同时，傧相给客人撒喜果（红花生、糖果等），逗引大小客人争抢，营造更加热闹喜庆的气氛。有时新郎新娘动作慢了，还被客人从手中抢吃，俗说抢吃者会多子多福。洞房正热闹时，堂屋内也正忙碌安排接“上客”（送亲客）。由男方早已安排好的四位男接客师依次行至迎风桌前，排成双行，由一人手捧红柬，将男上客迎至迎风桌前，行礼如仪后，即参拜家神，然后引入客座休息。女上客由女接客师同样如仪接待。

新娘与新郎饮交杯酒后，即除去花冠，再施脂粉，着花衣，同新郎一道，出洞房进堂屋拜客，依次请长辈及兄长受拜。拜时，乐队吹打助兴，堂屋神龛红烛高照，堂外燃放爆竹。受拜者要向拜席上丢钱，俗称“丢拜钱”。受拜者若因故不能受拜，也要把拜钱放在茶盘内托人送至堂屋。拜客后，便摆茶开午宴，新娘随新郎逐桌向客人上茶致谢。敬茶后，由两个嫂子或其他同辈的女客人陪新娘回洞房歇息。新娘当天不入席吃饭，俗为不吃婆家受气饭。次日晨由厨师将菜饭用掌盘端入新房供新娘食用，新娘给厨师小礼信。

宴席上，送亲客特别讲究礼节，特别谨慎，而陪客总是千方百计地让送亲客出洋相。这样做，意在表示两家亲密无间，感情深厚。

午宴正酒后，路近的送亲客即返女家，路远的第二天早茶后即返。送走送亲客时，男方要打发押轿娃和迎亲乐队每人一份小礼信，馈赠送亲客“鲊包”（用纸壳和红纸条封包好的，内装盐菜、炒花生、炒米糖、瓜子、点心的封包）和两包杂糖，还要给为送亲客抬滑竿的人小礼信。

1950年以后，迎亲旧俗有所改变，新姑娘不坐轿，不用吹唢呐，不打凉伞和彩旗，送亲客不坐滑竿。新姑娘由秧歌队吹打秧歌锣鼓，扭秧歌接送。迎亲佳宾步行，有条件的坐汽车。新郎要随秧歌队去迎亲。

（十二）婚宴

男女双方约定迎亲日期后，随即向亲朋好友送请吃喜酒的大红帖子，即送请帖。也有的当面邀请。被邀者必备彩礼，届时祝贺。与此同时，男女两家都得积极筹办婚宴。男家的婚宴称“喜酒”，女家的婚宴称“花圆酒”。男家的喜酒的正酒为迎亲日的头一天晚宴和当日的午宴；女家花圆酒的正酒为姑娘出嫁日的头天晚宴和当日的早餐宴席。婚宴专请厨师主厨，丰盛与否，因家庭经济条件而异。富贵人家每席的正菜达十大碗：一品（一大品碗鸡肉和猪瘦肉）、二酥（酥肉）、三冬阳（八宝蛋和芙蓉蛋）、四鲊（鲊扣）、五髈（肘子）、六糯（糯米饭）、七花粉（黄花、木耳、粉条）、八杂（杂配）、九扣（烧白）、十虾（虾米汤或沙参汤），此外，出正菜前后还要上铁瓜子（西瓜子）、糖食（花红糖、果尔糖、鸡骨糖、蛋品等）、凉菜（鸡肉片、瘦肉片、猪内脏片）和杂碎（办正菜剩下的边角肉）汤。每席用肉4斤以上。一般人家每席正菜为八大碗，用肉2~3斤。以蒸菜为主。家用灶不宜上蒸笼的，就在院坝边挖地灶（俗称“地窟窿”）蒸。桌席数量有的多到100桌以上。席桌多为方桌，每席坐8客。上席坐长辈、显客，下席坐次辈，两旁坐其他客人。穷人坐席一般要把髈扣、酥肉等好菜用菜叶子包成“鲊包”带回家去供老小吃或炒菜时当油用。贫困人家嫁娶办不起宴席，就随便做几道菜，从简待客，俗称为“阓（谐音）猪百席”（意思是备得起猪身上甚么肉就做甚么菜，有的全部是猪内脏办席）。

由于有迎亲佳宾和送亲客赴宴，因此，男方的正席办得更加讲究。女家早上正席必须等到迎亲的客人到后才开宴，将迎亲客人安排在正堂屋的中席就坐并要有主人陪宴；男家中午正席必须等到新郎、新娘行拜堂礼后开宴，并将送亲客、押轿娃安排在正堂屋的中席就坐，由高朋贵戚陪宴。无论宾客多少，男女两家都必须将对方客人安排坐第一轮，这不仅是出于礼貌，而是习俗认为：上门客人坐脏席，不死猪牛就死鸡；上门客人吃冷饭，又败家来又卖田。

新娘在开宴中，要随新郎提上茶壶逐席向男方宾客敬茶，有时宾客要与新娘相互盘歌。

宾客唱：

身边女亲多贤惠，手提茶壶累不累，
一壶茶水酽又黄，你不开口我不尝。

新娘答唱：

一把茶壶乖又乖，好看花儿壶上戴。
你把花儿卸下来，桂花茶儿该我釃（音筛）。
不把花儿卸下来，提起茶壶紧不釃。

20世纪50年代初，男女结婚，一般仍沿袭旧俗办婚宴庆祝，但不强求一律，随家庭经济条件而定。50年代中期至70年代末，提倡婚事新办，勤俭节约。因此，有的新郎新娘仅送喜糖、喜烟向亲友答谢，有的只邀请至亲、密友设便宴答谢。80年代以后，婚宴逐渐隆重。农村一般要恭请客人吃喜酒，办“坝坝席”款待。近年来，逐步由农家院坝坝席升格为在餐馆饭店设宴，俗称“包馆子”。馆子的席桌一般是圆桌，十人一席。菜肴由以猪肉为主逐步升级为以鸡、鸭、鱼（含甲鱼、乌龟）、海鲜为主，菜品有凉菜、炒菜、蒸菜、煲菜、汤菜等高档菜肴。因此，宴席好不好以每桌价格高低来衡量。有的男女两家联袂办席。开宴前，新郎新娘要在餐馆门前散喜烟迎客。婚宴前，要举行隆重的结婚仪式。仪式结束后才正式开宴。随后，新郎新娘及双方父母都得逐桌敬酒答谢来客。席散客人辞行时，主人要礼送客人，新郎新娘向客人谢别。

（十三）闹房

迎亲的当天晚上，客人聚集在新房与新郎新娘嬉戏玩耍，俗称“闹洞房”。

俗传，迎亲三日，人不分大小和老少。所以，不分长幼和大小都可以参与闹房，认为越闹得凶，新郎新娘终生越吉利，但长者参与闹房的不多。

是日晚餐后，男家将炒葫豆、花生、瓜子、糖果等，用盘碟摆放于洞房内，新郎新娘在洞房恭候闹房的客人。客人进房后，或由大家推举一人，或自告奋勇的某人，首先唱闹房歌。

一对花烛亮堂堂，照得新房喜洋洋，
新郎新娘百岁老，儿孙后辈万年长。
今夜大家来陪坐，吵闹你们莫冒火，
你们一生有今夜，你们一生会快活。
我这个人长得笨，不会唱歌口齿钝，
今夜客人满堂坐，歌多话多很喜乐。

其他的客人陆续接唱，歌词内容不限，能唱就行。

交杯茶歌

新郎倌，命运好，来个正客多美貌。
一个茶盘圆又圆，中间茶杯亮闪闪。
新郎倌，不讲礼，端到杯子就喝起，
新嘎（谐音“嫁”）娘，不得尝，口水滴到衣衫上。

闹房歌一般唱半个时辰到一个时辰。歌罢，唱歌人礼辞而去，留下的或新到的多半是新郎的朋友和老表、表嫂、堂兄弟等平辈人，开始对新娘新郎嬉戏、逗乐、做恶作剧，刁难新娘新郎做一些不愿在人前做的挑逗、亲昵动作，说一些难以启齿的亲昵话。如：叫新郎新娘吃碰碰糖，互相嬉戏对方；叫新郎新娘抱着在床上打滚；有的偷偷地点着小火炮丢在新娘胯下惊吓新娘；有的把小男童抱上新床打滚撒尿，叫新娘当众收拾；有的趁不注意，将新娘新郎的衣角连在一起，并推搡其相碰相拥，强求新娘说“连裆”。总之，凡夫妻间才有的悄悄话、亲密动作都尽量逼迫新郎新娘去说、去做，逗得大家乐不可支。洞房小的，闹房的客人轮番进去闹。不管闹房客人怎样为难，新娘新郎都不得生气发脾气，更不能哭，否则不吉利。闹洞房一直闹到下半夜新娘新郎被折腾得吃不消，客人也疲倦了方才停息。

闹房的习俗仍沿袭至今，但不兴唱旧的闹房歌谣，而是以时代歌曲为主，闹洞房的方式也较旧时文明高雅，欢快、热烈、喜庆。

（十四）谢媒

迎亲的当天下午或次日早上，男方要具礼感谢媒人，叫做“谢媒”。谢媒礼的轻重视婚家富贫而定。富的一般是一条长 1.7 米，宽 0.4 米的红丝绸的“红”（俗称为“挂红”）和一个大猪头、两双布鞋、一副枕头、两壶烧酒、两封装有糖食的片盒子等；穷者少到只有一条“红”、两把挂面和两包糖。

另外，无论贫富都必须给谢媒钱，多的给一石谷的钱，少的也要给四升米的钱。这些谢媒钱物，都得用红纸（线）精心捆包，以示喜庆祥和。

谢媒时，男方在堂屋中央摆上一张方桌，桌上摆放好谢媒礼品和谢媒钱。媒公媒婆被安排站立于方桌的右手边，新郎新娘站立于左手边，向媒人四拜四叩，媒婆即向新郎新娘唱颂“一个老到牙巴缺，一个老到头发白”之类祝夫妻白头偕老之类的祝辞。其后由厨管师用掌盘将桌上的谢媒礼品和钱端上，请媒人出堂屋而后交与媒人。媒人要给厨管师小礼信，厨管师当面奉承“媒人出去走鸿运，做媒搭喜四季成”等吉祥语。随后，媒人谢别回家。

如今，男女双方通过介绍人牵线搭桥订婚后，除迎亲外，介绍人对双方的婚事活动基本不介入，由双方自处。谢媒礼仪和礼物也从简。

（十五）回门

迎亲的次日，娘家派新娘的兄或弟（亲房没有，远房也行）带上礼物，去姐夫家，接姐姐、姐夫回一次家，俗称“回门”。

回门时，新郎要带礼信，一般是钱。到岳父母家时，由前日的送亲客出面迎接，新郎即将礼物递给兄弟。新郎新娘被引进堂屋时，燃放鞭炮，点亮大蜡，烧迎客纸，祭拜祖宗。拜毕，舅子等陪新郎饮茶、入席，切忌冷落新郎。

宴席间，主人对新郎不能过分劝吃、劝饮，也不得帮新郎拈菜，俗传不能娇惯新郎，让其自食其力，以免以后依赖、欺凌过门的姑娘。

午饭后，新郎新娘必须返家。辞行时，娘家要加倍回赠礼品，俗称“赔礼”，即新郎送礼为一，回礼必为二以上，还要打发两份不同的鲊包。回门返家路上，新郎走前，新娘紧随其后。

新娘到婆家时，新郎的妹妹或同辈中的堂妹忙将洞房门关闭，新娘要开口说话、唱歌、给开门礼信，才开门让新娘回房。此时新娘便唱一二首央求小妹开门的歌：

堂屋中间一根藤，六亲姊妹喜乐神，

你把门儿大打开，我把礼信拿出来。

新娘唱毕并交上小礼信后，门慢慢打开，新娘便换上事先准备好的鞋子进房，但新郎不能同时与新娘进房。俗传，关门是拿下新娘的威风，免得占势欺负其丈夫；换鞋是不把一路的邪气带入房内，免灾避祸。

回门的晚上，新娘便可下厨做饭，上桌与家人共餐，至此，新娘完全融入这个家庭。

如今，新婚夫妇仍兴回门，但不拘泥于旧的礼俗，一般不由人接请回门，也不一定当天返男家，新娘返家不一定被挡在新房门外。

（十六）坐满月

姑娘出嫁半月至一月后，娘家去人接回做客十天至一个月，民间称之为“坐满月”，又叫“耍满月”。

娘家一般遣较小的弟弟去接，带上糖食等礼物奉送长辈，民俗戏称这种礼信叫“打狗棍”（意思是礼信虽少，只要一到姐夫家，狗就要叫，主人就会出来吆狗接客）。姐夫家将客接入后，设宴款待，新郎必须陪客人同坐一方，并给客人拈菜添饭，照顾备至。宴后，新郎亲自为客人送洗脸水，送烟递茶，俗说：“讨好舅子，不得怄死；待好其弟，银钱有余；善待岳家，人财大发。”小弟接走新娘时，主人得加倍打发礼信钱。

姑娘回家坐满月，一般不带礼物，但必须给小侄带吃的“香香”（炒豌胡豆、炒米糖等小吃），一到娘家，便去嬉逗迎候的小侄，拿“香香”给小侄吃，使其说“孃孃好，娖娖好”等吉利话，并将小侄搂入怀抱，俗说这能预兆新娘终生吉利和早生贵子。“坐满月”期间，姑娘不得到异姓家做客，在娘家要满七天后，才能去叔伯、兄弟家做客，一般住二三天。去时不得送礼，走时也不接收礼信。

“坐满月”结束后，由丈夫或婆婆、小姑等带上礼物接回新娘。离别时，娘家一般不打发钱，只馈赠糍粑、盐菜、糖食之类的鲊包数包（必须是双数），并祝福姑娘一路平安、终身富贵。

新娘回到婆家时，四邻都要来分享“坐满月”的鲊包，新娘也很乐意地将鲊包一一散给大家吃，而得到鲊包的人都得向新娘道一声“好多哇（即‘好多娃’）！”“好甜呀（即生活甜蜜）！”之类的吉言。新娘待四邻散去后，回房打扫卫生，意在扫除霉气。

（十七）拜新年

男女结婚后的第一个春节至元宵节期间，夫妻双双要选双日到岳父母家及双方亲戚家拜年，俗称为“拜新年”，拜年的新婚夫妇称“新年客”。

新年客一般先拜女方父母及亲戚，后拜男方的亲戚，也有先拜媒人，后拜亲戚的。新年客正月初二开始出拜，先拜娘家父母或媒人。在媒人家不能过夜，俗说“怕沾上霉气，走霉运”；拜岳父母可住上几天，但夫妻不能同房，然后按辈分和亲疏关系依次参拜其他亲戚。有时也可按受拜者所确定的时间而去参拜。新年客一到娘家，娘家的当家人便点上大蜡，燃放鞭炮，迎客进堂屋向神祖拜年，然后接受新年客拜年。之后，备上供品（刀头、酒）和香蜡纸烛引新年客去祖坟祭拜。拜时，男站立右手边，女站立于左手边，向祖坟三拜三叩，与此同时，家主边烧纸边祈祷说“××回家向老人家拜年，求老人家保佑他们顺昌”之类的吉祥话。

新年客餐后辞行时，受拜者除全数退还客人送的拜年礼物外，还得加倍打发褂褂钱和用糍粑、二米粑、炒米糖等包成双数的鲊包相赠。唱道：

世间好事拜新年，文钱不花礼退还，
好吃好耍当贵客，捞到鲊包褂褂钱。

但是送媒人的拜年礼，媒人必须收下，不能退还给新年客，也不要打发新年客的钱。民俗认为：

送给媒人礼，媒人接到起，
媒人霉自家，莫去“霉”客戚。
夫妻拜年报媒恩，天作之合苦了心，
媒人给钱你莫收，收钱一文霉一生。

如果是当年正月十五以前结婚的，拜新年则在婚后即进行。若拜新年以前已生育小孩的，除拜岳父母家和媒人外，不再主动拜其他亲戚；如果至亲特意去人接请，则必须去拜。受拜者除给新年客发褂褂钱外，还得打发小孩的褂褂钱。因此，有民谣道：

新郎新娘心不闲，一年就把儿女添。
走过东家去西家，背起儿女拜新年。
背女抱儿拜新年，得到双份褂褂钱，
能够养活乖儿女，又能买到大沟田。

如今，也兴拜新年，但礼仪不拘泥于旧俗。拜年不备香蜡纸烛，不作揖磕头，不一定上坟拜祖，送拜年礼和打发拜年钱也不拘泥陈规。

三、婚姻陋习

（一）童养媳

童养媳在男家地位很低，或被视为命不好的人而受岐视，无应有的家庭地位和权利；或被当成佣人，常干重活累活，吃饭上不了桌，好饭好菜吃不到，穿戴、寝居比家人差；有的时常遭打骂折磨，有的被虐待致病致残，甚至死亡。

童养媳圆房成亲后，地位仍比其他妯娌低。除非她生有男孩，家人认为她得了贵子，已转好运后，才能改变她在家中的地位。1950 年后，次陋习消失。

（二）守孀

女人丧偶后，不另嫁男人，俗称为“守孀”，又称为“守寡”“守节”。俗称守寡女人为“寡妇”，尊称“节妇”。

女人丧偶守孀，一般有以下几种原因：有的自以为八字大，命运孬，克死了男人，若再嫁，还会克害男人，因此不敢再嫁，留家自己养活自己，吃斋拜佛，修得来世为好命人；有的由于丈夫生前待她不薄，夫妇感情深厚，自愿为亡夫守孀；有的因族人、家人强迫而守孀；有的因亡夫留下了很多遗产，为了守住家产而守孀；有的为了养大儿女，使亡夫香火不息，繁衍后代；有的因公婆待她似亲女，为尽孝心，留家奉养老人；有的尽管成亲不几天就丧夫，或只开庚订了亲，尚未完婚就丧了未婚夫，但不改“贞节”，不再嫁人。凡此种种，其背后都可见到封建礼教的影子和社会、家庭、家族的强制力，使其不能再嫁，不敢再嫁。而社会乃至官府对守孀守节的女人予以褒扬，甚而为其立贞节牌坊，岳池县城西外街有明代官府为进士石天柱之姐竖立的“贞节淑女”石牌坊，让其“名扬四海”，“流芳百世”。此举意在褒扬，实际是给有意改嫁的孀妇更增加一重精神枷锁。

1950 年后，贯彻执行《婚姻法》，实行婚姻自主、男女平等，女人丧偶后与男人一样有权利依法再婚，强迫守孀陋习废除。

（三）“七出”休妻

旧时，通过包办婚姻、买卖婚姻、强迫婚姻等形式结合的夫妻，婚后往往无夫妻感情、生活不幸福、家庭不和睦，导致种种悲剧：有的女人不堪凌辱，过不了非人生活，被迫离家谋生；有的女人因男人患重病，或残疾、或无力正常夫妻生活，不能生育后代，反遭家庭虐待；有的女人因口角言语与家人、邻里关系紧张而遭丈夫打骂、公婆嫌弃；有的女人因男人外出当兵、经商、做工等，一去杳无音讯，确认男人已不在世而欲另嫁；有的女人为追求婚姻幸福，而另寻新爱；有的不堪男人、公婆、家人刁蛮刻薄而反抗，致使家庭关系恶化。上述婚姻悲剧和家庭矛盾之酿成往往归咎于女方，男方便以此为由，依据“七出”陈规（即无子、淫泆、不事姑舅、口舌、盗窃、妒忌、恶疾），立一休书，休弃妻子。1950 年后，此陋习消失。

（四）歧视改嫁

旧时，“七出”离婚或死了男人的女人广遭非议，被认为是不安分、不守节、克夫的下流之辈。如果再嫁人更被认为是大逆不道。因此，女人改嫁的不多。

女人改嫁因其原因不同而再婚时的遭遇也不一样。如果是离婚后改嫁，一般由媒人引去男家，简办婚宴完婚了事。丧夫女人改嫁，遭遇更凄楚。改嫁前，必须取得亡夫家庭、家族和娘家的同意。否则，改嫁就会受到阻挠和刁难，娘家也不会认亲。改嫁时，该女人不能从娘家出嫁，只能从亡夫家出门，且不得举行任何婚庆。有的在改嫁离亡夫家时，亡夫家还要砸火罐子（即把砂罐用火烧红向门外砸碎)，俗为驱走灾星，送出瘟神。而且，不能由大门，只准从后门出去，除媒人外，无人迎、送。改嫁女人被领上大路后，由媒人就地打水，并围上席子洗净身子、换上衣服，方能坐轿（或坐滑竿）去男家。到男家时，由媒人扶下滑竿或轿子，跟随新夫进堂屋简单礼拜。拜时，新夫必须穿草鞋。拜后，男人速将草鞋脱下，由前向后，甩过房脊，俗传这是新夫甩掉改嫁女人带来的霉气。

（五）娶妻充喜

旧时，当某未婚男子久病不愈，危及生命之时。其父母或其他亲属听信巫婆神汉所谓“犯了某方地煞，需用婚姻大喜驱‘煞’，病情方能好转，保全性命”的说词，匆忙间为该男子娶妻成婚，民间谓之“充喜”。

“充喜”有两种情况：一是男女双方原有婚约，并已“开庚”（即订婚）但未迎亲过门的女子，匆忙间被迎娶过门与病男完婚；二是立即寻一与该男子八字相合的贫穷人家未婚女子与该男子成婚。

“充喜”是一种危害极大的婚姻陋习。充喜的结局，除极个别纯属偶然巧合，男子病情有所好转者外，绝大多数是喜事办完即办丧事，新娘转瞬成孀妇，或终生与病残人相伴。1950 年后，此陋习消失。

（六）停妻纳妾

纳妾，俗称娶“小老婆”“姨太太”。旧时，富裕人家、官宦人家或商贾之家的男子，为满足骄奢淫逸的生活，或因婚后无子嗣，急需生子接香火、承家业，便停妻纳妾，即与妻子继续保持婚姻关系的同时，娶小老婆。有的纳一妾不满足，再纳二妾、三妾，甚至多妾。此种家庭往往因妻妾之间、妾妾之间争宠幸、争地位、争财产而矛盾重重，永无宁日，其子女亦因之深受其害。

第二节　生育习俗

一、逢生

新生婴儿降生后，第一次被外人见到，或产妇最先听到某外人的说话声、走动声，俗称为“逢生”“踩生”。这个外人则称为“逢生人”“踩生人”。民间认为，生男孩，最好是女人逢生；生女孩，最好是男人逢生。有“男逢男，霉三年；女逢女，霉到底；异性相逢，阴阳才合，彼此才不相克”之说。尽管逢生纯属偶然，无所谓吉凶祸福，但民间却把逢生视为不吉利之事，因此产妇家对逢生人格外友善，一般都要将其请进房内看看婴儿，对婴儿说些“长命富贵”“金玉满堂”之类的吉利话，或者为婴儿取个“狗儿”“凤儿”等亲昵的乳名。并给逢生人煮醪糟蛋款待，为其挂红（红布条、红线等）免灾。若是来收账讨债而逢生的，要如数偿还债务；若是借用东西的，要尽量借与；若是来商量事宜的，要尽量应承，成全好事；如若不然，逢生人为了避灾，会依照习俗撕破裤脚、施其“邪法”，使婴儿和产妇罹祸遭灾。

民间又有一说：逢生人遇到婴儿出生是缘分，是天老爷的安排，小孩长大后的性格、品质、命运会与逢生人相同。如逢生人的性情文静，那么孩子长大后就文静；逢生人脾气倔强，孩子的性格就倔强；逢生人是读书人，孩子就聪明，长大能求得功名；逢生人是生意人，孩子长大后会做生意，赚大钱，兴业发家。有的人不想让自己的孩子被性格古怪、品行不端、智商低下、命运不佳的人逢生，因而便事先选择各方面都符合自己心愿的人来充当孩子的逢生人，当胎儿产出后即请此人逢生。

1950 年后，逢生习俗随着产妇生产环境、条件的改善和人们旧观念的改变而逐渐消失。只在偏远山区或部分农村仍袭此俗，但迷信色彩大为淡化，逢生人和产妇对小宝宝的降生都皆大欢喜。

二、报喜

男女婚后生第一胎，男人即去媒人家、岳父母家报告喜讯，俗称为“报喜”。

第一胎婴儿降生后的第一天，男人必须拿上糖食、刀头（敬神的供品）、香蜡纸烛去向媒人报喜。报喜人一到媒人家，媒人得赶紧接过礼物和祭神物品，安排敬神。报喜人拜神祖时，媒公媒婆站立于侧问“得的个啥”？当答“是娃儿”时，媒人说“是一条龙！”当答应“是女儿”时，媒人说：“是一只凤！你们命好！”报喜人接着说：“谢媒公公、媒婆婆的恩赐”。民间将此俗称之为“倒媒”，只有倒了媒，媒人才会一世平安。报喜人告别时，媒人要奉承“回去养好龙子（或凤子），你们会一辈子享不完的清福”之类的吉祥话。

向媒人报喜后的当日或次日，女婿即得捉上一只红公鸡，提上一块肉，带上香蜡纸烛去向岳父母报喜。

岳父母家午饭前，即安排女婿于神龛前参拜祖宗。拜时，岳父母站立一旁问“落月了吗？得的个什么？”女婿忙回答，岳父便向着神龛说“祖先有灵，保佑后人”；岳母说“回去带好后人，一辈子享福长命”。女婿饭后返家时，岳母请多子多福的大嫂子将为小外孙准备的部分衣帽、鞋袜、尿片递给女婿带回去。岳母要给转递衣物的大嫂打发小礼信，大嫂便赠吉言：

家家（音“gaga”。方言：“外婆”称谓）缝衣又做鞋，穿到身上人喜爱，

一件衣服穿里头，一件衣服穿外面，

穿起鞋袜上学堂，戴起帽儿好做官。

女婿拿回的衣物，即交母亲（或婶娘等长辈）给孩子全身换新。换衣物时，婆婆得向小孙孙说：“你娃生来命运好，家家想来婆婆抱，长大成人要孝道，娘生爹盘苦苦熬。”

此时，得使小孩哭啼，俗说这是小孩回应婆婆的期望。

现在，报喜习俗仍沿袭，但形式和内容已变，只是派人或托人向女子的娘家捎信，让娘家知道这一喜事。不一定告诉媒人，更不行“倒媒”礼仪。

三、打三朝

男女婚后生育第一个孩子的第三天即报喜后的第三天，产妇（俗称“月母子”）娘家的父母、叔伯婶娘、舅子舅母等亲属，将送产妇坐月食用的鸡、蛋、肉、油、糖、醪糟、糯米等滋补品和小孩用的被盖、枕头、衣帽、鞋袜、围裙等衣物，在外婆或婶娘们的护送下，雇人用抬盒或担子挑送到女婿家，同时看望小孩和月母子，民间称之为“打三朝”。

打三朝的礼物一般都比较丰厚。有的富家送的衣物可供小孩穿至上学读书，或够几个婴儿相继穿用；送月母子的补品可供其食用半年。即使贫寒人家，粗质补品也够产妇坐月期吃用，小儿衣物也不会太少。故民间有“头个月子吃娘家，头个外孙穿家家（ga）”之说。

打三朝的客人到女婿家后，女婿的母亲、婶婶、嫂子等先将客人迎至阶沿入座休息，而抬盒、挑子则先停于院坝中，让四邻围观后，再抬进堂屋。抬第一抬盒或挑头一挑子的挑夫跨门槛时说道：“礼物进房，儿孙满堂，贵人接到，赐我财宝。”

接物主人便爽快地给抬（挑）夫一一打发小礼信，并说：“你们费力走了路，送点小钱添财富。今日你们受了累，以后请你做客人。”

礼到堂屋后，打三朝的客人忙进堂屋将礼物递给受礼人。受礼人向客人说“道谢！道谢！”。此

时，堂屋内燃香蜡，烧钱纸，堂屋外放鞭炮，一派喜气洋洋。礼物交接后，男家婆婆领外婆等客人去看小孩和月母子，家家（ga）给小孩送钱并祝颂道："你落地来这家，富贵又荣华，小有饱奶吃，大了不忘你爹妈。"

此后，家婆或婆婆给小孩用热水洗净全身，换上新衣服，俗称"洗三"。一边洗一边说："洗白脸，当大官，洗净身，佩金印。"

打三朝的当天，男家必须邀请媒人做客。媒人给产妇送礼，给小孩手腕上缠红布条，喂糖水，俗说这是祝福小孩生来就走鸿运，生活甜蜜。

晌午，男家设宴款待客人，称之为"吃三朝酒"。俗传吃三朝酒切忌损坏餐具、惹婴哭啼；否则不吉利，会引祸殃，遭劫难。因此，全席的人都得小心翼翼，也不让小孩上桌，以免犯忌。

吃三朝酒后，娘家母亲留宿三日照顾外孙，其他客人一般当日返回。

如今，农家仍兴"打三朝"，但礼俗已不同前。农村送补品或小儿衣物的居多，城镇一般送钱自购所需；农村用挑子运送礼物，不再用抬盒。交接礼物和吃三朝酒不拘泥于旧俗，不搞祭拜，而且打三朝的时间也不一定是小孩出生后的第三天。

四、坐月子

妇女生小孩后调养身体的过程，称为"坐月子"，坐月的人叫"月母子"。

坐月时间一般为40天，其间切忌摸冷水、出院晒太阳、吹冷风、冒生雨、干重活、食酸辣、烟熏气呛、行房事等等，以利尽快调养好身体，哺育幼儿。除此之外，还须遵守一些禁忌，如：不得串门走人家；在身上未干净（产小孩的余血余水排流未净）前，不进堂屋、公婆叔伯住房、灶房、猪牛圈舍；不接近祖坟、水井；不得赶场和赶庙会；不得上别家的茅厕方便等。

妇女坐月因家境不同，情况迥异。富裕人家，有的专门雇人侍候起居，请厨师排食配膳，调养身体；有的家庭还专门请奶妈喂养小孩，照料生活，使母子均得到良好护理。而贫家妇人坐月，有的连粗食淡饭都难以吃饱，生产二三天后，就得下床忙家务，甚至干重活。导致产妇染上许多妇科疾病，有的因此而丧命。幼儿也因母乳匮乏、营养不良或照料不周而体弱多疾，甚至夭折。

如今，坐月的习俗除沿袭有利于产妇调养和婴儿哺育者外，其他已不拘。但偏远山区仍有陋习、禁忌沿袭。

五、吃满月酒

为了答谢小孩出生后众亲戚及朋友的礼赠与祝贺，在小孩出生满一个月的当天中午，其父母要宴请客人以致谢忱，俗称为"吃满月酒"。

吃满月酒这天，月母子将小孩抱出产房，让客人搂抱嬉逗。嬉逗时，要把小孩逗哭为最好，民间传说"逗得月蝌蝌哭，才能添寿福"。凡是外婆家的人首次与小孩见面时，得给小孩拿褂褂钱；本家的客人第一次见小孩时，要给小孩头上、手上栓红线、红布条和戴有红"十"字的帽（圈）等吉祥物。民间说"见红有喜，孩子长大有出息"。

婆婆还要把与其小孙子同辈的、长得白胖乖巧的同性小客人引来，教其摸小孙孙的头和手。俗说，这样小孩才能像小客人一样学好、长乖。

吃满月酒时，堂屋神龛上要点大蜡、焚红香、烧纸钱，屋外放火炮。婆婆将婴儿抱去堂屋，由家族中德高望重的长者为婴儿取名字（一般是乳名，但也有一并取书名的）、赠吉言，并将其名字和生庚八字记入家谱，民间称此举为"封名生根（生庚的谐音）"。

酒宴结束，客人辞行时，婆婆要抱着婴儿送客。在送别为婴儿“封名生根”的老人时，婴儿的父亲要特意给老人馈赠用红纸包裹的一个髈（猪腿上部）和两斤酒。

无条件办满月酒的贫困家庭，对送贺礼的客人设便餐款待。满月的当天，由家庭尊长为婴儿取名入谱，由婆婆为之别戴吉祥物。

吃满月酒的习俗现仍沿袭，有的在家里办，有的在餐馆办，旨在答谢礼贺的亲朋好友，但旧时那些封建性陋习已革除。

六、开荤

旧时，新生儿长到四至九个月时，其父母就要给他（她）尝荤食，俗称为“开荤”。

开荤的时间因小孩性别不同而各异。男孩满四个月或六个月、九个月均可开荤。俗说：“男孩四个月开荤，能吃四方酒饭，能进四方财宝；六个月开荤，会六六高升；九个月开荤，会九九长寿。”而女孩只能在满六个月或九个月时开荤，切忌满四个月开荤，民间认为：“女孩开四月荤，长大后爱张起嘴巴吃四方，命孬，有改嫁之厄运，而六月开荤会六六昌顺，九月开荤会久久长寿。”

而且，男孩多在随父母吃喜酒、寿宴时搭喜托福开荤。习俗认为，这样长大后才会逢喜，人生显贵。女孩开荤多在本家办喜宴时进行，切忌在外姓人家开荤。

如果在家里开荤则要请富贵长寿之人或者有才学的人实施，俗说这样小孩长大成人后才会富贵有才华。开荤时，有的将小孩扶坐于石磨上或米筛内，俗说“小孩吃多了才不会嗝，容易消化，像米倒入筛子一样可以筛下，像磨子那样会将粗硬的食物磨碎。为孩子开荤的人要边将菜饭向孩子嘴唇上擦摸，边向孩子说一些“吃点汤，长得胖；吃点菜，逗人爱；吃点酒，天长久；吃点饭，财万贯；吃点肉（“入”的同音），好享福”等吉祥话。

现农家开荤之俗仍沿袭，但带迷信色彩的内容已淡化。

七、抓周

婴儿满周岁吃完周岁酒席后，将算盘、文房四宝、钱币、玩具枪等放置于桌上，让婴儿去抓，抓到抢则预兆着长大当兵舞刀弄枪，抓到文房四宝则预兆着长大读书做官，抓到算盘则预兆长大会做生意，抓到钱币则预兆着长大会挣钱等。此习俗至今仍有沿袭。

八、抱养过继

抱养过继，指收养同宗之子为后嗣，也指入养父之家为其后嗣；或为小孩祈福纳祥，亲朋之间的小孩“认干爹（干妈）”的形式上的抱养过继。这种传统宗族观念中的一种收养行为，大多数是为了延续男性继承人而为之。当一个家庭需要后嗣时，就从宗族或其他亲属中，收养一位子女以维持祭祀香火或男性继承人。即使一名男性无子身亡，家族仍可为其选择一位嗣子，形成亲子关系。

岳池农家过继（抱养）子女。通常在亲、堂、表兄弟姊妹之间，或同辈其他亲戚及朋友之间进行。

过继。婚后多年无子嗣的夫妇或膝下无儿无女的鳏寡孤独者，为了传宗接代，或者为了老有所依、老有所养，便在多子女的亲朋之中选定一男孩或女孩（通常是男孩），在征得其亲生父母同意后，抱养为自己的儿子或女儿。过继子女要与亲生父母终止父子（女）、母子（女）关系，由养父母另起名字（或换姓），过门入养父母家，由养父母抚养，与养父母共同生活，视养父母为亲生父母。过继子女成人后对养父母承担赡养责任。

结干亲。此类抱养习俗在岳池民间较为盛行，或因亲友之间友情深厚，或为小孩祈福纳祥，或因小孩多病难养，均会进行抱养。这种只是形式上的抱养，小孩并不去受约人家生活，不举行抱养仪式，只认受约人为干爹干妈。如今，这种抱养多在抱养人的朋友间进行。即此种抱养只“抱”不养，不过门入户，不改名换姓，但在小孩成长过程中，干爹干妈须给予一定的关爱。

岳池农家视“过继”男孩为一桩极其严肃的事情，通常要举办类似婚嫁、寿庆般隆重的宴会和仪式，而且要恭请乡里五老七贤、族首族人及乡邻亲友参加，并且由其中名望最高者主持拟订《抱约》，《抱约》主要内容大致包括：（一）抱养原由及抱养对象；（二）抱养人对抱养对象的抚养责任；（三）抱养对象与生父母终止父（母）子关系，过门入户为养父母子嗣，并记于养父母家《族谱》；（四）养父母对抱养对象不尽抚养之责，或对其虐待，其生父母有权将其领回，《抱约》自动失效。《抱约》拟订后，立约双方无异议，即书写于一方红绸或红布之上，一式两份，立约双方、证人及立约主持人签字划押后各执一份，并由立约主持人当众宣读，以示周知后即生效。

《抱约》签订并当众宣读后，即举行抱养仪式。在热烈的鼓乐鞭炮声中，按仪式主持人的唱仪，被抱养的小孩或自己，或在长辈的扶助下，向养父母的祖宗神位叩拜，此举农家谓之“告祖入户”，然后叩拜父母。拜后，由小孩的生父将小孩交与养父母拥于怀中，此举农家谓之“投怀认亲”（亦象征投胎降生）。“告祖”“认亲”礼毕即开宴，整个抱养程序结束，被抱养对象即融入新的家庭，成为养父母的子嗣、列祖列宗的继“香火”者。

“结干亲”类的抱养，一般不立《抱约》，不举行“告祖”“认亲”仪式，一般是抱养者与被抱养者父母间的口头议定，少数也简单地备办一、二桌酒席，邀请亲朋好友庆贺一下即可。

岳池农家的抱养过继习俗，体现出中华传统文化中“承亡继绝”和“仁爱”精神的积淀和传承，有效地减缓或解决了社会人口再生产中所产生的某些矛盾，有利于社会和家庭的安定和谐。20 世纪 80 年代后，这种传统宗族观念中的收养行为已逐渐被合法的收养关系所取代。

报　约

兹有×××、×××夫妇之子（女）×××，生于×××年　××月　××日××时，为祈福纳祥，经×××介绍，报约（受约）双方达成一致协议，特将×××、×××夫妇之子（女）×××过房给×××为子（女）。

一、孩子取名为：×××；

二、报约（受约）双方都有抚养教育的义务；

三、报约（受约）双方年迈丧失劳动力时，×××有赡养双方老人的义务；

四、×××长大结婚时，根据当时具体情况，应到家叩拜、敬祖、敬神。

口述无凭，特立此据。此据一式二份，报约（受约）双方各持一份。

报约人：

受约人：

介绍人：

在场人：

××××年×月×日

第三节　悼念仪礼

一、接气

老人临终前，子女及其他后人要守候在身边，谓之“接气”“送终”。子女离家在外的，要日夜兼程，赶回家接气。古俗认为：亡人送终多，阎王不折磨；后人接上气，衣禄有着落。

有的老人临终前，要给接气的后人遗嘱，交待后事或赠言，后人要立即应承，以使老人安心上路。

老人不能死于床上。若死于床上，习俗认为是老人自背睡床去阴曹地府，会被歧视，要落难；后人无孝道，不吉利。在老人快要落气时，要扶老人坐于靠椅，口衔茶叶，手捏钱纸，脚下垫米，使脚不触地；若触地，后人不吉利。老人落气后，孝子立即分别用一张火纸斜贴于神龛和堂屋的两扇大门上，象征死者揹着祖宗和门神，出门升天。同时，烧钱化纸，给亡人上路钱，俗称“烧落气钱”，其灰烬用白帕或青帕包上待闭殓时放入棺柩内；燃放鞭炮，称之为“放升天炮”，报开天门，让死者进门归天。子女哭《落气歌》。

太阳出来象把伞，我娘（爹）落气好凄惨，
眼睛一闭脸又白，对我有话说不得。
是哪阎君你莫忙，我娘（爹）还未穿衣裳，
是哪阎君你莫慌，我娘（爹）心中无主张。
金盆打水来洗脸，铜盆打水来抹身，
一身收拾多洁净，我娘（爹）安心见阎君。

尔后，分男左女右将亡人停放于堂屋神龛前侧用板凳支撑的门板上，俗称为“停丧”。门板下正中央燃一盏菜油灯（俗名“长明灯”），照亡人上天。从此时起，子孙须终日轮替陪守亡人，直至安葬，名为“守灵”。

若是无后的年轻人死亡，则不接气、守灵。

二、穿寿衣

人临死（快落气）时，要雇人为其梳理头发、擦洗洁身、穿衣戴帽、穿鞋袜。民间对亡人衣饰很有讲究：不带孝（即无健在的父母、公婆）的亡人，可穿戴一身青，也可以多青少白；带孝亡人穿戴必须多白少青。亡人衣裤多少不一，富贵者多达九衣六裤，贫穷者少至三衣两裤，而且衣料质地也很悬殊，好的为绫罗绸缎，差的为粗纱土布。衣裤必须事先依次套好，用针线缝贴实，以便应急穿着顺利、贴身。若间有白的，一般第二、四层系白；若因不带孝而不穿白衣裤的，就得在头上围一条白色布带，并现边沿于青帽之外。不管怎样穿戴，亡人的帽冠、面衣面裤、鞋袜都得是青色，习俗认为只有如此，家人、亲戚才能清静安宁。此外，鞋底要点上黑色圆点，形如“钉鞋”，亡人穿起行路才能把稳着实，易于升天。死者佩戴的首饰也富贵有别，富者有的是金、银、玉器，穷的是仿制品，有的根本无饰品随葬。亡人衣饰穿戴好，停放在门板上后，要用青色枕头支头。枕头要厚薄合适，否则亡人遗容不好，鼓眼张嘴，遗容不慈，对后人不利。此外，用青小帕（或钱纸）盖脸，用与寿龄等数的青线捆好脚颈，用一条青色盖帕从头到脚盖好，不能有丝毫皱褶和卷叠，遗体不能露于外，否则习俗认为后人将不吉利，度日不伸展。

三、报丧

人死后，丧家或托他人即刻将噩耗告知亲戚朋友，俗称为“报丧”。

报丧人受托后，无论闲忙与否，都得即刻上路奔报。上路后，不得回首丧家，否则，丧家会有重丧之灾。报丧人至客家，必须先向神祖礼拜，然后才告之噩耗。报丧的语言很有讲究：亡人若是老人，得说“归天”“过世”“终老”等词，避讳“死”字；若是年轻人，才能用“死去”“死了”之类的词语。

报丧后，客家递水给报丧人洗手，俗说“洗掉丧气，以免丧气滞留客家”。报丧人吃饭后，下桌即去，不得施礼告别，不得回首客家；客家人不得为其送行，更不得说“请以后再来”等客气话。家犬若向报丧人狂叫、追赶，也不得加以吆呵驱赶，俗说“这是让狗驱丧气，可使客家不患丧、不沾孝”。

报丧人走后，客家立即清扫堂屋和报丧人步及过的地方，所清扫的灰渣要用火烧土埋以“断丧气”。若是向死者朋友或非至亲报丧，报丧人一般不进其家门，在门外告知噩耗便走。

报丧人返回丧家后，去堂屋瞻视死者，与此同时，孝子向死者烧纸，并当着死者礼谢报丧人，报丧人受礼后即去。

如今，丧家仍要托人专程或顺道捎信将丧事告诉亲友。机关单位和少数人家则以张贴《讣告》形式告之众人，有的以电话、电报的方式报丧。

亲友得知丧讯后，立即备办香蜡纸烛，赶至丧家致哀，俗称“烧香”，烧香人称“烧香客”。习俗认为：烧香客去得越及时越好，才能促使亡魂尽早归天。客烧香时，丧家孝女要哭《接烧香客歌》。

李树开花一树白，堂前来了烧香客。
烧香客人动了步，花费银钱买纸烛。
买起纸烛孝家父（母），孝家人情礼又熟。
又有青茶放柳香，又有清酒和膳素。
二回你家有好事，孝家一定慢还清。

孝女哭歌后，烧香客若是女客则哭歌以答。

听说老人一命亡，赶路进堂来烧香。
往回走到你门上，你来接我笑洋洋。
这回走到你门上，没声没气不开腔。
我的老人茶不喝，我的老人饭不尝。

四、开路、择期

人死后，要立即请道士根据亡人和孝子或孝孙的庚甲（即生庚八字）推测出两不相克（即“不犯重丧、三丧、灭门、落天大退、冷退”）的黄道吉日为安葬期，并写成“期单”，再根据亡人死时的时辰推出相合的出殃（俗称“回煞”）期。继后，道士用红纸制成亡人灵牌。

男亡人灵牌

（正面）

女亡人灵牌

（正面）

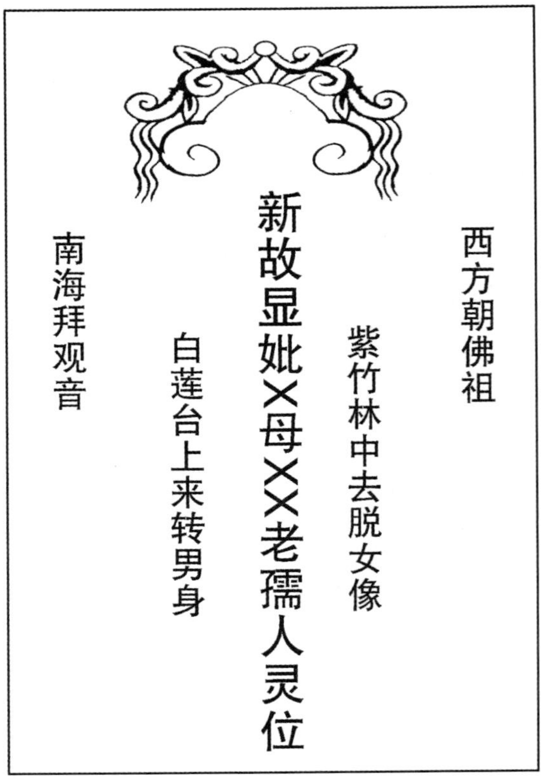

灵牌制成后，插入装有白米的升子内，安放于堂屋正中方桌（坛）上，再用红、白纸搭配写成“乘南无西方极乐世界，度人无量大慈大悲，接引亡者导士阿弥陀佛，莲下证盟亡者×××魂下，三魂七魄，七魄三魂，请上神幡早升天界”的纸幡，俗称“引灵幡”，插在灵牌旁边。随即在桌上摆好刀头、净酒、净茶、净水。堂屋外挂五幡，意即开通五方逍遥门路，指引亡人生天（往西天去）。方桌上方撑挂包括十五朝地藏、三教、玉皇、天子、佛祖、观音、三元、十殿、八大金刚、十六天王、雄狮吼鼠画图的“总圣”。桌四方挂桌帏，左右两方各有一道士坐坛，下方一名穿戴法衣、法帽的道士站坛，协调地敲锣打鼓、吹海角、做法事。孝子、孝女等后人依长幼列队于坛前，按站坛道士的指令叩拜，为亡人往西天开路。

开路时，要将亡人的盖帕掀开，现出脸面，使之看见上天的路。长孝子高举引灵幡，大门口燃香蜡，供刀头、净水，不断地烧纸钱，俗为“给亡人出路钱”。站坛道士时而独念咒语，时而与众道士合念咒语、做法事、画水，然后念安葬“期单”。安葬期单分三部分，似通非通，似懂非懂，全凭道士糊弄。

期单一般样式为：

奉柩吉期：

仙命生于甲子年全月初六日寅时受生。享年上寿七十二岁，不幸殁于乙亥年新正月十七日寅时告终。正冲忌庚午，未亡人辛酉。忌丁卯诸空，忌庚午、戊午、乙亥、丙寅。不用重复忌已亥二日。重丧甲庚二日、又灭门大祸忌，又三丧。甲辰一日不用。

孝男	×××癸巳	忌	已亥	孝媳	×××已亥	忌	乙巳
	×××乙未		辛丑		×××已亥		乙巳
孝孙	×××丙寅忌壬申			孝女	×××辛卯	忌	丁酉
					×××乙巳		辛未

择期：

公元一九九五年农历乙亥岁新正月二十二日癸未，尾星执日，宜用一早卯刻六钟发出。百事大吉的呼煞忌甲申一命，生人避之一刻，上下大吉。一查亡命殃煞4米高的于本月二十八日，故时回殃消避一刻大吉。

七单：

今将七期开列于后：壹柒本月二十三日，贰柒二月初一日，参柒二月初八日，肆柒二月十五日，伍柒二月二十二日，陆柒二月二十九日，柒柒三月初六日，佰柒四月二十八日。佰天是也。

大祥小祥，依期宣扬，逢七化财，孝门安康！富贵四柱：乙亥、戊寅、癸未、乙卯长发其祥。

此期有单克、单冲勿忌。

公元　　年　　月　　日具

念似通非通、听者不知所云的“期单”时，站坛道士向门口摇晃引灵幡，指引亡灵出门上路。以这种方式开路的，民间称为“开大路”。贫穷丧家只请一个道士敲镲镲锣做上述法事，叫“开小路”。

开路时，女孝们要哭丧。

堂内一阵响锣鼓，女儿思亲痛心哭，
未有报答我的母，我母再不睡床铺。
两脚长伸闭眼福，把娘抬起进堂屋，
急忙烧水换衣服，忙搭孝堂理白布，
忙请道士来开路，忙做灵屋供亡福。

开路后，随即荐灵。习俗认为：虽开路送走亡人，但灵魂尚留，必须为其安位。道士领念经文，孝子孝女孝孙站于站坛道士身后叩拜，按道士指点做法事。

现今，为亡人开路、择期之俗尚有沿袭，但礼仪有所简化，少有人哭丧，普遍改为放哀乐。

五、披麻戴孝

老人死后，后人都要披麻戴孝，表示对亡老人的孝道。披麻，即身穿麻质衣服，俗称“孝衣”；戴孝，即头上包一条白布，俗为“孝帕”，孝帕要拖曳于背后。一般从开路时起，就披麻戴孝。男人戴的孝帕在头上部分要叠为平顶，女人要包成粽子形（即尖顶）。孝帕根据戴孝人身材的高矮不同而长短不一样，有的长到六尺，有的短到三尺。不过，一般孝帕的长短因分正孝和旁孝（客孝）而有所不同。正孝的长于旁孝的。岳池民间为死亡老人戴孝颇为普遍，而披麻的少。民国时期，多用穿白衣代替麻质孝衣。1950年后，穿孝衣的人也逐渐稀少，而只在头上戴孝帕，外围扎一缕麻，代替披麻穿孝衣。

披麻戴孝时间从开路时起直至为死者“复三”止，之后，为死者应七、挂社坟、挂清、做道场等祭祀活动时，孝子孝女又复披麻戴孝。

20 世纪 50 年代至 80 年代，此俗在全县曾近于消失，以后，兴隆、坪滩等山区农家，又复现戴孝帕的习俗。现丧事戴孝城乡较为普遍，并胸佩白花，臂戴青纱。

六、出殃

岳池民间传说，人死气落坠入地内后，又会一天一天从地下上升，刚一升出地面，就要上西天，民间将此叫“出殃”，俗称“回煞”。

至于何时出殃，由道士根据死者死日和死时的庚甲推算而定。

在死者出殃时刻，丧家要供刀头、净酒、烧钱化纸敬神，将堂屋门坎下，或死者生前睡过的床边地面，或亡人落气处的地面打扫干净，用筛子筛上一层约半寸厚的草木灰或石灰。然后全家人（尤其是所谓八字小、阳魂矮的人）出家门躲避约一个时辰，俗称“躲煞”。躲煞回来后看灰面的迹印（其实无迹印，都是视者自我心理暗示而产生的错觉而已），若发现似马蹄印，便认为亡人是骑马走的；若似人脚印，亡人是步行走的；若似鸡脚印，亡人是被鸡脚神押走的。骑马走的最好，在阴间是做官做老爷的；步行的最劳累；被鸡脚神押走的，亡人有罪，在阴曹地府要受难，在应七（见后述）时，要特别请道士念经超度。

出殃后，将地面的灰渣扫尽包存，待“应七”化财时，放入烧燃的纸钱内，让其升天，俗传这样亡人的脚迹才不会留存在家，后人才得安宁。

20 世纪中叶以来，此俗曾渐渐消除，但山区农家仍有少数沿袭。

七、哭丧

哭丧又称“哭亡人”“哭死人”。凡丧家、亲友，以及去烧香的女人都要哭。首先，烧香客一到，丧家女孝要讴哭接客，俗说“头上顶根白（指孝帕），一天哭到黑”。其他去帮忙的女人也要哭丧，俗话说：“见丧不哭三分罪”。

哭丧，从“开路”（有的从老人落气）之时起，凡丧事的各主要程序以及以后的安葬、复三、应七、挂社坟、挂清、做道场等丧事活动都要讴哭。哭丧有一定的调式，一般是：

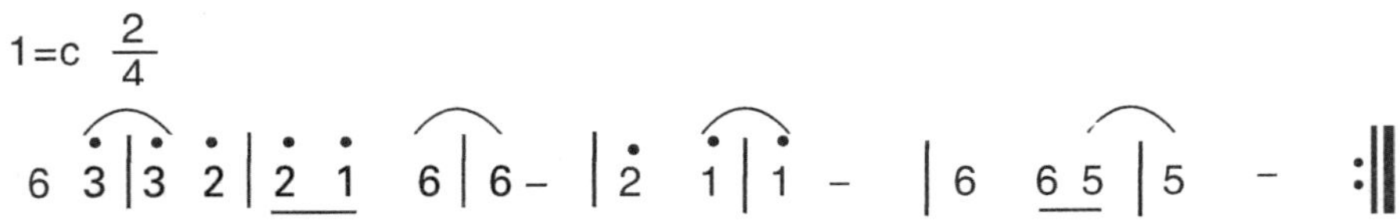

讴哭的内容因死者与讴哭者的关系和丧事程序的不同而不同，但大多为述说死者的生世，身前的美德，抚育儿女的艰辛，以及后人的缅怀、哀思和祝祷等。讴哭的歌词主要内容不变，仅因死者不同而变换称呼，其他内容不变。不过因地域不同，歌词亦有所不同，有时讴哭的人即兴填词、套曲，讴哭起来亦哀伤动人。哭丧歌谣第七篇“仪式歌”有专述。

八、陪灵

老人死后至安葬，期间须后人或亲友日夜守侯，谓之“陪灵”，又称为“陪亡人”“守灵”。

由于丧事的安排和程序不同，陪灵的方式白天和夜晚不一样。白天一般由孝女陪，陪灵人除随时哭接烧香客歌，哭亡人歌和孝歌外，还要哭《陪灵歌》。

风吹梅花遍地飞，今日后孝把亡陪。
今日陪亡难相会，我娘睡在棺材内。
你听后孝把文背，前夜得病牙床睡。
时时刻刻药罐煨，吃药多服不对路。

翻阳覆阴病不退，呜呼哀哉往西归。

现在如要和娘会，一去南柯梦中会。

哭声妈呀哭声娘，你把女儿痛断肠。

晚上，男孝陪死者时。主孝子不能上床睡觉，不能洗脚洗脸换衣服；否则，于亡人、于孝子都不利。丧家用炒胡豆、糖果、茶水等小吃待承陪灵客人。为了造就丧事的悲伤气氛和消除守灵人通宵守灵的疲劳，丧家往往雇请道士或戏班到死者停放处“打玩友”（又称“打围鼓”），并穿插孝女唱孝歌和哭丧，民间称这种陪灵方式为“打夜”。打夜，有打小夜和打大夜之分。打至深夜的叫“打小夜”，打通宵的叫“打大夜”。有的富裕丧家连续打大夜，并且每夜请几套人马轮流打夜，以招来更多客人陪灵。俗说：陪灵的人越多越好，后人越旺向。

陪灵之俗至今尚存，但方式在不断改变，自20世纪80年代，晚上陪灵多以收录机放哀乐方式取代了哭丧、唱孝歌、陪灵歌。有条件者仍兴打夜，但城镇等人口稠密的地方为不影响他人休息，通兴“打小夜”，农村可以“打大夜”。

九、点祖

在安葬死者的头天中午，丧家须排斋席祭拜，进行点祖。

“点祖”，即死者刚去世时，端公道士在为其写灵牌时，有意将牌位（见前四、“开路、择期”）中间一行死者名字的每一个字都留下一笔画不写。临安葬前才请一位当官的或宗族头人等有名望的老人（俗称“点祖爷”）用朱红当众将灵牌上未写全的字添一笔，俗称“点祖”或“午殿”。点祖时，孝子要敬拜点祖爷。点祖爷礼受用朱砂笔点上缺少的笔画后，将灵牌（连座子）捧置于神龛。此时，所有客人要肃穆施礼，奉点祖爷捧灵牌入神位，孝子孝女及后人随即近前供素席（斋席），烧钱化纸，放鞭炮，敬“移灵进神酒”；同时，孝女们唱《点祖拜祖歌》。

今日吾祖入神位，后生男女做拜跪，

在世祖爷管家业，魂入仙境显神灵。

祖爷神灵供高堂，后辈日夜来瞻仰，

烧钱化纸不息烟，刀头供品要经常。

保佑后辈振家业，保佑子孙财气好，

保佑人丁众又壮，保佑六畜多兴旺。

敬拜后，孝子等分吃供品和斋席，称是“受神赐”。

十、告祖、行“三献礼”

在安葬死者的前夜，丧家要举行告祖、行“三献礼”仪式。

丧家备好刀头、供品，点上香蜡纸烛，由道士敬神，做法事，将亡人的生、死庚甲和出灵、安葬、出殃的时辰等，拜告列祖列宗，俗称“告祖”。告祖时，礼生向祖神唱礼：

宗功祖德，世泽绵长，后人有忾，富贵藤芳，益谋燕至，万代荣昌，未行祭奠，先告家堂，嗣孙不幸，显考（妣）云亡，终天报恨，确实悲伤，灵其不昧，来格来尝。哀哉，尚饷！叩首。

礼生唱礼毕，道士向祖神先后烧四堆钱纸，每烧一堆念一次“某祖神，某某某亡人有拜，嗣孙来投，收他入列”。孝子随声拜祖，女孝哭祖：

高门祖宗坐高堂，后生后辈跪下方。

我娘上天去拜你，祖宗先辈开天堂。

我娘在生很命苦，盘儿盘女断筋骨，
儿女饭饱她饿肚，儿女闲耍她耕锄。
我娘一病把床倒，一罐汤药医不好，
今日归天来孝你，请祖莫把她丢掉。

告祖毕，道士将所供的净水、净酒酹于燃烧的纸钱上。

告祖后，举行三献（初献、亚献、终献）礼，即献供品。行三献礼由礼生主持。礼生分“大赞”和“引赞”。大赞司仪，引赞引孝。

当大赞高喊“内外肃静，各执其事”时，锣鼓齐奏、乐声骤起、全家举哀，女孝讴哭：

我娘明天归山寝，今夜后孝拜不尽，
弟兄流泪姊妹哭，为的我娘好入阴。
我娘为人苦一生，一病不起丢魄魂，
后生后辈难舍你，无奈西天可恶神。
我娘闭眼放心走，子孙后代啥不愁，
衣禄俸食用不尽，逢年过节供刀头。

随后，礼生念祭文，孝子、孝女等后人跪伏恭听。祭文主要纪述亡人的生卒时辰、何处人氏、生前兴业事迹、道德情操、抚养后嗣之辛劳等。当“大赞”呼喊“引孝献礼”时，“引赞”引孝子净手后，上堂行初献礼，此时，奏初献礼乐，由大赞或引赞讴歌：

歌难开言唱一声，前人治理后人行，
痛哉尔父（母）归何处，堂上空留经上名；
一别子，二别亲，三别四别你后人。

歌毕，将供品等捧移于堂外，然后由孝子端回堂，此为初献礼。“亚献”“终献”，除贡品和赞词有所不同外，礼仪大致相同（详见“家祭”）。

20世纪中叶以来，告祖、行三献礼、念祭文之俗曾经消失。现渐渐有所恢复。

十一、打花祭

给丧家送丧礼，一般送香蜡纸烛、现金或粮食。富裕人家送给至亲密友的丧礼较丰厚，有的送价值相当于一两石谷的丧礼，少者也相当于几斗谷，并以“打花祭”（又称“打祭”“上祭”）的隆重形式于安葬死者的前一天送去丧家。

花祭的必备礼品一般有：

供品。通常是“三荤三素”和净酒。三荤是刀头、髈、扣或其他更好的荤菜；三素是糖食、糕点、粑饼之类的素食。

香蜡纸烛。青香三炷、大蜡一对、钱纸四至六刀、爆竹二到四圆、翘宝银子等。

祭幛。青、白、蓝各色布料计四到九匹，每匹至少长一丈二尺。忌用花布或红布作祭幛。

挽联。白纸联四至八副，内容多是缅怀和歌颂之词：“桃花流水杳然去，明月清风何处游。”“音容宛在勤奋一生传佳话，神魂离去芳名百世著清风。”“品德崇高多能博学昔时为师誉盈乡里，谦虚谨慎时诲箴言今日永别泪沾胸襟。”

“金童玉女”。用纸篾等扎贴成约一尺余高的男女孩童各一个。

灵房。用纸篾等扎贴成的楼房一座，（唯独女、女婿向亡父母打花祭才送，其他人免）。

现金。多少不限，多则可买一石多谷，少则可买几斗谷。

送花祭时，上述祭品、礼品除祭幛、挽联专人张举外，其余的都要陈列于抬盒中，灵房挂于抬盒旁，雇人抬送至丧家，并雇请三四名吹鼓手一路吹吹打打。到丧家朝门口就放火炮告知丧家。丧家即放火炮、鸣锣鼓，迎接花祭进堂屋。将祭幛、挽联、灵房挂置好后，便引领打花祭的客人参拜神祖及死者灵位。丧家陪客人叩拜。之后，孝女讴哭《迎花祭歌》。

林琴婆婆归阴殿，你在阴殿受香愿。
后院金竹排对排，当门狗叫花祭来。
往回花祭侧边过，我在堂屋宽心坐。
这回花祭到屋来，我在堂前泪涟涟。
花祭接到哪里安，也有金山对银山。
一条龙灯一折戏，你有猪头来上祭。

丧家哭毕，打花祭的女客人讴哭：

堂前点灯放光华，哭声我婆听根芽。
阴间不听阳间话，风吹杨柳遍地刮。
栀栀牡丹一起开，风吹李花掉下崖。
今年花开不敢戴，穿上孝衣和孝鞋。
孙女穿起灵前拜，做了纸衣做纸鞋。
我婆穿起阴灵去，一条大路上天台。

晚上打大夜时，去打花祭的吹鼓手要与丧家的打鼓匠竞相打玩友。

次日凌晨，打花祭去的所有人都要参加送葬。花祭吹鼓手与丧家的送葬乐队交相吹打。花祭都要送上坟墓祭奠。祭奠后，祭对（挽联）要张挂于丧家堂屋的墙壁上（男亡人挂三年，女亡人挂两年）。

早饭后，打花祭的所有人要辞别返家。丧家备礼回赠，一般是赠一桌荤席和其他相应的物品，即民间所说“怎样送来怎样回”。如果是上门客（即新婚夫妇）打的花祭，丧家还得加倍回赠。回赠的礼品仍用抬盒抬回，丧家要给抬抬盒的人和吹鼓手打发小礼信。

近年来，此俗仍沿袭，但带迷信色彩的礼仪已淡化。所送祭品、礼品一般为花圈、香蜡纸烛、祭幛和现金。朋友、同事等送丧礼尤以现金为主。

十二、闭殓发引

按照丧礼程序，死者在门板上停放到一定时候，就要平行移置于棺柩中，俗称“入殓”。

死者入殓后，要用布条或白灯草等将棺柩中的空隙处填满塞紧，使亡人遗体不致移动易位，棺中不致透凉风，否则，认为后人无纲常，不吉利。然后，将棺柩半盖半掩，让后人瞻仰遗容，与死者最后告别。当道士喊“闭殓”时，抬脚（抬棺人）将棺盖扣合严实，并用钉子钉紧，俗称此举为“闭殓”。

闭殓后，寅时即“发引”（又称“发丧”），孝子分别端上灵牌、引灵幡，按道士的指示抬棺柩出堂屋，安放于地坝中。此刻，后辈女孝哭唱《闭殓发引歌》。

清早起来雾沉沉，捉只金鸡来发引。
一送我娘大门边，门神二位在两边。
二送我娘阶沿边，屋檐菩萨望青天。

三送我娘地坝坪，前头锣鼓慢慢行。
粉壁堂屋四四方，黑漆桌子摆一张。
刀头净水摆桌上，点起蜡烛发引丧。
各位阴阳慢慢听，慢请菩萨慢请神。
帮忙弟兄你莫忙，孝子还没拆孝堂。
孝子出来下一礼，帮忙弟兄要费心。
抬到高山莫挂角，抬到平地莫落地。

闭殓的同时，道士打飞碗，杀公鸡将血喷洒于棺柩及四周地上，口念“鸡血落地，百事大吉”。念完立即将杀鸡刀和公鸡同时抛出门外。俗传：若发丧公鸡的头朝屋内，便有重丧之患；头朝外，则家事大吉。发丧的鸡由道士带走，丧家不能食。若死者是年轻人，其棺柩抬出堂屋后，随即在门槛上斩断一节绿竹或一把篾块，意在斩断病灾，免得亡人殃及六亲四邻。发引时，要将熟睡的客人（尤其是孩童）叫醒，并叫应回避的人及时回避，以免撞煞，俗说“撞了煞的人会遭灾祸”。棺柩抬出堂屋停在地坝后，道士念咒语，口喷净水退煞安神；叫丧家在死者生前步及过的房屋及厕所等处打扫清洁；抬脚将棺柩绑上龙杠。若有重丧之患的，则要发一次假丧，即用纸、篾做成假人，装在用纸、篾做成的假棺材内，当成血丧发出。若犯有三丧，就照此发三次假丧。发几次假丧，就扎几个纸人和做几副纸棺材。民间传说：发了假丧，就能避免重丧和三丧之患。

近年来，闭殓发引之俗，在部分乡村尚有沿袭，但礼仪从简。进行火化的，一般不依此俗。

第四节　安葬仪礼

一、择墓地

死者安葬前，要事先择墓地。这是件极严肃、慎重的事。民间认为，墓地风水好，后人才昌达，家业才兴旺，故对此极为重视，讲究特多。

选墓地时，端公道士根据死者的庚甲选择相生持的而不是相克制的地方作墓地，并确定其地向（即坟墓的背座与朝向）。然后照罗盘、算八卦，以二十四向为准，测看字向“空”与“不空”（即此地是否已归属别的亡灵）要选择“空”的字向，以避免与客坟、客丧相重；如若不然，死者在阴曹地府为争夺领地扯筋打鬼架，殃及后人。有的因诸多原因，墓地的择选范围受到限制，使择选的墓地不尽如人意，但无论如何都得力求更好。

墓地择定后，破土开墓坑时，要供刀头、烧钱化纸、放鞭炮。道士杀生鸡公喷血淋地，为亡人买阴业。道士用锄头在择定的墓址四角和中心点各挖一个小坑，确定墓坑的指定范围。道士动锄挖坑时，念咒语、做法事，孝子相应而恸。孝女讴哭《择地打井歌》：

阴阳先生听我音，看地要看好地形。
不犯天地不犯人，后头才有好后人。
阴阳先生听我音，罗盘上面一颗针。
方向地盘要看真，免得害我好后人。
打井先生听我音，打井深浅有分寸。
打井要打四个角，我娘睡到好伸脚。

墓坑挖的深浅由道士决定，不得擅定。有的挖至一丈深，有的只挖二三尺深。墓坑由丧家托人挖，孝子及家人不能挖，习俗认为“免得出同坑丧”。

现今，尚沿袭择墓地之俗，但礼仪大为简化，多数不请道士，由有经验的人视其地向而定。一般选定向阳、不潮湿的地方作墓地。火化者，普遍将其骨灰盒存放于公墓，少数入土掩埋。

二、送葬

死者安葬时，丧家全体及众亲友要送葬，奉棺入土并向死者最后诀别。

送葬人数的多少、司仪队伍的规模、仪式的繁简因家庭经济条件及社会地位而定。富裕的丧家，送葬队伍大致由开路菩萨、祭幛挽联、施钱放炮、引灵乐队、灵台、拉纤孝子、八抬棺柩、客孝、送灵乐队、死者亲属及死者生前友好等组成。孝子孝女及孝孙披麻戴孝，走在队伍最前列，其后依次而行。

开路菩萨。由一送葬人高举用纸、篾等编扎绘制而成的佛像行于棺柩前，为亡灵开道。

祭幛挽联。由送葬人用竹竿撑挂竖举，列队于其次。

施钱放炮。由送葬人向亡灵所经之途撕抛钱纸，给沿途列位土地神施以礼信，祈其让道通灵，俗称为“给买路钱”；放鞭炮，表示向让路通灵的各土地神灵报信、感谢让路。

灵台。由两位或四位送葬人抬一张方桌，桌上用纸、篾等扎成一个约 1.5 ~ 1.7 米高，貌似宝塔的台子，名曰“灵台”。灵台内置死者灵牌、引灵幡和点燃的香蜡。灵台一般由长孙陪送。

八抬棺柩。由八名抬脚平稳地抬着棺柩行进。

拉纤孝子。由孝子、孝孙八人各用一条等长的白布条（俗称“金带”或“龙绳”）系于棺柩龙杠的前横档上，拄着约 0.83 米长的直木棒（俗称“哀杖”），作拉纤状纤拉棺柩哀伤行进（俗称“八抬八拖”）。纤拉棺柩时，礼生和拉纤孝子要呼应词语。如礼生领呼“六六则我”，众孝子合“六六则我”等等。

其他送葬人。系孝子孝孙之外的女孝、客孝和亲友，只要是死者的晚辈，都要戴孝帕。

送灵乐队间行于送葬队伍中。若有多组乐队，则由前至后轮流吹打，有时也齐吹齐打，以增悲壮气氛。

送葬时，灵台、棺柩不得着地，若着地挨土，习俗认为是让亡人走路，使亡人受累，到阴曹地府将受折磨，致后人得不到保佑。因此抬脚歇气换肩时，都得用打拄支撑着抬杠，使棺柩稳定悬空。

一般丧家的送葬队伍仅由正孝、客孝、吹打乐队和亲朋好友组成。灵牌、引灵幡置于茶盘之中，由长孝端着行于棺柩之前。棺柩只是八抬而无八拖。不设灵台。无开路菩萨，也不排行祭幛、挽联。施放的买路钱和燃放的火炮有限。

穷苦丧家，仅由孝子、家人和为数不多的亲友送葬。灵牌、引灵幡由孝子平端行进于棺前，沿途抛撒少量的买路纸钱，放少量鞭炮。

无论贫富，送葬时，女孝必须沿途哭《送葬歌》。

1950 年后，提倡丧事新办、简办。人死后，将死者用木制的棺材装殓，由人抬或用车辆运至坟地。送葬时，孝子手捧死者遗像行于棺柩前，一般无灵牌、引路幡。沿途抛纸钱和放鞭炮。送葬人佩戴青纱或白花。花圈、祭幛由送葬人抬送至坟地。施火化的，用灵车运送遗体至殡仪馆火化。沿途放鞭炮、撒钱纸。用遗像取代灵牌。死者的家人、亲友、同事佩戴青纱或白花，亲友所送的花圈，人抬或汽车送至殡仪馆火化。

遗体进炉火化前，家人、亲友等要近前瞻仰死者遗容，向遗体告别。

三、安葬

死者棺柩抬运至墓地后，道士先念咒语、做法事，向墓坑内燃烧纸钱，烘烤墓坑，以免死者在阴间受潮湿之苦，并向墓坑里丢钱、撒石灰。然后，道士呼“卸龙安位”，抬脚即将棺柩卸下龙杠，平抬置于墓坑里，由道士用罗盘调好棺柩方位，然后向东西南北中撒米，念道：

米撒东，花白银子喜气中。
米撒西，儿孙富贵得时机。
米撒南，朱雀前接后堆山。
米撒北，吉空吉地亡人得。
米撒中央戊已土，儿孙代代为公侯。

同时，道士问众孝子：“孝官爷要富还是要贵?”众孝子答：“富贵都要！”接着道士又念：

要求富贵一般升，秤称银子斗量金，
一家兴旺富过张公，家财万贯罗衣千箱，
身挂紫袍腰悬金带，脚踏云梯孝家如愿。

孝子依次向棺柩盖土、掩白（撒石灰)，孝女们哭《棺柩下井歌》：

白鹤飞起展翅难，我把我娘（爹）送上山。
送到山上无坐处，亲人坐在墓两边。
坐到左边请帮忙，帮忙兄弟费心肠。
……
一天到黑太阳照，照到我娘要回来。
白天回来看女儿，夜晚回来受香愿。

之后，孝男孝女列队跪在墓坑前，双手牵上后衣襟，呈撮箕状，由道士一边念咒语，赠吉祥话，一边向其后衣襟抛撒白米，象征亡祖入阴后向后人赐回的白银、白米。撒米毕，孝子、孝女包好白米，带上少许的新墓泥土，并各摘一束柏树椏返家，预示以后能清白发财。正孝回家不能走送葬去的原路，要改道而返，以免引亡人回家，招惹丧事。

安葬后，丧家要给邻近的坟墓烧纸，祈求亡人睦邻相处。

安葬结束后，抬棺柩所用的龙杠由抬脚及时运还，不能再搬回丧家。抬脚回丧家后，不能入其堂屋。丧家要给抬脚抬棺钱，给道士治丧费。

四、供灵、出灵

死者安葬后，孝子即将其灵牌、引灵幡搬回堂屋，俗称“接灵”。接灵时，先由孝子供刀头、烧钱化纸、放火炮、作揖磕头祭拜祖神，然后，在神龛侧边靠壁安放一张方桌（男左女右)，在桌上搁置一灵房，灵房内供灵牌，灵房旁插引灵幡。灵房的左边立一篾、纸制作的金童，右边立一篾纸制作的玉女。此举叫做“供灵”

一般在七七四十九天或一百天内（“应百七”前）每餐都要向死者灵位供素饭素菜、烧香化纸。一般四十九天后，不再供饭，但早、晚要上香，家遇喜事请客、过年过节和有关死者纪念日要供饭。

亡灵一直供奉至出灵。出灵时间根据孝子的经济条件和道士择期而定。除“应百七”出灵者外，有长达一年、两年、三年才出灵的。无论时间长短，出灵时都要做出灵道场。灵牌和引灵幡都在此时烧掉，民间称之为“烧灵”。烧灵时，男孝跪拜，女孝讴哭《出灵歌》：

手砍竹子一筒半，灵屋起得金灿灿。
两边厢房共五间，大呢铺盖扎八线。
锣阵阵来鼓阵阵，送到东方去烧灵。
三层烟儿冲上天，别人看见烟沉沉，
孝子看见泪涟涟，我娘一去不回程。

贵富人家在供灵期间，遗偶或孝子每天晚上都得轮流在灵位旁守夜。穷苦人家和无子嗣的人死后，不供灵，其灵牌和引灵幡于安葬时和钱纸一起烧掉。

五、制棺修墓

人死后，入棺、墓安葬，棺、墓规格因丧家贫富各异。

棺材一般分漆面棺材、素面棺材和方匣子三种形制。

棺材由柏木做成，其外形由头端高、厚、宽、大逐渐锥变为脚端矮、薄、窄、小，俗称“龙头凤尾”。富贵人家用的棺材分外棺和内箱两部分（内箱装殓死者），外棺大者有宽、高1.3米，长2.7米、底板厚0.33米的，而且板方之间上栓齐缝，棺体和内箱全用生漆漆面。穷人家一般仅能用底厚为10厘米左右、大小恰能放进死者的方匣子（又称“火匣子”）。极贫者或无人料丧的人死后，买不起木质棺材，只能用篾席裹尸埋葬，俗称为“打软埋”。

死者坟墓的规制因富贫悬殊也有差异。一般分为升极坟、包棺坟、土堆坟三种。

升极坟。又称“拱棺坟”。坟墓一般为多棺并葬墓。祖宗居中，次辈列旁。坟内有用石条（板）修的棺井。棺柩置于井内。坟墓外部除死者头部一方外，其余三方均用优质条石包框，并且在死者脚部的一方修建3.3米至5米高的傍坟石牌坊，俗称为“升极”。“升极”的上部有浮雕，顶部有“山”字形的“极”，下部立墓碑（称“内碑”）。碑前正中央有方桌大小的拜台，“升极”前方两侧各竖立一根一丈余高的柱形石桅杆，有的正前方两侧还有一对石狮卫墓。

包棺坟。又叫“平棺坟”。坟墓除死者头部的一方外，其余三方框砌高约2.5米左右的石条。脚部的一方立有墓碑，墓碑侧柱上刻有楹联，上沿有雨檐。

土堆坟。全用泥土垒成，有的用乱石码砌脚部一方和两侧。

有少数贫穷者死后无地安葬，便埋于无主荒山，俗称“官山”，又叫“乱坟岗”。官山的坟堆横七竖八，不成规形，如一个个“馒头”状。

除富裕人家立内碑于升极坟外，民间普遍在墓前立外碑。碑文内容、形式不一，一般都是正中用大字竖刻死者的姓氏名讳，如“故显考（×公）讳（××）老大人之墓”或“故显妣（慈母）（×××）老孺人之墓”，其右用小字刻死者的生卒年月日，左旁用小字依次刻立碑者的辈份、姓名和立碑年月日。有的墓碑上部还刻有“浩气长存”“流芳千古”“永垂不朽”等额文，两侧镌刻对联。

六、复三

死者安葬后的第三天，要复三，又叫“复望三”。即孝子等后人聚集坟地，向坟墓供刀头、净水、净酒、烧钱化纸，燃放爆竹，男孝跪拜，女孝讴哭《复三歌》：

离了三天来看娘，三撮泥巴垒坟上。
等了三天来看娘，烧把钱纸送天上。
我娘当门一棚竹，今天孝子把三复。

三炷青香酒一壶，今天孝女把三复。
孝子行了一里路，打湿孝子的衣服。
孝孙行了二里路，磨破脚板都不哭。
客人行了三里路，为的是来把三复。

祭拜后，全力以赴向坟墓培土、帮石，使坟墓垒固成形。同时，还要在坟墓前烧谷草，俗称“送火把”，让死者晚上赶路上西天时能看清道路。

复三日的中午，丧家设宴待客，感谢烧香的亲朋好友和帮忙办丧事的人。宴后，孝子们当众分摊丧葬的所有花费，立约分配遗产，协议赡养死者的遗偶，商定“应七”“挂社坟”“烧百七”“做道场”等有关死者的后续事宜。客人们要着力从中调停分歧，使其和睦相商，共襄善后。

七、应七

从死者去世的当天算起，每满七日的那一天，叫“逢七”。逢七之日，丧家要请道士做法事、念经，为亡人超脱前世今生的罪过，叫“应七”。若未“供灵”者，要写灵牌先招亡灵。即在院坝内置一装有净水的大脚盆（象征江河），其内安一条小板凳（象征桥），板凳上放一双鞋、一套衣服和灵牌，将竹席沿脚盆周沿围成不封口的“屋子”，顶上撑搁一把雨伞，“屋”口摆供品，道士做法事，招亡后再应七。富家一般应七个七，有的在满百日那天还要应七，俗称为“应百七”。甚至满周年也要应七。穷家一般只应首七和末七。应七那天，丧家要焚香蜡纸烛、供刀头、净酒、香米、作揖拜哭，俗称为“烧七”。全家早、中两餐吃素，晚餐吃荤。应七仪式由三名穿戴法衣法帽的道士合作进行：早上请“总圣”，晚上送“总圣”，中午念经，并念“解结，解结，解冤结，解了亡者前世今生冤和孽，冤家咒诅两相逢，相逢相遇得解脱”之类的劝世文。每一坐经念毕都要鸣锣打鼓、吹海角、做法事。男孝要跪拜，女孝要讴哭《应七歌》《招亡歌》。

应七歌

正月青菜四月黄，孝子收拾进灵堂。
灵堂上头千个碗，千个碗儿没见娘。
二月里来叶儿青，手把灵堂哭一声。
三月里来是清明，手提香篮去挂坟。
四月里来是立夏，手把灵堂哭一场。
奠酒奠到地上湿，不知我娘吃没吃。
烧纸烧到地下黑，不知我娘得没得。

招亡歌

狗叫一声金鸡门，收拾地坝接亡人。
青篾席子桂花边，打盆清水蹾中间，
左边摆的御河鞋，右边摆的梳和篦，
我娘穿起好起来，接起我娘桥上过，
桥郎土地不挡妈，我接我妈看孝家。
接起我妈桥脚过，桥脚又有水观音，
水观音来话说明，我接我妈过殿门。

旧俗认为，死者前世今生罪过越大，在阴曹地府受到的折磨越多，应七时多念经，多做法事，多烧钱化纸才能解脱。因此，对应七相当重视。

八、烧新年香、挂社坟、挂清

人死后的前三年民间兴烧新年香、挂社坟、挂清。

第一年正月初二的上午，孝子及其他后人聚其坟前，向故老人供刀头、干盘子和净酒，烧钱化纸，放鞭炮，作揖磕头，俗称“烧新年香”。

头三年内，每年的头三至四个戊日之间的社日，孝子及其后人要上坟为故老人挂坟称“挂社坟”，以示后人尽孝心，讲孝道。挂社坟时，要在故老人坟前插社标（俗称“坟笺”）、祭社标，为故老人求阴曹地府的社公、社婆赦免罪过，避免阴难；同时烧钱化纸，放鞭炮，供刀头、社粑、净酒；男跪拜，女讴哭《祭社标歌》《挂社坟歌》。

祭社标歌

当门有蔸杨柳树，风吹杨柳叶儿翻。
今年我娘墓坟前，安顿蜡烛纸和钱。
今天走到娘坟边，四个酒杯摆坟前。
白纸社标插坟边，未曾胭脂红土奠。
一天哭娘三更天，三更子时泪不干。
哭得鸟儿天叫晚，收拾刀头和香篮。
今天儿女回家转，还要我娘保平安。

挂社坟歌

正二三月桃花开，孝子邀约一路来。
三荤三素坟前摆，点火烧纸化钱财。
女儿叩头声声拜，请声我娘听由来。
我娘记得阴司海，女儿记得心中怀。
直讲做人有云彩，春风吹到坟上来。

挂社坟的中午，后人聚餐吃社饭。饭前，主孝子供刀头、净酒，烧钱化纸，作揖磕头祭祖神，请列祖列宗吃社饭。吃社饭时，要在桌席的上方为亡故老人供饭，其遗偶同桌陪饭。

老人死后的头一年或头几年的清明节前，后人要为故老人扫除墓上杂草杂物、培土垒坟或修墓立碑，烧钱化纸，放鞭炮，作揖磕头，俗称“挂清”“扫墓”。邻居或其他人为无子嗣的孤亡人挂清须在清明节以后。一般清明节当日不上坟挂清，但有的宗族把为德高望重的列祖列宗的挂清活动与宗族的清明会合并进行，显得格外庄重严肃。

烧新年香、挂社坟、挂清的习俗至今仍有沿袭，但挂清的礼仪已被戴青纱白花、扫墓、献鲜花等所取代。

九、做道场

老人死亡满三年时，孝子等后人要为故老人举办除罪消灾的法事，俗称为“做道场”。道场有做一天一夜的、三天三夜的和七天七夜的。按道场的程序，一天一夜进行完毕的叫“赶道场”，做三天三夜的叫“懒道场”，做七天七夜的叫“假道场”。做道场期间，全场人等一律吃素。故做三天三夜或七天七夜道场的，在开始的前天晚上，丧家备办一顿大荤宴席，招待道士和所有客人，俗称为“封斋”。

做道场时，在堂屋大门外两边张贴哼哈二将画像把门，在户外悬幡，壁上张榜公布所办道场项目、程序。在堂屋内挂总圣、桌帏。做道场的程序一般是：

请水、参灶。道士鸣金、击鼓、吹海角，站坛道士穿戴法衣和法帽领孝子到水井旁供刀头、烧钱化纸、放鞭炮、跪拜，俗称为“请水”。随后，道士领孝子回屋去灶房如仪参拜，俗称“参灶”。请水、参灶意在让亡灵在回家受道场期间有丰水饱饭享用。

念经拜忏。主要念免罪消灾的经文。时间可长可短，短则半日，长者几天，经卷及内容由丧家与道士商定。

剖盆破地。即为男亡人“破地狱”，为女亡人“破血盆”。在院坝内用石灰画上阴曹地府示意图，穿戴上法衣法帽的道士鸣金敲鼓、吹海角，持杖引领孝子端上灵牌在“示意图”中向四方跪拜，祈阎王与判官小鬼宽恕。之后，若是为男死者做道场，道士便用手中竹杖敲“示意图”所标示的地狱之门叫“破地狱”，若是为女死者做道场，则要“剖血盆”，即道士用公鸡血染红一碗水，由孝子喝下并将碗砸烂。破地狱或破血盆，喝血水，意在使亡人在阴曹地府不受牢狱之灾，不遭磨难。喝血水时，女孝要讴哭《破血盆歌》：

十八地狱行交了，未见我娘在哪旁，
上河血水喝一口，我娘头上现一分，
下河血水喝两口，我娘头上现两分，
血河血水都喝尽，我娘脱难现全身。
点香燃蜡做法事，念经文赎罪消灾。

招亡荐灵（前述“应七”有述）。

化财。将钱纸、包封叠码呈宝塔形，点火慢烧升天，为亡老人送钱，向地府送财礼。

发路烛、放河灯。点烛于路旁，放浮灯于河上，使亡老人归阴、上天时无论是走陆路还是经水路都能看清路径，不误入歧途。

做道场时间的长短，主要取决于念经数的多少和和尚道士的良知，其他程序均同，但繁简不一。每一程序孝子叩拜如仪，孝女讴哭《做道场歌》如：

我爹过世升天堂，儿孙后代做道场。
讨得阴间对爹好，求得亡父保后旺。
一炷青香烧给父，亡父领受香阴府。
一把纸钱化给父，亡父阴福万年长。
亡父用眼看后人，保佑发财多子孙。
子孙后代来拜香，敬祈老人长远光。

十、接送亡老人

民间将每年七月半定为供奉亡故老人的节日，俗称“月半节”。一般于农历七月十二日早晨或中午（决不能在晚上）各家家主净手洁身，整着衣衫，排酒菜于堂屋正中桌上，燃一对大蜡烛、三炷青香，烧纸钱，放鞭炮，一边拜一边恭请亡祖回家过节，俗称为“接老人”。

亡老人接回家后，一日三餐都摆酒菜、烧钱化纸供奉。若家中恰巧有未发引出丧的亡老人，则要另供，不能合桌同供。俗说：未出灵的亡老人，尚未被祖神接纳落根，祖神不承认。每餐供奉后，得将杯中的供酒倒在燃烧的钱纸上，并由家主看盛菜饭的碗脚下湿不湿润，若不湿润，习俗认为是亡老人未领情，未饮食，家主便忏悔一通，并将亡老人未饮食的饭菜给家中辈分最低、年纪最小的人吃。下餐供奉时，该小字辈要和长辈一起拜求亡老人接受供奉。农历七月十四日晚，家主供奉亡老人后，即将所备的香蜡纸烛、包封、银锭拿到院坝边，堆码成宝塔形焚化，全家老小施礼叩拜，送亡老人归天，俗称为“送老人”。香蜡纸烛烧尽后，才能收供品进屋。

送走亡老人的次日（即七月十五日）晚上，各家各户要再备香蜡纸烛，由一人拿去野外路旁、桥头等处燃烧并施盐、茶、米、豆一碗，表示对无子嗣后人的孤魂的关切和同情，俗称“施孤”。

此俗沿袭至今，但意在尽孝心，讲孝道，积善德，不带迷信色彩。

第六章　信仰习俗

第一节　宗教信仰

一、宗教

（一）佛教

岳池佛教属佛教大乘教天台、禅宗、华严、唯识宗派。清光绪年间，岳池有佛寺182座，有僧尼300余人。民国34年（1945年），全县尚有寺庙104座，有僧134人、尼11人，寺庙田产400亩。驰名的寺庙有华蓥山光明寺、伏虎寺、白云庵，裕民广山寺，大石姜山寺，苟角水浮山寺，顾县川主庙，金城山土主庙，秦溪灵泉寺，白庙鸭山寺，石鼓石鼓寺，排楼洪恩寺，北城千佛寺，镇龙宝国禅寺，洗马千佛寺，龙藏龙藏寺，花园祥云庵，县城观音寺、城隍庙、川主庙、白衣庵等。

岳池佛教信徒分出家僧尼和在家居士两类。出家僧尼须削发受戒，赐法名，终生不婚配，每日晨钟暮鼓，参禅拜佛，严守戒规。其生活来源主要靠庙产出租、举办庙会和向施主化缘。居士不削发出家，早晚在家念经礼佛。

清代，县公署内设僧会司，管理佛教事务。民国初，僧会司改为岳池佛教分会，民国8年（1919年）5月13日，众僧在县城福圣宫集会改选，选举千佛寺住持释庆丰任岳池县佛教分会会长，广山寺住持益轩和福圣宫住持竺诚任副会长。佛教分会主要负责弘扬佛法，解释佛经，调解各寺僧之间的矛盾纠纷，维护僧尼的利益。民国20年（1931年），岳池佛教分会解散。

民国25年（1936年），由县人杨焕廷发起，在县城北门川主庙后殿成立“岳池县佛教居士林”，有居士200余人，杨焕廷任林长，柏被浓、何灵雅任副林长。居士早晚在家念经，农历每月初一、十五日去川主庙总佛堂听林长宣讲佛经，1950年，岳池县佛教居士林解散。

佛教在人们意识和生活中有广泛影响，民间信奉者较多，妇女尤为虔诚。一般认为依佛门教义，以慈悲为本，济世救人，广结善缘便可修来世。于是，不少人皈依于佛门，成为佛门善男信女，并广向寺庙布施，捐献财物，周济鳏寡孤独、修桥补路、放生、助贫等。每当县内定期举办大型佛事活动时，成千上万的善男信女，备办驾香祭品，从各地长途跋涉，到县赴会。有的善男信女家中常年供奉观音、弥勒佛像，天天诵经念佛。不识字者专念“南无阿弥陀佛”或“南无观世音菩萨”。

有些善男信女（尤以女性居多）认为，佛门慈悲，吃荤有伤生害命之过，于是奉行“吃斋”（又称“吃素”）。吃斋主要有“花花斋”“月斋”“长斋”等形式。“花花斋”又有“定名”“不定名”之分。定名的如农历每月初九、十九、二十九日的观音斋；农历每月初三、十三、二十三日的灶王斋。不定名的有每月的初一、十五；每月的三、六、九或逢三、逢九等斋。“月斋”是一年中选定某一个月吃斋。城乡信奉观音菩萨的较多，二、六、九月的十九日为观音会期，故选二、六、九月吃月斋的多，尤以二月最多。“长斋”，即长年吃素食，不吃荤食。信众不论吃哪种斋，都要先在佛前立下誓言，终身如此。据信众说，如果吃斋又开斋，其罪过比不吃斋的更大。

1950年后，佛教信众除吃素外，朝山、布施、化缘、诵经念佛、庙会、香会等礼佛活动逐渐消失，土地改革运动中，庙产被分给农民或收归公有，佛像被毁，僧尼还俗或改做他业，寺庙改作学校、机关等用房，仅存北城乡千佛寺、观音阁等少数庙宇，且残破不堪几无香火。20世纪80年代后，落实党的宗教政策，由政府资助、信众捐资修复千佛寺和观音阁及其摩崖佛像，现今千佛寺、观音寺、灵隐寺等又有不少民众前往烧香拜佛。

（二）道教

道教是中国固有的宗教，奉老子李耳为教祖，尊称“太上老君”。它以《道德经》《正一经》为主要经典。道教分全真、正一两大教派，而四川道教分丹鼎和符箓两大派。

道教传入岳池历史已久，清代建道观22座，县公署设道会司管理道教事务。民国初，无道教组织，有道观15座，出家道士18人。著名的道观有顾县的羊山观、苟角的白鹤观、兴隆的汉山观、花板的灵泉观、踏水的宝珠观、龙孔的紫极观、城郊的玉皇观、集虚观等。

道教信徒分出家和俗家道士二类。出家道士，男称道人，女称道姑，皆身着道袍，发绾盘龙髻插簪，长年吃素，终身不婚，整日在道观念经拜忏，严守道教的清规戒律。俗家道士不出家，散居乡村，平时务农，只是在家设李老君和张道陵神位，早晚在家中祈祷念经，有时给别人画符箓驱鬼，设坛斋醮和给丧家做道场。

岳池道观无田产，其主要生活来源靠给丧家做法事、道场，设坛打醮、抽签卜卦收受酬金及善男信女捐资等。民国10年（1921年），羊山观住持道长雷海山将民间捐献的树木和金钱用于增修三圣殿、老君楼和戏台，使该观香火更旺，南充、蓬安、广安等邻县的善男信女纷纷去观求神问卦。民国20年（1931年），军阀杨森驻岳池，大肆劫掠道观铜像和铜炉、铜鼎等财物，迫使雷海山等道士云游出走，道观香火由此冷清。

道教尊奉之神较多，总的可分为道教尊神和道教俗神两类。道教尊神有三清四御（玉皇大帝、紫微大帝、天皇上帝、后土皇帝）、日月五星（又称七曜）、四方之神（青龙、朱雀、白虎、玄武）等。道教俗神是流传民间而为道教所信奉的神祇。如雷神、风伯、雨师、文昌、关帝、灶神、城隍、土地、妈祖、药王以及财神等一系列职能特定的神。道家对尊神如老君、天师、玉皇、财神、土地、灶神等敬奉尤盛。每逢天师会、城隍会、东岳会等庙会，善男信女都要到观中进香，捐献钱物（大米、菜油为主），修缮道观，塑造神像，请道士设坛打醮。如有火灾就打火醮，有虫灾打虫蝗醮，有刀兵瘟疫打清醮，无事则打平安醮（亦称“清醮”），每日念经拜忏、念咒、画符、做法事，醮期5日至9日不等。打醮期内，附近人家都要吃素，门上插小黄旗或贴黄纸，上书符文。若家有久病之人或遇灾异，也请道士到家设坛谢土、安神和祭灶。

在20世纪50年代初土地改革中，道观多改作办学用房，出家道士还俗，民间道教活动停止。20世纪80年代后期，部分俗家道士又活动于乡间，为死者“开路”“做道场”或“打火醮”等，并暗中传子带徒。1994年，道教信徒自发恢复九龙镇万塔山观活动点，2001年3月经岳池县人民政府批准开放。全县现有道教信徒信众700余人。

（三）天主教

天主教为最早传入岳池县的外来教会。清乾隆四十五年（1780年），县人唐益清去重庆经商，受洗入天主教，成为岳池最早的天主教徒。随后有县人王齐昌，去陕西省汉中府经营灯草业，就在当地信奉了天主教。清咸丰六年（1856年），法国外方教会沙神父由广安甘溪场（今华蓥市永兴镇）天主堂到岳池传教，发展第一批教徒。传教活动限于在城乡走家串户，洗礼祈祷在教徒家中进行。清光绪二十七年（1901年），随着教徒的增多，由教徒捐资购买大北街柳家祠堂作临时教堂。次年，为培养和发展教徒，教会在临时教堂创办一所“圣言小学”（后改名“启蒙小学”），每期招收教内学生60人（不招收教外学生）。师生每日必读圣经，星期日和“四大瞻礼”（圣诞节、复活节、圣神降临节、圣母蒙召升天节）与教徒们一起到教堂祈祷、望弥撒。民国37年（1948年），因无钱发放教师工资而停办。民国27年（1938年），李益之神父发动教徒捐资捐物，整修临时教堂，建立岳池天主堂。1998年，经岳池县人民政府计划委员会批准，自筹资金20余万元，对天主堂进行改造，建成新天主堂500余平方米。

岳池天主教原属成都教区，民国20年（1931年）划归南充教区。先后到县传教的外国神父有法籍沙神父、梵神父、罗神父、魏神父、孔神父。派驻岳池传教的法国神父有龙神父、刘神父、李益之、王九皋、王晓峰、聂冀道等。教会曾在中和、石垭、苟角、兴隆、黄龙、西板、坪滩等地设立经堂。教会经费来源主要靠教徒捐赠的30亩田产出租收入及教区资助。民国初年有教徒100余人，到1950年达600余人，其中农民居多。1951年，聂冀道神父发起成立“岳池天主教爱国会”，聂冀道当选为主任。爱国会贯彻“自传、自治、自养”的爱国办教方针，开展正常的宗教活动。1965年有教徒610人。“文化大革命”期间，教堂关闭，被北街居民委员会占用。1982年，县政府将天主堂归还岳池天主教爱国会。南充地区天主教会派王德望神父到岳池主持教务活动。2000年4月，王神父调往巴中天主堂，由广安区天主堂神父陈云明接任主持教务活动。现岳池有教徒1000余人。

天主教的宗教活动主要有洗涤、坚振、圣体、告解、终付等，主要节庆有圣诞节（每年12月24日晚为平安夜，12月25日为圣诞节）、复活节（每年春分月圆后的第一个主日——星期日）、圣神降临节（耶酥复活第五十天）、圣母升天节（8月15日）、诸圣瞻礼（11月1日），凡节日教友一般均要参与弥撒。

天主教有比较严格的仪轨。父母信了教，有责任教育子女家人信教，但必须领洗后才能称为教友。小孩从幼时必须教他们的教礼教规，做一个善良、纯朴、正直的信徒。成年后一般在信教男女中结婚。如与非教徒开亲，须经教会宽免，对方立约许子女信教或者先学教礼经书、后领洗，才能结婚。教徒死亡必须按教会规定安葬，禁止迷信。传教士、神父、修女必须是终生独身，不结婚。正是因为有这样的规定，加之受中国传统文化的影响，特别是在内地教会，专职的传教人员往往显得相当稀缺，基本上是一个神父要负责几个县的传教事务。

（四）基督教

基督教即福音教，是天主教的一个派别，又称“新教”。

清光绪二十六年（1900年），英籍牧师戴慕仁从广安福音堂到岳池传教，县人皮宗华全家人最早信奉基督教。民国14年（1925年），县城袍哥大爷张吉武、石美山信奉基督教，捐资购买下南街谢家祠堂三间街房，修葺建福音堂。

基督教分众多教派，如“内池会”“卫理公会”“浸礼会”“圣公会”等。传入岳池的基督教属“中华圣公会”派。由英国教会川东教区广安联区管辖。经费由英国教会资助。传教牧师由英国教会委聘。基督教的组织机构由会督、牧师、会吏、教士、布道员和助士组成。曾到岳池传教的有英籍会督贝时章，英籍牧师戴慕仁、易心传、步兴高。民国9年（1920年）以后，则由驻广安教堂的牧师聘请中国传教士为驻堂执事，主持礼拜。他们每年到岳池教堂布道、检查工作。受聘驻岳池布道的中国籍牧师有马性斋、王胜魔及谭圣光、孔烦斋、杨助士、李达山、杨礼耕、刘炳辉等助士。民国初年，岳池仅有教徒20余人，曾在苟角、杨柳等地设立经堂。教徒中妇女较多。基督教信仰耶稣基督，即三位（圣父、圣子、圣灵）一体独一的真神。主要活动是礼拜日，又称主日，信众聚集教堂参加礼拜，活动主要是，领读圣经（安排有文化和圣经知识的信徒领读）、教唱诗歌、主领（由牧师或传道员带领信徒全身心的进入崇拜中）、证道（按照圣经来传讲福音）、见证分享（由蒙恩的信徒讲述亲身经历的信仰与生活和工作相关的事）。圣经分为《旧约圣经》（八十九卷）和《新约圣经》（二十七卷）。圣经是基督教信徒信仰和行事为人的准则。另外每逢圣诞节、受难节（耶稣被钉十字架日）、复活节，众教徒都齐聚教堂做礼拜。基督教徒只信奉天主耶稣，不信他神，不崇拜偶像。教徒只读圣经，按时到教堂做礼拜，参加圣祭，向主忏悔罪过，做圣洗。

1950年，成立“岳池县基督教‘三自’爱国运动委员会”。爱国会坚持贯彻“自传、自治、自养”的“三自”爱国办教方针，拒绝外国教会津贴和干预。教徒集资自办“真光面店”，将部分营业收入作教会经费。1951年，岳池基督教会有教徒102人。到1965年，有教徒37人。“文化大革命”期间，教堂关闭，被城关镇下南街居委会占用，停止礼拜。1982年，落实党的宗教政策，归还教堂，恢复礼拜，现有教徒1100多人。

二、庙会

庙会是中国传统的宗教祭祀活动，其渊源可以上溯到古老的“社祭”，以后逐渐发展、衍化为奉祀神佛或前代圣哲的活动。如宗庙、孔庙、关帝庙的祭祀。庙会一般在神佛纪念日或规定的日期举行，届时善男信女在寺庙里求神拜佛，祈福消灾，求得心理平衡。民间艺人趁大规模迎神赛会，卖艺谋生，集中表演民间歌舞、杂技和戏曲等。远近乡民与商贩在庙会开展商品贸易、物资交流，故庙会又被称为庙市。

20世纪50年代前，岳池民间庙会主要有：

（一）城隍会

城隍是道教传说中守护城池的神，古代称有水的城壕为“池”，无水的城壕为“隍”。《周礼》有：“天子大腊八”的记载，意思是腊祭八位神灵。八位神中，第七位为“水庸”，就是后来的“城隍”。北齐时已开始祭城隍。唐代中叶，祭城隍被正式列入国家祀典。每年农历五月二十七日是城隍会期。会期前后达20余天。期间，善男信女办驾香，朝拜城隍，许愿还愿，求子求福。正会期间，信众们要抬城隍游街，吹吹打打，异常热闹。同时，商贾云集，小摊小贩纷至沓来，各种商品应有尽有，任其选购，还有“人大戏”和“木偶戏”表演，庙会热闹非凡。

（二）火神会

传说中管火的神，有祝融和阏伯。《汉书·五行志》记载：帝喾时有祝融，尧时则有阏伯，皆为“火正”（掌火之官），民赖其德，死则为火祖。又传说火神不仅管火，也管人间因果报应，只要受害蒙冤者祈求救助，恶徒就将受到惩罚。岳池火神庙供奉的火神为祝融。每当火神会期（每年农历六月二十三日)，前后约十余天，求神保佑的香客从乡村各地集于庙堂，进行隆重祭祀活动。

(三) 文庙会

是在文庙即孔子庙举办的祭祀儒家学说创始人、大成至圣文宣王孔子的盛典。文庙会期为孔子的生日，即每年农历八月二十七日。每到会期知县要到文庙主持祭奠仪式，县内各级官吏、公学和私塾儒生及其家长都要参加祭奠。祭品为“太牢”(牛、羊、猪三牲齐备，或只备一头牛)，与古时祭祀诸侯王规格等同。祭祀结束时，参加祭奠的人，每人可分得一块肉(叫“胙”)。在清代，能参加文庙祭奠仪式的人，一般都是在地方上文化修养高且德高望重的人。

(四) 药王会

孙思邈(581—682 年)，唐华原人(今陕西耀县)，一生致力于医学研究，著有《千金要方》《千金翼方》二医典。创立脏病、腑病分类学，对预防、养生、食疗、针灸、药物学以及临床各科疾病诊疗等也有较大贡献，故后世尊奉为药王。每逢农历四月二十八日孙思邈生日，医生和药商在川主庙内举办“药王会”，届时殿内香烟缭绕，鼓乐喧天，鞭炮齐鸣，人流如潮，善男信女或前来烧香还愿，给药王挂红、送匾，或带着家禽野味、农家时鲜、土特产品，抬着书有“济人妙术”“华佗在世”“妙手回春”之类披红匾额，感谢医生的高明医术、高尚医德。同时，医生、药商为香客义诊、施药，医师们畅谈医林轶事，交流医疗经验。是日，外地药商云集岳池中药材市场，收购半夏、灯草芯等名特药材。

(五) 东岳庙会

东岳庙会是佛、道二教合流祭祀东岳大帝的祭祀活动。东岳大帝原本为执掌东岳泰山的神，后经历长期的演变，逐渐衍化为执掌人间贵贱、科场功名、地狱官司及生死寿禄之神，宋真宗时被封为“东岳天齐大生仁圣帝”，遂享普天供奉。

旧历三月二十九日为东岳大帝诞辰纪念日，这天乡民们举办庙会，祈求他早放亡魂，投生转世。

旧时，岳池农家举办的东岳庙会，其规模最大、仪礼最浓重者莫过于水浮山东岳庙会。

水浮山，位于岳池苟角镇近郊西溪河中，四面环水，山矗水中，宛如小岛。山上有庙名东岳庙，庙内供奉一尊木雕鎏金“东岳大帝”塑像。每年逢东岳庙会时，岳池、南充、蓬安、广安、合川、武胜等县的善男信女，备香、蜡、烛、纸、等祭品，纷至沓来，向东岳大帝焚香叩拜，祈求平安。同时，买活龟、活鳖、活鳝，放生行善，以求延年益寿。

庙会期间，苟角镇同时玩龙舞狮，唱川戏、皮影、木偶戏等，一出接着一出，热闹异常。市场上大米、杂粮、竹席、竹器、糖果、糕点等农副产品及百货副食和山货交易格外兴旺。1950 年后，此庙改为学校，庙会停止。

(六) 观音会

观音会是佛教信众祭祀菩萨观世音(又名“观自在”“观音大士”)的法事活动。

相传农历二月十九日是观音诞辰，六月十九日是其出家之日，九月十九日是其得道成佛之日。逢此三日，岳池城乡众佛教信众及“斋客”都要集于各寺庙举办隆重的庙会，其中尤以二月十九日千佛寺庙会和六月十九日华蓥山香会办得最有声势。

千佛寺庙会。千佛寺寺内有释迦牟尼、阿弥陀佛、弥勒、观音、普贤等大小千余尊摩崖佛像。每年农历二月十九日寺庙举办庙会时，寺内挂满彩幛幢幡，终日香烟缭绕、鼓乐喧天、鞭炮不绝。岳池、武胜、广安、合川、重庆、南充、蓬安等地善男信女抬着匾额、伞幢、驾香，手持供品，纷纷云集该寺，烧香拜佛，给佛祖和观音菩萨“挂红”献礼，祈佛保佑平安吉祥。正祭之日，这些来自四面八方的信众，从寺庙中抬出观音大士的塑像，打着各色幢幡彩旗，手捧香案祭品，组成浩荡的宗教仪仗队伍，鼓乐喧天、鞭炮齐鸣地进县城游行。而且队伍中还有以人装扮的唐三藏、孙悟空、猪八戒、沙和尚、金童、玉女以及白娘子、许仙、青儿等传说中人物，展演戏剧场景和艺术造型，以烘托庙会气氛。地方会首和寺庙住持届时还请几个川剧戏班同期演出（俗称“唱对台戏”）。县城至寺庙沿途卖祭祀用品、日用百货、糕点小吃的小摊点一个接着一个，生意格外兴隆。

1950年后，千佛寺改办小学，佛像被毁。1978年后，该寺列为县级文物保护单位。1990年北城乡维修寺庙及佛像，作为旅游景点，现为省级文物保护单位。每年农历二月十九日、六月十九日、九月十九日，寺僧照例举办庙会，祭祀佛祖和观音菩萨，但规模远不如前。

华蓥山香会。1950年前，华蓥山沿山有寺庙36座，仅溪口至宝鼎就有十余座。清代重建宝鼎光明寺及十二铁瓦殿，寺内铸塑普贤、文殊、观音三尊大佛铜像。华蓥山香会久富盛名，自古有“西朝峨嵋山，东朝华蓥山”之说。每年农历六月十九日举办华蓥山香会时，川东、川北数十县的善男信女（香客）自六月初一开始，便纷纷抬着“九品红烛”“九品驾香”，跋涉数百里，云集于溪口镇。先到觉庵沐浴、斋戒。然后于次日清晨寅时，在香童引领下，擎灯笼，端香盘，抬驾香，敲锣打鼓，向宝鼎诸寺庙拾级而上，途经猫儿寺、黄龙寺、伏虎寺、白云庵时，香客一一进寺拜佛上香。为消减香客登山的疲劳，僧尼特组织一群头戴云勒，身穿青褂，腰系花裙的香童，伴着锣鼓、笙歌，沿途表演“黄龙缠腰”“莲花铺地”等奇妙的云童舞。众香客中午登上宝鼎各寺进香后，观看云海、佛光及山色美景，然后下山。庙会活动至六月底方止，历时近一个月。庙会期间，华蓥、溪口集镇上百货、针织、山货、糖果、香烛生意十分兴隆，中药材、土特产品交易活跃。1950年后，寺庙废弃，僧众还俗，庙会终止。1958年大炼钢铁时，铜佛铁瓦、钟鼎祭器被回炉冶炼。现先后修复黄龙寺，重修光明寺等寺庙，信徒众多，香火旺盛。

（七）浴佛会

农历四月八日佛教创始人释迦尼诞生之日，寺庙皆要举办浴佛会（又名“佛主会”），纪念佛主诞辰。各信众于是日吃斋念佛，并进行“嫁毛虫”“放生”等活动，以彰显佛主的“能”与“仁”。

“嫁毛虫”，即用红纸2张，分两头书写“佛祖诞辰，毛虫远行”，“佛生四月八，毛虫今日嫁，嫁到深山外，永世不归家”。或“毛虫真讨厌，屋里到处窜，遇到红鸡公，送你到西天”。或者写“敕”“修”二字，交叉呈十字形贴在墙壁上。并将一小束根部带稀泥的秧苗抛粘于椽，称之为“罢毛虫”。

“放生”活动多由民间慈善团体主持，也有由佛寺举办的。善男信女于是日购买鲜活的龟、鳖、鳝、鱼等交寺庙设坛念经，祭拜江河后，将其放归附近江河塘堰中。有的还在龟、鳖背上刻“祈福”“放生”与放生年、月、日。这种放生活动，客观上对保护野生动物，保持生态平衡有一定的积极作用。1950年后，放生之俗消失。2000年以来，民间又开始出现“放生”活动。

（八）盂兰会

盂兰会是佛教一种超度亡魂的祭祀活动。它源于《盂兰盆经》中目连（即幽教主地藏王）救母的故事。这一佛经故事对民间影响至深。以致民间出现瘟疫、自然灾害，即认为是鬼怪作祟，便有人承头请戏班演目连戏（“目连戏”最早见于唐代敦煌曲子词，是一种中国化的宗教叙事诗和戏曲），又称“搬目连”。意即搬出地藏王来超度亡魂，镇压野鬼。

每年农历七月初三起，各寺庙设坛念《地藏经》，男女信众赴庙烧香拜佛，超度亡魂。僧尼斋戒沐浴做拜忏、施孤、放戒、放河灯等法事。放戒是盂兰会的高潮，各寺庙高搭法坛，坛两旁众僧尼敲钟击鼓，吹奏乐曲，主坛者高坐正中唱念经文、诫语，告诫鬼魂不许在阳间害人，以免长沦地狱；讲佛教故事，劝人为善。这一仪式有的长达通宵。施孤法事是向阳间无后无亲的孤魂野鬼散食、焚纸钱。放河灯，即在河面上浮一明亮的红灯笼让流水冲走；也有的在鸡蛋壳内装青油，放上灯芯点燃顺水流去。作此法事意在劝戒和安抚亡灵多作善事，以修来生。1950 年后，盂兰会停办。

（九）土地会

土地神是专司五谷丰登、人畜兴旺、地方安宁的神，古称为社神，是金、木、水、火、土五德神之一，后世简称为“土地”菩萨。

相传土地神一年两次生日。第一度生日为农历三月十八日，第二度生日为八月初二。每逢两生日，岳池乡民均要举办隆重的土地会。各街坊由帮会集香钱，乡村则由村民头人募集费用，将土地祠庙整饰一新，贴上赞美土地神的新对联，为土地神塑像穿新衣、“挂红”、办会酒。县城祭祀时，于全县总土地庙（现在西外街附小附近）前摆一方桌，桌上设土地公堂。堂内树立“肃静”“回避”牌及纸剪衙役，方桌两边贴对联，吊一对灯笼，将土地神从庙中请出来后，供在桌子上方，燃上香烛，献上供果、刀头等祭品，众人在鼓乐鞭炮声中顶礼叩拜，之后，演唱川戏、灯影、木偶戏等，闹至深夜方散去。

乡村中的土地会较之县城要简单一些，各农家或参加庙会，或在家供刀头祭祀。

（十）牛王会

牛是农家的主要生产力，是农家之宝。旧时，岳池农家均供奉牛王神，希冀时时保护耕牛平安健壮，不染疾病。几乎各乡镇都建有牛王庙，庙中供有用整石雕塑的几乎与真牛大小相当的石牛，或塑一尊牛头人身像，是为牛王神。平时农家常进庙中顶礼膜拜，每至农历十月初一牛王神诞辰之日，当地农家家家出资，由村社领头人负责主持举行牛王会祭祀牛王。祀后庙前搭台唱戏，周围各乡镇商贩集结。会期 3 天，热闹非凡。

20 世纪 50 年代，牛王庙会停办。各地以“赛牛会”代之，通过评选“健壮牛”和“养牛模范”的方式，表达农家对牛的敬重，教育人们爱护牛、养好牛，促进农业生产，并明令禁止宰杀耕牛。

三、宗教活动场所

到 2010 年后，岳池县宗教有天主教、基督教、佛教和道教四种，信教群众约十余万人，经政府批准的合法宗教场所 19 处，其中，天主教 2 处，基督教 2 处，佛教 14 处，道教 3 处。

（一）千佛寺

分上下二院。上院位于岳池县北城乡千佛寺村五社卧龙山（又名睡龙山）上，离城约 4 公里，下院原名龙德寺（又名牛王庙）位于千佛寺村与石院墙村交界处的宝兴山上，离城约 3.5 公里，距上院约 500 米。现千佛寺占地约 2 公顷，除保留并修复的原有建筑外，新建有极乐殿、居士楼、五观堂等新的建筑。千佛寺除观音法会等佛教中的主要法会外，每年腊月二十日举办的鲁班法会更是盛况空前。

（二）弥陀寺

位于岳池县乔家镇场镇边的杨坝村，占地 0.13 公顷，分上下二殿。下殿为“大雄宝殿”，塑有释迦牟尼等像，侧面建有三层配套大楼：其中一楼是斋堂，二楼是办公室和禅房，三楼是钟鼓楼。大雄宝殿前，竖着两柱，上面二龙戏珠缠绕，雕塑精美。上殿为“圆通殿”，共两楼，一楼为观音殿，内塑观音菩萨和十二圆觉像。二楼为弥陀殿，塑有阿弥陀佛、西方三圣像。乔家镇以前名为太平场，太平场所在地建有夏庙、关公庙和禹王宫，“一宫两庙”成为太平场的主要宗教场所，每逢庙事盛会，前来朝拜者络绎不绝。20 世纪 50 年代后，“一宫两庙”先后被拆除。2000 年，经信众李康琼等人的倡议和多方筹资，在乔家镇场镇边的杨坝村选址重建庙宇，为传承原夏庙、关公庙和禹王庙的宗教文化，始命名为三宗庙。2005 年，经岳池县民族宗教事务局批准，三宗庙更名为弥陀寺，并正式授牌。同年，僧人朗明到弥陀寺主持弘法工作，香客甚众。

（三）水观音寺

位于岳池县九龙镇洗马滩村，距离县城 1.5 公里，始建于清光绪年间，寺内分地藏、韦驮、观音三殿，1957 年拆毁。因寺内有一泉水从岩缝间汩汩涌出而流入一井内，泉水清凉甘甜，信众常来取水，期望给全家人带来吉祥、平安。于是得名“水观音”。

1999 年 3 月，居士徐道翠、周士蓉组织信众集资对寺庙进行恢复，重建了观音殿。2003 年建成面积 250 平方米的念佛堂，念佛堂中央供奉白玉石西方三圣像，四壁挂阿弥陀佛像八尊，右侧挂西方接引图。2002 年起成为净土的专修道场，信徒每天上午聚在这里集体念佛。

寺庙占地 6 亩，2005 年经批准正式开放，并组建民主管理组织——寺管会，由居士廖灿杰任主任，现烧香拜佛者日益增多。

（四）水浮寺

原名东岳庙，位于岳池县东部、苟角镇南约 1 公里处，占地面积 0.13 公顷。始建于明万历年间。西溪河水，环绕山下；山置水中，宛如小岛。左边有东京木桥相通，右边有利川石桥相接，双桥虹卧，犹如船浆，被誉为“瀛洲仙境”。20 世纪 50 年代后，寺庙改作村级小学。1978 年全民水库加坝水位上升，东京木桥被拆，利川石桥也被水淹，最后拆庙另建学校。原址仅剩下断壁残垣。1995 后，苟角佛教信徒王开福等发起修复水浮寺，到 2000 年底，古寺基本得以恢复。2002 年 12 月 25 日，经县宗教局批准正式对外开放。凡观音等菩萨、东岳帝君寿诞及每月的初一、初八、十五，水浮寺都要举办法会，苟角周边及广安、岳池的信众纷纷前往朝拜或放生。

（五）紫云寺

又名云台寺，位于岳池县同兴镇袁家店村秦溪河畔高峰山顶，始建于清康熙三十六年（1697 年）距今已有 300 余年历史，因其山水秀丽，岩石陡峭，风景迷人，香炉紫烟缭绕如云而得名。寺庙山门两边镌刻着紫云寺前任住持宗法法师题写的楹联。上联：“谒莲台云矗千峰旷兴清溪倒影”，下联：“临石门烟皴万户遂情古寺浮屠”。紫云寺原有三重殿宇，高 30 余米，建筑面积 900 余平方米，1954 年前被拆除。现紫云寺于 1997 年重建，有殿堂 3 间，附属屋 5 间，面积 320 平方米。2004 年正式开放，现烧香拜佛者甚众。

（六）玉屏寺

始建于明嘉靖十五年（1536 年）。位于岳池县西板乡玉屏寺村的龙头山半山腰处。20 世纪五六十年代，寺庙先改做学校，后被全部拆除。90 年代，当地居士杨兴秀、罗永秀组织信众搭建简易茅棚，把埋在地下的一尊石佛安顿在原来的正殿中，于 2000 年建成简易殿堂。后应信众要求，县宗教局于 2005 年初对玉屏寺正式登记为宗教活动固定处所。2009 年本用法师派往该寺住持。玉屏寺现占地面积约一亩，建有观音、大雄两殿。

（七）灵应寺

位于岳池县普安镇白庙子村与三湾村交界处的手把岩上，建于 20 世纪 80 年代，因依岩而建，人须把岩上下，俗称把岩寺，1997 年批准开放。寺庙占地 1.33 公顷，岩上一马平川，良畴沃野；岩下沟壑纵横，清幽险峻。寺庙建有大雄、财神等殿。寺内一股山泉清冽甘甜，终年不涸，可供寺内众人和附近村民常年饮用。信众进寺拜过菩萨后，纷纷取水回家饮用，祁能去病消灾。山岩边的水池中央，塑着一尊五米高的滴水观音菩萨像。菩萨脚踏游龙，像是要将珍贵的净水洒向人间。此地交通便捷，风景秀丽，香火甚旺。

（八）大佛寺

位于岳池县大佛乡园艺场村3组的大佛山庄，占地140余亩，寺院修建在藤落萦挂，峭壁如削的崖壁前，雄据一方，十分壮丽。大佛寺始建于清康熙四十二年（1703年），曾几经兴毁，“文化大革命”中被损毁殆尽。2002年，居士祝登全买下大佛园艺场，取名为“大佛山庄”，为了复原维修山上的大佛寺观音大殿，在岳池县城东外街原县印刷厂旧房拆建之时，将其旧房（原武庙）材料整体买下，用其修复大佛寺观音大殿殿堂。大殿为穿斗木结构，宏伟庄严。殿堂正中供奉着一尊5米高的巨型净瓶观世音菩萨像，通体鎏金，佛光闪烁，靓丽悦目。善财童子和龙女分侍两侧。其余诸佛屏列于净瓶观世音菩萨身后。殿堂内左、右、后三方立壁上，有仿摩崖造像彩塑观音化身造像32尊，每尊高4米，形象传神。2005年，岳池县宗教局批准大佛寺为佛教固定处所。

（九）爱国寺

位于岳池县罗渡镇化龙桥村凉水井，1995年，为延续原建于清乾隆五十八年（1793年）的化龙桥古庙香火而建。因人们崇敬圣人、伟人，将古今英雄豪杰、仁人志士视为神明，故取名爱国寺。2002年10月，岳池县民宗局批准开放爱国寺为合法佛教场所。现爱国寺占地约两亩，建有观音殿、佛祖殿、玉皇殿等。

（十）洞宾观

位于岳池城西三里、九龙镇民生桥村的挂榜山龟峰岭洞宾崖上，原名集虚观，又称东华观，始建于唐初，因八仙之一的吕洞宾曾经过此观并题诗而名。至宋乾道年间已具相当规模，五层殿堂依山旋绕而上，巍峨壮观，时左承议郎广安签判黄惠卿巡游该观时为其规模和气势所震撼，为此题书“复古第一道场”。洞宾观几经损毁和重建，20世纪50年代后被拆除，仅岩壁上的吕祖石刻像及清同治庚午年间重修吕祖殿时重刻的纯阳祖师题《集虚观》七绝诗等少量遗迹幸存下来。20世纪90年代后期，信徒自发前往朝拜，并捐资重建道观。2007年，羊至品道长到洞宾观主持道观的恢复重建。2011年12月，广安市民族宗教事务局批准岳池县洞宾观为道教活动固定处所。洞宾观现占地约0.13公顷，已重建吕祖殿、老君殿、慈航殿、财神殿。

（十一）万塔观

位于岳池城西15里九龙镇万塔山村的万塔山上。万塔山的庙宇始建于明洪武三年（1370年），到20世纪50年代初，庙宇建筑和塑像还保存完好。寺庙的山门是一道牌坊，山门两边，是两棵大黄桷树。步入山门便是一座木楼，下层为寺庙的下殿，供有老君等神像，上层则为戏楼。院坝两侧配有居士宿舍和书楼。再里是中殿，供有弥勒佛等像，均为木雕。中殿与上殿通过两道天井相接，两侧则是出家人住宿房。上殿主要供奉国母娘娘，同时供奉的还有川主、观音、佛祖等。1953年，庙宇被毁。1994年，居士邓云珍组织信徒重建。1999年，岳池县宗教局批准为道教场所，定名“万塔观”。2000年12月，广安市民族宗教事务局批准万塔观为道教活动场所。

万塔观现建有三清殿、老君殿、八仙殿、斗母殿、灵官财神殿、国母殿、山门牌坊、景观长廊、进观公路、停车场及其他附属设施。其中，灵官财神殿由信徒王大应捐建，1994年重建的国母殿因在

2008年"5·12"地震中严重受损，城南祝朝选居士捐资进行重建（含塑像）。观内建筑古色古香，塑像庄严精美，珍藏有中国道协副会长、四川省道协会长唐成青等宗教界和书画界大师、名家专为该观而作的墨宝多件。万塔观供奉的神像有一百多尊，主要有灵官财神殿的灵官和财神，三清殿的玉清原始天真、上清灵宝天尊、太清道德天尊，老君殿的太上老君，国母殿的国母、慈航、药王，斗姆殿的斗姆等。将国母作为主供神之一，是万塔观的地方色彩和历史传承，每年农历三月初十国母生日前后十余天，观内天天演戏，热闹非凡。万塔观的主要法会还有每年的三个慈航会（及观音会）等。现在，万塔观的香客、游人络绎不绝，观内法事不断，香火日盛，已成为广安市第一大道观。

（十二）羊山观

位于岳池县顾县镇羊山村被誉为岳东第一峰的大羊山之上，始建于清顺治元年（1644年）。道观占地约4公顷，呈方形，取十方香火缭绕之意。道观依山取势，六重殿堂及七十二排配房逐渐升高，主次分明，左右对称。岳阳楼矗立于羊山之巅，直插云霄，蔚为壮观；主殿三清殿内，供奉有太清、上清、玉清等神像，其余为玉皇、老君、祖师、慈航、灵官等殿，分别供奉着玉皇大帝、太上老君、慈航真人、灵官、祖师张道陵，以及白祖师等神像。

1936年，观内铜像、铜炉、铜鼎等文物遭到驻岳池军阀大肆劫掠，时任住持雷海山道长等道众被逼游走他方。1950年后，道观被逐渐拆毁。

1998年以后，陆续有信徒自发朝山并筹资欲重建道观。2005年，经信众民主推荐成立重建筹备组，重建部分殿堂及寮房、斋堂等附属设施。现羊山观重建前后两座殿堂，正殿主供原始、灵宝、道德三位天尊，两边各有六位金仙，即道教十二金仙。2011年12月，广安市民族宗教事务局批准岳池县羊山观为道教活动固定处所。

（十三）天主教教堂　岳池县天主教会现有教堂两座。

一座位于岳池县城正北街50号的圣心堂（原柳家祠堂），该教堂占地约700平方米，前面为清式两层街房，长期出租以供自养。街房后面是一座单层式教堂，另有清式平房和天井，为神父、信徒从事宗教活动场所及生活空间。1998年底，王德望神父主持将临街面的旧房改建成综合楼。2002年陈云明神父主持将旧教堂重新修建，2004年建成，即现在的天主堂。该建筑为两层，底层为办公和生活用房，楼上为教堂。改建后的教堂可容纳近800名教友参与弥撒。自2006年起，每年的圣诞节都要举行"圣诞文艺晚会"，教徒自编自演文艺节目，来自各乡镇的天主教徒汇聚一堂，共度圣诞佳节。

另一座教堂位于兴隆镇兴隆街。由孔类斯神父于20世纪初主持买下的一座街房改建。2013年，岳池县天主教爱国会组织对已成危房的旧教堂进行了重建。

（十四）基督教教堂　岳池县基督教会现有教堂两座。

一座位于县城下南街345号教堂。基督教传入岳池始于1900年，由英国差会传教士传入，初时租佃县城的民房作教堂，1925年在县城买街房一幢（即下南街345号教堂的旧址）改建后作为教堂，时称福音堂。1985年10月，由于原教堂成为危房，便在旧教堂的后院空地建一幢砖木结构的一楼一底的简易教堂，建筑面积180.5平方米，于1986年3月复活节举行献堂礼拜。1987年，由于信徒逐渐增多，小教堂无法满足需要，经县政府批准，于1988年12月拆除旧房并对临街老教堂（危房）进行改建。1990年4月建成总面积920平方米、共七层的哥特式新教堂。2012年，县政府批准将凤山公园中的一块地用于教堂迁建，同年11月破土动工。2013年12月。占地面积约600平方米、建筑面积3000多平方米的哥特式新教堂建成竣工，并在新教堂举行隆重的献堂仪式。

另一座是赛龙基督教堂。岳池赛龙基督教堂位于岳池县赛龙镇的进场口，1997 年由岳池县政府批准设立，是县内唯一的分堂。赛龙一带信徒较多，距县城教堂较远。20 世纪 80 年代以来，一部分信教群众自发地在信教群众的家里过宗教生活，由于没有固定聚会的地方，给信教群众的信仰生活带来极大的不便，经岳池县政府批准，2000 年修建一座能容纳 200 人的教堂，随后举行献堂和开放仪式。该堂建好后，每个礼拜日来该堂过宗教生活的信教群众 100 余人。

第二节　家族祭祀

一、祭祖神

祭祖神，又称家祭。农家俗称“祭祖神菩萨”，即主要祭祀本家高祖以下列祖列宗，其他神祇同祀同享。此项祭祀通常在自家安放祖宗神位的神龛前进行。因风俗和农家各自经济及居住条件不同，神龛大致分三种形制：一为木制双龛型。此类神龛呈无门式立柜状，嵌于堂屋正中、面对正门的墙壁内；分上下两龛。上龛内正面分别贴用整张大红纸书写的神榜（神榜内容因宗族姓氏不同而略有差异），立天地祖宗神位，底部置香炉、烛台、钟磬等祭祀礼器，龛缘外两侧贴对联。下龛贴土地神位及对联。二为木制单龛型。仅有上龛，无下龛。其神龛位置、神榜制式、礼器设置与双龛型上龛大致相同。三为简易型，无龛，直接将上下神榜、对联贴于堂屋正中墙壁上，墙下置香炉，无其他祭祀礼器。

神榜一般形制

上神榜
家传白清

敬天地自然富贵
金炉不断千年火
是吾宗支
天地君亲师　位
普同供养
玉盏常明万岁灯
孝祖宗理所当然

下神榜
物载厚坤

坛神问道谁家好
土中生白玉
招财童子
镇宅长生土地神　位
进宝郎君
地内出黄金
土地答言此处高

祭祖神活动具有经常性。凡传统节日、祖宗（特别是已故父母）重大纪念日，家中红白喜事、老人寿诞、添丁加口等等，必具刀头、香蜡纸烛，于龛前隆重祭拜。若偶遇不顺不测或病痛灾难、亦必祭拜，以求神祖保佑，逢凶化吉。纵然万事顺当、阖家平安、家业兴旺、无忧无虑，也须每日清晨燃香三炷、鸣钟磬揖拜，敬告神祖，以谢护佑之恩，表不忘祖宗之意。故农家广泛流传“每日三炷香，万事才顺当”的谚语。

二、立春、冬至祭祖

旧时，农历正月立春和 10 月冬至节（又称“下元节”），各姓氏宗族要在宗祠举办冬至祭祀仪式，分别祭祀“初祖以下、高祖以上之祖”“初生民之祖”或“始迁始封之祖”，全族成年男人均参加祭祀。其程序礼仪大致是：

宣读祭祀预告文。祭祀前一日，备香烛纸钱、清茶于先祖考妣灵位前，通赞叩拜、致辞，引赞跪拜，俯伏宣读预告文。告之“次日将有事于祖”，告后化钱、叩拜、礼毕。

正式祭祀。按以下程序进行：

主祭领祀。通赞、引赞、陪祭、大小执事、参祭众玄孙各就各位，奏乐、出神、添神；乐止后，主祭及两陪祭领众玄孙叩拜列祖列宗神位，同时引赞至香案初上香、再上香、三上香，礼拜如仪；两执事持酒壶、酒爵给主祭，主祭斟酒于爵，酹酒于茅盘中，两陪祭酹酒于地，反复三酹。

行“三献礼”。行初献礼。奏乐，引赞至先祖考妣神位前跪拜、祭酒（滴少量酒于地代祭鬼神）、奠酒（置酒爵于主神位前）、献帛，众玄孙跪拜如仪；主祭宣读祝辞，其内容大致是：某年某月某日，孝玄孙于先祖考妣神位前，追岁时流易，感福德浩然，谨以牲礼庶品祗祭于前，请您们享用吧！念毕，众玄孙四叩拜。行亚献礼。仪同初献，但不祭酒读祝（辞）；奉牲馔（猪、牛、羊肉）于主神位，众玄孙叩拜如仪。行终献礼。仪同亚献礼，但不奉牲馔。主祭侑食（斟酒并将筷子竖插于素食供品上，意在劝祖神享用）于神位前，跪拜如仪。

然后，全体参祭者出宗祠门，关门少倾，主祭立于门前咳二三声，告之先祖考妣将要开门，以免惊动。门开启后，众玄孙各复其位跪伏，执事献茶，主祭辞神、叩拜，烧祝文，化纸钱，众玄孙移位于焚烧祝辞处四叩拜，撤馔，礼毕。

人少、居住分散的小宗支往往不集中祭祖，而由各家各户分散进行。1949 年后，宗祠被征收，族长制度废除。大家族春、冬祭祖之事转为一家一户进行。

三、其他祭祀

（一）祭瓜棚

旧时，农家每年端午节包粽子时，用草木灰包四个同样大小的粽子，于端午节清晨分挂于瓜棚或菜架的四周，同时，在瓜菜棚架靠路的一侧，立一个手持一棍棒的棕草人，日夜守瓜护菜，并向四方作揖叩头，称祭瓜棚，认为此举能招来四方八面的瓜菜入棚上架，且可避天灾，不被偷盗，获得丰收。

（二）祭果树

农家于每年腊月三十日团年时，用团年的菜饭敬神、供祖后，取适量饭菜，拌和均匀，由当家人用掌盘或小簸箕端到最大最好的一棵果树前，先用酒泼洒一段树干，再用干净的菜刀在树干周围均匀地从上向下斜砍十二个口子，表示一年十二个月，然后将菜饭自东向西，由上而下依次塞入口子，直至塞满为止，随即向果树作揖磕头，并叨念“请树神过年，求果神送果”，祈求各路果神、花仙都能将累累硕果送予他家。此俗在偏远山区至今仍有老人沿袭。

（三）敬水神

每年腊月三十吃团年饭之前，农家都要将家里的水缸装满饮用水，因正月初一不得出外挑水进屋，以免引水洗穷家园。正月初一以后，第一次挑水时，挑水人事先将水缸陈水除尽，清洗干净，再带上香蜡纸烛，到水井或水源处，先烧钱化纸，放鞭炮，念叨“龙王老爷开慧眼，保佑井水天天满”之类祈求语，俗称为“敬水神”。然后满满地打上一挑水，待桶内、井内的水都平静后，才小心地挑走，不得使水洒出桶，并且离开水井约三步远时，要回顾水井。之后，一气挑到家，直至将缸装满。

（四）祭灶神

传说农历腊月二十三日是灶神归天述职的日子。是日夜，各家主妇在灶房点烛、焚香、烧纸钱，供糖果、糕点，送灶神上天。求灶神“上天言善事，下界保平安”。不要奏报人间恶事，保佑全家来年有吃有喝，太平吉祥。

（五）祭财神

旧时，岳池农家奉赵公明（又称赵公元帅）为财神爷。每年正月初五是财神爷的诞辰。家家户户大年正月初三送走穷鬼后，初四晚上（即财神爷生日的前一晚）就把酒席、香、蜡、纸、烛等祭品备好，初五清早便燃香烛、放鞭炮迎财神进屋，全家顶礼膜拜，祈求保佑家业兴旺，人寿年丰。

第三节　禁忌　祈福求吉

一、禁忌

（一）妇女禁忌

旧时，妇女的社会地位最低，对妇女的禁忌也特别多。如忌妇女坐他人家门槛、柜台；忌女人内衣裤晾晒在人们往来的地方；忌女人内衣裤同男人衣裤同洗；忌女人跨扁担、跨船桨；忌产妇“坐月”期间跨进他人屋内；忌孕妇吃母猪肉、羊肉、狗肉，否则易患“羊儿疯”“母猪疯”等疾病；忌孕妇、寡妇窥视新婚夫妇“拜堂”、闹洞房；忌孕妇摘他人的桃、李、杏、梨等水果，否则要为果树挂红（红布或红线）、打火炮（放鞭炮）。忌寡妇坐别人床榻；忌寡妇再嫁时从前门出，否则不吉利；忌妇女打男人脸、摸男人头；忌女人月经期间到寺庙烧香敬佛和祭祀祖先；忌女人清明、冬至节到宗祠里吃清明会、冬至酒；忌女人站在老人坟头；忌妇女赴宴坐上席（长辈除外）；忌妇女逢年过节打烂餐具器皿等。1950 年后，以上这些带封建迷信的禁忌，随着妇女地位的提高而逐渐消失，但偏远农村中仍残存一些对妇女禁忌的习俗。

（二）小孩禁忌

忌食鸡鸭脚爪。旧时农家人认为小孩吃了鸡鸭的脚爪，写出的字会像鸡、鸭脚爪一样乱糟糟的。

忌食动物血。动物血，俗称“血旺子”，本是一种营养丰富的食品，但家中大人都不让小孩吃，说是“吃了动物的血会忘性大，读不得书”。

忌吃饭时打烂碗。小孩吃饭时，不准端起碗走动，一定要坐在饭桌上吃，以防孩子不小心将碗打烂。传说，碗代表人的衣禄，如把饭碗打烂，就等同于打掉人的衣禄；没有了衣禄，人生将痛苦不堪。

吃饭忌抛撒。孩子不能随便撒米饭，如果不小心将米饭撒落在饭桌上，小孩子必须拈起吃了，碗里的食物也必须吃干净。相传粮米是上天赐给人间的，抛撒粮食要受到上天的罚惩；还说“抛撒五谷得罪上天，要遭雷打。”

（三）船工禁忌

渠江和嘉陵江岳池段，常有农家木船航行。由于航道滩险，礁石多，木船触礁、船翻人亡事故时有发生，旧时船工有许多忌讳，如忌讳坐船人在船上说带：“翻”“沉”“淹”“破”“倒”“死”等不吉利词语；船头即龙头，忌任何人在船头屙屎屙尿，侮辱龙神；忌坐插篙杆的水筒，尤其忌讳妇女跨桨、骑舵、坐船头船尾；忌乘船者在船上摇晃、打闹、嬉戏；忌讳在船上吆鸡、打鼠（认为该船将陷入“日无逗鸡之米，夜无鼠耗之粮”的困境）。

（四）采煤工禁忌

旧时，不少农家子弟为生活所迫，入煤矿挖煤，工作极辛苦，安全无保障，为求得生命安全，他们有许多的忌讳。忌听到老鸹叫声，认为如果老鸹成群结队在煤井上空盘旋、鸣叫，预兆煤井要出死人事故，故有“老鸹叫，老鸹灵，老鸹成群叫死人”之说；忌打老鼠，认为老鼠对煤层垮塌有预感，如老鼠搬家，将预示采煤面煤层即将大量垮塌，矿工须尽快撤离；忌说：“垮、塌、压、榨、冲、淹、埋”等词语；清晨忌眼皮跳，有“左眼跳崖，右眼跳财”之说；深夜下煤井上班，忌在巷道喊工人的名字，有“鬼喊鬼叫”之讳。

（五）商家禁忌

生意人的扁担，忌妇女跨越。商家的门槛，忌人坐。每日未开张前，忌换零钱、借钱或欠账。

（六）其他禁忌

夫妻作客不能同房。无论青年或老年夫妇走亲访友，不得同宿一床，称之“不同房”。民间有传：“宁停一丧，不留（宿）一双。”认为夫妻走人家同床夜宿，会玷污主人家的坛神老爷，激怒天地神灵，给主人家带来不吉利，甚至会殃及四邻，故主人总会进行适当安排。至今，此俗虽在城镇有所淡化，但不少人家还沿袭，尤其是农村。

忌男女衣服同洗。旧时，民间普遍存在男人的衣裤不能与女人的衣服，特别是下装放在同一个洗衣盆内同时洗涤的习俗。认为女人的下装有脏物，同洗就会带到男人的衣服上。这样，男人出门办事诸不利，会走霉运。同时，男人不能洗女人的衣裤，尤其是内裤，否则会玷污男人，诸事不利。这种忌讳习俗，现今在城镇和农村依然存在，只不过男女外衣的洗涤没原忌讳严格了。

忌逢七出门，逢八归家。岳池农家有“七不出门、八不归家（农历的初七、八；十七、十八；二十七、二十八）”之说，认为逢七的日子出门有灾、不顺利；逢八的日子归家有难事、没好运。若逢七的日子必须出门，则要在头天晚上 12 点钟前离开家门在邻近住一夜再走。同样，在逢八的日子即使到家门口也要等到晚 12 点钟以后才回家。

忌用写有字的纸作手纸。认为若使用了写有字的纸作手纸，老年时眼睛会瞎或来世将是瞎子。还忌讳将书籍带入厕所，这样有辱斯文，眼睛也会瞎。

男人大生忌做满。岳池农家长期以来有男人做大生做虚（岁）不做实（岁）的忌讳。如 60 大寿庆典，在满 59 岁时举办；70 大寿庆典，在满 69 岁时举办。习俗认为，“做满，则寿数断而不续”。现今，女性也流行做大生，她们则是做“一”不做“十”，即在满“61”“71”岁时举办寿庆。

二、祈福求吉

在日常生活中，农家出于对神鬼的敬畏，为了消灾免祸，常有不少驱鬼魃神的活动。最常见的有为了乞求平安、寄托希望、预测未来、寻求心理平衡的“算命”“批八字”“抽签”“卜卦”“许愿”“还愿”活动；根据五官、面貌、骨骼、气色、体态、手纹等，断言吉凶祸福、命运遭遇的“看相”；请巫师巫婆沟通阴阳二界，了解死者（鬼魂）状况，以解除对生者纠缠，求得平安吉祥的“走阴”“烧蛋”“问仙”“观花”“画桃符”；为消除天灾人祸、疾病瘟疫等，请端公道士，驱鬼禳灾的“跳坛神”“收鬼”“放五猖”“打火醮”“谢土”“安神”；请巫师求天神地鬼、训示降谕、释疑解难、明示凶吉的“扶乩”；因偶生疾病或遭遇不测而请巫师手端清水一碗，手指画符，口念咒语，而后让病人喝下以治病、消灾的“化水”；用清水兑冷饭放置于荒野路旁，以慰孤魂野鬼不要作祟的“泼水饭”；用小幅红纸，上书“小儿夜哭，请君念读，如若不哭，谢君万福”十六字禳词遍贴各处，以祈神灵保佑小儿神守其舍，不再夜哭，安然入睡的“贴禳词”等等。

此外，旧时岳池农家还流行用旧扫帚扫风丹（荨麻疹）、除妖孽；用尿桶烤热罩于病人头上以抢救昏迷；小儿除夕夜看尿桶，驱妖孽，防火眼；小儿落水后，用撮箕在落水处捞魂 3 天；挂长纸钱于农田、果园、菜地，祈天地神灵护佑，并惩罚盗窃粮食瓜果者等带迷信色彩的祈福求吉活动。

第七章 会社 社交习俗

第一节 会 社

一、袍哥

袍哥，又名“洪帮”“汉流”，四川称“哥老会”。初为清代民间反清秘密会社。“袍哥”之名源于《诗经·秦风·无衣》诗句“岂曰无衣，与子同袍”。意谓“袍哥是有衣（袍）同穿，有饭同吃，有福同享，有祸同当”的兄弟。

袍哥旗下组织的名称很多，有“汉流”“三合会”“天地会”“哥老会”“大刀会”“红枪会”“白莲教”“红灯照”“义兴堂”等。其内部规章、体制大体相同。其发展对象最初主要为社会下层的三教九流及江湖人物，后来逐渐发生变化。

袍哥成立团体（组织）叫“开山立堂”。每一个团体各有其山名、堂名、香名、水名、内外口号。在袍哥内部隐语（黑话）中，称其团体为“公口”或“社”，其所在地为“码头”。“公口”（社）有仁、义、礼三名号之分，有的地方分为仁、义、礼、智、信五个名号。各“公口”（“社”）又分若干“堂口”。岳池各乡镇皆有仁、义、礼三社，以仁、义两社人多势力大。县城有仁、义、礼、智、信五社共十三个堂口，其中仁社共五堂：东门的集益公、北门的集益公、南门的仁龙公、西门的西一茶社、中南街的仁爱茶社。掌旗大爷田勋涛，参加者多为政府要员及名流绅士，如柏被浓、王思毅、刘仁甫等，所以仁社有“顶子”之称；义社五堂：东门的汉师公、北门的同师公、南门的同师公、西门的映月公、灵寿公。掌旗大爷皮朗轩，参加者多为商界名人及手工业者，如米业的郭荣廷，酒业的成安久，茶业的王明可，酱园业的张恒泰等，故义社有“银子”之称；礼社一堂（复桃茶社），掌旗大爷钟殿秀，参加的人较少，多为有烟、酒、嫖、赌恶习，动不动就吵骂打架者，所以礼社有“碇子”之称；智社一堂（智日茶社），掌旗大爷昝海清，参加的多为兵痞、警察、跑江湖的人，所以有“痞子”之称；信社一堂（乃桃茶社），掌旗大爷付秉云，参加者为当时处于“下层社会”的如补锅、抬脚、乞丐之流及无业者，所以信社有“化子”之称。岳池袍哥各公口大都以茶社为码头，作为联络、接头、议事的地方，同时聚赌抽头。掌旗大爷乃公口负责人，各掌旗大爷又公推柏被浓为“总舵把子”，尊称为“玉皇帽顶”。

袍哥成员间以兄弟身份结义，并喝鸡血酒（又称“喝血巴汤”）盟誓。相互间不依年龄和入会时间长短论大小长幼，而按所在排行分哥别弟。有的虽年长但因排行低，也要称年龄小、排行高的为哥。

袍哥成员分八“排”，以此区别地位的高下。一二三五排称“上四排”，六八九十称“下四排”（不设四、七排，因四、七与“死、期”谐音）。上四排称哥，下四排称弟。各排依次按“孝、悌、忠、信、礼、义、廉、耻”八字冠名，即一排为“孝”字排，二排为“悌”字排，以此类推。对一、二、三、五排中有职务的可称爷，其首领分别称“舵把子”（即“龙头大爷”）、“坐堂大爷”“执法大爷”，分工管理码头全面事务。对六、八、九、十排，统称“大老幺”或称“某弟”“老几”。“大老幺”对“上四排”执事者惟命是从。具体从事一些码头事务，如探事、执行纪律（惩罚人），传达或报告情况，经管码头茶馆、饭店，摆赌抽头和跑腿等，叫啥干啥。

袍哥崇信“三纲五常”“五伦八德”。“三纲”即君为臣纲，父为子纲，夫为妻纲。“五常”即仁、义、礼、智、信。“五伦”即君臣、父子、夫妇、兄弟、朋友各守其矩。“八德”即“孝、悌、忠、信、礼、义、廉、耻”并用作“排”行代号。在这些宗法制度、伦理道德的约束下，袍哥组织严密，帮规周至。其帮规有21则、10禁、18律书、10条、10款和议戒10条等。如“10条”为尽早报国、孝顺父母、长幼有序、和睦乡邻、为人正道、讲仁讲义、叔嫂相敬、兄仁弟义、遵守香规、互信互助。若违犯帮规，其处罚办法有极刑——凌迟或刀杀，重刑——挖坑活埋或溺死，轻刑——三刀六洞或40红棍，降刑——降级或挂铁牌，黜刑——棍杖或降入生堂永不复用。实际上，袍哥对内奉行互相袒护，对外共同掠夺，压抑“倥子”。不管有理无理，只能“兴袍灭倥”，不能“兴倥灭袍”，否则以“卖客（叛徒）”论处。

凡参加袍哥都要有“引、保、承、恩”四道手续。“引”是引进，即介绍人；“保”是保举人，多为管事；“承”是承担；“恩”是恩准，即由执事或龙头大爷批准。另还规定，“身家清、已事明”的人才有入袍哥的资格。下列几种人袍哥组织不吸收：待诏（剃头匠），因待诏曾执行清廷强迫汉人剃阴阳头蓄辫之令；裁缝，因曾执行清廷强迫汉人改变服式之令；娼家的龟公、鸨母和妓女；偷、奸和从事修脚擦背、跟班等卑贱职业之人。至民国后期，这些规定逐渐突破，致使袍哥组织日益复杂，参加者一为无职无业者，他们抱定人生就靠“操袍哥”过日子。这些人日嫖夜赌，不务正业，初则贩烟（毒）摆赌，继而敲诈勒索，沦为盗匪，俗称“浑水袍哥”。二为有正当职业，为了免受欺压，自愿出钱加入袍哥。三为官绅，他们有权、有钱、有面子，为了处好各方关系或扩张权势，加入袍哥。此者称为“清水袍哥”。被吸收入袍哥后，即登记入“龙簿”（花名册），码头发给“公片宝扎”（名片），上印码头名号、帮规，填写引、保、承、恩四大拜兄姓名、科历，并加盖码头印章，到此才算正式加入袍哥。

袍哥每年农历五月十三日例行举办“单刀会”，年终举行“团年会”。集会多选在庙宇进行。届时，摆设香堂，堂上立关羽牌位或画像，由当家执事司仪，行迎神礼，向关羽像跪拜，喝鸡血酒盟誓。誓词有：遵守香规，孝敬父母，和睦弟兄，不“丢人卖客”，不“拉稀摆带”；倘有违礼犯规，“做得受得，手不拿脚，三刀六个眼，自己挖坑自己跳”等。盟誓后，龙头大爷宣讲“三纲五常”“五伦八德”、教愚化贤、扶危济困、排解纠纷等袍哥要义。仪式完后就聚餐。大当家多在此会公布码头收支账目，利用此机会扩大组织，接纳新成员，或提升旧成员。此外，还不定期召开龙头会，攒堂集会等。龙头会由执法大爷临时召集当家管事等执事大爷研究处理码头临时事务。攒堂集会是把全码头人员集合起来，处罚违犯帮规的兄弟伙。处罚时香堂俨如阎罗殿，迎神后，舵爷端坐上面，当家管事和众多兄弟分站两旁。堂上摆列刑具，旁立“刑堂人”（又称“刀手”“司刑人”），由当家宣读帮规禁令后，按条规对违犯者进行惩治。

袍哥组织互相之间联系或袍哥个人到别的组织请保护，求张罗等，称为“拜码头”。拜码头规矩很严，先要具备“全堂字样”，即持三大宪片与公片宝扎（名片）。三大宪又称“幺二三”片子，即龙头大爷、当家三爷和管事五爷的个人名片。有了“全堂字样”，到码头（多在茶馆），先找执事九排（多为堂倌或坐柜账房）转报管事接客，管事转报当家执事或舵爷，知会全堂执事在指定地方相会。如不经过这些步骤直接找龙头大爷或当家，叫“翻城越墙”或“不落教”。个人拜码头，可以不带

“全堂字样”，但必须有证明自己袍哥身份的“公片宝扎”。

袍哥组织内部有一套专用隐语（袍哥叫“展言子”），作为秘密联络暗号和加强内部凝聚力的手段。他们称树“公口”、立“码头”为“插旗子”；召集会议叫“攒（传）堂”；向弟兄伙说明情况叫“拿言语”；用本码头片子联系外码头叫“走字样”；袍哥成员叫“有点点”或“在园哥弟”；未参加袍哥的叫“倥子”，结仇称“结梁子”，报仇称“拿梁子”。调解仇怨称“搭台子”；招供称“拉稀”，闯祸称“摆豪”，恃强欺弱、胡作非为称“撒豪”，有祸躲起来或逃跑叫“避豪”，以袍哥身份外出卖艺、经营或流落江湖谋生称“跑滩”，求周济与帮助叫“求张罗”，当众说明过错称“报盘”，跪着认错叫“矮起说”，打（杀）死人称“丢船”，对头或祸事来了称“水涨了”，绑票人质、索取钱财称“拉肥猪”，所拉者是女的称“母猪”，是小孩称“抱童子”，被拉的“肥猪”跑了叫“翻圈”，把拉来的人关起称“关圈”，杀掉称“洗猪”，嫖同会弟兄的女人称“割靴”，行礼叫“丢嗨子”，通堂规则称“香规”，坐地分赃称“吃红掌黑”，河中劫船称“打歪子”，抢牛称“牵藤子”，问钱物多少叫“水有多深”，按袍哥规矩行事叫“落教”，凡此种种，举不胜举。如对答不上隐语要被“清下脚（受审问）”，甚至招祸。

袍哥组织教愚化贤，排解纠纷，扶危济困、互助互帮，对社会起过一定的积极作用。但后来袍哥组织成员越来越杂，20 世纪 40 年代末期完全成了官僚和各种恶势力操纵利用的工具。少数浑水袍哥大爷串通土匪，坐地分赃，敲诈勒索，欺压百姓，奸淫妇女，为害一方。不过，袍哥中也确有为人正直、乐善好施和热心调解民事纠纷的人，1946 年至 1948 年，县城袍哥大爷、总舵把子柏被浓曾吸收中共党员蔡衣渠、民盟成员钟仁祥等为成员，并聘蔡、钟到新三中学任教，掩护他们进行革命活动。

1950 年后，岳池袍哥各公口、社、堂解散。

二、青帮

青帮建于洪帮（袍哥）之后。其雏形出现于清雍正初年承运运河槽粮的粮帮水手中。大约嘉庆年间，安庆府的粮帮水手翁雍、钱坚、潘清 3 人在其雏形基础上制定帮规、礼仪，成立秘密组织“安庆道友会”，简称“安庆帮”“庆帮”。此后 3 人分别按 8 仙、28 宿、36 天罡、72 地煞之数收徒。徒弟又按 24 辈次在粮帮水手、手工业者中收徒，组织不断扩大，并形成为以师徒关系为纽带、多派别的父子帮。后来“安庆道友会”改为“安清道友会”，别称“安清帮”“清帮”。又因“清”“青”同音，“清帮”便逐渐改称为“青帮”。

嘉庆时期，青帮发展到 128 个派别，为青帮鼎盛期，以后海运发展，漕运渐衰，至同治时，多数青帮成为游民组织，仅存“兴武六”“兴武四”“江淮四”“嘉北”“杭三”和“嘉海卫”6 个派别。民国初年，青帮在上海建立“中华共进会”，拥护袁世凯和北洋军阀政府，反对孙中山为首的革命党。民国 16 年（1927 年），青帮头目有“南杜北张”之称，北方头目张树森，南方头目黄金荣、杜月笙，公开拥蒋反共，为蒋介石所利用。

抗日战争时期，北方青帮头目张树森迁住重庆。1943 年至 1946 年，派青帮“兴武六”派二十二辈“通”字成员窦孟胥、金幻民先后从重庆到岳池发展青帮组织。窦、金到坪滩、白庙、西溪和县城等地“摆香堂”，吸收官绅、富商和部分教师入帮，发展徒弟 270 余人。入帮者发《道务直航》《青帮帮规、隐语》手册，缴入帮费法币 1 万元。属青帮二十三辈“悟”字成员。岳池青帮分别在县城上南街和大东街开设“合成”“岳三”两处商号作为秘密联络点。

青帮宣扬成仙成佛，超脱生、老、病、死、苦五厄，并以“抑强扶弱”“除暴安良”笼络人心。

宣传“平时入帮，急时靠帮”。同时，宣扬青帮组织重师承，讲道义，文化素质好，成员不复杂及其他方面的“优点”“好处”。

青帮按辈分收徒，纵向发展组织，其口号是：“铁树不开花，青帮不分家；铁树如开花，青帮分派不分家”。一旦投贴认师后，即视师徒为父子，故青帮有“父子教”之称。其入帮手续也较严格，第一步是拜小香堂。堂内设翁、钱、潘三祖师牌位。点香7柱，代表“三老四少”。新入帮者要向三祖牌位跪拜叩头，再向上坐的师傅和引进的师傅各叩头96个，共计叩头300余个。拜师后，举行“过桥”“撑篙杆”的仪式（在香堂上设模拟过桥、撑船动作）。上过小香堂称“初进家”，成为“记名弟子”。经过较长时间后（规定为3年），才能入大香堂成为正式弟子。入大香堂比入小香堂叩头更多，烧香也多。除拜本命师和引进师外，还要拜传道师。拜毕，由传道师讲帮规、暗号、隐语。之后，还必须到师父家去“认家”，师父发给“海底”（证书），从此才有“开法领众”（首次收徒）的资格。

青帮的帮规比洪帮更完备复杂，主要有：十大帮规、十禁、十戒、孝主规、学法礼带、暗语暗号等。其要点是：学仁义礼智信；尊“三老”爱“四少”，世代关系如父子，同辈如手足；不准叛帮，不准叛师拜他人为师；互相帮助，排优解难等。如违帮规，则私设公堂，要怎么处理就怎么处理，是死是活全凭师父一句话，官府管不着，也管不了。

帮中人往来各地，无论相识与否，见面均称“老念”，以暗号隐语联系。帮内成员之间以辈分关系相待。其辈分分前24辈分和后24辈分。前24辈分是“清静道德，文成佛法，仁伦智慧，本来自性，元明兴礼，大通悟学”；后24辈分是“万象皈依，戒律传实，化渡心回，普门开放，广照乾坤，带法终行”。至1949年，岳池县内青帮成员为“通、悟、学”辈，极少数为后24辈分的“万”字辈。

岳池青帮组织建立较晚，人员少且又分散，不及袍哥组织，但其少数骨干成员勾结官府，能量颇大。军统特务曹弗之、国民党岳池县党部书记长肖艾耆早年在成都加入青帮，回岳池控制利用青帮反共，杀害中共地下党员多人。

1949年12月岳池解放后，青帮组织被取缔、解散。

三、丐帮

乞丐的帮会组织称“丐帮”。旧时，乞丐在丐帮头目控制指挥下行乞。当地乞丐必须服从丐头的管制、指挥，要给丐头“上贡”。外地来的“花子”必须先到丐头处报到方能行乞，否则，会遭遇横祸。丐帮表面上属于江湖白道人，实质上属于黑道中的帮派，是被江湖和黑社会所敬重的帮派组织。

丐头不是一般乞丐所能担任的，往往是由地方地痞流氓，把头恶霸或有乞讨经验，熟悉人情事故，懂得行乞要领的讨要者担任。这些人往往又和青、洪帮、黑道中的五花八门来往密切。或丐头本人就是青帮头子、洪帮执事大爷。即使是地方官府，在一定范围内，有什么大事小事的都少不了利用丐头。

乞丐讨要分文讨和武要。在文、武两类之中，又分多种形式、花样，而且都有名目。

文讨方式有三。一是各种吹打弹唱的艺讨。艺讨是乞丐通常的乞讨方式，如打莲花闹（又名“闹街”）。这类乞丐口齿伶俐，一手敲两片大竹板，根据行乞对象不同，说唱不同的诙谐押韵的唱词。其开头一句套子为：“呃，走一步，又一步，不觉来到××铺。”如遇上锅魁铺的掌柜，便唱道：“掌柜的锅魁大又圆，吃上一个管一年。”还有些通用的唱段，不管什么商店摊点，都可以套用，如：“这几天，我没来，大掌柜的发了财。您发财，我沾光，您吃肉来我喝汤……”若是到了棺材铺，就赞道：“打竹板，迈大步，眼前来到棺材铺；掌柜的棺材做得好，一头大来一头小，装上死人跑不了。”赞道之后，便要钱讨米，不给则死缠。若遇上“铁公鸡”一毛不拔，或者撵走他，他便要唱报复性的言词，如“老太爷，当门坐，不是渴来就是饿，渴饮铜汁饥餐铁，看你造孽不造孽”骂你可恶。在盐巴店前没要到钱便唱：“老板的盐巴称得望，秤砣打在脚背上”。在裁缝店没要到钱，就唱：“裁缝师傅不偷布，裁缝的婆娘莫得裤”等，弄得老板哭也不是，笑也不是。

二是“装相”苦讨和骗讨。此类乞丐经过化装，扮成瞎子、哑巴，或各种伤、残、恶病，其状甚为凄苦，令人见而怜之，给予施舍。如有的席地而坐，闭口不言，铺一张求告书招人围观而讨要；有的女丐抱着嗷嗷待哺的小孩哀求讨要；有的脸涂黄蜡、气若悬丝，装病讨要，有的把“病人”放在医院门口，痛哭流涕倾诉“困境”，求人行善给钱治病；有的佯装被扒手偷了钱，无路费回家而请求帮助；有的装成出门公干，手拿被割了口子的提包而向人告借；有的身穿脏臭衣衫，在饭馆对顾客作肮脏恶心动作而进行讨要等，花样繁多。

三是“例讨”，即年、节、庆典、丧吊之例讨和“赶面席”“吃大户”。如春节装财神，扮春官，端午节送粽子，中秋送月饼等，以求赏钱。尤其是遇有人家红白喜事、祝寿、店铺开张等，是乞丐乞讨的好机会，届时往往由丐头带领群丐上门，先在门外放几响鞭炮，再根据不同场合送上象征性的“摆礼”，主人便赏钱、米以谢，并单独列席招待。若遇上庙会、香会之类，乞丐便四方云集，向香客乞讨。

文讨中还有一种虽“文”而恶的方式。乞丐结伙恶要，不安好心，他们趁婚丧喜事，纠结一伙，自称“寒生”，以“道喜”为借口，堵住门口，造成客人进出不便，变相勒索钱物，弄得主人伤透脑筋。又如开店营业的前几天，店老板要找帮会谈价钱，也要找乞丐谈价钱，否则开张那天，你就莫想清静平安，不是飞来一包大粪，就是说些不吉利的话，弄得你气破肚子，满座不欢。有的耍蛇在你门口讨钱，你若不给，他就不走，不仅门口围大群人，阻碍进出，减少买主，而且蛇也吓人。如他久耍，你不给钱，即故作失手，将蛇放在地上，万一窜进屋里，你还要出钱，说好话安抚，请他捉走。所以人们碰见耍蛇讨钱的乞丐，都赶快给钱，请他离开。

武讨是乞丐运用各种“武术”表演手段讨要，如用砖头自打脑门，用菜刀自割脑皮，血流满脸，你给不给钱？不给，就继续用砖打，用刀拉；有的跪在地上，脑袋碰石头；有的用铁锥穿舌头；有的用钉子钉手背；有的用铁钳自掰牙；有的在饭店里往顾客饭菜里吐唾味或用脏手抓饭菜；有的装无奈“杀”孩子、“杀”妻子等，令人毛骨悚然。心慈善良的人们，一见这些情景，生怕出事，赶紧给他扔钱。其实这些都是江湖生意门子，有的属魔术，有的属气功，有的属化装术，连那抓菜的脏手都是化装手。

1950年后，丐帮组织被取缔。人民政府对流浪行乞人员进行救助，帮助其自谋生路，乞丐大为减少。

第二节　会道门

会道门组织及支系甚多，从外地传入岳池的主要有红灯教、一贯道、高峰道、同善社、归根坛等。

一、红灯教

红灯教是借宗教迷信活动聚集起来的秘密社会组织。传说，该教尊孔丘（或真武祖师、张天师）为其始祖，订有“三规”“五戒”和“十律”为其规范。三规即炼精、炼气、炼神；五戒即戒酒肉、戒邪淫、戒妄语、戒偷盗、戒杀牲；十律即不贪财利己、不协同欺人、不欺师灭祖、不胡言乱语、不借公报私、不独行拗众、不奸盗抢劫、不污秽佛法、不妄为行事等。入教者如有违犯，“刀砍如泥，炮打穿心，罚作灵官鞭下之鬼”。

红灯教在其大型活动之前要举行敬神、念咒、运火、画符、喝神水等仪式，说这样便可以刀枪不入。初入红灯教者，先由青佛定班辈后，才能进入红佛班辈。还规定青佛吃素，红佛可以吃荤。

岳池境内的红灯教最早从邻水县传入。1919 年，邻水县蒙家坪红灯教祖师爷李治平到溪口、华蓥传道收徒，提升溪口韩洪顺为像生，韩又到合川县小沔、黄土、渭溪等地收徒。1935 年，武胜县龙女乡红灯教像生李九龙、李泗光到岳池杨柳、双龙、保华、翔凤等地发展教徒。1936 年，邻水县城红灯教像生欧治成到新民、罗渡、大佛、赛龙、兴隆、高升等地收徒。1937 年，资中县红灯教教首陈有山在重庆南极门传教于谯德隆，1948 年谯回县合兴乡街村、紫霞沟发展教徒。同年，武胜县飞龙乡红灯教首易付全到太平、石垭等地发展教徒。红灯教内设祖师、像生、引进师等职务。1950 年前，传入岳池的红灯教有顺天教、龙华会、武功门、皇极正中门、刀儿教五大派系，22 个佛坛。有引进师以上教首 82 人，入教 500 余人。

20 世纪 50 年代初期，县内多数教首及教徒停止活动，但仍有少数头目与反革命分子勾结，散布谣言，欺骗群众，进行反共反人民的罪恶活动。1950 年 5 月，兴隆乡红灯教教首王炳云、谢金山勾结匪特雷杰，聚匪徒 200 余人阴谋武装叛乱，被人民政府镇压。1953 年红灯教被人民政府取缔，但在山区仍有复辟活动。溪口乡红灯教教首韩洪顺劳释回乡后，继续到合川、华蓥山一带传道收徒，骗奸妇女，1956 年 12 月被判处死刑，该组织的残余骨干分子的阴谋活动被公安机关及时侦破，受到惩处。自此，岳池再无红灯教的活动。

三、一贯道

一贯道起源于山东济宁，初名“东震堂”，1925 年改为“一贯道”。抗日战争时期，发起人张天然及其“师母”勾结白满山、汪精卫等日伪汉奸，发展组织，破坏抗日，成为全国性的反动会道门。

1945 年，一贯道传人黄宫学受重庆一贯道总坛指派，回大石乡黄桷树院子设坛传道，至 1948 年又以做棉花生意为名，在县城西街何家祠堂、北外街、东外街设坛 14 个，发展道徒 400 余人。1946 年重庆一贯道老前人吴弼川派前人张应选、梁伟、张廷俊 3 人到岳池大东街 28 号，以开香烟铺为名，暗地设总坛传道，发展道徒 200 余人。1948 年，大佛乡张帝臣、徐仁贞在广安后街住宅楼上由前人杜心田和庞俊元点道并提升为点传师。之后，张、徐二人回大佛乡发展道徒 200 余人。10 月，前人艾方奎、唐占云和点传师肖子秀由重庆到太平乡发展道徒 100 余人。1948 年至 1949 年，重庆一贯道前人李介仁、李光仪、张礼官 3 人到石垭乡、花板桥设坛 6 个，发展道徒 200 余人。同期，重庆一贯道前人邵真甫（浙江镇海县人）、张玉林和罗肖氏到岳池西板、坪滩乡设坛传道，发展道徒 100 余人。

一贯道传入岳池后，改名“真天道”“明一道”“天理道”“信礼大道”等。1949 年前有六大派系，23 个佛坛，发展道徒 1000 余人，道内设有师尊、前人、点传师、坛主、乩手等职务。有点传师以上道首 44 人。一贯道以缴“功德费”“渡仙费”等诈骗金钱，以点道、传诀的骗术奸淫妇女，以制造散布政治性谣言蛊惑群众，与共产党和人民政府为敌。

20 世纪 50 年代初期，重庆一贯道前人纷纷潜逃到县，与匪特勾结，破坏民主革命运动。1950 年 10 月，前人吴弼川窜到岳池，在北外街提升 6 人为点传师，进行反革命活动。1953 年，一贯道被人民政府取缔，前人吴弼川、黄宫学、张帝臣、张礼官、邵真甫等反动道首被枪决，一般道徒经教育后登记退道。自此，岳池一贯道各派组织解散。

四、高峰道

高峰道是南充地区的会道门。

1916年后，西充高峰道祖师高信贞、吴绍基到岳池各乡传道收徒。凡入道者要缴“功德费”，吃长斋。高峰道传入清溪、石垭、苟角、红星等地称“道德会”；传入县城的称“崇德会”，传入白庙、兴隆、安东等地的称“西法门”；传入中和、罗渡等地的称“青佛门”；传入坪滩、酉溪、新场等地的称“三青门”。以“道德会”“西法门”道徒较多。到1949年底岳池解放时，全县高峰道有16个派系，112个佛坛，道首182人，道徒600余人。1953年高峰道被人民政府取缔。

五、同善社

同善社，又名“同善堂”，系民国初年四川永川彭汝尊（又名彭述古）秘密创立。1918年，同善社保恩朱明成从重庆到岳池县城万兴街建分号，设善堂。

同善社创立初期，以“入道行善”作号召，宣扬“三纲五常”“五伦八德”等礼教，并崇信佛法。其后，散布谣言，传播“中国必须有真龙天子出世方得太平”“真命天子出现蜀地”等，主张复辟君主制度。因宣扬之信条与活动多逆历史潮流，除民国初年主张复辟君主制的政治势力支持外，均为历届政府所反对和禁止。同善社组织机构庞大，除北京、汉口各设一会外，其下还有省社、县社、乡镇事务所等机构。进行布道及其他活动时，又在数县或十余县设一“号”。由大足县龙水镇“洪信祥号”统道师尊为号首，统管全国各号。其内部职级复杂，统道师尊为最高领导，下设正副号首三四人，号首下设临监、提调各2人，并设文牍、事务、交涉、礼仪、招待、募捐、清洁、膳厨、大课等职，每课4人至8人不等。县社及乡镇事务所分别设有善长和教授、交际、通讯、稽核、文牍、庶务等职。同善社在岳池建分号后，又先后到酉溪、坪滩、石垭、罗渡、苟角等13个乡镇建立同善事务所，设佛堂18个，有善长以上道首28人，道徒600余人。1953年前后，同善社善长以上反动道首被法办，其组织被取缔。

六、归根道

归根道又名“归根坛”“青归堂”，系反动会道门组织之一。归根道内部设十帝、四八、顶航、天恩等职务。

1928年后，北碚归根道首祝德洪先后到岳池酉溪、兴隆、白庙、高升、裕民等地设坛传道。解放前夕，有6个派系，道徒500余人，设35个佛坛，有天恩以上道首92人。1950年12月，归根道顶航杨甫轩在酉溪罗家祠堂办“救劫会”3天，咒骂共产党，制造谣言，蛊惑人心，进行反革命活动，被依法惩处。1953年人民政府依法取缔归根道组织。

第三节 行 会

一、行业及行会

行会是各行业群众自发成立的自治组织，又称“行帮”“帮会”。清末岳池城乡在商业和手工业中就已形成丝绸、匹头、米（油）、鞋（帽）、饮食、屠宰、日杂、京果食糖、烟酒、茶（旅）、药材、百货、土产、盐业、小五金等行业。各行业在生产经营活动中为保护自身利益，免受社会上层人士及社会恶势力的压迫、歧视和侵袭。同时，也为有效地调处本行业内部纠纷，防止恶性竞争，团结从业人员互帮互助，共谋生存和发展，于是集帮聚众，自发地成立本行业的行会组织。至民国时期，岳池各行业组成土烟帮、丝烟帮、钱庄帮、茶旅帮、盐业帮、油业帮、染色帮、杂货帮、色纸帮、火纸帮、白花帮、旅栈帮、米帮、成衣帮、木器帮、灯草帮、布纱帮、洋纱帮、布店帮、药材帮、花铺帮、屠业帮、山货帮、京果干菜帮、山靛帮、理发帮、帽鞋帮、酒帮、饮食帮、绸缎帮、苏货帮、五金帮共32个“行帮”（行会）。各行帮一般设帮董1~2人，负责日常事务，监督执行帮规帮纪，摊派官府的各种筹款、税捐等，同时，率众定期祭祀本行业的祖师爷，祈求发财、生意发达。每个成员必须按帮规缴纳一定数量的“底金”作为各帮会的日常活动经费。

1950年以前，岳池农家除主要从事农副业生产外，不少农民也利用农闲时间从事手工业生产或趁赶场之机从事某些商业活动，也加入相关的商业及手工业行会，成为行会成员。

岳池主要行业及行会（行帮）简况：

屠宰业—张爷会　张爷即张飞，三国蜀汉大将，初以杀猪卖肉、卖酒为业，好结交天下豪杰，故屠宰帮奉张飞为祖师爷，每年农历八月二十三日，同业全体人员，到关帝庙祭祀。

药业—药王会。药王孙思邈，唐朝医学家、药物学家，著有《千金要方》《千金翼方》等书，对传统医学药物学有较大贡献。后世药帮尊孙为药王真人，每年农历四月二十八日，岳池城乡举办药王会。

厨工—詹王会。传说詹王是汉朝的皇宫厨师，名字不详，死后被追封为“詹王大帝”。后世厨师奉詹王为祖师，每年农历八月二十二日，厨工到川主庙祭祀。

饮食帮—雷祖会。雷祖是天上的雷公即雷神，雷神视五谷为宝中之宝，若对五谷杂粮有糟踏者，传说会遭到五雷轰身，后世尊雷神为雷祖大帝。饮食业与五谷杂粮密切关联，极需雷神保佑，故尊雷神为祖师爷，称为雷祖。每年农历六月二十四日，同行业全体人员停业一天，举办雷祖会，设酒宴祭祀之。

建筑业—鲁班会。鲁班即公输班，春秋时代鲁国人，故又名鲁班，我国古代建筑行业的能工巧匠，后世木、石、雕、解、泥等工匠尊奉为祖师爷，称鲁班先师。每年农历五月初七日，建筑行业人员集会祭祖。

理发业—罗祖会。传说清雍正时期，在北京白云观里，有个南方来的罗道士，精心研制了剃头刀及刮脸、掏耳、清眼等器具，并创造通、篦、解、掏、顺等一整套整容术段，传授给了剃头匠，让他们进宫侍候皇上。雍正皇帝非常高兴，赐给这套剃头器具以“半副銮驾小执事”的美名。故理发业称罗道士为“罗祖”，奉为理发业的祖师。每年七月十三日，后改为三月二十七日，全行业到莲花寺和千佛寺等寺庙，举办罗祖会，设宴祭祀罗祖。

酒业—杜康会。杜康即杜少康，古代酿酒术的发明人，故后世酿酒业以杜康为祖师。每年农历八月十八日举办杜康会，设宴祭祀。

盐业—管仲会。管仲春秋初期齐国的政治家，主张官营盐、铁，故后世盐业奉他为祖师。岳池盐帮每年正月初二日举办管仲会，隆重祭祀。

米业—王爷会。王爷系李冰，战国时期的水利专家，秦昭王任其为蜀郡太守。他征发民工在岷江流域兴修许多水利工程，尤以都江堰最为著名，使川西平原成为天府之国、米粮之乡，岷江水上运输由此发达，故米业和江河船工都拜他为祖师，称为镇江王爷。岳池米业每年农历六月六日在王爷庙举办王爷会，进行祭祀。

鞋业—孙祖会。孙祖即孙膑，战国时期齐国军事家，因同学庞涓嫉其才，骗至魏国被割去膝盖骨致残。后孙膑回齐，被齐王任为军师。在齐魏马陵道战役中，齐国以弱胜强，并射杀庞涓。传说孙膑被庞涓割去膝盖后，曾做假靴（即鞋）穿于脚上，还叫人给战士做鞋。后世从事鞋业之人，敬奉孙膑为“祖师”，称为孙祖，每年农历九月十三日岳池制鞋业在关帝庙举办孙祖会，祭祀之。

造纸业—蔡伦会。蔡伦，东汉桂阳（今湖南郴州市）人。他总结西汉以来用麻质纤维造纸的经验，改进技术，采用树皮、麻头、破布、旧鱼网为原料造纸，时称蔡伦纸。故后世造纸业以蔡伦为祖师，称为蔡伦先师。岳池纸帮每年农历正月初二日举办蔡伦会祭祀。

茶馆业—三官会。三官亦称三元，即道教所奉之上元天官、中元地官、下元水官三神。传说天官赐福，地官赦罪，水官解危。上元天官农历正月十五日生，中元地官七月十五日生，下元水官十月十五日生。茶馆业因与水密不可分，故尊奉三官为祖师爷。岳池茶馆业每年农历正月十五日，举办上元会，七月十五日举办中元会，十月十五日举办下元会，祭祀三官神。

印染业—梅葛二仙会。梅仙，传说是绘制彩锦的神人。葛仙指葛洪，东晋道教理论家、医学家、炼丹术士。他对化学、医学有较深的研究。因染业与染料有关，而染料又是由某些元素经过化学反应而成。故印染业以葛洪为祖师，称葛仙。岳池印染业每年农历六月十六日，举办梅葛二仙会，以祭祀之。

二、同业公会

民国18年（1929年）8月，民国政府颁布《工商同业公会法》，规定：原有工商业团体不论其“公所”“行会”“帮会”“会馆”，或其他名称，均应依本法一年内改组为同业公会。同时还规定：“在同一区域内各种工商业有七家以上发起组织，经官署核准即可设立”。

岳池县各行会于民国20年（1931年）10月制订各同业公会章程，并改各行会为同业公会，隶属县商会。油帮帮董李绍泽率先废帮董，依法成立油业同业公会。其他行会随之成立钱商业、米业、盐业、山货、匹头、苏货、布纱、旅栈、京果、帽鞋、白花、烟业等12个同业公会。民国24年（1935年），同业公会增为20个。民国30年（公元1941年）8月，工商同业公会奉令分为商业同业公会、工业同业公会。苏货业改组为百货业同业公会，疋头业改组为丝绸业同业公会。至此，属商业团体的同业公会18个，工业团体的同业公会9个，共27个。民国33年（1944年）9月，酢业同业公会与酒业合并为酒业同业公会。民国30年（1941年）奉令撤销盐业同业公会，成立食盐公卖处和食盐公卖店3个，即：城区8乡镇成立河溪食盐公卖店，石垭、明德、大石等4乡成立璞康食盐公卖店，普安、新民两乡成立同泰昌食盐公卖店。民国34年（1945年）又恢复食盐同业公会。民国30年（1941年）成立理发业同业公会，但民国33年（1944年）9月，省政府审核时被视为低贱行业而撤销。民国38年（1949年）成立饮食宴席同业公会。民国31年（1942年）成立行商同业公会。至此全县同业公会达34个。同业公会由会员大会选举委员7人，再由委员选出常务委员3人，常务委员中又选举主席1人，管理公会事务。下设文书、财务各职，由常务委员兼任。公会委员任期均为4年，每两年改选半数，不得连任，会址均设在县商会内。1956年，在对私营工商业改造中，各行业分别组成公私合营企业和合作社，由归口国营公司领导，同业公会的组织机构失去具体工作对象而自动解散。

岳池各行业、各行会独具特色，历史上曾形成过一些著名的商号。如“兴发”号布店，匹头丝绸业中的“国兑”“国光”号；百货业中的“兴顺昌”号，京果食粮业的“兴顺祥”“丰裕斋”；烟酒业中的“味兰芗”；饮食业中的“同乐园”“味不同”“海堂春”；茶（旅）业的“新中旅社”“太平洋茶社”等。特别是岳池匹头业中的土布业在民国时期最具特色，商号先后达100余家。它们通过棉商从西充、南充、南部、广元、汉中购进棉花，弹好搓成长0.33米左右、直径3厘米的圆柱型棉条，出售给农村纺纱女，纺成线子（即棉纱）出售给织土布的手工业者，织成每匹长16.7米、宽0.4米的窄布。民国31年（1942年），全县有3100织户生产土布，年产130万匹，各布商收购后远销陕西、甘肃等地。土布业的兴盛，带动印染业的发展，岳池本地人制衣用的毛蓝、青色土布和外销染色土布皆由岳池各染坊印染而成。

第四节　社　交

一、同乡会

民国时期，在外地工作、经商和读书的岳池同乡曾先后组织同乡会，以互通信息，彼此帮助，增进乡谊，服务桑梓。

1930年，县人杨晒轩在成都发起成立“岳池旅蓉同乡会”，由唐征久、罗芸荪负责联络，并不定期办《岳池通讯》会刊。同年，县人陈人望在重庆发起成立“岳池旅渝同乡会”。

1943年后，在北碚乡村建设学院读书的县人杨英杰（中共党员）、在复旦大学读书的杨奚勤（中共党员）和在北碚工作的况兴华（中共党员）等人，先后发起成立“岳池旅碚同乡会”，在重庆、北碚进行抗日宣传活动。

1950年后，旅外同乡会、同学会自行解散。1985年，县政府、县政协采纳旅外同乡关于建立“爱国爱乡支援家乡联络组”的建议，聘请山东水利局科研所副所长杨苇堤为联络员，广泛联系旅外同乡。首先，由旅京同乡陈伯村（原水电部副部长、全国政协常委）、吴雪（文化部顾问）、周克欧（民盟中央办公厅副主任）、尹志清（北京工业大学教授）和袁代新（北京中医学院附中高级教师）等人发起成立“旅京同乡支援家乡联络组”。随后，成都、重庆、西安、南京、昆明等地同乡，纷纷响应成立“支乡联络组”或“联谊会”。各地旅外同乡为家乡经济建设献计出力，为引进人才、设备和资金牵线搭桥，为脱贫致富提供信息，为培训经济管理和技术人才尽心竭力，受到家乡人民交口称赞。

二、战友会、同学会

战友会是中国人民解放军、中国人民志愿军复员转业军人临时联谊组织，无固定性组织机构。它由一名或数名战友发起，相互联络，确定聚会时间、地点后，聚集一堂畅叙友情、人生和理想，对有困难的战友互相帮助。聚会后自动解散返回工作岗位，约定时间再聚。

1945年8月，在成、渝等地读书的学生回县度暑假时，经中共党员蔡衣渠、民盟成员钟仁祥、蔡燕荞发起成立“岳池旅外同学联合会”，并在县城西北小学召开成立大会，会后创办《联合通讯》会刊共6期，寄发旅外同乡和同学。会刊揭露和抨击国民党岳池县党部、县参议会和县政府官吏贪污贿赂，横征暴敛，欺压县民的罪行，教育和团结旅外同乡、同学，在各地以多种形式反对国民政府的反动统治。

当今的同学会多属于同窗学友间的临时性聚会。其组织形式和聚会内容与战友会大致相同。同学会在中老年人中举办较多，一般以“逢五、逢十年”举行聚会，聚会后即解散。

三、同乡会馆

会馆起源于宋代，明清盛行，既是城市中外籍人士的同乡会，有的也是工商行业的行会团体所在地。

明末清朝，历经兵燹，四川人口锐减，清康熙、乾隆年间，陕、鄂、湘、赣、粤、桂、黔等省人民奉诏徙蜀，有的因经营工商到蜀。到岳池定居后，募资修建同乡会馆，以维护同乡的利益。各会馆保持原籍习俗，定期祭神祀祖。会馆产业由同乡中有势力有名望者管理。

（一）福建会馆

福建会馆旧址福圣宫，在今岳池县城大西街岳池师范学校附属小学内。清乾隆年间，由福建省漳州、汀州、龙岩等地到岳池的同乡集资兴建，是县内最大会馆。馆内供奉“天后圣母”妈祖塑像。沿袭闽俗，每年定期举办崇圣会、千秋会、同庆会三大庙会，祭祀圣母。同乡会聚，商贾云集，生意兴隆，还演川剧木偶、皮影戏等表演，甚是热闹。民国时期，由同乡捐资将其改办为“闽馆小学”。今为师范附小校舍。

（二）江西会馆

江西会馆旧址万寿宫，即在今南街县供销合作社。清乾隆年间，由江西省到岳池同乡兴建。会馆供奉“许真君”塑像，依赣俗每年定期举办庙会。民国时期曾改为“江西馆小学”。解放后为南充地区专署驻地。1952 年专署迁南充后，为县供销社驻地。

（三）湖广会馆

湖广会馆旧址禹王宫，在今小北街与小南街交接处。清康熙年间，由湖广到岳池的同乡兴建。1936 年，会馆后殿改办“两湖小学”。1950 年后，两湖小学并入北城小学，旧址改建为县工商局宿舍和川剧团剧场。

（四）广东会馆

广东会馆旧址南华宫，在今岳池中学礼堂处。清康熙年间，由广东省徙岳池的同乡集资兴建。清咸丰十一年（1861 年）被焚毁。

（五）陕西会馆

陕西会馆旧址三原宫，在今小东街南端菜市场内。清雍正年间，由陕西省三原县到岳池同乡集资兴建。

（六）黄州会馆

黄州会馆旧址帝主宫，又名黄州府，在今县公安局职工宿舍院内。清康熙年间，由湖北黄州迁徙岳池的同乡集资兴建。

（七）永州会馆

永州会馆旧址濂溪祠，在今县人民武装部。清乾隆年间，由湖南、广西交界处的永州（今湖南零陵）到岳池同乡募资修建。

四、民间合会

民国时期，岳池民间无论商人、手工业者、农民或教师、职员，凡因急需一笔钱款应急，或因经商资金一时紧缺，便自发地约集亲朋好友人人出资认股，组成松散的资金互助组织，以解燃眉之急，民间称此种筹资方式为“邀会”。由于邀会的形式较复杂，故称谓也不尽相同。有的地方称为“摇会”“请会”“做会”“十全会”“五子六合会”“龙头会”“理公会”等；有的根据集资用途，资金使用时间称为“房会”“公益会”“年会”“月月会”等。金融业术语则统称为“民间合会”。

（一）轮会

按照事先约定的时间、金额和顺序，会友定时定额交纳会金，然后轮流使用会金的叫轮会。轮会期根据会友的人数而定，全体会友每人收集、使用一次会金，轮会即告结束。因此会期有长有短，如果每个会友一年使用一次会金，民间称此种轮会叫“年会”；一月一次的叫“月月会”。邀会人叫“会首”，使用会金叫“得会”。第一个使用会金叫“首会”（多数由会首使用首会）。根据用款是否付息的情况，轮会又分为三种形式：一是首会者交款的总数够本金，可享有免息的优惠，但须备酒席酬谢会友；二是得会者交款的总数够还本，仍同其他会友一样交纳利息；三是因入会者都是亲朋好友，只是用款先后不同，不计较利息，以体现团结互助精神。

（二）标会

标会由会首邀集亲朋好友若干人为会友，按规定的数额各交会金一份，第一期会金由会首优先使用，不付利息。会首在集会投标时请吃酒席一次，以谢会友。以后会友按时定额交纳的会金由会首出具会贴，召集全体会友标会一次，每人写条投标，出利息最多的得用会金，所得利息由会友平分。

（三）摇会

摇会的程序与标会大体相同，会友定期定额交纳会金，第一期会金由会首使用。会首负责每次会金的收集，以抓阄或摇骰子的方法来决定使用者，每个会友以用款一次为限，直到每人都用款一次为止。

（四）其他合会

旧时岳池普遍流行的合会还有：五福会、六合会、七贤会、田园会、筒筒会等。这些名称的第一个字代表合会人数，如六合会由六个人组合，七贤会由七个人组合。田园会较特别，以土地为抵押，共分十个组，每组会金 1000 元，可得利息 100 元。每组由十六个人合会：一个会首、三个庄手、十二个子角（也称“一象三猴十二猪”）。会首先得会，然后是庄手，到第四年起摇会。若借款不能归还，就将其抵押的土地出卖。

民间也有一些富人设立平民借款机构，专对贫民放款，收取较低利息，借款也便利，深受中下层平民百姓的欢迎。

1950 年后，也曾有邀会的。有的人需用钱办件大事，便几人邀会，协商办理，急需用钱者优先。如十人邀会，每人每月交会金 10 元，十个月中每人都有一次机会得到 1000 元，可办一件大事。后来逐渐发展到工会、村组的互助储金会，每人每月按时向储金会（组）交一定数额的资金，谁有困难，就向互助储金会（组）借。后由于银行储蓄、信贷工作的完善、发展，既方便群众，群众又放心，因而邀会习俗消失。

五、吃茶

旧时，民间发生邻里纠纷、亲族纠纷、商业纠纷或斗殴等，双方私下不能解决时，常由家族族长及长辈、保甲长或行帮头目和社会五老七贤出面，召集双方当事人聚集茶馆，一边饮茶一边听取双方呈述事实、讲道理、提要求，并展开争辩。明白是非曲直之后，上述头面人物从中进行调解；若调解不成，便据理硬性做出处理决定。此种解决民事纠纷的方式，民间谓之“吃茶”。“吃茶”调解及处理决定双方必须服从，不得节外生枝，再起事端，否则按族规、家法或行规、帮规处治。谁输道理，谁付茶钱，并给主持调处的头面人物一定的“辛苦费”。

20 世纪 50 年代后，全县各乡、村成立人民调解委员会（组），广泛进行民事调解工作，“吃茶”之俗消失。

第八章　宗族　家庭

第一节　宗　族

宗族，又称“家族”，是以血缘关系为纽带形成的社会群体。它是封建宗法制度的产物及社会基础，具有基层政权的某些社会管理职能。

旧时，同姓同宗的族人修建的宗祠遍布岳池城乡，各宗族由族人推举德高望重、辈分高的成年男性为族长。族长负责宗族日常事务，主持每年春冬祭祀，管理宗族公产，制定实施族规，编修族谱，调处族人之间的纠纷等。族长在族内有至高无上的权力，可笞责和处罚违犯族规的族人，而不受法律的约束。

为各自的政治和经济利益，有的宗族还与毗邻县同姓不同宗的人“合族”或“联宗”。如：1927年齐福乡水口店蔡氏宗族曾与武胜、南充县的同姓人“联宗”。民国时期，凡县长上任，要登门拜访名门望族的族长，以求得他们的支持；有的族长将其族规呈报县府备案，冬至祭祀必宴请县、乡长，以获得官府庇护。各乡（镇）、保基层政权多操纵或掌握在当地最有势力的宗族之手，如西溪乡乡长罗升平是罗氏宗族的头面人物。太平乡罗氏、石垭乡的庄氏、坪滩、顾县的杨氏、苟角的秦氏、兴隆的谢氏、罗渡的陈氏、赛龙乡的蔡氏、中和乡段氏、临溪乡的江氏、高兴乡的吴氏、阳和乡的贺氏等宗族，在当地有极大的政治经济势力。因此，县人中曾流传有“太平、西溪的‘锣’（罗氏）——打不得”，“白庙的‘田’（田氏）——租不得”，“苟角的‘琴’（秦氏）——弹不得”，“石垭的‘桩’（庄氏）——搬不得”，“齐福、赛龙的‘菜’（蔡氏）——撇不得”，“中和的‘理’（李氏）——‘断’（段氏）不得”，“高兴的‘屋’（吴氏）——住不得”，“阳和的‘祸’（贺氏）——惹不得”，“顾县、坪滩的‘羊’（杨氏）——牵不得”，“罗渡的‘橙’（陈氏）——摘不得”，“兴隆的‘谢’（谢氏）——道不得”，“洗马滩的‘河’（何氏）——过不得”等歇后语。

各宗族素有编修族谱的传统。族谱是记载一姓氏世系源流、祀典、族规、家法、族俗、职业、教育、艺文、历代丁口繁衍和族中重要人物事迹的谱籍。各个宗族都有手书、木刻或石印版的族谱发给族人，以继承宗序，敦睦族亲，铭记祖训，子孙后代不忘祖先创业的艰苦和承先启后的使命。各种族谱皆载有四言或五言、七言如律诗、绝句般的宗族字辈序谱，嘱子孙后代按辈分取名，以免乱宗。如：黄氏有“一日光代，万世履隆，崇文承大，积厚祚洪”16字辈；蔡氏有“臣国士子一，二三开才奇，学仲惟忠孝，荣显光祖基”20字辈；坪滩的杨氏有“再政通光昌胜秀，承先宗序顺天长，世代常存洪祚远，文章华国绍书香”28字辈。同姓不同宗者的字辈往往前同后不同。

1950年后，在废除封建土地私有制的民主革命运动中，族长制彻底废除，封建宗族势力随之土崩瓦解。本县多数姓氏保存的族谱也在历次政治运动中，被视为封建残余而付之一炬，尚存族谱极少，故当今中年人以下知其宗族字辈谱序者甚少，其子女或随父姓，或随母姓，且取名建国、跃进、红卫、永红、卫东、革新等带有时代印记的名字较多，取单名者比比皆是，极少按辈分取名，以致出现同宗同族人辈分难分的混乱状况。20世纪80年代后，城乡又渐渐出现少数姓氏重修、续修族谱以及办“清明会”的现象。

第二节　家　庭

家庭是社会的细胞，是以婚姻和血缘关系为基础的一种生活组织形式。

1950年前，县境有三世、四世乃至五世同堂的大家庭。富豪人家以五世同堂为荣。普通民众三世同堂居多。家庭由当家男子掌握经济大权。特种技艺世代相传。如：顾县镇七村有三代擅长雕石狮的杨明瑞；安东乡有编织篾席闻名的秦运甲；大石乡有精制毛笔的李用文；县城有擅长木刻花鸟虫兽的杨青山；还有以祖传秘方医治疑难杂症的名中医柏安仁、刘绍寅、杨复生和尹家余等。

1950年前，家庭讲求辈叠员众。至长者施行封建专制治家，致使家庭缺乏民主风气。无论几世同堂都得维护至长者的家威。大户人家家规严明，一人行歹，举家训唾，施以惩戒。

1950年后，推翻封建制度，男女一律平等。在婚姻家庭中，每一分子均享有法律赋予的权利和应尽的义务，均能发挥各自的社会作用，个人意志能得以充分体现。儿女长大成人后，自由恋爱，自主结婚，父母除帮助操办婚事外，不得包办儿女的婚姻。儿女结婚后，一般要与父母分离，独家立业，殖育后代。家庭逐步呈现规模小、人口少趋势。加之70年代后实行计划生育政策，家庭人口数量逐渐减少且相对稳定，一般为二世同堂，家口3－4人。80年代后，农村大部分青壮年劳动力外出经商、打工，留家多为老小病残，小孩托付在家父母或亲友照管。2000年以来，城镇化进程加快，农户举家进城就业安家者甚众，农村家庭不断减少。家小人少，却经济富裕、生活美满。至2012年末，全县农户80%以上为砖混结构楼房，生活用品日益增加，档次提高，洗衣机、电冰箱、摩托车、彩色电视机、固定电话机话、移动电话普遍进入农家。近年来，家用小汽车开始进入农家，成为农家重要生活消费品。

第三节　宗祠　家庙

明末清初，外省移民四川，同姓族人多聚居于同一州、县，同一乡、里，甚至同一坝一沟，后来子孙繁衍，散居其他县、乡谋生。同一宗族的子孙为了认祖归宗和祭祀祖先，遂集资修建祠堂、家庙。祠堂设有神龛，供奉祖先牌位，于春、冬季隆重祭祖。人多的宗族除总祠外，还建有支祠。人少的姓氏不建祠堂，只清明节办“清明会”，有的清明会也不办。

旧时，岳池县境祠堂甚多。县城有李氏宗祠（下南街），王氏宗祠（万兴街、北街），何氏宗祠（西街），黄氏宗祠（下南街、凤鸣街），郭氏宗祠（北街、万兴街），林氏宗祠（文星街），范氏宗祠（西街口），陈氏宗祠（会府街），戴氏宗祠（小东街）等十八家宗祠。乡村有西板龚氏宗祠、坪滩粟氏宗祠、西溪罗氏宗祠、白庙唐氏宗祠、顾县、坪滩杨氏宗祠、骑龙周氏宗祠、安东秦氏宗祠、高寺宋氏宗祠、苟角曾氏宗祠、红星李氏宗祠、天平吴氏宗祠、石垭刘氏宗祠、文昌贾氏宗祠、大石皮氏宗祠、红庙吕氏宗祠、齐福蔡氏宗祠、罗渡陈氏宗祠、裕民周氏宗祠、中和段氏宗祠、渠河卿氏宗祠、临溪江氏宗祠、伏龙张氏宗祠等50余家较大宗祠。其中在县城西街的何氏宗祠内有上厅、下厅、厢房、天井，雕梁画栋，是县内较壮观的宗祠之一。大型家庙有：洗马慕家庙、东板郭家庙、高升唐家庙、观桥姜家庙、催龙向家庙、天台朱家庙等。

各宗祠都拥有多少不一的会田和房屋等公产，由族长掌握，或由族人推选经理执掌。会田租给贫困族人耕种，所收租谷用于祭祀祖先，修缮祠堂，救济鳏寡孤独的族人，资助、奖励族中穷苦子弟求学读书等。每年全宗族于清明节祭扫先祖坟墓，中元节请僧道做盂兰盆会，冬至节祀祖，祭祀后都要大办宴席，族中成年男人皆去祠堂赴宴。有的宗族清明、冬至不设宴，发给胙肉票至经理执事处换钱。有的宗族极重视教育，大力兴学，据本县《黄氏族谱》记载：民国 14 年（1925 年）建立黄氏宗族自治会制定会章，将祠堂改办小学。民国时期，裕民周氏宗祠、高兴张氏支祠、西溪罗氏宗祠捐祠产兴办小学，随之不少祠堂相继改办为私塾或小学。

1950 年后，各宗祠按《土改法》征收，分给农民居住或作公房，宗祠遂不复存在。

第四节　族规　家训　家法

旧时，岳池各姓氏宗族皆有族规、家训和家法，并将其刻于木匾挂于祠堂，作为教训子孙，规范族人的金科玉律。家规大多根据儒家的孝、悌、忠、信、礼、义、廉、耻以及耕、读、勤、俭等信条拟定具体内容。家训大都按酒、色、财、气、赌“五戒”制定具体条目。如《黄氏族谱》中录有“春秋须荐祖宗香，敦孝悌，明礼让，戒嫖赌，职业当劝士农工商”等规定。《何氏宗谱·家训》则以“忠孝为先，耕读为本，手足相亲，克己厚人，乐善好施，和睦乡邻”作为对子孙后代的训词。《张氏族谱·家法》记载“凡嫖赌者，杖六十；子孙纵容妻室辱骂父母及尊长者，杖三十；妻室加倍杖责；子孙恐被父母之病所传染而不肯竭力服侍者杖六十；欺侮族中孤寡者杖四十；族人有为匪盗、抢人财物者处死刑”等条文。族规、家训、家法旨在以伦理道德束缚族人，其中教育子孙思无邪、走正道、勤耕苦读、节俭持家、敬重尊长、和睦乡邻等规范具有非常积极的一面，至今仍为县人承传。近年来，一些宗族续修、新纂族谱时，将中共中央提倡的“八荣八耻”作为族规家训。

各宗族的族规、家训和家法大同小异。清代和民国初期，凡违犯族规、家训的族人，由族长在祠堂当众施以笞刑。随着社会的发展，时代的变迁，各宗族在祠堂处罚族人者渐少。至 20 世纪 50 年代土地改革运动后，随封建族长制彻底废除，宗族观念逐渐淡化。自 20 世纪 80 年代以后，修谱定规又逐渐有所恢复。

第九章　方　言

第一节　词　汇

岳池方言词汇的构词、词的分类与普通话较一致，随着社会的发展，岳池方言新词不断产生，生僻旧词逐渐消失，方言词汇不断充实和丰富。主要词汇有：

打梭边鼓：偷懒　　沟墩子：屁股

后脑抓抓（谐音）：后脑勺　　舅子老表：三亲六戚

办酒：结婚办酒席　　捡欺头：占便宜

撇脱（谐音）：干脆　　打捶：打架

憋牯牛下儿：强人所难　　装处：故作姿态

奶结子：仔母猪
磕膝波罗：膝盖
抱鸡母：孵小鸡的母鸡
车身：转身
卯的：有仇
耳巴子：耳光
碇子：拳头
一哈儿：一会儿
假巴意思：假心假意
扛背背：驼背
烂龙：思想行为不正的人
扭倒说：不停地对别人说
毛得很：脾气暴躁
趴倒起：躺下
撒尿：尿床
臊皮：丢脸
梭不脱：跑不了
两爷子：父子、父女
院边路：绕道走
涮坛子：开玩笑
打喝嗨：打哈欠
歪得很：性格个性强、很厉害
洋盘：时尚，有品位
撇托：直率，爽快
恼火，讨嫌：烦
倒拐：转弯
巴适：好
苕得很：土气
毛焦火辣：焦急、毛躁
不打紧：不要紧，表面无关紧要
脚猪：配种公猪
哪门的：怎么了
脚板：脚掌
倒转：反过来
对头：正确
狗得很：吝啬
憨起一砣：傻子
尖得很：十分聪明
诀人：骂人
垮皮：剥皮
张视：理睬
欧得很：炫耀、摆架子
寡蛋：孵儿失败的蛋
扫扫：用高粱秸秆做的小刷
水人：不可信
吹壳子：吹牛、说假话
两娘母：母子、母女
戳一顿：聚会进餐
看笑神儿：幸灾乐祸
莫搞头：（生意等）距离期望值甚远
涨扳子：出丑
火巴耳朵：妻管严
扯皮、扯筋：纠纷或吵架
跟生、扯常：经常
要得：可以
阵仗：阵势，架势，情形
弯酸：斤斤计较
洗白：全部失去（钱或其他东西）
不咋的：不怎么样
稳当：稳重、靠得住

岳池方言四片话腔音差异举例表

普通话	九龙话	顾县话	齐福话	中和话
人	人	嗯	能	神
江（姓）船	江船	江全	江船	钢全
日	日	儿	儿	日
玩	耍	嗨	耍	耍
男孩	娃儿	伢仔	娃儿	娃儿
猪肉	猪肉	居沤	猪入	猪入
煤炭	煤炭	煤炭	门炭	门炭
石头	石头	石头	日头	日头
锄头	锄头	绸抽	竹头	竹头
畚箕	撮箕	鸳箢	鸳子	鸳箕
斗筐	斗筐	斗姜	篮盘	斗筐
筲箕	筲箕	寮箕	筲箕	寮箕
地方	凼	塌塌	达达	凼
上面	高头	高夯	上头	高头
下面	底脚	低下	下头	岩脚
黄瓜	黄瓜	王瓜	王瓜	黄瓜
吃饭	吃饭	七饭	司饭	吃饭

第二节　语　法

一、岳池方言词法特点

词素变序：某些复合词，词素次序与普通话相反，而词义相同。如：“热闹”为“闹热”，“欢喜”为“喜欢”，“公鸡”为“鸡公”，“客人”为“人客”，“承认”为“认承”，“均匀”为“匀均”。

比喻词语：明喻多是前一词是后一词的形象说明，如：“笔直”“雪白”“橘黄”“冰冷”“火热”。暗喻如：“四眼人”“棒老二”“王濯濯”；一部分暗喻已演变为歇后语。如“哑巴吃黄连——有苦难言”，“墙壁上挂团鱼（甲鱼）——四脚无靠”，“一挑沙罐滚下岩——没有一个好的”。

附加词缀：附加词缀有前缀和后缀。前缀附加“老”字，如：老师、老鹰、老鸹、老鼠；后缀附加“头”字，如“田头”“锄头”“石头”“灶头”；附加“巴”字，如“泥巴”“盐巴”“嘴巴”“锅巴”；附加“子”字较多，如“筷子”“桌子”“刀子”“钉子”；附加“儿”字，如“猪儿”“鱼儿”“豆儿”“碗儿”“盘儿”；口头词“儿”化音更多，但不自成音节，如“老头（儿）”“麻雀（儿）”“酒杯（儿）”。

重叠词语：方言词语重叠较多。如：“坡坡”“沟沟”“枋枋”“盒盒”；又如：“把把柴”“架架车”“毛毛菜”“根根糖”“凉悠悠”“热烘烘”“胖墩墩”“瘦筋筋”“笑嘻嘻”；还有“坑坑凼凼”“旮旮角角”“密密麻麻”“舒舒服服”。

二、岳池方言句法结构特点

比较句。方言比较句可省去“比”字，如：

你比他大五岁——你大他五岁。他比你高一个头——他高你一个头。

甲队比乙队胜六分——甲队胜乙队六分。

被动句。方言被动句为“主语+把+名词+谓语+补语”的句式构成，有时可省去被字。如：

白菜被他拿走了——他把白菜拿走了。白菜拿走了。

疑问句。方言疑问句可省去“吗”“呢”等语气助词。如：

你姓啥？你今年多大岁数？你身体可好？你吃没吃午饭？你看不看电影？你去哪里？

方言疑问句、陈述句和祈使句偶用时态助词“倒、起、嘎”代替普通话语句中的“着、了、过”，但并不一一对应。如：

岳池话	普通话
他看倒两个小孩打架。	他看着两个小孩打架。
你吃嘎饭没有？我吃嘎了。	你吃过饭没有？我吃过了。
天冷了，把毛线衣穿起！	天冷了，把毛线衣穿上！
天亮嘎了（liao）！	天亮了（le）！

第十章　农家风尚风貌

第一节　思想观念变革

一、社会主义思想教育

（一）思想教育

新中国诞生后，在思想文化领域和社会精神生活方面，开始清除旧意识形态（在农村主要是封建意识形态）影响，把马列主义、毛泽东思想作为国家指导思想的社会实践，组织发动学习、宣传马列主义、毛泽东思想的全国性运动。遵照中央的指示和决定，中共岳池县委制订学习计划、学习制度，组织所有党政干部、学校教师、企业职工分文化程度，分班级，有系统地学习社会发展史、历史唯物主义、毛泽东思想基本理论和党在农村中的阶级路线等社会主义新思想，干部职工边学习边向人民群众宣传。同时，遵照中共中央《关于在全党建立对人民群众的的宣传网的决定》，1952 年 9 月，在全县各乡建立宣传网，选定乡村宣传员 22390 人（其中群众宣传员 16875 人），报告员 57 人（其中区、乡干部 31 人，党员 48 人），并建立报告制度，每月向宣传员报告 2 次。宣传员利用土广播、群众大会和文艺表演等宣传形式，广泛向群众宣传，使群众受到新思想、新理念、新观念、新知识的教育，为农家移风易俗奠定思想基础。

（二）反封建教育

在 1951 年 3 月至 1952 年 3 月的土地改革运动中，县委派出 1302 名经过政治理论学习和培训的土改工作队员，深入岳池农村领导土改运动，在广泛发动群众彻底变革土地所有制的同时，深入揭露封建主义给农村所造成的长期贫困、愚昧与落后，启发群众反对封建主义的思想觉悟和阶级觉悟。通过

“吐苦水”“挖穷根”等方式，让农民进行反封建自我教育，冲破束缚人们千年之久的封建思想牢笼，为新的思想意识在广大农村扎根打下良好的基础。

（三）废除旧教育制度

县委首先对教育文化领域进行认真地组织清理。废除旧学校一切规章制度，对中小学教师进行思想改造，肃清封建思想残余，破除旧观念、旧习俗，树立社会主义新思想、新观念、新作风；其次，实行教育向工农开门的方针，大量吸收工农子弟入学接受新知识、新思想教育培养；其三，改革教学内容，取消旧学校实施的训导制度和政治课程，开设新的政治课、周会课和思想品德课。学校思想政治工作以“反帝反封建”教育为主要内容，“培养大批具有时代新思想、新观念、新知识、新觉悟的年轻一代革命者、建设者”。在文化工作方面，重点从思想上、政治上清除旧社会的“封建遗迹”，帮助文艺工作者摒弃陋习和旧思想。贯彻文艺服务于政治，服务于人民的方针，演出《白毛女》《刘胡兰》《赤叶河》等话剧，创作出《土地还家》《儿女自己的心事》《大榆林》等适应新形势的作品。在县、区、乡分别成立专业和余业文艺宣传小分队400余个，常年巡回演出，配合新华书店推介新图书、图画，以健康文艺占领农村文化阵地，从而动摇旧意识形态在文化领域的统治地位。

（四）贯彻执行《婚姻法》

1950年3月，贯彻执行《中华人民共和国婚姻法》，在各级人民政府强有力地宣传推动下，广大妇女冲破“三从四德”“三纲五常”、男尊女卑等封建意识及旧的习惯势力的桎梏，勇敢地同封建婚姻制度及婚姻观念作斗争，争取自由、幸福、自主的婚姻，形成了冲击落后封建婚姻观念、摧毁封建婚姻制度的广泛运动和强大声势。婚姻自主迅速取缔婚姻包办，完成婚姻制度彻底变革，统治人们几千年的以封建婚姻制度为其基础之一的封建宗法制度受到沉重打击。

二、破除封建迷信

旧时，岳池城乡无论男女老幼普遍信神信鬼信上帝。县内庙宇、寺观众多，香火旺盛，巫婆、神汉、端公、道士等迷信职业者四处招摇惑众，各种求神问卦、驱鬼消灾、算命祈福等迷信活动比比皆是，严重禁锢人们的思想，毒害人们的灵魂，消磨人们的意志，污染纯朴的民风。1950年代，中华人民共和国建立之初，结合学习宣传马列主义毛泽东思想，广泛进行唯物主义无神论教育，批判封建迷信的欺骗性、危害性；开展破除封建迷信、取缔反动会道门活动，发动群众自觉捣毁各类神像；各乡镇分别集中各类迷信职业者进行思想改造，使之改恶从善，从事正当职业。全县城乡公开的封建迷信活动基本消除，各色迷信职业者销声匿迹，人们的精神面貌和社会风气、风俗为之一新。

第二节　农家新风尚

一、农村思想道德建设

20世纪80年代，全县农村开展以“五讲四美三热爱”（讲文明、讲礼貌、讲秩序、讲道德、讲卫生；心灵美、语言美、行为美、环境美；热爱祖国、热爱党、热爱社会主义）为主要内容的思想道德建设活动，以及“学雷锋，树新风”活动和“四有”（有道德、有理想、有文化、有秩序）活动。针对一些村民法制观念薄弱、封建迷信有所抬头、拐卖妇女儿童、赌博、卖淫嫖娼等丑恶现象滋生等新情况，广泛开展“普法”教育，切实加强和改进农村思想政治工作。90年代，以《农民思想教育读本》为基本教材，广泛开展“三个三教育”（即“三个基本”教育：党的基本理论、基本路线、基本纲领；"三德"教育：职业道德、社会公德、家庭美德；"三个主义"教育：爱国主义、集体主义，社会主义)，并将教育活动与小康村建设、妇女"双学双赛"活动、"青年文明号"创建活动、见义勇为活动、社会治安综合治理以及爱国卫生运动紧密结合，融教育于经济建设各项工作之中。在农村基层党组织中，开展党员"三带"活动（即党员带头劳动致富、带动群众致富、带头遵纪守法）。在村民中成立"农民思想道德讲评会"，促新风尚的形成与实践。进入21世纪后，从抓人们的公共生活、家庭生活入手，着重开展基本道德规范的普及，根据"爱国守法、明礼诚信、团结友善、勤俭自强、敬业奉献"20字公民基本道德规范，普遍制定乡规民约、村民守则、文明公约。开展创"学习型公民""学习型家庭"活动和"科学生产，文明生活""评身边好人好事""鼓励见义勇为""学习道德楷模"等基本道德实践活动。2010年，贯彻党的十七届六中全会关于开展道德领域突出问题专项治理，加强社会公德、家庭美德、个人品德和职业道德教育的指示精神，针对当前一些社会成员道德失范，人生观、价值观扭曲，是非、善恶、美丑界限混淆，见利忘义、损人利己，道德冷漠、丧失良知等与社会核心价值体系背道而驰，与民族传统美德格格不入的突出问题，在城镇和农村，采取大力宣传，引导人们增强道德判断力和道德荣誉感；开展道德问题自查自纠和群众评议，树道德建设先进典型；用管理手段解决突出问题，进行专项教育和治理。

二、文化科学知识教育

20世纪40年代末，岳池总人口55.8万人，其中成年文盲24.8万人，占总人口的44.4%。自1952年开始，在全县农村开展"扫盲运动"，全县各学校开办"民众夜校"。1952年，推行"速成识字法"，开展以识字教学为中心的冬学运动，先后办农民夜校536所，识字班662班，学员59416人。1954年，冬学转为常年夜校，按照"农闲多学，农忙少学，大忙放假"的原则安排学习。农业合作化时期，乡乡办夜校，社社办识字班（组）、识字站，学员达121916人，脱盲86360人，占学员总数70.80%。1979年后，农民教育复苏，县教委和县精神文明办协同，加大扫盲力度，到1993年，全县农村15～45岁青壮年非文盲率达95%以上，达到国务院规定的扫盲标准，获得南充地委、行署"基本扫除文盲县"证书。1995年10月，四川省人民政府授予岳池县"高标准扫除剩余文盲县"铜牌。

农村广泛开展各种科技活动，宣传灌输科普知识。各有关部门、各科技站、学会、协会利用黑板报、山头土广播、科技橱窗、科技电影（幻灯）、科普巡回展览、编发科普资料等方式，向群众宣传破除封建迷信、种养殖适用技术、医疗卫生、人口生育、节能环保等科学知识；采用群众来信来访、设立科技咨询服务站（点）、科技赶场等方式开展科技咨询、技术咨询和技术服务；举办科技培训班、函授班、电视教学班，培训农村适用技术人才。1979年后，县农教办协同县科委、科协和各涉农部门，先后办农民技术学校65所、农民初中32所、农民小学40所，先后开设农技、农副产品加工、缝纫、建筑、家电维修等20多个专业。不定期开办各种技术短训班，对农民工进行转移就业培训和创业培训。至2010年，全县培训各类技术人员20.5万人，为造就一大批有一定文化科技知识的新型农村劳动力发挥积极作用。

三、文明村组创建

自1984年起，全县农村纷纷开展创建文明村、组和文明细胞（文明家庭和个人）活动。创建活动突出思想道德教育。以培育"四有"新人，改善社会风气和生活环境为目标，采取干群共建、工农共建、军警民共建等多种方式进行。为提高创建力度和创建质量，各乡镇制定有创建规划，并将任务分解到人，列入干部任期目标，并实行"一票否决制"，由县政府定期按《文明单位考核细则》验收、复查。从1989年起，工作重点转入文明细胞创建，在村民中广泛开展争创“四户”（遵纪守法户、五好家庭户、双文明户、科技示范户）和“星级文明户”活动，争当“尊老爱幼”“见义勇为”之星活动。结合文明村、组创建，各乡镇加大投入，对农户进行“两管”“五改”（即管水、管粪；防水、厕、灶、畜圈、室外环境），改善农村卫生条件和人文环境。

经过长时期群众性创建活动，至2010年，全县建成省级文明村3个、市级文明村2个、市级最佳文明村2个、县级文明村63个，省级卫生村15个、市级卫生村50个、县级卫生村402个，星级文明户22万户、“学雷锋小组”1768个。2011年，新农村建设中，建成环境优美乡镇1个、生态文明村4个、生态示范区1个、生态家园30个。农村精神文明建设，使全县农民的思想道德素质、文化科技水平、精神面貌、社会风尚、环境卫生以及农村的整体形象都发生新的巨大变化。

四、破旧俗树新风

（一）旧的信仰习俗衰落

20世纪50年代初土地改革时，依据《中华人民共和国土地改革法》，岳池各地的祠堂、庙宇及其土地、庙产被征收，神像被群众砸毁，全县1000多名和尚、道士，为维持生计，还俗走出庙观，从事各行各业生产劳动，作为信仰场所的庙宇寺观由此衰败与消亡。各乡镇分别集中各类迷信职业者进行思想改造，使之改恶从善，从事正当职业。各色迷信职业者销声匿迹，经此斗争，集体的、公开的、制度化的礼佛崇道、求神祈福、驱鬼降妖和各类祭祀活动因失去场所而不复存在，而代之以个体的、秘密的、非制度化的活动。如制度化的宗族祭祖活动停止，而一家一户的祭祖活动仍然存在；传统的信仰活动基本保存，但内容被改造，如旧时岳池每年都举办各种庙会，这些庙会经长期演变，形成为信仰、娱乐和贸易三位一体形式。1950年后，对庙会进行改造，着眼于剔除其迷信成分，利用其娱乐、贸易形式，办成盛大的城乡物资交流会，与昔日的庙会有本质的区别。又如家庭祭祀祖先，虽然供刀头、果品，烧钱化纸的习俗仍保留，但只不过以此种形式寄托子孙后代对祖先的崇敬和缅怀而已。

（二）旧的信仰意识淡化

在旧社会，农民很信“命”，认为穷是“五行八字命生成”“命里只有八合米，走遍天下不满升”“万事皆由天定，神佛万能”。想千方百计求神拜佛以图改变命运。在经历几十年坚持不懈的农村思想教育、唯物主义无神论教育、反封建主义教育以及此后的精神文明建设，使广大农民社会生活中古旧的、消极落后的思想观念受到尖锐的批判，人们的信仰习俗逐步改变，长期被人们供奉、祭祀的各路神圣开始逐渐走出人们的心灵世界，旧的封建意识、迷信观念开始失去对人心的控制以至各种祭祀天地神佛、妖魔鬼怪的习俗一度完全消失，市场也无迷信用品销售，在传统佳节，无人浪费时间去祭祀神灵偶像。20世纪80年代以来，深化农村改革，脱贫致富奔小康成为农民的主体思想与追求，每年近40万民工逐年外出务工，与东南沿海先进的生产方式相结合，学到先进生产技能、管理知识、创业本领，眼界视野、思想观念、思维方式、信仰习俗大转变，佛道神怪离其心灵更加遥远，对党的崇拜、对党的改革开放政策的信赖成为他们新的信仰。

（三）婚姻习俗变革

从习俗方面讲，传统婚姻的根基，是媒妁之言，父母之命；从婚礼形式来说，是拜天地神灵。自二十世纪五十年代，这两个方面都发生巨大变化。1950年5月贯彻执行《婚姻法》，自主婚迅速取缔包办婚，与此同时，拜天地神灵之类体现“父母之命”“天地之合”的婚礼形式亦迅速减少，直至消失，盛行婚事新办。农村男女婚配，一般是新郎带领秧歌队，迎亲佳宾敲锣打鼓迎新娘过门。婚礼程序简单：由证婚人宣读“结婚证”；新郎新娘向领袖三鞠躬；向父母、来宾敬礼；夫妻互相敬礼；设便宴待客。完全没有旧式婚礼的繁文缛节，但又不失喜庆气氛。六七十年代，因农民收入低下，物资匮乏，加之极左思潮的影响，婚礼普遍趋于简约、冷清。既无鼓乐喧天的迎亲场面，也无宾客满座的宴席，只是新郎带上三五个迎亲客把新娘接来拜见父母了事。八九十年代，改革开放，经济腾飞，农民收入递增，婚礼追求文明、欢快、气派，原盛行的迎亲方式和婚礼形式普遍恢复，且规模更大，更隆重，婚宴也较丰盛。进入21世纪后，城镇专司操办婚庆的“婚庆公司”和农村的“婚庆服务队”悄然兴起。与婚家商定服务佣金后，从迎亲、婚礼到婚宴，全由婚庆公司承办，名曰“一条龙服务”。婚庆公司服务质量高又有新意。一般是以军（腰）鼓队和舞蹈队热热闹闹迎新娘至礼场，婚礼于12时9分举行，由婚庆公司两位具有一定节目主持技艺的俊男靓女主持。仪式在热烈欢快的乐曲声中开始，首先请父母登台坐定，当新郎新娘在伴郎伴娘偕同下亮丽登场时，鼓乐声、鞭炮声乍起，烟花绽放，花絮飞舞，接着由证婚人宣读“结婚证书”主婚人讲话、新郎新娘跪拜父母、父母讲话并致欢迎词、来宾代表致贺词、新郎致答谢词，新郎新娘喝交杯酒并互赠结婚纪念品，其后便是主持人临场发挥所编导的新郎新娘与好友玩伴互相逗乐的节目。最后，由父母引领新郎新娘逐席给来宾敬酒，再表谢忱。整个婚礼仪式简洁明快，文明时尚，全无旧婚习俗痕迹。

婚姻程序大大减化。旧时，婚姻有“六礼”之说，即有提亲、开庚、报期、过礼、迎亲、回门六个主要程序。每一程序又都冗长繁芜，费时耗财。自20世纪50年代，婚姻程序简化为订婚和成婚两个程序，有的只有成婚一个程序，如“茶话会婚礼”“集体婚礼”和“旅行结婚”等。婚姻程序简化，使合八字、择黄道吉日、拜天地神灵等旧俗尽去，而且所费简朴，开启婚事简办新风尚。

（四）丧葬习俗演变

1950年后，党和政府广泛进行唯物主义无神论宣传教育，批判封建主义，破除封建迷信，提高人们思想道德素质和文化科学水平，旧的丧葬习俗发生根本性变化。

追悼会取代旧式葬礼。自20世纪50年代始，农家办丧事，不再搞“开路”“点祖”“告祖”“应七”“做道场”等仪式，子孙后代不披麻戴孝，只臂戴黑纱，胸佩白花，用花圈、祭幛、挽联等祭品，以开追悼会的形式祭奠死者，寄托哀思，而后入土为安。虽然也要择墓地，但完全摒弃旧习俗的束缚。

殡葬方式变化。1986年，岳池实行“改革土葬，推行火葬，破除旧的丧葬习俗，节俭文明办丧事”的殡葬改革。全县党员、干部去世后，带头火葬；群众死后提倡火葬。若土葬，则实行薄棺深埋，不留坟冢。殡葬制度改革改变传统殡葬方式，带来了观念的变革。

丧礼仪式演化。2000年前后，岳池城乡出现承办死者追悼会、遗体安葬（火化）和丧宴的“丧事服务公司”和“丧事服务队”，在各地开展有偿服务。其所主持的追悼会将20世纪50年代以来形成的追悼会模式改进为新的形式且具特色和创意。追悼会程序大致与50年代相同，礼仪一律改为鞠躬和默哀，不再作揖、叩头，不披麻戴孝；公司（服务队）配备有专职哭丧人，在低沉的哀乐声中，替代孝男孝女哭丧。所哭内容大致是追思死者生平、情操和成家立业、抚育子女的艰辛，子女对死者的怀念和对种种不孝行为的忏悔，祝愿死者一路走好，驾鹤西天。其哭声之哀婉，情词之真切，比其亲子女有过之而无不及，委实催人泪下；哀、乐结合，丧事亦作喜事办。追悼会结束、晚宴开始时，欢快激越的乐曲声乍起，射灯闪烁，欢乐的歌舞晚会开始。身着彩装的公司（服务队）演员和奔丧送葬的宾客交替登台，或唱歌，或跳舞，或说唱杂耍，直至凌晨方休。丧葬程序和仪式的演化，体现了农家生死观念的改变，给当前农家丧葬文化注入新的元素。

（五）人口生育观改变

旧时，岳池农家传统生育观念根深蒂固，致使人口无节制迅猛增加，人均占有耕地、粮食、自然资源、社会财富逐年下降，给国家、社会和群众个人均带来沉重压力和负担。为此，20 世纪 70 年代后，国家动员全社会力量，以降低人口自然增长率，提高人口素质，促进经济社会发展为目标，以宣传教育为先导，以计划生育政策为导向，以强化管理、完善服务体系为手段，以建立健全农村社保体系为保障，多管齐下。历经数十年艰苦努力，被称为“天下第一难事”的人口生育工程取得良好成效。

传统生育观念改变。民间流传的《计划生育三字经》写道：“吃不穷，穿不穷，随意生，一世穷；计划生，好处大，利自己，利国家；晚婚育，少生孩，早脱贫，富起来；生一个，为最好，精心养，质量高；计生法，齐遵守，强国家，减人口；生育观，要更新，计生法，牢记心；……”真切地体现出人们生育观的转变，而且切实地转化为实际行动。1964 年，执行“提倡晚婚晚育，一对夫妇有三个以上子女的动员绝育，有两个子女的实行避孕”政策，自此人们自觉地坚持晚、稀、少的原则，节制生育，控制人口过快增长。1979 年以后，不少青年男女、育能夫妇，摒弃“早生儿子早享福”“多子多福”传统生育观，认为早生晚生，生多生少，对父母都是“累赘”“觉重负担”，认为是“青春的缺失”，防碍脱贫致富奔小康，因而不愿早结婚，成为剩男剩女；即使结婚，也不愿早生、多生孩子。传统生育观念的改变，人口自然增长率逐年下降，人口素质明显提高。

五、道德情操新风尚

（一）家庭美德

尊老爱幼。农家继承传统，尊崇“立世以信为本，齐家以孝为先”的古训。对于家中的老人十分敬重、孝顺，不违背老人的意志和训示，即便老人所言所示欠妥，口头上也得应承。对老人的日常生活，子孙后代关怀备至，随时嘘寒问暖。家中有了好吃的，首先敬奉老人，然后子孙才可享用；每餐饭先给老人盛上，放在上席的桌面上，好菜肴摆在老人面前，然后请老人就餐。老人未吃之前，子孙不能先吃，否则视为不孝；老人生病，若是一般的伤风感冒，子孙便采集中草药为其治疗，若久病不起或瘫痪在床，子女耐心侍侯；大病、重病则延医诊治；老人缺少衣衫，特别是御寒的被褥、棉衣棉裤、鞋帽，冬季来临之前就早早为其添制整齐。寒冬腊月，过去各家各户都要为老人配备一个“烘笼”取暖，以免受冻，现在大多不用“烘笼”，而以电烤炉、电热器、电热扇、热水炉等取代之；对于老人的寿诞，子孙后代都尽最大努力隆重举办；对于年近迟暮的老人，有条件的家庭，都要及早为其准备“后事”，制办“寿木（棺材）”“寿衣”，以免老人一旦百年归世时，无棺无衣；老人临终前，外出子孙必须赶回家中“接气”、送终，去世后举行隆重仪式奉老人入土为安，每至清明节、春节，子孙后代齐聚亡老坟前祭奠、扫墓、垒坟，寄托哀思；出门路遇老人，主动而恭敬地站在路边为老人让路，或搀扶老人上梯过坎。对邻里中的鳏寡孤独和伤残老人，配合政府给予关爱帮助，或问病就医，端水送饭，或帮助生产劳动。对于个别不赡养老人、虐待老人、侵犯老人合法权利的不孝子孙的行为，会遭到村民们的严厉批评指责，情节严重而又不改正的，要在村民会上检讨、认错，接受大家的批评帮助，改正错误。对于孝老敬老的子孙后代，村民格外敬重，交口称赞，并积极响应政府号召，参与“孝老敬老之星创评”活动，使关爱老人蔚然成风。九龙镇五里碑村徐道志，对双目失明的孤寡老人吴清秀视如亲娘关心照顾，16 年坚持为其挑水煮饭、洗衣洗澡、料理家务；天台乡二村张正余 20 年如一日，照料九旬老人莫魏氏；西溪镇罗永彩 20 年坚持赡养、侍候瘫痪的老姑，获“岳池县敬老好儿女”奖；秦溪镇赵晓蓉坚持长年侍候双目失明的孙张氏，四川省老龄委授予她“敬老好儿女金榜奖”。2010年，全县开展“孝老敬老之星”评选活动，获选者受到县委县政府嘉奖，成为全县群众学习的榜样。

1991年以来，全县各乡镇相继成立老年人协会，发展村社老龄组织，修建老龄活动室、老年人健身路径，使老人“老有所养、老有所为、老有所学、老有所乐”。以县老年协会为阵地，帮助老人解决生活、婚姻、财产纠纷等实际问题；调解涉及老龄问题的家庭矛盾，逢年过节对老人开展慰问，解决最低生活保障等问题，使老人生活幸福，安度晚年。

对于小孩，民间视为家庭宝贝，父母掌上明珠。民间有“没有不爱子女的父母”的说法。对于小孩的日常生活，父母、长辈格外关心、呵护，衣食享受几乎与祖辈同等，甚至超过。祖辈有什么好吃的，往往自己不吃，而给予孙孙。对小孩的成长，父母、长辈非常重视，时常加以教导、训示，要求孩子听大人的话，要勤快，不要懒堕；要学好人，不做坏事；长大要有出息等。父亲一般以严词教导，母亲以身教影响。故民间有“严父慈母”之说。小孩若调皮捣蛋，或做了错事，有的会被父母打手板、打屁股，但并不真打，只不过“高高举起，轻轻放下”“打在儿身，痛在娘心”，做做样子吓唬而已，目的在于使其吸取教训，不再犯错。小孩到了入学年龄，父母都要送其入学，对于他们的学习成绩、品行，父母都很关心。成绩好、品行好，父母感到欣慰、自豪；相反，父母则很着急，会常与学校、班主任联系，共同努力，促使孩子进步。对上中学、大学的孩子，父母更是尽其所能，全力以赴地从各方面予以支持，使其安心学习，成人成才，报效家庭，报效国家。对于别人家的孩子，无论认识与否，总爱嬉逗、戏耍、爱抚，使其高兴。遇有受难孩童，大家积极救助；遇有走失儿童，众人自觉帮忙寻找；遇有弃婴，自觉拾养；遇有拐卖儿童，积极提供线索，使其解救脱险，回到父母怀抱。

弟兄友爱，妯娌和睦。过去农家讲“孝悌”，而今信服“家和万事兴”格言。弟兄姊妹妯娌之间很重同胞手足之情，互相尊重、关心、爱护和帮助，和谐相处。夫妻之间，互敬互爱，平等相待，分工明确，一般是男主外，妻主内，男人养家糊口，妻子相夫教子，侍候公婆，操持家务，各司其职，共同持家立业。弟兄妯娌之间若发生矛盾纠纷，通常在父母主持下，通过“民主家庭会”进行调解、教育，通常能够“搁得平”；搁不平的矛盾纠纷，通过村、社民事调解组织调解、说和，除极个别不识大体，不听规劝者外，通常可得到圆满解决。故民间流传着“弟兄之间打破脑壳镶得起”的说法。

和谐邻里。农家极重视邻里关系，增进邻里关系，爱护邻里关系，素有“一个好帮手，不如一个好邻里”的说法。平时邻里之间常串门摆家常、扯闲谈，增进友谊，但绝对忌讳议论东家长、西家短，拨弄是非，影响团结。互相注重礼尚往来，凡红白喜事或寿诞，皆互相送礼祝贺，无偿帮忙料理。平时哪家有了好吃的菜肴、小吃、时鲜水果，甚至泡咸菜都相互馈赠，谓之“尝一尝”。邻里若有病痛灾难，互相关心问候，或帮助送医拣药，或尽其所能予以经济支助。若邻里外出，常互相请托看管门户；外出时间较长，往往将钥匙交给邻居，以便进屋渗泡菜罈弦水，给家畜家禽喂食，谓之“请照一眼”。对邻居的小孩，视如己出，有好吃的、好玩的，与自己的小孩同享同玩；孩子们调皮捣蛋、打架吵架，各招呼各家的孩子，不互相指责对方，免伤和气。春种冬收大忙季节，劳力相对紧缺，邻里间常互相帮工、换工，以不违农时，保证满栽满插，颗粒归仓。

勤劳节俭。农家视土地、粮食为生存之根本，为了获得好收成养家糊口，长年辛勤耕耘，极少休闲。为了温饱，经营土地和从事养殖、纺织、编织、修补等副业生产。对于一年的收入，总是精打细算，量入为出，该花则花，绝不“花闲钱”，更不铺张浪费。日常生活崇尚俭朴，饮食不大讲究，每餐通常是粗细粮搭配加家常小菜，肉食晕菜不常吃。全家老少皆爱惜粮食，收割时地里所掉的一支穗、一粒豆、一根薯都要尽可能拣回；吃饭时掉在桌上的一粒饭都要拣而食之，更不许小孩饭碗不扒干净抛撒粮食。农家平时衣着也很随便，色调、款式合群且方便生产劳动即可，除少女少妇外，一般不佩戴饰品饰物。改革开放以来，农村经济发展，农家可支配收入大增，经济上富裕了，但农家依然固守着、传承着勤俭美德。

（二）社会公德

遵纪守法。古往今来，岳池农家以忠厚老实，民风纯朴著称，崇法慎行是为行为准则。民间广泛流传有“若要人不知，除非己莫为”“麻雀飞过留影子”“王法条条不容情”等法制警句、格言，随时规范、约束、指导自己的行为。平时农家的家教甚为严格，家长常教育子女老老实实做人，踏踏实实做事；告诫什么事做得，什么事做不得；强调子女要多行善，莫作恶等。1985 年以来，农村社会主义精神文明建设和广泛开展的“普法”教育，使法制常识、法制观念、遵纪守法自觉性大大增强，家家以《乡规民约》《公民守则》指导、规范自己的言行，积极参加争创农村“遵纪守法户”“五好家庭户”等创评活动，使农村不安全因素大为减少，社会秩序和谐稳定。

热心公益事业。岳池农家人心向善，好做善事，民间谓之“积公德”。平时对鳏家孤寡、乞丐等弱势人群颇富怜悯之心，常施以援手，或给钱物，或护理日常生活，有的直接接到家中供养。邻里若不幸遭遇天灾人祸，生活陷入困境，乡亲们往往自发邀约为其募捐，民间谓之“划公角”筹集钱粮、衣物，助其渡过难关。汶川地震、玉树地震发生后，县民们踊跃捐钱捐物，及时送到灾区。平时见道路桥梁损坏便主动填几挑泥、补几块石，有大的损坏则集资修整。农家捐资修路修桥蔚然成风。2010 年后，县内实现村村通公路，50% 的村通水泥公路，水泥便民路通达各个村落。

见义勇为。岳池农家历来有好打抱不平、维护正义、不畏强权的精神。或遇见以强凌弱，或得理不饶人，欺侮弱者，大家会站出来“吼号”（谴责）给被欺侮者“扎起”（支持）以正压邪，使事态平息。在公共场合发现有人打架骂架或发生矛盾纠纷，会主动上前“打园场”（调解、劝阻）。若遇人落水、坠岩，或处于危险境地，会毫不犹豫地舍身相救。见歹徒违法行凶，会勇敢站出来“雄起”与歹徒相搏，或协助公安机关予以惩治。为鼓励见义勇为行为，县委、县政府设立见义勇为奖励基金，每年评选奖励见义勇为先进个人和集体。

讲诚信重信用。农家历来以诚信为立世之本，以“行天理中当行者事，做人世间守信之人”为为人处世的信条，非常鄙视言而无信，轻诺寡信之人和欺蒙拐骗、弄虚作假的行为。一旦承诺的事，必尽力兑现，不反悔、不拖延、不忽悠；即使经努力一时难以兑现，也要给对方以合理的解释，求其谅解，绝不不了了之。在集市上出售农副产品，货真价实，童叟无欺，不掺杂施假、短斤少两；相反，若受到别人欺蒙，则不依不饶，务必改正方才罢休。近年来，由于种种原因，个别人道德滑坡，诚信缺失，但农家绝大多数人仍坚守诚信而不移，受到社会广泛好评。

尊师重教。继承几千年优良传统，农家对于传道、授业、解惑的老师格外敬重，各家各户的神龛上至今仍保留着“师”的神位，与“天地”“祖宗”同享同祀。各家将子孙送进学校后，家长对学校对教师高度信赖，不妨碍学校的教育教学工作，总是从各方面给予配合与大力支持；时时教育孩子“听老师的话，好好学习，做老师的好学生”；1995 年前，农村执行按家庭纯收入 5‰比例缴纳教育费附加的规定，各农户毫无异议，积极交纳，支持农村教育事业；平时村里学校若出现校舍、桌凳破损，村民常集资修缮或义务修理；每逢教师节，学生、家长纷纷到校向教师致以热烈祝贺和慰问。

对于收徒授业的工匠师傅。农家同样尊敬有加。学徒在三年投师学艺期间，老老实实听从师傅的指教，专心致志学技术，不敢懈怠；对师傅的日常生活，如同对待自己的亲生父母般关心和侍候。逢年过节备办厚重礼物表示祝贺，学成出师时备办宴席，举办隆重的谢师仪式，三拜、九叩，感激师傅的无私教授。从业之后，对师傅仍然如对父母一般毕恭毕敬，不敢违拗“打翻天印”，故民间至今流传着“一日为师，终生为父”的说法。

第三节　农家新风貌

一、生产生活条件改善

21世纪以来，遵照“生产发展，生活富裕，乡风文明，村容整洁，管理民主”的新农村建设方针和“两到户三进村”（农民增收项目规划到户、村落居民建设规划到户；公共服务进村、基础建设进村、基层组织建设进村）的要求，岳池启动以发展现代农业，保护自然生态为重点，实施山、水、田、林、路综合治理，改善基础条件、人居环境，发展公共事业的新农村建设工程。已形成由点到线、连片成面、分步实施、整体推进的良好格局，构建起“业主带动型”“项目助推型”“产业示范型”等长效机制，将农村物质文明和精神文明建设推高到新的层次。

在新农村建设中，乡镇党委、政府动员和引导广大村民积极参与“三治五改两建”工程，即治理脏、乱、差；改水、厕、厨、圈、排污；建沼气池、垃圾池。努力营造清洁、整齐、优美、规范的村组环境。推进城乡环境综合治理，整顿交通秩序、市场经营秩序、卫生保洁工作等。2009年以来，全县农村新打卫生井4500余口，解决近2万人饮水困难；新建和改建乡镇集中供水站58处，取消8座饮用水源水库给食性养鱼和51座水库肥水养鱼，解决4.5万人饮水安全问题；改厕、厨、圈、排污29250户；新建沼气池4350口、沼气服务站7个，另有不少农户改用罐装天然气，建垃圾池5000余个、垃圾处理场（站）100个；规范农户柴草杂物堆码场所5500处；完成21个乡镇、103个村、12510农户房屋及院坝风貌塑造、建花池（圃）1500个、院坝硬化率达95%以上；植风景树1667公顷，巩固完善工程造林1.4万公顷，森林覆盖率达到30%。

二、生产方式变革

坚持“面向大市场，培育大产业，经营大品牌”的方针和“发挥优势，突出特色，形成规模”的农业产业化思路，各乡镇围绕县政府“一园三带六片”的总体布局，突出“三优三特”优势产业，发展优质粮油、果蔬、生猪、特色兔、特色食用菌、特色农副产品；积极培植产业关联度大、市场竞争力强、辐射带动面广的农产品加工龙头企业和专业合作经济组织，延伸产业链；加强社会化服务体系建设，创新服务体制、机制和职能，提升“三农”服务能力，加强农村科技队伍建设和新型农民培训，建设县、乡、村三级信息网络平台，落实强农惠农政策，维护农民的发展权力和合法利益；发展农村非农产业和劳务经济，推进农村产权制度改革，促进农民土地向农业经营业主流转和农民转移就业，增加工资性收入、劳务收入和财产性收入。通过上述措施，“三农”状况大为改善，农村经济得到新的发展。到2010年，全县新建成现代农业产业基地2.1万公顷，建成优质生猪养殖基地1个，蔬菜种植基地乡（镇）11个，规模以上农业产业化龙头企业40户，组建农民示范性专业合作经济组织82个；农业产品商品化率达68%。

三、基础设施完善

各乡镇坚持山水田林路综合治理，统筹实施“畅通工程”、信息工程、农业开发、土地整理、中低产田土改造、标准农田建设、病险水库整治、水土保持等项目，至2011年，新建通村水泥路304.3公里，断头路连线124.6公里，整治乡道烂路39条440公里，整治危桥25座，便民路232公里，“乡乡通油路，村村通公路”的目标基本实现，“骨架突出，干支相连，城乡互通”的交通体系基本建成。建设标准化农田1000公顷，治理水土流失面积23平方公里，改造中低产田土733公顷，“金土地”项目土地整理4527公顷，修善病险水利工程7116处，修复改造提引灌溉机具768台（件），新增灌溉面积340公顷，完成工业原料林3927公顷。移动电话、互联网宽带实现普及，正稳步推进宽带信息村工程及中心服务体系建设；开通有线数字电视，完成835个自然村广播电视“村村通”工程。

四、人居环境美化

按照“科学规划、规模适度，合理聚集，有利生产生活”的原则，开展农民新村建设。政府采取以奖代补，免费提供图纸和技术指导等方式予以支持。2010年，引导农民新建和改造农房10887座（处），面积120余万平方米。2011年，广安市委、市政府提出“农民新村建设要与现代农业产业基地建设相结合，让现代农业产业基地覆盖农民新村”的要求，县政府启动“一园三带六片”新村建设规划，加快以九龙、朝阳、乔家省级新农村建设示范片和普安县级新农村建设示范片为重点，以民富、村美、文明、和谐为目标，以产业发展和民居建设为核心，以县、乡、村三级联动为手段，以“富、学、乐、美、安”五进农家为标致的新农村示范片建设。在示范片民居建设中，特别强调建设有川东民居特色，适用、美观、设施完备、环境优美的集中居住区。积格探索新农村综合体建设，改善农村整体面貌。至2011年，改扩建农村村民集中居住区48个，涉及农户1064户；新建26个，涉及农户2793户，累计3857户，全面建成新农村重点村1个（朝阳天王庙村），完成全县统一规划的60%农户改建任务。

五、生活方式革新

（一）物质生活

衣。20世纪50年代，岳池农家衣着简朴，衣料为棉布土布，新旧款式并存。一方面，传统服装仍很普遍。如男人冬穿自制土布满襟长衫、长裤、短棉袄、棉褂、头包白帕，夏穿无袖对襟汗褂，对襟短衫、短裤；女人穿布钮扣对襟短衫、满襟长（短）衫、长裤，冬夏变化不大。另一方面，男人的中山装、列宁服、学生装、干部服，女人的印花布衬衣、带袖连衣裙，开始在年轻农民中流行。六七十年代，传统服装在农村基本消失，中山装、列宁服、仿解放军装成为服装主角，灰、兰、草绿色为主色调，很单一呆板。80年代以后，服饰追求美观、随意、时尚。城市与农村衣着只有质地之分，无花色款式之别，四季各异，品类繁多。特别是每年近40余万外出务工人员，春节返乡期间，无论男女，衣着光鲜、时尚，给农村服饰带来新的潮流和亮点，成为当代农家文化内涵重要的文化表征。

食。自20世纪50年代以来，农家饮食基本上保持传统的中式模式，以五谷为主食，以各种蔬菜、肉类、豆类及制品为副食，但饮食习俗发生明显变化。主食中粗粮减少，细粮增多。由过去的红薯、玉米半年粮，瓜菜代，变为“一日三餐大米饭，粗粮、杂粮作保健（品）”。肉类消费增加，蔬菜品种增多。如今市场繁荣，物质供应充足，畜禽肉类品种齐全，蔬菜品种多达200多种，反季节蔬菜随时可买。烟酒消费由过去抽叶子烟、水烟，喝白酒改变为抽香烟，喝各种品牌瓶装、散装酒。高质量名品牌烟酒在农村销量猛增。在饮食消费模式上，城乡之间的差异逐渐缩小。由于生活质量的提高，

2010年，粮食、食用油、食糖、烟、酒、茶等六种主副食品城乡消费总量反大大低于解放初期。

住。住房样式及结构变化。20世纪50年代农家居住的草屋、穿斗结构瓦房，自80年代后，被逐渐改造为砖木、砖混结构平房或楼房，90年代又纷纷被改扩建为钢混结构楼房，且住房与厨房、畜圈、杂物存放室分离。楼房建筑质量好，标准较高，内外皆装修，琳琅美观。2009年，遵照党中央新农村建设方针，按照山、水、林、田、路统一规划，“富、学、乐、美、安”五进农家的要求，开展具有川东民居特色，适用美观、设施完备、环境优美的农民新村建设，农民的住房模式又将普遍提升到新的层次，居住单位小型化。成亲子女与父母分居独处，小家庭作为独立的居住单位在农村非常普遍。三世同堂、四世同堂的三合院、四合院建筑格局已逐渐消失。室内家具、用品日益精美、现代。20世纪世纪五六十年代农家所使用的床、柜、桌、凳等家具，皆为木制，粗糙简陋。七八十年代改用胶合板、保丽板、木工板、木条制作而后上漆，形体美观新颖。90年代以后，自制家具者极少，多数到家具店购买现代型组合家具，农村木匠纷纷宣告“失业”。其他用品如各色灯具、石英钟、电风扇、电冰箱、电视机、收录机、音响、放像机、热水器……等等高档商品，陆续进入农家。2000年后，不少农户安装电话，移动电话实现普及。有的厨房安装有抽油烟机、排风扇、用上自来水和罐装天然气。普遍使用现代瓷器、不锈钢或铝合金炊餐用具，过去的土陶、铸铁、竹木制品用具已少有人家使用。

行。传统的交通工具如滑竿、轿子被淘汰，村民远行多乘汽车、木船，近处步行或搭乘马车、木船。20世纪六七十年代，人力车、马车消失，远行者多乘汽车、火车、轮船，近处或步行，或以自行车代步。80年代，县乡逐步通公路，乘汽车、摩托车、自行车往来的人增多。2000年以后，逐步实现村村通公路、乡乡通油路，公共汽车、摩托车、小轿车、的士往来于县乡各地。随着农家收入增加，远行者皆乘火车、轮船和飞机等现代化交通工具。村民出行的观念也发生变化，过去讲究“七不出门，八不归家”或依皇历所示决定行止，现在完全根据生产和生活的需要确定行期，特别是村里的年轻人。

（二）文化生活

文化生活日益丰富。旧时，岳池农家日出而作，日落而息，终日劳作，但求温饱，只农闲或重大节庆之时，偶尔赶赶庙会、看看川戏、被单戏、木偶、皮影戏，或到茶馆听听评书、圣论、道琴、或三三两两聚集搞赌博，下三三棋、裤裆棋消遣。农家很少上学读书，文盲众多，文化生活单调。自20世纪50年代以后，农家不仅依旧可以欣赏到传统川剧和曲艺，而且可以欣赏到农村业余宣传队的文艺演出及秧歌舞、腰鼓等表演。随社会形态的变革和社会经济的发展而逐步发生巨大变化，一种新的艺术形式——电影走进岳池农村，成为农家文化生活的重要内容。90年代后，电视逐渐在农村普及，录像、卡拉OK等文化娱乐形式出现，DVD、VCD进入农家。进入21世纪后，电信网络飞速发展，手机在农村实现普及，电脑上网和手机上网逐渐成为农家又一新的文化娱乐方式。

农家书屋到农家。1950年前，岳池有几家私人书店发行图书，规模甚小，经营范围仅局限于县城及城郊。广大农村几乎无书可读、而文盲众多亦极少有人读书。1950年，成立新华书店岳池支店，建立区书店9个。1958年，建公社书店59个。1981年后，建多渠道发行网点，重建公社书店30个，发展常年性书摊80个，季节性书摊51个，面向农村读者，直接发行。1986年，农村普遍建立村文化室、图书室，县新华书店、县级各机关事业单位积极开展捐书赠书活动，将大批通俗文学、医疗卫生、生活常识、适用农科技术以及思想政治教育类书刊分赠各村，丰富农家文化生活。

群众文化活动广泛开展。1986年，全县76个乡（镇）相继建立群众文化站，11个区（镇）建立中心文化站，665个村建立文化活动室，扶持30户农民成为文化专业户。到1992年，初步形成以县为指导乡为枢纽，村为基础，户为补充的群众文化网络，各文化站配备专兼职文化干事，从此群众文化有了阵地和设施，有人专门管理。文化站经常开展音乐、舞蹈、戏曲、书画等文化娱乐活动，体操、棋牌、球类、拳术、武术等民间体育活动，传统节日文艺演出活动，配合县文化主管部门举办音乐、舞蹈、曲艺培训班，参加县区、群众业余文艺汇（调）演和县农民体育运动会，协助文化主管部门净化文化市场等等。1994 年，全县开展创“文化先进乡”“文化先进村”活动，举办“岳池农家·书法、美术、摄影展”，各乡镇积极参与，纷纷强化文化站、文化室、硬件和软件建设，积极组织开展文体活动，石垭、罗渡、九龙、顾县、坪滩、乔家、白庙、粽粑 8 乡镇及乔家镇廖家坝村、花园镇高石梯村等 10 个村获得殊荣。1998 年，省政府授予岳池县“四川省文化先进县”称号。自 2002 年，岳池县委、县政府每两年举办一次“农家文化旅游节”。节日期间，各乡镇积极参与，广泛开展文体活动，选拔文艺人才，按“文化节”总体筹划编排节目、提供文化展品，丰富农村群众文化活动。

文艺创作活动长足发展。岳池农家在以文化站、文化室为依托，自编自演，自娱自乐的文化活动中，文艺创作活动日趋活跃，创作队伍不断扩大，挖掘和培养文艺新人成绩突出，创作种类由 1985 年以前的三四种发展到目前含戏剧、曲艺、小说、散文、诗歌、音乐、舞蹈、美术、书法、摄影等 10 多个种类，创作各类作品累计 10 万件（篇、首）左右，获市级以上奖励 450 余件，在市以上报刊发表各类体裁的文艺作品 5000 余件（篇、首）。

第三篇　农家戏剧

第一章　川　剧

第一节　川剧的传入与发展

一、川剧艺术传入岳池

川剧是岳池农家喜爱并代代传承的主要地方戏曲剧种。

清乾隆后，岳池县的一些川剧爱好者通过多种途径向重庆、成都、南充等地的川剧艺人学习川剧“玩友”演唱技艺。重庆、成都、南充等地一些与岳池人有关联的川剧艺人到岳池投亲访友时，与岳池人一道开展川剧座唱活动，为岳池引入川剧艺术。至清末民初，岳池相继组建一些川剧“玩友”班组，从事川剧座唱活动。

二、早期川剧社班

清光绪四年（1878 年），岳池余家场川剧艺人余继福创办木偶戏班《泰鸿班》，在岳池、武胜、广安三县各乡镇演木偶戏，演唱的皆是传统川剧剧目。清宣统元年（1909 年），余继福的二儿子余丹廷继承父业传承川剧艺术，在余家场创建岳池第一个川剧戏班，仍名“泰鸿班”，人称新泰鸿班，先后到武胜、合川、铜梁、大足、永川、璧山等地演出传统川剧。民国 17 年（1928 年），新泰鸿班在合川小沔镇遭当地袍哥大爷华剑一迫害而被迫解散。民国 21 年（1932 年），余丹廷之子余云丰召集艺人恢复泰鸿班，在岳池、合川的一些乡镇演出川剧。民国 24 年（1935 年），泰鸿班在合川遭国民党一曾姓营长抢走女角王香云及演出行头，泰鸿班消亡。

与泰鸿班活动同期，岳池还有一些民间川剧团体在从事川剧演唱活动。民国初年。岳池啸马乡肖家场（今重庆合川市肖家镇）财主肖四老爷创建晓字科班（又名怀凌科班），培育出吴晓雷、肖晓康、刘晓扬、邱晓科等著名川剧演员。民国 19 年（1930 年），岳池肖家场袍哥谢国安等人创建九字科班，培育出邓九雷（花脸）、唐九连（小生）、徐九江（生角）等一批著名川剧演员。民国 33 年（1944 年），岳池士绅胡慈特、陈维恒、昝海清等创办“三三剧社”，从事川剧演唱活动，除演出传统川剧外，还自编自演了《踊跃输将》《黑衣人》《黑海》《航空情侣》等时装剧，活动直至 1949 年底。

三、川剧艺术的发展

20 世纪 50 年代初，岳池县相继组建岳池县人民剧团、岳池县文联戏曲改进会、岳池县群众川剧团等川剧团体。1953 年 3 月，岳池县人民剧团、岳池县文联戏曲改进会合并组成岳池县川剧团，专业从事川剧演出活动。1966 年“文化大革命”开始，在“破四旧，立四新”的口号下，停止传统川剧演出活动，销毁传统戏曲的服装道具。1970 年，县革委决定撤销岳池县川剧团。1977 年 7 月，恢复岳池县川剧团，1978 年后陆续收回下放改行演员，解放被禁锢剧目，岳池川剧艺术复苏。1981 年至 1985 年间，岳池县文教局、文化馆先后在岳中校、乔家镇举办两期业余川剧曲艺演员培训班。演员结业后，在全县组建了 11 个民间职业川剧团体。

1983 年，岳池县川剧团招收少年学员 41 人，举办了“岳池县川剧演员培训班”，从中选用 32 名学员留团工作。1985 年至 1987 年，岳池县川剧团着力打造川北灯戏，于 1988 年晋京入中南海演出川北灯戏，受到中央相关领导专家学者和首都观众的高度赞扬。

1990年后，因受现代视听艺术冲击，传统川剧艺术日渐衰落，民间职业剧团自行解散。岳池县川剧团转向融音乐、舞蹈、戏剧小品（包括灯戏小品）综合发展之路。2012年，文化体制改革，岳池县川剧团的人员、编制并入县文化馆，对外挂“岳池县非物质文化遗产保护中心”牌子，组建了“岳池县翔凤艺术团”，从事演艺活动。

岳池县的传统川剧演出已濒临消亡，但岳池的民间川剧“玩友”活动却仍具有生命力。“玩友”班组以参与民间红白喜事的演唱为主要活动内容，在民间依然有自己的生存、发展空间，岳池的川剧艺术依旧代代传承。

第二节　声　腔

岳池川剧的唱腔由昆腔、高腔、胡琴、弹戏、灯戏五大声腔构成。原先各种声腔均单独在四川、重庆各地演出。清乾隆时期后，由于经常同台演出，逐步形成共同风格，清末统称“川戏”，后称“川剧”。

一、昆腔

昆腔系从“苏昆”演变而来，清同治年间在四川各地演出的昆曲戏班“舒颐班”对川昆的形成影响甚大。川昆在剧目情节、剧词、牌名、词格、曲调等方面都与苏昆相同，在伴奏乐器上，川剧中的昆腔仍与昆曲一样，以曲笛为主要伴奏乐器。在语言、道白等方面，为了适应四川客观环境的需要而有了相应的变化。川昆的语言、道白使用四川语音，基本上脱离了苏昆使用的语言，具有自己的特色。

在川剧中，用昆腔演唱的整本戏很少，一般多是一些单折戏，或是混合在其他声腔剧目中演出，特别是高腔剧目中更是如此。一些昆腔曲牌常插入高腔的一出戏中演唱，如戏中某一类人物（如岳飞、关羽、佛、道、神仙等）登场，或表现特定情绪（愉快、悲伤等），或某些特定情景（赏花、饮宴、歌舞等），都要演唱一支或几支昆曲。甚至高腔的某些曲牌，如［满庭芳］［金锁山坡羊］［淘金令］等的首句，亦用昆曲来起腔，即所谓“昆头子”。川剧的胡琴、弹戏中，也有插入昆曲曲牌的。川剧中的昆腔与其他几种声腔比较起来，它的剧目不多，但从它对川剧其他几种声腔的影响，以及保存下来众多音乐曲牌来看，川昆是川剧艺术的一笔宝贵遗产。

二、高腔

高腔是川剧五种声腔中的一个极为重要的组成部分，它从江西的“弋阳腔”演变发展而形成。由于它长期受到四川地方语言、风俗习惯和民间音乐的影响，以及历代艺人在舞台实践中的不断加工创造，形成独具风格的声腔艺术。

川剧高腔的特点主要体现在帮腔、锣鼓和唱腔三个方面，一般简称帮、打、唱。

帮腔起到定调和加强音乐气氛的作用，可以单独表现剧词的内容。如在介绍客观环境、表达剧中人内心世界、以及代表观众对剧中人的议论等情景时，大多用帮腔来处理。优美动人的帮腔，具有很强的艺术感染力，能引人入胜。

锣鼓在川剧高腔中，不仅作为前奏、间奏、扫尾之用，更能突出的还在于套腔（即和帮腔结合在一起），它对帮腔起到烘云托月的作用，因此，锣鼓和帮腔是紧连的不可分割的两个部分。

唱腔，它的特点主要表现在朗诵性方面（帮腔的旋律性强些），基本强调与四川语言结合得很紧，唱起来比较灵活自由。演员在长段的唱腔中，可以尽情地抒发剧中人的不同遭遇和思想感情。

川剧高腔属于板腔体音乐，它是用曲牌的连缀来表达剧情和刻画人物的。从每支曲牌的结构来看，主要由帮腔、唱腔、锣鼓三个部分组成。起腔的形式有三种：由演员先唱（或高声朗诵）第一句台词，然后由帮腔人员帮该剧的最末二三字。这种形式，称为“放帽子”起；由演员先唱一句昆腔的帽子腔，下句才接帮腔的，称为“昆头子”起；由帮腔人员先帮第一、二句腔之后，演员才接唱的，称为“平起”。

在起腔之后所出现的帮腔乐句叫立柱，帮几句就算立几柱。它对这支曲牌的展开，起支柱的作用，有利于演员对换情绪，穿插长短不同的唱腔，适应剧情和人物的要求。

扫尾，属于曲牌的结束部分。单支曲牌，有“合同”“尾腔”等名称；成堂曲牌（套曲），有“尾煞”（四句）、“尾声”（三句）等名称。没有“合同”的曲牌，多用“一字”或“二流”扫尾。这样有起、有落、有发展变化，就构成一支或一堂完整的曲牌。

川剧高腔继承元明以来南北曲的老传统，它的曲牌众多，常见于传统剧目中的曲牌约有三百余支，老艺人们将川剧高腔曲牌归纳成［新水令］［端正好］［香罗带］［江头桂］［孝南枝］［菊花新］［驻马听］［红衲袄］［梭梭岗］［课课子］十大类。

凡属同类型的曲牌，既有共同腔，也各有独立性强的“专腔”（为某支曲牌所专有的腔调）。如无“专腔”，分辨就在剧词的格式上面。如字数、句数、重句、飞句、钻句等。

三、胡琴

川剧胡琴戏的唱腔，分西皮和二黄两大类，以川剧小胡琴为主要的伴奏乐器，是板腔体音乐体制。戏曲史书记载，皮黄戏源于汉调和徽调，清乾隆年间传入四川后，与四川地方语言的结合和受四川民间音乐的影响，逐步形成川剧胡琴腔的艺术风格和浓郁的四川地方特色。胡琴戏的西皮、二黄两类基本腔调在调式、调性、唱腔情绪和表现性能等方面是截然不同的两类腔调。

西皮腔，只有西皮一个基本腔调。是“宫”调式和“羽”调式的交替调式。西皮腔调，情绪激越开朗，节奏明快流畅，给人以欢快潇洒的感觉。

西皮一般定调^{b}E（或F调），小胡琴定 $\underset{\cdot}{6}$—3 弦。川二胡定 1—5 弦。

二黄腔，包括正调二黄（简称二黄）、反调二黄（简称阴调）、平板（包括瓜子金、人参调等）、老调四个基本腔调。二黄是这四个基本腔调的总称。在这四个基本腔调中，正二黄调是其中最主要的一种腔调，唱腔情绪浑厚、深沉、含蓄、纾缓，它不像西皮唱腔情绪那样激越高亢、开朗明快。阴调纯系一种悲调，只能表现悲的感情。平板腔沉静优雅，属平板类的瓜子金、人参调等唱腔，多用于少女一类角色，旋律优美，情绪活泼愉快。老调唱腔，情绪高亢，多用于慷慨激昂的剧情。

二黄是“宫”调式和“徵”调式的交错调式。

二黄一般多定^{b}E（或F调）。小胡琴定 $\underset{\cdot}{5}$—2 弦。川二胡定 1—5 弦。

川剧胡琴腔不仅有以上几种腔调，还有［一字板］［二流板］［夹夹板］［散板］等一套节奏类型不同的板式。整个胡琴唱腔，就是几种基本腔调的基础上，运用各种板式的连接转换而构成的。

四、弹戏

川剧弹戏从陕西的秦腔演变而来。弹戏的曲调分为两类。一类叫［甜平］（又称［甜皮］），一类叫［苦平］（又称［苦皮］）。［甜平］是表现喜的感情，［苦平］是表现悲的感情。川剧弹戏的这两类曲调，都可以根据剧情和人物的需要，分别独立运用于一出戏中。两者之间，有相对的独立性。但是，由于它们是从总的梆子腔所产生出来的“双生兄弟”，是同一系源，同一基调所产生出来的两类曲调，其面貌形体都相似，只是“性格”不同，而各有不同的表现范围。无论［甜平］或［苦平］，其调式、板别、结构都相同。甚至在同一板别的唱腔中，曲调的骨架也相同。

弹戏从节奏上分为：

一板三眼——四拍子，记为$\frac{4}{4}$，属本类板式的有：一字，垛一字。

有板无眼——一拍子，记为$\frac{1}{4}$，属本类板式的有：二流、垛板二流（又称“垛子”“夺子”）。

无板无眼——散拍子，属本类板式的有：三板、倒板、滚板、哀词等。

一板一眼——二拍子，记为$\frac{2}{4}$。一般多在垛板中用，如夹板垛子。

整个弹戏唱腔，就是在两类曲调的基础上，运用各种板式的变化，连接和转化而成。

五、灯戏　专章记述。

第三节　音　乐

川剧音乐是整个川剧艺术的重要组成部分，是区别于其他剧种的主要标志之一。川剧音乐包括唱腔、击乐、弦乐、帮腔四方面。1953 年，岳池川剧团实行戏曲改革，对唱腔、击乐、弦乐、帮腔等方面，进行一系列的改革和创新。

一、唱腔

岳池川剧唱腔，属于川北河流派唱法，由于交通方便，与外地交往频繁，也吸取资阳河及川西坝子的某些唱法。1949 年新中国成立后，根据角色思想感情，情节发展，川剧唱腔进行了适当的改革创新。

剧团对排演剧目（包括新编戏、传统戏和现代戏）绝大部分重新设计唱腔，并记谱、配曲。

1954 年，剧团排演《红梅阁》，其中游湖一场，三学士唱的“梁州序”“节节高”等昆曲传统唱法的旋律和板式，都偏于低沉抑郁，与人物忧国忧民、痛恨汉奸的心情不甚符合，便把曲调旋律改得较为激越，并在结尾加上伴唱。

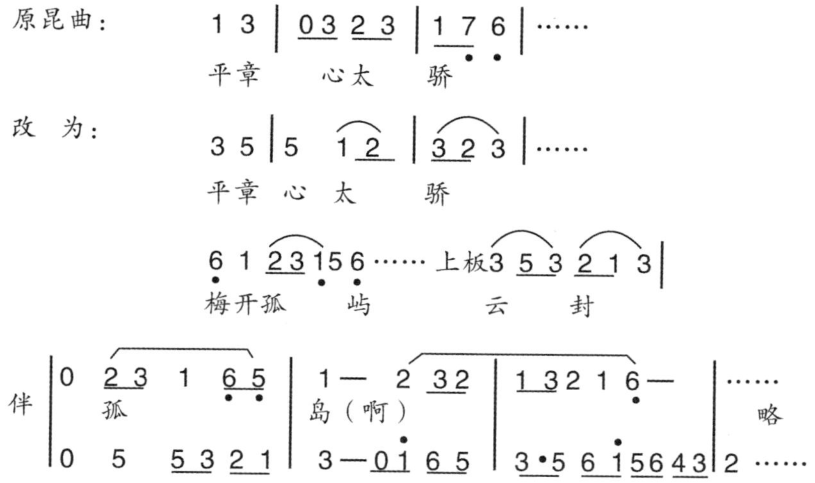

1956 年，剧团排演《王昭君》，“坐舟”一场唱“北新水令”，也改了部分唱法。

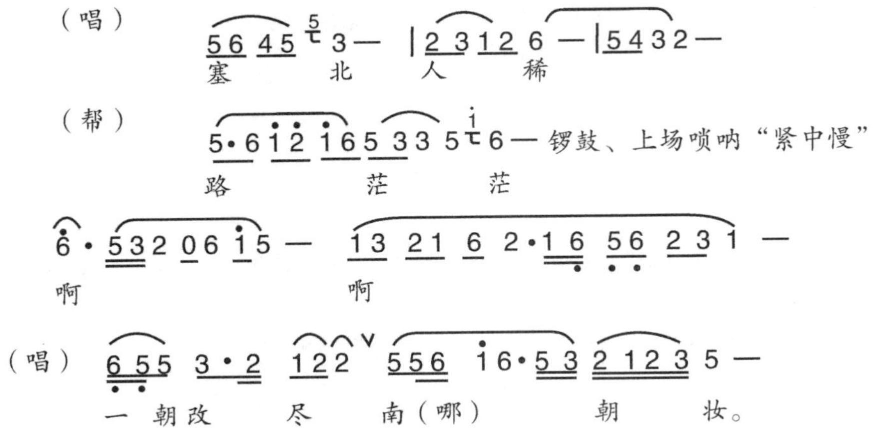

这样，较为妥当地表现王昭君远离故国，满怀凄凉的心绪。

20 世纪 60 年代，随着现代剧目上演增加，音乐改革程度越来越大。这些改革，有的恰如其分地表现出人物的感情；但也有超出川剧唱腔的范畴，带有歌剧韵味。

1983 年春，剧团排演《侠女》，音乐改革较成功。这出戏在合川、北碚等地演出，获得内行的好评：

①第一幕，通过前奏曲、合唱，展示卧虎岭上一对青年男女（胜宝、高玉玲）练武的气氛，用以唢呐主音伴奏“收江南”曲牌改编的唱段：

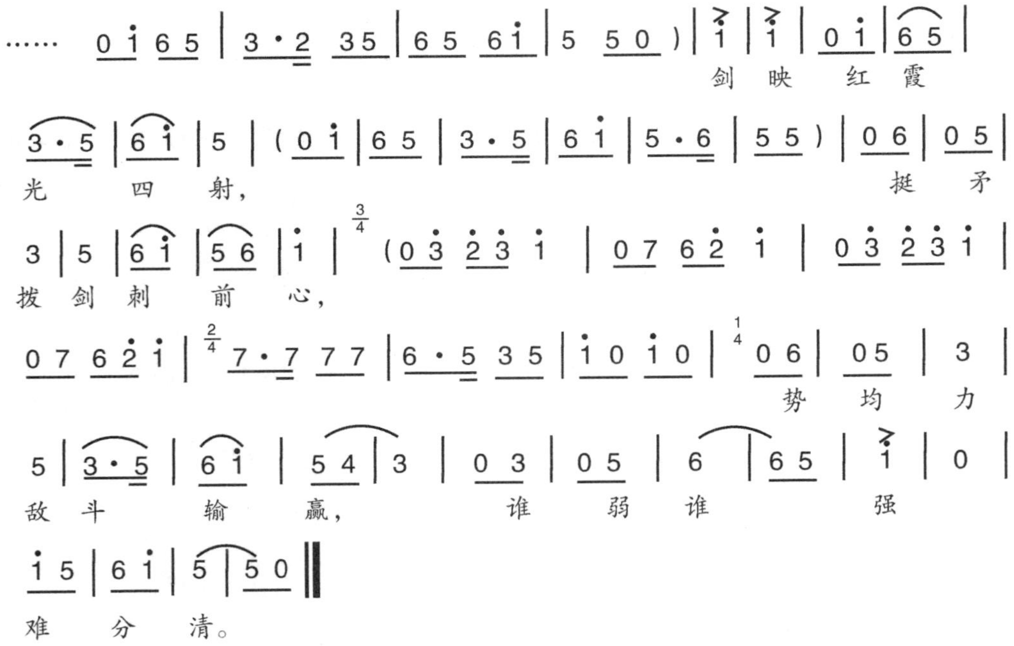

以 1/4，3/4 节奏，对比式曲调，伴以打击乐，对表现玉玲师兄妹技术纯熟、势均力敌的打情斗景恰到好处。

②当玉玲决定辞别师父下山报父仇时，亲如同胞、情深似海的胜宝顿时悲痛欲绝，惊惶不已。其音乐处理是：

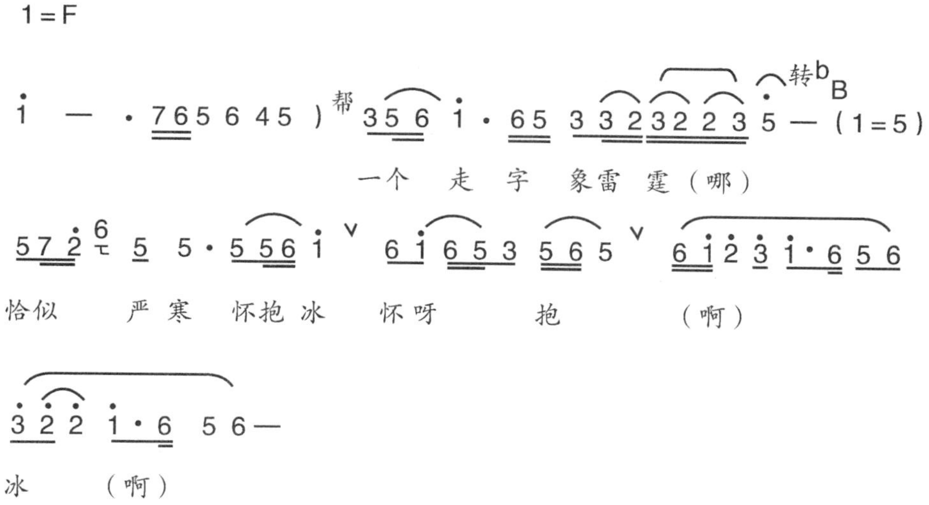

这样，第一句用“流水腔”的飞句腔，表现胜宝听到玉玲要走的惊诧感。紧接第二句四度转调，先用“刮骨令”表现其内心苦痛心酸，再转“华锹儿”，表达其追忆师兄妹18年相处的深厚情谊和恋恋难舍的惜别之情，后接大段对唱唱腔，至“贴心的话儿怎开口，知心的话儿怎出唇”时，又用帮腔。最后“相对无语心更近，此时无声胜有声”用混声合唱，以“倒划船犯腔”改动谱成，很能表达两人感情。每次演出，剧场都恬静无声，效果良好。

二、击乐

民国初年，岳池击乐用头号响器，大锣重4.5公斤，大钵重3公斤，大鼓直径0.5米。1950年改用二号响器，1964年改用三号响器，1982年改得更小些。

川剧击乐，牌子多样，变化多端，历来有“半台锣鼓半台戏”之称。1950年前，岳池川剧多为老打老唱，很少改革。1950年后，随着戏曲改革的不断深入，观众欣赏水平的不断提高，剧团在继承渠河驰名鼓师周云森的传统技艺的基础上，在丰富和改革击乐方面做了试探试验。

继承优良传统。从艺50年的广安代市人周云森，1952年加入岳池川剧团，他鼓点正派，运用精当，独具一格。如文头子的打法：

大大把大⊗ 尺 × 不而 ⊗乃 ⊗乃 ×乃尺⊗乃 ⊗乃 ×乃 ⊗尺 × 乃⊗

周云森的打法是：

大大把大⊗ 尺 × 不而⊗乃 ⊗乃 ×乃尺⊗乃⊗ 尺 ×乃⊗

这样简洁明了，对演员、场面人员都交代得清清楚楚，使击乐人员有明快之感。

又如打“过堂”（又名“迎送”）这支唢呐曲牌，四川各条河都是统一的，但它在结束收尾的鼓点上，又与众不同：

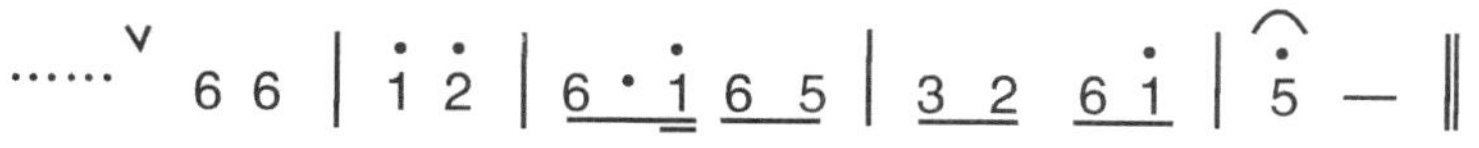

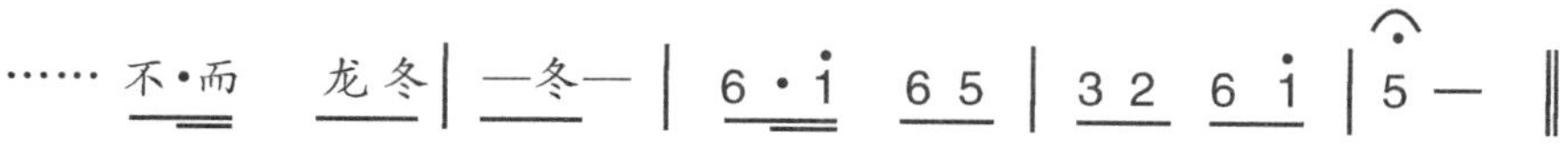

在任何一句乐句都可以收，这样减少两小节乐曲，给人以干净利落之感。周云森的一些优良艺术传统实属难得，剧团至今仍保留他的打法。

丰富击乐品种。1950年前击乐只有锣、钵、鼓、小锣、马锣、包锣、铛锣、苏钗；1950年后，除用以上乐器外，还增加了道锣、大鼓、高、中、低音吊钗和各种梆子（木鱼）、盆鼓等乐器，对烘托风、云、雷、雨等气象，起到良好效果。如排《王昭君》，用过三种大锣：单于等反面人物用“道锣”加“大鼓”，王昭君出场用普通大锣，文场用 C 号大锣，武场用 E 号大锣。

锣鼓打法改革。如青板一字锣鼓，根据剧情分三段打：

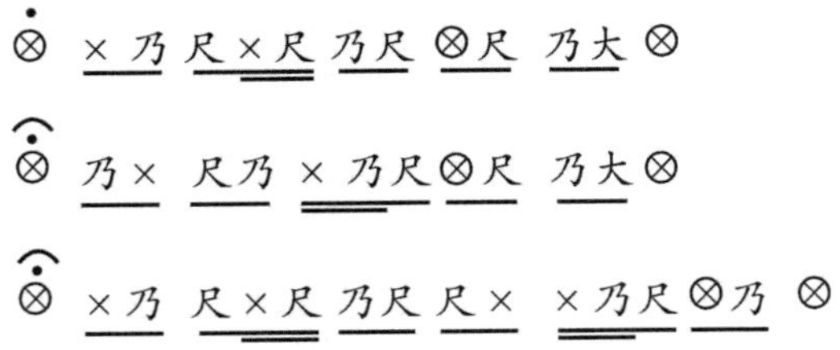

这样，避免台上表演的冷场，演员们很乐意。

又如“番鼓儿”“收江南”“泣颜回”等套打，唢呐、锣鼓都太长，根据剧情只取其片段，灵活运用，适当精简，以满足剧情需要为原则。

三、弦乐

1950 年前，岳池川剧只有胡琴戏、弹戏、灯戏才用弦乐伴奏，而且只有上下手 2 人，高腔无弦乐伴奏，放“昆头子”用笛子吹“引子”。1952 年，从排《访友》起，开始进行一系列改革：记谱配曲，把高腔、胡琴、弹戏都配上曲谱；加强伴奏，增加二胡、中胡、三弦、小提琴等五六种乐器；组织女声帮腔。通过改革，音乐气氛强烈新颖，大大丰富了舞台效果，演员满意，观众反应很好。

1954 年，排演《红梅阁》，对昆、帮、唱腔都记曲谱，配间奏、伴奏曲。如“摘梅”一场，过去只用“才而乃呆尺另乃、尺而另乃、乃另呆”这么两句若干次的反复小打，显得十分单调厌烦。剧团对有关观梅、入园、蹬鞋、搬石、摘梅等表演都配上乐曲，用笛子为主的管弦乐伴奏，再适当加入小打击乐，音乐就优美得多。

曲一：

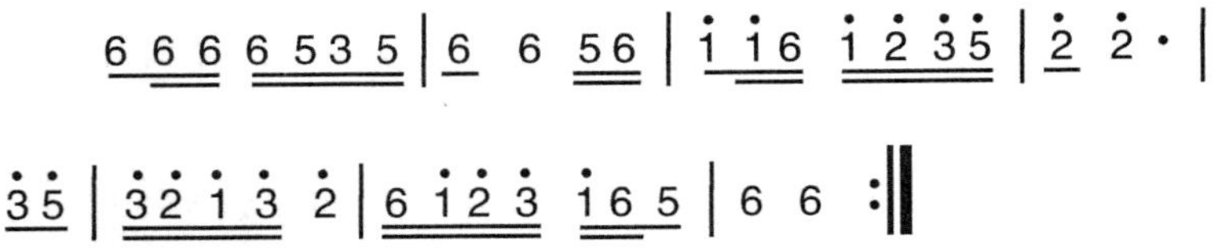

（进园庭时用）

曲二：

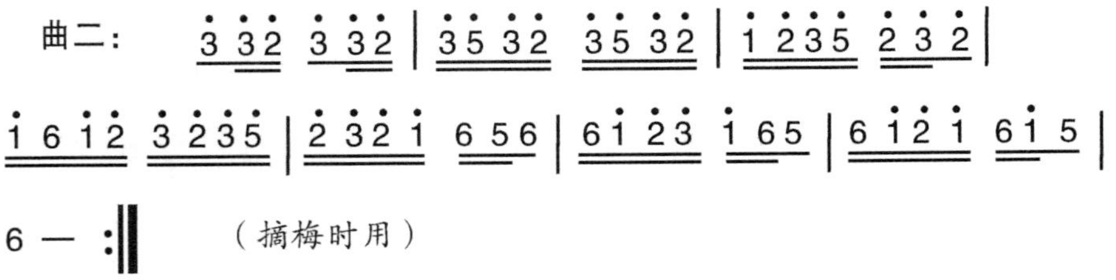

（摘梅时用）

20 世纪 60 年代后，川剧团管弦乐器和演奏人员逐渐增加，配备扬琴、唢呐、大胡等乐器。70 年代后，发展铜管乐、小号、中号、单簧管（黑管）以及琵琶、笙、大提琴等。

剧团音乐改革人员有彭文开、游俊才、申邦伦、龙明生、李华明、唐明华等，他们对川剧伴奏都进行不同程度的音乐设计、记谱、配曲。

四、帮腔

川剧历来是司鼓一人帮腔，众场面人员加吹唢呐助奏。1952 年，川剧赴北京演出，改女声帮腔，效果很好。岳池川剧团学习先进经验，在排《访友》时，组织5～7人帮腔，由于人员过多，未安排领腔，效果不好。排《红梅阁》便安排一人领腔，二至三人合腔。改排《别洞观景》一场，用女声领腔，男女混声合唱帮腔，效果很好，对形象塑造和气氛烘托，起到烘云托月的作用。

县川剧团从1955年起到1985年，先后培养了蔡明清、李成玉、靳丽英、涂永平等专业领腔人员。

第四节 表 演

一、表演艺术

川剧表演艺术在长期流传中，艺人相互切磋，取长补短，积累了丰富的表演程式套子。如：翎子功、扇子功、帕子功、水发功、水袖功、高趾功、指法功、纱帽翎子功、口条功、官衣袍带折子功、膝步功、朝元功、角巾飘带功、靠甲龙件功等。艺人运用丰富的程式套子，生动形象的表现各类人物的性格特征、思想感情，塑造各种典型形象。演员积累的表演经验更为丰富，表演基础更加雄厚，一举一动更能展现人物内心活动和性格特征。

岳池驰名艺人余丹廷善于体会人物性格，掌握心理特征，用优美的身段表现人物。如扮演《林桃府》一戏中的秦琼，他用沉重的步履，无光的眼神，摇摇晃晃走出的动作，把秦琼身染重病的形象及复杂心情逼真的表演出来。店小二苦逼欠债，余丹廷用一筹莫展的眼神，愁眉紧锁的面容，战战兢兢的指法，表现秦琼忧愁、焦急的心理。店小二再三催逼，余丹廷用意欲发火、忽又克制的动作，表现秦琼的武将性格和当时的困难窘境。秦琼被逼得走投无路，去到谢府，谢映登外出，其兄只给他三钱银子。余丹廷手拿碎银，愁眉不展地摇了摇头，拖着沉重的步履，慢慢地离去，表现了秦琼大失所望的心情。回到店里，告知老母，老母气急身亡。秦琼束手无策，万般无奈，只好哀求妻子，卖子葬母。余丹廷在这段表演中非常细腻，他先左思右想，无所适从，见到娇儿，比划着拿去卖了，后又摆手摇头，表示不可。但又别无他法，只有捶胸顿足，表示忍痛一割。转身见到妻子，琢磨妻子心理，肯定不愿，沉思片刻，只有决心哀求妻子。接着用沉重的嗓音唱了一大段，说服妻子，卖子葬母。他将小儿秦怀玉卖出，得银十两，回到客栈往身上一摸，发现银子丢失。此时，好似五雷灌顶，丧魂落魄。他顿时脸色苍白，用细碎的步伐，连跑两个大圆场，表示寻找纹银，终未找到。这时，他面如土色，双目呆滞，浑身颤抖，最后以“硬人”倒地，表示秦琼昏迷过去。苏醒后，有气无力地爬起身来，恍恍惚惚地行至破庙中，哀老母，思妻儿，痛苦万分。他无力地摇摇头，表示一切完了，用颤抖的双手解下腰带，欲悬梁自尽，幸逢史达奈相救，慷慨资助，解救秦琼。余丹廷对秦琼的刻画，显示出其高超的表演艺术。

岳池川剧团著名艺人何宗明，擅演青衣旦和老旦。他善于理解人物，掌握人物的思想变化和性格发展。在扮演《铁龙山》的杜后时，他体会到杜后一心想让自己的儿子当皇帝的心态，掌握了杜后泼辣、凶狠、狂荡、骄横的性格，把杜后演得活灵活现。在“老龙殿”一场，何宗明快步冲上场，接着一个“抢背”，一只脚跪在地上亮水发功，继后扬起老王赐予的金马鞭，两目怒视前方，有力地表现出杜后一心想让儿子当皇帝，要找铁木儿算账的凶狠、泼辣。杜后以为有“皇后”和“金马鞭”这两块“金牌”，一切阻碍将迎刃而解。她走进老王殿，见铁木儿器宇轩昂，于是愤怒冲去，扬鞭欲打，铁木儿拔出宝剑，怒目相对，吓得杜后疾步后退。此时，何宗明用水发功和激怒的眼神，颤抖的指法表现了杜后内心的恐惧和焦急。杜后碰了钉子，非常难堪，满腹怒气无处发泄。转身看见二王，想挽回面子，扬鞭冲去，没想到碰上牛乃臣（杜后曾黜免牛的武状元）在其身旁护卫着。杜后处处碰壁，恼羞成怒，抓住儿子三王猛打。后举起椅子，转几转愤怒坐下，气氛地将水袖一甩，指责铁木儿。牛乃臣趁机强令三王交待实情，说出杜后和蔡中华的奸情。众国贼也供出三王毒死老王的罪行，铁木儿愤怒填膺，下令杀了三王和众国贼。何宗明体会杜后一切阴谋败露，必然狗急跳墙，便咬紧水发，横心冲上，抓住铁木儿拼命。铁木儿将她推到椅子上，三军齐声讽笑，杜后羞愧难当，产生了急剧的精神变态，不顾一切和三军对笑。三军讥笑她卖妖娆，她就当众发狂耍赖，真的卖弄妖娆。何宗明用"摇旦"身法和腿功，走大圆台，边笑边说："老娘今天就给你们卖妖娆嘛!"杜后明知羞耻，却偏偏做些丑态，逗人发笑，有力地表现杜后气急败坏和骄横的复杂心情。杜后借机发疯，以泄心中的怨恨，三番两次的抓住铁木儿拼命，最后激怒铁木儿和牛乃臣，除掉奸妃。何宗明这场戏表演很成功，深刻地揭示出杜后的思想和性格。

岳池川剧团驰名文小生李昌达演《情探》一剧有独到之处。当焦桂英进入王魁卧室，行至床前，用水袖往上挥，把王魁从梦中惊醒。王拨开耳帐，帮"无风门自开"时，李昌达就与一般演员的表演不同。他神色惊惶，两眼注视房门，恍恍惚惚见到房门似开非开，然后用力眨一下眼睛，再睁大眼睛，注意望着房门。这一"惊慌"，一"眨眼"，表现出王魁做事亏心，终日惶恐，晚上，即使风吹落叶，也吓得胆战心惊。演唱到"霎时碧纱窗外"王魁踢起褶子，向中正前方走去，桂英同时跟上，抛双袖挡住王魁，生、旦同时后退转身，旦用愤怒的眼神盯住王魁。王魁站弓马步，左手拂袖至脑后，右手向右拂伸出。桂英在上马门中场，双手高举，双脚起踵，侧目怒视王魁。王魁惊恐的望着桂英，接连帮"芦花风起夜潮来"。在帮打声中，王魁用右手袖头子甩"太极图"。帮打完后，讲："真有神可怕人也"这一情节，李昌达运用优美身段，配合帮、打，构成不同画面，有力地表现出王魁的心虚害怕。当表演到帮："再思裁，处处风声是祸胎，凡百事莫贻后悔。"拿神在外面怒吼："吔!"帮："莫不是相府有人来"时，王魁抢先一步开门，跳出门栏，停顿、踢起褶子，跑圆场。王在前，桂英后追，至下马门，王魁向内喊叫用人："韩兴!"见不应声，转身踢褶子，跑圆场，至下马门，向内叫："丫环!"，又见不应声，转身踢褶子，跑圆场，至中场，生、旦同时进门，帮："堪破机关怎下台。"在帮腔声中，王魁作跺脚着急状。这段情节，放大表演，场面活跃，画面优美，表现力极强。

县川剧团的著名艺人郭全亨、廖锦笑、敖殿阶、邓九雷、李雪芹等，都能准确掌握人物的心理和性格特征，以优美的身段、传统的程式表现人物，在川剧表演艺术上都有一定的造诣。

1953 年底，县川剧团派人去南充学习编、导、演的改革，观看《煮海记》的演出，给演员启示很大。

1954 年，县川剧团排演历史剧《陆文龙》时，就学习《煮》剧的改革经验，在表演方面作适当的革新。陆文龙（昝璧莹饰），是宋朝名将陆登的儿子，他两岁时，金人攻破潞安州，陆登全家尽忠。金人将陆文龙及保姆虏至金国，文龙长大成人，成了金人的百胜将军。宋朝爱国将领王佐（郭全亨饰）得知陆文龙下落，割断左臂，骗取金人信任，找到陆文龙，策动他归回宋朝。《陆》剧开头，岳家四小将与陆文龙展开激烈厮杀。在表现双方士兵火速进军的场面，借用蒙古族"骑兵舞"舞姿，表现双方骑着战马，奔驰前进。在两军对垒中，使用大档子、小档子、破盾牌等传统程式套子，表现双方士兵激烈冲杀。岳家四小将使用双锤，采用八大锤的传统表演程式。陆文龙使用双枪，又采用花枪的传统程式。在王佐和乳娘（何宗明饰）策动陆文龙回归宋朝一场，他们从侧面讲述陆文龙的家史（即先讲故事经过，后点出故事中的人名），激励爱国热情。一边借用讲评书的表演形式，慷慨地叙述故事；一边使用传统的表演程式，眉法、指法，启示陆文龙；一边加上恰当的锣鼓，使大段讲白，有板有眼，毫无冷场之感，收到很好的艺术效果。

岳池川剧团在排演现代戏剧目中，一边继承传统表演程式，一边借用民间舞蹈、歌剧、话剧、谐剧、评书和电影等艺术形式，一边从生活中提炼创新，发展岳池川剧表演艺术。

1959 年，剧团排演自编剧目《过山岗》。这出戏写一个供销社干部（昝璧莹饰）骑着自行车去工矿区收集山货，路遇一女医生（罗安文饰）去工矿区行医，供销社干部主动叫女医生搭车。走不多远，又遇一老人（黄天云饰），赶着马车送矿下山，车轮陷进泥坑，无法前进。供销社干部和女医生下车帮助老人把车拉出泥坑。这出戏情节简单，冲突不大，要取得剧场效果，全靠表演。骑自行车和赶马车均无程式套子继承，只有摸索、创新。通过反复观察骑自行车的姿势，手脚动作、身躯俯仰，摸索提炼出自行车在平路上行走、左转、右转、上坡、下坡、停车、上车的表演动作，表现出自行车在弯弯曲曲、崎岖不平的山路上行进和女医生搭上自行车等情节。又反复观察赶马人坐的姿势，手牵缰绳的松紧，扬鞭的频繁，身躯的俯仰，摸索提炼出马车上坡、下坡、左转、右转、停车、陷进泥坑、拉不出泥坑的动作，表现出马车在蜿蜒曲折、高低不平的公路上行进和车轮陷进泥坑，赶车老人多次拉不出泥坑的情节。老人正在为难时，供销社干部和女医生骑自行车过来。三人齐心协力，终于将车拉出泥坑。通过一系列优美的表演动作，展示女医生和供销社干部助人为乐的品格。此剧的摸索、创新为岳池川剧改革闯了新路。

1966 年，县川剧团排演创作剧目《考试之前》。该剧描写某山区两个小学毕业生小林（康必健饰）、小英（罗安文饰），在投考初中的路上，碰见生产队的耕牛滚进河里，被洪水冲走。小林不顾个人安危跳下河去，与洪水搏斗，救起耕牛的故事。在表演动作上，演员琢磨小学生天真活泼，走路喜欢蹦蹦跳跳，借用巴山背二哥跳跃性的舞蹈动作，表现人物的性格和心情。山区跨河越涧，多是独木桥，不太稳固，走上去摇摇晃晃，借用杂技演员踩钢丝的摇晃闪跃动作，突出地域特征和人物的勇敢精神，为剧本高潮做铺垫。救牛场面，在舞台上不好表演，便做暗场处理。借用谐剧的表现手法，由小英在舞台后边（剧情的河岸上）用各种各样的表演动作，配合讲说、呼叫、弦乐、击乐，突出紧张、危险气氛。此剧参加南充现代戏汇演，获得评判员和观众的好评。

二、特技表演

在艺术实践中，岳池川剧团老艺人苦心钻研，反复琢磨，创造一些特殊表演技艺，用以表现人物的心理，展现人物性格，获得独特的效果。花脸廖三吉，在上演《哭桃园》戏中，哭得两眼“血泪”直流（特技表演，用银珠和少许菜油点在眼角，眼泪一出，银珠也随着流出，看去很像血泪）。这一特殊技艺，有力地表现张飞与关羽深厚的感情。艺人郭全亨，上演《活捉三郎》一出戏，在“提灯影”的表演中，郭全亨运用矮身法、褶子功、腿功、亮鞭子、走圆台，轻如飞燕。提灯影是向川剧傅派学得的特殊技艺。这一绝技，把张文远听阎婆惜说要他去阴司做夫妻，而产生的极度恐惧心理，表现得入木三分。

另外，在《飞云剑》中，老艺人余云丰的耍獠牙、三化身，二郎神演员的踢慧眼，《红台山》中饰演肖方的演员王兴孝、昝璧莹的赤膊藏刀，都是特技表演。他们恰当运用特技手法，获得特有的艺术效果。

第五节　舞台美术

一、舞美

晚清至民国时期，岳池演川剧按传统程式进行，它强调表演，舞台景象全从表演中表现出来。台上陈设简单，只在正中安放一张桌子，系上桌围，两旁各放二至四把椅子，搭上椅搭，便布置成舞台。

1950年以后，岳池川剧舞台逐渐吸收、借鉴歌话剧布景经验，运用虚实结合的方式布景。

1950年至1959年，用硬片与实景相结合。岳池川剧团演出《牛郎织女》一剧，瑶阶用硬片；水池中荷花、荷叶用纸扎；天空用硬纸盒蒙罩橙红色或绿色玻璃纸，中置汽灯（当时无电灯）显现阳光璀璨或蓝天景象；鹊桥用硬纸剪鹊飞翔状，悬挂空中，象征鹊桥。雷声用铁桶盛碎石，在楼板上滚动，产生巨响，有远近雷声的效果。

1960年后，硬片、实景多改用巨幅牛皮纸彩画。岳池川剧团演出《杨八姐盗刀》的宫殿景，《江汉渔歌》的湖景，是用巨幅牛皮纸画上宫殿景、湖景，雕去空白处，附于线网上，悬挂台上。

1963年后，用上了电，改汽灯为电灯光源，天幕上开始改用投射景。即用一木制盒子，五方封闭，一方留空，内装电灯，罩上各种颜色的玻璃纸，反映蓝天、晴空、朝晖、晚霞以及月夜或黑夜的景象。

星，用小电珠串联，降低电压，散至天幕上。

月，用木制小盒一方做成圆月、半月、钩月状。

岳池川剧团演出《朋友之间》剧中的傍晚景象。近景用景片，中景用厚纸、彩画竹树，镂空，贴线网上，悬挂台上。天空，用木盒罩彩色玻璃纸，前台灯增加一部分绿色玻璃纸罩的光源，前暗后明，透过竹林，则显农村夕照景色。

当时无投影幻灯，剧团反复琢磨，将玻璃纸平贴玻璃板上，用透明颜料画野景于其上，放置木盒灯前，天幕上可投射出远景来。

岳池川剧团演出《南方来信》戏中的月夜竹林、树丛景象。中景用巨幅牛皮纸，彩画椰子树、香蕉丛、竹林，去空贴线网上，悬挂台中。天幕上常用半幅玻璃纸画深色大山，山顶用浅粉黄色颜料，上空挂月，前投射蓝色光于天幕上，这样透过中景，即可看到明月朗照的绿色大山。敌人爆炸桥梁的场面，用剪纸投射的方法先用厚纸雕好新式长桥，将炸去部分与存在部分剪断，置一木盒灯前，配合天幕投射的远景，安装适当。灯前准备好黑火药，以作浓烟效果。炸时趁烟雾弥漫，除却炸去部分。烟消后，就只剩断桥残墩了。

继后，不断摸索，改死板投影为活动投影。如红旗迎风飘扬的景象，即在一木盒子前置一长方形红绸，四角用细线各系于木柱上，作红旗投影状，又用一蒙有红色玻璃纸的木盒，使旗上反映红色，再用小电扇吹动小方绸，天幕上即呈现红旗在空中迎风飘扬的景象。若需五星红旗、“八一”军旗，或有领袖头像的红旗，在天幕上，适当部位安上五星、八一或领袖头像的盒子反影。

为减轻农村演出的繁重负担，又设计图案式的纸片景。如《姑嫂俩》演出前，在一圆形的窗花剪纸图中交叉一锄一枪，上方一本《毛泽东选集》雕空，蒙一层红色玻璃纸，后用纸盒装灯，控制好光源，开灯后选集字体用红色，光辉夺目。这种布景方法，既简便、美观，而又寓意深刻。

在硬片中，采用一片多用方法，室内偏上插上房屋盖，即成小房舍；或套活动窗格，即成中式或西式房间。

1966 年，摸索出同一时间不同天色气候的变化图景制作法。如独幕小戏《考试之前》晴雨天气的变化。用三个木盒子，前置朝霞、乌云、蓝云白云三幅彩画，根据剧情需要，反映出小学生清晨到校，途中变天，雨后初晴的天气变化。

1964 年，剧团演出《焦裕禄》时，开始用字幕。即把演出剧目名称、场次、演职员姓名、剧情简介、唱词等，工整地写在透明玻璃纸上，用幻灯投影到字幕布上，帮助观众理解剧情。

1970 年后，剧场购置投影幻灯片，显示选景图像。

二、戏台

岳池川剧艺术不仅群众基础较好，有专业、业余艺术团体，也建有许多供演出的戏台，晚清至民国时期，各乡场及一些大地主庄园都建有戏台，即岳池人所称“万年台”，裕民镇大地主周恒堂的庄园水井湾就有两个戏台。1966 年后，多数戏台相继被拆去，只有少数保存下来。顾县聚圣宫戏台、龙孔戏台定为市、县文物保护单位。如今，龙孔戏台亦被拆除，岳池县仅顾县镇川主庙（原聚圣宫）戏台得以保存。

1978 年后，岳池各乡镇都修建有多功能的礼堂，礼堂既可做开大会的会场，又可做文艺演出、放映电影的影剧院，县城先后修建川剧团剧场、岳池影剧院、和溪曲苑、吴雪艺术中心等戏剧演出场所，为岳池戏剧、曲艺、音乐舞蹈等艺术提供展演平台。

第六节　剧　社

一、泰鸿班

（一）老泰鸿班

清光绪四年（1878 年），岳池余家场（今普安镇）川剧艺人余继福创办木偶戏班，名泰鸿班，人称老泰鸿班。余继福是当时有名的川剧艺人，吹打弹唱样样都会，生、旦、净、末、丑行行皆能。他不仅把自己三个儿子教会唱戏，还把附近好些乡亲也教会唱戏，对岳池川剧的流传与发展作出巨大贡献。老泰鸿班箱底较厚，行当齐全，在岳池、武胜、广安三县各乡镇演出，处处受到欢迎。

（二）新泰鸿班

清宣统元年（1909 年），川剧名艺人余继福的二儿子余丹廷继承父业，在余家场创建岳池第一个川剧戏班，仍名泰鸿班，人称新泰鸿班，常在岳池、武胜、合川一带演出川剧。

清宣统二年（1910 年），四川保路同志会反对满清政府出卖川汉铁路路权的风潮在四川兴起，余丹廷在顺庆府（今南充市）张澜的倡导下，在罗克琴、刘佃耕（武胜乐善镇人，同志会成员）的影响下，率领泰鸿班艺人，响应同志会起义。起义失败后，岳池清兵要捉拿余丹廷，余丹廷只好带着泰鸿班远离岳池，到铜梁、大足、永川、璧山等地演出。

泰鸿班先后有驰名渠河一带及重庆等地的川剧艺人刘财神、韩达三、邓跃廷、杨大贵、王兴孝、周白菜、徐桂枝及渠河有名鼓师杨兰萱等，余丹廷是有名生角。泰鸿班人才荟萃，角色齐全，技艺精湛，演唱出色，声震渠河两岸，名扬川东北。

泰鸿班常演剧目有《金印》《红梅》《琵琶》《班超》四大高腔正本，“春”“梅”“花”“苦”四大弹戏正本等。

民国17年（1928年），泰鸿班到小沔溪演出，当地袍哥大爷华剑一要小旦去陪酒，余丹廷不允许，得罪华家。华家派打手将余丹廷打得卧床不起，泰鸿班只好解散。

民国21年（1932年），余丹廷的儿子余云丰把泰鸿班部分艺人召集起来，恢复班社，在赛龙、太平、石垭等地演出。民国24年（1935年），泰鸿班到合川演出，被国民党军队曹营长挡住，抢走班子上的女角王香云、杨光荣和行头，泰鸿班再次被迫解散。

二、晓字科班

晓字科班又名怀凌科班，系岳池县肖家场肖四老爷于民国初年创办。教师有川剧名师廖三吉、余丹廷、周白菜等。科生有吴晓雷、肖晓康（又名肖荣华）、邱晓秋、刘晓扬、黄晓富等40多人，三年出科。吴晓雷出科后，在重庆章华大戏院演出。他擅长扮演黑头大面，人称黑头大王，形成吴派。1950年后，曾获得全国戏曲会演一等奖。肖晓康、邱晓秋、刘晓扬在重庆“怡园”“又新大戏院”演出，唱做俱佳，成为驰名生角。黄晓富在成都“新又新”大戏院演出，演唱出众，成为著名花脸。

三、九字科班

九字科班系肖家场袍哥谢国安等人于民国10年创办。教师有廖三吉、余丹廷、杨大贵、周白菜。科生有赵九水（花面）、邓九雷（画面）、唐九连（小生）、徐九江（生角）等四五十人。三年出科，邓九雷出科后，擅长扮演粉面花脸。1950年后，曾任南充地区艺术学校表演专业艺术教师。其余科生，多在川东北各地剧社成为著名演员。

四、三三剧社

三三剧社系岳池县士绅胡慈特、陈维恒、昝海清等人集资合办的川剧班社。因创于民国33年（1944年）三月三日，故名三三剧社。社内设内外管事，外管事陈文龙，管对外联络台上台下工作；内管事廖三吉、杨大贵，管艺术业务和内场纪律。

演员有：文小生吴幼明，武小生罗超奎，文武小生燕海清，旦角飞燕（女）、红萍新（女）、佩玉（女）、黄菊花（男）、傅云露（男）、筱玲芳（男），驰名大面廖三吉、邓九雷、杨鸣钟，著名正生杨大贵、陈云贵、向青云、杨吉安，小丑李世贵、梁作善。继后又从外地接来许多著名演员，记有：正生夏鑫培、贺云章，旦角亚卿、陈莲君、陈素林，武生熊金生、王月生，武行何绍光、七灵童、铁甲儿、小斗、雷世宝、丁传六，武旦李君凤。

演出剧目有：高腔四大正本《黄金印》《孝琵琶》《红梅阁》《班超》，弹戏四大正本《春秋配》《梅降亵》《花田错》《果老配》，江湖本子戏《目连传》《岳飞传》等。

剧社还自编自演时装戏《踊跃输将》《黑衣人》《航空情侣》《黑海》等。这些剧目，有的直接反映我国人民抗日救国的英勇斗争，有的赞美抗日战士奋不顾身的战斗事迹，受到各界人士的称赞。

剧社系社会各界人士合伙经营，股东图名好义、人多势大，管理方面与一般城乡剧社不同。如在酬劳分配上，剧社改其他班社实行的半月一支、一月一结的制度为演职员三天一结，赚钱亏本，照支不欠。如有困难，还可事先借支。在纪律方面，不准旦角在外吃酒陪客；不准生角在外勾引女人，不准不三不四的人来剧社住宿。在生活上多方照顾演员，家属均可在剧社吃饭。

民国36年（1947年），物价飞涨，人民生活贫困艰难，剧社上座率急剧下降，收入无法维持开支。股东们决定将班社转卖给士绅何体泉。何体泉接手后，上座率仍然不高，景况日下，半年后，将剧社租给杨安全。杨安全接手后，与艺人共同商量做分账，多收多分，少收少分，直到1949年岳池解放。

五、岳池县川剧团

1950年，县文化馆组织三三剧社和国光话剧社的部分演职员学习整顿，将两剧社合并，成立岳池人民剧团。

1952年，岳池人民剧团、戏改会、群众剧团组织演员开展“三反”“五反”学习，调整组织，撤销了群众剧团，将其成员分别并入了人民剧团和戏改会。

1953年3月，县文教科组织人民剧团和戏改会演员学习，整顿组织，将两个剧社合并，成立岳池县川剧团。

1953年至1957年，岳池县川剧团相继组织和动员了老艺人发掘传统剧目，传授传统艺术。四年多的时间，演出历史传统剧目300多出（包括折子戏），发掘整理剧目13个。组织上演现代剧《小二黑结婚》《丁佑君》《槐树庄》《白毛女》《只能走这条路》等。为继承传统表演艺术，唐炳森、黄天云、康必健等31名青年演员、学生，拜邓九雷、何宗明、李昌达、周云森等11名老艺人为师，学习唱腔、表演、音乐。1953年，通过《煮海记》的排导演出，在表演、唱腔、舞台美术上，进行改革和创新，继承传统表演艺术，吸收电影、歌话剧、民间舞蹈等艺术，创新完善川剧表演、唱腔、舞美，促使川剧艺术得到发展。

1958年7月，传统艺术实行“两条腿走路”，县川剧团继续发掘、整理、上演传统剧目，移植、改编、创作《宜宾白毛女》《姑娘心里不平静》《拴不住的姑娘》《红霞》等大量新剧目。在巡回演出中，编写《活龙献乌金》《跃进新人》《坚强战士》《过山岗》等新川剧和100余件演唱作品。

1964年，剧团停止演出传统戏，全部上演现代剧目，表演、音乐、舞美也适当改革创新。在表演方面，演员深入生活，革新表演艺术。音乐方面，本着继承、创新精神，对所排的剧目，进行唱腔改革，并都谱曲。舞台美术，大量采用景片和灯光布景，服装按人物身份搭配。

1966年下半年，在“破四旧、立四新”的口号下，剧团传统戏剧服装、道具全部被销毁，上演剧目除八个样板戏外，其他传统戏和现代戏全部被禁锢。

1970年，岳池县川剧团被撤销，绝大部分演职员工下放到其他企事业单位或农村。1971年2月，以原川剧团的10多名演员为基础，吸收文艺会演中的群众文艺骨干20余人，成立“岳池县革命委员会宣传队”。

1977年，撤销岳池县革命委员会宣传队，恢复岳池县川剧团，并相继恢复一些优秀传统川剧剧目的演出。

1982年，省委发出“振兴川剧”指示，剧团于1983年举办川剧功夫戏“小百花奖”演出大会。为培训新生力量，县上招收学生41人，开办“岳池县川剧学员培训班”。经过两年培训，成绩显著，结业表演会上四川峨眉电影制片厂对《别洞观景》《打神告庙》《杀奢》《水漫金山》四折戏进行了录像。剧团注重艺术创作，编剧黎人中改编了《唐太宗与魏征》，新编历史川剧《五色棒》，改编了现代川剧《新婚愁》，与音乐人员游俊才合编了历史剧《范仲淹戍边》。剧团演员戴亚军，陈永著合编的《包夫人智斩洛阳王》获得南充地区剧本创作奖。

1986年，岳池川剧团赴重庆、成都等地巡回演出《青蛇传》《红台山》《收姜维》等传统川剧，受到观众及相关专家学者好评，多家新闻媒体宣传报道，获较好的社会效益和经济效益。1987年，川剧团发掘川北灯戏艺术，组织人员创作、排练新编灯戏《幺妹嫁给谁》《包公照镜子》《闹隍会》等剧目，于1988年5月晋京，在长安大戏院、吉祥剧院、中南海礼堂等地演出，受到中共中央政治局委员、中央组织部部长宋平及全国人大常委会副委员长廖汉生等领导和曹禺、陈其通、吴雪等艺术家及首都观众好评和赞扬，各级新闻媒体予以宣传报道。

20世纪80年代中后期，随着电视音像业不断发展，川剧园地日渐萧条。自1990年开始，川剧团根据文化市场的需求，转型向集灯戏、曲艺、音乐、舞蹈、话剧小品于一体的综合性表演，主要承担本县宣传党政中心工作及法律法规的巡回宣传演出任务；组织创作排练节目代表岳池县参加市、省及全国性的文艺汇演，为岳池争得荣誉。

2012年2月，实行文化体制改革，岳池县川剧团撤销其人员、编制并入县文化馆，对外挂“岳池县非物质文化遗产保护中心”牌子。

六、民间业余川剧团体

20世纪50年代，岳池县有不少业余川剧团体从事演出活动，这些团体以民间“玩友”班为基础，自筹资金购置服装道具从事川剧表演，他们农忙务农，农闲从艺，自负盈亏。丰富群众的文化生活，培养大批川剧艺术人才，如中和川剧团的黄啸飞、王启章，石垭川剧团的何志国，坪滩川剧团的刘晓成等，在川东北川剧艺术界小有名气。

1978年“改革开放”后，川剧艺术复苏，一些乡镇重建业余川剧团，从事川剧表演活动。1985年后，随着川剧艺术的滑坡，岳池县各业余川剧团自行解散。

岳池县民间业余川剧团统计表

团体名称	人数	负责人	活动时间	活动地区	备注
顾县镇川剧团	20	唐学友	1979—1980年	本县各地	
中和镇川剧团	45	王启章 罗明胜	1980—1984年	省内各地	
裕民乡川剧团	35	王炳林	1980—1983年	南充、达县、江津等地区	
赛龙乡川剧团	40	严远明 杨建国	1981—1985年	省内各地	
苟角镇川剧团	22	蒲元恩	1981—1982年	本县各地	
石盘乡川剧团	35	朱家如	1981—1982年	南充地区	
石垭镇川剧团	36	肖明科	1981—1983年	南充地区	
坪滩镇川剧团	22	刘月丰 杨传新	1981—1984年	川东地区、南充地区	
粽粑乡川剧团	40	万秀伦	1983—1984年	南充、达县地区	
高升乡川剧团	28	林文科	1983—1984年	本县各地	

七、“玩友”班组

“玩友”，是一批戏剧爱好者自筹经费、互教互学的民间群众文艺组织。民国20年（1931年）前，统称“围鼓”，多于晚上在茶社座唱，或被邀请到丧婚人家座唱。民国20年后，社会上就把受雇用座唱者称做围鼓，业余座唱者称为玩友。围鼓座唱剧目每天不能重复，玩友不受这个限制。岳池玩友分川剧、京剧、竹琴三种。

1950年前，岳池县主要的川剧玩友班组有：

（一）丝竹轩

系唐子初、邓玉阶于民国4年（1915年）发起创建的岳池县城最早的川剧玩友组织，主要成员有唐子初、邓玉阶、周造之、曾善才等10多人。该玩友组织经常在岳池南街上的几家茶馆内座唱川剧和扬琴。

（二）金石声

系丝竹轩后，由蔡召南、周子昂于民国9年（公元1920年）发起创建的玩友组织。其主要成员除原丝竹轩的中青年成员外，还增加了蔡南山、代俊成、杨敏之等人。其成员经常在岳池川主庙内练习锣鼓、坐唱川剧。如有川剧班社到岳池演出，间或去票戏。

（三）音乐协进会

系由金石声改组成立的玩友组织。负责人杨敏之。

民国29年（1940年）音乐协进会更名为“育群票社”，后再更名为“友联票社。”

民国32年（1943年）友联票社下分东升音乐会、乐华音乐会、北星音乐社、金声俱乐部、歌风音乐会等五个玩友组织。

东升音乐社系岳池东门的川剧玩友组织，负责人汤正霖。主要成员刘昌全、刘昌达、汤致君、林文植、刘月丰等10余人。经常在东门口茶社座唱川剧。

乐华音乐会是岳池南门的川剧玩友组织，负责人胡文斌。主要成员有张君锐、彭一安等人。经常在南街乐华茶馆座唱川剧。

北星音乐社系岳池北门的川剧玩友组织，负责人唐廷爵，主要成员有刁明合、曾海山、罗兴仕、肖永恒、杨明全（中共地下党员）、代显成等10余人。经常在北门北星茶社座唱川剧。

金声俱乐部系岳池西门的川剧玩友组织，主办人何体泉，主要成员有许忠、许济桃、郭开扬、周子强、杨求本、蒋世俊等人。经常在西一茶社座唱川剧。

歌风音乐会系中南街的川剧玩友组织，负责人周之程。聘请广安李福宣作教师，主要成员有罗天福等人，经常在中南街金兰茶社座唱川剧。

到2010年，岳池县43个乡镇中有“川剧玩友”班70多个，从艺人员300多人。

1949年前岳池城乡玩友组织

区　镇	名　称	川剧或京剧	建立时间	负责人	活动形式	活动地点
城关镇	丝竹轩	川剧	民国4年（1915年）	唐子初邓玉阶	座唱	上南街茶社
	金石声	川剧	民国9年（1920年）	蔡召南周子昂	座唱	川主庙
	音乐协进会	川剧	民国29年（1930年）	杨敏之	座唱票演	太平洋茶社
	娱群票友社	川剧	民国30年（1941年）	杨敏之	座唱票演	太平洋茶社
	友联票社	川剧	民国34年（1945年）	胡慈特	座唱票演	乐华茶社
	东声音乐社	川剧	民国36年（1947年）	汤正霖	座唱	东门东声茶社
	歌风音乐社	川剧	民国37年（1948年）	周子程陈浪清	座唱	南门金兰茶社
	金声俱乐部	川剧	民国32年（1943年）	何体泉	座唱	西门西一茶社

区　镇	名　称	川剧或京剧	建立时间	负责人	活动形式	活动地点
	北星俱乐部	川剧	民国 36 年（1947 年）	唐廷爵	座唱	北门北星茶社
	新声票房	京剧	民国 28 年（1939 年）	李绽华	座唱票演	东门新声茶园
顾县镇	同心宫	川剧	民国 26 年（1937 年）	杨显云	座唱	仁号茶社
	圣元宫	川剧	民国 26 年（1937 年）	杨元福	座唱	智号茶社
	三娱票友社	川剧	民国 26 年（1937 年）	谯兴余	座唱	顾县茶社
	风雅音乐社	川剧	民国 26 年（1939 年）	杨宗福	座唱	顾县茶社
苟角镇	遏云	川剧	民国 18 年（1929 年）	吴建奎	座唱	维新公茶社
	四美	川剧	民国 24 年（1935 年）	吴显钺	座唱	维新公茶社
	德星聚	川剧	民国 31 年（1942 年）	宋楷	座唱	德星茶社
	元吉公	川剧	民国 31 年（1942 年）	吴显文	座唱	元吉公茶社
	益乐俱乐部	川剧	民国 33 年（1944 年）	秦顺友	座唱	胡家茶社
坪滩镇	升平部	川剧	民国 7 年（1918 年）	温玉良唐悠远	座唱	升平茶社
	钧天部	川剧	民国 10 年（120 年）	周勃然陈恩甫	座唱	了家庵
	畅怀居	川剧	民国 38 年（1949 年）	周勃然	座唱	畅怀茶园
	亦乐也	川剧	民国 32 年（1943 年）	尹学仕	座唱	亦乐也茶园
	循可乐	川剧	民国 37 年（1948 年）	曹翠文	座唱	循可乐茶园
	自然乐	川剧	民国 32 年（1943 年）	粟培风	座唱	指路碑
	同一乐	川剧	民国 35 年（1946 年）	胡均立	座唱	大石桥
	田家乐	川剧	民国 37 年（1948 年）	陈尧清	座唱	香乐山
兴隆乡	俱乐部	川剧	民国 15 年（1926 年）	陈慕月蒋丕成	座唱票演	本乡各茶社
酉溪镇	义廉剧社	川剧	民国 18 年（1929 年）	蒋根本蒋永才	座唱票演	本镇各茶社
中和镇	正声俱乐部	川剧	民国 36 年（1947 年）	李华甫	座唱	本镇各茶社
罗渡镇	仁厚恭	川剧	民国 34 年（1945 年）	蔡志文陈景明	座唱	本镇各茶社
石垭镇	大乐天	川剧	民国 28 年（1939 年）	刘远扬	座唱	本镇各茶社
白庙乡	七七票友社	川剧	民国 26 年（1937 年）	胡遂良	座唱	本乡各茶社

第七节　剧　目

1949 年前，川剧班、社所演剧目绝大多数为传统剧目，新编剧目极少。

1950 年至 1952 年，岳池开展“清匪反霸”“土地改革”“抗美援朝”“三反五反”等运动，戏改会、人民剧团、群众剧团积极配合，演出大批新编川剧、歌话剧和曲艺。有时，也演出少量的经过初步整理的传统川剧，如《新美人计》《苏武牧羊》等。

1953年，根据文化部“发掘、整理传统剧目”的指示，岳池川剧团发掘数以百计的传统剧目。其中高腔戏最多，胡琴、弹戏次之，昆腔较少。为配合党的中心工作，也上演过新川剧，如《槐树庄》《丁佑君》等。

1958年7月，文化部提出传统戏剧“两条腿走路”的指示，其后的四、五年内，岳池川剧团上演移植、改编、创作的百多出现代戏，同时上演过不少的传统戏。

1964年，文化部发出“戏曲转轨”的指示，大演革命现代戏，砍掉了传统戏的上演。

1967年至1976年，剧团只演《红灯记》《沙家浜》《智取威虎山》等样板戏，其他剧目（包括现代戏）全部禁锢。

1979年后，解放禁锢剧目，县川剧团在演革命现代戏的同时逐渐恢复传统戏的上演；还组织人员改编和创作演出新编历史戏、现代戏和戏剧小品，剧目不断增多。

1950年至2000年，剧团演出剧目477出，其中新编历史剧和传统剧345出，现代剧132出，另演出戏剧小品22个。

一、传统剧目选录

高腔剧目：《裁江夺斗》《舌战群儒》《辕门射戟》《春花走雪》《战宛城》《长坂坡》《凤仪亭》《杀家告庙》《三圣宫》《哭桃园》《甘露寺》《走麦城》《血带诏》《献地图》《姑苏台》《会稽山》《黄金窖》《将相和》《卧薪尝胆》《伍申路会》《闹旗庭》《飞云剑》《夕阳楼》《归正楼》《痴儿配》《青梅配》《洞庭配》《战袁林》《临潼会》《水晶柱》《菱角配》《金霞配》《桂香阁》《庚娘》《隐身裘》《黄金印》《红梅阁》《孝琵琶》《红袍记》《黄袍记》《白玉簪》《绛霄楼》《拾画图》《三龙图》《铁冠图》《百宝箱》《彩楼记》《焚香记》《金沙滩》《帝王珠》《翠屏山》《庆云宫》《荷珠配》《四进士》《万宝瓶》《烈火旗》《游泾河》《盗金菊》《太岁庄》《药茶记》《火龙院》《战黑水》《江东桥》《永巷宫》《真假图》《五柳园》《斩世藩》《盘龙剑》《锦江楼》《双花楼》《审头刺汤》《怒鞭督邮》《借亲配》《审诰命》《拉郎配》《珍珠衫》《望娘滩》《谭记儿》《玉蜻蜓》《满春园》《审玉蟹》《三土地》《魏化龙》《龙凤簪》《秋江河》《桃花山》《太白山》《未央宫》《双罗衫》《双相容》《北邙山》《金枪会》《双官诰》《鹤蚌配》《木马驿》《双拜月》《盘贞认母》《迎贤店》《斩子哭尸》《四下河南》《赏功访袍》《龙凤剑》《反吴关》。

胡琴剧目：《走马荐诸葛》《月下盘刁》《徐母骂曹》《江油关》《战长沙》《战神亭》《受禅台》《火烧濮阳》《单刀赴会》《捉曹杀奢》《金水桥》《双槐树》《收姜维》《出祁山》《定军山》《空城计》《骂王朗》《文昭关》《鱼禅寺》《渔夫剑》《财神图》《百寿图》《广平府》《宝莲灯》《九里山》《斩黄袍》《开铁弓》《天门阵》《下河东》《清风亭》《高唐州》《美良川》《沙陀搬兵》《三尽忠》《柴市节》《双蝴蝶》《烙碗记》《告天状》《秦香莲》《双带剑》《隋宫乱》《上天台》《二龙山》《铡侄哭头》《高关摘印》《关王庙》《五台会兄》《阳河堂》《传枪踏营》《打虎收孝》《烧窑封宫》《前、后帐会》《双龙宴》。

弹戏剧目：《桃园结义》《借云破曹》《盗书打盖》《盘河桥》《泗水关》《太行山》《北门楼》《芦花荡》《假投降》《过巴州》《赠袍吃草》《背鞭逃国》《捉子都》《忠孝图》《刺僚王》《翠香记》《做文章》《汾河湾》《春秋配》《双白璧》《花田错》《苦节传》《日月画》《审苏三》《青石岭》《反徐州》《瓜子山》《战洪州》《打金枝》《意中缘》《佘塘关》《盗银瓶》《卖水记》《血手印》《唇珠楼》

《八件衣》《生死牌》《改容战父》。

昆腔剧目：《议剑献剑》

灯戏（“灯戏”专章记述）

二、移植、改编、创作剧目：《穷人恨》《血泪仇》《岳飞》《抗美援朝》《保家卫国》《参军光荣》《渔夫恨》《朝鲜魂》《美国佬滚回去》《兄妹开荒》《春来山区喜事多》《丁佑君》《红杜鹃》《红娘子》《陈胜王》《牛郎织女》《江汉渔歌》《大破东平府》《北京四十天》《大闹忠义堂》《歼虎双英》《十三妹》《槐树桩》《前、后帐会》《群龙飞舞》《西溪河边》《桂花树下》《考试之前》《姑嫂俩》。

第八节　知名艺人

余丹廷（1871—1926），男，岳池余家场（今普安镇）人。余丹廷专工生角行，擅演文武正生。其唱腔优美圆润，做戏严肃认真，表现人物思想、性格细腻准确，塑造人物形象鲜明逼真，是渠河一带驰名的文武正生。为渠河流域川剧艺术界培养了肖晓康、刘晓扬、唐九江、李全芳等享誉渠河艺坛的艺人。

王兴孝，生卒年月不详，岳池小北街人。他专工文武小生，舞姿优美，表演准确，嗓音圆润清越，是渠河一带有名的川剧小生，并名扬重庆川剧界。

邓九雷（1904—1964），又名邓国用，男，岳池城关人。以“腿功好、眼神妙、指爪有力”的架子花脸著称。1956 年，邓九雷担任南充川剧演员训练班表演艺术教学工作，培养了西充赵延伯、广安周世崇、南充张东升、南充黄士林，岳池唐炳森等著名花面演员，并为“四川省川剧出国演出团”培养了汪洋、舒桂珍、成大德三名青年演员。

李昌达（1914—1970），武胜县三溪铺（今三溪镇）人，擅长折子戏、官衣戏。他唱腔优美，能准确掌握剧中人物的心理和性格特征，能以干净、准确的眉眼身法塑造人物，深受观众喜爱。

何宗明（1894—1964）男，艺名筱伶芳，岳池渠河乡人（今属中和镇），擅演青衣、老旦，善于理解剧中人物内心世界，准确把握其性格特征，其主演的《铁龙山》《双槐树》等剧目，深受观众喜爱。

其他知名艺人

姓　名	性别	出生年月	单位及职称	备注
昝璧莹	男	1934 年 11 月	川剧团国家三级演员	已故
康必健	男	1942 年 9 月	川剧团国家三级演员	
杨太荣	男	1943 年 5 月	川剧团国家三级演员	已故
罗安文	女	1945 年 9 月	川剧团国家三级演员	
王宝林	女	1943 年 3 月	川剧团国家三级演员	已故

第二章 灯 戏

第一节 灯戏的形成与特点

一、灯戏的形成

川戏的五大声腔中，只有灯戏才是四川的“土特产品”，最富于地方特色和民间情调。灯戏在四川民间的庆仪活动中形成和发展。早期四川的民间庆仪活动以“跳端公”为主要内容，巫师在活动的过程中，会化妆成不同的角色，配合锣鼓及伴奏乐器的节奏，亦歌亦舞，说唱祭祀词，以达巫祈之目的，民间称之为“傩戏”。经长期演变发展，由此衍生出以说唱民间生活为主要内容，以取悦、教化世人为主要目的的灯戏艺术，出现活动于民间的灯戏团体——灯班。

二、灯戏的艺术特点

灯班一般由近十人组成，其中乐队（软、硬场面）四人左右，演员四五人。传统灯戏剧目分“正灯”“地灯”“浪浪灯”三大类，大都是反映民间生活，表现乡土风情的喜剧或闹剧，剧中角色一般二三人，多则四五人，唱多白少，载歌载舞，诙谐风趣。

灯戏的服装、道具、化妆比较简单，常常与巫祈活动共同进行。巫祈庆坛即演出场地，以农家广场院坝为主，亦可在堂屋举行。在广场院坝举行时，常常是将几张打谷的拌桶翻过来拼凑在一起，铺上晒席，搭成四面八方皆可观看的舞台，舞台四角各立竿一根，各挂固定台灯一盏，此外还挂可移动供表演使用的八盏、十六盏、二十四盏或更多的台灯。舞台上方挂较大的主灯一盏，主灯绘有独具特色的图案和灯班标记，标上灯班表演的节目。主灯和台灯构成“火树银花”景致，既可照亮舞台，供演员表演，又让人们知道这里有灯班演出。这些灯形式多样，装饰奇特，人们称之为花灯，称在此花灯下演出的戏为花灯戏，即今之所谓灯戏。

第二节 灯戏的发展

一、传统灯戏艺术

灯戏源远流长，植根于四川民间，常与民间庆仪活动相配合，保留着先秦遗风，渗透着秦汉以来民间祈福，消灾，求神，驱鬼等巫祈活动内容，因此，它受着巴蜀民俗文化的制约，难以走出盆地与其他艺术相交流，难以接受外来艺术的影响，始终保持着巴蜀的民间风味。灯戏代表着劳动人民的感情，选择主题和表现手法大胆，具有强烈的反对封建剥削的色彩，因而，它不为封建统治阶级所喜爱，不受重视，发展缓慢，至晚清方升华为舞台艺术，与高、昆、胡、弹等声腔戏融汇成川戏艺术。传统灯戏曲调简单，近似于民间歌谣。传统剧目现存不多，仅《请长年》《五子告母》《驼子回门》等十多出。

二、灯戏艺术的繁荣

岳池灯戏属川北灯戏流派。川北灯戏在四川灯戏艺术中独树一帜，其唱腔曲牌较多而富于变化，优美动听；其表演诙谐滑稽而富于技巧，引人发笑，故川北灯戏倍受人们喜爱，得以代代传承。清末民初岳池的“泰鸿班”及其后的“三三剧社”等川剧团体演出的灯戏，深受人们欢迎。20 世纪 80 年代，岳池县川剧团将工作重点放在挖掘和发展灯戏艺术方面，组织人员创作排练《幺妹嫁给谁》《闹隍会》《包公照镜子》《秀才卖缸》《丈母娘上轿》等一批新编灯戏剧目，在唱腔、表演手法、服装道具、舞美灯光等方面大胆革新，保留了传统灯戏的风貌，赋予新的时代气息，使灯戏这古老而稚嫩的奇花走出盆地，走向上海，走向北京。1987 年，岳池县川剧团晋京入中南海演出川北灯戏，受到中央有关领导、专家学者和首都观众的高度赞扬，《人民日报》《中国文化报》《戏剧电影报》《光明日报》等报刊给予高度的评价。中国戏剧家协会主席曹禺看戏后说：“川北灯戏让我眼界大开，它是从民间发展而来的，有许多高明的艺术处理，表现出当地人民的智慧和幽默，凝聚着中国几千年文化的优秀传统。我代表戏剧家协会，祝贺岳池县川剧团演出成功。”时任文化部常务副部长的高占祥说：“川北灯戏可能会成为一个有影响的剧种，希望不仅在四川，而且在全国，在更大的范围内产生影响。”

1989 年后，为了适应现代观众的审美需求和观赏心态，岳池灯戏融入曲艺灯调及民间音乐舞蹈的一些元素，使之既保留传统灯戏的艺术特色又富于现代生活的时代气息。岳池灯戏成为享誉巴蜀的艺术品牌，并被列入四川省非物质文化遗产保护名录。

近年来，岳池创作、演出的灯戏《裁师爷》《背新娘》《收贡银》《赌媳妇》《悠悠花轿情》等剧目先后参加省、市文艺汇演获奖。

第三节　剧　目

一、传统剧目

《打面缸》《出天行》《知县请客》《拜新年》《小放牛》《补缸》《裁衣》《五怕》《请长年》《双吊颈》《两个刘从久》《拾黄金》《九流相公》《请长年》《五子告母》《驼子回门》。

二、改编、创作剧目

《幺妹嫁给谁》《丈母娘上轿》《闹隍会》《包公照镜子》《周元献鸡》《郑板桥卖缸》《搭错车》《办移交》《悠悠花轿情》《收贡银》《背新娘》《裁师爷》《赌媳妇》。

三、剧本选录

传统灯戏小品

嫁　妈

人物：张浪子、刘氏

造型．音乐起

（张浪子手提一粪撮箕边唱边舞上）

浪子：（唱）张浪子遍坡耍，边耍边把狗粪挟。

自从爹爹得病死，丢下了孤儿寡母守寒家。

墙边开出两分地，又种小菜又种瓜。

（说唱）白菜苦瓜、韭菜黄瓜、青菜冬瓜、菠菜笋瓜、葱子蒜苗莲花白、七鼓八杂一扒拉，有米就吃米，无米就吃它，日子虽清贫过得笑哈哈、笑哈哈、哈哈！

（音乐停）进屋白：

妈、妈！……咦：自从我老汉死后，我妈一年三百六十五天都在屋头纺线线、打草鞋。今天咋个啦？坐到磨盘上想转了，还要出去“散淡”？……莫忙，待我找哈到，鸡公叫，鸭公叫，哪个找到哪个要哦！……

（刘氏出场。白：周大哥，慢走哈！……）

（浪子过场。白：不准动！……哈哈……）

刘氏：吓妈一跳……

浪子：我默到你被哪个老光棍背起要去了也！

刘氏：胡说，点规矩礼信都莫得。

浪子：有规矩、有规矩。妈，你老人家刚才……？

刘氏：（耳语）儿哪，要得不？

浪子：啊，周君里，周大伯？

刘氏：该是好哈？

浪子：（大声地）好？好个屁！

刘氏：娃娃，莫乱吼黄。儿哪，周大娘去年病故，留下一双儿女无人照应，我想来想去，我们也是孤子寡母的，你又还小，与其跟到受活罪，不如两家合成一家。当时我就对他说：他周大哥，我嫁给你要不要得……

浪子：咦！妈，你硬是胆子大不怕羞喃。和尚的脑壳——莫法（发）。

刘氏：为啥？

浪子：后老汉难得缠；嫁过去谨访吃大亏哦。

刘氏：儿哪，你周大伯为人忠厚，善良勤奋。我们两家子合拢来放勤快些，今后有好日子过的。

浪子：那……要得嘛，儿依妈就是。（突然想起什么）咦！不对呵，妈，那不是儿也要嫁过去啰？

刘氏：拖个油瓶瓶儿，还不是为了你也！

浪子：拖个油瓶瓶！嘻嘻……要得！妈要嫁人就快点走，早打洞房，儿也好喝杯喜酒。

刘氏：慢点，还是喊乘轿子，请拨吹吹嘛。

浪子：莫来头，儿在轿房里头学了两年，吹拉扯唱样样得行。（说唱）“妈出嫁儿吹打，不给冤枉钱！”。

刘氏：要得（浪子下场背行头把子……）。各位乡亲邻里，三老四少，不是我刘氏心儿花，我也想有个老伴有个家，风风雨雨相依伴，坡坡坎坎拉一拉，半夜说句知心话，胜过儿女一扒拉哟！

浪子：（背好行头把子上场）妈，准备好了。

（刘氏在中场坐上“背夹”）

浪子：妈，儿听说出嫁前要哭哦！

刘氏：（哭白）我的爹呀，我的娘呀……

我原来不想嫁的呀……

只因我儿张浪子他……

浪子：去哦，（将刘氏从背上摔下地）妈，没整对哟，你这么哭，你嫁了人倒安逸，人家今后好骂我?!

刘氏：那又咋个哭嘛?

浪子：我又没有嫁过人我哭不来，自己嫁人自己哭，各人的活路各人摸到做哈。

刘氏：好嘛，那又重来。（在中场板凳上坐上浪子“背夹”，过场出门）儿哪，妈出嫁，今天还是该为妈唱一段啥。

浪子：要得！（唱）哎……

妹妹大胆地往前走，往前走，莫回头……

刘氏：儿哪搞错了，搞错了。今天是嫁妈，咱个唱起“妹妹大胆往前走”呢?

浪子：哦，对头，对头。妈，搞错了莫来头，我们重新来个哟！（起伴奏音乐）

（张浪子敲锣打鼓，舞，园场）

刘氏：（唱）出了苦海离寒家，

浪子：（唱）鼓乐齐鸣吹唢呐。

刘氏：（唱）只为娃娃未长大，

浪子：（唱）张浪子今天来嫁妈，来嫁妈。

刘氏：（唱）无有操办自吹打，

浪子：（唱）“吃乃依咚旦”乌里呐！

二人：（唱）众位乡亲莫笑话，

欢欢喜喜到周家。

现代灯戏小品

裁师爷

（灯戏小品）

雷允树

时间：古代

地点：蜀东某县

人物：县　令，男，50 岁

赵师爷，男：65 岁

镓师爷，男：40 岁

孙师爷，男：25 岁

李班头，男：28 岁

［幕启，县令书房，墙上贴有横幅“何陋之有”，桌上堆有一叠卷宗，县令正在查阅，班头伺立。

县令：（起身，着急地）

（唱）　本官走马来上任

风风火火入衙门

件件案情催人紧

要为百姓把冤伸

俗话说，“吃了百姓饭，就为百姓干，不为百姓干，等于白吃饭。”赶紧把师爷叫来，弄清这几桩盗窃奸淫案，好为百姓除害伸冤。李班头！

李：　小人在！

县令：快去请师爷来，老爷今天要议案。

李：　禀告老爷，几位师爷正在怡心堂“修长城”，是不是改天再议？

县令：休得怠慢！快去传话！

李：　是！有请师爷！

［三位师爷上

赵：　师爷本姓赵，入幕已三朝，资格数我老，现在该逍遥。

钱：　师爷本姓钱，口袋有银元，入衙为哪般？讲的是好玩。

孙：　师爷本姓孙，风流年纪轻，现在忙个啥？不混白不混。

三师爷：见过老爷！

县令：哎呀！你几位咋个“老牛拖破车——慢吞吞的”？如今盗贼四起，百姓不安，快给我出出主意。

赵：　啥？

（唱》我看老爷当得拙，
自己没有长脑壳，
有事来问你和我，
你我也是没得着。

老爷，您怎么不早说？我们还没有考虑。

县令：我到此不久，这不就与你们商议吗？谁先说？（三师爷互视不语）赵师爷！你年长识多，看该咋办？

赵：老爷，卑职年老体弱，脑子不太灵活，请钱师爷想想办法吧！

县令：钱师爷，你年富力强，看咋办？

钱：老爷，卑职五大三粗，没读几天书，此等大事，还是请教孙师爷吧！

县令：孙师爷，你年轻文化高，帮老爷想想办法。

孙：老爷，小人出世晚，涉事不多见识短，要说此等大事还是赵、钱师爷合适点。

［三位师爷相互推却

县令：年纪大的老了，年纪轻的小了，不大不小笨了。照你们这样一说，皇上要选一名师爷进京观光领赏，就没人了？（举起朝庭赏贴，三位师爷上前争夺）别争了，你们才是“腰杆上别死耗子——冒充的打猎匠”，统统给我滚下去！

［三师爷下

县令：

（唱）衙门师爷一大串，
个个只会拿奉钱，
困难绕道走，
好事抢在先，
这种人我拿着咋个办？

［幕后音：精兵减政裁冗员。

县令：对头，这是个好办法！李班头，给我拿师爷簿子来！

李：（吃惊地）老爷，你要裁师爷？莫不是大白天说梦话？

县令：咄！你的胆子硬是大，敢言老爷说梦话。还不下去给我拿来。

[班头下

喂，各位父老乡亲，各位弟兄姐妹，你们亲眼所见啰。

县令：（唱）三个师爷要板眼，
占倒茅坑不拉便，
憋起老爷要毛脸，
颇得坛坛冲罐罐。（做裁减状）

[班头上

李：老爷，师爷册到。

县令：（接过簿子）

（唱）横瞧瞧，竖看看，
个个师爷有贡献！
（数板）效忠朝庭团结同伴，
谦虚谨慎勤政为官
廉洁律己分文不贪……

（白）硬是除了肚脐眼没有一个疙瘩。

（唱）这样的薄子才好看
懒鬼成了活神仙
好好孬孬一个样
谁也辨不出愚和贤

凭这卷册子，我能裁谁？李班头，给我传师爷，我要当面考核，凭贡献取舍。

李：要得！有请赵师爷。

[赵上

赵：我看这小子不是人，弄得你我不安宁。卑职拜见老爷！

县令：赵师爷，本官今天要以政绩取人，你有何贡献？

赵：禀告老爷，论贡献我最大，（递上名贴）请老爷过目。

县令："朝庭王大人。"这与贡献有何关系？

赵：怎么没关系？王大人是我干爹的舅子，是他给你戴的帽子。

县令：这……李班头，下传钱师爷。

李：有请钱师爷。

[钱上

钱：我看这人不识好，整得你我来回跑，卑职拜见老爷！

县令：钱师爷，本官今天要政绩取人，你有何贡献？

钱：禀告老爷，论贡献我并不小（递过礼单）

县令："捐献衙门白银三千两。"这与贡献有何关系？

赵：怎么无关系？没有我的银子，就要饿断你的肠子。

县令：这……李班头，再给我传孙师爷。

李：有请孙师爷！

［孙上

孙：老爷是个耍猴匠，一会叫下，一会叫上。卑职拜见老爷！

县令：孙师爷，本官今天要以政绩取人，你有何贡献？

孙：禀告老爷，我的贡献与你最直接。（递考勤表）

县令：陪县令夫人唱歌跳舞推牌九。“三陪”与贡献有何关系？

孙：怎么没关系？没有夫人的欢心，哪有老爷的安心？

县令：说得也是。依你们三人的说法，贡献都很大，都不能裁哟。

赵、钱、孙：不错。量你也不敢裁。

县令：你三个硬是把我码得倒？

（唱）他三人，真是拽，
个个亮的是王牌，
帽子、票子、老婆子，
样样都要比我歪。
这才是师爷难裁掉，帽儿活甩甩。

［幕后音：如今老爷难下台。

县令：李班头，您在看笑神？还不帮我拿个主意。

李：老爷，您不是不知，而今眼目下，帽子可换票子，票子可买帽子，帽子乐坏妻子，妻子管着帽子。他们几位师爷都是瞄准了的。我开始就说，师爷再多也难裁掉。你偏不信。现在好了，既得罪亲爷又攀到舅子，弄得两头不是人。依我看……

县令：怎么样？（李凑进县令耳语）对呀！皮之不存，毛将焉附？我摘去帽子，不当老爷，没有老爷，还要师爷干啥？（欲摘官帽）不对！我这一摘，不是白白地丢了官？

李：老爷，官儿丢了可以考，票子丢了可以找，老婆丢了可以讨，而师爷不裁，你和老百姓都受不了。

县令：此话有理。咦，你娃就是师爷人才，咋个没有当到咧？

李：老爷，小人一无票子，二无膀子，哪来帽子？

县令：哼！本官今天就来试一回，颇得摘去乌纱帽，偏要裁减懒师爷！

［幕落］

第三章　话剧　小品

第一节　话　剧

一、话剧艺术的兴起

岳池话剧艺术始于民国时期。

民国21年（1932年）暑假，岳池旅外同学唐征久（中共地下党员，1949年就义于重庆渣滓洞）、唐晴初、胡慈特等人，回岳池约集一批热心抗日宣传的师生，临时筹建话剧演出组，在县城城隍庙义务演出话剧《李桂林之死》。由唐晴初担任排导，唐征久主演李桂林。该剧通过东北义勇军李桂林团长英勇抗日，浴血奋战，直至最后牺牲的事迹，热情地歌颂抗日军民，激发人们抗击日本侵略者的热情。

民国26年（1937年），岳池普安乡话剧爱好者吴雪及一批热血青年以其话剧艺术特长投身于抗日救亡斗争。民国27年（1938年），吴雪在武汉约集一批戏剧界人士组成“四川旅外剧团抗敌演出队”，巡回演出中国人民抗日的话剧。民国28年（1939年）10月，吴雪率四川旅外剧团抗敌演出队到岳池公演，演出剧目有《塞上风云》和《渡黄河》，他们精彩的演出有力地推动了岳池抗日工作的开展和话剧的发展。后来吴雪成长为话剧表演艺术家，曾任文化部艺术局局长、副部长，其代表作《抓壮丁》取材于故乡岳池县农家生活故事。

1937年抗日战争爆发后，苟角镇吴显钺（中共地下党员）从成都读书回家，发动镇上教师吴小方、吴阡陌、蒋子光等，邀请广安悦来乡及岳池顾县镇玩友，举行三天抗日募捐演出，上演《放下你的鞭子》《王婆骂鸡》等剧目和川剧折子戏。

民国27年（1938年）春天，岳池女教师邓惠中（中共地下党员）、刘慕京发动爱国教师武绍芬（女高校长）、何法明、吴本金等，组织妇女抗敌后援支会，会员300余人。当年秋，支会出面聘请李兆鸿（中共地下党员）排演话剧《回春之曲》，在城隍庙上演。

民国33年（1944年），岳池人周德隆、代明珍、陈义品等牵头组建“国光话剧社”，有演职员20余人，先后在县内及重庆、自贡、昭化等地演出，常演剧目有《珍珠塔》《三笑姻缘》《火烧红莲寺》等。民国34年（1945年），在成都读高中的岳池学生相继毕业返县，组建“乐群学会”。民国35年（1946年）暑假，该会在岳池组织演出洪升编写的话剧《寄生草》。中共地下党员杨奚勤（中共川东临委七工委委员，在华蓥山起义中牺牲）组织在北碚读书的同学，回岳池在城隍庙演出话剧《雷雨》。

二、20世纪50年代后的岳池话剧

1949年12月岳池解放后，岳池话剧艺术有了更广阔的发展空间。1950年，国光话剧社与“三三剧社”合并组成岳池县人民剧团，人民剧团内组建以国光话剧社成员为主体的话剧队，专业从事话剧演出，演出剧目《刘胡兰》《红玫瑰》《白毛女》等。

1951年，为广泛宣传抗美援朝、土地改革，岳池县、区、乡成立“宣传委员会”，组织文艺宣传队。春节期间演出话剧和改良川剧《土地还家》《美国少爷兵》《新小放牛》《新年乐》等剧目29个。

1953年，整顿文艺队伍，撤销话剧队，合并组成岳池县川剧团。1960年岳池县川剧团再设话剧队，演职员40余人，演出剧目有《刘三姐》《江姐》《海防线上》《南方来信》等。

1970年，撤销岳池县川剧团，话剧队随之撤销。

1978年后，岳池恢复话剧演出，主要转向演出话剧小品。

第二节 小 品

一、小品的形成

小品是一种特殊的戏剧体裁和样式，是戏剧母体分蘖出来的一个新品种，也称之为“微型戏剧”。

在“小品”这种艺术形式诞生以前，传统艺术团队的导演为了启发演员尽快进入角色，便根据创造角色的需要，在观察体验生活和研究原作的基础上，编演一些小品，排练一些片断，帮助演员更好地适应规定情景和全剧的气氛。现在兴盛的小品，正是在排练小品的雏形基础上发生、发展、成长、成熟起来的。小品兴盛发展的主要原因在于：

现实形势发展快节奏的需求。1980 年以来，社会发展特别是市场经济发展较快，社会生活节奏也随之加快，在文化生活方面，则要求时间短、内容明快的戏剧节目与之适应。例如：20 世纪 90 年代国营企业改制，职工面临再就业问题，岳池川剧团创作演出《擦鞋摊》《家务承包》等话剧小品予以诠释。随着个体私营经济快速发展，岳池曲协创作演出《带刺的玫瑰》《农家轶事》等话剧小品予以赞美。1995 年 8 月，岳池县纪念抗日战争暨世界反法西斯战争胜利五十周年之际，岳池县川剧团创作话剧小品《清明时节泪纷纷》。21 世纪初，岳池实现广播电视村村通，岳池县川剧团创作演出《赌媳妇》等小品剧目歌颂建设成就。

人们思想观念更新的需求。随着时代的发展，人们的思想观念不断更新，不满足过去那种内容陈旧、节奏缓慢、“传声筒”式的戏剧艺术，要求贴近生活、紧跟时代步伐、娱乐性强、能与观众产生心理对位效应的戏剧节目。2010 年，岳池曲协创作演出话剧小品《调解唤回合家欢》，以农村现实生活中弟兄姐妹赡养父母纠纷在人民调解员的协调下得以化解的故事，体现岳池农家人敦厚淳朴的品德，宣传大调解制度的好处。故事源于生活，情理感人，语言通俗，深受群众欢迎。该剧曾获本县“和谐曲乡·曲苑飘香”广场文艺汇演一等奖，曾两次参加广安市政法系统的文艺汇演。

小品自身具有较强的吸引力。小品人物（角色）、演员少，花费小，布景、服装、道具简单，岳池的专业剧团县川剧团常演出小品节目，业余演出团体曲协蜀风艺术团、嘉陵民间艺术团和一些农村文化站的演出队也能编能演小品节目，小品已成为很受人欢迎的戏剧形式。

二、小品的特点

岳池话剧小品最突出、最显著的特点是“小”，篇幅小，一二千字；人物少，二三个角色；事件小，点滴小事；场景小，一个生活片断；布景道具少，一两件桌椅，一两个景片；演出时间短。

岳池话剧小品具有灵巧、奇巧、精巧的品性。构思上别出心裁的奇巧，巧在误会中不失真实，真实中又有奇巧建构。它又是小中见大的艺术，生活小事，一鳞半爪，可以映射出不小的社会意义，反映重大的社会现实，折射重大的社会问题。人们可以从小品的机趣、愉悦、审美之中领悟人生，思考社会热点。

三、剧目

岳池话剧小品自编剧目有《貌似无情》《张皮匠相亲》《带刺的玫瑰》《清明时节泪纷纷》《家务承包》《操馆》《擦鞋摊》《书记的生日》《调节唤回合家欢》等。

第四章　曲　剧

第一节　曲剧的兴起

一、专业团体的曲剧演出

岳池曲剧是在曲艺“彩唱”的基础上演变而成的戏曲剧种，它形成于20世纪40年代末50年代初。1951年，县曲艺协会一、二队及群众川剧团为配合宣传土地改革、抗美援朝、新婚姻法，上演《谁养活谁》《群丑哭官》《买卖婚姻》等曲剧。

1958年，岳池曲艺协会演唱组及部分木偶组合并组成岳池县曲艺队，主演曲剧。岳池曲艺队采用领导、创作员、老艺人三结合，积极整理传统戏，学习排练现代戏、时装戏。移植出《血泪仇》《朝阳沟》《红梅令》《小女婿》《三代人》《红色种子》《龙江颂》《丰收之后》《金银花》等剧目15个，基本解决剧本的来源。还编写出故事剧《夜走华蓥》，成为岳池曲剧自编剧目的先例。

岳池县曲艺队善于借鉴其他团队的经验。为演好《夺印》，先后派演员到成都评剧团、南充曲剧团、岳池川剧团观摩学习。该剧排出后，在岳池城镇上演8场。继后又排出现代戏《丁佑君》《江姐》《李双双》《小女婿》《槐树庄》《血泪仇》及传统戏《西厢记》《荀灌娘》《丹凤图》《生死牌》《王老虎抢亲》《卷席筒》等20多出。演职员自背行李、道具上山下乡到县内外农村演出，成为岳池较有名气的文艺轻骑。1966年，“文化大革命”中撤销岳池曲艺队及其他曲艺团体，岳池县亦中止曲剧的演出活动。

二、业余团体的曲剧演出

1979年后，恢复曲剧的演出。由郭宗勋、邓庆贵改编的曲剧《瞎子算命》于1982年参加“南充地区曲艺音乐舞蹈调演”获二等奖。1986年重建岳池县曲艺协会后，曲协组织人员整理传统曲剧《皮兴顶灯》《裁缝偷布》《秋江》《尼姑下山》等传统曲剧，由曲协民间艺术团（后更名为蜀风艺术团）和乡镇文化站在全县各地演出。岳池曲协还组织人员先后创作出《黄土谣》《竖吹笛子横吹箫》《选举场外》《春分时节》《冷面热心》等曲剧剧目，由乔家镇文化站宣传队排练演出的《竖吹笛子横吹箫》《选举场外》于1985年、1986年先后为四川省农村思想工作现场会和四川省场镇文化中心建设现场会演出。1986年，《竖吹笛子横吹箫》获南充地区戏剧创作奖。

岳池曲剧已列入到“广安市第一批非物质文化遗产”名录。

第二节　曲剧音乐

一、曲牌

岳池曲剧音乐主要由清音、扬琴的部分曲牌及一些民间小调演变而成，常用的有［越调］［夺子］［平板］［银纽丝］［半边月］［节节高］［十里灯］［刮地风］［补缸调］［胖筒筒］［绣荷包］［渭调］［反西皮］［哭五更］［边关调］［长城调］［汉调］［变黄昏］［花儿红］［凤阳歌］［鲜花调］等20多支曲牌。曲剧所用曲牌唱腔流畅舒展、优美，抒情性强。根据剧情唱词的情调选用曲牌，一般为上下句（或四句）相呼应的结构，其节奏平稳，变化较小。

岳池曲剧使用的曲牌在传统曲牌的基础上，根据剧情、民情需要作适当改进。

二、伴奏

岳池曲剧主要用扬琴、二胡、三弦、琵琶等民族乐器伴奏，以板控制节奏，配以鼓、小锣、铛锣、镲子等打击乐器烘托气氛，故岳池曲剧民间韵味浓厚，具有地方特色，深受群众喜爱。

原岳池曲艺队及现蜀风艺术团的伴奏人员张承贵、戴炳南、吴绍岷、唐明华等人有较高的伴奏技能和音乐造诣，改编创作很多曲剧剧目音乐和打击乐设计。

第三节　剧　目

一、移植、学习剧目

历年来，岳池县曲艺队等团体演出的移植、学习曲剧剧目有：《绣襦记》《驼子回门》《请长年》《裁缝偷布》《皮兴滚灯》《皮兴顶灯》《刘胡兰》《小姑贤》《槐树庄》《卷席筒》《丁佑君》《小女婿》《血泪仇》《隔河看亲》《李三娘》《管天的人》《夺印》《炼印》《三堂会审》《算命卜卦》《珍珠塔》《元和闹街》《江姐》《李双双》《西厢记》《荀灌娘》《丹凤图》《生死牌》《王老虎抢亲》《脱险》《尼姑下山》《三月三》《金银花》《兄妹开荒》《花生种》《群丑哭宫》《朝阳沟》《土地还乡》《红梅令》《闯家滩》《买卖婚姻》《三代人》《睁眼瞎子》《龙江颂》《秦洛正》《谁养活谁》《庆功》《一朵红花》《魏化龙》《朝鲜魂》《背娃赶会》《三土地》《刺康王》《活捉王魁》《飞云剑》《两把钥匙》《幽会放裴》《斩经堂》《两个队长》《柳林劝贼》《王宝钏》《丰收之后》《刘海戏蟾》《打神》《夜走华蓥》《双喜临门》《思凡》《夫妻识字》《三拾黄金》《父与女》《鸭绿江畔》《红色种子》《打面缸》《宜宾白毛女》《补缸》《高三娘上坟》《红岩》《送夫抗美》《小二黑结婚》《杜鹃山》《单拾黄金》《美帝在汉城过春节》《双拾黄金》《阿绣》《葛麻》《刘四姐》。

二、创作、改编剧目

历年来，岳池县曲协各团体演出的改编、创作曲剧有《瞎子算命》《选举场外》《竖吹笛子横吹箫》《春分时节》《冷面热心》《黄土谣》等。

第四篇　农家曲艺

第一章　中国曲艺之乡

第一节　岳池曲艺的形成和发展

一、岳池曲艺的源流

曲艺是各种说唱艺术的总称，是流行于群众之中，以口头语言为基础，以带有表演动作的说唱来叙述故事、塑造人物、表达思想感情、反映社会生活的表演艺术。

岳池置县于唐武周万岁通天二年，而唐初至五代正是曲艺艺术继承先秦至六朝时期的民间文学，逐步形成自己体裁和表演形式的时期。在这一时期，随着佛教的发展，和尚的“说经”进入民间，出现“俗讲”，说书人不是和尚而是民间的艺人，逐步形成早期的说书艺术，故岳池在唐代即有曲艺艺术的萌芽。

宋、元时期，岳池不仅有说书艺术，还逐步出现了“莲花闹”“货郎调”等曲艺品种。“莲花闹”由乞丐乞讨时的说唱演变而成；“货郎调”由民间流动小商贩的叫卖声演变为说唱艺术。

明、清时期，特别是明末清初湖广移民大批进入岳池带入外省说唱艺术之后，岳池曲艺曲种不断增加。外来艺术与本土文化相融合，先后出现岳池竹琴、弹唱等曲种。

民国时期，随着岳池与重庆等大城市商贸交流、人际交往的扩大，扬琴、盘子、清音、荷叶、花鼓、连厢等曲艺曲种相继传入岳池，丰富岳池说唱艺术。

1953 年，岳池县曲艺工作者协会成立。1958 年组建专业曲艺团体——岳池县曲艺队，曲艺队在传承原有曲种的基础上，又先后学习引进相声、金钱板、三句半、谐剧、四川方言朗诵诗、快板、故事等曲种。岳池曲协、曲艺队的演职员坚持上山下乡巡回演出，使岳池曲艺得以发展。

“文革”时期，岳池曲协、曲艺队撤销，1971 年组建岳池县曲艺组维持曲艺演出。1978 年后岳池曲艺复苏。

1986 年 6 月，重建岳池曲艺协会，恢复、重建民间曲艺、杂技、木偶表演团体近 30 个，并坚持到县内外巡回演出。1983 年、1985 年、1998 年，县文化馆、县曲协先后在岳中校、乔家镇、文化馆举办业余曲艺戏剧作者、演员培训班，培训了中青年曲艺人才。1998 年，岳池曲协第三次会员代表大会后，坚持以开展群众性曲艺活动来增强曲艺生命力，采取专业曲艺演出和群众自娱自乐曲艺演唱并进的方式，举办众多有影响的展演活动，充分展示出岳池曲艺艺术实力。2007 年岳池县成功创建成“中国曲艺之乡”，2011 年岳池曲协第五次会员代表大会决定县曲艺协会名称更名“岳池县曲艺家协会”。

二、岳池曲艺的艺术特色

岳池曲艺曲种各有其发展历程，但都具有鲜明的民族性、民间性、群众性，具有共同的曲艺艺术特征。

岳池曲艺以“说、唱”为主要的艺术表现手段。说的如相声、评书、快板、谐剧、方言朗诵诗、故事等；唱的有清音、盘子、花鼓等；似说似唱的有金钱板、荷叶等；又说又唱的有扬琴、竹琴、弹唱等。正因为岳池曲艺是通过说、唱，或似说似唱，或又说又唱来叙事、抒情、塑造人物，其语言生动活泼，易于上口。

岳池曲艺由不装扮成角色的演员，以“一人多角”（一个演员可以模仿多种人物）的方式，通过说、唱，把形形色色的人物和各种各样的故事表演出来。其表演简便易行，不择场地，曲目多以短小精干的内容为主，深受观众喜爱。

岳池曲艺植根于民间，深受群众喜爱与呵护。曲艺演唱为群众业余文化活动的主要内容，各乡镇、学校都有业余曲艺骨干队伍。曲艺在岳池有广阔的生存、发展空间，生命力强，世代传承。

岳池曲艺各曲种有着相同或相似的艺术特点，却各曲种又有各自的特色，各自独立存在，形成岳池曲艺百花争艳的繁荣景象。

第二节　“中国曲艺之乡”的创建

1998 年以后，县曲协组织曲艺艺人开展一系列有影响的展演活动，扩大岳池曲艺的知名度。2002 年 8 月，岳池县举办首届“岳池农家文化节”（时名“首届岳池·川东农家文化展示活动”）。其间，邀请四川省曲艺家协会原主席夏本玉、原副主席罗竞先，原秘书长高蓉蓉，时任副主席涂太中及省文化馆戏剧曲艺部干部涂军娅等人到岳池参加活动。其间，岳池县在文体广场举办“岳池县首届‘同创杯’民间文艺汇演”，岳池县曲艺协会组织 4 个曲艺团队，3 个杂技团队和 6 个木偶班组的 220 多名演职员在文体广场参加演出。其展演曲种、参演艺人之多，实为少见，引起包括外国贵宾在内的观众高度赞扬。夏本玉、涂太中等省曲协领导参加岳池曲协在翠湖龙华山召开的曲艺工作汇报会，进一步了解岳池县在传承曲艺艺术、培育曲艺新人、开展曲艺活动等方面所做的大量工作，对岳池县在曲艺艺术日渐衰落的时期却传承着 20 余种曲艺曲种并坚持开展活动的情况感到惊奇和欣慰。他们鼓励岳池曲艺界再接再厉，坚守曲艺阵地，并建议岳池县争取创建“中国曲艺之乡”。

2003 年 5 月，岳池县文化体育局委派岳池县曲艺协会派员赴成都，在塔子山公园与夏本玉、涂太中、罗竞先等省曲协领导座谈，了解创建“中国曲艺之乡”的相关工作、程序。2004 年 9 月，岳池县举办“第二届岳池农家文化节”，夏本玉、涂太中、罗竞先、高蓉蓉等省曲协领导再次应邀来岳池参加盛会，观看“街头民间文艺巡游”“中秋糍粑会”“旅游景区曲艺展演”“诗词吟唱”等活动，对岳池曲艺事业的发展予以肯定。由此，岳池县启动创建“中国曲艺之乡”工作，并以岳池县人民政府名义，向省文联、省曲协申请创建“中国曲艺之乡”。

省文联、省曲协高度重视岳池县“中国曲艺之乡”创建工作。2005 年 5 月，四川省文联组织专家组，由省文联党组副书记杨茂成带队到岳池考察“中国曲艺之乡”的创建工作。考察组深入顾县、裕民等乡镇和师范附小、九龙镇西城社区等地了解情况、观看汇报演出，确认岳池县的曲艺有较强的艺术实力和坚实的群众基础，创建“中国曲艺之乡”工作卓有成效，决定向中国曲协推荐，并协助岳池县完成向中国文联、中国曲协呈送创建“中国曲艺之乡”的申报资料工作。

2007 年 3 月，中国文联、中国曲协组成专家组，由中国文联党组副书记杨启国带队，由四川省文联、四川省曲协相关领导陪同，到岳池实地考察岳池县创建“中国曲艺之乡”工作。考评组先后到顾县、石垭、九龙等乡镇和岳池师范附小考察、观看汇报演出，并听取县委、县政府领导的创建工作汇报。考评组认定岳池县县委、县政府高度重视传承弘扬和普及曲艺艺术，逐年增加投入兴修活动阵地和添置设施设备。保护、培养一大批曲艺人才并组建成强有力的骨干队伍，坚持有效地开展活动来增强曲艺艺术的生命力及丰富农村群众的文化生活。考评组决定向中国曲协主席团推荐评定岳池为“中国曲艺之乡”。

2007 年 9 月 8 日，中国曲艺家协会下发《关于授予四川省岳池县“中国曲艺之乡”称号的决定》，命名岳池县为“中国曲艺之乡”。岳池县由此成为当时中国西部唯一的“中国曲艺之乡”。2009 年 9 月，第四届岳池农家文化旅游节期间，中国文联副主席、中国曲协主席刘兰芳，中国曲协副主席、分党组书记姜昆等到岳池，在岳池文体广场举行了隆重的“中国曲艺之乡”授牌仪式。

第三节　曲艺之乡拓展活动

县委、县政府决定着力打造“中国曲艺之乡”品牌，以实际行动光大中国曲艺之乡，决定于 2008 年开始开展“中国曲艺之乡”的拓展活动。

一、机关单位曲艺汇演

2010 年 7—8 月，在县文体广场举行“和谐曲乡 · 曲苑飘香”县级机关单位广场消夏曲艺大赛。大赛活动由县委宣传部牵头，政法系统、卫生系统、教育系统、政府系统、党群系统、省市驻岳池单位的 30 多个单位共 1100 多名职工参加，分系统组织 8 个专场消夏曲艺展演。广场消夏曲艺展演每周五晚上举行 1 场。曲艺大赛既丰富机关干部的业余文化生活，普及曲艺基础知识，满足曲艺爱好者参与表演的积极愿望，又为广大市民带来精神文化产品，达到曲艺惠民、曲艺乐民的目的，形成较为浓厚的曲艺文化氛围。

二、社区曲艺汇演与创建曲艺社区

2010 年 10 月至 2011 年 4 月，岳池县先后举办 10 场社区曲艺汇演，汇演分片区举行，10 个中心镇各设一个汇演场所。全县共有 41 个乡镇社区参加汇演，演出 126 个曲艺戏剧节目。

各社区在准备曲艺汇演的同时，开展创建四川省曲艺社区的工作，经四川省文联、四川省曲艺家协会考察评估组考评验收后，授予九龙镇西城社区、苟角镇龙桥社区、顾县镇顾新社区、石垭镇石平社区、罗渡镇临江社区、中和镇黎梓卫社区、白庙镇白玉社区、坪滩镇新坪社区、酉溪镇新酉社区、兴隆镇兴旺社区、乔家镇太平社区、龙孔镇来龙社区、西板乡板桥社区、齐福乡姚市桥社区等 15 个乡镇社区“四川省曲艺社区”称号。

三、创建“四川省少儿曲艺学校”

2009 年至 2010 年，岳池各小学开展创建“四川省少儿曲艺学校”活动。2011 年 3 月省文联、省曲协专家考察评估组考评验收后，授予岳池凤山小学、东街小学、岳池师范附小、九龙小学、顾县小学、苟角小学、坪滩小学、罗渡小学、酉溪小学、西板小学等 10 所学校“四川少儿曲艺学校”称号。

四、“岳池县首届十佳德艺双馨艺术家”评选

2009 年至 2010 年间，全县开展了“岳池县首届十佳德艺双馨艺术家”评选活动。评选活动由各文艺协会推荐候选人员，经民主评议、群众投票、专家评审，评选邓庆贵、康必健、郭宗勋、张渝生、裴良进、曾庆中、吴绍岷、刘正泉、李治平、唐明华等 10 人为“岳池县首届十佳德艺双馨艺术家”；评选王志华、王茂春、黄全生、戴亚军、宋质勇、李华明、吕景平、龚全珍、杨兴钊、皮宗福等 10 人为首届“岳池县首届十佳德艺双馨艺术家”提名奖。

五、曲艺理论培训研讨

2009 年 9 月，“第四届岳池农家文化旅游节”期间，中国曲协在岳池县宣传文化中心举办“中国

优秀曲艺人才培养工程——川渝谐剧培训班”。姜昆、沈伐、严西秀、包德宾、李祥林等著名表演艺术家分别为来自川渝各地的26名谐剧创作、表演优秀人才授课。四川新一代谐剧演员代表廖健、叮当、杨松等参加培训。在培训中，姜昆以“用创新思维指导曲艺创作”为题，对曲艺艺术的情感、观念、创新、包装、实践等方面作精彩讲解。

同时，中国曲协在岳池举办全国各曲艺之乡参加的“中国曲艺之乡建设研讨会”。中国曲协、四川省文联、曲协的领导与来自北京、天津、上海、湖南、浙江、黑龙江、安徽、河南、广东等全国20多个“中国曲艺之乡”的曲艺代表齐聚岳池，围绕“繁荣发展曲艺文化”主题进行研讨。各地“中国曲艺之乡”与会人员各自介绍所在地区“中国曲艺之乡”发展的基本情况和丰硕成果，深入研讨“中国曲艺之乡”在新时期发展的机遇和任务。岳池县结集参加这次“中国曲艺之乡”研讨会的全国各地的研讨论文，编辑出版了《乡音·乡韵·乡情——走进中国曲艺之乡》论文集。2011年9月，中国曲协在岳池举办首届“中国曲艺之乡·岳池论坛”“中国曲艺之乡·曲艺大赛”，2013年9月，第二届“中国曲艺之乡·岳池论坛”“中国曲艺之乡·曲艺大赛”如期在岳池举办。

第二章　曲　种

第一节　扬　琴

一、演唱形式

扬琴又名琴书，因以扬琴为主要伴奏乐器而得名。

岳池扬琴约形成于清末民国初年，系岳池曲艺艺人向南充、重庆、成都等地艺人学习而引进。

民国时期，岳池县城南门“丝竹轩”、北门“北星音乐社”等活动场所常开展扬琴演唱活动。1950年后，岳池曲协、曲艺队艺人张承贵、代炳南、吴绍岷、吕景平等先后传承扬琴艺术，演唱的传统剧目有《秋江》《尼姑下乡》等。邓庆贵、张承贵、代炳南合作先后创作《百花公主》《法制好》《寻亲》等扬琴曲目。岳池扬琴已列入广安市第一批非物质文化遗产保护名录。

传统岳池扬琴是五人兼操乐器围坐而唱的形式。其艺人称之为五方，五方人中有男腔、女腔；生、末、净、旦、丑行当齐全。五种乐器：京胡、二胡、三弦、扬琴、盆鼓（包括小竹鼓、檀板，由1人操作），以扬琴为主，高、中、低音配合和谐，不喧不噪。

岳池扬琴的演唱与川剧坐唱极其相似。其区别在于川剧坐唱是川剧舞台戏的照搬，只是没有化妆表演。而扬琴则是从编写脚本起就没有考虑舞台上化妆表演，它借用戏曲的分角色演唱的方式。分角色演唱却又不进行形体动作表演，给声腔的发挥保留一定的空间，演唱者可以放腔、拖腔、耍腔，让声腔来表达传递感情，这就是“坐地传情”。有些唱腔的发挥，是在形体动作表演中做不到的。

岳池扬琴演唱的故事，一般只选用出场只有三四人的段子。五方人中有一人来专门负责第三人称的叙述并兼演杂角。段子中人物多时，除主要角色外，其他演员也可以一人多角。

二、音乐伴奏

岳池扬琴是通过说、唱来完成故事表述任务，在长期的演唱实践中，形成自己的音乐体系和风格。

（一）音乐

岳池扬琴音乐丰富多彩，表现细腻婉转，唱腔分为两大类：大调（又称反调）和月调（又称小调、正调）。两者剧目不同，曲牌分别独立使用，互不发生关系。其中大调曲牌用得较多，月调用得较少。

大调。大调音乐属于板腔结构，戏剧性较强，在扬琴传统曲目中占首要地位。它的唱腔以［一字］为基础，在［一字］的基础上演化出各种不同节奏、速度的曲牌：［快一字］［二流］［三板］。这几种曲牌除结构形式不同，行腔各有简繁外，唱腔旋律基本上是一致的。作为唱段终止式的［大腔］，也是从［一字］变化而成的上下句结构的曲牌。此外，还有［垛子］与［襄阳垛子］，均由上下两乐句组成，本身不具有独立性，只能转入上述各曲牌，可以说是从属于［一字］一类曲牌的。

岳池扬琴大多数曲目都是用大调谱腔，并形成一整套按人物角色来区分的性格化唱腔。由于生角和旦角在音高上有明显的差别，又发展形成不同旋律的男腔和女腔。岳池曲艺艺人创作的扬琴《百花公主》《法制好》《寻亲》等都是大调谱成的曲目。

月调（小调）。月调是扬琴的另一类型的唱腔音乐，抒情性较强，属联曲体（曲牌）形式。有［月头］［月尾］［半边月］［平板］［快平板］［银纽丝］［占子］（或赞子）、［夺子］［背工］［叠断桥］［阳调］［汉调］［叠落金钱］［狗春碓］［墨鸳鸯］等近20支曲牌。

月调唱段一般由［月头］开始，用［夺子］或间奏作为纽带，串联其他曲牌，最后以［月尾］结束全曲。所以叫联曲体。

月调尚未形成男女分腔，演唱时男女同腔同调，当男女声对唱时，男声感到吃力或用假嗓来唱。

月调的曲牌唱腔流畅舒展、优美、抒情性较强；大多数曲牌均为上下句（或四句）相呼应的方整结构；节奏平稳，变化较少。与大调相对来说，月调比较适宜表现情节单一、人物较少、抒情色彩较浓的曲目。扬琴剧目《船会》《尼姑下山》等都是用月调谱成的。

（二）伴奏

岳池扬琴的伴奏乐器有扬琴、小胡琴、小三弦、二胡、鼓（包括怀鼓和板），艺人习惯称之为五方人、五方乐器，也可根据剧情需要可加入箫、笛等其他乐器。艺人把这五方乐器比喻为：扬琴是骨，京胡和二胡是肉，三弦是胆，鼓和板是皮。五方乐器配合和谐，形成不可分割的扬琴器乐整体。

岳池扬琴有［六板头子］［四板头子］［大过门］［懒翻身］［三板前奏］［紧中慢前奏］［二流前奏］［月调前奏］［八谱］［大开门］［小开门］［迎送］［哭皇天］［南庆宫］［闹台］［将军令］等近20支器乐曲牌。

岳池扬琴演唱开始之前，一般都要先演奏一曲［闹台］，可以起静场作用，预示演唱即将开始。为了配合各种剧情的唱段，也要间奏一些器乐曲牌，如表现元帅升帐、阅兵和出兵时奏［将军令］；表现寿礼或婚礼时奏［小开门］或［南庆宫］；在迎宾送客时奏［大开门］或［迎送］；表现丧礼时奏［哭皇天］；丑角出场时奏［八谱］等。这些器乐曲牌各有特点，表现力强，对烘托戏剧气氛、刻画人物形象、描写特定环境等方面具有一定的作用。

第二节　竹　琴

一、演唱形式

竹琴是道情传入四川后，岳池艺人向重庆、南充等地艺人学习而引入的曲艺曲种，一般是一人用竹琴（又称渔鼓）、简板自打自唱，也有数人一组坐唱的形式。

民国20年（1931年）前后，岳池竹琴爱好者，曾聘请广安孙德成、内江朱炳云等人到岳池传授技艺。先后向其学习的有冯国安、栗治平、林文鲁、刘仲良、冯代隆、唐存忠、苏大若、李执璧、何治安等。民国26年（1937年），这批竹琴爱好者，为了便于开展活动，切磋技艺，成立“竹琴会”。会长冯国安，成员有唐存忠、栗治平、李执璧、彭裕安、何治安、刘仲良等20多人。他们经常在三北前茶社、仁爱茶社、西一茶社、新生活茶园座唱。剧目有《三战吕布》《舌战群儒》《华容挡曹》《大小宴》《碎琴》《三顾茅庐》《琵琶记》《绣襦记》《借东风》等。唱腔分一字、二流、快板、综合调。民国36年（1947年），他们鉴于传统的竹琴、简板伴奏的单调，便加上鼓、板、碰铃，并分角色集体座唱。这样气氛较前活跃，效果更为良好，大大改进岳池竹琴艺术。

1950年后，唐存忠、龙延辉、李执璧、刘仲良、李治平等曲协艺人传承竹琴艺术，培育传人，演唱的传统曲目有《长坂大战》《冷于冰度妻》《清风亭》等。如今，老一代竹琴艺人已相继去世，李治平等年事已高，岳池曲协仅少数艺人尚能演唱竹琴，演唱的传统曲目有《渔家乐》等及自编竹琴曲目《难童的敬礼》等。岳池竹琴已列入广安市第一批非物质文化遗产保护名录。

岳池竹琴的演唱形式简单，一个人，可坐、可站，根据内容需要走唱也可以。

岳池竹琴只有击节作用的渔鼓简板，并无其他乐器伴奏，人到戏到，不择场地，演出方便。演员自己掌握演出状况，可以灵活自由发挥。

二、音乐

（一）唱腔

岳池竹琴音乐属板腔体，板式有［一字］［二流］［三板］［摇板］［导板］等。腔调有男腔、女腔、甜平、苦平、怒腔、扫腔、大腔等。

［一字］是竹琴的基本板式。$\frac{4}{4}$（一板三眼），旋律舒展，富抒情性，亦可叙事，使用频率最高。［二流］为一板一眼，$\frac{2}{4}$节拍，由一对上下句组成，没有自己的终止乐句，结束使用［一字］做［扫腔］。［扫腔］是［一字］的终止句，也是其他板式的终止句。［二流］由于板紧眼快，适宜表现说明和解释，或表现激动的情绪，常用于矛盾冲突发展中。［三板］是在［二流］的基础上减板减腔形成的，速度较［二流］更快，用1/4记谱，有板无眼。唱腔似吟诵，有字无腔。宜于表现尖锐矛盾冲突和紧迫情绪，特别是战场厮杀场面，故艺人称之为“战板”。［三板］只有一对上下句腔，不能单独使用，也不能自行结束，往往转［二流］以［扫腔］收尾。［摇板］又称［散板］，是［一字］的散唱。但落音比［一字］自由。演唱时不断地轻击渔鼓，有紧打慢唱的特点。［导板］是［一字］起腔的散唱形式，具有起始性质，往往用在唱段的开始处。唐存中、李治平演唱的《风亭赶子》《伍员渡芦》等节目体现出此类唱腔板式。

因故事情节的需要，竹琴也借用、插用其他曲种的曲牌，如［吹吹腔］［红衲袄］［阴调］等。竹琴节目《难童的敬礼》就插用川剧高腔的［红衲袄］曲牌。

（二）渔鼓和简板的运用

渔鼓主要是为唱腔击节。在走唱表演中有时还可以做道具使用（枪、剑、棍、旗……）。有拍、打、弹、捂、勾等许多敲击法，产生不同的音响效果。简板只有轻重、快慢，手法比较单一。渔鼓简板配合，可以打击多种节奏效果，用以陪衬和烘托唱腔。还能增强人物心理上的紧张、恐惧、欢乐、愁苦、悠闲、潇洒气氛；能表现自然景物中小溪潺潺、大河滔滔、风吼雷鸣等景象。渔鼓简板的演奏分“过板”与“过场”两类。“过板”用于序曲、前奏、间奏、过门与尾声，是唱腔句读及段落衔接的纽带；过场用于剧中人物配合的各种活动，如行路、礼拜、排朝、祭奠等，能表现出锣鼓曲牌相同的韵味来。

第三节　清　音

一、形成和发展

清音系长江下游民歌小调传入四川后，结合四川民间音乐发展而成的曲艺曲种。原名“月琴”，1930年后改名“清音”。演唱者左手打板，右手执筷子敲打竹鼓演唱。能唱出慷慨激昂之歌而不燥，谱婉转妩媚之曲而不俗，正合“清音之意”。

岳池清音约形成于清道光年间，系向重庆、成都等地的艺人学习形成，清音主要是民间曲艺艺人“跑江湖”卖唱时演唱的曲种，最著名的艺人是咸丰年间在成都演唱清音的岳池艺人吴镜川。

1950年后，县曲协曲艺队将其搬上舞台，吕景平、彭翠民、吴绍岷等为曲艺队专业清音演员。1983年后，岳池又相继培养出李素华、文素华、彭明英、冯光翠、杨尼梅等一批业余清音演员。演唱的传统曲目有《断桥》《小放风筝》《布谷鸟儿咕咕叫》《八点钟》等。邓庆贵、易烈刚、代炳南等先后创作《山村女老板》《越逗越象洋娃娃》《教娃娃》《雄鸡咕咕》等一批清音曲目。岳池清音已列入广安市第一批非物质文化遗产保护名录。

二、演唱形式

岳池清音属于“唱曲类”曲种，长于抒情而不善于叙事。

岳池清音可坐、可站，也可走着唱，视其内容需要而定。基本上是单人独唱，单人站唱演出是最多的，形成一个习惯形式：幕启，乐队三至五人靠左边斜排而坐，中偏右置鼓架、小竹鼓，鼓上放檀板一副；演员出场，至竹鼓边，向观众行礼致意，拿起檀板和击节的竹棍儿，击鼓打板，开唱。

岳池清音从口头语言出发而归于思想的表达，追求语言功能的发挥，依字行腔，字正腔圆，观众很容易听清唱词。

三、音乐

岳池清音从唱腔体式上分为：单曲体、联曲体、板腔体。

单曲体是一个唱段只用一个曲牌，可以反复接唱。如［滩簧调］［玉娥郎］［青杠叶］［鲜花调］［长城调］［剪剪花］［陕五更］［小四季］等。岳池曲协演唱的《小放风筝》《布谷鸟儿咕咕叫》等就是单曲体剧目。

联曲体又分为基本曲牌和插用曲牌。基本曲牌有五支［越调］（有越头、越尾）、［背工调］（有背头、背尾）、［寄生调］（有寄头、寄尾）、［马头调］［满江红］。这五支曲牌可以自成段落作为单曲演唱，而使用最多的是在联曲体中起头、尾作用，在头、尾之间可以根据需要插入其他曲牌。岳池曲协演唱的《颂雷锋》等就是联曲体剧目。

板腔体曲牌只有［汉调］和［反西皮］两支。［汉调］的变化有［散板］［一字］［慢二流］［快二流］。［反西皮］的变化有［一字］［二流］。

第四节 方言相声

一、兴起

岳池相声主要是以本地方言说讲的“方言相声”，中华人民共和国成立后开始在岳池流传。县曲艺演员石果、赵新民等长于相声说讲。演出的剧目有《小嘴姑娘》《摆字》等。石果逝世后其弟子杨运福与邓庆贵合作说讲方言相声，学习剧目有《抬杠》《考艺人》等。邓庆贵还自创了方言相声《人死之后》演出。

现在，岳池一些中小学生正学习以普通话说讲相声，岳池相声艺术涌现出新的传承人。

二、演讲形式

岳池相声的表演有单口、对口和群口形式。它属于谐谑类曲艺，特点是引人发笑，通过“笑”让观众得到相声的艺术享受。单口是一个人说讲，对口是两个人说讲，群口是三个人（或以上）合说。

单口相声比之对口相声要有较强的故事性，是有头有尾的讲一段故事。它注重抖“包袱”，“包袱”是笑料，岳池曲艺演员石果演讲的《有这样一个学生》就是这类节目。

对口相声是由甲乙两人以对话的形式进行的。甲叙述情节进展和人物行动，称为“逗哏”，乙对甲的叙述随时要起呼应、衬托作用，称为“捧哏”。代表作有《小嘴姑娘》《正反话》《考艺人》《农民工》等。

群口相声一般由 3 个人表演，除“捧哏”“逗哏”之外还有一个“腻缝”。甲、乙、丙 3 人各模拟一个有特殊性格的人物，甲乙对事物的看法各执一词，丙则居中调停，滑稽取笑，达到较完美的艺术效果。岳池曲艺演员石果、赵新民、邓庆贵演讲的《瞧这一家子》就是这类节目。

第五节 评书 新故事

一、评书

（一）形成和发展

岳池评书由庙堂“讲经”演变为茶馆“说书”之后逐步演变发展而形成，以岳池方言演述故事。中华人民共和国成立前，岳池评书艺人有覃巨武、邓昌雨、蔡明德、丁朝崧、丁代珊等人常在岳池、广安、武胜、合川、南充、重庆、成都等地的城乡茶馆内讲说《水浒》《封神演义》《七侠五义》《施公案》《彭公案》《乾隆皇帝下江南》等传奇故事。其中以覃巨武最驰名，他的语言简洁流畅，描绘细腻生动，气氛渲染浓郁。他的文学素养较深，造诣较高，能自编故事，《铁侠记》是他的杰作。1949年新中国成立后，岳池评书艺术发展很快。1983 年向岳池文化艺术主管部门申领演唱证的评书艺人达 38 人，其中的罗济民、吴理云、粟终愚、唐存忠、罗康全、唐政等皆是川东北驰名的评书艺人。1990年后岳池评书艺术日渐衰落。

（二）形式特点

岳池评书是传统的专业讲故事的说讲形式，是一种艺术形式，也是一种文学样式，是具有民族民间风格的通俗讲演文学，是诉诸于听觉的语言说讲艺术。

岳池评书有曲折生动的故事情节，丰富的内容加上艺人的说表艺术技巧，使故事更为生动细腻，颇能吸引观众，为广大群众所喜闻乐见。

评书是单人徒口说讲，不需要其他人配合演出。无需化妆、布景，不受场地和时间的限制。说讲评书时，传统要使用醒木、扇子、手帕三样道具。但也有不用道具或另选其他小道具的，可因人、因地、因说讲故事的内容而宜。评书这种娱乐形式具有轻便、灵活、简易、节约的特点，所以它能广泛流行于各地，穷乡僻壤亦所常见。

从形式上来说，评书具有口头性、单人叙表性。从内容上来说评书具有故事性、知识性。从作用上来说，评书具有宣传性、娱乐性等特点。

二、新故事

（一）兴起与发展

新故事，是相对原来的民间故事而言的。中华人民共和国成立后，岳池曲艺艺人深入工厂、农村，熟悉工人生活，了解农耕生活，一边讲书一边学习，到20世纪50年代末，岳池已经形成讲叙新故事，塑造新英雄的风气。20世纪60年代初，讲叙新人新故事的技艺已达到新的水平。罗济民到岳池中学校、顾县镇川主庙等地讲《红岩》，受到广大听众的高度赞扬。“文化大革命”期间，许多故事在群众中被争相传抄，广泛流传。1972年后，在四川省文化主管部门的鼓励支持、组织辅导下，岳池的讲故事活动又公开活跃起来。1979年后，岳池的故事演讲活动更加普及，曲协作者皮宗福创作《番茄红艳艳》《一碗水上炮声隆》等新故事。《番茄红艳艳》参加南充地区故事会演讲获奖。邓庆贵创作的故事《小把戏》《听噗》在《中国民间文学》杂志上发表，《小把戏》曾获“南充地区首届优秀文艺创作奖”。

（二）演讲形式

岳池讲故事活动属群众性业余文艺活动，内容有长的、短的，新的、传统的，也有土的、洋的各种风格流派。

岳池的故事从篇幅上看，主要有短篇和小故事两种。短篇故事两千至一万字，一次晚会可以讲两个以上的故事，如《小把戏》。小故事五百至两千字，一般不超过十分钟，《番茄红艳艳》就是此类小故事。

岳池故事在讲演风格上有近似民间故事的讲法的聊天式，有近似广播电台小说联播的讲法的朗诵式；有近似评书艺人的讲法评书式，有带表演成分较多谐剧式。

故事本身不存在固有的形式体裁，它的形式规范就是单人徒口说讲。没有形式套子的束缚，可以任意吸取其他艺术形式的营养来丰富自己。

第六节　金钱板　荷叶

一、金钱板

（一）形成和发展

岳池金钱板是新中国成立后岳池艺人向成都等地艺人学习引入的曲艺曲种。单人演唱，演员一手执竹板两块，一手执一块竹板，作为打击乐器边打边唱。

岳池县曲艺演员朱云辉、蒋祥书、石果、郭宗勋、郭家忠、龚全珍等及川剧团演员康必健等擅长金钱板演唱。朱云辉于1987年参加四川省金钱板汇演获表演第二名。岳池曲艺演员郭家忠曾拜四川金钱板大师邹忠新为师深造，演唱的剧目有《双枪老太婆》《耗子告猫》《小菜打仗》《武松传》等。岳池曲艺作者先后创作《龙泉坝上活菩萨》《退黑货》《土地告状》《翁媳笑话》等金钱板节目。2000 年康必健演唱《翁媳笑话》获四川省首届群众曲艺大赛优秀奖。《龙泉坝上活菩萨》《退黑货》曾获市级创作奖。

（二）打板

岳池金钱板的板是用楠竹或斑竹头做的，三块称为一副。三块板的长、宽、厚相同，长约 0.3 米，宽约 3 厘米，厚约 0.2 厘米。从板边挖一长方形小孔装上铜钱，第一块只挖一个孔（挖在上半部的中间）叫“面板”，第二块挖两个或三个孔（三个竹节挖两个，四个竹节挖三个）叫“底板”，第三块不挖孔，叫“打板”。也可以三块都不挖孔装钱，叫“素板”，挖孔装钱的叫“花板”。每块板都有板头、板尾、板面、板底，都可以敲打，发出不同的声音。

金钱板的拿法，根据各人习惯，左右手都可。第一块和第二块拿在一只手里，第一块在上，第二块在下，第二块板头要露出 5 厘米左右。大拇指贴住第一块板面中部，二指三指斜横托着第二块板板底，四指和小指回扣住第二块板板尾并托住第一块板的后部。打板演唱时，板不过肩、不遮面，以达到较好的艺术效果。

（三）唱腔

岳池金钱板的唱腔的基本调引用川剧的［富贵花］［红衲袄］［梭梭岗］［江头桂］等曲牌。唱腔有“满腔”“半腔”“数板”“云里白”和“大腔”等形式。“满腔”指一句或一段唱词从头（第一个字）用唱唱到底（末尾一个字），也叫“满腔满调”。“半腔”指一句唱词，上半节几个字用讲白，下半节用唱；或者上句用讲，下句用唱都叫半腔，也叫“半讲半唱”。“数板”保持节奏，只念不唱（也叫韵诵）。“云里白”在两句唱词之间，突然加入一句讲白，一般是对前面所唱内容提出支持、反对、质疑、询问。“大腔”字与字之间拖音较重，旋律的起伏很大，一般用在结尾处或大段情节的高潮之中。

二、荷叶

（一）形成和发展

岳池荷叶约形成于清咸丰年间。系岳池民间艺人由重庆、成都等地学习引入。演唱者左手执板和镲，右手执筷子打击以掌握节拍哄托气氛，因镲系一绸下垂，状若荷茎托叶，故名“荷叶”。清末民初，荷叶多为民间艺人在茶坊卖唱时演唱。民国时期，岳池坪滩荷叶艺人粟吉山在川东北即小有名声，他以独特的表演技巧受到观众的赞赏。粟吉山于 1953 年在南充地区曲艺评比中演唱荷叶获得奖励，1958 年出席省曲艺观摩会并表演荷叶。县曲协演员郭宗勋、李世伦、刘昌厚、胡先知等先后传承荷叶艺术，演唱的学习曲目有《武松传》《碓窝大仙》《卢沟桥》等。岳池曲艺作者先后创作《捉妖》《把关》《洪灾无情人有情》等一批荷叶曲目，使荷叶艺术传承至今。2012 年，凤山小学学生表演的荷叶《学校来了北大生》参加第五届全国少儿曲艺大赛获二等奖，并获四川赛区选拔赛及暨四川省首届少儿曲艺大赛一等奖、创作奖。2012 年 4 月，岳池荷叶已列入广安市第三批非物质文化遗产保护名录。

（二）唱腔

岳池荷叶引用川剧的［小红衲袄］［江头桂］［富贵花］，还有［梭梭冈］［新水令］［锁南枝］［要孩儿］等川剧曲牌作唱腔。唱腔属于板腔体，有［一字］［二流］［快二流］［三板］等样式。每个唱段都有“起腔”“行腔”“尾腔”三个部分。“起腔”用于唱段开始，有“放腔”和“放帽子”两种起法。“放腔”用散唱（无板），“放帽子”用“韵白”（只念不唱），“行腔”是唱段的主体，“尾腔”是唱段的结束腔。

第七节　谐剧　方言诗朗诵

一、谐剧

（一）引入与发展

谐剧是一种介于曲艺与戏剧之间的艺术样式，1939 年由四川表演艺术家王永梭开创。演出时只有一名演员出场，扮演规定人物，通过演员与实际不存在的对象“对话”和交流，以表达一定的故事情节。运用幽默、风趣见长的四川方言，寓庄于谐，故名“谐剧”。1979 年后，岳池曲艺组演员石果等从成都学回《自来水龙头》等谐剧节目在岳池演出。1983 年 5 月至 7 月，岳池文化馆派邓庆贵参加省曲协、成都市群众艺术馆举办的“王永梭谐剧训练班第一期”学习，师从王永梭，学习谐剧创作、表演艺术，在县内先后演出学习节目《王保长》《黄巡官》等节目，自编自演谐剧《纵火犯》，创作《她想的啥?》《广安小幺妹》等谐剧节目，由曲艺演员石祥芳、李悦等在岳池演出。

岳池少年谐剧演员李悦于 2005 年拜四川谐剧艺术家涂太忠为师深造，2007 年参加全国第二届少儿曲艺大赛演出《广安小幺妹》获三等奖。作品《广安小幺妹》于 2009 年获“四川省第六届巴蜀文艺奖荣誉奖”。2009 年 9 月，岳池多名曲艺演员参加中国曲协举办的“中国曲协优秀人才培养工程谐剧优秀人才培训班”学习。如今岳池的许多乡镇的业余文艺团体都能演出谐剧，常演剧目有《劝酒》《表妹》等。谐剧已成为岳池群众文化生活一种常见的曲艺形式。

（二）形式特点

谐剧是“一人独演，独演一人”，只有一个演员，不转换角色，一般也不转换场面，演的是独幕剧，这是谐剧的形态规范。它要求短小精悍，简短明快；贴近生活，贴近时代。“谐”是谐剧的风格和灵魂，体现在整个剧情之中和人物的喜剧性格上，又具体的表现在谐剧的语言上。谐剧的“谐”带着浓厚的生活气息，运用四川方言幽默风趣的特长，在博得满堂笑声中体现出来。谐剧是写实和写意相结合的艺术，融真真假假于一体，最终体现出艺术的真实来。

二、方言诗朗诵

（一）引入与发展

“方言诗朗诵”又称四川方言，由四川表演艺术家王永梭所创。单人表演，演员配表演动作，朗诵诙谐、风趣的方言诗。岳池于 1950 年后学习引入此曲种。原曲艺队、曲艺组演员朱云辉、石果、郭宗勋、孔素华等擅长方言诗朗诵，表演的学习剧目有《王啰嗦》《有个小学生》等。县曲协邓庆贵自编自演《拳头祸》《拆猪圈》《药店姑娘》等方言诗。

（二）形式特点

方言诗朗诵无需布景，无需化剧中人物装，只有一个演员在台上徒口朗诵，形式比较简单。它不用书面语言，也不用“普通话”，而是用四川地方方言，其语言具有地方化和通俗性。方言诗是叙事诗，要求叙述一段完整的故事（事件），要求要有人物（不宜多）、有情节、有矛盾冲突。其篇幅短小，有一定的句式、格式和韵律的规范，但在完整表达词意的情况下，允许一定的灵活性。方言诗是把表情、形体动作和诵读融为一体的朗诵，朗诵中有表演，在表演中有朗诵。方言诗所叙述的故事，现在绝大的多数段子都带有喜剧色彩，被群众称之为“有韵笑话”。

第八节 车灯 连厢 盘子 花鼓 弹唱

一、车灯

岳池“车灯”俗称“车车灯”，原是一种有领唱、有帮腔的农歌，后发展为边歌边舞的“跑旱船”一类的街头表演。1950年前，岳池县许多场镇逢年过节或庙会活动都有车灯表演。1950年后搬上舞台，去掉“旱船”，表演者双手各执竹板边唱、边舞、边敲打。原岳池县曲艺队朱云辉、吕景平等擅长车灯表演，演出过《拜年》《贺新春》《评花》等节目。岳池曲艺作者先后创作《农家乐》《连心桥》《惠民路》《本草飘香》《蚕姑娘》《顾县十八变》等车灯作品。岳池的车灯表演艺术较为普及，机关单位、学校、乡镇的业余曲艺演员皆能演此曲目。

岳池车灯的特殊风格在于起腔和尾腔，起腔就是要把第一句末尾一个字挑起来高到“3”或“5”，再落下去唱“啰喂”，“喂”字要落到“5̣”。尾腔包括“丢腔”和“帮腔”。每一环的最后一句，演员唱完前半句后作间歇性的停顿叫“丢腔”，丢给帮腔人来唱。一般都是帮唱“金钱梅花落”，等演员唱完后半句，又帮唱“荷花闹海棠”。车灯的基本唱腔只有一支：

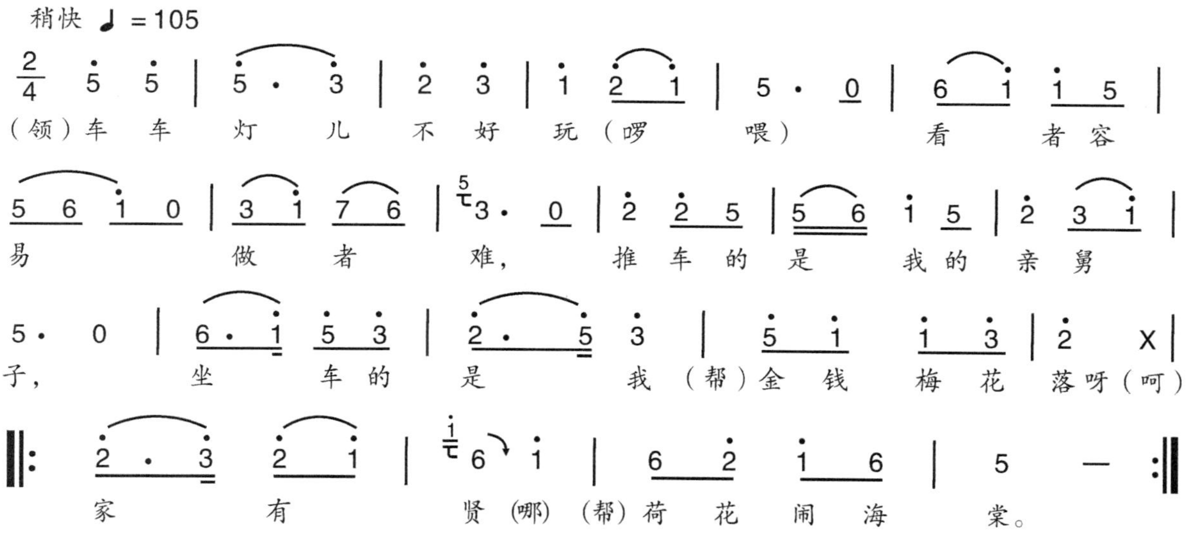

岳池车灯用板胡、二胡、中胡、扬琴做伴奏乐器，用锣、鼓、钹作打击乐器，打击乐只在前奏、大段间奏和结束时的尾奏使用。

演唱岳池车灯用“四块瓦”（也叫“手莲花”）配合击节。除了击节，它还能配合演唱，加强演唱气氛。“四块瓦”是四块长约7厘米多、宽约4厘米多的竹板，凸面（有竹青）相对，分握在两只手中。大指压紧一块，中指压紧一块，两块板间保持一厘米左右的距离。弹打时，食指与第四指帮助中指弹打大指压着的那块板，叫“打板”；两手相碰，四块板一齐打，叫“碰板”；双手摇动，使四块板的端部相碰，而形成连续不断“的的的的”的响声，叫“摇板”。三种打法加上轻重缓急的力度，可以打出许多不同的花样来。

二、连厢

岳池连厢，又称“莲箫”，是清末民初在重庆、成都等地学来的曲艺曲种。演员用竹子或细木制成内串铜钱的棍或鞭上下左右舞动，并敲击身体四肢、肩、背等部，打出清脆的响声，载歌载舞。

岳池连厢原为群众喜爱的自娱自乐健身说唱或逢年过节、庙会街头巡游表演的节目，由十多人至数十人组成的连厢队，人人手持金钱棍，载歌载舞，一唱众和，甚为壮观。1950年后搬上舞台，加以音乐伴奏，提高了艺术性。原岳池曲艺队多数演员都能演出连厢，演出过《送别》《闹花灯》《好队长》等节目。岳池很多乡镇、学校的业余曲艺演出队也都能演出连厢，曲目多为反映现实的作品，其代表作有《碧波彩莲》《莲萧声声》《九龙迎春》《优育情思》等。

打连厢的舞蹈性很强，竹棍上缠有彩色丝绸，用竹棍轻击肩、臂、腰、腿各部，使棍上小钱发出碰撞声，可表演“上打雪花盖顶，下打古树盘根，左打青龙现爪，右打黄龙缠腰”等许多舞姿。金钱嚓嚓，彩绸飞舞，尤以多人齐舞姿态优美，颇具观赏性。

连厢只有一个基本唱调，上下两句反复循环。

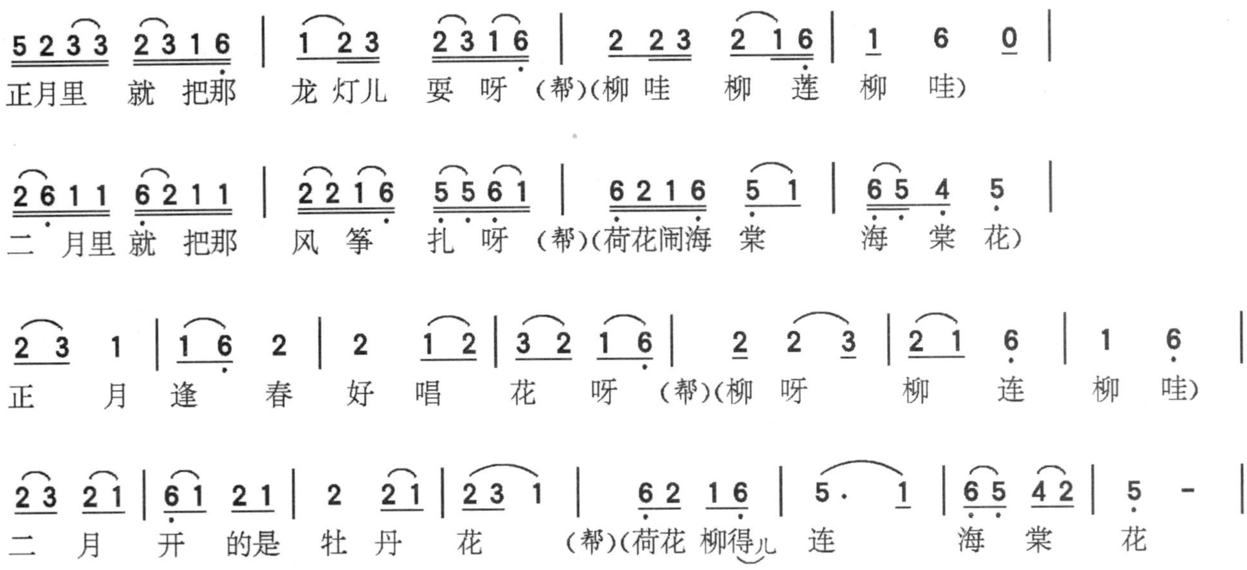

三、盘子

盘子是载歌载舞的曲艺形式。俗称“打盘子”或“唱盘子”。岳池盘子于清末民初由外地传入后，融入部分清音小调牌子形成具有地方特色的曲艺曲种。原为民间艺人在茶坊酒肆卖唱时演唱，多系一人演唱，一人或数人伴奏。演唱者一手执筷子，一手执瓷盘，边敲边唱边舞，盘子响声的清脆，演员唱腔的轻盈，能给听者舒适、愉悦之感。

1950年后，县曲协、曲艺队将其搬上舞台，演变为多人表演、乐队伴奏的表演艺术。原岳池县曲艺队多数女演员都能演唱盘子。1979年后，岳池曲艺作者先后创作了《办嫁妆》《宁乐颂》《少生快富奔小康》《卫生银城处处春》《春华秋实新农村》《山里妹娃进城来》等一大批盘子曲目。县川剧团演出的《少生快富奔小康》曾先后在“四川省首届人口·家庭·社会文艺汇演”“四川省首届群众曲艺大赛”中获奖；《办嫁妆》《宁乐颂》先后参加南充地区文艺汇演并获奖；《春华秋实新农村》于2009年获第二届广安文艺奖优秀奖，东街小学演出的《山里妹娃进城来》获2010年第四届全国少儿曲艺大赛三等奖。如今，岳池机关单位、学校、乡镇的业余曲艺演员也能演此曲目。

岳池盘子的打法：演员左手拇指在下，托住盘底，食指中指在上扣住盘心，无名指与小指夹一个竹筷，在演唱中按拍击节。右手拇指食指夹一跟竹筷，在乐曲前奏或过门时敲击盘子。敲击时有：敲盘沿、点盘心、平敲、轮敲、急奏、慢戳、颤、滚、滑等手法，可以敲出不同的音响花样来。

四、花鼓

岳池花鼓是清末民初形成的曲艺曲种，原为民间艺人卖唱时表演的节目。演员自击鼓、锣伴奏，唱腔曲调简单、自由，现也有多人演出，各击鼓、锣、镲伴奏。花鼓打击高亢激越，为节日的表演更增添热闹气氛，广为民间所喜爱。

1950 年后，岳池花鼓搬上舞台，用以演唱欢庆丰收、歌颂成就的赞颂之词，多为一人兼打锣鼓演唱，俗称为“独脚花鼓”。原岳池县曲艺队演员石果、郭宗勋、吴绍岷、龚全珍、刘素清长于花鼓演唱，演唱的曲目有《耗子借粮》《赔茶壶》《忆苦思甜》《大战盘龙山》《红心献给党》《“七一”颂》《猴儿下山》等。曲艺队演员刘素清能演唱飞刀花鼓。“飞刀花鼓”俗称“三棒鼓”，要抛掷三把刀（或杈、棍、棒），边抛边击鼓边演唱。此种技艺非一般人所能，艺人均有师传，并经过长期训练方能登场。经过艺人长期对“独脚花鼓”的加工提高，突破旧的唱法界限，由四句延长到六句或八句为一环，丰富唱腔曲调，并开创表演性较强的“双人花鼓”和“多人花鼓”表演。本县曲艺作者创作《中秋拜节歌》《母恩深》等一批反映现实生活的花鼓曲目传唱。现时各乡镇、学校的很多业余曲艺演员都能演唱花鼓。

五、弹唱

岳池的弹唱有古筝弹唱、琵琶弹唱等形式。演员以古筝或琵琶为伴奏乐器，自弹自唱曲目。岳池弹唱形成于清末民初，原为民间艺人在茶房酒肆卖唱时的演唱形式，1950 年后搬上舞台演出，逐步演变为多人多乐器弹唱。

原曲艺组艺人郭宗勋可表演琵琶弹唱，演唱的传统剧目有《琵琶行》《出塞》等。曲协会员、教师杨小琼长于古筝弹唱，学习曲目有《春江花月夜》等。杨小琼与邓庆贵合作创作的古筝弹唱《蝶恋花·岳池农家院》参加县曲艺汇演并获奖。

第九节　快板　莲花落　三句半

一、快板

岳池快板是 1950 年后开始流行的一种曲艺曲种，表演者自击竹板、节子，以节子掌握节拍，以竹板辅助或烘托气氛演唱，有的演员只击竹板，不用节子。现发展为配以音乐烘托气氛，称“配乐快板”。快板是岳池较为普及的曲种，各机关、乡镇、学校的业余曲艺演员多能表演快板。其曲目多为反映现实生活的作品，代表作有《小事真情》《同兴的故事》《和谐家园赞》等。

岳池快板分为单口、对口和群口，后来有加配锣鼓的，称为“锣鼓快板”。

二、莲花落

岳池莲花落又称“莲花闹”，是宋元时代逐步形成的曲种。早期为乞丐求乞时的歌唱，即兴编词。清末民初出现专业演员（民间艺人），演唱者仅用竹板掌握节奏，板板韵味十足。与本地的方言和民歌小调相结合而形成地方特色。艺人演唱莲花落是有师承的，师传有许多唱词套子，如开场、收场及对各行各业各色人等的应酬、恭维、祝贺、赞美之词。套子是死的，要背诵熟练而后灵活运用。沿街乞讨，见啥唱啥，口语性强，艺人常随口编绉，俗称“扯闹子”。群众文艺活动中也常有扯闹子，你扯一句，我扯一句，把民间口头土语、谚语、俏皮话都扯进来，形成活泼、风趣的欢闹场面。现在，岳池很多业余演员都能演出莲花闹。演出剧目有《山村姑娘》《惠民路》《家乡好》《和谐新社区》等。

三、三句半

岳池三句半是1950年后流行于全县各地的曲艺曲种。因一组词仅三句和一个一至二、三字的词或短语而得名。三句半由四个人表演，表演前可作简易化装，有的还让演员各持一样小乐器，如小锣、小鼓、钹、碰铃等，每念一句击节两下，四句后击花奏并变换队形以弥补形式简易的不足。每人按次序各念诵台词一句，表演神态姿势各异，半句者更是俏皮，逗人发笑，观众在笑声中获得乐趣。现在很多乡镇、学校的业余曲艺演员都能演出“三句半”。曲目多为反映现实生活的作品，其代表作品有《山路悠悠》《村容整洁多开心》等。这种形式常见于文艺活动中，因其诙谐幽默，为广大群众所喜爱。

第三章　曲　目

第一节　传统及学习曲目

1950年前，岳池曲艺艺术系师承传承，艺人跟师学艺，所演唱的曲目亦是师傅口传身教。

扬琴曲目有《秋江》《尼姑下山》《醉酒》《船会》《卖妈提亲》《新媳妇》《探亲》《铁窗训子》《春到杨柳坝》等。

竹琴曲目有《渔家乐》《黑虎乱心》《三顾茅庐》《辨琴》《伍员渡芦》《梦琴》《伯牙碎琴》《访贤》《唐僧取经》《绣襦记》《冷于冰度妻》《长板大战》《风亭赶子》《华容道》《大小宴》《三战吕布》《舌战群儒》《赶考路上》《白帝托孤》《香莲闯宫》《铡美》《归舟》《单刀会》《打猎汲水》等。

清音曲目有《兄妹开荒》《大战华蓥山区》《梳妆台》《李秀娥》《羞月亮》《铜姑娘送铁郎》《秋月》《小乔哭夫》《我们村长去关火》《绣手巾》《积肥谣》《小放风筝》《布谷鸟儿咕咕叫》《小会计》《送公粮》《青杠叶》《贵妃醉酒》《江姐进城》《当红军进山来》《木兰从军》《悲秋》《玉美人》《喜成双》《江姐上华蓥》《黄继光》《当红军回山来》《珍贵的礼物》《捡废钢》《昭君出塞》《法门寺》《宝玉哭灵》等。

评书、故事曲目有《红岩》《钻心虫》《巴蜀掌故》《夺印》《三月三》《一件烂锦衣》《雷锋》《迷糊村》《除四害英雄沈前明》《江姐》《林海雪原》《李双双》《说唐传》《说岳传》《水浒传》《文武榜》《青城剑》《玉狮带》《玲珑带》《七侠五义》《银鹤图》《济公传》《十剑图》《封神》《列国》《包公》《三门街》《三宝玉马传奇》《紫云剑》《冲霄楼》《一锅稀饭》《快活林》《红旗谱》《艾丽姑娘》《关怀》《除害记》《拖拉车》《慢书记》《一抓准》《白色的楼房》《杀鸡一条龙》《陈大妈家的故事》《难忘的顾客》等。

谐剧、方言诗朗诵有谐剧《黄巡官》《苏二嫂》《自来水龙头》《扒手》《赶汽车》《卖膏药》《流浪者》《放牛》《三上成都》《找哥哥》《零点八》《这孩子像谁》等。方言《王啰嗦》《劝酒》《两个美国佬》《秀兰下乡》《安全专家》等。

花鼓曲目有《耗子借粮》《妇女翻身》《婚姻自由》《五更》《四季歌》《忆苦思甜》《大战盘龙

山》《红心献给党》《十唱雷锋》《取经》《领奖》《猴儿下山》《“七一”颂》《长征路上百战功》《老俩口学文化》等。

金钱板、荷叶曲目有《武松传》《双枪老太婆》《卢沟桥》《碓窝大仙》《小菜打仗》《耗子告猫》《追门》《歌唱十二月》《一双新鞋》《女会计》《沉香扇》《嫌贫传》《三灾缘》《穷人过年》《十八扯》《三传令》《闹花灯》《浪子回头》《春耕之前》《大闹三官镇》《民兵打虎》《赔茶壶》等。

第二节　自编曲目

岳池的曲艺艺人在传唱传统曲目的同时，自编了许多曲艺节目。

扬琴曲目有《百花公主》《法制好》《寻亲》等。

竹琴曲目有《难童的敬礼》。

清音曲目有《翠湖美》《公鸡咕咕》《夸天琦》《越逗越像洋娃娃》《教娃娃》《园丁心血化杜鹃》。

谐剧曲目有《纵火犯》《她想的啥?》《广安小幺妹》。

方言诗朗诵曲目有《拆猪圈》《赌牙巴》《请客》《农家诗》《法宝》《说廉政》《拳头祸》《药店姑娘》等。

评书、故事曲目有《铁侠记》《听噗》《酒色财气误性命》《小把戏》《番茄红艳艳》《一碗水上炮声隆》等。

金钱板、荷叶曲目有《六畜夸功》《智擒辛贵雄》《岳池好似花一样》《尊师重教赞园丁》《讲卫生》《龙泉坝上活菩萨》《把关》《有个残疾好青年》《翁媳笑话》《捉妖》《炊二哥复职》《象鼻河边张幺哥》《洪灾无情人有情》《学堂来了北大生》等。

车灯曲目有《农家乐》《连心桥》《蚕姑娘》《山村惠民路》《本草飘香》等。

盘子曲目有《办嫁妆》《宁乐颂》《少生快富奔小康》《卫生银城处处春》《春华秋实新农村》《山里妹娃进城来》《渠水清幽幽》《助人乐悠悠》。

连厢曲目有《连箫声声》《优育情思》《石垭陶瓷园》《九龙迎春》《晨练》等。

花鼓曲目有《苕尖育苗好处多》《老俩口学文化》《传统节日歌》《中秋拜节》。

快板曲目有《同兴的故事》《小事真情》《走到八月过中秋》《山村惠民路》等。

莲花落曲目有《山村姑娘》《家乡好》《和谐新社区》等。

三句半曲目有《村容整洁多开心》《山路幽幽》《嘉陵广柑甜》等。

古筝弹唱曲目有《岳池农家乐院》。

曲艺联唱曲目有《曲乡娃娃爱曲艺》。

岳池的曲艺曲目中，谐剧《广安小幺妹》参加第二届全国少儿曲艺大赛获三等奖；曲艺联唱《曲乡娃娃爱曲艺》、盘子《山里娃娃进城来》参加全国第四届少儿曲艺大赛分获二等奖、三等奖；荷叶《学堂来了北大生》参加全国第五届少儿曲艺大赛获二等奖。

第四章　曲艺团体

第一节　曲艺协会

一、岳池县曲艺工作者协会

1950年前，岳池曲艺艺人各自行艺谋生，无行业组织。1951年，全县曲艺艺人在文化馆组织下，成立岳池县曲艺工作者协会筹备委员会，选举李世伦为曲协筹委会主任委员，李大才为副主任委员，蒲清荣、段国龙、李文渊、丁俊忠等24人为委员。下设评书、曲艺两组。评书组组长李文渊，组员丁玳珊等3人。曲艺组组长李大才（兼），组员董海山、刘素清、刘昌厚等10多人。筹备委员会设在县城大东街城隍庙右边一间街房内。

1951年6月，配合土改和抗美援朝的宣传，成立曲艺一队和曲艺二队。一队队长杨运华，二队队长陈君瑞。两队共有曲艺演员40余人。

1952年，曲艺一、二队合并，将会唱川戏的艺人组织起来，成立岳池县群众川剧团，其他仍从事曲艺演唱。

1953年，正式成立岳池县曲艺工作者协会，主任杨俊贤，副主任李大才。根据曲艺活动形式，分木偶、洋片、竹琴、杂技、评书五个组。木偶组组长杨天明、李丕成，洋片组组长杨俊贤（兼），竹琴组组长刘仲良，杂技组组长李大才（兼），评书组组长李文渊。各组除演唱曲艺外，还推销图书。

1955年下半年，整顿组织，评书组罗济民、李文渊负责；木偶组吴会合、李丕成、杨天明负责；演唱组唐兴璧、李大才负责。

1958年下半年，演唱组与木偶组合并成为曲剧队，队长唐兴璧，副队长戴炳南。曲艺协会迁县城西街口，开设“曲艺茶园”作艺人聚会、演唱场所。

1961年，曲协补选张承贵为副主任。县文教局派段辉廉到曲剧队作指导员。1963年，曲剧队改选戴炳南为队长，石果为副队长。

1966年5月，岳池开展“大四清”，工作组集中曲协会员去川剧团学习。“四清”运动结束时，曲艺协会、曲剧队撤销。曲剧队的道具、服装、乐器封存交财政局。

1970年7月，县上集中曲协会演职员开展“一打三反”学习。1971年4月，按省革委文件要求，再次宣布撤销曲艺协会、曲剧队。同年12月，县革委将这批曲艺艺人分到县煤建公司、粮食局、新华书店、铁厂、煤矿等单位。

1973年12月，收回下放去农村的罗济民、石果、郭宗勋3人组成“岳池县曲艺组”。将退职艺人改作退休。

1952—1972年岳池县曲艺工作者协会会员

姓　名	性别	个人技术	备注
林文刚	男	创作员	
杨俊贤	男	拉洋片	已故

姓　名	性别	个人技术	备注
张承贵	男	胡琴、三弦、扬琴	
戴炳南	男	胡琴、琵琶	已故
石　果	男	方言、相声、胡琴、扬琴	已故
刘金平	男	灯光、布景	
刘素清	女	花鼓	
刘昌厚	男	评书、荷叶、生角	已故
朱云辉	男	金钱板、车灯、荷叶、丑角	已故
彭翠茗	女	旦角	
罗耀宗	女	民歌、旦角	
刘仕贵	男	司鼓	已故
吕景平	女	清音、车灯、旦角	
吴绍岷	女	扬琴、笛子、民歌、谱曲	
孔素华	女	胡琴、小生	已故
黄幼南	男	胡琴	已故
马五云	男	走签子	已故
龚全珍	女	旦角	
石廷万	男	导演、生角	
李玲清	女	清音	
许小华	女	旦角	
朱礼文	男	洋片、乐器、灯光	已故
袁炳恒	男	木偶、生角	已故
范雪琴	女	木偶、老旦	已故
林泽莲	女	旦角	
石义恒	男	民歌、小生	
邱天成	男	胡琴、三弦	
龙廷光	男	生角	已故
蒋祥书	男	金钱板、三弦	
周晓忠	男	民歌、生角	已故
李大才	男	荷叶、金钱板	已故
粟吉山	男	荷叶	已故
粟终愚	男	评书	已故
唐　正	男	评书、生角	已故

姓　名	性别	个人技术	备注
何绍修	男	琵琶、月琴、老生	已故
唐兴璧	男	金钱板、评书	已故
张建廷	男	金钱板	已故
卢升云	男	司鼓	已故
夏月生	男	净角	已故
李世伦	男	锣、鼓、荷叶、金钱板	已故
黄炳然	男	木偶、净角	已故
刘仁俊	男		已故
尹思能	男	小生	
左良秀	女	清音、旦角	
雷发宣	男	木偶、生角	
杨顺奇	男	金钱板、三弦	
徐友榀	女	清音	
王强荣	男	评书	
罗康全	男	评书	已故
吴理云	男	评书	已故
李志平	男	竹琴	
唐存忠	男	评书、竹琴	已故
龙廷辉	男	评书、竹琴	
汤仕凤	女	清音、旦角	
罗济民	男	评书	已故
郭宗勋	男	被单戏	
吴会合	男	木偶、须生	已故
李执璧	男	竹琴	已故
刘仲良	男	竹琴	已故
丁玳珊	男	竹琴	已故
丁俊忠	男	评书	已故
李文渊	男	评书	已故
刘全文	男	拉洋片	已故
张金山	男	拉洋片	已故
邓昌禹	男	评书	已故
廖定国	男	评书	已故

二、岳池县曲艺协会

1985年初，原曲协会成员积极要求重新建立曲协组织，发掘整理曲艺艺术，在县党、政主管部门的支持和领导下，重新建立曲艺协会筹备组，为成立曲艺协会作准备。

1986年6月，重建曲艺协会。同年5月13日，岳池县曲艺协会第一次会员代表大会在县城召开。大会通过协会章程，选举第一届理事会、常务理事会，产生新曲协第一届领导班子。1998年8月，第三次会员代表大会修改章程，选举产生新的领导班子。岳池县曲艺协会系全县的曲艺、杂技、木偶、皮影艺人及爱好者组成的群众文艺社团，有团体会员（民间职业文艺团体）23个，个体会员160多人。曲协重建以来，曲协以传承、弘扬优秀民族民间文艺为宗旨，团结、组织会员创作现代题材的曲艺、戏剧节目，开展丰富多彩的演出活动，先后有20多件作品参加市（地）、省及全国性汇演、调演或大赛获奖。参加县委、县政府历年来组织的有影响的大型文艺演出活动。1998年以来，组建的“岳池县曲艺协会民间艺术团”，承担本县宣传党的方针政策和国家法律法规及党政各时期中心工作的巡回宣传演出及送文化下乡演出任务，团体会员赴全国各地巡回演出。

三、岳池县曲艺家协会

2011年5月，岳池县曲艺协会第五次会员代表大会讨论修改曲协章程，决定将岳池县曲艺协会更名为岳池县曲艺家协会，选举49名理事组成理事会，理事会选举出15名常务理事组成常务理事会，邓庆贵为主席。2012年8月，岳池县曲艺家协会成立“中共岳池县曲艺家协会支部委员会”。

第二节 专业曲艺团队

一、岳池县曲艺队

1958年下年，岳池县曲艺工作者协会所属的曲艺一队、二队合并组成岳池县曲艺队，由唐兴壁任队长，戴炳南任副队长。1963年，曲艺队改选戴炳南为队长，石果为副队长。

岳池县曲艺队坚持上山下乡为农村群众演出，队伍日益壮大，逐步发展为有30多名演职员、服装道具齐备、行当齐全、以演出曲剧和曲艺节目为主的专业文艺团体。1966年，“文化大革命”开始后，曲艺队停止了营业演出活动。1971年4月，岳池县曲艺队被撤销。部分演员安排到其他企事业单位工作，部分演职员被下放农村。

二、岳池县曲艺组

1973年12月，组建岳池县曲艺组，石果任组长，从事营业性演出。1990年后，岳池县曲艺组组织形式自行消亡。

第三节 民间曲艺团队

一、岳池县蜀凤艺术团

岳池县蜀凤艺术团成立于1998年3月，原名岳池县民间艺术团，系岳池县曲艺协会直属曲艺表演团体，注册演职员30人，由县曲协主席邓庆贵兼任团长。2006年后更名为岳池县曲艺协会蜀凤艺术团。蜀凤艺术团的主要任务是代表县曲协承担县委、县政府安排的宣传演出、送文化下乡等演出任务。此外，还应邀参加相关部门、企事业单位、乡镇、农家的节庆、婚庆、寿庆及商贸宣传、促销等演出活动。演出节目的艺术形式以曲艺为主，创作排练有盘子、车灯、连厢、扬琴、竹琴、荷叶、花鼓、金钱板、清音、快板、三句半、谐剧、方言、诗朗诵、相声、双簧、莲花落等近20个曲种的节目及部分曲剧。

二、岳池县万里行艺术团

岳池县万里行艺术团成立于1988年8月，注册演职员26人，负责人胡成（县曲协副主席）、杨兴钊，属县曲协团体会员。演出节目以曲艺、杂技为主，曾在四川、云南、贵州、西藏、陕西等省区的部分县市演出，为岳池县外出行艺的民间职业文艺团体之一。

三、岳池县嘉陵杂技曲艺队

岳池县嘉陵杂技曲艺队成立于2008年，由岳池县嘉陵乡的部分民间艺人组成，注册演职员22人，负责人曹玉琼（县曲协理事），属县曲协团体会员。演出节目以杂技、曲艺为主。曾先后在四川、云南、贵州、湖南、湖北、浙江、江苏等省巡回演出，为岳池县外出演出民间职业文艺团体之一。

四、岳池县嘉陵民间艺术团

岳池县嘉陵民间艺术团成立于2008年6月，由岳池县嘉陵乡、龙孔镇的部分民间艺人和曲艺爱好者组成，注册演职员18人，负责人蒋奎（县曲协理事），属县曲协团体会员，演出节目以曲艺、戏剧、音乐舞蹈为主，主要演出地为广安市、南充市及重庆合川市的部分乡镇，为岳池县在本县及周边地区演出的民间文艺团体之一。

五、岳池县坪滩民间艺术团

岳池县坪滩民间艺术团成立于2002年8月，由岳池县坪滩镇的部分民间艺人及爱好者组成，演职员22人，负责人刘全，属县曲协团体会员，演出节目以曲艺、杂技及音乐舞蹈为主。演出地主要是广安市、南充市及重庆合川市的一些乡村。为岳池县在本县及周边地区从事演出活动的民间艺术团体之一。

第五章　活动场所及知名艺人

第一节　活动场所

一、曲艺茶园

1953年，岳池县人民政府划拨县城西街口临街的一通房归岳池县曲艺工作者协会使用，开办了“曲艺茶园”，由当时的曲协主任杨俊贤负责管理、经营。为岳池县曲协的活动基地。1971年撤销县曲协、曲艺队时由县政府收回它用。1973年组建岳池县曲艺组后，该房屋由县政府收回交付曲艺组使用，仍由杨俊贤负责开办曲艺茶园。后改名为文化茶园，由文化系统职工家属经营使用。

二、岳池曲苑

2006年，岳池县修建的县宣传文化中心竣工，县委宣传部、县精神文明办公室负责管理使用，在“中心”大楼四楼专设“曲苑”演出厅，以茶座形式供曲艺演出使用，为岳池县曲艺界提供了活动场所。

三、和溪曲苑

2009年，县城灵溪河东岸“和溪曲苑”竣工。“和溪曲苑”为双面仿古戏台，戏台可根据不同需求，面向室内外不同观众进行表演，是展示岳池曲艺风貌、观戏听曲的较为高雅的曲艺及其它文艺演出场所。

四、吴雪艺术中心

2011 年 9 月，吴雪艺术中心落成。吴雪艺术中心位于岳池县大西街延伸段与迎宾大道交汇处东北侧，以原文化部副部长、著名戏曲家、岳池乡友吴雪命名。该艺术中心内设两个功能完善、能供日常演出的现代化剧场，较大的一个剧场能同时容纳 1300 余人观看演出，是岳池县曲艺等艺演活动场所。目前，该中心已承办了中国曲协在岳池举办的第一、二届“岳池杯·中国曲艺之乡曲艺大赛”。

五、其他场地

曲艺表演活动不择场地，县城的文体广场、北街广场、九龙广场、各乡镇的大会议室、各中小学礼堂、各场镇休闲广场、农家院坝等都是群众自娱自乐的曲艺表演场地。

第二节　知名艺人

吴镜川（生卒年月不详），男，岳池县人，晚清享誉全川的清音、弹唱艺人。

覃巨武（1893—1933），男，岳池县九龙镇人，著名评书艺人。

罗济民（1927—1984），男，岳池县普安乡人，技艺精湛，知识丰富，被誉为川东北著名的评书艺人。

朱云辉（1946—1988），男，渠县旺溪镇人，擅演曲剧小丑，能演车灯、金钱板等曲艺节目。戏路广，模仿力强，既长于襟襟丑、褶子丑、官衣丑，又擅生角、小生，为川东北知名的曲剧曲艺艺人。

石果（1935—2008），原名石义果，岳池县大石乡人。擅长相声、方言诗朗诵、谐剧、金钱板演唱及手采魔术表演。

其他知名艺人：

姓名	性别	籍贯	艺术特长	备注
唐兴璧	男	岳池石垭镇	曲艺演唱	已故
粟吉山	男	岳池坪滩镇	荷叶	已故
唐存中	男	岳池乔家镇	竹琴、评书	已故
粟终愚	男	岳池酉溪镇	评书	已故
罗康泉	男	岳池酉溪镇	评书	已故
孔素华	女	岳池赛龙镇	曲艺	已故
代炳南	男	重庆忠县	曲艺作曲、伴奏	已故

第五篇　民间表演艺术　电影

第一章　杂技　武术

第一节　杂　技

一、源流及发展

杂技起源于民间，是人们在生产与生活实践中创造出来的一种表演艺术，包括顶技、蹬技、踩技、手技、口技等民间杂耍及魔术、马戏、驯兽等技艺。杂技历史悠久，先秦已有萌芽，秦汉逐步成形，隋唐后日益发展。2000 多年来，优秀的杂技节目以健美有力的形体动作和灵巧迅速的手法表演各种高难度动作，体现出劳动人民的智慧、勇敢和坚强毅力。

岳池农家的杂技艺术活动兴于民国时期。20 世纪 30 年代，湖北的一个民间杂技团体在岳池坪滩、武胜烈面一带演出，入不敷出难以维持生计而解散，部分艺人无钱回家，只好流落在岳池嘉陵、镇裕、坪滩一带以卖艺维持生活，俗称“要把戏”。其间，他们向一些爱好杂技的岳池青年传授技艺，使不少岳池人练成杂技技巧，并以家庭或师徒关系组成班组，以“跑江湖”卖艺为业，或“拉大棚”，或“关笼子”，或“做清魁”，逐步形成岳池的民间杂技骨干队伍。20 世纪四五十年代，岳池坪滩、嘉陵、苟角、石垭等地的杂技艺人在跑江湖卖艺过程中，向南充杂技团、达县杂技团的老师学习杂技技艺，岳池杂技水平得以提高。

1979 至 1990 年，岳池坪滩、嘉陵、西板、镇裕、骑龙、安东、大佛等地相继组建十多个民间职业杂技团体，这些团体主要演出走钢丝、柔术、晃板、顶技、杂要、伞技、魔术、大堆人山等杂技节目和一些硬气功小武术节目。他们常年在全国各地巡回演出，逢年过节回乡在本县巡回演出。1982 年至 1986 年，每年春节县文化馆都会组织 5 个至 10 个杂技团体在县城的县政府门口、火烧坝、南门外、九龙堰等地免费为群众演出。

1990 年后，受现代视听艺术的影响，岳池民间杂技团体的收益日渐减少，难以维系生存，一些团体相继自行解放，艺人改行。如今，岳池坪滩、嘉陵等乡镇的一些杂技团体还在坚持活动，他们为农家的红白喜事演出杂技节目，传承着岳池的民间杂技艺术。

二、表演形式

岳池杂技流传于民间，多为小型巧技，故有“要把戏”之称。

（一）走钢丝

岳池“走钢丝”技艺有“矮桩钢丝”和“高空钢丝”两种。

矮桩钢丝。在高约两米的两个桩架之间紧拉一根直径约 3 厘米的钢绳，演员在钢绳上走来走去，表演撑伞收伞、穿衣脱衣等一般动作和“展翅腾飞”“倒挂金钩”等高难度动作。嘉陵乡民间艺人陆尧（女）、陈小梅（女）等人长于矮桩钢丝表演，1980 年至 2003 年间先后在四川、重庆、贵州、云南、湖南等省市的一些地方演出此节目，深受观众好评。1983 年县文艺调演中陆尧演出“走钢丝”获表演奖。

高空钢丝。在两栋相距约 20 米的六层高楼顶端紧拉一根直径约 6 厘米的钢绳，演员眼视前端，脚踩钢绳，双手横握一根长约 5 米的竹杆以平衡身体，从横空钢绳的一端走向另一端。此节目技巧性强，惊险刺激。岳池北城乡民间艺人石中金于1985年至1992年间在省内外演出此节目，1990年带回县在其故居演出时，新闻媒体曾予以报道。

（二）顶技

岳池杂技的顶技展现在“顶杆”“顶梯”“顶桌”“顶软物”“牙功顶技”等节目之中。

顶杆艺人肩上顶起一根长约3米的粗竹杆，杆上爬另一演员表演一些高难度的动作。“顶梯”艺人头或肩顶住楼梯一角，使楼梯竖立，梯上挂十余根板凳，走动表演；“顶桌”艺人头或肩顶住八仙桌一只脚，使桌竖立，走动表演；顶软物演员用头或鼻尖顶起手帕、软帽、纸等软物，使之表演。嘉陵艺人陈洪义、陈洪连，坪滩艺人杨元恩，普安艺人徐觉惠都长于此艺。

牙功顶技是岳池顶技中特色突出的节目。嘉陵艺人胡成、胡泽能用牙齿顶梯、顶桌，顶起近100斤物体表演。坪滩艺人杨元恩能用牙齿和一竹棍完成顶球、顶旋盘、顶玻璃杯等表演。

（三）晃板

晃板在一桌上置一圆轮，轮上放一木板，演员站在木板上左右晃动，表演穿衣脱衣、顶碗、顶人等动作。嘉陵乡艺人陆尧、陈小梅及坪滩艺人王芳等常演此节目，陆尧曾于1986年在县文艺汇演中演出晃板获特别奖。

（四）魔术

岳池民间魔术主要有通过光学、机关、手采等展现出来的节目，通过光学等展现的魔术有“人头鸡身”“花瓶姑娘”等。嘉陵乡艺人陈洪义、坪滩艺人粟多稖等常演此节目。通过机关展现的节目有“枪打活人”“大变活人”等节目，苟角镇艺人黄照海、嘉陵艺人陈洪义等常演此节目。手采魔术节目很多，普安镇艺人徐觉惠、坪滩艺人刘全等表演手采魔术，在川东北地区有较大的影响。

三、杂技表演艺术团体

1949年前，岳池农家的杂技表演活动多以家庭或师徒班子方式进行，以卖艺为生。1950年后，一些民间杂技艺人相互组织起来农忙务农，农闲从艺，到省内外各地巡回演出。1979年后，岳池县文艺复苏，一些乡镇在创建文化站的过程中，支持民间艺人组成杂技团体，外出巡回演出，以艺创收，逢年过节回乡为乡亲演出。

岳池县民间杂技团体

团体名称	人数	负责人	活动时间	活动地区	备注
安东杂技一团	25	黄照海	1980—1983年	四川、云南、贵州	
石盘乡杂技团	12	陈洪义	1980—1985年	省内各地	
苟角杂技团	17	尹全辉 方　明	1981—1983年	省内各地	
石城乡杂技团	12	尹建华	1982—1983年	南充地区	
保华乡杂技团	15	刘德益 周启碧	1983—1984年	省内各地	
坪滩杂技团	10	粟多稖	1983—1992年	省内各地	
坪滩杂技二团	10	杨元恩	1983年—	省内各地	

团体名称	人数	负责人	活动时间	活动地区	备注
大佛乡杂技团	15	张伯昭	1983—1984 年	省内各地	
裕民乡杂技团	12	刘世平	1984—1985 年	省内各地	
高桥乡杂技团	12	郑志和	1984—1984 年	省内各地	
安东杂技二团	18	梁元克	1984—1985 年	省内各地	
排楼乡杂技团	15	罗明全	1984—1986 年	省内各地	
保华乡杂技二团	8	陆　尧	1984—2003 年	四川、云南、贵州	
苟角杂技二团	12	陈怀军	1985—1987 年	省内各地	

第二节　武　术

一、源流及发展

岳池民间武术历史悠久，源远流长。唐代置县以来，岳池民间一直有武术健身活动，也涌现出一些武术人才，以清代的雷道人最为驰名。

雷道人原名雷海山，系合川县人，其内功可承受榨油杆的撞击，单手能举 150 公斤的石墩，轻功能纵上 5 米高房檐。雷道人清光绪三十三年（1907 年）来岳池，先在羊山观带徒授艺，后到赛龙场永清寨传授拳术和气功，向他求术习武者甚众。

清末至 1949 年，岳池的武术分为南北两大派，派又分门。南派分洪、会、智、化四门，在岳池盛行的是智门，智门有九捶、缠丝、勇战等拳，器械以棍为主，南派以桩高而刚猛著称。

北派分孙、岳两门，桩矮而柔巧。北派在岳池盛行的是岳门，其拳法是石垭李登林从省外学来。他曾在贵州军阀部队做过武术教官，民国 19 年（1930 年）回岳池，开始招徒传授岳门拳。岳门拳主张用劲而不用力，以柔克刚，以巧胜猛，拳术有正八捶、四门战捶和岳门正宗拳等，器械以枪为主。

岳池驰名的武术拳师还有李良仁，他自幼习武，1932 年到国民党部队当兵，继续学艺习武，服役期间曾代表部队参加了成都青羊宫举办的比武打擂。民国 26 年（1937 年），回家带徒传艺。1945 年在岳池校场坝比武获第一名，其拳术、器械、气功颇有造诣，洪拳、棍术、滚筒刀、八段锦、气功等，广为县人争相习练。

1950 年后，党和政府鼓励并组织青少年学习武术，岳池县在少年儿童业余体校中开设武术班，聘请老师为教练，挖掘、整理老拳师所掌握的民间武术套路，整理出 40 多套拳械技法。1952 年，杨氏太极拳在岳池流行。国家体委根据杨氏、吴氏两家的太极拳综合成简易太极拳，岳池即盛行此拳。1977 年 4 月 27 日至 29 日，岳池代表队参加南充地区在武胜召开的武术运动会，取得团体第二名；蔡季蕾获青年女子全能第二名；唐伟获青年男子全能第二名。1977 年 5 月，县人李伟参加四川省在达县地区举办的武术比赛。1979 年 10 月，岳池组建武术代表队，参加南充地区第四届体育运动会武术比赛。

1980 年 12 月县体委业余体校开设武术班。同年 2 月，岳池县石城乡成立农村业余武术班，武术班学员在石城乡、苟角镇、顾县区以及广安县的协兴、悦来、华云工农区的双河、永兴、高顶山煤矿等地公开表演，节目有拳术、腿法、翻打、高脚、舞蹈、千金破石、头手破砖、武打、空中飞人、平地飞人、地盘子、三节棍、九节鞭、乾坤圈、单刀破苗、剑术、飞叉等。1983 年，岳池县白庙区成立武术辅导站。岳池县武术教练有郭凤鸣、柏富炎、宋康熙、黄小文、赵勇涛、黄绍武、王培森、颜述尧、李全明等。90 年代，“岳池川南文武学校”在石垭镇开办，先后培养大批青少年武术爱好者。

二、硬气功

（一）源流及发展

岳池的硬气功源自民间，伴随着武术而形成、发展。岳池从古至今皆有好武之人，习武之风不断。练武者研习武术套路，须修习气功，因而岳池硬气功源远流长，历史悠久。岳池硬气功登上舞台形成一种表演艺术，又是伴随杂技艺术的发展而发展。岳池的杂技常与硬气功同台演出，相辅相成，达到较为完美的艺术效果。

岳池的硬气功形成表演艺术始于民国时期，当时，不少民间艺人为谋生计，农闲时便“跑江湖卖艺”；为增加收入，卖艺还兼“卖打药”。“卖打药”艺人先以杂技杂耍吸引观众，为向观众介绍打药的特效以利推销，便使出气功，表演“油锤灌顶”“咽喉挂印”“钉板破石”等节目，让观众惊呼其功夫精湛的同时，信服其“打药”的疗效，争买打药。1950 年后，岳池普安乡民间艺人徐觉惠在传承前辈艺人硬气功的基础上，到达县、南充等地杂技团学习魔术、硬气功，还能表演“气断钢丝”“吞剑”“吞铁弹”等气功节目。观众送予“翻天五郎”外号，成为名誉川东北的杂技硬气功艺人。

岳池独具特色的硬气功节目当数嘉陵乡艺人胡成、胡泽及其门人演的“铁头功”“电钻钻腹”“牙功”等节目。胡成、胡泽幼年投名师学艺，又拜南充杂技团演员李文龙为师，后又游历峨眉、少林等地拜师学艺，练就一身过硬的本领。十余岁时即参加嘉陵杂技团以行艺为生，经过二十多年实践历练，胡成、胡泽的功夫炉火纯青。他们可以口含碗、腋夹碗、手拿碗，以头着地扯旋子，连翻数十个筋斗而碗不受损。天长日久，其头顶碰撞炼出大如鹅蛋的肉茧，此“铁头功”真实、惊人。胡成、胡泽皆可用下门牙顶一百多斤物品而不伤牙齿。胡成、胡泽表演“电钻钻肚”更是令人叫绝，他们拿一块木板贴在腹皮上，再由一观众或助手演员用真实的电钻去钻。电钻钻得木板烟火直冒，当钻到腹部时即只见肉震而钻不通肚腹，放下电钻、取下木板则可见肚腹上被电钻所钻的印记而不见皮肉损伤。胡成还能表演“舌舔烙铁”“汽车过身”等硬气功节目。现胡成、胡泽及其门徒皆被一些大都市的演艺厅高薪聘为“佳宾”，其演出极受欢迎。胡成被尊为“铁头大师”，胡泽被尊为“铁人”。

（二）表演形式

岳池民间硬气功的表演形式很多，其具有代表性的形式有下列几种。

油锤贯顶。演员头顶重约 10 厘米的长方形石块或数块砖头，双手扶住石块两端，蹬开马步，运气在身，由另一演员或观众用二硾击破石块而不伤身体任何部位。岳池普安镇徐觉惠、嘉陵乡胡成和胡泽、坪滩镇粟多稽等硬气功演员常演此节目。

钉床破石。一块长约 70 厘米、宽约 40 厘米木板钉上铁钉制成的钉床平放于地，底座演员以背着钉床睡于其上，腹腔部放上重约 100 斤的石块，石块上再睡中座演员，中座演员腹腔部再放重约 100 斤重的石块，另一名演员或观众用二锤猛击石块，击破上层石块，睡于下层石块、钉床上的演员皆毫发无伤。岳池嘉陵乡硬气功演员陈洪义、胡成、坪滩镇粟多稽、普安镇徐觉惠等常作底座演员、坪滩镇关口村演员周启碧（女）、九龙镇高垭演员周萍（女）等常作中座演员。徐觉惠、粟多稽等还多次在三人三石的“钉床破石中”作底座演员，展示出其扎实的硬气功功底。

气断钢丝。普安镇硬气功演员徐觉惠最擅长的节目是“气断钢丝”。用5号钢丝缠在其颈、双手臂、胸部、腹部，由另一演员或观众将钢丝拧紧。徐觉惠运气功将缠在身上的九根钢丝从下腹部开始由下至上一一撑断，钢丝断时发出“乒乓”的响声。此节目多次参加县文艺汇演获奖。

摩托过身。嘉陵乡七村硬气功演员胡成表演的“摩托过身”刺激惊险，其表演方式是：演员躺在地上，肚皮上仅放一块衬布以遮挡尘土，另一名演员骑一辆普通摩托从其肚皮上驶过，而后再加乘一人，再从其肚皮上驶过，表演完成后演员毫发无损。胡成常年在外表演此节目，2001年岳池县第五届农家文化旅游节时曾回县表演。

胡成还能表演与摩托过身原理相似的硬气功节目“汽车过身”，在全国各地表演此类节目都获得观众的高度赞扬。

舌舔烙铁。用火炉或汽灯将烙铁烧红，演员伸出舌头去舔烙铁，发出“滋滋”响声并冒青烟，而演员舌头无损。嘉陵乡演员胡成曾在湖南电视台的《谁是英雄》栏目表演此节目并全国直播。胡成还能表演与“舌舔烙铁”原理类似的硬气功节目“手麻铁链”，即将一条铁链的中部烧红，他用手在铁链烧红的部位麻来麻去，发出“滋滋”响声并冒青烟。表演完成后演员双手无损。

其他表演形式。岳池民间演员常演的硬气功节目还有《钢枪刺喉》《钢枪刺腹》《铁凳砸头》《手臂破石》《吃火吐火》《吞剑》《吞铁蛋》等。

三、太极拳

（一）太极拳活动

1952年，岳池县提倡学习武术及杨氏太极拳，帮助人们强身健体，以利建设祖国。随后国家体委根据杨氏、吴氏两家太极拳综合而成的简易太极拳在群众中推行。1973年3月，体委创办业余体校，开设业余武术班。1979年初，县体委组建太极拳辅导站开办训练班，以太极拳为主要教学内容。当年举办培训班四期（其中专为县级机关办了一期），传授简化太极拳、四十八式太极拳和练功十八法，接受培训干部职工百余人。受过培训的学员又成为基层单位的教练员，为普及拳术提供师资。1983年，白庙区武术辅导站、县城武术班、鹤翔庄气功训练班先后成立，在城乡开展太极拳、气功教习活动。10月，岳池武术代表队参加南充地区第四届体育运动会，张小华获自选套路第一名、刀术第三名。2002年，岳池县太极拳协会彭程、黄晓文参加在武当山举办的全国武当山套路太极拳比赛分获金牌银牌。

如今，岳池县太极拳协会在县城各广场、场镇的社区经常性组织太极拳爱好者开展活动，太极拳也成为人们健身的主要活动之一。

（二）太极拳协会

岳池县于1988年成立了太极拳协会，隶属于岳池县体育运动委员会指导，后各区相继成立了分会，团结组织爱好者从事太极拳活动。

第二章　木偶　皮影

第一节　木　偶

一、形成发展

木偶一词始见于《汉书》，汉以前称傀儡，汉以后有人称其为傀儡，也有人称之为木偶，现统称木偶。木偶形成于汉代，隋、唐时代木偶发展较快，宋代木偶盛行，种类繁多，有提线木偶、杖头木偶、布袋木偶、水木偶、药发木偶、肉木偶等。随着历史的推移和社会发展，人们精神生活的需求不断提高，造型、表演艺术落后的木偶种类日渐被淘汰，明代以后，水木偶、药发木偶、肉木偶等艺术已失传，只有提线木偶、杖头木偶、布袋木偶幸存。

岳池的木偶艺术始于清代。清咸丰年间，岳池苟角的民间雕刻艺人杨岱根据川剧生、旦、净、末、丑的行当，雕刻出栩栩如生、形象逼真的活动木偶，为四川各地的木偶艺术团体提供木偶头像。之后，岳池、广安一带相继出现“大圣班”“龙云班”“桂林班”“大红班”等木偶团体。晚清以来，岳池木偶长足发展。民国时期，岳池县城有“金声梨园班”“金福班”，镇龙乡有“广顺班”，裕民乡有“祥林班”，顾县、苟角、石垭、普安、乔家、酉溪、白庙、粽巴、坪滩等乡镇也有木偶班组，看木偶演出为民国时期岳池农家的主要文化活动之一。

1950年后，木偶艺人参加岳池县曲艺工作者协会，以演出木偶为业。“文化大革命”时随曲协的撤销而撤销，停止活动。1979年后，岳池的木偶团体恢复活动并得以发展。至1986年，岳池组建木偶团体近20个，从艺者100多人。1985年春，乔家镇接待四川省场镇文化中心现场会代表举行文艺汇演，召回了该镇外出的6个木偶班组在场镇各街巷同时为群众演出。2002年岳池举办首届农家文化旅游节时，也召回6个木偶团在县城为群众演出。1985年后，岳池的木偶随形势发展而改进活动方式，从演出传统川剧剧目而转向演出童话剧，为农民演出转向于为中小学生演出为主，增强木偶团体的生命力。如今，岳池的木偶团体主要为中小学演出，使岳池木偶艺术得以传承。

二、种类

岳池民间只有杖头木偶、布袋木偶两种形式的木偶艺术。

（一）杖头木偶

传统的杖头木偶用梨木刻制头坯，经裱褙，盖上胶土，磨光，再施彩绘，制作成木偶头像。头下接一木杖作身躯主干支撑，再用麻布筋等物制肩，连接头手，有的木偶的关节做得可以活动，用线从手杖中穿过，以便操作；用绸、缎或布制作成角色服装，套上服装，木偶便可用来表演了。杖头木偶由三棍支撑，中柱叫“命根”，为木偶主干，左右两棍叫“手签”，为木偶的两臂。提手（操纵者）高举木棍，操纵木偶在镜框型的木偶舞台上表演。木偶能走台步、跑圆场，有的还能做甩水袖、理飘带、吹胡子、翻滚跳跃等动作，有的木偶还能眨眼睛、吹胡子，做戏活灵活现。木偶戏班演出剧目一般是传统川剧折子戏，用川剧锣鼓伴奏，因而一般木偶戏班由6至8人组成，一般是4人“走签子”即操纵木偶表演，行话称“立四柱”，4人“打场面”，即伴奏。木偶戏班人数根据人员技能亦可增可减，少的一个人能演一台木偶戏，多的可增至9～10人，故组班有“七紧八松九逍遥”之说。木偶戏班设备简单，木偶、乐器收拢不过几个箱子，艺人们挑起箱子上山下乡演出，较为方便，故木偶戏是农家文化生活最常见的形式。

（二）布袋木偶

布袋木偶又称手掌木偶，是艺人将手伸入偶人布袋（偶人衣服）中，以食指顶住木偶头像，姆指、中指各伸入一只衣袖，以手指操纵木偶灵活表演。布袋木偶舞台比杖头木偶小，人员比杖头木偶班少，更要求戏班成员多才多艺。儿童喜欢布袋木偶，故岳池的木偶戏后多改为演布袋木偶，剧目从演传统川剧转向于演童话剧，并由到农村院坝为农民演出转向于到中小学为学生演出。

三、剧目

1950 年前，岳池农家木偶戏多演出传统川剧剧目。50 年代后，岳池的木偶团体向成都、南充、上海等地的木偶团体学习交流，引进了不少现代创作剧目，其中以童话剧居多。

传统木偶剧目有《火烧濮阳》《扫虫》《哭白宫》《杀狗惊妻》《三战吕布》《白雀寺》《三结义》《空城计》《打虎收孝》《戏貂蝉》《开黄窖》等。

改编移植剧目有《守鱼塘》《猪八戒招亲》《捉老虎》《猴子偷苞谷》《拔萝卜》《小猫学本领》《武松打虎》《说谎的孩子》《猴子改过》《狐狸和公鸡》《收猪八戒》《哥哥打老虎》《半夜鸡叫》《东郭先生和狼》《小兔守门》《不讲卫生的猪八戒》等。

四、木偶班组

（一）1950 年前的木偶班组

镇别	班名	建立时间	负责人	演唱内容	活动地点
城关镇	金福班	民国 20 年（1913 年）	杨天福	传统川剧	岳池县境内
	金声梨班	民国 24 年（1935 年）	周金山	传统川剧	岳池县境内
顾县镇	九成班	民国 3 年（1914 年）	吴尊山	传统川剧	岳池、广安、南充
	琅玡班	民国 4 年（1915 年）	杨平山	传统川剧	岳池、广安、南充
	德清义班	民国 13 年（1924 年）	胡贤清　胡贤德 胡贤义	传统川剧	岳池、广安
	槐兴班	民国 22 年（1933 年）	龙刚新	传统川剧	岳池、广安
	桂林班	民国 23 年（1934 年）	蒋文举	传统川剧	岳池、广安
坪滩镇	刘洪恩班	民国 11 年（1922 年）	刘洪恩	传统川剧	岳池境内
	群益乐	民国 24 年（1935 年）	夏　胜 肖虎成	传统川剧	岳池境内
酉溪镇	吉祥班	民国 26 年（1937 年）	李云龙	传统川剧	岳池、武胜
	鵓联班	民国 11 年（1922 年）	唐乐文	传统川剧	岳池、武胜
中和镇	家庭班子	民国 34 年（1945 年）	蒋元章	传统川剧	岳池、邻水
罗渡镇	马福林班	民国 29 年（1940 年）	马福林	传统川剧	岳池、广安
石垭镇	逗逗班	民国 25 年（1936 年）	胡良照	传统川剧	石垭、罗渡

（二）1950 年代后的木偶艺术团体

团体名称	人数	负责人	活动时间	活动地区
乔家乡木偶一队	5	郭家忠	1981—1988 年	省内外
乔家乡木偶二队	5	郭家全	1981 年—	省内外
朝阳乡木偶一队	4	杨兴钊	1981 年—	省内外
朝阳乡木偶二队	5	张尚伦	1981—1989 年	省内外
朝阳乡木偶三队	4	杨兴烈	1981—1983 年	本地区
天平乡木偶队	6	邓海涛	1981—1984 年	四川、贵州
鱼峰乡木偶对	12	黄世安	1983—1985 年	各省
银塔乡木偶一队	5	高光亮	1984—1989 年	省内外
银塔乡木偶二队	6	高幼林	1984—1984 年	各省
乔家乡木偶三队	5	周晓林	1985—1986 年	省内外
鱼峰文化站木偶队	3	黄石安	1982 年—	邻水、渠县、大竹、岳池

第二节　被单戏

一、形式

岳池被单戏是融布袋木偶、杖头木偶于一体的一种改革创新的木偶艺术。它因木偶班在一张长方桌四角立四根竹棍，再用一张类似被单的帷布围住桌子前、左、右三方搭成舞台，演员在后方操纵木偶表演而得名。被单戏所用杖头木偶比一般杖头木偶小，略大于布袋木偶，杖头木偶与布袋木偶根据剧情需要和方便演员操作而同台配合演出，更好地产生木偶戏的艺术效果。

二、特点

岳池被单戏的特点在于：一个人演一台戏。即：一个人既操纵数个木偶表演且以不同角色的声调演唱，又手脚并用打击全套川剧锣鼓伴奏。取代五至七人、集其艺术于一身者，是乔家镇金龙山村民间艺人、县曲艺组演员郭宗勋。郭宗勋于 1926 年 11 月出生于木偶艺人家庭，14 岁时随其父郭培之学习杖头木偶表演，后投师粽粑乡木偶艺人何礼堂名下学习木偶艺术，练就了过硬的木偶表演基本功。之后，他又向乔家镇川剧艺人罗惠春、朝阳乡川剧艺人杨德中学习演唱川剧和打击川剧锣鼓，还学会拉胡琴、吹唢呐、弹琵琶。他十八岁开始行艺，以演出木偶戏为主，还兼演唱花鼓、荷叶等曲艺节目和川剧座唱。20 世纪 50 年代后，他先后在岳池县曲艺协会、铜梁县川剧团、岳池县曲艺组做演员、演奏员。其间，他设计出个人演奏全套川剧锣鼓的装置，练出个人演奏全套川剧锣鼓的技巧；他改进杖头木偶、布袋木偶造型和舞台设计，使杖头、布袋木偶能同台演出。他可以将表演中的木偶挂或放在舞台上抽出手来打击乐器伴奏，打完乐器又用手操纵木偶表演，丝丝紧扣，不露破绽，形成独具特色的岳池郭氏被单戏艺术，此艺术被誉为中国木偶艺术中的一绝。1979 年 4 月，时任文化部艺术局局长吴雪观看郭宗勋的表演后说：“这是四川省的特种艺术，是岳池的土特产，这种艺术价值很高，值得大力提倡和发展。”1987年，郭宗勋应省外事办和省群众艺术馆邀请赴蓉为德国、日本等国外宾和港、澳、台同胞演出，受到高度赞扬。郭宗勋为岳池木偶艺术承前启后的传承者，现在岳池十多个被单戏班的演职员皆系其传人。郭宗勋因其独特艺术而入选《四川文化名人录》和《中国民间文化名人录》，近年来，省、市新闻媒体及中央电视台曾多次介绍郭宗勋及其被单戏。

三、剧目

过去，被单戏剧目较少，只有《收八戒》《武松打虎》《渔翁利》《捉老鼠》等，后经改革，增加思想内容好、艺术性高的新剧目。如《猴子改过》教育小朋友热爱劳动，《不讲卫生的猪八戒》教育小朋友要讲卫生。《哥哥打老虎》教育小朋友要机智勇敢。结合小学语文课部分内容编写《东郭先生和狼》《小兔守门》《小猫学本领》《半夜鸡叫》《说谎的孩子》《狐狸和公鸡》《猴子捞月亮》《乌鸦喝水》《小猫钓鱼》等新剧目。被单戏很适合儿童情趣，为儿童喜爱。岳池被单戏在各地学校演出都得到好评，是教育少年儿童较好的文艺形式。

第三节　皮　影

一、艺术形式及表演

皮影戏是用纸或兽皮雕成戏剧人物脸谱，借灯光映射在帘上的戏曲艺术。

岳池皮影戏，按川剧脸谱雕有生、旦、净、末、丑五种造型。一只皮影一般做有9个关节，多则11个，便于表演使用。每个皮影用三根竹签支撑，头、帽、胡须都可以更换。另外还雕有楼台亭阁，竹木花草，作为舞台布景装置。道具设备：在桌上立一块长约1.7米，宽约0.7米的木质框架，上用纱绢蒙糊作影幕。影幕后挂灯，灯后坐操作者和音乐人员，两旁挂皮影。表演时，操作者分上、下手：上手负责人物出场、提影（即走影子）；下手负责传递皮影。音乐人员负责伴奏、说唱。

岳池皮影戏表演的多是《封神榜》《西游记》等神话剧目。皮影手脚弯转灵活，弹跳进退敏捷，腾空飞舞，变换脸形，表演得天衣无缝，做作逼真。

民国18年（1929年），岳池骑龙创办皮影三圣班，常在岳池、南充、蓬安等地演出。西充、南充、蓬安也有皮影戏班常到岳池演出。

二、20世纪50年代后的皮影艺术活动

新中国成立后的土地改革时，岳池骑龙场“三圣班”的皮影道具被没收销毁，皮影演出活动停止。20世纪五六十年代，偶而有外地的皮影班到岳池演出，岳池农村才能看皮影表演。1979年后岳池文艺复苏，乔家镇金龙山村木偶艺人郭宗勋从武胜收购回一堂皮影行头，并与南部县皮影艺人何正同联手，从事皮影表演活动。何正同一人走签子操纵皮影表演，郭宗勋一人打击全套川剧锣鼓伴奏，两人便组成一个皮影班子，在南部、岳池及川北地区演出，传承着皮影艺术。1984年，岳池文化馆组织创作排练以罗渡镇民间传说为题材的新编神话皮影剧《金厢石》，并参加南充地区皮影调演，使岳池皮影艺术再现于民间。如今，岳池皮影艺术濒临失传境地。

第三章 巡游表演

第一节 狮 舞

一、平地狮舞

舞狮是岳池喜爱的民间艺术之一。是一种历史悠久，独具特色的民间传统娱乐活动。岳池平地舞狮一般由一人舞狮头，一人舞狮尾，前面由“笑和尚”持扇逗引，摇头张嘴，翻滚跳跃，妙趣横生。

岳池传统狮舞有多种破阵活动。

隔河抱蛋。又名团鱼抱蛋，由主家用一个筲箕、两个饭瓢和四根竹筷组成团鱼模样，面向大门外将“礼信”（即礼品，物品或用红纸包着的金钱）放在筲箕下面，另将一个鸡蛋藏在正面方向约十米左右的树上，或在背角地面挖一略大于蛋的小深洞，并将洞面伪装起来，由笑和尚出面寻找（要狮人也可作参谋），找到蛋并取出，即算破了阵，随即领取“礼信”。

麦里藏针。将一颗小针插入一茎麦秆内（也有用一盘兰草花代替），放在主家大门外的地面上，在不损伤麦秆的原则下，找出针，阵即破。

岳池舞狮遍及城乡，一般是在春节或重要喜庆活动时举行。

二、高脚狮舞

岳池的坪滩、嘉陵、镇裕、恐龙等乡镇传承着高跷舞狮艺术，表演者脚踩高跷，动作多与地狮相同，不同的是有时直立跳跃，有时单蹲或单跳或双跳。难度较大的动作都是高处或地面取物。高处取物主要由笑和尚站在狮背上取拿高处奖品。地面取物必须丢卡子才能取得。

破阵“土中生白玉，地内出黄金”：主家先写好此纸条一张，放在大门口的地面上，将“礼信”藏在离纸条 1 米至 3 米处，笑和尚先找准礼信的藏处，然后用丢卡子的技巧获取。

以前，岳池高跷舞狮多在春节拜年或重要喜庆活动时举行。近年来，农家红白喜事活动也常请高脚舞狮表演。

第二节 龙 舞

一、彩龙

彩龙龙头约小水桶大，用篾条编制骨架，鱼皮纸裱糊，五色彩绘。形态张嘴暴眼，长须獠牙，非常雄伟壮观。腰节和尾节也是篾条编成，水纸裱糊。头、身、尾一般四节，每节背部用布衣连接，淡描鳞甲，长约丈许。舞玩时，前面一人玩宝（宝也是篾条编成，圆形，红色，下有长炳铁架支撑），龙头一人，二节与三节一人。舞蹈编制有一定的程式套路，如“参拜四方”“黄龙缠腰”“黑龙奔滩”等。飞腾翻滚，栩栩如生。彩龙由于身形小巧，不能点灯燃烛，所以多在白天玩耍，以娱神灵。20 世纪 50 年代后，彩龙多用于春节娱乐。后凡有重大节庆，岳池都要举行舞龙活动，以增加节日气氛。

二、水龙

水龙用黄荆条或其他树杈子扎制。制作草率，略具龙形，在夏日炎热的太阳下舞玩。舞玩的人光头赤脚，上体裸露，手执撑龙棍上下左右舞动，两旁观者用瓢盆盛水泼去。这种活动是旧时设坛求雨时才进行，带有迷信色彩。1950年后，岳池舞玩水龙活动逐渐消失。

三、火龙

火龙的编制、彩绘、形态与彩龙无异。只是形体庞大，比彩龙长，约二十节，每节用绳子连着。舞火龙多在晚上，龙头、龙身、龙尾皆点有特制的油纸捻。玩的人头戴凉帽，赤身短裤、手执撑龙棍向左右两边舞动，起伏翻滚。爱好者用火花喷射，朵朵金花在火龙四周飞溅，宛若一条金龙在浪花中嬉戏，叫人久看不厌。中华人民共和国成立前，岳池的乡镇一些较大的场镇在春节期间均要举办舞火龙活动。1950年后，群众性舞火龙开展的活动景况更盛也更加普及。80年代至90年代上半时期的每年春节，岳池县城常举办规模盛大的舞火龙活动。

四、草龙

草龙是模拟龙灯的样式，用稻草扎制、粗藤绳连接而成。一般是干旱年间，农家青少年学成人耍水龙那样的活动，由五节或七节组成，耍龙者光着上身，由群众泼水，农家青少年甚为喜爱。后来，岳池的舞草龙活动，多为春节期间农家青少年的娱乐活动。

2000年后，县上挖掘、整理民间舞草龙活动，并将其作为岳池农家文化的重要内容在“岳池农家文化旅游节”中舞玩展示。2004年7月，岳池第一中学、岳池中学、顾县中学、白庙职业中学，用稻草作原料，制做草龙数条，每条重近千斤。龙头造型别致，眼睁舌张，活动自如。龙身长数百米（岳池一中草龙，347米；岳池中学草龙316米，顾中草龙392米，白庙职中草龙269米），编制精细。龙尾灵活，左卷右弹。并从四所中学挑选男女学生200余人，分队进行草龙舞动比赛。中央电视台少儿频道现场录制舞草龙比赛。同年9月13日到17日，央视少儿频道“异想天开”栏目连续播出岳池农家草编工艺成就的系列专题片《挑战吉尼斯·走进岳池——百变稻草》（之前吉尼斯纪录草龙长度200.8米）五集。

第三节　高　亭

一、特色

岳池高亭是富有地方特色，深受群众喜爱的一种民间艺术。它是在一张大方桌（即亭子）上展现出一出戏的几个角色来供群众观赏的一种街头艺术。1950年前，在每年春节或迎神赛会时都要扎扮。扎高亭时，先是用一根牢固的铁棒固定在一张专制的四方桌中间，叫亭座。铁棒的弯度和形体要根据当场亮彩的角色需要确定。被扎扮好的角色，先安放在铁皮制的“护胸”内，双脚站在踏板上，次用白布包扎，再着彩衣，手执道具，安放在亭座上。高亭展现的都是群众熟悉的戏剧人物，如《孙悟空三打白骨精》，可展现出“孙悟空”举起金箍棒，棒尖上站着“白骨精”，人们赞叹的是那小小的棒尖竟然能站稳一个人，并且这个人还是由另一个人用棒撑着。这就是岳池高亭的艺术魅力。

二、分类

高亭分高桩、平台两种。

高桩是在一张大而实的桌面上，用精细适度的钢筋焊接成戏剧人物的支撑点，制作出特制的戏剧人物服装首饰。表演前，将化妆的戏剧人物（一般由儿童扮演）的腿脚腰身部位用绳捆在钢筋支架上，以防跌倒，再套上服装掩饰钢筋支架。表演时，由8个或16个“抬脚”抬起桌面，上街游行表演。高桩艺术性、观赏性强，难度大，尤为人们喜爱。岳池人制作高亭的艺术日益精湛，每年春节或重大庆典活动都有高亭游行。2002 年，第一届岳池农家文化节 30 组高亭连着 40 余辆彩车，配合腰鼓、花环、连厢、车灯、彩船、狮龙队伍在县城街头游行，绵延数里。中外来宾及本县群众，无不称赞岳池民间艺术的魅力。岳池高亭已列入“四川省首批非物质文化遗产保护名录”。

平台是用一张特制的大方桌，四角各立一柱，捆成四方架，高约五尺。左、右、后三方用布或花纸框围着，正面一幅短帏幕，构成一个小戏台。每个平台扎一折小戏，如《珍珠塔》：桌上放一塔，让观众对剧目一目了然。平台不用制作特殊支架，戏剧人物只按剧情要求在高亭（桌面）艺术造型，仍由抬脚抬起游行。20 世纪 50 年代后，每年春节或重大庆典活动，特别是近年举办的农家文化旅游节期都有平台艺术的街头表演。有时也配合县委、县政府中心工作开展宣传，如扎制《婆媳相亲》《学雷锋》等时装剧目，歌颂新人新事。

第四节　高　跷

一、特点

高跷历史悠久，在《列子・说符》中已有记载。舞者扮成各种戏剧人物或时装人物，手执道具，双脚踏着木跷表演。木跷由有脚踏装置的木棍（高者三四尺，矮者尺余）构成。表演者以扭秧歌为主，时而单行，时而双行，时而单腿侧跳，时而相互穿插，还有溜卡子等高难度技巧表演。

二、表演

岳池高跷有集体对舞的大场和三人表演的小场。1950 年前，高跷表演多按每出戏剧人物扮妆，以戏剧人物的形象进行表演，如《八仙过海》。1950 年后，表演者常扮成工农兵等各种人物进行表演。2006 年“第三届岳池农家文化旅游节”的民间文艺巡游活动中，罗渡镇参演的高跷队伍，就同时扮演《八仙过海》戏剧人物和工、农、商、学、兵、医生等现代人物，深受群众好评。

第五节　腰鼓　军鼓

一、腰鼓

腰鼓舞是北方传入的的民间文艺形式。它以长约尺许，呈圆筒形，两头略小的皮鼓，挂在腰间打击表演，故称腰鼓。表演时，腰间挂鼓，垂系彩带，按“鼓点”敲击，变换舞姿队列。鼓声伴着苏镲，节奏鲜明，彩带飘飘，气氛欢快热烈。1951 年，南充军分区文工团和南充地委宣传队进驻岳池，腰鼓传入岳池。之后便在城乡广泛开展起来。现在在一些集会或节庆活动中还时常出现。

二、军鼓

军鼓是 20 世纪 90 年代才在岳池盛行的一种文化活动，表演者以军鼓为乐器，踏着鼓点行进，变幻队形，其氛围热烈。原为群众的广场健身娱乐活动，后发展为重大节庆的广场文化活动。现岳池各乡镇社区都有军鼓队，除参加节庆活动外，还参加农家的红白喜事、商业促销等活动表演。

第六节　秧歌舞　扇舞

一、秧歌舞

秧歌舞系北方传入岳池的民间舞蹈。民国 36 年（1947 年），岳池新三中学送秋季毕业生的文娱晚会上，学生曾表演过《秧歌舞》。由于技巧不熟，舞姿生硬，没有引起群众的兴趣。1949 年 12 月，中国人民解放军进驻岳池后，多次到南门体育场跳秧歌舞，活跃部队生活。因其技巧娴熟，舞姿优美，队列变化灵活自如，给人带来轻松欢快的感觉，干部群众争相学习，随之掀起扭秧歌的热潮。以后，每逢节日和场期，各单位都扭着秧歌上街宣传；文艺工作者还排演秧歌剧《夫妻识字》等节目宣传演出；近年来的春节、节庆等，亦有秧歌队参加街头文艺表演。

二、扇舞

扇舞表演队伍的演员以花扇为道具，配以节奏欢快的音乐或鼓点，边走边舞手中花扇，变幻队形，进行巡游表演。花扇舞与形式相似的花环舞、花伞舞等同为岳池群众广场健身娱乐的主要活动形式，深受群众喜爱。

第七节　彩灯　车车灯

一、彩灯

彩灯用篾片扎成蝴蝶、鱼儿、乌龟、虾子等形状的灯架，用鱼皮纸裱糊，五色彩画。春节等节庆表演游行时，在灯架中燃点蜡烛，彩灯队列行走在亭子前后。远远望去，亭桩上的角色恰似仙姬亭亭站立在万蝶丛中，风采别致。

1984 年春节，为了挖掘和发扬民间传统彩灯制扎艺术，繁荣传统农家文化，举办春节彩灯展览活动。县城各单位、各群众团体、各中小学及爱好者，都扎制彩灯参加街头演出。参加活动的有大型孔雀灯、各色蝴蝶灯和安有电动机组的新型彩灯，其他兔儿灯、鲤鱼灯、跑马灯、各式宫灯、各式年灯应有尽有，盛况空前。这次展览活动，推动和发展岳池彩灯艺术。近年来的农家文化旅游节节会活动和春节迎春文化活动中，都有彩灯排街展演。

二、车车灯

车车灯用竹篾扎成，外形象轿子，但无底座。四周用彩色纸剪成各式花条贴在上面，轿门半装，纸条空隙较大，多能看到轿内的“幺妹”。节会庆典和春节迎春活动中，车车灯伴随亭子、平台游行。行进时，轿子左右各一人提着轿辕。幺妹在轿子内浓妆艳抹，珠翠披肩，随着轿子走动。表演时，前面一丑角，手摇蒲扇，边逗边唱，两边连厢队合腔伴奏。旧时，表演队伍行至富商店铺前，队伍暂停下来，丑角逗着幺妹单唱一段，等到主人给了喜钱再继续前行。1950 年后，改掉这种带有乞讨行为的做法，也摒弃了唱词中庸俗的词语，使得车车灯等表演雅俗共赏。

第四章　民间乐器

第一节　吹奏乐

一、源流及特点

岳池民间吹奏乐历史悠久，唐代置县以来，岳池就有民间吹奏乐。传统的民间吹奏乐与民间风俗活动紧密相连，民俗活动也在不同程度上丰富和发展民间音乐。民间吹奏乐来源于人民群众之中，在人民群众中有广阔的生存空间。农村不管是嫁娶婚丧，或是各种庙会，总离不开民间音乐助兴。喜庆场合，演奏的曲调高亢、欢乐；遇丧事，曲调凄楚、哀婉。

岳池民间吹奏乐使用的乐器，多为一支或数支唢呐为主奏乐器，盆鼓、包锣、马锣、铰铰等打击乐作为伴奏乐器，其旋律流畅，节奏鲜明，能够生动地表现喜庆、热闹的欢乐气氛或忧伤悲哀的情绪。

二、曲牌

岳池县流行的唢呐曲牌有100多支，常用的唢呐曲牌有横调、过街调、合字调南晶宫、麻雀闹林、离娘愁、公堂、灵念调、五句半、小开门、接客等。

过 街 调

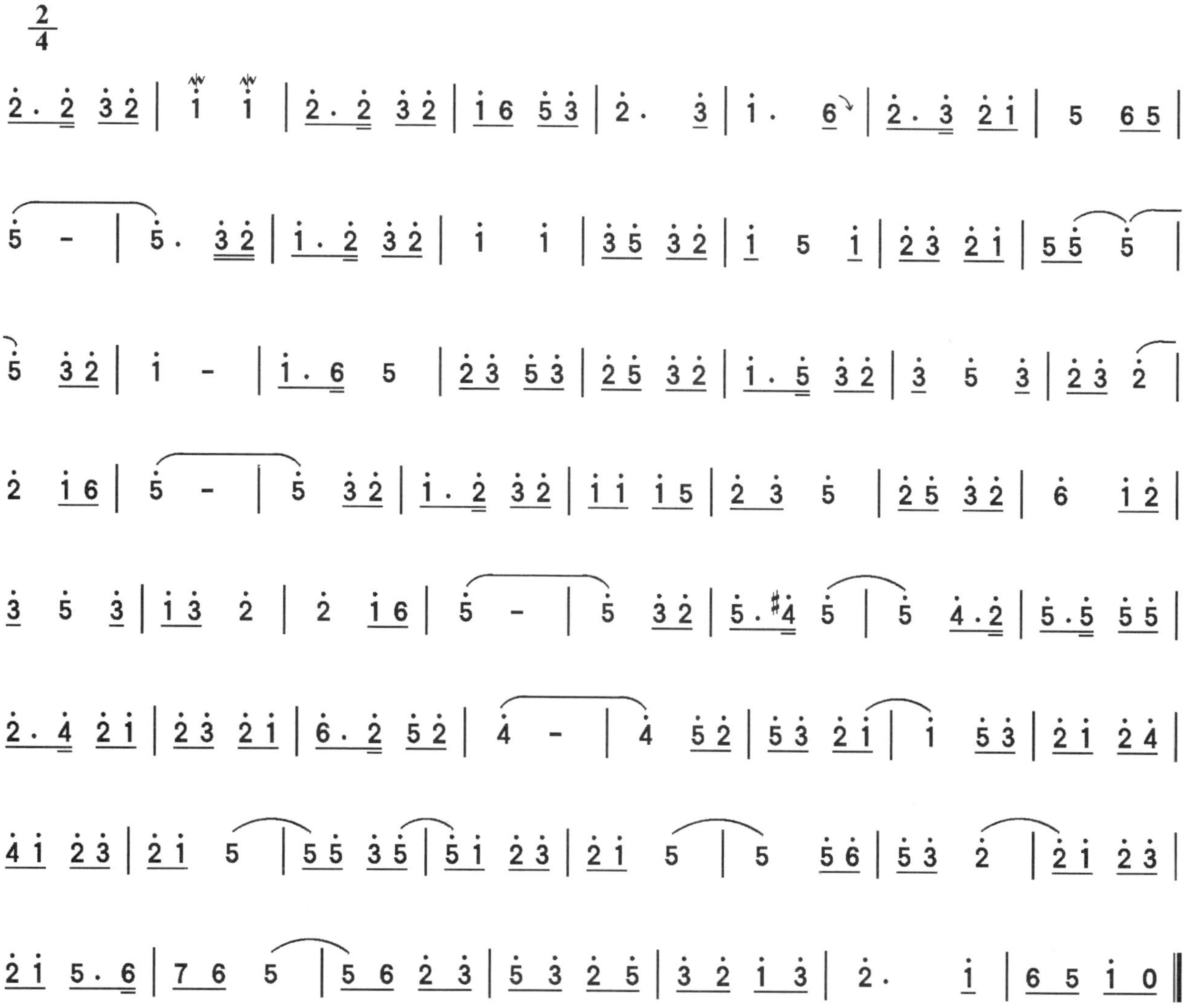

麻雀闹林

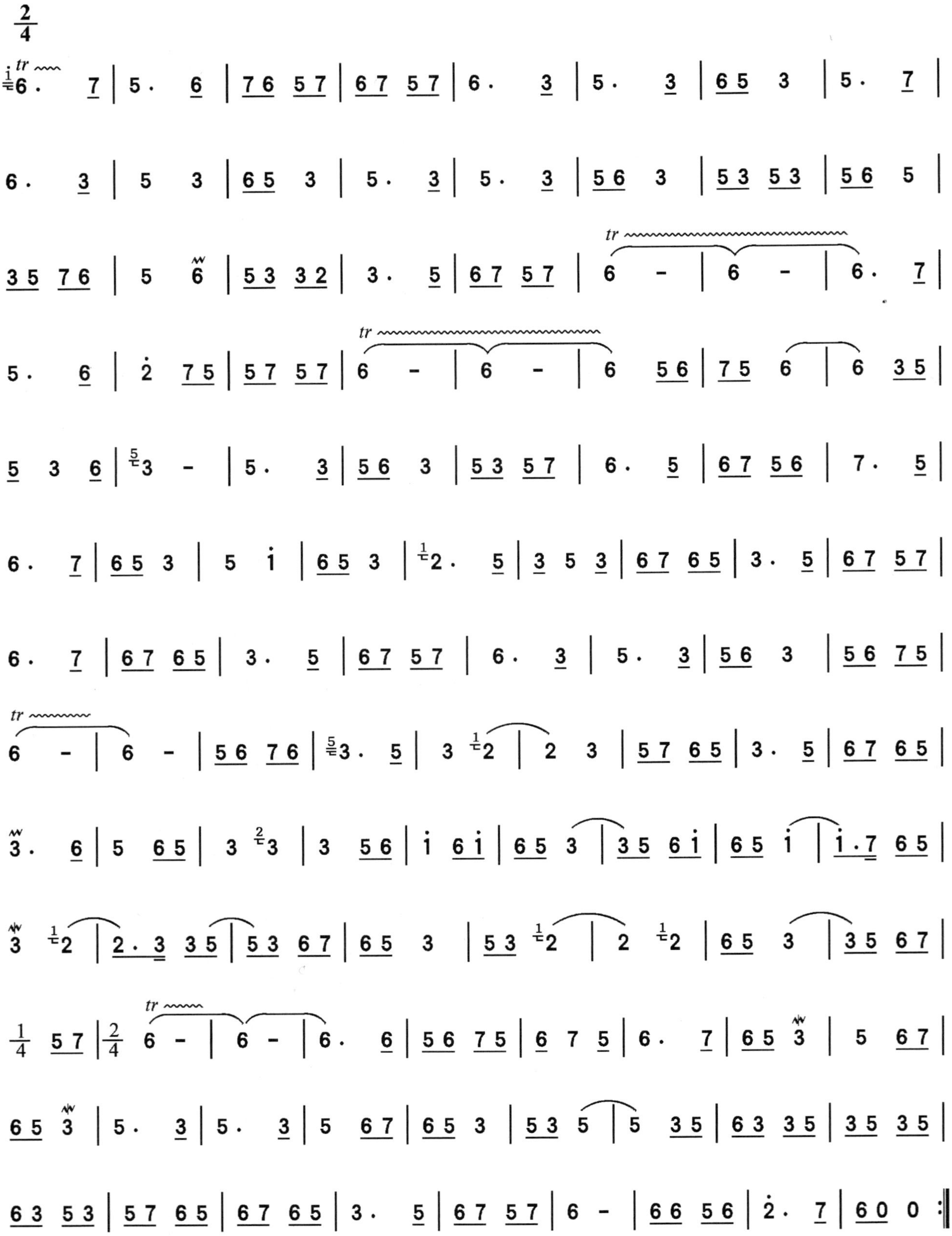

离娘调

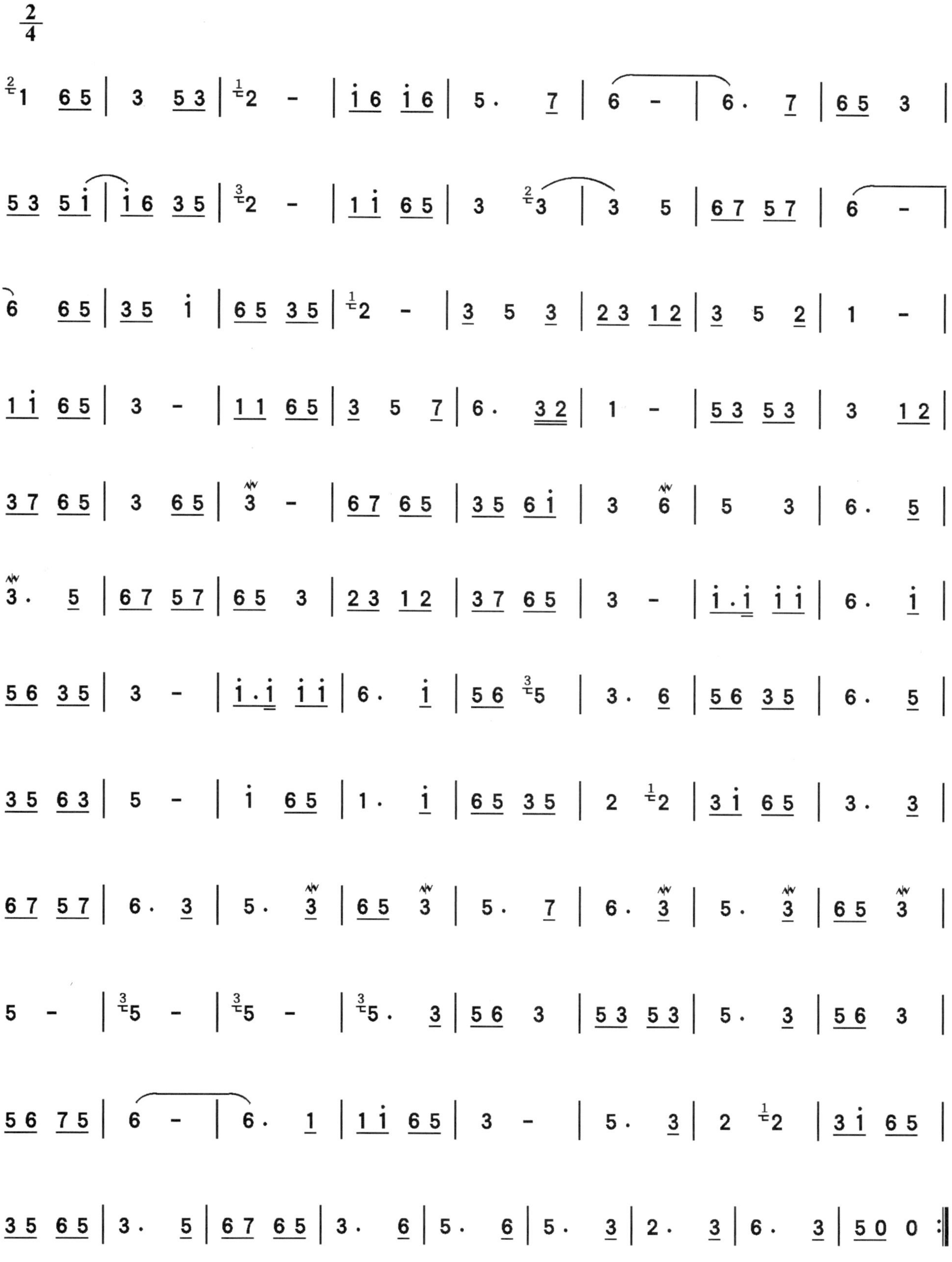

公 堂

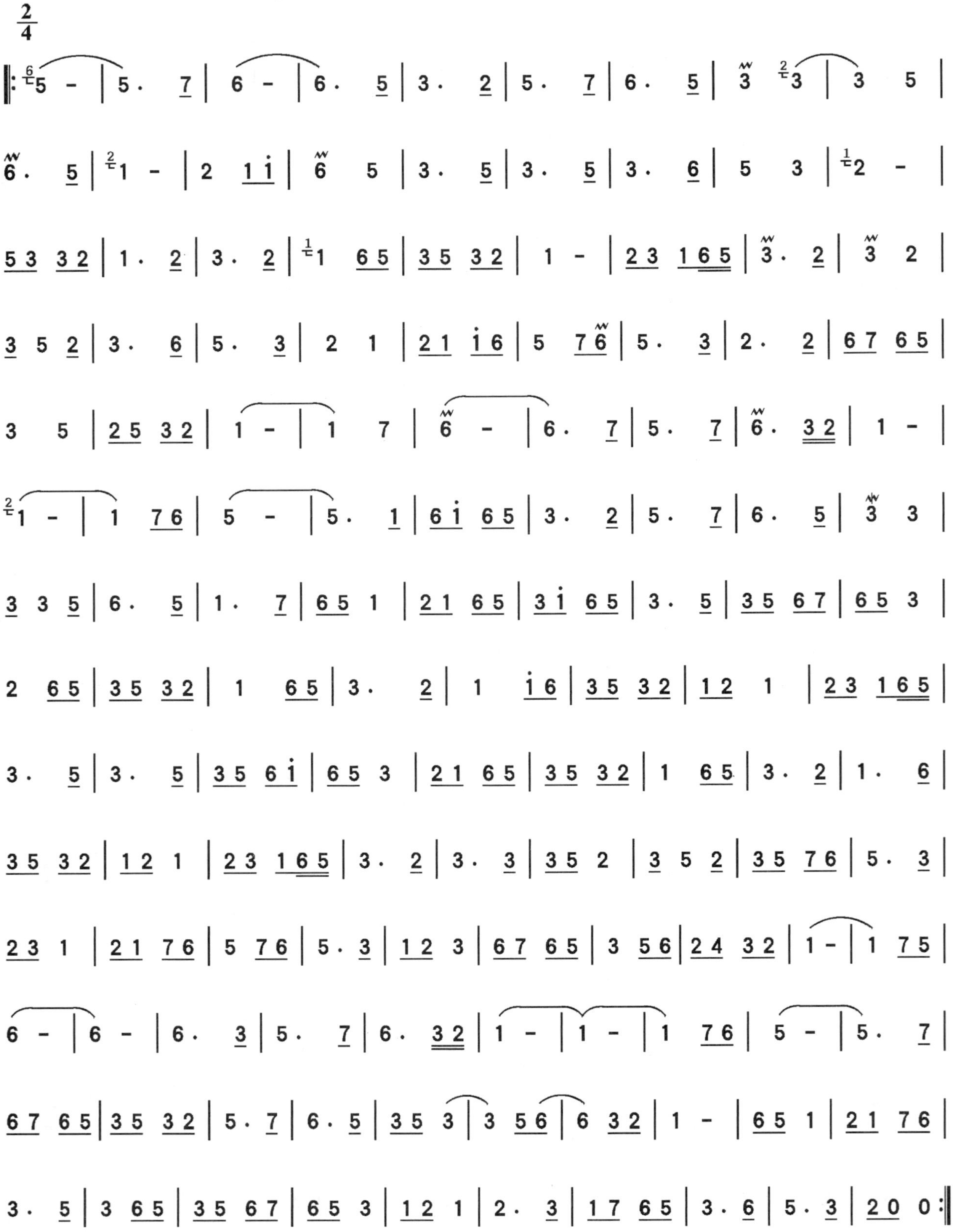

五句半

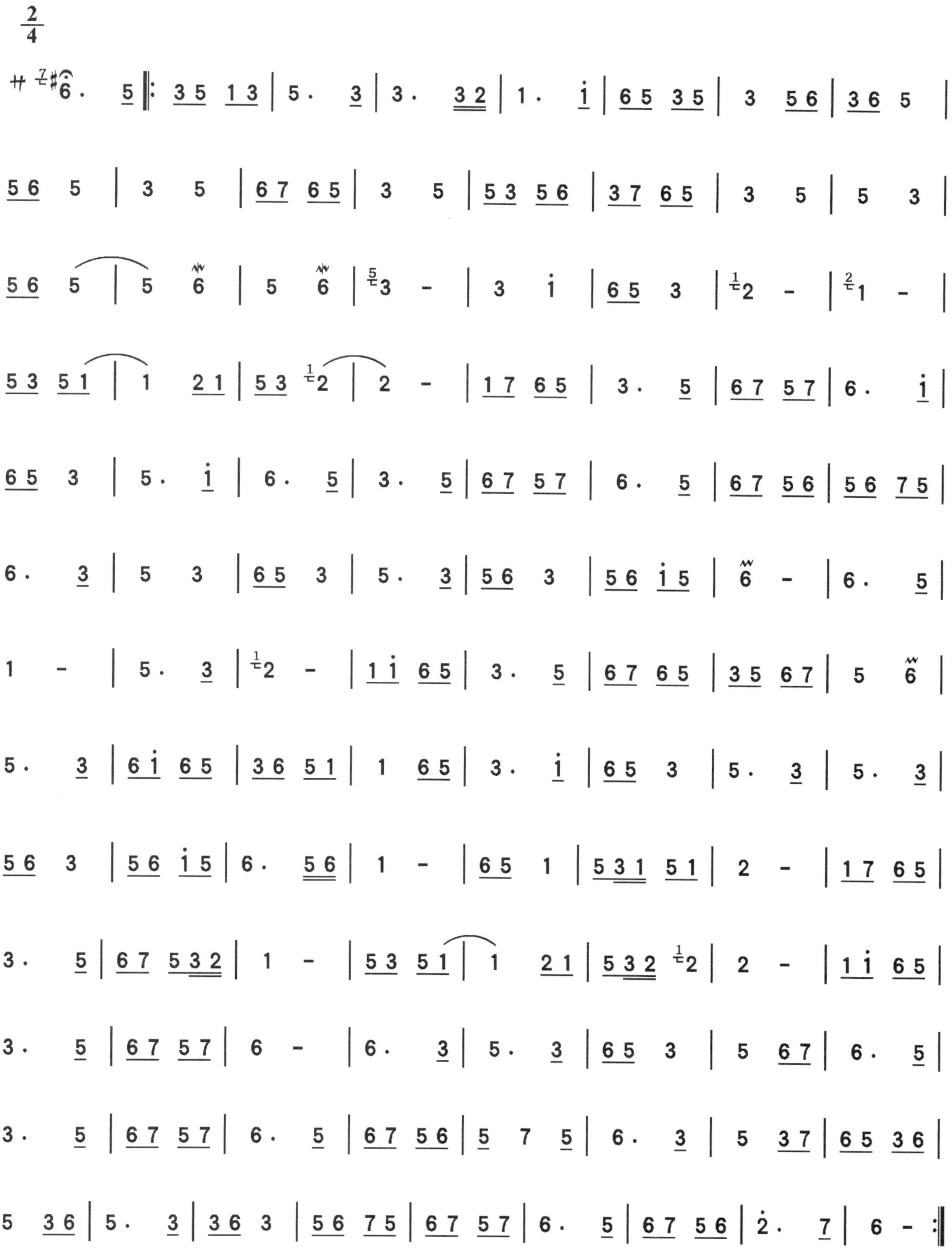

接 客

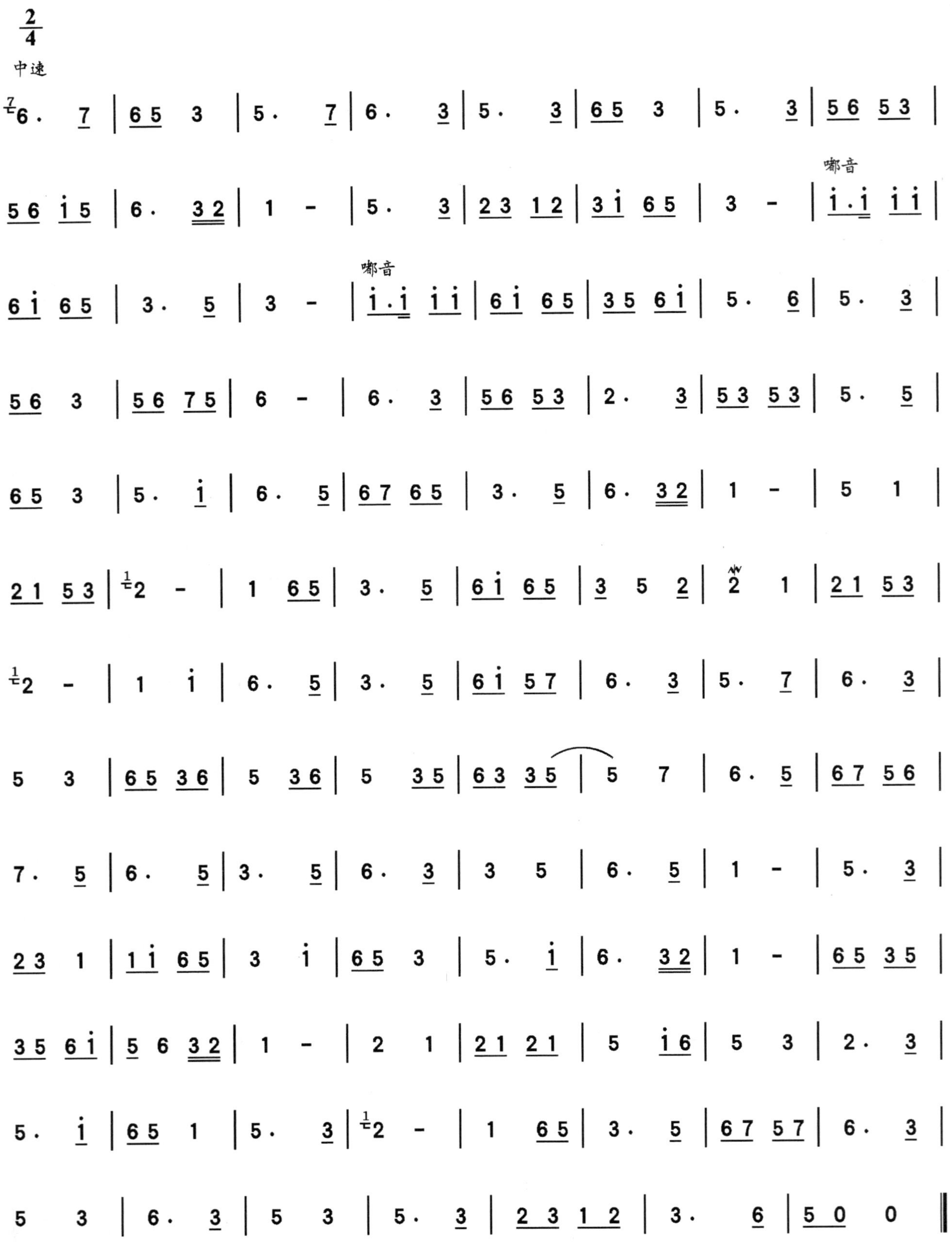

第二节　耍锣鼓

一、源流及特点

耍锣鼓又名闹锣鼓，是民间自娱自乐的一种形式，多用于节庆或喜事活动，以增添喜庆气氛。

在耍锣鼓这种民间娱乐形式正式形成以前，逢年过节，小孩们高兴，把家里能打响的东西拿出来打，有钱人家还专门为小孩子们买一套小锣鼓，先是无节奏乱打，后来逐步打出锣鼓点子，形成耍锣鼓的雏形。明末清初，湖广移民进入岳池，带来多种多样的文化交流，逐步丰富了锣鼓牌子。

耍锣鼓所用的乐器有鼓、京锣、铰铰、马锣、包锣等。使用的牌子多由川剧打击乐牌子以及龙灯、狮灯牌子演变而成，其节奏明快，气氛热烈，深为广大群众喜爱。

岳池县罗渡、中和、石垭、坪滩、顾县等片区很多乡镇都有耍锣鼓演奏队伍，他们主要参与节庆、促销、迎亲、送葬等活动的演奏，采取以文创收的形式来维持其生存发展，使得耍锣鼓得以代代传承。

二、锣鼓牌子

岳池县流行的锣鼓牌子很多，常用的有滚绣球、偷板儿、一封书、花龙灯、喂鱼、栀子花、灯菜、反花龙灯、反栀子花、百寿图、单弹筋、双弹筋、扯头闪、幺二三等。

滚 绣 球

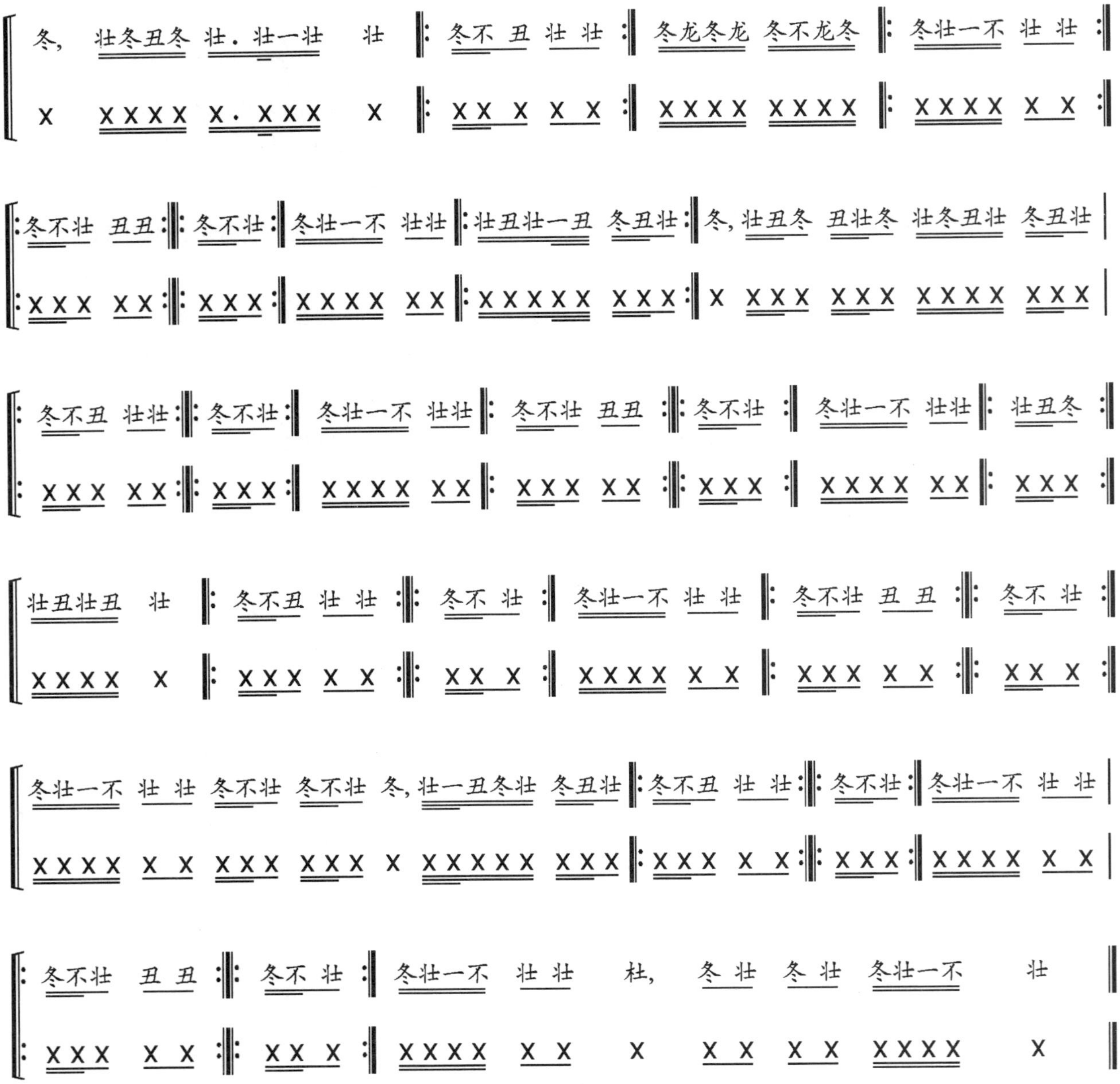
冬, 壮冬丑冬 壮. 壮一壮 壮 冬不 丑 壮 壮 冬龙冬龙 冬不龙冬 冬壮一不 壮 壮
冬不壮 丑丑 冬不壮 冬壮一不 壮壮 壮丑壮一丑 冬丑壮 冬, 壮丑冬 丑壮冬 壮冬丑壮 冬丑壮
冬不丑 壮壮 冬不壮 冬壮一不 壮壮 冬不壮 丑丑 冬不壮 冬壮一不 壮壮 壮丑冬
壮丑壮丑 壮 冬不丑 壮 壮 冬不 壮 冬壮一不 壮 壮 冬不壮 丑 丑 冬不 壮
冬壮一不 壮 壮 冬不壮 冬不壮 冬, 壮一丑冬壮 冬丑壮 冬不丑 壮 壮 冬不壮 冬壮一不 壮 壮
冬不壮 丑 丑 冬不 壮 冬壮一不 壮 壮 杜, 冬 壮 冬 壮 冬壮一不 壮

一封书

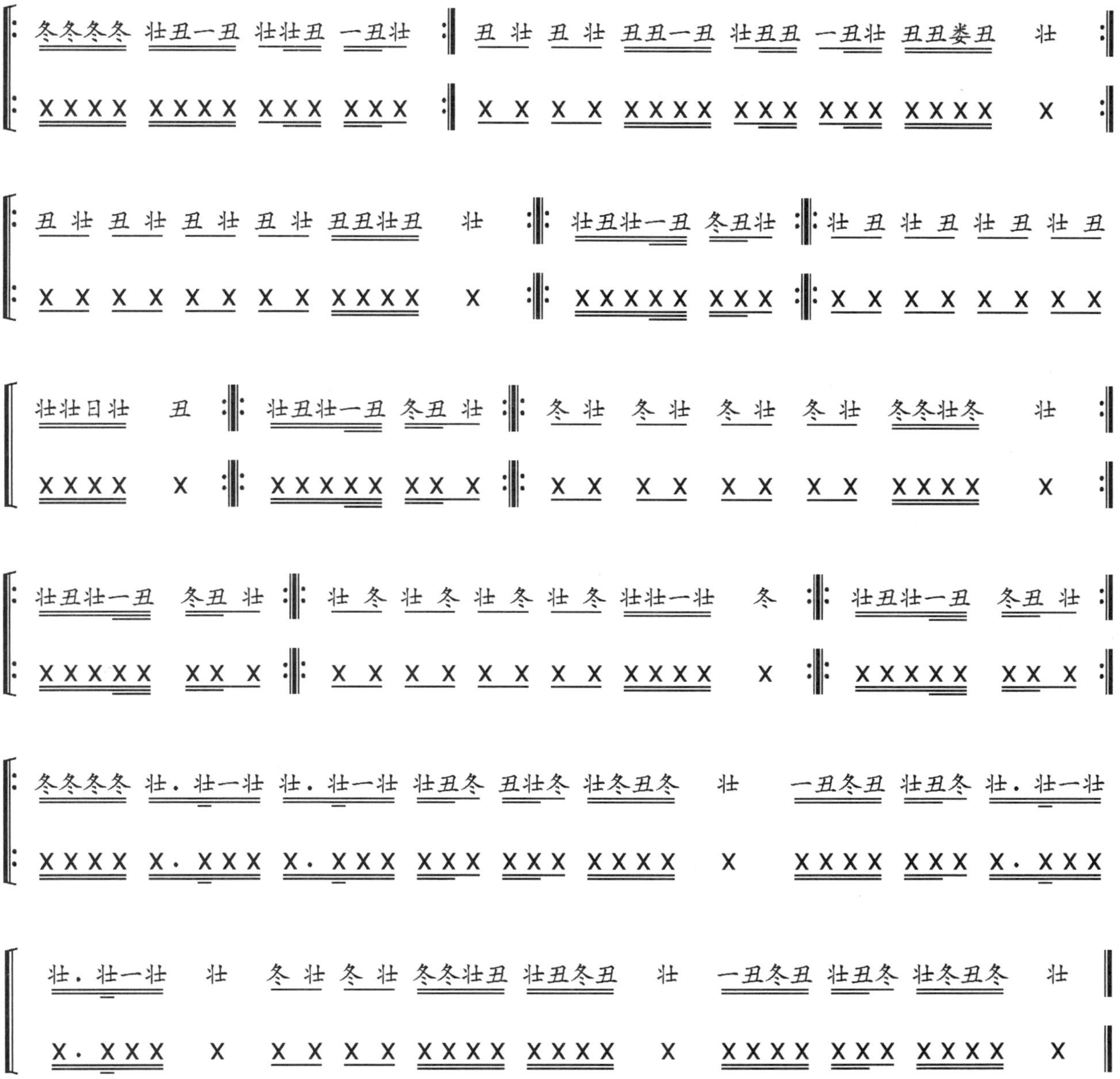
冬冬冬冬 壮丑一丑 壮壮丑 一丑壮 丑 壮 丑 壮 丑丑一丑 壮丑丑 一丑壮 丑丑娄丑 壮
丑 壮 丑 壮 丑 壮 丑 壮 丑丑壮丑 壮 壮丑壮一丑 冬丑壮 壮 丑 壮 丑 壮 丑 壮 丑
壮壮日壮 丑 壮丑壮一丑 冬丑 壮 冬 壮 冬 壮 冬 壮 冬 壮 冬冬壮冬 壮
壮丑壮一丑 冬丑 壮 壮 冬 壮 冬 壮 冬 壮 冬 壮壮一壮 冬 壮丑壮一丑 冬丑 壮
冬冬冬冬 壮. 壮一壮 壮. 壮一壮 壮丑冬 丑壮冬 壮冬丑冬 壮 一丑冬丑 壮丑冬 壮. 壮一壮
壮. 壮一壮 壮 冬 壮 冬 壮 冬冬壮丑 壮丑冬丑 壮 一丑冬丑 壮丑冬 壮冬丑冬 壮

花 龙 灯

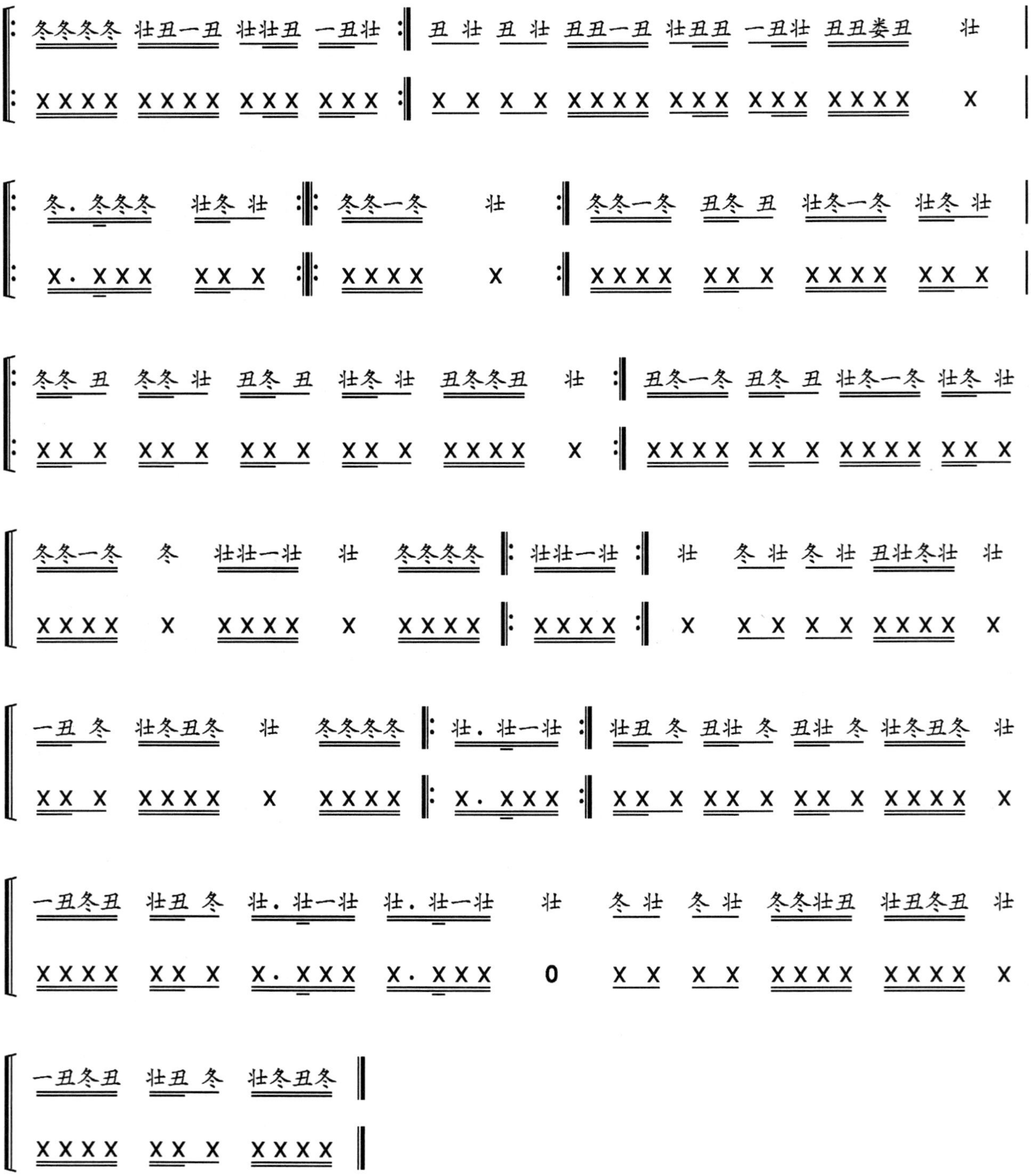
冬冬冬冬 壮丑一丑 壮壮丑 一丑壮 丑 壮 丑 壮 丑丑一丑 壮丑丑 一丑壮 丑丑娄丑 壮
XXXX XXXX XXX XXX X X X X XXXX XXX XXX XXXX X
冬.冬冬冬 壮冬 壮 冬冬一冬 壮 冬冬一冬 丑冬 丑 壮冬一冬 壮冬 壮
X.XXX XX X XXXX X XXXX XX X XXXX XX X
冬冬 丑 冬冬 壮 丑冬 丑 壮冬 壮 丑冬冬丑 壮 丑冬一冬 丑冬 丑 壮冬一冬 壮冬 壮
XX X XX X XX X XX X XXXX X XXXX XX X XXXX XX X
冬冬一冬 冬 壮壮一壮 壮 冬冬冬冬 壮壮一壮 壮 冬 壮 冬 壮 丑壮冬壮 壮
XXXX X XXXX X XXXX XXXX X X X X X XXXX X
一丑 冬 壮冬丑冬 壮 冬冬冬冬 壮.壮一壮 壮丑 冬 丑壮 冬 丑壮 冬 壮冬丑冬 壮
XX X XXXX X XXXX X.XXX XX X XX X XX X XXXX X
一丑冬丑 壮丑 冬 壮.壮一壮 壮.壮一壮 壮 冬 壮 冬 壮 冬冬壮丑 壮丑冬丑 壮
XXXX XX X X.XXX X.XXX 0 X X X X XXXX XXXX X
一丑冬丑 壮丑 冬 壮冬丑冬
XXXX XX X XXXX

反栀子花

‖: 冬冬冬冬 壮丑一丑 壮壮丑 一丑壮 :‖ 丑 壮 丑 壮 丑丑一丑 壮丑丑 一丑壮 丑丑娄丑 壮 |

‖: XXXX XXXX XXX XXX :‖ X X X X XXXX XXX XXX XXXX X |

‖: 壮丑壮 丑壮冬 :‖ 丑壮丑壮 冬 :‖: 壮壮冬 :‖: 壮壮冬 :‖ 壮. 壮一壮 壮 ‖: 冬冬一冬 冬,

‖: XXX XXX :‖ XXXX X :‖: XXX :‖: XXX :‖ X. XXX X ‖: XXXX X

壮壮一壮 壮, 冬. 冬冬冬 壮. 壮壮壮 冬壮冬壮 冬 壮冬丑冬 壮, 冬冬冬冬 ‖: 壮. 壮一壮 :‖

XXXX X X. XXX X. XXX XXXX X XXXX X XXXX ‖: X. XXX :‖

壮丑冬 丑壮冬 壮冬壮冬 壮, 一丑冬丑 壮丑冬 壮. 壮一壮 壮. 壮一壮 壮, 冬 壮 冬 壮

XXX XXX XXXX X XXXX XXX X. XXX X. XXX X X X X X

冬冬壮丑 壮丑冬丑 壮, 一丑冬丑 壮丑 冬 壮冬丑冬 壮 ‖

XXXX XXXX X XXXX XX X XXXX X ‖

幺二三

弄. 不龙冬 冬 冬 冬 壮 ‖: 壮壮冬壮 冬丑壮 :‖: 冬丑壮 :‖ 丑 冬 丑 壮 ‖: 丑一丑 壮一壮 :‖

X. XXX X X X X ‖: XXXX XXX :‖: XXX :‖ X X X X ‖: XXX XXX :‖

‖: 丑丑丑 壮壮壮 :‖ 冬不丑 壮壮丑 丑不丑不 壮 ‖: 壮壮丑壮 冬丑壮 :‖: 冬丑壮 :‖ 冬. 丑壮丑 冬丑壮 ‖

‖: XXX XXX :‖ XXX XXX XXXX X ‖: XXXX XXX :‖: XXX :‖ X. XXX XXX ‖

百 寿 图

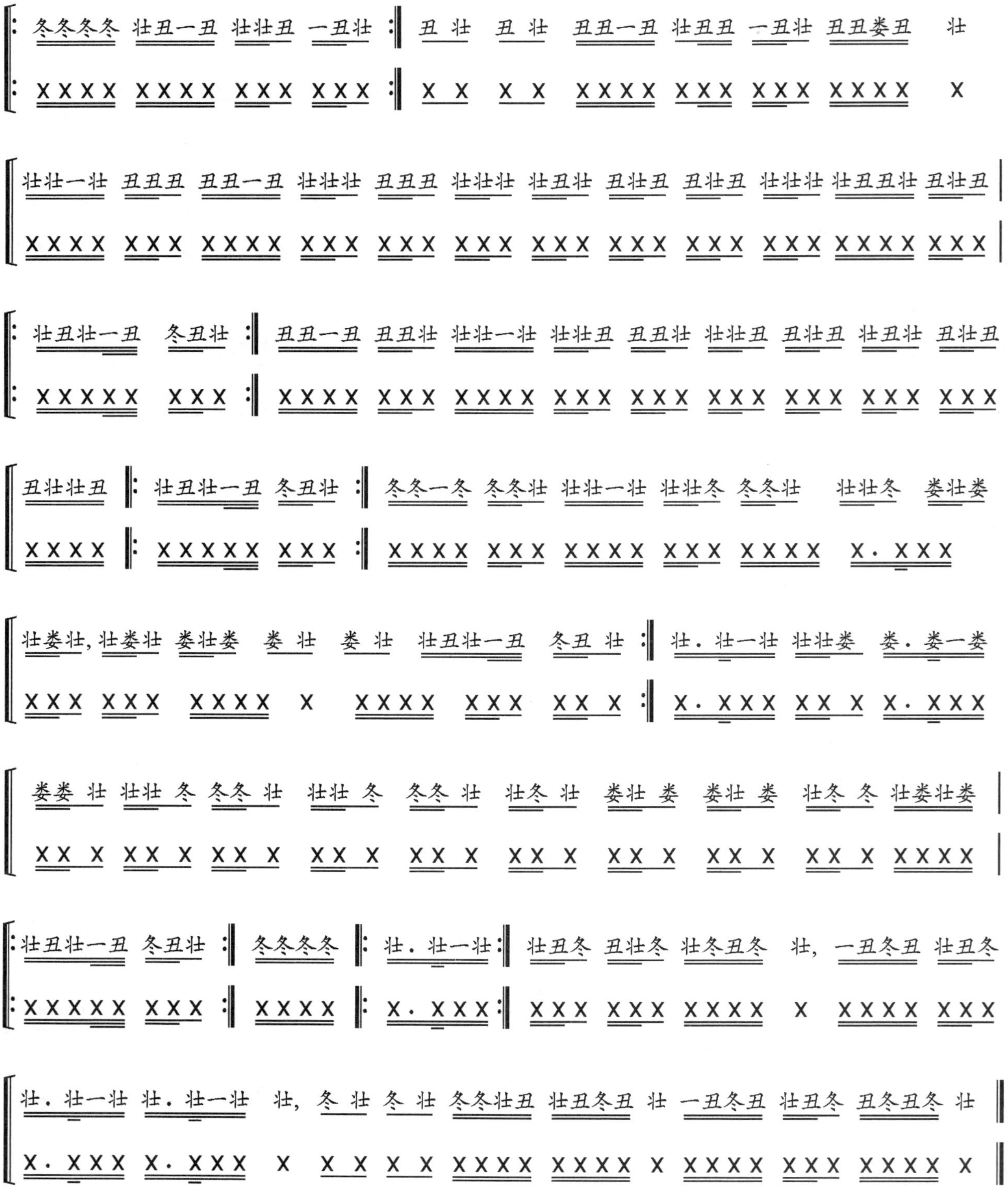
冬冬冬冬 壮丑一丑 壮壮丑 一丑壮 丑 壮 丑 壮 丑丑一丑 壮丑丑 一丑壮 丑丑娄丑 壮
XXXX XXXX XXX XXX X X X X XXXX XXX XXX XXXX X
壮壮一壮 丑丑丑 丑丑一丑 壮壮壮 丑丑丑 壮壮壮 壮丑壮 丑壮丑 丑壮丑 壮壮壮 壮丑丑壮 丑壮丑
XXXX XXX XXXX XXX XXX XXX XXX XXX XXX XXX XXXX XXX
壮丑壮一丑 冬丑壮 丑丑一丑 丑丑壮 壮壮一壮 壮壮丑 丑丑壮 壮壮丑 丑壮丑 壮丑壮 丑壮丑
XXXXX XXX XXXX XXX XXXX XXX XXX XXX XXX XXX XXX
丑壮壮丑 壮丑壮一丑 冬丑壮 冬冬一冬 冬冬壮 壮壮一壮 壮壮冬 冬冬壮 壮壮冬 娄壮娄
XXXX XXXXX XXX XXXX XXX XXXX XXX XXXX X·XXX
壮娄壮,壮娄壮 娄壮娄 娄 壮 娄 壮 壮丑壮一丑 冬丑 壮 壮.壮一壮 壮壮娄 娄.娄一娄
XXX XXX XXXX X XXXX XXX XX X X·XXX XX X X·XXX
娄娄 壮 壮壮 冬 冬冬 壮 壮壮 冬 冬冬 壮 壮冬 壮 娄壮 娄 娄壮 娄 壮冬 冬 壮娄壮娄
XX X XX X XX X XX X XX X XX X XX X XX X XX X XXXX
壮丑壮一丑 冬丑壮 冬冬冬冬 壮.壮一壮 壮丑冬 丑壮冬 壮冬丑冬 壮, 一丑冬丑 壮丑冬
XXXXX XXX XXXX X·XXX XXX XXX XXXX X XXXX XXX
壮.壮一壮 壮.壮一壮 壮, 冬 壮 冬 壮 冬冬壮丑 壮丑冬丑 壮 一丑冬丑 壮丑冬 丑冬丑冬 壮
X·XXX X·XXX X X X X X XXXX XXXX X XXXX XXX XXXX X

扯火闪

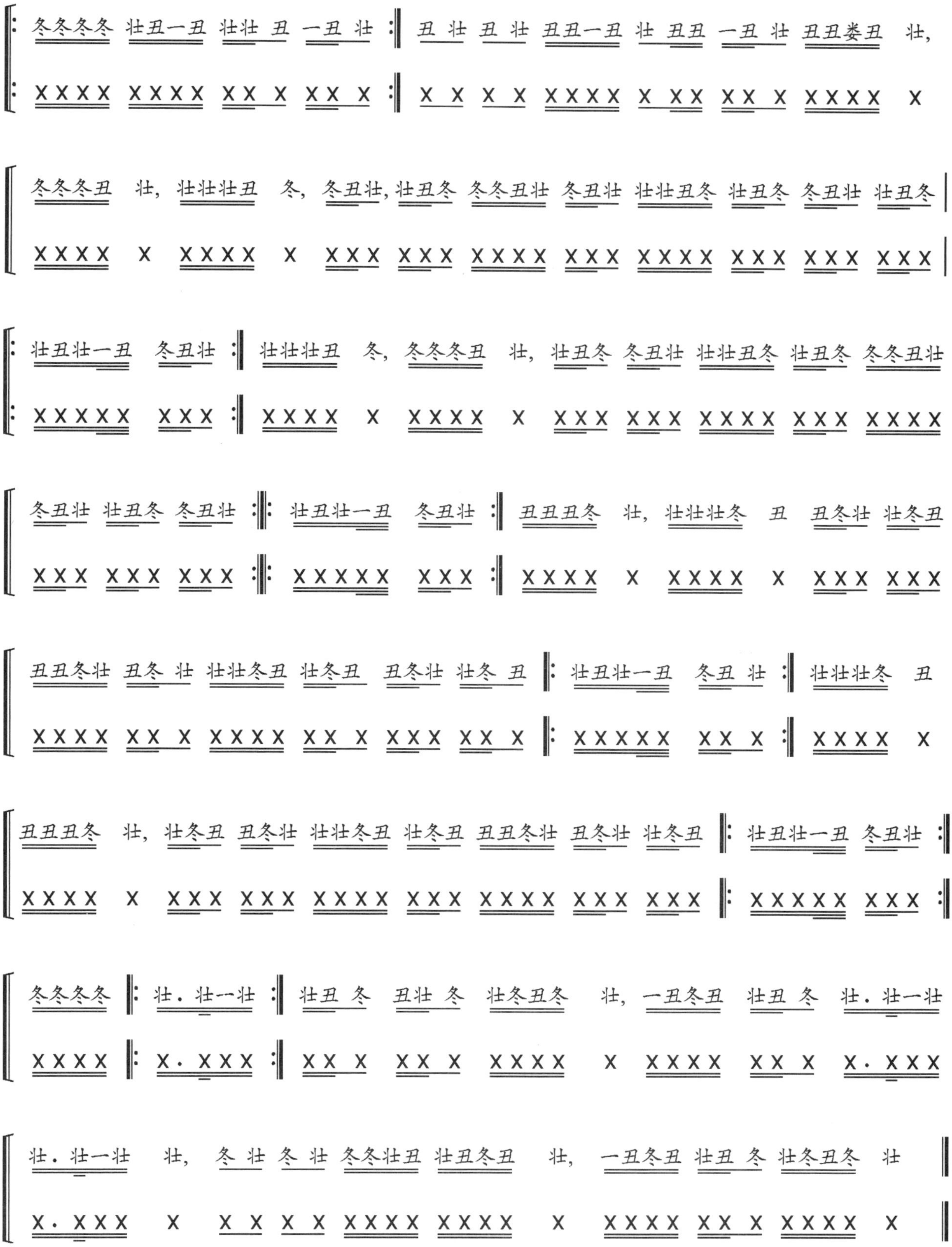
冬冬冬冬 壮丑一丑 壮壮 丑 一丑 壮 丑 壮 丑 壮 丑丑一丑 壮 丑丑 一丑 壮 丑丑娄丑 壮，
XXXX XXXX XX X XX X X X X X XXXX X XX XX X XXXX X
冬冬冬丑 壮，壮壮壮丑 冬，冬丑壮，壮丑冬 冬冬丑壮 冬丑壮 壮壮丑冬 壮丑冬 冬丑壮 壮丑冬
XXXX X XXXX X XXX XXX XXXX XXX XXXX XXX XXX XXX
壮丑壮一丑 冬丑壮 壮壮壮丑 冬，冬冬冬丑 壮，壮丑冬 冬丑壮 壮壮丑冬 壮丑冬 冬冬丑壮
XXXXX XXX XXXX X XXXX X XXX XXX XXXX XXX XXXX
冬丑壮 壮丑冬 冬丑壮 壮丑壮一丑 冬丑壮 丑丑丑冬 壮，壮壮壮冬 丑 丑冬壮 壮冬丑
XXX XXX XXX XXXXX XXX XXXX X XXXX X XXX XXX
丑丑冬壮 丑冬 壮 壮壮冬丑 壮冬丑 丑冬壮 壮冬 丑 壮丑壮一丑 冬丑 壮 壮壮壮冬 丑
XXXX XX X XXXX XX X XXX XX X XXXXX XX X XXXX X
丑丑丑冬 壮，壮冬丑 丑冬壮 壮壮冬丑 壮冬丑 丑丑冬壮 丑冬壮 壮冬丑 壮丑壮一丑 冬丑壮
XXXX X XXX XXX XXXX XXX XXXX XXX XXX XXXXX XXX
冬冬冬冬 壮. 壮一壮 壮丑 冬 丑壮 冬 壮冬丑冬 壮，一丑冬丑 壮丑 冬 壮. 壮一壮
XXXX X. XXX XX X XX X XXXX X XXXX XX X X. XXX
壮. 壮一壮 壮，冬 壮 冬 壮 冬冬壮丑 壮丑冬丑 壮，一丑冬丑 壮丑 冬 壮冬丑冬 壮
X. XXX X X X X X XXXX XXXX X XXXX XX X XXXX X

第五章　电　影

第一节　电影事业的发展

一、民国时期的电影放映活动

民国时期，岳池无官办电影放映机构，只有私营电影放映。私营电影以盈利为目的，有利便放，无利就停，影片全是黑白片。

民国3年（1914年）春，岳池商人杜桓丰从外地购回小型放映机、发电机各1部，先在南街董家祠堂试放，后在万兴街三元宫剧场售票放映。每晚1场，放映达1月之久。

民国10年（1921年）夏天，曾姓私营电影在东街城隍庙放映。放映影片《火烧红莲寺》《荒江女侠》。

民国16年（1927年），武胜张姓私营电影到岳池东街城隍庙放映。不仅有晚场，还有白日场。放映影片有《红姑》《火烧红莲寺》《魔宫宝盒》《神灯》《荒江女侠》等。同年秋，县政府请巡回电影队到岳池为县民免费放映科教片《妇女分娩》。

民国19年（1930年），外地电影到岳池东街城隍庙放映外国纪录片和中国故事片《神灯》。

民国22年（1933年），南充邓姓私营电影到岳池城内放映《火烧红莲寺》《女镖师》《关东大侠》等影片。后又到石垭、大石、酉溪、白庙等乡镇放映。

民国24年（1935年），外地私营电影队到岳池后山篮球场放映故事片《火烧红莲寺》。同年，坪滩粟汝之私营电影在坪滩附近多个场镇放映《江湖奇侠》《奇女传》等影片。

民国28年（1939年），外地电影在顾县镇岳东初中操场放映故事片《金山寺》《醉打山门》。

民国29年（1940年），县人黄平等人筹办“新民电影院”，股东约60人。他们租用粟汝之的放映机、影片，在城隍庙放映《火烧红莲寺》《关东大侠》《荒江女侠》等故事片和苏联科教卫生短片。1944年春，新民电影院停业。

民国35年（1946年），外地私营电影队在顾县镇禹王宫放映《鲁智深醉打山门》《火窑钢刀》等影片。同年夏天，伏龙乡绅张蜀骏家办喜事，请私营电影队在县城凤鸣街唐家院子放映故事片《七侠五义》。同时，合川私营电影队到岳池放映《火烧红莲寺》等影片。

二、新中国成立后的岳池电影事业

20世纪50年代初，川北军分区第一电影队多次到岳池放映电影。首次放映有声电影《百万雄师下江南》。

1953年，南充专区第一电影队改名为四川省电影教育工作队第70小队，在岳池、广安两县城乡巡回放映。

1954年，四川省电影教育工作队第70小队改名为“1101”小队固定在岳池城乡放映电影。

1955年，四川省电影教育工作队“1101”小队在岳池放映彩色电影《梁山伯与祝英台》，为岳池首次放映彩色电影。

1956年初，四川省电影教育工作队“1101”小队改为岳池县电影一队，将“1102”小队调到岳池，改为岳池县电影二队。10 月，成立岳池县电影三队、四队。

1957 年，南充专署将四个电影队的人权、财权下放到县，由岳池县直接管辖。

1959 年 9 月，岳池县文教局内设电影管理组，管理下属 5 个电影队。

1962 年 11 月，文教局电影管理组改为岳池县电影放映网管理站，财权收归省管，管辖下属电影院 1 所，电影队 5 个。

1972 年，岳池电影队发展到 12 个，电影院、队的财权又由省公司下放到县。

1973 年 4 月，县内放映朝鲜故事影片《卖花姑娘》，为岳池首次放映宽银幕电影。

1981 年 4 月，岳池县电影放映网管理站改为岳池县电影发行放映公司。

1984 年，新风电影院放映《欢欢笑笑》，为岳池首次放映立体电影。

1985 年，全县有电影放映单位 108 个，其中县城电影院 2 所，35 毫米国办集镇电影院 8 所，16 毫米乡办集镇电影院 7 所，乡、村、户办 8.75 毫米电影队 48 个。

50 年代以来，岳池县电影事业从无到有，逐步发展。1966 年“文化大革命”前，有电影院 1 所，电影队 10 个。“文化大革命”中，原有影片被禁锢，新影片停止生产，只有几部样板戏影片上映。1978 年后，电影事业有较大发展，区区办有电影院，乡乡办有电影队。

2000 年，文化部要求在全国实施电影“2131”工程，即在 21 世纪，每一个村每一年看一场电影。岳池县的电影“2131 工程”原由岳池县文化体育局牵头，由各乡镇人民政府负责组织，岳池县电影公司负责实施，电影放映单位分组到乡镇各村为农民群众放映电影，农民免费观看电影，丰富农民群众的文化生活。

2008 年，文化体制改革政策实施后，撤销岳池县电影公司，改制组成岳池县太平洋电影有限责任公司，从事电影放映工作。集会式的传统电影放映已渐渐失去市场，新的休闲茶座式、小型场地、环境优雅的新的电影市场正为广大市民特别是中青年市民所接受。

第二节 电影院队

一、电影院

（一）人民电影院

岳池县人民电影院于1960年3月8日成立，租用县政府人民礼堂作影院。1960年代，人民电影院设备简单，有1.03型移动式35毫米电影放映机1套。正座900个，侧座180个，均系木条椅。首次放映苏联影片《蜻蜓姑娘》。

1970年9月，省电影公司调拨天极座放映机1套，1982年更新设备换成松花江排氙灯座机。

1985年1月，影院木条椅换成单人座的铸铁翻板椅，有座位964个。

1992年，人民电影院拆除，在原址新建县委大礼堂兼做电影院。

（二）新风电影院

新风电影院坐落在县城新风东路，1979年5月动工修建，1981年4月竣工开业放映电影。新风电影院为岳池首座专门电影放映场所，设施、设备较人民电影院好，放映质量好，上座率高。该院已于2004年旧城改造时拆除。

（三）集镇电影院

1975年2月，罗渡成立35毫米集镇电影院，这是岳池县第一家区集镇电影院。该院租用罗渡区镇礼堂作放映厅，设座位848个，以放映收入的3%～10%向财政局缴纳租金。

集镇电影院的建立，对促进集镇的政治、经济、文化建设，丰富人民的文化生活发挥重要作用，深受人民群众的喜爱。之后，先后在石垭、酉溪、苟角、白庙、坪滩、中和顾县等区镇先后建立了集镇电影院。其中以苟角集镇电影院为岳池县农村集镇中最好的一座电影院。

二、乡、村、户办电影队

1955年，提出区区有电影院，乡乡有电影队，因放映设备供不应求，未能实现。1963年，提出普及电影放映，合理定点，调整巡回放映路线，保证各区乡都能看到电影。1965年，县上规划在农村每个生产队建立放映点，保证农民就近看到电影。首先在兴隆、秦溪两乡办电影队。1974年在普安等乡创办4个电影队。1975年又在鱼峰等乡创办4个乡办电影队。1976年，随着区集镇电影院先后成立，国办电影队的陆续撤销，之后在天平、黄龙等乡建立40个乡办电影队。1980年以后又在新场、镇裕等乡建48个乡办电影队。1985年，全县有乡办电影院7所，乡办电影队59个，村办电影队29个，户办电影队3个。

三、黄天琦户办影剧院

1985年2月，大石乡花园坪文化专业户黄天琦修建个人电影院，购回8.75毫米电影机和14英吋彩色电视机，开办“黄天琦家庭影剧院”。5月1日，举行首次放映。为了宣传党的方针政策，活跃农村文化生活，他和家人除在自己住地放映外，还经常挑着放映机走村串户，将电影送到村民家门口。1985－1993年，共为群众放映2500多场，其中免费放映科教片250多场。《人民日报》《四川日报》等报刊对黄天琦的事迹作了宣传报道。

第六篇　农家文学

第一章　文学创作

第一节　小说　散文创作

岳池农家从事现代文体的小说、散文创作，从民国初年始。此前，皆以文人学士的古诗文创作为主。民国初年以后，岳池开办新学，提倡民众教育。现代文学创作逐步为民众所掌握。特别是1919年五四运动后，受新文化运动和乡村教育等进步思想影响，岳池的文艺创作一改以古诗文为主的状况，开始现代文学创作。县内所办小报《岳民泪》《岳池民报》《联合通讯》《新岳周报》，不时发表小说、散文等文学作品。

1949年岳池解放后，农民的政治、经济地位有所改变，焕发出极大的文化热情，阅读与写作在农家青年中风气日盛，有一定写作能力和写作水平的农村青年纷纷在农耕之余，辛勤笔耕，向各级报刊投稿。

1951年，来自中和乡的农村青年陈新，开始文学创作。所著短篇小说《苦酒》、中篇小说《爱的生命》《痴人日记》先后出版发行。

1951年，根据文艺创作新形势的要求，成立“岳池县文学艺术工作者联合会”，下设美术、音乐、戏剧、曲艺、文学创作5个协会。发展会员近百人。各协会分别举办训练班，提高文艺爱好者的写作水平。创办县级文艺刊物《岳池文艺》，编发各种文艺作品。

1958年，提出“人人当歌手，个个是作家、诗人”的大跃进口号，农家文学创作出现热潮。三个月时间，县文化馆收到农民群众创作的各类文学艺术作品2120件，其代表作有小说《勇敢的施工员》《群龙飞舞》等。兴隆区的王德成，开始在报刊上发表作品—小说《爱》。

1959年4月，召开全县文教跃进誓师大会，文学创作再现热潮。全县成立创作组1731个，收到小说、散文、民间故事和其他文艺作品计40余万件。

自1966年“文化大革命”开始后的10年间，岳池文坛万马齐暗，而且馆藏文学艺术作品及相关资料在此期间大部分散佚。

1978年后，文艺复苏，县内文学爱好者纷纷拿起笔来从事业余文学创作。金青禾的小说《搬房》《趁现在年轻》在《南充报》上发表。1985年，成立岳池县文学创作者协会，促进文艺创作，涌现一批创作热情高、有写作功底的业余作者。文学爱好者罗兴明，自费编印作品集《寻觅》，收入作品105篇，其中《新愚公篇》被《四川文学》转载。1986年，岳池籍乡友陈建初创作小说《献给刑警队长的腊梅花》，在《人民公安报》上连载，获全国首届金盾文学奖。

县内作者周杰先后创作了不少文学作品，其代表作有小说《打工仔还乡》《调动》《渠江哑女》《人生环形道》《度蜜月的女人》，散文《秀美的川东西子湖》等。金青禾的《小说三题》《面对离婚书》《大院中那块荒地》在《中国市容报》上发表。《小说三题》获芳草杯全国精短作品大赛优秀作品奖，其中《恋爱合同延期》被《微型小说选刊》转发，纪实小说《小平之初》在读者中产生一定影响。曾任职《重庆日报》副刊部编辑的岳池乡友蒋春光，在家乡岳池农村打下丰厚的生活基础，发表中、短篇小说多篇，其中中篇小说《教工之家》是1997年重庆市作协送评全国中短篇小说“鲁迅文学奖”的作品之一。其间，县内党政机关的其他业余作者分别创作不少小说、散文等文学作品。大批青少年文学业余作者茁壮成长，岳池师范校等学校，学生成立有园丁文学社或文学团体，开展文艺创作，不少小说作品被国家、省、地、县级刊物编发。

在此期间，广大农村涌现出一大批创作热情高昂，有一定写作能力的农民业余作者，创作出一批有较高思想性、艺术性的小说和散文。据县文化馆仅存文艺档案资料载，有代表性的作品有：

1979年，大石公社青年农民皮宗福创作故事《番茄红艳艳》《一碗水上炮声隆》等。其《番茄红艳艳》参加“南充地区故事会”获创作奖。

1984年，中和公社7大队刘礼成、申厚明在《银城文艺》发表小说《春风，惊醒山乡的梦》；高桥公社3大队吴安平发表小说《“主角”新传》；石垭公社10大队唐体明发表小说《信》；农村青年廖秀珍创作小小说《心愿》；龙晓华创作小小说《王老实轶事》；邓映辉创作小小说《第一次约会》；杨溢创作小小说《赌咒》和《早渡》。

1985年10月，农村青年杨才能创作小小说《公差》，童彪创作小小说《李光棍赶场》。

1986年后，岳池文艺创作队伍不断壮大。至2010年，全县城乡举办各类文艺创作培训班110期，召开文艺创作及改稿会100多次；创作小说、散文和其他文学艺术作品10余万件（篇、首），其中在市以上报刊发表或参加县以上文艺评比、演出、展览作品5000余件（篇、首）；出刊长篇小说24部，短篇小说、故事560篇，获奖74篇；出刊散文专集130部，获奖34部。在这些文学创作成果中，不少作品出自农家业余作者之手。裕民镇新桥村村民肖慈礼创作成果突出。2003年9月，他所创作的小小说《牧鸭风波》、散文《大胆亮出自己来》先后在《银城文艺》发表；2005年5月，创作的散文《最美不过夕阳红》，获广安市“建设和谐全国文明城市征文”优秀奖；2006年10月，散文《书本给我添能量》，获四川农民报、四川人民广播电台“农民读书有奖征文”二等奖；2007年8月，小小说《恩爱夫妻生死情》，获广安市“建设文明广安有奖征文”三等奖；2008年，散文《农家书屋助我增收》，获广安市“读书有奖征文”二等奖；2010年6月，报告文学《辣二嫂下岗》，获广安市“农民读书征文”二等奖、《下岗女工开启新生活》获县文体局“我最爱的一本书农民读书征文比赛”一等奖，散文《闪光的警徽》获广安市公安局“警民亲征文”三等奖。

2010年10月，岳池县委、县政府出台《岳池文艺奖评奖方法》。全县文艺工作者充分利用《岳池文艺》《岳池诗词》等文艺创作的展示交流平台，先后刊发了一批业余作者创作的小说、散文，并选送一批优秀作品在中央、省、市各种文艺刊物上刊发。

2000年后，网络进入寻常百姓生活。人们通过网络记录生活，抒发对生活的感受，网络文学成为新的文学形式开始流行。岳池吧吧友“117.25.226.＊”在网上贴出的一篇纪实性散文《最打动我心灵的一句话：“岳池的，有没得?”》，真实反映岳池农家子弟在时代潮流中打工、生存、发展的亲身体验，从岳池农家子弟的经历折射出社会变革、时代进步的主旋律。

与此同时，岳池农家子弟农民工陈长春所创作的长篇小说《金剪之恋》展示出岳池农家文学创作新水平。该小说以作者自身为原型、亲身经历为蓝本，以朴实的文字、迭宕的情节，讲述主人公沐浴20世纪90年代改革开放的春风，走出农家大院，汇入浩浩南去的农民工大潮，历经万般艰辛，人生苦难，生活绝境的磨炼，坚韧不拔，顽强拼搏，梦想之花终于绚丽绽放，在一次次国内外美发大赛中，脱颖而出，成为知名的美发大师的人生历程。在这部作品中，作者对主人公在逆境中的奋斗与抗争，对梦想的守望与坚持、对人生价值的不懈追求这一主题的描写，产生了强烈的共鸣，从而给读者诠释一个崇高的理念：在当今中国这片热土上，每个人只要依靠自己，抓住机遇，顽强拼搏，奉献社会，把“我的梦”与国家的振兴紧密地结合在一起，就能改变自己的命运。

小说《金剪之恋》于2011年3月由宁夏人民出版社出版，新华书店公开发行。2011年9月，岳池县委、县政府授予该小说“岳池文艺奖”一等奖，并主持召开“《金剪之恋》创作座谈会”，激励全县文艺工作者贴近生活，贴近群众，贴近实际，勤勉笔耕，多出作品，多出精品。

第二节　戏剧　曲艺创作

一、戏剧创作

岳池的戏剧艺术源远流长，元、明以前就有反映农家生活及风俗民情的灯戏雏形（早期称傩戏），自清代后逐步形成川剧、话剧、曲剧并在岳池民间巡演，但各剧种所演出的剧目，都是学习引入而来的外地创作剧目，即使老艺人即兴演出的反映当时民间生活的“条纲戏”，其“条纲”也是向外地艺人师傅学习、借鉴而来。直至民国21年（1932年）暑假，岳池旅外学生唐征久、唐晴初、胡慈特等人回县邀集一批热心于抗日宣传的师生，组建临时话剧演出组进行抗日宣传演出。他们根据抗日英雄、东北抗日义勇军团长李桂林的英雄事迹编写话剧《李桂林之死》，由唐晴初担任导排，唐征久主演李桂林，在岳池城隍庙演出，深受民众欢迎。

1951年，“岳池县文学艺术工作者联合会”成立后，其所属戏曲组着手培训戏剧、曲艺创作及表演人才，并组织剧本创作，当时及以后一段时间，仅局限于专业人员改编、移植一些传统川剧或话剧，自创剧目极少。一些农家业余作者也创作出部分戏剧作品。据县文化部门统计：1958年，县文化馆收到农民群众创作的包括戏剧在内的各类作品2120余件；1959年，收到包括戏剧在内的各类作品40余件；1960年，全县创作各种形式的演唱材料300多册，其中剧本70余个，曲艺2000多件。在这些戏剧作品中，一部分属农家业余创作者之作。

1950年后至80年代中期，“岳池县文学艺术工作者联合会”“岳池县曲艺工作者协会”所属戏剧、曲艺团体整理、改编、移植和演出传统戏和新编历史剧330多出、现代戏130多出。

1958年，岳池县川剧团创作的川剧高腔戏《群龙飞舞》《西溪河边》，于1959年春参加“南充地区现代戏汇演”。1961年，大石乡农民皮宗福创作小戏曲《皮老汉投肥》在《南充报》发表。1964年，川剧团编剧邓君常创作话剧《华蓥纵队》《晒场风波》，1965年又创作话剧《一丝不苟》《党证》。1966年岳池县川剧团编剧江乾荣创作川剧弹戏《姑嫂俩》，演员王大成创作话剧《我放心了》，由川剧团演员排练演出并参加同年春举办的“南充地区现代戏汇演”。1966年夏，“文化大革命”开始后，岳池的戏剧创作、演出活动处于停滞状态，基本没有新的创作成果。

1978年后，岳池县的戏剧创作演出活动重新活跃起来。为庆祝新中国成立三十周年，县委号召、动员专业、业余作者积极创作戏剧及其他文艺作品，其间创作出戏剧作品5件、曲艺作品16件。5件戏剧作品报送南充地区文化局，经地区戏剧创作会议讨论评议，岳池川剧团创作的讽刺“文化大革命”极左思潮的现代川剧《宰尾巴》，文化馆报送、裕民乡农民业余作者邓庆贵创作的讽刺“文化大革命”制造冤假错案的借古讽今古装川剧高腔戏《盗井案》两件作品被南充地区戏剧创作会议评为好作品。

1979年后，全县戏剧创作者积极创作，推出一批戏剧、曲艺作品。1981年3月，龙孔镇紫极观村村民李国军创作电影文学剧本《二十年没有同居的夫妻》；1981年3月，酉溪镇农民邓先禄创作出电影文学作品《坟丘》。1981年4月，高桥公社（今顾县镇）农民吴安平创作话剧剧本《夫妻之间》，后又相继创作出电影文学剧本《被遗忘的人》和《良心》。1982年，大石乡农民皮宗福创作戏曲小品《做酒海》《煮饭》。1982年7月，苟角镇农民金晓平创作小戏剧《该她生》《劝母》。1982年，坪滩镇民间艺人粟多稽创作戏剧《女侠盖太岁》，粽粑乡农民万秀伦创作川剧高腔戏《巧娘配》。1982年至1985年，农村青年赵斌、黄伯亨先后创作曲剧《大闹三官镇》《好队长》《医院喜剧》等作品。这些作品中的部分经修改、加工后先后在《银城文艺》上发表或由民间文艺团体演出。

同时，岳池县文化馆、川剧团的创作人员也创作出一批戏剧剧目。1982年，邓庆贵为“南充地区妇女青年代表会”创作反映青年妇女锐意改革开放的曲剧《芳华正茂》，在川剧团剧场为会议演出。1983年，邓庆贵为“南充地区文化中心经验交流会”创作反映选拔农村优秀青年进入乡镇领导班子的曲剧《选举场外》在乔家镇礼堂为与会代表演出。1984年，代亚军、陈永著创作川剧胡琴戏《包夫人智斩洛阳王》。1985年，徐少岳创作川剧高腔戏《惜别》。1985年，邓庆贵为“四川省农村宣传教育现场会”创作反映宣传法制和普法教育的曲剧《竖吹笛子横吹箫》，在县委小礼堂为与会代表演出。1986年，黎人忠创作川剧高腔戏《五色棒》。1988年为“南充地区农村思想教育工作会”创作反映农家生活习俗的曲剧《黄土谣》，在石垭、乔家等参观现场为与会代表演出。

1987年后，岳池县致力于发展川北灯戏。南充地区文化局调集地区创作办公室及部分市县的编剧、曲作者集聚岳池，和岳池创作人员一起，创作《包公照镜子》《幺妹嫁给谁》《闹隍会》《郑板桥卖缸》《搭错车》《办移交》等剧目，由川剧团演员排练演出，并于1988年晋京入中南海演出，受到相关中央领导、专家学者和首都观众的高度赞扬。

1995年，为纪念抗日战争胜利60周年，县川剧团创作《清明时节泪纷纷》。1996年，县川剧团创作灯戏小品《收贡银》，参加广安地区第一届戏剧小品比赛获编剧、导演、音乐、表演、最佳演员五项奖。1997年，岳池县创作的灯戏小品《背新娘》、话剧小品《貌似无情》。《背新娘》参加当年四川省“人口、社会、家庭”文艺调演获二等奖。同年8月，岳池县创作的话剧小品《家务承包》参加“四川省第八届戏剧小品比赛”获演出奖和演员二等奖。1998年创作的话剧小品《擦鞋摊》参加广安地区第二届戏剧小品比赛获创作奖、导演一等奖、演员二等奖。1999年，创作灯戏小品《裁师爷》参加四川省第十届戏剧小品比赛获导演二等奖、演员三等奖，并获广安市2000年度五个一工程奖。2001年创作灯戏《赌媳妇》参加了四川省广播电视村村通文艺演出。2008年，岳池县创作灯戏《逛商场》参加四川省商贸系统文艺汇演获一等奖。2010年创作灯戏《坝坝法庭》参加四川省政法系统文艺汇演获一等奖，并于2011年参加了全国政法系统文艺汇演。2011年，为第五届岳池农家文化节开幕式晚会创作大型曲艺风情剧《岳池农家》，该风情剧2012年获四川“巴蜀文艺奖”。

20世纪90年代后，由于现代视听艺术快速发展，传统戏剧艺术受到冲击而日益下滑，岳池戏剧艺术转向于贴近现代生活的戏剧小品方向发展。但岳池农村的一批业余戏剧创作者仍坚持创作，创作了不少戏剧小品等戏剧作品，其中大石乡皮宗福创作的《春分时节》《书记的生日》选入全国群众文艺作品集《文化大视野》并获奖，秦溪镇钟春霖创作的曲剧《传家宝》《抢妈》由顾县镇、坪滩镇的文艺团体排练演出。岳池县曲艺家协会蜀风艺术团先后创作了曲剧《冷面热心》、话剧小品《调解劝唤回合家欢》等一批戏剧作品。

二、曲艺创作

岳池曲艺艺术产生于民间，植根于民间，且源远流长，历史悠久。由于曲艺艺人演唱的曲目多是师徒口头传承，或艺人临场照“条纲”现编现唱，因而直至民国时期，岳池农家历史悠久的曲艺作品用文字记载传承下来的并不多。民国时期，岳池知名评书艺人覃巨武自编自讲的评书《铁侠记》，是当时在岳池及周边地区影响较大的一部曲艺作品，但仍无较完整的文字记载留传。曲艺艺术全凭师徒口头相传而传承。

1950年后，岳池曲艺艺术焕发出新的生机，有了广阔的发展空间。为配合“土地改革”“清匪反霸”“抗美援朝”“三反”“五反”“农业合作化”“大炼钢铁”“人民公社”等运动的宣传，1951年至1965年间，岳池县农村的吴理中、胡先知等一大批业余曲艺作者及县曲艺工作者协会、县曲艺队、县川剧团的专业艺人粟青山、唐存忠、李世伦、刘昌厚、余云丰等人，先后创作了二百多件曲艺作品在县内演出。这些作品中，花鼓《忆苦思甜》《大战盘龙山》《拥军优属》《老俩口学文化》，清音《大战华蓥山》《兄妹开荒》，车灯《贺新春》《夫妻夸跃进》，金钱板《夫妻投肥》《农二哥进城》《岳池好似花一样》《女会计》《孤老不孤有亲人》《束束鲜花献英雄》《妇女能顶半边天》等一大批曲艺作品深受群众欢迎。

1966年后的十年间，岳池曲艺的创作和演出活动停滞，也没有新的曲艺作品问世。

1978年后，岳池的曲艺创作者、演员恢复了创作和演出活动。岳池县文化馆先后举办三期业余曲艺作者、演员培训班，培养皮宗福、杨顺祥、杨善春、刘大成、邓先禄、张廷奉、吴安平、钟春霖等数十名业余曲艺作者，形成以县文化部门业务干部杜逢才、邓庆贵、黎人忠，原县曲协、县曲艺队艺人刘昌厚、蒋祥书、张承贵、戴炳南、吴绍岷为骨干，基层单位及农村业余老、中、青三代业余作者为基础的曲艺创作队伍。1979年至2010年后，全县先后创作近千件曲艺作品，由县曲协所属演出团队及农村文化站演出团体演出，部分作品先后在相关刊物发表。这些作品中，金钱板《六畜夸功》《智擒辛贵雄》《退黑货》，清音《园丁心血化杜鹃》《姐妹开店》《桃花红似火》，扬琴《百花公主》《法制好》，车灯《农家乐》《坪滩是个好地方》《蚕姑娘》，盘子《国策颂》《渠水清幽幽》，荷叶《洪灾无情人有情》《学堂来了北大生》《压岁钱》，谐剧《她想的啥?》《火巴耳朵》《广安小幺妹》，方言诗朗诵《如此干部》《只生一个好》，方言相声《人死之后》《同心同德》，三句半《山路悠悠》《嘉陵广柑甜蜜蜜》，花鼓《苕尖育苗好处多》《中秋拜节歌》等成为这一时期的曲艺代表作。

岳池县创作的曲艺作品，不少作品选送参加全国、省、市县文艺汇演并获奖。1978年，蒋祥书创作的故事《双进店》和罗济民、周晓忠创作的故事《双河激战》参加南充地区的文艺汇演。1981年，易烈刚创作的清音《越逗越象洋娃娃》参加南充地区计划生育文艺调演获奖。1983年，邓庆贵创作的金钱板《龙泉坝上活菩萨》获南充地区创作奖。1984年，皮宗福创作的金钱板《退黑货》获南充地区创作奖。1985年，杜逢才创作的谐剧《考试场上》参加四川省职工业余文艺汇演获奖。1992年，邓庆贵创作的故事《小把戏》获南充地区首届（1978—1988年）优秀文艺创作奖。同年，邓庆贵作词、戴炳南作曲的盘子《宁乐颂》、清音《山村女老板》参加南充地区个体劳动者文艺汇演获奖，《宁乐颂》参加四川省首届个体劳动者文艺汇演获奖。1997年，邓庆贵作词、戴炳南作曲的盘子《少生快富奔小康》参加四川省《人口·社会·家庭》文艺调演获奖。2000年，邓庆贵作词、戴炳南作曲的盘子《国策颂》、邓庆贵创作的金钱板《翁媳笑话》参加四川省首届群众曲艺大赛获奖。2007年，邓庆贵、包德宾创作的谐剧《广安小幺妹》参加全国第二届少儿曲艺大赛获奖，该节目2008年获四川省第六届巴蜀文艺奖荣誉奖。2010年，邓庆贵、王文能创作的曲艺联唱《曲乡娃娃爱曲艺》和邓庆贵创作的盘子《山里娃娃进城》参加全国第四届少儿曲艺大赛分别获二等奖、三等奖。2012年，邓庆贵创作的荷叶《学堂来了北大生》参加全国第五届少儿曲艺大赛获二等奖。

第三节 诗歌创作

诗词歌赋是岳池文艺创作的重要内容之一。宋代状元蒲信，元代丞相江万钟，明代进士石天柱、冯驯、杜日章，清代翰林康以铭，进士何菜，陈三恪、杨昂等名人著作，或以诗词专集传世，或见录于志书，或镌刻于碑碣，或散传于民间。

历史上，众多的文人骚客，曾流寓岳池，钟岳池山川之灵秀，感岳池民风之淳朴，有感而发，留下不少诗篇。吕洞宾有诗《题集虚观》，南宋诗人陆游留有《岳池农家》，监察御史杨瞻、卢雍，或题诗咏于寺庙，或镌刻于崖壁。

1913年7月，中国同盟会会员岳池乔家镇人徐回天，在成都组织“西北协进会”起兵讨伐袁世凯时，写诗明志道：“乾坤触目尽灰烟，袁毒中原胡毒川。不让独夫摧国力，愿拼项血多民权。”

1931年春节，中共地下党员郭秋痕在《新岳池》报上发表题为《新年》的诗作：“新年，新年，今年的新年，不比往年！枪林弹雨，火光冲天。一粒子弹，飞过耳边，只隔一线。真险！真险！后龙山，天子殿，网球场，九龙堰……到处是丘八的尸首，惨然！惨然！他们仰望天空，张着嘴，睁着眼，好似说：我为谁而争地盘?”

20世纪40年代，岳池县高等小学堂教师李成林、龙之一、黄阆华等人创办《岳民泪》油印小报，岳池县教育局创办铅印小报《岳池民报》，岳池旅外同学会联合创办《联合通讯》，岳池新三中学创办《新岳周报》，发表大量诗歌推动文艺发展。

20世纪50年代初，新中国成立，人民翻身做主人，农家业余作者以“四言八句”讴歌新中国，赞美新生活。50年代末，在“人人当作家，个个是诗人”的口号鼓动下，一年之间，创作诗歌5万余首描绘“大跃进”的建设热情。六七十年代，岳池农家的诗歌创作则以记录多事之秋农村和农民的所历所感为主题创作大量的作品。80年代后，大量的农家诗作满怀激情与希望，歌颂改革开放新时代。特别是1987年以来，他们以《岳池诗词》《映山红诗刊》和《岳池文艺》为阵地，积极从事诗歌创作。三个刊物迄今发表诗歌作品4万余首，其中不少作品是农家诗歌作者的代表作。在此期间，一批创作水平较高的农家诗歌作者脱颖而出，其优秀作品先后在市级以上报刊发表，有的在各级文化社团举办的诗歌创作评比竞赛中获奖。

九龙镇九龙堰村村民刘忠於，其诗作《如果》《缪斯之恋》《劈柴的父亲》《收割后的稻谷田（外一首）》《刘忠於的诗（2首）》《一个老妪的自述》《出租屋》《震灾中国》《北极南极》《写给婆婆的挽诗》《谷种》等，陆续在国家级刊物《未名诗人》《星星诗刊》《诗歌月刊》《诗刊》发表。其中《写给婆婆的挽诗》《谷种》等4件作品分别获得第七届“中华颂”全国老少文学艺术大赛一等奖，“华夏情”全国诗文书画大赛二等奖，第三、四届“乐山杯”全国文学艺术作品大赛优秀奖，第一届“岳池文艺奖”。

裕民镇新桥村村民肖慈礼长期坚持业余创作，其诗作《牵手》《家乡恋歌》《走进春天》、词《仿西江月·峨嵋夜》及《仿西江月·警民亲》先后在《岳池诗词》《广安诗词》和《巴蜀诗词》发表。

九龙镇玉皇观社区居民康必林，其诗作题材广泛，诗意隽永，诗味浓郁，诗韵铿锵。自2005年以来，先后在《岳池诗词》《广安诗词》《巴蜀诗词》发表诗作近百首，其《考场之歌》于2000年获“笔友杯全国微型作品大赛”优秀奖；格律诗《写春》于2012年在国家级刊物《中国诗词选刊》第四期登载。

九龙镇五里碑村村民李太国，自2005年以来，创作田园诗歌近百首，陆续被县、市级诗刊和《巴蜀诗词》刊用，其《吟坛赞》《东湖公园抒怀》《岳池火车站抒怀》，于2012年在诗刊《经典汉诗》第一辑发表。

20世纪80年代后，县内文学爱好者或业余诗作者积极进行诗歌创作，期间创作了大量诗歌作品。1983年岳池乡友王远舟，继创作诗作《山野的诗（二首）》《今夜，他想赶回拉萨》《雪，轻扬的诗》等先后在《西藏文艺》《西藏日报》《西藏青年报》发表。1990年，唐铭的《眼下的时光》在《星星诗刊》发表；黄斌武的《西江月·泛舟乌江回渝、新疆行、中秋赏月赠宋先生》《台北汤君中秋归省》《浪游》《钗头凤·打工妹》等在省级刊物发表。1994年，张立邦的《冬天应当有雪（外两首）》在《星星》诗刊发表，《弯弯的小路》《大海的良心（组诗）》《我捧着一张秋叶》《桔》等在《青年作家》《诗刊》等刊物发表。

冯焕儒多年研究并从事诗词创作，编选集结诗集《凤牛诗稿》《凤牛诗词二百首》，部分作品在《中华诗词》《诗词》《四川文化报》《二十世纪名家词选》《历代名诗品鉴》《中华当代名家名句选集》《新风诗刊》、等书刊选载。

2000年后，冉启成的诗作《母亲将出远门（外二首）》《春天的花开了》《解释（外一首）》、《一只羊走进了深冬》《春天已何等重要》《短笛轻音（组章）》《绿荫下的睡者（二首）》《秋风、中秋月》《日食那天（五章）》《从春天开始》《新年，倾听春天》等被《诗刊》《诗歌月刊》《诗词报》《诗选刊》《西部散文家》《散文诗》等刊物刊发。

2000年来，青年诗作者杨东创作的新诗、散文诗作品极丰，先后在《中国诗人》《诗选刊》《新世纪文学选刊》《散文诗作家》《诗潮》《散文诗》《散文诗世界》《诗潮》《扬子江诗刊》等刊物编发。优秀作品被收入《中国诗歌十年》《2009中国诗歌年编》《中国当代诗库》《中国诗萃》《中国年度最佳散文诗》《中国诗歌年编》《2009年中国年度散文诗》《散文诗精选》《中国当代诗库》《中国当代诗人百家作品精选》《2007中国最佳网络诗歌》《中国诗库2007卷》《2008年中国散文诗精选》等，并出版诗集《时间手指》、散文诗集《风中密纹》。

青年诗作者徐君创作大量诗作，《冬天》《山上》《聆听春天的鸟鸣》《夜深人静》等先后在《星星诗刊》《诗歌选刊》《诗歌月刊》《诗潮月刊》等刊物发表，并出版诗集《家乡的月亮》《城市的石头》。

进入21世纪以来，岳池诗词学会200多名会员（含农民会员）先后创作了大量的优秀诗作，并在各级刊物上发表。

岳池农家诗歌作者，植根乡村，其诗作或抒发农耕生活的感受、生产劳作的酸甜；或表达对时政的认知、社会百态的评说；或诉说内心的寄望、对未来的憧憬，题村丰富而广泛，视野开阔而高远，意境含蓄而深邃，语言直朴而晓畅，从中清晰地洞察到时代的印记，领略到世事的沧桑、社会的发展、农村的巨变，以及农家人自身的变化。

一、农民诗作选录

（一）20世纪50年代至70年代农家诗歌选

凑着太阳点支烟

顾县镇　秦本友

稻谷堆得园又尖，社员堆谷上了天。

扯片白云擦擦汗，凑着太阳点支烟。

金色太阳出东方

顾县镇　蒲阳平

金色太阳出东方，照得大地暖洋洋。

人民群众干劲大，誓将山河换新装。

笋

九龙镇　诸依龙

你是不屈的斗士，

生命中燃烧着火焰，

笑对风雨，褪去残衣，

身躯犹如犀利的剑。

强捺着腹中的空乏，

奋力穿刺向前，

不断进取，志在恢弘，

把翠绿撒向人间！

择路

九龙镇　诸依龙　曾兴海

天，苍苍，

地，茫茫，

远处，重峦叠嶂，

近处，冰冻寒霜，

灾难洗劫大地，

迷雾笼罩山乡。

前途，爱情，理想，

如雏鸟被折去了翅膀。

真、善、美诬为毒汁，

假、恶、丑誉为芬芳，

正、直、忠贬成了奸佞，

欺、诈、骗反成了忠良！

叹息、忧伤！

撕裂着我的心房，

路茫茫兮，

指向何方？

（二）20世纪80年代农家诗歌选

秋风

九龙镇　霜茅

我在田间高歌，

我在树林舞蹈，

吻着果实，

亲着金稻，

拭去了心中的忧愁，

排去了浑身的疲劳，

昔日的哀叹啊！

变成了今日的欢笑。

土地，您快笑笑

中和镇　申厚明

土地，您快笑笑，

我怀着激动投入您的怀抱。

我已不是从前的我哟，

您仍是昨天的面貌。

今天，我带来一把深情的种子，

将向您撒抛。

抛出绿色的禾苗，

抛出金色的稻，

抛出锦绣的田野，

抛出您和我美丽的笑。

幸福花开在心间

曾德善

往年端的土陶碗，日上三竿吃早饭。

玉麦糊糊泡咸菜，端起碗来就心酸。

不怨天来不怨地，只怨干活讲路线。

如今端的细瓷碗，日落西山吃晚饭。

酒满杯来菜满盘，心头欢乐唱不完。

农村实行责任制，幸福花开在心间。

理想

赛龙镇　张小平

一个人失去理想，

活着就失去目标。

当生活欺骗了你，
只要你有远大的志向，
始终向理想而奋斗，
理想的彼岸定能达到。

农民现在想哪样

罗渡镇　付茂志

三中全会指航向，八亿农民紧跟上。
仅仅只有两三年，猪羊满圈粮满仓。
农民现在想哪样，科学种田多打粮；
文化生活定要讲，建设四化添力量。

赞农村大好形势

九龙镇　王成强

广大农村阳光照，莺歌燕舞形势好。
幸福不忘共产党，党的恩情比天高。

（三）20世纪90年代后农家诗歌选

诗二首

顾县镇　王伟

初夏

远望河山雾茫茫，近览眼前遍地黄。
东风吹拂金浪滚，锦绣画卷映山乡。

山乡

绿树排排掩大地，梯田层层绕云端。
绿树碧波相辉映，山青水秀姿万千。

燕子

中和镇　刘礼成

燕子在雾里穿梭，啄一点泥筑自己的窝，
梳理着羽毛唱起快乐的歌：
“没有艰辛的劳动，那里去获得丰硕的成果；
没有在风浪中搏击，那来安乐的窝。”

记忆与梦想（五首）

九龙镇　刘忠於

痣，或者胎记

祖祖辈辈，
面朝黄土背朝天的生活，
像一颗痣，抑或一块胎记，
长在一个名叫九龙堰的地方。
或许，过了今夜，

明天，会被一个名叫城镇的江湖郎中，
用祖传的秘方，
剔除。

给一位女收割机手

八月，你是一只美丽的红蜻蜓，
从远方飞来，
停留在我梦的谷穗之上。
八月，你深情的恋歌，
又鲜又亮，
在川东的晴空中，
荡来飘去，
挂满我葱绿的枝头，
八月，那黄灿灿的稻谷，
每一粒都给我们沉甸甸的爱的祝福。

春天的田野

春天的田野，一派生机，
碧绿的麦苗，在微风中泛着青春的绿波。
春天的田野，一片璀璨，
金黄黄的油菜花在阳光下，
幻想着金色的梦。
春天的田野，是一种繁忙的景象，
人、牛、犁三点一线，
在乍暖还寒的水田里，
耕耘一道闪亮的弧线。
春天的田野，
在不经意间走进我颓废了整整一个冬的心间。

聆听花开的声音

在这明媚的春天，花开的季节，
让我们用一颗恬淡的心，
去乡野聆听花开的声音。
让我们忘掉阴霾、失意，
收藏大自然的芬芳、甜蜜，
聆听花开的声音，
一句句美好的祝福，
像春风一样，
荡漾心间，
弥漫着一阵阵馨香。

把春天的幸福，
传递给每一个熟悉或陌生的人。

低处的幸福

生在乡村，住在田野，
行走于阡陌，
最拿手的手艺，
就是侍弄庄稼，
挥手撒下的种子，
拱破泥土，
长出一片绿的光芒，
古老的耕种手艺，
像除去稻田里的稗草一样简单，
连根拔起的是大地隐隐的痛，
低处的生活，
有低处的幸福，
山花一样朴素而恬淡，
苍穹一样恬静而淡远。

新农村杂咏（八首）

九龙镇　康必林

亮坝

香浸菜花麦正浓，平田日暖绵绵风。
一川锦绣丘山外，二月画出万紫红。

农家

细柳环桑绿草茵，沙田抱李野花匀。
一畦菜嫩豆芽短，堤外春浓小榭新。

农民新村

红花绿树锦屏妍，水影山光二月天。
万丈碧田诗画里，高楼耸到白云边。

土门道中

桔柚花繁扑面香，橙白杂间故人庄。
史缘乡户素手巧，绘就春光一画廊。

初夏雨后

杏熟山桃香，瓜甜韭叶长。
瑶乡一夜雨，春光遍篱墙。

走进桃花园

溢彩流光路，春风杨柳绿。
林丰闻鸟唤，花俏随蝶舞。

瓜菜大棚嫩，飘香桃杏熟。

重楼瑶境里，宝马泊幽谷。

又过农民新村

新桃带露叠锦重，万榭生辉入画中。

政策春风壮硕果，党恩浩荡乐千农。

写春

青桑绽绿晓禽歌，荠菜花发始见蛾。

日阑春浓梦未醒，满篱东风不觉多。

田园诗六首

九龙镇　李太国

自述

我本一农民，家居五里村。

勤劳耕种地，粮果产量增。

往昔家贫苦，今朝已脱贫。

改革起巨变，神州处处春。

有感

（一）

家住农村竹园楼，历经风雨数十秋。

年年耕耘金土地，岁岁犁耙碧玉沟。

春种一粟千金价，秋收五谷万金酬。

年近古稀不服老，身强体健乐悠悠。

（二）

黎明曙光放彩霞，一个绣球东边挂。

春风吹得人心暖，夏日炎热万物发。

阳光雨露润大地，田野盛开四季花。

如诗如画千般景，山青水秀是农家。

庆丰收

人民要想早致富，农业科技常帮助。

万物生长靠太阳，勤劳自有幸福路。

秋来忙收获硕果，稻谷玉米黄金珠。

物富民丰多欢乐，五谷丰登满仓库。

减免农税有感

广阔农村新天地，小康道上争上游。

减免农税政策好，来年更上一层楼。

重阳节

改革世纪庆重阳，欣逢盛世精神强。

九州大地新气象，政通人和好时光。

赞伟人

（一）

邓公计筹奠宏基，改革开放特色旗。
神州连降甘霖雨，万民苍生洪福齐。

（二）

世纪伟人邓小平，胸怀大志固乾坤。
改革开放人民富，盖世奇功万代尊。

走进春天（四首）

裕民镇 肖慈礼

春到农家

春江如练多明媚，日映桃花笑微微。
绿野翻涌千层浪，莺啼柳林歌声脆。
早春玉米新芽壮，大棚蔬菜报春晖。
铁牛奔驰群山摇，渠水翻涌彩云飞。

小河恋

家乡的小河，请你听我说，
我要走了，为改变家乡一穷二白，
我去渴求知识，要科技兴农，
我去寻找种子，让你结满丰收果。
啊小河，这是暂时的分别，
你千万不要难过，
我一定凯旋归来，
请耐心地等着我。

水乡飞出金凤凰

书本给我添能量，
拼博进取斗志强。
看大海碧波万丈，
又看长空广阔浩气扬。
产业扶贫前景美，
回家创业带富乡亲一方。
十里水域十里鸭，
水乡飞出金凤凰。

走进春天

（一）

走进温馨的大自然，
走进迷人的花园。
走进莺歌燕舞之中，

走进一个快乐的摇蓝。
去欣赏多彩的田园风光，
去展示你的聪明能干。
去践行人生的价值。
去追求灿烂的明天。

（二）

百花吐艳是你的靓丽，
雨露多情是你的缠绵。
大地披锦是你的温柔，
山河焕彩是你的爱恋。
海天帮我聚能量，
时代相助赐机缘。
志士不负春光好，
正是冲刺的起点。

庆中秋迎国庆

九龙镇　杨运国

中秋月圆迎国庆，烟花礼炮人欢腾。
管弦齐奏节双庆，盛世一曲乐万民。

（四）咏岳池农家诗作

鹧鸪天·赞岳池农家

冯焕如

一

香米弥仓“银岳”称，桑田漫野占农耕。勤劳俭朴民风盛，足食丰衣家道兴。　行土改，等田分，脱贫致富抢先登。精神物质文明立，乐业安居喜气腾。

二

绿水青山间小原，粮源基地尚争先。桑蚕通达丝绸路，肉彘航行贸易船。　寻富路，重科研，家家户户有余钱。物华天宝长无尽，百万生民幸福园。

岳池农家乐

熊中炽

林中竹茂百花开，燕舞莺歌蜂蝶来。
山水田园风味足，农家宴客乐和谐。

金错刀·岳池农家春潮涌

雷一民

春艳艳，听莺鸣，平畴大坝竞春耕。男男女女忙耕种，科学种田产量增。　收获好，笑盈盈，阖家老小乐纷纷。冰箱彩电俺家有，电话、摩托不算珍。

《鹧鸪天》·岳池“三农”红胜火

雷一民

新式农村展笑容，农耕科技划规宏。山温水暖粮蔬艳，特产多姿收获丰。 轻一按，电话通，汽车送货到城中。新村亮丽人居美，喜看“三农”步步红！

鹧鸪天·新农村掠影

文绍才

绿水青山果满林，稻花翻浪喜煞人。车来车往闲不住，竞载农家致富音。 居别墅，戴金银，农家美味伴歌声。惠风吹遍神州地，万里乡村万里春。

《鹧鸪天》·山路

文俊发

自古山高石径斜，羊肠小道遍山崖。村民出入交通苦，农副运输人力乏。 逢盛世，绽奇葩，如今油路贯山旮。城乡贸易车来去，大道康庄富万家。

新农村即景（三首）

杨顺光

（一）

禾黍欣欣景物华，连绵大棚育蔬瓜。
琳琅村落愉眉眼，尽是层楼好人家。

（二）

山乡雨霁泛崇光，雀跃莺啼燕子忙。
野径芳菲槐影动，轻风暗送稻花香。

（三）

桃红处处春色，修竹家家绿荫。
园圃果蔬繁茂，田畴稼禾欣欣。
溪岸荷塘鱼戏，野坡牛犊哞鸣。
陌上牧鹅老翁，嗷哑自在歌吟。

岳池农家四季歌

朱太国

春

春来喜看地梳妆，细雨滋酥绿满窗。
布谷催耕农事早，抢时播种育苗忙。

夏

田坡麦穗闪金光，遍地嘉禾气息香。
牧副农林渔业旺，小康已进各农房。

秋

桔绿橙黄早柚香，玉米流金谷满仓。
科技创新人有劲，朝天火热搞收藏。

冬

冬季农闲人更勤，兴修水利备来春。
村村锣鼓丰收庆，户户餐肴举酒樽。

咏岳池农家

李馨明

农家泰稷馨，赢得千门欢笑声，众口赞时平。
蚕姑巧手显才能，康庄大道看飞腾。

第二章　农家故事

岳池农家传说着丰富的民间故事。这些故事在长期的讲授与传承中，不断丰富故事内容，创新故事形式。一些评书艺人，在讲述传统故事的基础上，不断加工完善。随着时代的推进，浩如烟海的故事有的被淘汰，少数承传下来，直到用文字记录，才真正得以保存。

第一节　神　话

神话，是借助于想象与幻想，把自然力或超自然力（神怪）拟人化来虚构故事。岳池农家神话反映农家人对世界起源、自然现象、社会生活的原始理解，而非现实生活的科学反映，但神话往往表现了农家人与自然的斗争和对理想的追求。

太阳和月亮

很早很早以前，有两兄妹，在一起生活。有一年，涨了洪水，两兄妹没得地方躲，就一个人抱一个南瓜，把瓤抠出来甩了，坐在里头，浮了起来。洪水淹到了天门，两兄妹到了天上，变成了月亮和太阳。洪水退了，他们再也回不到地上来了。月亮是哥哥，太阳是妹妹，他们一个白天出来，一个晚上出来。他们都是光着身子，有人看他们，他们很不好意思。

月亮哥哥对太阳妹妹说："我有一把针，送给你，哪个看你，你就用针刺他眼睛。"太阳妹妹对月亮哥哥说："我有一把刀子，送给你，哪个指到你说长说短，你就用刀子割他的耳朵。"

从这以后，白天再也没人敢看太阳了，一看太阳，眼睛就被刺得睁不开。晚上也没得人敢指月亮了，据说，指了月亮要烂耳朵。有些小孩耳朵背烂了，大人就说是指了月亮，教他向月亮作几个揖，请月亮宽恕，小孩的耳朵就会好。

九龙的传说

相传，从前有一丐童，一日乞讨至金城山，暮色降临，又遇天下大雨，正寻地方避雨，见山腰有一崖洞，急忙奔进去。由于疲惫不堪，倒头便睡。一觉醒来，已是翌日凌晨，惊见洞中一尊神像立于面前。丐童记得来时洞中空无一物，突现神像，惊诧不已，心想这必定是天神降临，忙跪地叩头乞求保佑。丐童日复一日地用讨来的食物供奉。一天，丐童与往日一样，正对神像念念有词：天荫福祉，地生万物，人间迎昌盛，百姓享太平。祈毕，见金灿灿神像开口含笑，对丐童说道："二、六、九月的十九日，面南海祈祷观世音菩萨，免灾除难。八月十五开天门，时逢太白金星值日，你盘坐中央上位，面南天祈祷至三更，便有奇迹出现。"丐童依此祈祷至三更时分，果然，头顶天门大开，金笛玉箫锣鼓鸣，四大天王前引路，八大金刚立云端。这时，丐童纳头便拜七七四十九下，诚求李老君点化。瞬间眼前一道金光，顿见一朵祥云托起神像与丐童，进入一座金碧辉煌的庙殿里。寺庙中老君和蔼，观音慈祥，罗汉微笑，齐点化丐童，取名为"觉悟"，与神仙一起，每日念经拜佛，促使觉悟速速成仙。

斗转星移，忽一日，一阵狂风袭来，庙门吹翻，撞中神像头部，顿时雷电交加，寺庙摇摇欲坠，神像分为十匹金马，向西面大山狂奔而去，化为十（石）马山。落地庙门又被狂风卷起，撞着庙门前龙头，龙珠落地滚入张海桥湖中，化为龙化（华）山，龙身腾起化为九道五彩霞光。其中，青光射入东北面大山，化为骑龙、回龙；赤光射入北面化为石龙、黄龙、双龙；蓝光射入东面、南面化为镇龙、赛龙。每逢丙、丁、火日时，九龙相聚于九龙堰，以润万物之甘露洒向人间。从此，岳池年年五谷丰登。

"挖龙山"的传说

在很久很久以前，这里有两座大山，南一座，北一座，两山遥相呼应。可周围几十里杂草丛生，荒无人烟。直到湖广填四川时，才陆续有人迁徙到这里开垦荒地，建设自己的家园。从此，人们在两山环抱的中间平坝地带平安详和地生活着。

有一年，祸从天降。不知从何处飞来一条久炼成精的巨龙。那巨龙见这里风水不错，就占据了那两座大山，取名"龙山"，并称王称霸起来。那巨龙每隔十天半个月就会兴风作浪，简直是无恶不作。更为甚者，它还时常给村民下达旨意，让百姓听其使唤。见人不听就伤，见物不顺就毁。百姓们苦不堪言，于是纷纷离开这个地方，四下逃命去了。

这件事很快被天神托塔李天王知道了。他见孽龙如此作恶多端，气愤之余，来不及启奏玉帝，便急急忙忙下界除害来了。巨龙见途中杀出个程咬金李天王，怒不可遏，迎头与李天王打起来。从南打到北，从天上打到地下，打得天昏地暗，日月无光。七七四十九个回合下来，没能分出胜负。巨龙求胜心切，一个破绽让李天王抓住了战机，巨龙节节败退，被迫降服。李天王害怕巨龙还会兴风作浪，危害百姓，于是，就地取材，用"龙山"山峰来压住巨龙；可又担心一座山峰的重量不够，就把两座山峰合在一起，将巨龙压在了西方。

人们奔走相告，这个振奋人心的消息很快传遍了十里八乡。许多逃于外地的村民又陆续回来了。

由于托塔李天王降服孽龙时，将两座山峰合在一起，并立于西方，这一来就挡住了人们的出路。路过这座山峰，便要绕山而行，非常不方便。

次年春天，村民们商量，决定在两座山峰中间挖出一条道来。村民们纷纷自愿报名，很快就组成了挖路队。他们选择了一个黄道吉日。到了那一天，村民敲锣打鼓，载歌载舞，欢送挖路队员。一到工地就开始挖路。挖路队员们齐心协力，干得热火朝天，累得汗流浃背。没有参加挖路的人在山脚下盖起了草棚，垒起了炉灶，烧水、煮饭，给挖路的人们送去。这样一直昼夜不停地挖下去，挖出的山石、泥土堆在周围的平坝地带，垒成了一个个小山丘。于是，高山没有了，平坝也没有了，就形成了岳池现在这种丘陵地形了。

又一个春暖花开、大地春回之时，村民们又敲锣打鼓、载歌载舞，一同庆祝挖路成功。就在这时，

“龙山”的山脚下流出了滚滚黄水，浇灌了周围的所有土地。有人说：“挖山挖断了龙脉，龙血浇地，百吉大利。以后年年好丰收，岁岁好景致。”村民们赶忙回去耕地播种，相信来年一定大丰收。

人们为了纪念这次挖山活动，将两座山改称为“挖龙山”。从此，“挖龙山”奇妙的传说便世世代代流传了下来。

七仙女下凡

故事发生在两千多年前的一天。这天正值八月十五，秦溪镇糍粑岩附近的村民都为中秋节开开心心地忙碌着，热闹的笑声和糍粑香美的味道交融着，飘飘荡荡地竟传入了天庭。

这时的天庭也是一番热闹景象，因为这天也正是王母娘娘的蟠桃大会举行之日。各路神仙都腾云驾雾赶到了王母娘娘的宴会厅，品着琼浆玉液，吃着各种珍馐佳肴，还有极其珍贵的千年结一次的蟠桃，宴会厅里歌舞升平，觥筹交错。

可有几位神仙却对人间的欢乐羡慕不已，她们就是王母娘娘的七位仙姑。她们每天负责守护蟠桃园，今天各路神仙都聚在天镜（神仙通过此镜可看见人间）前，哀声叹气，七位仙姑都想；要是能去人间和凡人一起过节，哪怕一天也好啊！这时，最小的七仙姑说：“不如咱们下凡去吧，反正所有神仙都在参加蟠桃宴，只要我们天黑以前归来，谁都不会发现的。”七妹的话让各位仙姑心动起来，大家如此这般地讨论了一番，终于决定下凡去了。

七仙姑在天上看见糍粑岩那个地方最热闹，所以就下凡来到了糍粑岩。停在张家祠堂，这里全是姓张的人家。她们在一家门口停了下来，因为这家特别热闹，门外挂了好几个红灯笼，门里边不时传来欢笑声。原来这家人正巧有喜事，又逢中秋节，于是就请来乡亲一起过节。七位仙姑变成了七个女尼姑，来到了张家。张家老伯见门外有七位如花似玉的女尼向他化斋，便热情地把她们迎进门。

七位仙姑应了张老伯的邀请，在张老伯家开开心心地用起了斋饭，乡亲们都是善男信女，对她们格外友好，七位仙姑十分感动，同时也感受到了人间平凡生活的美好，因此很舍不得离开，但见天色已晚，才依依不舍地起身告辞，张老伯把自家刚打好的糍粑拿出来，每人送了两个，让她们带在路上吃，七位仙姑连声谢过，便离开了。

七位仙姑本可以一飞就回到天庭，但她们都恋恋不舍，一步三回头，不知不觉便走到了一座山顶上。天色马上黑了，必须立即回到天庭，于是纷纷使用法术升天，七仙姑慌乱之中，把揣在怀里的两个糍粑掉在了山顶。她们回到天庭时，蟠桃宴会刚好散席，谁都没有发现她们曾下过凡，但是七仙女却因为这次人间美好之旅，爱上了人间的平凡生活，后来又偷下凡间与董永成就一番良缘，此乃后话。

再说那七仙姑掉下的两个糍粑，因为沾了七仙姑的仙气，又落身在山顶，接受了阳光雨露的滋养，天长日久渐渐长大，变成两块仙石，保佑着山下的村民们。

土主活佛

金城山庙宇背后的悬崖上，有一个二丈多宽，九丈多深的石洞，据说土主爷就在这个石洞里，经过很多年修炼成为活佛。

土主爷善知周围百姓的疾苦。得知曹家沟有一个小抱媳妇[①]，勤劳善良，可是经常受公婆虐待，活佛就想搭救这个小抱媳妇。一天活佛变成个小蜜蜂，就在小抱媳妇担水的路上，在她耳边嗡嗡地好像在说：“你去不去？”“你去不去？”小抱媳妇觉得很奇怪，回家后对公婆说：“我这几天挑水老是遇见蜜蜂在我身边飞来飞去，又飞到耳边嗡嗡地叫说：“你去不去?”公婆听后，恶恨恨地说：“今后担水时，蜜蜂再这样叫，你说答应，‘去’。”

第二天一大早，小抱媳妇又去挑水，蜜蜂又在她耳边叫：“你去不去?”小抱媳妇答应“去”。话音一落，忽然一股大风把小抱媳妇卷到土主洞里去了。这样小抱媳妇就和土主爷长期生活在土主洞中，久而久之，小抱媳妇在洞内也修练成佛了。

土主爷和土主娘住在金城山土主洞内，对周围的老百姓非常仁慈，爱做好事，不论哪家大人细娃有什么病痛灾祸，只要去求他老人家，他都要显灵去保佑，所以在这山前山后，山上山下做了很多很多的好事。土主爷显灵做好事很快在周围几百里内传开了。于是朝山拜佛的人也多了。人们为了报答两位活佛对他们的恩德，自愿捐粮捐款为两位活佛在金城山上修了一座庙宇，正殿上专门塑造了土主爷爷和土主娘娘的神像，并且在每年农历的八月十四日还要给活佛祝寿，前后要闹热半个多月。人们称这个正殿叫做“土主殿”。从此以后，前往求神拜佛的人更多了，需要他解救的事情也更多了。如果那里天旱不雨，庄稼枯黄了，人们就敲锣打鼓地抬着活佛去求雨。但是，事前先要敬神问卦。如果问卦结果，“愿去”，只要菩萨一抬拢，无论多大的太阳都要阴下去，接着就下大雨。所以人们非常敬重他。如果他不愿去，你抬也是无用的。

据说，有一年陕西省闹旱灾，当地农民听说四川金城山的土主活佛很灵，成群结队的到金城山主殿朝拜两位活佛，恳求土主爷、土主娘到陕西省显灵，拯救灾民。经过问卦以后，活佛不愿去，恳求再三，还是不去。朝山拜佛的人，求雨心切，就在没有允许的情况下，强行把活佛抬走。由于没有遂活佛的心愿，所以他们抬出庙宇后，越抬越重，太阳也越来越大。大家也越抬越累，认为活佛并不会显灵，便将活佛丢入河中。

活佛被丢入河里之后不久，向金城山土主庙的方丈托梦，要长老和尚当天晚上不要关庙门，他们要回来。长老照活佛梦中向他所说，把庙门打开。他自己也不睡，躲在门背后，偷看活佛怎样回来。等到三更半夜，忽然雷电交加，大雨倾盆，在狂风暴雨中两条巨龙从远处向庙内飞来，进殿以后，雷电没有了，风雨也停了。第二晚上，活佛又给长老托梦说：“我们已经回到土主殿，但是金身已被陕西人丢入河中，人们无法和我们相见，请你派人将红庙子门前那窝麻柳树砍下来，抬到盐井坝庙内，塑我二人的像、放在土主殿上。”长老照活佛梦所说一一照办了，所以土主庙又能看到二位活佛的神像了。

①小抱媳妇：指童养媳

雷打徐铁棒

徐铁棒开头也没得好[①]发财，是个狗儿粮户[②]，他后来发大财主要靠心狠。一年四季，帮工给他做活路，初二、十六兴打牙祭，一个人只有指拇这么大两片肉，炒菜只有眼屎巴巴这么大一滴油，一天[③]一个人只拿四匹叶子烟[④]。栽秧扗谷人喊多了，不是饭不熟就是菜不火巴。他自己赶场也是吃点血花汤，汤锅肉这样的汪食[⑤]，在街上随便碰到哪个熟人，摆不到三句龙门阵就要走，生怕别个拉他进酒馆要他开钱。他那婆娘叫他买双洋纱袜子，他在街上旋了半天，扯了一尺土布回来叫他婆娘自己缝。他对他婆娘说：“狠[⑥]起发了财就好了，那时让你玩够。”

果不其然，他把家狠了起来了，才十来年就买了千把挑谷子，在周围团转要算发财的了。发了财过后，他喊人做活路还是那个屌样儿，他自己却摆架子玩起洋格来了。一天晕吃素摆，拿起粮食不当数，鸡鸭鹅狗有吃有剩，吃不完的饭菜，大桶大桶地倒。往哪里倒？他喊人倒到田里沤粪。见了叫化子就关门，不是就吆狗咬。一传十、十传百，人人都说：“狗日的徐铁棒发财了。饭都往田里倒，”

“他鬼儿是心狠，光整干人[7]，拿到五谷不当数，总要天地昭彰，雷不打他棒棒都要杵他！”好多干人就许菩萨咒他狗日的。久而久之，传到观音菩萨那里。一天，观音菩萨变成一个讨口子到他门口讨口，铁棒正坐在门口摇风打扇，一听讨口子喊打发，他脑壳一摆说：“爬爬爬，爬开点，讨口吃现的，我倒起喂了狗还摇个尾巴；倒到田里还肥下田”。说完，他叫一个丘尔[8]提两桶剩饭剩菜出去倒，后头还跟着几个狗，狗一见讨口子就咬，观音菩萨打得狗来，丘尔就硬把饭菜倒在田里的粪坑里了。

观音菩萨上了天，把徐铁棒心狠、抛撒五谷的事向玉帝一说，玉皇老儿也气倒了，叫雷公菩萨去把徐铁棒收拾了。

雷公菩萨去这天，正是徐铁棒的生。来赶生期酒的讨口子也多，徐铁棒一个讨口子也不打发，剩的菜和饭，都喊打杂的担去倒了。他站在门口一手掏牙巴，一手指指夺夺地叫讨口子：“爬！”爬字还没落音，“轰”的一炸雷，把他狗日的抓到地坝中间跪倒，等婆娘儿女赶出来时，徐铁棒周身漆黑，只有背上现了几个字：

“为人心太狠，打死莫变人。”

①好：很。

②狗儿粮户：小地主。

③一天：每天。

④四匹叶子烟：四张土烟叶子。

⑤汪食：花钱少，数量多的食物。

⑥狠：吝啬。

⑦干人：穷人。

⑧丘尔：短工。

第二节　传　说

农家传说是农家长期流传下来的、对过去事迹的记述和评价。有的以特定历史事件为背景，有的纯属幻想的产物，但都在一定程度上表现了农家的要求和愿望。

一、人物传说

何大人焚嫁妆

清朝时候，岳池县有一个姓何的进士老爷，人称“何大人”。老俩口年过半百，只有一个独女，爱如掌上明珠。何大人一不抽烟，二不喝酒，只有一个奇怪的嗜好，爱给他的独生女儿办嫁妆。他办嫁妆和一般的人不同，一般人办嫁妆只是在三天五天之内办完就了事。何大人却是一年四季都在办。更奇怪的是，凡是买回的嫁妆，无论大小都一件一件地摆在他的院坝里头，久而久之，何大人给女儿办的嫁妆，摆满了院坝。看闹热的人也一天比一天多，院坝里头常常被看闹热的人挤得满满的，都夸何家小姐福气好。何大人老俩口也非常高兴自得。

一天，何大人院坝里来了一个穿得很烂的老婆婆，跟到大家一起看闹热。别人看了那些华丽的嫁妆都在赞叹、羡慕，老婆婆却边看边瘪嘴巴，还摇头叹息。

老婆婆与众不同的表情被何大人看见了，觉得奇怪，于是叫佃客[1]把老婆婆叫到他面前问：“老婆子，我的女儿快要出嫁了，这是我为她准备的嫁妆，大家看了都很高兴，你为什么瘪起个嘴巴，很不高兴?”

老婆子听了何大人的话，给何大人毕恭毕敬地作了一个揖，说：“大人，你这么做是害了她!”

何大人不服气地说：“害她？你没看出我是疼她吗?”老婆婆说：“疼她？我爹妈更疼我。记得我出嫁时，给我办的嫁妆比你多十倍，但是正是这些嫁妆，使我今天讨口要饭。”

何大人听了老婆婆的话，立即叫人把全部嫁妆烧了。

①佃客：租种田土的人。

陈画匠塑韦驮

据说，在满清道光皇帝的时候，岳池县城出南门十五里的毛家桥有一个姓陈的画匠，他画的画、塑的菩萨，简直像活的一样，周围团转修庙子都离不了他。

陈画匠对他妈最有孝心，在外头做活路，有好吃的东西，都要包回来给他妈吃。他还喜欢做好事，周围团转的孤老汉、孤老婆子缺盐缺米，他就把自己家里盐和米拿去送给他们。可惜的是，这样一个好人，连儿女都没有，快五十岁的人了，还是只有老两口子。

有一年，乔家场罗家祠堂梁子上修天云寺庙子，会首老爷去请陈画匠来画庙子里头的壁画和塑菩萨。陈画匠心头想：过去庙子里头的菩萨都是塑的坐像，只有韦驮菩萨手捧降魔杵，隔一个天井面对佛爷站着。韦驮是个降伏妖魔鬼怪的大将，立了不少功劳，连一个坐位都莫得，多不公平啰。陈画匠就想在天云寺里头给韦驮菩萨塑一个坐像。他把想法向会首说了，会首觉得陈画匠的想法有道理，就答应了他的要求。塑像的时候，陈画匠把韦驮塑在一匹白马上坐起，把降魔杵抱在怀中，样子很威风。

天云寺修好不久，陈画匠的老婆就怀起娃娃了，九个月后，生了一个胖嘟嘟的儿子，他俩口子有说不出的高兴。陈画匠心头暗想：老婆过门几十年，连屁都没打过，今年四十八岁了，还生个胖娃娃，样儿又长得乖，活像天云寺里头的韦驮，“噫，未必是韦驮到我家来投了胎?”他把想法讲给老婆听，老婆也感到奇怪，俩口子商量，就把娃娃的名字取成韦韦。

韦韦从小就很聪明，读书、习武都很得行，长大成人，练出了一身好武艺。后来，他去吃粮当兵，打仗很勇敢，不怕死，打了好多胜仗，道光皇帝封他作了大官。

县令惩淫僧

在岳池县双鄢乡和高升乡交界处有一座很大很大的庙子，叫做“雨山寺”，以前名字叫做“红岭寺”。为什么要把“红岭寺”改名“雨山寺”？这是有原因的。

很久以前，红岭寺宏伟壮丽，风景优美，从山上到山脚修有四十八座脚庵①，庙里的和尚很多，逢年过节到这里烧香拜佛的特别多，就是平时到“红岭寺”烧香还愿的善男信女也不少。

一段时间里，红岭寺连续发生些怪事，一些烧香还愿的年轻妇女忽然连续失踪，家中的人四处查找都没有下落。于是人们对红岭寺便产生了很多猜测。老百姓的议论很快就传到县大老爷耳朵里。

一天，县大老爷扮成货郎，到红岭寺周围私查暗访。当他来到山脚下时，被这个庙里的一个和尚挡住，要以大价买货郎的梳篦。由这件事引起县大老爷更进一步的注意，心想烧香还愿的小姑娘小姐失踪，与这庙里的和尚一定有关，于是，决心把这件事弄个水落石出。

县大老爷回城以后，作了一番详细的布置。他带了几个装扮成美貌姑娘、小姐的差役，又一次到红岭寺，要拢寺庙时，他命令随身带去的几十乡勇，隐藏在山沟里，叫两个装扮成美女的差役进庙烧香。一哈儿[2]，又派一名装扮成香客[3]的差役进庙查看。查看的差役回来说：找遍了大小庙子，都没看见装扮成烧香妇女的影子。县大老爷立即命令乡勇包围了红岭寺，并且亲自带人进红岭寺搜查。经过仔细搜查，发现好几处暗道和地下室。在暗室里找到了前些时候失踪的妇女。在事实面前，红岭寺的和尚不得不招供他们私造地穴、奸淫良家妇女的罪行。

县大老爷把罪大恶极的首犯处了死刑，并下令火烧红岭寺。当时正遇上刮风，火借风势，四十八道脚座很快就化为灰烬。当大火烧到正殿的时候，突然下起瓢泼大雨，把大火淋熄，宏伟的红岭寺就只剩下正殿。由于正殿是因大雨而保留下来的，因此，人们从此以后就叫它“雨山寺”。

①脚庵：寺院的附属建筑。

②哈儿：一会儿。

③香客：烧香拜佛的人。

在劫难逃

几百年前，有个和尚在一个庙子里当住持。一天，他在庙子的院子里头散步，突然看见天上落下一个火球。和尚想：此庙有灾。这时候，庙门外头一间草房内姓张的农民的老婆生下一个男娃尔。和尚想，此子不凡，将来定有富贵。姓张的农民生活很困难，和尚经常送钱送粮给他们，还拿钱帮助老张的儿子读书，使他长大成人，这娃尔就是张献忠。

和尚发现点灯的油经常不够用，心想：可能有人偷了点灯的油。一天晚上，和尚躲在庙子里头偷看是不是有人来偷油，到半夜后，他看见两个小鬼来偷油。和尚马上出来问两个小鬼：“你们为啥子把我点供灯的油偷走?”小鬼说：“你不要挡我们，我们把油拿去造簿子，造齐了后就好开刀，你还是头名呢！”和尚问：“是哪个要杀我?”小鬼说：“张献忠要杀你。”和尚说：“我对张献忠那么好，是我拿钱拿米把他养大成人的，他咋个会杀我了。”和尚要问张献忠为什么要杀他，就把张献忠请来好酒好菜招待一番，并对他比以往更加热情。饮酒的时候，和尚问：“你会不会杀我?”张献忠说：“你对我这样好，有养育之恩，我怎么会杀你呢?”和尚说：“听说你要起事杀人祭刀?”张献忠说：“到那一天，你躲起来就是了。”和尚问：“我躲在哪里?”张献忠说：“你躲在天花板里嘛。”和尚想：我躲在天花板上面，他知道不是更容易杀我吗?我不如格外[1]躲一个地方，你不晓得我躲在哪里，总杀不成我了。

到了张献忠起事那天，他带信叫和尚躲起来，和尚就躲起来了。张献忠在庙里开会起事，到午时三刻了，还没有看到生人[2]过路，张献忠就到庙门外一棵空桐树下说：“以树代人，祭刀开始。”一刀向空桐树砍去，空桐树倒了，同时一颗人头也落在地上。这颗人头恰恰是和尚的，他以为躲在空桐树洞里头可以逃脱灾难，哪晓得恰恰倒霉，所以后有人说：“张献忠灭四川，在劫难逃。”

①格外：另外。

②生人：此指不属同一团伙的人。

二、地域传说

漏山寺

岳池大石乡漏山寺这个地方，是被一个皇帝数漏落了山才取的这个名字。

说是有一个皇帝，从登位起，不是这方遭天干，就是那方遭水淹，总是天缘不顺。本国的庶民百姓经常造反，加上外国人又来找到打仗。皇帝吃不下饭，睡不着瞌睡，刹果[1]病倒在床上，过了[2]好多医生都医不好，最后只好由朝廷出榜文求医。榜文一贴出，就有一个道士进了宫。他一不摸脉，二不下药，看了看皇帝的脸色，就对皇帝说：“万岁，你这病是吃药医不好的！”皇帝问：“为什么？”道士说：“圣上的八字太好了，这个皇城太孬了，合不到万岁的八字！”皇帝听了大吃一惊，忙问：“道长，你帮孤改个八字嘛！”道士忙说：“万岁乃是天上青龙星下凡，小道哪有那么大的法力改万岁的八字！”皇帝着急了，问：“那，该咋办呢？”道士说：“小道夜观天象，圣上坐不得这个皇城，只有搬出去隔外找块好地方修一座京城！”皇帝忙问：“修到哪里合适？”道士说：“我绵了几年的龙脉，为圣上绵到一块宝地。”皇帝听了非常欢喜，传令起驾去修皇城的宝地。

一连走了七七四十九天，道士把皇帝带到了岳池县的这个山旮旮头。他指着前面的一个山坡说：“圣上，你坐在这山坡上数一百个山崇崇，四十八座庙子，这些地盘都是好地，数齐了便可以修皇城；如数不齐，万岁则气数已尽，只有各人让位才能延寿了！”

皇帝坐在坡上向四方一看，大坡地，小山顶尽在眼底下，庙子也多，心想随便能数齐一百个。

皇帝先数庙子：“八角庙，川主庙，新龙庙……”一口气就数齐了四十八座庙子，心里十分喜欢。又开始数山崇崇：“尖坡顶，牛尾顶……”掰起手指拇把周围团转的山包包都数完了，接连数了几遍，总是只有九十九个。皇帝大怒，把道士捆起来骂：“胆大烂道人，你明明是欺负孤王，推出去斩了！”

道士不慌不忙地说：“万岁，哪里是小道欺君，明明是天意，你气数已尽嘛。你数了这么多次，只有九十九个，是把你坐的这个山崇崇数漏落了，这怪哪个？”皇帝一想：自己坐的山崇崇确实没数，这当然怪不着道士，硬怕是气数已尽，不该当皇帝了，一定是天意。皇帝一气就气死了。

庶民百姓得知昏君死了，个个高兴，以为这是天老爷对皇帝的惩罚，有意让皇帝把自己坐的山崇崇数落，免得修皇城害百姓。为了感谢天老爷，大家凑钱在皇帝数落的山崇崇上修了一座庙子，取名漏山寺，长年香火不断。漏山寺这个山名一直流传到现在。

①刹果：结果。

②过了：经过。

桃儿山

桃儿山又名桃子山，是岳池县城通往顾县镇的必经之地，也是九龙镇和顾县镇的交界处。桃儿山由三个山峰组成，两边山峰被中间一座山峰隔开，远远望去，好像是一个大桃子被切成两半摆在那里。

传说很多很多年以前，桃儿山只有一个山峰，山顶上有棵很大很大的桃树，高高地立在山顶上，老远看去，好像一个年轻姑娘支撑着一把雨伞站立在山顶上。说来也怪，这样大一棵桃树每年只结一个金桃，而且又是结在树尖上，老远看去金光闪闪，非常好看。多少年来这只金桃都是人看得到摘不到。

金桃出现以后，轰动了周围的百姓，同时，惊动了两个在梁山修练的贪心的道士，他们从老远老远的地方赶来，千方百计想摘这个金桃。

第一个道士能接近金桃，但不能搬动，也不能切开它；第二个道士能切开金桃，但不能接近它。于是两人经过商量，一同到桃儿山上，联合采摘金桃。金桃摘下树了，归哪个？为这事，两个道士又争闹起来。闹了三天三夜，不得结果，最后只好把金桃切成两半，一个一半。金桃切开后，马上变成两大堆土石，一哈儿就变成两座半桃形山峰，永远摆放在主峰的两边。

玉屏山的传说

岳池大石乡玉屏山的山顶上那块像镜屏的大石头，是李家屋头发财发富当官的顶子。

原来，许多年前，玉屏山上有一对金鸡，只要金鸡闪动翅膀叫唤，山周围的人家就五谷丰登，红花遍开，穷人就要发财。

县大老爷知道这山上有金鸡，觉得这是献给皇上讨皇上欢喜的宝贝。献了宝自己就可以当大官了。县大老爷派了好多人化了装上山捉金鸡。说也怪，这些差狗子不晓得守了好多天好多夜，就是听不到金鸡叫，看不到金鸡的影子。

金鸡不开口，样啥①作物都不长了。穷人更倒楣了。

山下有家姓李的人家，只有两娘母，田土里长不出庄稼，锅儿里舀不出东西。母子俩天天烧香敬金鸡神，请金鸡神显圣。这天恰恰又在烧香，一乘官轿抬过门口，差狗子们硬是象茅厕头吃烟，前呼后拥，把山久久围了起来。这时县大老爷见差狗子这么久都没有把金鸡捉回来，就亲自跑来了，命令差狗子挖地三尺也要把金鸡挖到。差狗子挖了半天还是没看到金鸡的影子。三伏天的太阳，热得不得了，县大老爷受不住了，就跑到李家屋里来歇凉。

李家俩娘母今天才晓得，金鸡不开口，原来是怕县官来捉他，李家娃尔恨县官恨得流油②。

县大老爷进得屋来，直顾③叫李家娃尔俩娘母烧茶递水。李家娃尔恨了他几眼，又不烧火又不来气。县大老爷气得烟炸火冒，正要发火，就看见一群差狗子抱着两只金鸡涌了进来。看到金鸡，县大老爷好不高兴，急忙向抱金鸡的差狗子跑去，双手抢过两只金鸡。

李家娃尔看见县大老爷抱着金鸡要上轿了，他再也忍不住了，顺手拖了一把锄头跑过去，一锄头向县大老爷挖去，县大老爷一下就火巴了下去了，手一松，金鸡飞起跑了。差狗子一见金鸡飞了，哪顾他的死活，一窝蜂朝金鸡赶去。刚追到山顶，那金鸡脑壳冲天，翅膀一拍，“喔喔喔”一声长鸣，马上金光万道，金鸡脚爪一抓，差狗子全被抓得四分五裂。金光散尽，两只金鸡变成了两块像镜屏一样的巨石立在挨着的两座山顶上。后来，金鸡公站的山叫玉屏山，金鸡母站的山叫小玉屏山。

原来，金鸡怕再有贪官来捉它，它们就变成两块拿不动的巨石，永远保佑这里的人发财致富。

李家娃尔保护了金鸡，金鸡就保佑李家世代发财，还保佑李家娃尔当了官，戴了一个有顶子的官帽，那顶子就像玉屏山金鸡变的石头的样子。

①样啥：样样、各种。

②恨得流油：恨得要命。

③直顾：不停地。

姜山寺的传说

三国时候，蜀国的大将姜维在姜山寺扎过营，练过兵，所以大石乡的这座山才叫姜山寺。

姜维在姜山寺屯兵的时候，他的练兵场设在隔姜山寺有十多里的营口寺坝子。每天早晨，姜维就站在白云庵旁边的灵台上观看营口寺坝子排兵布阵。灵台地势高，看得远，站在上头不仅把营口寺坝子看得一清二楚，还可以看到岳池县城，看到石垭场、太平场、龙安场，看到华蓥山。姜维在灵台观阵过后，就骑着马跑到营口寺练兵场去，亲自教士兵舞刀舞枪。姜维的马是一匹宝马，它驮起姜维从灵台下面的高岩上跑下去，这匹①岩又高又陡，有十八步石梯子，叫“跑马十八梯”，姜维的马像彪②

箭一样，一哈儿[③]就扰了营口寺。姜维在营口寺坝子教士兵习武过后，又骑起马跑回姜山寺，跑进寨墙，姜维就让宝马到十八梯侧边岩石下面的池子里头去喝水。这个池子是一砣石头打成的，石头池子里头装的水是岩坎上头的一根斑竹引来的。岩坎上头的边边上长起一蓬斑竹，这蓬斑竹中间，有一根斑竹总是弯着腰，竹儿尖尖上的水恰恰滴到石头池子里头，池子装满水，斑竹就不滴水了。马儿把水喝了，斑竹又不停地滴水，所以池子里头的水一年四季都是满的。如果哪个人多事把这根斑竹砍了，又会有一根斑竹自己弯下腰，尖尖恰恰对准池子，接着滴水。人们都感到稀奇[④]，给这里取了个好听的名字，叫做"翠竹引凉"，那石头池子叫做"饮马池"。姜维的宝马喝饱水过后，就到庙子旁边的一口四方池里头去洗澡，这就是"方池洗马"，马洗过澡后，就到四方池下头的一个坡坡上面去啄瞌睡[⑤]。由于姜维的宝马经常在这个坡坡上休息，这个坡坡就变成了马的形状，坡上的山脊脊像一副马鞍子，从远处看去，这个山坡常像一匹马驮起鞍子在跑，人们就给这个山坡取名叫做"天马负鞍"。姜维在姜山寺的时候，住在西寨门，晚上，他常常到寨门左边的一口水井旁边赏月。这口水井叫做"龙王井"，里头一年四季都是满咚咚的[⑥]一井清水。到了晚上，井里头看得见天空，看见月亮和星星，所以叫做"龙潭映月"。

姜维在姜山寺练出了雄兵，打了不少的胜仗，老百姓就在西寨门右边的石壁上刻了"汉室英雄"四个大字赞扬他。后来，不少当官的人和文人学士来游姜山寺，现在"飞泉石"[⑦]旁边还留得有他们题的字呢！

①匹：座。

②彪：射。

③一哈儿：一会儿。

④稀奇：奇怪。

⑤啄瞌睡：打盹。

⑥满咚咚的：满满的。

⑦飞泉石：姜山寺东南面垂直石壁。石壁上刻有"飞泉石"三个大字和历代官绅、文人所题诗词。

洗马滩的传说

"将军路过小河，又累又饿又渴。军纪秋毫无犯，留下一段传说。"这几句民谣是流传在岳池县城一带，对三国时蜀国五虎上将赵云的称颂。

相传这一年的盛夏，常山赵子龙得了军师诸葛亮的命令，要去汉中参战。由于时间紧迫，路途遥远，昼夜兼程，路过岳池，来到现在的城西小河边时，已经人困马乏，再也没有力气行走了。赵云的战马走到小河边时也猛地倒在柳树丛中，任人抽打也不肯起来。

时置夏旱，正当中午，田野的禾苗被火辣辣的太阳晒得低头耷脑，没了生气，有的已经干死。小河边的树木，叶蔫枝吊，更增添了热度。知了在树上，被热得高声呐喊："太热了，太热了！"世界变成了个大蒸笼，好像要把人与动植物都蒸得稀烂。赵子龙等人不但感到很累，而且又饿又渴并热得难以忍耐。有士兵骂道："这条鬼河，干得底朝了天，害得我们喝不上水，洗不了澡，只有热死！"一个个士兵只得借着树下的淡淡树荫的凉爽，暂时喘喘气，缓缓神，消除疲劳，恢复体力，以图赶路。

小河因久旱不雨，已经断流，只有下游不远处河滩下的小坑中尚有一些水。附近的乡民纷纷挑桶提盆，正去坑里运水回去做午饭。他们看到赵云的队伍突然开来，不知赵云所部军纪军风，想起曾遇见的路过官兵杀人抢物，蹂躏乡里的情况，乡亲如遇大敌，顿时被吓得大惊失色。胆大的挑着水桶逃命般地转身跑回了家，咚地关了房门再也不敢出来；胆小的被吓得丢掉挑着的水桶或装得满满的水，钻到附近的玉米地或稻田中，像野鸡似的顾头不顾尾地趴在地上。只有一个十二三岁的小孩，因有些痴呆，才头顶头一个小木盆，竟然来到赵云的面前看热闹。有军士看到小孩子顶着木盆，问他做啥？他答："端水。"问他："水在何处？"他指指小河的下游。听说下游有水，一个军士猛地站了起来，拉起小孩就走。

小孩子突然被拉，很不情愿地来到滩下的水坑旁，嘟着嘴埋怨道："你拉疼我了，我回去告状，让我哥收拾你。"军士哪管小孩子埋怨，恨不得立马跳入水中解暑。只见他三下五除二，脱了衣裤就跳进水中，像野鸭子般整得水花四溅。顿时，河水中股股浑浊的波浪翻滚到水面。小孩看到军士将水弄浑了，又跳又挥手地大叫："不能洗澡，这坑河水不许洗澡！我们吃的用的都是这儿的水。你洗了澡，我们还能吃吗？快起来，不准洗！"说后就放开嗓门拖长声音大喊："有人在水头洗澡了哟，快来人把他弄出去呀！"

赵云与军士跟在后面，来到水坑前，听说这一坑水是老百姓吃的喝的用的，就命令跑进水坑洗澡的军士立马上岸。这军士听了命令，不得不爬上岸来。小孩跑去抱着洗澡的军士，又摇又扯又拉又打："你把我们吃的水弄脏了，赔我们的水来！"听到小孩子的喊声，躲在家中的乡亲都认为小孩惹事了，都为他的安全捏了一把汗。有人从窗台伸头观望着，没有人响应他的召唤。

这军士私自下河洗澡，污染了民众的用水，违犯了军纪，赵云非常愤怒，当众下令："将其责打二十大棍，以正军纪。"有军士跪在地上，向赵云求情，说军士洗澡情有可原，应该从轻发落。可赵云将手一挥道："没有规矩，不成方圆，军纪不严，队伍混乱。今天有人擅自下河坏了民众的用水，如不严加惩处，明天就会有人私闯民宅，为非作歹。那还成什么军队？哪个再要出面讲情，视如同犯，加重责打四十军棍。"军士知道赵云要求严格，求也无用，不再为其说情。这个军士被按倒在地，打得四肢乱颤，皮肉流血，连连认错，声称下次再也不敢了。

当地民众看到赵云所带人马军纪严明，又听说是刘皇叔、诸葛亮的队伍，这才纷纷出来，有的端着茶水，有的送来米饭，犒劳赵云。军士吃饱喝足后，赵云按价对乡亲们的茶饭付了银钱。

正当赵云将要启程时，他的战马长声嘶鸣。赵云这才发现，自己的坐骑虽然吃足草料，可浑身上下汗迹斑斑，垢点满身。心想，战马也应该洗个澡呀。人洗澡好办，打点水在岸上擦擦身子就行。可马不下河怎么洗？赵云很是为难。

乡民知道这事后，都说战马洗澡好办。于是，有乡亲把他的战马牵到下游，打算用水冲洗。赵云说："而今用水困难，只有这么一坑河水，远近的乡亲都在这儿担用，况且坑中的水也不多了，不能浪费。"赵云谢绝乡亲的好意，赶马就要启程。赵云的言行令乡亲们非常感动，大家异口同声地说："坐骑对将军非常重要，我们应该爱护。不要说用水，就是用我们的血也没有关系。为了将军能打胜仗，我们献出生命也都值得。"不由分说，有的用盆端水，有的用桶提水，强行将赵云的战马赶到下游，冲洗得一干二净。感动得赵云热泪盈眶。赵云谢过乡亲，才带着军士依依不舍地离去。

当地乡民用特殊的办法给赵云的战马洗了澡，就将冲洗战马的小水滩取名洗马滩，把这条无名小河叫着洗马滩河。

会仙桥的传说

鱼峰的会仙桥长五丈、高二丈五尺，是一座石拱桥，它是哪年哪月修造的，后人都不知道，但是关于这座桥，却有很多传说。

据说造这桥的时候，很着难，修造了三四年，才修一半，造桥的石匠师傅越修越没劲。有一天，从弥勒寺方向走来一个白胡子老头，看见这些石匠有气无力做活路的样子，就想踏屑①他们一下。白胡子老头走到石匠师傅面前说："像你们这个样子造桥，不晓得要造到哪个朝代，硬是莫得出息。"老头话一落音，气得这伙石匠双脚跳，石匠掌墨师傅②更气，他冲着老头说："我们这座桥你是走不成的了，要想从这桥上过一趟，除非你来搭一把手。我看你这老头硬是'瞎子打枪'——没望喽"。老头遭到挖苦，没有和这伙石匠计较。他将口一张，吐出一口白气。这股白气顿时变成滚滚的白色烟雾，好象十冬腊月的浓雾，看不到对面的人。过了一顿饭的时间，烟雾慢慢散开。这时候石匠们睁眼一看，怪了，白胡子老头不见了，石桥也造好了，而且石桥边还长满了野藤藤。石匠们和周围的老百姓都非常高兴，都说刚才那个白胡子老头就是天上的神仙。从此以后，大家便把这座桥叫做会仙桥。

①踏屑：讽刺。

②掌墨师傅：施工及技术负责人。

白塔和千佛岩

说起展言子①，岳池有一句有名的"言子"叫做"千河铺的菩萨——一抹不硬手"②，说起这个言子，还有一个有趣的故事。

传说在很多年以前，鲁班和他的徒弟赵巧儿来到岳池。一天师徒二人摆谈到施工进度快慢时，争执起来，都说自己修建速度最快。争了半天，谁也不服输。后来二人决定，两人在一夜之内各修造一样东西，看那个先修起。

于是鲁班在岳池县城南郊修一座白塔，赵巧儿在岳池北城的千合铺岩上修一千个菩萨。赵巧儿生性聪明伶俐，又有点奸狡巨滑，他修造菩萨时就不用石头，而是用泥巴捏。半夜时，一千个菩萨就捏好了，然后，他偷偷摸摸地跑到师傅鲁班修塔那里去学鸡叫。鲁班修的白塔眼看就要完工了，听见鸡叫，以为天快亮了，但塔顶还没有修起，他赶紧扯了一窝芭茅插在塔顶，所以，现在的白塔顶上还可以看到一窝芭茅。赵巧尔一学完鸡叫就跑回千河铺数菩萨，经他一数，原来多捏了五百个，他顺手一抹，便把多捏的五百个菩萨的脑壳全抹脱了。"千河铺的菩萨——一抹不硬手"这个"歇后语"就是这样来的。

①展言子：说歇后语。

②硬手：挡手。

石钟对石鼓

普安乡二村"猪儿上船"①沟里面，有一条小河，河这边有个园园的石头，老远一看很像一面大鼓，河那边有个上大下小的石头，很像一口倒立的大钟，"大钟"旁边是一条大路，这里，流传着一个石钟对石鼓的故事。

从前，有个做生意的商人，做了生意回重庆，刚刚走到石钟对石鼓这里，突然间狂风大作，飞沙走石，隔十步就分辨不出是物是人，雨落得像瓢倒样，雷也打得凶。这生意人莫法再往前面走，周围也没人家户，就只好在石鼓下面躲雨。恰恰坐下来，岩壳里面就有一个鸡母带起一群鸡崽崽出来了，生意人一看，一个人也莫得，他就把货背篓的盖盖揭开，一个一个地把鸡崽崽捉到背娄里装起。他捉了五个小鸡崽崽，刚刚捉第六个鸡崽崽的时候，那鸡母就向他的手一啄，他痛得赶快把第六个鸡崽崽丢了，一转眼，鸡母和鸡崽崽都不见了。这个时候雨也停了，风也不吹了，生意人又继续往前走，天黑了就在一个场上歇栈房。生意人心头觉得今天这事情有些怪，趁现在没得人，他就把背篓打开看，一看背娄里头装的五个鸡崽崽变成了五砣大银子。

生意人回到重庆后，就用这些银子买了一些房子，再也不做生意了。后来人们把这一段佳话编了几句顺口溜："石钟对石鼓，银子二万五，哪个得到了，买齐重庆府。"流传到现在。

①猪儿上船：地名，普安乡二村新观音坎下。

三、动植物传说

癞蛤蟆想吃天鹅肉

在很早很早以前，东边有一座很高的山，山脚下有个很大的湖，在湖边的一个水塘洞洞里，住着一只大蛤蟆。这一天，蛤蟆生了大病，周身皮子生疮化脓痛得很，不能到外头去找吃的，只有倒在洞洞里呻唤[①]。善良的天鹅姑娘看到蛤蟆病得可怜，就捉来一条小鱼给蛤蟆吃，还安慰他说："蛤蟆弟弟，快吃吧！吃饱了，我再给你治病。"说完就展开翅膀向山上飞去了。天鹅姑娘在山上飞呀飞，找呀找，飞过了七七四十九座高峰，找遍了七七四十九座森林，总算找到一棵草药，高高兴兴地衔回家，喂给蛤蟆吃。在天鹅姑娘的护理下，过了七七四十九天，蛤蟆的病当真好了。天鹅姑娘高兴得搧动翅膀在天空飞翔。

蛤蟆抬起脑壳望着天鹅姑娘，羡慕得很，心里头想："我要是也能像天鹅姑娘一样飞上蓝天，那该有多好呀！"蛤蟆的赞叹恰恰被蝙蝠听到了。他问蛤蟆："蛤蟆弟弟，你想飞吗？"蛤蟆说："怎么不想呢？只是我没有翅膀，光想又有什么用呢？"这蝙蝠原是个游手好闲，专干坏事的家伙。他听到蛤蟆的话，眨了眨眼睛，很诡秘的贴在蛤蟆耳边，轻声地说："翅膀是可以长出来的，天鹅姑娘原来也是不会飞的家鹅，因为她吃了一只大雁，就变成了会飞的天鹅，你要是想飞，那就……"。蝙蝠得意地眨了眨眼睛，飞回岩洞里去了。这一夜，天鹅姑娘跟往常一样，又来陪伴蛤蟆。这蛤蟆哪里还睡得着觉，他看了躺在身边的天鹅姑娘，想起了蝙蝠的话，恨不得立刻把她吃掉。他悄悄跳出山洞，使出全身的力气，扒垮洞口的大泥块，堵住洞口，把天鹅姑娘闷死在里面，然后吃天鹅肉。哪晓得用力过大，泥块垮下来后顺坡滚到湖里去了。只听"扑通"一声，溅起了水花。响声把天鹅姑娘惊醒了，一看旁边的蛤蟆不见了，就急忙走出洞来找。蛤蟆看见了天鹅姑娘，知道事情败露了，慌忙"咯"地一声钻到湖里去了。天鹅姑娘借着月光，看了看四周的一切，什么都明白了。她对蛤蟆恩将仇报的行为非常气愤，就去向山神告状。

山神受理了这个案子，查明了凶手除主犯蛤蟆以外还有阴险狠毒的蝙蝠，于是分别给予了严厉的处罚；蝙蝠教唆有罪，剥夺它白天飞行权利终身；蛤蟆犯有谋杀未遂罪，责打八百大板。蛤蟆全身上下被打得稀巴烂，伤好后，周身上下留下无数疙瘩，成了人人讨厌的癞蛤蟆。

①呻唤：病中呻吟。

姑姑是鸡

从前，有两姑嫂，嫂嫂很老实，姑姑很狡猾。家里本来就不富裕，姑姑还经常把家里的钱偷去买香香[①]和耍的东西。姑姑偷了钱，又告诉母亲说是嫂子偷的，这样，嫂子经常挨打挨骂。

一次，姑姑又偷了钱，母亲追问起来，姑姑一口咬倒是嫂子偷的，眼看嫂嫂又要挨打了，逼得她跟姑姑吵起来，并诅咒说："哪个偷了钱，就变成鸡下蛋来还。"姑姑也说："好，哪个偷了钱就变鸡。"话音刚落，姑姑一下子就跪下去了，变成了一只鸡。

嫂嫂心肠好，每顿饭都要叫孩子去喊姑姑吃饭，从这以后，唤鸡的声音就是"咕咕"，人们都把鸡称姑姑了。这只"姑姑"下了蛋来还钱，而且一代又一代。

①香香：零食。

泥马吃灯草

岳池县顾县镇的广佛寺门前，有两匹泥马，做工精细，硬是[①]像真马一样。据说这两匹泥马经长年累月的修练，早已变成神马了。

广佛寺在顾县镇的上场口。当地农民常在寺庙周围种植灯草。泥马刚塑起的时候，周围都没有出现什么反常的现象，自从有了泥马以后，每到灯草生长的季节，农民们经常发现灯草被偷，而互相怀疑。明查暗访了一个多月，仍然找不出一点蛛丝马迹，于是有的农民晚上专门守夜[②]。一天晚上两个守夜的农民，守到三更时候，看见灯草田里有两头像水牯牛似的黑影，正起劲地吃灯草。守夜农民一场吆喝，这两团黑影直向广佛寺内跑去。守夜人就跟着撵[③]到庙内，到处找完了，都没有发现牛的一点影子。他们又点灯笼火把在庙内庙外四处寻找，还是没有。大家出得庙来，把火把丢在庙门歇气，凑巧，火把丢在泥马脚边，一个农民借着火把的光亮，发现一匹泥马的脚沾满了稀泥巴和浮飘[④]，再看另一匹马也是这样。于是，在第二天早晨，"泥马吃灯草"的事就传遍了全乡。

为了避免泥马糟踏灯草，广佛寺的长老和尚用了八颗铁钉，将泥马的马脚钉在地下，又把马绳死死地拴在柱上。从此以后，再也没有泥马吃灯草了，所以顾县广佛寺的灯草长得特别好，全县有名。

①硬是：真是。

②守夜：夜间守护。

③撵：追。

④浮飘：浮萍。

黄桷树与棕树

据说，黄桷树和棕树在外省是生长在一起的邻居。一天，它们决定搬到四川安家。

走到一个堆满乱石的山垭口，它们停下来歇气。棕树要急于找到安家的地方，就对黄桷树说："老黄，你在这里等我，我下去找到住地就上来接你。"黄桷树半开玩笑半认真地说："棕兄弟，下去找到地方可别忘了我老黄。"棕树说："我若是忘了老弟，就遭千刀万剐。"棕树在黄桷树面前赌了咒，黄桷树放心地点了点头，棕树就下了垭口。棕树来到山坡下面，看到田埂上土质肥沃，早将自己说的话忘到了九霄云外了，他独自安下家来。

黄桷树在垭口上等呀等呀，始终未等着棕树来接它，它只好在垭口的石缝中扎下根来，安了家。

夏天，人们经过垭口，总要在黄桷树下面歇气，因为它挡住了火热的太阳，它的叶子还不停地摆动，煽起风使人们凉快。黄桷树在垭口做了很多好事，人们不砍它，它能百年长寿；棕树因不守信用，人们便用它自己的话来惩罚它，将它的皮一层层地剥下来做成蓑衣。

黄龙香米的传说

相传很久以前，黄龙山上景色秀丽，老百姓的日子过得很巴实①。这是因为山上住着两条龙的缘故。哥哥叫黄龙，弟弟叫青龙，他们相处得很和睦。哥俩心肠都好，常常帮助别人锄草、打柴，分忧解难，大家都乐意和哥俩来往。

黄龙和青龙下山去帮助别人干活，神汉看见了哥俩走的是不同方向，便变成一个病恹恹的老汉。一步一抹眼泪的向黄龙走去。黄龙一看是老汉，赶忙上前问道："老大爷，你有什么伤心事，慢慢跟我说。"神汉一听，高兴得不得了，忙说："我老婆死得早，只有一个小女跟我过，今天有个青脸大汉，强迫我女儿做他的老婆，已经抢走了呀！"黄龙听完，火直往头上冒，"走，我们去找青脸大汉论公道。"神汉心中乐开了花，又变成一个少女赶在青龙前面。

青龙背着一捆柴，看见前面一个少女边走边抹眼泪，走扰就跪在青龙面前大哭起来。青龙忙放下柴，对少女说："不要这样，有啥事就说嘛！"少女一边哭一边说："我屋②老汉③老糊涂，为了贪财，硬要把我许给一个黄脸的财东做小老婆。听说黄脸财东是山上的，下山玩耍看中了我，我死也不干呀！"青龙听了心肠一软，愿意帮助少女找她老汉辩明是非。

黄龙和神汉，青龙和少女在双垭口撞倒④了。青龙看见黄龙和一个老汉在一起，就认为是哥哥强迫少女做他的老婆；黄龙看见青龙后面跟着一个哭哭啼啼的少女，认为是弟弟抢了老汉的女儿。黄龙和青龙二话没说，就互相打起来，从地上打到天上，一直打了七七四十九天。

青龙打不过黄龙，倒下了，临死前对哥哥说出了事情的来龙去脉，黄龙也把事情的来龙去脉说了一遍，才知道受了骗。黄龙一气之下，把神汉甩死了。

也就在黄龙和青龙打架的时候，原来很美的山变得非常难看了。庄稼没得收成，老百姓愁眉苦脸。黄龙感到对不起他们，就俯下身去，把自己多年炼就的珍珠，献给了乡亲们。珍珠每年都长出很多很多的米，直到今天。由于这种米格外香、格外糯，人们就把这种米叫做黄龙香米。后来，据说在康熙年间，黄龙香米还上贡到皇帝那里，所以黄龙香米又叫黄龙贡米。

①巴实：舒适、富足。

②我屋：我的。

③老汉：父亲。

④撞倒：相遇。

第三节　故　事

故事是以真实的或虚构的情节来讲述对象的事情。岳池农家叫做“摆龙门阵”。

岳池农家的“龙门阵”很多。天文、地理、人物、神怪、飞禽、走兽、家常事故、社会百态……无所不及，无所不包。当人们劳作之余，闲谈之时，常于田边地角、房前院后、街头巷尾，三两聚集，海吹海侃。说到精彩处，个个眉飞色舞，怡然自得，好不畅快。劳作的疲惫、心中的郁闷，顿然消散，而且潜移默化，于无形中受到某些教益和启迪。

一、生活故事

娶妻为母

很早以前，有一个长工叫林长春，家里没有爹娘，靠帮人做活路度日子。当地有一个媒人，叫“孙扯拢”，来给林长春做媒。她问长春要娶多大岁数的女人，长春就说：“二十七八、三十一二岁的女人都可以。”不久，孙扯拢给他说了一个老婆。接亲的那天，长春把盖头帕揭开一看，原来是一个六十岁的老太婆。这可把长春气坏了，去找孙扯拢说：“你给我做媒，为什么说一个这么大岁数的老太婆?”孙扯拢说：“你不是说要二十七八、三十一二岁的人吗?三十一二加二十七八不是六十多岁的人吗?”长春说不出福①，只得忍气吞声。心想，自己反正没有父母，不如把老太婆当做母亲敬奉。

从这以后，长春对老太婆非常孝敬。老太婆看见长春很辛苦，而自己每天只是吃，觉得很不过意，她就经常帮长春洗衣服。洗衣服要到河边去洗，有一次，老太婆端着衣服到河边去洗，不小心栽了一跟斗。长春回来看到，就想，母亲到河边去洗衣服，很辛苦，不如搬块石头到家里来，让母亲也好在家里洗衣服。

有一天，长春做活路的时候，看到田老坎②有一块很光滑的石头，他就在收工时把石头搬回家。回到家天已黑了，没法安③石头了，他就把石头放在草房的旁边。到了晚上，邻居都看见长春家的房子起火了，跑拢一看，长春的房子还是好的，并未被火烧，大家都感到奇怪。第二天，长春动手安石头，谁知没有拿稳，石头落到地上打烂了，里面马上现出一个金马儿。长春拿着金马儿没放处，就放在米柜子里，第二天发现米增多。长春得宝后心想：自己家里也穷，这件宝物放在家里反到要出事，干脆拿去献给皇上。皇上得宝之后，认为长春老实，献宝有功，封他为献宝状元，后来皇上又招长春为驸马，老太婆也跟到长春享福了。

①说不出福：说不出理由。

②田老坎：田背坎。

③安：放置。

叫化子

从前，有个人喜欢行善做好事，爱放生①。他看到有人打癞格宝，就拿钱买起放了，看到小孩拿火烧蜂子，也买起放了，看到别人耍蛇也买起放了。后来，他把钱用光了，变成了讨口子。

有一天，一家员外讨媳妇②，这个叫化子也去赶期会③。发财人做生做酒④，都要预备两桌酒席，让叫化子来吃，据说吃了运气好。这个叫化子吃醉了，晓不得啥子⑤，就糊里糊涂地到新客⑥床上去睡起。员外看到了很气愤，就把叫化子抓到卡房[⑦]里关起，想把他饿死。叫化子在牢房里头没有遭饿死，肚子饿了有耗子吧[⑧]粑他吃，口干了，有蛇含水他喝。员外以为把他关了这么久，早饿死了，可是打开牢门一看，叫化子红头花色[⑨]的，身体很健康，没有办法，只好把叫化子放了。

过了不久，员外的女儿得了怪病，说不出话。员外放出话说："哪个把我女儿病医好了，能说话了，我就把女儿嫁给他！"

有一天晚上，土地神仙给叫化子送梦来："小姐后颈窝有三根红头发，你把她扯了病就好了！"

叫化子醒了，第二天就去给小姐治病。他把小姐后颈窝的三根头发扯了，小姐的病果然就好，说得出话了。

员外反口了，他向叫化子出难题："要找到二十四颗夜明珠才行！"

土地神仙又给叫化子送梦："癞格宝要成精了，它背上有二十四个钉钉没搬脱，只有你才行。你去把二十四个钉钉搬下来，就会变成二十四颗夜明珠。"

叫化子找到癞格宝，搬下了二十四个钉钉，癞格宝成了仙，他也得到了二十四颗夜明珠。员外还是不答应，又出难题："我要用四十乘大轿让你选，你只要一次点到哪个轿子有小姐，就可以成亲。"土地神仙当晚又给叫化子送梦："明天你看到蜂子围哪乘轿子，你就点哪乘轿！"

第二天，叫化子就去点轿，他看到一群蜂子把一乘轿子围得凶，走拢去就点到了小姐的那乘轿。员外再也不好反口了，他答应了婚事。

①放生：放掉活动物。

②讨媳妇：娶儿媳妇。

③赶期会：讨喜酒喝。

④做酒：办婚宴。

⑤啥子：什么。

⑥新客：新娘。

⑦卡房：牢房。

⑧吧：含。

⑨红头花色：红光满面。

放白兔

从前，有一家人家，家屋[①]好，家中有三弟兄，老大老二喜欢钱，老三喜欢做好事。分家过后，老三做好事就把田土卖光了，只好搬到茅草房子住家，到了年更三十[②]，人家都在团年，老三家里过不起年。老三的老婆就对他说："你把我脑壳上戴的这个簪子拿去卖了，买点香蜡纸烛回来敬下老人，再买点吃的，我们也简单过个年。"老三拿起簪子到街上卖了一吊五百钱。他正要拿起买过年东道，就看到一个打鱼佬儿[③]提起一个白乌龟在卖，那白乌龟看到老三，直赶流眼睛水[④]。老三很可怜白乌龟，就问打鱼的人卖多少钱，打鱼的人说要卖一吊五百钱，老三就拿起买过年东道的一吊五百钱买了白乌龟回到家里。老婆见他没有买过年东道，就问他把钱拿去做了啥子事，老三就向老婆说了买白乌龟的事。老婆也很可怜白乌龟，两口子就商量把白乌龟拿去放了生。他们把白乌龟丢到大路边的龙王井里。

老婆叫老三去找两个哥哥借点钱来买过年东道。老三到了两个哥哥家，两个哥哥都不肯借钱给他，还把他挖苦了一顿。父亲可怜老三，悄悄地拿了两百钱给他，哪晓得遭老二的儿子看到了，告诉了老二，老二喊起大哥把两百钱抢了回来。老三空起两手，不好意思回家见老婆，就坐在龙王井边哭了起来。正哭得伤心的时候，好像有人推了他一把，他就栽到了龙王井里头。井里不见水，只看到有一个穿白衣服的女子在前头，老三就跟到她走，来到一个地方。原来是龙宫。龙王接待了他，他才晓得，他放生的白乌龟就是龙王的女儿白璧公主，因为错行了雨，遭玉皇大帝罚去受罪，被老三救了回来。龙王感谢老三，留老三在龙宫耍，不知不觉就耍了三年。老三想回家了，白璧公主就悄悄跟他说："如果我父王送东西给你，其他东西你都不要，只要他那个金狮子和那个金锤锤。"果然，龙王对老三说："你救了我女儿，我要感谢你，送你几样宝物，你自己在我的龙宫里选，选上啥子就拿啥子。"老三其他的东西没要，只要金狮子和金锤锤。龙王看到老三选了他的活宝，有点舍不得。白璧公主就劝龙王送给老三。龙王就对老三说：你需要什么东西，就用锤锤敲狮子，它的嘴里就会吐出来。老三拿着金狮子和金锤锤，出了龙宫，只看见脚下青烟一冒，他就回到自己家里了。老婆正在过苦日子，看见老三回来了，非常高兴，问老三这三年到哪去了。老三就告诉了他自己到龙宫的事。老婆想试一下金狮子是不是灵验，老三就拿锤锤敲了一下金狮子，说："我要一个金元宝。"狮子嘴巴一张，吐了一个金元宝出来，两口子很高兴，拿起元宝买了米，过上了好日子。

不久，父亲满六十，做大生，老三两口子去祝寿。老大、老二瞧不起老三两口子，就叫他们划柴⑤，做杂活路，坐席也不喊他们，只给他们吃剩菜剩饭。老三两口子气愤不过，说了几句气话，老大老二听见了，就骂老三："你白吃我们的还不安逸？未必你还给父亲做得起生？"老三说："那也不见得做不起。"老大老二就说："那好，我们明天就送父亲到你家里来吃你的席．"老三很大方地答应了。

老三回到家里，拿出金狮子、金锤锤，敲了一下狮子，对它说："我要一座新房子，一桌好酒席。"只见狮子嘴巴一张，吐出了一座漂亮的房子，房子里摆着丰富的酒菜。老大老二送父亲来到老三家，看到从来没有见过的新房子和酒菜，非常奇怪，就问老三是啷门⑥发的财。老三是个老实人，就把龙王井的事告诉了大哥二哥。老大老二向老三说："兄弟发了财了，当哥哥的还这么遭孽⑦，兄弟应该拉哥哥一把，把金狮子借给我们用一下。"老三心好，他想，弟兄之间还有啥子不肯借呢，就把金狮子、金锤锤借给了两个哥哥。

老大老二跑回自己屋头，拿起金锤锤使力敲金狮，边敲边吼："我要金子！""我要银子！"哪晓得把金狮子敲痛了，它奔脱⑧就跑，跑到龙王井边就跳到井里去了。老大老二追到龙王井，看到狮子跳进了水井，心想，老三是在龙王井里头得到宝贝的，我们到井里头去，一定会得到更多的宝贝。两兄弟就跟到跳进龙王井，那晓得井里头全是水，两兄弟都淹死到井里头了。

①家屋：家产、财产。

②年更三十：腊月三十天，除夕。

③打鱼佬尔：打鱼的人。

④眼睛水：泪水。

⑤划柴：劈柴。

⑥啷门：怎么。

⑦遭孽：贫穷。

⑧奔脱：挣脱。

巧媳妇

肖家店子有个老太婆，快要满五十岁了，他老伴在前两年得急病死了。她没有儿子，养了个独生女儿，今年十八岁，生得聪明伶俐，心灵手巧。俩娘母开了个小酒店，由于对人很和气，所以生意很兴旺。

有一天，张老汉和李老汉到酒店里来喝酒，因为平常都听到肖家姑娘聪明伶俐，有心想当众试一试，便说："肖姑娘，我们两个人，今天在你们店吃午饭，你跟我们弄十样菜，煮七样饭。"肖姑娘想了一下就答应下来。到了吃饭的时候，肖姑娘端出一盘韮菜炒鸡蛋，两碗绿豆稀饭，请两位老汉吃。张老汉问："为啥子才这点菜?"肖姑娘不慌不忙地说"韮（九）菜加鸡蛋，就是十样菜，绿（六）豆加稀饭就是七样饭。"两个老汉无话可说，吃完饭，付了钱就走了。

张老汉回家后，想起今天酒店的事，觉得肖家姑娘确实不错，很想给自己的三儿子说这门亲事。于是，就请李老汉当媒人。李老汉到肖家一说，肖家当时就同意了这门亲事，不久张家就把肖姑娘接过门来。

肖姑娘到了张家，孝顺公婆，和妯娌也很和睦，又很勤俭，全家人都很喜欢她。张老汉有心把这个家交给三媳妇当，但又怕家中其他人不服，特别是大媳妇、二媳妇要说气话，于是，他想了一个办法：一天，张老汉把三个媳妇喊到他跟前说："现在，我们家里头的农活已经忙过去了，你们三个人都回娘家去帮帮忙。大媳妇回去三五天，二媳妇回去七八天，三媳妇回去半个月，但是，都要同一天回去，同一天回来。回家时，每个都要跟我带一件礼物回来，大媳妇要带回"纸包水"；二媳妇要带回"纸包风"；三媳妇要带回"纸包火"。三个媳妇当堂谢过公公一齐出来后，大媳妇和二媳妇见公公出的"题"不好答，问自家的男人，也答不起，因此急得哭了起来。三媳妇听见哭声急忙跑过去问大嫂、二嫂为啥子哭？两人说明了原因。三媳妇说："公公出的题并不难，你们想想看，大嫂回去三五天；三个五加起来正是十五天；二嫂回去七八天，七天加八天正是十五天；我的半个月不是正是十五天吗？这样一来，我们完全可以同一天走，同一天回。要带回的礼物也很容易，公公是叫大嫂带把纸伞，二嫂带把纸扇，我带个纸灯笼回来。"大嫂二嫂听了三媳妇的话觉得很有道理，都夸三媳妇很聪明。过了一天三个媳妇一起高高兴兴地回娘家去了，到了时间，都同时回来了。回来以后，各自把准备的礼物交给公公。张老汉见了很吃惊，因为大媳妇、二媳妇脑壳很笨，平时一些简单的事情都答不出来，所以就问两个媳妇，是怎样知道解决各自的问题的？两人指到三媳妇，说是她告诉的。从此以后，张老汉更加喜欢三媳妇了，并且当到全家的人宣布，三媳妇为张家的当家人。三媳妇当家以后，把家里的活路安排得有条不乱，很得人心。除平常活路外，她安排大嫂二嫂、大哥二哥和自己的男人每天干完活路回家都要捎一个石头回来堆到房子周围。收麦子、谷子的时候，都要把麦草、谷草收回来晒起。不久他家房子周围堆满了石头，麦草、谷草。

有一天，一个"寻宝"的人来到张家院子，围着房子周围的石头转了半天，向张家提出要买那一堆石头中的一块石头，还要买那些晒干了的麦草和谷草。三媳妇明白"寻宝人"的意思，同意卖给他，寻宝人付了很多很多的钱买下了那块石头和干草。就在张家院子当门①，架起火烧那块石头，寻宝人天天守在那里，一步也不离开。烧到七七四十九天的夜里，实在是熬不住了，守到火堆睡了。因为几十天都没睡，这一睡下去，喊都喊不醒。这些天来，三媳妇觉得这个寻宝人行动奇怪，所以经常悄悄地躲在半边看。特别是寻宝人睡着了的晚上，三媳妇正守到那里，到了半夜的时候，石头炸开了，从里面跳出一只金鸭儿，非常好看。三媳妇见周围莫得人，急忙上前把金鸭儿捉到，带回房里锁在柜子里头。第二天寻宝人醒了过来一看，什么都莫得，气得双脚跳，问了周围的人，都说没有看见什么东西，找不到落头②，只好走了。

三媳妇等全家人都出门走了以后，打开柜子一看，金鸭子屙了一堆金子。从这以后，天天都屙一堆金子，张家因为这件事很快就发了财。三媳妇看见金子一天天的多了起来，就叫大哥、二哥和自己的男人买田地，修造新房。不久，他家的田土和房屋连成一大片。三兄弟开始还觉得没有什么，时间长了，大家就有了疑心。一天，三兄弟在坡上做活路，歇气[3]的时候，老大、老二都问："老三，你婆娘哪来那么多的金银，经常叫我们买田地、房屋，是不是她做了见不得人的事情，你老弟要注意一下。"老三觉得哥哥说得有道理，就回家问他婆娘，三媳妇怕说出来后，传到寻宝人耳朵里去了，要来找她扯皮[4]。所以支吾了半天，说不出个名堂[5]。老三见婆娘吞吞吐吐的样子，更加怀疑，就在屋里头乱翻。婆娘怕男人在柜子里头找到金鸭儿，就一屁股坐在柜子上面。男人看到这个样子，气更大，把婆娘拉下柜子，给了几耳光，打开柜子看。那金鸭儿受了惊吓，翅膀一闪，就飞起跑了。婆娘当时气死在地。过了不几年，张家也败落了。

①当门：大门口。

②落头：着落，结果。

③歇气：休息。

④扯皮：生事。

⑤名堂：原因。

酒色财气误性命

有一个秀才，名叫刘青山。他的父亲在朝做过宰相，由于朝廷中奸臣当道，父亲就辞官回到故乡。后来，父亲死了，莫得权势了，家业就逐渐败下来了。刘青山这个人从小读书，长大成人后，娶了一门亲，是本县一个姓王的员外的女儿，叫王秀英。他们成婚之后，相亲相爱，感情很好。

王员外家业很大，只是莫得儿子，只有王秀英这个独生女儿，所以，王员外很喜欢女儿、女婿。

这一年，王员外六十大寿。刘青山和王秀英带着一份厚礼，来到岳父家中祝寿。女儿女婿拜寿之后，王秀英就被丫环接到后堂去了。坐席的时候，王员外把刘青山推到上席坐起，由几个上等宾客陪他喝酒。刘青山是王员外家唯一的姑爷，宾客们都来敬他的酒，不消说[1]就扯起酒经[2]来。这酒经一扯，就扯得很长。其他桌席摆了一轮、二轮、三轮，席都坐完了，刘青山这桌还在扯酒经，把刘秀才扯得二醺醺地[3]，直赶喊"拿酒来、拿菜来"！这时恰好有几个赶酒的讨口子[4]，听说王员外六十大寿，声势大，酒席好，想来讨点酒喝，讨点菜吃。他们在屋外放了几颗火炮，也在高喊："拿酒来、拿菜来！"王员外正在担心自己的女婿喝醉，想劝他们不喝了，又怕得罪女婿和客人。正在为难之时，听讨口子喊得起劲，心头不由得冒火，就顺口骂了几句："你们这些穷讨口子才莫得名堂。"听到岳父这么骂，女婿以为在骂自己，就多了心。他心想：今天是你六十大寿，我是来给你祝寿的，我的家屋虽然比你穷了一点，还是送了礼的。就是我喊要酒要菜，你也不该骂我是穷讨口子嘛。一气之下，他站起身来就想走，岳父劝他，他就和岳父争吵了几句，硬是要走。这样一来，王员外的六十大寿就闹得莫趣了，诸亲百客也不欢而散。席上的争吵，惊动了后堂的王秀英小姐，她听说丈夫一气之下走了，舍不得丈夫，也离开娘屋回婆家去了。

刘青山走后，王秀英后走，王秀英鞋尖脚小，行走困难，本来赶不上刘青山，但刘青山喝醉了酒，东歪西倒，出门才走一里多路，吹了点风，酒性发作，就倒在了地上，直赶呕吐，把一身新衣服吐得稀脏。过了一阵，王秀英赶上来，看见丈夫倒在地上，急得莫办法，只好在附近租了一匹马，让他伏在马背上先回家去，然后派几个家人抬轿子到路上接她。刘青山回到家里，帮工大娘扶他睡到床上。派家人去接王秀英的事他也忘记了，一觉睡到天黑都未醒过来。再说王秀英把刘青山扶上马后，一个人在路上艰难地走着，等家人来接。王秀英鞋尖脚小，当时的女子很少出门，认不到路，走到天黑都还没走拢。王秀英走到一个十字岔路口，就不知道朝哪条路走了。她看见路边有一座茅草房子，屋里有微弱的灯光，就去问路。这茅草房住着一对孤老夫妇，都是七十多岁的人了，耳朵有些聋。王秀英在屋子外面问："请问到张家坝刘府走哪条路?"屋里的老头听错了，以为她在问汪家坝，答应道："你朝左手倒拐嘛，下去对直一条大路。"王秀英就朝左手倒拐。这一走，就走错了，走到二更的时候不知走到了啥地方。她又想找人问路，看见前面一个地方红灯大亮，就朝那里走去，走拢一看，是一个烧杠炭的窑子，一个老头在那里烧杠炭。王秀英走得精疲力竭，莫法再走了，心想先在这个地方找个人户借个歇，到明天再说。她向烧炭老头求哀怜[⑤]，请老头帮她安置一个地方住一晚上。烧杠炭的老头抬头一看，见是一个女人，又穿得很漂亮，心想把她安置在哪里歇呢？未必在窑门口睡？要不得！老头想来想去，想到了这窑子翻坳坳[⑥]过去的汪家院子里有两个寡妇，叫汪大、汪二，就对王秀英说："汪大、汪二的丈夫都死了，你到她们那里去歇最合适"。烧炭老头把王秀英送到汪大、汪二家。汪大嫂、汪二嫂把王秀英接到屋里，照起亮[⑦]一看，就眼红了。原来王秀英满头钗环首饰，身上穿的是绫罗绸缎。这两个妇女本来就贪财，她们看到王秀英身上的东西值钱，就打她的主意。汪二说："嫂嫂，你看来借歇的这个妇人穿戴得多漂亮，我们不如用酒把她灌醉，把她的首饰衣服剥下来，拿到当铺去当，当起的银子起码够我们妯娌吃三年"。"对！就是这个主意。"于是，两个寡妇就到厨房弄了一些酒菜，把王秀英请到桌子边来喝酒。王秀英奔波了这半天，肚子也饿了，也想吃东西。这两个妇人殷勤招待，又以"刘老爷才高学广，明年必定高中，我们日后也好沾点光"这类的话来奉承她，劝她喝酒。她也不客气了，一哈儿就吃得醺醺大醉，人事不省。然后，两个寡妇就把王秀英周身的衣服裤儿脱了，把钗环首饰全部取下来，藏在屋里。但是，人又怎么办呢？两个妇人商量：深更半夜，没人看见，干脆把她丢到观音寺庙子前面的堰塘里淹死，祸断根绝，我们好甘得财喜。两个妇人打定主意，就把王秀英的手脚捆起，一个抬头，一个抬脚，把王秀英丢到屋背后不远的观音寺前面的堰塘里，然后回到家里分横财。

王秀英被丢到堰塘里头后，冷水一冰，她就醒了。堰塘水不深，一翻身，就立了起来。"我咋个在这堰塘里头?"再一看，周身被剥得精光，就明白是咋个一回事了。她想起今天这一天的遭遇，就哭了，开头是小声在哭，越哭越伤心，就放声大哭起来。正哭得起劲，观音寺唱佛道[⑧]的老和尚和他的两个徒弟，在别人家开了路[⑨]背着锣鼓，打着灯笼回庙里来。走到庙门前的堰塘边，听到有人在哭，打起灯笼一照，见是一个女人在堰塘里。老和尚急忙把王秀英救起来，见她周身精光，赶快脱下自己身上的衣服给她遮倒，问她在这堰塘里来的原因，王秀英就把自己的遭遇一一告诉了老和尚。老和尚把王秀英接进观音寺，安排她在自己的禅房里住下。王秀英心想，只好住一夜在说，明天再带信到刘府叫人来接她。

老和尚的这两个徒弟正年轻，欲火正旺，他们看到王秀英那一身雪白娇嫩的肉后，欲火上升，就暗地商量："师弟，我们从小就在这庙子里当和尚，还没开过荤[⑩]，她今天是送菜上门，该你我弟兄……""对对对！就是这个主意。"他两个东西等老和尚把王秀英安排好，就摸到师傅的房门前，想进屋行奸。谁知老和尚早就看透了两个徒弟的心思，他没有睡，等王秀英睡下后，他端了一把椅子，坐守在门前，但是，因他"开路"熬了夜，耽搁了瞌睡，坐了一阵就睡着了。两个徒弟一看师傅守在门前，就悄悄商量：“师弟，这老东西硬是可恶，跟他学徒弟以来，我们就戒了色，今天这个女人送上门来，他又在这里挡倒。”“这个老东西，一天走人户，下力背东西是我们的，主人家打发的香米油钱是他的，我看他是活得不耐烦了。”“我们干脆把他除脱[11]，再把消息封锁了，不用说这庙子就该我们俩弟兄来把持。我们把这女人关在庙子里，我们俩弟兄就可以经常欣赏这个嫩婆娘了。”“对对对，就是这个主意。”这两个东西趁老和尚睡着的时候，拿一根绳子套在老和尚的颈项上，一个扯这头，一个扯那头，两下一搭力，老和尚就呜乎哀哉了。为了毁尸灭迹，两个东西又商量：在老和尚的背上捆一个磨墩，丢到了庙前的堰塘里。

王秀英受了那一场风波，哪里还睡得着？刚才两个小和尚在门外做的事，说的话，她都看在眼里，记在心头。但她是女流之辈，又有啥办法呢？她眼睁睁地看到两个小和尚把老和尚勒死，抬去丢到堰塘里，她吓得条条颤[12]，心想：我才是命该如此，我哪里还能等到明天？慢不过半个时辰，这两个东西就要转来，我就要受辱失掉名节，倒不如也走老和尚那一条路。于是，她就在屋里“两个五百——一吊”，就吊死了。

两个小和尚把老和尚丢到堰塘以后，来到老和尚房前直赶喊开门，心想开门以后，就该成好事了。但喊了半天，没有人答应，他们用木棒撬开房门一看，呀，王秀英已经吊起了！解下来一看，早已断了气了。小和尚心想：王秀英死了就算了，反正没人晓得，但死了老和尚就不好办，明天人家问起来咋个说呢？哎，管他妈的哟！好在王秀英穿的是老和尚的衣儿裤儿，就把她当成老和尚，塞在棺材里，就说老和尚晚上开路回来得暴病死了。两个东西商量已定，就把王秀英当成老和尚装进棺材。第二天，又把老和尚死了的消息传开。两个小和尚装得很像，举行了安葬仪式，念经拜忏，哭哭啼啼把老和尚埋了。好在也没人去下细看棺材里的人，这件事情就混过去了。

再说刘青山，他一觉睡到第二天早上吃早饭才醒来。睡了一夜，酒也醒了，他才想起昨天王秀英在路上叫他派轿子去接她的事忘记了。这咋个得了？他急忙叫几个家人抬轿子去接夫人回来。他心想：夫人没人去接还不会转去呀？他就告诉家人：“你们去看，路上没人的话，就直接到王员外府里去接。”家人们抬起轿子沿路找到王员外家中，王员外听说是派来接小姐的，就说：“昨天下午他前脚走，我女儿后脚就跟着去了，今天又派人来接，这是怎么回事？”家人回复刘青山，刘青山就派人四处打听，到处都不见王秀英的消息，由此他认为：岳父在酒席上骂我是“穷讨口子”，他的意思，是嫌刘家穷了，不愿意让女儿跟倒我了，就把女儿藏了起来。他是个秀才，会写，就写了一张状子，说王员外嫌贫爱富，拆散人家夫妻，到县大老爷堂前告了岳父一状。王员外也派人四处打听，不见女儿的影子，就想：我女儿明明是跟着你走的，你偏说没有回来。女儿嫁给你以来，我从来没得罪过你，酒宴上我待你不薄，你却无中生有，闹得不欢而散，这明明是你夫妻有点口角言语，你就喜新厌旧，把我女儿弄来黑整[13]了。于是，他也一张状子告到县大老爷面前。

县大老爷一审这案子，两个都是原告，两个又都是被告，问又问不出头绪，便对这件事情作过细的调查。县大老爷派人顺着那天下午王秀英走的路途进行查问。问到十字路口那一对孤老夫妻，他老俩口说，记得那天吃了晚饭后刚上床，有个女人的声音在屋外头问路，叫她往左拐到汪家坝去了。差人又顺左拐，问到烧杠炭那个老头，老头正害重病，快要说不出话了；半天，他才说明白：那天晚上有这么个人来找歇处，他把她送到汪家院子汪大、汪二两个寡妇家里去了。差人找到两个寡妇，两个都不承认有这么个女人来她们家歇过。差人再转来找烧炭老头作证，老头已经说不出话了。这样，线索就断了。

这样一来，县大老爷作难了，该咋个弄清这个案子呢？他想了半夜，想出了一个办法：第二天，他化妆成一个算命先生，拿起算命招牌，到汪家坝子汪大、汪二家门口高喊算命。自从县衙里的头的差人到汪大、汪二家里来后，她们天天吃不下饭，睡不着觉，深怕犯撬[14]吃官司。这天，她俩听到有人喊算命，赶忙把算命先生请到屋头来算吉凶祸福。县大老爷替汪大、汪二排了八字，又跷起指拇默念了一阵，就说她们的八字凶，要大祸临头。汪大、汪二赶忙问解脱的办法，县大老爷就抬傲[15]算命价钱。汪大、汪二拿不出多的钱，县大老爷就叫她们拿金银首饰来抵。汪大汪二为了消灾脱难，没有细想，就把从王秀英身上取来的首饰拿了几件来抵算命钱。县大老爷拿到首饰，胡乱给她们算了一阵命，就回到县衙，立即差人请刘青山辩认，刘青山认出这正是王秀英的首饰。有了物证，县大老爷派人把汪大、汪二抓来审问，汪大、汪二看到县大老爷正是那个算命先生，晓得麻[16]不过去，害怕皮肉吃苦，只好认了账[17]。

县大老爷根据汪大、汪二的供状，派人到观音寺堰塘去打捞王秀英的尸体，哪晓得捞起来的是勒死了的老和尚。又是一件人命案！案情重大，非同小可，县大老爷仔细分析案情，怀疑两个小和尚害死了师傅，便把小和尚抓来审问．两个东西死不认帐，县大老爷用大刑，两个东西受刑不过，只好招认了勒死师傅，逼死王秀英的经过。县大老爷派人挖开老和尚的坟，果然里面是王秀英的尸体。到这时，人证、物证都有，两个小和尚和汪大、汪二都被判处了死刑。

案子终于破了，恶人受到惩处，只可叹酒、色、财、气一下子白白地断送了六条人命！

①不消说：不用说。

②扯酒经：说劝酒的话。

③二醺醺地：似醉非醉地。

④赶酒：吃不花钱的酒；讨口子，乞丐。

⑤求衷怜：说好话，请求照顾。

⑥坳坳：山口。

⑦亮：灯。

⑧唱佛道：做佛教的法事。

⑨开路：办丧事的一种迷信活动，即为亡人赴阴曹地府开道。

⑩开晕：此指性行为。

⑪除脱：杀死。

⑫条条颤：发抖。

⑬黑整：暗杀。

⑭犯撬：露马脚。

⑮傲：抬高。

⑯麻：哄。

⑰认了账：招了供。

文方尸比

从前有个员外，接连讨了两个老婆都不生儿，他想儿想得要命。久而久之，被他欺压过的人骂他心狠手辣，整人整多了，要绝瓜筦[①]。员外听到这些话哪里服气，又花钱讨了个三门[②]。这个婆娘晓得王家是为了接香火[③]才讨的她，她心里头想，一定要争气生个儿。哪晓得过门一年，肚子还是瘪瘪的，她也着急，背到起[④]问一个请的大嫂[⑤]，为啥子自己不怀娃娃。请的大嫂见老板娘急成这个样子，就说了老实话：老板在重庆得过洋霉花[⑥]，吃过麝香，莫得儿女。这三老板娘一听，着急了，心里头又想：如果自己不生娃娃，男人肯定就要讨第四门。她一天饭也吃不下，在院子里去找那些请的长工摆龙门阵混天天，东混西混，和一个掌管秋尔[⑦]混熟了，慢慢的就裸[⑧]起了。第三年生了一个胖娃娃。嘿，这一下王员外高兴得要死，为了使族下和四方的人晓得姓王的有后，打三朝[⑨]这天他要为儿子做望生[⑩]，并招呼族下要块寿匾。族下这些人，好多家都是种的王员外的田，都吃尽他龟儿的辣子汤[⑪]，不去给奶娃做生又不行，要送匾又不愿意。大家商量，还是要送，但不是送匾去祝寿，而是要想法送匾去挖苦他一下。这些人写不起字，就去找官学堂一位对人好的教书先生写匾。教书先生一听才三天的娃儿就做生，又好气又好笑，顺口一句："放屁!"来请他写匾的人一听，连说："对，就写他妈个放屁。"教书先生可难住了，自己教书的学堂在王员外管的地盘内，怎么好得罪他？想了半天，才把"放屁"两字拆开写在匾上，写成"文方尸比"，又教送匾的人如何如何。

匾送到王员外家，王员外一见匾文不知什么意思，但见有个"文"字在前头、有个"比"字在后头；又听送匾的人祝贺道："愿小公子长大了文才满腹，赛过四方文人，诗文做得好，大比年考上状元。"王员外听了喜欢得不得了，忙叫人把匾挂在大门上。

①绝瓜篼：断子绝孙。

②三门：第三房小老婆。

③香火：后代。

④背到起：悄悄地。

⑤请的大嫂：女佣人。

⑥洋霉花：梅毒病。

⑦秋尔：长工。

⑧裸：通奸。

⑨打三朝：地方风俗，婴儿出生第三日举行的活动。

⑩做望生：地方风俗，提前过生日。

⑪辣子汤：苦头。

二、人物故事

蒋天礼和吴良兴

从前，有两个人，一个名字叫蒋天礼，一个叫吴良兴。他两个是朋友，蒋天礼有钱，吴良兴没有钱，吴良兴就巴倒[①]蒋天礼做生意，赶转角场[②]。他们在外头搞到了钱，欢欢喜喜回家来了。

有一天，走到一个万寡悬崖[③]的地方，吴良兴起了歹心，把蒋天礼推到万寡悬崖下面，以为蒋天礼被搭[④]死了，担起货物回到了家里。吴良兴对蒋天礼的婆娘撒谎说："这回做生意亏了本，要卖了家物[⑤]去赔!"吴良兴就把蒋天礼的婆娘赶了出去，把蒋天礼的家产占了!

蒋天礼没有遭跌死。他跌到半岩上一网[⑥]藤藤里，在树杈上担[⑦]起。他醒转来后，听见半岩上的山洞里有神仙在开会，说是有个地方干了三年，要一个神仙去放水；有一个员外生了病，要一个神仙去医。还商量了放水和医病的办法，然后神仙散会了。

神仙走了过后，蒋天礼爬到洞口，扯到一把灵芝草。这时，岩上头有人娶亲过路，蒋天礼就大喊救命。岩上的人听到了，就解下脚杆[⑧]上的绑腿结成绳子放下来，把蒋天礼救了上去。

蒋天礼带上灵芝草，到了那个员外家，员外得了病多年都没治好，蒋天礼就用灵芝草给员外治好了病，员外赏了很多银子给他。

蒋天礼又到天干那一方，向人家讨饭吃，人家回答说："天干了三年，哪来饭给你吃！"蒋天礼说："哪里没饭吃，是你们没去想法，我保管找得到水。"他向人要了一把锄头，用锄头一挖，水就从地下冒了出来，大家说他是活神仙。

蒋天礼回到家里，吴良兴见了他，吓得说不出话来。蒋天礼说："不要紧！你帮了我的忙……"。他把自己遇到神仙的龙门阵[9]摆起吴良兴听了。

吴良兴听了蒋天礼的龙门阵动了心，也想去会神仙。他叫婆娘跟他一路到了那个万丈悬崖边，让婆娘把自己往悬崖下一推。哪晓得，他这一跌下去，没有藤藤网他，便跌到一个树桩桩上，把他搭了个半死，直喊救命。神仙听到不但没有救他，反而说灵芝草是被他偷走了，砍了他的脑壳。

①巴倒：依附。

②转角场：轮流赶场。

③万寡悬崖：万丈悬崖。

④搭：跌。

⑤家物：财产房屋。

⑥一网：一团。

⑦担：横挂。

⑧脚杆：小腿。

⑨龙门阵：故事。

神纸断案

从前，有一个县大老爷，名字叫余痴。他上任的头一天，在公堂大门口挂了一块大匾，上面写着"明镜高悬"四个大字。

他上任的第二天，来了一个人告状。告状的人名字叫王有财，他家里也真的有财，家屋[1]很好，莫得儿女，只有他俩夫妇。他向县大老爷告状说："昨天晚上半夜三更，家里祖传的一对金钗遭贼偷去了，他们在睡梦中听见门响，起来看，看到一个贼人，脸上长起一颗黑痣。"县大老爷听了案情，就对王有财说："好，你明天来拿你的金钗。"

王有财走了过后，县大老爷就叫衙役把全县脸上长了黑痣的十多个人全部抓起来，押到公堂上。县大老爷审问了半天，没有审出名堂[2]。衙役都在背后嘲笑老爷，都说老爷叫王有财明天来拿金钗，看他明天咋个给人家答复。

县大老爷想出了一个破案的办法：他给抓来的人每人发了一个封好的信封，对这些人说："我这里面装的都是正方形的神纸，哪个偷了金钗，他那张正方形的神纸就会变成长方形，明天我再在公堂上来查看。"说完过后，就把十多个人一个关一个屋子。

第二天一早，县大老爷就升堂断案。叫抓来的人把信封拆开，把神纸交出来查看。十几个人中间，只有一个人的神纸是正方形的，其余都是长方形。县大老爷说："拿正方形神纸的人是偷尔"。那个人申辩说："我没偷金钗，我的神纸是正方形的，不是长方形。"县大老爷说："就是看到你拿的是正方形的，我才晓得你是偷尔。因为我信封里封的神纸都是长方形的。如果没偷金钗，心不虚，就不会拆信封，裁神纸，所以神纸还是长方形；你偷了金钗，心虚，就悄悄拆开信封，看到神纸是长方形，就悄悄裁脱一溜[3]，裁成了正方形，这样做恰恰说明了你是偷尔。"那人莫法狡赖，只好认账[4]，交出了金钗。县大老爷把金钗还给了王有财。大家都说："县大老爷硬是明镜高悬。"

①家屋：财产。

②名堂：结果

③一溜：小幅纸。

④认账：承认。

县官审蛋

从前有一县官，他和两个随从一起到一个地方去审理一件案子。一天，他们经过一条热闹的大街，买了一口袋鸡蛋带走。晚上，他们在一家旅店住宿。县官总是想着那件案子，到半夜还没有睡着。突然，他听到屋里头有"哔哔"的响声，他慢慢梭[①]下床，点亮灯盏[②]，一看，屋里头什么也没有。他又倒[③]在床上。一会儿他又听到同样的响声，这回他把头放在床沿边，一动不动地看着屋内的一切。又是一阵响声，他朝发出响声的地方望去，原来是几个耗子在他的口袋里。他没有动，要看这些耗子搞什么名堂。奇迹出现了，只见一个耗子用四只脚抱住一个鸡蛋，其他耗子咬着这只耗子的耳朵、尾巴、毛，拉着它慢慢地往屋角角的洞里爬去。接着，二回、三回……。第二天，县官大清早起来了，他喝问两个随从："混蛋！是哪个家伙拿了我的蛋。"两个随从都不晓得得怎么回事。在这间屋里，只有他们三人。谁也没有去开过门，壁头又莫得缝缝，可是，鸡蛋的确少了好几个。鸡蛋不会飞，它到哪里去了呢？县官硬说这些蛋是两个随从趁他睡着后拿出去的。两个随从说："老爷，我们确实没有偷蛋。"县官脸色大变，说："好啊！你们还敢狡辩，回去后你们才晓得厉害！"

回到县城，县官第一件事就是"审蛋"。这个当官的，平时那么讲人情，那么讲公平，这回为了几个蛋，对他的随从动起刑来了。两个随从受不住严刑拷打，就在供纸上画了押。县官问道："你们是怎样偷出去的？"随从说："那天晚上，老爷喝的酒里我们下了蒙汗药，等你睡着后，我们就把蛋偷了。"县官又问："你们偷到哪里去了，嗯？"随从想了一阵，说："我俩把蛋偷了出去，在店里换了一个鸡腿吃。我们吃了鸡腿后就回房睡觉。"县官听了随从的口供，一押方[④]拍在桌子上说："撒谎！"两个随从吓慌了，直赶说："没、没……老爷，我们没有撒谎啊，要杀快点，招都招了，不要叫我们再活受罪了。"县官听随从这样说，猛地撕掉那张画了押的供纸，喝道："来人！"两个随从吓得直赶喊："老爷！老爷！"县官没理他们，命令差丁："为他们松绑！备上一桌酒席！"说完，他也亲自下来为两个随从松绳子，把周围的人弄得丈二和尚——摸不着头脑。

县官坐在台子上把"耗子偷蛋"一案从头到尾说了一遍。并说："过去以为自己手中的案子没有一件是冤案，这次在两个随从身上一试，哎！重刑之下必出冤案呀！"县官叹了口气，吩咐手下的人不能只用刑具来解决问题，要多方面调查核实。自此以后，这个县令在办案中特别谨慎细致，百姓都称道他是个很好、很能干的清官。

①梭：溜。

②灯盏：油灯。

③倒：躺。

④押方：惊堂木，醒木。

咸谷生

从前，一群人挂社坟[①]的时候，发现一坟山上长出一线谷子[②]，谷子又黄又亮，而且籽籽又多。人们都清楚这时正是三月清明节，三月间哪能长出这样一线谷子？大家看了都十分惊奇。

这些人把坟挖开，想看个究竟。原来这线谷子是从死人的嘴里长出来的。人们猜想，死者一定死得冤枉，阴魂不散而显异象，于是，他们去向县大老爷报了案。

县官决心要把这个无头案子弄明白。他问清了挖坟的详细经过，想了许久，突然问："你们那里有一个姓咸的吗？"报案的人回答说："有姓咸的。"县官又问："有没有一个叫咸谷生的？""有，就只有他一个人姓咸。""他现在干什么？""跑到外面杀猪卖肉去了。"原来县官从死者口中长出谷子一事悟出死者在暗示杀人凶犯姓咸（含）名谷生，故指名道姓捉拿他。县官命令差丁到全国各地去搜捕。这些差丁在外面不干别的事，天天到那些肉摊上去卖三四两肉。买好后就问："你卖的肉有没有那么多呵？"如果是张三买，立即就会说："我张三卖的肉老少不欺，包哲[③]。"一天，一伙差丁在一个肉摊上买好肉后同样问："你卖的肉有没有那么多呵？"那卖肉的汉子拍着胸膛说："你称二两棉花去纺纺[④]，我咸谷生的秤假不假就是了。"差丁一听他就是咸谷生，好不高兴地说："真是踏破铁鞋无觅处，得来全不费功夫。走，我们县老爷有请。"说着，差丁把大链子往他颈项一套，就把他拉走了。

差丁把咸谷生拉到公堂上，县官呵问他杀过人没有？杀了什么样的人？埋在哪里？咸谷生被这一阵势吓火巴了，便一五一十地答道："有一家人接媳妇，请我去作厨师办席。见那新娘子长得太漂亮了，我就想钻空空占便宜。到了晚上，我看新郎去后面解手[⑤]，我就拿起一把刀追了过去，趁他不注意就把他杀了。正在这时，新娘娘家来送亲的小舅子也来解手，踩着地上的血一滑就拌倒了，没有发现他踩着的是姐夫的血，以为是踩着了稀泥巴。后来人们发现小舅子身上有血，就把他抓去报官，说他想谋姐夫的家产而把姐夫杀了。小舅子有口难辩，被县大老爷斩了头。"

县大老爷听了脸色铁青，连连骂道："原来如此，我当年错断了那个案子。来呀！把咸谷生推出斩首！"差丁蜂拥上前，推出县衙斩了咸谷生。

①挂社纹：清明节前到已故亲友坟台插纸花，摆供品悼念。

②一线谷子：一根水稻。

③包哲：包你复秤的意思。

④称二两棉花去纺纺：到各处去访问访问的意思。

⑤解手：解便。

刘仙娘失算

从前，有个刘仙娘，人们都说她烧蛋[①]得行，说她如果是观亡[②]，许了菩萨，一上了车[③]说得准得很；如果是观死了的妈和老汉[④]，活像活人在世一样。请刘仙娘的人硬是多得起绞绞[⑤]。

那一回，李二娃子的细娃尔[⑥]害了病，他的婆娘也去找刘仙娘烧蛋。刘仙娘烧了一个蛋说："这是他公和婆在阴间没得钱用了作的怪，你们应该观亡，请两个老的出来，说几句话、认个错，娃尔就要好！"李二娃子的婆娘一听，忙问："刘神仙，死了的人嘟门[⑦]请得出来嘛？"刘仙娘一见李二娃子屋头上了轿[⑧]，忙说："捉个大公鸡来，端两斤这么大个刀头，拿五吊敬神钱和香蜡纸烛来，我包请出你的公公老汉和婆婆娘。"

李二娃子的婆娘回来跟李二娃子商量这事。"爬她妈的哟，她龟儿[⑨]是哄钱的！"李二娃不同意，但一则婆娘一心要信神，再则李二娃子也想收拾一下刘仙娘，让婆娘也看一下刘仙娘的本领，于是他答应了和婆娘一道去，但是两口子事先说好了，不准婆娘开腔，如果他说啥子，只准婆娘答应"是"，不是就啄脑壳[10]。

第二天，二娃子两口子捉了个大红鸡公，拿了刀头和香蜡纸烛请刘仙娘“观亡”。刘仙娘叫二娃子报了亡人的生庚八字，又烧纸又磕头，口里又日咕棒槌儿[11]的直顾[12]说。把菩萨许完，闭上眼睛“上车”了。

李二娃子悄悄地对婆娘说：“看说得准不准，我们老汉最喜欢吃红海椒[13]下白酒了。”婆娘一听，直顾答应是。

那刘仙娘闭了哈尔[14]眼睛，连忙喊：“二娃子，把我的酒罐罐和杯杯拿出来，红海椒壳子拿几个出来我下酒！”

二娃子赶忙拿出准备好了的敬神酒和朝天冲海椒。刘仙娘喝了一口酒，吃了一个朝天冲[15]海椒，就辣得眼睛水四颗四颗流，喉咙火辣火熛，嘴巴头辣起了几个大果子泡，说话也说不出来了，舌条捋也捋不转。李二娃子暗地好笑，拉起婆娘和自己带来的礼物就走。

出了刘仙娘的门，二娃子对婆娘说：“该是刘仙娘烧蛋是哄钱的哈，我屋老汉是个哑巴，烟酒都不尝，她听我们怎么说就跟倒说！”

二娃子婆娘也笑了：“这个刘仙娘连整她龟儿的冤枉[16]她就晓不得，准个屁！”

①烧蛋：迷信职业者骗取钱财的活动方式之一，即根据在火灰中烧熟爆裂的鸡蛋的形状来断言求神者的吉凶祸福。

②观亡：迷信职业者骗取钱财的活动之一，即谎称求神者已故的列祖列宗“借身还魂”，以亡人的形态、口吻来说明祸福根源和避祸求福办法。

③上车：迷信职业者的行话，即进入角色。

④老汉：父亲。

⑤绞绞：连续不断。

⑥细娃尔：儿子。

⑦啷门：咋个、如何、怎么。

⑧上了桥：上了当、中了计。

⑨龟儿：骂人的方言，私生子。

⑩啄脑壳：点头。

⑪日咕棒槌：叽里咕噜。

⑫直顾：不停地。

⑬海椒：辣椒。

⑭哈尔：一会儿。

⑮朝天冲：一种很辣的辣椒。

⑯冤枉：捉弄。

前娘后母

从前有个人家户里，有一个前娘生的姐姐和后娘生的妹妹。后娘对前娘生的这个大女儿很孬，对她自己生的这个女儿又特别娇惯。后娘为了让他家的全部家屋[1]都给自己的这个小女儿，于是她就千方百计地想办法来害死前娘所生的大女儿。

一天，她把大女儿叫到跟前说：“你也有十五岁了，重活路做不起，我给你派个轻巧活路，拿一升豆子到后山沟里去生豆芽，只能用后山沟里的那股浸水[2]生，每七天你必须给我送一次又白又嫩的豆芽菜回来；如果不按照我规定的时间生出豆芽送回来，你就莫想回家。”大女儿明明知道，后山沟是没有人烟的深山老林，豹子老虎很多，但是在后娘面前又不敢顶嘴，就是死也只有去。

这个苦命的姑娘提一篮豆子边哭边往山里走，天气这么寒冷，七天又哪门[3]生得出豆芽来呢？可是出乎后母的预料，刚刚才七天，姑娘提起一篮又白又嫩的豆芽回来了，她不但没冷死，也没有饿死，反而人也不像以前那样黄皮刮瘦[4]，长得又白又胖又漂亮了。后母觉得这事有些怪，又没有理由再把大女儿撵出去了。她心里一默，又想出了一个坏主意：我这次先把豆子炒熟给你看，你有莫得办法再生出豆芽来。她把大儿女叫来，又要她去后山生豆芽，还是叫她七天送豆芽回来。又刚刚七天，姑娘回来了，这回生的豆芽比前次还要好些，人也变得更加好看了，活像七仙姑样。后母这回硬是吓惨了，心想：莫非这后山里有神仙？对！对！肯定是神仙显灵了，何不让自己那个女儿也去，她也会变得很好看。她这样想就这样做，和往回一样将自己的女儿叫到后山去生豆芽，可是七天、半月后，不见女儿回来。

原来，前娘生的这个姑娘去生豆芽，吃尽苦头，本地的土地和山神可怜她，用神术保护她，帮助她，而后母自己这个女儿是惯势[5]完了[6]的，哪吃得那个苦嘛，在山里冷死过后被豹子吃了。这正是起心害心，反害自身。

①家屋：家庭财产。

②浸水：泉水。

③哪门：怎么。

④黄皮刮瘦：面黄叽瘦。

⑤惯势：娇惯。

⑥完了：够了。

第四节　寓　言

寓言，是带劝喻或讽刺性的故事。岳池农家寓言大多篇幅简短，故事的主人公有的是人，有的是生物，有的是无生物。主题多是托物寓意，借此喻彼，借古喻今，借远喻近，借小喻大，使深刻的道理从简单的故事中体现出来，给人以有益的教育和启迪。特别是石垭、中和、九龙、罗渡、苟角、顾县、坪滩一带的农家寓言，寓意深刻，不少作品至今广为传诵。

千刀万剐

一天，肖老幺偷了王五家的东西，被发现后死不认账，还赌咒发誓地说他没有偷，为了证实自己的清白，肖老幺约王五明天到牛王庙去赌咒。

人们都说庙里的川主菩萨最灵验，凡是去许了愿的都能实现。这天下午，肖老幺一个人跑到庙里去，跪到川主菩萨面前，说：“川主菩萨，这次我偷了王五家的东西我没承认，我约王五明天到你这里来赌咒，我赌王五的冤枉咒，许他明天出门搭[1]断脚杆，你如果保佑了我，事成之后我请人来给你唱戏。”这时庙里恰巧有个赶考的书生在隔壁房里读书，听见肖老幺许愿，觉得奇怪：咦，偷了东西的人还许愿被偷东西的人搭断脚杆，我明天倒要看看是哪门回事。

第二天，肖老幺和王五来到庙里，跪在川主菩萨面前赌咒。肖老幺赌：如果王五冤枉我偷东西，他走出山门搭断脚杆。王五赌道：肖老幺偷了我的东西出山门搭断脚杆。赌完咒，他们都出了庙子。刚出山门，五王一不小心，滑脚滚下了山，把脚杆跌断了。书生看到这些事，自言自语地说："咦，菩萨也贪污受贿，我写张状纸，向玉皇大帝告状去。"他写好状纸，拿出火来点烟抽，突然风一吹，把状纸吹了起来，恰恰火燫着状纸，把状纸烧了。书生叹息说："唉，难得写哟。"他哪里晓得，火刚把状纸烧完，玉皇大帝就接到这张状纸。玉皇看完后，就派人去调查这件事，查明果真如此，当即遣雷公惩罚川主菩萨，把它掀下案子，一身打得稀巴烂。后来人们又塑了一尊菩萨立在川主菩萨的位置，把烂川主菩萨抬到了庙子背后去放起。

过了不久，这一带有很多人得了痢疾，不管吃什么药都医不好，眼看很多人都要被屙死了。一天，来了个老太婆，她对一个病得要死了的人说："你到牛王庙去，那背后有个烂菩萨，用力刮点上面的灰兑开水吃了就要好。"这人照老太婆的说法做了后，病就好了。就这样，刮菩萨兑开水吃能治痢疾的方子就一传十，十传百地传开了。许多人都争着去刮菩萨，不久，这一带的痢疾就消除了，一尊贪污受贿的菩萨就这样千刀万剐，剐得只剩骨架了。

①搭：跌。

刘铁匠与鬼

从前，有个铁匠姓刘，他的手艺很好，打的刀更是远近出名，因此拜他为师学艺的人很多。

一天，刘铁匠和他的徒弟们正在打铁，一个人跑到刘铁匠这儿，说他冷得很，让他烤一下火，刘铁匠看到这人冷得牙齿打磕磕[①]就同意了。第二天午时前，这个人又来烤火，刘铁匠也没说啥子，后来这人每天都要到刘铁匠这里来，天长日久，刘铁匠与烤火的人就耍得比较好，成了老朋友。有时候，烤火的人看到刘铁匠搞不赢，就拉风箱打杂，高兴起来，就与刘铁匠一起到小酒馆喝酒。有一天，烤火的人请刘铁匠喝酒，酒后，他就对铁匠说："刘师傅，我们今天就要分别了，我还是实话告诉你，我不是人，是鬼。你不要害怕，我是个好鬼，从来不伤害人。我找到替身了。我是被水淹死的，每天到我淹死的那个时辰，就是我冷得最难受的时候，所以到你这里来烤火，后来看到你对人好，我就经常来，感谢你收留了我"。说完就走了。

第二天，为了证实烤火人说的话，刘铁匠跑到河边去看。刚要走拢河边，就看到一个女人背起一个娃娃边哭边向河边跑。女的把娃娃放在岸上，就"扑通"一下跳进河里。那女的在水里一会落下去，一会儿又浮起来，始终不能落底。这时，有一个人看到女的被淹到了，就大声喊救命。一哈儿，周围的人就把那女的救起来送回了家。过了一天，刘铁匠照常在打铁，烤火的人又来了，铁匠一看便说："吔，不是分别了嘛，怎么又转来了"？烤火的人说："刘师傅咦，你不晓得，那女的好可怜罗，人家还有个小娃娃，我不忍心，就用背把她托起来，她才没遭淹死。"烤火的鬼没有找到替身，就不能投生。又过了一段时间，烤火的鬼对刘铁匠说："这回我们真的要分手了，阎王听说我做了好事，表扬了我，还把我弄到小神庙去作土地菩萨，你就把我送到庙子里去吧。"刘铁匠同意了，把鬼送到了小神庙，两人依依不舍。

①打磕磕：碰撞。

单身汉

从前有一个穷苦农民，还没有成家，父母都过世了，单身一人靠帮财主做零工维持生活。

有一天，一家财主叫他去薅秧子，六月三伏天，太阳很大，他就只薅阴凉地的秧子。他薅到一窝老槐树下时，捉到一个大团鱼，他就拿回去喂在水缸里头。别人劝他拿去卖了，不然就炖起来吃了，他都不愿意。开始几天，单身汉只给点剩汤剩水团鱼吃，这点把点[①]东西根本喂不饱。团鱼没吃够，就浮到水面上，抬起头望着单身汉。单身汉看到团鱼可怜的样子，只好把家里剩的一点粮食全部拿起来喂了团鱼，它吃饱了以后，才沉到水底下去。就在某一天，半夜的时候，雷打得响，火闪[②]也扯[③]得不歇气，雨也落得特别大。单身汉刚睡着，团鱼爬到他面前说："我现在走了。在你家住了这样久，还给我吃的，把你的粮食都吃光了，使你生活困难。没有什么报答你的恩情，只在水缸里跟你留下一颗红颜色的宝珠，你可以用这红珠去行医治病，但是要记住'救死不救活'。"第二天早晨他醒来跑到缸子边一看，团鱼不见了，果然留下一颗红珠子。他很小心的把红珠捞起来，放在贴身的荷包里。

有一天，他去赶场，经过一座大山，在山脚下看见许多蜂子死在地下。他觉得很可怜，忽然想起红珠能行医治病，于是他拿出红珠在蜂王身上挨了一下，蜂王的翅膀就能动了。他对蜂王说："如果你们需要我救活你们，就点头三下；如果你不蜇我，翅膀动三下"。蜂王点头三下，翅膀也动了三下。单身汉拿着红宝珠在每个蜂子身上都挨了三下，一群蜂子全部被他救活了，围着单身汉飞了一圈就飞走了。他救了一大群蜂子，心里感到很高兴。

过了一天，他到一座大山上去砍柴，在山沟里闻到一股臭味，原来是沟边一条龙蛇[④]死了发出的臭味。他看见非常难过，很想救活它，但是又怕龙蛇医活以后要咬死他。转念一又想反正自己是单身一人，死后没有啥子牵挂。同时团鱼在梦中再三告诉我"救死不救活"。所以他还是拿出红珠在龙蛇身上挨了一下，龙蛇能动了。单身汉对它说："你要是能够做好事，帮助人，我就愿意救活你，如果同意，你就点头三下。"龙蛇点了三下头。单身汉救活了龙蛇。

又过了几天，单身汉走到一条大河边，听到有人在哭，而且哭得很伤心，他走拢去，看见一个五十多岁的老太婆趴在一个新坟堆上哭。走过去一问，才知道是老太婆的独生儿子得暴病死了，现在年老力衰，无依无靠。单身汉听说以后，对老太婆非常同情，就对他说，能救活她的儿子。老太婆很高兴，请人马上把坟堆挖开，把儿子抬出来。单身汉用红珠在死人身上挨了三下，果然老太婆的儿子活了。老太婆俩娘母要报答单身汉起死回生之恩，硬留他耍几天。在老太婆家里耍的几天时间里，在摆谈中，单身汉把自己行医治病的经过都告诉老太婆俩娘母。

老太婆俩娘母听单身汉一讲，就对他起歹心，想把红宝珠弄到自己手中，但想不出个好办法。正在这个时候，单身汉提出要回家了。老太婆俩娘母假意留他再耍几天，但留不住。于是老太婆在家里办了一桌上等酒席，为单身汉饯行。酒席桌上，老太婆俩娘母轮流跟单身汉敬酒，左一杯、右一杯，莫得一哈儿，就把单身汉灌醉了。俩娘母见单身汉醉得人事不醒，急忙走拢他身边偷出红宝珠，并且把他抬起丢到大河里去了。

单身汉被丢到河里以后，被他救过的龙蛇把他托起，所以没被淹死。他醒来发现自己睡在沙滩上，但是，红宝珠不见了。他爬起来向回家的路上走去。经过一个场镇，看见许多人围在一起看一张告示。单身汉不识字，他向过路的一个老大爷打听，这告示是怎么一回事。老大爷告诉他，这是一张皇帝老官出的告示：皇帝老官的公主得了重病，京城里有名的医生都去医治了，但是都医不好，所以贴出告示，诏令天下名医进宫跟公主治病，谁能把公主的病治好，就招他做附马。告示贴出已经二十多天，还没听说有人敢进宫去跟公主治病，于是他走过去一把撕下告示。这时两个差役走了过来，把他带进了官府里，并且问他什么时候进宫跟公主治病，要准备些什么东西。这个时候，单身汉清醒过来，想起红宝珠已丢失了，晓得惹了包天大祸。现在怎么办？想来想去，慢慢地他睡着了，睡梦中，梦见龙蛇嘴里含着一个药瓶来到他面前，跟他说："恩公，不要干着急，我送你一瓶灵丹妙药，保证能够医好公主的病。"醒转来以后，在桌上果然搁起一瓶药。第二天早晨，他带着药瓶，进皇宫跟公主治了病，果然药到病除。

皇帝老官听说公主的病被一个年轻人用了一次药就医好了，非常惊奇，也十分高兴，决定把公主许配跟单身汉，但后来又听说这个年轻人出身贫寒，又不大愿意了。正在为难的时候，大臣向皇帝报告，外敌向边境入侵，求皇帝派兵到边境杀敌。满朝文武大臣都推举单身汉领兵。就在这天夜里，被单身汉救过的蜂王跟他送来一个梦，叫单身汉一人前去边境杀敌，一定能够胜利。第二天，皇帝召见单身汉，叫他带兵退敌。单身汉满口答应下来。皇帝问他要带领多少兵马，他说，自己愿意单身前去。皇帝听了很不高兴说："你不带兵马，个人死了倒是小事，只是敌人因此向国内大举进攻，岂不是失去孤的江山和皇位。"这个时候有一个大臣说："他一个人可以先去，随后再派一大队兵马，如果单身汉挡不住敌人，后面援助的大军，可以阻挡敌人向国内进攻。"皇帝想了下觉得有理，就同意了单身汉的请求。

单身汉来到边境的两军阵前一看，只见对方兵马林立，满山遍野都是，再看自己，单身一人，想起来十分害怕。正在为难的时候，大群大群的蜂子铺天盖地飞来，把太阳都遮了大半边。这些蜂子直接飞向敌阵，向着敌人兵马乱咬乱蛰。一哈儿，敌军大乱，慌慌忙忙撤回了本国。就这样，单身汉得胜回朝。皇帝见他杀敌有功，封他为王，并且把公主许配给他。

再说那被老太婆母子俩偷去的红宝珠，在单身汉被丢下河时，立即变成了一颗小石子，一点灵气都没有了。

①点把点：形容很少。

②火闪：闪电。

③扯：闪。

④龙蛇：很大的蛇。

两弟兄

从前，一个姓张的人家，有两弟兄，老大为人忠厚老实，靠自己辛勤劳动来养活一家妻室儿女，日子很清寒。人们都很喜欢他。老二就不同了，平时在乡里头称王称霸，还有个偷鸡摸狗拔蒜苗①的坏习惯，日子比老大过得好一些，村里的人都讨厌他。

这年大天干，老大的收成不好，所有的亲朋好友的家里，都借完了，生活还是过不下去。实在没有办法，就去跟老二商量，希望他能借给他一斗几升。话还没出口，就被老二踏屑②了一顿。又过了几天，眼看揭不开锅盖③了，他婆娘逼着他去偷。老大逼得走投无路，只好跟到老二去学偷。一天晚上，他两个到坡上④偷粮食。老二是偷惯了的，不管是哪家东西，也不论你是菜苗苗、菜根根，只要是吃得的，用得的，统统装进背篼，一哈儿⑤，就偷了一大背。而老大跟到跑了半夜，因为下不得手，结果还是一个空背篼。老二偷满一背，就要回去了，老大莫法，只好跟到老二回家。过桥的时候，老大觉得背篼空空的回去不好交差，顺手捡了几块石头丢进背篼。老大一走拢屋，对婆娘说："老婆子，快点来看，我偷到几块金子。"他婆娘信以为真，走拢一看，原来是几块石头，就骂他无用，又把他撵了出来，他就躲在屋角角睡了一夜。第二天起来，只见那几块石头果真变成了金子。

老二很快就知道了石头变金子的事，第二天晚上背了一个很大很大的背篼，来到桥边，跪在桥头，装得可怜巴巴的样子："土地公公，土地菩萨，你老人家大慈大悲，可怜可怜我吧，我实在活不下去了，给我金子吧，我为你重修庙子，再塑金身。"说完以后，装了满满一大背石头，压得他背都背不动。正在这个时候，突然上河涨水，洪水冲了过来，把老二冲进河中淹死了。

①偷鸡摸狗拔蒜苗：小偷小摸。

②踏屑：讽刺。

③揭不开锅盖：锅里没有煮的。

④坡上：土里。

⑤一哈儿：一会儿。

尖八角

从前，有一个男娃尔，从小死了父母亲，家里很穷，住在岩洞里头，靠讨口过日子。不晓得是什么原因，每当他要到一升米，在回家的路上，部要搭一跟斗[①]泼掉二角[②]，心中很是想不通。

这一天，他又讨到一升米，回岩洞的时候，格外小心，没有搭跟斗。可是，在半夜，他在梦中突然听到米口袋里头有耗子吃米的声音。他非常气愤，猛地扑向口袋，一对白耗儿逃脱了一只，一只被他抓在手心。他把耗子狠狠地向地上摔去。突然，耗子不见了，只见一位头发胡子都白了的老头站在他面前，说："你命中只有八角米，走遍天下不满升。"未待他问为什么，老头子就突然不见了。后来，他就自己取了个名字叫尖八角。

尖八角很不服老头的话，为啥不满一升呢？想来想去，他想到西天的佛爷是解决人间疑难的，何不去问问他呢！

尖八角一边讨饭，一边赶路，到西天去找佛爷。这一天，他走到一个垭口上，一个白胡子老头儿拦住去路，原来是土地菩萨。土地菩萨笑吟吟地说："好小子，我晓得你要到佛爷那里去，请帮我问问佛爷，我在垭口上坐了几百年，为什么还成不了大神。"尖八角点头答应了土地老人的请求，然后又向前走去。

尖八角走到一个村庄，饿得眼睛发花，就向这个村庄的员外家要点饭吃。员外看他穿得烂，不给他，他就向员外求情说："员外，你行行方便嘛，我是到西天去问佛爷的，肚子里头实在没有东西了。"员外听说他是去找佛爷的，也不嫌他穿得破烂了。叫佣人摆起酒席款待他。席间，员外请他向佛爷问一下自己的女儿都十八岁了，为什么说不出一句话。尖八角点头答应了。走的时候，员外还送些金银盘缠和衣物给他。

尖八角走到一条河边，河水流得很急，波浪很凶，过不去，怎么办？突然，一阵大波大浪过后，一条巨大的水蛇向他游来，几乎吓得他昏倒在沙滩上。他以为这下全完了，哪晓得那水蛇却在水中说起话来："好小子，别怕，我也是要你带信的。"他坐起来，稳了稳神，壮着胆问道："带什么信？"水蛇说："请你帮我问问佛爷，我在这里修练了一千年道了，为什么成不了仙。"他点头答应了。水蛇又说："来吧，我送你过河。"说完，河水便风平浪静了，他骑到蛇背上过了河。

尖八角到了西天，刚到佛爷门前，就看到门上有副对联，上写："问自己就不问别人，问别人就不问自己。"他犹豫了，到底问谁的好呢？他想了又想，自己这两角米是小事，还是将别人的大事问了好。于是，他跨进了佛门。将别人的事问了，就往回走。

那水蛇早在那河里等候回音。他转告说："佛爷说你嘴里有一颗宝珠，丢了便可成仙。"于是，水蛇按照吩咐，吐出一颗宝石，立刻变成了人形。为了报答尖八角，水蛇将这宝石送给他，驾起祥云，升天而去。

他又走到员外庄上，员外哑了十八年的女儿突然跑到父亲房里说："爹爹，那讨饭的男娃尔又来了。"员外又惊又喜，女儿今天为什么突然开口说话了呢！他连忙出门接待八角，问佛爷咋个说。八角告诉他："佛爷说，你女儿有了我这个亲郎便开口说话。"员外吓了一跳，难道女儿嫁给这位讨口子吗？他想了又想：虽然八角人穷，但心好，我又没有儿子，招他进门操持我的家务，我今后也好过点清闲日子。员外就将女儿许配给八角，让他继承家业。由于八角还要给土地老人回话，说是等回完话之后才转来成婚。八角走到垭口，土地神到垭口笑盈盈地在等他。八角转告了佛爷的话："你左边一缸金，右边一缸银，丢了金银为大神。"土地老人为了感谢八角，就将金银送给了他。

后来，尖八角与员外的女儿结了婚，他们把金银散给了穷人，勤劳地操持家务，过着幸福美满的生活。

①跟斗：跌跤。

②角：计量单位，一升等于十角。

别人的闲事不要管

从前，有一个老汉，不知叫啥子名字，也从来不管别人的事，大家便给他取了个浑名①叫"老皇帝"。

有一天，老皇帝赶场买了一背米揹回去，走到半路上，后头赶上来一个人，看见老皇帝的背篼在漏米，本想叫他修理一下，免得米漏了，但想到老皇帝最讨厌管闲事的人，便不好明说，只问道："老皇帝，你说别人的闲事管不管得？"老皇帝说："管不得，管人闲事受人磨，不管闲事得安乐。"就这样，他们一前一后地走，又走了很久，背后那个人看着雪花花的米漏在地上实在可惜，又问："老皇帝，别人的闲事该不该管？"老皇帝照前头的话又说了一遍，后面的人一听，不开腔了。

临到二人分路的时候，背后的那个人看到米漏掉硬是不忍心，说了一声："老皇帝，你背篼里的米，走一路漏一路，恐怕漏掉两升了。"

老皇帝急忙把背篼搁下一看，硬是有个洞，便责怪起那人来："你为啥不早喊我一声？"

"你不是说管人闲事受人磨吗？"那个人回答。

①浑名：绰号。

第五节 笑 话

笑话，是一种形式短小，有简单的故事情节和取笑资料，具有一定讽刺性的文体。岳池农家笑话作品颇多，其中好的作品对社会不合理的现象给予了深刻的揭露和辛辣地讥讽；但有的作品却带有低级趣味，甚至丑化弱势人群。仅此收录数篇，供乡人取舍、评说。

门面·排场·吃喝

从前，有一人家有三个儿子。三个儿子取了三个怪名字：大儿子名叫门面，二儿名叫排场，三儿名叫吃喝。老大、老二生得奸①，晓得捧爹妈，爹妈很喜欢他两个。老三人老实，只晓得做活路②，所以处处胀笨③。

有一天，他们嘎嘎④满六十，做大生，三弟兄都跟到爹妈去祝寿。爹妈跟⑤老大、老二收拾收拾，穿得新崭崭的，老三却穿了一身脏兮兮的旧衣裳。

嘎嘎是个有钱人，做事刻薄吝啬，借做大生来敲亲戚朋友的竹杠，酒席办得很孬，亲戚朋友都不好说得。坐了席过后，客人都来和三兄弟耍，有人逗这三弟兄说："你们今天走嘎嘎屋头来，'门面'、'排场'都很好，就是'吃喝'不象样。"

①奸：聪明，狡猾。

②活路：干活。

③胀笨：吃亏。

④嘎嘎：外公外婆。

⑤跟：替，为。

傻姑爷巧遇记

从前，有一户人家，家屋①很好，只是生个儿子痴呆呆的。父亲拿很多钱买活②了媒婆，给儿子骗说一门亲。订婚一年多了，父亲从来不叫儿子去亲娘③家走一趟，因为去就会出洋相④。女方家有事下请贴，父亲就编一些"娃尔不得空"或者"生病"这类的话来哄骗一番。

一天，来了一个算命的，父亲请他给儿子算了一个命。算命先生说要他出出门，才能学乖⑤，父亲就给了些银子给儿子，叫他出去学乖。

一天，呆子来到一个院子边，听到屋里头有个娃儿在说："爹爹，我好啦！"这是一个小孩在告诉他爹，他病好了。呆子记住了这句话。过了一阵，呆子要解大手⑥，找到一家猪圈粪坑，不管三七二十一，拉起屎来。这时一个过路人路过这里，以为他是这猪圈的主人，便说："一人到此，惊动主人。"呆子一下子立起来，连屁股都没擦，走到过路人跟前说："你说得好，再讲一次给我听。"说完掏出二锭银子送给过路人。过路人看他这副模样，心头直赶笑，便又说了一遍，呆子记在心中，向前走去。

走到一条小河边，这条河只有一座独木桥。他刚要踏上桥，突然对岸有人说："双木桥好走，独木桥难行。"他又将这句话记在心中。河的对岸便是一座青山，有两位打猎人同时瞄准一只山鸡。一位猎人触景生情，吟起诗来："花花绿绿一只鸡，一飞飞到山野里，你我二人来打枪，不是你的是我的。"呆子连忙给了二两银子给打猎人，学到了这首诗，他还走边念，生怕忘记了。银子用得差不多了，呆子就往回走，走到一个垭口上，遇着两位书生在这里分手告别，一位书生说："我们州里不会府里会。"他听了，认为这句话好，又将这句话记在心中，走回了家。

父亲见儿子回来了，就问他："儿子呀，你学好了没有？"他用他第一次听到的"爹爹我好了"的话回答了父亲。父亲欢喜得不得了说："今天是你老亲爷的生日，你快提起礼信去祝贺，把你学到的东西都用上去。"

儿子走到老亲爷门边，屋里的客人与亲爷亲娘见女婿第一次登门，都起身迎接。呆子就说他学到的第二句话："一人在此，惊动主人。"老亲娘知他痴呆，早些时候已和丈夫商量给女儿另选了一个女婿，只是暂时隐瞒，等傻女婿出尽了洋相，再见机把他退掉。可是，傻女婿今天第一次上门给人们的印象还不错。老亲娘心想："难道说……。莫忙，还得试试看！"

坐席了，呆子的前面只放着一根筷子，这是老亲娘故意放的。人家用筷子夹菜吃，有说有笑的，可他一根筷子不能夹呀。他突然想起过独木桥时学到的一句话，就大声地说："双木桥好走，独木桥难行。"老亲娘以为他是在说筷子，又惊又喜，惊的是女婿说话很文雅风趣，好像并不傻，喜的是原来给女儿放的是个好人户。

吃完饭，老亲娘悄悄订的那个女婿和呆子同时下桌走到外面来，这时，一只花花绿绿的鸽子飞到花园里来了，那呆子突然想起了打鸟人的话，于是，又高声吟道："花花绿绿一只鸡，一飞飞到花园里，你我二人来打枪，不是你的是我的。"由于他记不得"山野里"几个字，就把这几个字改为"花园里"了。老亲娘找到丈夫说："唉，都怪你哟，这女婿哪里傻嘛，还有很高的学问呢，他打点比方多恰当。"呆子要走了，说不来告别的话，就将在书生那里学到的话讲了出来："我们州里不会府里会。"这下把亲娘妈吓坏啦，连忙跑到丈夫身旁说："人家晓得我们给女儿格外订亲了，他要到府里告我们，怎么办呢？"老亲娘快要哭出来了。老亲爷额头上也透出汗珠儿，心想，这女婿比新放的女婿势头大，只好退掉新女婿，并通知呆子家抬乘大轿来接人。

①家屋：家产。

②买活：贿赂。

③亲娘：岳母。

④洋相：丑态。

⑤学乖：学聪明。

⑥大手：大便。

婆媳俩

从前，有个人家娶了个媳妇，过门不久，婆婆娘就看出媳妇有点傻头傻脑，很不满意，但是，生米已经煮成熟饭，也只得随她了。

有一天上午，婆婆娘正在晾统统铺盖，媳妇从城里买了一节布回来，准备给男人①做裤子。她拿着布去问婆婆娘："妈，这裤子怎么缝呢？"婆婆根本就讨厌她的哈劲儿，满肚子的气就是没有机会发，这次她自己找上门来，正好出气，于是，她对媳妇吼道："放在木马②上缝嘛！"媳妇听了，就拿起布放在木马上，包住木马的两脚剪了一阵子缝了起来。

下午，婆婆娘的统统铺盖晾干了，媳妇的裤子也缝好了。婆婆娘把收回来的铺盖铺在床上，抱起棉絮就往铺盖口子里面塞。为了使铺盖统得四平四正，她就从铺盖口口钻进筒筒里去铺，铺好后，顺手就把插在袖上的针线取下来，一针一线地把铺盖的口子缝起来。她想要缝个样子给媳妇看一看。这时，媳妇正想从木马上取下裤子，她从上往下取，裤腰又被叉开的木马脚挡住了；从下往上拉，两只裤脚拉到木马腰杆上，再也扯不动了。她忙了一阵子，怎么也解不下来，急得她满头大汗，不得不请教婆婆娘："妈妈，这裤子怎么解不下来呢？"婆婆娘一听媳妇的话，立刻火冒三丈，急忙把最后一针缝完，打好结，咬断线，用手摸统统铺盖的边边，想找到口子钻出去教训媳妇一顿，但是摸来摸去就是摸不着出口，急得她无可奈何，只得蜷在统统被单里骂媳妇："你这个傻东西，要不是我遭铺盖蒙倒，非得捶你一顿不可！"

①男人：丈夫。

②木马：木工用具。

听喽

从前，上马坎脚下有个汪二麻子，最喜欢听喽，他听了过后，总是听了半节就跑，所以经常失格。

有一天赶肖家场，他看到茶馆里头有个白胡子老汉在向喝茶的人吹牛，他又拱拢去听抹合。那白胡子老汉正在吹："曹操下江南，八十三万人马，好凶的阵仗呵，光是营盘就扎了几百里。"汪二麻子听了这几句，心想：八十三万人马，要吃好多东西哟，如果我做起包子去卖，就打他们一人卖一个，就是八十三万个，要赚他妈好大一砣钱啰，嘿嘿，该我汪二麻子翻梢了。想到这里，他深怕有还有精灵的人抢他的生意，赶忙问那白胡子老汉："喂，胡子，曹操下江南的人马扎在哪团?"白胡子老汉盯了他一眼，说："嘿，你咋个这门哟，我吹了这门大半天，你还没搞醒豁。曹操的人马扎在赤壁嘛。"汪二麻子又问："到赤壁往哪门去?"胡子老汉说："你老弟硬像个没过门的婆婆客哟，看起来精精灵灵，连赤壁在哪里都不晓得。要到赤壁就在重庆坐下水船，出了三峡，过了汉口，看都看得到。"汪二麻子听胡子老汉说了到赤壁的路程，车身就走，叮叮咚咚跑回屋头，把老汉留下的田土、家具相因卖了，又找亲戚朋友借了一些银元，凑了一大笔钱。婆娘问他搞的啥子名堂，他也不说实话，只说是要出门做一笔买卖，不搞出点人见识不回来见婆娘。

汪二麻子拿起钱到了重庆城，找一家大馆子订做了一百多万个包子，又包了一只大船，装起包子到赤壁搞曹操的钱去了。他东问西问，问拢赤壁。哪里有曹操的人人马马！一打听，才晓得曹操下江南是三国时候的事情了。汪二麻子听喽听拐了，一百多万个包子全部窝起了霉霉，莫说卖，就是送给人家，人家还怕吃进肚子会遭闹回嘎嘎屋去，船老板又天天催下货，咋个办？汪二麻子莫得抓拿，只好把一百多万个包子倒在长江喂江猪。

汪二麻子这一粑棒挨安逸了，莫说回家的盘川，就是吃冒尔头的钱都莫得，只好在九江口的街上乱窜，想捡点泡财。有一天，他转到烟水亭，看见坝儿里头围起一堆人，就扁起脑壳钻进去看在耍啥子把戏，他拱到前头一看，才是一个下江人在这里摆了一个摊摊，摊摊上放起一些夹夹叉叉，摊摊背后还吊起一个布牌牌。汪二麻子认不倒字，就问侧边的一个江西老表，江西老表说："那牌牌写的是：包取牙齿，每颗银子三钱。"汪二麻子心想：一颗牙齿三钱银子，我有三十二颗牙齿，该搞九两多银子，吃得到好几天了。他的主意已定，就对下江人说："先生，我取牙齿。"下江人问他取几颗，他说满口牙齿都取。下江人默倒是财神爷来了，拿起夹夹叽咔叽咔一歇就把汪二麻子的三十颗牙齿全部取了。牙齿取完过后，汪二麻子伸手喊下江人拿钱，下江人还没搞伸抖是哪河水发了。汪二麻子说："你的招牌上写的一颗牙齿三钱银子，我给了你三十二颗牙齿，你就该拿九两六钱银子给我，咋个兴打横爬!"下江人说："三钱银子，是我替你取一颗牙齿该收的手续钱，该你拿给我，你咋个还问倒我要钱?"两个人就扯皮起来，看闹热的人都说汪二麻子不对。汪二麻子是个干滚龙，下江人奈他不何，只好说："算了，算了，你们四川人板眼多，我惹不起，我不要你的钱了，请你先生别处去发财。"汪二麻子这时也晓得自己没搞明白招牌上的意思，又撮了拐，只好借梯子下台，溜起走了。钱没搞到，还白白地丢了满口牙齿，汪二麻子很不服气，下决心要找个机会翻他妈个大梢。

汪二麻子东流西流，流到了南京城。有一天，他在码头上坐起耍，听到两个搬二哥在摆龙门阵，一个说："去他妈的，下力硬不是人做的活路，一天累到黑，吃莫得吃的，耍没耍安逸，连剃脑壳的钱都莫得，老子硬是不想干了。"另一个说："要想吃得好，耍得好又有钱用，只有到皇宫里头去当太监。真的喊你去当太监，你又不愿挨阉那一刀儿。"汪二麻子听到这几句，心想：嘿，还有这门好个差使呀，只要吃得好，耍得好，又有钱用，阉一刀又怕啥子嘛。他拱拢去问那搬二哥："喂，伙计，哪里才有太监?"搬二哥说："北京城的皇宫里头多的是。"汪二麻子转身就往猪儿市场跑，找到一个阉猪匠，磕头作揖，求阉猪匠把他阉了。阉猪匠经不过人情，只好把汪二麻子阉了，还没要他拿钱。汪二麻子阉了过后，来到北京城，到皇宫门口去找看门头说情当太监，看门头说："现在皇帝老官都垮了台了，哪里还要啥子太监，少赊些话来说哟，各人滚回去。"汪二麻子这才晓得：这回听噗又听撮了拐。

汪二麻子的司刀令牌都耍交了，莫得办法，只好讨口要饭流回家来。婆娘看到他那个样子，又气又急，说他把那门大笔钱拿去乱整了，他死个舅子不认账。婆娘说："你那屁嘴巴好吃，把钱拿去吃光了。"汪二麻子说："我一颗牙齿都莫得，咋个吃嘛。"婆娘说："总是你龟儿把钱拿到妓院里头去嫖了。"汪二麻子说："我是阉了的人，咋个嫖嘛。"婆娘奈他不何，只好自认倒霉，遇到了啄棒。

傻女婿看亲娘

从前，廖家坝有个娃尔，勤快老实，就是傻得要命，人们都喊他："傻娃尔。"等到三十几岁，才讨了个婆娘。

这年，他屋里[①]恰安[②]生了个娃尔，娘屋头[③]又带信说亲娘妈不好[④]，他屋里只好叫他拿了几十个蛋，几把面回娘屋看亲娘。走之前，屋里对他说："我娘屋头人手少，都要做活路，你走拢后要亲手打蛋下面，端到妈的手上，让妈高兴高兴。"还把哪门[⑤]打蛋下面扯到耳朵教了他好多回。

傻娃尔忘心大，边走边记婆娘的话。不知不觉走到了亲娘的地坝边。他看到阳沟的水放进田里，冲起白翻翻的浪花，就把几十个蛋打了进去，把面也下了进去。然后高高兴兴跑到亲娘屋头，大声武气[⑥]地喊："妈哟，我来看你了!"

亲娘妈躺在床上，见女婿来了，很喜欢，忙说："傻娃尔，你走得快，坐板凳哈!"傻娃尔说："妈吔，我跟你打了蛋，下了面，这阵怕要熟了，我去跟你端来。"亲娘妈说："你才拢屋，哪门就下了面?"傻娃尔说："我把蛋和面煮到地坝边的缺巴口[⑦]了。"亲娘妈说："傻娃尔，你哪门根生[⑧]做傻事嘛。"傻娃尔说："我没有做傻事呀，你的女儿教的，等水开了就打蛋下面。缺巴口的水白翻翻的，直间[⑨]鼓泡泡，我看到水开得这么好，才打的蛋，下的面呀!"

①屋里：妻子。

②恰安：恰好。

③娘屋头：娘家。

④不好：生病。

⑤哪门：怎么。

⑥大声武气：粗声粗气。

⑦缺巴口：田放水口。

⑧根生：经常。

⑨直间：不停地。

炟耳朵

从前，一个村子里住着两个男人，据说他们都怕婆娘，所以人们都叫他们炟耳朵。

有一天晚上，二炟耳朵忘记了跟屋里担水。吃午饭的时候又喝了点酒，口很渴。就叫他婆娘烧开水他喝。婆娘根本不来他的气，第二次再喊婆娘的时睺，他婆娘估倒要他喝洗脚水。二炟耳朵莫得法，好话说了几大箩篼，后来他婆娘才勉强同意他买点红糖兑洗脚水喝。

二炬耳朵到大炬耳朵的商店里买红糖。同时把婆娘要他喝洗脚水的事摆跟他听了。大炬耳朵听了愤愤不平地说："简直不叫话，要是换成我的话……。"话还没说完，大炬耳朵的婆娘气势汹汹地冲到他面前，叉着腰说："要是换成你，又怎么样？"大炬耳朵一看这架势①不对头，晓得闯了大祸，慌忙接着说："要是换成我的话，不得要红糖就把洗脚水喝了。"

①架势：样子。

三不信

从前有三个同龄人，结拜为弟兄，大家叫他们三老庚①。

有一天，三个老庚在一起摆龙门阵。大老庚说：我们每一个人说一件怪事，谁要是不信，我们就抬"庚嫂嫂"②。大家都赞成。大老庚说："昨天黑了，我屋门口的水井被贼娃子偷了。"二老庚说："对头，我睡到床上还听见水碰撞的响声"。接着二老庚又说："我家的石磨子被大牯牛咬起吃了。"大老庚说："难怪不得昨黑了半夜听见有吃石渣子的声音。"三老庚听后说："肯定没那么回事，不相信牛能吃得了石磨。"就这样，三老庚的妻子将要被抬"庚嫂嫂"。

第二天早晨，大老庚和二老庚抬着轿子在三老庚门口大声喊叫："三老庚、三老庚，我们来抬庚嫂嫂啰。"三老庚妻子不慌不忙地走出来说："你们等哈儿，我男人到庙子里看和尚生娃儿去了，等他回来再抬吧"。两个老庚同时说："哪有和尚坐月子的？简直乱说。""不信，你们就回去吧。"话音刚落，三老庚从屋里跑了出来。

①老庚：同年同月同日生的人。

②庚嫂嫂：老庚的妻子。

打偷儿

从前，有一家财主，财主有两个儿子。

一天晚上，有大小两个偷儿到财主家偷东西。小偷儿被大儿子捉到了，用麻布口袋把小偷儿装在里头，吊到屋梁上打。大偷儿很着急，想了一个办法，跑到财主家的柴屋里，故意放了一把火，并且大声喊叫："房子燃起来了，救火哟。"大儿子听到喊救火，放下小偷儿就跑去救火。大偷儿见屋里的人都跑去救火了，赶忙进屋从屋梁上放下小偷儿，正想逃跑，忽然听到里屋床上有人咳嗽。两个偷儿走进一看，是个老头儿害病睡在床上。他两个不管三七二十一，把老头儿嘴里塞一块布，从床上抬下来装到麻布口袋里，并且吊在屋梁上就跑了。

火打熄了，两个儿子都回到正屋，都说今晚上的火肯定是跑脱了那个偷儿放的，因此，对捉到的装进麻袋里的这个偷儿更加痛恨，恨不得一棒棒打死他。他们来到麻袋面前换一根大木棒棒，使劲地打。打了几棒以后，麻布口袋里叫唤起来："我的儿，你莫找呀，我是你老汉①儿。"财主的两个儿子一听，更加冒火说："这家伙干了坏事不跟我说好话，还要吃我的'欺头'②，看老子把你狗日的打死。"因此打得更凶，一直打得麻布口袋里的人不动了，没有声音了，才放下来说："看你狗日的还吃不吃老子的'欺头儿'"。儿子把麻布口袋打开一看，硬是他的老汉儿。但是老汉儿已被打死了。

①老汉儿：父亲。

②吃欺头儿：占便宜。

学见识

从前，有一个哈包[①]，样啥事情都做不来，他屋[②]老汉[③]一天[④]都诀[⑤]他："你龟儿[⑥]死不中用，吃了几十年干饭了，一天学一样也学到几十个见识了嘛，你跟老子滚，学不到见识就不准你龟儿回来。"哈包争硬气，当真跑出去学见识去了。

走到路上，他看到一匹马站在路中间，胯脚[⑦]在流水，他就问吆马的人："它在做啥子?"吆马的人说："马屙尿，你都没看到过哇?""啊，马屙尿"。哈包学到了一个见识。有一天，他走到一座房子边，看见一条黄狗在吃东西，他就问屋边的一个老头："它在做啥子?"老头说："嘿，黄狗舔屎吔，你都不晓得呀?""啊，这个叫黄狗舔屎。"他又学到了一个见识。又过了几天，哈包走到一条街上，看到一个药铺里头很热闹，就拱进去看，听到抓药的先生边抓药边在念"杏仁，桔梗，甘草，川芎。"他又学到了一个见识。

哈包高高兴兴回到家里，他屋老汉听说哈包儿子学到见识了，喜欢得不得了，办起好酒好菜，请了一些亲戚朋友喝酒，喊哈包儿子来当着大家露两手见识。哈包走到老汉的桌子跟前，提起尖嘴嘴酒壶往他屋老汉的酒杯里头筛[⑧]酒，边筛边说："这叫马屙尿"。酒洒了一桌子，他屋老汉心痛木[⑨]了，赶忙伸起舌头在桌子上去舔酒。哈包就向亲戚朋友说："这叫黄狗舔屎。"老汉听到哈包诀他，鼓起眼睛把哈包恨倒，意思是喊他莫乱说。哈包看到老汉鼓起眼睛，就说："恨人[⑩]。"老汉气得蹬脚，哈包就说："急梗[⑪]。"老汉看他乱吼，就招呼他："你龟儿莫乱说。"哈包告诉亲戚朋友："这叫干吵[⑫]。"老汉气慌了，扯起锭子[⑬]给他一砣[⑭]，打到他的心口堂。哈包边哭边说："他龟儿在穿胸[⑮]。"逗得亲戚朋友哄堂大笑。

①哈包：傻子。

②他屋：他的。

③老汉：父亲。

④一天：天天。

⑤诀：骂。

⑥龟儿：骂人话，私生子。

⑦胯脚：两腿之间。

⑧筛：借用同音字，倒。

⑨心痛木了：痛心极了。

⑩恨人：杏仁的同音词。

⑪急梗：桔梗的同音词。

⑫干吵：甘草的同音词。

⑬锭子：拳头。

⑭一砣：一拳。

⑮穿胸：川芎的同音词。

哈包唱戏

从前，有一个哈包[①]，是戏班子出身，学了十几年，一句戏也不会唱。有一天晚上瞓瞌睡的时候，他的老婆对他说："过几天，我屋[②]老汉[③]满六十岁，要做大生，恐怕他们要喊你唱寿戏，你家是出名的戏班子，你去现了洋相[④]，要羞死你屋先人。我先教你唱几句，到时候你照到这样唱就是了。”哈包听老婆这样说，就立起耳朵听她教戏。老婆教他一句“黄发[⑤]跨在马上”，哈包听了就甩起力震[⑥]：“黄发跨在马上。”深更半夜震起多远就听得到。老婆怕影响隔壁邻舍睏瞌睡，就招呼哈包：“轻轻唱！”哈包默倒[⑦]这也是一句戏，又甩力震：“轻轻唱！”老婆斗[⑧]了他一脚，骂他：“你这老不懂事的东西！”哈包也跟到斗一脚，唱：“你这老不懂事的东西。”老婆气得倒在床上，哈包也倒在床上，老婆骂他：“老子不和你睏！”哈包又唱：“老子不和你睏！”老婆晓得教不会，就不理他，各人睏了，哈包就捡到[⑨]这么四句。

到了哈包的亲爷[⑩]满六十这天，坐了席过后，大家都喊哈包唱寿戏，哈包就唱：“黄发跨在马上，”客人们听了这句，都说：“咦，他这女婿娃硬是有两下吔。”老亲娘在后头听客人在夸她女婿娃的戏唱得好，也跑出来听，哈包唱第二句：“轻轻唱！”老亲娘[⑪]心想，他要轻轻唱了，我走拢点去听。老亲娘走到哈包跟前，哈包斗了她一脚，唱：“你这个老不懂事的东西！”老亲娘遭哈包斗起倒在地上，哈包又唱：“老子不和你睏！”逗得客人笑痛了肚皮。

①哈包：傻瓜。

②屋：的。

③老汉：父亲。

④现洋相：出丑。

⑤黄发：指老年人。

⑥震：吼。

⑦默倒：以为、认为。

⑧斗：蹬。

⑨捡到：学到。

⑩亲爷：岳父。

⑪亲娘：岳母。

傻子走人户

傻子的亲娘得了病，他带个团鱼去送礼信[①]。

他走到一个树下，把团鱼放到地上去解手，转来发现团鱼不见了。他气得很，心想：我空起一双手那门好意思去见人，就转来买鸡蛋。他买起鸡蛋又往亲娘家走，走到现当[②]，他记起先前在这里上过当，歇气的时候，就用一块石头把鸡蛋压倒。他看到鸡蛋的蛋黄被压出来了，就说：“看你龟儿今天还跑不跑？老子今天把你屎压出来！”

①礼信：礼物。

②现当：原地。

做扯谎媒

一个驼子娃儿和一个驼子妹崽，两个都没找到对象，有一个扯谎[①]媒婆去给他们做媒。

扯谎媒婆先到娃儿这边来说：“你这娃儿哟，人长得好，又能干，就是背驼了，婆娘也找不倒。这扪[②]，我来给你打个主意，给你说个很漂亮的妹崽，等她家来看人时，你拿个鸟枪到竹园子里头把枪比起[③]，装成打雀儿的样子，孤到[④]莫起来。”老实话，这天女方的母亲看人来了，一看那娃儿正在打枪，还在瞄准，硬是不错哇！就把这娃儿看起了。转去后，这个媒婆说："你们倒是看起了呵，别个还要来看你哒！来来，我给你想个办法，等他家来看人时，你就拿瓢到缸子里舀水就是了。"果然，男方一家觉得这妹崽硬是要得，把女方也看起了。

于是，两家就择定黄道吉日成亲。到成亲这天，两人入了洞房，一看都是驼背，你也不好说我，我也不好说你。驼子娃儿说："我妈来看你，你在舀缸！"驼子妹崽说："我妈来看你，你又在打枪！"两人一齐说："哎！我们两个睡在一起像箩筐！"

①扯谎：撒谎。

②这扪：这样。

③比起：托起。

④孤到：蹲着。

一字逗笑

从前，有个姓张的秀才，最爱讲笑话，常常逗得人们哈哈大笑，人们称他"笑中仙"。有一天，张秀才正在悦来茶馆里头讲笑话，一位姓黄的财主"嗯哼！"地咳了一声嗽，打断张秀才的故事，冷笑着说："张先生，你的笑话故事讲得好是好，就是讲得太啰嗦了！讲短点才好，要是几个字将大家逗笑，才配当笑中仙。"张秀才回答说："不需要几个字，一个字就能将大家逗笑。"黄财主眯起小眼笑着说："一个字逗笑，是开玩笑吧？"张秀才说："说话算数，愿当众打赌！"黄财主说："好！如一字能逗笑众人，我愿输一百两银子，并办宴席请客！如不能逗笑，你就认输，办席。"两个人订了协议，立了字约，找了证人，决定下午定输赢。

张秀才回到家里，想了很久，也没办法，正在为难，突然隔壁的孙瞎子来找张秀才写借条，向钱庄借钱买过年东道。张秀才灵机一动，对孙瞎子说道："孙老伯，今天有个好机会，县大老爷要过路，我牵你到路上拦轿，求县大老爷周济你，我叫你跪，你就跪，保证得到一笔钱，够你过年用！"孙瞎子直赶①作揖感谢，愿意跟张秀才去见县大老爷。

吃过午饭，悦来茶馆人山人海，大家都来看热闹，看张秀才和黄财主两人打赌哪个赌赢。黄财主早就在茶馆里洋洋得意地等候张秀才了。张秀才牵来一个瞎子，人们都很奇怪，心想他牵瞎子来做啥子。张秀才走到黄财主跟前②说："黄老爷，请跟我来！"黄财主跟倒③张秀才出了茶馆，后面跟着一大群人，叽哩咕噜地说悄悄话。张秀才将瞎子牵到一个茅坑边，人们四面围住，张秀才突然喊"跪！"孙瞎子以为县大老爷来了，立即下跪，哪晓得这一跪，孙瞎子扑的一声，掉进茅坑里了。瞎子在粪坑中脚手乱划，粪水呛得哇哇乱叫，众人见了哈哈大笑，黄财主见了也不由自主地大笑起来。黄财主说："张秀才，你怎么去整瞎子哟！"张秀才见达到目的，立即将孙瞎子拉上粪坑来，叫人脱掉瞎子的烂衣服，用温热水洗了个澡，换了新衣，向黄财主说："这个'跪'字把大家逗笑了吧！"黄财主只好认输，交了银子，办了酒席。张秀才请孙瞎子坐上席，还将一百两银子给了孙瞎子。

①直赶：不停地。

②跟前：面前。

③跟倒：跟随。

出来看

从前，有一个瞎子住在一个栈房里，他住的房间里的墙壁上挂着一件长衣裳。住在同一房间里的其他几个人逗瞎子说："你想不想要东西？"瞎子说："哪个要人家的东西哟！"瞎子嘴巴说不要，心头还是想要，他便问："是啥子东西？"那几个客人说："是长夹衫。"瞎子说："长夹衫咋个好拿起走？"房客们就教了瞎子一个办法。第二天早晨，瞎子照房客们教的办法，在长夹衫里子[①]的角角上盖起自己的私章，又把长夹衫穿在自己的衣服外头，喊老板来收号钱。老板看到瞎子穿着自己的长夹衫，就问："瞎子，你咋个把我的衣裳穿起？"瞎子说："我咋个会穿你的衣裳呢？要是我偷你的衣裳穿，还会把它穿在外头吗？我这件衣服里头还盖得有我自己的私章，不信的话，你们都来看。"瞎子这样一闹，吸引了很多人，大家牵起夹衫看，里子角角硬是盖得有瞎子的私章，大家都证明夹衫是瞎子的，都说栈房老板不对头，不该冒认客人的东西。栈房老板奈不何，只得让瞎子走。瞎子走了过后，栈房老板叫一个娃尔悄悄跟着瞎子。瞎子走出栈房不远，这娃尔就跟了上去，对瞎子说："你到哪里去？"瞎子说："我到街外。"娃尔说自己也到街外，愿意做好事，帮瞎子的忙。两人说拢过后，娃尔就牵起瞎子走。瞎子问娃尔叫什么名字，娃尔说他的名字叫"出来看"。瞎子问他为啥取这么个怪名字，娃尔说自己小时候不好带[②]，所以妈跟他取了这个怪名字。娃尔牵起瞎子走到一个堰塘边，天气热，娃尔叫瞎子和他一起到堰塘里头洗个澡。瞎子老老实实脱了衣服到堰塘里洗澡，娃尔等瞎子下了水，悄悄把瞎子的衣裳全部拿起跑了。瞎子洗完澡喊娃尔拿衣服他穿，娃尔早就走了。来洗澡的人给了一条烂腰裤[③]给瞎子穿，瞎子才爬出堰塘。他要去找娃尔要回衣裳裤儿，拄起拐棍在街上边走边喊："出来看！"街上、屋头的人不晓得喊出来看啥子，当真出来看，看到的是个赤条条的瞎子，都骂瞎子是个疯子。

①里子：夹衫里层。

②不好带：小孩因病抚养困难。

③腰裤：内裤。

第六节　其他传说故事

白莲教攻打文昌寨

清朝时候，岳池县是白莲教活动的地方，花板桥一带驻过很多白莲教的队伍。

有一天，白莲教包围了文昌寨，头头们看了文昌寨的地形，决定攻打北边的寨门。一个头头带起队伍来到北门对面的一个山坡上头，把白莲教的大旗插在坡坡高头的一棵独树子上，然后，就带起队伍去攻打北门。寨子里头有两门牛耳大炮[①]，官兵给大炮取了两个名字，一门炮叫"大将军"，一门炮叫"二将军"。官兵就让这两个"将军"镇守北门。官兵看到白莲教来了，赶忙放炮。白莲教的那个头头冲到最前头，恰恰遭到大炮打死了。白莲教的人看到官兵的炮火凶，又看到头头死了，只好撤兵。他们退到坡坡上头去取插在独树上的大旗，哪晓得大旗遭风卷在树子上了，紧倒[②]取不下来。白莲教的人急得骂了起来："你这背时的独树子，拉到我们的旗子不放，我要你一万年都长不大"。

这棵独树子装了白莲教的怪[③]，使白莲教打了败仗，还死了一个头头，白莲教就封赠[④]了它，所以，直到现在，独树子还是只有那么点点大。

因为文昌寨的地势很险要，白莲教没打下文昌寨。撤退时，他们还写了一首诗来说明文昌寨的地形。这首诗是："远看文昌一展平，近看文昌一朵云[⑤]，若要打破文昌寨，要死一万五千人。据说，后来有人把这首诗刻在了文昌寨的寨墙上。

①牛耳大炮：土炮。

②紧倒：许久。

③装了白莲教的怪：捣乱。

④封赠：诅咒。

⑤近看文昌一朵云：抬头仰望，文昌寨像天上的一朵云。

剥鬼皮

从前，有个人跟到别人学了一套“剥鬼皮”手艺。出师那天，师傅把最后一道本领交给了他，叫他在剥鬼皮前用一根绳子把自己的颈项与死人的颈项拴在一起，在死人的背上拍三下，再动手剥皮。

正好在出师那天，有一个小抱媳妇[①]偷吃鸡蛋的时候看见婆婆娘回来了，一下子就把一个鸡蛋塞进嘴巴往下吞，哪晓得没吞下去，恰恰卡在喉咙管，被梗昏死了。婆婆娘就给她穿上新衣服，天黑的时候把她埋了。埋的人刚离开坟山[②]，那个剥鬼皮的人就来了。

他刨开坟山，打开棺材，按照师傅的办法去做，当他在死人的背上拍第三下的时候，只听得“哇”的一声，死人又活了。这下可遭了，这两个人颈项上拴着绳子，你拉我扯满地滚，两个人都吓得浑身发抖，最后绳子被拉断了，两个人才不要命地跑回各人的家里。

小抱媳妇跑回了家，把家里的其他人也吓得半死，直到小抱媳妇把事情的来龙去脉讲清楚之后家中的人才相信。后来小抱媳妇家中的人为了报答那个“剥鬼皮”的人救命之恩，还给了那人许多的钱。

①小抱媳妇：童养媳。

②坟山：坟堆。

罗打鬼洞堂收妖

普安乡有一个山洞，洞子很深，里头漆黑，有很多像乌龟、团鱼、虾子、螺狮的怪石头，莫得人敢进去，大家把这个山洞叫洞堂。

很久以前，洞堂里头的那些虾螺海蚌都是妖精，经常出来作怪，闹得团团转转[①]很不安宁，乡亲们凑到一起商量对付那些妖怪的办法，决定请端公罗汉打鬼收妖。

据说罗打鬼很有道法，捉了许多妖魔鬼怪。他带起徒弟来到洞口，看了一下地形，就对徒弟说：“我到洞堂里头去收妖，你们都在洞门口打锣，要使劲打，不许停水。”说完话，他把脚上穿的一双草鞋脱在洞门口，就进洞堂收妖去了，徒弟们每人提一面大锣，在洞堂门口使劲地敲。

罗打鬼到了洞堂里头，和妖怪斗起法来，他脱在洞口的两只草鞋就直赶[②]打架。他的徒弟正在打锣，忽然看到草鞋打架，都感到稀奇[③]，大家都围到草鞋看热闹。他们只顾看草鞋打架，忘记了敲手里的大锣。罗打鬼在洞堂里头和妖怪斗得不可开交，外头锣声一停，莫得人跟他凑威，他就赛不过妖怪了，只看到水直赶朝上头涌，一哈儿就封住了洞口，罗打鬼就遭淹死在洞堂里头了。

①团团转转：四周。

②直赶：不停地。

③稀奇：奇怪。

王道士收鬼

王道士收了几十年的鬼，莫得哪个晓得他到底收了好多鬼。哪家的大人或细娃尔不好，轻的就找他请水饭[①]，重的就请他送鬼。

有一回，张家院子的张老大突然上吐下屙，他屋头[②]就请他来打整[③]一下。王道士的收鬼法事做完，已经是三更天了。张家晓得王道士收鬼的规矩，再大夜[④]都不得歇[⑤]，说是歇了鬼儿崽崽[⑥]就送不出去。

张老大屋头把送鬼的香米和装酒的尿泡罐罐拿跟王道士，叫小娃尔把他送出门。

王道士背着装香米的褡口袋，提着尿泡罐罐和气死灯笼[⑦]高一脚矮一脚地往屋外走。刚走出来不远，就听到背后头唏哗唏哗地响，好像有人跟在脚背后，他连忙车转去看，莫得人，转身来背后还是唏哗唏哗地响，他不论往那边转身，这声音总在背后响。他打了几个冷惊[⑧]，车转身就跑，他跑的快，响声也响得急、响得大，好像哪个崽儿在后面撵起来了一样。

王道士更加慌了。心想：莫不是鬼没收到？他赶忙[⑨]从褡裢里抓出香米，撒两把跑几步，哪晓得鬼还是跟倒追起来，吓得他扑爬筋斗地直赶跑。

他跑到回屋必须经过的桥头。哎呀，糟了，黑咕隆咚[⑩]坐着个鬼把他拦到起。他搞慌了[⑪]，心想一定是鬼收多了，鬼来报仇了。前有鬼拦路，后有鬼在追。他连忙作法事，许菩萨，请天上的神仙和地下的菩萨快显灵。酒倒完了，米撒完了，天上的神仙和地上的菩萨就是不来。龟儿拦路鬼动都没动，后面撵的鬼趁他磕头还轻轻敲他的背吔。他再也想不出法了，只有最后一招，鬼不听话要换令牌，他扯出木块块令牌，先向拦路鬼打去，哪晓得这鬼才凶，令牌打去，叭的一声，动都不动，还把令牌也接去了。

王道士吓得三魂不见二魂，从河沟里碰[⑫]过去，跑得上气不接下气，跑到屋门前脚杆都粑了，喊开门都在打诺诺[⑬]。屋里把门打开，他一步进门就瘫在地下，口里直顾[⑭]喊："快，快关门，鬼撵起来了！"屋里头见他这付样子，也吓到了，叫他快去做法事。王道士连连摇脑壳，摇时身后又在响，王道士吓慌了："鬼，鬼进屋了，在捶我的背。"屋头的人端起灯盏一照说："闯你妈的鬼哟，是挞辫子[⑮]上吊着一张笋壳，擦在衣服上响。"听说是笋壳，王道士忙说："一定是桥上那拦路鬼挂的。桥上那鬼凶得很，坐在桥上拦倒起不让我过桥，把我打去的令牌也收了。"家里人虽然也吓，还是大起胆子到桥边去看，到桥头用灯笼火把一照，才是一堆稀泥巴做的泥人，令牌就陷在稀泥巴里头。屋里的人回来又好笑又好气地说："你收了一辈子的鬼，笋壳和稀泥巴就把你吓倒了。"

这消息很快就传开了，这笋壳是张老大的小儿送王道士出门，看到他的达辫子甩起来好看，悄悄给他挂上的。稀泥巴人是几个细娃尔在王道士收鬼经过的路上玩耍时做的。从此以后，再没哪个请王道士收鬼了。

①请水报饭：请水，念咒请来治病的神水；报饭，送鬼所泼的水饭。

②屋头：妻子。

③打整：治疗。

④大夜：夜深。

⑤歇：往宿。

⑥崽崽：娃娃、小儿。

⑦气死灯笼：不明亮的灯笼。

⑧冷惊：寒颤。

⑨赶忙：急忙。

⑩黑咕隆咚：漆黑一堆。

⑪ 搞慌了：着了慌。

⑫ 碰：冲。

⑬ 诺诺：结结巴巴。

⑭ 直顾：不停地。

⑮ 达辫子：梳成辫子的头发。

第三章 农家歌谣

第一节 情 歌

情歌是表达男女之间互相倾慕或谈情说爱的歌曲。岳池农家情歌内容丰富，情调纯朴，形式绮丽。有的体现情侣双双矜持、含蓄、羞涩的情态；有的体现男女之间爱意的直白表露；有的表现对爱情的执着追求和因贫穷而婚姻无望的无奈；有的则表示对海誓山盟的坚守与渴望等等。

一、1949 年前岳池农家流行的情歌

望郎歌

一

对门山上一树槐，槐树下面搭戏台。

早来三日有戏看，迟来三日戏幺台[①]。

二

青石板上长青苔，一对阳雀飞过岩，

阳雀阳雀把信带，问声情哥好久来。

①幺台：结束。

盼情郎

一

太阳落坡坡背西，情妹河边洗筲箕。

鲤鱼跳到筲箕里，未必情哥变鲤鱼。

二

太阳落坡坡近黄，情妹出来收衣裳，

衣服掸在手杆上，手把竹竿望情郎。

爹妈打你我痛心

情妹妹，小卿卿（哟喂），

爹妈打你我痛心，
如果爹妈再打你，
背起包包（金钱梅花啰），
下重庆（啰，荷花闹海棠）。

四季盼哥进山来

合唱：

山对山来岩对岩，山长水远人分开，
妹住山里哥住外，天天盼哥哟进山来。

女唱：

春天望你进山来，望得桃花朵朵开，
花开花落不见你，花瓣落满哟绣花鞋。

男唱：

春天望我我没来，我在高山打石岩[①]，
撕片白云写封信，打穿了大山哟我就来。

女唱：

夏天望你进山来，望得杨柳排对排，
望穿两行路难行，不见你的人影哟进山来。

男唱：

夏天望我我没来，我请河水把信带，
我在河边把船驾，修好了公路哟我进来。

女唱：

秋天望你进山来，金黄的庄稼满山岩[②]，
我也在山边修公路，铺平了公路哟哥好来。

男唱：

冬天望我我才来，一条公路过山岩，
亲手修好了山间路，坐着那汽车哟进山来。

合唱：

山对山岩对岩，山长水远难分开，
有情人儿常相会，山长水远哟离不开。

①打石岩：打石头。
②满山岩：满山坡。

送 郎

西北风儿渐渐冷，
我送我郎上路程，
送郎去当兵。

咿登呀登哟，
送郎去当兵。

送郎送到枕头边，
推开枕头拿相片，
送郎做纪念。
咿登呀登哟，
送郎做纪念。

送郎送到箱子边，
打开箱子拿洋钱[1]，
送郎买香烟，
咿登呀登哟，
送郎买香烟。

送郎送到五里坡，
再送五里不算多，
干妹[2]送哥哥。
咿登呀登哟，
干妹送哥哥。

送郎送到十里亭，
送到十里打转身[3]，
越送越伤情。
咿登呀登哟，
越送越伤情。

送郎送到船码头，
轮船马上要掉头，
我郎慢慢走。
咿登呀登哟，
我郎慢慢走。

有情有义常来往，
无情无义变心肠，
我郎早还乡。
咿登呀登呦，

我郎早还乡。

①洋钱：银元。

②干妹：此指未婚妻。

③打转身：往回走。

高粱杆

男唱：

高粱杆，节节稀，
媒人带信告诉我的妻：
你在屋里耐烦些，
我无银钱接不起，
再等三年钱挣起，
拜上媒人来接你，

女唱：

可怜我的郎，
可怜我的夫，
白天又无盐和米，
夜晚又无罩子铺①。
这叫什么郎？
这叫什么夫？
早知我该学尼姑。

男唱：

十几花儿红，
十几花儿香，
没得钱咋个讨婆娘。

①罩子：蚊帐。铺：被盖，床单。

这山没得那山高

这山没得那山高，那山有棵好核桃。
有心摘个核桃吃，又怕核桃把手咬。

深夜妹妹望山顶

渠江流水清又清，哥与妹儿心连心。
哥去参加游击队，深夜妹妹望山顶。

打双草鞋送情哥

太阳出来红满坡，打双草鞋送情哥。

哥哥爬山好辛苦，怕他双脚皮磨破。
破皮痛在他脚上，我的心头如烧火。

扯片树叶吹响响

早上起来上山梁，扯片树叶吹响响。
心想哥哥会应答，吹烂树叶不见郎。

情郎到妹家

情郎悄悄到妹家，情妹递烟又送茶。
情哥要走留不住，月亮弯弯送回家。

看你抬头不抬头

哥在山上打石头，妹在河边放花牛。
捡个石头扔水中，看你抬头不抬头。

二、20 世纪 50 年代至 70 年代岳池农家流行的情歌

望情郎

太阳出来照山梁，情哥田头栽秧忙。
从此情妹盼情哥，一直等到谷子黄。

太阳出来照高楼

太阳出来照高楼，照着贤妹在梳头。
头绳挂在金钩上，口含木梳手擦油。

竹子落笋壳

昨晚情哥与妹约，捡砣石子叮瓦桷。
娘问女儿啥子响，女说竹子落笋壳。

捡个石头试水深

大河涨水小河浑，妹在河头洗手巾。
心想和妹耍一阵，捡个石头试水深。

又怕有人听

情哥前头挑水走，情妹后面淘菜跟。
有心想说悄悄话，又怕后面有人听。

去领结婚证

正月里来是新春，妹妹勇气胆边生。

拉哥去领结婚证，从此两人不离分。

妹妹爱的勤快人

太阳出来雾沉沉，翻山越过刺巴林。
白鹤爱的清凉水，小妹爱的勤快人。

绳子打结丢过墙

一根绳子几丈长，打个结巴丢过墙。
邀约情妹同路去，登记结婚又赶场。

割草歌

太阳出来照山村，妹儿割草好认真。
哥叫妹儿割慢点，妹手受伤哥痛心。

识字班

识字班里青年多，妹妹习字多沉着。
哥想上去表达爱，可没勇气面子薄。

一河水

上河涨水下河清，半边清来半边浑。
妹挑清水到猪场，哥车浑水把田耕。
河中虽有两样水，哥妹两人一样心。

遮脸对着悄悄说

对面妹妹过沟来，与哥相遇怀对怀。
以扇遮脸悄悄说，今晚开会早点来。

三、20 世纪 80 年代到 2000 年后岳池农家流行的情歌

打电话

手机打了一阵阵，不闻情哥有回音。
跑去质问为啥子，原来没电机已停。

表爱情

对山哥哥不安分，过去折腾受批评。
而今勤劳发了财，妹才有心表爱情。

村头地里有株桃

村头地里有株桃，十人路过九人瞧。

毛桃花香飘四处，兴趣只有燕儿毛。

渠江情歌

这边下雨那边晴，斑鸠歇的刺巴林。
鱼儿爱的渠江水，妹儿爱的勤快人。

东边下雨西边晴，斑鸠歇的刺巴林。
鱼儿爱的渠江水，妹儿爱的诚实人。

东边下雨西边晴，斑鸠歇的刺巴林。
鱼儿爱的渠江水，妹儿爱的聪明人。

第二节　劳动歌谣

一、农事歌

犁田谣

赶着牯牛去犁田，犁来犁去没有完。
汗水颗颗滴田中，一年犁过又一年。

犁田歌

往年犁田我挥鞭，今年犁田我坐“船”。
农业实现机械化，根本不要牛犁田。

栽秧歌

大田栽秧排对排，莫把身子挨过来。
腿脚要端行要正，端端正正妹才爱。

薅秧歌

一下田来十二人，个个都是唱歌人，
你把好歌唱几个，阳鹊过山远传名。

一下田来稀稀排，你把线线挨拢来，
你把线线挨一挨，无的说出有的来。

大田薅秧四四方，光棍杂草满了厢，
农夫汉尔看见你，光棍杂草遭了殃。

稗子王来稗子王，你在田中称霸王，
庄稼汉子看见你，扯你上坡晒太阳。

小小黄鳝铁打嘴，打了洞来漏了水，
农夫汉尔看见你，宰你头来砍你尾。

大田薅秧行对行，一对秧鸡在乘凉，
哥哥说来用枪打，妹妹说来打不得，
打不得来打不得，打死崽崽气死娘。

太阳大来太阳大，晒到后头牡丹花，
晒倒牡丹不结籽，晒倒情郎不探花。

大田薅秧行不行，扯根直行对学堂，
先生说我直行好，我说先生好文章。

大田薅秧行不行，薅个鲤鱼五尺长，
大的拿来过端午，小的拿来送亲娘。

大田薅秧沟对沟，捡个螺蛳往上丢，
螺蛳晒得大张口，幺妹晒得汗长流。

大阳落坡坡背坡，听我唱个扯谎歌，
和尚尼姑打一架，头发扯成乱鸡窝。

采茶歌

百花开放好春光，采茶姑娘上山岗。
手提竹篮把茶采，片片采来片片香。
哟嗬嗬，哟嗬嗬！
采到东来采到西，采茶姑娘笑咪咪。
过去采茶为财主，如今采茶为自己。
哟嗬，哟嗬嗬，哟嗬嗬！
身背茶篓把坡上，采茶姑娘喜洋洋。
采了一山又一山，茶叶丰收好喜欢。
哟嗬，哟嗬嗬，哟嗬嗬！
华蓥山上好风光，姐妹采茶把歌唱。

一路采茶一路歌，采茶歌声传四方。
哟嗬嗬，哟嗬嗬！……

采茶歌

正月采茶是新年（哟），玩龙舞狮闹团圆（嗬）。
二月采茶燕子飞（哟），采满春茶把家回（嗬）。
三月采茶暖洋洋（哟），姐妹采茶湿衣裳（嗬）。
四月采茶叶青青（哟），姐妹采茶绣花巾（嗬）。
五月采茶麦子黄（哟），栽秧采茶累又忙（嗬）。
六月采茶大太阳（哟），女儿回家去看娘（嗬）。
七月采茶把坡上（哟），风吹稻谷清又香（嗬），
八月采茶桂花香（哟），满山满坡菊花黄（嗬）。
九月九来是重阳（哟），糯米酿酒贵客尝（嗬）。
十月里来秋风凉（哟），大雁南飞柑橘黄（嗬）。
冬月寒风白头霜（哟），幺妹做鞋送情郎（嗬）。
腊月雪花满山坡（哟），情妹日夜想情哥（嗬）。
一年采茶不得闲（哟），姐妹又盼丰收年（嗬）。

二、织布歌

一

一对鸳鸯飞过河，五个大姐织绫罗。
大姐会织天上月，织个月亮照四国。
二姐会织空中云，织朵乌云配紫云。
三姐会织火盆框，织个火盆照四方，
四姐手脚最灵巧，织个二龙来抢宝。
只有五姐生得倔，坐在机上织不得。

二

一队小伙跑过河，去看七姐织绫罗。
大姐织的天上月，月光明亮照山河。
二姐织的天上星，星星闪光挂天角。
三姐织的天上云，七色彩云一朵朵。
四姐织的大火盆，严冬发热民暖和。
五姐双手更乖巧，织个娃娃身灵活。
六姐闷心不声张，织件宝贝手中握。
只有七姐不动手，梭到人间找小伙。

三、石工歌

大锤号子

太阳出来一把火，

东方出来西方落。

太阳才出当中过，
先生娘子[①]放午学。

声气蚀了唱不得歌，
脚儿短了爬不得坡。

太阳落坡坡背黄，表嫂出来收衣裳。
竹杆搁在街沿上，站在檐下望情郎。

天上毛毛雨儿落，连手[②]出门打湿脚。
背时连手心肠硬，过路也不问一声。

我的连手我认得，头发长得一靛黑。
前头梳的一匹瓦，眉毛长得像柳叶。

一路走来一路行，过桥过河要小心。
毛毛雨落地下滑，谨防走路挞扑爬[③]。

背时大锤瞎了眼，眼睛长在侧边点[④]，
撬开些嘛活动些，哥子们给你锲松些。

来了来了真来了，山东来了个秦叔宝，
背揹一对金装锏，四棱四线放光毫。

①先生娘子：教师的妻子。
②连手：本意指配合劳动的伙计，此处指自己的妻子。
③挞扑爬：跌跟斗。
④侧边点：没看准。

抬石歌

细娃尔[①]走路打登登[②]，石匠走路分把分[③]，

细娃娃走路打登登，抬石汉子很认真。
就是情妹旁边过，步步踏实神不分。

岩上大嫂下坡来，泥巴裹着绣花鞋。

脚儿短了走得慢，走到江边赶轮船。

①细娃尔：小孩。

②打登登：颤抖。

③分把分：细步。

四、抬工歌（号子）

（一）

烂草鞋，啄[①]起来。
抬头望，有坡上。
该升就升，两步拿登[②]。
下脚[③]，带着。
越下越陡，越下越好走。
明晃晃，水函函[④]。
天上一个皮球，地下一个石头。
右边枝枝挂，左边让过它。
两边有，中间走。
天上鹞儿飞，地下一大堆。
快的不要，慢的挡道。
一步一个，两步一双。
单梁一根线，跑得马来射得箭。
板板桥，闪摇摇。
两边不合缝，你弄了我又弄。
一踩一滚，十踩九稳。
腰担起，高升起。
左拐，右甩，
么二拐[⑥]，两边摆。

①啄：走动，走。

②拿登：登上坡顶。

③下脚：下坡。

④水函函：水坑。

（二）

前看齐，后看一。
烂草鞋，摇起来。
龙抬头[①]，往上游。
点子花，踩干它。
右边一支花，随手摘掉它。
单梁，双扣。
横口，顺过。

滑滩，踩干。

响亮，稳当。

①龙：抬最前面的人，这一句是说第一个人抬头向上看，说明有坡要上。

五、船工歌

嘉陵江船歌

嘉陵江中石滩险，万年滩过蒙子砭。
丁家石盘桃竹寺，纤藤狭漕连山湾。
土地滩前铁炉滩，油房角又麻柳坎。
脚蹬石头手把纤，转眼拉到张家滩。

渠江船工歌

上水歌

昔日螳螂去捕蝉，偶遇黄雀在树间。
黄雀又遇弓弹打，打弹之人被虎餐。
猛虎得食遍山转，遇到枯井把路拦。
枯井面上长青草，青草又被牛儿餐。
牛儿遇着杀牛汉，杀牛汉子丢进监。
监门又遇雪打烂，大雪不住堆成山。
哪怕雪山高万丈，太阳一出化成江。
世间一报还一报，仇报仇来冤报冤。

下水歌

墙内栽花墙外开，三位大姐采花来。
大姐摘朵头上戴，二姐摘朵怀内揣。
只有幺妹人又矮，花高人矮摘不来。

二八佳人进花园

二八佳人进花园，手把花树泪涟涟。
花开花谢年年在，哪有人老转少年。

黄桷树、李子树

黄桷树、黄桷丫，黄桷树下有一家。
黄妈妈所生三个子，三个儿子果不差。
大儿名叫十八癞[①]，二儿名叫癞十八。
只有幺儿好得点，顶一脑壳豆腐渣。

李子树、李子丫，李子树下有一家。

李妈妈所生三个女，三个女儿人才夸[②]。
大女儿名叫臜巴眼[③]，二女名叫眼臜巴。
只有幺女好得点，细眉细眼萝卜花。
大女配了十八癞，二女配着癞十八。
只有幺女配得好，配的一个豆腐渣。

①癞：严重头癣。
②夸：好。
③臜巴眼：一种眼病。

渠江船歌

广安沙湾蓼叶滩，鱼洞斜涌连花滩。
资阳滩下斜滩险，皂角滩前富流滩。
无心阶梯蔡家盘，渠江沙积二郎滩，
拼命拉过铁石滩，赛龙丹溪入合川。

六、节令歌

十二节候歌

正月：初一漆黑四边天，大雪纷纷足丰年，
　　　倘若“立春”晴一日，农夫不用牛耕田。
二月：“惊蛰”闻雷米价贱，“春分”有雨病人稀，
　　　月中倘使逢三卯，处处油菜豆麦宜。
三月：风雨交加初三头，沿村瘟疫令人忧，
　　　“清明”若是南风至，定是农家有丰收。
四月：“立夏”东风少病痛，初八天晴瓜果丰，
　　　雷鸣若在庚辰日，防备稻禾遭病虫。
五月：“端阳”有雨是丰年，“芒种”闻雷好收成，
　　　“夏至”刮起西北风，瓜田园内受熬煎。
六月：三伏之中逢酷热，五谷田中多不结。
　　　此时若是平安日，预测三冬多雨雪。
七月：“立秋”无雨最担忧，稻谷红苕只半收，
　　　“处暑”若逢天下雨，纵然结实也难留。
八月：“秋分”时节白云多，大好收成人唱歌，
　　　最怕这天雷电闪，冬来米贵不用说。
九月：初一飞霜定害民，重阳无雨一冬晴，
　　　月多红晕人多病，若有雷声米价增。
十月：“立冬”时节怕逢壬，来年大收不可能，
　　　这天如是壬日子，人祸天灾连发生。

冬月：初一西风灾情多，纷飞大雪降灾魔，
“冬至”天晴人爽快，次年定唱太平歌。
腊月：初一东风六畜灾，若逢大雪旱年来，
这天如果天晴朗，预示农家放心怀。

七、其他劳动歌谣

植树歌

春风吹来暖悠悠，植树造林上山丘。
社长带队前面走，男女社员跟后头。

背力歌

身背一个竹背篼，爬山涉水又过沟。
白天背到太阳落，夜晚背到月西溜。

木匠歌

手握斧子像凤凰，东家走了西家忙。
修房造屋打家具，总是一副热心肠。

第三节 生活歌

一、1949年前农家生活歌：

长工歌

穷家汉子当长年，日出干到月西悬。
脸朝黄土背朝天，牛马一样被使唤。

秋收之后断炊烟

交了租谷把债还，秋收之后断炊烟。
这种日子咋个整？穷人心里胜油煎。

草鞋四股筋

草鞋四股筋，越打越伤心。
一年打到头，周身烂襟襟。

一年忙出头

一年总想忙出头，结果午夜没灯油。
雪风吹到破屋里，全家冷得身发抖。

富家有年我没年

穷得没有米和面，富家有年我没年。
财主乐得放鞭炮，自家大小哭成团。

人不死来路不丢

清早起来走下沟，举起锄头把路修。
步步修的石梯子，人不死来路不丢。

姑娘生在佛祖岩

姑娘生在佛祖岩，一双大脚穿草鞋。
出门一声山歌响，进屋一背桐树柴。

买马要买四蹄圆

买马要买四蹄圆，栽秧要栽河堰田。
朋友要交实心汉，铁板搭桥管万年。

龙头拐杖一支花

龙头拐杖一支花，上坡下坡都靠它。
过河过水知深浅，儿女不孝不如它。

坐立不正背成驼

歌儿不唱忘记多，大路不走草成窝。
快刀不磨易生锈，坐立不正背成驼。

姑娘生来家里穷

姑娘生来家里穷，找个婆婆像人熊。
当了三天童养媳，挨了九次吹火筒。

十八女儿三岁郎

十八女儿三岁郎，夜夜撇尿抱下床。
不是公婆盯到起，两脚一伸蹬下床。

劝伯娘

天上落雨细细洒，麻篮[①]金盆映桂花。
花花落在金盆里，伯娘怄气在心里。
一怄姐姐难带[②]大，

二怄姐姐难打发[③]，
三怄姐姐用了钱。
用了银钱莫心焦，
二回做生姐担挑[④]，
抬盒抬到大门边，
六月抬来纱罗缎，
冬月又抬皮衫衫。
滚龙火炮竹竿穿[⑤]，
喊声伯娘大边[⑥]站，
拜得伯娘心喜欢，
拜得姐姐有脸面。

①麻篮：妇女做针红活时用的竹篮。
②带：养育。
③打发：嫁出去。
④担挑：承担。
⑤穿：挂。
⑥大边：右边上首。

明天去投[①]娘屋人

说起婆家好得很，推谷[②]推到二三更。
手拿扁挑[③]去挑水。
走到上沟水又深。
背时白鹤起良心[④]。
手拿扁担转回程。
不等明天天亮明，我去投我娘屋人。

①投：告诉，诉说。
②推谷：旧时用檑子磨成米。
③扁挑：扁担。
④起良心：坏了良心。意思是说夜间白鹤立在树上吓人。

浆衣歌

新打磨儿推白浆[①]，推起白浆浆衣裳。
浆衣莫用木盆浆，金盆银盆有你浆。
晾衣莫用竹竿晾，金竿银竿有你晾。
折[②]衣莫拿木桌折，金桌银桌有你折。
放衣莫拿木箱放，金箱银箱有你放。
锁箱莫拿铜锁锁，金锁银锁有你锁。

新打磨儿推白浆，推起白浆浆衣裳。
浆衣没得木盆浆，只有拿到田角浆。
晾衣莫得竹竿晾，只有搭到刺藤上。
折衣莫得桌子折，只有放在腿上折。
放衣莫得箱子放，只有放在枕头上。
锁箱莫得铜锁锁，只有插根竹签锁。

①白浆：米浆。
②折：折叠。

带女莫放少年婆

当门有块四方土，四方土儿栽密麻①。
密麻开花砣打砣②，带女莫放少年婆③。
少年婆婆磨媳妇，天天磨你做活路。
白天磨你九挑水，晚上磨你九两纱。
九挑水儿容易担，九两纱儿难纺完。
坐到一更不打紧，坐到二更待天明。
坐到三更才伤心，婆婆就拿秤来称。
大秤称的是线子，小秤称的是棉花。
我和婆婆吵一架，婆婆撵我回娘家。
隔壁④说我很遭孽⑤，我到隔壁借个歇。
过路大嫂带个信，叫我娘屋快来人。
事情不大气难平，话要说清理要明。

①密麻：芝麻。
②砣打砣：一蔟紧挨一蔟。
③少年婆：年轻婆母。
④隔壁：邻居。
⑤遭孽：受苦，可怜。

饭到口里不想吞

月亮出来圆顶过，娘家二哥我家坐。
推谷碾米二更过，娘家二哥在挨饿。
齐米①碾得亮铮铮，粗糠碾得细纷纷。
我喊公婆搭②米来，公婆答应无米柴。
拿起升子③上沟跑，上沟大嫂借不到。
拿起升子下沟转，下沟大嫂借三碗。
煮一半来留一半，不煮干饭煮稀饭。
我在娘家哪不好？金盆搭米银盆淘。

我在婆家哪些好，调羹搭米醋盘淘。
倒在锅里水不浑，吃到口里不想吞。

①齐米：糙米。
②搭：盛，舀。
③升子：盛粮食用的器皿。

回娘家

一匹青菜二匹黄，收收拾拾[①]去看娘。
左手打把清凉伞，右手拿封[②]亮沙糖。
亮砂糖儿抽屉放，洋布撑花[③]巴壁放。
双手捞开青丝帐，我问我娘想哪样？
七十二样我不想，单想鲤鱼来打汤。
女儿听见这句话，捞起网儿下河坝。
头网捞到青丝草，二网捞到鲤鱼娘。
三网四网没打到，背起鱼网回厨房。
鱼儿放在砧板上，网儿挂在钉子上。
我问我娘哪门吃，先破肚来后理肠。
大的拿来煎起吃，小的拿来打鱼汤。
多放胡椒少放姜，多放油来少放汤。
头碗舀起供天地，二碗舀起我娘尝。

①收拾收拾：打扮。
②封：包。
③撑花：雨伞。

求药方

当门[①]有棵苦果树，苦果树儿苦果因。
睡到半夜得了病，不等天明请先生[②]，
先生开药[③]引子大[④]，样样引子难找寻。
一要天上灵芝草，二要千年瓦上霜，
三要阳雀蛋一对，四要蚂蝗肚里肠，
五要虾子头上石，六要美女递茶汤，
七要金刚来熬药，八要皇米舂黄浆，
九要观音莲台水，十要雷公头上浆。
若要找到这十样，今天吃了明天好。
若是没有这十样，呵喝一声见阎王。

①当门：门前。
②先生：医生。
③开药：处方。

④引子大：药引难找。

怀胎歌

一月怀胎没有啥，二月怀胎脚手炽，
三月怀胎饭难下，四月怀胎眼睛花，
五月怀胎骨节化，六月怀胎长头发，
七月娘瘦如刀剐，八月不敢走人家，
九月行动心耽大①，十月临盆好惨煞。
一阵痛来自害怕，二阵痛来泪巴沙②。
双脚蹬紧尘埃下，一口咬断青丝发。
幸得孩儿落地下，父母心中笑哈哈。

①心耽大：非常耽心。

小白菜

小白菜儿①，命才薄哟！七岁八岁，没有娘哟！
三年五年，接了后娘。生个弟弟，名叫志强。
夜晚睡觉，弟睡里头，我睡的是，床外边哟！
弟弟吃的，鸡鸭汤哟！我吃的是，稀饭汤哟！
弟弟穿的，绫罗缎哟！我穿的是，破衣衫哟！
弟弟在家，有书读哟！我在家里，做苦活哟！
唉呀唉呀，好悲伤哟！想起我娘，伤心哭一场！

①小白菜：人名。

二、1950年后农家生活歌：

月　歌

正月十五龙灯耍，二月就把风筝扎。
三月“清明”把坟挂，四月稻秧田中插。
五月龙船下河坝，六月扇子手中拿。
七月就把谷子打，八月十五看月华。
九月重阳酒兴大，十月就把红苕挖。
冬月烘笼涨了价，腊月就把年猪杀。

永远跟着共产党

核桃开花吊吊长，不靠爹来不靠娘。
永远跟着共产党，好比庄稼靠太阳。

唱支山歌给党听

手捧稻穗喜盈盈，责任田中望北京。

唱支山歌给党听，报告农家好收成。

金光大道通北京

从前山沟路难走，悬岩高来坡又陡。
爬步梯梯抹把汗，两腿酸得直打抖。
今天山沟路变平，大车小车忙不赢。
金光大道通北京，党对人民最有情。

岳池农家变得快

岳池农家变得快，新村房屋排挨排。
如若不是认真看，恍忽到了市区来。

农村吃水不用担

岳池环境大改变，水管安到灶房间。
龙头一扭水就来，而今吃水不用担。

野鸡飞山村

退耕还林秃岭青，野鸡活跃飞山村。
迎面新风叫人醉，疑似自身进丛林。

第四节　仪式歌

一、婚嫁歌

（一）拜祖歌

出房歌[①]

一出房门人又多，姊姊妹妹把我拖。
既然要我歌堂坐，就要由我把话说。
是儿要占田一份，是女要占米一箩，
两手空空要我坐，除非把我头扯脱。

①出房：出绣房。歌堂仪式之一。由新娘在出绣房时唱。

不舍娘家歌

一拜天地天不明，二拜天地起乌云，
三拜天地落大雨，四拜天地下大雪，
天地吹风下大雨，落得婆家离不得。

拜祖歌①

脚踩席子四个角，今夜出来拜祖婆。
祖公头上点明灯，四磕头儿教育我。
莫在婆家逗狗叫，各人回来守香火。

①新娘进堂屋后首先祭祖，然后请爹娘上座受拜。

拜爹娘歌

一朝天子一朝臣，堂前小儿拜双亲。
一拜双亲泪难忍，二拜双亲养育恩，
三拜双亲系罗带①，四拜双亲要离分。
细细作揖细细听，细听小儿说苦情。
有钱就是富贵命，无钱就该受贱贫。
贵谷贵米盘②大我，生朝满日来奉情③。

①系罗带：将女儿梳妆打扮成新娘。
②盘：养育。
③生朝满日：生日；奉情：奉还人情。

讨爹妈押钱歌

双膝跪在堂前地，儿向爹妈讨礼仪①，
一封两封随你意，摆在堂前儿才起。

①礼仪：赏钱。

谢爹娘歌

一朝天子一朝臣，今夜出来拜双亲。
一拜双亲泪难忍，双脚跪到神当门。
爹为小儿钱用尽，娘为小儿累成病，
井边打水不溢贤（满而外溢），儿女身上花尽钱。

（二）歌堂歌

起歌头①

燕儿飞起黑郁郁，众位劝我起歌头，
歌头歌尾我都有，堂前人多难开口。
唱错一句你莫笑，唱错二句你莫谈，
男子读书有书本，女子唱歌凭口出。

小妹出嫁快离家，四邻姐妹难舍下，

今夜一堂来陪我，我为姐妹来摆茶。
茶食不好心意够，小妹唱歌甜心头，
粗喉大嗓唱不好，满堂姐妹莫见笑。
今夜姐妹多教妹，妹嫁人家有出息。

①起歌头：坐歌堂的第一支歌由新娘唱，名为“起歌头”。

对答歌

今夜一堂来做客，唱起歌儿送姐姐，
上席唱来下席接，四方唱起好闹热。
月亮出来弯又弯，照到后头苦竹山。
苦竹山上栽牡丹，牡丹开花无人摘，
姐姐出姓无人留，留到姐姐坐绣楼。
栀子开花一树白，借的衣服我认得。
栀子开花十二瓣，借的衣服汗又汗。
要穿我妈离娘衣，不穿婆家借来的。

我们姐妹同长大，明日妹妹要出嫁。
妹进贵门福气多，莫把姐妹甩在坡。
姐姐带我恩德大，出嫁离走那边家。
妹会牢记姊妹情，常来你家和你耍。
十八鲤鱼供桌上，今晚姊妹同堂唱，
不同声气不同歌，手足心情都一样。
我妈带我十五六，不会数来不会哭，
还望姐妹多留连，唱到半夜回得晚。

骂媒歌

媒人是条油嘴狗，这家吃了那家走。
男家刚吃大肥肉，又去女家喝美酒。

姊妹好耍要出阁

板栗好吃要剥壳，姊妹好耍要出阁。
出去要把德性[①]改，天天孝敬二公婆。
有事莫在背弯躲[②]，有话莫在背后说。
妯娌吵架都有错，只有各人招呼各[③]。

①德性：脾气，个性。

②这句是说：遇到麻烦事情不能躲避。

③这两句是说：自己克制自己。

结束歌

竹叶青，柳叶黄，撇把柳叶扫歌堂，
今夜你是娘家女，明天就去作新娘。

二、丧葬歌

（一）灵堂歌

许菩萨歌

孝子灵前哭一声，我娘今年得怪病，
行不便来坐不稳，昏昏沉沉牙床困。
跪在神前许社灵，许那药王药一寸，
牛王菩萨几吼声，阎王菩萨穿满金。
川祖庙上许愿心，许那观音戏一本，
许那土地红二根，许那佛爷发善心。
御了柏篼御了根，珠泪滚滚湿衣襟。

割寿方（棺材）歌

天上落雨细细纱，落到后院长桂花，
十五六年未发芽，十七八年才发桠。
手拿钢刀进青山，砍了青山倒桂花。
八月里来桂花香，请个木匠割寿方。
前头割的龙大头，后头割的凤小尾，
两边割的纱罗灯，中间割的放娘身。

怀念老娘歌

栀栀花，把把长，收收拾拾去看娘。
左手打把清凉伞，右手提封白砂糖。
走到我娘地坝旁，一声妈来一声娘。
哥哥答应在绣房，嫂嫂答应在牙床。
一脚踏进我娘房，双手撩开青丝帐。
我问我娘甚么病？娘说为你操心肠。
我问我娘想哪样？娘说哪样都不想。
挂欠儿女在成长，慊着儿女见阎王。

颂亡老人歌

哭声我娘我的母，玉莲渺渺敬天祖。
来客烧香点蜡烛，我娘在生多辛苦。

熬更守夜挣家务，起早摸黑建房屋。
种田持业扶幼小，开亲结媳受劳碌。
年年有个五月五，太阳照到我娘屋。
我娘寿年八十五，我娘孝堂有媳妇。
没有享到儿的福，今世已完上天府。
娘去天府儿守屋，放心家业要发福。

哭娘歌

子时半夜冷风凉，青罗帐内去看娘。
双手撩开青丝帐，好比我娘冷如霜。
金铜牙床你不睡，黑漆棺木你内藏。
三魂渺渺往阴走，七魄茫茫西天上。
直讲我娘慢慢走，四殿阎君把簿拘。
丑时迎来金鸡鸣，家家金鸡叫声声。
金鸡叫来天已明，大天白亮路好行。
天上有路你不去，地狱狱间独自身。
寅时迎来雾沉沉，我娘言语分不清。
左思右想打主意，十殿阎君不放情。
卯时迎来亮堂堂，耳听未见娘开腔。
走进娘房仔细看，儿女内心着了慌。
辰时太阳晒高楼，梳妆楼上去梳头。
人也忙来头发乱，左梳右梳心又愁。
胭脂花粉无心打，红头绳儿往外丢。
巳时迎来心中忙，口口声声哭我娘。
千哭万哭哭不转，哭娘不转痛肝肠。
午时迎来正中午，四亲六眷闹哄哄。
杀猪宰羊来上祭，二声奠酒二三行。
未时迎来心中忙，千斤杠子响叮当。
眼泪汪汪抬头看，四亲六眷站两旁。
申时太阳失落岩，抬起我娘青山埋。
一层黄土一层砖，再想相会难上难。
酉时想起我母娘，盘儿盘女费心肠。
哪家儿女守坟台，三夜火把送上坟。
坟山阴森无声气，子子孙孙都怕你。
戌时迎来心中忙，手点明灯进绣房。
明灯蹬到抽屉上，眼泪汪汪滚胸膛。
一眼未见我的娘，久慊我娘不上床。

亥时迎来心胆寒，陪娘坐落不安然。
又想我娘埋进土，单怕我爹受饥寒。
说是黄金买得命，买娘转来坐高堂。

接烧香歌

李子开花一树白，对门[①]来个烧香客。
往回烧香对门过，这回烧香到屋来。
蜡烛接到烛台上，火炮接到地坝放。
老的接到堂屋坐，少的接到把头磕。

烧香客歌

一进孝家一出门，孝家也是大富人。
二进孝家二出门，孝家也有接客人。
三进孝家三出门，孝家锣鼓闹沉沉。
四进孝家四出门，堂前美酒来鉴灵[①]，
五进孝家五出门，黑漆枋儿[②]堂前停。
六进孝家六出门，白纸对儿挂得平。
七进孝家七出门，七龙四海由你行。
八进孝家八出门，八大金刚见亡魂。
九进孝家九出门，孝家也有念书人。
十进孝家十出门，个个孝子把礼行。

①鉴灵：祭灵。
②枋儿：棺木。

开路歌

金龙镜子白铜边，照到我娘去阴间。
娘在阴间好安乐，小儿阳间无靠托。
娘在阴间为好人，小儿阳间受搓磨。
娘在阴间为正神，小儿阳间受苦情。

入殓歌

金盆打水抹一帕，抹净阴身污泥巴。
头抹三帕捆丝帕，身抹三帐穿白纱。
白绸缎子巴肉穿，青绸鞋子套袜面。
往回穿起进佛堂，这回穿起进寿方。
黑漆棺材一匹瓦，阳间不耍阴间耍。
大花铺盖一朵云，盖到我娘一个人。

黑绸盖帕玉石枕，我娘睡起冷不冷？

（二）安葬歌

送葬歌

白鹤飞起半边天，我把我爹送上山。
一送送到五里岩，送了五里不转来。
一送送到十里坡，送了十里不为多。
走了一弯又一弯，不觉走到坟堆边。
一只蜡烛一盏灯，一天一夜观世音。
观世音来莲台坐，观世音来解罪恶。

送亡母灵

油菜开花遍地黄，披麻戴孝送我娘。
一送送出大门边，门神二将两边站。
二送送到地坝边，乌云遮了半边天。
三送送到朝门边，鸟儿喳喳叫连天。
四送送到大土角，儿子儿孙好入学。
五送送到大田湾，子孙后代买大田。
六送送到对门山，子孙后辈当大官。
七送送到梧桐旁，我娘天热好歇凉。
八送送到水井边，我娘打水洗手脸。
九送送到菜地里，我娘四季进菜地。
十送送到坟土地，我娘远走到阴间。
娘到阴间显阴灵，保佑后人家业兴。
柴米油盐用不尽，堂前屋内满金银。
男孝后辈仕途广，女孝后嗣享宫庭。
子子孙孙难忘恩，时时刻刻祀母灵。

送亡父灵

老父在世很苦寒，为人忠厚不耍奸。
起早摸黑种菽豆，天晴下雨耕种田。
收得粮食交租佃，剩下五谷把儿盘。
今天儿女成了人，老父无福享安闲。
弟兄姊妹来送葬，送父上山到西天。

落井歌

白鹤飞起白满天，我把我娘送上山。

送上五里请石匠，送上十里请阴阳。
这个阴阳请得好，就把罗盘对准了。
打井要打五尺深，我娘睡到好翻身。
打井要打七尺长，我娘睡到当牙床。

复三歌

远看青山一朵云，近看地上一棺坟。
我妈死了三天了，没有哪个还妈魂。
走了一弯又一弯，走拢我妈坟山边。
坟山边边栽柏树，柏树高头站翠雀。
白天也有翠雀叫，晚上也有翠雀鸣。
丢下我妈一个人，不得要她孤零零。

第五节　时政歌

一、1949 年前时政歌

点兵歌

正月点兵白花开，诏封文书连夜来。
二月点兵百花香，诏封文书点刀枪。
长枪短棍都点了，早愁兵马夜愁粮。
三月点兵至我公[①]，我公胡子白蓬蓬[②]。
别人带孙防到老，我公带孙一场空。
四月点兵至我婆[③]，你孙当兵莫奈何。
早晨烧香敬天地，夜晚烧香保孙回。
五月点兵至我母，母亲带儿实在苦。
自从那年打国战[④]，保甲就把壮丁拉。
你儿当兵保国去，我妈带儿枉费心。
六月点兵热烘烘，拉起你儿到前方，
日本鬼子黑良心，占了我们东北省[⑤]。
天上飞起呜噜叫[⑥]，丢了炮弹很不少。
普遍山河一片红，白流血汗不成功。
七月点兵就至我，哥哥一心来替我。
只有兄弟替哥哥，哪有哥哥来替我。
八月点兵至我嫂，兄弟当兵哪些好?
山上有柴无人砍，井中有水无人挑。
九月点兵至我妻，妻在房中耐烦[⑦]些。

夜晚关门早早睡，免得别人说是非。
若是听到是非说，头扯青丝手剥皮。
剥你皮来做鼓打，扯你青丝做胡琴。
十月点兵至我妹，妹妹问哥哪天回？
好比大河长江水，有路去来无路回。
冬月点兵下南坡，南坡还在闹哈哈。
上喊三声上父母，下喊三声人魂落。
腊月点兵是一年，一屋[8]大小望团圆。

①公：祖父。
②白蓬蓬：雪白。
③婆：祖母。
④国战：国与国之间的战争，指抗日战争。
⑤东北省：东北三省。
⑥呜叫噜：飞机飞行时的轰鸣声，意指飞机。
⑦耐烦：忍耐。
⑧一屋：全家。

拉壮丁

睡到半夜深，有人来打门[1]，全家耽心听一听，莫是拉壮丁啰嗬，
哎哎子哟，莫是拉壮丁啰！
拉开我大门，进来两个人，一把拉住我的身，要我当壮丁哟嗬，
哎哎子哟，要我当壮丁哟嗬！
拉到阶沿上，看见那保长，身上背杆棒棒枪[2]，好像那活阎王哟嗬，
哎哎子哟，好像那活阎王哟嗬！
拉到地坝边，我娘才看见，眼泪汪汪团团转，伤惨不伤惨哟嗬！
哎哎子哟，伤惨不伤惨哟嗬！
拉到对门[3]坡，看见我的哥，这回当兵就是我，躲也躲不脱哟嗬，
哎哎子哟，躲也躲不脱哟嗬！
拉到山垭口，看见我的舅，我喊舅舅慢慢走，有苦难出口哟嗬。
哎哎子哟，有苦难出口哟嗬！
拉到衙门口，碰到大黄狗，把我脚杆咬一口，拖起那毛病[4]走哟嗬，
哎哎子哟，拖起毛病走哟嗬！
拉到碉楼[5]上，臭虫虼蚤旺，一直咬到大天亮，干人[6]遭了殃哟嗬，
哎哎子哟，干人哪遭殃哟嗬！
①打门：敲门，砸门。
②棒棒枪：手枪。
③对门：对面。
④毛病：伤痛，疾病。

⑤碉楼：砖石结构如楼台的碉堡。

⑥干人：穷人。

天上星多月不明

天上星多月不明，地上坑多路不平。
塘里鱼多半水浑，衙门官多不安宁。

乡长吃得油上油

乡长吃得油上油，保长出来啃骨头。
甲长好像搜山狗，逼得民众眼泪流。

包办婚姻不像话

想起从前不像话，自己婚姻由爹妈。
姑娘乖巧像朵花，嫁个丈夫笨又哈。
女人好似一盏灯，拨一下来亮一下。
男女长期不相丫，明是夫妻暗守寡。

官字歌

官田漏，官牛瘦，官做的马儿不长肉。
官锅儿，锅烟厚，官磨儿，稀烂臭。

苛捐杂税多如毛

自古未闻粪有税，而今只余屁无捐。
苛捐杂税多如毛，整得百姓喊皇天。

钱不值钱

早上钱买米一石，中午能购两斤盐。
晚上买盒火柴用，老板还说再添钱。

二、20世纪50至70年代时政歌

瞎指挥

瞎指挥，没眼光，堰塘修在山坡上。
白天装太阳，晚上装月亮。
劳民又伤财，群众暗骂娘。

“公共食堂”

麻角树皮包谷心，掺在一起搞面羹。

带着钵钵拿着碗，男女老少齐上阵。
舔了碗来又舔钵，高个争先去舔锅。
连看连来排看排，肿病几乎一样多。

吃“大锅饭”

手中端碗汤，两眼泪汪汪。
打落几颗米，尽是菜和糠。
亩产万斤粮，饿得心发慌。
假话哄死人，农民遭了殃。

你上坡我下坡

你上坡，我下坡，大家圈圈一样多。
只要工分拿到手，管他收少与收多。

粮食出在嘴巴上

学大寨，赶昔阳，年年“丰收”不见粮。
粮食出在嘴巴上，农民吃的“泡泡糖”。

三、20 世纪 80 年代后时政歌

客少主人多

单位来了客一个，主人围了一大桌。
盼着天天有客来，客少主多吃果果。

“纪委书记”

有的官妻手长伸，处处干预夫事情。
“纪委书记”是夫人？他们自己最分明。

文凭歌

看重学历德才轻，一纸文凭成了金。
不管文凭含金量，提干升官又增薪。

欺哄歌

村哄乡，乡哄县，一直哄到国务院。
国务院，发文件，从上到下照着念。
你也哄，我也骗，大家心知不外宣。

第六节　儿　歌

月亮走，我也走

月亮走，我也走，我跟①月亮提芭篓。
一提提到后门口，打开后门看杨柳。
杨柳树下一杯油，三个姐尔在梳头。
大姐梳的盘龙卷，二姐梳的桃花头。
唯有三姐不会梳，梳个髻髻②象毛牛。

①跟：替。

②髻髻：发髻。

异文：

月亮走，我也走，我给月亮提芭篓。
月亮走到外婆家，我也走到外婆家。
外公公，外婆婆，打起哈哈迎接我。
他们叫我好宝宝，我也哈哈叫外公婆。

数　数

一二三，爬上山；
四五六，拍皮球；
七八九，翻跟斗。
伸出两只手，十个手指头。

小板凳

小板凳，真听话，跟我一起等妈妈。
妈妈下班回家了，我请妈妈快坐下。

跳绳歌

黄桷树，黄桷丫，
黄桷树下是我家，
我家来了个小妹妹。

客人来了请坐，
包子馒头两个，
客人走了再见。

东南西北

桃子开花李子结，金子银子花花蛇。
绳绳落步绳，锻炼身体好跳绳，嘣嘣咔！

数脚歌

脚儿搬搬，搬上梁山。
梁山大豆，蹄子炖肉。
猪蹄狗蹄，四马前蹄。
精光胜利，各人知趣。

牵手歌

白鹤扯长，扯烂衣裳。
回去补起，又来赶场。

抽中指拇歌

一二三四五，上山打老虎，
老虎要吃人，黑了要关门。
门对门，虎对虎，
一下抽中到中指拇，你要田吗要土？
（要田）甜甜甜，包苞老汉吃汤圆，
吃了一碗又一碗，汤汤水水喝不完，
要吐）吐！

我是外婆的亲外孙

我是外婆的亲外孙，打破外婆的细花碗，
舅舅看到不做声，舅娘看到眨眼睛，
眨起眼睛我不怕，我和舅娘打一架。

青菜梗叶儿黄

青菜梗，叶儿黄，背起书包上学堂，
脚儿挑，屁股坐，放下书包哭一场，
老师问我哭啥子，屋里还有两封炒米糖。

大月亮二月亮

大月亮，二月亮，哥哥起来学木匠，
嫂嫂起来打鞋底，婆婆起来蒸糯米，

妹妹闻到糯米香，哭的哭，昂的昂，
打起锣儿接嬢嬢，嬢嬢高，耍弯刀，嬢嬢矮，耍螃蟹。

张打铁李打铁

张打铁，李打铁，打把剪刀送姐姐，
姐姐留我歇，我不歇，我要回家打毛铁。
毛铁不赚钱，我去学担盐。
担盐要走路，我去学织布。
织布难倒筒，我去学裁缝。
裁缝难穿针，我去学医生。
医生难看书，我去学杀猪。
杀猪杀不死，我去学打纸。
打纸打不烂，我去学煮饭。
煮饭煮不熟，抱着脑袋哭。

哥哥打嫂嫂

丁丁猫[①]，红爪爪，哥哥起来打嫂嫂，
嫂嫂哭，回娘屋，三碗豆花两碗肉，
洽门口，一坐渎[②]，耗儿[③]咬到嫂嫂的屁爬骨[④]。

①丁丁猫：青蜓。
②一坐渎：跌坐在地上。
③耗儿：老鼠。
④屁爬骨：尾脊骨。

豌豆尖，嫩苔苔

豌豆尖，嫩苔苔，哥哥重庆做买卖。
有钱讨[①]个花大姐，无钱讨个十八癞[②]。
十八癞儿会打牌，打到半夜才回来，
鸡一叫，狗一咬，十八癞儿回来了。

①讨：娶。
②十八癞：秃头。

螃蟹歌

螃蟹螃蟹哥又哥，螃蟹螃蟹八支脚，
两个大夹夹，一个硬壳壳，
夹也夹得紧又紧，甩也甩不脱。
叫一声螃蟹哥，放了我的脚，
不放！
再叫一声螃蟹哥，放了我的脚，

不放！

红罗卜咪咪甜

红罗卜，咪咪甜，看到看到要过年。
大人吃饱三顿饭，娃儿要得挂挂钱。

天老爷

天老爷，快下雨，保佑娃娃吃白米。
白米白，白米香，今年不会饿得慌。

小民兵

我是民兵小队长，背起木枪去站岗。
发现坏蛋送村里，大人夸我好思想。

胖娃儿

胖娃胖得奇，坐车到岳池。
岳池很好玩，饿了吃汤圆。
汤圆滑滚滚，又去吃米粉。
米粉有点麻，再去吃豆花。
豆花有些烫，身上钱花光。

第四章　谚语　歇后语　俗话　顺口溜

第一节　谚　语

农家谚语是农村群众中广泛流传的简炼通俗而富有深刻意义的短语。它大多反映农家对生产、生活和对某一事物的认识和理解。岳池农家有大量的谚语流传。

一、时政类

人不哄地皮，地不哄肚皮。
山高遮不住太阳，牛大压不死虱子。
作人心要诚，虚假不安宁。
吃了人家的口软，拿了人家的手短。
富贵无三代，为官不久留。
小官见大官，屁股要朝天。
挡得住千人手，档不住百姓口。
超载船要翻，为官莫要贪。

二、事理类

刀不磨要起锈，人不学要落后。

坏人说不好，好人说不坏。

跟好人，学好人，跟端公，跳坛神。

三月看小，三岁看老。

瓜无滚园，人无十全。

眼睛不亮，到处上当。

头回上个当，二回照个亮[①]。

路不走不拢，事不做不终。

养儿不学艺，担断箩篼系。

天干莫望云头雨，背时[②]莫望富亲戚。

出门看天色，进屋看脸色。

亲帮亲，邻帮邻，长工助穷人。

打架无好拳，吵架无好言。

不是撑船手，莫去摸篙竿。

船压千斤，主舵一人。

一花不是春，一木不成林。

姑息养奸，优柔误事。

事不三思，忙中有错。

姜是老的辣，醋是陈的香。

人与人不同，花有几样红。

烤酒熬糖，莫称老行。

听话听声，锣鼓听音。

世上本无路，人行路自成。

逢贵莫赶，逢贱莫懒。

人贵有自知之明。

病从口入，祸从口出。

十指连心，不可偏心。

①亮：灯。

②背时：贫困。

三、修养类

无钱穷一时，无志穷一世。

穷不夺志，富不变色。

打鱼不在急滩上，好先生不在头几场。

一个鸡蛋吃不饱，一个臭名背到老。

响鼓不用重锤，响锣不用重打。

人争一口气，佛争一炉香。

害人之心不可有，防人之心不可无。

人活一张脸，树活一张皮。

人不要脸，鬼都害怕。

软索能套猛虎，柔弱能胜刚强。

见强不怕，见弱不欺。
为人不做亏心事，半夜敲门心不惊。
做事要稳，改错要狠。
有理不在声高，有志不在年高。
明人不做暗事，真人不说假话。
镜不擦不明，脑不用不灵。
人到老，心肠好，后半辈子才有靠。

四、社交类

行客拜坐客，英雄拜豪杰。
人吵败，猪吵卖。
不听老人言，吃亏在眼前。
鱼不离水，雁不离群。
站客难留，坐客难赶。
浇花要浇根，交友要交心。
行要好伴，居要好邻。
杀猪杀断喉，帮人帮到头。
千人同船共命运，千朵桃花一树生。

五、生活类

白米饭，喷喷香，浪费一粒不应当。
响水不开，开水不响。
少年夫妻老来伴，一天不见惊叫唤。
夫妻打架不记仇，晚上同睡一枕头。
好吃不过高粱酒，好耍不过少年郎。
一顿搭把菜，十天省一袋。
一人省一口，喂只大黄狗。
杯杯酒吃脱家当，毛毛雨打湿衣裳。
滴水成河，粒米成箩。
选婿莫选金钱，选妻莫重容颜。
好花香一春，好伴伴终身。
说错一门亲，葬错一棺坟。
挣钱犹如针挑土，败家犹如水推沙。
一家之计在于和，一生之计在于勤。
吃药不投方，哪怕用船装。
人老癫懂，树老心空。
酒醉聪明人，饭胀傻浓包。
铁不炼不成钢，体不炼不健康。
常吃葱蒜，不提药罐。
坐卧不迎风，走路要挺胸。
酒多伤身，气大伤人。

饭后百步走，能活九十九。
不气不愁，活到白头。
动怒伤神，乐观延年。
开门七件事，油盐柴米酱醋茶。
大船都烂了，还靠哪几颗钉子？
儿女一累累，当不到老伴一条腿。
耳朵不掏不聋，眼睛不伤不瞎。
晴带雨伞，饱带饥粮。

六、气象物候及农事类

（一）气象物候谚语

华蓥山戴帽，大雨就要到。
有雨四角亮，无雨顶上光。
立夏不晴，要冷一月整。
立春晴一日，农夫不费力。
雷公先唱歌，有雨就不多。
春雨不烂路，冬雨不湿衣。
春天三日雨，冬天九天晴。
雷打天中，有雨不凶；雷打天边，大雨连天。
初一黑，初二白，初三初四娥眉月。
乌云遮月，有雨等不到天黑。
春犯甲子雨绵绵，夏犯甲子火烧天，秋犯甲子禾生耳，冬犯甲子雪飞天；

春丙阳阳无水育秧，夏丙阳阳干断屋梁，秋丙阳阳干谷上仓，冬丙阳阳无雪无霜（指立春、立夏、立秋、立冬四节气若是逢干支纪年的甲日、丙日，气候将对庄稼产生影响）；

九月雷声发，旱到明年八月八；
冬月无霜五月旱，腊月无雪六月干；
立夏不下，犁耙高挂；小满不满，干断田坎；
天旱莫望云头雨；有钱难买六月霖；
日晕三更雨，月晕午时风；
月亮戴毛，大雨泡泡；月亮戴枷，干死青蛙；
星星密，晒脱皮；
夕阳反照，晒得鬼叫；
早风雨，夜风晴；
早雨晏晴，晏雨早晴；
黑云穿银河，半夜有雨落；
火烧云，天气晴；鳞甲云，晒死人；钩钩云，雨淋淋；
云跑东，一场空；云跑南，雨满田；云跑西，戴蓑笠；云跑北，雨莫得；
黑云雨到，黄云下雹；
雷打架，冰雹下；
朝霞不出门，晚霞行千里；

朝霞晚霞，找水烧茶；
一虹虹东，一日三冲；一虹虹西，干断河溪；
虹高日低，戴笠披蓑衣；虹低日高，河溪莫水挑；
雷公先唱歌，有雨也不多；
有雨天边亮，无雨顶上光；
雷响又闪电，狂风大雨来；
偏东雨来势猛，三下过后现晴空；
打雷送秋，干断河沟；
偏东雨隔堵墙，这边下雨那边亮；
河水绿滟滟，雨在近几天；
青苔起，要下雨；
猫洗脸，雨不远；
燕子低飞蛇过道，大雨不久将要到；
斑鸠唤雨，麻雀噪晴；
蚯蚓滚沙，大雨将下；
水面鱼嘴多，戴笠又披蓑；
茅屋烟雨，瓦屋烟晴；
盐罐返潮，大雨难逃；
天黄有雨，人黄有病；
春雾雨，夏雾热，秋雾凉风，冬雾雪；
夏至有雨满江河，冬至无雨干断河；
数九不冷，伏天不热；
不冷不热，五谷不结；
小雪大雪，烧火不歇；
十月有霜，谷米满仓；十月无霜，槽内无糠；
白露时下雨，百日走溜路；
七落八淋九天晴，初十还有一早晨；
越落（雨）越亮，石头泡胀；
一日白霜三日晴，三日白霜十日晴；
霜重见晴天，瑞雪兆丰年；
霜降始降霜，草枯菊花黄；
春分秋分昼夜平分；
夏至三庚入伏，冬至当日数九；
清明断雪，谷雨断霜；
一九、二九，怀中插手；三九、四九，冻死老狗；五九、六九，沿河看柳；
七九六十三，路上行人把衣单；八九七十二，阴处找猫儿；九九八十一，庄稼老汉把田犁。
（二）农事谚语
水：
有收无收在于水，收多收少在于肥；

水是命，肥是劲；
庄稼庄稼，水肥当家；
会看水，看一沟；不会管水，管一丘（田）；
积水如积金，囤水如囤粮；
奶足娃娃胖，水足谷满仓。
土：
土是本，水是命，肥是劲；
土中生白玉，地内出黄金；
人哄地皮，地哄肚皮；
土地炕得酥，好比下油枯（油渣）；
要想吃饱饭，改良土壤细盘算。
肥：
庄稼一枝花，全靠肥当家；
六月老汉你莫困（偷闲），三挑草皮当挑粪；
多养畜禽多积粪，人勤畜旺地有劲。
种子：
好树结好桃，好种育好苗；
秧好半年禾，种好谷满仓；
种子年年换，产量节节高；
三年不换种，蚀个大窟窿。
耕种：
农时季节不等人，蚕老麦黄秧上节；
春争日，夏争时，农事宜早不宜迟；
阳雀（杜鹃）叫在清明前，高山高坡好种田；阳雀叫在清明后，高山高坡好种豆；
懒人听信别人哄，桐子开花才下种（稻谷种）；
家蚕上蔟布谷鸣，割麦插秧忙不停；
蚕老麦黄秧上节，立夏小满正栽秧；
秧奔小满，谷奔秋；
秧苗浅栽讲技巧，转青又快收成好；
过了夏至，水淹茬子（秧苗分蘖）；
寒露胡豆霜降麦，立冬豌豆延不得；
寒露霜降，籽籽播到坡上（土里）；
小满栽苕，一窝一瓢；
芒种忙忙栽，夏至谷怀胎；
清明高粱谷雨豆，惊蛰殡苕正时候；
胡豆种在寒露口，点（种）一升收一斗；
清明谷雨连，耕田莫迟延；
七月犁田一碗油，八月犁田半碗油，九月犁田光骨头；
春分前后，种瓜种豆；

庄稼老汉莫等待，清明谷雨收油菜；
长靠林，中靠果，短靠桑；
收割：
处暑不勾头，割来喂牯牛；
大暑不收，处暑忙割；
秋前十天无谷打，秋后十天遍地黄；
一穗落几颗，拾拢一大簸；
六月三个卯，不烂谷，就烂草。
养殖：
牛是农家宝，耕田不能少；
三岁牯牛十八汉，四岁六齿正得力；
蚕无夜桑不饱，牛无夜草不壮；
耕牛要长膘，多吃露水草；
黄牛打湿脚，水牛要泡角（夏天让牛下河塘洗澡）；
谷怕午时风，老牛怕过冬；
两春夹一冬，十个牛圈九个空；
上看一张皮，下看四只蹄，前脚直如松，后脚弯如弓（指相牛）；
养猪能赚钱，又肥一湾田；
富不丢书，穷不丢猪；
前看一张嘴，后看两条腿；前看胸膛宽，后看屁股圆（相架子猪）；
要吃饱饭种庄稼，多养鸡鸭有钱花；
鸡鸭鹅蛋，农家油盐罐；
鸡孵鸡，二十一（日），鸡孵鸭二十八，鸡孵鹅三十多；
三个月鸡，唏、唏、唏；三个月鸭，呷、呷、呷；三个月鹅，杀一钵；
勤养猪，懒养蚕，二十八天挣现钱；

七、生产类

坐吃山空，人勤年丰。
有钱修房子，无钱栽树子。
熟能生巧，巧能生精。
山坡种桐，子孙不穷。
种是金，土是银，错过季节无处寻。
井水挑不干，气力用不完。
活路活路天天要做，若还不做，除非逢雾。

八、学艺类

学到老、唱到老，边学边演艺更好。
师傅领进门，学艺在个人。
三天不唱口生，三天不练手生。
学好几套饭碗戏，跑滩才得不受气。
学艺不得诀，犹如得砣铁。

要把戏学好，不要皮面跑。
学戏不认真，老师枉费心。
愿教有义子，不传无义人。
井淘三遍吃好水，人从三师手艺高。
九、其他谚语
富家一席酒，穷人半年粮。
阴沟里的泥巴，总有翻身之日。
要想吃鱼，大家织网。
一针不补，十针难缝。
一人一条心，穷断骨头筋；大家一条心，黄土变成金。
邻居失火，不救自危。
学问之根苦，学问之果甜。
下河才知水深浅。
善说不如善做，善始更要善终。
不怕虎生双翼，只怕人起二心。
良言一句三冬暖，恶语伤人六月寒。
茄子不开虚花，细娃不说假话。
要知三岔路，须问过来人。
人在世上炼，刀在石上磨。
不种今年竹，哪有明年笋。
人无千日好，花无百日红。
冷茶冷饭可吃，冷言冷语难受。
罈子口封得住，人口封不住。
十个说客，当不到一个戳客。
口中说得莲花现，心中黑得像煤炭。
衣是人的脸，钱是人的胆。
有钱默无声，无钱光扯筋。
儿不嫌母丑，狗不嫌家贫。
金窝银窝，不如自家的狗窝。
养儿不教如养驴，养女不教如养猪。
歪戴帽子斜穿衣，必定不是好东西。
不想油渣吃，不在锅边转。
你有门枋，我有对子。
膏药一张各人熬炼不同。
远水难救近火，远亲难抵近邻。
选偶选德莫选色；结亲爱勤莫爱钱。
会选郎，选儿郎，不会选郎选家当。
好男不贪祖业地，好女不穿嫁时衣。

第二节　歇后语

歇后语，是群众熟识的、诙谐而形象的语言。它一般由两部分组成，前句是形象的比喻，像谜面；后句是解释、说明，像谜底，十分自然贴切。岳池农家人称歇后语为“言子”，说歇后语叫“展言子”。言子很多，涉及到社会生活各方面。

一缸子萝卜——抓不到姜（缰）。

一篮子茄子一篮豇豆——两篮（难）。

一根肠子通屁股——直来直去。

一两花椒一两肉——麻嘎嘎（肉）。

二分钱开当铺——周转不开。

大路边上打草鞋——有的说长，有的说短。

三十晚上看皇历——没有时间了。

三加二减五——等于零。

小娃儿放鞭炮——又爱又怕。

下雨天出太阳——假晴（情）。

三十晚上盼月亮——没指望。

三十天的菜板——不得空。

三十晚上煮稀饭——不像过年的样子。

三张纸画一个人脑壳——好大的脸面。

才下了崽的母狗——又歪又恶。

水仙不开花——装蒜。

东郭先生救狼——好心不得好报。

半路上杀出个程咬金——突如其来。

刘备借荆州——只借不还。

关公舞大刀——拿手好戏。

诸葛亮吊孝——装模作样。

猪八戒进了女儿国——看花了眼。

三月间的桃花——谢了。

大姑娘坐花轿——头一回（第一次）。

土地老爷的五脏——石（实）心肠。

门缝里看人——把人看扁了。

小葱拌豆腐——一青二白。

井底下的客蚂（青蛙）——只见过簸箕那么大的天。

毛坑里的石头——又臭又硬。

月亮坝里耍关刀——明砍。

甘蔗出土——节节甜。

半天云中吹唢呐——你还在哪里哪。

半夜起来捏桃子——按着烂的捏。
头上生疮，脚底流浓——坏透了。
外甥打灯笼——照舅（旧）。
对着镜子作揖——自己恭维自己。
外公无儿——没舅（救）了。
石板上甩乌龟——硬碰硬。
头发上生疮——毛病。
冬瓜皮作衣领——霉齐颈了。
正月十五贴门神——晚了。
老虎带佛珠——假装善人。
猫儿抓糍巴——脱不到爪爪（手）。
老鼠给猫拜年——送死。
肉包子打狗——有去无回。
孙猴子坐天下——毛手毛脚。
麦秆秆吹火——小气。
刘备的江山——哭出来的。
孙悟空的金箍棒——能伸能缩。
灯草打鼓——不响（想）。
自行车下坡——不踩（睬）。
老婆婆打粉——不嫩（论）。
冷水烫猪——不来气（无反应）。
快刀打豆腐——两面光。
肚脐眼吹风——一股腰（妖）风。
寿星老吊颈——活得不耐烦了。
没骨子的伞——支撑不住。
听评书落泪——替古人担忧。
吹火筒做眼镜——长起眼睛看。
和尚的脑壳——没发（法）。
狗坐鸳篼——不识抬举。
狗屎作鞭——闻（文）也闻（文）不得，舞（武）也舞（武）不得。
雨后送伞——错过时机。
泥菩萨过河——自身难保。
拉着和尚认亲家——找错了人。
阎王老爷嫁女——抬轿的是鬼，坐轿的也是鬼。
狗掀门帘——全仗一张嘴。
和尚住岩洞——没寺（事）。
罗汉请观音——客少主人多。
庙门口的旗杆——光棍一条。
油炸麻花——干脆。

阎王老爷出告示——鬼话连篇。
阎王娘娘害喜——心怀鬼胎。
阎王老爷拉胡琴——鬼扯。
哑巴吃汤圆——心中有数。
独眼龙看告示——一目了然。
才老竹竿进城门——直来直去。
香香棍搭桥桥——难过。
茶壶里装汤圆——有货倒不出。
拳头舂海椒——辣手（拿手）。
耗子钻风箱——两头受气。
脑壳上搽油——滑头。
脑壳上安电扇——出风头。
缺牙巴念文章——含糊其词。
乌龟打屁——冲壳子。
梁山上的军师——吴（无）用。
脱了毛的刷子——有板有眼。
黄鼠狼给鸡拜年——没安好心。
船上跑马——走投无路。
弹花匠的女儿——会弹（谈）不会纺（访）。
聋子的耳朵——摆设。
脚板心擦油——溜之大吉。
猪八戒照镜子——里外不是人。
梁山泊的好汉——不打不相识。
麻子打哈欠——总动园（员）。
猪八戒的脊梁——悟能之背（无能之辈）。
黄连树上吊苦胆——苦上加苦。
猫哭耗子——假慈悲。
黄泥巴滚裤裆——不是屎也是屎（有理说不清）。
煤炭下水——永辈子洗不白。
装病拣药——自讨苦吃。
矮子过河——淹（安）了心的。
矮子骑大马——上下两难。
蜂子掉在墨盘里——乌叫（巫教）。
新娘子坐花轿——任人摆布。
满口金牙齿——开口说黄话。
旗杆上的灯笼——高明。
瞎子看书——装模作样。
瞎子看戏——目中无人。
瞎猫逮了个死耗子——碰端了。

磨眼里的蚂蚁——条条是路。
磨子上睡觉——想转了。
墙上的冬瓜——两边滚。
螃蟹过河——七手八脚。
墙壁上的春牛——犁（离）不得。
螃蟹夹碗豆——连爬带滚。
戴着斗笠亲嘴——隔一帽子远。
懒婆娘的裹脚布——又长又臭。
镜子里的钱——看得到拿不到。
罈子里捉乌龟——手到擒拿。
癞蛤蟆打哈欠——好大的口气。
蚕子的嘴巴——出口尽是丝（诗）。
灶门上的石板——关不到火。
木匠带枷——自作自受。
穿钉鞋走泥路——步步扎实。
老鼠钻到书箱里——咬文嚼字。
飞机上放炮——空响（想）。
龙王爷放屁——神气。
砌墙的砖——后来者居上。
大路上的电杆——靠边站。
断了线的风筝——身不由己。
啄木鸟治树病——全靠嘴硬。
九曲桥上散步——尽走弯路。
和尚敲木鱼——多多多。
扁担无钉——两头滑。
广安过岳池——县（现）过县（现）。
康芝伟的栈房——瞌睡来（岳池北街有栈房名“瞌睡来”）。
张森荣的茶馆——各说各（岳池中南街有茶馆名为“各说各”）
曾兴华的凉粉——味不同（岳池西外街有凉粉店名“味不同”）
千佛岩的菩萨——一抹不摁手。
西瓜地里散步——左右逢圆（源）。
布袋换麻袋——一袋（代）不如一袋（代）。
茅坑边睡觉——离屎（死）不远。
肩膀上打灶——挖（恼）火。
眉毛上挂钥匙——开眼（界）。
麻线穿豆腐——提不起。
电脑里烧纸——哄鬼。

第三节 俗 话

俗话，流行于民间的通俗的定型语汇，带有一定的方言性。流行于岳池农家的俗话丰富多彩，十分鲜活。

和尚无儿锣鼓喧天，母狗儿多四脚朝天。

男怕入错行，女怕嫁错郎。

上梁不正下梁歪，下梁歪了倒下来。

车到山前必有路，船到桥下自然直。

一个巴掌拍不响。

急性人吃不得热汤圆。

儿行千里母担忧。

无功不受禄。

拔出脓来的是好膏药。

老鹰不吃窝下食。

打开窗子说亮话。

知恩不报非为人。

走得了和尚走不了庙。

脚正不怕鞋歪。

人心隔肚皮。

人是衣裳马是鞍。

隔行如隔山。

物以稀为贵。

脸丑怪不着镜子。

君子成人之美。

一个鬼刮不起妖风。

强宾不压主。

树高不能撑着天。

不知者不为怪。

变了泥鳅不怕泥糊眼。

一艺顶三工。

不看僧面看佛面。

天无绝人之路。

是非难逃众口。

口齐不如心齐。

患难夫妻多恩爱。

到什么坡唱什么歌。

病从虚处发。

腐木不可为柱。
麻雀飞过总有个影子。
说谎只怕三当面。
酒后吐真言。
家多书籍子孙贤。
家家都有本难念的经。
死猪不怕开水烫。
不到火候不揭锅。
直木成材。
人老嘴碎。
路湿早脱鞋。
艺高者其艺不露。
好鞋不踩臭粪。
官断不如众评。
是非只为多开口。
浪子回头金不换。
偷鸡不着蚀把米。
身在福中要知福。
贪多嚼不烂。
没有大网打不着大鱼。
秤砣虽小压千斤。
良医之门病者多。
前人强不如后人强。
靛缸里拉不出白布来。
响鼓不用重锤。
鳅鱼黄鳝不能扯到一样长。
近火先焦。
生意场上无父子。
亲兄弟明算账。
天干出谣言，人穷出孝子。
听话听音，锣鼓听声。
猴子再精灵也不晓得解索索。
家丑不可外扬。
冷天冻闲人。
写书人不如解书人。
出头的椽子先烂。
人不能老走路当中。
有理问得君王罪。
豆芽长齐天还是小菜。

起头容易结尾难。
知己到来言不尽。
巧言不如直道。
一动不如一静。
人死艺不绝。
心不正，行不端。
一分钱，一分货。
花钱容易攒钱难。
一人难称百人心。
一人做事一人当。
无事不登三宝殿。
君子动口不动手。
能人背后有能人。
靠山吃山，靠水吃水。
嘴上无毛，做事不牢。
相交满天下，知心能几人。
丑媳妇总要见公婆。
一个和尚担水吃，两个和尚抬水吃，三个和尚无水吃。
艺多不压身。
艺高人胆大。
酒醉心明白。
礼多人不怪。
阎王不嫌鬼瘦。
跳到黄河洗不清。
吃水不忘挖井人。
人穷志短，马瘦毛长。
内行看门道，外行看热闹。
慢工出细货。
不怕慢，只怕站。
多年媳妇熬成婆。
一口吃不成胖子。
恶人还得恶人治。
买卖不成仁义在。
好汉不吃眼前亏。
豆腐盘成肉价钱。
种瓜得瓜，种豆得豆。
凡事要好，多问三老。
好事不出门，孬事传千里。
多一事不如少一事。

没吃过猪肉总见过猪跑。
无债一身轻。
龙多不下雨。
一好遮百丑。
吃了秤砣铁了心。
大人不记小人过。
当着和尚骂秃驴。
来者不善，善者不来。
你敬我一尺，我敬你一丈。
蛇大窟窿粗。
水深藏大鱼。
一个萝卜一个坑。
好狗不挡路，孬狗挡大道。
羊毛出在羊身上。
老虎屁股摸不得。
麻雀虽小，五脏俱全。
养花一年，看花十日。
一山不容二虎。
油多不坏菜。
听见风就是雨。
船烂还有三千钉。
一把钥匙开一把锁。
木偶不会自己跳，背后必有牵线人。
不学灯笼千只眼，要学蜡烛一条心。
庄稼怕旱，做活怕站。
树高百丈，叶落归根。
两虎相斗，必有一伤。
离了黄花菜，照做八大碗。
水有源树有根。
丁是丁卯是卯。
旧的不去，新的不来。
救人一命，胜造七级浮屠。

第四节 顺口溜

顺口溜是一种近乎于古风体的民间诗歌或语言形式，因无拘无束，顺口直言，俏皮恢谐，简洁明快而得名。岳池农家流行的顺口溜内容丰富多彩。

(一) 20世纪50至70年代的顺口溜

天不怕，地不怕，碰上猛虎打三架。硬要亩产一万五，不许土地来还价。

鎁头一举火花溅，奇迹犹如春潮泛。一锤一个新纪录，五年计划三锤完。

高炉耸立入云端，离天只有三尺三。爬上炉顶抬头看，太阳脸上有煤烟。

玉米稻子密又浓，铺天盖地不透风。就是星星掉下来，也要弹回半空中。

上下左右看一看，小脚女人走得慢。背个包袱不前进，跃进年代当懒汉。

总路线，似火龙，乘着东风火更熊。东风吹遍全世界，火龙飞奔天下红。

东风吹，百花发，人人都把公社夸。千家万户一个社，万亩良田孬庄稼。

打锣鼓，吹唢呐，人人都把公社夸。好座粮山高万丈，红苕长得像娃娃。

一条扁担丈二长，英雄担山赶太阳。一头挑着工业化，一头挑着万斤粮。

脚踏黄河水倒流，搬来泰山作枕头；决心苦战三五年，赶上英国不发愁。

伙食团，人遭殃，每顿两碗清汤汤。喝上两碗肚子胀，人人都喊饿得慌。

喊破嗓子敲破钟，社员迟迟不出工；村边侯，路边等，到了地里坐个坑。

你走我也走，我们都是七八九（工分）；你上坡，我上坡，记的工分一样多；

你下田，我下田，划个圈圈一样圆。集体活，慢慢磨，干得多了划不着。

劳动户你莫喜，分多分少不由你；劳少户你莫愁，分配东西按人头。

(二) 赞许“联产承包责任制”的顺口溜

责任到了田，人人争当技术员；责任到了户，家家都有社干部。

责任到了人，干部不当监工，滑人不挑轻工，懒人不磨洋工。

联产到社社翻身，联产到户户操心，联产到人人使劲，联产到哪哪里灵。

大锅饭，清水汤；二锅饭，有点香；小锅饭，赛蜜糖。

大锅饭，懒手懒脚；二锅饭，小手小脚；小锅饭，不停手脚。

大包干，办法强，出干劲，出产量，杀大猪，宰肥羊，从此不吃供应粮。

大包干，大增产，干部群众都喜欢，个人集体都能富，国家还能盖仓库。

大包干，大包干，直来直去不拐弯。

责任制，真是行，用到哪里哪里灵。

不搞责任不联心，不联产量不顶真。

联产连着心，八分力气掏十分。

包了工，联了产，又治穷来又治懒。

(三) 讽刺歪风邪气的顺口溜

游山玩水称“考察”，乱吃乱拿称“检查”，钱权交易称“下海”，乱卖户口称“开发”，

公费读书称“投资”，乱戴乌纱称“提拔”，截留公款称“奖金”，偷漏税费称“办法”，造成损失称“学费”，易地为官避处罚。

年龄是金牌，文凭是银牌，能力是铜牌，关系是王牌。

平平稳稳占位子，忙忙碌碌装样子，要要玩玩混日子。

打牌不睡，喝酒不醉，跳舞不累。

铁饭碗，金不换，丢不掉，打不烂。一朝到了手，不愁受饥寒。

干不干，两斤半，每日照样吃三餐。大家同吃大锅饭，何必分配讲贡献。

公文旅行行路难，过了一关又一关。挂号等盖印，排队侯划圈。一搁半个月，一等几十天。积压

寻常事，拖拉成习惯。你看他慢条斯理，按部就班，急惊风遇上慢郎中，真叫人望衙兴叹！

（四）反映社会风气的顺口溜

五十年代人帮人，六十年代人整人，

七十年代人防人，八十年代各人顾各人，

九十年代后认钱不认人。

颠倒歌

有人笑贫不笑娼，婊子也给立牌坊；

管她品质臭与香，只要有奶便是娘。

有人笑诚不笑奸，不奸咋来昧心钱？

良心道德价几何？坑蒙拐骗利翻番。

有人笑廉不笑贪，有权不捞白当官；

权钱交易致富快，哪怕世人骂祖先。

有人笑勇不笑怯，遇事各扫门前雪；

袖手旁观最安全，见义勇为白流血。

有人笑善不笑恶，为人善良受气多；

有人笑智不笑愚，有才无钱白受屈；

明辨事理易生气，糊里糊涂常知足。

（五）演变的婚姻观的顺口溜

传统观念：嫁鸡随鸡，嫁狗随狗。

20 世纪 50 年代：宁嫁城里鼻涕郎，不嫁乡里大队长。

60 年代：只要成分好，旁的不计较。

70 年代：一看家里三大件，二要小伙白脸蛋。

80 年代：一要门上挂红牌，二要肚内有真才，三要行为美，四要不反悔。八大件，三套间，屋里还有大彩电，存款不少一万元。

90 年代：要想快致富，嫁个科技户，要想出穷坑，嫁个生意精。

21 世纪：电脑要上网，别墅加有厂。

出行有“宝马”，消费得刷卡。

第七篇　农家工艺

第一章 雕 刻

第一节 石 雕

一、摩崖造像

唐武周万岁通天二年（697 年）岳池建县后，县内相继修建云钩寺（唐贞观年间建）、姜山寺（唐僖宗时建）等著名寺庙。寺庙的菩萨用石材雕刻，庙宇的石柱、石礅、石壁等处刻有人物、动物、花草等，人物形象逼真，动植物造形生动、形象、美观。同时，岳池人在县内的一些山崖上，利用地形山势，雕刻有不少石刻神佛像，称摩崖造像。

东岩寺摩崖造像。位于岳池县嘉陵乡西南 2 公里的东岩寺村六组嘉陵江边 100 米处的东岩寺摩崖造像，属唐代佛教造像群，而今只存造像 15 龛，集中分布在 300 平方米的崖壁上。造像西南面崖壁上有近百个方孔石洞，当地人称之为“万盏明灯”，为过往船只导航而凿。清光绪版《岳池县志》卷十七《东岩寺》诗云：“侧耳涛声近，东岩第几重，殿无三伏暑，庭有六朝松。渔火江帆鼓，溪烟野寺钟，石门山臼稳，稚子带云舂。”造像 1 号龛为平顶龛，宽 2 米，深 1 米，高 2.5 米，龛内共有造像 19 尊，其中坐佛二尊，通高 1.2 米，座为须弥座。人物造像丰满，神态自然，形似讲经传道。后有头光，为圆形。坐佛身旁有其听讲经的弟子像 17 尊。弟子中一部分有头光。二号为平顶龛，宽 1.75 米，深 0.95 米，高 2.2 米，龛内中心刻一如阙造像建筑物，连接上下龛顶，两侧有一对立像菩萨，脚踩莲台，手捧物件，形体比例恰当，丰满自然。其建筑物上为歇山式顶，下有斗拱建筑，中有人物和纹饰。龛右侧刻有人物姓名。3 号为平顶龛，龛内大部分造像被破损，中有一尊造像高约 1 米，形体依稀可见。4～15 号龛的人物造像，风化严重。江边有巨石两尊，系崩岩。崩岩上有一龛造像，人物众多。龛侧有罗汉及供养人造像。另一崩岩，为长方形，龛内计有人物造像八尊，并列而坐，均高 1.3 米左右，造型各异，雕刻手法精湛。

千佛寺摩崖造像。宋代始刻的千佛寺摩崖造像，位于岳池县北城乡千佛寺村，现仅存造像一龛。其龛为方形，长 1.4 米、深 0.6 米、高 1.2 米。上层有趺坐大佛 3 尊，为一佛二菩萨，周绕以小佛，皆较为完整，形态生动，线条流畅。下层亦为趺坐大佛 3 尊，为观音、普贤、文殊。其余为小佛千余尊，以及鲁班神像 1 尊。造像左侧约 10 米处的崖壁上，有岳池名儒毛徙南楷书石刻“千佛一心”，长约 2.1 米，宽 0.8 米，字体工整，刻工精细。

大佛寺摩崖造像。和溪废县遗址的后山大佛寺，寺庙被毁多年，现仅剩三尊巨型摩崖石刻造像，皆为坐佛。中间一尊高约 8 米，“文化大革命”时期毁损，现已面目不清。左右两尊高约 6 米，保存相对完好，雕刻精细。两尊佛像皆着官帽，在摩崖佛像中极为罕见。

以释迦佛造像为代表的明代摩崖造像。明代县内兴建寺庙极多，如回龙寺（明弘治时开山僧惠舟建）、凤鸣寺（明天顺时开山僧惠坚建）、水浮寺（明万历年时修建）、安乐寺（明永乐年间开山僧了成建）、壶瓶寺（即圣寿山，明成化年间开山僧惠丹建）等，石雕艺术更显精美。明代岳池的摩崖造像，主要留有释迦佛摩崖造像，俗名癞子菩萨，位于排搂乡人和村东南大坟坪 1.5 公里处与武胜县三溪乡交界的山崖上。造像分布约 10 平方米，龛宽 3 米，深 0.6 米，高 5 米，坐高 1.4 米，为圆形龛，拱顶。造像三尊，为一佛二弟子。主像为释迦牟尼佛，结迦趺坐，放法界定印，佛宽与高各1.6米，座高1.4米，方形须弥座莲台。佛头饰为螺髻，耳朵较大，面部较饱满，头中有白毫，穿着紧身式，衣纹贴体，袈裟显内系结，后为道身背光，成桃形。内用浅浮雕镂空，刻菊花形图案，土红色，刻工精细入微，佛身施有浮金。佛像面部慈祥，安静，比例协调。龛下前面两侧分别为迦叶、阿难二弟子，光头，赤脚，身着袈裟，均施莲华合掌印，阿难头部已经毁坏。龛前有一石供桌，上有云纹、虎腿，具有明代石刻特点。龛右侧有石刻碑记，刻有捐钱人姓名和数量。

福尔岩摩崖造像。清代及民国年间，岳池主要石刻有福尔岩摩崖造像，位于岳池县中和镇渠江北岸东南400米智光嘴村，共有四龛九尊造像。其中三龛紧紧相连，各一尊造像。龛为圆形，宽1.2米，高3.8米。中为宝生如来佛，施舆愿印，右为药师佛，手捧药钵，左为阿弥陀佛。造佛高1.5米，宽1米。龛下沿各有两尊力士，高0.5米，宽0.26米。三尊造像左侧约20米处，有一龛共二尊造像，当为土地，高0.95米，宽0.42米，均为坐姿。龛内无背光和纹饰。龛窟和雕刻均较粗犷。整个造像分布在约30平方米的岩石上。

二、石质雕刻

（一）魏晋石刻

《兰亭集序》石刻。历史文献记载，岳池秦溪镇石堰塘村2组的灵泉寺（始建于晋惠帝永平年间即公元291－299年），原有三重殿，四个天井，建筑面积约3000平方米。传说王羲之晚年曾游居此寺，于石壁上刻留有《兰亭集序》手迹，因年深月久，为泥土淹没。清咸丰五年三月，十余日连绵春雨，泥土崩塌，现出《兰亭集序》石刻。结尾刻有宋徽、钦二宗的跋文，对《兰亭集序》作出高度评鉴。此石刻“文化大革命”时期被毁。

（二）唐代石刻

姜山寺石刻。位于岳池县大石乡姜山寺。传说姜维曾在此屯兵，故名姜山。因有姜山，所建寺庙名姜山寺。寺西的山岩上刻有“飞泉”及“昙花献瑞”等，字体豪放、苍劲。

（三）明代石刻

灵泉寺石刻。岳池明代石刻，以灵泉寺石刻为代表。有明碑13块，其中：

《忠义之邦赞》　碑高3.2米，宽1.4米，字大约0.2米，由明正德进士、监察御史卢雍撰文，按察佥事刘成德书隶体勒石。碑文系竖行，从右至左排列：顺庆名忠义之邦，重纪信之节。监察御史东吴卢雍为之赞，道经灵泉，僧摩崖请题，按察佥事刘成德曰：盍书是赞，以立风教从之。巴子旧封，安汉故地，屹为巨帮，号称忠义。唯昔纪信，委质高祖，荥阳囤困，乃请诳楚。脱王之厄，甘焚其身，岂不爱身，义重君臣，炎汉开基，信功维元。当时不录，帝亦少恩。大节精忠，皎如日月。百世而下，轨不歆慕，贤士辈出，民俗淳美。将军之风，使人兴起，我秉宪节，周爰咨询，爰作赞词，以示邦人。正德十有三年季秋九月望日书。

《灵泉题留》　字体为行书：霜旌岁晚又灵泉，花竹相看似有缘。石罅清源流万古，松头曲径上诸天。禅堂独许三留偈，客路空惊两换年。分付老僧无别语，莫教风雨损崖镌。予性好游，而蜀多名山，然在僻远者，恨不专往也，灵泉为顺庆（原属南充管辖，后划归岳池）胜地，当官道侧，予凡三至焉。留题记之，下清戊寅十二月望日。监察御史东吴卢雍师邵书。

《灵泉寺次古韵》　字体为楷书：涌涌灵根一脉泉，灵泉信宿似前缘。云霞常锁一区池，松柏横遮半壁天。山里春秋只短影，灶边猿鹤亦长年。题计闲写招提胜，敢望苍崖磨处镌。

《灵泉寺二首用拙斋韵》　字体楷书：

四围山拱翠，脉脉出灵泉。孤岫上擎日，流云下拂川。林荒藏伏虎，石陷储深渊。早发月初上，松针穿露圆。

寺僻斜通径，山根一脉泉。烟霞封小洞，椎牧下平川。树老曲还曲，潭深渊更渊。枇杷殿角熟，颗颗似星圆。蒲坂舜源杨瞻书。

辛丑十月，以公事归马晴谿，舍止灵泉，书此绝迹，且以道志。浙拙斋子书。

《观泉偶题》　字体楷书：此泉何以灵？清与月争皎。当假真龙鳞，滂沱济枯槁。弘治壬戌长至日，安城笱峰刘逊时让书。

金城山石刻。金城山有多处石刻，尤以峡谷内明朝吏部尚书兼文渊阁大学士陈以勤的诗刻最为突出。“我到金城关上门，方知岳外有山尊。高摩赤日分昏晓，雄压诸山是子孙。插剑池龙留胜地，步虚台树走长根。英雄祠此真灵异，记载纷纷何足论。”颇带晋唐书风的行草，如一幅中堂立轴悬挂在峭壁上，通篇气脉相注，一气呵成，严谨的法度，遒逸的书体，实属艺术珍品。

（四）清·近代石刻

清代及民国时期，岳池的石刻主要有：

翔凤山石刻。翔凤山又名后山，临城而陡削，宽阔光洁。所勒石刻涉及政治、军事、文化、地理等。有“金石岩”“鹭翔凤翥”“兰亭集序”“虎贲关”“何物能绕魄磊平”“建军建国”“银山永福”“寿”“迎风醉月”“鸣琴”“雁塔”“省洞憩洞”“凤崖春晓”“灵泉”“种桃”等石刻15处。前10处已毁，后5处尚存。

种桃　在今凤山公园内。行书，字大0.7米见方，刚劲秀润。实为清末秀才曹赞侯书，落款却为“荣阳刘殿戡”，取意刘两任岳池知事。首任时，因横征暴敛，同僚内讧而被革职；民国15年，刘复任岳池县知事，趾高气扬，自喻与唐代诗人刘禹锡遭权贵诬陷被贬相同，遂从《再游玄都观》诗：“百亩庭中半是苔，桃花净尽菜花开。种桃道士归何处？前度刘郎今又来”。取“种桃”二字，命书勒于石壁。

凤崖春晓　位于凤山公园石壁。行书，字大0.6米见方，刻于民国31年春，落款为“邑侯丹棱谢宝珊题”，实为清末秀才张山我六代书。

雁塔　位于九龙镇高寺山石壁上，全长2.3米，宽1.25米，阴刻行书“雁塔”二字，字出古法。字径约一米，上下款为楷书，其上款为“大清咸丰九年春”；下款为“县令前太史陇西武尚仁书”。因山上有一雁塔寺，为兴学，寺内设凤修义学。县令武尚仁于咸丰六、九年间先后重建培修雁塔寺，故题“雁塔”字，鼓励后学。

灵泉　位于县城东门冯家花园（今岳池职业技术学校内）石壁上。岩缝间泉水长流，四周树木葱郁，碧草如茵。据传，清道光六年，体仁阁大学士卓秉恬（遂宁人）到岳，为师何菜祝寿，游于此，深觉山色景致甚佳，览之不尽，遂题匾“何处足”，旋又觉泉水清冽甘美，乘兴挥毫于岩壁题“灵泉”二字，系飞白文。笔锋挥洒自如，丝丝白露，恍若涓涓细流。

榜山石刻。距县城西1.5公里，有一挂榜山，又名榜山，因山顶微成弓形，像伏着的乌龟，故俗称龟山。山左有千佛寺，右有洞宾观。

千佛寺石刻。千佛寺建于清康熙六十年（1711年），1941年拆除，垣墙上镌刻的“复古第一道场”六个大字，笔力苍劲雄浑。距千佛寺约250米的集虚观，亦称为洞宾观。传说昔日吕洞宾曾云游到此，并留有遗迹。其观为明代所建，原共有四层，1965 年拆毁，石壁上雕有吕洞宾像一尊，道巾鹤氅，素面长髯，背后斜插宝剑，手执拂尘，袖带生风，飘然而至，足下是海水。龛右镌刻诗一首，字迹柳体，笔锋隽逸，为清同治间勒石。其诗云："青蛇练影月徘徊，夜静人阑尚未来。应是有人换新骨，暂留踪迹到天台。"其左原有"龟峰"石刻，后毁。洞宾像左侧旁题"仙梯紫府"和明崇祯年间知县胡尚益书"凭虚御风"横额和"陆海无尘诸葛坝，碧宵有路洞宾岩"的楹联。观后左侧岩下有一清泉，名"自来艾泉"，泉眼处刻一龙头和送子观音像。

（五）当代石刻

"三忠于"碑。1968 年，群众组织修建"三忠于"碑，属钢筋水泥建筑，三方分别刻有"忠于伟大领袖毛主席、忠于毛泽东思想、忠于毛主席的革命路线"文字。该碑 1985 年拆除。

凤女石雕。1985 年"三忠于"碑拆除后，在原址塑凤女石雕城标。凤女石雕塑像高 3 米，用汉白玉雕琢而成，以广柑和谷穗组成的浅浮雕，托着脚系蚕桑肚兜的小女孩，侧坐于凤身之上，与其逗乐。女孩右手拿着广柑，其凤引颈欲食。城标座高 1.2 米，宽 1.4 米，周围用大理石贴面。座下是花台，台内种有杜鹃花等花卉。台下是直径 12 米的水池，池周有铸铁雕花护栏。1996 年改造银城南路，将凤女城标移到凤山公园临北街的园林内。

农家文化石刻。2007 年，县人民政府在县城灵溪河西岸修建陆游广场和农家文化主题公园。公园内竖立刻有农家谚语的石刻 20 余块。2009 年，在灵溪河东岸的滨河东路天柱桥与钻石酒店的休闲小广场，竖有 6 方石墙，分别镌刻有名人李清照、苏轼、薛涛、杜甫、李白等的诗词《一剪梅》《南乡子》《水调歌头》《试新服裁制初三首》《望岳》《桃李园夜宴序》，并配有画。在放翁桥南有魏明伦所撰《岳池农家赋》等石刻。2012 年，绿化灵溪河下段两岸，立有有关岳池农家文化内容的石质碑刻数块。

三、石质表坊

岳池的碑坊有圣谕、题名、忠义、节孝、贞寿坊等，史料记载，明清建造者多。主要有：

圣谕坊。在县城仪门内。

题名坊。汉将英雄坊（位于大石乡姜山，传系姜维遗迹，坊上刻有"汉将英雄"四字）、监察御史坊（位于城东三合桥，明监察御史杨瑞建）、大理寺臣坊（位于石垭镇红庙办事处玉屏山村，明大理寺臣石天柱建）、棠荫遗爱坊（明知事陈琳，治岳多善政，民为其建亘古烟霞坊（位于香山寺，即珠宝山）、庄严法界坊（位县东宝国寺，即漏山唐嵩岳元圭禅师道场。清道光癸未僧祥定建。广安太史刘学厚题额，广安拔贡龚翼修有《记》）。

忠义坊。阐幽总坊，道光癸巳（1833 年），署县事张嗣居重建。

节孝坊。节孝总坊（位于县城北门外，道光癸巳，署县事张嗣居重建，咸丰十一年（1861 年）毁于兵燹。同治十二年（1873 年），署县事吴培棠重建）、节孝总坊（在县城节孝祠内，道光丁未，县知事白汝衡建）、唐李氏节孝坊（位于大石乡岳门铺，县人唐有浩之妻建）、李唐氏节孝坊（位于大石乡岳门铺，县人李之恒之妻建）、高李氏节孝坊（县城东门外，县民高洁之妻建）、董唐氏节孝坊（县城东门外，县民董圣之妻建）、双节坊（位于中和镇，县民廖加荣之妻万氏偕媳何氏建）、宋王氏节孝坊（位于苟角镇，儒士宋运坤之妻建）、刘范氏节孝坊（县城西门外，县民刘义桂之妻建）。

贞寿坊。石氏三贞坊（位于城内南街，明石琼胞姐，早失父母，弟琼尚幼，誓不适人。勉弟在校读书，遂克成立，为衣冠望族，年八十终。学士郭子章上闻，建坊旌表。新都杨慎作《传》）、石氏三闺坊（位于城内南街，明石天柱胞姐，父母下世，天柱年幼，三闺交誓不字，抚弟成立。后天柱登进士，上闻，奉旨旌表，予建坊。题云“三淑联芳”）、百岁贞寿坊（位于县城东门外，处士杨先泽之妻刘氏、任广西柳州府象州吏目士进之母建）、百岁坊（位于县东鸡公山岭，县民唐生瑞、增生士俊之父，生雍正甲寅，迄道光癸巳，年届期颐，五世同堂，知县余福谦请题，奉旨，旌锡彩缎百匹，银三十两，坊建宅左）、节孝百岁坊（位于中和镇黎梓卫，儒士李作栋之妻何氏、儒学培优贡峨之祖母建）、百岁双寿坊（位于普安镇余家场，寿民傅世贵，监生振声之父，生乾隆丙子，迄咸丰丙辰一百零二岁，其妻胡氏生乾隆丙寅年，年一百岁。子五，孙六，曾孙七，元孙四，来孙一，六代同堂，一门和辑。前邑令武尚仁请题，奉旨，旌赐银缎，建坊场镇。寿日邑令武尚仁曾亲诣贺祝，为制坊柱长联“如此长春，再二十年重甲子；更兼偕老，历千百劫两神仙”。乡里荣耀）。

岳池的碑坊，大部分在20世纪50年代毁坏，少数保存下来的，也在1966年“文化大革命”初期，当作旧文化而被损毁。

四、石刻碑碣

岳池境内的碑碣中，墓碑较多，有代表意义的有：

翠湖东汉崖墓石涵。岳池翠湖东汉崖墓群，共有崖墓11座，坐向由西向东，4号墓基门宽0.86米，高0.6米，墓室内长3.6米，宽2.4米，中有一石涵，在川北地区极为少见。石涵长2.3米，宽0.7米，深0.68米，因石质较软，石涵上的雕刻完全风化。

南朝石碑。由碑首、碑身、碑座（龟趺座）三部分组成。碑首呈圆形，碑身呈长方形，碑座为龟趺形，又称龟趺座。碑首顶部圆脊上，两侧各浮雕着相互交结成辫状的双龙；碑首正中有一长方形额，额内刻有与墓主有关的朝代、官衔、谥号之类的文字；额下有圆形穿孔，穿孔为古制的孑遗，起装饰作用。额四周线刻龙、凤、火焰、云气、莲花等纹饰。碑身正反面均刻有文字，文字四周有卷草纹之类的纹饰；碑身侧面有的饰以浮雕图案及线刻画。碑座为一龟趺。

红棺材石室墓石柱。位于团结乡朝门村小学北300米的红棺材石室墓，墓口宽1米，高0.5米，每棺有门，门宽0.5米，内分前、左、右三路，已有五扇棺门被撬开。传言墓前有一层制作，阶处有石柱数根，刊刻花草精工，亦篆有字。

郑廷纯墓碑。清同治五年修建的郑廷纯墓，位于新场镇七星照月村。该墓系石板结构，墓长6米，宽11米，高22米，墓前两米处立一仿木结构庑殿式屋顶石碑，雕刻有图案。碑长0.8米，宽0.5米，高3米，刻有“皇清例授文林郎郑公廷纯光岱老大人”楷书字迹。

川主庙《奉文优免》石碑。顾县镇川主庙后门立壁上，有一块清乾隆四十七年楷书阴刻的《奉文优免》石碑，长2.55米，宽1.25米，文字从右到左竖排。牌背面有一环形图案，中为阳刻篆体“草”字。

烈士陵园碑刻。1951年中国人民解放军南充军分区驻岳池时，在翔凤山东建“烈士陵园”。烈士公墓前竖立四方体烈士纪念碑，通高10米，座高1米，碑壁阳刻楷书文字，正面有“为革命事业而光荣牺牲的烈士们永垂不朽！”右侧为“我们一定跟着先烈们的鲜红血迹胜利前进，为完成新中国的建设事业而奋斗！”左侧是“革命烈士永垂不朽！”后面上部为“艰苦困难中成长，光辉灿烂里长眠！”下部镌刻29位烈士的姓名、年龄、籍贯。碑顶四方各有“烈士纪念碑”字样。纪念碑后斜坡上的坟茔，掩埋着烈士的忠骨。

抗美援朝烈士纪念碑。1951年12月，岳池县第十区人民为纪念在抗美援朝战争中牺牲的中和籍中国人民志愿军战士，在黎梓卫（中和镇）建立四方形石碑，高3.1米，宽0.51米，四面均为楷书阴刻文字。正面是“抗美援朝烈士纪念碑”；右面为：“烈士：谢兴发、刘元明”及岳池县第十区全体人民敬立；左面刻“碑志”二字；背面镌刻着抗美援朝战争的由来和褒扬烈士功迹的碑文。

廖玉璧、陈联诗墓石刻。1982年，重庆市文联与岳池县人民政府将烈士廖玉璧的遗骨从太阳坪迁葬于中和镇官山坡顶。并立烈士墓碑，碑高3米，宽7米。碑石正面左侧刻着“廖玉璧烈士殉难五十周年及陈联诗同志病逝二十五周年纪念”。正中刻隶书大字：“廖玉璧烈士、陈联诗同志之墓”；右边开头为民政部发给的烈士证书，继为墓序全文；背面刻着烈士亲属名单。墓长7米，宽6米，高2米，古朴典雅，雄伟壮观。墓室东侧，是由30块青石合成的二面诗碑，从左到右刻着吴雪在合冢典礼大会上的讲话原文、廖玉璧烈士《为什么言论不能自由》和临刑前给妻子陈联诗的绝笔书，选刻有21首赞叹烈士和陈联诗的诗词及挽联等。

翠湖石刻。岳池翠湖，修建“望湖楼”“沁园芳”“龙华阁”“银风塔”等景点。银风塔下山中有书苑石刻，右边凉亭石碑，刻有寇先达巧运正、草、行、狂等体书写的隐藏九句话，内含三十八字，表达“德高望重”“共建文明”“明知山有虎，偏向虎山行”“高山流水”“诗中有画，画中有诗”“万事如意，天伦之乐”六义的大“虎”字。望湖前的石狮，龙华阁门前的龙抱石柱，雕刻技艺令人赞叹。

邓小平排难碑。为纪念青年邓小平去重庆读书时路过中和，巧遇外来汉子撒野大闹黎梓卫燮森醋坊而见义勇为揭穿骗子的阴谋的故事，2003年，中和镇人民政府在燮森醋坊旧址建立《邓小平排难碑》。

曲艺文化碑刻。2009年，县政府在滨河东路和溪曲苑北端临近河边的地段，立有十块曲艺大石碑，上贴生动的艺人铜像，从北向南以次是岳池曲艺金钱板、车灯、灯戏、荷叶、竹琴、谐剧、盘子、清音、花鼓、连厢的历史源流与艺术特点碑刻。

农耕文化碑刻。农事活动碑刻位于农家文化主题公园内。主要在多处景观石上刻写耕地、薅秧、打谷、灌溉等农事活动的谚语并绘制相应的图画，展现岳池农家“春深农耕忙”场景。

《岳池农家赋》墙。位于滨河东路放翁桥南侧。现代骈文《岳池农家赋》由川剧艺术家魏明伦撰写。

2000年后，岳池城镇出现不少墓碑雕刻专业户。所刻图案和字体，由手工雕刻改为电脑操作，手锤、錾子等工具由机械代替，石质由普通石板改用人造花岗石。

第二节 木 刻

一、刻版

刻板，又称雕版，即用木板刊刻文字、图案印刷书籍、图册。岳池自唐建县后，木版雕印逐渐达到相当高的水平。木板刻印一般选刻各色图案和供儿童读书的课本等书籍。少数人著书立说，刻板印刷。明代进士石天柱，著有《秀峰集》，木刻印刷传世。

清代，岳池刊刻业分布城乡。主要是刻印幼童读物和诗词歌赋及经书等。

现存文献资料显示，岳池民间的木刻版书籍主要有《三字经》《百家姓》《增广贤文》《论语》《千字文》《历书》《莲峰课艺》《养山窗课》《三等学堂课艺》及一些中医药等书籍。清代华蓥山僧人云峰曾刻《御书敬佛记》，咸丰年间高僧可学刊刻书板技术更胜一筹。可学，字复初，号拈花使，俗姓周，岳池县人。可学聪明过人，幼时体质羸弱，相传如不进佛门，必夭折。所以很小就被父母送到岳池县东三十里的漏山寺当和尚。由于他好学，十多岁时就精通经史诸子百家，由悟道入禅，故对于楞严、法华等释典，一见了然。再因他为人淡泊，不慕荣利，安于退让，深涉释典，博通儒学，领袖诸山，书法造诣亦深，初学颜体，后习钟、卫，可学喜欢吟诗作赋，能脱口成章。常与岳池县令及释家师友、文人学士频频往来，多有唱和，著有《漏山诗集》。并自刻书板，还为华蓥山伏虎寺高僧昌言所著《虎溪诗稿》刊刻书板。可学刻板技艺过人，奏刀灵活而不失法度，木屑随刀剥落而不损原有风韵，因而具有许多书板所没有的拙朴天趣。岳池县令武尚仁，为该书所写行草序言，由于行笔自然，姿媚流便，撇捺灵活，转折峭拔，用笔极富变化，刊刻起来难度极大。可学运用高超的刻板技艺，使序文构成一种自然、质朴的美，展现出豪放、朴拙的气质，为整个书籍带来活泼气氛。可学自收自刻的《虎溪禅师诗稿序》文为楷体，墨色浓生，笔酣汁饱，笔画粗重，书写与雕刻认真，形成字间统一、秀美典雅的韵致，堪称出类拔萃。1957 年 4 月，县文化馆在华蓥山伏虎寺收集《华银山志》《虎溪诗稿》木刻书版 236 块。

清光绪年间，岳池较为驰名的书板木刻艺人有向吉荣、向博文、郑宏学、杨秉宜、何隆铸、郭利和等，他们不仅为民间的木刻高手，而且参与《续增岳池县志》书板的雕刻工作，使之成为至今难得的历史资料。

民国 4 年（1915 年），岳池北街邹中成开设“艺文堂”书坊，带徒弟邹开成等 3 人，主要从事平板刻书，一时名声在外，江苏、浙江等省的文人诗词、祠庙经书等送来刻印。“文艺堂”将业务接上后，将刊刻内容分到万寿、土门、大石、义兴等农村刊刻匠刻字，按刻字多少计算报酬（三个圈或五个点算一个字）。全县计有刻字者 800 余人。他们大多数经人介绍到重庆、川西、川北和陕西、宁夏、甘肃、云南、贵州等省（地）以刻字为生。大石人刘远翔，就是其中的代表。

民国 21 年（1932 年），王佐卿在岳池县城开设“三七商店”，刊刻印刷学生课本等书籍。以后又有王春和、何成凯相继开业。

抗日战争开始后，国都内迁，岳池的刻字业有一定发展。全县从事刻字业者有 1500 余人，到外地刻字的更多。据重庆刻字同业公会主席李申惠（岳池人）记载，重庆刻字人员 600 余人，岳池占 300 人以上。

《岳池县二轻工业志》记载，“民国 37 年（1948 年），全县有刊刻铺 133 家，早期刊刻以四书五经等古书及其他书画，后来转为刊刻公章、号章、私章为主。农村刻字匠则是串乡赶场，寻找零星业务，以维持其生活。”

1950 年，戴平富、文运生、王春和、李德忠、黄国良、周仁荣等 11 人在东街口成立“刊文”刻字联营社，戴平富任组长，负责县城的刊刻业务。

1952 年“刊文”分成“民利”“新民”两个合营社，1954 年两社解散。1955 年，县城从事刻字业的人员参加岳池县手工业劳动者协会。1957 年，成立刻字生产小组。后刻字生产小组与草席社、文具印刷社合并成立红旗文印厂。

1966 年“文化大革命”，大量木刻毛泽东画像，或毛主席语录。在广大农村或机关、街道，几乎人人都得刻一枚木质私章。所以，不管大小场镇的街头巷尾，逢场天可见刻章的小摊。80 年代后，各种票证取消，刻章的小摊生意日渐萧条。同时，因印刷的进步，铅印代替了刻版印刷。如今，电脑的广泛运用，刻板记述基本消失。现今机关、社会团体和企业木质吊牌还存在木刻，但手工刻制被电脑雕刻所替代。

岳池木刻声名远播。1996 年 7 月 28 日，美国俄亥俄州立大学历史系教授、博士包筠雅及厦门大学南洋研究院教师刘永华，专门设立课题“岳池清代木刻书板及印刷业兴盛”，并到岳池实地考察研究。1997 年 8 月，包筠雅博士再次到岳池文管所进一步作“岳池木刻书板”情况交流。2008 年 8 月 16—24 日，包筠雅教授第三次到岳池研究“岳池木刻书板”的历史和印刷情况。

在县城比较有名气、年过九旬的戴平富，从事木质雕刻 70 余年，被尊称为木刻大师。2010 年后，县内有手工木质雕刻技术的艺人日益减少。

二、木雕

岳池木质雕刻工艺，主要表现在住房、家俱和庙宇的修建方面，用黄葛树的主干，雕刻菩萨；在庙宇的房梁与木柱上，或墙壁中，雕刻各色人物、动物、花草等。其次是公共场所，如祠堂、戏台、茶楼、饭馆，配以各种木雕。凡经济条件较好者，修房造屋，必雕梁画栋。富裕人家的木床等家具，木雕从简单到复杂，各色图案俱有。

明、清时代，岳池木刻的工艺更加精湛，使用面更广。岳池县文物管理所存有“同治七年岁在戊辰孟秋中浣三日”的《阖邑家畜会置田碑》就是一例。该碑用上等厚木板刻制，长 190.2 厘米，宽 113.3 厘米，楷书，阴刻，从左到右竖排，用刀随和，字迹飘逸。木刻碑文如下：

“孔子为鲁司寇，三月大治，而沈犹氏不敢朝饮其羊，夫饮羊细故耳，犹不敢以欺世。虽习俗之浅见于市井细微之事，而关夫君相政治之大，教化之隆，启于朝廷忠信之风，而因以泯夫！乡党诈伪之习，鬻牛马者不储市价，羔豚者不加饰，大同之世，讵不可复睹欤！岳池蕞尔小邑，素崇信义。而夷门鼓刀之辈，每以乘穴拖取，侵牧养之利，一时效尤，遂若例然，岂非人心风俗变诈之一端乎。我邑人请示碑禁，举数十年，积弊一朝而剔之，庶乎近于厚矣。爰约同人各捐公本钱三百文，襄成一会，昭祀城隍庙至德尊神，自道光三十年起至同治五年止，历年交经理郭维梁、顾金兰、范积玉、林中梁、郭贞纪、杨希斌、周维椿、郑昌玢、范锦绣、陈永吉、王国喜、康启浚、刘二松、刘昌恒、王德敏等掌效生息，集腋成裘，颇有余积。因得买永镇桥谢姓田土房屋陆契。载粮壹斗零捌合，四至界限契内注明，制为祀田，可为永远长久之计。每年香烛焚献，取田中而有余。演戏、治酒、出租谷，无不足。爰立碑记，垂诸贞珉，凡我同人，俱列于左庶。”

后为捐款人及时间。

清末民初，岳池木雕业兴隆，分布城乡。

民国年间，凡遇人家祝寿的喜事，以刻送牌匾为时髦。牌匾用上等柏木，刻上祝贺或感谢词语，高挂堂上。

1952年，北京举办全国木偶会演，南充木偶剧团演出的《火烧濮阳》被四川省选作参演剧目，担任剧团裱画雕刻工作的李善清，因雕刻技艺超群而被选作改进裱画木偶的代表。李善清精心制作，改粉头为油头，脸部需鼓动的部位，改鸡嗉袋蒙制，效果特佳，获得会演奖。会演后，李善清被成都木偶剧团留用，后为该团雕刻不少很受好评的的木偶。

李善清系黄龙乡人，从小跟随父亲李顺德学画神像、雕刻菩萨，心灵手巧，一学便会，16岁时就能独立操作，深得大家好评。1950年参加南充木偶剧团，做木偶雕刻工作。同事黎培德能雕活动木偶，李善清向其学习技艺，结果是青出于蓝而胜于蓝。李善清雕刻的木偶，不仅眼睛口鼻能活动，耳朵与脸颊也如此。他制作的道具，精致巧妙，马可奔驰嘶叫，鸡会下蛋叫鸣。

1980年后，因旅游业的兴起，寺庙菩萨和民众家具雕刻再度呈现。

2000年后，县内有手工木质雕刻的艺人逐渐减少。花园镇挖断山村尚健在年近八旬的喻孝礼，从小学习木刻，数十年从事木质雕刻，现有作品多为机关、企事业单位的吊牌，所刻字体光滑，立体感强，被尊称为木刻大师。

第二章　编织　刺绣

第一节　编　织

一、竹编

岳池盛产篾竹，为竹编工艺品提供充足材料，因而，岳池竹编艺术被许多人掌握。农家在农业劳动之余，编一些竹筐、竹篓、竹篮、竹背篼等基本的家庭用具和农业生产工具，供自己使用。竹编技术代代传承。

明末清初，岳池农村中有竹编手艺的人，主要集中在山区或接近山区的深丘地带。如华蓥山、金城山、黄龙山一带，尤以金城山下的顾县、苟角等乡镇堪称全县之最。竹制产品主要有篾席、枕席、晒席、围席、档席、箩篼、犁扣、纤绳、撮箕、油篓、篮子、椅子、凳子、扇子、背篼、蒸笼、刷把、灯笼等数百种。工艺简单的竹制品，如背篼、撮箕等，几乎家家都自己做，只有睡席、晒席、大斗筐、米筛、面筛等做工精细的竹制品，才请篾匠上门加工，或到场镇去购买。所以有竹编技艺的人，农忙务农，农闲编篾，有上门做艺的，也有在家编制好竹编制品再将产品挑到市上出售的。后来才渐渐发展到专做竹制品为业。

清顺治年间（1644—1661年），会做油篓、灯笼等产品的陈姓父子，从湖北麻城随移民到岳池，带来竹编手艺，编制油篓、灯笼等出售。竹编手艺世代相传，到陈兴顺这一代，他发扬光大编织技术，从兼做油篓、灯笼到专门制作为生，后开设竹器店，收徒传艺，从事竹器业经营。

在岳池民间竹编器具中，工艺较为复杂的是竹席。清乾隆年间（1736—1795年），有姚、马两姓由湖广分别迁移到岳池顾县、苟角场，编织竹席，并带徒授艺，产品就地销售。后来又通过亲友习艺，再带徒传授，亲传亲，友联友，编织竹席的人越来越多，因而使顾县与苟角成为岳池竹席编织质量好、参编的人员多、生产的数量大的两个场镇。

岳池竹编是农村的主要副业之一。竹席以篪竹为原料，按照竹席的不同规格，将竹截成所需尺寸，划成精细厚薄均匀的篾片，按品种分别编织成纯青、大黄、二黄席成品。岳池竹席编织紧密，光滑结实，经久耐用。曾销往陕西汉中、西安、安康等。1931 年，“关东泰恒”商行的黄义和、曾柏林以及外来商人，在岳池代为收购竹席，经广安，由水路运往沙市、宜昌、汉口等地销售。《岳池县二轻工业志》载，顾县、苟角等地，从事竹席编织的农家达到总户数的 70%。所编各种规格的青、黄、炕、枕席等 80 多个品种，其中尤其是以编织精美、图案新颖、清凉爽身、折叠自如的青篾席最受顾客青睐。大黄、二黄席质优价廉，是建筑、包装的理想材料，销售市场广泛。

1932 年，四川驻军杨森在广安县城举办“手工艺品赛宝会”，苟角场竹编能手秦运甲参赛。秦运甲因选料精当，工艺精湛，所编织的细篾青席，薄如纸张，厚度均匀，色泽一致，席面紧密，平滑光洁，四角方正，边沿整洁，不现接头，拉不滑头，折叠不碎断，将席拉平，因没隙无漏眼，往上面倒水而不会漏滴，获“赛宝会”银质奖，被誉为岳池织席大王。

清同治十二年（1873），由岳池顾县、苟角为主的竹制品工匠发起，董全安、贺清廷、杨坤其等人组织成立鲁班会。初期有会员 100 余人，后发展到全县各地，会员增加到 1000 余名。

1940 年，苟角场的胡廷连、李国珍，顾县场的杨溶等人，先后合股在苟角乡红土地、胡家巷，顾县场成立竹席生产合作社，织席人员 161 人，所织竹席远销宜昌、汉口、西安等地。当时年产 90000 余张，外销 80000 余张。因而，苟角、顾县被誉为“竹席之乡”。

1952 年，岳池县供销合作社在各区乡设置收购点，将农村群众的竹编制品内销或运销外地。促进竹编工艺品的生产。1953 年，岳池县城郑元保，在东外街组织“利农竹器生产小组”，1956 年农业合作化时，转为“利农竹器生产合作社”，有社员 23 人，内设竹器、油篓、扎篾、藤制品 4 个车间，主要生产竹制品。同年，罗渡镇组织成立“竹器生产社”，有职工 27 名，先是生产竹制家具、农具，后主要生产船棚。

20 世纪 50 年代中期，岳池农村各农业社安排有专业特长的社员，从事竹编。1958 年农村实现公社化后，各公社农业生产大队、小队成立副业组，有编织竹器技术人员的社队，成立竹制品编织组。区所在地的场镇，成立有竹器加工厂，从事竹编工艺。1958 年，秦运甲编织的细篾青席正中显现出“毛主席万岁”5 个大字，送北京参加“中华人民共和国手工艺展览会”，被评为优等手工艺品。

1960 年后，由于竹器原材料成本高涨，各竹器社减少人员，压缩生产规模。1962 年，县城“利农竹器社”停办。1964 年又由陈加贵、李云华、唐云才、张永寿商议恢复城关竹器社，1974 年后改名岳池县竹藤工艺社，有职工 16 人，加上中和、罗渡的竹器社，共有员工 49 名，主要生产包装、船棚等竹器制品。

1965 年，岳池各竹器社编织竹席 1 万余张，远销成都、北京。1977 年全县织青席 24 万多张，黄席 110 余万张，炕席 29 万多张，档席、垫席等其他席类 40 多万张外销。

80 年代后，岳池的竹编业更加兴旺。1988 年，苟角镇农闲时竹席日上市达万张。苟角十村 182 户人中，有 168 户从事竹编。经营竹席的专业户增加，被称为席子大王的李立钧，将农家所编竹席运销到全国各地。

2000 年后，岳池竹编业逐渐萧条，但农家生产生活自用竹制品编织工艺依然代代传承，且品种仍然较多。

二、草编

岳池草编是以各种柔韧草本植物为原料加工编制生活、生产用品，如提篮、果盒、盆垫、草帽、草鞋、睡席及草袋等。

岳池草编的主要原料是稻草、麦草和灯草。适于草编的用草，草茎光滑，节少，质细而柔韧，有较强的拉力和耐折性；使用的草料先行挑选，梳理整齐，进行初加工后，方可编制。

岳池草编工艺常用的方法有编辫、平编、绞编、编花、锥砌法、串接、串钉、串连、缠扣、缠锯、缠边、缠画、包裹、拧编、卷折、缝绣、粘贴等。

草鞋。草鞋以稻草编就，是农耕文化的产物。草鞋的制作简便，以四根麻绳作筋，将干稻草去叶留杆编织出鞋底，再在脚头部位将筋绳扭结，脚跟部位连底兜起后在鞋底前后两侧用绳打上“耳子”，将筋绳穿过“耳子”打结即成。草鞋价廉，穿着轻便，上山下地劳作均可穿用。岳池的草鞋种类繁多，以布条代草编制的鞋称“布草鞋”，用麻编制的称“麻草鞋”，用葛藤编结的谓“葛藤草鞋”，用蒲草编制的称“蒲鞋”。形状大同小异，均适于在崎岖山路、苔藓石道、泥泞田埂上行走。

草帽。草帽选粗壮而均匀的小麦秸秆（连接麦穗的那一段）作材料，编织工序比较简单。可先编成二指宽的带子，再用线将带子缝成草帽。也可直接用麦秸先织帽沿，继而织帽面，再织帽身，最后织帽顶。为了美观，可先将部分麦秸染色，再行编织。织成后，如果是本色者，可用硫磺熏白，显得色泽一致而白亮闪光。麦秸草帽因十分轻便，既可用作夏日遮阳，也能遮挡雨水，所以是普通民众夏天出门的必备用具。

草席。岳池草席的制作，用没有剥去草芯的干灯草作材料，将草茎两端去掉作纬，用柔韧的麻绳作经，编织成席子。一般草席不能折叠，只能卷起来。但经过略蒸的灯草织席，能折叠储藏。草席吸水能力较强，宜作睡席，冬天比竹席温暖。因草席适合冬季使用，所以在20世纪50年代前，成为岳池民众冬季床上用品的首选。

《岳池二轻工业志》记载：岳池草席编织起源于19世纪。1876年，岳池县城的高双合，到合川云门镇学会编织草席技术，回县后遂组织全家人学习、生产，继而传技戴还礼、王开鼎等17人，在县城先用灯草织灯草席，一时所产草席供不应求。全县各乡场皆有人到县城学艺，回乡编织灯草席。到1945年，县城有12户37人从事灯草席编织，农村遍布编织灯草席工匠。不少地方的农家纷纷将稻田换成种植灯草，为草席业提供原材料。岳池灯草席业十分兴旺。县城刘超群、陈澄等人在凤鸣街三十号，发起成立岳池县城区草席运销合作社，从事草席运销业务，草席远销武汉、宜昌、贵州等地。

岳池草席种类较多，有染花（蓝、红色）、素花（蒸煮后织）、通草（一根草无接头）、逗草（两根草尖相接），规格从宽60厘米到133.3厘米，共计48种。选草、捆线、织席、整席等做工精细，草席具有四角方正，席面平整，榨口均匀，无滩口，无嫁草，无断线板头，无毛刺露面，草厚、耐磨、不卷、不翘、不脆断，编织紧密，经久耐用，四季皆宜的特点。草席的原料主要是灯草与苎麻，岳池九龙、苟角、顾县、石垭等地出产灯草，给岳池草席业的发展创造有利条件。

早期，岳池从事草鞋、草帽等草编的多为散户，自用有余，才到集市出卖。只有少数人以编织草席草鞋为生，平时加工，逢场赶集出售。

20世纪50年代，草鞋编织者渐少，草帽编制的日多。草席编织户主要集中在县城，有16户，织席者40名。1956年，草席编织人员参加岳池县草席生产合作社，织席人员达到60人。年产草席1万余张。

1960 年后，武汉、重庆、南充等地到岳池订购草席，供不应求。1963 年，除草席社加紧编织草席外，县手工业管理局，从文具社抽调人员成立岳池县第二草席生产合作社，岳池帽鞋厂抽出一个车间，编织草席。织席人数超过 100 人。岳池县手工业管理局与供销社，为了适应草席发展的需要，举办草席技术培训班 21 期，培训技术人员 994 人。经过培训的人，回到有条件的乡镇，组织编制草席。1966 年，全县灯草生产种植面积扩大到 140 公顷，年产灯草 140 万公斤，次年生产草席 28 万多张。

1979 年，县城专业生产草席的单位相继停办，草席生产变为个体。

岳池县供销社统计资料表明，到 1983 年，岳池全县共收购草席 162 万张，除部分县内销售外，远销宜昌、沙市、武汉、开封、石家庄、西安、贵阳等地。

80 年代以来，随着各种床上用品的丰富，草席渐渐停止生产。1990 年，各商店再没见有草席出售。而曾被农家普遍使用的草鞋，除个别老人在夏日偶尔穿外，店铺亦无草鞋销售。只有草帽，在农村还有人当作传统技艺予以传承。

2004 年 9 月 13 日到 17 日，央视少儿频道《异想天开》栏目连续播出岳池农家草编工艺成就的系列专题片《挑战吉尼斯·走进岳池—百变稻草》五集，展示岳池草编技艺。

三、藤编

植物藤蔓，柔软绵实，藤蔓编织的藤帽、藤椅、藤箱等用品，广泛用于民众生产生活。1954 年，机关单位、社会团体开始出现藤椅、藤沙发、藤编茶几等藤编制品。岳池县城潘金全到重庆学编藤制品技术，学成回到岳池竹器小组，领头生产藤椅、藤沙发和藤箱、藤帽等藤制品。1956 年，岳池竹器小组扩大为岳池利农竹器社，设置藤制品车间，由潘金全负责生产业务。由于选料认真，做工精细，所生产的藤椅、藤沙发和藤箱等骨架坚实，落地平稳，用藤均匀，色泽一致，缠藤落板，紧扎无痕，接头牢靠，美观大方，深受消费者青睐，畅销全县。后来扩大生产，销往南充、成都、北京等地。

藤蔓编织的藤帽、藤椅、藤箱等藤器，原料是白甲竹和藤条，而白甲竹是华蓥山产物，需从广安县的代市场或岳池县的高兴、阳和场等地购进。藤条则需从外地购入。后随着藤编业务的发展，所需藤条量增加，渐渐出现原料供不应求而显得紧张局面。1974 年，四川省二轻工业局两次向岳池推广野生土藤人工栽培，分别在红星、鸡心、义兴、溪口等 5 个公社的 22 个生产队，建立川藤栽植基地 16 公顷。解决岳池利农竹器社的藤编生产原料，并调出 4000 公斤种藤给南充市、仪陇县、南部县、营山县等市县，作为发展川藤基地之用。次年 5 月，南充地区二轻局在岳池召开川藤基地建设工艺美术现场会，推广岳池种藤经验。

80 年代后，木制、皮制、人造皮革办公用品与家具不断更新涌入市场，藤制品渐渐被淘汰。到 2000 年后，全县只有少数个体户经营数量不大的藤编用器。

四、棉纺织

岳池农家纺织已有千余年的历史。岳池农家的妇女，绝大多数自小就学会用纺车纺棉，织机织布，部分人以此为业。她们白天或到地里干活，晚上架纺车纺棉纱。纺棉者山区略少，平坝和浅丘地区的郊区、石垭、白庙、龙孔、顾县、苟角等地，“男耕女织”“忙耕闲织”者，十家有九。

岳池不产棉花，纺织原料，靠商人从陕西、遂宁、广元、南部、西充、仪陇等地购运，纺纱人到商店买回棉花，弹成棉絮，将它铺成薄薄的片状，用一种专用的工具卷成棉条（这种工具由一块上面带把的木板，大约 17 厘米宽，0.5 米长，配以一根约 1 米长的细竹杆做卷轴，卷成粗细均匀的棉条），然后上纺车纺成棉纱。纺车由多根竹片交叉做成直径大约3尺的转盘，安装在木架上。木架的另一头安装椗子座，座上安装可旋转的筷子头粗细的椗子，用耐磨的线把转盘和椗子交叉串联起来，通过手把按顺时针方向轻轻摇动转盘，椗子便飞速地转动起来。开始时，纺棉人先拿棉条头缓缓接近椗子头，飞速旋转的椗子便猛地把棉条绞住，纺纱人立即把棉条轻轻提起，棉线便从棉条上徐徐地“拉”出来，然后将纺车倒转一下，让棉线缠在椗子的中部。这样循环往复，一个线团就纺出来了。线团从纺车上取下团，用比纺车小一点的毂车，倒换成线圈，纺纱工序即告完成。棉纱上机织布前，需用米汤浆洗1次。棉纱浆洗后，硬度略略增强。棉纱浆洗凉干后再过到筒管上。筒管是乡间的竹子做成，为普通竹子的一个竹节长，两头空。织布时，用几根对劈的半爿头竹子，在上面钻几个眼，围成一个半圆形，用筷子将其固定在地上。绕了线的筒管套在筷子上，筒管数量的多少视布的长幅而定。在离筒管大约一丈余的地方，两侧各立一根木桩，筒管上拉出的纱就来回绕在木桩上，经纱工序即告结束。

经好的纱均匀地卷到布机的转陀上，作为布的经线。这个转陀在布机的最前端，一头插有铁棒作手柄，用于操控经线的移动。布的纬线靠梭子的往返传送来完成。梭子为木质或骨质，形似小船，中间开有槽，用于安置梭心。梭心由小竹管做成，纬线就绕在这个大约7厘米长的竹管上。布机上还有一个很重要的附件，两片如梳子一样的东西，让经线从它的缝隙中穿过，它的功能是既把经线均匀梳理，又随织布人脚踏织机把经线交叉分成两部分，让梭子从这个空隙中穿过，引进纬线织成布匹。

岳池的纺纱织布人，将布少数留给自家做衣，大多数拿到市场或店铺出卖，所得报酬除买回棉花继续纺织外，余下的钱补贴家用。

民国5年（1916年），岳池县城的罗洪安、罗洪勤、吴松柏等人，合伙开设全县第一家织布店“裕盛荣”，从业人员8名，用脚踏手掷梭木机，织宽0.73米，长1.73米的宽白布和大贡呢及格子花布等产品。织布所需的原料，除去重庆购买部分机纺纱外，其余则在岳池本地市场购买土纱。由于宽白布与窄纹布质好价廉，生意红火，民国11年（1922年）获得四川省第三次劝业会乙等奖。

民国18年（1929年），岳池全县有棉纺从业人员53500人，平均每人每年纺纱99斤。从事织布的人员7800余人，使用传统的脚踏手掷梭子的木机，每五天左右织布1匹，专业人员每人每年平均织124匹，农民兼职织46匹。每匹土布宽0.4米、长1.6米与17.3米两种。土布除在本县销售外，还销往邻水、大竹、璧山、重庆、贵州等地。

民国22年（1933年）初，岳池县城黄源与王有三等人，采取集资入股的办法，在东门外白鹤林，成立岳池县综合纺织厂。经理王有三，购进纺纱机40台，雇用从学校毕业的女学生40余人，集体纺纱。因经营有方，生产日盛，民国26年（1937年）再次购进30台铁木结构织机，招收40余人织布。全厂职工超过80人，有纺织机70台，主要生产格花布与少量条花布及白布。

抗日战争时期，由于国都内迁重庆，政府机关职员及迁川人员生活需求猛增，加之日货受到抵制，给岳池土布生产带来前所未有的发展机会。民国28年（1939年），全县有5万余众纺土纱，为7千多人的织布提供用纱，岳池年产土窄布达到20万米，土宽布7000米。全县195个乡、保合作社生产部中，相继成立纺纱组。苟角的李国珍、宋立轩，分别在胡家巷与高寺乡成立土布生产合作社，社员分别为118人与81人，生产宽0.4米、长16米的土窄布。次年，县城蒋懋德与林建中等人在县救济院内成立纺织生产社，有社员40人。同年5月，杨蓉等集资100股，金额1000元，在顾县丰谷寺成立顾县场纺纱生产合作社，有社员56人。民国30年（1941年），在县商会成立棉纱职业公会，参会144人。民国33年（1944年）1月，陈叙五、陈良清等人集资18000股，金额18万元，在县城会府街陈氏宗祠成立岳池县陈氏宗祠纺织生产合作社，社员180人。同年4月，刘廷轩、黄文清等人，集资1739股，金额17万元，在县城西门外分水垭沈家祠内成立岳池县城区纺织生产运销合作社，社员55人。到民国33年（1944年）底，全县先后成立纺织生产合作社26个，其资金除社员集股外，不足部分向岳池县合作金库借贷。棉花由合作社统一购进，交社员分散纺织，其成品由合作社集中内销或运往外地出售。与此同时，有的合作社改脚踏手丢梭木制机为脚踏手拉铁木机，生产品种由单一的白布，发展到大小人字呢、格子花、大小条子花布等，年产达2万匹。

抗日战争结束后，因内战与货币贬值，物价高涨，交通阻塞等原因，造成原料短缺，产品滞销，到1949年，岳池县年产纱减少到123万斤，产布10万尺。

1950年初，全县有58905人纺纱，多数使用土车；有织布机1643台，参织人员7866人。全县有独资、合资经营的织布厂13家，从业人员200余人。其中，县城组织成立的集力织布联营社，有职工36人；合成织布联营社，职工44人；合大染织产销联营社，职工23人；土布联营社，职工35人。联营社从自由市场购进原料，加工成产品，销往岳池城乡及外地。当年全县产棉布43万匹。1951年，岳池县城分别成立东外街的妇女生产小组、城关妇女生产小组、群力生产小组，有织布机17台，职工117人，年产布1870匹。同年9月，在小南街成立岳池县纺织工会筹委会，会员66人，属县总工会领导。同年10月，由南充地区工业公司投资1万元，岳池财委投资4000元，私方投资6300元在县城小北街与集力、合成、土布三个联营社合并建立岳池县公私合营新业染织布厂，由岳池县人民政府领导，职工68人，有铁轮织布机28台，木织机8台，从南充、南部购进原料，主要生产24码各色宽土布，22码各色斜纹布，40码各色花布，年产量6180匹，销售县内各地，外销南部、渠县、武胜等地。

1953年，国家对棉花、棉纱、棉布实行统购统销政策，全县农村妇女基本停止纺纱织布。

1958年7月，县城的纺织、针织从业人员，自带资金与设备，以居委会划分，在正北街成立前进织布厂，职工70人；在大东街成立东风织布厂，有职工50人；在下南街成立卫星织布厂，有职工50人。1959年1月，前进、东风、卫星三个织布厂，合并成立岳池县综合福利社，职工220人，有铁轮织机、木结构织机70余台，属城关镇领导。主要生产格花布、白布、蚊帐、手巾、棉袋等品种。1962年更名为红光棉袋社（1980年转为岳池县红光棉织厂），划归手工业管理局领导。

1963年5月，公私合营新业染织布厂，因原料紧缺，调整布局，精简撤销，大部分职工调入其他单位，只有黄茂君等6人调入岳池县针织合作工厂。1967年7月，岳池县针织合作工厂转产，更名为岳池县胜利棉织厂，生产棉布。

1973年，岳池纱织业的设备有所更新，购置15110－42型自动织布机8台，电动毛巾机5台，自制铁木织布机、退线机、分条整理机等66台，用电力代替人工，落后的手工操作的纺车与土织机，被淘汰，初步实现纺织机械化。纺织品质量提高，花色品种增多，生产的东方呢、府绸、二七白布、平板与方格柱子蚊帐布、劳动布等品种，质量达到标准。1975年，生产棉布111.45万米。1977年后，棉织厂陆续购回1511m42型自动织布机24台，1511m44自动织布机20台，1515s42型7台，自制动力铁木机32台，宽幅织布机2台，劳动效率提高一倍，每人由看守1～2台到3～4台。产品质量进一步提高，棉布总产量达到148.22万米。远销巴县、江北、隆昌、泸州、南充、成都等地。

1978年，岳池织绸厂建立，到1985年，有职工391人，织机214台，固定资产82万元，生产丝织品33万米。

1981年，岳池胜利、红光棉织厂因效益好，人员增多，有职工316人。设备更新后，有各种新型自动机72台，电动铁木三星机33台，整流退线、脱水、浆纱等机器17台，固定资产20余万元，流动资金40余万元，年产棉布195.42万米，工业总产值124.01万元。1982年，岳池拖车厂转产织布，改名岳池县织布厂。1983年6月，岳池县红光、胜利棉织厂与印染厂合并为岳池县棉织印染厂。1985年，岳池有绵纺织企业2家，职工489人，动力机械总能力395千瓦，固定资产185.4万元，年产棉布313万米，产值282.1万元。

1986年，岳池县棉织印染厂投资40万元，购进织机50台，改宽幅布机20台，形成160台织机的规模。

1990年，岳池织布厂投入资金20万元，将企业规模扩大到织布机100台，形成年产纯棉坯布200万米的生产能力。

1992年，用省扶持财政困难县专项资金120万元，将污染严重、工艺落后的印染车间改造为太空棉生产车间，生产太空棉。

1994年，国务院调整纺织工业产业结构，限产压锭，棉织印染厂与织布厂，处于半停产状态。2001年，棉织厂与棉织印染厂解体，从此岳池人民所用棉织品从外地购进。

第二节　刺　绣

一、生活绣品

岳池刺绣历史悠久，起源于民间，受地理环境、风俗习惯、文化艺术等各方面的影响，经过长期发展，逐渐形成严谨细腻、光亮平整、构图疏朗、浑厚圆润、色彩明快的独特风格。其技艺特点是线法平顺光亮、针脚整齐、施针严谨、掺色柔和、车拧自如、劲气生动、虚实得体，常用晕针来表现绣物的质感，体现绣物的光、色、形，把绣物绣得惟妙惟肖。如鲤鱼的灵动、金丝猴的敏捷、人物的秀美、山川的壮丽、花鸟的多姿等。岳池刺绣手法灵活，适应力强。一般绣品都采用绸、缎、绢、纱、绉作为面料，并根据绣物的需要，制作程序、配色、用线各不相同。辛亥革命到1949年，岳池城乡是“家家女红，户户针工”。女子自学习劳动技能开始，就习刺绣，如被面、枕套、头巾、手巾、衣服、鞋子、桌布等几十个品种。

岳池刺绣以软缎和彩丝为主要原料，针法包括12大类共122种：用晕针、铺针、滚针、截针、掺针、盖针、切针、拉针、沙针、汕针等，讲究“针脚整齐，线片光亮，紧密柔和，车拧到家”。充分发挥手绣的特长，形成具有浓厚的地方风格。刺绣题材多为花鸟、走兽、山水、虫鱼、人物，品种除纯欣赏品绣屏以外，还有被面、枕套、衣、鞋、靠垫、桌布、头巾、手帕等生活用品。既有巨幅条屏，如床帘等，又有袖珍小件，如送给情人的荷包、鞋面的小花等。

岳池刺绣的基本针法有闩针（一种很短的针脚，一般用在绣好的绣面上，为了更能体现色彩的调和，按刺绣物象的具体需要，用二二或二三针闩，一般只用两色。深的闩浅色，浅色闩深色）、晕针（一种有规律的长短针，分全三针一长短不等，适用于倾斜运针的绣面，向左倾斜的先由短针到长针；向右倾斜的先由长针到短针。二二针一两长两短，适用于小面积部位。二三针一两长三短，用处较广，凡正面或稍倾斜的绣面都适用此种针法。绣花、鸟、虫、鱼、人物、走兽不仅易于浸色，而更能体现事物的自然和真实感）、车凝针（长短不齐的乱针脚，一针接一针向外绣，每针相接处不盖头，运针时由内向外或由两侧向中间掺拢。这种针法能够随事物的自然形态，而体现得生动活泼）、滚针（一针靠一针的滚，不露针脚的称叶藏滚；稀疏显现针脚的称亮滚。适于绣葵、芙蓉花叶的叶脉，以及树藤、松针、烟云、人物衣褶等。针法能体现绣制物像的自然形态)、飞针（长短不一的乱针脚。在运针上有的两针相逗，有的用E3针。适用于浸色的补充针法，而能掩藏原针层的埂子)、扣针（针脚齐整，针与针间紧密靠着。一层一个色，层与层间分界有一绊线，头一层须盖上次层的外线，在头一层针脚上搭头。运针时是倒起运，由内到外。其特点能显出绣制物像的凸凹形状)、撒针（稀疏不规则的针法，刺撒上去，以起到隐约的显现色彩、调和色彩和增添色彩的效果，适用于绣制金鱼的尾尖、雀鸟的尾子和脊背花纹等)、E针（有规律的长短针，每层的色不一，而见缝插针，头一层是长短的密针，长的E1在短针内，第二层E2在长的内，二层以下是稀针盖在第一层上，第三层的针脚需搭在第一层的线上，这种针法可以浸色，多用于绣花卉翎毛)、拨针（一排一排的绣，第二排须接到头一排的针足盖头，由窄到宽，针脚可放长，由宽到窄针脚可以增减；从内向外或从外向内运针都可。每排可着两色，适宜绣雀腿和走兽)、梭针（长短不齐，虚针由上而下或由下而上，一行一行绣制的稀疏的针脚。适用于刺绣山水的岩石等)、虚针（长短不齐，一上一下稀密不均的直线针法。一般用纵横参差的短针，如绣山水，着墨处用密针，不着墨处用虚针)、续针（直线针脚。须一针按一针，下一针的针脚，必须接到上一针的针口，如锁蝶翅和凤背的边缘等)。

刺绣一般用竹制一个圆形绷子，将画有图案的白布或白色绸缎绷到上面，再一针一针地绣出图案，再做出生活用品来。

1950年后，岳池学习刺绣的女子大大减少。一些爱好刺绣的女子大多在像鞋面、手巾、枕头等物件上绣些极简单的花纹。到2000年以后，县人还能刺绣者甚少。

二、观赏刺品

岳池刺绣的观赏用品，所用原料，使用针法，技艺特点等基本与生活绣品相同。只是因观赏品规格较大，如大堂的画屏，装饰的门帘、窗帘，家居装饰物等，质量要求更高，技艺精良，所以要做一绷料的架子，所用的场地要大得多。操作人员由一人变成两人或多人同时进行。民国时期，有专门刺绣的作坊，承接观赏刺绣品的制作，按照顾主的设计与要求，组织施工。

1949年新中国成立后，始有专门刺绣的刺绣厂，绣出各种观赏品。2010年后，岳池城乡流行十字绣，刺品用着装饰。

第三章　纸　业

第一节　造　纸

一、生活用纸

岳池农村竹、稻草资源丰富，造纸历史悠久。中和、赛龙、骑龙、东板、兴隆等乡镇，从事造纸的较多，既有专业从事纸业生产的，也有把造纸当副业者。造纸的传统办法，用竹子作原料，即将竹子放入池内，用石灰水浸泡到一定程度，捞至石碾中，碾压碎细，再放到纸缸中与水搅拌为纸浆，用帘子舀漏过滤成张，晾干即成草纸。

舀纸是一种技术活，双手握着夹有帘子的提把，右手（左撇子用左手）一头先向纸浆水中一舀，浆水在帘子上均匀地滚过，水从帘子的空隙中漏下，纸浆就在帘上面结成一张薄薄的纸。然后将帘子反扣在预先准备的木板上，就成了一张土纸。等到土纸叠到一定高度，就搬到晾晒的地方晾晒去水分后，再打成捆。

民国3年（1914年），县人李东林开办群力纸厂。群力纸厂除用传统的材料，生产传统的土纸外，改用稻草作原料，生产包装用的纸壳纸。

改用原料之后，群力纸厂规模生产扩大，由两个槽子，发展到4个，年产纸在4吨以上，除销售本县外，还销往广安、邻水、武胜、南充等地。岳池只有群力纸厂生产纸壳纸，销路较好，效益也佳。岳池造纸的业内同行纷纷效仿。有的扩大规模，有的另办分作坊。很快岳池全县造纸业达203户。这些造纸业主，除罗渡的张知成、赛龙的屈采益是专业生产外，其余都是副业生产。各作坊所产生的草纸，大部分供本县民众作祭祀与包装等使用，少部分外销。每年的四月清明节，七月的月半节，八月十五的中秋节，腊月三十的大年和春节，还会出现供不应求的现象。到1949年，全县有家庭自办的造纸作坊300余个，年产草纸10万担。以赛龙乡张记纸厂规模较大。

20世纪50年代初期，农村中的土纸厂（坊）仍然继续生产经营，并有所发展。1953年，农村经营造纸的有161人。1955年，县供销社收购土纸93330担。1956年，农村实现农业合作化，舀纸业纳入农村副业。当年全县社办造纸业42家，从业人员126人，年产土纸439吨。

1958年后，在赛龙张记纸厂的基础上，建立罗渡红旗造纸厂，开始生产文化用纸。1961年罗渡红旗造纸厂转为赛龙土纸社。后因土纸生产原材料不足，造纸作坊纷纷关闭。岳池县赛龙土纸社也因生产亏损，工人或转于编织，或回家务农。其他社办纸厂，纷纷停业。岳池的生活用纸，由外地进货。

二、办公用纸

1976年，罗渡糖厂利用甘蔗渣试制有光纸成功，由手工生产转为机器造纸，岳池始有工业和办公用纸的生产企业。

1981年，罗渡水运货物量锐减。县交通局所属县航运公司在罗渡镇夏家岩改建岳池航运纸厂（即岳池县第二造纸厂）。造纸厂占地2.27公顷，初设有1092型造纸机2台及配套设备、年产机制纸2000吨的生产能力，主要以麦草为原料，生产打字纸、书写纸、有光纸等文化办公用纸。

1982年，罗渡糖厂转产从事纸业生产，主要以麦草为原料生产有光纸。1983年更名岳池县国营造纸厂。

1988年，岳池县国营造纸厂购进1092型短网线纸机1台，使企业的造纸生产线达2条，年设计生产能力2000吨。1991年，全厂设备配套技术改造，改2吨锅炉为4吨链条炉，增加25立方米蒸球2台，新修日处理水1万吨的池子1座，对打浆、制漂等工序进行配套。

到1994年底止，岳池县国营造纸厂生产机制纸1073吨，主要产品有打字纸、单胶纸、有光纸、凸版纸，其产品均达到部颁A级和B级标准。

1995年，第二造纸厂技改扩能，新上1760型造纸机及附属设备、设施，生产规模年产达7000吨机制纸。

2001年，岳池县国营造纸厂破产关闭，其厂区及土地全部拍卖。岳池县第二造纸厂被重庆元元纸业公司租赁，生产高档包装纸板。之后，岳池的办公用纸从外地购进。

第二节　纸　扎

一、祭祀丧葬用品

岳池的纸扎有很多称谓：扎作、糊纸、扎纸、扎纸库、扎罩子、彩糊等。用于祭祀及丧俗活动的主要有纸人纸马、摇钱树、金山银山、牌坊、门楼、宅院、家禽等焚烧的纸品。

纸扎中的丧葬品，取材巧妙，工艺精湛。用竹篾作骨架，将渔堂纸裁成条，在打结处缠绕两圈，再用浆糊一粘即完成，简单快捷而又牢固。竹架做成后，继用剪裁好的纸贴，再以色彩适当描绘，一件丧葬品即制成。大型丧葬物品如灵房、灵床、灵棺，牛、马、白鹤等，用竹棍作主骨架，取竹篾块做支架，以便抬不变形，运不散架。

20 世纪 50 年代到 70 年代末，因破除封建迷信的历史原因，岳池民间纸扎一度销声匿迹。80 年代年后，因宗教政策的逐步宽松而得以恢复。2000 年后，形似“宇宙飞船”“别墅”“电视”“轿车”等有时代特征的纸扎也进入岳池的丧葬文化。

二、娱乐用品

岳池的纸扎除丧俗用品外，更多的是娱乐物品，如纸扎的人物、动物、舞具、风筝、灯彩等。

岳池民间，各类纸扎娱乐品，取材巧妙，工艺精湛。所作人像，栩栩如生，各种动物，活灵活现。每到春节，纸扎的狮子与笑和尚壳，形象滑稽。游乐中的高亭，旱船、车灯中的戏曲人物等更是惟妙惟肖。简便的风筝，春秋季节岳池城乡随处可见。

1950 年后，民间的娱乐性纸扎仍很风行。重大法定节日与传统重要节日，纸扎的娱乐物品特别引人注目。1980 年后，各地灯会竞相举办。2002 年，岳池首届农家文化节，在翔凤山举办有大型艺术灯会。根据九龙镇、翔凤山的传说和《岳池农家》的诗意及恐龙化石所制作的《岳池山水》《翔凤仙子》《岳池农家》《岳池恐龙乐园》等纸扎彩灯组，更具地方特色。2009 年，第四届农家文化旅游节举办的“亮坝灯会”，大型的纸扎彩灯灯组在灵溪河两岸展出直至延续到次年的春节，将纸扎艺术推向新的高度。

第四章　制造　漂染

第一节　制　笔

一、毛笔

毛笔为中国传统的书写工具，制作历史悠久。20 世纪 20 年代，岳池制作毛笔的工艺已经十分成熟精湛，岳池大石乡是其中的代表。

大石乡晏家沟村李姓和狮子磅村吕姓的制笔比较有名，其产品讲究“四德”，即“尖”（笔头聚拢时锋颖尖锐，形如圆锥，尖而无虚毫）、“齐”（指笔头修削整齐，笔头散开压扁后，毛如刀切，头齐如刷状）、“圆”（笔肚丰硕圆满，笔肚不空，周身无凹凸之处，形如冬笋，行笔无偏侧锋）、“健”（指劲健有力，富有弹性，按之即伏，收之即起，自然成锋），他们视笔头为一笔之首，选择毛细、锋嫩、色纯、质净的山羊毛、山兔毛、石獾毛、黄鼠狼尾毛等优质毛，按长短、粗细、色泽、有锋、无锋等分别整理归类，以备取用。

笔毛备好后，进行第二道工序，即是“水盆”。水盆是毛笔制作过程中最为复杂而关键的重要工序。主要分为理毛、去油脂、并片、齐毫、切毫、尖毫、整毫、兼寸、整寸、合寸、圆笔、盖笔、晒笔头、扎笔等十几道操作规程。其中的“齐毫”做到齐足不整顶，直不歪斜；“切毫”做到柱毫、披毫尺寸准确无误；“尖毫”做到尖衬、尖毫、尖盖毛三尖均匀；“整毫”做到小顶到八字间无弯，无秀锋，小旋大旋不开叉，无虚尖；“圆笔”做到大、小、尖、肥、饱、瘦等均匀一致；“配锋”做到水配锋，锋口标齐，深锋浅锋配合一致；“盖毛”做到厚薄一致；“扎笔”达到笔根整平、线扎紧，周围松香浇透，不松线。

毛尖的工序完成后，就是制笔杆。笔杆通常以颜色、粗细一致、外表圆直，直径、杆长、弯曲度均达到一定要求的竹管为原料，经下料、车管、接管、接挂头等主要工序而制成。

毛尖与笔杆做好后，接着是装套。装套是将结头扎好的笔头和精选的笔杆按照一定的规格型号进行组装。装套主要包括装笔杆和装笔幅两部分组成。主要工序有齐头、起线、扎线、磨口、打眼、装笔头。根据不同品种，选择合格杆、套，再将笔杆口磨齐、擦清，做到宽窄、深浅一致、线面杆面相平，不破杆。

毛笔装好后，将笔修好。修笔是毛笔制作过程中的又一道重要工序。技术要求十分精细复杂，素有“三分水盆，七分修笔”之说。操作过程是：焊笔→梳理、蘸胶水、剔除杂毛、秃锋、修整成型、日光晒干。其主要技术要求是：按品种规格焊笔，做到进出一致，牢固不偏顶，笔头不沾漆，剔衬适宜，抹胶实，笔硬圆，不偏不斜，无水槽，毫清顶齐，无虚尖。配锋盖毛锋口挑齐，不露出笔柱。清洁笔头做到不变色，及时晾干，晒干或烘干。盘顶时仔细，虚尖盘齐，小旋大旋不开叉，达到“尖”“齐”“圆”“键”的四德标准。

毛笔修好后再是镶嵌。镶嵌，是将湘妃竹，凤眼竹，罗汉竹等笔杆或红木、檀木、象牙等名贵材料作为笔杆，再配以牛角或有机玻璃等镶嵌，使笔杆美观典雅。毛笔的镶嵌主要分为锉→锯→镶→刨等工序。镶嵌的工艺要求十分仔细，将旋头与杆，套装配平整，光滑、不稀缝、不破裂，达到套齐，杆齐，笔身齐的标准。牛角又要做到配件的长短、厚薄、直径、深浅一致，口平眼正、杆身圆直、式样统一，刨细美观、无歪斜凹凸现象。

毛笔做好后，还要刻字，好比商标，是毛笔制作中要求较高的一道工序。刻工要有较好的文学、书法修养和刀工技艺。在不同材质和不同规格的笔杆上刻出不同书体的毛笔名及制作人，字体要排列均匀、大小一致、字间有序，镌刻不拼刀、不偏刀、不脱体、剃头平整等多项要求。主要由点、剃、垂、撇、捺、勾等刀工笔法而成。

最后的工序是整笔杆，将弯曲的笔杆用温火烘烤到一定程度，再用特制工具将笔杆整直，使笔杆达到圆、直的要求。

为了保证质量，出售前还要检验包装，将成型的毛笔，按照一定的质量要求检查一遍，再装上套格、包扎妥贴。

抗日战争时期，岳池县大石乡李用文与吕永奎家的毛笔注重质量，大部分销往外地，如阆中、南充、邻水、合川等地，少量在县内出售。

1950 年，儿家制笔大户停业。1952 年土地改革结束，有制笔技术的工匠农闲兼作制笔。后来钢笔、铅笔普遍使用，毛笔购买者大大减少，制造毛笔的材料价格渐涨，而销售又愈来愈困难，20世纪60年后期大石乡的几户制笔业主先后歇业。1980年后，岳池制作毛笔的历史基本结束。

二、粉笔

1937年，抗日战争爆发后，国民党国都内迁重庆，大量学校随之迁至重庆及重庆周边县乡，给岳池粉笔制作带来了发展机遇。岳池县城开始有制作粉笔的作坊，粉笔制作所用原料主要是碳酸钙和熟石膏，无碳酸钙可用水磨或干磨的光粉代替，以水磨光粉为佳。制造粉笔的配方一般为：碳酸钙（或光粉）4份、熟石膏8（或6）份、水10份。制法是先将碳酸钙及烧石膏混和，加水调匀成浆糊状，然后迅速浇入预先涂有油类（普通为橄榄油或火油）的金属模型各孔内，约十几分钟或半小时后全部凝固，即可将模型拆开，取出晒干即成。

岳池制造粉笔的模型是用金属制造的，也有用塑料模型的。模型分为两块，每块各有上大下小整齐排列的半圆柱型凹槽，相合即为一个圆柱形状。模型在使用前，先用布蘸橄榄油或火油将各凹槽沟擦试一遍，也可用较浓厚的滤过肥皂水揩试，以防粉笔凝成后无法取出。如已凝成的粉笔无法取出，不能硬用手掰，只需将模型的一端（离粉笔较近者）靠桌面，然后用一根小棒在模型的另一端轻轻敲击几下，粉笔就能渐次落下，敲击时不能过重以免击断。

调和原料时，按照所制粉笔模型中的孔数，酌量调料，一般每条粉笔约含5克干粉，一次入模量多少应估计准确。因石膏一遇水，干后即凝固，不能复原，再调再浇制成的粉笔就有前后两次分浇的痕迹，品质不佳，极易在痕处折断。

熟石膏制作，是将石膏粉在铁锅中炒熟，当温度达到210℃～220℃时，石膏粉会像水波似的泛起，表示已经炒熟。此时起锅把熟石膏与石灰石粉按6∶4比例混合，再与等量水调匀入模，约6分钟就可以出模晾干。在入模时，注意每条粉笔都应充实无气泡，如欲提高粉笔质量，炒熟的石膏还可过筛后再用，如调水后就要及时入模，以免凝固而作废。

1950年后，教育事业快速发展，所办学校实行新式教学，普遍使用黑板与粉笔作为教具，岳池的粉笔制作业有较大发展。

1970年前后，岳池全县贯彻落实毛泽东关于教育革命的指示（当时称“五七指示”），学校教育实行与生产劳动相结合，纷纷兴办工厂、农场，有中学试办粉笔厂，试制彩色粉笔成功。所用的染料红色的用曙红，绿色的用孔雀绿，青色的用普鲁士兰或群青，黄色的用铬黄，橙色的用铬橙，紫色的用紫粉，褐色的用印度红或茶红等。

80年代后，校办工厂停办，岳池各地粉笔制作坊也先后停止生产。至今，县内无粉笔生产。

第二节　器　具

一、农具

岳池农家的农具制作以所用原材料不同分为竹制、木制、石制和铁制四大类。前三类如拌桶、箩篼、梿枷、簸箕、木耙、风车等，加工用的石磨、簻子、碓窝、碾子等，运输用的扁担、箩筐、推车等，灌溉用的水车、木桶等。其中除小型农具一般由农民自己制作，大型农具购买或请工匠上门制作。而农家耕地用的铁犁、铁铧、铁耙、钉耙和翻地用的锄头、生产用的镰刀等铁制农具的制作则相对集中，规模较前三类大，且技术要求高，制作技艺进步也快。

1910年，武胜县唐海山全家迁到岳池县余家场（普安镇）定居，开办铧厂，带徒传艺，生产犁头的铧尖，产品销售县内外。

辛亥革命前后，岳池县城与部分场镇，始有专门铸造铁铧的铁铧厂。犁头由犁腕、犁膊和铁铧组成，由铁、木二匠共同制作。

全县城乡遍布红炉，开设铁器铺加工制作其他传统铁制农具。铁器铺选设在交通要道处，有铁炉、风箱、砧礅等设备。风箱连接铁炉，送风到铁炉膛中，助煤炭燃烧，让旺火将加工的铁块迅速烧红，由掌钳师用钳子挟放到砧礅上，锤打到理想的形式即成。锄头、斧头、砍刀、镰刀等利器的口子处，还要安放钢条，包熔在铁中间，打成毛坯。淬火要恰到好处，才锋利耐用。一个铁器铺的生意好坏，与掌钳师的淬火技术有关。

岳池金银铜铁锡等金属工匠都敬奉李老君为祖师。老君名李耳，相传会吐纳之术，又常用八卦炉练丹，因此从事金属冶炼的工匠，均信奉李老君。1911年，由王均轩、唐合清等人发起，组织县城东南西北的铁器铺30余户工匠72人，成立岳池老君会，王、唐为第一任会首。会员由70余人发展到200余人，会址先在洞宾观，后迁北外街“同师公茶社”，供奉老君像，每年农历二月十五老君生日，金属行业的工匠们，聚会就餐，维护会员利益，研究发展等事宜。

1929年，有简义顺、刘祖远、吴海清、陈玉全、蒋仕元、刘厚福、李连忠等人，在县城开设铁铺，师徒28人设红炉12盘，主要进行大型农具的制造与加工。

1934年，武胜县杨发祥一家迁到岳池西溪，开设工农铧厂，有从业人员10人，铸造铁铧。次年中和贺明君、贺德智两兄弟联合在黎梓卫开办益农铧厂，有从业人员10人，生产铁铧。

1936年，岳池组织成立五金职业公会，有128名工匠先后入会。1948年，全县48场，先后办有铁器铺146个，从业人员390人。1949年，从业人员达到485人，以城关、顾县、中和等地为最多。县城东南西北四门有铁器铺42户，红炉51盘，从业人员139人。全县铸铧业12家，从业人员49人，其中工农、复兴、益农等铧厂，每家有职工10人以上，均属季节性生产，自产自销。平时备料，收购废铁及以新换旧铧等经营方式，年逢三、四、九、十月铸铧，以生产田土铧为主，并产铁磴、秤砣等产品。年产铧32000张，销售县内及附近各县。

1950年，农具制造业开始兴旺，县城制造农具的铁器业42户，除何德山等10户外，许三合、吴海清、袁品山、唐文楷、唐章贵等32家合并成立利农联营社，分东、南、北三个门市。1951年2月，成立岳池县铁工工会，有会员45人。东、北两门市部许三合、袁品山等15户23人组成利农联营社，从事农具的加工制造。1952年1月，成立岳池县城东铁器社，城南门市部唐章贵、唐文楷等17户与木工冯德等4户开设红光铁铺，由中共南充地委领导。当年11月，转为红光铁厂，职工28人，主要生产铁铧。1952年底，中共南充地委、行署迁南充市，次年1月，红光铁厂移交岳池县供销合作社生产合作股领导。同月19日，红光铁厂与城东铁器社合并，在城关下南街77号成立岳池县光明铁器生产合作社，有社员44人。供销合作社将全县各区乡铁工组成21个铁器组，成员125人，设红炉52盘。到1954年，顾县、普安建立光芒、光辉铁器生产合作社，中和、石垭、西溪成立铁器生产合作社（组），有社员86人，设红炉31盘。1956年，农村合作化高潮，岳池全县共建铁器社（组）26个，有成员390人，设红炉136盘，新添四尺木架和手摇皮带车床各一台，以生产与修配农具为主，完成铁制农具147500件，生产菜刀、锅铲及建筑工具21000件。

1958年，各行各业“大跃进”，全县各区的集体性质的铁器社转为国营。各乡成立人民公社，内设铁木工厂，生产农具。区、社铁、木厂，进行技术革新，制造各种新式农具。当年制造农具152500件，木制农具74300件，竹制农具101200件。1962年，调整国民经济，执行“调整、巩固、充实、提高”方针，各区、社铁木工厂的性质恢复为集体，全县有铁器社61个，社员850人，设红炉274座，各式各样的车床11台，产品结构发生变化，完成铁制农具842000件，生产改土工具和生活用具181800件，做到机械产品大修不出县，中修不出区，小修不出公社，中和铁器社荣获省人民政府授予的“支援农业的先进集体”称号。1965年，农具制造机械化程度加大，全县各厂、社推广使用夹板锤、弹簧锤、空气锤，用电力带动机器打铁，基本实现鼓风机械化，锻打机械化，生产模具化，提高生产能力。结束几千年来手拉风箱鼓风，手抡大锤打铁的落后生产方式。

1966年，光明、西溪、罗渡、华云、溪口等铁器厂搞产品革新，自制和购买新设备，先后试制成功并成批生产打谷机、板架车、打米机、压切面机、斧头、十字镐等生产工具。当年农机具生产达到5.16万件。1973年提高到16.6万件，同时设计与制造打谷机、打米机、饲料粉碎机、钢磨等农用机具和农产品加工机具，加速农业机械化进程。

1978年后，光明机械厂转为汽车钢板弹簧专业生产。各区、社的铁器社，全部划归公社管理，华云钞铁厂、华云水泵厂、溪口农机厂划归华云工农示范区，岳池县城的光明农具厂与七一五金修配社合并，从事农业机具生产。

1980年，全县生产打谷机2000台。岳池县渠江机械厂与县农资公司配合，生产成功铁犁头、铁风车。自生农具修造厂、石垭铸造厂先后生产铁犁头、铁风车。全县年产铁犁头与铁风车4000架。

2000年前后，农具制造企业破产停办。到2010年后，除农民自己制作一些简单的农具，有少数工匠从事小型农具打造与修配外，所用农具从外地购进。

二、家具

岳池竹木资源丰富，所以家具大多是木制品和竹制品。

岳池制做家具的工匠，分粗木工和细木工两大类：细木工不仅会做家具，而且会雕刻木质饰品。广大农村的木匠多数为兼工，农忙务农，农闲做工。需要制作家具的人家，临时请木匠去干木活，需啥做啥，做好完工。只有因红白喜事，才请技艺高超的细木工匠人上门做活，一干就是几十天或几个月。特别是有钱人家女子出阁，要打一整套嫁奁，不但时间长，而且要求工匠的技艺精。能做嫁奁的工匠，都是远近闻名的好手，由其挑选精干，组成一班人马，分工协作，各显其能。所做家具，样式美观，雕刻的图案，栩栩如生。特别是富裕人家的豪华木床，一般有四层床檐，图案精美，雕龙刻凤，并涂金粉，床前配有宽1米、长2米的踏凳，亦有雕刻。城镇木工多是开店经营，前堂后厂，雇用帮工或带徒学艺，自购原料，自产自销，生产方桌、圆桌、凳子、木床、椅子、箱子、书柜、碗柜、衣柜、衣架、木桶、木盆等家具。

竹制品的家具，城镇民众一般到店铺购买。农村人家，简单的家具，如背物的背篼，筛米面的筛子，装东西的撮箕，装菜、滤饭的筲箕等，由各户按照所需，就地取材，自己动手制作。乘凉的竹床，家用的椅子、凳子，装粮的围席等工艺稍复杂的家庭用具，才请工匠上门制作或上街购买。

铁制品的家具不多，主要是炊具，不管农村或城镇，均到铁器铺定做或购买。

1913年，岳池著名木匠董全安、贺清廷、杨坤其等人发起成立鲁班会，先后由董全安、贺清廷、杨坤其任会首，李华云、陈海山、袁世海、宴五合等依次继任。初期会员100余人，后发展到1000多人，会址先在莲花池，后相继迁往干佛寺、冯家湾。每年由会首组织全体会员，在鲁班五月初七生日，去鲁班庙举行祭祀活动，总结一年来会内的情况，处理会员中违反规定的人和事，研究保护会员利益的措施，或推举新的会首。

1927年，王茂林率先开设木器铺，有技工与学徒20余人。他到盛产木材的川西、川北及县境内的华蓥山、骑龙、回龙、兴隆等地购买各色上等木料，制做家具。所做各种家用器具，根据市场需要确定，也可按照顾客的设计与要求，定做家具。因其工艺精巧，雕刻的人物、花草、动物形象逼真，生意一直十分兴隆。

1937年，唐玉合在东街郭家祠堂开设木器铺，有从业人员10余人，既在临街面设店出售木制器具，又有工人在后堂加工木器。平时购回各色上等木料在店内制作家具出售，有顾客因备办红白喜事需要，也可与店家定下协议，或由雇主提供木料，付给店家加工费；或由店家承包，到时验货付款。有时工人也到雇主家上门加工，只收取工钱。木器铺越开越好，名声远扬。

1943年，王资生、杨生甫等人设股，开办“紫萝兰”木工联营厂，生产木质家具。继后，唐连文开办新华木厂，雇用工人10余人，李华云、陈海山、袁海山等21人先后在县城开办木器铺。

《岳池县二轻工业志》记载，1948年，全县从事木器业1711户，从业人员2013人，开设有木器店84个，其中县城28个，以王茂林所开木器店规模最大，生产的木器品种最多，质量也好。王茂林、唐玉合、杨云安等人雕刻工艺精巧，所刻“嫁奁”床被人们当作艺术品使用、珍藏。

1950年，岳池各级人民政府成立，促进木器行业的发展。年底，岳池全县有制做家具的木器业1792户，从业人员2142人。1951年2月1日，成立岳池县木漆工会，发展会员135人，团结全县木工，发展生产。

与木制家具关系极大的漆工业务，随着木制家具的需求而兴旺起来，所以木工与漆工组成同一个工会，促进木质家具的制作。漆过的家具不但经久耐用，而且美观，民众使用上漆家具成为时尚。

1954年1月10日，在岳池县第七区率先成立岳池县苟角木器社，吸收苟角、顾县两场镇的木匠42人为会员。木器社分设两组，顾县为第一组，有社员17人，苟角为第二组，有社员25人。木器社利用顾县与苟角两地木材资源丰富的条件，组织全社木工集体从事木制品家具生产。木器社由于分居两地，一个主任两地跑，不便管理，加上制度不够健全，内部发生矛盾，所以次年2月24日，两处的木工分设两个组织。顾县第一组与苟角第二组，分别更名为岳池县星光木器生产合作社、岳池县星明木器生产合作社。

1958年，大办工业，将集体性质的木器生产合作社过渡为国营工厂。同年农村人民公社化后，各公社成立有铁木厂。全县各公社铁木厂的农村五匠中的木匠4283人，生产部分木质家具。

1980年后，随着人们生活水平的改善，对家具的要求与日俱变，因而家具的花色品种与式样等不断变化。除传统的家具外，岳池家具企业逐步生产各种木质与层板衣柜、平柜、木床、办公桌、大小方桌、圆桌、凳子、沙发、茶几、衣架、方凳、圆凳等各色新式家具。

2000年后，岳池家具市场大部分是外地运来的高档家具，如弹簧床、壁柜、立柜、书柜、电脑桌、写字台、厨柜、吊柜、电视柜、沙发、餐桌、茶几等，并且多是名牌。经济条件好的人家，或有婚娶，或迁新居，都会购买高档家具。也有少量处作坊所制作传统家具。城镇居民的竹制家具减少，只有少数的筲箕与椅子等物，而广泛使用的金属制品炊具，全系外来商品。

三、玩具

岳池民间传统玩具制作历史悠久，但尚未形成玩具产业，在农村，民间玩具的创作主体是农民。

只要有农家的地方，就会有民间玩具。岳池农家玩具，工艺简单，取材方便。

辛亥革命前后，岳池农家玩具大致可分编织类、煅烧类、制作类、自然类。

编织类比较普遍，不论是野草或是农作物，就地取材，随选随编随用后随丢弃。初夏小麦收割时，选取几根麦秆，或在盛夏，选扯数根狗尾草，或用竹篾，编制虫笼，再将小虫子捉关笼内，既可让小孩玩耍，成人也可欣赏。在华蓥、金城、黄龙等山区，心灵手巧的农妇用竹麻编制成小人及狗、猪等小动物，或用线与麻，织成青蛙、小虫或花朵。

煅烧类玩具是将湿黄坭揉成丸放在阴凉处，干后抹上桐油，放在灶孔中煅烧到一定程度，使其坚硬，作为弹珠，经久耐用。顾县镇南岳庙、太平寨一带，常制造俗名叫“呜哇”（因发出呜哇呜哇的响声故名）玩具。其做法是，用黏性较强的泥土，反复揉搓压成球状，内部掏空，壳面可塑成人（塑成将军头叫将军呜哇）、兽（牛型为牛呜哇）、禽（鸡型为鸡呜哇）等型，用竹签掏眼（分三、五、七孔）后，置通风处阴干，放进灶中以草木灰焙制成陶，钳出趁热涂抹柏树油，色泽光亮，美观耐用。可玩可吹奏乐曲，也可模仿动物鸣叫。呜哇相传为杨氏从湖南甘沟移川带入，世代沿袭，老少可做可玩可吹。每逢佳节喜庆日，独吹或合奏，会增添许多乐趣。

制作类的玩具比较多，锯木块作积木，用绳与木板作秋千，用竹与纸做风筝。每年春节前后，砍嫩竹做成竹号（每节约锯寸长，一端斜面削去表层，插在下节内，变成一端大一端小的长筒，再于最上面的小节尖端插放小片竹叶，可吹出各种调子，且声音高亢、宏亮）。夏日挑选个大圆的橙子晒得半干，或用猪尿泡吹胀，在水中抢夺。用篾竹做水枪，吸水射玩。取观音竹做筒，用竹签作杆，选麦冬籽或用纸壳纸浸透水揉团作弹，制作成竹枪。切高粱秆成节，用竹签子架成水车，安放在流水处，十分好玩。用弹性强的树条作成弓，以细麻绳作弦，以高粱秆作箭，让小孩射玩。

自然类，将杏核用作抓子用，在河坝中选择小卵石作棋子，捡石头作蛋玩“抢蛋”。

小孩以背枪为荣，成人便做成木头手枪，供小孩玩耍。用橡胶做弹弓。将鸡毛捆在高粱秆尖端，另一端安上针尖，往竹筒吹向墙壁，叫鸡毛箭。用纸折成衣服、飞机、动物等。

受汽车、自行车原理启迪，小孩用两对弹子（机械轴承），做成踏板车，碰撞好玩。用纸折成方块，在地上拍打。用玻璃球作圆珠，在地上弹玩。

20 世纪 80 年代后，商品玩具走向农村，各类工厂化生产的玩具琳琅满目。2000 年后，岳池民间的自制玩具逐渐被商品玩具取代。只有少数老人，在闲暇之时，编制几件民间玩具，予以自乐或给孙辈玩乐。

第三节　漂　染

一、土染

清代以前，岳池的先民们，在生产与生活实践中，总结出漂染的土办法：用适量的石灰和桐壳灰加水漂白布；用稻草灰染色布；取桊子树叶与布同煮染成黑青色；用三棵针根或栀子衬布同煮染金黄色；用丝瓜叶作原料，染草绿色；用靛蓝子染蓝色。

1902 年，岳池县城徐慎之、杨伟端开办第一家染坊，加工漂染土布线料。染坊设备有灶、锅、缸和半圆形的石滚。将染料与水混合，再把布（线）料放入染缸，加温煮沸，翻缸重染后，清洗晒干，滚压平展即成。

1912年后，县城陆续开设染坊的有北外街王兴益的“兴记”，刘二合的“二合祥”，小北街林炳兴的“炳记”，南街朱元兴的“元兴恒”，西街曾三合的“三合祥”，文星街唐纪成的“诚记”6家。

1922年后，相继开染坊有南街朱质轩的“永和祥”，杨恒轩的“恒轩祥”，朱渊泉的“渊泉恒”，周恒益的“恒利祥”，东街吴崇斌的“斌记”，东外街李明轩的“明轩祥”，凤鸣街胡全盛的“全盛祥”7家。

1931年后，有东外街王有三的“方源亨”，杨名声的“名声号”，南街张海清的“清源长”，罗玉顺的“玉记”，赵吉之的“永利恒”，小南街罗廷华的“华膳昌”，文星街肖仕禄的“兴安祥”，赵明廷的“明记”，齐海清的“清记”，万兴街段自承的“自承昌”，西街朱清合的“清和祥”，唐登福的“福利兴”，雷青廷的“廷和永”，雷伯承的“治同祥”，北街林科元的“永承祥”，唐兴华的“诚记”，北外街刘亚卿的“恒顺号”，张文合的“文记”18家。大的乡镇，也先后开办漂染坊，为民众漂染布料。

漂染业的日益发展，竞争不断激烈，为了减少矛盾纠纷，漂染业根据色调不同分为蓝、红、白三坊，共商确定行规为：蓝坊染蓝不染红，红坊染红不染蓝，红白二坊可并染红色和漂白。

1938年，染坊发展到31家，从业人员69人。为维护本行业的利益，于当年三月在县商会成立岳池县染色同业公会，有会员31人。同时在文星街成立岳池土靛生产合作社，社员33人。

随着科技的进步，染料以土靛为主变为用进口的硫化染料，其中专业染坊用土靛和硫化染料，加工漂染土布土线。棉针织专业户多用进口直接染料，自染棉线和蚕丝供生产配色使用。

到1949年，全县有漂染业91个201户，从业人员356人。

1950年后，一部分漂染坊仍然从事各种漂染。而另一些漂染业，扩大经营范围，开展棉织品的纺织，直接购进国产染料，染自己所生产的品种，将纺织与漂染结合。

1951年10月，岳池城关的土布、集力、合成三家私营棉纺织业合并，成立岳池县公私合营新业染织布厂。将纺织与漂染合并在一起，直接生产纺织品上市。

1952年12月27日，岳池县合作社联合社筹备委员会召开首次社员代表大会，成立岳池县合作社联合社（后更名为供销合作社），区、乡设分社，扩大流通渠道，人们制穿的有色布料逐步增多，农村的家庭纺纱织布的锐减，漂染业受到极大冲击。

1954年成立制线、毛巾、针织生产小组，均采用国产硫化染料，集中染色。

1956年，完成手工业社会主义改造，全县漂染业组织成立染踩生产小组10个，组员71人。而没有进入漂染生产小组的个体漂染坊，因实力与新兴的合作小组相比，缺乏竞争力，因而渐渐减少。

1957年3月，县城从事漂染业专业户14家，自筹资金，自带设备，在东外街成立岳池县漂染组。该组主要以手工操作方式加工印染土布，同时为百货公司进行少量加工。

1958年，家庭纺织大多停止。只有个别年龄较大的妇女，纺织极少的土布。漂染业的业务对象为集体纺织单位。

1963年，城关成立光明漂染小组，次年与县漂染小组合并，改为岳池县向阳漂染生产合作社，进行手工式漂染。

1980年后，岳池的漂染实现机械化后，到2000年后，仅有少数个体户仍从事土法漂染。

二、机染

1980年元月，向阳漂染生产合作社更名为岳池县印染厂，有职工43人，厂长陈书全。自制与购买蒸汽锅炉、卷染机、蒸汽染缸、脱水机、烘干机，安装自来水管，实现漂染机械化。并用先进的士林染料，除染县内的各类布料外，还为重庆等地的棉织坯布和线纱加工，色泽鲜艳，深受用户好评，当年染布达到119.27万米，工业产值达到144.9万元，利润2.04万元。1982年，岳池县印染厂与红光、胜利棉织厂合并为岳池县棉织印染厂，内设印染车间，进行机械化漂染。

1986年后，投资40万元，购进设备，扩大生产。1992年，用省财政扶持财政困难县的专项资金120万元，将污染严重、工艺落后的印染车间改造为太空棉生产车间。漂染业务停止。1994年，国务院进行纺织工业产业调整，限产压锭，棉织印染厂处于半瘫痪状态。2001年，县内棉纺企业解体，岳池机械化漂染业停业。

第八篇　文物　古迹　名胜

第一章　文　物

第一节　地面文物

1982年10月，南充地区文化局文物普查工作组确定岳池县境内露天重点文物48处（其中古戏台6处、古桥梁20余处、古村寨7处、古庙宇5处、石刻10余处）。县人民政府将岳池白塔、赵椿桥、化龙桥、龙孔戏台、永清寨5处公布为县级文物保护单位。

1986年7月，岳池县政府组织文物普查工作队，经过普查，公布岳池白塔、赵椿桥、龙孔戏台、永清寨、化龙桥、灵泉寺石刻、河（和）溪县城遗址及其石刻造像、临溪寺大殿、东岩寺摩崖石刻造像、释迦佛摩崖造像、福尔岩摩崖造像、高寺山“雁塔”石刻、弥勒寺大殿、岳池文庙、观音堂石塔及石表等15处为文物保护单位。

2007年10月，岳池县开展第三次全国文物普查，到2009年11月，共普查文物点558处，其中新发现文物点492处，复查文物点57处，消失文物点9处。经过三次文物普查，先后确定了省、市、县三级文物保护单位。

一、县级文物保护单位

大佛寺崖墓，宋代，岳池县新场镇七星照月村。

灵泉寺崖墓群，宋代，岳池县秦溪镇石堰塘村。

羊山寺瘗窟，宋代，岳池县裕民镇羊山寺村。

石王天宝摩崖石刻，宋代，岳池县新场镇七星照月村。

月亮石石刻，明代，岳池县同兴镇韩坡坳村。

岳家溪桥，明代，岳池县罗渡镇云门寺村。

普光寺寨，明代，岳池县普安镇普光村一组。

游金田寺摩崖石刻，明代，岳池县团结乡檬子桥村。

三圣宫，清代，岳池县兴隆镇陈家坡村。

大佛山庄民居，清代，岳池县大佛乡园艺场村。

罗善桥，清代，岳池县大佛乡罗善桥村。

王氏墓群，清代，岳池县中和镇长梁子村。

兰亭序石刻，清代，岳池县北城乡和尚岩村。

王文昭墓，清代，岳池县中和镇长梁子村。

太平寨，清代，岳池县伏龙乡何家沟村。

标帜山寨，清代，岳池县赛龙镇牛敞口村。

郑廷纯墓，清代，岳池县新场镇七星照月村。

催龙陈式墓，清代，岳池县乔家镇催龙村。

青云庄，清代，岳池县裕民镇彭家场村。

杨正墓，清代，岳池县天平镇代家梁村。

荀角高桥，清代，岳池县荀角镇灯草行村。
泉井，清代，岳池县荀角镇灯草行村。
饭滩桥，清代，岳池县天平镇长河碥村。
余家寨摩崖造像，清代，岳池县西溪镇罗家垭村。
集虚观摩崖造像，清代，岳池县九龙镇民生桥村。
长滩寺桥，清代，岳池县九龙镇长滩寺大桥村。
灵泉寺，清代，岳池县九龙镇九龙堰村。
诚政堂赞摩崖石刻，清代，岳池县九龙镇九龙堰村。
天全山寨，清代，岳池县中和镇智光嘴村。
龙洞摩崖石刻，清代，岳池县秦溪镇龙王庙村。
镇江寺，清代，岳池县石鼓乡歹溪村。
野猫滩桥，民国6年（1917年），岳池县西溪镇野猫滩村。
山陵湾碉楼，民国25年（1936年），岳池县中和镇山陵湾村。
烈士陵园，1951年，岳池县九龙镇城北社区。
抗美援朝烈士纪念碑，1951年，岳池县中和镇民发街。
云门寺粮站，1952年，岳池县罗渡镇云门寺村。
杨家坡渡槽，1963年，岳池县花园镇杨家坡村。
罗渡大桥，1965年，岳池县罗渡镇黄角湾村。
英角渡槽，1968年，岳池县天平镇桥亭子村。
五四渡槽，1972年，岳池县乔家镇水土庙村。

二、市级文物保护单位

大佛寺摩崖造像，宋代，岳池县新场镇。
云门寺瘗窟群，宋代，岳池县罗渡镇。
永清寨，清代，岳池县赛龙镇驯良寨村。
弥勒寺，清代，岳池县鱼峰乡。
余家寨摩崖造像，清代，岳池县西溪镇。
吴雪故居，清代，岳池县裕民镇。
蒋家碉楼，民国，岳池县中和镇。
陈联诗、廖玉壁墓，1985年，岳池县中和镇。

三、省级文物保护单位

王字楼，清代，岳池县九龙镇。
岳池白塔，清代，岳池县九龙镇。
岳池文庙，清代，岳池县九龙镇。
临溪高寺，清代，岳池县临溪镇。

第二节　馆藏文物

一、现藏文物

明双环耳宣德炉，国家三级。

明双鱼耳宣德炉，国家三级。

明奁式三足宣德炉，国家三级。

明兽形双环耳宣德炉，国家三级。

明鎏金独角蟠龙三足熏香铜炉，国家二级。

明“崇祯乙亥半竹家藏”铜炉，国家二级。

西汉连弧纹长相思铜镜，国家三级。

唐葵形瑞兽铜镜，国家三级。

宋葵形铜镜，国家三级。

明“太原朱记”铜印，国家三级。

清青花缠枝花卉瓷碟，国家三级。

宋“安少以养富”铜印，国家三级。

清铜剑，国家三级。

明童子铜坐像，国家三级。

清花卉纹银簪，国家三级。

明鎏金长颈铜瓶，国家三级。

明鎏金镂花铜器，国家二级。

清双环缠枝纹银镯，国家三级。

清道教铜印，国家三级。

宋弥勒佛铜像，国家三级。

汉狮钮铜印，国家三级。

清“雷霆都司之印”铜印，国家三级。

宋风纹带柄铜镜，国家二级。

近代烈镇商会二十文锡币，国家三级。

唐“开元通宝”铜钱，国家三级。

清“乾隆通宝”铜钱，国家三级。

清“咸丰通宝当十”铜钱，国家三级。

清“康熙通宝”铜钱，国家三级。

清“崇宁县”银锭，国家三级。

民国30年壹市斗粮食库卷领换凭证，国家三级。

民国30年贰市升粮食库卷领换凭证，国家三级。

民国30年壹市升粮食库卷领换凭证，国家三级。

宋四系陶罐，国家三级。

宋蹲式彩陶佣，国家三级。

明白陶瓶，国家三级。

民国仿成化款双耳陶瓶，国家三级。

清嘉庆款缠枝花卉瓷盘，国家三级。

明成化款白陶碗，国家三级。

清嘉庆款粉彩瓷碟，国家三级。

清吉祥如意五彩瓷盘，国家三级。

宋龙泉窑菊瓣瓷碗，国家三级。

明青花瓷碟，国家三级。

宋人物浮雕石刻，国家三级。

近代竹雕花卉笔筒，国家三级。

民国四川省财政厅官契，国家三级。

近代美国产收音机，国家三级。

近代美国产英文打字机，国家三级。

近代日本奉天命铢裁告四川良民书宣传单，国家三级。

1933 年川陕省苏维埃三串布币，国家三级。

1952 年成渝铁路通车纪念铜徽章，国家三级。

清李氏宗谱，国家三级。

近代丽歌筱月红《骂阎罗》唱片，国家三级。

近代上海百代公司高庆奎《史可法》唱片，国家三级。

近代上海白代公司王润泉《莺莺听琴》唱片，国家三级。

近代上海百代公司郎毓秀《鸾凤谐鸣》唱片，国家三级。

近代上海百代公司合奏《汉宫春晓》唱片，国家三级。

近代上海百代公司梅兰芳《六月雪》唱片，国家三级。

二、遗失文物

史可法绝命书

明末清初，清兵南下，明大学士、抗清名将、兵部尚书史可法死守扬州。南明元年（1645 年）4 月 21 日，在形势危急之中，他给家人写了一封遗书：

恭候

太太

杨太太

夫人万安北兵于十八日围扬城至今尚未攻打然人心已去收拾不来法早晚必死不知夫人肯随我去否如此世界生亦无益不如早决断也太太苦恼须托四太爷大爷三哥大家照管炤儿好歹随他罢了书至此肝肠寸断矣

四月二十一日　法寄

史可法被俘不屈被杀后，绝命书经过辗转，为清廷侍郎彭元瑞所得，献给乾隆。乾隆皇帝感其忠义挥笔写下跋文。此书为两丈余的长卷：卷首为清朝乾隆皇帝所题“褒慰忠魂”的题字及一寸见方的“乾隆御览之宝”珠印。接下的是史可法的长约一尺的半身正面画像，再是宰相于敏中等二十多位名臣学士对史可法的题咏与赞词。整个长幅除绝命书纸质粗劣外，全是上乘宣纸。横轴为黄色花绫精裱。乾隆后令“两淮盐政（将摹本）置放（扬州）梅花岭史可法祠中，并临摹镌刻在祠壁上，以垂久远”。《史可法绝命书》收藏在清皇宫内。

民国初年，《史可法绝命书》藏于中国博物院，抗日战争后，国民政府南迁重庆，绝命书移存中央图书馆。

1943年春，国民党调统局编辑蒋世英，知道绝命书的下落，以借阅为名，从图书馆管理人员朱培云手中借出，假以丢失拒还。后以可买十石黄谷的十亿元钱私了。1949年10月，蒋世英见蒋家王朝已经垮台，携带妻子，暗藏《史可法绝命书》，逃回老家岳池县。

1949年12月16日，中国人民解放军四野镇江部队进驻岳池，岳池解放。1950年旧历2月17日晚，蒋世英将《史可法绝命书》连同一些字画，深夜送交其亲戚岳池县杜家乡火盆山老中医王明伦保管而外逃。半月后，蒋世英在武胜县被抓获判刑。

1963年3月23日，王明伦的儿子王用中，感到收藏反革命分子的东西不好，就将绝命书带到岳池县文化馆，向当时的副馆长杨继祥反映其中情况，杨为慎重起见，去公安局向有关人员商量办理。王用中听到“公安局”几个字，吓得丢下东西悄悄溜走。

《史可法绝命书》被收藏在岳池县文化馆，次年春节曾展出。

1983年5月18日，《新华通讯社》编印的《参考消息》载有这样一则消息：“旧金山一华侨珍藏史可法绝命书，经古物鉴定家旅美教授陈士材博士考证确认为真迹。”岳池知情人士看后大为震惊，因这件国宝曾收藏在岳池县文化馆并展出过。教师唐化岚有收藏兴趣，对史可法绝书的印象非常深刻，就向《人民日报》写信，说明史可法绝书在岳池收藏展出的情况，新华社内参全文刊发，引起岳池县有关人士的关注。公安部门对史可法的绝命书如何遗失一案进行调查，因时间久远未有调查结果。

第三节　近现代纪念建筑及纪念地

一、中共岳池支部遗址

位于岳池县九龙镇文星街37—41号，20世纪90年代旧城改造拆除，现为居民住宅。

二、岳池特支机关遗址

位于岳池县九龙镇中南街143—145号，20世纪90年代旧城改造时拆除。

三、余家场苏维埃政府旧址

位于岳池县普安镇场镇38号。

四、“罗渡会议”会址

位于齐福乡伍俊儒家，岳池县齐福乡伍家河村1组学堂院子，穿斗结构，现破旧残缺，无人居住。

五、伏龙起义遗址

位于岳池县伏龙乡初级中学内，已拆除，原址修建伏龙初中教学楼。

六、金化新故居

位于岳池县兴隆镇龙王井村1组19号、20号。该故居建筑属于穿斗木房，石木结构，现两村民居住。

七、陈联诗、廖玉璧故居

位于岳池县中和镇太阳坪村4组雷家院子。该故居于1861年建成，穿斗结构。

八、吴雪故居

位于岳池县裕民镇接官亭村1组。该故居建于清代，为三合院布局，由正厅和左、右厢房组成。建筑梁架有彩绘，建筑穿斗木结构，单檐，悬山式屋顶，小青瓦屋面。

九、川东临工委书记王璞岳池隐蔽活动地

位于岳池县天平镇罗家坝村八组三元寨附近唐国宾家。该隐蔽居住地上下两排穿斗结构木板房，建筑讲究，镂花门窗，依山而建，环境优美，当时属于较为富裕人家仅有。下面一排于1999年拆除，现存上面一排，保存完好。

十、天宝寨战斗遗址

位于岳池县伏龙乡一碗水村2、6组。

十一、文昌寨战斗遗址

位于岳池县普安镇接龙岭村4组。

十二、黄花岭战斗遗址

位于岳池县恐龙乡黄花岭村5组。

十三、三元寨战斗遗址

位于岳池县天平镇罗家坝村5、6组。

第二章 古 迹

第一节 建 筑

一、白塔

白塔又名文明塔，位于岳池县九龙镇白鹤桥村灵溪河与洗马滩河汇合处的小丘上，始建于清嘉庆二十二年（1817年），竣工于清道光二年（1822年）。塔坐南向北，为正六边形9层砖石结构楼阁式，通高约41米，塔身从下至上逐层递减内收，形成明快流畅的轮廓线。2层以下为石料砌成，石料与石料之间有子母榫衔接，并用铁条嵌固；2~9层为青砖。塔基为须弥座，高2.7米。六边均有石栏，石栏与塔身之间有1.5米宽的环形走道。底层门柱上镌刻楷书对联："珠龛夜贮灵溪月；香界晴开亮坝春"。旁书"赐进士出身署岳池县事粤东宋廷祯题"。塔底层系石料铺成，额柱上刻有二方连续莲花浮雕图案，清晰可见。门柱下沿各有一个半跪状金刚力士，一手叉腰，一手托柱，暴晴露目，栩栩如生。门楣上镌有二龙戏珠浮雕，龙身宛转腾越，云朵护体，极其生动。大门内有约1米见方石室，三面石壁上刻有《新修文明塔落成碑记》碑文。塔顶装塔刹，刹顶为盔顶式，原用金属铸成，整个塔身全用石灰裱糊，通体洁白，故俗称“白塔”。2000 年 2 月 25 日，广安市人民政府公布为市级文物保护单位。2007 年 6 月 1 日，四川省人民政府公布为省级文物保护单位。

二、王字楼

王字楼位于岳池县九龙镇东外街岳池中学校舍内。始建于清光绪三十四年（1908 年），因建筑布局呈“王”字形而得名，由 3 座规模形制完全相同的一楼一底式木结构建筑及轴线过廊组成。建筑坐北向南，前中后 3 楼有序递进布局。面阔分别为 7 间 40.8 米，单体进深 8.05 米；层高 3.1 米，通高 7.5 米。占地面积 1600 余平方米，建筑面积 1200 平方米。单檐，歇山式屋顶，小青瓦屋面，穿斗梁架。次稍间均置有廊道，宽 1.7 米，山墙上置楼梯，以供行人上下。建筑明间较宽阔，轴线上以廊道与 3 座建筑明间相通，形成通廊，廊左右置椅式木栏，供人休息。王字楼是清代晚期由当地富户捐资兴建的义学，是中国封建社会向半殖民半封建社会转变时期，新旧教育制度过渡的见证，也是教育发展史上重要的设施例证，具有浓郁的地方特色和较高的历史、科学和艺术价值。2005 年 8 月 3 日，广安市人民政府公布为市级文物保护单位。2007 年 6 月 1 日，四川省人民政府公布为省级文物保护单位。

三、朴园藏书楼

岳池陈氏“朴园书藏”位于九龙镇小北街。

1925 年，陈瑶圃将收藏的图书托付给长孙陈树棠。陈树棠牢记祖训，继其遗志，管好藏书，广收书籍。当时四川军阀割据，时局不稳，时有战乱发生，给管理藏书带来困难。陈树棠每在当躲避战乱时，先将藏书管理工作安排好，再带家人或到乡下避难，或叫家人外避，自己留在家中看守。平时陈树棠经常挤出大笔钱来购买图书。抗日战争时期，到成都、重庆等地购回。叫其在上海读书的长子陈建业在上海购后邮回。四川保路同志会会长蒲殿俊及蒲济和与陈树棠关系密切，陈拜托其从北平等地购回图书。藏书总数达五万余卷，其中各地县志、府志、省志二百多部。元代刻版《南齐书》，明、清金陵刻版善本多卷。

1946 年，陈树棠将“瑶圃书斋”平房改建成中式藏书楼，面积约四百平方米，改名为“朴园书藏”。为了便于管理和翻阅，图书分类装放，编号造册。每年盛夏，全家出动，搬出曝晒。善本每年晒一次，一般图书三年一晒。“朴园书藏”对外借阅，不管什么人，只要借书，都会受到热情接待。这样“朴园书藏”名声远播，所以“朴园书藏”不仅供县人借读，也有外地专家学者前来查阅。抗日战争时期，由于交通运输紧张，需要治理嘉陵江，开发重庆至广元的航道，重庆国民政府水利交通部门曾派人到岳池“朴园书藏”借阅嘉陵江沿江各县县志。

陈树棠曾作《朴园放歌》长诗云：“家无一物长，世仅图书蓄。五万罗巾箱，丹黄卷馥馥。大父弥留言，遗之必能读……”诗刊发后，引起数十位著名诗人和唱，诗散见当年陪都报刊。香港、南京出版的《世戴堂诗》《饮虹词》等书均对岳池朴园书藏有所记述。一些报刊也对岳池朴园书藏作有介绍，并发表名人对朴园书藏赞赏的诗作。前国民政府主席林森为朴园书藏题词“缥湘世守”。

民盟主席张澜听说乡友陈树棠的朴园书藏，欣然写下诗《赠朴园》：“闻道朴园富简篇，辄思毫学效前贤。何时许我郎嬛至，寝馈巾箱住十年。”

国民党元老、监察院院长、著名书法家于右任，因其父亲于新三，在岳池开当铺几十年（清同治二年，1863 年，于新三随陕西三原同乡刘金山到岳池开“正兴当铺”，于新三善于经营，先由伙计升管事，后成为老板，1919 年当铺资金额达白银十万两。次年，驻岳池的江防军余际唐部被川军邓锡候部师长黄隐率军赶走时，将正兴当铺财物抢劫一空，当铺被迫倒闭，于新三才返回陕西，安度晚年），于右任青少年时期随父亲在岳池生活，对岳池深有感情。1941 年他听说岳池“朴园书藏”的事迹，欣然命笔，作《题岳池陈氏朴园藏书诗二首》。其诗云：“刊书四代睦亲坊，得书万卷士乡堂。堂前玉佩镌遗命，为祝芸编世世香。犹记先人话岳池，书香朴老梦来时。乾坤震荡卿云护，待朴藏书记事诗。”诗中提及的睦亲坊和士乡堂，为宋、清两代著名藏书处，主人均姓陈。清末叶昌炽所著《藏书记事诗》，专录历代藏书家的故事，于右任借此相勉，望世代相守。

1942 年，文学家郭沫若听闻作《赠朴园》诗：“一成一旅仰涂山，今日谁嗟蜀道难？况是中原文物尽，仅留福地在人间。”

1942 年 10 月 30 日，《国民公报》发表清翰林院编修赵熙《题树棠朴园》诗：“暴秦天理不能容，孔氏遗书众所宗。一院朴花香四部，知君家世本陈农。”

远征军司令罗卓英在重庆《新民晚报》刊诗曰：“异域生还数已奇，经时寻箧得腴词。伊江怒激恒河壮，又结文缘到岳池。大喜朴园张朴学，广搜名籍伴名山。……”

著名学者钱经宇《朴园书藏歌赠建业》《次韵朴园歌乐山感赋》《再韵朴园，即以赠别》，香港天文台周刊主编陈孝威《奉怀树棠朴园》，著名画家柯璜《奉怀树棠朴园》，诗人、教授沈继《赠朴园主人树棠先生》及云南名人李根源和周钟岳，广东名人梁寒操、陈树人，交通大学校长叶恭绰，诗人徐英，辞典馆馆长杨家骆等都有诗词，对岳池朴园藏书很高的评价。

国民党中央大学中文系教授、《民族诗坛》主编卢冀野，不但把朴园书始末列入大学讲义，讲稿末一句为：“莘莘学子，要把陈公这十字（即‘遗书与子孙，子孙必能读’）须记熟。”还作有小曲四首称赞，其中《后庭花煞》为：“读书味有余，藏书聊自娱。愿取读书味，肯做守书奴。味如何，莘莘少年，把陈公这十字记须熟。”

1950 年，岳池陈氏朴园书藏被人民政府接管，一部分运往川北大学，其余存入岳池县文化馆。

四、周家大院

周家大院位于岳池县裕民镇水井湾村，系大财主周恒堂清光绪年间所建。占地约 3.5 公顷，房屋为四水归堂，走马转角楼，高大、宽敞、明亮，房顶做有各种造型人物、飞禽走兽，五颜六色，异常美观。每个石柱墩上刻有各式图案，全院有门 108 扇，正中有上、中、下三厅，八字朝门左右两边有侧厅，每厅地面用石板铺成，可摆宴席 100 桌，阶沿边做有石栏杆，上刻各形图案。栏杆的两头立有石狮，中、下厅修有戏台两个，中厅戏台供家人、贵客观戏，下厅戏台为普通客人及家丁、佣人看戏。每逢家中喜庆，请戏班唱戏，庆贺三五天或十来天不等。有绣楼两个，书房四间，天井六个，里面放置不同花木品种的盆景。有 50 平方米的水池，上修石拱桥，四周栏杆放置盆花。上厅右后方有石碉楼一座，左后方有花园一个，约 100 平方米。屋内修有秘密仓库，约 20 平方米。仓库设计精巧，外人难以发现。在一排大灶之下修造有长 5 米、宽 2 米、高 2 米的的地窖。八字形的朝门两边有哨棚。大院四周有围墙，朝门外的正中修有高 3 丈，宽 2 丈的照壁。墙外有 200 平方米的圆形堰塘一口。门前有三棵大柏树，盖着整个朝门，风景幽静。

1950 年后，周家大院收归公有，被粮点改成仓库。

五、永清寨

永清寨（又名训良寨）位于赛龙镇训良寨村，占地面积 180000 平方米。建有东、西两道寨门，寨墙为条石砌筑，高 2～4 米，长约 3000 米。寨门为条石起弧形拱，东寨门宽 1.6 米、高 3 米，刻有“千尺垣墉寒贼胆；万夫雄杰固民心”的楹联。门拱上镌刻有“清咸丰二年阳月十八补修永清寨”题记。西寨门宽 1.7 米、高 2.35 米。清代、民国时期，寨内街市、商铺、碉楼等军事设施俱全。

六、太平寨

太平寨位于伏龙乡何家沟村，坐西朝东，面积 4538 平方米。寨墙为条石砌筑，高 2～4 米，长约 800 米，寨门为条石起拱，仅一寨门进出。山寨共有碉楼 6 个，均为石墙。1 号碉楼残高 10 米、宽 5.8 米、长 7.2 米；门起平拱高 2 米、宽 1.55 米，门上阴刻“未雨绸缪”。2 号碉楼残高 9 米，寨墙高 5 米；寨门为条石起弧形拱高 2 米、宽 0.9 米。3 号碉楼残高 6 米、宽 5.5 米、长 9 米，寨门高 1.1 米、宽 1.1 米，仅存古建筑一处，通高 6 米，面积 30.5 平方米。4 号碉楼残长 8.4 米、宽 5.9 米。其余碉楼已垮塌。

七、蒋家碉楼

碉楼位于中和镇，坐西朝东，建筑面积 16.5 平方米。碉楼墙体为卵石和黄泥混合筑成，下面小部分为条石，上多为土墙，碉内沿四壁置阁楼二层，每层阁楼均有护栏。中为天井，阁楼为穿斗结构，建筑面阔 3 间 3.3 米，进深 2 间 5 米，通高 12 米，每层楼高 3.5 米，碉楼四周均有射击孔和瞭望孔，小青瓦屋顶。

八、大佛山庄民居

大佛山庄位于大佛乡园艺场村，坐北朝南，占地面积 1500 平方米，建筑面积 364.1 平方米。前、后厅间置廊道。三合院布局，由正厅及左右厢房组成。正房：面阔 3 间 17 米，进深 13.85 米，高 10 米；左右厢房面阔各为 3 间 8.3 米，进深 7.75 米，高 9 米；建筑梁檩彩绘祥云龙凤等图，均为穿斗梁架，单檐，悬山式屋顶，小青瓦屋面。

九、河坝街民居

河坝街民居位于顾县镇，南北走向，北临北桥河，街因此得名。占地面积约 5000 余平方米。街区长 200 余米，高低错落有致；民居沿街道两侧有序排列伸延。现存民居 120 余间；分 1 楼 1 底和平房两大类，面阔 3.5～4.5 米，进深 5～10 米；高 6～12 米，均为单檐，悬山式屋顶，穿斗梁架，小青瓦屋面。

十、八角亭

八角亭位于顾县镇，坐东向西。占地面积约 100 平方米，素面台基，高 6 米；八柱，柱间距离 2.9 米，进深 8.3 米，高 6 米。单檐，八角屋顶，小青瓦屋面，穿斗梁架。

十一、杨家坡渡槽

杨家坡渡槽位于花园镇杨家坡村，东西走向，为岳池响水滩水库输水渡槽之一。渡槽长 965 米、宽 1.7 米，过水深 1.5 米，单孔跨度 10 米，采用钢筋混凝土预制装配式施工技术建成，跨度最大 40 米，最大高度 15 米。结构形式为矩形，大梁为双悬臂筒支梁，排架为 H 型，并有 4 个浆砌条石重力墩控制移位。

十二、普光寺寨

普光寺寨位于普安镇普光寺村，占地面积 9804 平方米。该寨仅存寨墙和寨门，西寨门顶部拆毁，东寨门卷拱平顶，寨门高 3.3 米、宽 3.95 米。寨墙为条石砌筑，高 24.1 米，长 1300 余米，寨墙石壁上阴刻行书“比秋月潭清大”“成化七年辛卯开山”，线刻“苍严山普光寺”等文字。

十三、标帜山寨

标帜山寨子又名仁和寨，位于赛龙镇牛敞口村，占地面积4100平方米。有东、西寨门及寨墙。寨门为条石起弧形拱，东寨门宽1.5米，通高4.1米。西寨门宽1.5米，高3.9米。西寨门门楣上阴刻楷书“咸丰二年（1852年）……”文字，寨墙为条石砌筑，高24.2米，长230~900米。

十四、英角渡槽

英角渡槽位于天平镇桥亭子村，东西走向，占地面积2355平方米。为回龙水库输水渡槽。渡槽建筑为条石浆砌弧形拱桥式。渡槽总长度为195.67米。弧形拱的最大跨度为14米，拱最大高度为11.5米。渡槽是20世纪70年代“农业学大寨”时期代表性建筑之一。

十五、天平文昌宫

天平文昌宫位于天平镇，坐南朝北，建筑面积185.09平方米，素面台基，有护栏，护栏高0.9米。柱、础完好。11级踏道，拾级而上，直达正殿。建筑仅存文昌宫正殿，基本保存完整。小青瓦屋面，悬山式屋顶；穿斗梁架，单檐。正殿通高10米，面阔3间，12.6米，进深3间14.69米。

十六、青云庄

青云庄位于裕民镇彭家场村，坐东北朝西南，占地面积约120平方米。该民居依石牌坊而建，造型别致，独具一格。牌坊高4.5米，宽13.5米。牌坊门楣上方正中，整块石料阴刻隶书“青云庄”三字。

十七、天全山寨

天全山寨位于中和镇智光嘴村，东西走向，占地面积10万余平方米。该寨修建于清嘉庆三年，顺山势有修筑2米多高条石砌筑的寨墙，并在四周建有牢固的岗楼（已毁），寨门为条石起半圆形拱，寨门2道，东边的寨门刻有“天全山”三字，西边的寨门刻有“长太门”三字，东、西门拱上刻有“嘉庆三年戊午年仲冬月谷旦”题记，门楣上方刻有葫芦、花卉等图案。西门立一警示碑刻：“岳池县正堂张示：本县保甲周密，团练森严，倘有外来匪徒敢于入境滋事者，除拿获照例究治外，许尔团众等，格杀勿论，特示。咸丰四年□日制。”寨墙为条石砌筑，高1.8~4米，长约2400米，寨上有墓1座，水池1处，碉楼1座。

第二节 庙 宇

一、文庙

岳池文庙初建于北宋太平兴国年间（976—984年），明正德五年（1510年）从城南迁到翔凤山下县治东，明末毁于战火。清顺治十八年（1661年）重建，乾隆五十二年（1787年）再次移建于南门内半边街今址。建有大成殿、东西庑殿及忠义、乡贤、孝友、名宦各祠和斋室、泮池、棂门、戟门、宫墙等，清末民初，庙学并作，先后用做女子高等小学、女子中学等校舍。1950年后曾被中共南充地委机关和岳池县招待所使用。1989年、2000年分别被公布为县、市级文物保护单位。

2004年，中共岳池县委和县人民政府对岳池文庙进行修复。修复后的岳池文庙有大成殿、东西两庑、前殿、天井和台阶。大成殿为重檐歇山式，穿斗式木结构，有飞檐、盖筒瓦，面阔5间，16.25

米，进深14.27米，通高17.6米；东西两庑为对称式，各面阔26.9米，进深14.27米；天井面积382.6平方米。建筑面积916.7平方米，占地面积1500平方米。2007年6月1日，四川省人民政府公布为省级文物保护单位。

二、千佛寺

千佛寺，又名千佛铺、千佛岩，位于北城乡千佛寺村，离县城约5公里。

千佛寺及其摩崖造像，属宋代雕凿。现仅存摩崖造像1龛，约30平方米的造像大部分风化损毁，四周原有佛像千余尊，今存不多。其龛为方形，进深0.6米、长1.4米、高1.2米，内有三尊造像，为一佛二菩萨，较为完整，形象生动，线条流畅，具有较高的艺术价值。造像左侧约10米处的岩壁上，有清同治五年（1886年）岳池训导毛徙南手书石刻“千佛一心”，长约2.1米、宽0.8米，字体工整，刻工精细，是岳池县难得的石刻精品。其寺前的一对石狮造型优美生动，为清代所刻。石狮前岩石上有“千佛岩”3字，为清乾隆年间岳池知县黄克显手书，现部分残缺。1993年4月30日，县人民政府公布为县级文物保护单位。千佛寺及其摩崖造像编入《中国文物分布图册·四川卷》。

三、牛王庙

牛王庙，又名龙德寺、龙德观，位于北城乡千佛寺村的一座小山顶上，紧邻千佛寺，始建于宋代，元、明曾多次维修，清代重建，是至今保存最好的清代古建筑群。整体建筑完整，为四合院布局，由山门、正殿和两侧厢房组成，穿斗式梁架，正殿3间。面积9.88平方米，进深9.7米，通高9.73米，为重檐歇山式建筑；厢房面阔23.96米，进深8.8米，通高5.4米，为悬山式屋顶，总面积391平方米。最大柱径0.3~0.5米。山门前是阶梯式踏道，山门内两侧有石碑4块，其字迹大部分在“文化大革命”中被凿坏，原有的塑像、石狮和门窗的雕刻全部被损毁，仅存寺庙建筑。1985年，牛王庙维修庙堂，重塑佛像。1993年4月30日，县人民政府公布为县级文物保护单位。

四、川主庙

川主庙位于顾县镇中发街西，保存较完整，为祭祀先秦蜀郡太守李冰的历史纪念建筑物。川主庙始建于宋代，清乾隆四十七年（1723年）重建。建筑群坐东向西，由前殿、正殿、后殿及南北厢房组成，占地面积1700平方米，建筑面积1200余平方米。前殿为重檐歇山式屋顶，穿斗迭梁式屋架，小青瓦屋面。前殿前为递进式二级平台。前平台前置有望柱平板式栏杆；后平台置檐柱。正殿面阔5间21米，单檐悬山式屋顶，小青瓦屋面，抬梁式屋架；后殿与正殿相连接，殿东面为顾县集镇之中华街，正中为进入庙内的通道，余者均为居民商铺，面阔与高度与正殿相同。左右厢房面阔5间，单檐，悬山式屋顶，穿斗梁架，底层高2.3米。

川主庙戏楼形制独特，除主戏楼外，南北配殿各置有筱戏楼铺佐，2002年9月，县人民政府公布为县级文物保护单位。2005年8月，广安市人民政府公布为市级文物保护单位。

五、临溪高寺

临溪高寺又名灵山寺、高寺、临溪寺，位于岳池县南临溪镇高寺村。《岳池县志》载：“灵山寺，治南九十里，又名高寺。”高寺原为两院落三进式布局，占地面积5200平方米，建筑面积1650平方米。现仅存左右厢房。四周原置有寨墙和寨门，今仅存部分残垣，寨门基本完整，因风化严重，其门枋上对联文字无法辨识。高寺从寨门拾级而上，仅一门通行。前殿已被改建为现代砖混建筑。正殿坐北向南，素面台基，高50厘米，置随意踏道3级，均高0.15米。单檐歇山式屋顶，小青瓦屋面，迭梁式屋架，立18柱，殿中置井字架木柱，柱径0.7米。圆形石柱基，高0.08米。柱枋施斗拱，分为三类，即柱头铺作，补间铺作，转角铺作。六铺作计心造，柱间侧脚明显，柱额出头呈矩形，具有明显的营造法式特征，脊梁上墨书“大清康熙五十年”（1712年）题记。高寺具有鲜明的清营造法式特色和地方特色，是广安清代建筑中极具代表性的建筑。2000年2月25日，广安市人民政府公布为文物保护单位。

六、灵泉寺

灵泉寺位于岳池县西北的秦溪镇石堰村5组，距岳池县城32公里。石刻分布于自然沙叶岩崖壁之上，共计摩崖石碑刻12幅，其中村东灵泉寺遗址4幅，村西八角井8幅。石刻面积约120平方米，因石刻区内原有灵泉寺而故名。其地系古代通往顺庆府（今南充市）的驿道，石刻上为山崖，下为驿道，竹林茂密，风景宜人。清《南充县志》载：“灵泉寺。在浸水场南十五里，顺、岳驿路侧，创建于晋惠帝永康中，后世屡培修，现有殿宇三重，廊庑宏阔，峰岭环列，花木阴翳，寺前有奇石，长3丈，宽2丈，屹立道左如屏障。然寺右侧崖下石罅中清泉涌出，甚甘洌，俗呼八角井，即灵泉也。崖上名人摩刻甚多。”

灵泉寺摩崖石刻较为集中地再现了明代中叶，岳池地方文化发展史况的概略，为研究明代的书法、文学艺术史况提供了不可多得的实物资料，为寻迹“忠义之邦”的历史提供了有力的证据。2005年8月3日，广安市人民政府公布为市级文物保护单位。

七、大佛寺

大佛寺摩崖造像位于新场镇，坐西向东，造像分布面积89平方米。崖壁上呈“山”字形龛内为华严三圣石刻造像，龛高7米、宽8.8米。主尊为毘卢舍那佛像站立于莲台上，高6米、宽2米，莲座高0.3米、宽3.25米，身披通肩袈裟，其面部已毁，曾作简单修复。左为头戴花冠的文殊，高2.2米，坐于青狮上；右为头戴花冠的普贤，高2.2米，坐于白象上，莲台为须弥座，高1.6米、宽1.6米，青狮宽1.75米，白象宽1.75米。

八、集虚观

集虚观摩崖造像位于九龙镇民生桥村，坐西朝东，分布面积110平方米。正殿塑吕洞宾像，道巾鹤氅，素面长髯，背后斜插宝剑，手执拂尘，袖带生风，足踏海水。龛为二重檐，仿木结构建筑。龛右侧阴刻楷书《纯阳祖师原题七绝》：“青蛇练影月徘徊，夜静人阑尚未来。应是有人换新骨，暂留踪迹到天台”。左侧阴刻“仙梯紫府”“自来艾泉”等文字。

九、镇江寺

镇江寺位于石鼓乡歹溪村，坐东朝西，建筑面积246.28平方米，素面台基，高2米，宽0.6米，置踏道13级。面阔5间18.8米，进深4间13.1米，高6.25米，重檐歇山式，单檐，穿斗梁架，小青瓦屋面。

十、三圣宫

三圣宫又名“八角庙”，位于兴隆镇陈家坡村，坐东朝西，占地面积1200平方米。四合院布局，由山门、正殿、山门和两侧厢房组成。山门面阔3间通宽12.5米，进深4间8.2米，通高9米。正殿面阔3间12.5米，进深4间6.8米，通高9米。左右厢房面阔各3间9.7米，进深各1间4.4米，通高各6米。单檐，悬山式屋顶，穿斗梁架，小青瓦屋面。左厢房残留壁画一幅，高0.8米，宽0.5米，人物描绘栩栩如生。

十一、昔日县城九宫十八庙

（一）九宫

文昌宫。旧址在县城东天子殿（原九龙区公所）后，雁塔寺前。1929 年前后，因修建和溪公园被拆毁。

万寿宫。又名江西会馆，旧址在县城下南街县供销社处。系明末清初江西到川的移民筹建。1981 年因县供销社新建楼房拆毁。

三原宫。又名陕西会馆。在万兴街原物资局门市部处。系明末清初陕西、甘肃到岳池的同乡会所建。已拆毁。

禹王宫。又名湖广会馆。在今县川剧团前原人民市场处。系两湖、两广到岳移民所建，后县工商局建职工住房拆毁。

帝主宫。又名黄州会馆或黄州府。在大西街原县木材站与警察公寓处。已拆毁。

南华宫。即广东会馆，旧址在岳池中学礼堂处，为广东移民同乡会建。咸丰十一年（1861 年），李永和、兰朝鼎领导农民起义军攻打县城时，在战火中焚毁。

圣龙宫。在东街小学内。系肖姓数十家民众所建。已拆毁。

赤皇宫。旧址在东外街原县印刷厂内，清道光元年（1821 年）春移建于神农祠前。后建和溪公园时拆毁。

福圣宫，即福建会馆。民国时期为县立女子高等小学，旧址在大西街师范附小内。原殿宇于 1984 年改建校舍时拆毁。

（二）十八庙

文庙。又名圣庙，即今文庙。

武庙。即关帝庙，原址位于县城东外街，民国曾作关帝庙小学校舍，1986 年拆除。

城隍庙。位于大东街下段，曾作戏院，1950 年后改建为县人民礼堂。

灵官庙。位于大东街上段，民国时期为县立第一小学校舍。1950 年后改建为县人民银行。

龙王庙。又名神农祠，清嘉庆十三年（1808 年）知县邵良建。位于现县政府宿舍院第一栋处。

吕真君庙。清道光六年知县刘毓瑶主持修建，同治二年（1863 年）代理知县吕绍衣增修。旧址在现科委职工宿舍大楼处。

节孝祠。清嘉庆八年知县邵良建于旧县县署左侧，道光二十一年（1841 年）代理知县沙芹生重建。旧址在公园路原人民法院处。

肖曹祠。位于现县政府大门前左侧，民国时期曾作团练局驻地，1950 年后改建为县邮电局。现为邮电局职工宿舍。

五显庙。古名壶瓶寺，位于凤鸣街，1950 年前曾建钟鼓楼，后为草席厂，再后为岳池装潢印刷厂后房。1999 年拆毁。

川主庙。位于县城北城门洞右侧来速山，现凤山公园大门处，1950 年前为救济院，后改建为农业局宿舍和饲料加工厂。

凤鸣寺。位于凤鸣街岐山，1950 年前曾作国民党县党部驻地，现为机关幼儿园。

白衣庵。位于北外街，1950 年前曾作救济院工厂，现为精神病医院。

濂溪祠。又名永州会馆，位于文星街。1950 年前先后作兵营，后为南城小学校舍，后为县人武装部驻地。

观音寺。位于文星街灵山，宋太平兴国九年（984 年）建。1950 年前是县立第二模范小学校舍，后为中医院。

孔子殿。在翔凤山下，1922 年修建和溪公园改为公园事务管理所，旧址在今县委小礼堂后面。

崇圣祠。1931 年扩建和溪公园时改建为市民会堂，旧址在现县委小礼堂处。

文昌阁。在小南街凤山书院后面，现为城关中学内。

奎星阁。原在文庙左侧，清嘉庆十五年（1810 年）移建城东，道光二十五年（1845 年）移建城内西南角，旧址在医药公司后面。

第三节 桥 梁

一、赵椿桥

赵椿桥位于县城西北 2 公里，九龙镇赵公桥村小河上，明嘉靖知县张拱极主持修建，后毁于洪水，清嘉庆二十一年（1816 年）重修。全桥共有三孔，长 25.4 米，宽 5.3 米，拱高 3.8 米，桥面有石栏，栏高 0.6 米。每个桥礅高 4.8 米。石栏上有浮雕龙纹和人物造像，做工极为精细。在距礅 0.3 米高的桥身上，有缕空的牡丹团花，桥身正中原有“金狮解带”等浮雕，已毁坏。桥孔正中刻“清嘉庆丙子年（1816）冬月上浣谷旦顺庆府岳池正堂陶利书阁邑绅民建”等题记。

二、安公桥

位于县城东湖下游、灵溪河上游处，旧传系南宋安丙捐资修建，故名。历代碑志尚存，《四川通志》误载“安拱桥”。

安丙（1148—1221），广安甘溪场（今华蓥市永兴镇）人，南宋淳熙五年（1178 年）进士，先后任大足县主簿、文州漕官、利西安抚司，历任新繁县、小溪县、大安军，陕西河东招抚司随军转运使，端明殿学士，安抚使并四川宣抚副使，四川制置大使，资政殿大学士，同知枢密院事，少保等职。死后追封为少傅、鲁国公。

三、化龙桥

化龙桥又名三善桥，位于县城南 33 公里的罗渡镇化龙桥村小溪上。清乾隆五十八年（1793 年），当地人利用溪中的巨石为桥身，分别在东南、东北、西南三方安上桥礅，铺上板石，架成一座极为少见、可通往四方的特殊平桥。因其形状像龟，故人们又呼其为“乌龟桥”。全桥除巨石外，共有六个礅，用厚 0.27 米，宽 0.6 米的 28 块条石相拼平铺为桥面。桥宽 1.2 米，平坦牢固，至今保存完好。

四、越江桥

越江桥位于坪滩镇大、小坪滩之间（现坪滩镇场镇），为五洞连拱平板桥。桥长 58.4 米，宽 6.4 米，高 5.6 米。此桥始建于明朝嘉靖年间，为木桥，多次被水冲毁。清乾隆六年（1741 年），改为石礅搭横木为桥，并建亭 15 栋覆盖为廊桥，形势壮观。乾隆三十九年（1774 年）复被洪水冲毁，为一劳永逸，以乡绅粟公一及僧人洪模为首，集资于乾隆庚子秋（1780 年）开工建石拱桥。费白银二千余两，次年竣工。时为木栏，癸卯年（1783 年）栏被洪水冲走，后改为石栏。以其长度跨越江水，故名“越江桥”。

五、普渡桥

普渡桥位于坪滩场北五里，小地名“扯渡河”。桥长 56 米，宽 6.2 米，高 8.9 米，为五洞连拱石桥。原有石栏，但几经洪患，不复存在。据残碑考证，此桥建于清乾隆乙酉年（1765 年）正月，以其扼南（充）、武（胜）、合（川）、岳（池）四县交通要道，普渡四方行人，故以“普渡”命名。

六、东桥

东桥又名神仙桥，位于顾县镇东一里的丰谷寺门前小溪之上。桥长 7.55 米，宽 2 米，高 3.6 米。桥面用两块石板相拼连而成，原桥有石板框制栏杆。桥两端依势枕靠石坡，中间则由立于溪中的石礅支撑。奇妙的是，桥礅最低层为三个乱石，中间一个主要受力者为长 6 厘米、宽 4 厘米的圆砣石。第二轮起由规则的条石砌成。据桥体上的残存文字推测，东桥大约建于清乾隆年间，历经山洪考验，却安然无恙。

七、普安高桥

高桥位于县南普安镇高桥村，横跨新民河，为单拱石桥。桥长 18.6 米，宽 4 米，高 10 余米。桥上石栏杆中刻有龙凤等图案，栏杆尽头各有圆形立锥柱，顶上刻着“高桥”两字。新民河从南向北汇入到催龙、文昌的河溪后，水势增大，到达高桥处河面平时约宽 3 米，每当山洪爆发，河水陡涨，水面骤然增到十多米宽。此处两岸系岩石，前人多将桥址选择在此，但桥位地势低洼，原来的桥都因桥位低而洪水封洞遭到冲毁。清嘉庆年间，工匠吸取教训，采取增高桥位的办法重建，使该桥历经数百年完好无损。因桥高故名。

八、罗善桥

罗善桥位于大佛乡罗善桥村，南北走向。石砌桥，3 孔，单跨度 9 米；桥面宽 4.1 米，长 31 米，高 7.95 米。中拱顶中刻有“龙飞光绪廿五年岁次己亥二月十一日立”等字样。桥面为板石铺面，两边有石栏杆，高 0.8 米。

九、高桥

高桥位于苟角镇，东西走向，为平板石桥，七孔，桥墩立面的每两块石料缝隙间，用两端大、中间小俗称“猪腰子”型的石楔嵌入加固。桥长 37.3 米，宽 1.7 米，高 3.5 米，跨 4.7 米，桥面石板厚 0.5 米。

十、岳家溪桥

岳家溪桥位于罗渡镇云门寺村，东西走向，单孔石拱桥，拱跨 11 米，高 6 米；桥面用板石铺成，东西两端置踏道，全长 22.65 米、宽 4.2 米。

十一、饭滩桥

饭滩桥又名汉滩桥，位于天平镇长河碥村，南北走向，占地面积 240 平方米。为石料浆砌半圆形三孔石拱桥，桥面铺砌石板。桥长 39.5 米、宽 5.7 米，桥高 8 米。桥孔跨度 13.55 米。北桥头有踏道 10 级，南桥头有踏道 16 级，并立一正六边体柱形石表，柱体表面阴刻有文字，因风化原因，难以识别；高 2.9 米、边长 0.35 米；石表基座宽 1 米、高 0.5 米。桥面石板厚 0.47 米。

十二、野猫滩桥

野猫滩桥位于西溪镇野猫滩村，东西走向，桥为五孔石拱桥，桥面两边栏杆雕刻花卉图案。桥拱跨度 11.05 米；桥高 8.2 米、长 54.6 米、宽 6.3 米；栏杆高 1 米、宽 0.4 米。桥中孔顶石上阴刻“民国 6 年（1917 年）岁次丁巳阴历三月二十六日吉立”等楷书文字。

第四节　碑　墓

一、岳池烈士纪念碑

岳池烈士陵园位于翔凤山东麓，1951 年 8 月南充军分区为纪念在剿匪、征粮中牺牲的烈士而修建。

二、抗美援朝纪念碑

抗美援朝烈士纪念碑位于岳池县中和镇，为纪念在抗美援朝战争中牺牲的岳池中和籍中国人民志愿军战士建立的四方形长方体石碑。

三、廖玉璧烈士、陈联诗墓

陈联诗、廖玉璧墓位于中和镇后山上，墓地古朴典雅，石砌栏杆，植有笔柏、杨树。

第五节　古　坟

一、翠湖东汉崖墓群

翠湖东汉崖墓群，分布在响水滩水库库区内的张家坡、龙华山等处，共有崖墓 11 座，墓坐西向东。M4 墓墓门上宽 0.86 米，下宽 0.86 米，高 0.60 米，墓室内长 3.6 米、宽 2.4 米，墓室中有一石涵，在川东北极为少见。石涵长 2.3 米，宽 0.70 米，深 0.68 米，因石质较软，石涵上的雕刻完全风化。据有关专家鉴定，具有石涵的东汉崖墓，是研究东汉时期政治、经济、文化的宝贵实物资料。1993 年 4 月 30 日，县人民政府公布为县级文物保护单位。

二、小湾石室墓

墓葬位于岳池县坪滩镇保华寺村，界桩 AK0 +220 以东约 80 米，南（充）渝（重庆）高速公路坪滩互通式立交范围之内。宋代修建，2 座被破坏，右边一座门石尚存。墓葬系石板垒砌加盖而成，3 座间土宽约 8 米，长约 5 米，已暴露的墓高约 1.5 米，封土高约 0.6 米，墓室内宽约 0.8 米。墓向约 100°。据当地村民介绍，墓葬以南约 20 米，也有 2 座类似的石室墓，被后期耕土覆盖。

三、碉楼坡石室墓

墓葬位于岳池县坪滩镇扯渡河 5 组，界桩右 K32 +037—右 K32 +060 之间，村民杨素信家房后，宋代修建。杨素信家房右后角处暴露 1 座，其后的坡上暴露 3 座，均为券顶石室墓，3 座并列，宽约 6 米，墓向约 318°。其中西侧一座残深 1.52 米，已暴露的墓高 1.5 米，封土高 0.6 米，墓室宽 1.47 米。2 座墓葬的墓壁均有花卉等雕刻。

四、龙汇院子石室墓

墓葬位于岳池县坪滩镇保华寺村 2 组。墓群宋代修建，处于坪滩互通式立交范围之内，约在高速公路 K34 +740、DK0 +240 之右 20 米处。龙汇院子在山下的山湾内，现居住有 10 余户村民。在民房之间种植竹子，墓葬分布于竹林之内，其中村民曹甲光房后暴露的1座、何国六房后2座、杨天秀房后2座。村民曹甲光房后所暴露的1座为多室墓。当地居民介绍，此地墓葬分布较多，多数被覆盖，其上因种植有密集的竹子，难以确认。

五、曹家坝石板院子石室墓

墓葬位于岳池县坪滩镇马鞍寨村，界桩K36＋845—K36＋885之间，该地又名“曹家干墙”。墓葬系清代修建，分布在长约40米、宽约20米，面积约600平方米的缓坡上，其上种植竹子，墓葬分布在竹林内，墓地的前、左、右侧均为民房。其中2座为券顶，2座为平顶。据当地居民介绍，墓葬前原有牌坊雕刻，后被毁坏，现存部分墓葬前还能看到破坏后的雕刻残件。此外，墓地范围内还有多座墓葬，现被覆盖。

六、催龙村陈氏墓

催龙村陈氏墓俗称“陈家花坟”，位于乔家镇催龙村，坐西朝东，占地面积57.6平方米。墓冢用条石围砌，墓前置石坊。须弥座基，高0.5米。石枋宽2.55米，高3.95米，墓门高1.4米宽1.2米柱宽0.3米，枋表饰浮雕图；柱上施楹联；单檐，庑殿顶。

七、杨正墓

杨正墓位于天平镇代家梁村，坐西南朝东北，占地面积15平方米。碑为凉亭式，两层檐，下面由四柱支撑，每根均雕刻有图案及文字，碑上部线刻“蕴玉怀珠”四字。碑高2.1米，宽1.45米，厚0.35米。

八、大佛寺崖墓

大佛寺崖墓位于新场镇七星照月村，坐西向东，分布面积7平方米。墓门高1.65米、宽1.35米，进深3.25米。墓室内正中有一拱形龛，龛高0.8米、宽0.75米。龛内浮雕僧人造像1尊，高0.33米，身披通肩袈裟，面容慈祥，趺坐莲台之上，双手叠于胸前，有背光。室壁两侧分别浮雕桃、菊团花图案4幅，刻工精湛。

九、郑廷纯墓

郑廷纯墓位于新场镇七星照月村，坐西向东，占地面积70平方米。为单室石室墓。墓冢封土呈不规则长方形，由条石围砌，墓长6米、宽11米、高2.2米。墓前约两米处立一仿木结构庑殿式屋顶石碑，飞檐翘角，浮雕花卉等图案，墓碑高3.4米、宽1.65米。碑楣线刻“廻龙在天”“春露”等文字；阴刻楹联“桐荫德门缁衣祀美；草荣艺苑书带生香”，字径0.14米。墓碑阴刻楷书文字，十分规整，墓碑碑面画有方格，一字一格。墓碑除记录邓廷纯生平外，主要有“皇清例授文林郎郑公廷纯光岱老大人之墓……大清同治五年丙寅岁十月谷旦”等文字。

十、王文昭墓

王文昭墓位于中和镇长梁子村，坐南朝北，占地面积136.66平方米。王文昭为湖广填川的第一代人。墓冢封土呈不规则长方形，由条石围砌，单室，墓门宽1.2米，高1.5米，墓门两边墓柱分别刻有“自楚平川省，承先佑后人”。枋上镶戏剧人物浮雕图案。

十一、王氏墓群

王氏墓群位于中和镇长梁子村，坐南朝北，占地面积65平方米。墓2座墓冢分别用石墙围砌，冢前置石坊，面阔各为3间3.5米，高2米。重檐，墓表有浮雕人物、花卉、瑞兽、祥龙图案，上柱檐两边分别雕刻有“八仙”人物图，造型精美。墓门高 0.93 米、3.5 米不等。墓门宽 0.43 米、0.75 米、0.65 米不等。

十二、羊山寺瘗窟

羊山寺瘗窟位于裕民镇羊山寺村，坐北朝南，分布面积 25 平方米。窟右侧龛内浮雕石塔，塔高 1.5 米、宽 1 米。其龛左侧阴刻行书“□□政和三年三月五日”款识，其余文字风化严重，难以辨识。款识左下侧为一墓室，进深 2.15 米。墓门外沿高 1.1 米、宽 0.8 米，墓门外两侧，各浮雕一站立力士，高 0.91 米、宽 0.40 米；墓室内两侧，各浮雕一站立力士，威武生动。

第六节 石 刻

一、东岩寺摩崖造像

岳池县嘉陵乡西南 2 公里远的嘉陵江边 100 米处的东岩寺村六组，雕刻有东岩寺造像计 15 龛，分布在 300 平方米的崖壁上。

二、千佛寺摩崖造像

宋代始刻的千佛寺摩崖造像，位于岳池县北城乡千佛寺村，现仅存造像一龛。

三、大佛寺摩崖造像

和溪废县遗址的后山大佛寺，寺庙被毁多年，现剩三尊巨型摩崖石刻造像，皆为坐佛。

四、释迦佛造像

明代释迦佛摩崖造像，俗名癞子菩萨，位于排搂乡仁和村东南大坟坪 1.5 公里处与武胜县三溪乡交界的山崖上。

五、福尔岩摩崖造像

位于岳池县中和镇渠江岸边的智光嘴村，共有四龛九尊造像。

六、余家寨摩崖造像

余家寨摩崖造像位于酉溪镇，坐西朝东，分布面积 360 平方米。平顶龛，造像距地表 0.5 米，共 5 龛。1 号龛高 1.8 米，宽 2.9 米，造像为一佛二弟子，高 2.1 米，宽 1.2 米；2 号龛高 2.5 米，宽 3.7 米，造像为送子观音和文殊菩萨，高 1.5 米，宽 0.95 米；3 号龛高 2.5 米，宽 2.3 米，造像为毗卢舍娜，高 1.75 米，宽 0.9 米；4 号龛高 2.5 米，宽 2.4 米，造像为普贤，高 1.8 米，宽 0.95 米；5 号龛 5 高 2.25 米，宽 5.4 米，共造像 5 尊，高 1.65 米，宽 0.8 米。楷书，横排，右行，阴刻；文云“慈航普渡”等。

七、《兰亭集序》石刻

位于岳池秦溪镇石堰塘村 2 组的灵泉寺。

八、姜山寺石刻

位于岳池县大石乡的姜山寺。

九、灵泉寺石刻

岳池明代石刻，以现秦溪镇灵泉寺石刻为代表。有明碑 13 块。

十、金城山石刻

金城山有多处石刻，尤其是峡谷有明朝吏部尚书兼文渊大学士陈以勤的诗刻最为突出。“我到金城关上门，方知岳外有山尊。高摩赤日分昏晓，雄压诸山是子孙。插剑池龙留胜地，步虚台树走长根。英雄祠此真灵异，记载纷纷何足论。”颇带晋唐书风的行草，如一幅中堂立轴悬挂在峭壁上，通篇气脉相注，一气呵成，严谨的法度，遒逸的书体，实属艺术珍品。

十一、翔凤山石刻

翔凤山石刻有“金石岩”“鹭翔凤翥”“兰亭集序”“虎贲关”“何物能绕魄磊平”“建军建国”“银山永福”“寿”“迎风醉月”“鸣琴”“雁塔”“省洞憩洞”“凤崖春晓”“灵泉”“种桃”等15处。前10处已毁，后5处尚存。

十二、榜山石刻

距县城西1.5公里的龟山。

十三、诚政堂赞摩崖石刻

诚政堂赞摩崖石刻位于九龙镇九龙堰村，坐西朝东，石刻面积4.3平方米。石刻高2.4米、宽1.8米，字体隶书，字径0.08米，竖排，从上到下自右至左竖读。龛内刻“诚能格物，政在养民。推诚施政，口洽口口。因建斯堂，以此题名。兴养口教，福利人群。胜迹环绕，毓秀钟灵。人文蔚起，政治清明。甘棠留爱，民莫能忘。贤宰岳县，山高水长”，字迹工整秀丽。其后石刻为草书，字体较小。落款为“芦山唐慕高撰并书”。

十四、龙洞摩崖石刻

龙洞摩崖石刻位于秦溪镇龙王庙村。

十五、月亮石摩崖石刻

月亮石摩崖石刻位于同兴镇韩坡庙村。

十六、游金田寺摩崖石刻

游金田寺摩崖石刻位于团结乡檬子桥村。

十七、石王天宝摩崖石刻

石王天宝摩崖石刻位于新场镇七星照月村。

第七节　故城遗址　古镇

一、故城遗址

（一）新民废县遗址

唐武德二年（619年），分石镜设新民县，属合州，最初治所在广安军西南六十里处的渠江索越洲上。唐庆历二年（699年），治所迁到嘉陵江东岸灵山一带。宋开宝六年（973年），治所再次迁到单溪镇，即今岳池县大佛乡滴水岩村1、2、3组和裕民镇断桥村1组所在地。元至元二十年（1283年），新民县废除，辖地并入岳池县

（二）和溪废县遗址

和溪县故址位于新场镇大桥村。和溪县建于南宋开禧三年（1207年），元至元二十年（1283年）废县入岳池县。遗址三面环水，一面靠山，一条小溪绕遗址流过。遗址附近肖家岩上有“盖门期图都河溪故县遗留......明正德元年”等石刻题记。

（三）伏江里旧县遗址

唐万岁通天二年（697 年），分南充、相如（今蓬安）二县设立岳池县，最初治所在“思岳池”，唐开元二十年（732 年），治所迁到伏江里，即今岳池县秦溪镇铺芽，距秦溪镇 6 公里，现属秦溪镇峰山村、仙潭寺村和周家坝村交界地段，中心位置是周家坝村。

二、古镇

（一）九龙镇

明洪武初年，岳池县治所由伏江里迁到翔凤山南现九龙镇。明英宗年间（1457—1464 年），县城四周始筑土墙。明武宗正德中期（1506—1521 年），知县孙翰下令加高城墙，使其高九尺，周长 666 丈，开城门四：东为迎辉门，南为景安门，西为来薰门，北为永安门。清乾隆三十年（1765 年），知县倪必英将城墙改用条石修砌。同时将东、南、西、北四门改名为德辉、朝阳、启文、来仪门（后又增开小东门、建设门、七七门）。

清同治年间，岳池县城街道逐步形成。有大小街道 18 条：东街、南街、西街、北街、小东街、小南街、学南街、小北街、联升街、凤鸣街、半边街、万兴街、兴发街、金石街、玉屏街、朝阳街、太平街、兴隆街。其中玉屏、朝阳、太平、兴隆四街，皆负城廓而建。1911 年辛亥革命后，余临川任岳池地方司令官，更改街道名称，将东街分为上、下东街，南街分为上、下南街，半边街改为中南街，学南街改为会府街，联升街改为文星街，玉屏街改为东外街，朝阳街改为南外街，太平街改为西外街，兴发街改为北外街。改后县城街道十九条。

民国 17 年（1928 年），南充经岳池到广安的公路建成后，县城南门外逐步形成马路街，东门外修建九龙街。次年罗泽洲占领岳池，为汽车进出方便，命令将县城几条大街两旁的街房后退两米，要求房屋高矮一致，并用石板铺满街面。同年和溪公园建成，将通往火神庙的巷道扩宽，改建成公园路。

民国 24 年（1935 年），川政统一，县城的上、下东街和东外街改名为中山路，上、中、下、南外街改名为中正路，西内、外街改名为中国路，大北街、北外街、兴隆街改名为中华路。

民国 36 年（1947），岳池到武胜的公路通车，县城沿公路修建房屋，形成街道，名新马路街。至此，县城有街道 24 条。

1949 年 12 月，岳池解放，县人民政府先后修建大批房屋，设置了机关、企事业单位、工厂、学校和商店，进行社会主义建设。

1966 年，将东门的大街改名红专路，南门的街道改为红旗路，西门的街道改为红星路，北门的街道改为红卫路，小南街、会府街、小北街改为胜利路，公园路改为东风路。1971 年更改的街道恢复原名。

1978 年到 1985 年，县城进行街道改造，增添公共设施，先后修建环城东路、环城西路、建设路、九龙大街。街道总长为 12102 米。

1987 年，县政府开展南前公路岳池县城关段拆迁改造，改造后的南前公路县城段由宽 7 米扩至 18 米，改名为银城南路。1996 年后，石南公路、南前公路的县城过境段改称银城大道。1990 年，拆除建设路口房屋，建设路与大东街连为一体。1992 年，改造南门出城口。1993 年多处实施旧城改造。

2001 年末，先后实施大东街、上中下南街、西内街、大西街、正北街、东外街、南外街、西外街、北外街、小东街、小北街、小南街、万兴街、文星街、凤鸣街、公园路、北外下河街、东外下河街、新马路街、三道拐、簸箕巷、水巷子、环城东路、环城西路、丝绸路、九龙大街（部分）、九龙广场片区、文体广场片区、新风路片区等近30条街（巷）道的拆迁改造。

2008年后，南宋文化一条街、和溪曲苑、吴雪艺术中心相继建成。东湖公园于2012年春节建成向游人开放，沪蓉高速公路到县城连接线扩建及亮化美化工程竣工，4公里长的灵溪河风光文化带建成，县城景观靓丽多姿。传统文化遗址遗存古城墙遗迹、“九宫十八庙”遗址、文庙、近郊白塔、古刹千佛寺、集虚观、洞宾观、古桥赵椿桥、安公桥彰显县城古镇文化底蕴。

（二）顾县古镇

顾县是岳池县东北的重镇，为东面的广安、北部的蓬安、西北的南充来往交通要道及物资集散地和交易中心。宋、明时期，镇域逐渐扩大，街道形成一定规模。明末清初，因长期战乱与灾荒、瘟疫等，岳池人口锐减，最少时只有土籍居民十二户。后粤、桂、闽、赣、湘、鄂等省移民入境安居，顾县人口速增，恢复昔日的兴旺。清以前的建筑物少，大部分为清朝中期及以后所建。从南自北走向的常德街、中华街、太平街、线子街、盐市街、河坝街，以及马道街、西街、打铁街，大部分保留完好。街房建筑格局大体一致，有二层至三层楼，一般底面为门市，楼上作住室，前楼有走廊，以作多用：其一作晾晒东西之所；其二是观赏，每当年节，玩龙灯逗狮子，十分热闹；三是互相联系，勾通信息，密切邻居的平台。凡是集日，街市热闹拥挤。对街邻居站在走廊上一喊或打个手势，对面即可见可闻。三楼一般修建为凉亭，可晾晒衣物，也可观景，更是夏天晚上乘凉的好去处。

顾县场民居的板壁、地面之上装有一段石板，房柱之间的上段用木板。

顾县镇现存最具代表性的民居古建筑，要数老茶馆。

老茶馆位于中华街与常德街交汇处，原是杨姓家族入川时所建祠堂，后利用街房开设茶馆。因时间久远故名老茶馆。茶馆门阔四丈，屋宇三重，依次迭进，三重房屋均为一楼一底。前房大厅堂可容百人。厅楼为悬山式戏台，背临大街，有窗洞开。戏台正面对着中堂，两边接连环楼，与戏台围成长方形。环楼临天井有走道，可凭栏对望，走道后设为房间若干。走过大厅，跨越三级石梯，再过长方形天井两旁的走道，就到中堂。中堂正对戏台，可摆六张八仙桌，中为通道。中堂两侧各有厢房。自中堂两侧再上四步石梯，过口字形天井两边通道，即到三堂。打开后堂背面门窗，田园风光和金城山远景尽收眼底。老茶馆房屋原貌保持较好，大堂门楣两侧各伸出一块二尺见方的镂空花板，雕一“寿”字，花板前边垂吊着雕有花草人物的雀替，屏风上壁雕有“福”“禄”“寿”三星。窗、壁、梁等物上亦有各式雕刻。中央电视台等影视单位多次以此拍摄影视作品。

顾县镇寺庙众多，寺庙文化曾盛极一时。明、清及民国初期，先后建有禹王宫、聚圣宫（川主庙）、关帝庙、文昌宫、丰谷寺、广福寺等，场镇附近还有梓潼庙、水口庙、羊山观、荆兴寺、道庆寺等。热闹的庙会带来了商贸的繁荣。寺庙颇具规模的是位于中华街后的聚圣宫。该庙是纪念蜀郡守李冰的建筑物。由正殿、厢房、戏楼组成，占地1000平方米。建于清乾隆年间，正殿有川主神象、火神、站将。左右两龛塑有药王、财神及其他神象。两厢为禅房。阶下为长方形大坝，与正殿相对的是戏台，两边为书楼。

禹王宫是保存较好的庙宇建筑物，正殿前有石梯可上，阶梯中有长1.7米的方形石雕，镂刻着二龙戏珠，形态逼真。戏台下六合大门前的一对石狮，分列左右，背负檐柱，威武异常。房柱与板壁雕刻着各种图案，台枋四周为人物浮雕。紧邻正殿的石栏下，有二米见方的盘龙镂空石雕，中嵌二龙戏珠，珠圆如卵，旋转自如，新中国建立前夕圆珠失窃，现有复制品。二十世纪在维修大殿时，挖得三条完好无损的石枋，每块石枋长约一米五，石枋上雕刻有一组连环画，据考证这三条石枋为明代遗物。

顾县古镇的土特产品中，顾县竹席、顾县大蒜、顾县灯草、顾县咸菜、顾县豆干等久负盛名。

第三章　风景名胜

第一节　昔日十景

旧时，岳池县内有十景。清代拔贡、曾任新繁县教谕的岳池人何架《集咏十景》诗曰：

偶趁朝阳一上楼（翔凤朝阳），仙踪可接俗尘收（羊洞仙踪）。

千树暮雨筹无逸（大龙暮雨），四野春耕望有秋（亮坝春耕、岳门秋望）。

龟伏于今犹兆瑞（奇峰龟伏），牛眠自古未逾沟（巨石牛眠）。

山衔晚照余辉远（银山晚照），夜月凌霄映虎头（灵溪夜月、虎头佛刹）。

一、翔凤朝阳

翔凤山位于县城东北，因三峰逶迤如凤翔而名。又因其在县衙之后，故又名后山或后龙山。这里山崖秀削，林木荫翳，古榕悬挂。山中有碑林、石刻、钟楼古刹。登巅俯瞰，全城风貌，尽收眼底。因此“翔凤朝阳”被誉为岳池第一景观。

“翔凤朝阳”意同“凤鸣朝阳”，语本《诗经·大雅·卷阿》“凤凰鸣矣，于彼朝阳”，后喻贤才之士逢时而起。明监察御史江苏吴江县人卢雍诗云：

彩凤衔初日，文明发早光。三峰长拱翼，万古仰飞翔。

清凤山书院燕居广诗“崔巍三峰绕堞城，翩翩气象兆科名”。国民党元老于右任《岳池新三中学校歌》亦有“凤山特秀，蔚起人文”之句。可见“翔凤朝阳”是人们希望县内人才蔚起、贤士辈出之意。

二、大龙暮雨

大龙山位于县西（今粽粑乡境内），山势蜿蜒起伏，状如游龙，因以为名。这里晚景特别奇特，杜受廉诗：“长空晏色送黄昏，溪北溪南积雨痕。”传说这神秘的“雨痕”是瑞龙嘘雾注田所致。每当夜色降临大龙山云蒸雾合，云雾似雨非雨；“大龙”亦在云雾离合中变幻时隐时现。燕居广为此奇景有诗云：

蜿蜒曲曲抱珠来，万状烟云一气垓。碧爪常因山作骨，苍鳞每藉石成胎。

朝迎晓日金波静，暮卷斜阳玉浪猜。祈谷不须频击鼓，甘霖夜夜湿苍苔。

三、亮坝春耕

亮坝又名诸葛坝，位于治东五里（现县城灵溪河以东城东新区），传蜀汉武侯诸葛亮曾屯兵垦田于此，故名。坝中有池，传为张飞修建，人称“将军池”。当年诸葛亮重视农耕，率将士与民同耕，至今仍传为美谈。

暮春时节，风暖麦黄，这是农人倍忙的时刻，置身亮坝，举目四望，南阡北陌，千耦东作。叱牛声与布谷歌，声声相应，妙趣横生。燕居广诗云：

四野何由百室盈，武侯自昔费经营。江边有马可曾饮，绣壤无牛不代耕。

两部田蛙吟夜月，一蓑膏雨趁春晴。出师几度亲游览，粒我烝民遗稻粳。

清邑令黄克显诗云：

将军池畔草初盈，父老犹传汉相营。一望平原迷故垒，半溪流水足春耕。

荷锄人度风常暖，布谷声喧雨乍晴。田畯戒言期共勉，力农方可获香粳。

四、岳门秋望

岳门铺即今广安区广门乡，位于县城东四十里，这里有岳门山，自北迤南横隔广安岳池，山的最高处段如斧劈开裂，两山夹道，为岳池通往广安的门户，是名岳门（隘）。

有关岳门的传闻很多，据传，冯真，即冯纯子，广安州人，修炼岳门山顶，白日飞升。据记载，“唐代诗人陈子昂，自射洪迁居岳门隘，七世同居。唐时旌表其孝义，筑有孝义台（亦名读书台），今遗迹犹存。”

岳门古迹名胜引人，更有独特的秋色秋景。卢雍诗：“岳门长不闭，山色入秋佳。”入秋之后，岳门山枫叶丹山，崛岩拿云之所谓“红树白云九月山”。若逢天气晴朗，极目远眺，百里外之景物历历在目，燕居广诗“百里关山耳边过”，这也是诗人燕居广秋望之所见。湖南零陵县知县岳池人陈三恪诗云：

西来爽气豁人眸，百室盈宁庆有秋。云雾摇开分广岳，星河近接倚城楼。

高撑品日千峰净，凉洗旻天万壑幽。春锁重重长不开，水走山色望中浮。

五、银山晚照

银山即华银山、华蓥山。位于治南一百九十里，巍峨磅礴，横亘数百里，森林茂密，古木参天，景物特优，寺庙颇多，为四川东北部一大佛山。宝鼎为其第二高峰。此山1978年前分属岳池、广安、邻水、江北、合川等县。山岭有白岩（石灰岩）数处。以宝鼎、李子垭两处最显著，每到傍晚，落日返照，数处白岩灿若银台，放出的异彩使银山的深涧、彩虹、森林、积雪一一明现，远近皆见。杜受廉有诗曰：

谁从仙外辟仙坛，缥渺虚无白日寒。到底虹霓窥涧底，经年冰雪积林端。

三花灿烂春秋古，一片光明世界宽。欲访仙灵问丹诀，华严洞口倚阑干。

六、灵溪夜月

灵溪之水，发源于双鄢乡石马山，自北往南在岳池县城城郊经自生桥、安公桥、文星桥、倒石桥、麻柳桥，在白塔与洗马河汇合。灵溪河上下段，昔日水极清澈，修竹弱柳，郁郁葱葱。至夜，月光皎洁，水色辉映，迥异常处。往昔县内文人雅士，多喜于此流杯赏月，留连忘返。黄克显有诗云：

碧空无际水悠悠，凉月孤悬景物幽。皎皎山头凝积雪，团团涧底拥晶球。

秋宵静对忘宵水，春漏间吟恨漏收。记得趋庭湖上日，三潭清影此堪俦。

七、奇峰龟伏

石龟山又名榜山，位于县西二里，因其状如龟伏而得名，上有道教古庙“集虚观”，佛教古刹千佛寺。

山右集虚观，为初唐建筑，依山取式，傍山而立。道观由正殿、中殿、上殿组成，为梯状由麓至巅。据光绪版本《岳池县志》记载，唐纯阳真人吕洞宾曾寓居于此，终日修炼传道，不久悄然远去，留诗一首《题集虚观》："青蛇炼影月徘徊，夜静云闲尚末来，应是有人新换骨，暂留踪迹到天台。"乡人将此诗并洞宾像镌刻于观后岩壁上。清刘钧贻诗："叠嶂层峦处，岩名曰洞宾。"洞宾岩由此而得名。

山左的千佛寺为清代建筑，庙宇三进，宏敞富丽。正殿供千佛座像，千佛以尸体塗腊为基架，泥塑，表体贴金。据传，明末有显宦学士，因"甲申之变"自云南到岳池，隐其姓氏乡里，皈依佛门，后子孙访至，泣跪请归，竟不肯认。不久建塔庙，端坐其中，四十九日不食不语，圆寂干枯成佛神，徒众将其移于庙中。人们以千佛供奉，故名千佛寺。

石龟山集道、佛两教于一山，实为福地。置身山中，望亮坝嘉禾，诚如岩刻云："陆海无尘诸葛坝，碧霄有路洞宾岩。"立足远处，可见峰壁所刻一丈见方的"龟峰"二字，实为县内一大景观。卢雍诗云："巨笔留遗事，龟峰石壁书。沧桑应有改，静伏长如初。"

八、巨石牛眠

巨石牛眠景观位于九龙镇长滩寺河中，这里河道落差较大，有瀑布多处，水流湍急，且怪石满布，水石相击，声喧不息。

寺下溪潭，有二巨石，屈似牛眠，近看耳、鼻皆存，苔痕漫于石上酷似牛毛，使其更是逼肖。卢雍为此景有诗写道：稳卧溪潭里，千年竟不归。牧童偏爱惜，吹笛坐斜晖。

清成都教谕邑拔贡王子治诗云：

双牛稳卧岩前水，砥柱中流亘古存。鼻任江风牵蔓影，毛随春雨长苔痕。

波翻锦浪声非喘，口泻甘泉舌莫扪。百里花封关键好，长留巨石镇黄昏。

九、羊洞仙踪

羊山位顾县镇大羊山，峰峦秀异，云封雾绕，桧柏参天，藤蔓铺地。山势自南贯北，南段为大羊山，北段为小羊山。大羊山有道教古庙羊山观，历代方士羽流多有在此修炼传道者，民国时期武林豪杰雷道人（雷海山）即其中之一。山东麓有一洞，名角竹洞。据记载宋元丰进士谏议大夫张廷坚就读于此。旧传"南朝梁天监中有居士白尚仙于此栖隐讲诵，二羊跪听"。又传，"稚牧每见羊自洞出，叱之复入，后化为石，至今尚存。"羊山之得名即源于此。明代卢雍为此传说有诗："仙人一叱石，洞里出羊群。仙去化为石，灵宫锁白云。"

仙人、仙羊，虽属传说，但羊山的雾中风物确实别有一番情态。杜受廉有诗云：

问道神仙不可寻，空山千载白云深。一重洞口埋秋草，三百石头卧野林。

笠影何来苔藓上，鞭丝犹挂薜萝阴。牧人枕上为鱼梦，预卜丰年兆好音。

十、虎头佛刹

虎头山位于县西二十里，上有虎头寺，为伏虎寺禅师遗刹。卢雍诗"神僧能伏虎，卓锡就开山"。伏虎禅师是否在此开山卓锡，无从稽考。但历代在这里住持的高僧，确大有人在。据记载：清觉鉴和尚，字明镜。少剃发伏虎寺育内典外，旁参儒理，博览子史。平生善积蓄，喜赈济，于里中捐立银溪乡学，合川捐立瑞峰乡学。人称义僧。其弟子昌言，号虎溪。年二十二，礼伏虎寺，志行圭洁，常与显达名士往来唱酬，终岁笔耕不倦，著有《虎溪诗稿》三卷，并手辑《华银山志》，华蓥山许多史料藉此得以保存。

虎头山，突兀峥嵘，石岩险峻。佛刹古雅别致，翼然峰顶，地险景优，远离民居，静无尘嚣。清黄克显诗云：

青山古寺足邀游，万木苍苍境最幽。鱼响翻残千叶雨，磬声敲破一天秋。

民居远隔飞烟外，云影斜移触树留。倩得老僧烹茗熟，归来送月上城头。

第二节　山水名胜

一、翠湖

岳池翠湖，位于岳池县花园镇境内（现翠湖景区管委会），距岳池县城区6公里，是邓小平故里广安市著名的风景湖，被誉为“川东西子湖”，享有川东北第一风景湖之称。翠湖有八景，即：玉带长堤、平湖岚光、芳园秋月、溢流飞瀑、银光倒影、龟山揽胜、龙华夕照、金城烟云。

翠湖，原名响水滩水库。1959年动工兴建，1960年8月建成蓄水，水域面积约170万平方米，集水面积48.70平方公里，库容2048万立方米。1983年岳池县委、县政府将响水滩水库兴建为旅游风景区，因山清水秀，翠色可人而命名“翠湖”。“翠湖”二字由著名书法家李半黎书写。翠湖湖区水湾众多，湖岸植被丰富，风光秀美，被誉为川东北第一风景湖。

二、金城山

金城山，位于岳池县境内，地处岳池、高坪、蓬安三县（区）交界处，海拔高度为824.6米，与周边环境形成三百余米的相对高差。金城山以其幽、险、奇、雅而驰名。今人有诗赞曰：“巍峨屹立金城山，苍松翠柏竞参天。清雅幽静迷人醉，疑似仙境非尘凡。”

金城山景点甚多，山前是张爱萍将军所题“金城山森林公园”的园门大字，再是铁塔矗立山顶。前行百米，有小西天摩崖佛象。沿石径拾级而上，攀登数百步，便到南京门。传说此门及寨堡为明末张献忠所建。再上就是广福门，相传内藏金粟万石，所以金城山又名金粟山。复北行可去神仙峰下的神仙洞，传说东晋道学家葛洪曾在洞中炼丹修道，著有《抱扑子》等经书，并常将经书搬到洞顶石上翻晒，故名晒经石。过林场，穿竹海，就到宝莲寺。寺庙始建于唐，历经兵燹，清代重建。庙宇前、中、后三殿成梯形，穿斗房架支撑着重檐歇山式屋顶。诗云“宝莲晨钟响三县，三县鸡鸣应金城”。出寺沿山腰东行，有卧佛岩、土主洞、白云岩、抓龙洞、打子台、观日台等特色各具的景点。

金城山以青幽闻名。山间有林园200多公顷，树种、竹类繁多，主要为马尾松、罗汉松、油松、雪松、云杉、冷杉、桧柏、卷柏、杨槐、樱桃、板栗、柳、桃、杏、李、油桐、棕榈等。山上还有银杏、杜仲、香樟等珍稀树木。竹类有篦竹、斑竹、箭竹、观音竹等。金城山有松脂、松节、茯苓、半夏、麦冬、粉葛、山药、鸡血藤、何首乌、半枝莲、马齿苋、伸筋草、益母草、金钱草等多种中草药物资源及被称为“古生物活化石”的凤尾蕨等蕨类植物。

金城山共有99座峰，座座各有险处，各峰又大小有别。云盘寨海拔824.6米，是金城山最高峰，也是岳池的海拔最高处。山中有大小清泉36处，四季流水不断，即是久旱不雨，山间流水仍然如故。

三、象鼻河

象鼻河位于岳池县天平镇境内，距岳池县城30公里，坐落在金城山森林公园山脚下，回龙水库的奇山秀水之间。象鼻河河长约四公里，蜿蜒曲折，因河端有一小山，形态奇特，远望酷似大象的鼻子，伸入水中，因名象鼻河。

象鼻河宽约20米，像一颗长宝石镶嵌在两岸的高岩之间。象鼻河西侧有鸡颈坳和庵堂坡相互攀比，各自把山岩泉水尽量抛出。飞瀑直下，银花四溅，疑是仙人，丢下白练。两岸树木，青翠欲滴，藤绕山石，鸟戏其间，蜂飞蝶舞。乘舟而进，有山风习习，凉爽扑面。清澈河水，拥抱船板，情意绵绵。游鱼竞技，其乐融融。民歌“青山之中藏小河，木船水头荡清波。青山和着银练舞，疑似仙境自天落。”道出了象鼻河独特的清幽景色。象鼻河汇入的回龙湖镶嵌在两岸直壁芳草如茵的群山之中，这里水面辽阔，一碧如玉；湖上轻舟飞荡，鱼歌阵阵，银鳞竞跃，水鸟争翔，阴雨时山色空濛，晴天里满目苍翠，被誉为川东的又一西子湖。

四、凤山公园

翔凤山位于岳池县城北，因山形如翔凤，故名翔凤山。民国时期，县人柏被浓、苑明星、杨星阶等人在翔凤山倡修游乐场所，取名和溪公园。内有图书馆、运动场、荷花池、人造林园、花圃及亭台楼阁，后被拆毁。

1983年，岳池县人民政府决定在翔凤山和溪公园旧址重建“公园”，取名凤山公园。到90年代年，公园已初成形制。沙井湾鱼池、儿童游乐场、青少年宫及茶园、舞厅等文化设施先后竣工。南山腰建有雕梁画栋的长廊。为纪念南宋爱国诗人陆游曾旅居岳池，写下《岳池农家》，在翔凤山嘴建有“放翁亭”。

公园内的岩壁上，有多处石刻。虽经采石毁坏，仍存“种桃”“雁塔”“灵泉”“凤崖春晓”等。“放翁亭”下的山嘴处有“憩洞”，据清代道光版《岳池县志》记载，该洞是县官政务之余休息的地方，同时在此反省自己一天的言行与得失，因而又叫“省洞”。坐落在公园北门内不远的凤女白玉石雕，原为岳池县城城标，1995年改造旧城时从南外街的三角台地迁移至此。公园东有烈士陵园。

第三节 文化景观

一、东湖公园

东湖公园位居岳池县城东北，前有狮子山，后有翔凤山，地处安公桥至自生桥的灵溪河段。2010年动工修建，2011年11月竣工。公园占地20余公顷，其中水域16公顷，内设迎宾广场、下沉式广场、离岛、桂花广场、特色广场、码头广场和亲水休闲区。属水体为主的南方园林式建筑，以大水面为载体，景观主轴为纽带，点缀适当规模的文化、休闲设施，融合岳池县千年曲艺文化和农家风情，采用江南园林造型手段和技法，融中国园林的山、水、亭、廊、台、阁、桥、拱、水榭和广场于一体，景点布局合理，景色清幽雅致。

下沉式广场面积约1万平方米，可容纳8000～10000人，观看对面离岛舞台上的精彩演出。

离岛面积约0.7公顷，岛与岸以桥相连，桥面迂回曲折，砌以青石栏杆，与绿水相映衬，把湖面点缀得艳丽多彩。岛上有长40米、宽25米的表演舞台。并有长廊、四角亭、六角亭，小桥湖水，与对岸狮子山相映成景。

迎宾广场长100米、宽75米，布有体现岳池特色的景观灯及香樟、广玉兰等，设有多个亲水平台。

桂花广场面积1500平方米，内植桂花，边以花架、景观墙为主体，与占地3000平方米的步道广场相连。步道广场种以银杏、香樟、黄葛树等乔木为主的绿色景观。

二、和溪曲苑

和溪曲苑位于岳池滨河东南段灵溪河东岸，2009年9月建成，占地面积19254.33平方米，建筑面积3510.82平方米。“和溪曲苑”三面环水、一面临南宋文化一条街，与岳池农家赋墙和曲艺长廊、南宋文化雕塑长廊、孝廉长廊及孝亭、廉亭相连。

“和溪曲苑”为两层走马回廊式仿古建筑群，四合院结构，双面仿古戏台“吴雪剧场”，设有演艺大厅、小演艺厅、展览厅和相关休闲设施。剧场内外可分别容纳观众500人和2000人观看文艺表演。

曲苑大门处，建有平台，上刻有中国曲艺家协会副主席姜昆所题“和溪曲苑”。

曲苑内植各种树木百余株，并分别冠以“岳母刺字”“神龙祈福”“桃园结义”“孔明摇扇”“五福降临”“托子升天”“三女齐心”“嫦娥下凡”等树名。

三、农家文化主题公园

岳池农家文化主题公园，坐落在县城段灵溪河西岸，南自麻柳桥，北到安公桥。由主体建筑体育馆、陆游广场、诗韵广场及灵溪河南北两岸林园组成。

体育馆位于公园西部，占地6577平方米，建筑面积8800平方米，2003年12月建成。内设13级梯形固定豪华钢塑座位2824个，为多功能、封闭式运动场馆。全馆分两层，按照“天圆地方”的东方文化特点设计的方形建筑、圆形的网架玻璃钢屋顶。馆外为宽阔的陆游广场，设置十二个生肖动物塑像，16个大型花坛和镶嵌其间的花池。地面相间分贴广场地板砖、花岗石地板和铺设砾石小道，为休闲、娱乐、健身场所。

陆游广场的平台上塑有陆游塑像，两侧有农家生产、生活情景铜像，台前有“农家文化主题公园”石刻，台上陆游像后有陆游诗《岳池农家》的意境字屏。

春深农耕片区，主要在多处景观石上刻写耕地、薅秧、打谷、灌溉等农事谚语并绘制相应的图画，展现岳池农家“春深农耕”场景。

四、吴雪艺术中心

吴雪艺术中心位于岳池县大西街延伸段与翔凤大道交汇处东北侧，以原文化部副部长、著名戏剧家、岳池乡友吴雪名命名，由文化部副部长王文章题名。2011年9月7日，吴雪艺术中心落成，建筑面积约1.3万平方米，建筑风格简洁大方，内设多个多功能会议厅、展览厅，两个功能完善、能供日常演出的现代化剧场，较大的一个剧场能同时容纳1300余人观看演出。

五、《岳池农家赋》墙

《岳池农家赋》墙，位于滨河东路放翁桥南侧。

六、“中国曲艺之乡”牌坊

牌坊位于距离县城东北6公里，广（安）南（充）高速公路岳池连接线入口处，高18米，宽45米。

牌坊横额的正面雕刻“中国曲艺之乡”六个大字，由中国曲协分党组书记、副主席、著名相声表演艺术家姜昆题写。牌坊横额的下方有一幅楹联：上联“继美传真曲领神州高岱岳”，下联“扬葩振藻艺惊天府动瑶池”。此联由省楹联学会常务副会长冯修齐所撰。

牌坊横额的背面雕刻“中国农家乐之源”七个大字，由乡友黄工乐题写。牌坊横额的下方有一楹联：上联“因我作诗溯流应考剑南稿”，下联“与人同乐把盏还听坝上歌”，此联由省楹联学会副会长张少成所撰。

七、灵溪河下段文化景观

灵溪河下段状元桥（三号桥）至麻柳桥河段两岸，于2013年先后打造修建了“岳池民俗墙”“农家文化诗词墙”“诚信长廊”“岳池历代名人长廊”等文化景观，与灵溪河上段的“农家文化主题公园”相呼应，全面展示了岳池农家文化内涵。

第九篇　岳池农家文化旅游节

第一章　节会活动

第一节　“节会”活动的确定

古代岳池农家除了有服务农时的传统节庆外，还信仰鬼神。鬼神信仰是农家文化中最重要的内容，是农家文化的原始根基。鬼神信仰演化为节日的主要形式是庙会。岳池庙会有着悠久的历史，自唐代置县以来，中原文化进入蜀川。岳池便有了文庙祭祀孔子，武庙祭祀三国忠义蜀将关羽，川主庙祭祀治水害的战国蜀郡太守李冰，药王会祭祀药王孙思邈，观音会祭祀佛教东来的观世音菩萨，城隍庙祭祀地狱治鬼之神等等。这些庙会均有固定的会期。文庙会在孔子生日，即每年农历 8 月 27 日；观音会，在每年农历 2 月 19 日、6 月 19 日和 9 月 19 日；城隍庙会，在每年农历 5 月 27 日。庙会期间，善男信女，络绎不绝，异常热闹。文化活动广泛开展，商家云集，商贸活跃。农家人在集市上品味传统文化大餐，享用美食，挑选日常生活用品，大人小孩都乐于赶会。

岳池民间庙会等上千年深厚的民俗文化积淀历久不衰。岳池农家人需要民俗民艺之乐。每年春节举办迎春年会，大年初一，民间各种民风民俗的表演纷纷走上街头，生动活泼、诙谐逗趣，深得农家人的喜爱，观赏者络绎不绝。人气的旺盛，促进了岳池商贸经济的发展。

2000 年前后，岳池农家集餐饮娱乐为一体的乡村“农家乐”开始兴起，随后多处“农家乐”陆续开办。2002 年，岳池县委、县政府决定以“办节”或“办会”的形式来展示岳池文化，以推动旅游业的发展。将八百年前著名爱国诗人陆游的《岳池农家》与发展岳池旅游业结合起来，举办“岳池农家文化节”。后在广安市文联的指导下，定名“岳池·川东农家文化节”，于当年 9 月在岳池县城成功举办了第一届“岳池·川东农家文化节”。并由此形成每两年一届的岳池农家盛会——岳池农家文化旅游节。

第二节　“节会”活动的历程

2002 年 7 月，岳池县委、县政府发出《关于举办“首届岳池·川东农家文化节”的通知》，“岳池农家文化旅游节”节会活动由此启动。首届岳池文化节于 2002 年 9 月成功举办后，县委、县政府决定每两年举办一届“岳池农家文化旅游节”。之后，分别在 2004 年 9 月、2006 年 9 月、2009 年 9 月、2011 年 9 月，共举办五届。五届以来，“节会”名称上稍有变化，首届称“岳池·川东农家文化节”（亦称“岳池·川东农家文化展示活动”），第二届称“岳池农家文化节”，从第三届至第五届称作“岳池农家文化旅游节”。历时 10 年，历经五届的岳池农家文化旅游节，展示岳池农家文化特色，岳池农家文化品牌逐步形成，文化影响力不断提升，有效促进岳池经济社会发展。

第三节　“节会”品牌的形成

岳池农家文化旅游节，自 2002 年首次举办以来，经过 6 年多的发展历程，丰富多彩、底蕴深厚的农家文化逐步为社会所认知，农家文化品牌逐步成熟，农家文化影响力逐步扩大。2008 年 9 月，经省委宣传部批准，由省委外宣办、四川日报报业集团联合主办，四川在线承办的宣传四川新形象的大型主题宣传活动—“共建美丽四川·叫响节日名片”展评活动开展。经过 4 个月的展评，“共建美丽四川·叫响节日名片”大型网络展评活动经过公众投票和专家评审，在全省报名参评的 104 个民间节日中，岳池农家文化旅游节获首届“中国·四川十大名节”称号。从此，岳池农家文化旅游节以其本身丰富多彩的内涵和表现形式跻身四川全省知名节会活动，成为宣传岳池农家文化、展示岳池形象的一张文化名片。从第四届岳池农家文化旅游节开始，岳池农家文化旅游节升格为由中国曲协、四川省文化厅、省旅游局、省文联、广安市人民政府主办，四川省曲协、岳池县人民政府承办的高规格岳池农家文化盛会，节会活动拿入中国曲艺家协会年度工作总体安排，岳池农家文化旅游节成为中国曲协年度活动之一。

第二章　文化活动

第一节　主题文艺展演

一、首届“岳池·川东农家文化节”大型文艺演出

（一）开幕式暨大型文艺演出

2002 年 9 月 27－28 日，首届“岳池·川东农家文化节”举办。9 月 27 日下午 2 时 30 分在岳池同创公司建设工地（现文体广场）举行的开幕式暨大型文艺演出，拉开首届岳池农家文化节的序幕。邀请参加演出有毛阿敏、唐国强、李谷一、郭峰、付笛声、任静、吕继宏、郭蓉、张燕、容中尔甲、刘芳菲、谢东娜等全国著名歌星、影视明星和节目主持人组成的强大明星阵容。演出中穿插五个由近千名岳池群众演员表演的再现岳池悠久文化传统和深厚文化底蕴，展现优美田园风光和人民幸福生活，展望岳池经济腾飞、社会进步的美好未来的大型原创舞蹈。现场观众 2 万余人。

（二）《稻乡风情》专题文艺晚会

28 日晚上，岳池农家《稻乡风情》专题文艺晚会在陆游广场演出。节目内容丰富，形式多样：有展示岳池农家风情的舞蹈《稻香情深深》《谷子熟了》《烧包谷》《岳池农家》；有专门献给远方游子的歌曲《归雁》《故乡酒》；有反映农民兴办“农家乐”的酸甜苦辣的方言小品；有岳池灯戏《悠悠花轿情》《包公照镜子》；有讴歌家乡美景的四川清音《翠湖美》。晚会乡土气息浓，充满诗情画意。

二、“小平故里月更明”大型文艺演出

2004 年 9 月 27－28 日，第二届岳池农家文化节举办。此次文化节开幕式，抛弃邀请大明星助阵的“时尚”做法，由一台独具地方特色的民间艺术表演“小平故里月更明”大型文艺演出取而代之。9 月 27 日下午 7 时，由本地艺人当“明星”，民间绝活唱主角，普通群众当演员，在能容纳数万观众的岳池文体广场，举行文化节开幕式。这种做法杜绝“公款追星”，突出农家特色；既节约经费，又能让更多的普通百姓饱尝文化大餐，新华社发通讯赞扬这样的文化活动是“不邀明星要民心”。

三、“农家乐复乐”大型文艺晚会

2006 年 9 月 27 日，第三届“岳池农家文化旅游节”开幕式举行。晚上，“农家农家乐复乐”大型

文艺晚会暨第三届“岳池农家文化旅游节”开幕式在岳池农家文化主题公园举行。整台晚会由专业人士编导、民间绝活唱主角、本地10支队伍上千名群众激情演出，由中央电视台、四川电视台、广安电视台和岳池本地电视台的主持人同台主持。晚会分“放翁神韵”“稻香之恋”“婚嫁之喜”“节庆之欢”“龙凤迎宾”5部分12个节目组成，展示岳池农家文化的特色，中间穿插岳池农家文化主题公园开园、现场赈灾捐赠、表彰8名“孝亲敬老”之星等活动，为1.5万名观众奉献了一台丰盛的岳池农家文化大餐。

四、《盛世农家乐》文艺晚会

由于第一、二、三届岳池农家文化节的成功举办和岳池农家文化影响力的扩大，第四届岳池农家文化旅游节升格为由中国曲协、四川省文化厅、省旅游局、省文联、广安市人民政府主办，四川省曲协、岳池县人民政府承办的高规格岳池农家文化盛会。第四届岳池农家文化旅游节开幕式暨《盛世农家乐》文艺晚会于2009年9月27日晚岳池陆游广场举行。

央视著名主持人鞠萍、著名表演艺术家宋德全应邀和广安本土主持人同台主持开幕式文艺晚会，中国曲协和岳池县川剧团、曲艺协会、县城学校的演出队伍同台演出。演出以曲艺艺术为表现形式，分“农”“家”“乐”三章，演绎出岳池农家丰富的文化内涵。中国曲协负责人和全国各曲艺之乡曲艺界代表及万余名观众出席开幕式并观看文艺演出。

五、大型曲艺民俗风情剧《岳池农家》

第五届“岳池农家文化旅游节”之前，县委宣传部邀请和组织四川曲艺界知名人士到岳池采风，以表现岳池农家民风民俗、和乐幸福生活为主题，创作一台以曲艺音乐为主要特色，以曲艺样式为主要表现形式的大型曲艺民俗风情剧《岳池农家》。该剧由严西秀、雷允树执笔，以南宋爱国诗人陆游到岳池著《岳池农家》为线索，以曲艺演绎风情，以民俗展示文化，由四川扬琴、连厢、清音、金钱板、灯调、竹琴、车灯、盘子等8个曲种7个篇章构成，演员规模达400人。2011年9月7日晚，第五届岳池农家文化旅游节的开幕式－曲艺风情剧《岳池农家》成功演出，受到中、省、市文化界与会人员和全体观众的高度评价。文化节后，县上把该剧改编成为能够在舞台上“常态化”演出的保留剧目，使之成为既继承曲艺传统，又让曲艺焕发时代光彩的文化精品。

六、节会文艺活动

（一）民间文艺广场演出

2002年9月28日上午，首届文化节期间，县上组织常年在全国各地演出的十多个民间文艺队伍（曲艺团队4个，杂技团队3个，木偶班组6个）在文体广场进行民间文艺汇演，演出杂技、曲艺节目18个，木偶节目7个，展示岳池民间艺术实力。

（二）“岳池农家”专题电视文艺晚会

2004年9月24日晚，第二届岳池农家文化旅游节前夕，四川电视台卫星电视频道《综艺大世界》制作播出一个小时的“岳池农家”专题电视文艺晚会。晚会展示岳池的农家文化精华及岳池的自然风光、风土人情、民间艺术。

（三）“乡音·乡韵·乡情”中国曲艺之乡优秀节目展演

“乡音·乡韵·乡情”中国曲艺之乡优秀节目展演——广东专场。2009年9月26日下午，由中国曲协主办，广东省曲协、岳池县政府承办的“乡音·乡韵·乡情”中国曲艺之乡优秀节目展演—广东专场，在吴雪剧院演出。此次曲艺展演—广东专场，广东省曲协组织广东顺德、开平、道滘等曲艺之乡150余人的演出队伍赴岳池交流演出。演出二胡弹唱《洛水梦会》，卖鸡调《牛哥征婚》、粤曲对唱《铡包勉》、南音弹唱《茶香荔枝湾》等节目精彩纷呈，赢得观众好评。

“乡音·乡韵·乡情”中国曲艺之乡优秀节目汇演。2009年9月27日下午，由中国曲协、省文联主办，省曲协、岳池县政府承办的“乡音·乡韵·乡情”中国曲艺之乡优秀节目汇演在吴雪剧院举行。汇演活动由来自全国27个“中国曲艺之乡”的艺术家们联袂演出。岳池县的《逛商场》《广安小幺妹》参加交流演出。

（四）首届“中国曲艺之乡”曲艺大赛

2011年9月7—9日，由中国曲协、四川省文联、广安市人民政府主办，四川省曲协、岳池县人民政府承办的第五届岳池农家文化旅游节暨“岳池杯”首届中国曲艺之乡建设系列活动举办。“岳池杯”首届中国曲艺之乡曲艺大赛对全国34个中国曲艺之乡（曲艺创作培训基地）进行集中检阅。经两天角逐，“岳池杯”首届中国曲艺之乡曲艺大赛评出获奖剧目25个，其中金奖7个，银奖9个，铜奖9个。岳池县文联编排的谐剧《麻将人生》获金奖，岳池县曲协编排的四川扬琴《帮倒忙》获银奖。

（五）“喜乐农家”曲艺坝坝舞大赛

2011年9月9日晚，“喜乐农家——曲艺坝坝舞”在县文体广场举行。此次参赛的共8支队伍每队200人。评委根据各参赛队的音乐、动作、服饰、道具、艺术内涵等制定评奖细则，现场评出一等奖1名，奖人民币3万元；二等奖2名，各奖人民币2.8万元；三等奖5名，各奖人民币2.6万元。凤山小学连厢《咱们凤小顶呱呱》获一等奖，东街小学连厢《农家娃娃唱中秋》和九龙镇园田社区车灯《荷花闹海棠》获二等奖，师范附小音乐快板《人间美景数岳池》、九龙镇文星桥社区车灯《快乐的老太婆》、城关中学连厢《扭出一朵幸福花》、九龙小学音乐快板《快乐飞翔》、九龙镇城西社区连厢《不打连厢心头闷》获三等奖。

（六）“喜乐农家”曲艺广场展演

2011年9月9日晚，第五届“岳池农家文化旅游节”期间，岳池县在县城灵溪河畔举办“喜乐农家”曲艺广场展演。展演活动从群众调演节目中选出11台参加“喜乐农家”广场曲艺展演。参演的单位有县曲协、县音乐舞蹈家协会、川剧团、川剧座唱队、九龙镇、顾县镇、苟角镇、坪滩镇、东街小学、凤山小学、师范附小共11支队伍11个展演舞台。展演节目内容以方言、竹琴、金钱板、快板、清音、手采魔术等小型曲艺节目为主。数万群众观看展演。其间，中国曲协主席刘兰芳即兴登台为观众表演。

第二节　灯　会

一、翔凤山灯会

2002年9月，首届“岳池·川东农家文化节”期间，从9月20日开始至10月中旬，在翔凤山举办大型艺术灯会。灯会主要展示根据九龙镇的传说设计的《岳池山水》彩灯、根据陆游《岳池农家》诗意创作的岳池农家彩灯、根据翔凤山传说制作的《翔凤仙子》彩灯、根据嘉陵乡恐龙足迹创作的《岳池恐龙乐园》彩灯等。灯会反映出岳池风土人情和神话故事。

二、亮坝灯会

第四届岳池农家文化旅游节期间，“曲艺之夜”亮坝灯会于2009年9月25日向观众展出。灯会位于岳池县城天柱桥附近，集中分布在滨河西路南段和滨河东路南段之间，灯会占地2万多平方米，所有灯景精雕细琢、典雅别致。主题灯饰气势恢宏、蔚为壮观，设计别具匠心。灯会大门的巨型灯笼既是大门又是灯景，下方镂空形成一个古典式园林大门，民族特色浓郁，门楣上书“第四届岳池农家文化旅游节曲艺之夜亮坝灯会”，灯笼上图案为龙、凤与祥云，寓意吉祥如意，灯景命名为“岳池人民欢迎您”。展区主题灯饰主要有160米长的“建设成就”画廊、“农家乐之源”“亮坝春耕”“祖国万岁”“连年有余”和灵溪河中的两组“龙腾盛世”等12组大型灯组。各灯组相对独立，但又彼此相互联系，相映成趣。大型主题灯组之间还布置了舞草龙、动感音符、川剧脸谱、果蔬飘香等小型灯饰。灯会集中展示岳池久远的农家文化和新中国成立60年以来，岳池县各行各业取得的成绩。灯会持续到次年春节后结束。

第三节 焰火晚会

一、“农家文化铸辉煌”焰火晚会

2002年9月，在首届“岳池·川东农家文化节”期间，于27日晚上，在翔凤山举行了“农家文化铸辉煌”大型焰火晚会。晚上8时，鸣响50响吉庆礼炮，爆开一串串金菊花、紫菊花、蓝牡丹、红宝石，“红霞万里”“龙腾虎跃”“柳林风光”“红旗飘扬”等礼花，有瀑布、流星雨、喷泉等多种造型。焰火晚会共分5个章节，全部采用电子编码施放，发射礼花999枚，晚会燃放焰火40余分钟。10万余人观看焰火晚会。

二、中秋佳节焰火晚会

2004年9月，第二届岳池农家文化节期间，于28日8时，在滨河东路举办了展示岳池农家文化和庆中秋为主题的焰火晚会。焰火分“龙马欢腾迎佳节”“百花争艳颂稻香”“斗志昂扬谋跨越”“精诚团结奔小康”“农家文化铸辉煌”等章节，组组烟花腾空怒放，喻示“中秋之夜，花好月圆”。

三、“龙凤呈祥”焰火晚会

2006年9月，在第三届“岳池农家文化旅游节”期间，于28日晚9时，在岳池农家文化主题公园举行了“龙凤呈祥”焰火晚会。“农家乐复乐”大型文艺演出结束时，舞台背景钢架上宽50米、高10余米的焰火燃放。主题公园隔河对面的焰火同时燃放，接连爆开一串串金菊花、蓝牡丹、红宝石礼花，焰火持续20余分钟，为第三届“岳池农家文化旅游节”开幕锦上添花。

第四节 赛诗会暨诗书画展

一、诗词吟唱会及诗书画展

2002年9月27－28日，首届“岳池·川东农家文化节”期间举办了赛诗会暨诗书画展。赛诗会共征集诗词作品140件，选出60件作品参赛，评出一等奖3名、二等奖6名、三等奖11名、纪念奖42名。选出参赛作品25件，于28日上午参加在岳师校礼堂举行的朗诵吟唱会。在县城北街休闲广场举办诗书画展，展出诗词作品25件、美术书法作品60件、摄影作品30件。

二、“岳池农家”诗书画展暨赛诗会

2004年9月，第二届岳池农家文化节期间，于26－29日，在岳池体育馆内举行以反映岳池农家题材为主的诗书画展和赛诗大会。

同时举办了诗词书画摄影比赛活动。诗词书画摄影比赛活动共征集县内外诗词作品 216 首，书画摄影作品 192 件。朱蜀光的《长相思·农家迎春词》等 12 件作品获传统诗词奖，田林的《古玉箫的思考》等 6 件作品获现代诗歌奖，李鸿的《唢呐声声》等 6 件绘画作品获美术奖，裴良进的《行书横卷》等 6 件作品获书法奖，王茂春的《岳池新貌全景》等 6 件作品获摄影奖。

三、宣传文化中心“一墙、四展”

2006 年 9 月，举办第三届“岳池农家文化旅游节”前，县宣传文化中心启动，各馆开馆。县宣传文化中心内设“一墙”，即“中华传统美德墙”；“四展”，即“岳池农家文化展”“书画岳池农家展”“红色文化展”“城市发展规划展”。

中华传统美德墙。在县宣传文化中心四周围墙设计制作的反映“八荣八耻”、中华传统美德和与岳池农家文化相关的民间传说故事的艺术墙。采用形象绘画、文字阐释、书法作字的表现手法，宣传社会主义荣辱观和中华民族传统美德，传承中华文明。墙面设计 37 个表现中华传统美德的画面。表现方式为每字一面墙（2. 8 米 ×1. 45 米）以图文的形式加以阐释。

孝，百善孝为先；廉，廉洁自律；诚，诚信为本；信：言必信；忠：忠于职守；智：智者千处；仁：仁爱天下；诺：一诺千金；忍：坚毅不屈；公：报效社会；进：进取心；捷：适应社会；和：和为贵；德：德以服众；高：高瞻远瞩；变：变通处事；让，谦逊；新：求新求异；细：小处着手；真：率真坦诚；正：光明磊落；容：宽容豁达；礼：彬彬有礼；平：心态平和；敏：聪慧好学；明：知善恶，辩是非；勤：天道酬勤；谦：谦受益，满遭损；恒：持之以恒；俭：俭为美德，富而不奢；精：精益求精；度：掌握分寸；知：知己知彼；稳：稳中求进；义：君子喻于义，小人喻于利；勇：无私方能无畏；慎：谨言慎行；善：善始善终。

“岳池农家文化展”。展馆以“追溯农家文化渊源，展示农家文化风采”为主题，以“农、家、乐”三字为主线，以“彰显岳池农家之乐”为主调，通过收集、展示反映岳池农家生产生活的文物、实物和文艺作品 1000 余件，分“千载历练”“陆游印迹”“春深农耕”“百态农家”“古风新乐”“人杰地灵”6 个单元，内容涉及岳池建制、移民迁徙、农耕习俗、农家歌谣、特产、小吃、婚嫁、民间艺术、农家文化节、岳池文化名人、农家美景等章节。展览将纯朴的农家民风、多彩的农家民俗、谐趣的农家艺术、鲜美的农家小吃、秀丽的农家景致展现在世人面前，充分展示岳池农家文化田园之乐、民俗之乐、节庆之乐、民戏之乐、人文自然之乐，强化“岳池农家乐”的地位。

“书画岳池农家展”。围绕“寻农家源，观农家景，尝农家宴，品农家味，赏农家戏”主题，2002 年中国书法家协会和 2006 年四川省文联组织的省书法、美术家协会的 30 余位书画艺术家分别到岳池，深入农家、景区采风创作“书画岳池农家展”主要展出这两次书画艺术家采风的百余书画作品。

“红色文化展”。岳池红色文化展是以时间顺序为纵线，讲述自五四运动以来，尤其是抗日战争、解放战争和抗美援朝三个历史时期，岳池人民为实现民族独立、人民解放与自由做出的英勇斗争。以各时期的岳池历史名人横向展开。展出共分三部分。第一部分“吴雪与《抓壮丁》”，反映国民党统治区腐败兵役制，展示岳池人的抗战史料，介绍吴雪的生平、吴雪支持家乡建设以及吴雪的艺术成就等内容；第二部分是“红岩英烈与岳武起义”，介绍红岩精神的历史范畴和岳武起义的历史状况、岳武起义中富有代表性的几次战役；第三部分是“柴云振与抗美援朝”，包括岳池的抗美援朝运动、柴云振生平简介、英雄的事迹、寻找英雄、英雄访朝等内容。

“城市规划展”。岳池县城市规划展览采用建筑模型形式，直观地展现岳池坚持人与自然、建筑与自然、生态与自然结合，注重城市功能配套、市政设施完善和环境绿化协调，人居环境不断优化，城市建设分期拓展的规划概貌和建设情况。

四、农家百俗文化墙体画

在岳池县宣传文化活动中心外墙，以岳池农家民俗文化活动为主要内容设计创作墙体画。

婚嫁有访人户、和八字、过礼迎亲、坐歌堂、骂媒婆、拜香火、坐轿子、闹洞房、拜新年、打三朝等场（情）景。

劳动有上梁、插秧、编背篼、纺线、担担剃头、弹棉絮、耕田、摘蚕子、采茶歌、铁匠打铁、掏耳朵、染布、拉纤船、补鞋、打石匠等场（情）景。

节庆有耍火龙、放河灯、放鞭炮、逛庙会、扭秧歌、贴春联、高脚跷、划龙舟、舞狮、闹年鼓、高亭、彩亭、车车灯等场（情）景。

吃艺有打幺台、推豆腐、吹糖人、担担面、卖麻糖、酿醪糟、炒胡豆、匝（酿）酒、烤烧饼、办筵席、打糍粑、爆米花、腌咸菜、冲藕粉、岳池米粉等场（情）景。

把戏有耍猴、耍木偶、晃板、走钢丝、柔术含花、顶杆、皮影戏、端公戏、板凳戏、被单戏等场（情）景。

童趣有滚铁环、踢毽子、划甘蔗、打秋千、跳绳、放风筝、丢手帕、过关、翘翘板、抓仔儿、搬手劲、打螺圪、猜拳、斗鸡、老鹰捉小鸡等场（情）景。

艺术有讲评书、古筝唱、金钱板、清音、荷叶、竹琴、灯戏、石刻、草编、蜡染等场（情）景。

丧葬有送火把、陪灵、送葬、纸扎、看风水等场（情）景。

其他还有诸如扭扁担、泡茶馆、过生等多种岳池民风民俗场景。

五、走进中国曲艺之乡——岳池曲艺成果展

2009 年 9 月，第四届岳池农家文化旅游节期间，举办走进中国曲艺之乡—岳池曲艺成果展。展览分“曲艺创建党政重视”“曲艺传承后继有人”“曲艺活动多姿多彩”“曲艺队伍活动频繁”等，介绍岳池曲艺的发展现状和成果。

六、“走进岳池农家”书画摄影展

2009 年 9 月，第四届岳池农家文化旅游节期间，在和溪曲苑举办“走进岳池农家”书画摄影展，展出摄影、书画作品 108 件。

七、“和乐农家”书法、美术、摄影作品展览

2011 年 9 月 7 日，第五届岳池农家文化旅游节期间，“和乐农家”岳池书法、美术、摄影作品展览在县吴雪艺术中心举行。中国曲艺家协会研究部主任黄群，省曲艺家协会常务副主席、秘书长李蓉，市委宣传部领导，岳池县委书记李永平等出席。

第五节　民间艺术表演

一、民间艺术街头表演

2002 年 9 月 28 日下午 3 时，在县城举行民间艺术游行表演。游行队伍由 9 条彩龙，5 个高台，33 个高亭，200 人的腰鼓队和 500 人的秧歌队共 1600 人组成。游行队伍从文体广场出发，经建设路、大东街、南街、银城南路、九龙大街，绕城一周，时间约两个半小时。表演再现岳池人民喜闻乐见的古今戏文、神话传说，表现出岳池特有的民间文化精华。

二、巴蜀民间艺术街头表演

2006年9月29日下午4时，在县城举行巴蜀民间艺术街头表演。来自全县的23支队伍1500名演员，从建设路东段（县医院门口）出发，经建设路、大东街、南街、西街口、大西街东段，沿途展示表演狮龙、腰鼓、车灯、旱船、秧歌、连响、杂技杂耍、高亭、高跷、花伞（环、扇）、彩车等岳池特有的民间文化。

三、“喜成婚·十里红妆”民俗巡游

2009年9月9月28日，在县城举行具有地方特色的“喜成婚·十里红妆”民俗街头巡游。上午9时，一只庞大的迎亲队伍从农家文化主题公园出发。三层迎亲队伍、3乘花轿分别展示岳池县明代、清代和民国时期的婚庆习俗，每支队伍又分别配上伞舞、红绸舞、贝壳舞等不同类型的秧歌队伍，同时还伴有杂技表演队伍、民间乐器伴奏队伍。参与巡游表演的人员共有500余人，沿街表演舞狮、高跷、秧歌等具有民族传统特色的节目；在这场巡游中，妁合、访人户、合八字、还庚礼、会亲、订婚期、迎亲、出亲、拜堂、谢媒、回门等民俗内容，尽显其中。

第六节　农家文化与曲艺论坛

一、巴蜀农家文化与旅游论坛

2004年9月27日上午9时，在新落成的岳池花园大酒店，举办“巴蜀农家文化与旅游论坛”。国内知名学者和省内外研究文化和旅游的专家和广安市、县（市、区）有关人员荟萃一堂，研讨岳池农家文化，共商市场经济条件下岳池农家文化的演变和作用。论坛收到论文34篇。中国当代文化研究会祁念雷的《城乡文化的交融》、原农业部法规司司长郭书田的《小平同志农业思想》、原农业部经济研究中心主任缪建平的《中国农业宏观政策》、岳池县人大常委会副主任雷允树《岳池农家与稻香文化》、岳池县教育局周杰的《农耕文明的赞歌：析陆游诗〈岳池农家〉》、岳池县文体局邓庆贵的《岳池农家文化概念初探》等9篇论文在论坛上交流。岳池农家文化组委会进行论文评奖，同时集结出版论文集。

二、中国曲艺之乡建设研讨会

2009年9月27日上午8点30分，由中国曲协、省文化厅、省文联、省旅游局、广安市政府主办，四川省曲协、岳池县政府承办的“中国曲艺之乡建设研讨会”在岳池钻石酒店二楼会议室举行。参加会议的人员来自全国各“中国曲艺之乡”的代表和岳池县宣传文化、曲协及曲艺学校代表共计70余人。与会专家、学者在会上进行交流发言，对曲艺之乡的曲艺现状、取得的成绩、存在的问题和未来曲艺传承发展等方面交流经验，共谋曲艺的发展大计。中国曲协分党组书记、副主席姜昆和省文化厅长郑晓幸，中共广安市委常委、宣传部长袁险峰等出席研讨会。会后集结出版《乡音乡韵乡情·走进中国曲艺之乡》论文集。

三、“中国曲艺之乡·岳池论坛”

2011年9月9日，中国曲艺家协会在岳池花园大酒店举办“中国曲艺之乡·岳池论坛”。来自中国曲协、各省市区曲协负责人、“中国曲艺之乡”代表和专家共100余人参加研讨会。论坛议题包括：城市化进程中的农村曲艺创作、曲艺之乡的现实意义与发展、人口流动下曲艺观众的培养路径等，集结出版《中国曲艺之乡的全新视界》论文集。“中国曲艺之乡·岳池论坛”是在岳池举行的第一个国家级曲艺发展论坛。论坛成为岳池农家文化发展历程的特殊荣誉。

中国曲协分党组书记、驻会副主席董耀鹏在论坛上指出：“体育靠比赛，艺术靠交流。”从1994年诞生第一个“中国曲艺之乡”以来，至今全国已有34个经中国曲协授牌的“中国曲艺之乡”（曲艺创作培训基地）。这些地区，传承和发展着具有深刻文化内涵的代表性曲种，大多有着很好的群众曲艺基础。它们历年来举办的曲艺活动、曲艺比赛、曲艺展演，也已发展成为各地重要的文化品牌。其中，大连市西岗区多次与中国曲协合作，举办“西岗杯”全国相声新人新作大赛；河南平顶山市与中国曲协联办两届中国曲艺节，影响深远；河南宝丰县坚持每年农历正月十一至十三日，在旷野上举办跨地区盛大的“马街书会”，这项已延续700余年、以演唱农村曲艺为主的民俗活动引起了广泛关注。

董耀鹏认为，曲艺的“根”在基层，曲艺的“命”在民间，曲艺的“本”在群众。因此，“抓基层，打基础；抓建设，谋长远”，这也成为他对“中国曲艺之乡”建设的基本要求。董耀鹏指出，创建“中国曲艺之乡”，应该突出一个“乡”字，要背靠“乡土”“乡景”，面对“乡亲”“乡里”，演出“乡音”“乡情”，弘扬“乡韵”“乡味”。岳池县的探索给出一个可喜的案例。在获得“中国曲艺之乡”命名之后，岳池县领导班子认为，要有新的观念，拓展新的路子。这个“路子”，就是“从专业向群众、从有形向无形、从自发向自觉、从小品向大剧、从本土向外界、从表演向城建、从文化向经济拓展”，就是跳出曲艺的圈子去盘整、布局曲艺事业，通过政府“抓手”去活跃基层曲艺活动，培养更多曲艺观众，确保曲艺良性的传承发展。这样，曲艺市场才能够形成。政府逐渐淡出，基层曲艺才能走上健康发展之路。要整合、打包，做整体包装和协同发展。在岳池县领导班子的“拓展”计划和第五届岳池农家文化旅游节中，“整合”已成了岳池打造曲艺文化品牌的重要经验。董耀鹏评价：“在岳池，群众性曲艺活动生机勃勃，写曲艺、演曲艺蔚然成风，创作出许多反映百姓现实生活、群众喜闻乐见的曲艺节目。深厚的曲艺文化底蕴、浓郁的群众曲艺氛围和独特的乡土特色，为岳池作为“中国曲艺之乡”的发展奠定了基石，创造了条件。对岳池县来说，牌匾到手，一切才刚刚开始。

第七节　“十大名节”授牌与中国曲协“曲艺之乡”建设活动

一、“中国·四川十大名节”和“中国曲艺之乡”授牌

2009年9月，以“走进中国曲艺之乡，享受岳池农家之乐”为主题，以打响“中国曲艺之乡”“中国·四川十大名节”“中国米粉之乡”“中国农家乐之源”“中国农民的节日”等岳池农家文化品牌为目标，以寻农家源、观农家景、看农家戏、品农家宴、赏农家韵为内容，举办第四届岳池农家文化旅游节。9月27日晚，在第四届岳池农家文化旅游节开幕式上，四川省人大常委会副主任、省文联主席郭永祥，为岳池农家文化旅游节向岳池县委、县政府授予“中国·四川十大名节”称号匾牌；中国文联副主席、中国曲协主席刘兰芳为岳池县委、县政府授予“中国曲艺之乡”称号匾牌。中国曲协分党组书记、副主席、相声表演艺术家姜昆，中国曲协副主席、广东曲协主席李时成，中国曲协副主席、中国艺术研究院曲艺研究所所长吴文科，四川省文联党组书记、副主席黄启国，广安市委书记、市人大常委会主任王建军，市委副书记、市长侯晓春等出席授牌仪式。

二、川渝谐剧优秀人才培训班

2009年9月26日，由中国曲协、四川省文联主办，四川省曲协、岳池县人民政府承办的川渝谐剧

优秀人才培训班在岳池县宣传文化中心四楼演艺厅开课。中国曲协副主席姜昆、四川省曲艺团剧作家包德宾、著名谐剧表演艺术家沈伐等艺术家从艺术创作等不同方面为50多位从事谐剧表演的中青年演员开专题讲座。参加讲座的是来自川渝两地的曲艺文化艺人。在结业典礼上，邓小平特型演员陈家甫应邀谈了从业感受并现场表演了邓小平的视察南方讲话，得到了姜昆等艺术家的高度赞扬和充分肯定。最后姜昆为学员颁发了中国优秀曲艺人才培训工程谐剧培训班结业证。

三、“中国曲艺之乡建设委员会”在岳池成立

2011年9月，岳池第五届农家文化旅游节期间，为加强对中国曲艺之乡建设活动的领导，确保曲艺之乡建设的各种活动长期开展，中国曲协在“中国曲艺之乡·岳池论坛”上宣布成立“中国曲艺之乡建设委员会”。中共岳池县委书记李永平被聘任为副主任委员，中共岳池县委常委、宣传部部长曾邦才被聘任为副秘书长。

第八节　岳池民风民俗展示

一、中秋岳池糍粑会

2004年9月28日晚7点30分，“岳池中秋糍粑会”在县文体广场举行。糍粑会再现岳池农家艺术精华，现场演绎具有中国传统和岳池农家特色的拜月祭典过程，体现岳池农家文化，展现岳池的“米文化”底蕴和“银岳池”特色。

糍粑会包括蒸糯米、舂糍粑、赛糍粑等流程。县内10个中心镇组成10个片区方阵。每个片区方阵100人参与。糍粑会开始前，举行拉歌比赛，片区方阵自选具有本地特色的歌曲相互拉唱。糍粑会上，歌声、呼喊声此起彼伏，十分热闹。序歌之后，赶粑会开始。每个方阵舂粑手6人（4男2女），统一着装，负责两个碓窝的舂粑比赛。舂粑开始时，10个方阵各自将煮熟保温的50公斤糯米饭带到文体广场，60名青壮年农家人现场进行舂打，时间35分钟。然后10个片区按要求在25分钟内组合成一个大糍粑团，形成直径3.6米、重达540公斤的巨型大糍粑。此次糍粑会上的巨型糍粑经上海大世界基尼斯总部官员现场认证，当场授予“最重的糍粑”称号。

二、赶粑会

2009年9月28日上午，赶粑会舂糍粑比赛在文体广场举行。全县各乡镇、翠湖景区管理委员会等44只代表队组队参加。比赛要求每队8人，4位男子负责冲捣，4位妇女负责将冲捣好的糍粑做成20个圆圆的糍粑团，要求每个糍粑团直径20厘米，厚度2厘米左右。44只代表队分成四组比赛，以冲制速度和质量综合评分。经过激烈角逐，苟角镇、双鄢乡与大石乡分获前三名。赶粑会上，2009个小糍粑组成一个巨大的糍粑阵，寓意2009年新中国成立60周年之际民族大团圆。

三、长寿宴及孝亲敬老之星颁奖

2009年9月27日，第四届岳池农家文化旅游节节会活动组委会在“岳池农家第一庄”举行“长寿宴”暨“农家文化长廊”剪彩仪式，对评选出的全县第二、第三届“岳池孝亲敬老之星”进行表彰。

中国曲协分党组书记、副主席姜昆，省文化厅厅长郑晓幸，中共广安市委书记、市人大常委会主任王建军，市委副书记、市长侯晓春，市委副书记余仪，市委常委、宣传部部长袁险峰，市委常委、秘书长苏利明，副市长宁坚等，与受表彰的10名“孝亲敬老”之星和被邀请的21名长寿老人同吃

"长寿宴"。21名长寿老人中，年龄最大的103岁，最小的83岁。"长寿宴"举行前，姜昆、郑晓幸、王建军、侯晓春等领导看望长寿老人，祝他们健康长寿。

第三章　文化设施建设

第一节　文化场馆建设

一、文体广场

文体广场位于滨河西路中段，于2002年11月开工建设，2003年12月竣工。工程占地37582平方米，其中广场占地16043平方米，水景面积990平方米，绿化地面积10870平方米。文体广场融运动健身、休闲娱乐、观景购物于一体，分为中央广场、商业休闲广场、运动休闲中心、绿化游览区四大部分。体育馆占地9679平方米，投资2100万元，可容纳观众2849人，成为广安市首座综合性体育馆。建成后先后承办"三国四强"（乌兹别克、哈萨克斯坦、中国、四川）男篮邀请赛、全国青年男子篮球锦标赛、全国青年女子篮球锦标赛、"鲁能杯"全国乒乓球俱乐部超级联赛（四川—辽宁）、四川省武术散打锦标赛等国内外比赛60余场次。

二、岳池县宣传文化中心

岳池县宣传文化中心，位于安公路中段，占地面积3341平方米，建筑面积2344平方米。2004年7月开工建设，2006年3月投入使用，中心内设"一墙、二场、三校、四展"。"一墙"，即中华传统美德墙；"二场"，即篮球场、网球场；"三校"，即文明公民培训学校（岳池乐苑）、少儿英语培训学校、乒乓球训练学校；"四展"，即岳池农家文化展、书画岳池农家展、红色文化展、城市发展规划展。县宣传文化中心成为面向群众的集宣传、文化、教育、体育健身为一体的多功能活动阵地。

2006年9月28日下午3时，县宣传文化中心启动暨岳池农家文化展览馆开馆仪式在该中心大楼前广场举行。

三、吴雪剧院暨和溪曲苑

吴雪剧场（背面为和溪曲苑）位于滨河东路中段，采用BOT模式融资修建，投资1500万元，于2009年4月开工，当年8月31日竣工。剧院采用仿古式设计，四合院，占地0.33公顷，建筑面积3330平方米。剧院内设有演示厅、小演艺厅、展览厅和休闲设施，演示厅设有堂坐250余席。剧院成为展示岳池"中国曲艺之乡"的文化特色和岳池人民健身娱乐、观戏听曲和赏文益智的综合性文化场所。

2009年9月27日下午，吴雪剧院举行落成典礼暨揭牌仪式，中国曲协分党组书记、副主席姜昆，中国曲协副主席、广东曲协主席李时成，广安市委副书记、市长侯晓春，市委常委、宣传部部长袁险峰等领导及吴雪的亲属出席仪式。姜昆、省文化厅厅长郑晓幸为"吴雪剧院"揭牌，吴雪之子吴小兵为该剧院剪彩。

四、吴雪艺术中心

吴雪艺术中心位于岳池县大西街延伸段与迎宾大道交会处东北侧，以原文化部副部长、著名戏曲家、岳池乡友吴雪名字命名，文化部副部长王文章为吴雪艺术中心题名。吴雪艺术中心于2011年2月动工修建，当年8月31日竣工。建筑面积约1.3万平方米，建筑风格简洁大方，内设多个展览厅、多功能会议厅，两个功能完善、能供日常演出的现代化剧场，其中中心剧场设座位1300个。

2011年9月7日上午，节会组委会在该中心主楼门前广场举行吴雪艺术中心落成仪式。中国曲艺家协会研究部主任黄群，省曲艺家协会常务副主席、秘书长李蓉，市委宣传部常务副部长童光辉，岳池县委书记李永平等出席落成仪式。

第二节　农家文化景观建设

一、农家文化主题公园

2006年5月，在岳池文体广场以东沿灵溪河两岸动工兴建岳池农家文化主题公园，当年9月15日建成。公园占地约1.4公顷，包括一个中心、一条诗廊、两个片区四部分。“一个中心”即陆游广场，含陆游雕塑1尊、《贺生子》意境群雕1处、《农耕》意境群雕1处、镂空诗墙1幅；“一条诗廊”是指中国历代农家诗集萃；“两个片区”是指“春深农耕忙”农事活动展示区和《农家乐复乐》农家谚语景观区。

农家文化主题公园展示千年岳池农家文化，北临东湖，南至麻柳桥，形成众区文化景观，构成岳池农家文化旅游景观区。

（一）陆游广场

陆游塑像。陆游广场上有陆游的青铜塑像，以陆游去汉中就任来到岳池的旅途为题材。展示诗人陆游披着斗笠、手拄竹杖、风尘仆仆的形象。

《岳池农家》镂空诗墙。陆游塑像背景墙——《岳池农家》诗由四川著名书法家谢季筠书写。两边为镂空浮雕图案，左边是岳池农家汉子薅秧的场景，右边是岳池农家人结婚时抬花轿的情景。镂空浮雕图出自陆游《岳池农家》诗中意境。

“农耕”雕塑。位于陆游塑像前左侧，“农耕”雕塑是对岳池农家人农耕的简单写意。一位农家汉子，扛着犁头，吆喝着耕牛正准备下地耕作，一个小孩骑在牛背上，回过头，仿佛向大人诉说着什么。一只小牛犊在耕牛身上舔来舔去，依依不舍。人的亲情，牛的亲情，和美春耕尽显其中。再现“春深农家耕未足，原头叱叱两黄犊”的情景。

“贺生子”雕塑。位于陆游塑像前右侧。“贺生子”是一组关于岳池农家庆贺生子的民俗雕塑。一位农家少妇充满爱意地看着怀中的小宝宝，心里充满欣慰和幸福，两位小孩手拉着手，一边摇着拨浪鼓，一边跳起欢快的舞蹈。旁边的小狗似乎也懂得得主人的心思，摇着尾巴在主人面前跳来跳去，展现“农家农家乐复乐”意境。

（二）岳池农家诗廊

农家诗廊位于灵溪河岸的绿化带。诗廊诗作选至历代文人对农家的赞喻和部分诗人游经岳池所作作品。其中有唐代诗人元稹诗《长滩梦李绅》，有明朝监察御史卢雍在岳池作诗《亮坝春耕》《灵溪夜月》，有被后称为“八仙”之一吕洞宾所作诗《题集虚观》，有捐资兴建岳池新三中学、视岳池为“第二故乡”的民国政府监察院院长于右任的怀乡诗作。

（三）春深农耕忙片区

“春深农耕忙”农事活动展示区，位于陆游广场后灵溪河对岸主题公园内。主要在多处景观石上刻写耕地、薅秧、打谷、灌溉等农事活动的谚语并绘制相应的图画，展现岳池农家“春深农耕忙”

场景。

（四）农家乐复乐片区

“农家乐复乐”农家谚语景观区，位于陆游广场左侧农家文化主题公园内。主要以石磨、风车、耙、犁头、镰刀等农具、农谚景观石为主要内容。

二、一坊两亭三廊

2009年8月，第四届岳池农家文化旅游节前夕，建成展示岳池农家文化标志性建设成果，除吴雪剧场（和溪曲苑）外，还有“一坊两亭三廊”。

（一）一坊

“中国曲艺之乡”牌坊，位于距离县城东北6公里，广（安）南（充）高速公路岳池连接线入口处，高18米，宽45米，是一座主体为钢筋混凝土结构，外装雕刻花岗石面的大型仿古建筑。采用宋代建筑风格，牌坊上运用龙凤纹样和雕塑加以装饰。

牌坊横额的正面雕刻“中国曲艺之乡”六个大字，由中国曲协分党组书记、副主席、著名相声表演艺术家姜昆题写。牌坊横额的下方有一幅楹联：上联“继美传真曲领神州高岱岳”，下联“扬葩振藻艺惊天府动瑶池”。此联由省楹联学会常务副会长冯修齐所撰。

牌坊横额的背面雕刻“中国农家乐之源”七个大字，由乡友黄工乐题写。牌坊横额的下方有一楹联：上联“因我作诗溯流应考剑南稿”，下联“与人同乐把盏还听坝上歌”，此联由省楹联学会副会长张少成所撰。

（二）两亭

孝亭、廉亭。濒灵溪河而建的孝亭和廉亭位于灵溪河东岸，放翁桥东头两侧。孝亭在桥北，廉亭在桥南。二亭造型一致，亭高均为五米左右，青瓦屋面，屋脊六角形体，屋架为木结构，檐角、装饰按古建传统工艺制作。下有六根红色大柱支撑，柱体为钢筋框架混凝土结构。亭子内宽约10余平方米，周边制有椅子供游人小憩。

孝亭。横额题写“孝亭”二字，前后亭柱各有一幅楹联。入口一幅楹联：“动天之德莫大于孝，感物之道莫过于诚”。

廉亭。横额题写“廉亭”二字，前后亭柱各装饰有廉主题的楹联，一幅楹联：“策马追贤日月近，安邦崇德乾坤新”。另一幅楹联：“门起市心如水一尘不染，提得起放得下百事敢为”。

（三）三廊

孝廉文化长廊。孝廉文化长廊是实体廊道建筑，廊道长约60米，高约5米，屋架为木结构，檐角、装饰按古建传统工艺制作。下有40根红色柱子支撑。廊有五个弯道，曲折有致。廊道内一楹联云：“天地之初由无生有，山水所会以曲为幽”。孝廉文化长廊的地面上，间隔设计有展现岳池农家文化发展轨迹的石刻，描绘出各个历史阶段岳池农家文化的典型状态。在横梁上装饰有以二十四孝为内容的瓷版彩画。廊柱上装有描绘岳池四季美景、农家文化等的木雕楹联10对。长廊地面有反映岳池古今历史的11幅石刻：伐纣先锋、繁衍生息、岳池置县、宋代岳池、生灵涂炭、湖广填川、再创辉煌、拨云见日、英雄儿女、辞旧迎新、与时俱进。长廊横梁上有二十四孝图瓷板彩画，表现农家孝文化“德厚流光”：孝感动天、亲尝汤药、啮指痛心、百里负米、芦衣顺母、鹿乳奉亲、戏彩娱亲、卖身葬父、刻木事亲、行佣供母、怀橘遗亲、埋儿奉母、扇枕温衾、拾葚异器、涌泉跃鲤、闻雷泣墓、乳姑不怠、卧冰求鲤、恣蚊饱血、扼虎救父、哭竹生笋、尝粪忧心、弃官寻母、涤亲溺器。

南宋风情长廊。选取蹴鞠、除夕、说书、相扑、宋代新春乐、宋代百戏图等一批具有鲜明南宋特色的民俗场景，并以街道雕塑和石刻的形式加以再现，丰富街道景观层次，营造宋代人文风情。

曲艺长廊。曲艺长廊精选独具岳池特色的十大曲艺品种：金钱板、车灯、灯戏、荷叶、竹琴、谐剧、盘子、清音、花鼓、连厢。这些民间曲艺采用浮雕、石刻阵列的艺术形式，展现岳池民间曲艺文化的独特魅力的主题，形象生动，栩栩如生。曲艺长廊浮雕和石刻艺术，为邻近的“吴雪剧场”营造富有民间曲艺艺术气息的外围景观带，配合剧场共同展示岳池作为“中国曲艺之乡”的魅力。

三、《岳池农家赋》墙

《岳池农家赋》墙，位于滨河东路放翁桥南侧。

四、东湖公园

东湖公园位于岳池县城东北面，是第五届岳池农家文化旅游节前后修造完成的文化重点工程，是在县城打造的一处旅游休闲景观区。

五、灵溪河下段文化景观

灵溪河下段状元桥（三号桥）至麻柳桥河段两岸，修建了“岳池民俗墙”“农家文化诗词墙”“诚信长廊”“岳池历代名人长廊”等文化景观。

第三节　农家风情园建设

从2002年首届“岳池·川东农家文化节”开始，至2011年第五届岳池农家文化旅游节，在花园大道和翠湖大道沿线，县政府着力打造农家风情园，一批集休闲娱乐和餐饮文化于一体的特色“农家乐”相继建成接待游客。

一、花园大道农家院

按照南宋农家的格调，打造岳池农家第一庄及花园农家乐，展现陆游《岳池农家》诗中风情，营造出一个让游客回归大自然的旅游休闲环境，感受“农家农家乐复乐，不比市朝争夺恶”的境界。

岳池农家第一庄。位于岳池县花园路原金桥花木公司苗圃内，距县主城区2公里左右，占地16.7公顷，建筑面积7500平方米。能满足游客吃、住、游、购、娱，提供商务会议培训服务。庄内苗木品种繁多，枝繁叶茂。农庄建筑属川东民宅古朴庄院型，大门按照南宋农家风格修建。庄内建有体现悠久民居历史的排列木结构建筑“放翁居”，室内放置旧式雕花木床、茶几、四方桌、凳等农家家具。农庄园林内建有一块长10米、高3米的石碑，石碑上草书镌刻陆游《岳池农家》诗，并配备背景解说及注释，供游客赏析。园内建有鱼塘，在鱼塘旁修建2个钓鱼亭，供游客休闲垂钓。鱼塘旁逸趣廊建有棋牌室，可供游客品茶、下棋、打牌、喝咖啡。农家餐饮馆七星楼，可供500多人同时就餐。三栋古朴的四合院素净高雅，可供50人居住。心悦广场和表演舞台可为喜庆节日、集会等提供活动和文艺表演场所。另外庄内还设有多功能会议室和土特产购物中心。

2009年9月27日，岳池农家第一庄为第四届岳池农家文化旅游节承办“孝亲敬老之星颁奖仪式暨长寿宴会”。2011年8月，农庄被四川省乡村旅游质量评定委员会评为五星级农家乐。2011年12月被评为四川省旅游局评为全国AA级景区。

花园农家乐。位于花园镇临江寺村，紧邻岳池农家第一庄。该农家乐保持农家三合院原貌，四周绿竹掩映，环境优美。农家乐接待设施和院坝面积1000余平方米，是城区市民休闲游乐、品农家宴的好去处。岳池农家文化旅游节群众文化活动及曲艺表演多次在此演出。

二、经果农家生态园

经果农家生态园位于翠湖景区管委会翠湖大道旁。该园建筑设施集古典和现代农家院于一体，园内有花木、鱼塘、休闲亭等设施，融休闲观光和农业生产为一体，展现生态观光农业的旅游文化特色。

三、翠湖农家休闲园

龙华山是翠湖中的一个湖心岛。龙华山上育一阁叫龙华阁，阁前有一棵生长100多年的大黄桷树，龙华阁左边有一小亭“悠然亭”，亭内有石凳、石桌，亭前对联书“隔水修竹绿，依山小亭红”。龙华阁正门匾额上书“蕴玉怀珠”四个大字，左墙是宽2米、长6米的“杨八姐游春图”，右墙是“屈子行吟图”，表现战国时期伟大爱国诗人屈原，在楚国被逐，忧心国事。出龙华阁大厅拾级而上是“天外天”“爽心亭”，其联“瞻望长空，回望云山笼胜景；纵观旷野，一泓湖水润良畴”，“亭前湖光无限好，园外山色占春多”。龙华山环岛安全防护栏，材料用钢筋混泥土，并上仿木漆，形成具有木质感的护栏；用石板及沙卵石铺设环湖道路。

翠湖农家休闲园还有特色农家乐——水泊人家，该农家乐是由一农家院落装修、改建而成，因其环境优美、特色鲜明而受游客青睐。

第十篇　农家人物

第一章　人物传

蒲　信

蒲信（生卒年不详），男，北宋时岳池农家子弟，青少年时代学习用功刻苦。宋仁宗庆历年间赴京赶考，蒲信中状元魁首（第一名），一时名震朝野。为表彰蒲信，在他家乡岳池建造“状元台”。《蜀中名胜记》记载：岳池城西有石圣山，古名金陇山，今名石庙子，宋庆历状元蒲信居山左，山岭有状元台。

岳池故城西状元蒲信读书台遗迹碑刻尚存，岭上题有“状元台”三字。并有蒲信亲笔题联：“金刹插云霄，鱼跃鸢飞相上下；石岩驯虎豹，清风明月任纵横”。后代文人学士纷至沓来，题诗作赋以表对状元魁首蒲信的景仰。现城东建有状元桥。

游　似

游似（生卒年不详），男，字景人，号克斋，生于果州和溪（岳池县境），官至宋右丞相兼枢密使，南宋吏部尚书，是南宋“蜀贤五相”之一。《宋史》有传。

游似自幼勤奋好学，20 岁中进士，50 多岁官封右丞相。他酷爱书法，崇拜书圣王羲之，搜集有多种王羲之的《兰亭集序》书法版本，被研究者称为“游相本”。岳池故城北清泉寺右军祠尚有“游相本石刻”可寻。

游似为人正派，礼让而谦逊，在民间留下了诸多佳话。游似任职果州期间，为寻王羲之真迹，微服访遍果州。一日，游似听说和溪（岳池）有一老学者书法颇有造诣，便欣然前去拜会。去老者家要渡过一条小河，而河边只一只小木船摆渡。恰逢赶庙会的日子，过河的渡船拥挤。为让赶庙会的人们先过河，游似索性坐在岸上耐心等待。直到临近中午，过河人少时，游似才上船。游似拜见了老学者，老者盛情款待游似。席间，两人以历代书法名人为题，谈得投机。下午，老者的儿子回来了。不是别人，正是那摆渡人。当老者从儿子口中得知游似礼让别人先过渡之事，肃然起敬。在游似临走时，老学者将自己珍藏多年的王羲之真迹赠给了游似。

石天柱

石天柱（生卒年不详），男，字李瞻，号秀峰，出身岳池农家。他自幼勤奋过人。成年后与蜀中名士扬慎（升庵）、冯驯等人成立“丽泽会”研究诗文，共抒大志。

正德三年（1508 年），石天柱中进士，经吏部李宪举荐试职户科给事中。明朝正德年间，武宗朱厚照荒淫无道，民生涂炭，国家倾危。明廷中出了不少忠耿为国、直言敢谏的气节之士。大理寺丞石天柱便是杰出代表。正德九年（1514 年），明武宗皇帝与奸臣玩赏彩灯失火，皇殿“乾清宫”化为灰烬。随后向民间加征赋税重建宫殿。民怨沸腾，民变四起。石天柱挺身执言，指责武宗淫乐无度，必定造成江山社稷倾覆，提出“消祸本”的良策。正德十一年（1516年），大将军江彬以宣府（今河北宣化）“多美妇人”为饵，诱劝武宗巡幸宣府。为劝谏武宗，石天柱刺血上疏。谏疏说：

“臣窃自念，生臣之身者，臣之亲也。成臣之身者，累朝恩也。感成身之恩欲报之于陛下者，臣之心也。因刺臣血以写臣心，明臣愚忠，冀陛下怜察。数年以来星变地震，大水奇荒，灾异不可胜数，而陛下不悟……。惜太康田于洛、讷，炀帝行幸江都，皆以致败，可不鉴哉！方今朝廷空，城市空，仓廪空，边鄙空，天下皆知危亡之祸，独陛下不知耳。治乱安危，在此行止。此臣所以痛心为陛下惜，复昧死为陛下言也。”

这份奏疏精诚毕见，切中时弊。石天柱料想此举会触怒武宗而遭杀身之祸，便安排好后事，整理好衣冠上朝启奏。满朝文武大臣无不为之感怆落泪，纷纷上谏。武宗迫于情势，不敢再明言北巡之事。

同年，为民请命的忠谏大臣石天柱被贬谪为云南临安府推官。直至世宗即位才官复原职，后升任大理寺丞，于任上病故。现城东建有天柱桥。

冯 驯

冯驯（生卒年不详），字行健，岳池县人，明弘治举人。正德戊辰年（1508年）科进士。官授户部主事郎中。正德十一年（1516年）调任福建兴化（今莆田、仙游县）太守。冯驯洞察当地社会秩序混乱，生产落后，市场萧条，民不聊生，“九龙十虎”胡作非为，盗匪乘机作案，搅得地方鸡犬不宁，他依法严惩地痞恶棍。

一天，有人打死一只老虎送到郡府，冯驯判定是在向他示威和试探。为表明他除恶务尽和治理兴化的决心，便把虎头骨安放在座椅枕上，虎皮铺在座椅上，并在公堂里书有“非尔髅，吾何以枕；非尔鞹，吾何以寝？起视海岱，吾安吾朕”的座右铭。随从见了，衷心佩服；歹人听此，惊恐万状，避而远之。

兴化临海，海潮常冲毁庄稼、房屋，冯驯带领民众筑堤护田，造福后人。

冯驯在兴化七年，办了不少好事，深受百姓拥戴。有一首歌谣：“冯太守，来何迟，书吏瘠，百姓肥。”因政绩显著，经吏部考核，列为一等。民间有一对联将他与商朝大臣伊尹相提并论。对联是：

伊有人，尹无人，伊尹一人宰相；

冯二马，驯三马，冯驯五马大夫。

明嘉靖二年（1523年），冯驯升任福建右布政使，兴化民众跪道挽留，不舍他走。后任江西左布政使时病故。

朱炳江

朱炳江（1879—1918），名祥锦，岳池县齐福人。清光绪二十六年（1900年）中秀才。他在顺庆参考前后，与张澜相识，二人志趣相投，交往甚密。受变法维新和实业救国思想影响，弃学回乡，发展地方实业。说服弟弟朱瑞全用50亩良田栽桑，动员乡邻大栽其桑，将朱家大院住房改为蚕室，兴建厂房，购置缫丝设备，于清光绪三十一年（1905年），开办“炳瑞丝厂”，任厂长，朱瑞全为经理。常年雇工一百余人植桑养蚕、缫丝和对外加工。为提高工人技术和产品质量，他们聘教员为工人上文化课，派工人去外地学习。他更新设备，购进日本生丝检验设备一套。职工福利待遇优厚，专聘教师组织工人开展文体活动，增加熟练工工资，以提高职工劳动积极性。所产生丝运交上海“同康泰”商号转销海外。民国 3 年（1914 年），他为发展蚕丝业，又在罗渡溪附近兴办“富流滩丝厂”，民国 5 年（1916 年）与徐相臣、刘灼山等人集股将厂扩大，改名“和溪丝厂”。

朱炳江不仅重视实业建设，而且还积极参加反清斗争。清光绪三十四年（1908 年）冬，他与徐相臣、刘灼山、张青廷、陈徙南在广安加入同盟会。次年，积极参加熊克武、佘英、曾省斋领导的广安起义。失利后仍借经营丝厂的机会，往返于岳池、南充、广安等地，进行革命活动。

清宣统三年（1911 年），川汉铁路股东代表在成都成立“保路同志会”，他与徐回天（岳池乔家人）等前往参加，并参加同志军围攻成都的战斗。四川军政府成立，他回故乡，受聘协助训练陈徙南、齐俊斋在岳池姚市桥组织的地方武装队伍。民国 5 年（1916 年）1 月，川滇黔军石青阳部进驻岳池，将陈徙南、齐俊斋的地方武装收编为第三营，他被委任师部参谋长。次年，重庆镇守使熊克武通电拥护孙中山护法讨袁，联合滇黔军成立川、滇、黔三省靖国联军。民国 7 年（1918 年）5 月，他被靖国联军委任为嘉陵道尹。在赴任途中，被害于简阳县赵家渡的渡船上。

余丹廷

余丹廷（1871—1926），男，岳池县普安镇人。其父余继福，是一个经营木偶戏班的班主，多才多艺，吹打弹唱样样皆会，生旦净末丑行行都能。余丹廷从小受熏陶，学会唱戏。清宣统二年（1910 年），继承父业，创办大戏班，名“泰鸿班”。他邀集驰名艺人唐云齐、刘财神、周白菜，著名鼓师杨芝轩、乐师驼胡琴等人，在岳池、广安、武胜、合川一带演出。

余丹廷专攻生角行，善演哭哭啼啼的戏。他的唱腔优美圆滑，做戏严肃认真，是渠河一带的著名文武正生，代表作有《古怀玉》《铁冠图》《三元记》《桃林府》《双金丹》《立帝斩袍》等十余出。他演唱《双金丹》戏中的老先生，在哭灵一场，声调凄婉悲切，泪水簌簌下落。观众沉浸在悲痛中，效果极佳。他扮演《铁冠图》中的崇祯皇帝在梅山上吊一场，巧妙的运用表演绝技刻画了人物极端惊恐的心理。全场掌声雷动，喝彩叫绝。

余丹廷曾在肖家场（现属重庆合川市）“晓字科班”“九字科班“、武胜“全林科班”、合川石龙“永林科班”任过教。他教导学生苦口婆心，传授技艺毫不保守，呕心沥血地为渠河川剧培养了不少驰名艺人。如肖云华、唐九元、吴晓雷、邓九雷、黄晓富、罗辅成、李全芳等，均享誉渠河艺坛，名扬川东一带。

民国初年，保宁府“燕春班”到岳池演出。该班艺人骄傲自满，出言不逊，诋毁渠河艺人是“踩席子角角”“顶钱子灰灰”的端公，惹怒了艺人刘财神，刘赓即去信告诉余丹廷，余从铜梁赶回岳池，马上筹备资金、道具和组织艺人，成立了“渠河班”，与“燕春班”打滚台（即唱对台戏）。渠河班在岳池黄州府（原县看守所处）内天天上演传统大幕戏，故事完整，剧情曲折，唱做俱佳，深受观众欢迎。“燕春班”在三元宫（原县物资局处）内演出折子戏，观众纷纷议论没有“渠河班”演得好。“燕春班”上座率急剧下降，只好迁往白庙乡演出。“渠河班”跟去白庙，“燕春班”搬到西溪，“渠河班”又尾随去西溪。“燕春班”慌了手脚，到顺庆找人调停，渠河艺人方才罢休。

民国 15 年（1926 年），《泰鸿班》在合川小沔溪演出。当地恶绅华剑一玩弄女性，要女主角给他筛酒作乐。余丹廷不畏强暴，找他们评理被打成重伤，后被抬回余家场。当年冬天，伤情恶化，在临终前，他把儿子叫去说："我死后入棺，你们给我头带学士巾，身穿鸳鸯褶子，嘴带三青口条，脚穿朝元，我到阴朝地府也要唱戏"。逝世后，他的儿子遵照遗嘱安葬了他，终年55岁。

覃巨武

覃巨武（1893—1933），男，岳池县城关评书艺人，外号"覃瞎子"。他自幼爱听故事，爱讲故事。在顺庆（南充）联中读书时，博览古今小说，练习讲评书。覃巨武思维敏锐，逻辑严谨，讲书口齿清晰，描绘细腻，且适当辅以手势，十分引人入胜。每当他挂牌讲书，听众云集，不仅茶馆满座，而且连巷道和讲台桌下都挤满人。他根据古今小说和传奇故事自编评书在茶馆讲述，凭借醒木、折扇等道具，吸引听众。每当他在"太平洋茶社""三北前茶馆"挂牌讲书时，座无虚席。一次，驻岳池军阀部队的一个连长听他讲《三脱绣花鞋》着了迷，听到两脱时，部队调防，连长滞留听评书，六七天过去了，绣花鞋三脱始终脱不下来。连长气极，掏出手枪在茶桌上狠狠一搁，吼叫道："今天不把绣花鞋脱下来，老子毙了你！"覃巨武只好把故事讲完，从此名声大振。

著名戏剧家吴雪对覃巨武的评书艺术十分推崇。吴雪曾说道："我领导抗日旅外演出队走遍几个省，没见到有哪个评书艺人能超过覃巨武。他自学成才，功底深厚，讲演生动。我在岳中读书时，爬狗洞出去也要听他讲评书。"

覃巨武的评书技艺遐迩闻名。广安知名人士张晋昌等人曾经邀请他去讲书。有一次覃巨武路过合川，缺少路费，便与当地知名艺人郭继全商量借书场讲几天。郭继全骄傲自满，瞧不起覃巨武，一口拒绝。覃巨武只好在一个僻静的小茶社去讲。由于覃巨武评书讲演技艺高超，名声迅速传开，听他讲书的人与日俱增。在事实面前，郭继全只好心悦诚服，甘拜下风，一改傲慢态度，主动让出书场，让覃巨武登台献艺。覃巨武临走时，郭继全以礼相送。

覃巨武评书讲演不拘泥书本，灵活应变和大胆创新。他在外地借用书场，往往可以接着别人讲书内容插入自编的大段故事，讲完后又让原讲书人按自己讲的内容讲下去。他的插入部分能与原故事情节十分吻合，无一拼凑痕迹。覃巨武还将各小说中的惊险情节融会贯通，自己加工提练写成一本评书《铁侠记》。评书《铁侠记》吸引了大批评书迷，覃巨武走一处，评书迷便跟一处。

民国22年（1933年），40岁的岳池一代评书名家覃巨武在家中病故。

吴镜川

吴镜川（生卒年不详），男，岳池县人，晚清享誉全川的清音、弹唱艺人。清咸丰、同治年间，吴镜川在成都锦江书院演清音、弹唱，唱慷慨激昂之歌而不躁，唱婉约妩媚之曲而不俗。光绪二十三年（1897年），他的同窗好友丁治棠对吴镜川的清音演唱这样评价道："听伊唱三弦，唱《碧莲教子》一曲，声音口角，不及当年洪亮，然高低节奏，不差稷黍，如老乐师古调独弹，风流自赏。""听伊弹三弦，唱《月儿高》暨［马头］［寄生］等调，沁脾沃心，如聆仙乐，忘作异乡客矣。"

王兴孝

王兴孝，生卒年月不详，岳池小北街人。他从小跟师傅李明亮在江湖班子上学戏，学就了川戏的表演技艺。他专工文武小生，舞姿优美，表演准确，嗓音圆润清越，是渠河一带有名的小生，《摘红梅》《放裴》是他的拿手好戏。他在长期的艺术实践中，还练就了一套套表演绝技，如《打红台》一戏中的藏刀，他不穿打衣，将刀藏在彩裤内，做亮腿动作，看不出一点破绽。又如演《九变化身》一折戏，他巧妙地用手摘去九张脸子，观众看不出丝毫痕迹。

民国15年（1926年），武胜李花脸在重庆巴渝舞台大戏院开园子，王兴孝被接去戏院演出，受到同行和观众的好评，成为名扬重庆城的文武小生。抗日战争期间，王因病回家，治疗无效，不幸去世。

何　珞

何珞（1910—1937），男，原名何绍尧，1910年生于岳池县城关镇。15岁时，何珞离家去上海就读中国公学。回川后，何珞在岳池中学执过教，在成都当过新闻记者，做过《华西日报》副刊编辑。他身体瘦小，为人却豪爽正直，能言善辩，才思敏捷，有不为五斗米折腰的个性，一生写了不少诗歌与散文，翻译多篇文章，尤其与戏剧、电影结下不解之缘。

何珞用诗歌抨击时弊，撒播光明的火种，从何珞诗歌里看到旧时代岳池的社会现实。他写道：故乡不仅“正魔鬼舞踊，狐鼠恣意猖狂”，而且旱魃也乘机肆虐，禾苗枯焦，农业歉收。他把对家乡人民遭受饥馑的同情，扩大到对整个劳动阶级的同情上来。他深信黎明前的黑暗只是短暂的一瞬。何珞憧憬着幸福的明天，决心“将骖乘之天风，逐流星于东海，拥黎明以自傲”。

在四川大学读书时，何珞以大无畏的胆略和勇气，唤起民众的觉醒，向成都的守旧势力挑战，打破了川大乃至成都文坛沉闷的局面。何珞是站在拥护抗日联合阵线最前哨的文化战士，他高举救亡戏剧运动的旗帜，为救亡戏剧运动贡献力量。在他短暂的一生中，留下了大量的剧评、影评文章。1936年5月10日，在四川大学第四届学生毕业前夕，川大戏剧社举行第三次公演。其剧目有《压迫》《街头人》《她病了》和《讨鱼税》四出独幕剧。何珞在当年6月14日《华西日报》上发表《川大戏剧研究会第三次公演概评》文章，对此次公演给予了综合性的高度评价。

《讨鱼税》是以历史剧《打渔杀家》改写成的独幕剧，以古代史实反映现实生活。岳池剧人、青年演员吴雪在独幕话剧《讨鱼税》中饰阮小七。何珞独具慧眼，看出吴雪受过良好舞台基本功训练，发挥出熟练的演出技巧。认为吴雪“当是一个完全的演员，他的演技的最大特点，即是在演出中他的对白和动作，是‘创作’，而不是剧本台词死扳的‘沿用’”。后来吴雪成为全国著名的表演艺术家。

何珞在《转型期的中国电影》一文里，有力地抨击那些低级庸俗，令人精神颓废的影片。他呼吁：电影必须具备反帝思想或复兴民族精神，必须以适应时代思潮为指标。

1937年5月6日，何珞因患肺结核医治无效去世，年仅27岁。他在短暂一生中致力于抗日救亡戏剧的创作和评论，为抗日救亡运动呐喊。成都文艺界为英年早逝的何珞召开追悼会。

唐征久（中共岳池地下党员）在《何珞传略》中说：何珞“是一个倔强的人。他不示弱，不妥协，仅凭三寸不烂之舌及一杆笔头，向周遭应战。他拥护真理，嫉恶如仇，不曲意阿谀于别人。他的生活是严肃的，灵魂是善良的，意志是向上的。”

陈云门

陈云门（1865—1945），字绍勋，岳池县啸马（今裕民）人。因乡试不中，给羊山寺周可传当家庭教师，拜周为师，学习中医。陈为人忠厚朴实，聪明好学，深受周的赏识。他悉心研究《黄帝内经》等经典著作及中医各家学说，特别推崇张仲景的《伤寒论》《金匮要略》。在诊治疾病中，审询备至，反复推敲，辩证施治，多获良效。民国 25 年（1936 年）冬，成都一张姓妇女（26 岁），产后神志不清，遂请陈云门诊治。其诊断为：新产失血，邪热外干，肝胆风火交煽而发痉。遂用犀角地黄汤加钩耳、羚羊角、桃仁各 2 钱，生地、白芍各 1 两，1 剂而愈。

陈云门一生致力于中医人才的培养。民国 10 年（1921 年）在巴中县开办“国医讲习所”1 班，他办学有方，力求实际，自编教材，亲自讲授，引导学生开展对疑难病案的讨论，从理、法、方、药进行分析总结。他先后在岳池、广安、武胜、射洪、内江、重庆、成都等十多个县市行医教学，弟子达千余人。

陈云门结合临床经验著有医书 18 种 42 卷，命名为《羊山医学丛书》。《六经定法》1 卷，《条注伤寒法》8 卷，《伤寒类方》2 卷，《时方精义》1 卷，《内经撮要》3 卷，《本草经读》1 卷，《肝腑要略》2 卷，《部位经脉要略》1 卷，《百零八门》1 卷，《四言脉决》1 卷，《经络概要》1 卷，《脏腑生死顺逆脉证》1 卷，《伤寒论讲义》6 卷，《金匮讲义》9 卷，《杂证心法》2 卷。《十二经注疏》《内经讲义》《羊山医案》等著述尚未完卷，于民国 34 年（1945 年）病故。

陈树棠

陈树棠（1893—1950），男，号朴园，1893 年出生于岳池大北街一个书香世家，富于文学修养，善诗词，他的诗文在当时的《东方杂志》《民族诗坛》和《国民公报》等报刊均有刊载。

20 世纪 20 年代，陈树棠曾担任岳池女子师范学校教务长、国文教员，40 年代初，担任岳池县修志局局长，四川通志馆编修，国史馆顾问。当时修志经费大多靠赞助。陈树棠为了给修志工作提供参考，他自己出资购买不少有关修志方面的书籍，藏书总数达 5 万余卷，其中各地县志、府志、省志就有 200 多部。还有元代刻版《南齐书》、明清金陵刻版善本多卷。

1941 年，陈树棠将“瑶圃书斋”平房改建成中式藏书楼，面积约 400 平方米，改名为“朴园书藏”。

为了便于管理和翻阅，图书分类装藏，编号造册。每年盛夏，全家出动，将书搬出曝晒。善本每年晒一次，一般图书三年一晒。

朴园藏书受到人们好评。陈树棠曾作《朴园放歌》长诗一首云：“家无一物长，世仅图书蓄。五万罗巾箱，丹黄卷馥馥。大父弥留言，遗之必能读……”诗刊发后，数十位著名诗人的和唱诗散见当年陪都的报刊。香港、南京出版的《世戴堂诗》《饮虹词》等书内均记述过岳池朴园书藏。

国民党元老、监察院院长、著名书法家于右任，出于对第二故乡的感情，对岳池的古书典籍极为关切。1941 年他得知岳池“朴园书藏”的事后，作《题岳池陈氏朴园藏书诗二首》。前中国科学院院长、文学大师郭沫若，在1942年作《赠朴园》诗。孔德成在1941年11月《民族诗坛》二十三辑发表《题蜀北陈氏朴园书藏》诗。1942年10月30日《国民公报》发表清翰林院编修赵熙《题树棠朴园》诗。1943年中山大学教授陈寅恪作《寄题四川岳池朴园书藏》诗。大学教授乔大壮于1943年2月2日在《国民公报》发表诗作。远征军司令罗卓英在重庆《新民晚报》刊诗。著名学者钱经宇作《朴园书藏歌赠建业》《次韵朴园歌乐山感赋》《再韵朴园，即以赠别》。香港天文台周刊主编陈孝威作《奉怀树棠朴园》，著名画家柯璜作《奉怀树棠朴园》，诗人、教授沈继写《赠朴园主人树棠先生》，云南名人李根源和周钟岳，广东名人梁寒操、陈树人，交通大学校长叶恭绰，诗人徐英，辞典馆馆长杨家骆等都写有诗词，对岳池朴园藏书很高的评价。国民党中央大学中文系教授、《民族诗坛》主编卢冀野，把朴园书藏始末列入大学讲义，而且还作小曲四首称赞，其中《后庭花煞》赞道："读书味有余，藏书聊自娱。愿取读书味，肯做守书奴。味如何，莘莘少年，把陈公这十字记须熟。"（陈公这十字，即"遗书与子孙，子孙必能读"）。

1950年，朴园藏书被人民政府接收，一部分运往南充川北大学，其余存入岳池县文化馆。

李善清

李善清（1907—1955），岳池县黄龙人。自幼受家庭影响，喜好做泥人泥马。14岁起随父李顺德学画神像、雕塑菩萨。两年后能独立操作，中年技术日精，方圆数百里的人请他画像塑神。

1950年参加南充市木偶剧团，从事木偶裱画、雕刻。他虚心向同事黎培连学习活动木偶雕刻技艺，并不断创新。所雕木偶，眼、耳、口、鼻和脸颊都能活动。所制道具，马可奔跑，鸡能下蛋，观众赞叹不已。1952年，南充市木偶剧团演出的《火烧濮阳》，由于李善清裱画的木偶，改粉头为油头，脸部不需鼓动的部分改用猪油皮蒙制，演出效果好，在北京全国木偶剧会演时获奖。后被调入成都市木偶剧团，担任雕刻。1955年于成都病逝。

毛畅熙

毛畅熙（1899—1960），岳池县杨柳乡人（现白庙镇）。四川政法学校毕业，喜交际，善书法。做过冯玉祥的秘书，后在杨森、李其相、罗泽洲、刘湘等部队供职。对办报兴趣浓厚。民国22年（1933年）任《民强日报》社长，后为《济川公报》总编辑。抗日战争爆发前夕，各阶层人士的抗日激情高涨，他想办一种报刊，以新颖的内容和栏目去争取读者。遂与几位旅渝同乡商议，得到同乡中共地下党员杜桴生、从事教学和擅长文字工作的陈远光及其夫人康玉洁、进步人士蒲健秋等的赞同，提出："当此国难紧急之期，吾人为尽匹夫之责，实有发刊报纸，警省国人共起救亡之必要。"经过多方努力，民国25年（1936年）8月7日创办《四川日报》，毛畅熙任董事长。

《四川日报》以紧扣时代脉搏，突出宣传抗日，备受欢迎和好评。如"一日一谈"的评论和"生命线"专栏，介绍前方将士英勇杀敌事迹，报道后方开展抗日活动情况，收到很好的宣传效果。民国26年（1937年）3月，《四川日报》社址迁于成都华兴正街，还吸收一批中共地下党员到报社工作，在报社组建地下党支部。

《四川日报》属私人经办，所需经费除卖报和广告收入外，还得争取社会贤达，爱国人士赞助。

要使报纸办下去，须在政治上站稳脚跟，稍有不慎，即会引起麻烦。因此毛畅熙既要在经济上提供办报的所需经费，又要与各政治势力周旋。直到民国28年（1939年）4月30日，《四川日报》因经费困难而停刊，累计出刊710号。

《四川日报》停刊后，毛畅熙在成都警察局供职。解放战争时期，在成都会府北街开“翰墨斋”书裱铺，以卖字维生。书法善忠赵体，流畅秀润，颇受好评。

秦运甲

秦运甲（1902—1962），岳池县安东人。自幼随父学织竹席，后技艺出众。妻周氏也有织席技术。夫妻所织竹席，工艺精湛，每片竹篾，用勾刀刮过，均匀柔软，细如麻丝，幅宽每分米竟用篾达25公斤左右，一根长2米，宽1.4米的大席，重约1公斤，折叠无断迹，有“细、软、轻“的特点，便于携带，美观耐用，是竹席中的上品。

民国21年（1932年），国民革命军二十军军长杨森在广安县城召开手工艺品“赛宝会”，秦运甲参赛的细竹席，获银质奖章1枚，银元20元。

1956年，秦运甲设计编织出正中显现“毛主席万岁”的细竹席，送北京全国手工艺品展览会展出，被评为优等手工艺品，获县手工业联社奖金100元。

邓九雷

邓九雷（1904—1964），男，又名邓国用，岳池九龙镇人，清光绪二十九年（1904年）生于一个小商贩家。他自幼喜爱川剧，在小学读书时，常偷偷到戏班去看艺人传授技艺，练习唱腔，或者去茶社听川剧座唱。他父亲见他学习成绩差，把他送去南部叔父家学做生意。他在叔父布店里，白天有空就拍打尺片练习唱戏；晚上无事便去看戏，观摩表演。有一次，他冒充“票友”去看戏，守门人信以为真，把他带上舞台，他硬着头皮，表演了《沙陀搬兵》。平时他对这出戏很有兴趣，学习较有基础，表演很成功，得到艺人和观众的好评。赞扬他嗓音洪亮，身材魁梧，是一个唱花面的好苗子。他也从此受到鼓舞，决心学唱川剧的净角。

民国10年（1921年），肖家场创办“九字科班”，他背着父亲，偷偷前去学艺。在科班得到名师的指点教导，苦练腰、腿基本功和眼神、把子功，技艺提高很快。三年出科，就以“腿功好、眼神妙、指爪有力”的架子花脸称著。

邓九雷立志攀登川剧艺术高峰，经老师引进，拜渠河有名的“花面大王”廖三吉为师，学到了廖三吉用蹬打、眉眼、指爪刻画人物的高超技艺。特别是学习刻画曹操这个历史人物的复杂心理和感情变化，收效很大，在各地演出都受到观众的喝彩。

邓九雷闻讯川剧花脸名角小财神技艺高超，不辞辛苦，翻山越岭跑去看演出，并请赐教。他这样勤学苦练，不断提高，后来成了渠河一带驰名的花面之一。他的代表作有《全三节》《哭桃园》《拖鞭打珠》《把管搜诏》《火烧濮阳》《审吉平》等戏。特别是表演《火烧濮阳》滚火一场，技艺出众，观众无不叫绝。

1950年，邓九雷参加“戏改会”，积极参与现代川剧《穷人恨》《仇人泪》《哭白宫》等戏的演出，深入工厂农村，有力地配合了党政的土地改革和抗美援朝运动。1953 年，他积极投入戏曲改革，参加新编历史剧《王小波》《北京四十天》《秦香莲》《新美人计》等剧的演出；参加优秀历史名剧《屈原》《桃花扇》《棠棣之花》的排演，为岳池剧团戏曲改革作出了贡献。

1956 年，南充地区川剧演员训练班成立，邓九雷被调去担任“表演”授课，从事正规的艺术教育工作。邓九雷边学边教，边教边改，逐步系统的掌握了“天、地、日、月、夜”等60个指法套子和各种基本功的表演教材，积累了教学经验。他培养了西充剧团赵延伯，广安剧团周世从，南充地区川剧团张东升，南充县剧团黄士林，岳池剧团唐炳森等花脸学员。

邓九雷于 1964 年冬病故。

何宗明

何宗明（1894—1964），男，艺名筱伶芳，岳池渠河乡人（今属中和镇）人。少时拜岳池泰鸿班知名艺人周白菜为师功习川剧旦角艺术，后加入岳池“三三剧社”，以行艺为业。1950 年随三三剧社并入岳池县人民剧团作演员。

何宗明擅演青衣、老旦，善于理解剧中人物内心世界，准确把握其性格特征，塑造过许多不同类型的人物。他所主演的《铁龙山》《双槐树》等剧目，深受群众喜爱。

杜桴生

杜桴生（1905—1970），岳池县大石乡人。民国 13 年（1924 年）考入湖北省立文科大学，次年加入社会主义青年团，随即转为中国共产党员，任国民党左派南湖区分部书记。兼《中国青年向导》《武汉评论》的发行、通讯工作。民国 16 年（1927 年）秋，回乡组建中共岳池特别支部并任书记。次年冬调任丰都县委书记。民国 20 年（1931 年）任宜昌四川中学校长。民国 25 年（1936 年）任《红军之友》主笔。为了宣传抗日，与重庆的文化、新闻界知名同乡毛畅熙、陈远光、蒲健秋等多方筹备，于 8 月 7 日在重庆创办《四川日报》，杜为编辑。次年 3 月，报社迁成都华兴正街，杜桴生将中共党员刘彦槐、朱亚凡、朱一凡、黄其敏和叶凯等安排在报社工作，建立党的支部，杜桴生任书记。

《四川日报》属私营，经费紧张，杜与妻子罗宁将工资作办报经费。为了扩大报纸宣传抗日的作用，他写了《鉴往知来》《为世界而战》《英勇的抗日，壮烈的牺牲》《马上动手，肃清仇货》等短评和社论，在民众中产生较大影响。杜白天在协进中学任教，晚上进行编辑工作，为等“中央社”的电讯稿常守至深夜，甚至到天亮。民国 27 年（1938 年）春，中共成都市委成立，杜任书记。他仍把办好报刊作为工作重心。除做好《四川日报》的编辑发行工作外，还组织《时事新刊》的彭上和、《华西日报》的甘佩文、王浩冰、王永贤等研究办报事宜。《困难》三日刊和《捷报》被国民党查封，杜和地下党员王达等人多方活动，使得复刊。不久，杜桴生又组织复办《时事新刊》，订户达三万。同年 5 月杜发起成立“中国青年记者学会成都分会”，为广泛团结成都新闻界人士，宣传党的抗日救亡方针，推动成都地区的抗日宣传工作起了极大的作用。

民国 28 年（1939 年）8 月，《四川日报》因经费困难停刊。杜桴生在极端艰苦的条件下，创办《民生报》，继代《四川日报》的宣传作用。他任总主笔。

同年秋，中共成都地下党组织被特务机关破坏，杜桴生调至中共重庆南方局，不久随吴玉章、林柏渠赴延安，任陕甘宁边区党委宣传部科长，兼《大众读物》社长。民国29年（1940年）底，中共中央为了加强四川地下党的工作，派杜桴生随董必武回川，任阆（中）南（部）中心县委书记。次年春，中共川北工委成立，杜桴生任副书记。民国31年（1942年）秋，杜调重庆《新华日报》社任秘书和总务主任。由于国民党特务的破坏，《新华日报》社工作条件很差，报纸印刷时常停电，用人力推动印刷机器，使报纸的时效和质量深受影响。为保证报纸印刷及办公用电，杜桴生设法购买柴油发电机。民国34年（1945年）8月，重庆遭受洪灾，报社印刷厂被淹，杜桴生带领职工，冒着酷暑将机器搬到山上印刷，使报纸按时出版，保证"国共和谈"等消息及时发布。报社生活艰苦，杜带领职工开荒种菜、养猪，改善生活。

民国35年（1946年）秋，杜回延安去中共西北局筹办《群众日报》和电台。民国37年（1948年）4月，中共中央机关迁往河北平山县。西北电台和《群众日报》实际担负着中共中央和西北局机关报的双重宣传任务。民国38年（1949年）5月西安解放，杜任西安军管会新闻处长，兼管报社和电台的工作。12月，杜桴生随贺龙部队进军四川。成都解放后，任军管会秘书长兼交际处长。1950年6月后任川西人民行政公署委员、秘书长、川西人民法院院长、四川省民族事务委员会秘书长等职。1952年"三反""五反"运动中受撤职处分。1957年被划为右派分子，开除党籍。1968年被关押，1970年12月去世。1979年11月平反昭雪，恢复名誉。1981年12月25日，四川省人民政府在成都为他召开追悼大会。

李昌达

李昌达（1914—1970），武胜县三溪铺（今三溪镇）人，少时拜川剧渠河流派名小生唐云斋为师攻习文小生技艺，后参加岳池"三三剧社"从事川剧演出。1950年10月，岳池县文化馆接管三三剧社和国光话剧团，合并组成岳池县人民剧团，李昌达任人民剧团副团长。1953年4月，岳池人民剧团与岳池县戏曲改进会合并，成立岳池县川剧团，李昌达任团长至1956年。

李昌达擅长折子戏、官衣戏。他唱腔优美，能准确掌握剧中人物的心理和性格特征，能以干净、准确的眉眼身法塑造人物。他主演的《情探》《水牢摸印》《堂会三拉》《访友》《伯喈辞朝》等剧目，深受群众喜爱。

何灵雅、田信川

何灵雅（1890—1972），男，岳池县九龙镇人，早年北大化学系毕业，县内贤达博学之士。

田信川（1892—1964），男，岳池县粽粑乡合兴场人，民国13年（1924年）7月担任岳池县教育局长。

民国29年（1940年），何灵雅、田信川合资兴办"和溪书院"。田信川任董事长，何灵雅任院长，秦泽生为副院长。以"何家祠堂"（原环城东路水电局后段）为办学地点。聘请的教职员刘其贤、张峨六、何铮、徐国极、王知行、杨万福、何根盛、何北屏、刘晓云、李天玉等开展教学活动。

和溪书院建院以来，共招收3个班，学生140余人。其中国学班本科1个班，主修古文、诗、词、歌、赋。预科两个班，课程设置与普通中学一样。本科和预科学制均为3年。学生学费与普通中学相同，每人每期另收尊师谷200公斤。该院因无固定校产和经费，于1949年停办。

杨复生

杨复生（1904—1973），原名杨长和，岳池县镇裕人。17岁随父正斋学医，5年后开始为乡邻治病。他在行医中，博采众长，结合临床实践，不断总结提高医术，医治不少疑难病症。

民国14年（1925年），西板一张姓老人患病，在别处因诊治错误，造成休克，家人认为已死，停“尸”于堂。正办丧事时，其子亦病。杨复生被请出诊，经过停“尸”处，偶然发现“死者”有小便溢出。便生疑，注视良久，又上前抚摸其胸，感觉尚有微热，断定未死。他问明前情，认定是伤寒失下，热结于中，误用温补，造成热厥。杨复生试用“大承气汤”施治，以竹筷启口，慢慢灌服。守护观察到半夜，见其渐渐苏醒。继服1剂，病情进一步好转，调理半月而病除。众人称奇，轰动乡里。

民国22年（1933年）夏，南充县一陈姓船翁，行船至油榨溪对岸宿息，半夜突患重病。杨复生应求出诊，家人见洪水暴涨，劝他缓往。杨慨然说：“医生是济世活人的，这时间挨得吗?”便跨上渔舟，不顾浪涌船荡，冒险过江，靠拢病人的宿船，即行诊治病人，守护观察，直到病人好转才休息。1960年至1962年间，因自然灾害所致，群众生活困难，病人增多。他成天忙于诊治病人，不顾自己。一天中午，杨复生晕倒在地，左额碰得流血。众人将他扶去包扎，劝他卧床休息，他仍坚持诊治病人。1966年“文化大革命”，他被打成“反动学术权威”，仍照常工作。1968年8月至1969年2月，日均诊治病143例，多达200余例。1973年，杨复生患肺原性心脏病，周身浮肿，气喘不已，几次休克倒在诊桌旁，都不休息。同年10月8日晚12时前，他病在床上还为3个病人处方，次日早晨，又由人扶着在床上为病人诊脉，女儿代写处方。由于病情急剧恶化，杨复生于9日清晨7点30分病故。

蒋殿梅

蒋殿梅（1887—1978），字朝宗，岳池县齐福人。20岁拜名医屈治平、徐崇安为师，刻苦钻研中医，医术日精。清宣统三年（1911年）腊月底，枇杷沟蔡炳南之妻患病，蒋代师诊断为：“操劳过度，耗损心血，肾水不济，心火上炎。”以黄连阿胶汤加知母为处方，三剂而愈。民国元年出师后，便独立门户。巡回于天台、赛龙、齐福、罗渡、明德、广门等地，为民众治病。民国3年（1914年），赛龙场一农妇病奇，每日午后自觉小腹气动，腹中鸣响。须臾其气从小腹上冲脾胃，直到咽喉，患者仰张其口，咿呀有声，经一顿饭久，自行平息。但全身乏力，不能动弹，约3小时后方可恢复。多方求治无效。蒋殿梅应求诊治，以五苓散加磁石半斤，1剂而愈。轰动乡里。

民国23年（1934年），蒋殿梅到沈阳、北京、天津、南京、成都、重庆等地拜访名医，聆听中医大师陆渊雷、时逸仁、恽铁憔等人的教诲，医术更精。他不懈地学习钻研，深得医家四大经典著作的要旨，通晓历代诸贤辩证论治的法则，处方用药，不拘泥于一方一法，屡获奇效。民国25年（1936年），岳池凤鸣街范鼎铭患霍乱，已成昏厥。蒋殿梅急往探视，见其久不僵硬，脉搏还能微弱跳动，当即针刺人中、合谷、十宣等穴，继以人参四逆汤大剂，缓缓灌服，苏醒后又对症下药，使其逐渐康复。民国31年（1942年），广安李朝钺的三姨太患病，数医无效。蒋殿梅参与会诊，见病人在床上辗转反侧，时起时卧，大声叫痛，众医束手无策。经他诊脉，遂处方栀子 14 枚，香豉 5 钱，1 剂而愈，同行佩服不已。1952 年岳池县大石、红庙、石垭等乡钩端螺旋体病流行，患者 2000 余人。蒋殿梅亲赴疫区，诊治疾病。根据病人的症状，他运用中医辩证施治的原则，按病情处方，收到良效。1954 年底。太平小学教师罗冰玉患病，经地、县医院诊治 3 月无效，全身浮肿，神志恍惚、牙齿松动出血，头发脱落，舌质红无苔。蒋诊断为阴虚生热，外感风邪而致的“风毒”症，拟滋阴、清热、解毒、祛风的麦冬、生地、沙参、丹皮、赤芍、竹叶、银花、蝉蜕、僵蚕等药加减治疗，并忌食辛辣食物，服药数十剂而愈。

1954 年后，蒋殿梅先后任岳池县卫生协会副主任，岳池县中医训练班、南充专区西医离职学习中医班、正骨与痔漏训练班、南充医士校中医班教师，南充地区人民医院副院长。编有《白喉证治讲义》《麻疹证治讲义》《阴阳五行讲义》等教材。

陈明善

陈明善（1922—1980 年），合川县太平人。民国 32 年（1943 年）于重庆中央工业学校毕业，先后在合川三汇白沙小学、北碚《嘉陵日报》社工作。新中国成立后，任武胜华封小学、武胜中学、岳池师范校教师。1958 年调顾县中学教物理。在勤工俭学和技术革新中，试制过深耕机、抽水机、播种机、土发电机、手纺机等。

1959 年 5 月，苟角区委将改革植物油土榨的任务交顾县中学陈明善承担。陈接任务后，到油坊考察土榨结构，分析弊端。经过 1 月努力，绘出手摇卧式螺旋榨油机草图，交顾县镇上游铁木厂试制。因缺乏设备和材料，陈明善和厂党支书张启栋及工人傅文去、杨文云等，因陋就简，土法改造。没有机床，就进行手工操作。经过 4 昼夜奋战和 5 次反复试验，用铸铧的原料及方法，铸造出齿轮。在造丝杆过程中，为了把螺纹画上圆钢，在圆钢上绕等宽的两条纸，再抽去 1 条，沿纸边涂上白粉，现出纹路，后用手工打凿。陈明善与工人战高温，苦干 1 月余，造出丝杆 4 根。主要部件造出后，经过 10 多次的装拆改修，方成机器。因属手工制造，质量低劣，几次试榨，均未成功。陈总结经验教训，逐渐改进完善，到 9 月底，终于试制成功。

手摇卧式螺旋榨油机，结构简单，造价低廉，操作方便。可榨油、榨糖、打包等多用。功效为土榨的 5 倍，出油率为 37.2%，比土榨增长 1.7%。在南充专区顾县现场会和省油脂工作重庆会议上，现场操作，受到与会人员称赞。《四川日报》于 1959 年 11 月 16 日刊发该机制造成功的消息时，配发以《推荐一部好机器》为题的短评，对其评价极高。不久，手摇卧式螺旋榨油机在省内外推广。

陈明善由于发明手摇卧式螺旋榨油机，被南充专区科学研究所聘为研究员。1961 年调南充市机械局工作，1962 年调岳池一中任教，后调西溪中学。在教学中，他挤时从事技术革新工作。1980 年 5 月去世。

罗济民

罗济民（1927—1984），男，岳池县普安乡人。少时从师学习评书艺术，艺成后以演讲《铁侠记》《随唐演义》等书为业。1950 年加入岳池县曲艺工作者协会，曾先后赴重庆及川东北各地演讲评书。

1971 年岳池县革委撤销县曲协、曲艺队时，被遣回家。1973 年县委决定组建岳池县曲艺组，罗济民回曲艺组仍以演讲评书为业。罗济民曾到重庆和四川部分地区演讲《说岳传》《三侠五义》等评书，曾在岳池县城西街口文化茶园常驻演讲评书，经常到岳池中学、岳池一中、顾县中学等学校为师生演讲《红岩》。罗济民技艺精湛，知识丰富，被誉为川东北著名的评书艺人。

罗玉君

罗玉君（1907—1987），女，原名罗正淑，1907 年生于岳池县乔家乡，青年时代因抗婚只身逃往重庆读书，后至上海完成高等教育学业。1927 年去法国留学，1933 年获文学博士学位，成为中国历史上第一批女博士。归国后，罗玉君曾在山东大学、成都华西大学和四川省立艺专任教。1950 年后，任华东师大中文系教授、中国作协会员、上海翻译家协会理事等职。

罗玉君是我国享有盛誉的法国文学翻译家。她的法文中译本著作很多，主要有法国小说家司汤达的名著《红与黑》、雨果小说《海上劳工》、大仲马的小说《红屋骑士》、莫泊桑小说《我的心》以及法国浪漫主义女作家乔治·桑许多短篇小说。罗玉君教授具有高深的文学素养和文字表达能力，因此译著文笔流畅，语言优美，深为中国读者喜爱。

罗玉君教授的不少译本多次选入大学教材，尤其她翻译的司汤达的名著《红与黑》，从 20 世纪 50 年代出版以来，久印不衰，在中国读者中产生巨大的反响。她为介绍和普及法国文学，传播中法友谊作出了积极的贡献。她的名字被收入商务印书馆出版的《文学家词典》。

1987 年 8 月，罗玉君在上海去世。

朱云辉

朱云辉（1946—1988），男，渠县旺溪镇人，1955 年（9 岁时）加入岳池曲协曲艺演唱队，随唐兴璧等演职员学艺并登台演出。朱云辉天资聪颖，勤学图进，擅演曲剧小丑，能演车灯、金钱板等曲艺节目，1958 年成立岳池县曲艺队时，年仅十二岁的朱云辉已经是岳池县曲艺队的主力演员。他戏路广，模仿力强，演啥像啥，既长于襟襟丑、褶子丑、官衣丑，又擅生角、小生，青年时即为川东北知名的曲剧曲艺艺人。文革时期在岳池川剧团部分演员组织的宣传队里参加川剧《红灯记》演出，饰演鸠山。1971 年岳池县革委撤销曲艺队时回原籍，1973 年成立岳池县曲艺组后，回岳池到曲艺组与石果等人一道从事曲艺演唱，所演唱的金钱板《双枪老太婆》、评书《肖飞买药》深受群众好评。

周家洛

周家洛（1921—1991），男，岳池县九龙镇人，1939 年加入中国共产党，后去延安，1940 年 10 月进入延安鲁迅艺术学院音乐系，在学习期间历任党小组长、支部副书记、代理书记等职，参加延安整风运动，积极响应毛泽东《在延安文艺座谈会上的讲话》号召，随鲁艺工作团去绥德、米脂等地深入生活，采集民歌为工农兵演出。他学过笛子、二胡、小提琴、中提琴，参加过乐队演奏，创作过歌剧插曲。在长期的艺术实践中，周家洛为党的文艺事业作了大量有益的工作。举世闻名的陕北民歌《兰花花》《脚夫调》《揽工调》等就是他深入生活首次采集记谱的，发表后产生巨大影响。尤其陕北民歌《兰花花》调谐律美，优美动听，在国内外广泛传唱：

“青线线，兰线线，兰格英英的彩。

生下一个兰花花，实实爱死人。……”

1944 年周家洛从延安鲁艺毕业后担任民族文工团、三边文工团的音乐教员，1946 年 10 月任延安中国管弦乐团教务干事。其歌曲创作有《我们是朱德青年纵队》《保卫根据地》《送哥参军》《军民鱼水情》。1949 年后，周家洛担任北京人民艺术剧院管弦乐队副队长、队长。同年出席世界青年联欢节，并参加中国青年文工团赴苏联、匈牙利演出。1960 年该院改称中央戏剧学院，周家洛在附属歌剧院管弦乐团任副团长、总支副书记。1952 年该院改称中央实验歌剧院后，历任院办公室主任、总支副书记、文化部党委委员。1954 年，调北京舞蹈学院，历任办公室主任、教育部主任、副校长，文化部党委委员等职。1958 年调文化部，曾任文化部教育司办公室主任、教育处副处长、处长，事业管理处处长等职。1977 年调中国京剧院任领导小组成员。1980 年调中国艺术研究院音乐研究所任副所长。在此期间，创作的歌曲有《钢铁长城》《新中国的青年》《新中国的少年儿童》《吹泡泡》《小小鸡毛毽》《大江和太阳》《长安街》《幸福的河》等。

1991 年 6 月 28 日，音乐家周家洛在北京逝世。

陈伯村

陈伯村（1909—1992），原名石国柱，男，岳池县石垭镇人。1928 年岳池中学毕业，1929 年在上海参加地下革命工作，同年加入中国共产主义青年团，1932 年转为中国共产党党员。曾任共青团江苏省委秘书、共青团上海市闸北区委书记、共青团江苏省委巡视员。早期革命生涯中，他前后 4 次被捕入狱，经党营救出狱后，1937 年赴延安，历任陕北公学党总支委员、陕北公学关中分校政治部组织科长、中央党务委员会秘书、中共中央组织部干事、中共中央纪委秘书、中共西北局组织部干部科副科长。他在从事党的组织、干部工作中，为争取抗日战争的胜利，培养、选拔了大批优秀干部。1945 年赴东北工作，历任中共中央北满分局组织部、中央东北局组织部干部科科长，中共东北局土改工作团团长兼中共安东地委副书记、勃利地委书记，合江省委民运部部长、组织部部长、省委副书记等职。他在担任上述职务期间，积极宣传、发动、组织、带领群众进行减租、减息、土地改革、发展生产、支援前线、拥军优属、参军参战，为建设和巩固东北革命根据地做了大量工作。1949 年后，历任中共中央东北局组织部副部长、东北局纪委副书记、东北局人民政府人事部部长、中共旅大市委第二书记。1954 年受“高饶事件”株连，1955 年被降职降级，调任哈尔滨水泥厂副厂长，1958 年任哈尔滨热电厂厂长。

1979 年调任电力工业部副部长。1983 年退居第二线，被选为全国政协常委，受组织委托，参加考核有关省、市领导班子的工作。他到广东、江苏、浙江等地对乡（镇）企业作调查研究，热情支持改革中的新生事物。不顾年迈多病，主持《辽沈决战》全卷 100 余万字的编辑工作，为后代留下一笔宝贵的精神财富。

陈伯村热爱家乡。1984 年 10 月回岳池探亲时，视察水利工程和母校岳池中学后，参加岳池县史志座谈会，为岳池史志工作题写“努力编好岳池县志”，并为《岳池县志》写了序言。

1992年6月陈伯村病逝于北京，终年83岁。

王向明

王向明（1927—1992），男，出生于九龙镇一个教育世家。先后在岳池初级中学和长寿县高中毕业；1949年毕业于北平朝阳大学法律系，获法学学士学位。1949年3月进华北大学学习，6月毕业，留校在政治教研室工作。1950年转入中国人民大学任教，1956年被评为该校首批讲师，历任副教授、教授。

王向明是国家宪法学的开创者之一，新中国诞生伊始，他即全身心地投入对宪法学的研究和教学工作。曾参加共和国成立后的首部《宪法》《中华人民共和国地方各级人民代表大会和地方各级人民政府组织法》《全国人民代表大会和各级人民代表大会选举法》《社会团体登记管理条例》及有关法律的起草和修改工作。中共十二大提出加强法制教育后，他以强烈的责任感撰写和发表了以普法、学法、执法为内容的文章100余万字，其中部分收入相关汇编，有的荣获优秀科技成果奖。与人合著高校法学教材7部，个人撰写法学专著7部。他在20世纪50年代即指导研究生学习。1983年开始招收宪法学及行政法学学位研究生，为国家培养了大批法学人才。在长期的教学和研究工作中，形成了自己的学术观点，为我国进行法制建设作出了积极的贡献。1987年7月，王向明赴美国科罗拉多州出席美国宪法200周年讨论会，他在会上宣读的论文，赢得与会者的一致好评。

王向明曾任中国人民大学法律教研室苏联国家法教研小组组长、教研室副主任、主任，中国法学会宪法研究会干事。1983年起，连任北京市第八届、第九届人民代表大会代表，北京市人大常委会委员、人大常委会政法委员会委员。其间，他积极参加北京市众多地方法规的规划和起草工作。

王向明关心国计民生大事，积极反映人民群众的要求。他热爱中国共产党和社会主义国家，有坚定不移的共产主义信念，多年一再申请要求加入中国共产党，1985年加入中国共产党。王向明喜爱书法，对英语亦深有造诣，可与外宾直接交谈。他生活俭朴，不嗜烟酒，待人接物，彬彬有礼。

1992年8月21日王向明教授在北京逝世。

蒋廷藩

蒋廷藩（1918—1993），男，1918年出生于岳池县齐福乡，曾任中国美术家学会顾问，中国美术家学会宁夏分会会长、全国戏剧家协会宁夏分会常务理事，一级舞台美术设计师。他设计的主要戏剧作品有《药》《岳飞》《雷雨》《日出》《孔雀胆》《秋海棠》《裙带风》《抓壮丁》《哈姆雷特》《清宫外史》《牛郎织女》《兵临城下》《年青一代），《女飞行员》《西安事变》《于无声处》《打击侵略者》《千万不要忘记》《霓虹灯下的哨兵》等，多次获奖。他所写的《舞台美术布景透视与制图技术》一书，解决了舞台美术设计中的布景透视问题。蒋廷藩是我国戏剧舞台著名美术设计师，从事舞台美术工作50多年，成就显著。他的事迹已被收录于《美术辞林·舞台美术篇》名人条目中。

蒋廷藩于1993年病逝。

周慕白

周慕白（1912—1993），男，岳池县九龙镇人。1951 年参加工作，1986 年 9 月加入中国共产党，中医副主任医师。

周慕白青年时代即立志济世活人，献身中医事业，决心拜师学习祖国医学。1939 年，就读于南京国医讲习所（抗战时期迁驻广安县城），对祖国医学典籍进行过系统的研究，获益匪浅。毕业后在罗渡独立开业行医，他将学到的医学知识用于临床实践，再把临床实践中取得的成果升华为理论知识，如此反复不息，医学知识不断丰富，医术不断提高，成为南充地区名老中医，年门诊 1 万余人（次）。

周慕白为使祖国传统医学后继有人，1960 年始收徒带教，办医学培训班多期。他悉心传授医学知识和临床经验，使 200 余名青年结业后，大部分成为当地的医疗卫生骨干。

周慕白长期刻苦钻研祖国医学，攻克不少疑难杂症，成果显著。他数十年如一日，除上班应诊外，还撰写不少医学论文和验方简介：1973 年《四川中草药通讯》第 2 期刊载有《破血逐瘀汤加知母阳起石治愈子宫附件癌》一文；1977 年《四川中药通讯》第 3、7 期连刊《中西医结合治疗臂力性粒细胞白血病》和《治疗肺门纵膈淋巴肉癌》两文；1980 年《南充卫生》第 25 期刊载《科研秘诀》一文；1980 年、1981 年《岳池科技》刊载《银麦汤加味变化临床运用情况汇报》《肿瘤病因初探》两文；1983 年《四川中医》第 5 期刊载《银麦汤加味的临床运用》一文；1984 年《南充科技》第 1 期刊载《祛脂药酒治疗冠心病》一文，《新中医》第 10 期刊载《卵巢癌验案一则》一文，《岳池卫生》第 1 期刊载《讨论白血病的中医治疗》一文及《肺癌病因认识》《肺癌验案选介》《祛脂药加味治疗冠心病 21 例小结》等文。周慕白中医学说知识功底深厚，善于将理论与实践相结合，辩证施治，对症下药，治愈不少外地大医院束手无策的疑难病症。如张昌毅患慢性肾功能衰竭尿毒症，到外地多家大医院治疗无效，经周慕白费时 3 年用大汗草配方治愈。重庆、南部、南充等地多例白血病、肝硬化、宫颈癌、食道癌等病的患者，经周慕白治疗，病情得到明显控制甚至康复。香港 1993 年 9 月出版的《中国当代名医特色医疗辞典》收载有关周慕白的词条。

周慕白先后任罗渡区卫协筹委会主任、罗渡区卫生院院务委员、岳池县科技顾问团成员、岳池科协委员、岳池县政协医卫组成员、岳池县医学会理事、《四川中医》通讯员，连任 1981 年、1984 年两届县人大代表、县人大常务委员会委员。

1986 年周慕白退休后，他不顾年迈体弱，坚持常年每天诊病半天，如遇危重病人求医，不分昼夜，随到随诊，从不推诿。

1993 年 9 月周慕白病逝。

周西卜

周西卜（1907—1994），男，原名周基钊，1907 年生，岳池县裕民镇人。1928 年考入公立四川大学外国文学院，被选为成都大中学校学联宣传部长，后改名周西卜。1930 年考入武汉大学外文系，1933 年武大毕业，先后在广安、岳池、长寿、合川、万县、奉节、大竹、雅安等地中学任教。1942 年回岳池，在罗渡创办“私立尚用中学”，任董事长兼首任校长。1943 年 8 月至 1944 年 7 月任东北大学教授。1944 年 10 月赴美国旧金山斯丹佛大学教育研究学院学习。留美期间，他一边读书，一边在华文报馆当翻译，靠勤工俭学完成学业，于 1948 年底学成回国。1949 年 3 月至 1950 年 3 月，任四川教育学院教授、院务委员会主任委员、外文系代理主任。1950 年 9 月至 1951 年 5 月，任西南师范学院（现西南师范大学）筹备委员会主任委员，之后任西南师范学院首届校务委员会委员、代理总务长、教育系名誉主任、教授等职。

周西卜学识渊博，治学严谨，精通英语、俄语，对普通心理学、心理学史、外国心理学各流派都有较深的研究。高教五级教授，几十年致力于教学工作，1975 年退休。

1986 年 5 月，他将积蓄的 1 万元现金捐赠给岳池一中，设立“岳秀奖学基金”，奖励学业优异者。同时，他还向岳池县图书馆捐赠自己珍藏多年的英、俄、汉文书籍，并为图书馆添制部分书架。

在他去世前一年的 1993 年 7 月，周西卜再次捐赠两万元，发展家乡教育文化事业。《广安日报》《南充日报》《重庆日报》《四川日报》《人民日报》等报刊先后报道周西卜捐资助学事迹。

1994 年 8 月，周西卜病故于重庆。

吴　雪

吴雪（1914—2006），男，1914 年出生于岳池县普安镇，18 岁进入岳池县中学读书。吴雪从小受家乡川剧“泰鸿班”的影响和艺术熏陶，对戏剧艺术非常爱好。他时常以口技等在学校表演，并在艺人的指导下，演出了川剧《打渔杀家》，初露表演才华。1933 年开始从事戏剧工作。1936 年，受爱国思想的影响，吴雪在成都投入救亡活动，参加“剧人社”举办的业余募捐演出。次年，又只身去上海从事抗日救亡活动。1938 年元旦，由吴雪牵头成立的“四川旅外剧队”在重庆演出阳翰笙的《塞上风云》，引起轰动。同时，剧队又排演了不少进步剧目到城乡巡回演出，获得好评。由吴雪编导与他人合演的方言剧《抓壮丁》便是这一时期的优秀代表剧目。1939 年，吴雪赴延安，1940 年 5 月担任延安青年艺术剧院院长。

1943 年，多幕四川方言话剧《抓壮丁》在延安扬家岭为中央领导演出，获得巨大成功。毛泽东主席三次观看《抓壮丁》，朱德、周恩来、刘伯承、邓小平、杨尚昆、邓颖超等中央领导赞扬《抓壮丁》是一出好戏。中华人民共和国成立后，《抓壮丁》剧本几经加工锤炼，正式出版，并改编拍成同名电影在全国放映，成为享誉全国的地方优秀代表剧目之一。

吴雪代表作《抓壮丁》由吴雪编剧和导演，并扮演剧中主角李老栓。该剧真实而生动再现了 20 世纪 30 年代四川农村的现实生活，揭露了官、绅、兵、匪的丑恶行径，反映了国民党统治区征兵政策带给人民深重的灾难。作者以家乡岳池农村人的生活原型，用原汁原味的岳池方言，绘声绘色地演绎当时岳池农家各色人生百态。抗日战争胜利后，吴雪去东北参加土改运动。在此期间，他导演了《土地还家》《送公粮》《白毛女》等戏剧，受到一致好评。

新中国成立之后，吴雪历任中国青年艺术剧院院长、全国剧协副主席、文化部副部长等职。1984 年离休。2006 年在北京去世。为纪念吴雪，现县城建有吴雪剧院、吴雪艺术中心。

杜泳樵

杜泳樵（1934—2007），男，1934 年生于岳池县大石乡，1956 年毕业于四川美术学院，四川美术学院教授、中国美术协会会员。20 世纪 50 年代，水彩作品曾在省青年美术展上获二等奖，版画作品在全国青年美展上获三等奖，版画《溪畔》被前苏联博物馆收藏；20 世纪 80 年代，油画作品被拍摄成电影专题片广为发行，油画《千秋岁月》被中国美术馆收藏；20 世纪 90 年代，水彩作品《静物》获“中国首届水彩艺术展”银奖：20 世纪 80 至 90 年代以来曾多次在海内外举办个人画展，并已出版有三部个人画集，国画获广泛称誉，若干国画作品被收入《中国书画作品收藏宝典》《全国翰墨精品集》等大型文献。他的油画一样显露出严肃的创作风貌，并且品格高雅、气度不凡，被誉为“东方色彩大师”。

主要成就有：版画《夜》获全国青年美展三等奖，水彩《先进生产者的表演》获青年美展二等奖，版画《溪畔》参加莫斯科世界青年联欢节，油画系列《山城组画》，油画《千秋岁月》为中国美术馆收藏，水彩《静物》获中国首届水彩画艺术展银奖。出版有《杜泳樵油画集》《杜泳樵画集》。2007 年去世。

杨仁恺

杨仁恺（1915—2008），男，号和溪遗民，笔名易木，斋名沐雨楼，著名书画鉴定家。1915 年 10 月生于岳池城关镇，幼读私塾，1932 年考入重庆公立高中理科班学习。1950 年后任东北文化部文物处研究员，曾担任中国古代书画五人鉴定小组成员、中国博物馆协会名誉理事；辽宁省博物馆名誉馆长、文史研究馆名誉馆长；鲁迅美术学院名誉教授、人民大学国学院教授、中央美术学院研究生导师，辽宁省书法家协会名誉主席、美术家协会名誉主席等职。

杨仁恺是当代著名学者、书画家、书画鉴定家、博物馆学家，他是辽宁文博事业的开拓者之一，为中华文化遗产的保护与弘扬付出了毕生的精力，做出了重要贡献，深受社会各界的尊敬与爱戴。他是名画《清明上河图》的发现者。杨仁恺的发现，使消失了 800 多年的旷世巨制《清明上河图》再一次呈现在世人面前，从此杨仁恺的名字便与《清明上河图》连在了一起。杨仁恺先后从民间抢救出《簪化仕女图》《虢国夫人游春图》等百余件历代书画精品，现藏故宫博物院的北宋米芾行书《苕溪诗帖》经杨仁恺鉴别重现于世。20 世纪 80 年代，杨仁恺与著名书画鉴赏家启功、谢稚柳、徐邦达、史树青等共同巡回鉴定全国各博物馆、图书馆、大专院校、文物商店所藏书画，逐一过目，鉴定真赝，编印出版文字图目，历时 8 年鉴定书画在两万件以上。

2000 年，辽宁省人民政府授予杨仁恺“人民鉴赏家”荣誉称号，被誉为“国眼”。杨仁恺对历史文化遗产的考鉴、拯救以及对中国文化在世界的传播作出了卓越的贡献。

2008 年 1 月 31 日杨仁恺在沈阳逝世，享年 93 岁。为怀念他为民族文化事业所做出的杰出贡献。辽宁省人民政府在沈阳市龙泉古园修建“人民鉴赏家杨仁恺墓园”。为纪念他的故乡，墓园里有一个被称作“岳池”的园中小湖。“人民鉴赏家”杨仁恺与“岳池”湖永世长存。

刘　旷

刘旷（1920—2011），男，原名刘德麒，笔名牛耕，岳池县兴隆镇人。1920 年生。1938 年赴延安抗大学习。1939 年到晋察冀边区工作。1941 年进华北联合大学文艺学院美术系学习，在老木刻家指导下学版画。1946年起，从事木刻创作。1949年后，曾任《西北画报》主编。西北美协书记处书记、西安美协副秘书长等职。1954年创作木刻《嘉陵江畔》参加第七届世界青年联欢节美展；创作的木刻画《乌鞘岭上》被收入《新中国木刻选》。1957年创作版画《找水源》参加在莫斯科举办的社会主义国家美术作品展，后收入《十年中国版画集》。1959年创作版画《长城内外》被选作《红旗》杂志封面画，并参加第四届国际画展。1960年赴苏联访问，并创作《访苏画集》。1973年后在陕西文艺创研室从事专业创作。1979年调陕西美协，出版《刘旷画集》。曾任中国美协会员、中国画家协会常务理事、陕西省美协常务理事。

1991年，刘旷获新兴版画杰出贡献奖。代表作品有《嘉陵江畔》《找水源》《长城内外》等。出版有《刘旷画集》等。

1994年4月，刘旷画展在四川美术馆开幕，四川省委宣传部、省文联及四川美协、四川画院等单位领导和专家前往祝贺，新闻媒体对刘旷的生平和著作作了报道，对他版画艺术成就作了充分肯定。2011年7月在西安去世。

第二章　人物简介

郭宗勋

郭宗勋　男，1926年11月生，岳池乔家镇人，汉族，小学文化。郭宗勋出生于木偶艺人家庭，14岁时随其父郭培之学习杖头木偶表演，后投师粽粑乡木偶艺人何礼堂名下学习木偶艺术，练就了过硬的木偶表演基本功。20世纪50年代后，他先后在岳池县曲艺协会、铜梁县川剧团、岳池县曲艺组做演员、演奏员。其间，他设计出个人演奏全套川剧锣鼓的装置，练出个人演奏全套川剧锣鼓的技巧；他改进杖头木偶、布袋木偶造型和舞台设计，使杖头、布袋木偶能同台演出。他可以将表演中的木偶挂或放在舞台上抽出手来打击乐器伴奏，打完乐器又用手操纵木偶表演，形成独具特色的岳池郭氏被单戏艺术。1987年，郭宗勋应省外事办和省群众艺术馆邀请赴蓉为德国、日本等国外宾和港、澳、台同胞演出，受到高度赞扬。郭宗勋为岳池木偶艺术承前启后的传承者，现在岳池十多个被单戏班的演职员皆系其传人。郭宗勋因其独特艺术而入选《四川文化名人录》和《中国民间文化名人录》。现任县曲协副会长。

黄天琦

黄天琦，男，生于1927年，岳池县大石乡花园坪村村民，中共党员，曾担任过乡村民办教师。

改革开放以后，黄天琦看到村里人靠自己的劳动解决了温饱，有的人还迅速致富。但是，农村文化生活却很贫乏。黄天琦心想，农民群众逢年过节，劳动之余，总得热闹热闹，精神才有所寄托。于是，他打算自筹资金在村里办一所电影院。

1985年5月，黄天琦借款购回一台电影放映机，办起了“黄天琦家庭影剧院”。为了宣传党的方针政策，活跃农村文化生活，他和家人除在自己住地放映外，还经常挑着放映机走村串户，将电影送到村民家门口。1985～1993年，8年时间，共为群众放映2500多场，其中免费放映科教片250多场，他的行动受到当地干部和群众好评。1996年黄天琦决定把他几十年省吃俭用积攒的养老金一万元用来设立“黄天琦教师奖励基金”，存本支息，每年教师节之际给全乡的优秀教师颁发奖金。

1999年9月8日，“黄天琦教师奖励基金”举行第一次颁奖仪式。中共广安市委副书记李成轩、市委宣传部，市文体局以及岳池县教委等部门负责人专程前往参加颁奖大会。黄天琦这位忠厚朴实的老人表示：今后要把影剧院办得更好，为丰富群众文化生活，建设社会主义精神文明再作贡献。获奖教师代表也表示，今后工作中要坚决贯彻党的教育方针，巩固和发展“普九”成果，努力工作，全面提高教育质量，把学校办好，让人民满意，让群众放心，让学生成才。《人民日报》《四川日报》等报刊对黄天琦的事迹作了宣传报道。

邹志诚

邹志诚，男，生于1928年8月，岳池县苟角镇人，岳池私立新三中学高中毕业。1951年5月在川北新闻干部培训班结业后分配到川北行署新闻出版处工作，后调川北新闻出版社筹办《川北大众》杂志。1952年合省后，调四川人民出版社《四川大众》编辑部工作，1953年7月调《四川文艺》编辑部，先后任过《草地》《峨嵋》《四川文学》《戏剧与电影》等刊物的编辑、记者，并担任省川剧学会副秘书长、省川剧艺术理论研究会第一、二、三届常务理事、省戏剧家协会第三届理事、《戏剧与电影》杂志社副编审，是中国戏剧家协会、省戏剧家协会、省作家协会、省民间文艺家协会会员。主编过省戏剧家协会《内部通讯》《中国·四川戏剧家名录》，电视剧专辑《巴蜀传奇》、新编川剧《鲁四凤》等。

在担任编辑工作之余，邹志诚写过曲艺、小说、散文、戏剧、民间故事、评论计50余篇（部）。1959年参与编辑的新民公社史《绿树成荫》一书，由作家出版社出版，在全国第三次文代会上受到中宣部领导表扬。发表报告文学《凉山一枝花》《大搬家》《星期六下午》《一个演员的自述》《主任的基本建设》《卖甘蔗》《星期日的喜事》《父女俩》和改编的民间长诗《我的幺表妹》《勒俄特依》（与人合作），民间故事《英雄支呷洛的故事》《洪水朝天的故事》《红星水壶》《金鸡岭》《一升黄豆》《测字先生之谜》等。评论文章《肖熙凤的成长与成就》（与人合作），获得四川省振兴川剧领导小组、四川省文化厅1986年颁发的科学研究优秀成果著作奖。

第十一篇 艺 文

第一章 历代名人咏岳池

长滩寺[①]梦李绅[②]

元 稹

孤吟独寝意千般，合眼逢君一夜欢。

惭愧梦魂无远近，不辞风雨到长滩。

注释

①长滩寺：位于岳池县城西十五里的长滩河畔。

②李绅（772—846）：唐代诗人。字公垂。青年时目睹农民终日劳作而不得温饱，以同情和愤慨的心情，写出了千古传诵的《悯农》诗二首，内有“四海无闲田，农夫犹饿死”“谁知盘中餐，粒粒皆辛苦”等名句，被誉为悯农诗人。

作者

元稹（779—831），唐代诗人。字微之，别字威明，河南洛阳人。初仕河中府，历任秘书省校书郎、左拾遗、监察御史。后历通州（今四川达州）司马、虢州长史、膳部员外郎、祠部郎中、知制诰中书舍人。居相位三月，出为同州刺史、浙东观察使，逝于武昌军节度使任上。稹自少与白居易倡和，当时言诗者称“元白”，号为“元和体”。其《新题乐府》则直接缘于李绅。与白居易齐名，并称元白，同为新乐府运动倡导者。今存《元氏长庆集》六十卷。

题集虚观[①]

吕洞宾

青蛇炼影月徘徊，夜静云闲尚未来。

应是有人新换骨，暂留踪迹到天台。

注释

①集虚观：位于岳池县城西三里，又称东华观。因吕洞宾寓居于此，故俗称洞宾观或纯阳观。

作者

吕洞宾（798—?），传说八仙之一。名岩，号纯阳子，相传为唐代京兆人，一作河中府（今山西永济县）人。相传唐会昌中两举进士不第，浪游江湖，遇仙人授以丹诀得道。隐居终南山，后游历各地。《明一统志》、明嘉靖《四川通志》及历代岳池旧志均载吕曾寓居岳池。

岳池农家

陆游

春深农家耕未足，原头叱叱两黄犊[①]。

泥融无块水初浑，雨细有痕秧正绿。

绿秧分时风日美，时平未有差科[②]起。

买花西舍喜成婚，持酒东邻贺生子。

谁言农家不入时？小姑画得城中眉。

一双素手无人识，空村相唤看缫丝。

农家农家乐复乐，不比市朝争夺恶。

宦游所得真几何？我已三年废东作[3]。

注释

①黄犊：小黄牛。

②差科：劳役及科税。

③东作：春耕生产。

作者

陆游（1125—1210），南宋爱国诗人。字务观，号放翁，山阴（今浙江绍兴）人。绍兴中应礼部试，为秦桧所黜。孝宗即位，赐进士出身。曾任镇江、隆兴通判。乾道八年入四川宣抚使王炎幕府时，途经岳池，作此诗。

飞泉白练[1]

石泉

界破青山绕上方，石渠流处冷侵霜。

源头想自星河落，派脉应同人世长。

眼底乍观飞玉带，耳边时听响琳琅。

几回煮茗呼僧汲，带得清凉满法堂。

注释

①飞泉白练：岳池县城东二十里姜山白云庵侧之岩下有石井，水喷溢如瀑，四时不涸，称“飞泉白练”。明时可彻和尚于井畔岩壁书刻“飞泉”两字。

作者

石泉，岳池人。明永乐年间举人，官至南阳知府，有惠政。入祀乡贤。

游金城山[1]谒何忠靖[2]公祠

陈以勤

我到金城关上门，方知岳外有山尊。

高摩赤日分昏晓，雄压诸山是子孙。

插剑池龙留胜迹，步虚台榭植灵根。

英雄祠此为民福，纪载纷纷何足论。

注释

①金城山：位于岳池县城北六十里，与南充、蓬安交界，“以众山环回如城”故名。古称天下七十二福地之一，今为旅游胜地。

②何忠靖：名滔，岳池人。唐天宝安史之乱，举义兵讨伐逆贼，死难，谥“忠靖”，庙祀金城山。

作者

陈以勤（1511—1586），字逸甫，号松谷，别号青居山人，南充人。明嘉靖二十年（1541年）进士及第，官至吏部尚书、武英殿大学士，青年时期游金城山留有诗文。

题状元台[①]

杜日章

为爱幽居处，天然落韵长。
台高山翠远，峰转阁风凉。
石圣今朝寺，金龙古道场。
不凭骚客迹，谁记状元郎。

注释

①状元台：岳池县城西五里有石圣山，《蜀中名胜记》作金陇山，今名石庙子，山岭有状元读书台。宋庆历年状元蒲信居山左，蒲信亲笔题联：金刹插云霄，鱼跃鸢飞相上下；石岩驯虎豹，清风明月任纵横。

作者

杜日章，岳池人。明万历进士，官至云南按察司兵备副使。

十咏碑[①]

卢雍

翔凤[②]朝阳

彩凤初含日，文明发早光。
三峰长拱翼，万古仰飞翔。

注释

①十咏碑：乃咏岳池十景。
②翔凤：翔凤山，即凤山，又名后山或后龙山。南傍岳池县，因三峰迤逦如凤翔而得名。

大龙[①]暮雨

岗峦互起伏，百里势蜿蜒。
夜分[②]常嘘雾，盈盈[③]早注田。

注释

①大龙：大龙山，位于岳池县城西二十五里，山势蜿蜒起伏，状如游龙，因而得名。
②夜分：夜半。
③盈盈：水清浅。

亮坝[①]春耕

千耦勤东作，平原水正盈。
曾闻丞相日，从不扰民耕。

注释

①亮坝：又名诸葛坝，位于岳池县城东五里，相传三国蜀相诸葛亮曾屯兵于此，故名。

岳门[①]秋望

岳门长不闭，山色入秋佳。

红树晴云日，登楼感客怀[②]。

注释

①岳门：距岳池县城南四十里有岳门山，自北迤逦向南横隔广（安）岳（池），为广安进入岳池之门户，是名岳门。

②感客怀：据光绪版《岳池县志》。

银山[①]晚照

连峰云汉[②]里，此地此山尊。

晚照在高顶，群山曙[③]色昏。

注释

①银山：即华银山，华蓥山之古称。位于岳池县南一百九十里，旧时分属岳池、广安、邻水、合川、江北等县。山岭有白岩（石灰岩）数处，每至傍晚落日返照，数处白岩灿若银台。

②云汉：即云霄。

③“曙”疑为“暝”。

灵溪[①]夜月

月曼碧溪清，波寒夜色明。

钓船光正满，独坐听溪声。

注释

①灵溪：发源于岳池县双龙乡石马山，自西往东至岳池县城东郊经灵溪桥在南郊白塔汇入洗马河。灵溪桥附近段，孤月浮空，碧空无际，水月相映，月光皎皎异常。旧时文人雅士多于此赏月。

奇峰龟伏[①]

巨笔留遗事，龟峰石壁书。

沧桑应有改，静伏长如初。

注释

①龟伏：“石龟”名榜山，位于岳池县城西三里，因其状如龟伏而得名。

巨石牛眠[①]

稳卧溪潭里，千年竟不归。

牧童偏爱惜，吹笙坐斜晖。

注释

①巨石牛眠：岳池县城西十五里有长滩寺，寺下溪潭旁有二巨石，形似牛眠。

羊洞[①]仙踪

仙人一叱石，洞里出羊群。

仙去化为石，灵宫锁白云。

注释

①羊洞：岳池县城北四十里有一羊山，山势自南贯北，南段为大羊山，北段为小羊山。大羊山有道观“羊山观”，历代方士羽流多有在此修炼传道者。山东麓有一洞名“羊洞”。旧传南朝梁有居士白尚仙于此栖隐讲诵，二羊跪听，后化为石。羊山由此得名。

虎头[1]佛刹

神僧能伏虎，卓锡[2]就开山。
夜半寒钟吼，风生梵刹间。

注释

①虎头：即虎头山，位于岳池县城西二十里，上有虎头寺，为伏虎禅师遗刹。

②卓锡：僧人在某地居留称为“卓锡”。

灵泉[1]留题

卢雍

霜旌岁晚入灵泉，花竹相看似有缘。
石罅清源流万古，松涧曲径上诸巅。
禅堂独许三留偈[2]，客论风惊两换年。
分咐老僧无别语，莫教风雨损崖镌。

注释

①灵泉：即灵泉寺。位于岳池县北秦溪镇。由于地处岳池至南充官道，历代过往文人墨客诗文碑刻遗留甚多。

②偈：休息。

作者

卢雍，字师邵，江苏吴县人。明正德中进士授监察御史。正德十三年（1518 年）官四川巡按，有惠政。后迁四川省提学副使，未到任即卒。

灵泉寺

朱篚

云端钟声出浮图[1]，翠壁丹崖有或无。
山水古今流鱼轴，乾坤日月在冰壶。
禅林慧月同三竺，苦海慈航隔五湖。
已识忙闲犹系马，扁舟何处钓菰蒲。

注释

①浮图：同浮屠，佛塔，此指佛寺。

作者

朱篚，字拙斋，浙江山阴（今绍兴）人。明嘉靖由进士知顺庆（今南充市）府事。嘉靖二十年（1541 年），因公至岳池县秦溪镇，途宿灵泉寺，作诗镌于岩壁。

巨石牛眠

王子诏

双牛稳卧岩前水，砥柱中流亘古存。
鼻任江风牵蔓影，毛随春雨长苔痕。
波翻锦浪声非喘，口泻甘泉舌莫扪。
百里花封关键好，长留巨石镇黄昏。

高 寺[①]

王子诏

雁塔重游又十年，清癯老衲已华颠[②]。
须弥[③]一粒无量佛，名利双逃自在禅。
胸次久经耽绿野，池头曾记浣青莲。
归来欲结香山社，谁是当年白乐天。

注释

①高寺：即雁塔寺，又名青莲寺。位于岳池县城东门外。现庙宇已毁。

②华颠：白头。僧人本无发，此指老僧更苍老了。

③须弥：梵语，意译“妙高”，古印度传说中的山名。此借指高寺。

作者

王子诏，岳池拔贡，曾任成都府教谕。

和溪杂咏二十首

刘钧贻

凤鸣寺[①]

凤凰鸣胜地，西蜀有岐山。
殿阁层城闭，经僧落日闲。
春晴疏雨外，秋树断云间。
竹里寻幽境，青青碧玉弯。

注释

①凤鸣寺：位于岳池县城小东街，即岐山。

乾佛寺[①]

金绳[②]开觉路，古寺久传灯。
花雨三千界[③]，瑶台十二层。
秋云常涌塔，石壁半垂藤。
鹫岭栖真地，心经说上乘。

注释

①乾佛寺：岳池县城西三里处之榜山（又名龟山）上，有寺曰乾佛寺，亦称千佛寺。今已毁。

②金绳：佛教传说："离垢国以黄金为绳，界其道侧以导路。"唐李白诗："金绳开觉路，宝筏渡迷川"。

③三千界：佛教语，谓大千世界。

高　寺

锡声争卓麓[①]，香国[②]法轮[③]高。
路接龙门近，名传雁塔豪。
山深鸣谷鸟，殿冷覆松涛。
何处青莲宅，荒畦剪野蒿。

注释

①卓锡：亦名锡卓，僧人所用的锡杖。此句指锡杖触地声震山麓，喻高寺僧人众多香火兴盛。

②香国：佛国名。

③法轮：佛法的别称。

姜山寺[①]

蜀山多设险，汉将惯屯营。
竹木层阴直，旌旗落日明。
秋山随磬远，香室浣花清。
徒令松楸下，空随野鸟鸣。

注释

①姜山寺：位于今岳池县大石乡境内，相传蜀汉姜维曾屯兵于此，因而得名。

水浮寺[①]

四壁花为幔，中央尺地浮。
禅心空色相，泽国小瀛洲。
月落乌啼寺，山寒水碧秋。
金焦同一点，鸥鹭好偕游。

注释

①水浮寺：位于今岳池县苟角镇境内。寺在山上，其山位于水中，故名。

金城山宝莲寺

金城新梵宇，香火旧因缘。
世界归三宝[①]，峰峦接九天。
野花迷断谷，山磬发寒烟。
大众丛林集，青莲妙舌传。

注释

①三宝：三种宝贵的事物，所指随文而异，佛教以佛、法、僧为三宝。

东岩寺[①]

侧耳涛声近，东岩第几重。
殿无三伏暑，庭有六朝松。
渔火江船鼓，溪烟野寺钟。
石门山白稳，稚子带云舂。

注释

①东岩寺：位于今岳池县嘉陵乡境内嘉陵江边。

云钩寺[①]

白云长自在，荡漾影如钩。
远磬空山响，深林古寺秋。
天寒常起鹤，池静不惊鸥。
北望重峦外，晴峰是果州。

注释

①云钩寺：位于今岳池县大城乡境内。山孤峰秀，云垂如钩，山寺因此命名。寺上有池，四时不涸。

龙泉观[①]

三尺龙泉剑，森森袖底藏。
刺来岩石窟，化作水云乡。
落照深林晚，飞泉半亩凉。
抽簪[②]游此地，不减午桥庄[③]。

注释

①龙泉观：位于今岳池县渠河乡境内。相传宋太祖赵匡胤途经此地，渴而思饮，插剑刺石，水即涌出。
②抽簪：称弃官隐退。
③午桥庄：唐裴度的别墅。

石鼓寺[①]

石鼓鸣如缶[②]，微茫起嫩波。
江山环岛屿，楼阁出烟萝。
方丈归僧早，余霞落日多。
峰前峰后寺，闲步往来过。

注释

①石鼓寺：位于岳池县石鼓乡。该地水中有石如鼓，山上有石如槌。
②缶：古乐器。

洞宾岩[①]

叠嶂层峦处，岩名曰洞宾。

龟峰两字隐，鹿苑[2]几重新。
风雨怀前梦，春秋洽比邻。
此心常不竞，鱼鸟自相亲。

注释

①洞宾岩：位置与乾佛寺同。
②鹿苑：养鹿的园林。此代称道家修炼之所。

普光寺[1]

谁将明月影，砌入碧莲池。
小雨燕飞急，新晴客到迟。
白云随我尽，福地少人知。
寄语维摩[2]室，山僧好护持。

注释

①普光寺：位于今岳池县普安乡境内，旁有明月池。
②维摩：佛名。

白鹤观[1]

命名知鹤舞，题壁又龙蟠。
雷雨飞鳞甲，风云振羽翰。
花岩排叠翠，经幔织双丸[2]。
读罢楞严咒，清香柏子餐。

注释

①白鹤观：位于今岳池县苟角镇境内，观上有“蟠龙山”三字。
②双丸：指日月。

废　寺

藤萝高处挂，古寺白云封。
蔓草无行径，空山有卧钟。
墙低门碍竹，屋漏瓦生松。
兴废寻常事，依依旧客踪。

华银山东林寺

地闲门不闭，心静水俱澄。
日暮双林塔，秋深一佛灯。
惜花题咏客，待月诵经僧。
堪笑乘轩者，终南捷径登。

灵洞寺

山峰高耸处，古木矗千寻。

不雨空阶湿，无云大地阴。
客孤花共语，诗罢鸟能吟。
灵洞今犹在，禅关起道心。

银泉寺

银泉平地涌，流到梵王宫。
石壑浅深水，云房断续风。
阴晴迟落日，明灭荡征鸿。
入径樵夫引，山容积翠中。

香积寺

如来香积地，亘古老烟霞。
竹石三分水，蘼芜一院花。
树笼朝雨湿，僧背夕阳斜。
指点危栏凭，前村四五家。

云峰寺

云峰虚碧落，动静道心存。
松竹新秋色，莓苔旧雨痕。
归鸦烟树噪，卧虎石门蹲。
贝叶翻经地，同人煮茗论。

金泉庵①

金泉随处落，涓滴到尘寰。
沙白云三径②，堤青水一湾。
铃敲五夜月，烟锁半房山。
散得天花后，虚空任往还。

注释

①金泉庵：在岳池县城东十五里。有泉在庵之东，水自石罅中出，叮咚有声，四时不竭，故名。
②三径：指归隐者的家园。

作者

刘钧贻，号兰谷，顺天大兴人。清道光三十年（1850年）任岳池知县。

春日游高寺微雨复晴

李惟裕

高处洗尘埃，寻芳漫步来。
度桥穿石径，到寺酌金罍。

雨霁鱼池丽，烟消雁塔开。
且欣阳正午，和煦点灵台。

作者

李惟裕，岳池人。岁清贡生。

飞 泉

王怀梅

暇日姜山寺，清樽对碧莲。
竹高来彩凤，岩寂吐寒泉。
凡骨追仙侣，尘寰见洞天。
随车便喜雨，弥满万家烟。

作者

王怀梅，广安知州。

水浮山即目

可学

山浮鳌首路东西，无限清机望不迷。
两水潆回开地肺，双桥掩映落天脐。
疏钟声起鱼龙听，翠竹林深鸾凤栖。
胜概纷纷难并拟，瀛洲仙境共留题。

游高寺

可学

振衣峰直上，高处静尘喧。
鸟与人争路，云随客到门。
山容看隐现，塔影聚朝昏。
领略清幽趣，新诗待细论。

石圣山次破山老人韵

可学

饱我寻幽兴，登临意味长。
松围宣梵地，柳护读书堂。
煮茗泉分活，磨云砚泼香。
行行峰下路，名利看人忙。

作者

可学，清末僧人。现岳池县镇龙乡有可学和尚墓存。

长滩寺

宋馝

清幽别洞天，万壑汇岩前。
瀑布终年浣，溪牛竟日眠。
平原风物盛，水国卉花鲜。
考胜寻关键，源流得古传。

翔凤朝阳

宋馝

三峰挺秀胜丹山，旭日飏辉霄汉间。
云里帝城光灿烂，风前五彩色斑斓。
不巢阿阁征文治，恰集山城报政闲。
竹实梧桐堪宿食，莫如灵鹫易飞还。

作者

宋馝，岳池人。岁贡，曾任中江训导。

银山晚照

杜受廉

谁从方外①辟仙坛，缥缈虚无白日寒。
到地虹霓窥洞底，经年冰雪积林端。
三花灿烂春秋古，一片光明世界宽。
欲访仙灵问丹诀②，华严洞口倚阑干。

注释

①方外：世外。
②丹诀：道家所谓炼丹成仙的秘诀。

羊洞仙踪

杜受廉

问道神仙不可寻，空山行载白云深。
一重洞口埋青草，三百石头卧野林。
笠影何来苔藓上，鞭丝犹挂薜萝阴。
牧人枕上为鱼梦，预卜丰年兆好音。

翔凤朝阳

杜受廉

高冈苍苍矗梧桐，山势飞腾翥半空。

密树中嵌秋水白，尖峰上插采霞红。
云头金碧光明锦，竹里笙簧断续风。
遥想凤城鸳鹭侣，早朝人立绿阴中。

大龙暮雨

杜受廉

长空暝色送黄昏，溪北溪南积雨痕。
雷吼云头山欲破，潮生江底水如翻。
绕林烟影千峰暗，穿石泉声百道喧。
仿佛黄河天上落，飞涛九折出龙门。

亮坝春耕

杜受廉

长风响送木牛鞭，丞相遗踪父老传。
炎汉只今无片土，老臣终古此屯田。
笠簑隐隐春阴淡，墟里迢迢落日圆。
我有家山东海上，呼龙高卧记耕烟。

岳门秋望

杜受廉

雨霁晴空日色间，高人曳杖出柴关。
长天积水三秋画，红树白云九月山。
岚气遥连秦栈远，江声曲抱蜀城弯。
谁家驴背斜阳路，黄叶村中一客还。

灵溪夜月

杜受廉

华银山下月当头，风定天空水自流。
尖相①尚留前夜影，圆灵②不改古来秋。
片云流彩参差吐，一镜争光上下浮。
今夕露华千里共，乘槎拟作广寒游。

注释

①尖相：附近白塔倒映在水中的尖形塔影。

②圆灵：天的别称。

奇峰龟伏

杜受廉

孤峰突兀枕清渠，凤岭龙冈势不如。
石骨犹存前代篆，苔文欲补后天书。
介鳞生草因风动，毛鬣牵藤带雨舒。
山意通灵堪问卜，祈年正是下车初。

巨石牛眠

杜受廉

补天炼石溯娲皇，剩有星精落野塘。
此处青山挂书稳，当年紫气出关忙。
时随树影饮秋水，不逐鞭声下夕阳。
见月未曾闻喘息，恐惊丙相①问偏长。

注释

①丙相：南宋丞相安丙。

虎头佛刹

杜受廉

老寺幽深草色青，阿难①昔日此谈经。
禅参上理何人悟，法说西方有虎听②。
月黑山寒从石化，林鸣谷啸觉风腥。
渡河北去等闲事，为政无苛感亦灵。

注释

①阿难：佛教信徒的代称。
②有虎听：宣讲由西方（印度）传入的佛法时，有老虎聆听。

作者

杜受廉，字师竹，清岳池县令。

宋状元蒲信读书处

杨昂

五百名中仰冠军，书台人远地犹芬。
池余墨浪凝蛟影，山剩烟岚起风纹。
漏夜光寒星接斗，冲霄翮上海连云。
徘徊故址寻芳躅，江有青峰石有文。

五　律

孙桐生

峻岭崇山上，将军墨擅场。
暮春新气象，峭壁古文章①。
地僻风云护，碑沉草木香。
岳门遗迹在，一样鲁灵光②。

注释

①古文章：指《兰亭序》碑文。

②鲁灵光：称硕果仅存的人或事物为“鲁灵光”。此指灵泉山《兰亭序》碑文。

华银八景

孙桐生

渠江落照

远水淡无波，一派浮烟雾。
空明映落霞，浩渺涵孤鹜。
欸乃①起渔歌，何处斜阳渡。

注释

①欸乃：本意吆呵声。此指摇橹声。

华银积雪

峨峨万仞山，皑皑千年雪。
霜飞古殿寒，冻逼石鼓裂。
世有热中人，来此应不热。

宝鼎连云

奇峰拔地起，突兀连云端。
白云时出岫，秀色真可餐。
千年留宝鼎，何人炼金丹。

三花异树

老树发奇葩，同根不同色。
三花各自开，一本难再得。
我欲问灵根，自昔何人植？

九子灵泉

一脉涌寒流，千年泻石髓。
引蔓势绵绵，盈科清弥弥。
昨夜起风雷，疑有九龙子。

石镜斜阳

晶莹石洞圆，似镜山头挂。
远映佛头青，近受螺鬟拜。
斜阳洞口来，大放光明界。

华严古洞

峭壁上无路，经声不可闻。
华严遗迹在，洞口自斜曛。
仙人去千载，悠悠空白云。

玉壁浮光

玉山千仞矗，晶屏四面开。
此是神仙窟，但见金银台。
人在镜中行，飞尘何处来。

登华银山五首

孙桐生

之字径

二十四之字，高攀古洞天。
仰观近红日，俯视指飞鸢。
携手同鱼贯，回身似磨旋。
王遵[①]能叱驭，来此也徒然。

注释

①王遵：汉代涿郡人。为益州刺史时，至邛崃九折阪，知前刺史王阳至此畏险不敢前进，乃叱驭者曰："驱之!"遂过。

三百梯

绝磴青天上，危哉三百梯。
阪逾九折险[①]，山压七盘低[②]。
树古虬枝偃，云垂鸟路齐。

飞尘那到此，时听竹鸡啼。

注释

①九折阪：地名。在邛崃县境内。此句谓三百梯比九折阪险峻得多。

②七盘低："七盘"指七盘岭，为川陕重要关隘。此句谓华银山的高度在七盘岭之上。

欢喜坪

到此生欢喜，登临已半空。
迷漫蒸晓雾，浩荡鼓天风。
绝云常护，层岩雪未融。
更饶秋意满，万壑染丹枫。

千佛坪

怪石岏竦，浑如千佛尊。
化身离鹫岭，宝相托云根。
恍如华严界，疑登般若门。
点头思听法，何事总无言？

铁瓦殿

古殿凌虚起，天风此处高。
雷声惊铁瓦，山势冠金鳌。
雾湿千峰雨，松驱万壑涛。
登临来绝顶，潇洒谢尘劳。

壶山望华银歌

孙桐生

华银高峙宕渠东，千峰崒嵂气象雄。
凉秋八月开障翳，山头青与青天同。
壶山远揖百余里，薄暮时见雨冥濛。
秋山闻道净如洗，一幅云林列窗中。
人言兹山派自远，由秦入蜀多玲珑。
儿孙罗列知几许，欲霁常垂万丈虹。
名山灵秀自不朽，年年对面攒青葱。
夕阳衔山得返照，唯有兹山立半空。
我将簪笔游五岳，骑鲸瀛海乘长风。

作者

孙桐生（1824—1908），晚清红学家。字小峰，号痴道人、钦真外史、忏梦居士。绵州（绵阳市）人。清咸丰二年（1852 年）中举，次年中进士，选翰林院庶吉士。咸丰五年（1855 年）应岳池县令聘，任主讲县凤山书院一年。曾做知县、知州。其《国朝全蜀诗抄》是研究四川文艺史的重要文献之一。

初秋登凤凰山①远眺

莫大绶

斜日辉悬凤岭西，登临景色美和溪。
碧环翠嶂桐枝老，香满平畴稻粒齐。
一望人烟含远照，数行雁阵落长堤。
愧无好句酬风物，聊把秋光入品题。

注释

①凤凰山：位于岳池县城北郊。

作者

莫大绶，会稽人。

过清溪桥

熊世聪

雨后杜鹃啼，清溪日又西。
乱山围市小，一水绕田低。
地僻民风古，年丰麦秀齐。
朝朝充国近，欹枕听荒鸡。

过旧县铺

熊世聪

旧县①何年废，犹将斥堠标②。
溪声因雨急，山势带云骄。
野店依残垒，荒碑卧短桥。
遗踪惟蔓草，无复问渔樵。

注释

①旧县：指岳池故县，明洪武四年前岳池县曾设于旧县铺（今秦溪镇仙潭寺村、峰山寺村、观音寺村等地）。
②斥堠标：从前所设关卡的遗迹犹存。

登金城山

熊世聪

巉岩四壁削难成，一径欹危绝顶平。
行到中峰奇险处，果然城郭是天生。
南天门外雾蒙蒙，插剑池边夕归红。
偶向步虚台上立，恍疑身在五云中。
名山何必艳神仙，遗迹虚将抱朴传。

独有忠魂祠宇在，英风长绕翠微巅。
白云深处只荒村，路少行踪欲断魂。
不是相公题绝壁，更无人识此山尊。

作者

熊世聪，字玉坡，内江人。岳池儒学。

碧嶂清溪①

高继允

一

轮蹄杂沓共跻攀，选胜标题赖宰官。
过客举头看便识，不愁他日读碑难。

二

高崖几处拥晴岚，山色平分岳②与南③。
徙倚桥头舒望眼，一溪流水碧参参。

注释

①清溪：即今秦溪。
②岳：岳池。
③南：南充。

翠麓分符

高继允

乱峰划处淡烟浮，两邑①风光一望收。
涧底泉鸣声活活，鸟含霁色过渝州。

注释

①两邑：指广安、岳池两县。

作者

高继允，梁山人。清邻水教谕。

题状元台

海明

识透浮生梦，偷闲趣自长。
寻芳来丈室，散步入禅堂。
地僻尘氛净，台高草木香。
石床招鹤近，应笑白云忙。

作者

海明，僧人，又名破山老人。

游雁塔寺

唐有训

古寺依郊外，弦歌满耳中。
碑存今昔感，梵续后先功。
绕郭云霞蔚，祛尘色相空。
悠然胸次爽，四达尽仁风。

作者

唐有训，岳池拔贡生。任内江教谕。

登华银山

费成勋

石磴盘空出翠微，螺尖尽处送残辉。
直饶风月为同伴，岂特江山助发挥。
千佛灯中幽涧落，双凫舄下片云飞。
今宵奇绝成孤赏，长啸冈头独振衣。

作者

费成勋，清仁和进士。

谢虎溪和尚

武尚仁

劝赈至大溪口，宿伏虎禅林，虎溪和尚逾格捐米，并订经理赈局，均有条理，感甚！留七绝四首以志之。

溪口无须路问樵，武陵人竟到僧寮。
相逢未及禅中语，五斗何妨我折腰。

昌言稽首粒烝民①，一到禅关便指囷②。
参透如来真妙谛，始知金粟是前身。

不是千仓是万箱，慨然分得鹤余粮③。
痴心我更无聊甚，要问法门煮石方④。

身与白云一样闲，无心何事到人间。
而今且化慈云去，不为作霖不出山⑤。

注释

①粒烝民：谓使民众有谷米可食。全句意谓虎溪和尚对赈济灾民的措施非常称赞。

②此句意为：刚到寺庙就慷慨捐献，毫不悭吝。

③古代幕府官的俸禄很少，当时被称为“鹤料”。此比喻从极少的口粮中节余的粮食。

④晋葛洪《神仙传》记白石先生，常煮白石为粮。意谓僧人口粮本不多，却有余粮捐赈，岂非有煮石充饥的妙方吗？

⑤此谓虎溪和尚出山赈济灾民，如同大旱之年施霖雨一样。

无　题

武尚仁

余宰岳门，得两诗僧，时相倡和，深惬素怀，其一号复初，一即虎溪也。

普照光明智慧灯，此言荒渺总难凭。
法门的有真三昧，除却诗人不上乘。
华银奇辟是天成，终古无由诉不平。
借尔新诗经点缀，此山从此始知名①。

岳门我已住三年，抱得宓琴何处弹。
谁料音从空谷应，银山操缦山弦。
诗僧与我性情同，惟让诗僧锻炼工。
笑我官仍寒士样，愧无玉带学坡公。

注释

①此句意为：因得到两位高僧赋诗赞美，华银山才闻名于世。

作者

武尚仁，号静山，甘肃陇西人。清咸丰二年（1852年）进士，翰林院庶吉士散馆改铨。咸丰四年（1854年）任岳池知县，咸丰十一年（1861年）调署广安知州。

五　古

刘泮

兰亭迹已陈，文字世堪寿。
上下三千年，相去亦何久。
岳门灵泉山，山与山阴耦。
试问右军书，峭壁谁雕镂。
寒夜泣鬼神，光芒射星斗。
天意惜斯文，风雨埋荒薮。
隐隐锋铓露，跃跃精灵守。
出没应有时，沉剑忽分剖。
凿山拟五丁，藏书同二酉。
苍劲龙虎蹲，郁律蛟蛇走。
里人啧啧传，报我贤父母。
胜会有奇缘，际此良非偶。
补构小兰亭，高歌征岘首。
古迹重庄严，与山齐不朽。

作者

刘泮，字乐溪，岳池增生，议叙八品。

五 古

熊昌瑞

我读右军文，最爱兰亭记。
我闻右军书，兰亭独表异。
相传寓岳门，镌石灵泉寺。
确荦剩荒山，从何搜隐秘。
邻叟前致词，此间神物寄。
每夜光烛天，见者心惊悸。
今岁暮春时，永和三月类。
电掣更雷轰，忽现阴岩字。
阅世千余年，俗情休疑伪。
輶轩来邑侯，嗜古心如醉。
构亭覆庇之，隐寓兰亭意。

作者

熊昌瑞，生平事迹不详。

题岳池陈氏朴园藏书①

于右任

一

刊书四代睦亲坊，得书万卷士乡堂。
堂前玉佩镌遗命，为祝芸编②世世香。

二

犹记先人话岳池，书香朴老梦来时。
乾坤震荡卿云护，待补藏书记事诗。

注释

①朴园藏书：系陈树堂的藏书楼“朴园书藏”。陈树堂号朴园，1893 年出生于岳池大北街的一个书香世家，富文学修养，善诗词，广收书籍，存书达 5 万余册。他的诗文在当时的《东方杂志》《民族诗坛》《国民公报》都有刊载。抗战时期，他先后被聘为四川省通志馆编修，中国国史馆名誉顾问。他的藏书楼面积 400 余平方米。所藏之书 1949 年前大部遗失，尚存部分 1949 年后一部分被南充川北大学运走，一部分留于岳池县文化馆。

②芸编：书籍。

作者

于右任（1879—1964），陕西三原人。1906 年加入同盟会，积极宣传革命。曾任国民政府审计和监察院院长等职，同时也是著名的诗人和清末以来杰出的书法家。于右任是岳池新三中学（岳池县第一中学前身之一）创办人。因其父名于新三，曾在岳池开过近 20 年的当铺，故校以“新三”名之。

题赠朴园藏书

张澜

闻道朴园富简篇，辄思耋学效前贤。

何时许我嫏嬛[①]至，寝馈巾箱住十年。

注释

①嫏嬛：神话中天帝藏书的地方。

作者

张澜（1872—1955），字表方，四川南充人。历任中国民主同盟主席，第一届中央人民政府副主席，第一届全国人大常委会副委员长，第二届全国政协副主席。

题朴园藏书

郭沫若

一成一旅仰涂山，此日谁嗟蜀道难。

况是中原文化尽，仅留福地在人间。

作者

郭沫若（1892—1978），原名郭开贞，字鼎堂，号尚武，笔名沫若，四川乐山人。中国现代杰出的作家、诗人、书法家、历史学家、考古学家、古文字学家。

题蜀北陈氏朴园书藏

孔德成

高楼百尺回风檐，下检金泥取次添。

旷代精英元凯库，连床璀璨邺侯签。

中宵藜火腾奎壁，晴日芸香出画帘。

文献不须寻禹穴，岷山渝水为深潜。

作者

孔德成（1920—2008），字玉如，号达生，山东曲阜人，系孔子七十七代嫡孙。1949 年到台湾后，历任“考试院”院长、“总统府”资政、大成至圣先师奉祀官等职。自 1955 年起，于台湾大学中文系、人类学系兼任教授。

寄题四川岳池朴园书藏

陈寅恪

沧海横流远处去，藏书世守事尤难。

朴园万卷闻名久，应作神州国宝看。

作者

陈寅恪（1890—1969），江西修水县人。历任清华大学、北京大学、香港大学、西南联大、中山大学教授，中央文史馆副馆长，中国科学院哲学社会科学部委员等，是中国现代最负盛名的历史学家、古典文学研究家、语言学家。

题岳池朴园书藏

乔大壮

园中老朴尽阴阴，益部前修近可寻。
信笔何尝资粉本，收书肯惜费黄金。
将车家世元方学，片纸传闻正始音。
我有百城看坐废，卧游新触挂冠心。

作者

乔大壮（1892—1947），名曾劬，号波外居士，双流县人。诗人、篆刻家。1927 年赴南昌任周恩来秘书，1935 年任中央大学艺术系教授，后任重庆中央大学师范学院词学教授，国民政府经济部秘书、军训部参议、监察院参事。

第二章　现代骈文

岳池农家赋

魏明伦

岳是青山，池为绿水。青山绿水，合成岳池。

勤奋弓鱼族，骁勇板楯蛮。激昂巴渝舞，安康稻谷乡。田肥土沃，孔明兵屯坝上；火耕水耨，姜维军垦垄头。地灵人美，张芭选娶巴女；物阜民安，武周设置岳池。县小农家大，人稀收获丰，天高皇帝远，地偏徭役轻。有峰峦屏障，避免兵燹侵害；无都会繁嚣，减去人欲横流。一方净土，少受潜规则污染；四面嘉禾，多与大自然融和。幽境迎远客，空谷传足音。来者陆放翁，俨若武陵人。脚涉宦海风浪，身披戎马烟尘。到此豁然开朗，对比何其鲜明。庄稼本色，田园风光。乍闻亮坝春耕曲，如听尧天击壤歌。无怀氏再现，葛天民重生。世外桃源，陶潜梦中幻想；川内岳池，陆游眼前现实。农家百味，苦辣酸甜之甜也！人性七情，忧怒哀乐之乐也！剑南诗稿，增添古朴风情画；岳池农家，载入当今教科书。

飞越黄历八百载，跨进公元两千年。史页创新，农业税废除矣；乡情返祖，农家乐兴起哉。发祥地原汁原味，文化节土产土香。绿色田野，开拓白色农业；翠色湖泊，涌动彩色旅游。金城山遥望金广安，银凤塔守护银岳池。古寺千龛佛像，云岩万盏明灯。河伸象鼻，园翔凤尾，洞伏龙影，山卧龟形。南郊塔六面九层，饱览百年巨变；王字楼三横一竖，培育几代英才。川东民居，川北灯戏，岳池县亦东亦北；习武双枪，习文百蝶，老太婆允武允文。功成身退，战斗英雄隐居田舍；艺高望重，文化部长出身农家。美髯翁台北望乡，先望其父创业地；慧眼叟环球鉴宝，首鉴故土朴园书。名家辈出，皆尝过黄龙贡米；游客纷来，同欣赏中和豆花。悠悠三合院，满满八斗碗。豆腐宴古镇特色，糍粑会天下奇观。米粉一条街，征文半幅联。主人联语，主顾联语，联语对联语；食客粉丝，食品粉丝，粉丝追粉丝。吾赞曰：稻黄米白丝如雨，葱绿椒红粉似霜。

汇珍集锦，巴蜀民俗之库；授衔挂牌，中国曲艺之乡。民俗渗透婚丧寿诞，曲艺涉及耕织桑麻。春种秧苗会，秋收荞麦粑。农谚预测风雷电，山歌高唱云雾霞。重九插茱萸，端午祭瓜棚。外埠罕见揹幺妹，此地保存坐歌堂。闺女离慈母，寸草拜春晖。羊跪乳，鸦反哺。民谣赞颂义禽仁鸟，乡风滋养孝子贤媳。竹琴吟咏美德，清音倾诉爱情，评书传播野史，相声笑谈人生。花鼓咚咚，回应凤阳花鼓；琵琶瑟瑟，链接浔阳琵琶。茶馆金钱板，联想汉陶说唱俑；田坎莲花闹，遥通巴女竹枝词。高亭游街，四方戏台众手举；被单献技，五种乐器一人敲。灯戏晋京，赶隍会赶进中南海；农家登榜，舞草龙舞上吉尼斯。

梦中邀请陆游，醉后指点江山。向天祈福，多向明天祈福；为民分忧，先为农民分忧。村头不安，城头岂可安也；农家不乐，国家焉能乐乎?!

己丑年闰五月苦吟成骈

《岳池农家赋》简注

岳池当地家喻户晓之事无须注释，只简注以下几条。

1. 俨若武陵人：陶潜《桃花源记》述武陵人捕鱼时偶然进入世外桃源。

2. 如听尧天击壤歌：相传唐尧时有老人击壤而歌“吾日出而作，日没而息，凿井而饮，耕田而食。帝力何有于我哉?”

3. 无怀氏再现，葛天民重生：无怀氏，传说的远古部落，安居乐业，鸡犬之声相闻，老死不相往来。葛天民，相传远古部落葛天之民，常以歌舞颂劳动，祈丰收。

4. 河伸象鼻，园翔凤尾，洞伏龙影，山卧龟形：指岳池县象鼻河，凤山公园，伏龙洞，翠湖龟山。

5. 美髯翁台北望乡，先望其父创业地：于右任，国民党元老，蓄长髯。晚年在台北作诗怀乡。其父于新三，从陕西到岳池开设当铺多年，创办私立新三中学，现为岳池一中。

6. 慧眼叟环球鉴宝，首鉴故土朴园书：杨仁恺，岳池籍古书画鉴定家，与启功、谢稚柳、史树青、徐邦达并称“鉴坛五元老”，是近代辨识《清明上河图》之功臣。周游世界，讲学鉴宝。朴园，是岳池人陈树堂在本地的藏书楼。库藏版本珍贵，享有盛名。

作者

魏明伦，男，1941 年生于四川内江，成名于自贡。现居成都。童年失学，九岁唱戏。当代著名戏剧家、辞赋作家。

翔凤山赋

马黎明

翔凤山者，状凤飞翔，岳池北关，古之屏障。

洗马相闻，麻柳相望，狮岭对卧，龟峰侧伏。听山间响水，幽谷回声，追巴山云雨；看两河归一，长滩飞瀑，击嘉水奔流；眺桃山花红，古镇新姿，邀金城烟霞；瞰群楼环立，银塔古韵，观湿地鹤飞。

翔凤朝阳，前贤绝壁题书；藏龙在野，今人深山探幽。城借山壁，残垣犹在，似闻金戈铁马，犹忆古塞烽烟。洞穿山腹，秘境寻踪，只缘北极风雷，却留世上龙宫。悬崖临渊处，卓然怀乡亭，游子海外思故里；栈道崎岖行，憾绝放翁迹，诗人农家留华章。陵园风萧，英烈长眠，为求解放洒碧血；校园旗飘，学子奋发，甘为崛起献青春！山道弯弯，藤落英挂。灌木竞秀，满目奇花异草，一路沁芬芳。林海茫茫，竹挺华冠。曲径通幽，到处莺歌燕舞，四季沐春风。天然大盆景，凭鬼斧神工。人造植物园，仗退耕还林。绿影婆娑，少年练拳。密林氤氲，老翁吐纳。洋教堂观洋婚礼，文化融汇中西。农家乐品农家菜，心境放飞自然。

乌坠兔升时，登高凭栏处，蓦见万家灯火，满城溢彩流光！银城因凤山而秀美，梦想随翔凤而飞翔！

注：

（1）洗马，即洗马河，因洗马滩而名。麻柳，河名。

（2）狮岭，即狮子山，因象形而名。龟峰，山名，以此而名的“奇峰龟伏”列为旧时岳池十景之一。

（3）响水，指响水滩。桃山，指桃儿山。金城，山名。

（4）北极风雷，暗指20世纪六七十年代备战的国际国内形势。山洞为当时所掘防空洞。

岳池东湖赋

马黎明

岳池东湖，银城之东。掘土成洼，聚水成湖。舞灵溪如抒广袖，映狮山似见蟾宫。飞铁龙以奔兰渝，风驰电掣。游玉蛟而走沪蓉，闲庭信步。

城中之湖，高楼倒影。湖周套园，湖中有洲。堪比西天瑶池，胜似东海蓬莱。林拥飞阁，绿隙流丹。波摇翠柳，浪卷白云。黄莺伴丝竹而天籁，白鹭随芦雪以飞天。林间小径，曲回栏桥，亭台廊榭，风雨栈道。水车似金玉双盘，小桥如后羿张弓。承古建遗风，显现代气息。赏北欧风韵，品南国情调。芳草与繁花为伴，树影与波光相吻。纸鸢与水鸟齐飞，鹤发与童颜竞欢。大广场圆套五环，夜夜欢歌，展现银城风采；小广场诗林三阵，字字珠玑，浓缩岳池文化。

生态之湖，德政工程。顺民意，痛舍金地三百亩，为民生，甘斥巨资数亿元。大手笔气吞山河，巧构思精绘蓝图。公仆一朝决策，民工两年挥汗。岳水如今归池，东邑从此有湖。湖聚瑞祥，泽染韶华。畜清流以润旱土，泄洪水而防泥流。涵养水汽，城中圈湿地。修复生态，万类共蓝天。为子孙留祉，为万代造福。

皓月高悬，静影璧珠，浮光辉虹。瀛洲夜游传琴音，挥去杂尘，留住甜蜜一梦。晨曦初露，锦鳞漪澜，薄雾轻烟。柳岸晨练闻蛙鼓，抖擞精神，开启希望一天！

凫戏于水，古桥更新，再见炳相千年事。鱼跃于渊，亮坝又绿，依稀武侯百万兵！湖光如幻，凤舞龙腾！

翠湖赋

黄锡全

千古涧滩，流水淙淙，悉桑田之渴，视银波之流逝，以响水之名讽谏，当局充耳不闻者，独夫之性也。

天鸡唱晓，古国新生，兴坝锁水，泽国成焉。因其青山抱水，水映青山，山水交融，缥绿生辉，汪汪一碧与天共色，乃以翠湖名之。筑楼台亭阁于其间，素装淡抹，尤风致矣。

翠湖以色翠而名之，却非翠字所能尽写。其四时风光，各有奇观。美景应时而变，游乐亦无穷也。春登望湖楼，见碧水蓝天，朱亭黄阁，白李红桃，苍柏翠竹，五光十色，相互衬，或浓或淡，或明或暗，迤逦多姿，仿如锦绣，莫不心旷神怡。夏入沁园芳，品茗饮浆，听溢洪瀑声，眺金城烟云，览翠岛红塔，瞰湖滨垂钓，游目骋怀，浅斟吟咏，乐何可支。倘纵舟游龙华，踏跃金鳞，穿通幽水径，如入绝境而忽烟波浩渺，气象万千，孰不妙趣横生。而龙华在目，面碧水环岛，古榕盘空，亭栏俏立，阁卧绿丛，玲珑胜状，令人叫绝。舍船而上，逛龙华阁，赏诗文画栋，金龙蟠柱，琳琅满目，美不胜收。憩天外天，望耀眼水花，尾钳洼，大镜小镜，宛罗村乡，农家傍水，门泊轻航，犹觉别一洞境。

不禁陶然翠万顷，粮丰鱼肥语飞。中央嘉奖，人民赞誉，诚精神物质文明之业也。

甲子暮春，余应冯氏嘱而跋之，后之观者感同斯文乎。

千佛崖记

马黎明

古今兴衰事，佛门内外同。昔大唐盛世，海晏河清，巴蜀佛盛，岳池佛兴。无名氏摩崖造像于城西八里卧龙山中，成佛祖说法图。刻大小佛像千余尊，故称千佛崖。大佛雍容肃穆，慈祥清秀；小佛千姿百态，各展丰采；华严三圣随应陪坐，神态端庄；飞天起舞，游龙潜海。堪比鬼斧神工，真乃山中锦绣！

千年沧桑，历经几多雨雪风霜？史演兴衰，见证多少地覆天翻！蕴藏无数传奇，留下多少美谈。播撒无限希冀，成就一方灵山！

悲十年浩劫，神州蒙难。佛像被毁，止增嗟叹！然佛像易毁，佛心难灭，谁能阻挡心灵的膜拜？赞拨乱反正，改革开放，科学发展，中华迈上复兴路。尊重信仰，善待自然，以人为本，东方劲吹和谐风！公仆倡导，运筹帷幄；僧侣响应，积极践行。信众无私奉献，名师巧夺天工。耗资十万，历时两年。千佛重现金身，瑰宝再绽光华！

和谐世界，从心开始。虔心向佛，贵在修心。去贪嗔痴，修戒定慧，塑一颗慈悲善良菩提心；知荣耻，辨美丑，明是非，诚一颗玲珑剔透智慧心；……。颂千佛一心，众志成城；看九龙腾飞，云蒸霞蔚！

注：九龙，指岳池。岳池原有九个乡镇以龙为名，现县城属九龙镇。

牛王庙赋

马黎明

牛王庙者，龙德寺也。银城之西，八里之距。背映佛山之夕照，前眺银塔之朝晖，左望圣岩之菩萨，右扼古道之要津。缘起千佛神话，兴在宋清四朝。数百年香火鼎盛，梵呗绕梁；几十载稚童书声，孤老颐年。一将人去庙空，几度风雨飘摇！

古宇既修葺，开四合之斤殿；佛陀重金身，接天地之氤氲！入则诸般放下，凡心红尘沐甘露；出则天空海阔，豁然开悟任遨游！

古榕参天，修竹环抱，拾级登高古刹现；红墙碧瓦，斗拱飞檐，佛乐飞处牧歌还。啼莺翩跹，曲径幽处飘桂馥；绿影婆娑，长廊榭间闻丝竹。信步放生池边，观鱼翔浅底，珍惜生命之可贵，万类寰宇共和谐；徜徉极乐宫外，思人生苦短，淡看世间之炎凉，一苇渡江往安邦！

信众四方来朝，虔诚礼拜，敬佛香三炷，涤六欲而烦飞愁去；遊人云聚星奔，观光览胜，品禅茶一味，润五内而气爽津生。临岩远眺，田园画卷收眼底，云海波光映叠翠；安养小住，寺外空谷磬音远，山中密林佛光穿。

四季枯荣，万千气象。显丛林之风采，聚古今之灵气；媲千佛之神韵，争日月之光辉。

第三章 散 文

四川农家乐的岳池孤本

罗继飞

谁可谓四川农家乐顾客第一人？陆游。四川最早可考的农家乐在什么地方？12 世纪的岳池。

短短十年发展时间，四川农家乐“十岁”。2004，四川广袤农村，农家乐从端倪初现到风起潮涌，标明一个以原生态生存的“返祖”休闲现象，提前迎来后旅游时代的临界点。

广角镜头横扫中国西部，闪光聚焦四川，成都附近的农家乐，尤以现代理念的大手笔，写意田园农家的商战风云：

———成都数家农家乐企业，以浓浓的“炒作嫌疑”，斥资500万发出英雄帖，力邀著名导演张艺谋来川出任“川菜大使”，并拍摄成都农家乐风情短片。

———“农家乐”商标数十类被成都商界“哥伦布”抢注，其中一家名为鸿国贸易的公司，注册的“农家乐”商标涵盖糖果、调味品等 30 个大类。

———成都市旅游局与质监局正式发布《成都市农家乐旅游服务质量等级评定实施细则》（试行），9 月中旬，第一批“星级农家乐”将正式挂牌。

成都农家乐，点燃了农家休闲旅游的熊熊战火。

而有一个似乎被遗忘的地方，岳池县。早在 12 世纪，南宋著名诗人陆游，就以自己的亲身游历和感受，在《岳池农家》中写下赞美的诗句：农家农家乐复乐。

古代诗人在描写农家生活时，多觅苦难成诗，唯有陆游以“乐”入诗，在陆游的诗中，一个古风朴俗的农家乐，淋漓尽致的诗意呈现：春深农家耕未足，原头叱叱两黄犊。泥融无块水初浑，雨细有痕秧正绿。绿秧分时风日美，时平未有差科起。买花西舍喜成婚，持酒东邻贺生子。谁言农家不入时，小姑画得城中眉。一双素手无人识，空村相唤看缫丝。农家农家乐复乐，不比市朝争夺恶。宦游所得真几何，我已三年废东作。

岳池农家的乐复乐，既是 800 年川东农村遗留下来的一脉文化生态“孤本”，又在现代商业大潮的浪击下开始被“同化”，加入了 21 世纪的时代元素。

2004 年 9 月 27 日，岳池县要煞费苦心举办农家文化节，目的可能是想与更多的人分享自己孤独且骄傲的文化记忆。但也有人因此担心：岳池农家文化会否因追捧热闹，而丢失自己原始的细节？

原色。本朴。进化。岳池农家乐，需要和而不同。

农家乐第一字：农

“返祖”休闲现象

——陆游诗曰农：春深农家耕未足，原头叱叱两黄犊。

农村与城市，分别拥有两种不同的生活个性。

——如果我们认同进化其实是人无法操控的本能，那么人类的第一个祖先，从树上下来，奔走在莽莽原野，一直走向群聚，一直走到了现在的城市。

——当城市膨胀到极致，为躲避无可奈何的“城市病”，现代人就出现“返祖”的特征，从城市的水泥钢筋中走出来，走到农村的绿阴下，仰望与遥想祖先的树上生活。

农家乐的出现，契合了这样一种“返祖”休闲现象。

客人光临，劳作的主人，洗洗手，笑容可掬端来价廉可口的绿茶。客人在品茶之余，甚至还可体验劳动，赶鸡放鸭、犁地耕田、锄草打柴。其间，可听鸡叫狗吠马嘶牛嗷，可欣赏到炊烟流云、牧归晚景。入夜，那位衣着长衫的老翁，一曲曲《闲居吟》《渔舟唱晚》等二胡民曲，足让人听得如痴如醉、宠辱皆忘……

至于饭食，更不用愁。要吃“活”菜，菜园内拔；要尝酸辣的腌菜，坛中去拈；要品鲜鱼，池里去钓；要喝老酒，罐中去倒；白生生的苞谷饭、嫩嫩的豆花，早已冒着热气等你去舀。

诗书画景之外的岳池“农家乐”：风光迷眼、情趣宜心、农味醉人。

如今，富裕起来的岳池人利用丰富的农家文化资源，倾力打造出了从县城到花园镇、翠湖一线6公里长的“农家文化旅游带”，翔凤山下诸葛亮屯兵之地——亮坝农耕的旖旎风光，淳厚的农家生活情景，能将你陶醉。

农村的美景，并非可以信手拈来。曾执导《大决战》《血战台儿庄》《长征》等影视片的著名导演翟俊杰，为执导纪念小平百年诞辰献礼影片《我的法兰西岁月》，寻找20世纪20年代川东农村的经典场景，剧组曾在四川奔波考察了70余个地方，最后发现岳池县顾县古镇河坝街古色古香的建筑，完整地保存了20世纪20年代乡村街道及建筑的风格，最后选定在此进行拍摄。影片主要拍摄电影开头部分：少年邓小平赴法国勤工俭学，母亲送他到码头，经过一条长长的老街，一路对他细细叮咛，母子依依惜别。

2004年7月10日，影片在顾县农村老街正式开拍，当地200余名群众演员土布粗衣，表情轻松，完全按照平日里的生活走入镜头，商人商贩，猪贩牛贩，轻车熟路演绎自己的闲适。

农家乐第二字：家

冷酒馆的“方便食品”

——陆游诗曰家：买花西舍喜成婚，持酒东邻贺生子。

农家乐。第二个字是家，农家乐旅游的目的，似乎是寻找一种家的感觉。

这个“家”，当然不是现实意义上的家庭，而是人对身心理想环境的渴望，追求一种返璞归真的温馨。

记者走在岳池的农村乡镇，都会发现一个有趣的名词：冷酒馆。

一盅老白干，一叠牛皮豆干，一盘煮花生，三五个人群，构成乡村冷酒馆最热闹的元素。喝酒。喝酒。喝酒。顾客一坐就是大半天，而要买卖的货物都摆在店外，买者自买，卖者自卖，生意与休闲两不误。

一处乡场，最多可达100余家冷酒馆，下酒菜相对固定，主要就是顾县镇特产牛皮豆干，此谓冷酒馆的“方便食品”。家家冷酒馆饮酒者众，但并不见醉者。

冷酒馆，一种吃在家中的感觉。

农家乐，让农家人乐，也要让城里人乐。原生态的冷酒馆，就像活生生的人文化石，保留了古朴的吸引力，但原汁原味的农家乐发展到今天，理所当然应该有一些现代的气息。

从岳池县城出发，乘坐到翠湖的旅游专线车，十分钟就可到一家农家乐——馨盛庄。“我们喜欢来这里，不仅可享受垂钓的乐趣，还可吃到香喷喷的酸菜麦巴、甜酥酥的老南瓜，玩一天的花费也不高，顶多10多元钱而已，吃得开心，耍得舒服。”静静垂钓的老者龙玉民、汤石英一席话，揭示了农家乐的“家”之意趣。

房前是绿油油的苗圃，屋后是潺潺的小溪，竹林掩映下的花园农家，是典型的农家四合院。在这里可以看到每一处农家乐都有的一个休闲空间：农家院坝。

坐在院坝里，静静地聆听鸟语、虫鸣以及流水合奏的“田园交响乐”，没有尘世的喧嚣嘈杂、工作的劳累、名利的纷争，有的只是思想的纯净、心灵的涤荡。如果你渴望在此留住几日，那倒无妨，整洁的小屋、干净的被面，借给你一个舒适的家。

农家乐第三字：乐

农家快乐可“变脸”

——陆游诗曰乐：谁言农家不入时，小姑画得城中眉。

农家乐之乐，形式通常有两种：农家人之乐与城里人之乐。

乐为自得其乐。岳池人生性热闹，喜欢群聚，每每以歌舞抒发胸中豪爽，手舞之，足蹈之，农家人原汁原味表演的灯戏、云童舞、连响舞……看得城里人眼花缭乱。

农家人在戏里表演戏外的人生，城里人在戏外寻找戏里的理想。

岳池的民间戏剧之乐，提供了考察川东湘粤文化和巴渝文化的标本：

标本之一是院坝坝看灯戏。

灯戏流传在嘉陵江与渠江一带的广大农村，始于秦汉，源自民间求福、消灾、祈雨等传统风俗活动。演员不多，二三人均可。道具简单，场地易寻，院坝、晒场、沙滩……凡是平地都行。因演出时晚上用油灯照明，故名灯戏。

岳池县川剧团1988年赴京演出的灯戏《包公照镜子》《秀才买缸》《幺妹嫁给谁》《丈母娘上轿》等，受到首都观众的好评，张爱萍将军观看后挥毫题词：“俚戏艺术继承创新，移风易俗趣中育人”。

标本之二是围着新娘坐歌堂。

“一谢父母多辛苦，起早摸黑盘大奴。奴今要舍父母去，怎不叫奴落泪珠。二唱父母心地好，自己喝稀干留到。干的拿给奴家吃，肥足树苗长得高。三唱父母心地善，父母恩情高如山。如今难舍父母去，叫奴怎不泪涟涟……”

一位流着喜泪的山村姑娘，抽抽噎噎地用唱歌的方式感谢父母恩情，因为明天，她就成了别人的新娘。

岳池一带乡村，少男少女通过媒妁之言，相亲、开庚、选日期后，女方在男方迎娶前一天要办花筵酒、坐歌堂。入夜，院坝中放一缸老荫茶，几张桌子摆几盘糖果、瓜子、胡豆，伴着一轮明月，四邻亲友、细娃妹仔，随意坐着站着，闹闹热热让新娘唱出嫁歌。

新娘害羞无法推辞，唱了感谢父母恩情的歌，就唱友情、爱情，唱到感谢谁时，谁就向桌上丢钱，名曰“压箱钱”。

标本之三是跳云童舞与连响舞。

云童舞在华蓥山区已流传1200多年。由两个男童手提宝灯，左右飘舞，有板有眼，去华蓥山朝山。1956年，岳池县文化部门将其整理创新后搬上舞台，参加全国民间文艺会演，荣获优秀奖。连响舞系歌舞者用长约1米的小竹棍，两端穿长孔，装置小铜钱于孔内，表演时用小竹棍敲击人体各个部位。因竹棍敲击时连连发响，故名连响舞。

“岳池高亭”“岳池被单戏”“岳池‘火龙’”……一幕幕融合湘鄂和巴渝文化精华的农家文化，至今标本一样，孤独地盛开在川东一个叫岳池的土壤里。寂寞如花。

秀美的川东西子湖

周　杰

我国有几处著名的旅游区称作“西湖”。四季如春的岭南惠州西湖，雍容华贵的杭州西湖，秀丽玲珑的福州西湖。风光最佳者首推杭州西湖。人们喜欢用西子来比喻她的艳丽和华贵。宋代大文学家苏东坡第一个用“西子”比喻杭州西湖：“水光潋滟晴方好，山色空朦雨亦奇；欲把西湖比西子，淡妆浓抹总相宜。”在川东北起伏的丘峦中，近年来开发出一个新兴的旅游区一岳池翠湖。她是川东旅游业的一颗璀璨的明珠，是杭州西湖新添的一位四川姊妹。

“万顷湖平长似镜，四时月好最宜秋。”书法家李半黎赞翠湖的诗句，使得我们选择在金秋时节游翠湖。我们从岳池县城出东门，驱车沿仪北路徐行。两边沃野平畴，稻粱飘香，一派丰收景象。约莫半小时，晨雾中的翠湖像罩着薄纱的西子显现在我们的面前。

举目一望，巍巍大坝横堵两山之间。拾级而上，登临坝顶，见形若玉带的长堤，横锁一泓湖水，星罗棋布的小岛点缀其中。大坝右侧矗立着一幢三楼一底的“望湖楼”，它轩窗临水，造型别致，宛如一艘巨轮停泊湖岸。一对石狮雄踞楼前。大坝左边有幢三面傍水的水榭阁楼，名“沁园芳”。这里丹柱、碧瓦、圆拱门，古色古香，风格与现代建筑的望湖楼迥然不同，相映成趣。进入水上芳园，漫步于临湖走廊，近观游魚戏水，远眺金城烟云，顿觉心旷神怡。置身水榭阁楼，临风品茗，纵论今古，别有一番情趣。那楹联上书“肩负重任，饮茶思建树；胸怀壮志，酌酒话宏图”。正道出了游客为现代化建设勇于开拓的情怀。

离开大坝，我们乘小船上行。两岸青山绿树，翠竹成林。果园里，金橘压满枝头。远看水天一色，游船点点。姑娘小伙三三两两，打着五颜六色的小伞，轻快地驾着小船在湖中荡漾，船上不时传出他们的歌声和朗朗欢笑，给寂静的湖带来无限生机。

小船在湖中行驶约莫半小时，到达翠湖的水上花园龙华山。船在山脚停不。我们沿石梯上行，见山口有一门亭和游廊。门亭上写着“拾级入妙境，游廊睹清流”的楹联。凭栏而望，清风徐来，水波荡漾，群山倒映在水中形成美妙无穷的图画。同来的一位游客不无感慨地说：“人称阳朔山水美，龙华山前美景不比阳朔风光逊色。”再上行，登上“龙华阁”。阁前一株合围的黄角树绿荫如盖。阁门石柱上一对圆雕飞龙张牙舞爪，栩栩如生。这是民间艺人李顺乾精心雕刻而成。步入阁中，见正面匾额上书“蕴玉怀珠”四个醒目的大字。这是“石蕴玉而山辉，水怀珠而川媚”的意思。龙华阁内存放着数十件当代名人书画，给人以美的享受。

步出龙华阁，同来的一位成都朋友叹了一声，郁郁的说道：“这里既是诗词书画的收藏地，就不能只限于现代人的，古迹尤为重要。只可惜这些太欠缺了。”沉思一阵之后他又说：“南宋爱国诗人陆游不是到过岳池吗?”

我说：“是啊，陆游曾著有《岳池农家》一诗作。”

走到石梯前，这位成都朋友大声发表议论道：“爱国诗人陆游入川作官，曾在邻水、广安、岳池、南充等地经过，留下些诗作。公元1170年春，陆游离开夔州经邻水、广安至岳池。著《岳池农家》。诗人以细腻的笔触描写了岳池农村的田园风光和淳厚的乡土情，流露出他对农家生活强烈的羡慕之情。”

我即刻朗诵道：“春深农家耕未足，原头叱叱两黄犊。泥融无块水初浑，雨细有痕秧正绿。绿秧分时风日美，时平未有差科起。买花西舍喜成婚，持酒东邻贺生子。谁言农家不入时，小姑画得城中眉。一双素手无人识，空村相唤看缫丝。农家农家乐复乐，不比市朝争夺恶。宦游所得真几何？我已三年废东作。”

“岳池翠湖的建设者们何不在山水秀丽处修建陆游祠，并以陆游诗描绘的一幅幅美丽的田园风光和谆厚的乡土人情为题材，绘制出生动感人的壁画装点翠湖呢？”我们一边走上石级，一面侃侃而谈。但愿我们的美好心愿会成为现实。

游罢龙华阁，再登“天外天”。此处是龙华山顶，平坦宽阔。园内花草繁茂，芳香扑鼻。步入“爽心亭”，举目眺望，但见浩浩碧水，层层青山，顿觉天宽地阔，江山多娇。“亭前湖光无限好，园外山色占春多”的楹联恰好道出了“天外天”的绝妙。

归途中，船在尖山岛暂歇。我们沿小径走到“银凤塔”下。塔高20米，5层，古色古香，因象征盛产大米的“银岳池”之风貌，故名“银凤塔”。登上塔顶，翠湖八景尽收眼底。此时，红日西沉，无数金輝泼撒湖面，反射出万道光华。翠湖景物镀上一层金色。水鸟在波光粼粼的湖面翻飞起落，不禁令人咏起王勃《滕王阁序》里“落霞与孤鹜齐飞，秋水共长天一色”的佳句。下山时，见几个临流垂钓的游人收起钓竿，提着一串串银光闪闪的鲜魚，荡起双桨尽兴而归。湖中船蓬点点，浪花层层，漫天晚霞倒映湖中。景色瞬息万变，使人感到扑朔迷离，宛若置身飘渺的童话世界。

翠湖兴建于20世纪60年代初，流域20余公里，蓄水量为1700多万立方米，可灌农田60000多亩。灌区旱涝保收，粮丰果硕。翠湖享有“川东第一湖”的美誉。她既是农田水利设施，又是文化旅游的场所。每年接待游客数十万人次。如今，勤劳智慧的川东人民满怀对家乡山水的深情厚爱，正用巧夺天工的双手妆点翠湖。旅游区一期工程已经峻工，二、三期工程正加快进行。玉凤山的园林、亭阁、长廊和连接龙华山的铁索桥正动工修建。列入第三期工程的湖岸林荫道、架空索道以及在沿湖两岸的弧山半岛选建游览点，培植花果山、幽静林等风景区正在规划之中。

岳池翠湖已初露丰姿。她虽然没有杭州西湖那般浓妆艳饰、雍容华贵。但她的湖光山色实在幽雅天成，更富有大自然的气息，尤如青春妙龄梳妆待嫁的西施般朴实无华，秀美迷人，惹人喜欢。远近的游客无不慕名而来，留连忘返。在外地工作的川东人游罢翠湖，纷纷为她再添一分秀色而慷慨解囊，捐資修建。不久的将来，“川东西子”定会以更加艳丽迷人的风采出现在祖国西南，定会有众多的游客心驰神往，纷至沓来，扑入她柔美宽阔的胸怀，领略大自然的无限风光。

1987年深秋作

《注释》

1. 仪北路：仪陇至北碚的公路，途经岳池。2. 金城，即金城山。位于南充、蓬安、岳池交界处。3. 翠湖八景，即：玉带长堤、平湖岚光、芳园秋月、溢流飞瀑、银峰倒影、龟山揽胜、龙华夕照、金城烟云。这八景在文中有反映。

最打动我心灵的一句话：“岳池的，有没得？”

岳池网民

我和表哥“站”了几天的火车才到了广东，说是“站”，因为火车上是人挤人，连多插根针的空地也没有，哪里还有屁股的“立锥之地”！到了广州，又辗转到了深圳宝安，传说中的老乡还没有找到，我两个在宝安街头溜达的时候，一辆警车飞驰而来，停在道旁，下来两个戴盘盘帽的，问我们要暂住证，我们讲刚到，忙掏出火车票给他们，他们看都懒得看，一把撕了，不由你分辨，推我们上车。

警车疾驶而去，傍晚时分，我们被搞进了宝灵派出所。

这是1995年春节刚过的时候，深圳。这是南中国最开放的地方，这里有数不清的工地、吊机和工厂。传说中的向世界张开了宽广心胸的深圳，却以这种出人意想的方式“接待”了我们两个从川北山区远道而来的异乡人。那天，我、表哥和许多我们相似命运的人们关在派出所的铁笼子里。深夜，一辆看守所开来的铁皮车把我们这一大群人载到宝安18区看守所。

看守所的铁门沉重而无情地关闭。我和表哥混杂在大竹人、梁平人、达县人中间，那是专门关犯人的牢笼，四川人180多个，关在一个仓里，隔壁还有广西人、湖南湖北人、河南人……牢里潮湿昏暗，空气浑浊，一扇窗子只开一个小口，透进微弱的光，高悬在顶上的白炽灯发出一点营养不良似的黄光，让人昏昏沉沉，感到是地狱，又像是人间所在。每天吃两顿，二两米饭，加一点水煮白菜。要你吃一点，不至于饿死。

过去了一天，两天。陆续有人被取出去。前提是你外面的亲人、老乡晓得你关在18区，并愿意带300元来交给看守所。拿钱、放人，钱可以搞定一切。我和表哥很失望，满仓的四川人，就我们两个岳池的，看到陆续有人出去，我们很失望，不知这漫漫黑夜何时才是尽头。白天过去了，黑夜降临人间。南中国的夜，如此璀璨美丽，夜空如此澄澈透明。可是在这美好的夜色里，为什么有那么多不幸的人，有那么多的人间悲剧上演？

不知第四天还是第五天，那天上午，窗子外突然传来一个声音“岳池的，有没得?”一个中年男子的声音，还带有顾县那边的土音。声音不算动听，在我们听来却犹如天籁。表哥赶紧说“有，有。”爬到窗前一看，果然是表哥的朋友，我们岳池老乡来取我们两个了。老乡交了钱，办了手续，我们就再次见到了久违的阳光。

如今，我离开可爱的家乡——岳池。已经15年了，家乡的风景，家乡的人还时常依稀入梦。“岳池人，有没得?”乡音如此亲切，十多年来，一直打动我心。在那个年代，在那块别人的地盘上，我们像蝼蚁一样生活，被人看不起。唯有我们自己，我们可爱的岳池老乡，相携相助。就是这样，我们岳池人在深圳，在福建，在江浙，在上海……我们顽强地生存，努力地打拼，像蒲公英的种子，我们在各地扎下根来。

岳池大牌坊

何　平

车至岳池，一下广南高速公路，便可见一巨型牌坊巍然立于眼前。它就是岳池大牌坊。因其上方腾龙飞凤，故又被称为龙凤大牌坊。

岳池大牌坊于2009年9月建成，系钢筋混凝土结构、外装雕刻花岗石面的大型仿古建筑，高18米，宽45米，其中央主跨度为28米，是目前川东地区跨度最大的牌坊。

岳池大牌坊作为第四届岳池农家文化节标志性文化设施建设，从一开始就被作为岳池的城市文化名片来打造。以此来标记岳池是“中国曲艺之乡”和“中国农家乐之源”。

在牌坊北面匾额上，“中国曲艺之乡”几个书法大字赫然醒目，这是由时任中国曲协分党组书记、副主席、著名相声表演艺术家姜昆书写。匾额下方则为一对联，上联为“继美传真，曲领神州高岱岳”。下联为“扬葩振藻，艺惊天府动瑶池”。其楹联由中国楹联学会常务理事、四川省楹联学会常务副会长、省文史研究馆馆员冯修齐所撰，运用属对技巧，以“鹤顶”格分嵌“曲艺”，以“雁脚”格分嵌“岳池”，突出岳池为中国曲艺之乡的美誉。“美”即艺术的完美性，形式与内容的和谐统一；“真”，艺术真实性，指作品反映的生活本质及正确感受、认识。“高”有比高之意。“岱岳”即泰山。孟子曰：“孔子登东山而小鲁，登泰山而小天下”。意即岳池曲艺使闻乐者大开眼界。《北史·文苑传序》：“汉自孝武之后，雅尚斯文，扬葩振藻如林，而二马、王、扬为之杰……咀徵含商者成市，而班、傅、张、蔡为之雄”。形容岳池曲艺作品百花齐放，华丽多彩。化用杜诗“此曲只应天上有，人间能得几回闻”之意境，言岳池曲艺由四川远播天山瑶池，必向世界大放光彩。典丽琳琅，文采映耀，引人遐思。此楹联书法由时任岳池县人民法院院长、县书法家协会主席唐卫东书写。

牌坊的南面匾额上刻有“中国农家乐之源”六个大字，书写者为原四川省财政厅长、岳池乡友黄工乐。与之相应的楹联则为“因我作诗溯流应考剑南稿，与人同乐把盏还听坝上歌”，此联由中国楹联学会顾问、四川省楹联学会副会长、四川省文史研究馆馆员张少成撰，四川省书法家协会会员、岳池伏龙乡教师刘益海书写。上联将陆游亲身经历作《岳池农家》（载于《剑南诗稿》）的史实化为诗联。“我”即岳池农家人，自谓放翁因我岳池农家而作此诗也。“溯流求源”同“溯流穷源”，比喻寻究事物的起始演变。下联用《孟子》曰：“独乐乐，与人乐乐，孰乐?”曰：“不若与人。”“今王田猎于此，百姓闻王车马之音，见羽旄之美，举欣欣然有喜色而相告曰：‘吾王庶几无疾病与，何以能田猎也?’此无他，与民同乐也”。“举”把盏“以概括农家乐之餐饮、品茗、赏花、棋牌……诸乐事”。《西台诗》：“远见层坡近平坝。”坝子即平地。岳池十景之七为花园乡将军石坝的“亮坝春耕”，属于农家大事。用“坝上歌”，概括起源于农家“击壤歌”（最古老的农家歌——帝尧之世，天下大和，百姓无事。有八九十老人，击壤而歌：“日出而作，日入而息……”）的岳池曲艺，此亦牌坊前后主题文字呼应之笔法也。此联字句凝练，整齐精严，着墨不多，却寓意无穷，给人陶然兴会的艺术美感。

说起牌坊南北的楹联，曾一度让岳池县文化界的领导头痛。作为一个永久性的建筑，作为一张城市的文化名片，要想找到上乘的楹联与之相配，这着实不易。为求得几份真正能与牌坊相配的楹联精品，中共岳池县委宣传部、岳池县文联在县内开展了征联活动。征集的楹联中有8幅县内作者的楹联较为符合主题内容且应对规范。如杨顺光撰写的“览物寄兴，惟放翁高吟，岳池山乡荡紫气；索隐探微，有达人灼见，农家乐源出和溪”。引经据典，说岳池农家乐源远流长，对仗工整，韵致恬适。冯焕如撰写的“农家乐，致力国泰民安酬志愿；溯本源，讴歌岳池风土有遗篇”。上联说出农家乐乐在致力于为国为民作贡献，这是农家首要实现的志向和愿望。下联追述农家乐之根源——《岳池农家》诗句“农家农家乐复乐”。雷一民撰写的“物质丰盈，务观驻足长吟，相看农家乐复乐；人文荟萃，沫若挥毫高唱，仅留福地在人间”“继美传真，绕梁清音，曲领神州高岱岳；扬葩振藻，润心雅韵，艺惊天府动瑶池”。还有文绍才的“放翁千古绝唱，首赞天下农家源岳池乐；华夏历代妙笔，频绘和溪风光处人文真”。李成端的“放翁昔诵，春耕喜庆休闲乐；万众今游，牌弈酒肴花木春”等等，这些楹联较好地体现出作者怀思古之幽情，感今朝之变化的情感，作者在题联的过程中，陶冶艺术性情，喜看岳池巨变，满怀美好憧憬，表达着岳池人民期盼家乡蓬勃发展的共同心声。

牌坊者，名片也。我们有理由相信，在这山清水秀的大地，在这和乐平安的岳池，凭着“中国曲艺之乡”和“中国农家乐之源”这两张文化名片，足可让外界更多地认知岳池，了解岳池。我们也有理由相信，在这两张文化名片的引领下，岳池的农家文化将更加灿烂，岳池的农家文化名县建设将跃上一个新的台阶。

第四章　歌　曲

一、劳动号子

大锤号子

（一）

1＝E

北城乡　赵洪青

高亢、自由地

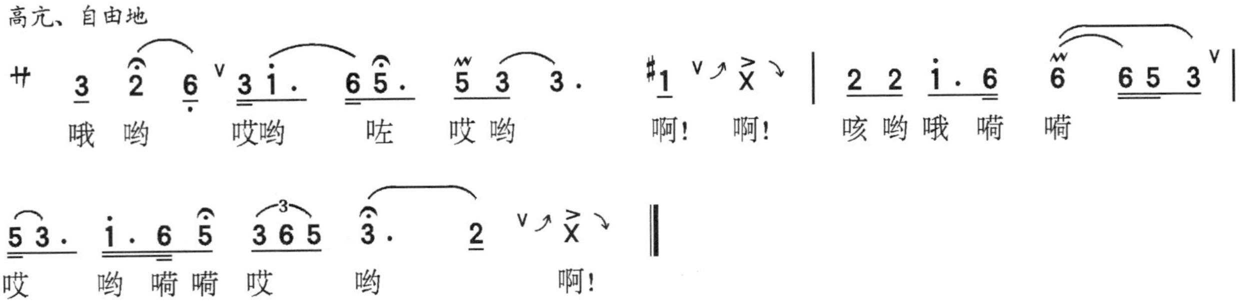

（二）

1＝E

北城乡　赵洪青

高亢、自由地

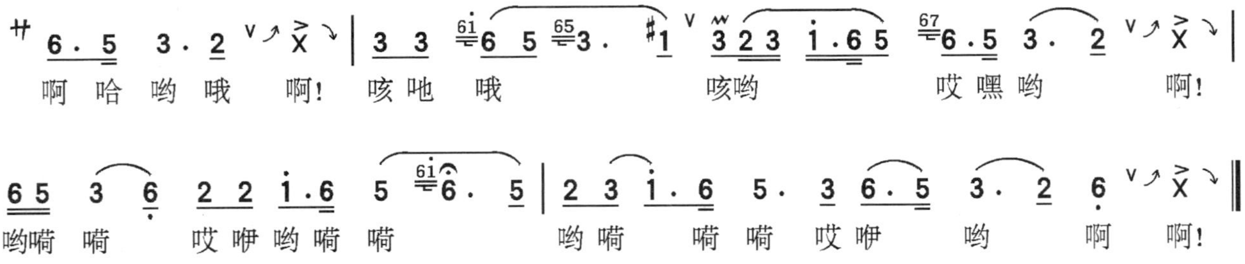

（三）

1＝E

北城乡　胡先成

悠长、自由地

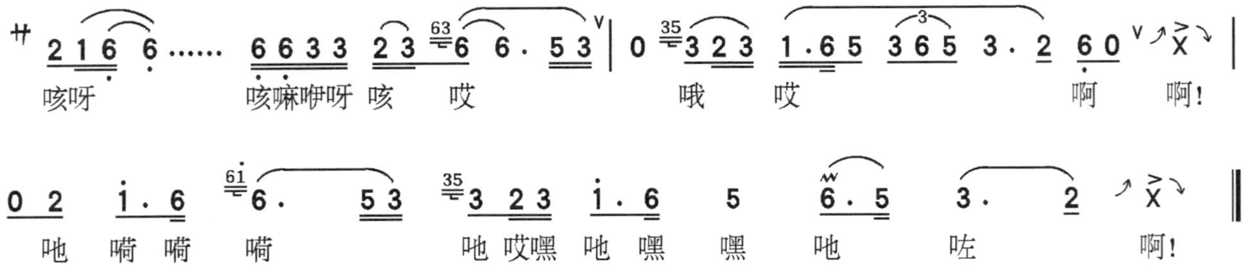

录音、记谱：范　敏

搬坨子号子

（快三声）

1=D $\frac{2}{4}$

稍自由地

洗马乡 胡先成

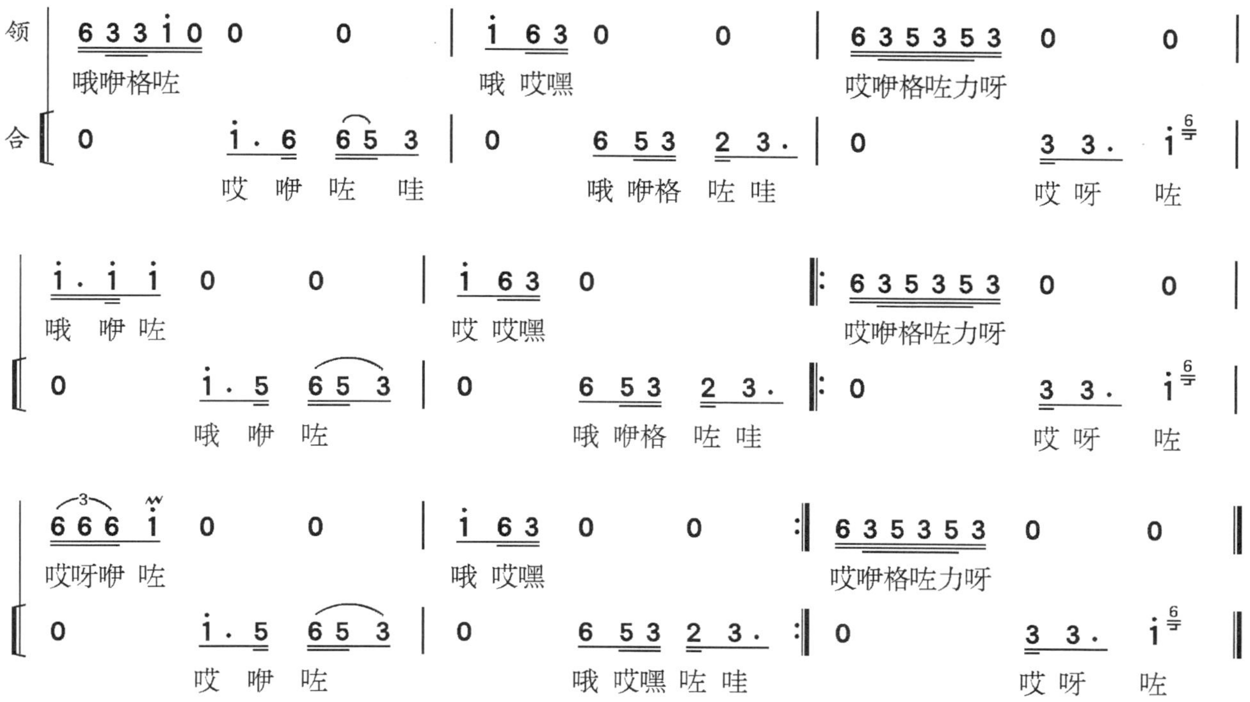

录音、记谱：范 敏

撬石头号子

1=D $\frac{2}{4}$

罗渡乡 文益民 李水廉 袁清华 唱

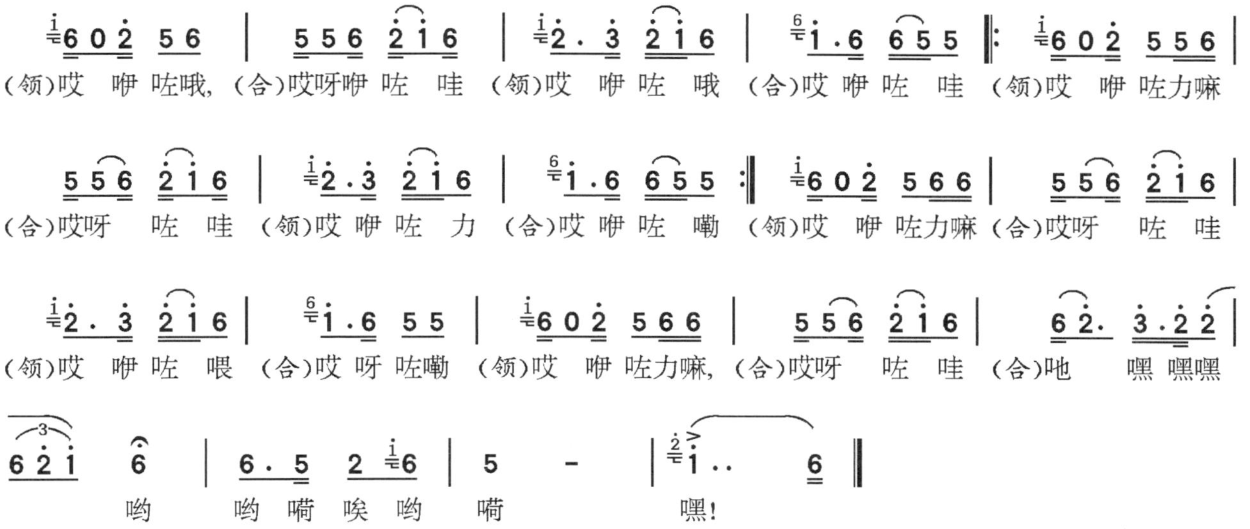

搜集录音：范 敏 周武才 记谱：范 敏

拿把梳儿梳头发

（抬工号子）

1=F $\frac{2}{4}$

洗马乡　雷昌才

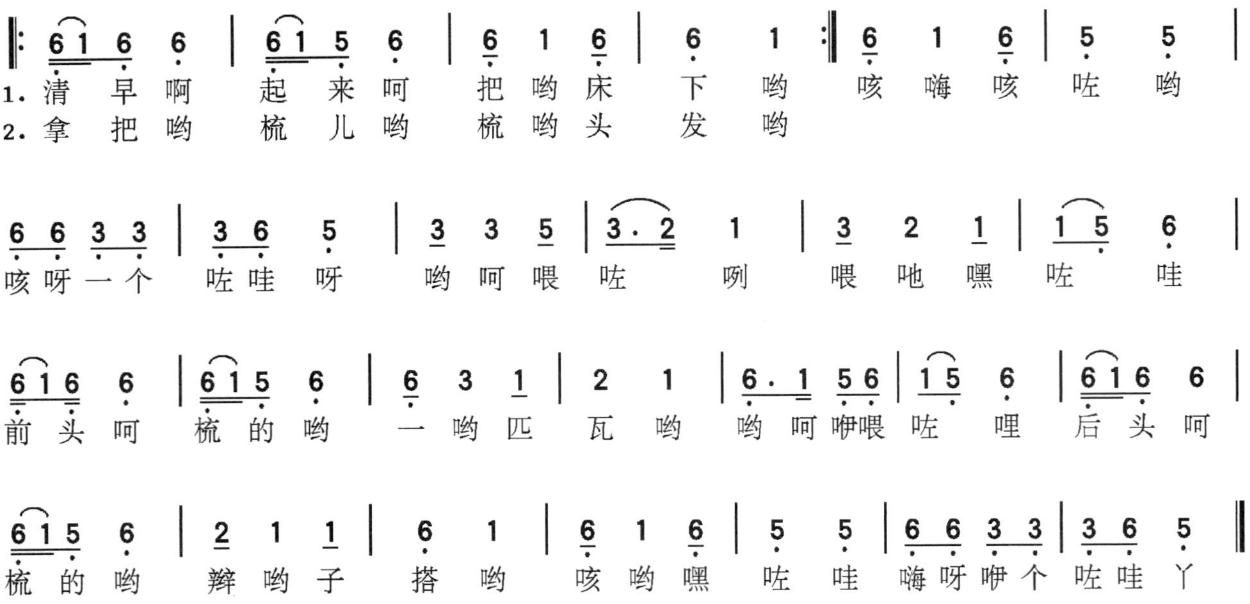

打夯号子

1=F $\frac{2}{4}$

岳池佚名

记谱：范敏

船工号子

（渠江拉纤号子）

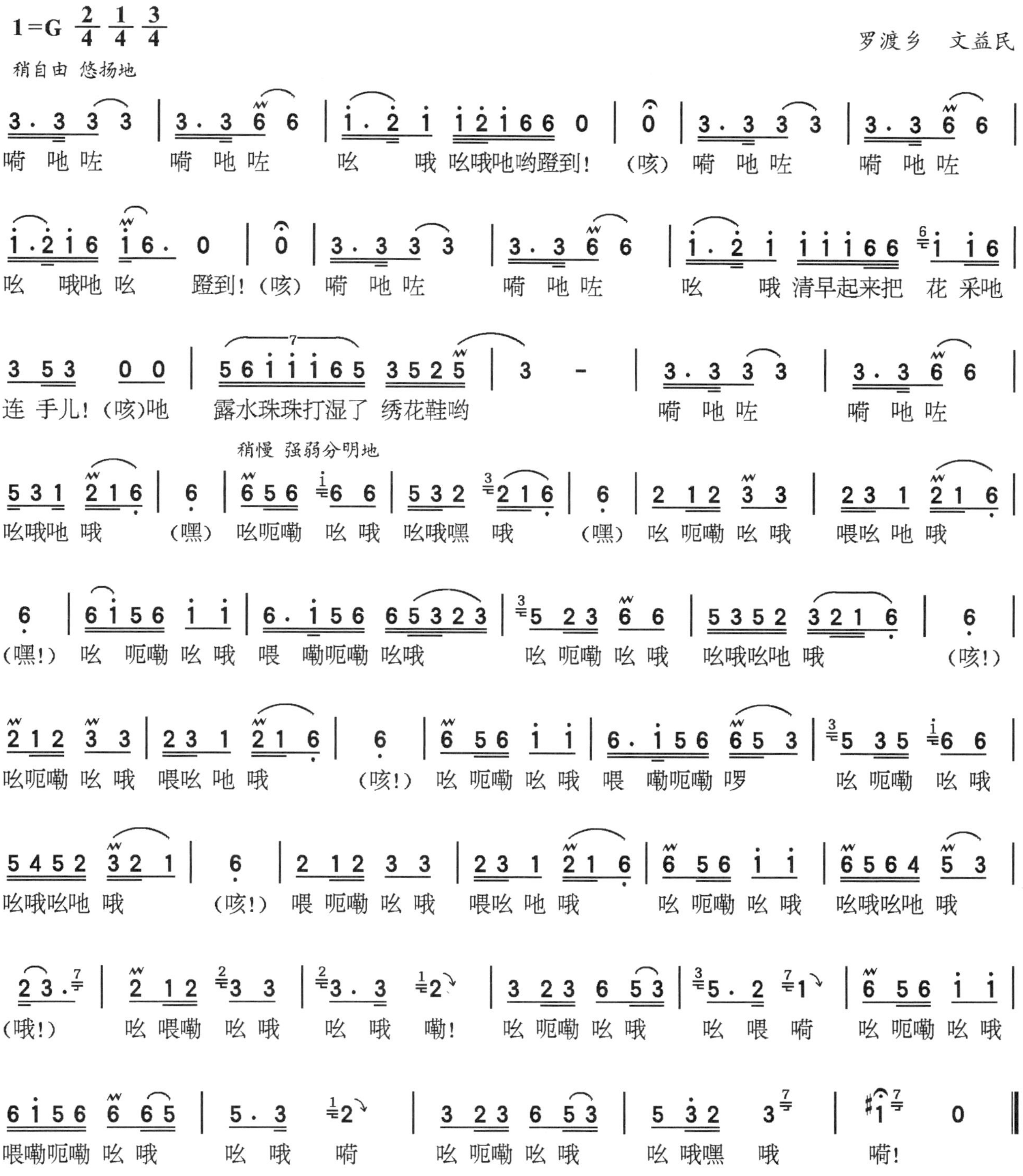

搜集：范 敏 周武才 记谱：范 敏

二、山歌

山歌好唱难排头

（平腔山歌）

1=F 2/4

东板乡 佚 名

搜集记谱：赵鑫华

割 草 歌

（山 歌）

1=♭B 2/4

罗渡镇 李水廉

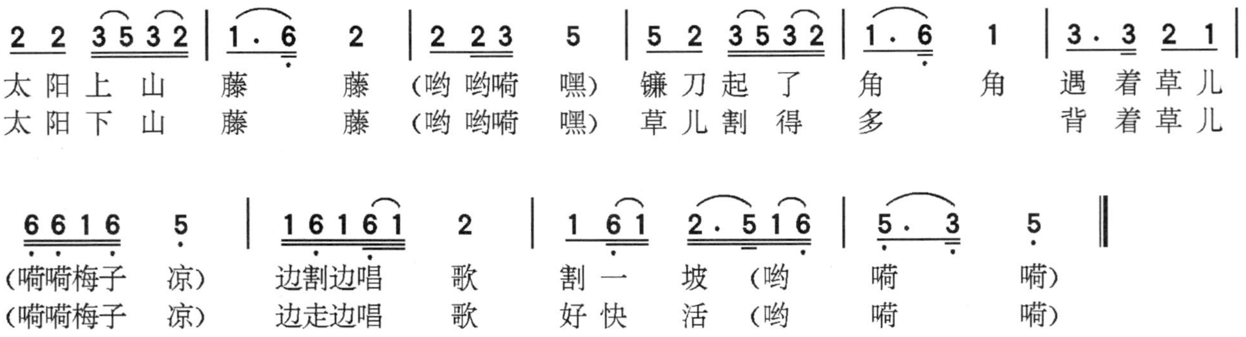

搜集：范 敏 周武才 记谱：范 敏

望 新 郎

（薅秧歌）

1=♭B 2/4

黄龙乡 李元柱

搜集录音：蒋品中

大田栽秧行对行

（平腔薅秧歌）

1=D 2/4

罗渡乡 文益明

稍慢 悠扬地

搜集录音：范 敏 周武才 记谱：范 敏

说对一，谁对一

（盘歌问答）

1=F 2/4 3/4

石垭乡　郭成菊　黄志碧

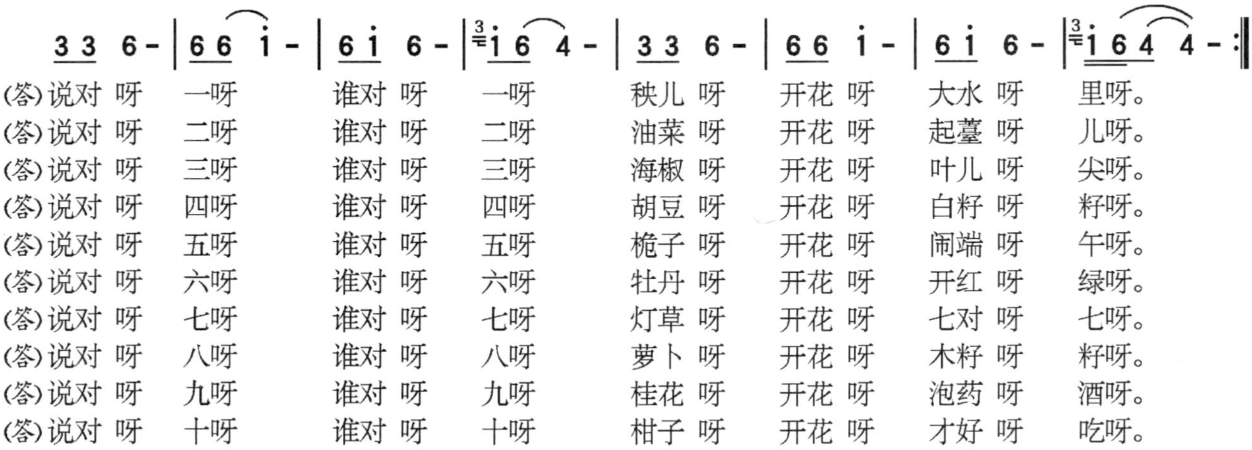

录音、记谱：李亚琴

谢 茶 歌

（高腔山歌）

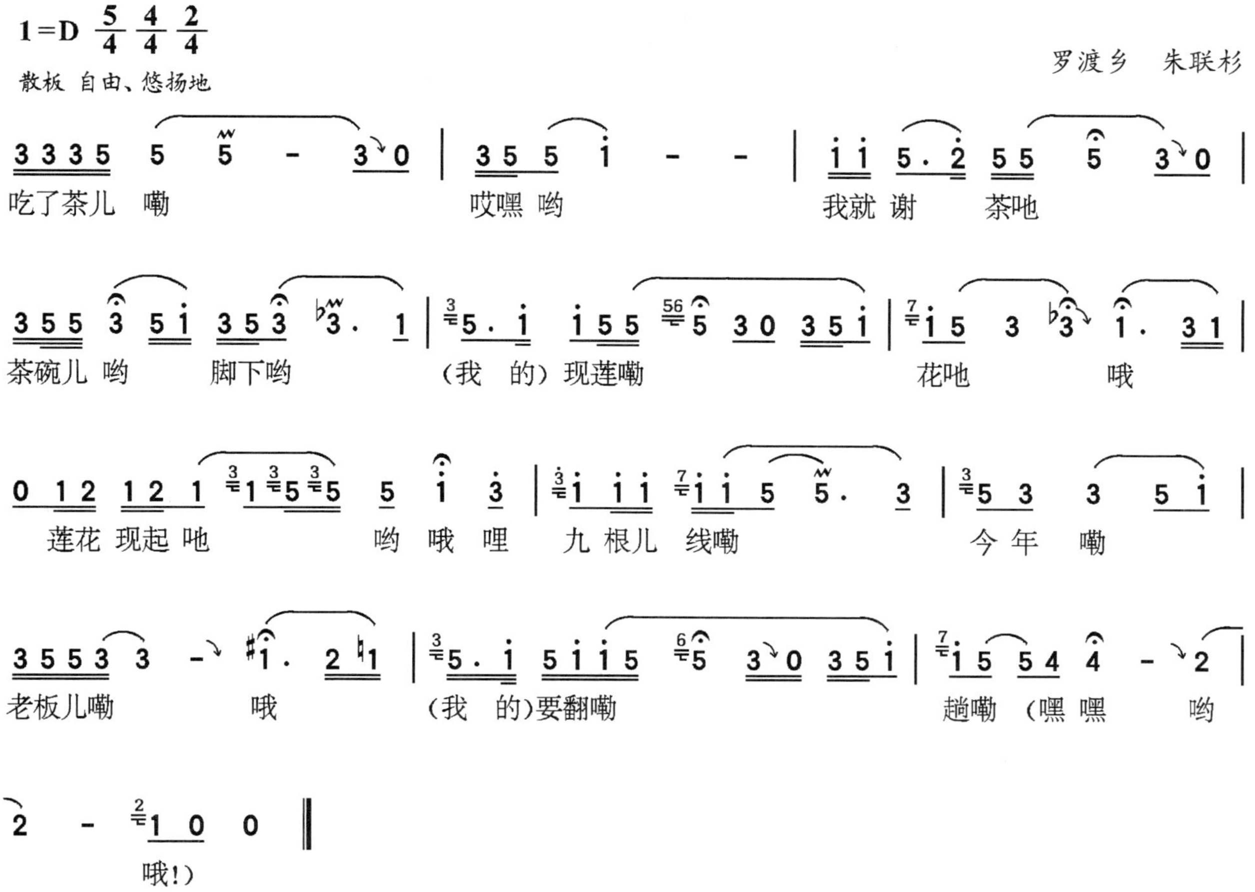

注：这首歌属散板节奏，风格自由而悠扬，拖控的长短及乐句中的强弱变化，都由演唱者根据自己的感情来加以控制或发挥。

搜集录音：范 敏 周武才 记谱：范 敏

白鹤望见一树桑

（高腔山歌）

罗渡镇　袁清华

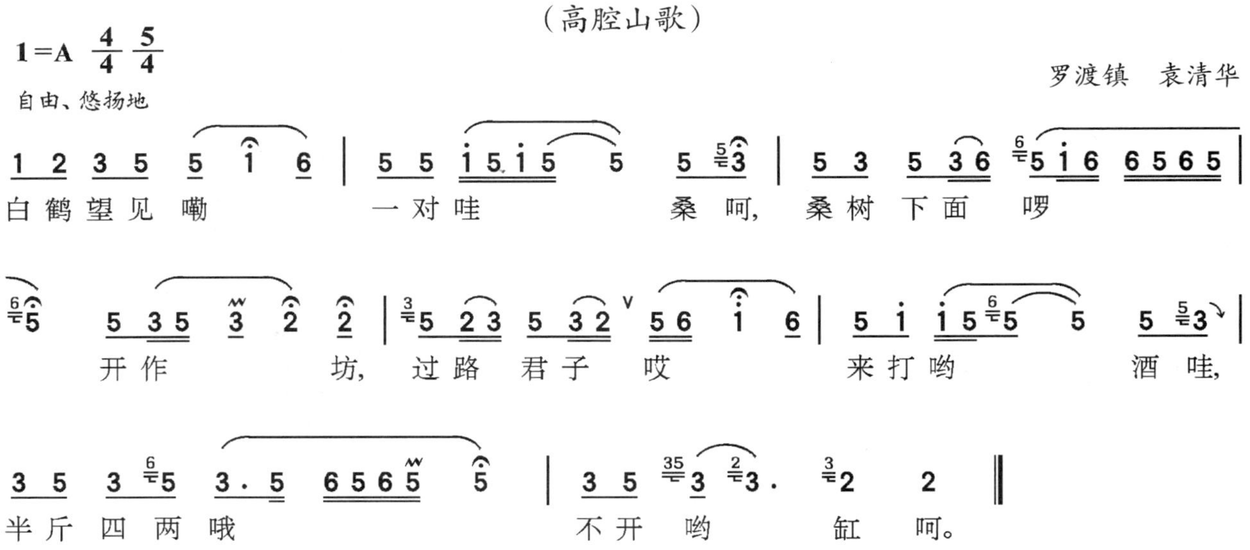

搜集录音：范　敏　周武才　记谱：范　敏

情妹听我唱山歌

（薅秧歌）

黄龙乡　李元柱

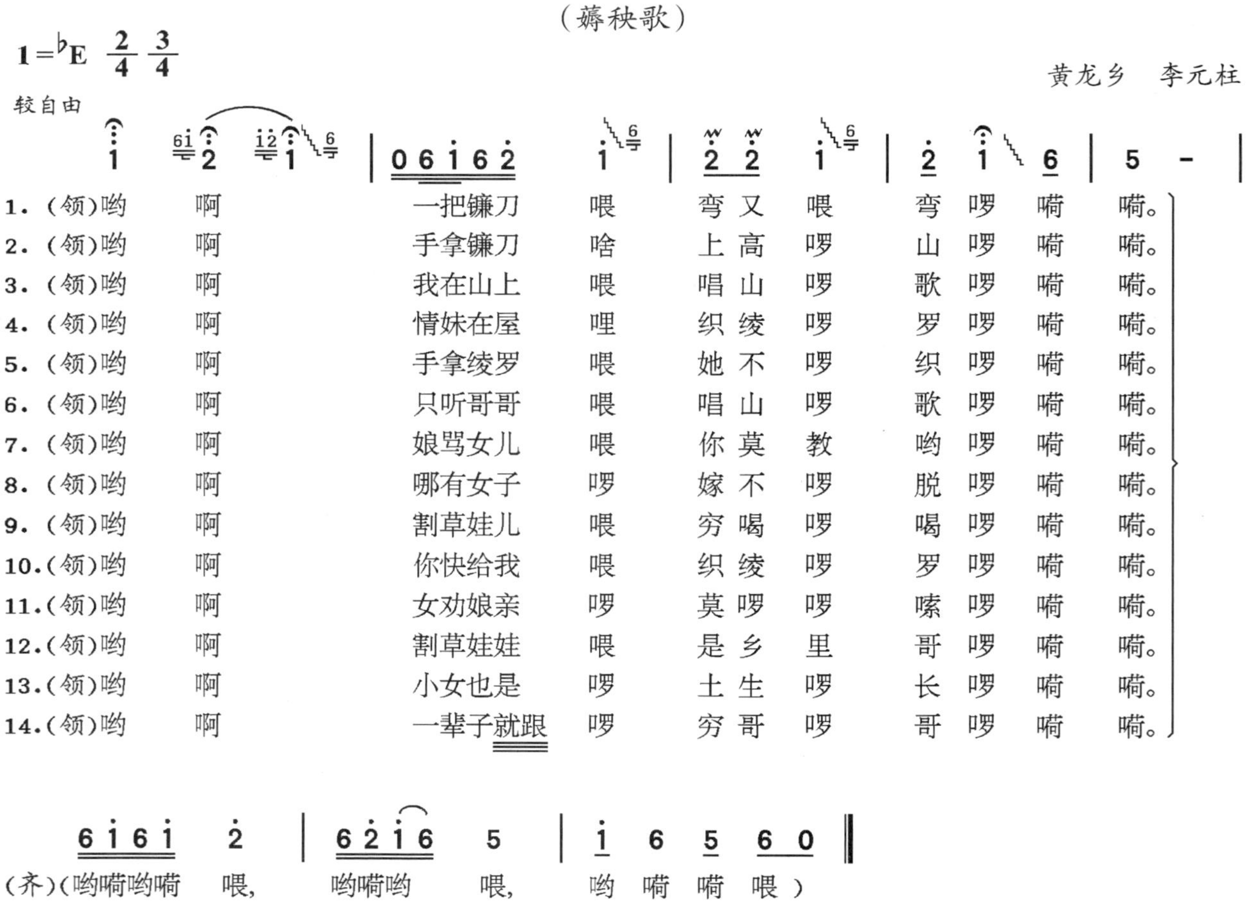

录音、记谱：蒋品中

栀栀花儿戴满头

（高腔薅秧歌）

1＝A

散板 自由、悠扬地

伏龙乡 陈公才

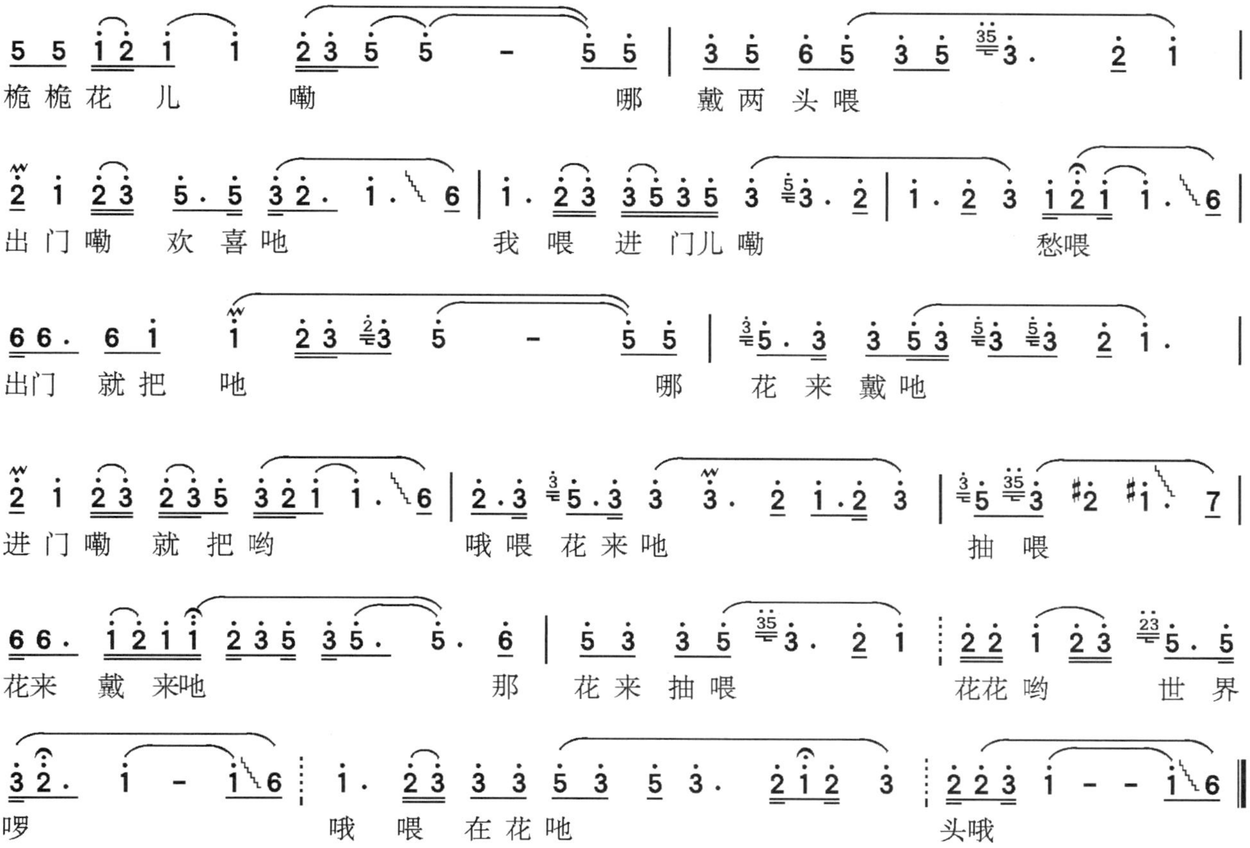

录音：李亚军 范 敏 记谱：范 敏

请 长 年

（薅秧歌）

1＝F $\frac{2}{4}$ $\frac{3}{4}$

节奏较自由

黄龙乡 李元柱

搜集、录音：蒋品中

三、情歌小调

双 探 妹

（民　歌）

1=A $\frac{2}{4}$

伏龙乡　唐厚策　李福伦

5 5 3 2 3 | 5 5 3 2 3 | 1 6 1 3 | 2 - | 5 5 3 2 3 |

1.（男）正哪月哪个 探哪妹哪个 闹哇元宵， 我看我的个
2.（女）小哇妹个 闻听得 急忙开言道： 赠一声哪个
3.（男）二哪月哪个 探哪妹哪个 龙哇抬头， 我看我的个
4.（女）小哇妹个 闻听得 急忙开言道： 赠一声哪个
5.（男）三哪月哪个 探哪妹哪个 是哇清明， 我与我的个
6.（女）小哇妹个 闻听得 急忙开言道： 赠一声哪个
7.（男）四哪月哪个 探哪妹哪个 四哇月八 今天玩的耍
8.（女）小哇妹个 闻听得 急忙开言道： 赠一声哪个
9.（男）五哪月哪个 探哪妹哪个 龙哇船划， 我跟我的个
10.（女）小哇妹个 闻听得 急忙开言道： 赠一声哪个

5 5 3 5 3 2 | 1 6 1 3 | 2 0 | 3. 2 3 5 | 2 1 |

小妹妹儿哪个 身材这样娇， 郎在门前 转啥，
情郎哥 细听奴给描， 小妹本知 道啥，
小妹妹儿哪个 坐在房门口， 你抬头不 见啥，
情郎哥 细听奴给描， 你的朋友 多啥，
小妹妹儿哪个 一同去采青， 采青是何 意啥，
情郎哥 细听奴给描， 我昨日这 一啥，
小妹妹儿哪个 来到小妹家， 我手捧两 盒啥，
情郎哥 细听奴给描， 爹娘没在 家啥，
小妹妹儿哪个 一同去买花， 买朵花儿 戴啥，
情郎哥 细听奴给描， 买朵花儿 戴啥，

6. 1 5 5 | 1 6 6 1 2 | 5. 6 1 1 | 2. 1 6 1 2 3 | 1 - :||

妹妹儿 把你个膀子 掉哇，你 知道不知 道。
哥哥儿 爹妈管紧 了哇， 不准往外 跑。
妹妹儿 你板凳往里 拖哇，你 为何不见 我？
哥哥儿 板凳往外 拖哇， 恐怕你莫乱 说。
妹妹儿 试试你的 心哇，你 知情不知 情？
哥哥儿 抱着你的 身哇， 难舍又难 分。
妹妹儿 回去看你 妈哇，你 在家不在 家。
哥哥儿 陪你来玩 耍哇， 你说好不 好。
妹妹儿 你上下有人 采哇，你 实在逗人 爱。
哥哥儿 上街走下 街哇， 惹人多喜 爱。

注：《双探妹》后面几段歌词，因提供者回忆不出而空缺。

搜集录音、记谱：范　敏　李亚军

十把扇儿

（民　歌）

1=D $\frac{2}{4}$

伏龙乡　李福伦

6 66 6 1̇ 6 6 | 5 5 | 6 1̇ 6 1̇ | 2̇ 2̇ | 1̇ 2̇ 2̇ 1̇ 6 | 5 6 | 6 6 2̇ 1̇ | 1̇ 6 6 5 | 5 0 :‖

1. 一把嘛扇儿(嘛涟莲) 一十七(吔溜溜) 借把扇儿(嘛哎吔) 郎买的(哟干哥儿嘞)。
2. 郎买嘛扇儿(嘛涟莲) 花了钱(嘛溜溜) 做双鞋儿(嘛哎吔) 郎送妻(哟干哥儿嘞)。
3. 二把嘛扇儿(嘛涟莲) 二面花(嘛溜溜) 情妹爱我(嘛哎吔) 我爱她(哟干哥儿嘞)。
4. 三把嘛扇儿(嘛涟莲) 是心儿(嘛溜溜) 姑嫂二人(嘛哎吔) 去挂坟(哟干哥儿嘞)。
5. 男哭嘛三十(嘛涟莲) 王寇珠(嘛溜溜) 姐哭三十(嘛哎吔) 王小郎(哟干哥儿嘞)。
6. 四把嘛扇儿(嘛涟莲) 四角方(嘛溜溜) 四个蝴蝶(嘛哎吔) 坐中堂(哟干哥儿嘞)。
7. 左边嘛坐的(嘛涟莲) 胡小姐(嘛溜溜) 右边坐的(嘛哎吔) 张小兰(哟干哥儿嘞)。
8. 五把嘛扇儿(嘛涟莲) 是端阳(嘛溜溜) 扇儿落在(嘛哎吔) 大路旁(哟干哥儿嘞)。
9. 老人嘛捡到(嘛涟莲) 拿钱取(嘛溜溜) 年轻人捡到(嘛哎吔) 入洞房(哟干哥儿嘞)。
10. 六把嘛扇儿(嘛涟莲) 是炎天(嘛溜溜) 打开扇儿(嘛哎吔) 扇汗干(哟干哥儿嘞)。
11. 一扇嘛二扇(嘛涟莲) 凉风起(嘛溜溜) 三扇四扇(嘛哎吔) 扇干汗(哟干哥儿嘞)。
12. 七把嘛扇儿(嘛涟莲) 齐登台(嘛溜溜) 南京买的(嘛哎吔) 北京来(哟干哥儿嘞)。
13. 不是嘛朋友(嘛涟莲) 他不带(嘛溜溜) 不是知心(嘛哎吔) 带不来(哟干哥儿嘞)。
14. 八把嘛扇儿(嘛涟莲) 是中秋(嘛溜溜) 姑嫂二人(嘛哎吔) 在梳头(哟干哥儿嘞)。
15. 妹妹嘛梳的(嘛涟莲) 黄金花(嘛溜溜) 嫂嫂梳的(嘛哎吔) 九龙头(哟干哥儿嘞)。
16. 九把嘛扇儿(嘛涟莲) 入庙堂(嘛溜溜) 姑嫂二人(嘛哎吔) 去烧香(哟干哥儿嘞)。
17. 嫂嫂嘛烧香(嘛涟莲) 求儿女(嘛溜溜) 妹妹烧香(嘛哎吔) 去望郎(哟干哥儿嘞)。
18. 十把嘛扇儿(嘛涟莲) 是阳春(嘛溜溜) 郎买扇儿(嘛哎吔) 记心间(哟干哥儿嘞)。
19. 多多嘛感谢(嘛涟莲) 情和意(嘛溜溜) 今后慢谢(嘛哎吔) 你的恩(哟干哥儿嘞)。

搜集录音、记谱：范　敏　李亚军

十月之飘

（民 歌）

1=C $\frac{2}{4}$

伏龙乡 李福伦 陈德胜 唐厚册

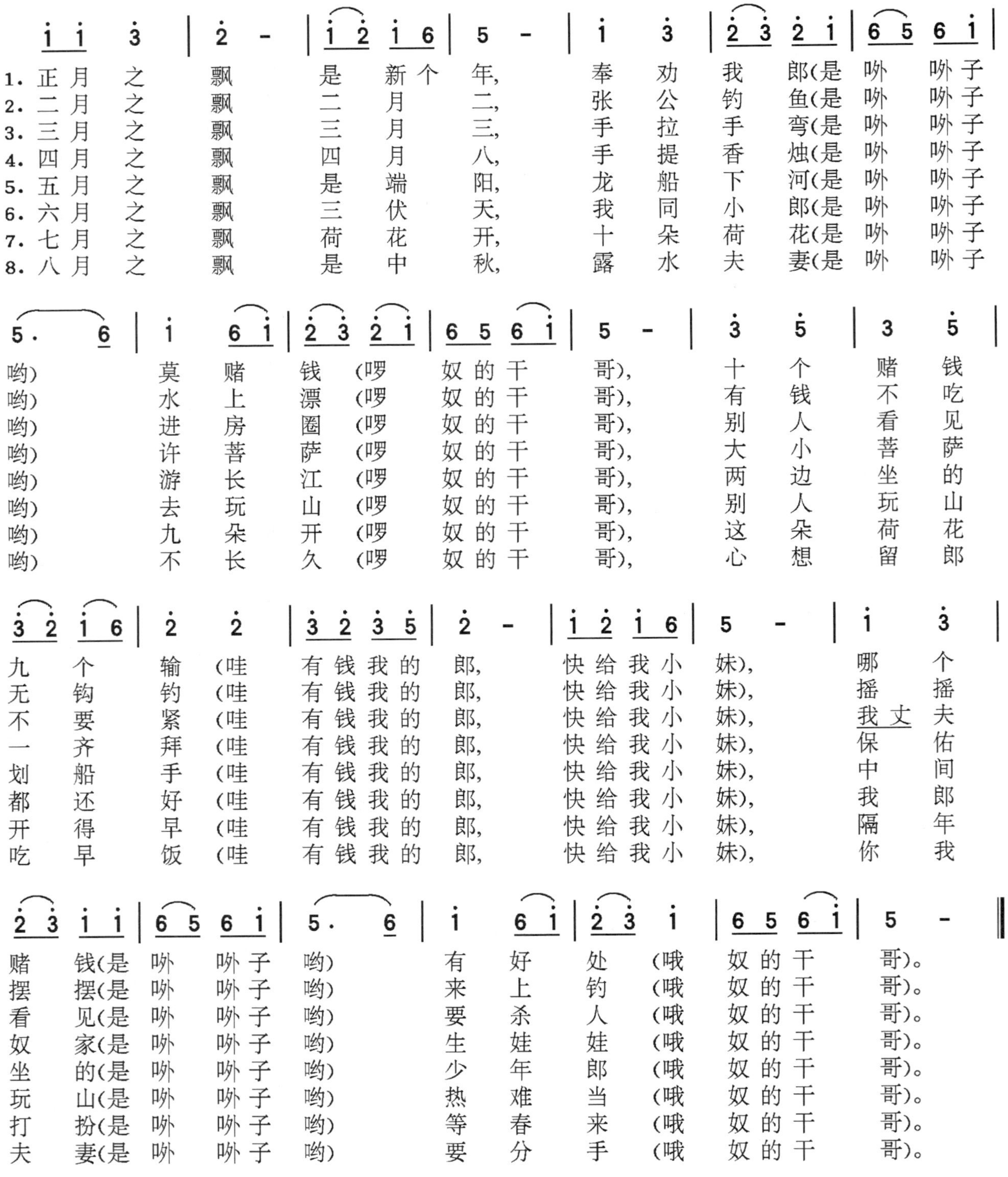

注：9、10两段歌词因提供者遗忘而空缺。

搜集录音、记谱：范 敏 李亚军

黄花姑娘喜莲莲

（小 调）

1＝F 2/4

中和区 佚 名

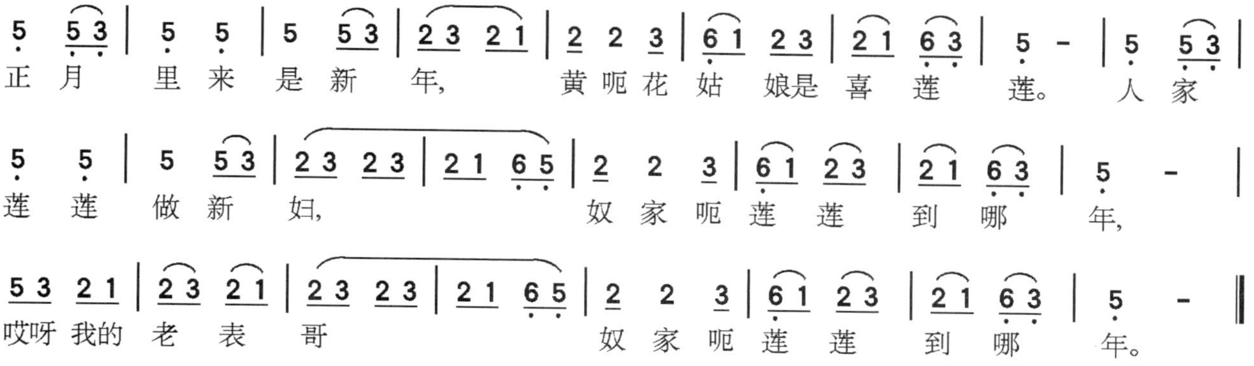

记谱：赵鑫华

十 想

（小 调）

1＝F 2/4

百溪镇 罗燕卿

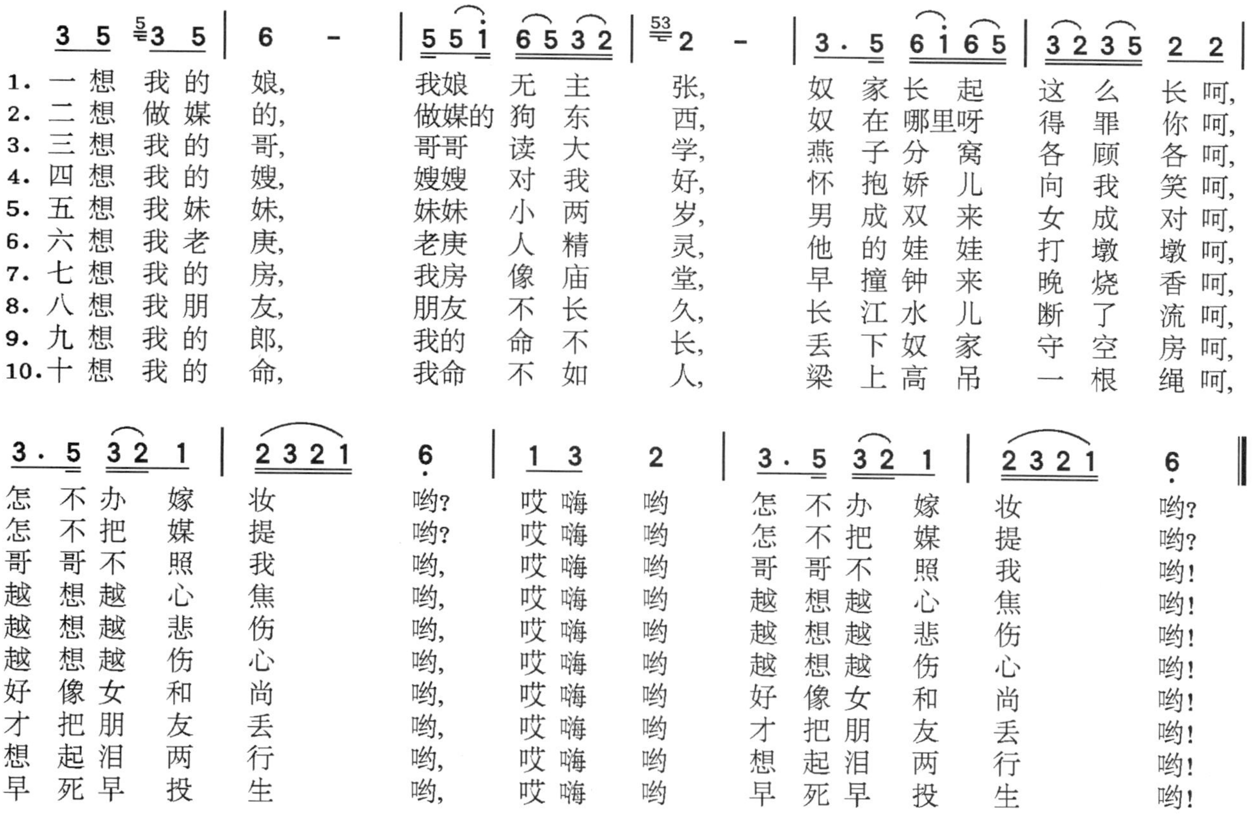

搜集录音：范 敏 周武才 记谱：范 敏

五更探郎

（小 调）

1=A $\frac{2}{4}$

百溪镇 罗燕卿

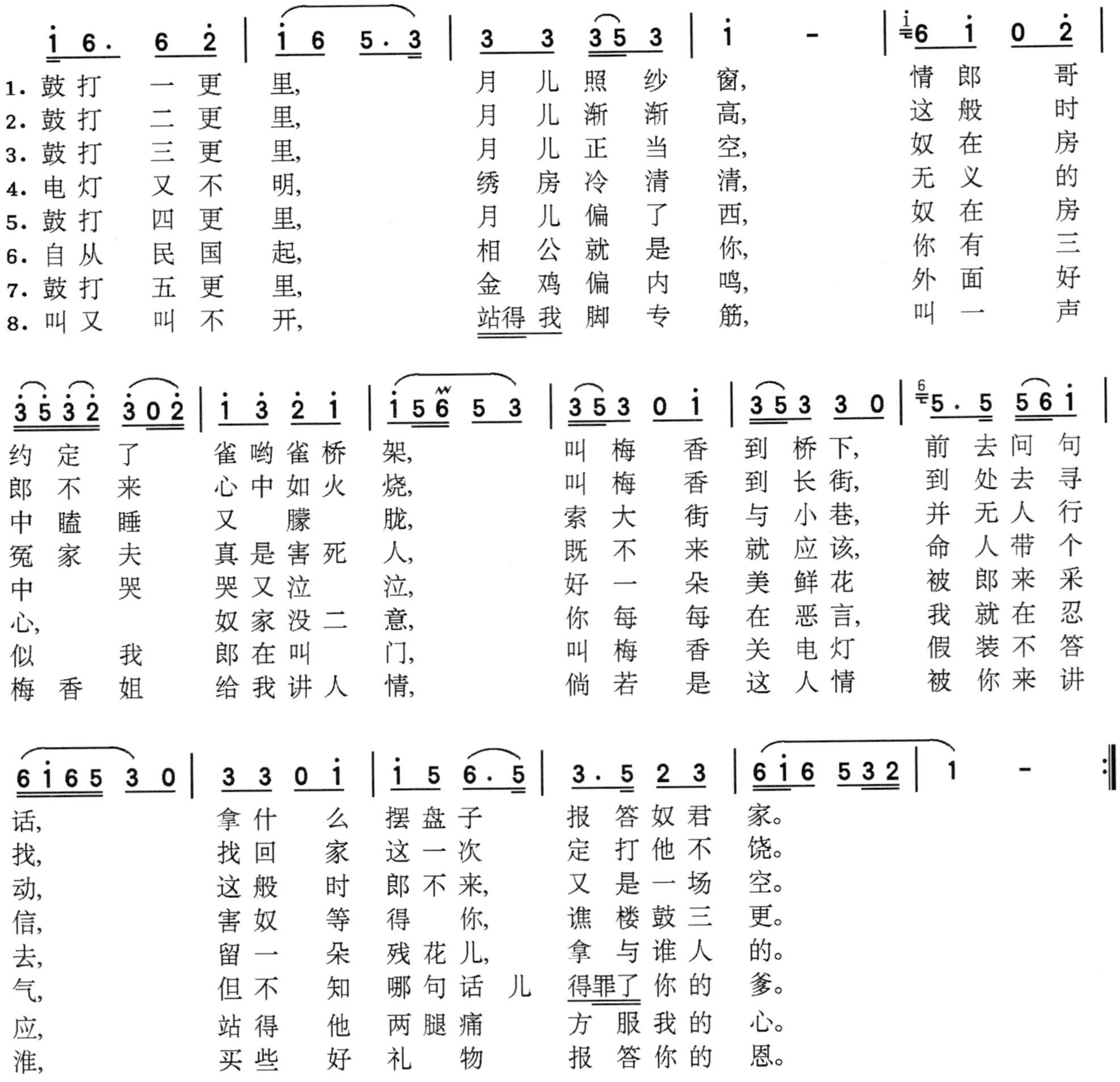

搜集录音：范 敏 周武才 记谱：范 敏

望 郎

（民 歌）

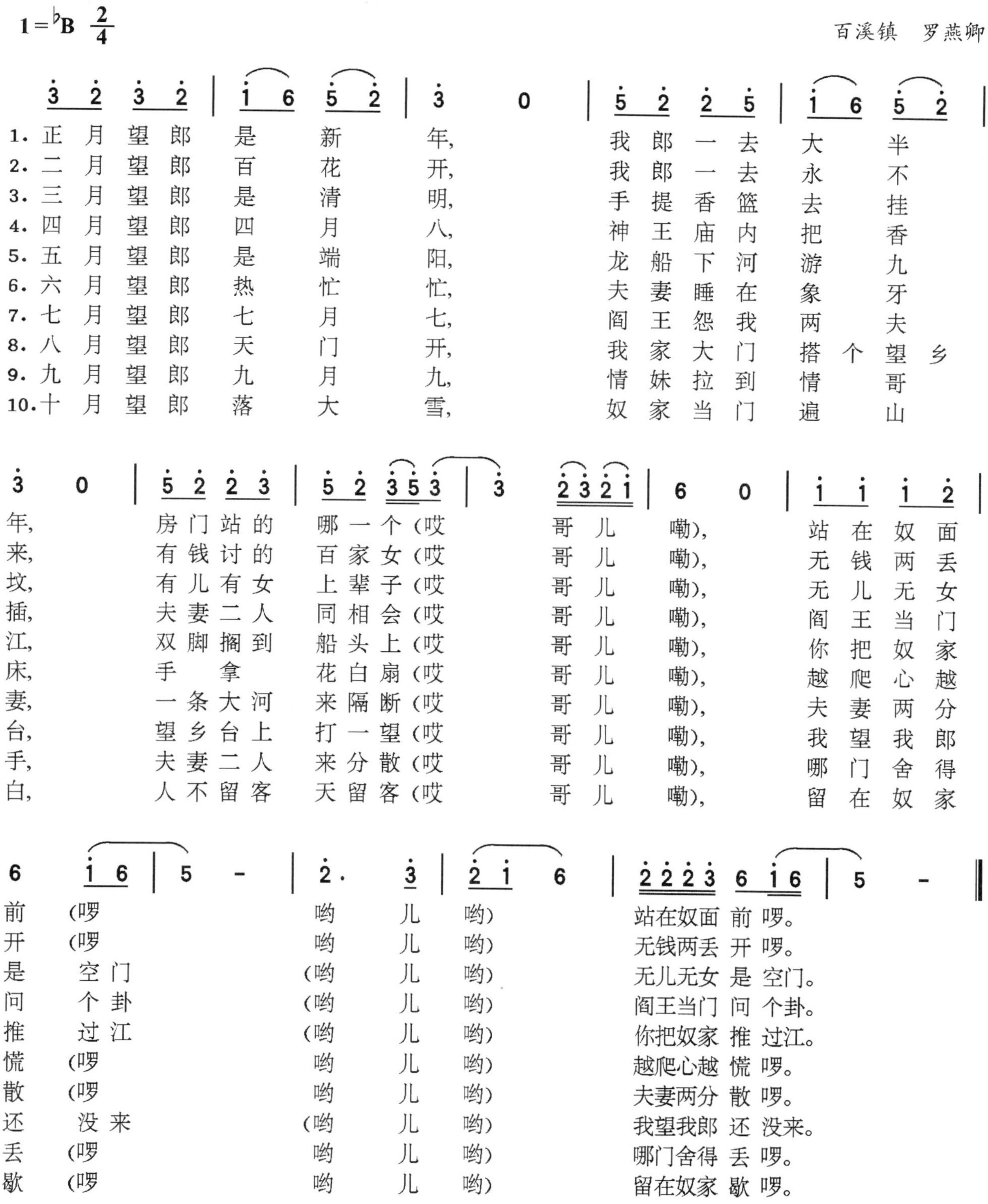

搜集录音、记谱：范 敏 李亚军

绣荷包

（民　歌）

1=F $\frac{2}{4}$

伏龙乡　李福伦

注：此首歌词，演唱者只记得一段，其余均不能回忆。

录音：范　敏　李亚军　记谱：范　敏

五更调

（新民歌）

1=F $\frac{2}{4}$

伏龙乡　王大序

注：《五更调》的歌词还长，余词演唱者均不能回忆，故空缺。

搜集录音、记谱：范　敏　李亚军

七杯子茶

（小 调）

罗渡乡 盛秀华

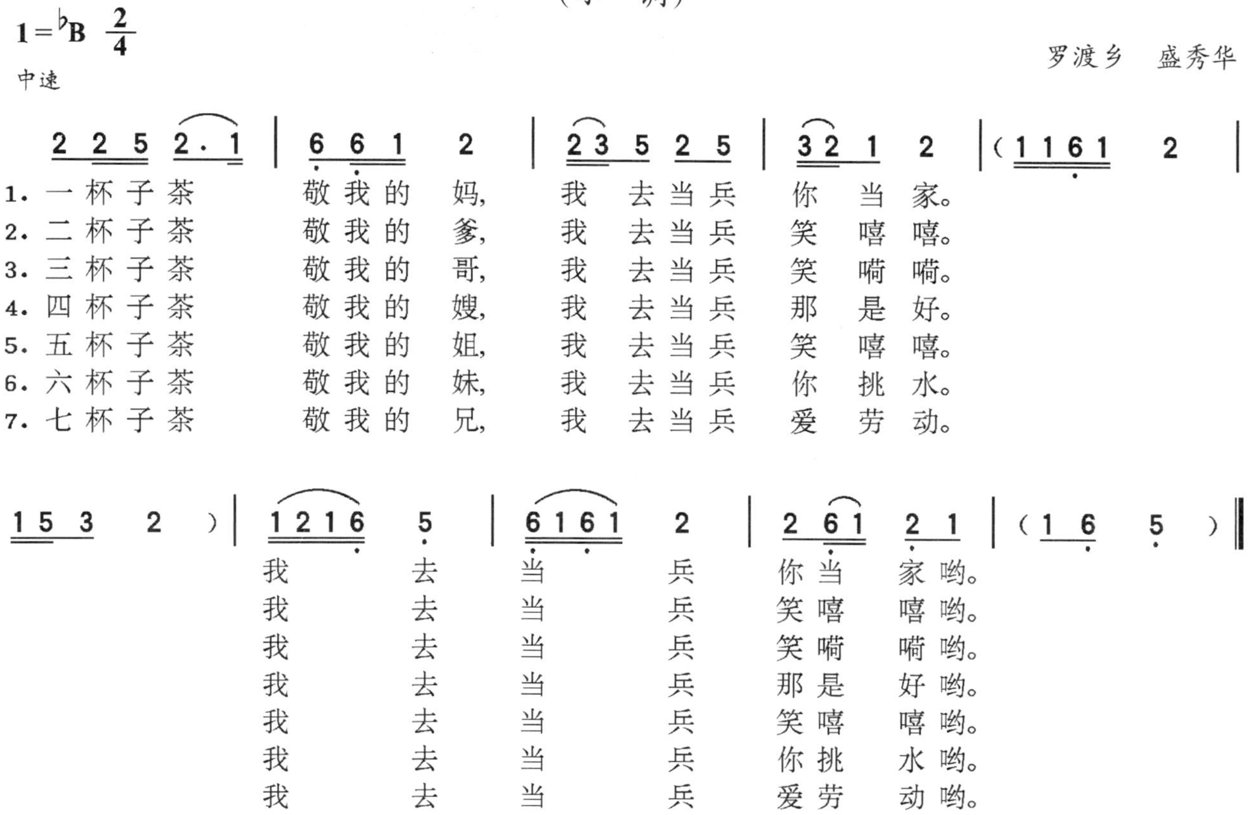

搜集录音：周武才 记谱：范 敏

十月望郎

（民歌小调）

1=F $\frac{2}{4}$

罗渡镇 佚 名

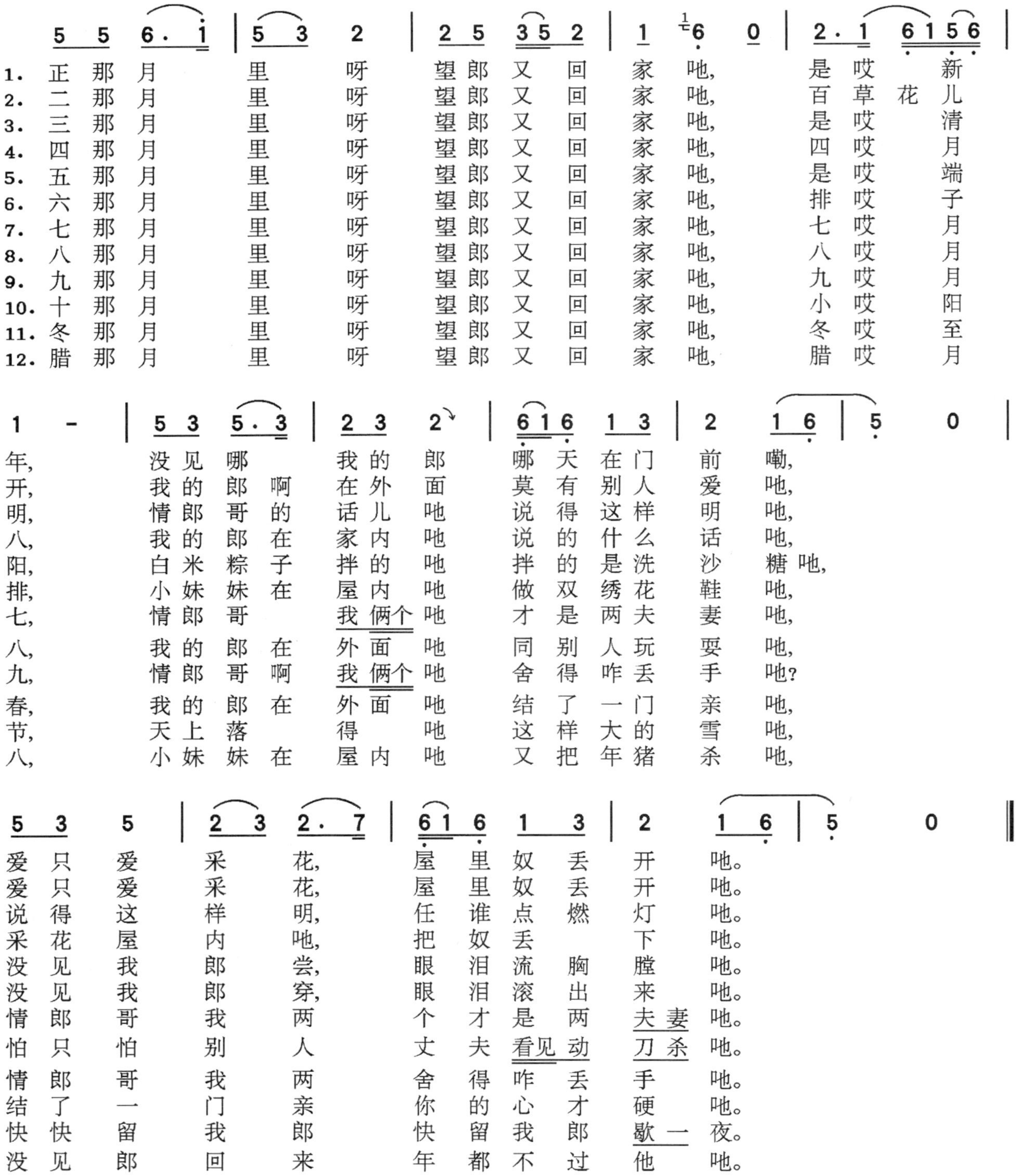

搜集录音：周武才 记谱：范 敏

逗幺妹

（莲厢调）

1=F $\frac{2}{4}$

石垭乡 刘善书

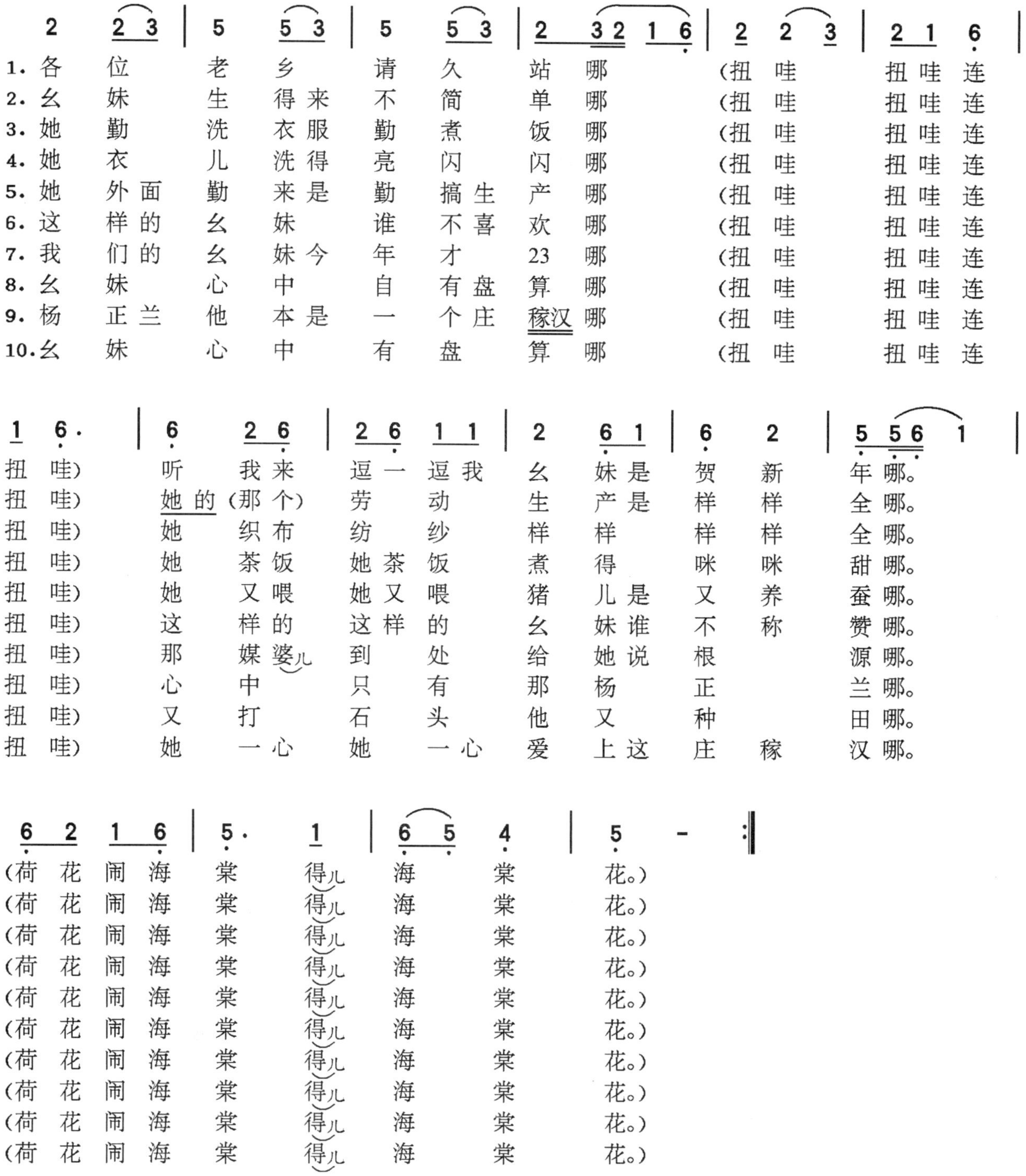

搜集录音、记谱：李亚军

四、民俗歌谣

过 礼 歌

1=F 3/4

万寿乡 唐久珍

| 5 3 3 2 2 | 5 3 32 1 1 | 2 3 21 6 6 | 1 1 16 5 5 :|

1.	耳听西房	闹沉沉 哕,	而是贫 家	过礼人 哪。
2.	莫等大锣	进大门 哕,	莫等小 锣	进朝门 哪。
3.	我的朝门	九道高 哕,	九道门 窗	九道梢 嘞。
4.	莫等礼客	到我屋 哕,	礼客到 屋	要失财 哟。
5.	叶子烟儿	赊半斤 哕,	金条烟 儿	赊四两 哟。
6.	一架抬盒	四角箱 哕,	来的线 子	二三丈 哟。
7.	二架抬盒	四角长 哕,	亲家来 的	是衣裳 哟。
8.	来的衣裳	绫罗领 哕,	送给贫 家	都不肯 哕。
9.	三架抬盒	四根青 哕,	来的裙 子	绫罗腰 哟。
10.	上沟下坝	都结交 哟。	四架抬 盒	是银钱 哕。
11.	打的银钱	是新色 哟,	接的银 钱	我们得 哟。
12.	五架抬盒	是桃花 哟,	来的桃 花	是新色 哟。
13.	野的桃花	败了色 哟。	六架抬 盒	是银锭 哟。
14.	来的银锭	三两三 哟,	亲家接 了	几匹山 哟。
15.	七架抬盒	是过礼 哟,	来的白 糖	五四两 哟。
16.	八架抬盒	是鸡鸭 哟,	九架抬 盒	像秧鸡 哟。
17.	来的鸭子	像白鹤 哟。	我吔接 到	是美酒 嘞。
18.	十架抬盒	是礼单 哟,	借了三 天	礼单看 嘞。
19.	样样都是	借来的 哟	借的东 西	要还原 哕。

录音、记谱：李亚军

迎 灯 歌

1=D 2/4

万寿乡 唐久珍

| 6 i 6 6 6 i | 3 3 3 i 2 | 3 3 3 i 2 | 6 i 6 i 2 i | 6 6 i 6 5 | 6 6 4 6 5 :|

1.	一颗嘛 大星嘛	（金丝亮明 灯	金丝亮明 灯）	配 小	星哕（月亮弯弯 哕	新姐出绣 阁）
2.	做个嘛 男鞋嘛	（金丝亮明 灯	金丝亮明 灯）	醒 五	更哕（月亮弯弯 哕	新姐出绣 阁）
3.	没过嘛 五更嘛	（金丝亮明 灯	金丝亮明 灯）	也 难	配哟（月亮弯弯 哕	新姐出绣 阁）
4.	十个嘛 新姐嘛	（金丝亮明 灯	金丝亮明 灯）	也 难	配哟（月亮弯弯 哕	新姐出绣 阁）
5.	十个嘛 迎灯嘛	（金丝亮明 灯	金丝亮明 灯）	把 她	配哟（月亮弯弯 哕	新姐出绣 阁）
6.	前头嘛 迎灯嘛	（金丝亮明 灯	金丝亮明 灯）	高 又	高哟（月亮弯弯 哕	新姐出绣 阁）
7.	石头嘛 迎灯嘛	（金丝亮明 灯	金丝亮明 灯）	矮 又	矮哟（月亮弯弯 哕	新姐出绣 阁）
8.	照着嘛 新姐嘛	（金丝亮明 灯	金丝亮明 灯）	红 花	彩哟（月亮弯弯 哕	新姐出绣 阁）
9.	朝门嘛 外面嘛	（金丝亮明 灯	金丝亮明 灯）	牡 丹	花哟（月亮弯弯 哕	新姐出绣 阁）
10.	照着嘛 新姐的	（金丝亮明 灯	金丝亮明 灯）	爹 和	妈哕（月亮弯弯 哕	新姐出绣 阁）

录音、记谱：李亚军

绣花歌

1＝A 2/4 3/4

黄龙乡 胡秀琼

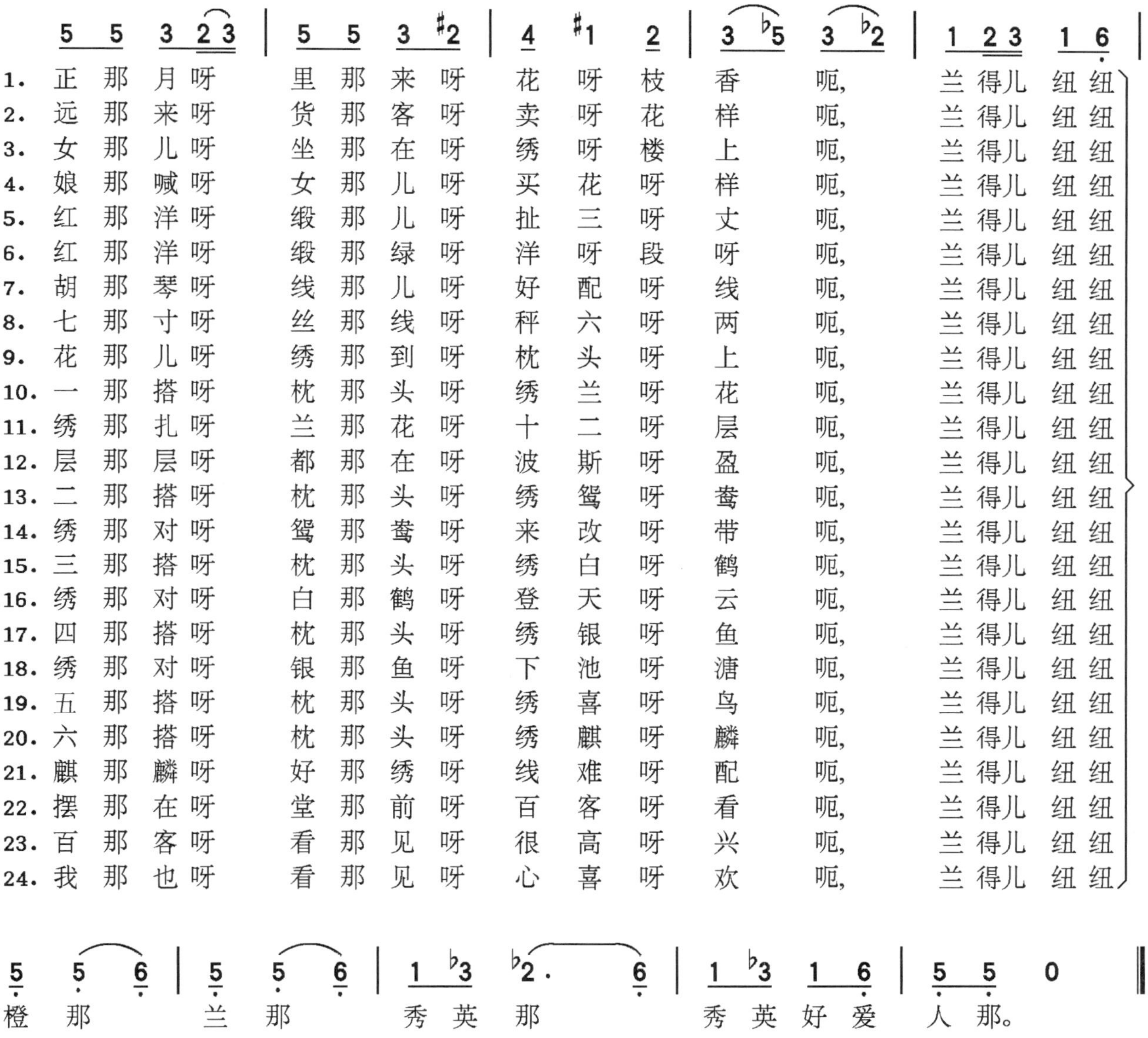

搜集录音：蒋品中

八月柑子九月黄

1=♭E $\frac{2}{4}$ $\frac{1}{4}$

黄龙乡　杨世珍

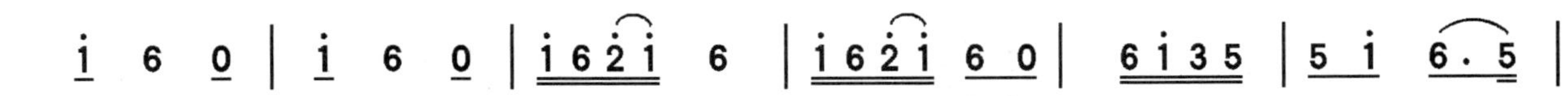

1. 八 月 柑 子 九月哟 黄，九月哟 黄，
2. 摘 个 柑 子 我娘哟 尝，我娘哟 尝。
3. 拿 到 柑 子 不经哟 尝，不经哟 尝，
4. 拿 到 小 女 不会哟 放，不会哟 放。
5. 大 田 大 地 你会哟 放，你会哟 放，
6. 三 挑 谷 子 你看哟 上，你看哟 上，
7. 三 撮 谷 子 你要哟 放，你要哟 放。
8. 一 根 柱 头 两个哟 杈，两个哟 杈，
9. 三 五 两 天 就搬哟 家，就搬哟 家。
10. 一 搬 搬 到 大岩哟 边，大岩哟 边，
11. 又 怕 大 岩 垮下哟 来，垮下哟 来。
12. 二 搬 搬 到 大河哟 边，大河哟 边，
13. 又 怕 大 水 涨起哟 来，涨起哟 来。
14. 三 搬 搬 到 雪地哟 上，雪地哟 上，
15. 雪 落 地 上 我不哟 怕，我不哟 怕。
16. 四 搬 搬 到 花树哟 下，花树哟 下，
17. 风 又 吹 到 花又哟 落，花又哟 落。
18. 五 搬 搬 到 皂角哟 树，皂角哟 树，
19. 皂 角 树 上 刺又哟 多，刺又哟 多。
20. 蛮 子 人 家 事又哟 多，事又哟 多，
21. 老 的 起 来 喊要哟 茶，喊要哟 茶，
22. 少 的 起 来 喊要哟 水，喊要哟 水，
23. 三 十 二 盆 洗脸哟 水，洗脸哟 水，
24. 四 十 二 杯 素酒哟 茶，素酒哟 茶。
25. 屋 人 大 小 都到哟 交，都到哟 交，
26. 绣 房 幺 妹 未到哟 交，未到哟 交。
27. 幺 妹 说 我 小户哟 人，小户哟 人，
28. 脚 踩 生 地 地不哟 平，地不哟 平，
29. 晓 得 你 屋 好多哟 人，好多哟 人。

（那个奴儿 坐 绣 楼

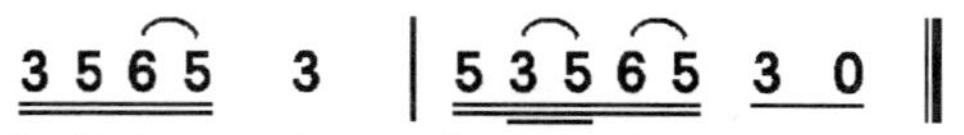

奴儿哀 哀 奴儿 哀 哀）

搜集录音：蒋品中

白布袜子条箱鞋

1=A $\frac{2}{4}$

黄龙乡 蔡中英

	2 2 3 5	6 3 5 2	2 5 6 3	3 1 3 2 :‖
1.	白 呀 哈 布	袜 呀 哈 子	条 哇 箱 呀	鞋 呀 哈 哈。
2.	我 呀 哈 也	走 呀 哈 了	运 哇 当 呀	来 呀 哈 哈。
3.	见 呀 哈 了	多 呀 哈 少	大 呀 世 呀	面 呀 哈 哈。
4.	看 呀 哈 了	多 呀 哈 少	好 哇 陪 呀	奁 呀 哈 哈。
5.	小 呀 哈 女	喊 呀 哈 你	照 哇 到 呀	办 呀 哈 哈。
6.	嫁 呀 哈 奁	罗 呀 哈 起	六 哇 十 呀	抬 呀 哈 哈。
7.	衣 呀 哈 裳	要 呀 哈 缝	六 哇 十 呀	件 呀 哈 哈。
8.	抬 呀 哈 起	走 呀 哈 那	乡 哇 里 呀	过 呀 哈 哈。
9.	盖 呀 哈 过	街 呀 哈 上	一 哇 通 呀	出 呀 哈 哈。
10.	抬 呀 哈 起	往 呀 哈 那	田 哇 边 呀	过 呀 哈 哈。
11.	脚 呀 哈 不	动 呀 哈 来	水 哇 要 呀	动 呀 哈 哈。
12.	抬 呀 哈 起	走 呀 哈 那	山 哇 上 呀	过 呀 哈 哈。
13.	脚 呀 哈 不	动 呀 哈 来	山 哇 要 呀	动 呀 哈 哈。
14.	抬 呀 哈 起	走 呀 哈 那	街 哇 上 呀	过 呀 哈 哈。
15.	街 呀 哈 上	姑 呀 哈 娘	出 哇 来 呀	看 呀 哈 哈。
16.	她 呀 哈 问	陪 呀 哈 奁	哪 哇 个 呀	办 呀 哈 哈。
17.	小 呀 哈 女	回 呀 哈 答	我 哇 爹 呀	办 呀 哈 哈。
18.	说 呀 哈 起	我 呀 哈 爹	有 哇 脸 呀	面 呀 哈 哈。
19.	说 呀 哈 起	我 呀 哈 妈	多 哇 能 呀	干 呀 哈 哈。
20.	抬 呀 哈 起	走 呀 哈 那	贫 哇 家 呀	去 呀 哈 哈。
21.	贫 呀 哈 家	房 呀 哈 子	砌 哇 得 呀	窄 呀 哈 哈。
22.	抽 呀 哈 屉	立 呀 哈 柜	街 哇 沿 呀	歇 呀 哈 哈。
23.	六 呀 哈 月	逗 呀 哈 那	太 哇 阳 呀	晒 呀 哈 哈。
24.	腊 呀 哈 月	逗 呀 哈 那	霜 哇 风 呀	吹 呀 哈 哈。
25.	一 呀 哈 封	信 呀 哈 儿	带 哇 回 呀	城 呀 哈 哈。
26.	不 呀 哈 费	灯 呀 哈 草	也 哇 费 呀	油 呀 哈 哈。
27.	不 呀 哈 费	银 呀 哈 钱	也 哇 费 呀	心 呀 哈 哈。

搜集录音：蒋品中

新打磨儿推白浆

1=F $\frac{3}{4}$

石垭乡 黄志碧 郭成菊

	5 3 3 2·	5 3 3 2 1·	2 3 2 1 6·	1 1 1 6 5· ‖
1.	新 打 磨 儿	推 白 浆 哟,	推 起 白 浆	浆 衣 裳 哟。
2.	浆 衣 莫 拿	盆 儿 浆 哟,	金 盆 银 盆	由 你 浆 哟。
3.	晾 衣 莫 拿	竹 竿 晾 哟,	金 竹 银 竹	由 你 晾 哟。
4.	折 衣 莫 拿	桌 儿 折 哟,	金 桌 银 桌	由 你 折 哟。
5.	放 衣 莫 拿	箱 子 放 哟,	金 箱 银 箱	由 你 放 哟。
6.	锁 衣 莫 拿	锁 儿 锁 哟,	金 锁 银 锁	由 你 锁 哟。

搜集录音：李亚琴

白角开花椏对椏

（又名《贫家公婆嘴零杂》）

1=C $\frac{2}{4}$

黄龙乡　王云杰

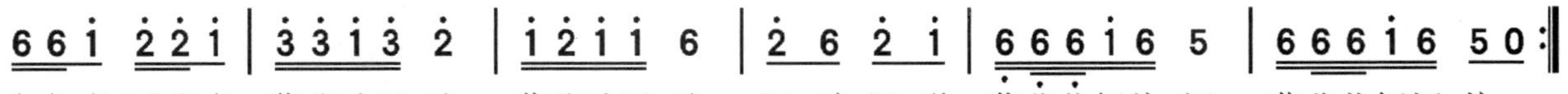

1. 白角嘛 开花嘛（菜花叶子 啥 菜花叶子 啥） 椏 对 椏 哟，（菜花儿好热 闹 菜花儿好闹 热）
2. 正月嘛 要吃嘛（菜花叶子 啥 菜花叶子 啥） 荆 芥 茶 哟，（菜花儿好热 闹 菜花儿好闹 热）
3. 三月嘛 要吃嘛（菜花叶子 啥 菜花叶子 啥） 嫩 苦 瓜 哟，（菜花儿好热 闹 菜花儿好闹 热）
4. 五月嘛 要吃嘛（菜花叶子 啥 菜花叶子 啥） 嫩 仔 姜 哟，（菜花儿好热 闹 菜花儿好闹 热）
5. 七月嘛 要吃嘛（菜花叶子 啥 菜花叶子 啥） 莴 笋 薹 哟，（菜花儿好热 闹 菜花儿好闹 热）
6. 九月嘛 要吃嘛（菜花叶子 啥 菜花叶子 啥） 谷 花 酒 哟，（菜花儿好热 闹 菜花儿好闹 热）
7. 冬月嘛 要吃嘛（菜花叶子 啥 菜花叶子 啥） 嫩 南 瓜 哟，（菜花儿好热 闹 菜花儿好闹 热）

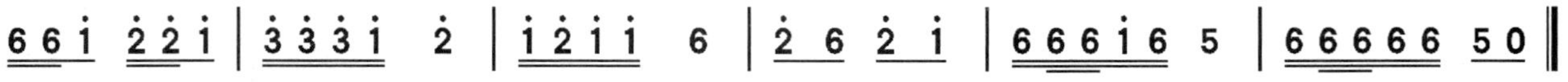

贫家嘛 公婆嘛（菜花叶子 啥 菜花叶子 啥） 嘴 零 杂 哟。（菜花儿好闹 热 菜花儿好闹 热）
二月嘛 要吃嘛（菜花叶子 啥 菜花叶子 啥） 嫩 黄 瓜 哟。（菜花儿好闹 热 菜花儿好闹 热）
四月嘛 要吃嘛（菜花叶子 啥 菜花叶子 啥） 嫩 旱 菜 哟。（菜花儿好闹 热 菜花儿好闹 热）
六月嘛 要吃嘛（菜花叶子 啥 菜花叶子 啥） 青 菜 薹 哟。（菜花儿好闹 热 菜花儿好闹 热）
八月嘛 要吃嘛（菜花叶子 啥 菜花叶子 啥） 莲 蓬 酒 哟。（菜花儿好闹 热 菜花儿好闹 热）
十月嘛 要吃嘛（菜花叶子 啥 菜花叶子 啥） 嫩 豇 豆 哟。（菜花儿好闹 热 菜花儿好闹 热）
腊月嘛 要吃嘛（菜花叶子 啥 菜花叶子 啥） 海 椒 花 哟。（菜花儿好闹 热 菜花儿好闹 热）

搜集录音、记谱：李亚琴

嫁 女 歌

1=C $\frac{2}{4}$ $\frac{3}{4}$

石垭乡　杨正碧

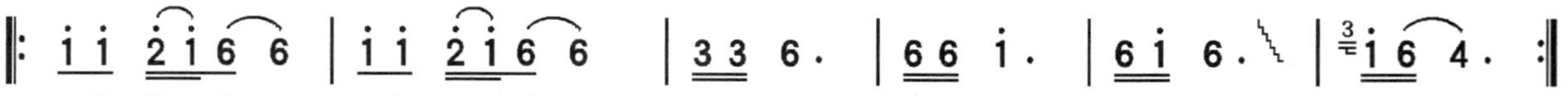

1.（唱）三朵 菊 花 一起 开 哟，（回）三朵 哇 菊花 呀 一起 呀 开哟。
2.（唱）姐姐 出 嫁 要勤 快 哟，（回）姐姐 呀 出嫁 呀 要勤 呀 快哟。
3.（唱）勤煮 饭 来 勤炒 菜 哟，（回）勤煮 哇 饭来 呀 勤炒 呀 菜哟。
4.（唱）服侍 公 婆 理正 该 哟，（回）服侍 呀 公婆 啊 理正 哪 该哟。
5.（唱）侄男 侄 女 宽心 待 哟，（回）侄男 哪 侄女 呀 宽心 哪 待哟。

录音、记谱：李亚琴

唱嫁歌

1=D $\frac{2}{4}$

团结乡 蒋桂芳

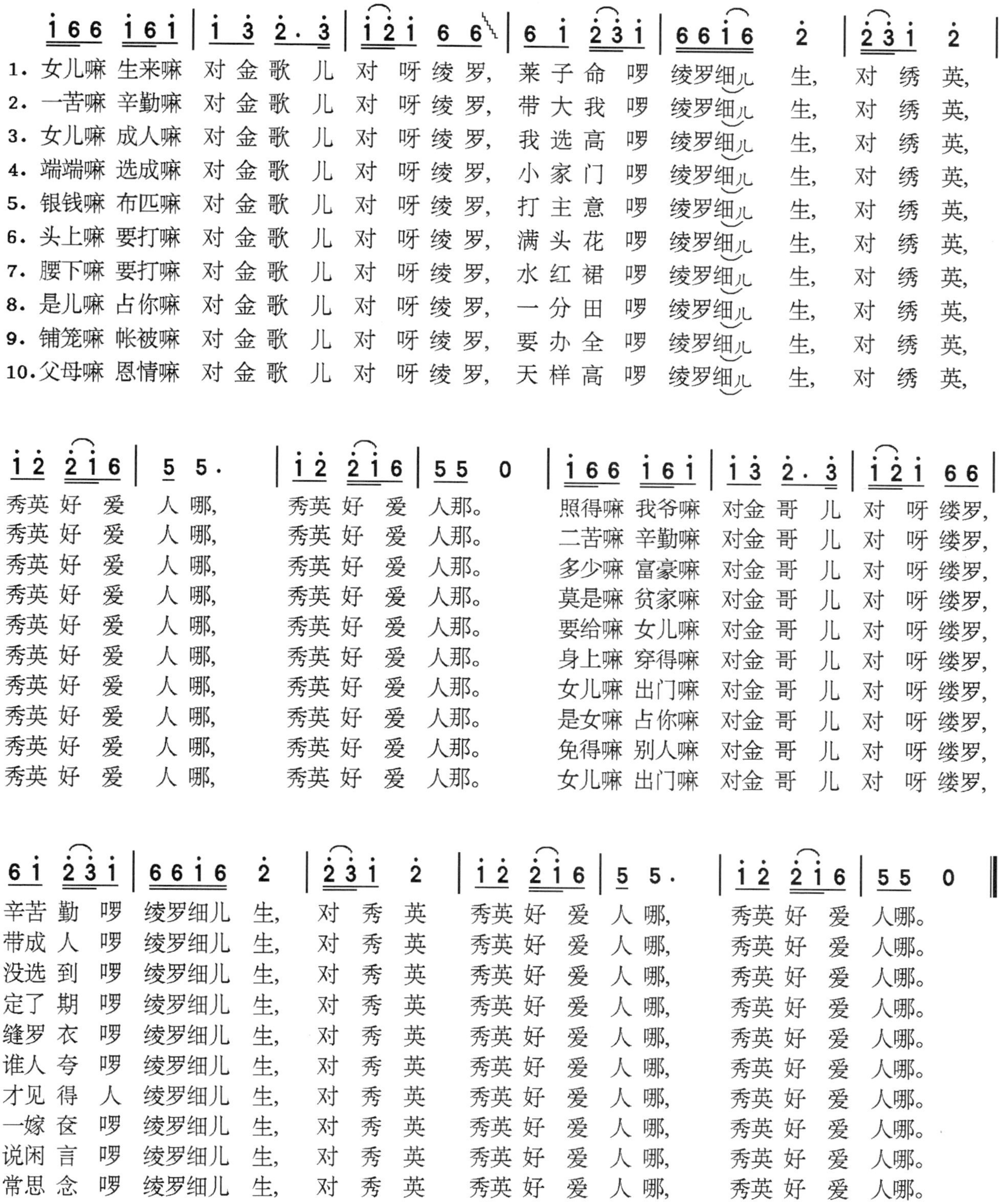

六个姐姐织绫罗

1=D $\frac{2}{4}$

石垭乡 陆在芬

5 1̇ 6 5 3	1 5 6	5 1 6 5 3	5 2 1 6 2	5 1̇ 6 5 3
1. 一对 呀	鸳鸯 啊	飞过 呀	河 哇	六个 呀
2. 大姐 呀	会织 呀	天上 呀	月 哇	织个 呀
3. 二姐 呀	会织 呀	天上 呀	星 哇	织个 呀
4. 三姐 呀	会织 呀	天上 呀	云 哇	织个 呀
5. 四姐 呀	会织 呀	四面 呀	墙 哇	织个 呀
6. 五姐 呀	生来 呀	娇小 呀	姐 哇	坐到 呀
7. 只有 呀	六姐 呀	生得 呀	巧 哇	织个 呀

1̇ 5 6	5 1̇ 6 5 3	3 2 1 6 2 :‖
大姐 呀	织绫 呀	罗 哇。
月亮 呀	照祖 呀	国 呀。
大星 呀	配小 呀	星 呀。
乌云 呀	配丝 呀	云 呀。
四面 呀	做新 呀	房 呀。
样样 呀	织不 呀	得 呀。
二龙 呀	来抢 呀	宝 呀。

录音、记谱：李亚琴

青冈叶儿二面黄

1=D $\frac{2}{4}$

石垭乡 陈跃玉

1̇ 6 1̇ 6 6 1̇	1̇ 1̇ 1̇ 1̇ 2̇	1̇ 1̇ 2̇ 1̇ 6	6 1̇ 6 6 1̇	5. 6 1̇ 1̇	6 6 6 4 5 :‖
1. 青冈嘛 叶儿嘛	（黄麻树儿 飞	黄麻树儿 落）	二面 黄哦	（落 到 树上	那呀那些 好）
2. 我劝嘛 姊妹嘛	（黄麻树儿 飞	黄麻树儿 落）	莫欠 娘哦	（落 到 树上	那呀那些 好）

录音、记谱：李亚琴

只有大姐放得好

（民　歌）

1＝♭B $\frac{2}{4}$
中速稍慢

罗渡乡　盛容兰

注：岳池农村姑娘许配人家称为“放人户”。

搜集录音：周武才　记谱：范　敏

好耍不过姊妹家

（坐歌堂）

1＝C $\frac{2}{4}$

罗渡乡　佚　名

搜集录音：周武才　记谱：范　敏

媳妇没得女好当

（嫁女歌）

1＝F $\frac{2}{4}$

洗马乡　何菊英

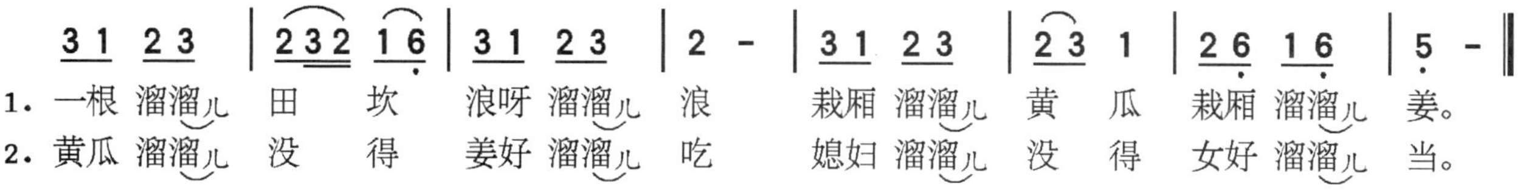

录音、搜集：赵鑫华

大河涨水小河浑

（坐歌堂·嫁歌）

1=C $\frac{2}{4}$

赛龙乡　何自珍

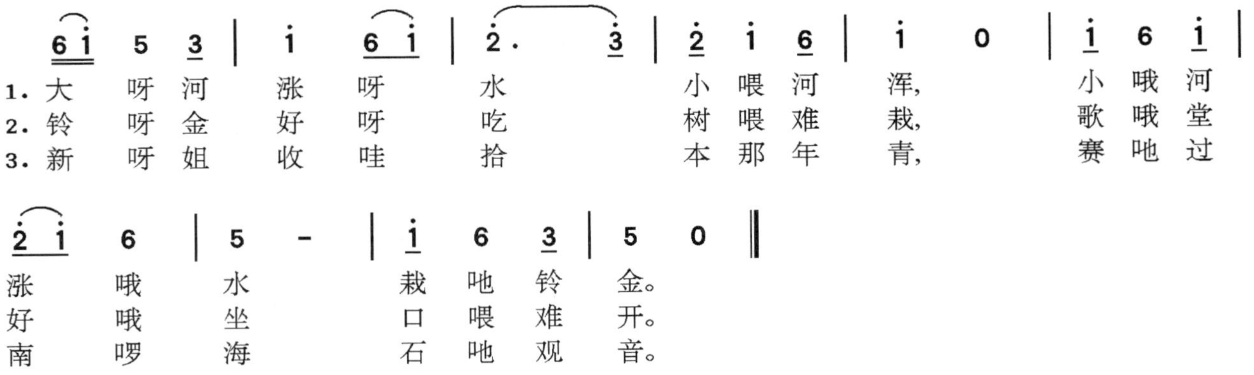

录音、记谱：赵鑫华

一对帕子圆又圆

（坐歌堂·骂媒婆）

1=C $\frac{2}{4}$

顾县镇　杨序惠

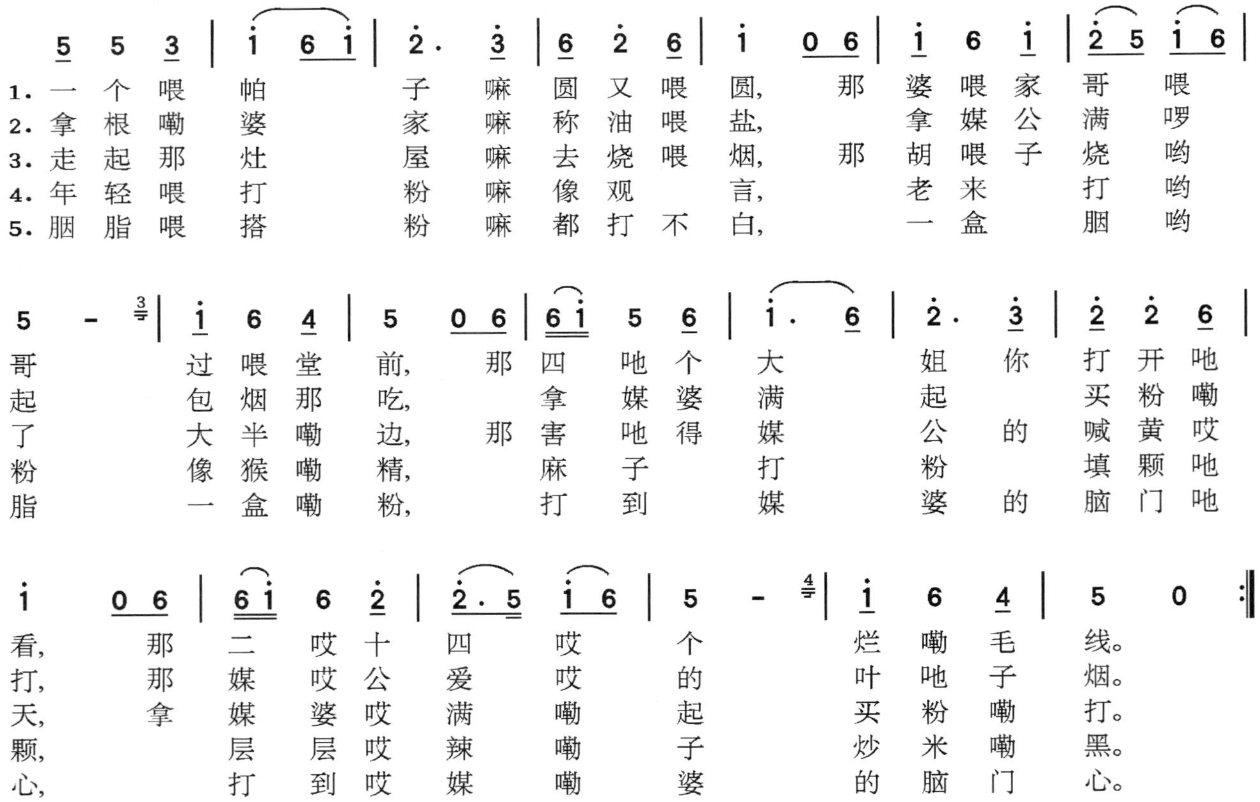

搜集录音：范　敏　李亚琴　记谱：范　敏

劝娘愁

（坐歌堂）

1＝F $\frac{4}{4}$

顾县镇　杨序惠

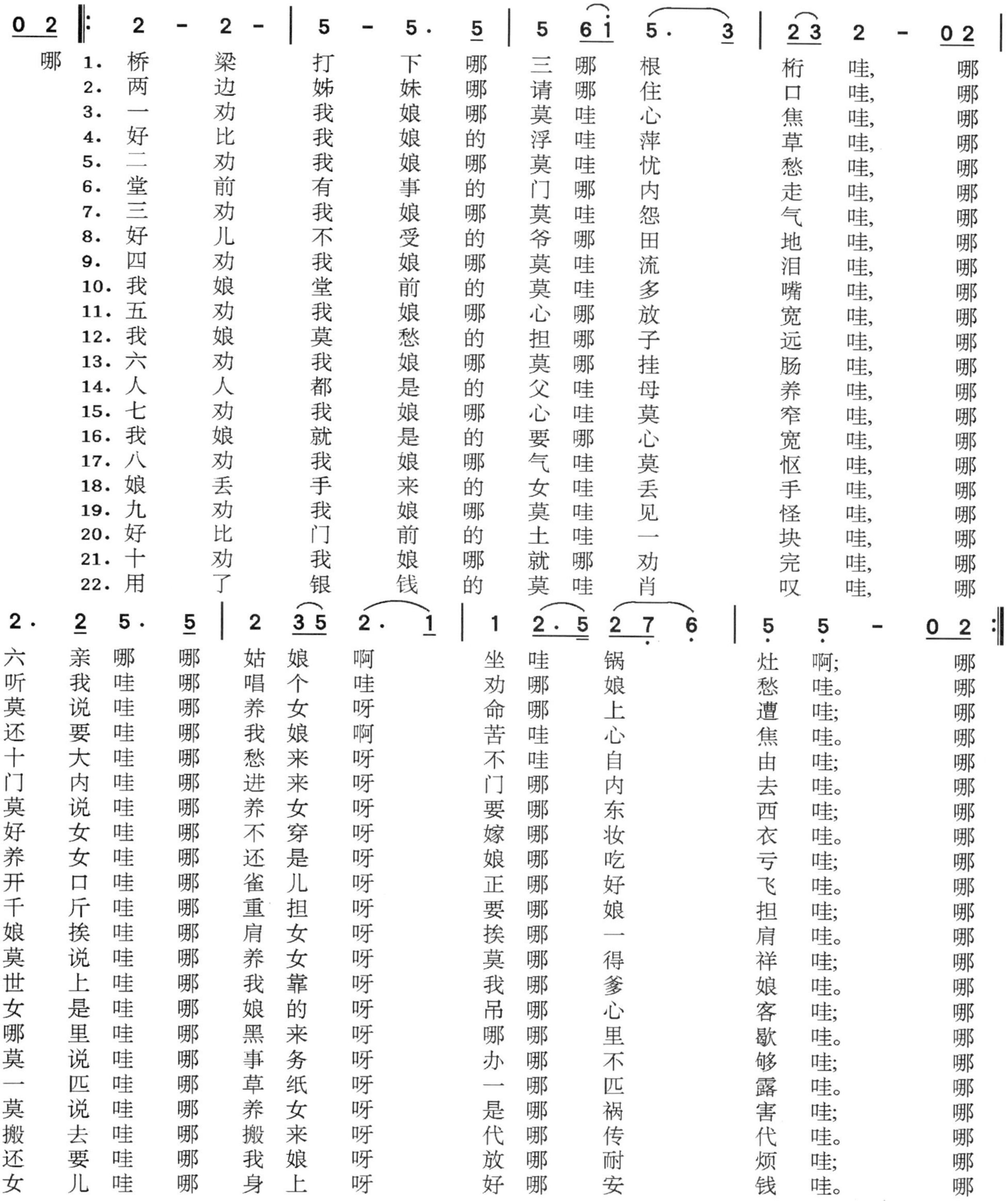

录音：范　敏

骂媒婆

1=C $\frac{2}{4}$

石垭乡　杨正碧

6 6 1̇ | 6 6 1̇ | 3̇ 3̇ 3̇ 1̇ | 2̇ - | 2̇ 2̇ 2̇ 1̇ | 6 - | 2̇ 2̇ | 2̇ 1̇ |

1.	天	上	嘛	飞	的嘛	（高子	高上	得儿	锥子	锥媒	人儿	乌	雁	鹅 哟
2.	地	上	嘛	走	的嘛	（高子	高上	得儿	锥子	锥媒	人儿	是	媒	婆 哟
3.	脚	又	嘛	大	啰嘛	（高子	高上	得儿	锥子	锥媒	人儿	嘴	会	说 哟
4.	说	到	嘛	别	家嘛	（高子	高上	得儿	锥子	锥媒	人儿	不	安	乐 哟
5.	又	要	嘛	婆	家嘛	（高子	高上	得儿	锥子	锥媒	人儿	缎	子	穿 哟
6.	婆	家	嘛	扯	了嘛	（高子	高上	得儿	锥子	锥媒	人儿	二	丈	三 哟
7.	拿	来	嘛	贴	在嘛	（高子	高上	得儿	锥子	锥媒	人儿	鞋	尖	尖 哟
8.	白	布	嘛	扯	了嘛	（高子	高上	得儿	锥子	锥媒	人儿	二	丈	六 哟
9.	拿	来	嘛	贴	在嘛	（高子	高上	得儿	锥子	锥媒	人儿	鞋	屁	股 哟
10.	丝	钱	嘛	称	了嘛	（高子	高上	得儿	锥子	锥媒	人儿	二	斤	三 哟
11.	拿	来	嘛	扎	了嘛	（高子	高上	得儿	锥子	锥媒	人儿	大	半	斤 哟
12.	麻	绳	嘛	称	了嘛	（高子	高上	得儿	锥子	锥媒	人儿	二	斤	三 哟
13.	拿	来	嘛	搓	成嘛	（高子	高上	得儿	锥子	锥媒	人儿	上	鞋	线 哟
14.	穿	起	嘛	走	了嘛	（高子	高上	得儿	锥子	锥媒	人儿	三	边	坡 哟
15.	一	脚	嘛	踩	到嘛	（高子	高上	得儿	锥子	锥媒	人儿	那	边	坡 哟
16.	穿	起	嘛	走	到嘛	（高子	高上	得儿	锥子	锥媒	人儿	桥	边	过 哟
17.	不	上	嘛	桥	来嘛	（高子	高上	得儿	锥子	锥媒	人儿	过	得	河 哟
18.	穿	起	嘛	走	到嘛	（高子	高上	得儿	锥子	锥媒	人儿	堂	屋	过 哟
19.	一	脚	嘛	踩	到嘛	（高子	高上	得儿	锥子	锥媒	人儿	香	擂	钵 哟
20.	穿	起	嘛	走	到嘛	（高子	高上	得儿	锥子	锥媒	人儿	绣	房	过 哟
21.	踩	到	嘛	绸	上嘛	（高子	高上	得儿	锥子	锥媒	人儿	好	多	脚 哟
22.	穿	起	嘛	走	到嘛	（高子	高上	得儿	锥子	锥媒	人儿	灶	屋	过 哟
23.	竹	竿	嘛	满	屋嘛	（高子	高上	得儿	锥子	锥媒	人儿	把	刀	拖 哟
24.	背	时的嘛		媒	婆嘛	（高子	高上	得儿	锥子	锥媒	人儿	砍	大	脚 哟

6 6 1̇ 6 | 5. 1̇ | 6 6 6 4 | 5 - ‖

（高子高上　得儿　锥子锥媒　人儿）。

录音、记谱：李亚琴

十二月观花

（孝 歌）

1=C $\frac{2}{4}$ $\frac{3}{4}$

稍慢

赛龙乡 何自珍

1. 正月里 逢春 嘞 去观那 花 吔， 请一个 雕匠 呃， 到我哦 家哟，
2. 请一个 木匠 呃 到我喂 家 吔， 新砍的 犁头 喂， 投旧哦 铧哟，
3. 二月里 逢春 嘞 去观嘞 花 吔， 后院的 阳雀 哦， 闹喳哟 喳哟，
4. 四月里 逢春 嘞 去观嘞 花 吔， 后院那 新笋 嘞， 爆芽哟 芽哟，
5. 五月里 逢春 嘞 去观嘞 花 吔， 九只那 龙船 嘞， 下河哟 坝哟，
6. 六月里 逢春 嘞 去观嘞 花 吔， 十八小 姐 嘞， 回娘哟 家哟，
7. 七月里 逢春 嘞 去观嘞 花 吔， 阎王不 放 嘞， 鬼回哟 家哟，
8. 八月里 逢春 嘞 去观嘞 花 吔， 八十公 公 嘞， 捡莲哟 花哟，
9. 九月里 逢春 嘞 去观嘞 花 吔， 九十婆 婆 嘞， 纺棉哟 花哟，
10. 十月里 逢春 嘞 去观嘞 花 吔， 请一个 机匠 嘞， 到我哟 家哟，
11. 冬月里 逢春 嘞 去观嘞 花 吔， 请一个 裁缝 嘞， 到我哟 家哟，
12. 腊月里 逢春 嘞 去观嘞 花 吔， 杀猪宰 羊 嘞， 待亲哟 家哟，

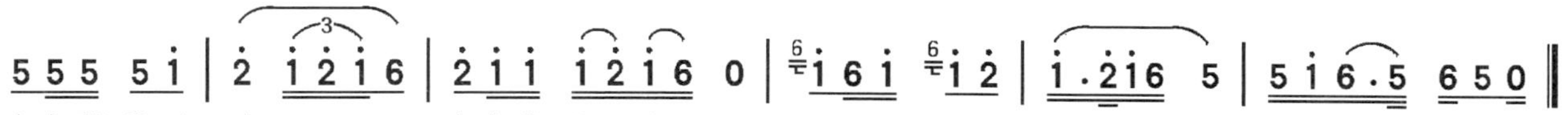

十盘那 格子 吔 九盘嘞 花 吔， 二月里 逢春 嘞 去观啰 花哟。
犁头哇 犁起 吔 千条喂 路 喂， 粑齿那 粑起 哟 满田啰 花哟。
一闹闹 我 喂 阳春啰 早 哦， 二来那 闹我 喂 牡丹啰 花哟。
十八那 小姐 嘞 来扳嘞 笋 嘞， 头上那 挂对 吔 牡丹啰 花哟。
二十那 四个 喂 划船嘞 手 喂， 龙船那 下河 喂 满河啰 花哟。
左手打 把 吔 清凉嘞 伞 吔， 上遮太 阳 吔 下遮啰 花哟。
烧把纸 钱 吔 满铺嘞 花 吔， 烧把纸 钱 吔 满铺啰 花哟。
上沟捡 来 吔 下钩嘞 转 吔， 头也昏 来 吔 眼也啰 花哟。
两头纺 的 吔 硬鹅嘞 嘴 吔， 中间纺 的 吔 细棉啰 花哟。
上安样 滚 吔 下安嘞 扣 吔， 上是绫 罗 吔 下是啰 花哟。
裁缝缝 的 吔 花对嘞 花 吔， 裁缝缝 的 哟 花对啰 花哟。
杀猪宰 羊 吔 待亲嘞 家 吔， 杀猪宰 羊 哟 待亲啰 花哟。

录音、记谱：范 敏

朝门有棵柑儿树

（孝　歌）

赛龙乡　何自珍

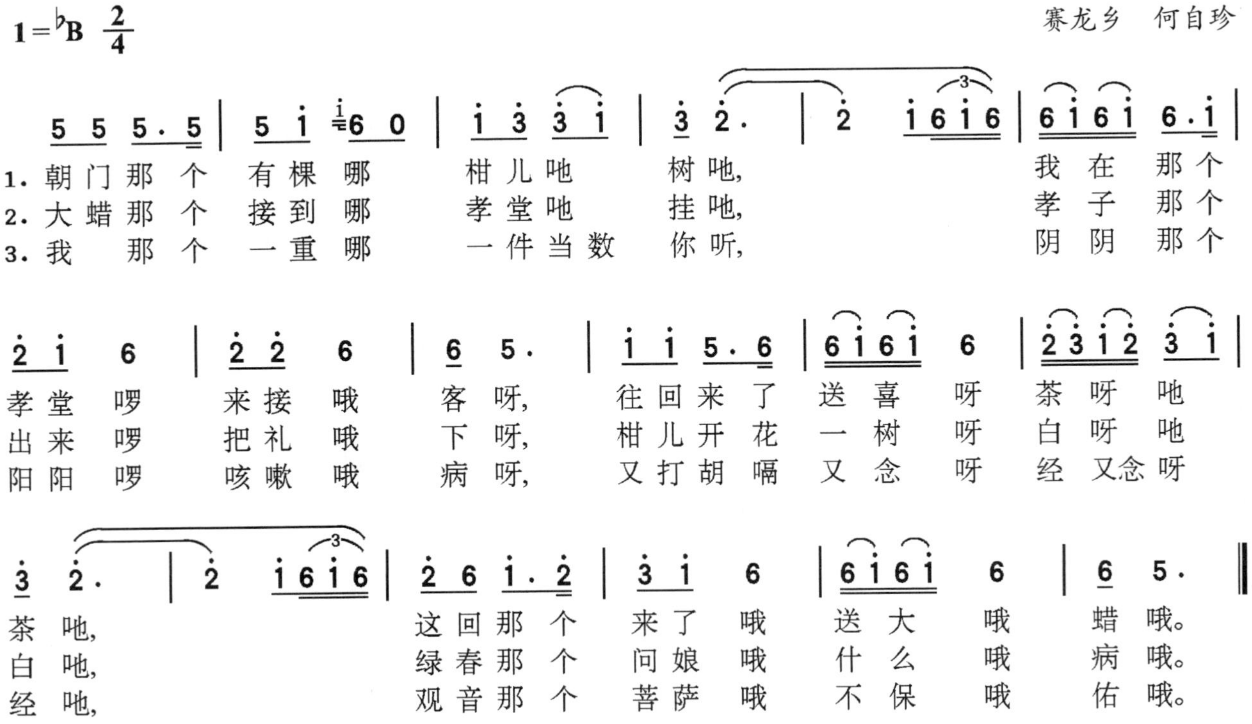

录音、记谱：范　敏

贺元宵

黄龙乡　王洪伍

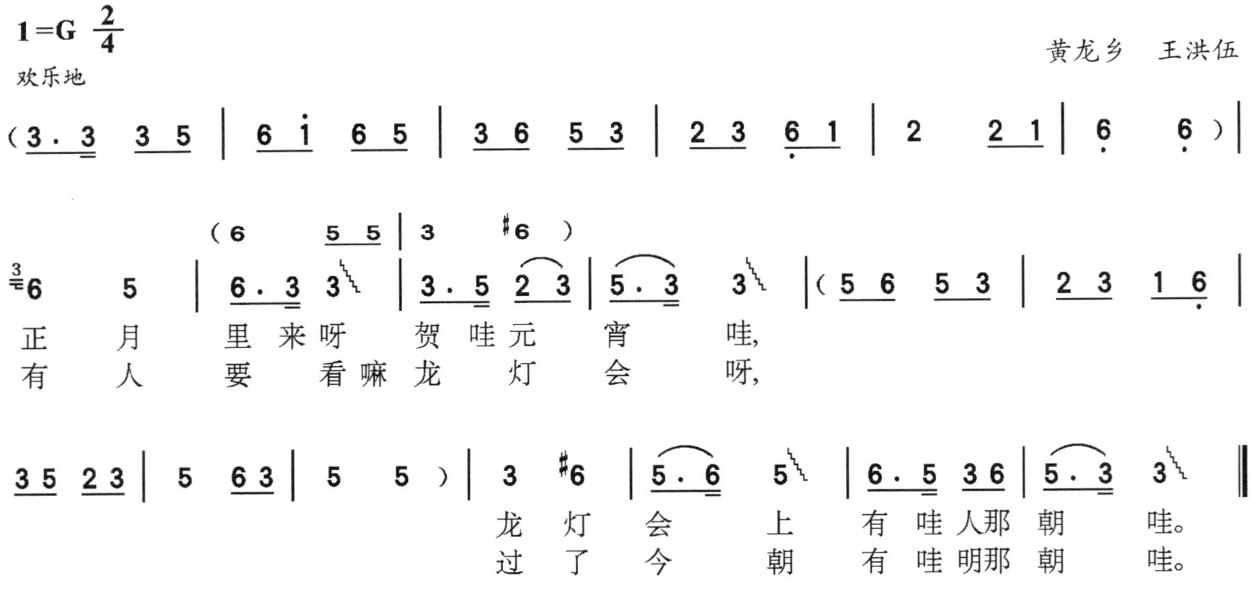

录音、整理：蒋品中

五、新民歌

盛世岳池农家乐

——“岳池农家”主题歌

（领唱、合唱）

1=♭E 2/4
中速 激情地

严西秀 词
梅光辉 曲

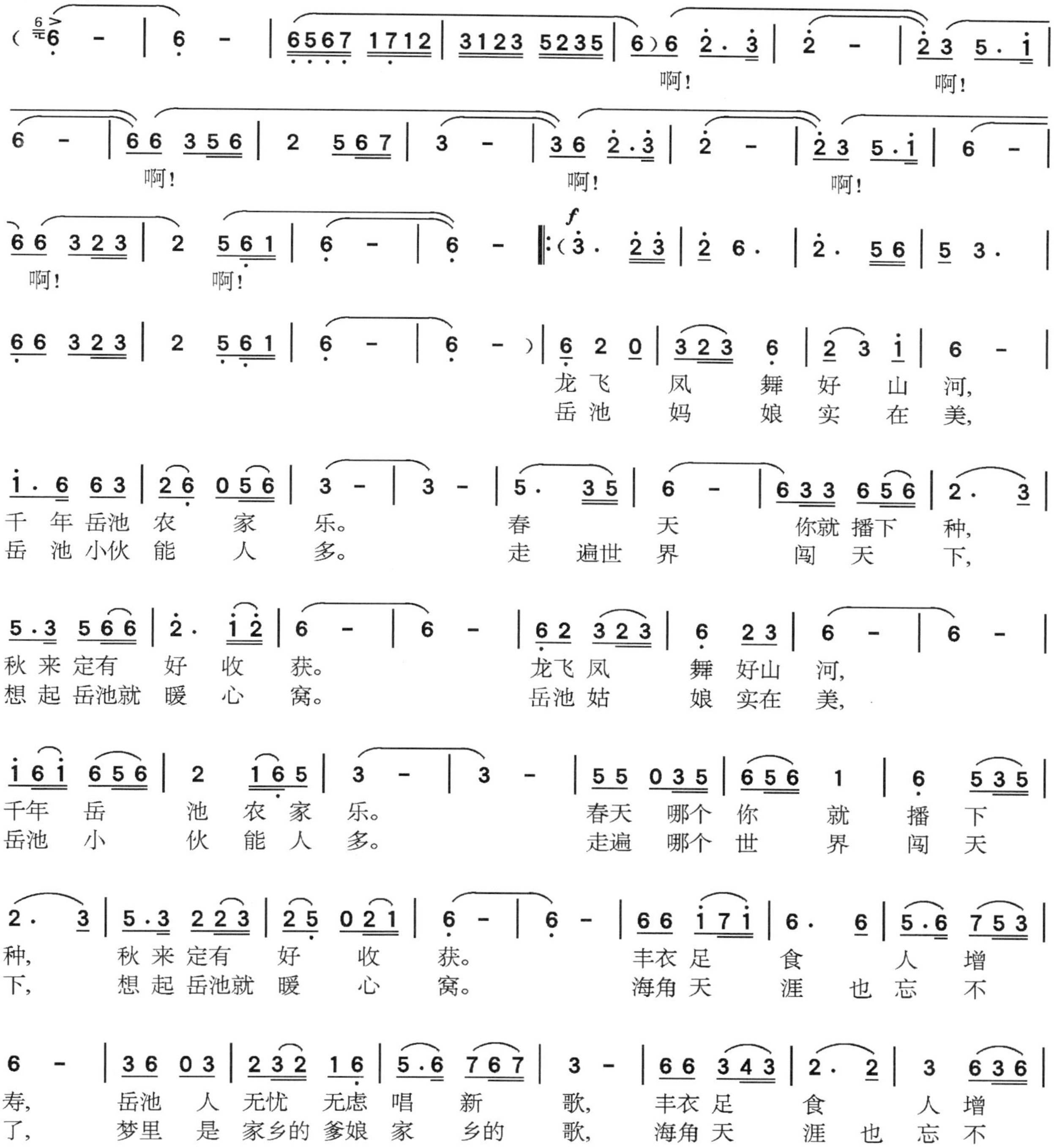

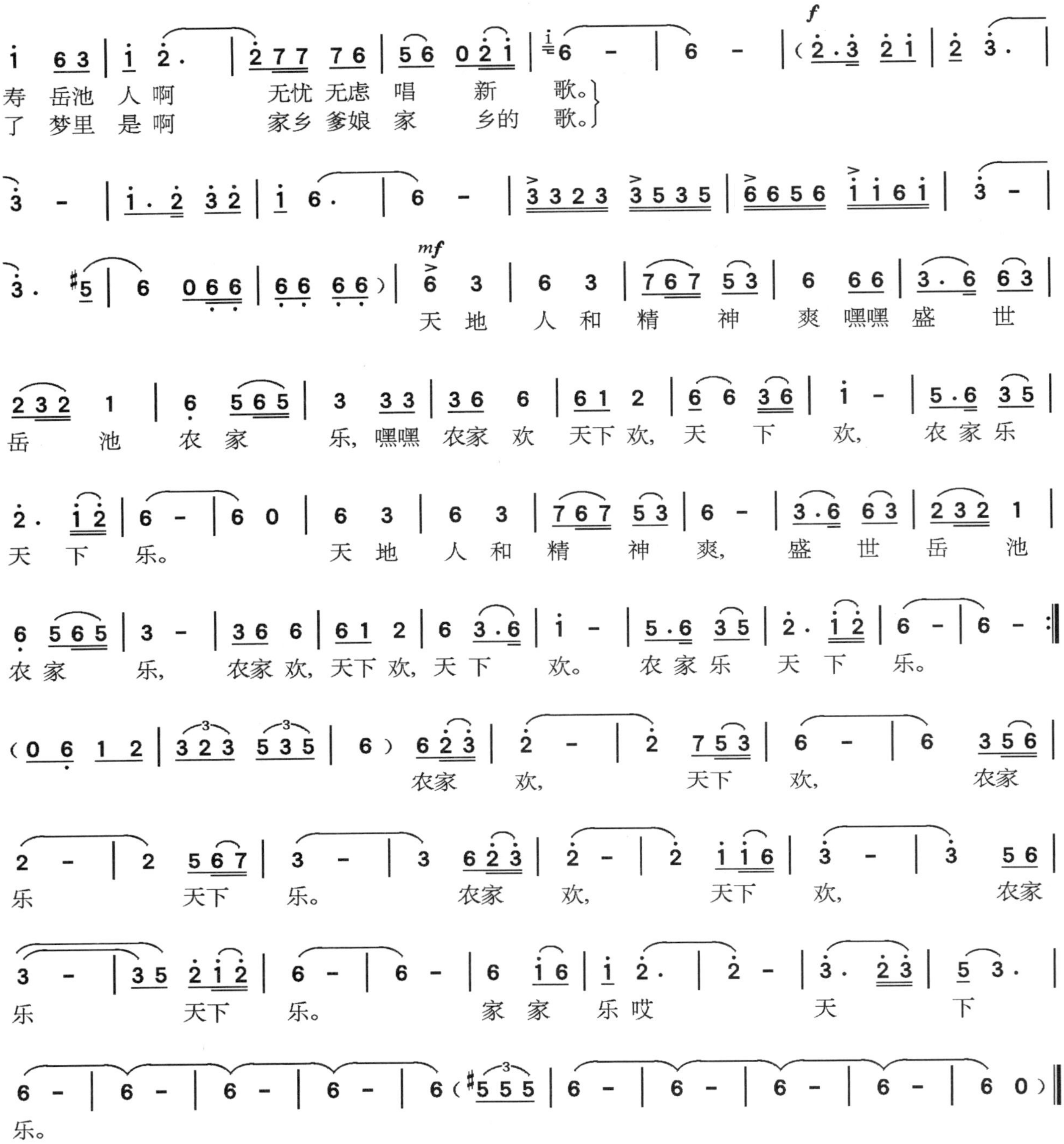
寿 岳池 人啊 无忧 无虑 唱 新 歌。
了 梦里 是啊 家乡 爹娘 家 乡的 歌。
天地人和精神爽嘿嘿盛世
岳池农家乐，嘿嘿农家欢天下欢，天下欢，农家乐
天下乐。天地人和精神爽，盛世岳池
农家乐，农家欢，天下欢，天下欢。农家乐天下乐。
农家欢，天下欢，农家
乐天下乐。农家欢，天下欢，农家
乐天下乐。家家乐哎天下
乐。

到了岳池就到了家

（独 唱）

1＝B $\frac{4}{4}$

♩=66 亲切、热情地

张东辉 词
陶嘉舟 曲

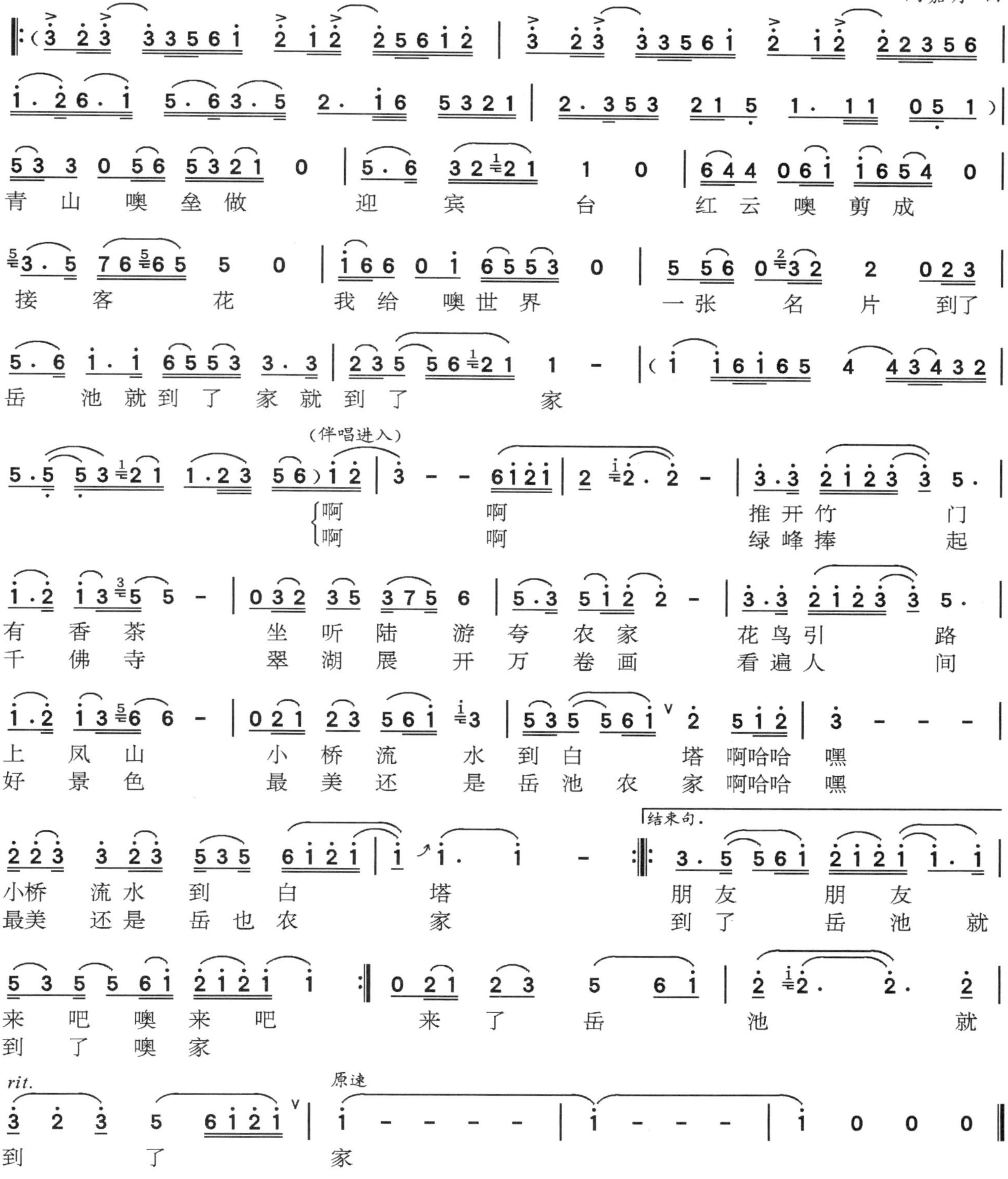

桃花赋

1=$^\flat$E $\frac{4}{4}$

深情地

童光辉 词
周　鹏 曲

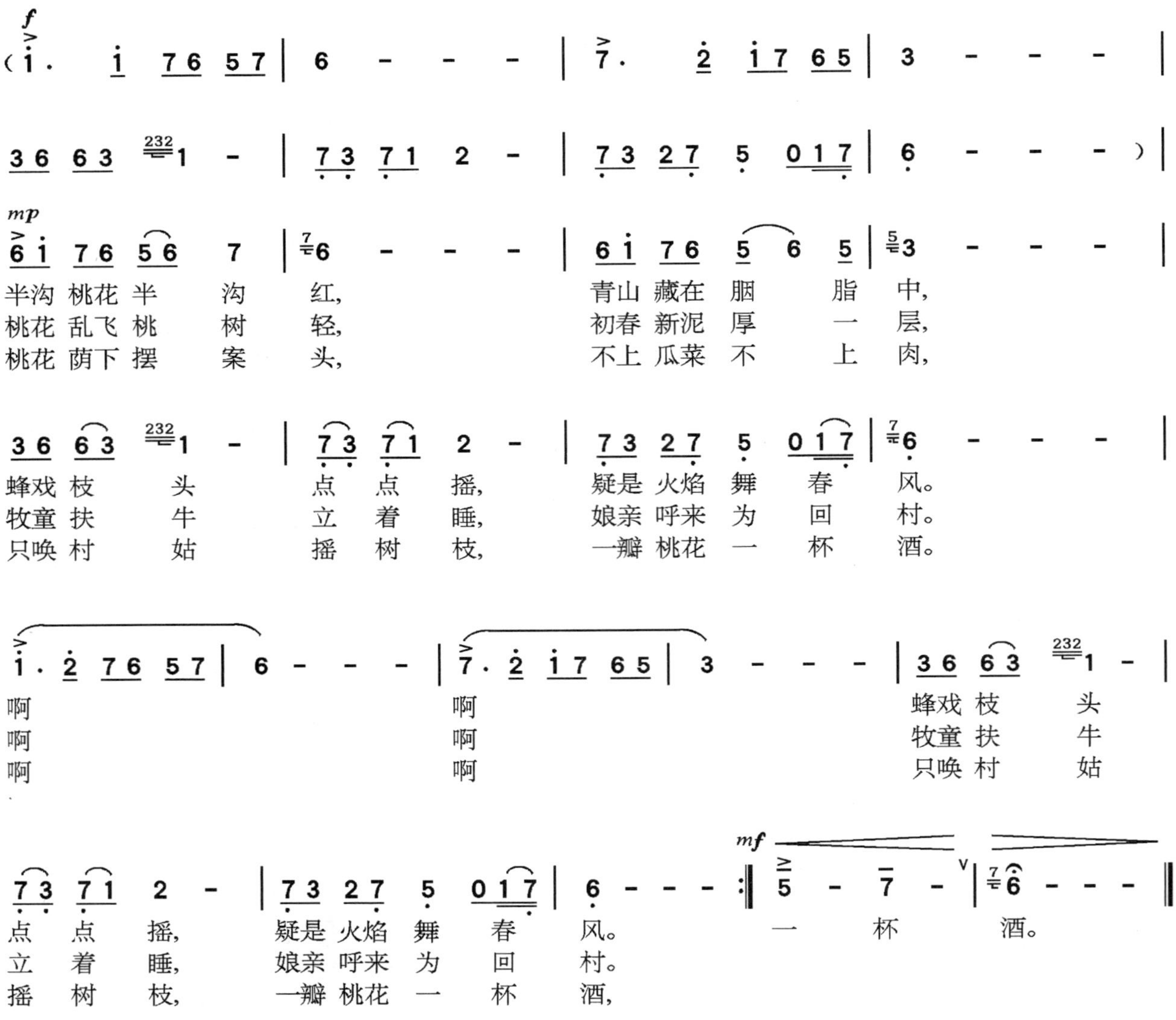

坐 歌 堂

1＝♭B $\frac{2}{4}$
稍慢

尹力富 雷光树 词
彭 涓 曲

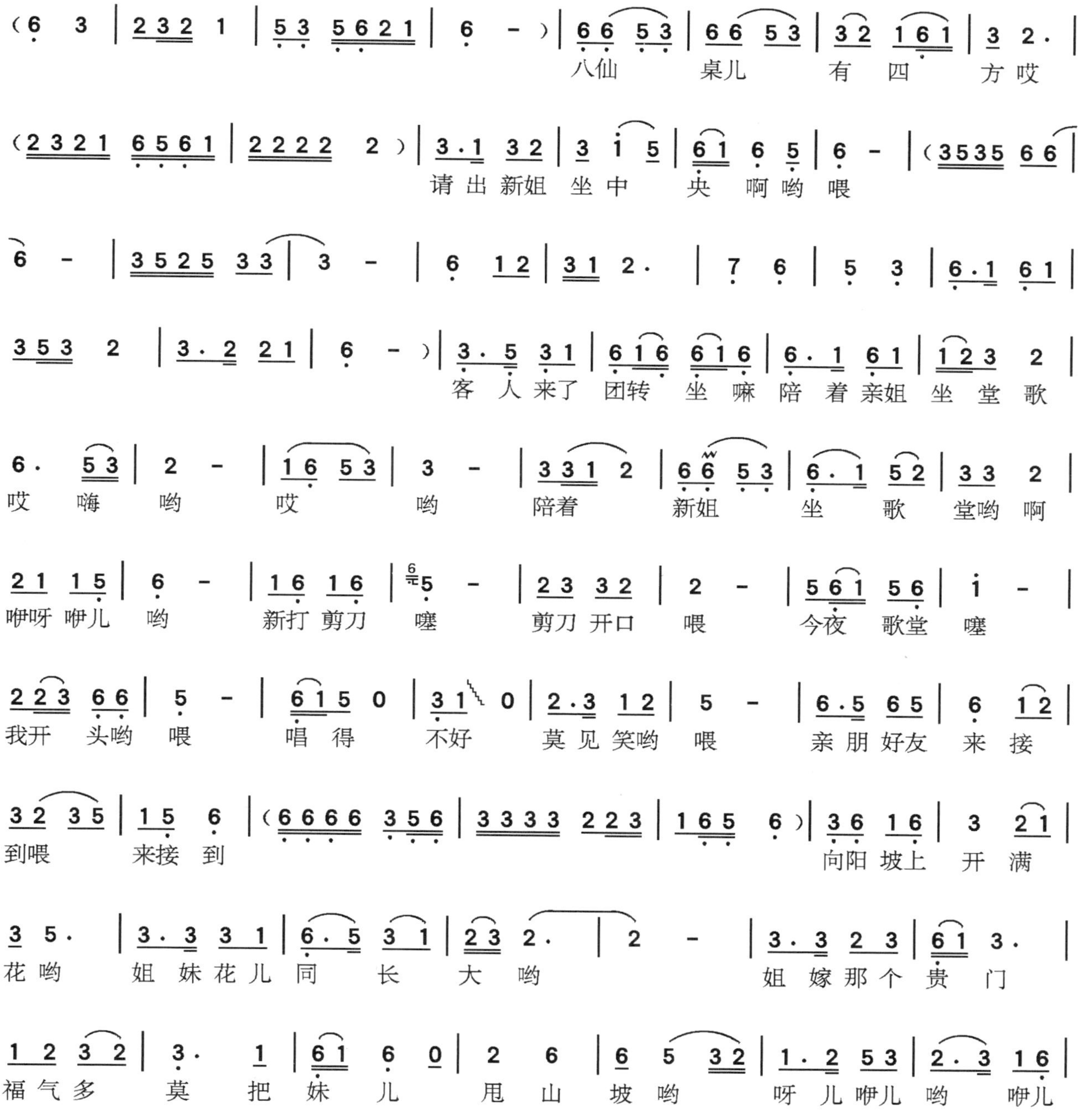

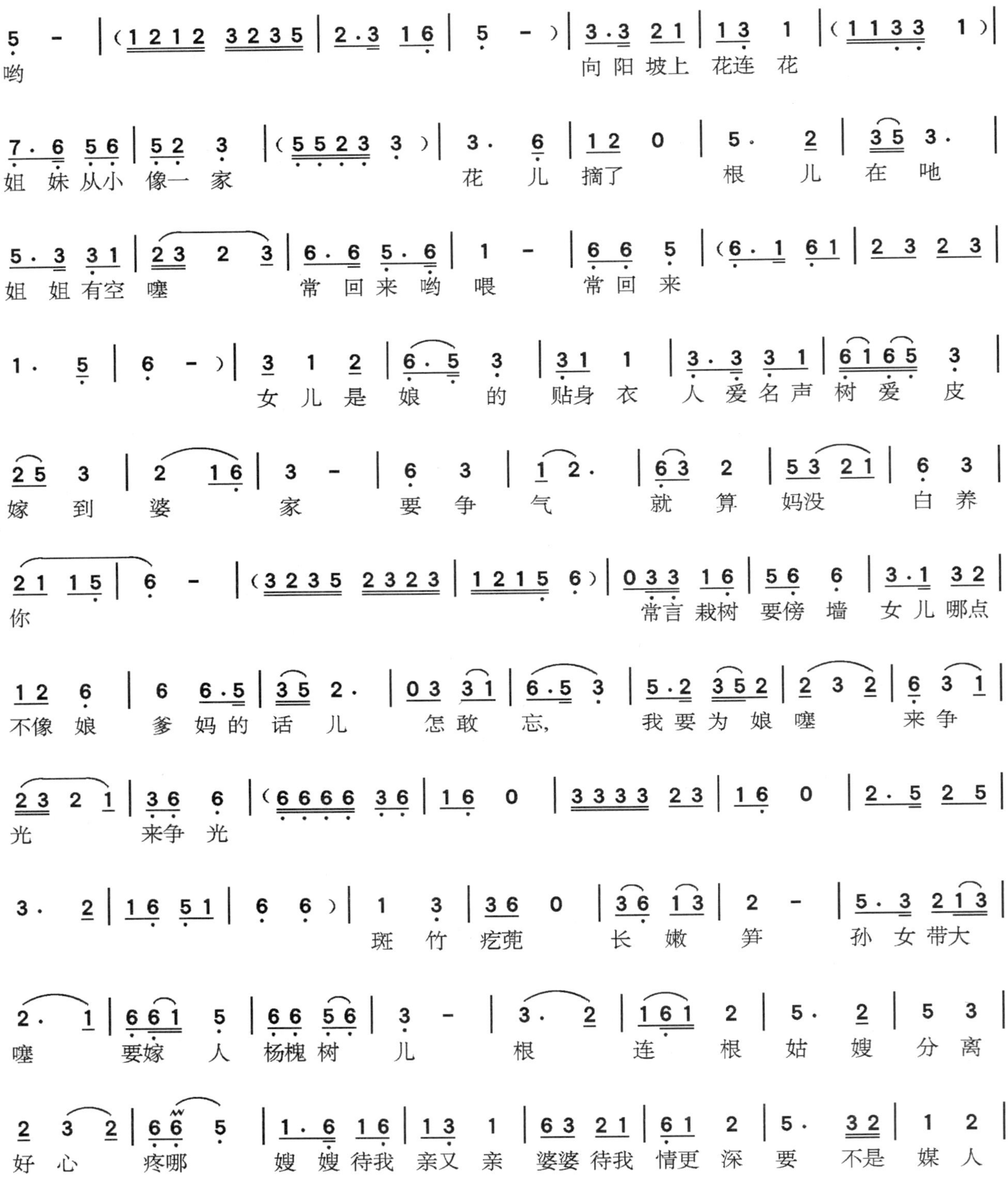
哟 向阳坡上 花连 花
姐妹从小像一家 花儿摘了 根儿在吔
姐姐有空嚜 常回来哟喂 常回来
女儿是娘的 贴身衣 人爱名声树爱皮
嫁到婆家 要争气 就算妈没 白养
你 常言栽树要傍墙 女儿哪点
不像娘 爹妈的话儿 怎敢忘, 我要为娘嚜 来争
光 来争光
斑竹疙蔸 长嫩笋 孙女带大
嚜 要嫁人 杨槐树儿 根 连根 姑嫂分离
好心疼哪 嫂嫂待我亲又亲 婆婆待我情更深 要不是媒人

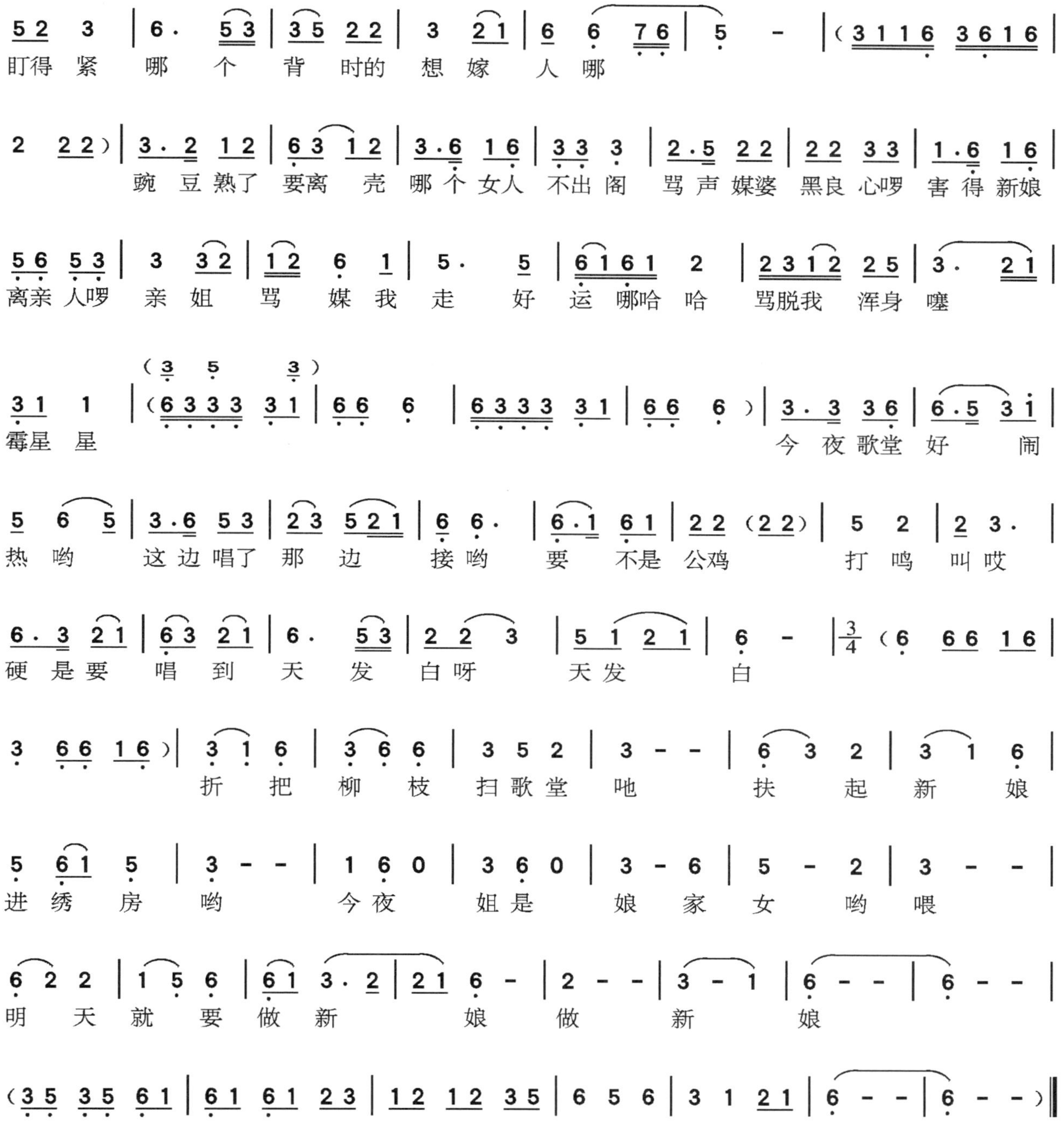
盯得紧 哪个背时的想嫁人哪
豌豆熟了要离壳 哪个女人不出阁 骂声媒婆黑良心啰 害得新娘
离亲人啰 亲姐骂媒我走 好运哪哈哈 骂脱我浑身噻
霉星星 今夜歌堂好闹
热哟 这边唱了那边 接哟 要不是公鸡 打鸣叫哎
硬是要 唱到天发白呀 天发 白
折把柳枝扫歌堂吔 扶起新娘
进绣房哟 今夜 姐是 娘家女哟喂
明天就要做新 娘做新娘

豆腐干

（男、女对唱）

吴　飞　词
彭　涛　曲

1＝F $\frac{4}{4}$

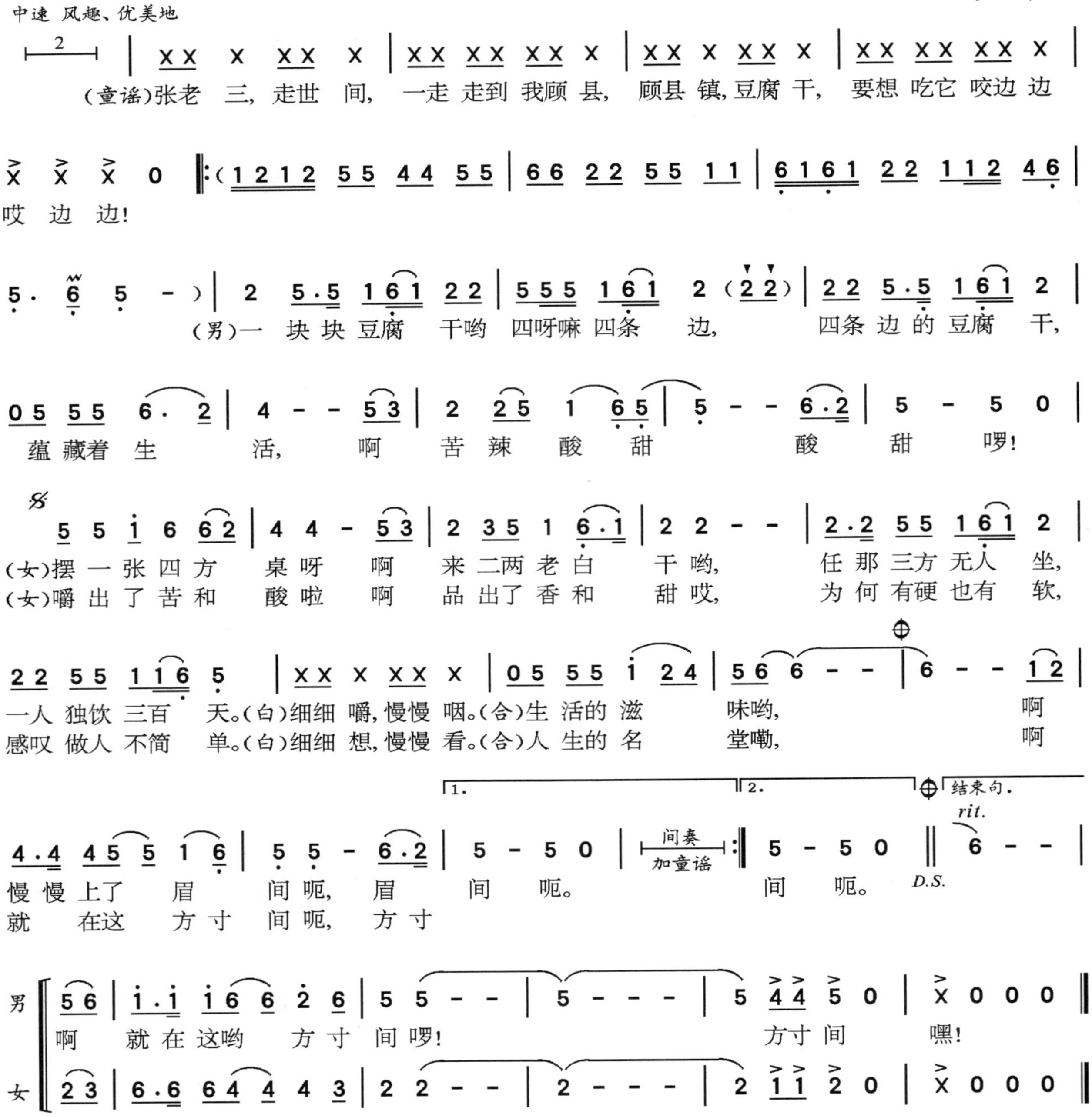

米粉姑娘

吴 飞 词
彭 涛 曲

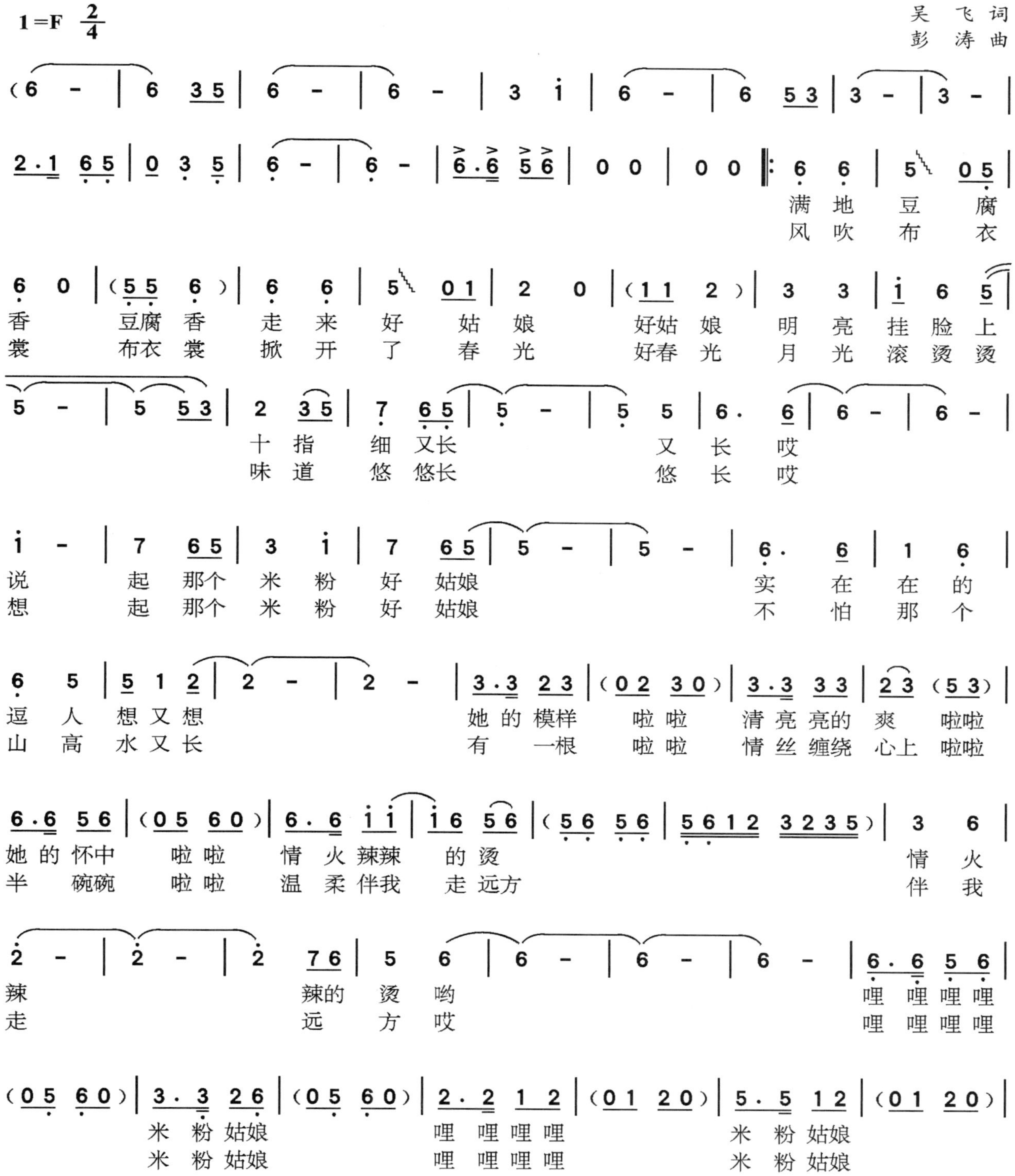
1=F 2/4
满 地 豆 腐
风 吹 布 衣
香 豆腐 香 走 来 好 姑 娘 好姑 娘 明 亮 挂 脸 上
裳 布衣 裳 掀 开 了 春 光 好春 光 月 光 滚 烫 烫
十 指 细 又长 又 长 哎
味 道 悠 悠长 悠 长 哎
说 起 那个 米 粉 好 姑娘 实 在 在 的
想 起 那个 米 粉 好 姑娘 不 怕 那 个
逗 人 想 又 想 她 的 模样 啦 啦 清 亮 亮的 爽 啦啦
山 高 水 又 长 有 一根 啦 啦 情 丝 缠绕 心上 啦啦
她 的 怀中 啦 啦 情 火 辣辣 的 烫 情 火
半 碗碗 啦 啦 温 柔 伴我 走 远方 伴 我
辣 辣的 烫 哟 哩 哩 哩 哩
走 远 方 哎 哩 哩 哩 哩
米 粉 姑娘 哩 哩 哩 哩 米 粉 姑娘
米 粉 姑娘 哩 哩 哩 哩 米 粉 姑娘

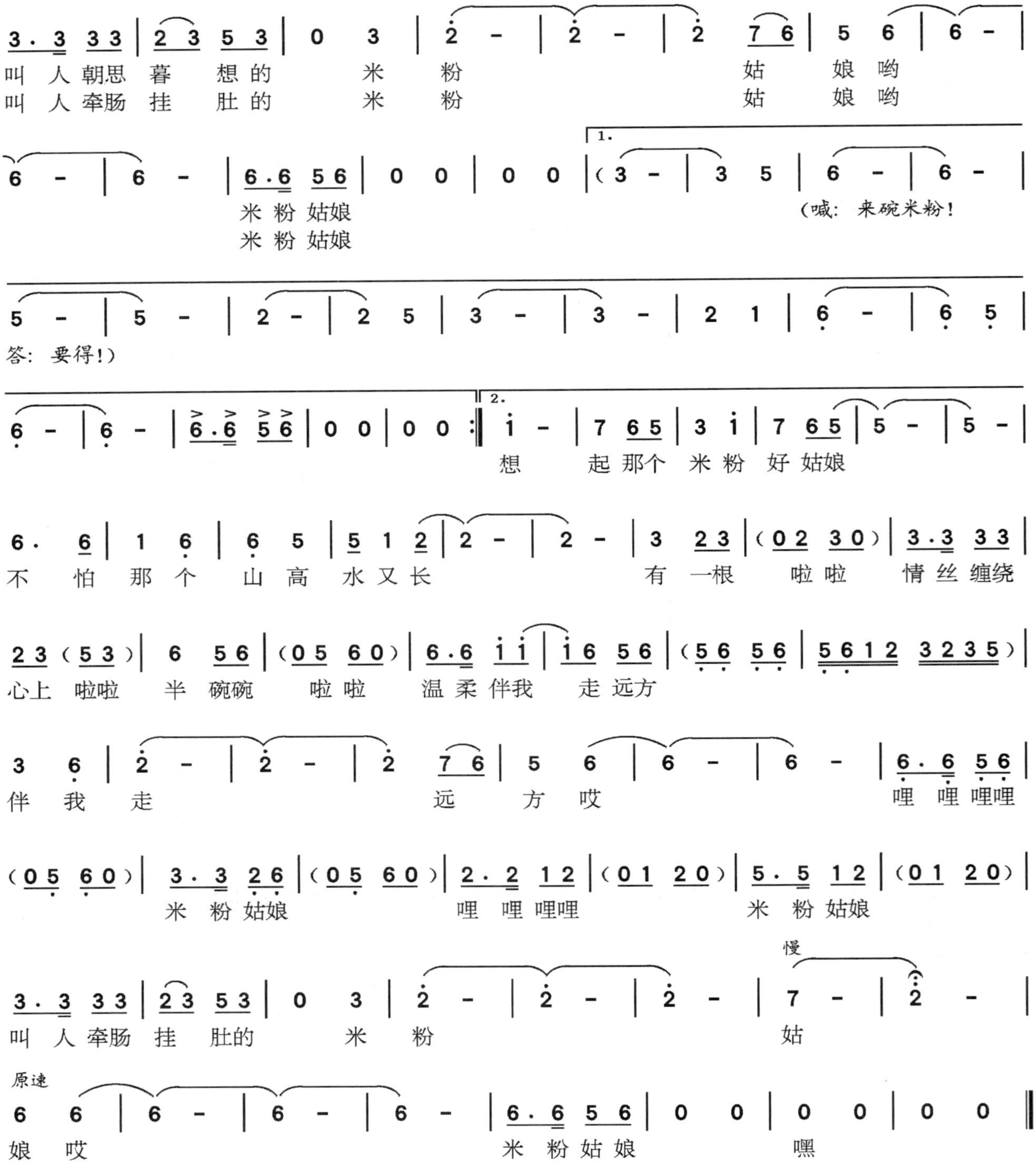
叫 人 朝思 暮 想 的 米 粉 姑 娘 哟
叫 人 牵肠 挂 肚 的 米 粉 姑 娘 哟
1.
米 粉 姑娘
米 粉 姑娘
（喊：来碗米粉！
答：要得！）
2.
想 起 那个 米 粉 好 姑娘
不 怕 那 个 山 高 水 又 长 有 一根 啦 啦 情 丝 缠绕
心上 啦啦 半 碗碗 啦 啦 温 柔 伴我 走 远方
伴 我 走 远 方 哎 哩 哩 哩哩
米 粉 姑娘 哩 哩 哩哩 米 粉 姑娘
慢
叫 人 牵肠 挂 肚的 米 粉 姑
原速
娘 哎 米 粉 姑 娘 嘿

第五章 戏 曲

一、文学剧本

岳池农家——曲艺民俗风情剧

严西秀 雷允树

序：《梦缘岳池》

【LED 上金兵铁骑飞杀而来，百姓涂炭、仓皇逃跑

【陆游在战乱中随百姓逃遁，疲惫之极、进入梦境

【黑暗舞台空间，刺眼的电脑灯在无序的晃动

【同时，画外音起（字幕同时滚动）——亲爱的朋友，此刻，您已经穿越时空，进入 893 年前兵荒马乱的年代……

【音乐起，LED 上若干金色的点在聚集，化成一条飞龙，飞龙在蓝天上穿行、游弋，达到某一节点

【同时，画外音（字幕同时滚动）——伟大的爱国诗人陆游，为求精忠报国之路，跋山涉水，来到了我们家乡岳池县，这里远离战乱、一派祥和，龙腾凤舞、翱翔长空……

【突然，舞台灯光通明，优美音乐中几十只“金凤”展翅飞翔，色彩炫目

【LED 上 镜头推成陆游眼睛特写

【他蓦然惊醒

【舞台的 LED 上空飘然而出两个姑娘，一人抚古筝、一人击扬琴在演唱“四川扬琴”

唱词：望中原　滚滚狼烟，

看岳池　春满桃源。

人勤更比春来早，

杏花春雨二月天…

第一场：《雨细有痕》

【LED 上轻柔的春雨打在镜面般的水田上，泛起层层涟漪……

【镜头拉开，蓝天白云下，远处翠绿山丘和近处阡陌田园构成一幅水墨画面，竹林农舍点缀其间，有布谷催春、有春牛犁田……这是 839 年前“银岳池”的春耕画……

【拟人化的舞蹈《春雨·春苗》

【画外音：开秧门罗——

【音乐起，男女青年兴奋地涌上

众：（欢呼）开秧门罗——

【音乐转为“莲厢”状态

【龙娃与凤姑在带头对歌，歌唱没有“差科”“丰衣足食”“无忧无虑”的好日子、歌唱劳动、歌唱爱情……

男：金龙起舞又一春，（柳啊柳连柳）

女：凤翔九天紫气生。（柳啊柳得儿连得儿海棠花）

齐：种下丰收播下种，

男：早把幺妹接过门。（柳啊柳得儿连得儿海棠花）

女：干不成——幺妹爱的勤快人，

犁田栽秧样样行。

偷奸耍滑没人要，

一辈子光棍打单身。（柳啊柳得儿连得儿海棠花）

男：气死人——岳池风调又雨顺，（柳啊柳连柳）

丰衣足食好年辰。

没有‘差科’日子好，

你不嫁人误青春。（柳啊柳得儿连得儿海棠花）

女众：脑壳昏——看到鲜花你傻笑，（柳啊柳连柳）

看到妹儿你丢魂。

女甲：花花肠子妹不爱，

幺妹心中早有人。（柳啊柳得儿连得儿海棠花）

【众男青年跃跃欲试，自作多情

男：（白）是我？是我！肯定是我！

女甲：呸哟！

女众：哈哈哈哈……

【陆游来了。他站在远处，惊喜地看到这赏心悦目的美景

陆游：天上瑶池，地上岳池，青山为岳，绿水为池——

龙飞凤舞昨日梦，

无忧无虑今日情。

青山绿水岳池美，

桃花源里梦成真。

【插秧的人们发现了陆游

龙娃：（白）耶，这位先生的诗吟得好哦。

凤姑：（白）那我们唱起歌来和塞。姐妹们，唱起来！

众女：（雀跃）要得，唱起来——

女：春风吹来暖人心，（柳啊柳连柳）

不唱莲厢心头闷。（读一声）

秧苗多少歌多少，

远方客人你请听。（柳啊柳得儿连得儿海棠花）

龙娃：

春风吹来长精神，（柳啊柳连柳）

春雨滋润好春耕。（柳啊柳得儿连）

客人来了有好酒，

朋友来了有歌声。（柳啊柳得儿连得儿海棠花）

陆游：歌声胜过杯中酒，（柳啊柳连柳）

唱得我心中热腾腾。

今天我来显身手，

水田插秧我最得行。

【陆游情不自禁扎衣挽袖跳入田中加入插秧行列

众：（白）先生，你这个也叫会插秧啊？

陆游：（白）然也、然也。

【陆游插秧，好多年没干过农活了，秧行歪歪斜斜，引来大家欢笑

龙娃：老先生，你那秧苗像是喝了早酒的哟。

陆游：（不解）啥意思？

女甲：摇头晃脑，

男甲：歪歪斜斜，（读侠）

女乙：（动作）乌龟走路，

男乙：（动作）蛐蟮滚沙……

众：哈哈哈哈……

【陆游依然很快乐

陆游：（尴尬）我……重来。

【陆游继续插秧，大伙儿在猜测

甲乙：（问男）这位先生，他是哪个哟？

凤姑：（问女）咋个帮我们插秧呢？

龙娃：（对陆）请问老先生，你是…

陆游：（对众）我从夔州来，路过宝地，这里真是好地方啊！

男：（唱）先生说得好——

自古圣贤都是人，（柳啊柳连柳）

人吃五谷情更真。

女：（唱）人间仙景岳池美，

神仙也要停一停。（柳啊柳得儿连得儿海棠花）

男甲：（大声）快看，县太爷来了！

【音乐中，衙役抬起陈县令上，他心急火燎赶来，仿佛在寻找什么人。见田中插秧的陆游，大声呼喊

县官：（大声）陆游兄、陆游兄——你、你咋个跑到这儿来插秧哟？快上来、快上来…

众：（惊）啊，陆游！

陆游：（见礼）陈兄台，别来无恙。

县官：（还礼）陆游兄的书信早已收到，今日特来恭候，没想到你竟然在大田插秧。

陆游：好久没干农活了…（对众）见笑见笑。

众：（惊诧）他是陆游？

县官：乡亲们啊，这就是誉满天下的陆游先生啊！

众：啊！

风姑：（背诵）红酥手，黄藤酒，满城春色宫墙柳。

龙娃：（接诵）东风恶，欢情薄。一怀愁绪，几年离索。

众：错、错、错！

县官：停、停！你们让先生伤心啦。

陆游：无妨、无妨。

众：（接诵）错、错、错！

陆游：（惊喜）这……你们都会？

众：我们这儿，三岁细娃儿都会。

陆游：（意外）真的呀！

风姑：陆游先生，别看你是个大诗人，你的心太苦了……

龙娃：还没有我们农二哥过得快乐。

陆游：（由衷）知我者，岳池乡亲也。（打量）这块宝地我来过……

众：没有啊。

陆游：来过，一定来过……

众：好久来过？

陆游：梦里来过……

众：啊……

【切光

第二场：《童牛嬉戏》

【LED 上，是岳池象鼻河边，春色浓浓，蓝天上风筝在自由飞翔

【舞台上，优美的“四川清音”音乐中，一群女孩子在放风筝

唱词：

三月呀里来是清明，
姐妹们邀邀约约去踏青。
哎呀呀随带着纸糊的那个糊纸的、
丁丁猫儿那个黑老鹰，
美人头上加七星，
到象鼻河边去放风筝，
离却了绣房门。
啊……离却了绣房门。

姐儿来到河心亭，
得见几个细娃儿们。
头上扎个冲天炮儿，
叉叉裤儿现登登，

拐把子细麻绳，

手上拿了一个玉美人，

骑竹马放风筝，

老天爷下大雨……

呵嗬——

风筝放不成。

【放风筝的姑娘下，十来个放牛儿童上

童甲：（吆喝）牛儿过河了！

众童：（吆喝）牛儿过河吃草了！

【LED 中，成群的耕牛从对岸游来

【在欢快的音乐声中，孩子们牵着、逗着、吆着、骑着牛，嬉戏、打闹，童“牛”共舞（一段牛儿灯舞）

【陆游上，被孩子们的欢乐场面深深吸引

【小胖子（童乙）不小心倒地大哭，众跟着夸张表演、取笑、起哄

童甲：男子汉，哭啥子嘛哭，

童丙：你跟他们比打金钱板噻。

童乙：要得，比打金钱板。

童甲：比就比。

众童：比打金钱板咯。

陆游：耶，这些放牛娃们，你们还好耍耶。

童乙：老先生，看我来耍！

（唱）有一个胖娃儿叫刘小五，

童甲：有一个胖娃儿叫刘小五，

越吃越肥越舒服。

三大碗米粉他吃不饱，

还要啃两个膀骷骷。

胀得来东歪西倒走不稳路，

众童：就像一条大肥猪……

【小胖子追打伙伴们

童乙：讨厌、讨厌……

陆游：哈哈哈哈……

【小胖子见陆游，很不好意思，

童乙：老先生，你笑啥子？

陆游：我笑你这个娃儿硬是有点像……

童乙：你……

（唱）有一个秀才本姓吴……

【众儿童看见陆游在一旁笑，搞起恶作剧

众童：错了，错了……

有一个秀才本姓陆，

陆游：啊，我啊？

众童：人称外号……

陆游：啊？我还有外号？我叫啥子呢？

众童：“死啃书”“死啃书”“死啃书”！

陆游：哎，我那叫读圣贤书。

【童丙抢过金钱板，边打边唱，众儿童夸张表演（童丙表演秀才）

童丙：这一天，老表请他吃晌午，

穿了一身新衣服。

童乙：路过一片菜园地，

把苦瓜认成嫩包谷。

童丙：明明是一条大箩卜，

他硬说是红苕长得粗。

童甲：一条沟宽一尺五，

他跨（读恰）不过去犯踌躇。

童丙：（摇头晃脑）君子必须走正路，

过沟也要翻翻书。

【童丙表演翻书、一本又一本书地寻觅

众童：《百家姓》《人之初》，

《论语》《孟子》《天生物》……

童丙：从早晨读到日中午，

偏偏找不到“过沟沟”这个大题目。

陆游：小秀才……轻轻一“跳”就能过，

迂腐秀才你读死书？

童丙：对对对，“跳”这个字的含意我很清楚，

书中的道理我背得熟。

眼睛一眯两脚跳，

众童：咚！　只听得水沟里头“都噜噜”…

淹得秀才眼睛鼓，

肚皮胀成一个大葫芦。

陆游：啊，那个胀成一个大葫芦啊？

童丙：老先生，你噻！

陆游：啊，我咋个跳到沟沟里去了呢？

童丙：你自己说过沟沟要跳哒嘛。

众童：双脚为跳，单脚为跨。

为啥你不说清楚？

都怪你平时不读圣贤书！

陆游：我不读圣贤书？哎，你们呢……

【众孩童从牛角上取下书包，坐着、扒着、躺着，开始摇头晃脑读书

众童：（读“望天书”）人之初，性本善，性相近，习相远……

【孩子们见陆游关注，故意乱读

众童：狗儿叫，牛儿欢，公鸡叫，闹翻天……

陆游：呃呃……错了，读错了！是“苟不教，性乃迁，教之道，贵以专”。哎，哪个再读错就要打屁股！

众童：要得，读错了打屁股。

【童甲与小伙伴们耳语，众会意

众童：狗儿叫，

陆游：苟不教！

众童：狗儿叫，

陆游：苟不教！

众童：苟不教，

陆游：狗儿叫，

众童：打屁股！

陆游：哈哈哈哈……我读错了，我打屁股。

众童：哈哈…

【朗朗书声起，返老还童的陆游和孩子们一起认真读了起来

陆众：

人之初，性本善，
性相近，习相远。
苟不教，性乃迁，
教之道，贵以专。
昔孟母，择邻处，
子不学，断机杼。
玉不琢，不成器，
人不学，不知义。

【孩子们的朗朗书声，久久回荡在夕阳下的田野……

【舞台的 LED 上空飘然而出两个姑娘，一人抚古筝、一人击扬琴在演唱“四川扬琴”

唱词：春耕春播农家事，
小姑缫丝又养蚕。
巧手绣出银岳池，
丰衣足食农家欢。

第三场：《农家小姑》

【LED 背景是岳池农家小院，翠竹林郁郁葱葱，田园阡陌上、桑树成荫

【姑娘们来了，她们挽起袖子，一边缫丝、一边歌唱

众女：蚕儿吐丝亮晶晶，
织件彩霞披在身。
暖风送我上天去，
不是神仙是凡人。

【间奏，舞蹈

栽桑养蚕摇钱树，
缫丝姑娘心最灵。
心灵手巧人更美，
画眉胜过城里人。

【间奏，舞蹈

蚕吐丝、丝织锦，
锦上添花出国门。
银岳池的蚕丝是个宝，
家乡沃土铺金银。

【几个商人来催促交丝、其中还有来自西域的“老外”

商甲：（普通话）不要唱了，姑娘们，快缫丝吧。

陆游：人家是边唱边缫丝，在快乐中生活。

外商：（蹩脚话）哦，你们的丝很多很多哟。有多少我要多少，越多越好哇。

凤姑说，今年都是上等丝，

凤姑：对头，这价钱嘛……

商乙：好商量、好商量。

外商：（出示）我用“交子”买你丝，漂洋过海到波斯。

商甲：你凤姑美名传天下，好丝来自银岳池。

陆游：比我还出名。

众商：啊？

陆游：开个玩笑。

凤姑：不能开玩笑了。姐妹们，干起来！

【音乐更加欢快，姑娘们加快了进度，更加忙碌起来

【极美音乐中，一群打扮入时、青春亮丽的农家小姑娘，扭着婀娜的身姿，散发着青春气息走来，互相显摆画得格外好看的眉毛

【她们来到柳林边桃花树下，一边歌唱、一边绣花

【舞蹈转为“四川盘子”状态（用四川清音《绣荷包》曲调）

众女：

初一对十五，
十五月儿高，

春风吹动杨柳梢。

三月桃花开，
情郎送信来，
传书带信要一个荷包袋。

丝线抽一根，
花针摸一苗，
穿针引线绣荷包。

一绣一条龙，
太阳一点红。
绣一个九龙飞腾上天空。

再绣一只凤，
飞翔彩云中，
绣一个龙凤呈祥情意浓。

荷包绣好了，
再绣红盖头，
等到我的情郎哥哥快来求……

【嫁妆绣好了，“龙凤呈祥”的“红盖头”也绣好了

【姑娘们打闹着，把“红盖头”顶在凤姑头上

【凤姑羞红了脸，幸福憧憬、无比陶醉…

【LED 有一巨大的“红盖头”降下来，罩住了所有的姑娘

【切光

第四场：《西舍成婚》

【突然，喜庆的唢呐响起

【LED 上，是岳池农家山坡上桑竹青翠，田间秧苗嫩绿，一条小河穿流而过，溪水两旁住着农户人家

【“四川灯调”音乐起，一群媒婆手持烟杆和手帕歌舞上

众媒：来了来了…哈哈哈哈哈…

（唱）心头想起就打哈哈，
说媒的银子白花花，
东家猪脑壳硬是大，
西家莽儿膀八斤八。
男配女，母配公，
针线自然配裁缝。

媒甲：秤砣配秤杆，
　　直箭配弯弓。
媒乙：大肚皮配个潲水桶，
　　夹火钳配吹火筒。
众媒：麻雀来把乌鸦配，
　　抱鸡母配他妈个骟鸡公。
众媒：快走！哈哈哈哈…

【众媒婆打起哈哈下

【一对老人丘山和秀水，分别从两边上

丘山

（唱）清早起来大天明，
　　碰见对门心上人。
　　昨晚做了一个梦，
　　想起笑死祖先人。
（白）龙娃子，下田薅秧了！

【凤姑带着姑娘，龙娃带着小伙从两侧薅秧歌舞上

男女：（唱）太阳出来喜洋洋，
　　拿起竹竿去薅秧。
凤姑：（唱）站到坡上把哥望，
男女：哥想妹来啥
　　妹想郎哦。
丘山
秀水：你们在望啥子哟？
凤姑：妈耶，我在看鱼儿扳仔没得？
龙娃：爹耶，人家在看麦子灌没灌浆？
丘山：哄鬼！
秀水：麻广广！
男女：媒婆些，快来哟！

【众媒婆上

众媒：来了来了。
龙娃：媒婆些，你们来干啥子哟？
众媒：我们来给凤姑说媒噻。
凤：那你们想把我说给哪一家呢？

【众媒婆争先恐后

媒甲：哎呀，凤姑耶——
　　我说这家世少有，
　　祖宗八辈偷过牛……（众：啊！）
　　耍过猴……（众：啊！）
　　当过王侯。

媒乙：去去去…　　　我说这家更富有，
　　　　　　　　　　南街市上卖酱油。
　　　　　　　　　　白鹤大仙他亲表哥，
　　　　　　　　　　玉皇大帝是他舅舅…

众媒：（争抢）我说这家…

风：哎呀！要嫁我也只嫁龙娃哥。

媒甲：傻丫头耶！

（唱）　　　　　　　龙娃世代都务农，
　　　　　　　　　　孤儿寡母家境穷。

媒乙：　　　　　　　城里员外白头翁，
　　　　　　　　　　家有良田几条冲。

媒丙：　　　　　　　你若嫁到他家去，

媒众：　　　　　　　穿金戴银好威风。

凤姑：那你们嫁给他噻。

男甲：我说你们这些说媒的呀，硬是操空心。人家凤姑呀，有心上人了。

秀水：啊，哪个哟。

男甲：龙娃噻。

丘山

秀水：不行不行！

凤姑：哎呀，妈耶。
　　　　　　　　　　龙娃种田我养蚕，
　　　　　　　　　　勤劳致富建家园。

龙娃：　　　　　　　铜盆打水分量重，
　　　　　　　　　　龙娃人穷志不穷。

秀水：（白）不行！　我辛劳养女十几春，
　　　　　　　　　　她就是我的送终人。
　　　　　　　　　　女儿的婚事我做主，
　　　　　　　　　　我要找一个女婿倒插门。

龙娃：　　　　　　　伯母一切放宽心，
　　　　　　　　　　我龙娃愿意倒插门。
　　　　　　　　　　我与凤姑真相爱，
　　　　　　　　　　你就是我的亲母亲。

丘山：（白）不行！　龙家的人龙家的根，
　　　　　　　　　　龙家人当上门人，
　　　　　　　　　　乡里乡亲知道了，
　　　　　　　　　　要羞死我龙家的祖先人。

【丘山、秀水生气地各走一边

男甲：（失望地）哦嗬！王大娘的皮蛋——变了。

龙娃
凤姑：（唱）　　　　青梅竹马门对门，
　　　　　　　　　情投意合长成人，
　　　　　　　　　爹妈不许再相会，
　　　　　　　　　你说怄人不怄人。

【陆游带村姑小伙上

陆游：　　　　　　小事情，小事情，
　　　　　　　　　古来姻缘自天成。
　　　　　　　　　我有一个好主意，
　　　　　　　　　两家人合成一家人。

男甲：啥意思哦？

陆游：就是两家合一家，嫁女又嫁妈。

秀水：哎呀要不得要不得！哪个寡妇还要改嫁哟？

男乙：咋不能嫁？皇帝老儿都要强娶别人老婆，何况我们这山旮旯里头，哪管那么多哟！

陆：这位小哥说得好！就是这些规矩，害了多少有情人！这才是，丘山秀水长相伴，龙凤连理成夫妻。

龙娃：　　　　　　两家合一家，
凤姑：　　　　　　我就嫁给他。

龙娃
凤姑：上前叫一声：爹（妈）！

众人：哈哈哈…

陆游：　　　　　　喜滋滋，笑哈哈，
　　　　　　　　　和和美美成一家。
　　　　　　　　　两台喜酒一起办，
　　　　　　　　　今天就戴大红花。

男甲：要得，把花轿抬过来。

【轿夫抬一花轿上

男甲：一乘轿儿，哪个坐哟？

龙娃
凤姑：谢父老，谢乡亲，多谢先生一片心。新人新事新操办，今天就抬大媒人。

陆游：抬我？

男甲：媒人坐轿，新人抬轿，千古一绝！抬起！

众人：抬起！

男甲：吹起！

众人：吹起！

男甲：拽起！

众人：拽起！

众人：（唱） 古怪，古怪，真古怪，
媒人坐轿新人抬，
多谢他牵了这根红丝带，
你说我们该抬不该抬。
应该抬，应该抬，
抬起抬起抬起抬起拽起来，
拽起来，拽起来，
两对新人乐开怀。
拽他个夫妻互恩爱，
拽他个明年就生小乖乖，
拽起来，拽起来，
几拽几拽几拽几拽娃儿生出来。

陆游： 抬起来耶，拽起来，
花花轿儿像莲台，
承蒙乡亲多厚爱，
陆游今天显文采，
一愿岳池收成好，
二愿岳池无病灾，
三愿岳池多兴旺，
四愿家家多进财，

合： 永和谐。

男甲：走！喝喜酒！

合：喝喜酒！

【一声婴儿啼哭，众惊讶

男甲：咦？凤姑都生了啊？

女甲：打胡乱说，哪儿有这么快？

男甲：那就是她妈生了！

女甲：呸！你妈才生了！

男甲：那是哪们回事？

男乙：（匆匆跑上）哎，隔壁子的嫩豆花儿，生了一个胖娃娃！九斤半！

众人：啊。

男甲：走！喝喜酒！

众人：走！打三朝，喝喜酒！

【切光

第五场：《子夜成诗》

【LED 上是陆游暂住的四合院“翠竹园”，“竹仙子”手击竹琴轻轻哼呜

【月上中天，冷月如钩

【陆游沉醉吟诗：

君问归期未有期，
巴山夜雨涨秋池，
何当共剪西窗烛，
却话巴山夜雨时。

【舞台一处，情景展示——陆游与陈县令，“少夫妻”“老夫妻”

县　官：陆兄，薄礼一份，不成敬意。

老夫妻：这可是岳池美酒“丘山液”哟。

少夫妻：这酒好啊，远销九州十八县。

陆　游：美哉，丘山液！

县　官：明日一早，乡亲们长亭相送。

陆　游：（恭送）有劳父老乡亲。

【陆游送走客人，见岳池美酒，诱惑难挡，便自斟自饮起来

【陆游仰望长空，冷月让人有些寒意。想起半世漂零、报国无门，想起这些天在岳池所见所闻，想起奔赴南郑的壮怀激烈……失意与奋起，郁闷与激昂，波涛般涌上心来

【音乐转为“四川竹琴”状态

陆：啊，这岳池美酒真好啊！

这一坛琼浆玉液县令送，
这几匣美味佳肴乡亲情。
岳池人有情又有义，
温暖我　书剑漂零大半生…
百姓多勤劳，
乡亲更单纯。
春播秋收流不尽的汗，
真诚对人掏出一颗心。
爱国就是爱百姓，
没有百姓哪有君？

【音乐变化

月牙如钩星星冷，
中原百姓正呻吟。
大丈夫　一腔热血愿抛洒，
无奈何　报国无门遇奸臣。
解愁唯有酒与梦，
呀！美酒浇醒梦中人……

【音乐变化，壮怀激烈

立壮志，
树雄心，
为社稷，
爱黎民。

冷月如灰心不冷，
胸中热血正沸腾。
投笔从戎去南郑，
金戈铁马破金兵！

【陆游取出宝剑，在朦胧月色下一段剑舞

【同时，竹仙子们挥舞长袖，与陆游剑舞刚柔相济、相得益彰（剑舞丹青）

【剑舞，配合宝剑挥舞，强烈音效，“LED”上次第“划”出《岳池农家》诗句

【画外音同步朗诵

春深农家耕未足，
源头叱叱两黄犊。
泥融无块水初浑，
雨细有痕秧正绿。
绿秧分时风日美，
时平未有差科起。
买花西舍喜成婚，
持酒东邻贺生子。
谁言农家不入时？
小姑画得城中眉。
一双素手无人识，
空村相唤看缫丝。
农家农家乐复乐，
农家农家乐复乐…

【不同大小、不同字体的《岳池农家》诗句叠化、快速推进，有如在时空隧道中穿过

【诗罢，陆游依依不舍走向大屏，不时回眸留恋张望，向岳池山水和乡亲默默告别

【同时，画外音起（字幕同时滚动）——就这样，伟大的爱国主义诗人陆游，一步一回头，告别了他依依不舍的岳池乡亲，踏上了他波澜壮阔的报国之路。

【LED 变化成他的《岳池农家》石刻碑文，他“穿过”石刻走向远方

【画外音继续（字幕同时滚动）——他留下的《岳池农家》，成为岳池人民宝贵的精神财富。

【陆游走上 LED 大屏，定格成今天岳池“陆游广场”上的那尊塑像

【舞台上空的 LED 飘然而出两个姑娘，一人抚古筝、一人击扬琴在演唱“四川扬琴”

唱词：

日月如梭千年过，
岳池农家到今天。
人更和谐家更美，
山更青来月更圆。

尾声：《盛世农家》

【此刻，正是 2011 年中秋前夕（9 月 7 日晚 9 时），“第五届岳池农家文化旅游节”开幕式

【画外音（同时字幕滚动）——时光飞驰而去，历史进入 2011 年。今年中秋，月亮格外圆。岳池

盛会，高朋满座，明月如水，胜友如云。太平盛世，热闹非凡

【舞台上，欢腾音乐起，舞台上龙飞、凤舞；舞台下，左右两边及有可能的通道上，是岳池民间各种各样的龙舞

【一段曲艺串烧演唱，分段呈现四川车灯、四川盘子、四川莲厢状态

【音乐转为儿童跳“四川车灯”状态

众童：家住岳池九龙镇，（哟喂）
小河流过我家门。
门前一棵黄桷树，
遮风遮雨又遮阴。（荷花闹海棠得儿海棠花）
爷爷早上三盅酒，
一天到晚好精神。
爸爸教我金钱板，
妈妈教我跳车灯。
曲乡娃娃爱曲艺，
曲艺之乡传美名。（荷花闹海棠得儿海棠花）

【音乐转为优美的“四川盘子”，一群姑娘载歌载舞

众女：盘子一敲响叮当，
唱一唱翠湖好风光。
白鹭飞翔在蓝天上，
三十里翠湖水清凉。
你清波在我心中荡漾，
我的家就在你青山旁。
抱一轮明月回家去，
一帘幽梦，
漫山遍野茶花灿烂茉莉香。

【音乐转为欢快的“四川莲厢”，男女青年载歌载舞

男女：
金城山下春意闹，（柳啊柳连柳啊）
陆游广场打莲厢。（读“肖”）
一座新城拔地起，
麻柳河边人如潮。（柳啊柳得儿连得儿海棠花）
米粉一条街，
对联把你考。
南宋风情街，
任你品佳肴。
南来北往都是客，（柳啊柳连柳啊）
岳池美酒醉不倒。
香茶一杯敬给你，
海阔天空任你聊。（柳啊柳得儿连得儿海棠花）

夕阳西下意未尽，
万家灯火月儿高。

【主题歌，《盛世农家》响起

【这是一首岳池人自己唱的歌。追求平实、亲切，好听、好记。110 万岳池人中，有 40 万人在外发展，不少人事业有成，热爱家乡、回报家乡。故成此歌

歌词：（领唱）

龙飞凤舞好山河，
千年岳池农家乐。
春天你就播下种，
秋来定有好收获。
丰衣足食人增寿，
岳池人——
无忧无虑唱新歌。

（副歌·合唱）

天地人和精神爽，
盛世农家岳池乐。
农家欢、天下欢，
农家乐、天下乐。

（领唱）

家乡姑娘实在美，
家乡小伙能人多。
走遍世界闯天下，
想起岳池就暖心窝。
海角天涯也忘不了，
梦里是——
家乡的爹娘家乡的歌。

（副歌）

天地人和精神爽，
盛世农家岳池乐。
农家欢、天下欢，
农家乐、天下乐。

【歌声高潮中，陆游广场四周高楼上，无数烟火腾空而起，火树银花、甚为壮观

【歌声再次响起，全体演员带妆谢幕

【全剧终

二、曲艺作品选

（一）扬琴曲目《秋江》片断：

秋　江

（扬　琴）

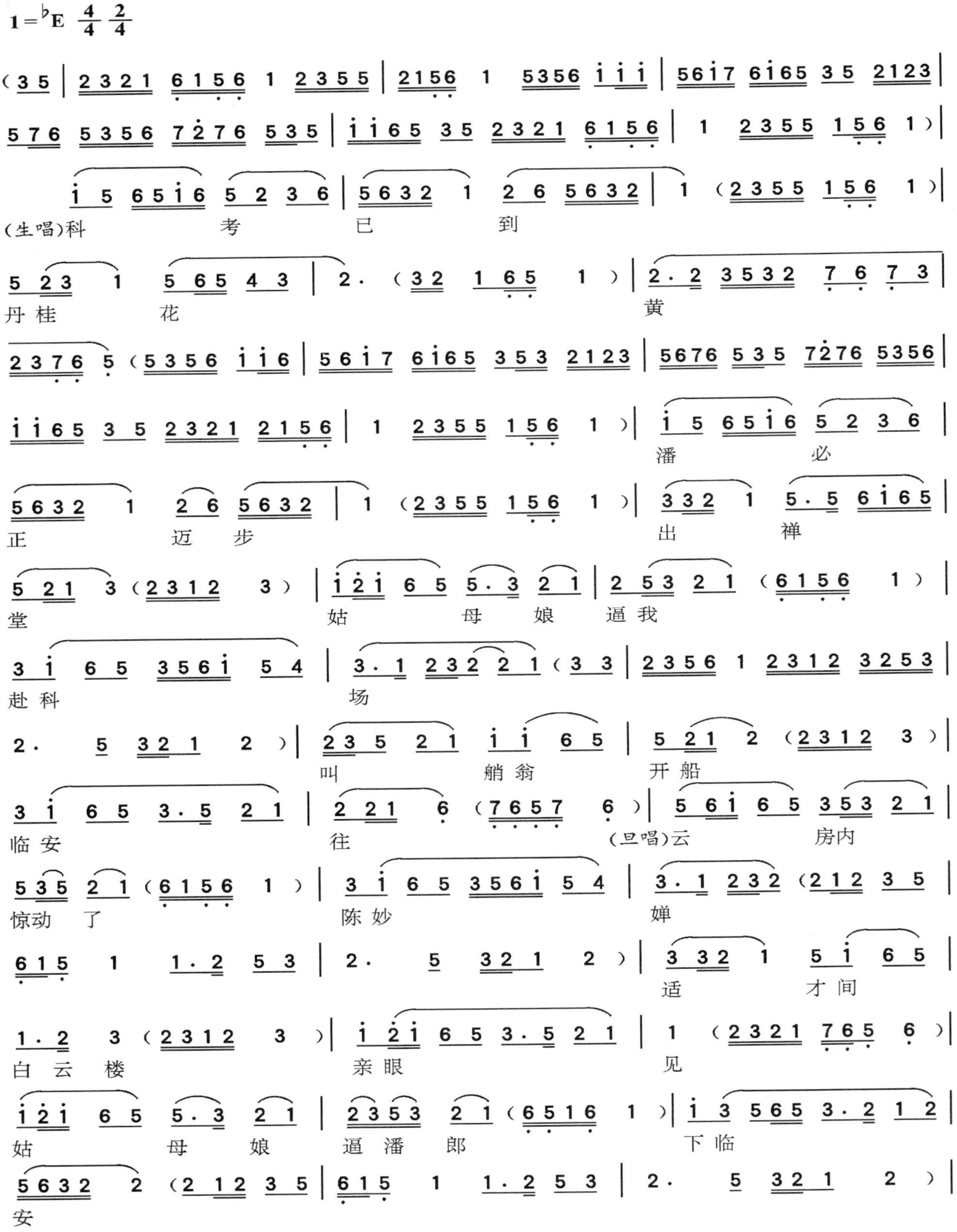
1=♭E 4/4 2/4
(生唱)科 考 已 到
丹桂 花 黄
潘 必
正 迈 步 出 禅
堂 姑 母 娘 逼我
赴科 场
叫 艄翁 开船
临安 往 (旦唱)云 房内
惊动 了 陈妙 婵
适 才间
白 云 楼 亲眼 见
姑 母 娘 逼 潘 郎 下临
安

（二）竹琴曲目《渔家乐》片段：

渔 家 乐

（竹琴）

云淡风情淡如天，
河边游驶打鱼船。
渔翁不住把网揽，
渔婆船尾把舵搬。
将船推至河对岸，
对对鱼儿往上搬。
渔翁打得鲜鱼转，
拿到长街去卖钱。
卖得铜钱有三贯，
买得美酒转回船。
家宴摆在船仓板，
夫妻对坐划家拳。
一呀一心敬，
两呀两支仙，
三星拱照四喜连，
五进魁首六福现，
七子成途八大仙，
九九长寿十状元，
渔翁喝得熏熏醉。
［翁白：老婆子，醉了呵
醉得渔婆打穿穿，
［翁白：老婆子
酒醉渔翁开言谈，
叫声老婆子你听详端。
夫妻年近六旬满，
膝下乏嗣无香烟？
你我此时无人见，
要求老婆子鱼水欢，
［婆白：背时老头子，

你太讨嫌了呵！

渔婆不住开言骂，

骂声老头子太讨嫌，

白发苍苍精神健，

要你娘的什么欢，

眼前不念夫妻面，

一脚踢你斤斗翻。

［翁白：也！

骂得渔翁红了脸，

拉到渔婆癞倒癞。

时人不识渔家乐

相偎愉闲学少年。

（三）清音曲目《布谷鸟儿咕咕叫》《翠湖美》：

布谷鸟儿咕咕叫

黄伯亨　词
熊青云　编曲

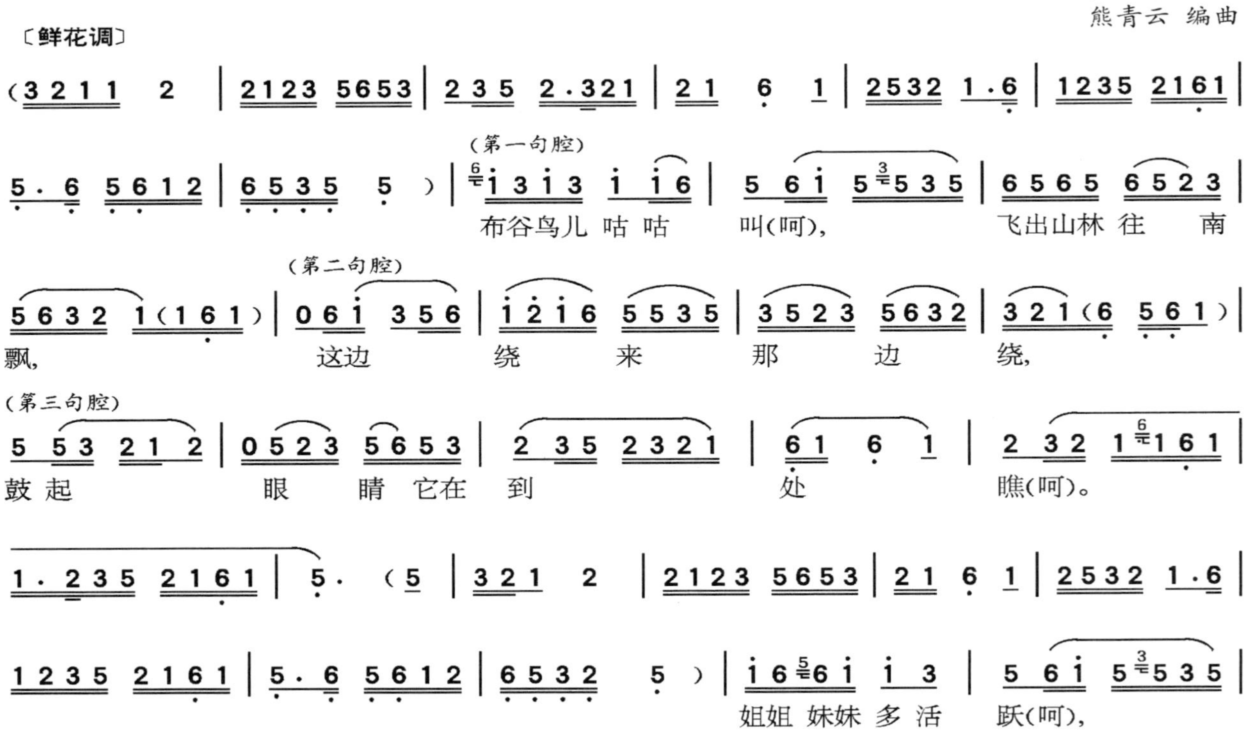

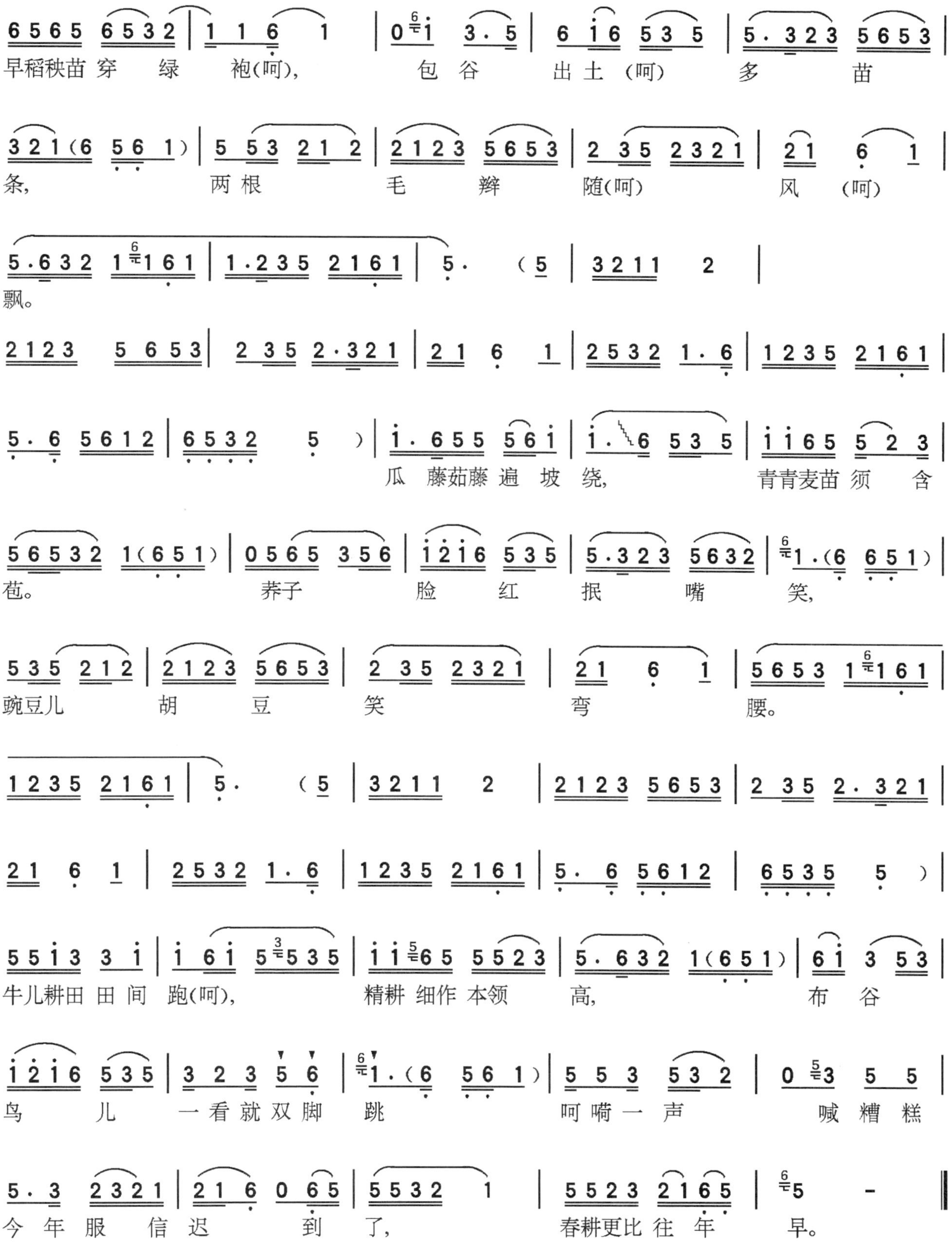
早稻秧苗穿 绿 袍(呵)， 包 谷 出 土 (呵) 多 苗
条， 两 根 毛 辫 随(呵) 风 (呵)
飘。
瓜 藤茄藤 遍 坡 绕， 青青麦苗 须 含
苞。 荞子 脸 红 抿 嘴 笑，
豌豆儿 胡 豆 笑 弯 腰。
牛儿耕田 田 间 跑(呵)， 精耕 细作 本领 高， 布 谷
鸟 儿 一 看 就 双 脚 跳 呵 嗬 一 声 喊 糟 糕
今 年 服 信 迟 到 了， 春耕更比 往 年 早。

翠湖美

（清 音）

邓庆贵 词
代炳南 曲

1=A $\frac{2}{4}$
中速

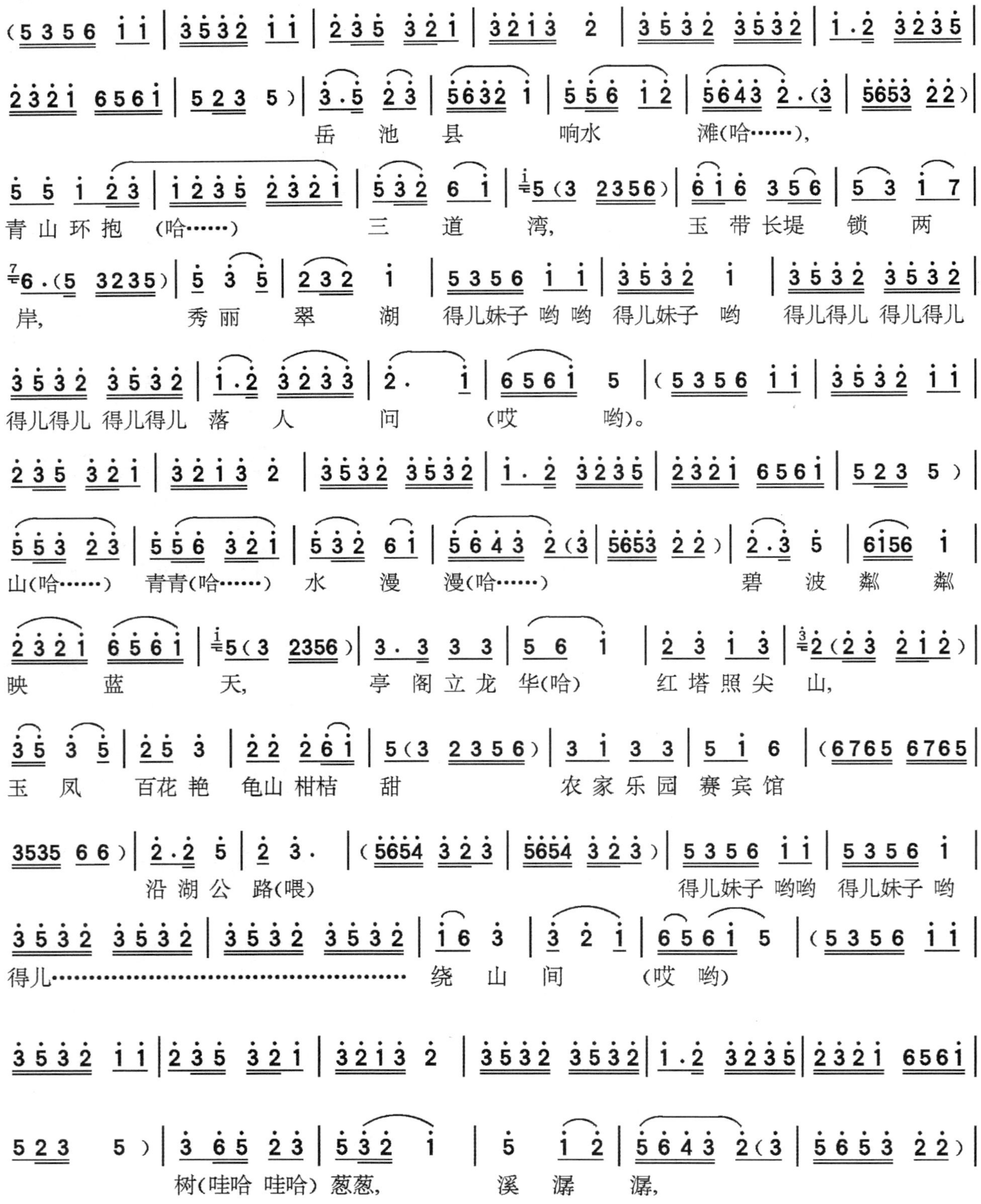

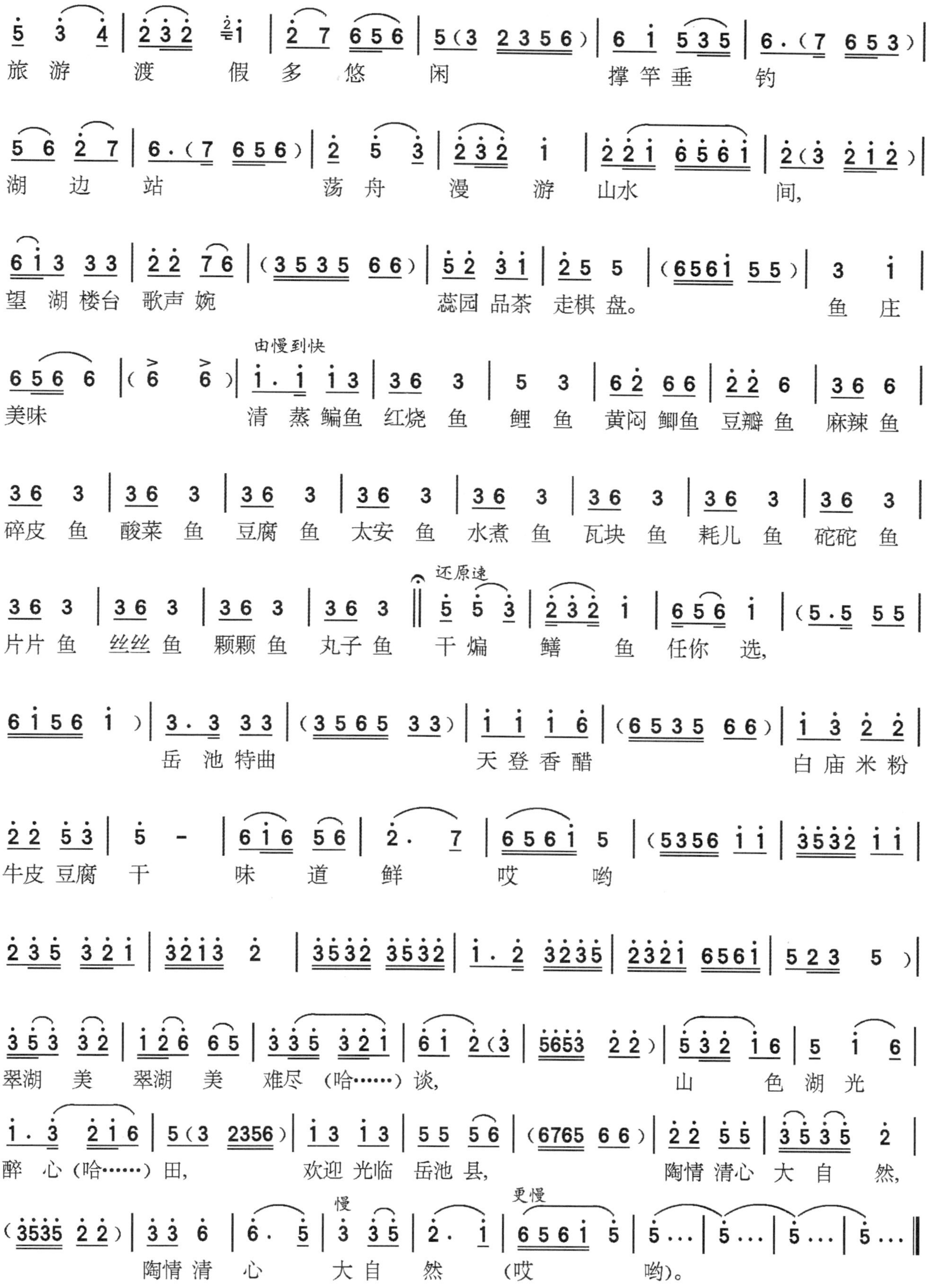
旅游 渡 假多悠 闲 撑竿垂 钓
湖边 站 荡舟 漫 游 山水 间,
望湖楼台 歌声婉 蕊园品茶 走棋盘。 鱼 庄
美味
由慢到快
清 蒸鳊鱼 红烧 鱼 鲤 鱼 黄闷 鲫鱼 豆瓣鱼 麻辣鱼
碎皮 鱼 酸菜 鱼 豆腐 鱼 太安 鱼 水煮 鱼 瓦块 鱼 耗儿 鱼 砣砣 鱼
还原速
片片鱼 丝丝鱼 颗颗鱼 丸子鱼 干煸 鳝 鱼 任你 选,
岳 池 特曲 天登香醋 白庙米粉
牛皮豆腐 干 味 道 鲜 哎 哟
翠湖 美 翠湖 美 难尽(哈……)谈, 山 色湖光
醉 心(哈……)田, 欢迎光临 岳池县, 陶情清心 大 自 然,
慢
更慢
陶情清 心 大自 然 (哎 哟)。

（四）四川方言《王啰嗦》：

王啰嗦

（四川方言）

主任王静波，他的优点多，
有个小毛病，说话太啰嗦。

随便举个例：全厂看川戏，
刚刚要开演，主任上台去。
“喂！同志们，大家请注意，我只说两句。”
一听说两句，众人松口气。

“我这人撇脱，说话最利落。
废话讲多了，就王大娘的裹脚。”
“说话要简短，抓住它的重点，
简短就是不长，长了当然不简短。”

“简短又利落，时间能节约，
时间一抓紧，有利于工作。”

“废话讲得多，时间当然拖，
我最反对的，说话太啰嗦。”

“说话没草稿，正题不能跑，
我今天讲什么？怎么又忘了！”

“今天是国家礼拜一，该我们厂休息，
休息就不上班，上班就不休息。”

“今天是休息，休息就搞文娱，
文娱一开展，工作更积极。”

“厂里演的戏，的确很有趣，
三打白骨精，非常有意义。”

“我想提一提，看戏受教育，
比如孙悟空，要向他学习。”

“究竟学哪样，学他眼睛亮。
主要学习他，会耍金箍棒。”

后台的演员，等得不耐烦：
“他讲得正起劲，好久才讲得完?”

有的打毛线，有的在呻唤，
有的跑厕所，有的鬼报怨。

“莫摆龙门阵，不要翻板凳，
现在我接着讲，文娱的重要性。”

“我特别强调，文娱很重要。
为啥要强调？因为很重要!”

“我讲的问题，是主要的问题。
问题的关键，是问题的问题。”

“大家不要吵，小孩儿莫乱跑，
都要自觉点，我讲的话完了。”

“同志们！我讲得很简短，再补充两点：
第一不要闹，第二就开演。”

这时台下面，人走一大半，
剩下没走的，都在扯鼾鼾。

（五）金钱板、荷叶曲目《小菜打仗》：

小菜打仗

豆腐天子掌朝政，
要杀小菜一满门。
花椒胡椒来报信，
禀明南瓜老将军。
冬瓜架起大炮整，
两根豇豆做火绳。
指到豆家打一炮，

打死豆家百万兵。
豌豆打得遍坡滚，
胡豆打黑脑门心。
黄豆大王忙出阵，
带来几千绿豆兵。
直向菜园来杀进，
忙了金瓜老大人。
蒜苔美人执帅印，
带去八千芋儿兵。
葱子拢根青铜棍，
蒜苗提枪杀出营。
大刀豆勇敢冲头阵，
娥眉豆来做抄围兵。
莲花白拢起铜锤打，
只打得乌鸦白一辈子都裹不拢心。
芫荽脑壳凶得很，
长痱疮吃了它要怄死人！
菜豆两家大交阵，
一来一往定输赢。
结果小菜打败仗，
气死南瓜老将军。
茄子吓得去吊颈，
除脱纱帽戴不成。
苦瓜杀起果子疱，
他自己怄得血喷心。
丝瓜老了不中用，
周身成了一包筋。
唯有豆芽死得惨，
刚刚见天脚杆伸。
海椒吓得爬树子，
老来绯红少年青。
黄瓜的钢鞭经不得整，
地瓜做流星锤也不得行。
藤藤菜杀得水里跑，
一筒一节空了心。
芹菜杀得周身抖，

苋菜死后血淋淋。
大萝卜吓得钻沙土，
顾得脑壳顾不到缨缨。
胡萝卜在土头放把火，
把自己烧成黄心心。
红苕吓慌了驾土遁，
周围牵起绊马绳。
其余的小菜难表尽，
来了厨倌老将军。
手提竹篮把菜园进，
五虎大将差出营。
齐把小菜来拿下，
按进篮中混合不清。
解进厨房没勘审，
打下水牢洗周身。
这一下解进墩州府，
磨刀大将来执刑。
一刀把小菜腰铡断，
分尸还没有掉三魂。
这一下解进锅州府，
碰到锅铲大将军。
翻来覆去只顾整，
盐巴一撒就融了周身。
花椒胡椒齐围困，
麸醋酱油紧随身。
这一下解进宛（碗）平县，
宛平县官审不清。
急忙忙转解到涿（桌）州府，
涿州府官也不得行。
没办法他才把客请，
请来了八府巡按众大人。
大家坐下都想问，
这官多了你推我我推你还是问不清。
你不勘来我不审，
各派出筷子二差人。
主人喊声请请请，

筷子差人就忙不停。
将小菜带到琅玡（牙）府，
一进门就碰到了佘（舌）太君。
太君年老她不过问，
拖下去碰到夏侯（喉）惇。
夏侯惇是武将他笨得很，
再下去压着了老魏（胃）征。
魏征丞相传堂令，
惊动五府六部臣。
正要设堂来勘审，
出来了连贴老夫人。
肝子幺妹儿来把情讲，
心子公主说饶他们。
大家都说好难问，
赶下长（肠）城去充军。
始（屎）皇闻听龙心恨，
传口诏与孤王赶出后皇城。

（六）谐剧曲目：《广安小幺妹》：

广安小幺妹

人物：小幺妹

［小幺妹着山村童装，手提竹篮，报幕声落急上。

小幺妹：　哎呀，我实在等不倒了，自己唱起上来了！他们喊我在后台“候场”。候呀候呀，脚杆候硬了，腰杆候酸了。耶！候场候场，硬是候得长喃，等候成大人了，就要给我发工资了哟！我自己就有钱买文具盒了！啊？你问我是哪一个呀？唉呀，忘了给大家作自我介绍了。各位爷爷、奶奶、叔叔、阿姨、哥哥、姐姐，大家好！

小幺妹：　我是来自邓爷爷家乡的小幺妹，啊？哪个邓爷爷？就是改革开放总设计师邓小平爷爷嘛。对头，我是四川省广安市的人，我的家乡岳池离邓爷爷家的牌坊村点点远，打雷都听得到。啊！你问我进城做啥子？来看我的爸爸妈妈嘛，他们就在这城里头搞建筑修房子。呵，那位阿姨说对了，我就是“留守儿童”。我给你们说嘛，我们留守儿童莫得城里头的儿童好耍，爸爸妈妈不在家，爷爷奶奶年老多病，我们就是家头的全劳力：自己种地自己累，自己养猪自己喂，自己背书做作业，自己去开家长会。

小幺妹：　学校放假了，我到城里来看爸爸、妈妈。今天我走你们这儿来看闹热，听说里头在演节目，我也来给你们演一个节目，要不要得嘛？你不要看我穿得土里土气的，在我们岳池，我还算得上一枝花嘞。啥子“红苕花”哟，再咋算吗也是一朵向阳花嘛。上回我们乡下搞文艺汇演，我还是少儿曲艺第一名嘞。欢不欢迎我给你们表演嘛？好嘛，唱歌是我的拿手好戏哟，不是跟你们冲壳子，除了唱不到的我都唱得到。算了算了，我就唱一段我奶奶的奶奶教我的奶奶、我的奶奶又教我唱的民歌《小新郎》。高音喇叭师傅，把卡拉OK跟我放起。

（唱）黄荆疙瘩弯又长，
十八岁的姑娘九岁的郎，
站到莫得桌子高，
睡到莫得板凳长。
睡到半夜撒泡尿，
打湿奴家的花衣裳。

小幺妹： 我唱得这么好，咋个莫得人拍巴巴掌呢？啥？这是唱的旧社会的事呀？好嘛，我又给你们来点乡坝头现代的土特产，用四川方言来说我自己的故事，你们想不想听嘛？（答：想听。）（普通话）来点掌声鼓励一下！谢谢啊！

小幺妹：（表演） 我是一个农村娃，
爹妈打工不在家，
每天放学回家后，
家务活路一吧拉。

那周星期天，
割草上后山，
遇上雷阵雨，
乌云直赶翻。

大雨辟头淋，
躲都躲不赢。
“轰”的一炸雷，
吓落我三魂。

脚杆一粑没站稳，
顺倒坡坡往下滚，
衣裳挂得稀巴烂，
皮开肉绽痛得很。

又痛又吓雨又淋，
又哭又喊泪淋淋：
“爸爸妈妈好狠心，
丢我在家多可怜。”

毛起喊爹爹不应，
使劲叫妈妈不听，
脸上是雨或是泪，
伙在一起分不清。

大哥大姐爬上岩，
背我回家细安排，
他们都是自愿者，
服务“三农”下乡来。

小幺妹：感谢大家用巴巴掌表示了对我们留守儿童的同情和关怀。话又说回来，要是爸爸妈妈守在我们身边，农村地少人多，挣得到啥子钱？挣不到钱又哪个改变农村面貌？所以爸爸妈妈丢下我们外出打工，也是出于无奈。我们留守儿童吃苦受累，也是心甘情愿。我们相信，总有一天农村儿童会过上城市孩子一样的幸福生活。谢谢大家的鼓励，这不是我的愿许得好，这是有中国特色社会主义的路子好。作为邓爷爷的小老乡，我再给大家唱一段父老乡亲缅怀邓小平爷爷的川剧。乐队的叔叔阿姨，我借一下你们的锣鼓！

小幺妹：（唱“川剧·高腔”，曲牌“耍孩儿”）

我的家乡好风景，
牌坊村养育邓小平。
离乡背井闹革命，
南征北战立功勋。
开国元勋多厄运，
三起三落显忠诚。
拨乱反正保稳定，
“一国两制”定乾坤。
改革开放国强盛，
经济建设富黎民。
名垂青史留理论，
指引后人好前程。

小幺妹：完了，又唱完了，该我下课了，欢迎你们到广安来红色旅游，到时候我再给你们表演更精彩的节目！古得儿拜！沙油拉拉！下课！（下）

（七）金钱板、荷叶《学堂来了北大生》。

学堂来了北大生

（四川荷叶）

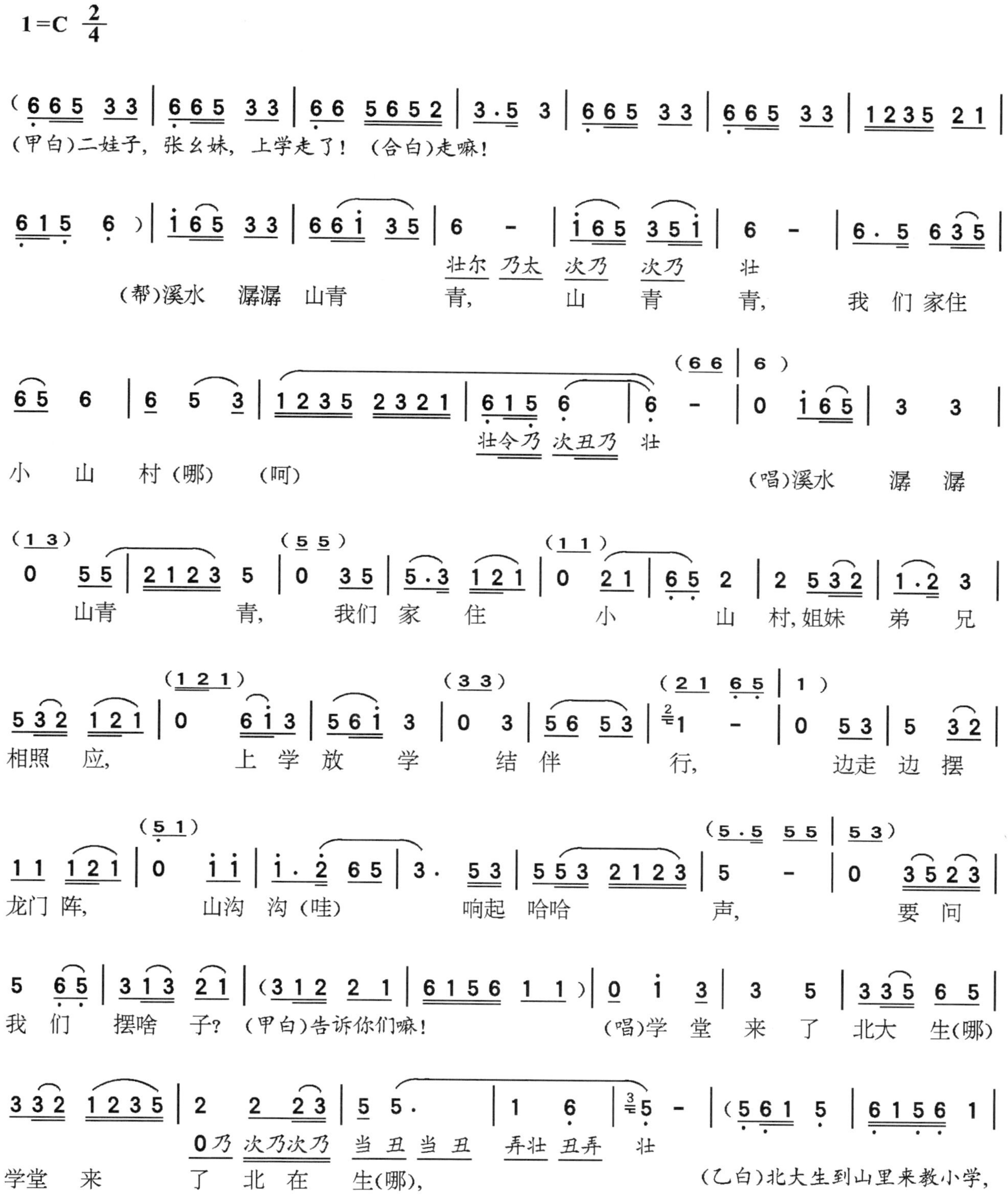

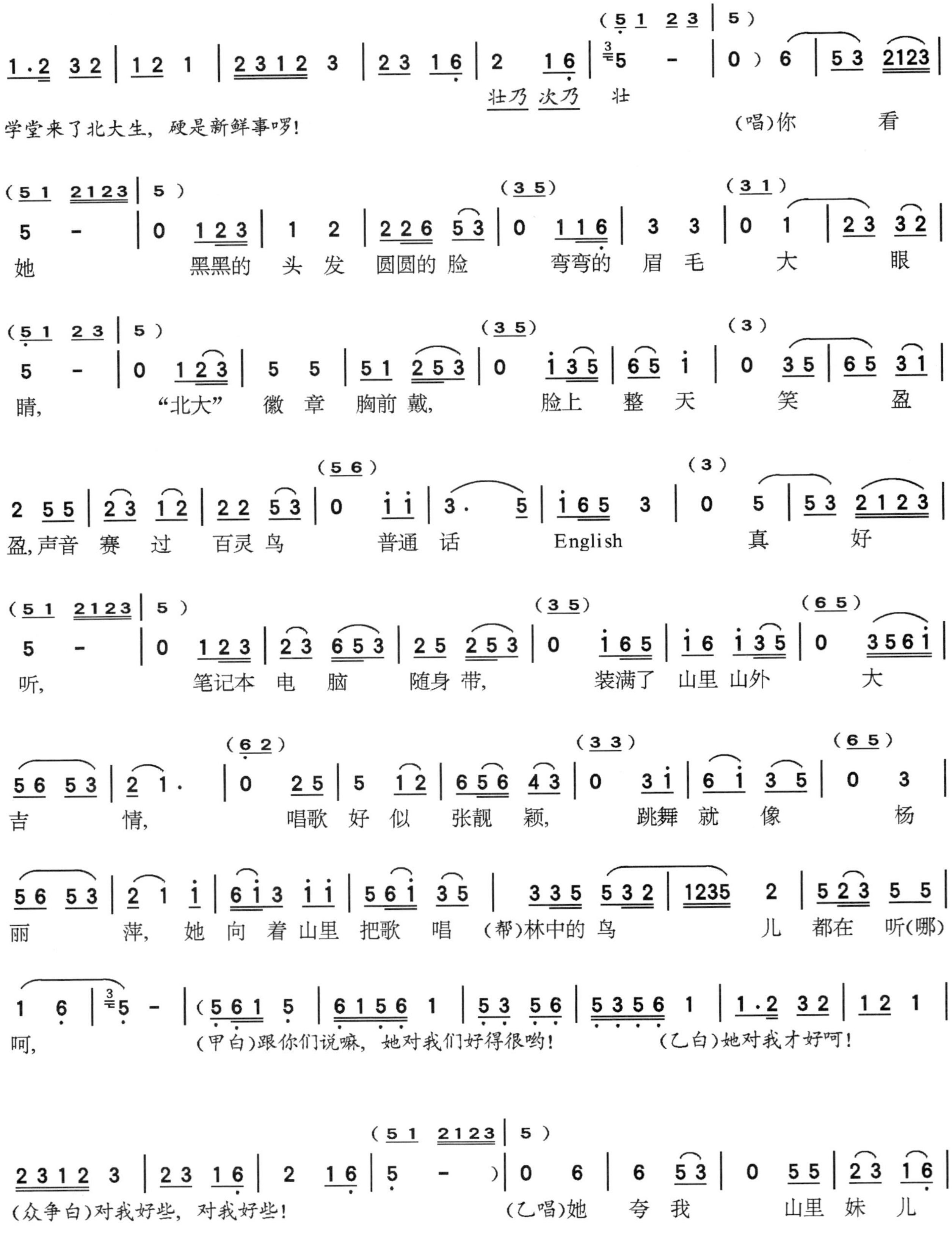

壮乃 次乃 壮
学堂来了北大生，硬是新鲜事啰！
（唱）你 看
她 黑黑的 头 发 圆圆的 脸 弯弯的 眉 毛 大 眼
睛，“北大” 徽 章 胸前 戴，脸上 整 天 笑 盈
盈，声音 赛 过 百灵 鸟 普通 话 English 真 好
听，笔记本 电 脑 随身 带，装满了 山里 山外 大
吉 情，唱歌 好 似 张靓 颖，跳舞 就 像 杨
丽 萍，她 向 着 山里 把歌 唱（帮）林中的 鸟 儿 都在 听（哪）
呵，
（甲白）跟你们说嘛，她对我们好得很哟！
（乙白）她对我才好呵！
（众争白）对我好些，对我好些！
（乙唱）她 夸 我 山里 妹 儿

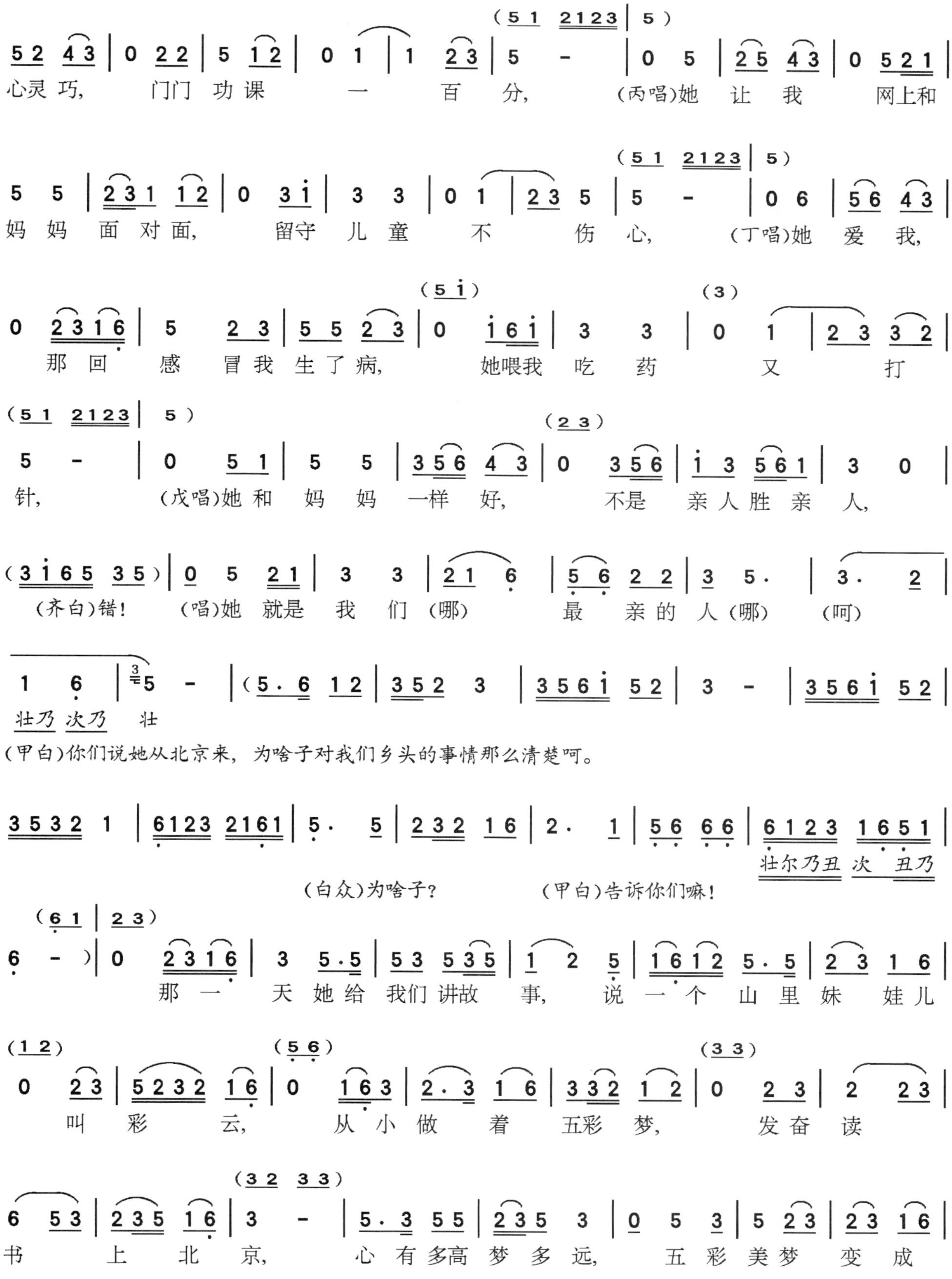
心灵巧，门门功课一百分，(丙唱)她让我网上和
妈妈面对面，留守儿童不伤心，(丁唱)她爱我，
那回感冒我生了病，她喂我吃药又打
针，(戊唱)她和妈妈一样好，不是亲人胜亲人，
(齐白)错！(唱)她就是我们(哪)最亲的人(哪)(呵)
壮乃 次乃 壮
(甲白)你们说她从北京来，为啥子对我们乡头的事情那么清楚呵。
壮尔乃丑 次 丑乃
(白众)为啥子？(甲白)告诉你们嘛！
那一天她给我们讲故事，说一个山里妹娃儿
叫彩云，从小做着五彩梦，发奋读
书上北京，心有多高梦多远，五彩美梦变成

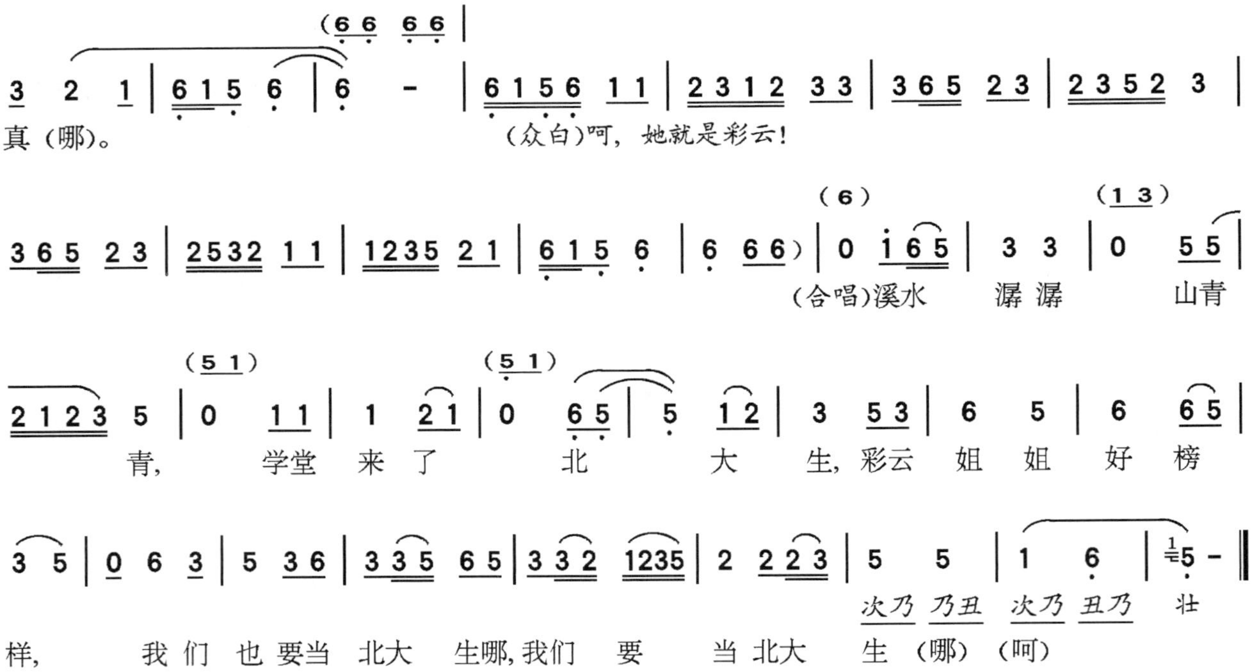

（八）车灯曲目《农家乐》：

农 家 乐

（四川车灯）

邓庆贵 词
代炳南 曲

1=A $\frac{2}{4}$
中速

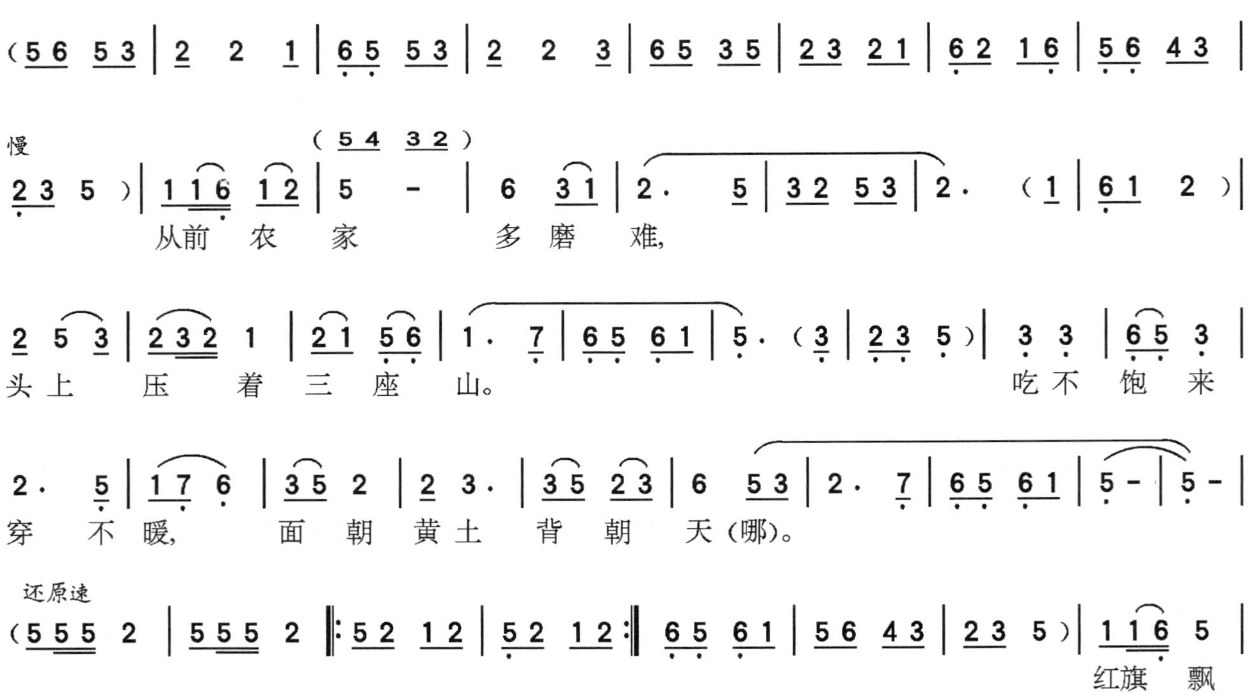

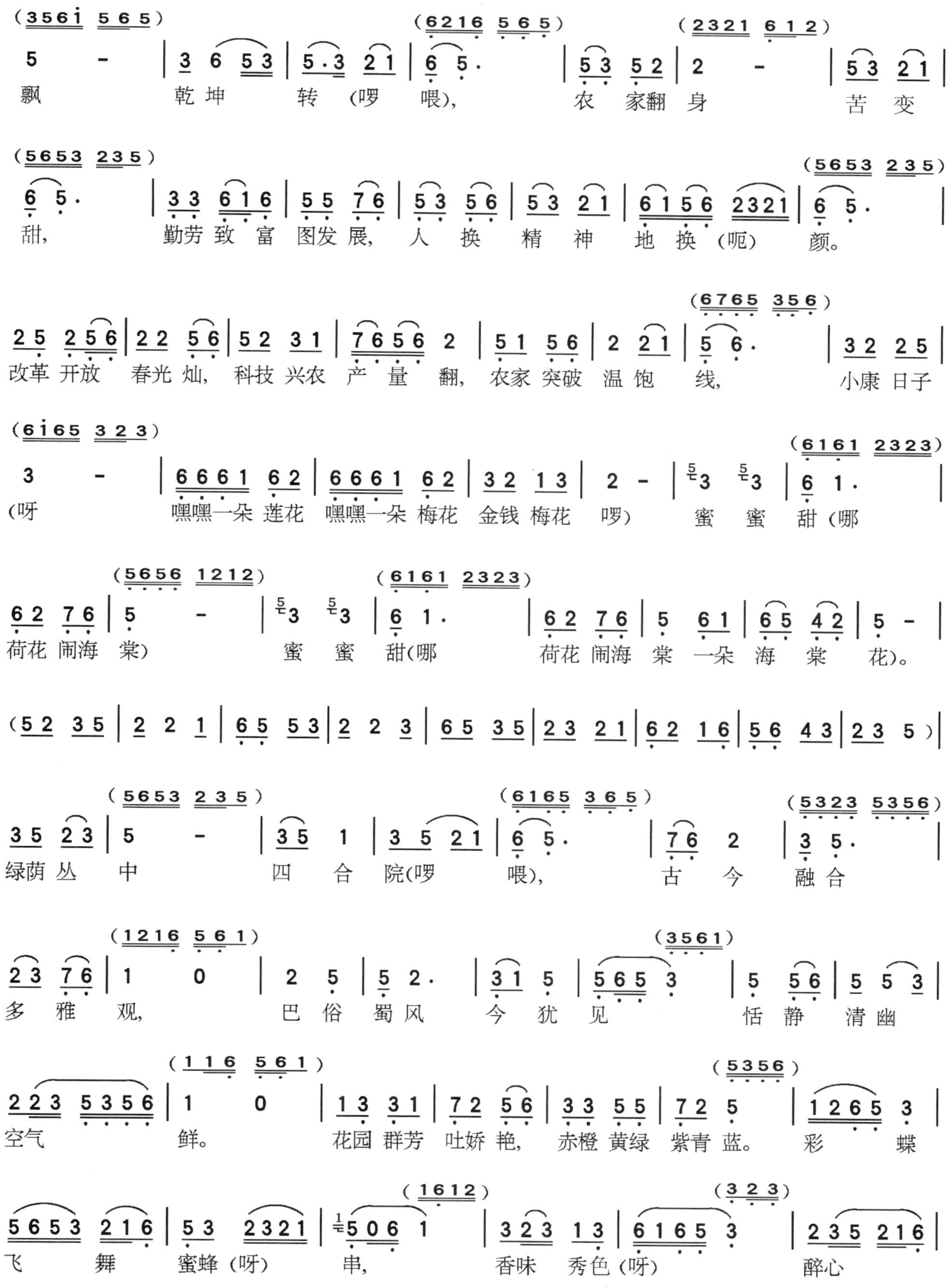
飘 乾坤 转（啰 喂）， 农 家翻 身 苦 变
甜， 勤劳致富图发展， 人 换 精 神 地 换（呃） 颜。
改革开放 春光灿， 科技兴农 产 量 翻， 农家突破 温饱 线， 小康日子
（呀 嘿嘿一朵 莲花 嘿嘿一朵 梅花 金钱 梅花 啰） 蜜 蜜 甜（哪
荷花闹海 棠） 蜜 蜜 甜（哪 荷花闹海 棠 一朵 海 棠 花）。
绿荫丛 中 四 合 院（啰 喂）， 古 今 融合
多 雅 观， 巴 俗 蜀风 今 犹 见 恬 静 清幽
空气 鲜。 花园 群芳 吐娇 艳， 赤橙 黄绿 紫青 蓝。 彩 蝶
飞 舞 蜜蜂（呀） 串， 香味 秀色（呀） 醉心

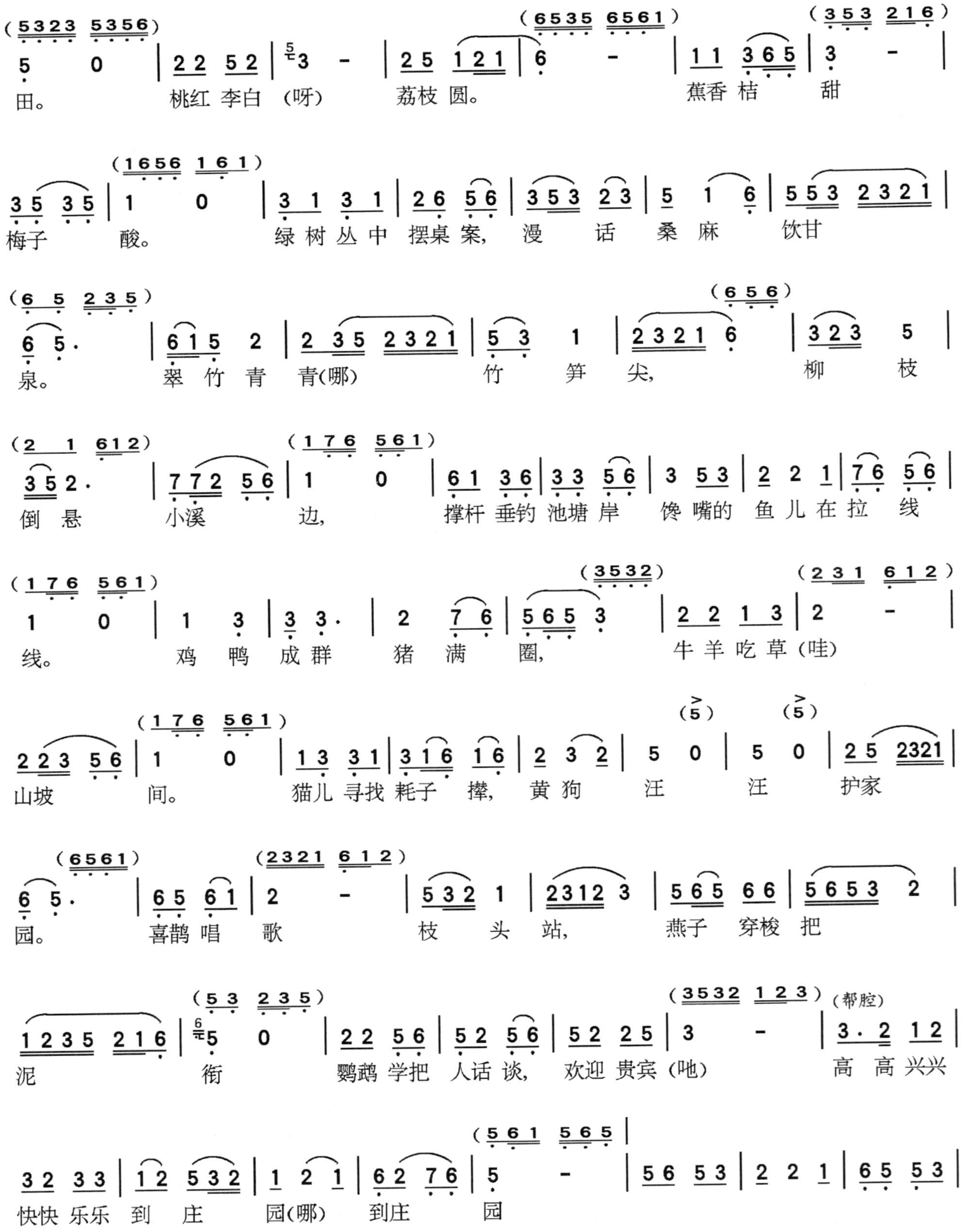
田。桃红 李白 （呀） 荔枝 圆。蕉香 桔 甜
梅子 酸。绿 树 丛 中 摆桌 案， 漫 话 桑 麻 饮甘
泉。翠 竹 青 青(哪) 竹 笋 尖， 柳 枝
倒 悬 小溪 边， 撑杆 垂钓 池塘 岸 馋 嘴的 鱼 儿 在 拉 线
线。鸡 鸭 成 群 猪 满 圈， 牛 羊 吃 草（哇）
山坡 间。猫儿 寻找 耗子 撵， 黄 狗 汪 汪 护家
园。喜鹊 唱 歌 枝 头 站， 燕子 穿梭 把
泥 衔 鹦鹉 学把 人话 谈， 欢迎 贵宾 （吔） （帮腔） 高 高 兴兴
快快 乐乐 到 庄 园(哪) 到庄 园

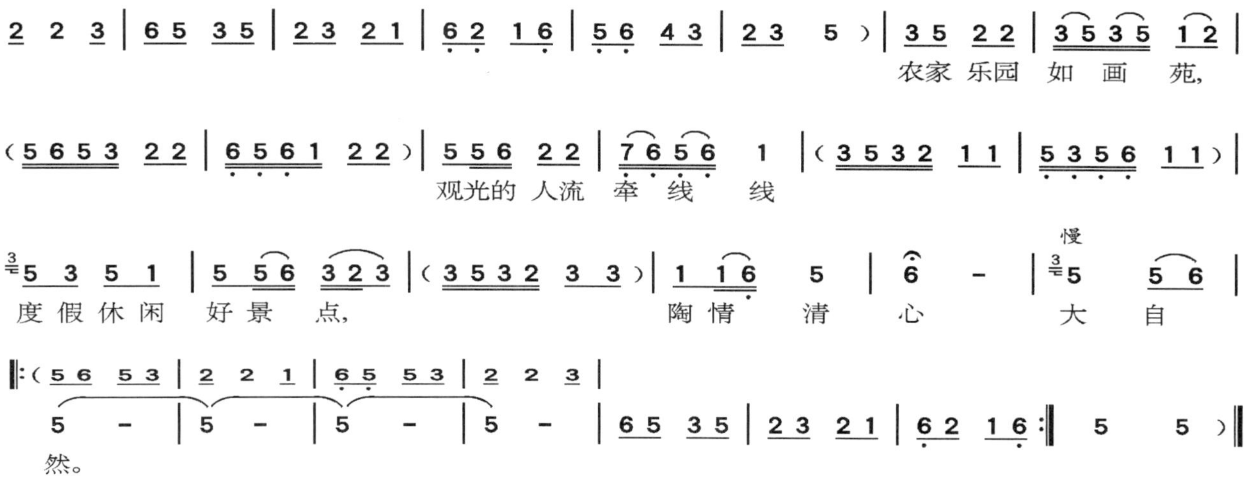

（九）盘子曲目《渠水清幽幽》：

渠水清悠悠

（四川盘子）

林 枫 词曲

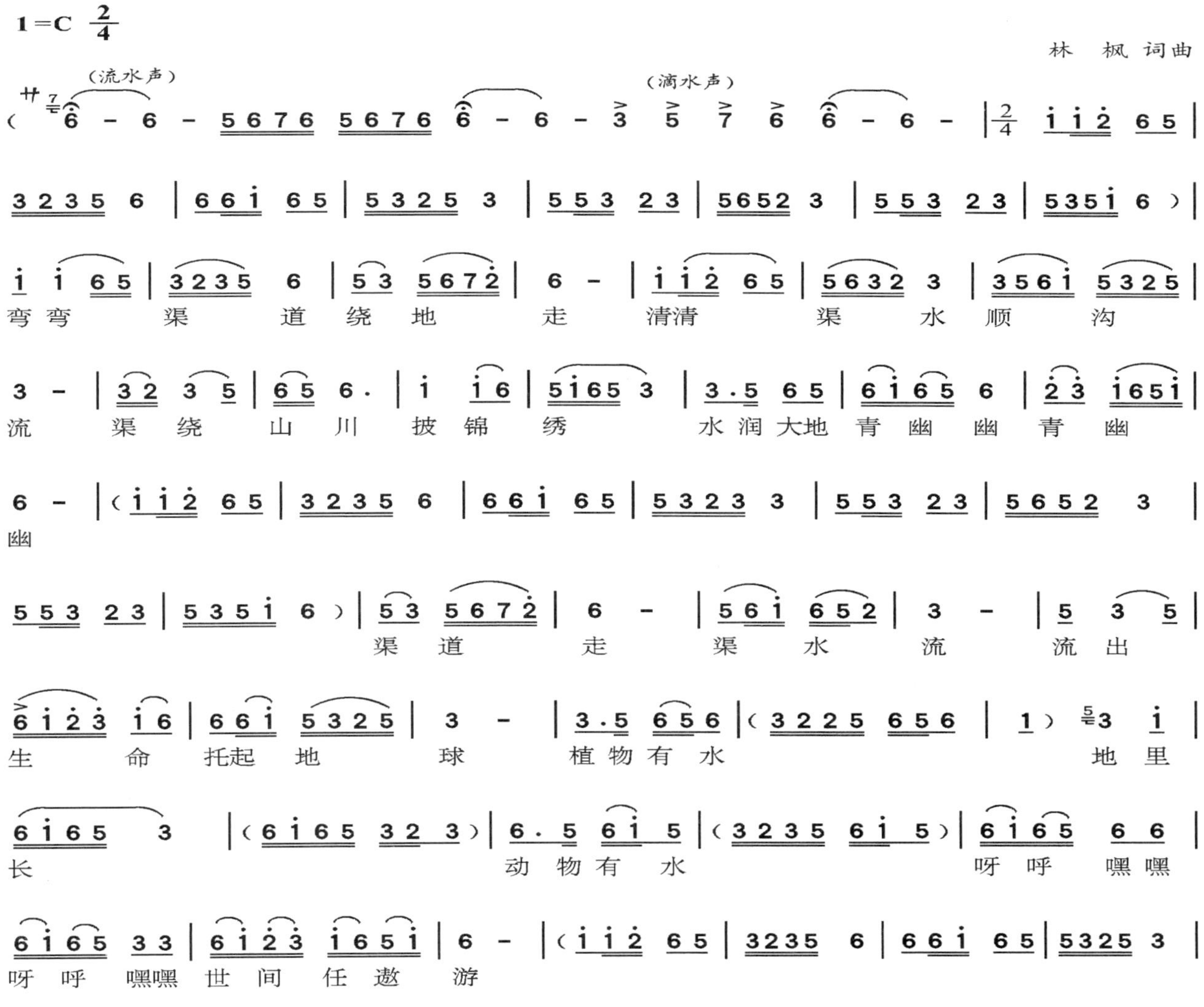

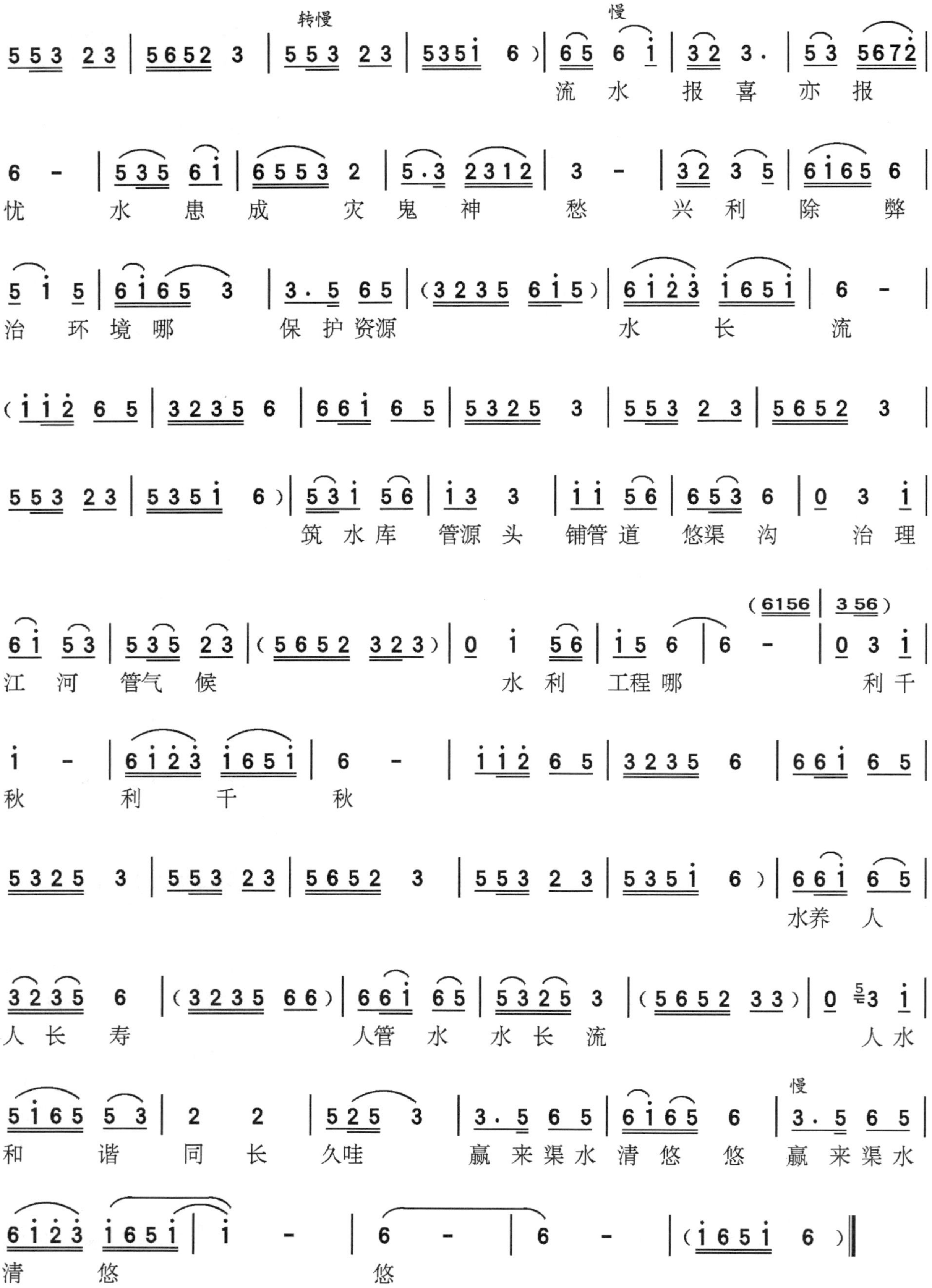
转慢
慢
流水报喜亦报
忧水患成灾鬼神愁兴利除弊
治环境哪保护资源水长流
筑水库管源头铺管道悠渠沟治理
江河管气候水利工程哪利千
秋利千秋
水养人
人长寿人管水水长流人水
和谐同长久哇赢来渠水清悠悠赢来渠水
清悠悠

（十）连厢曲目：《优育情思》：

优育情思

（连　厢）

1=C $\frac{4}{4}$

热情欢快地

邓庆贵 词曲

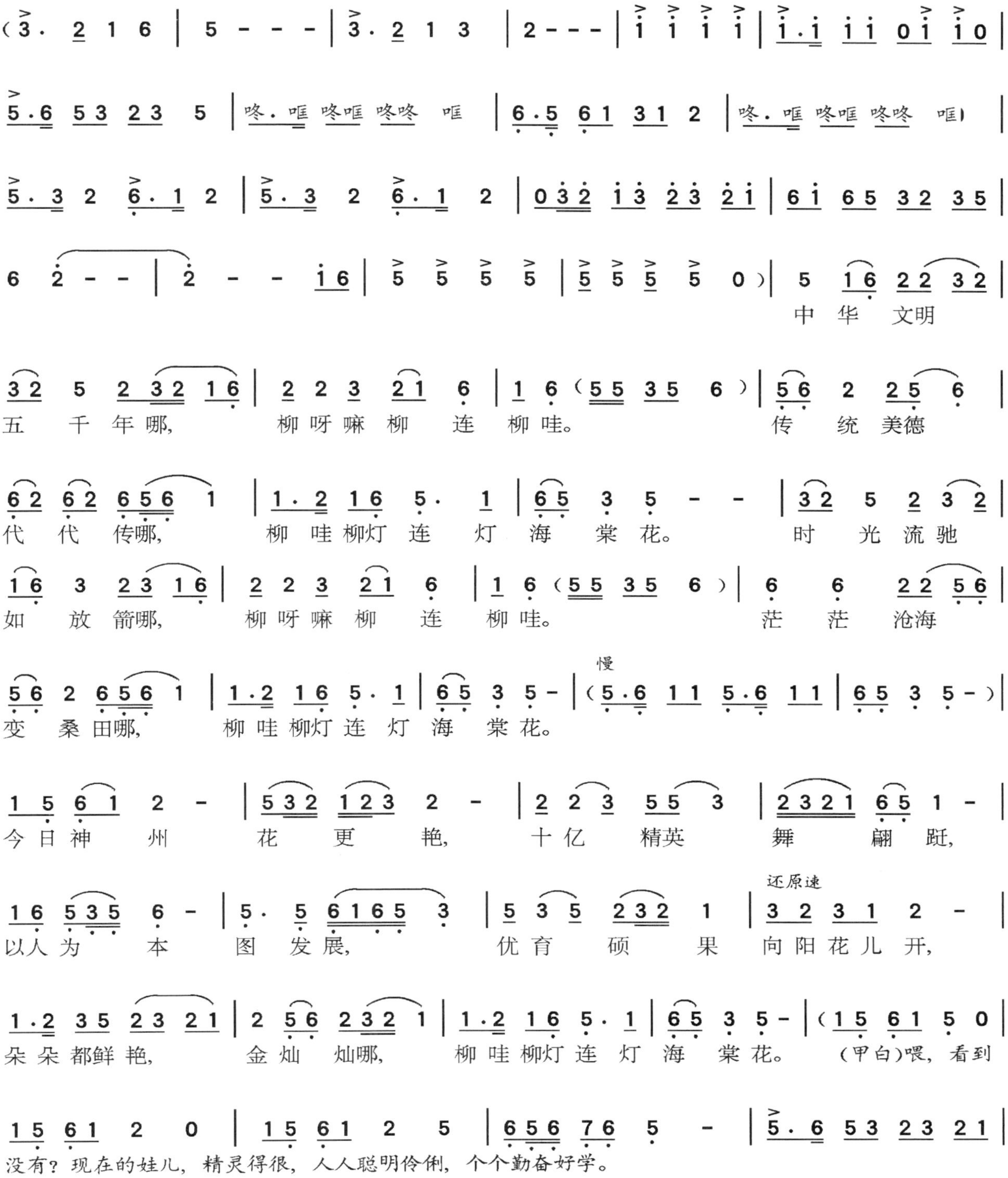

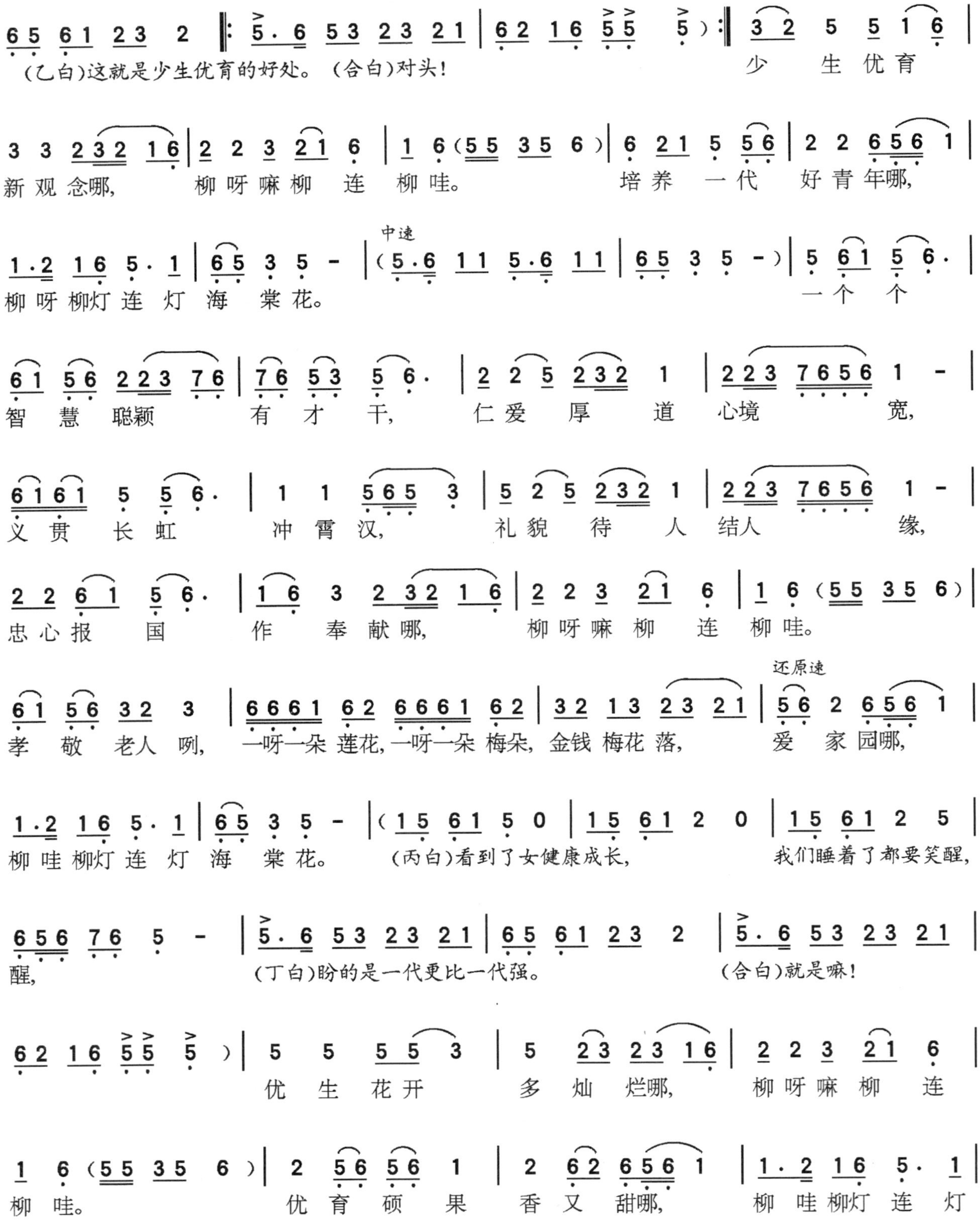
（乙白）这就是少生优育的好处。（合白）对头！
少生优育
新观念哪，柳呀嘛柳连柳哇。
培养一代好青年哪，
柳呀柳灯连灯海棠花。
中速
一个个
智慧聪颖有才干，仁爱厚道心境宽，
义贯长虹冲霄汉，礼貌待人结人缘，
忠心报国作奉献哪，柳呀嘛柳连柳哇。
孝敬老人咧，一呀一朵莲花，一呀一朵梅朵，金钱梅花落，
还原速
爱家园哪，
柳哇柳灯连灯海棠花。
（丙白）看到了女健康成长，
我们睡着了都要笑醒，
醒，
（丁白）盼的是一代更比一代强。
（合白）就是嘛！
优生花开多灿烂哪，柳呀嘛柳连
柳哇。
优育硕果香又甜哪，
柳哇柳灯连灯

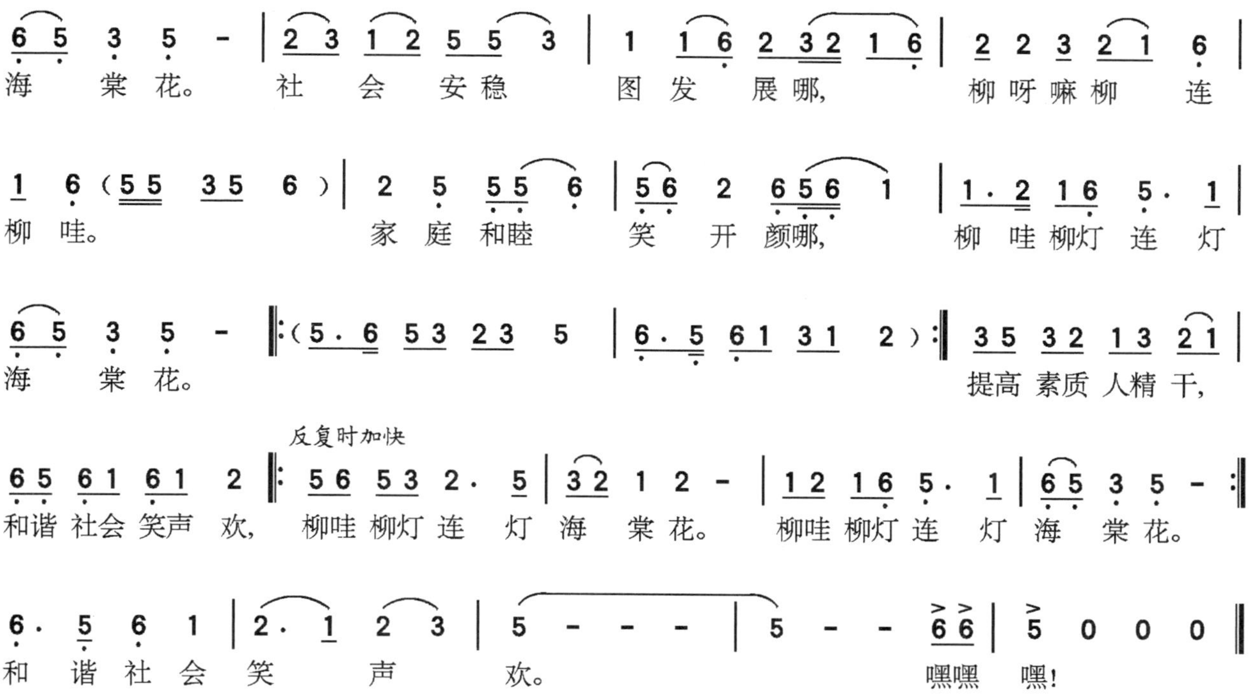

（十一）花鼓曲目《中秋拜节》：

中秋拜节

金秋八月桂花香，欢度中秋喜洋洋，
丰收歌儿高声唱，恭贺佳节走得忙。

中秋节，真好耍，蒸起糯米冲糍粑，
细娃按到粑锤啃，免得半夜锉牙巴。

妈妈和好黄豆面，爸爸端着大盘盘，
哥哥拿来花品碗，嫂嫂的糍粑扭得圆。

婆婆摇着大蒲扇，爷爷含起叶子烟，
姑爷跟到姑姑转，表弟在嚼豆腐干。

糯米糍粑蘸白糖，芝麻月饼格外香，
鸡鸭鱼肉摆桌上，合家团圆笑声朗。

堂屋外，街沿上，几个老汉摆家常：
“今天晚上拜月亮，供个刀头尺多长。”

一堆妹崽说悄悄，有的在把脸登刨：
“她对那个才叫好，过节送的绣荷包。”

老表的把子扯得圆，牛皮吹得嘴皮翻，
他说西天的胖罗汉，看到糍粑想下凡。

中秋月亮分外光，可惜月宫太凄凉，
搭个梯梯把天上，邀请嫦娥回故乡。

（十二）快板曲目《山村惠民路》：

山村惠民路

（车　灯）

1=C $\frac{2}{4}$
中速

邓庆贵 词曲

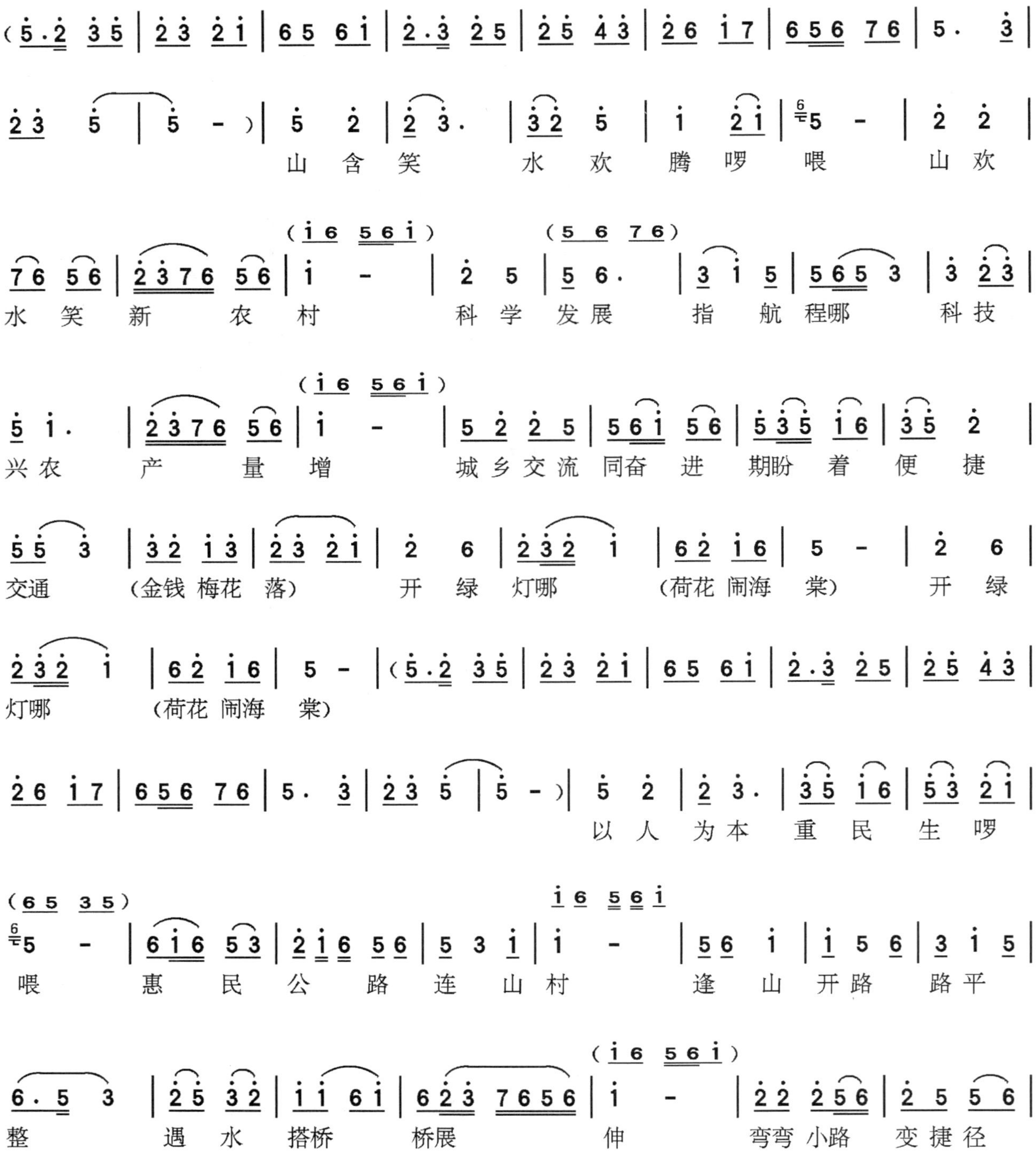

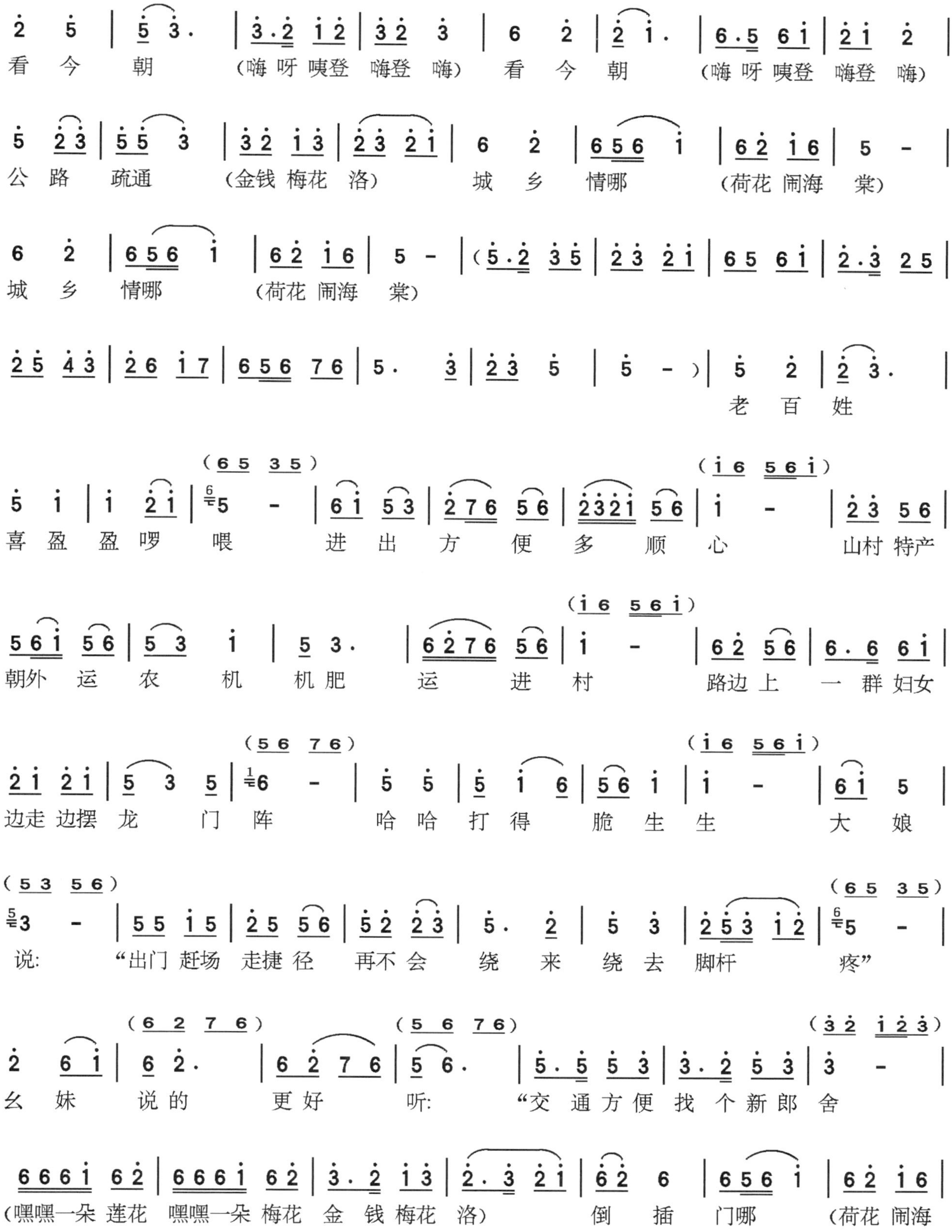
看 今 朝 （嗨 呀 咦登 嗨登 嗨） 看 今 朝 （嗨 呀 咦登 嗨登 嗨）
公 路 疏通 （金钱 梅花 洛） 城 乡 情哪 （荷花 闹海 棠）
城 乡 情哪 （荷花 闹海 棠）
老 百 姓
喜 盈 盈 啰 喂 进 出 方 便 多 顺 心 山村 特产
朝外 运 农 机 机 肥 运 进 村 路边 上 一 群 妇女
边走 边摆 龙 门 阵 哈 哈 打 得 脆 生 生 大 娘
说: “出门 赶场 走捷 径 再不 会 绕 来 绕 去 脚杆 疼”
幺 妹 说 的 更 好 听: “交 通 方 便 找 个 新 郎 舍
（嘿嘿一朵 莲花 嘿嘿一朵 梅花 金 钱 梅花 洛） 倒 插 门哪 （荷花 闹海

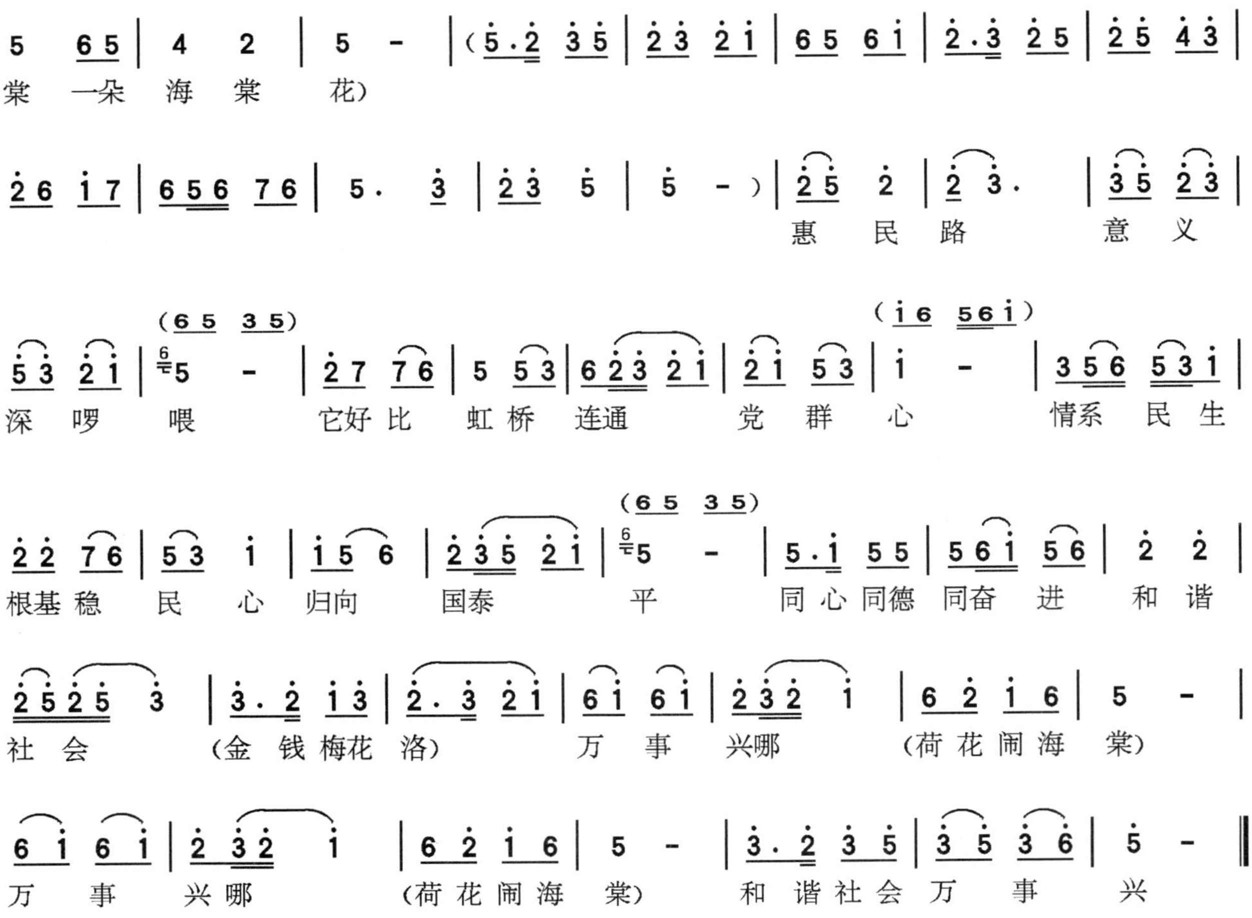

（十三）莲花落曲目《山村姑娘》：

山村姑娘

敲竹板，走上台，
奇怪事儿说起来。
那一天，赶县城，
看到一个残疾人。
残疾人，烂脚杆，
走路全靠坐滑板。
残疾人，坐地上，
拉起胡琴在卖唱。
嗓音好，胡琴沙，
唱的歌儿才叫差。
刚唱完，就伸手，
看到要钱人就走。
一哈儿，人走完，
要不到钱好可怜。

有一位，小姑娘，
来到卖唱人身旁。
小姑娘，长得乖，
就是走路脚杆拜。
小姑娘，很大方，
掏出票儿一大张。
下细看，五十元，
递到残疾人眼前。
拿到钱，好喜欢，
直赶拜拜说再见。
滑板车，进巷巷，
残疾艺人变模样，
站起来，就开走，
走到饭馆去喝酒，
那男人，板眼长，
假装残疾骗姑娘。
那姑娘，她姓欧，
家住黄龙小山沟。
那一年，发大水，
为救同学伤了腿。
她才是，残疾人，
人残志坚好心灵。
真亦假，假亦真，
真真假假难分清。
诚实人，心胸宽，
好人一生都平安。

（十四）三句半曲目《村容整洁多开心》：

村容整洁多开心

（三句半）

甲：我们家住九龙镇，
乙：老家就在凤山村。
丙：今天说段“三句半”，
丁：很好听！

甲：党委政府下决心，
乙：努力建设新农村，
丙：村容整洁很重要，
丁：讲卫生。

甲：从前农村条件差，
乙：东西南北乱安家。
丙：环境卫生很难管，
丁：脏乱差！

甲：随便举个小例子，
乙：说的表嫂曾胖子。
丙：单家独户住坡上，
丁：草房子。

甲：表嫂胖得肚皮垮，
乙：懒做家务爱贪耍。
丙：人家送个好绰号，
丁：“曾咯垮！”

甲：说她咯垮硬咯垮，
乙：堂屋里面把柴码，
丙：娃尔在地坝摆堆堆，
丁：稀巴巴！

甲：地坝边边倒渣渣，
乙：渣渣旁边种丝瓜，
丙：丝瓜上头绑棍棍，
丁：搭架架。

甲：那天下午六点半，
乙：去摘丝瓜煮夜饭。
丙：渣渣里钻出一条虫，
丁：妈也，干黄鳝！

甲：表嫂吓得一坐笃，
乙：差点栽断尾脊骨，
丙：坐在地上直赶嚎，
丁：毛起哭！

甲：老表把她抱上床，
乙：床上堆满旧衣裳。

丙：铺盖下面啥在跳？
丁：咦，有名堂！

甲：高粱壳壳才糟糕，
乙：跳来跳去像下操，
丙：逮到一个下细看，
丁：干虼蚤。

甲：马桶放在床背后，
乙：桶边地板都湿透。
丙：沼气怪味冲鼻孔，
丁：帮尿臭！

甲：早晨起来解大手，
乙：茅厮就在圈门口，
丙：猪嘴拱在脸包上，
丁：好难受！

甲：刚才说的是从前，
乙：从前的苦楚说不完，
丙：如今农村变了样，
丁：换新颜！

甲：如今建设新农村，
乙：砖瓦楼房崭崭新，
丙：农民新村好气派。
丁：像场镇！

甲：互相监督搞卫生，
乙：村容整洁多光生，
丙：心情舒畅不生病，
丁：真开心！

甲：农民新村象花园，
乙：绿树成荫花鲜艳，
丙：农家农家乐复乐，
丁：小康日子——
合：蜜蜜甜！

（十五）古筝弹唱曲目《岳池农家乐院》：

岳池农家乐院

邓庆贵 词
杨小琼 曲

1=D $\frac{4}{4}$ $\frac{2}{4}$

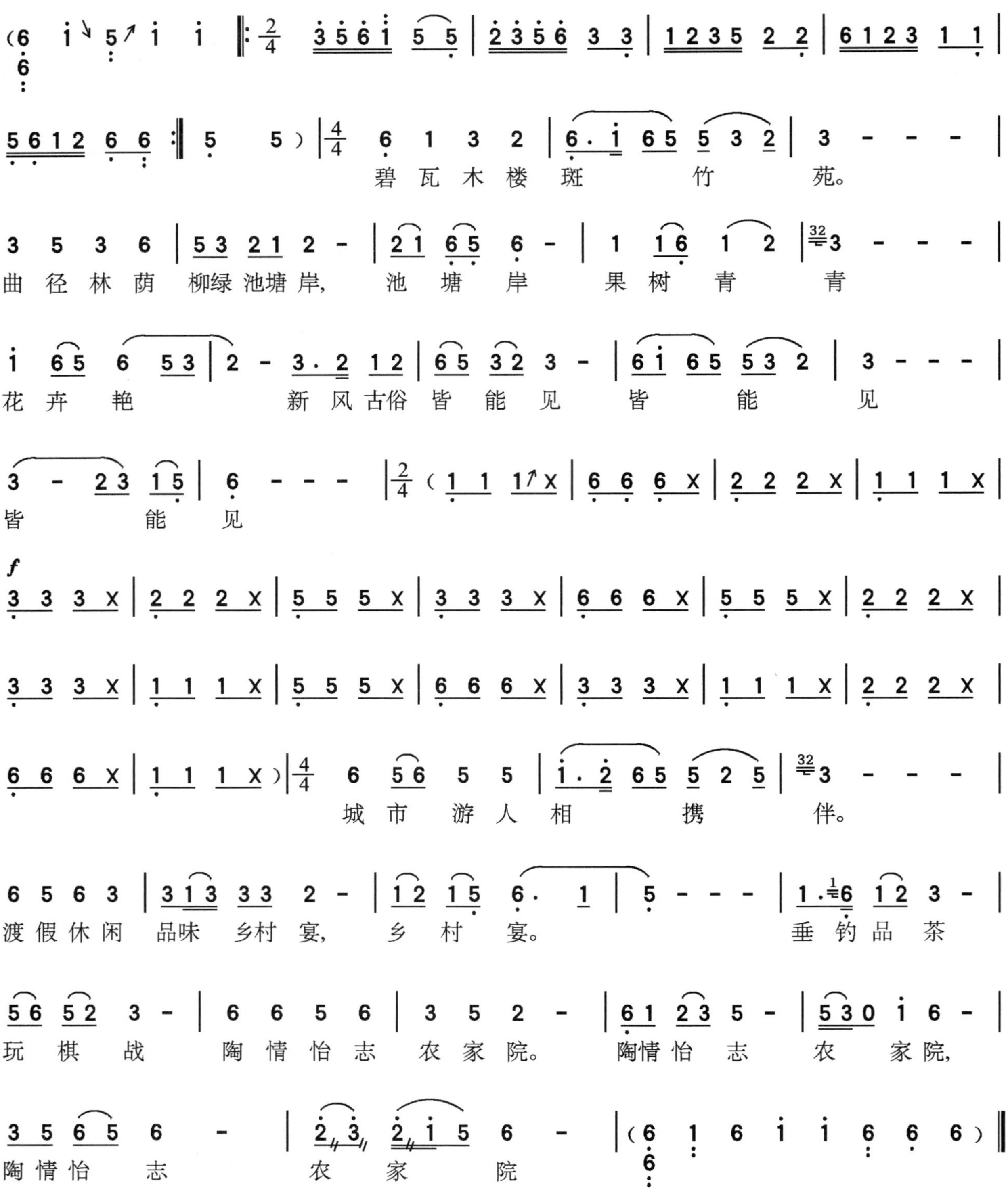

（十六）曲艺联唱曲目：《曲乡娃娃爱曲艺》。

曲乡娃娃爱曲艺

（四川曲艺表演唱）

1=C 4/4
热情欢快地

邓庆贵 词
王文能 邓庆贵 编曲

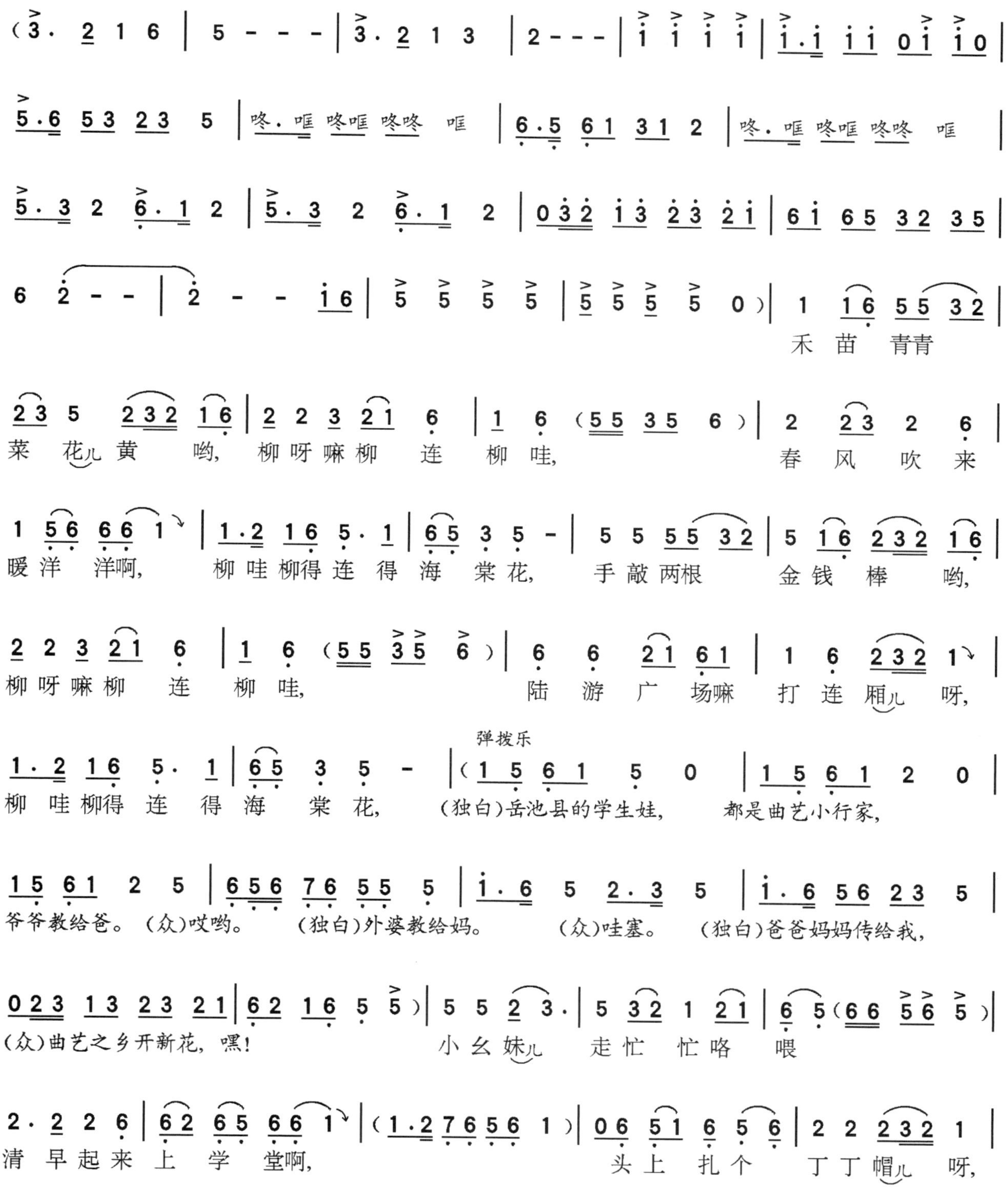

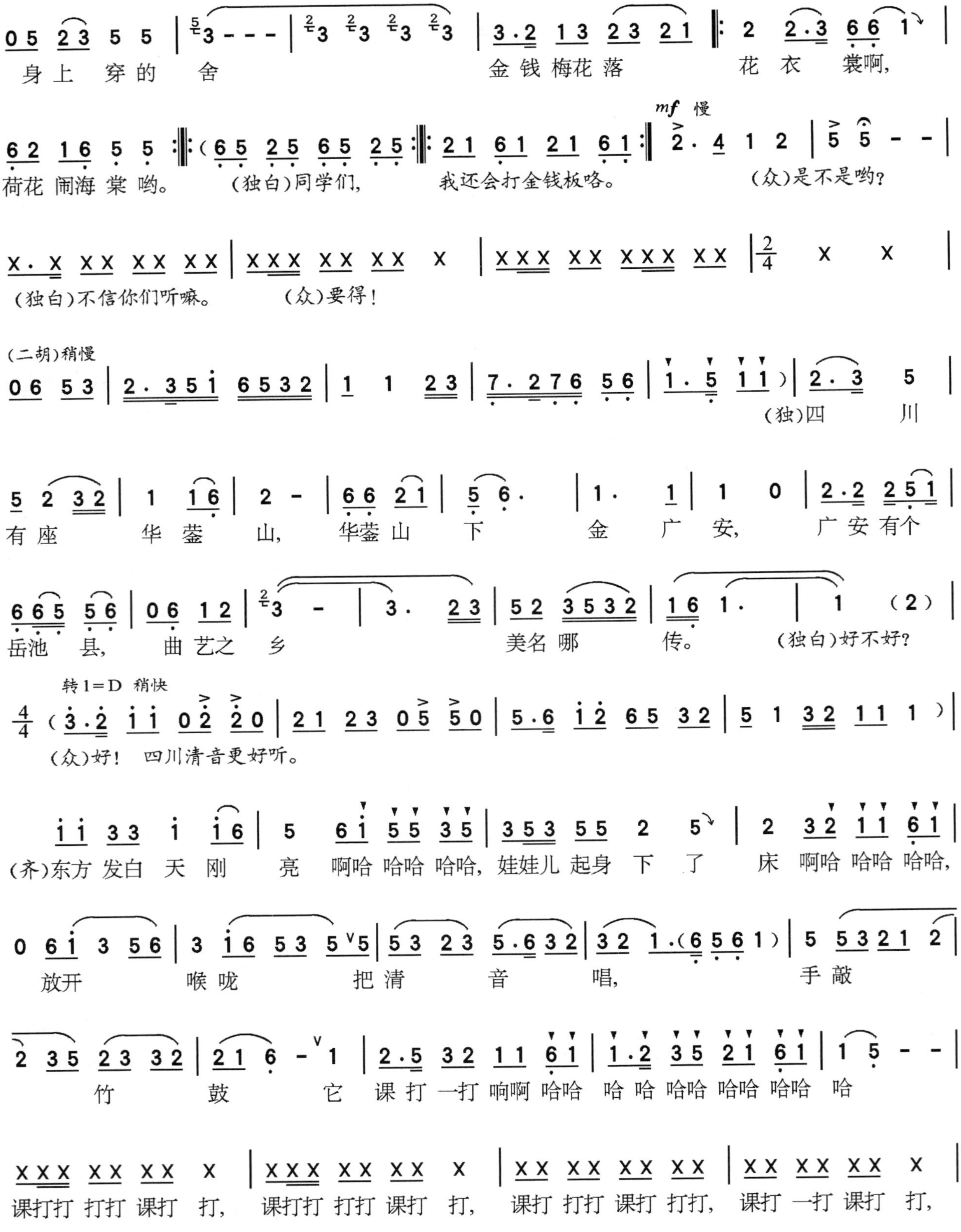
身上 穿的 舍
金钱梅花落 花 衣 裳啊，
荷花 闹海 棠 哟。（独白）同学们，我还会打金钱板咯。
mf 慢
（众）是不是哟？
（独白）不信你们听嘛。（众）要得！
（二胡）稍慢
（独）四 川
有座 华 蓥 山，华蓥山 下 金 广 安，广安有个
岳池 县，曲艺之 乡 美名哪 传。（独白）好不好？
转1=D 稍快
（众）好！四川清音更好听。
（齐）东方 发白 天 刚 亮 啊哈 哈哈 哈哈，娃娃儿 起身 下 了 床 啊哈 哈哈 哈哈，
放开 喉咙 把清 音 唱，手 敲
竹 鼓 它 课 打 一打 响啊 哈哈 哈 哈 哈哈 哈哈 哈哈 哈
课打打 打打 课打 打，课打打 打打 课打 打，课打 打打 课打 打打，课打 一打 课打 打，

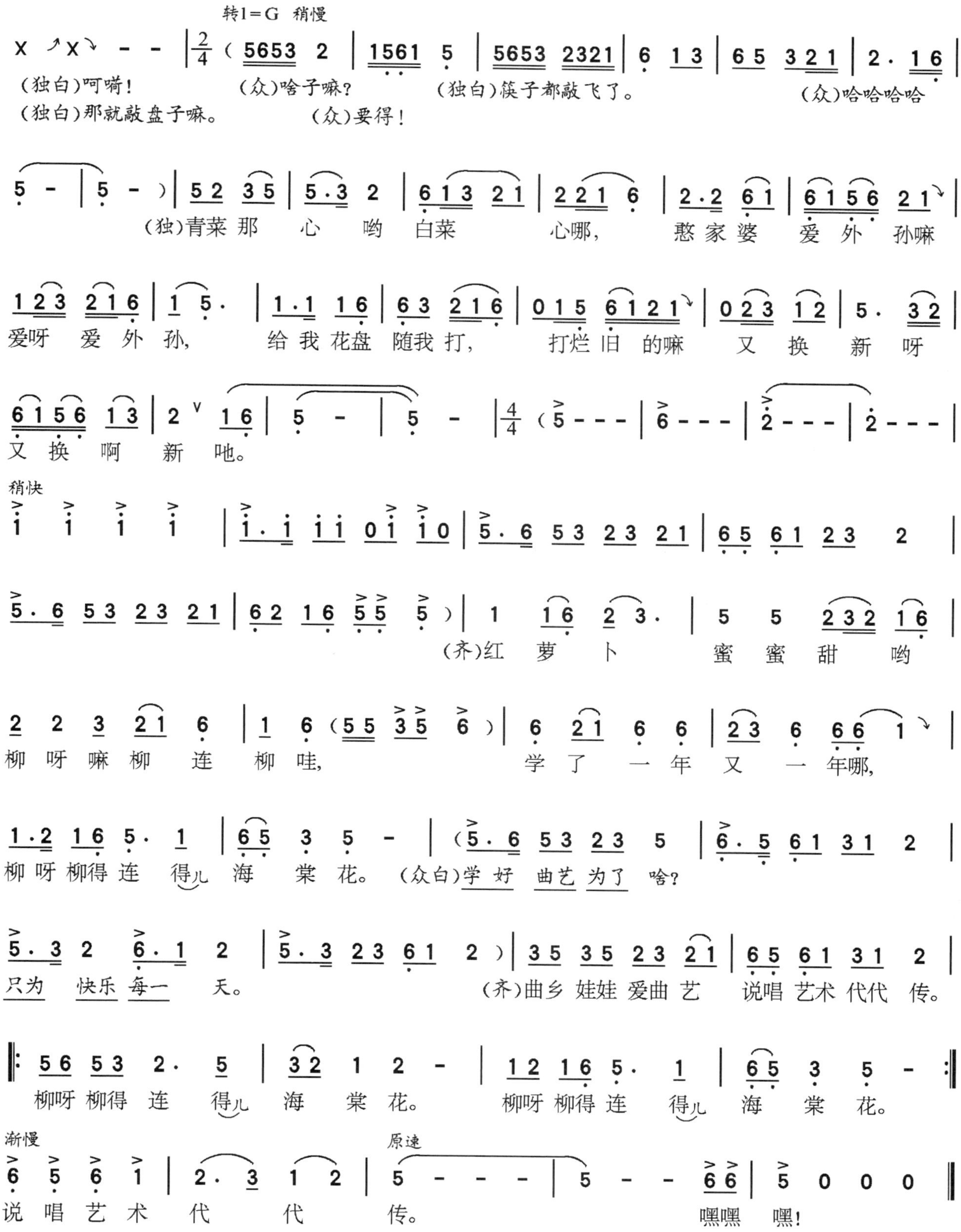
转1=G 稍慢
(独白)呵嗬！ (众)啥子嘛？ (独白)筷子都敲飞了。 (众)哈哈哈哈
(独白)那就敲盘子嘛。 (众)要得！
(独)青菜那心哟白菜心哪，憨家婆爱外孙嘛
爱呀爱外孙，给我花盘随我打，打烂旧的嘛又换新呀
又换啊新吔。
稍快
(齐)红萝卜蜜蜜甜哟
柳呀嘛柳连柳哇，学了一年又一年哪，
柳呀柳得连得儿海棠花。(众白)学好曲艺为了啥？
只为快乐每一天。 (齐)曲乡娃娃爱曲艺说唱艺术代代传。
柳呀柳得连得儿海棠花。柳呀柳得连得儿海棠花。
渐慢 原速
说唱艺术代代传。 嘿嘿嘿！

第六章　小　说

【社会纪实小说】

打工仔还乡

周　杰

●此篇获人民日报［大地］文学奖，以《打工仔还乡》为题的小说散文选集荣获广安市首届“五个一”文学艺术奖。我国著名小说评论家、茅盾文学奖评委吴秉杰博士说：“本篇虽然是写农村题材，却带有都市小说风味。是一篇有较强可读性的作品。”

一

故事讲的这位打工仔是农民，姓龚，家住王家沟，今年四十岁，还是个单身汉。常人都知道，死了丈夫的妇女曰“寡”，无妻或丧妻的男人曰“鳏”。世上只有“寡妇”“鳏夫”之说，而无“鳏妇”“寡夫”之称。然而，村内村外都叫他“寡公子”。倒有一段缘由?

王家沟地处平坝与山地交界的浅丘陵地带，一条小溪绕村前流过，山青水秀，土地肥美。这些年风调雨顺，年年粮丰果硕，六畜兴旺。填饱了肚皮的村民们并不满足于碗里的大米饭和身上的棉布衫，而向往像城市人那样住高楼、坐小车、逛公园。这一切，归结到一个字——“钱”。有了钱，就会要啥有啥。于是，思想解放了的村民们不再像他们祖先那样困守穷庐，都想离开土地，出外去碰碰运气。村子里外出打工的不仅男人，更有年轻女人。妇女只要出村进城，就像雀鸟一样飞走了，到外地筑巢安家，没有一个会飞回来。村里单身男贵族一年比一年多，年龄最小的二十出头，年龄最大的算是姓龚的了。没讨老婆的男子统统是小字号，称“小张”“小王”“小李”什么的。年轻时，人们也称龚姓这男子为“小龚”。而龚姓是唯一的外来户，眼角已布满皱纹，人们不再叫他“小龚”，称“老龚”吧，又与“老公”同音，男人叫叫倒还没什么，年轻女人就难启齿了。于是，就有人发明一种称谓，曰“寡龚”，“龚”与“公”同音，喊起来又顺口，又诙谐。况且，“公子”是古代对书生或官家子弟的尊称，于是“寡公子”仿佛是一个美誉，被大家约定俗成喊起来，琅琅上口。大家喊惯了，他本人也听熟了。喊来喊去时间一长，倒把他的大名搞忘了。

年轻时，据说寡公子是村里一流的美男子，一米七五的个头，剽悍的体魄，虎背熊腰，阳刚气十足，是时髦女郎心目中理想的男子汉。那时，曾有人给他提亲，但不是“八字不合”，就是他不满意别人或别人不满意他，阴差阳错，错过许多良机，如今不惑之年未成家。父亲死得早，姐姐出了嫁，跟着七十岁的老母过日子。白天干活无帮手，夜里房中无妻室，实在凄凉和孤单。

村里也有年轻闺女叫他“老龚”的。那是一位二十九岁的老处女。她面容长得很难看，很丑。到底有多么丑，村里人文化低，难以用形容词描绘出来。记得有年秋天一位到村里来采访的新闻记者，见了这位女子，用一句庄稼人半懂不懂的话语说“此女集众丑于一身”。从此，村里人背着她的面，便叫她“集众丑”，或者直呼“丑女”。时间一长，也把她姓名搞忘了。

寡公子与丑女是近邻，关门不见出门见。丑女见了寡公子称老龚，寡公子见了丑女叫小丑。两人都这么称呼，互相不生气，也就习惯了。有时寡公子还嬉皮笑脸地给丑女开玩笑，他大声唱道：

"丑陋的姑娘见过万千，

唯有你丑陋不堪，

你像冲出泥土的菌子，

见了你就心酸，姑娘哟！"

丑女听了也不生气，嘿嘿地笑着，往寡公子背上一拳："总比你老妈妈好看一点！"

开放了，村里村外打工大军浩浩荡荡开赴沿海和南方各省寻找挣钱的机会，村子里四十多个青壮年相继外出，十多位年轻媳妇和七八个未婚姑娘也走了。寡公子没有走，只因为家里七十多岁的老母亲无人照料。这一年，隔壁的丑女悄悄给寡公子商量，说道："老龚，你放心外出打工，你妈交我照看好了。"

寡公子知道，丑女虽然丑，但人好，心地善良。且长得人高马大，又勤快。她家里有个五十出头的父亲和十多岁的弟弟。过去她父亲做牛马生意，如今贩卖肥猪去屠宰场，赚了大笔的钱，农活和家务由丑女和她弟弟做，日子过得很舒坦。"把老母放心交给丑女照料吧！"他也曾这么想过。但一转念：这么一来，村子里的人又怎么议论呢？难道别人不说第一流美男子娶"集众丑于一身"的丑女为妻吗？他放不下这块脸。

去年，村里有位"油嘴"妇女想吃寡公子的猪脑壳，大着胆子给寡公子做媒，一进门便引经据典地谈了起来："我听说唐代宫庭选美有三条：一是脸面宽；二是奶子大，三是屁股肥。隔壁的丑女除了面容有些不大好看以外，三条都占齐了。我看呀，只要丑女到美容院花上三两百块钱作点美容，再买两件时髦的衣服穿上，可能比杨贵妃还漂亮得多呢！"

"去，去，去，反正我不会讨丑女！"寡公子圆瞪着眼，气冲冲地，对媒人很不礼貌。

"如今姑娘都讲时髦，愈漂亮愈不是自己的。"媒婆很有耐心，并不生气，她嘻嘻笑着对寡公子说道："这样的例子在村里还少吗？赵家、陈家、王家那媳妇不是和男人打离婚，跑出去不是嫁人就是进舞厅当小姐去了。依我看讨个'三心'牌（注）的女人才真有福气呢。"

寡公子不答腔，任这位"油嘴"媒婆讲："如今讲郎财女貌，你家境不好，漂亮姑娘会看得起吗？"

俗话说：饥不择食，寒不择衣，慌不择路，贫不择妻。经过媒人一次两次三次进屋提亲， 寡公子动摇了。"人都快四十岁，找丑女作妻也将就算了。"他这样下了决心，择个良辰吉日，办上两桌酒席，与丑女订了亲。

相上对象，但一想：时代变了，不弄点钱操办操办，穷结婚有啥味道。就在淘金热的诱惑下，寡公子将老母托丑女照管，去年春节过后，便与自己的老弟一起前往广东打工。他相信好运和财运在那儿驻足以待。

出发前一天，丑女约未婚夫到家，和他促膝交谈到深夜。丑女说道："老龚，外出打工辛苦。你能挣钱就多做几天，挣钱困难就早些回家。"

"我们结婚的钱总得凑够呀！"寡公子说。

"你不用担心，我父亲早为我准备好了嫁奁，衣服和家具都齐全。"

"用你家的钱，我一个大男人实在不好意思。"寡公子有男子汉的志气，打工挣钱，养家糊口，义无反顾。他态度坚决地说："不挣上七八千块钱，我没脸面回来见你。"

丑女说服不了未婚夫，只好再三叮咛他道："此去千里万里，你要牢记我的话，千万注意保重身体，注意安全，不要出事。一家人都盼你安全回家。”

寡公子点头应允。临别时，丑女用红绸包了一块房前的泥土，小心地交到未婚夫手里，深情地对他说：“老龚，带上家乡泥土，到了广东，不忘乡土。若是那里水土不服，冲上一点喝下去就没事了。”

寡公子接过红包，激动不已。是呵，当此一去，离乡背井，将要把自己的血和汗一点一滴地挥洒在异乡的土地上。金窝银窝，不如自己的狗窝。千好万好，不如自己的家乡好。农民离开世世代代休养生息的故土，外出打工。这是一场生命的赌博，是输是赢，祸福难料，吉凶未卜，亲一亲家乡的泥土，闻一闻家乡的气息，真是莫大的慰藉呵！

可惜寡公子没多少文化和技术，干的活是重活。抬电线杆、挖坑、架设高压输电线，下苦力，拼死拼活挣钱，晒得像非洲黑人，身上四处受伤。幸好他身强体壮，挺住了。他的工段架起了亚洲第一座特高压输电铁塔，将光明送给珠江三角州城乡。架线队捧回金杯，每个获奖金一仟元。寡公子立功两次，一年的辛劳，除了伙食消耗，薪水加上奖金有一笔可观的收入。

第二年春暖花开时节，丑女来电话说他母亲有病住院要他庚即回家去，但工程款只兑现了一部分。寡公子只好带一些钱走，余下的事情委托表弟办理。寡公子将现钞塞进一床旧被盖卷里，购买了几件衣物，给老母买了些药品，用一根竹扁担挑着，爬上北去的列车。

二

一下车，寡公子感到县城的热闹和新鲜。但身上带着“巨款”，他一不敢逛街，二不敢买东西，匆匆忙忙往家赶路。

刚出车站，几辆三轮车，一群登记住宿和卖小吃的女人拦住他的去路。他傻了眼。

“不坐！不吃！不住！”

他大声吆喝着，好不容易才挤出人群。走到街上，望望天边，云层里透出的晚霞已慚慚消失，降紫色的黄昏来临了。他犹豫起来。回家还有十来里路，没有月亮怎敢走夜路，何况坐了两天两夜的车，实在太倦了。“找个旅社住下，活了四十年还没有在县城住过店呢！”他决心住旅店。

这个人口众多的农业大县虽然贫穷，但这几年人们活得有滋有味。上自县太爷，下至普通百姓，都在寻找挣钱的机会和经济腾飞的支点。生产发展了，经济增长了，“经营城市”的理念随之而来，消费也就步步上台阶。这种“消费热”只要看看横贯县城的主街道便一目了然。这条街道是窗口，代表着这个县的形象，它建设得富丽堂皇，并不比许多大中城市的档次低多少。

一样的高楼大厦，一样的玻璃镜墙面装饰，一样的电影、录像、网巴、镭射厅；众多酒楼、宾馆、火锅店、歌舞厅、美容院里一样的灯红酒绿，歌舞升平；街道上一样的奔驰着豪华轿车，徜徉着美女艳妇；男男女女，一样的勾肩搭背，卿卿我我……

小城里的人们和大都市的人一样地踏着开放的脚步，享受着现代的文明。

一切的一切与大都市别无两样，不过规模大小不同而已。

沿着街道走了好一阵，旅馆不是太贵就是条件太差。要是往日，他会花上一二块人民币住地铺，可今日他腰包鼓起来了，也得找个安全的地方住下才保险呵！

寡公子扛着被盖卷，心神不定地在街上走了一阵，终于找到了一家旅店，单铺，五块钱一夜。心满意足地把门一关，将被盖卷放在枕上，倒头便睡着了。

外面的声响把他震醒了。起身一听，是隔壁娱乐城的歌舞声。

肚子饿了，他想出去吃点东西。起床去门边听听，没人，便转回来放心打开被包，取出离开深圳时新买的一件深灰色尼料西装，抖抖灰尘，穿了。将钱取出用厚纸包了，分放在手提包里和贴身衣服荷包里，然后去开门。正想出去，突然发现自己的鞋太旧。曾听人讲：女人美在头上，男人美在脚上。他返回屋里，取出一双新皮鞋。皮鞋面上沾些面包屑和灰尘，是车上弄脏的。想擦擦，抬眼见床上枕巾，犹豫一下。“反正给了床铺费的，他花块肥皂洗洗算啥。”于是，心安理得地拿起枕巾就擦鞋。擦完鞋，穿上。对着壁上的镜子照照：五官端正，眼大眉粗，棱角分明，阳刚之气十足，就是眼角布满鱼尾纹，嘴上、脸腮上胡须长青了。“该有个女人了。”他这么想着，提上手提包，拉上门大步流星走出旅馆。

夜深了，去哪儿吃饭。他无目的走着。两年多前，这条街道还是田野。这是一片沃土，记得那年秋天，寡公子被这个村雇来打工，庄稼地里几乎不是收获粮食，而是收杂草。干了半天活，他没取分文报酬，捧了一捧泥土流着泪离开了。眼下，这片土地成了“开发区”。开发什么？开发餐馆，开发舞厅，开发发廊，开发住宅，开发商店；开发出过去农民用锄头镰刀无法开发出的玩意儿。

说也奇怪，遍布在这条街上的餐馆、酒楼、歌舞厅、发廊等几乎都带一个“红”字，诸如“红太阳餐馆”“红辣椒火锅”“红灯笼酒楼”“红绣球歌舞厅”“红幺妹咖啡屋”“红公鸡发廊”等等。寡公子想：也许这“红”的色彩带着财气、运气和时代气吧。越走，街上的人越多，五光十色，令人眼花缭乱。这真是个不夜城啊。他正发闷时，一幢高大建筑物上异常庞大的霓虹灯广告射出火一样的赤光：“红玫瑰酒家”。

酒家门口停放着三辆小轿车。寡公子迟疑了一下，想道：若在深圳，这样气派的酒家，他连望也不敢多望一眼。如今在家乡，在他曾经打过工的酒家，为何不可走进去看一看稀奇呢？他不自主地登上台阶，往里便走。

门口灯光闪烁，那玻璃门两边各站一个打扮入时的“模特儿”。寡公子伸出手去摸一摸右边那个穿紫色祺袍的“模特儿”的脸蛋，嘴里自言自语道：“这模特儿长得多乖巧！”

“先生，请进！”这时，“模特儿”出乎意料地突然活了，并发出声来。

唬得寡公子连忙抽回手，倒退一步，目瞪口呆了。

两位训练有素的迎宾小姐笑容可掬，并未计较寡公子的无礼行为，反而躬身向寡公子推开那扇玻璃门，再次开口说话：“请进吧，先生！”

惊定之后，寡公子才动步走进门去。

三

七八个穿着翠绿色连衣裙的服务小姐围坐在一张围桌边打麻将。见寡公子进来，一齐将视线投向他，朝他周身上下打量一番。一会儿，内中一个用十分生硬的语气问道：“干什么？”

她不问客人“吃什么”“喝什么”“来点什么”，而说“干什么”，仿佛应付一个收破烂的人一样。

出门看天色，进门看脸色。寡公子明知不受欢迎，还是拣了根凳子坐了，大声地向里面吆喝：“来一碗杂酱面！”

一位翠绿小姐走过来，给了客人一个脸色：“门口不是写的沙锅、火锅、炒菜、蒸菜吗，哪来的面条？”

望望饭厅华丽的新潮餐具、桌椅，精美的各型彩色吊灯，半裸女人壁画，光滑的照得出人影的地板，寡公子觉得此处不可久留，站起身，提着包便走。

翠绿小姐堆里顿时爆发出一片嘲笑声，连那两个一动不动立在门口的迎宾小姐也投来一束束轻蔑的目光。

他挪不动脚步。更使他挪不动步的是另一处景观：离他大约几米远处有一幅红色帷幔开启了，从里面走出三、四位大腹便便的中年男士，跟着男士后面的三四个打扮十分妖艳的女士。那男士红光焕发，春风得意，同那些妖艳女士说说笑笑走了出来。浓香扑鼻。寡公子第一次闻到这种香气，不禁飘飘然，目不转睛地望着她们出神。

"表哥"，寡公子喊出声来。他认出内中一位穿警服的中年男子是他表哥陈武，是城里的派出所所长。他迎上一步，想去招呼表哥，可是陈武正同身边那穿花旗袍的小姐搭话。当他第二次呼他"陈表哥"时，这陈武微微抬眼朝他看了看，点了一下头便走了过去。寡公子没再跟去，只站在原地发愣。

"寡公子，是你呀！"

随着高跟鞋着地清脆响声，一位美艳的小姐出现在寡公子身边，她那长长的血红的指甲在寡公子额头上一凿，说道："想不到你也会来这里光顾！"

"呵，小红！"寡公子记起来了，这小姐是村里的风流女人，离了两次婚的，据说在外面挣了大钱。他印象中的小红并不漂亮，如今美了容，纹了眉，涂了口红，加上一身时髦的衣装和金银首饰，显得十分妖艳和华贵。

"站在这里发什么呆，进来坐坐吧。"小红拉着寡公子就往里走。一边问道："老龚，据说你们在深圳发财啦。"

"发啥财哟，你看我像发财的样儿吗?"他说，回头问她："小红，你在这里当小姐吗?"

"老龚，不要叫我小红，我到这里来改名小芳，就叫我芳芳吧。"她贴着他耳边悄悄说。

"你在这里吃点东西吧。我忙啦，正在坐台。"

"坐台?"寡公子惊疑了，"什么是'坐台'呢?"过去只听人说女人"坐轿""坐车""坐月子"什么的，可就没听说过"坐台"。

"亏你走南闯北的，坐台都不懂吗?"芳芳哈哈大笑着，"坐台，就是陪客，接待先生嘛！"

他更痴了，半天回不过神。过了一会儿便问："坐台要多长时间?"

"我们这里一个台如果不作保健就两个钟头。我这个台很快就完了，你吃饭吧，我找个妹妹来陪你。"说完，芳芳急步走了。

四

酒楼里穿翠绿衣服的服务小姐都到内堂给包厢里的客人服务去了，只有几位外勤人员在忙忙碌碌。寡公子自从见了陈表哥和"芳芳"之后，他想："他们来得，我也来得，我又不比他们矮半分哩！"胆儿壮了。除了在椅子上坐坐，还不时在餐厅走走。他走到连结外间和内堂那椭圆形小池边，观赏那怪石嶙峋的假山、汩汩冒水的喷泉，摇头摆尾的鲤鱼。建这水池时，是他带着一帮泥水工来这里施工，池子里的一砖一石都是他和民工背进屋砌成的。"现在到了这里，不该来享受吗?"他一边想，一边摸摸自己的腰包，几千块钱钞票沉甸甸的，胀鼓鼓的。于是他走回餐桌边，翘着二郎腿，俨然一个财大气粗的大老板架式，向服务台大声吼："上菜！"

一位服务小姐走了过来，向他递来一份菜单，对寡公子说道："我们这里有配套小吃、酸菜鱼、豆花鱼、啤酒鸭、火锅鸡、肥肠火锅、龙凤火锅，有包厢、雅座空调，环境优美，服务一流。"

寡公子没兴趣听她那千篇一律的广告词，拿过菜单，点了一份酸菜鱼，一份麻辣鸡丁、一盘虎皮青椒，外加半斤瓶装大曲酒。算是吃酸的喝辣的都玩上了。

红色帐幔开启处，走出一位穿玫瑰红落地长裙的女孩子。她身材苗条，一张俏丽的娃娃脸上长着少女特有的茸毛，肌肤丰润，眉毛修长，一头浓密的头发披在肩上。她没有化妆，也没有任何金银首饰，但她那稚嫩红润的脸蛋，顾盼自如的情态，比那些浓妆艳抹的女子更可人。

“我叫媛媛，听芳芳姐姐说先生要请我吃夜宵。”她走到寡公子的餐桌边，彬彬有礼地欠了欠身子，搬一根凳子，挨他坐下。

寡公子抬起头，与媛媛那圆鼓鼓的眼睛碰了一个照面，慌忙低下头去。

服务员增加了一套餐具。媛媛将飘散的秀发往背后一抛，抬眼问寡公子：“先生在什么地方发财?”

寡公子窘得脸红到耳根，很久才吞吞吐吐地说：“在外面打，打工，下苦力。”

“打工也有发了的。”她说。

“你只有十几岁吧!”寡公子见这位小姐谈吐自如，举止文静，朴实无华，便打消了顾虑，说话也不拘束了。

“十七岁。”

“像个学生。”

“高中二年级没读完就休了学。”

“你家在城市吗?”

“我讨厌你像查户口一样，问得这么详细。”她有点不高兴，圆瞪一对大眼，嘴微微向上翘，显得更加妩媚动人。停了一下，她说：“你要问，也没啥，我是城市人，父母都是下岗工人。”

“小鬼，对不起，吃菜吧!”寡公子很尴尬，讪讪地说道：“喜欢吃什么，再点些菜吧!”

“你为什么叫我小鬼，多难听，这里的女子都称小姐。你就叫我媛媛吧!”

“好，好，”他不住地点头。叫服务员把菜单拿来，请媛媛点菜。

“我喜欢吃盐煎肉和烂肉粉丝，那是我们家乡的名菜。就这两样，你也不再多花费钱了。我看你也不像大款。”她说。

媛媛觉得这位身材魁梧，但却十分腼腆的中年男子，和蔼可亲。完全不像那些油头滑脑，见了女人就动手动脚的色鬼。因此，她大胆地讲她的身世，她说：“我讨厌我的家庭，爸爸妈妈下岗后离了婚，我就跑出来了，不想跟他们一起生活。”

“这里好吗?”他问。

“混饭吃吧。请给我买包烟。”她停下筷子，抹一抹嘴，说道。

“你会抽烟?”

“会，每天两包。”

“什么烟。”

“什么烟都抽，当然云烟和妹儿烟最好，有时也抽外烟。”

服务员送来两包雲烟，媛媛给寡公子点上，然后自己也抽起来。她对寡公子说：“我还会喝酒呢!”

“喝多少?”

“我也不清楚，反正从来没醉过。”

"你提劲。"

"不信你打酒来试试。"

寡公子叫服务员打了两杯白酒，媛媛起身说："先生，认识你很高兴，敬你一杯。"说完一饮而尽。

"我劝你不要学烟酒，因为你年龄太小了。"寡公子有怜香惜玉的好心肠。

"你们男人都不怕烟酒，我们也不怕。"这是他得到的回答。媛媛站起来伸了个懒腰，对寡公子说："好，我吃饱了，你一人吃吧！"

她离开餐桌，在光洁的地板上像小孩一样跳起来，不过是跳迪斯科。跳了一阵，她又坐下来，两只手托起她那张椭圆稚气的脸，目光炯炯地望着寡公子，说道："陪你这么半天，给我多少钱？"

"我请你吃饭，还要给你钱？"他又惊奇又好笑。

"当然要给，不然我怎么办呢？"她向他投去一个迷人的眼色，撒着娇。"我的钱包昨天被偷儿摸了，老板又不给台费，现在一点钱也没有。明天买点化妆品，现在也学学他们化一下妆。"她的话语是那样质朴，态度那样诚恳，像平时在家里向亲人叙说，向父母要钱买文具一样。

别看寡公子硬梆梆的男子汉，但却有一副菩萨心肠。有一年春节进城看热闹，见一群人围着四个小姑娘耍魔术，当看到小姑娘们吞铁钉、刀劈活人的时候，他心惊肉跳，连忙把自己买新衣服的钱全部给了她们。此时，听了媛媛的叙说，眼圈润湿了，声音梗塞了。他没有犹豫，摸出一百元钱交给媛媛。

"你不要给这么多吧，我买便宜一点的化妆品，估计只要五六十元钱。"媛媛说。

"你拿去吧，媛媛。"他说。"年龄这么小，我劝你还是回到父母身边去，长期在外，你会学坏，会毁了你。"

"谢谢，谢谢你的关心。"她说。"我叫你一声叔叔吧，我爸爸才四十多岁。"

"你今后怎么打算？"他问。

"今后——"没说完这句话，服务员叫媛媛接电话。媛媛站起身朝服务台走去。过了一会，又转回餐桌边，对寡公子说道："实在对不起，我要走了。我有朋友约我去旱冰场。"

"这么晚了还外出？"他问。

"不怕，他们有车接我，我走了，拜拜！"媛媛边说边走，回过头向寡公子挥挥手，留下一脸妩媚的笑容。

寡公子痴痴地望着媛媛的背影消失在夜幕中，泪水滴落在他面前的酒杯里，他自己却没有发觉。服务小姐过来说了句什么，他才惊觉，端起那杯酒喝进肚里。

高度烈性酒下肚，烧得他脸儿通红，血液循环加快，情绪由此高涨起来。他不时地侧过身去朝那红色帐幔处张望。站在一旁的翠绿小姐看在眼里，等他用完餐，递给他一个结算单，让他签了个名然后问道："先生，里面去娱乐吧。"

"娱乐，什么娱乐？"他一边用牙签剔着牙，一边问。

"里面有卡拉OK厅、酒吧、舞池、按摩房，可以唱歌，可以跳舞，可以进KTV包厢，可以进按摩房作保健按摩。"小姐解释道。

"舞我不怎么会跳，歌倒可以胡乱唱几句。"他一边打着饱嗝，一边站起身来。

"可以的，可以的。只唱歌也是可以的。"小姐说。

寡公子有一副好歌喉，在全村是出名的，就是音唱不准，有时还胡乱唱些，改两句歌词取乐。但是他想表现自己，试一试自己音乐天赋。于是他便随口对服务员说："唱就唱吧，管他的，潇潇洒洒走他妈一回！"

他不问价，拿着手提包，哼起只有自己才能听懂的歌曲，径直朝开启红色帷幔的屋子走去。

五

软软的沙发，柔柔的灯光，浓浓的香气，沉醉了寡公子。

进酒吧和舞厅的人，大都有着种种狂热的欲望，不是物欲就是肉欲。所谓娱乐只不过是一句漂亮的假话。过去，这地方对寡公子是一种诱惑，可又只能望而却步。

记得去年秋天，给广州市郊一家夜总会架电线，累死累活抬电杆，他的指头被压断半根，滴血不止。夜总会建成剪彩那天，出于好奇心，他与两位农民工去凑热闹。柔柔灯光，婷婷舞女，浓浓香气，像磁铁一般吸引着他们。可刚进门，便被保安驱赶得远远的。"唉，老龚，我们走吧！"同来打工的一位刚从学校毕业的农村学生叹道："广州的层层高楼不属于我们，应有尽有的商品不属于我们，众多的漂亮女人不属于我们。我们外地农民工是永远卷着铺盖走天下的流浪汉。头顶上没有属于我们的瓦，脚底下没有属于我们的泥土，我们的根不在广州，我们与广州存在着永远的距离。"他流泪了，心里难受。如今，回到家乡，这里的高楼、商店、女人……属于自己吗？他头脑空空，心里惆怅。

"嘿，老龚，你果真来啦！"

带着甜甜的笑，话语轻柔。一位小姐端了一杯咖啡走过来。她挨寡公子坐下，听声音，

寡公子就知道是这里名叫"芳芳"的那个与他同村的小红。

"老龚，喝咖啡！"芳芳趴在寡公子肩头上，用那血红的尖指甲轻轻地划着他滚烫的脸。

寡公子接过杯子，没喝，放在茶几上，他不习惯喝这种有点像炒焦的麦麸气味的饮料。

"吃得满意吗？"芳芳问。

"味道还可以，"他问芳芳道："刚才的媛媛是你妹妹吗，你什么时候有这个妹妹？"

"这点就不懂吗？娱乐场所的女人年龄大的是大姐，小的是妹妹，天下小姐都是姊妹嘛。"芳芳解释道："她不是这里的小姐，是来串台的，不固定。"

"她年龄那么小，当小姐，真可惜！"

"你同情她，就讨她当老婆嘛。"她真是醋意十足，说道："你只同情她，不同情我。现在的男人都不是东西，喜欢黄花闺女。我劝你打消念头，你不晓得追她的男人好多哟！老的少的，当官的，当老板的，做生意的，无职业的都有，还有的大款拿巨资给她包房。她那么多朋友，挣那么多钱，而我呢？多可怜呀，你听过歌曲《小芳》吗？我取名小芳，也同那首歌里的小芳命运一样，是被城里有钱人玩弄和抛弃的女人。男人不要我，先生又不喜欢我，我怎么养活自己呢？"

"你们一个台费多少？"寡公子关心她的收入。

"和老板各一半。每个台费大致三四十块。"

"每天坐几个台。"

"有时一个台，最多四个台，看客人多不多。"

"那你每天的收入还可观嘛，比我挣的钱多得多。"寡公子说。

"你们出卖劳力，劳力用不完嘛。而我们出卖笑脸，吃青春饭，青春很快就消磨光了嘛，留下痛和寂寞。你以为我陪先生唱歌跳舞就快乐吗，躺在床上总是泪水洗面。考虑今后怎么办，老了怎么办？"

她边说边流泪。“我现在很厌倦这种生活了。”

“为什么不改变一下环境呢?”

“怎么改变?”她瞪着圆圆的眼睛，望着寡公子。“叫我回家去做农活，肯定不愿意；做生意，没本钱；找工作，没门路；嫁人，高不成，低不就，一个正经的男人谁会到舞厅找小姐结婚呢？只有在这里鬼混。算了，不谈这些，我们唱歌吧!”

她点了一首歌，拿起麦克风，嗲声嗲气地唱：

“你悄悄地蒙上我的眼睛，

要我猜猜你是谁，

Mary 和 Sunny 和 Lvury 是不是你的名字。

我悄悄地蒙上你的眼睛，

让你猜猜我是谁，

却始终没有我的名字……”

“老龚，鼓掌吧，鼓掌！我人长得这么靓，歌唱得这么美，你怎么不鼓掌呢？老公，我叫你‘老公’的‘公’是‘公鸡’的‘公’，不是姓‘龚’的‘龚’，懂吗?”芳芳将麦克风放下，坐在寡公子膝上撒娇。

寡公子的手终于合拢了。她拉着他的手拼命地拍掌。

“老公，我的歌唱得好，你该发点鼓励奖嘛。”

“给多少?”

“这就看你慷慨不慷慨了呵。”

寡公子知道不给小费是不行的，便摸了五十元钱给芳芳。

芳芳收了钱，说道：“唱，我们俩人一起唱。”

“我不会唱。”

“我教你。”

“教不会。”

“没有教不会的，”芳芳说。“我们唱《纤夫的爱》。”

芳芳点了歌，缠着寡公子跟她唱，终于教会了他。芳芳拍着手，撒着娇。

“你人长得帅，歌也唱得这么清润，我喜欢你，作我老公吧!”

“别说这些，唱歌就唱歌嘛，旁边这么多人呢。”寡公子倒有自知之明，不听芳芳的戏言。

“旁边坐着的先生，他们多半是老板或者当官的，有身份的，来寻欢作乐而已，自己还怕别人呢，谁会说你一个平头百姓什么?”芳芳说道。

“其实，我的歌也很差劲，害怕出丑。”寡公子说。

寡公子说的老实话。他唱歌常常脱腔走板，不是音不准，就是把词唱错，有时狂呼乱叫几声，直令听众啼笑皆非。今晚唱出了个兴头，便对芳芳说道：“唱就唱，但我不要配乐，只要麦克风，想唱啥就唱啥自在得多。”

说着，他站了起来。“唱什么，我考虑一下，”他说。此时家乡的房舍、田野，深圳的高楼、街市，架线人的辛酸，丑女宰牛、卖牛肉……一齐涌上心头。他望了望电视屏幕，那上面已没有了歌曲音乐。他拿起麦克风，放声高唱：

“妹妹你大胆，大胆地乃乃咪唆，乃乃咪唆！”

“唱歌词嘛，唱曲子做啥？”芳芳笑着制止他。场子里也有人笑起来。

“大胆地做什么，我还没想好。”他停了一下，吸了口气，突然唱道：

“妹妹你大胆去偷牛，

去偷牛呀去偷牛；

世上的牛儿九千九百九十九，

偷个牛儿往火锅里头走，

让他龟儿子杂种把牛肝牛肺牛蹄牛筋牛鞭吃个够，

吃呀吃他妈个够！”

“好，好，唱得好！”在场所有人，包括先生和小姐都为寡公子拍手喝彩，笑得前倒后歪。寡公子不顾大家的褒贬，继续唱：

“一条牛儿卖九千九百九十九，

买上一张机票飞深圳下海口；

不种庄稼吃穿不用愁，

尽管去逛大街吃海鲜进包厢搭的士住高楼；

任你龟儿子杂种把香港妹儿、泰国女郎、俄罗斯小姐玩个够，

玩呀玩你妈个够！”

“OK！唱得太棒了！”

在场一切人都鼓掌、喝彩。小姐们一齐向他涌过来，打他的背，拧他的腿，把他抬了起来，当成大明星一样簇拥着。

六

老板来了。

她是一位仪态端庄、穿着华丽、耳根上挂着一对偌大金耳环的中年妇女。寡公子认得，这女人原来是商店营业员，老公是下海的一位官员，在海南炒房地产赚了大钱，讨了小老婆，出资70万元与妻子离了婚。这女人有了钱，与人合伙经营卡拉OK厅，当起老板来了。她走到寡公子面前，指着身边的几位小姐，认认真真地说道：

“先生，你的歌唱得太好了，这几位小姐都想陪你玩一玩，你可以任选一个，唱歌，跳舞，作保健按摩，进KTV，都可以，任你玩个够，让你难忘今宵。”

“任选一个？”寡公子怅然。在村子里，十六七个姑娘，可以由他任选的只有一个，那就是丑女。就连离过两次婚的小红，他也沾不上边。眼下美女如云任他选，他简直受宠若惊，想入非非，仿佛自己成了了不起的英雄，不知怎么会有如此桃花运？

“随便吧！”他嘴里喃喃自语。

得到他“随便吧”这句话，小姐们争着陪他。芳芳说：“还是让我继续陪吧！”

这时，老板却把芳芳叫到一边，悄悄问他：“听说你和老龚是同村人？”

芳芳点头作了肯定答复。老板对芳芳说：“这不方便，另找人。”最后由老板圈定，她把一位叫“莉莉”的小姐叫过去交代了几句，这小姐便蹦蹦跳跳来到寡公子身边。

这女子中等身材，一对妩媚的大眼睛，微微一笑，苹果脸上出现一对甜蜜的酒窝，令男人看上几

眼便会几个晚上睡不着觉。

“有这种娇嫩的姑娘作陪，花钱也值得。”寡公子想道。

小姐挨他坐下，奶声奶气地问：“还唱么?”

“不唱了。”

“抽烟吧。”她没等对方回答，便向服务台喊：“一包三五牌”。

莉莉用她那长长的血红指甲的指头拿起香烟，吞云吐雾起来。刚抽半支，弄灭烟头，对寡公子说：“我们跳舞吧。”

“我不会跳。”

“我教你。”

“好吧。”寡公子站起身来，与莉莉走进舞池。

舞池黑洞洞的，音乐轻柔柔的。跳舞的男男女女贴着面，慢悠悠地跟着拍子，陶醉在那其中，流连在那意境里。

莉莉舞步平平，跳得很别扭，带也带不动这么高大的男人，双手抱住寡公子，身子紧紧地贴着他那粗圆的身躯，腰肢摇动着。寡公子实在弄不准这是在跳舞，还是在拥抱。他只是跟着莉莉走，像日本女人走碎步。

“灯光这么暗，眼睛受不了。”寡公子轻声说。

“眼睛受不了，身子就过把瘾啦!”莉莉说。

“到这里来，好人也会学坏。”

“依我看，到这里来坏人也要学好。考一考你熬不熬得住。”莉莉在暗里发出笑声，笑声藏着几分挑逗。寡公子显然感触得到。

“你不是本地人?”寡公子问道。

“不是。”

“家在什么地方?”

“最好不让你知道。”莉莉说。

“你多大年龄了?”

“二十。”

“看你像个学生。”

“不，我是工人。”

“有工作为什么当小姐呢?”

“因为我们厂破产了， 只发几十块钱生活费，不挣钱怎么活下去?”

“你能挣多少?”

“是一个月还是一天?”

“一个月”

“不多，五千多点。”

“我不信。”

“不信就算了。”莉莉说：“不过你只要知道我每天的消费就相信了。”

“每天消费多少?”

“我在城郊租房子住，早上搭的士进城，中餐、晚餐吃馆子，穿的、用的、化妆品，少说一天也花五六十元。”

寡公子的确难以置信，自己一个堂堂男子汉，一年流血汗才挣几千块，这小女子一个月就会挣几千，她也许在吹牛。

“喂，偷牛老公，”莉莉突然站住了，抬头望着寡公子的脸，寡公子闻到了那股浓浓的香水气。她拉他在靠墙壁的沙发上坐下。

“为啥叫我‘偷牛老公’？”

“你唱的不是‘偷牛调’吗？”莉莉说：“喂，老公，我们是大耍还是小耍？”

寡公子一愣，似懂非懂，问道：“什么大耍小耍？”

“嗯，这偷牛老公真傻。”她提高嗓门说道：“小耍就是摸一摸，抱一抱，亲一亲嘛。”

“摸一摸怎讲？”

“摸一摸三百多。”

“是我给你还是你给我？”

“这家伙故意装糊涂。”莉莉有点动怒了。“过来，我摸你包里带了多少钱。”

“你要摸我，你先得向我交钱呵！”寡公子憨笑着，按着自己的钱袋，又说道：“讲完了再给你看。抱一抱呢？”

“抱一抱，给一吊。”

“亲一亲呢？”

“亲一亲，五克金？”

“那么，大耍呢？”

“大耍很简单，两个字：上床。”

“上床干什么？”

“我们这里叫保健按摩。蠢猪，不用再问了。”莉莉很生气，抛开寡公子远远地坐到一边去了。她说要寡公子先付一张“老人头”，才允许碰她。

在朦胧中，他们相对无言。过了一阵，他们又回到卡拉OK厅。服务小姐送来一杯茶和一个易拉罐。莉莉拿起罐，“叭”地拉开，一饮而尽。待寡公子喝茶水时，莉莉又挨寡公子坐下，搂着他的臂膀，情态可餐，温情脉脉地对寡公子说：“老公，我给你作个保健吧，行吗？”

“随便吧，”寡公子嘿嘿地憨笑着说。

“那就跟我来吧！”

莉莉站起身来，去服务台上小声说了几句什么。一位男服务员便拿起电筒走了过来，带着寡公子和莉莉进了舞厅，用手电照着舞厅一角的壁头，用钥匙开了一扇门。寡公子暗想：这些人真动了脑筋，还在壁头上设了暗道机关哩。

那扇门很小很矮，高大魁梧的寡公子只好屈身挤了进去，跟着打手电的男服务员走进一条狭窄的小巷，大约两三分钟，他们进了一间屋子。

屋里亮着灯，却空无一人。男服务员把两人引进去放下门帘便离开了。这屋里一张沙发床，一部电视机，一个热水瓶，两个茶杯，壁上还有一幅女人油画。

如今是二人世界，充满诱惑和神秘的二人世界。到这里来干什么二人都心照不宣。

“唱歌还是作按摩呢？我把电视机打开。”莉莉小姐先开口。

“不唱歌算了，也不想按摩，就这样坐着吹牛。”寡公子说。

“我先问你，属相是什么说?”她说。

“属羊。”

“属羊的人有坚韧的耐性，彬彬有礼，温顺和善；但是遇事优柔寡断，生性多疑，命占桃花。”

“你属啥?”

“太巧了！太巧了!”她笑着，迷人的笑。边笑边拍手。“我属兔，羊兔相配，荣华富贵，天赐良缘。”她拉着他的右手，“看看你的手相。”

“你学过相术?”

“我跟跑江湖的混了几天。”她把他的手翻来覆去看，然后高兴地对他说道：“你的手相也好，十个指头呈方圆形，拇指坚实不向上弯曲，食指比无名指长，指实饱满，是有魄力有作为的男子。”

“你呢?”

“十指尖尖，不粗壮，拇指柔软，指端尖，是贤妻良母。”

“你没结婚，说什么贤妻良母?”

“将来嘛，你不信?”她边说边用双手搂住寡公子的脖子，嘴对着他的脸就亲。寡公子的脸上立即印出一圈口红。她用黏糊糊的声音说：“老公，你看我对你这么温柔，还不配当贤妻吗?”她一边说一边用手拧他的腿，解他的衣服。“上床吧，我给你按摩。”

寡公子从未遇到这种女人，又好奇，又害怕。他任她摆布。莉莉小姐解开他的西装扣，从荷包里掏钱时，他制止她，捏住她的手。

“哎哟，你轻点嘛，把我手捏得好痛呵!”她尖声嚷叫起来：“我是要关心一下老公的钱包，看你到底有多少钱，今天会给妹妹多少小费?”

“看你的表现再给。”他说。

“真的吗，我们拉勾。”莉莉说，“三张‘老人头’，不兑现不是人。”

“我不喜欢拉勾，只看行动。”

“我就盼你这句话，你看我多可怜呵，没日没夜地陪你耍，多劳累哟!”她躺在沙发床上，一对媚眼闪着光。

“你有男朋友吗?”

“甚么？男朋友!”她叫嚷起来。“告诉你吧，我结过婚的，我老公和我离了。”

“他在干什么?”

“你问这些干啥？讨厌!”

她不耐烦地挪动一下身子，隔了一会，摸出一张照片，对寡公子说道。“不过，我现在又有了一个男人，你看。”

寡公子接过照片，是一位男人的风景照。好面熟，在哪里见过，他一时记不起来了。

“他是个瘦猴子，一个色鬼，”她说。“不过很有权，也肯为我花钱，更主要的是会调情，可以替我解闷。”

此时，她见寡公子心不在焉，眼睛盯着壁上那幅全裸的睡美人发呆，便娇嗔地挑逗他道：“谁叫你看她，壁上这女人屁股长得肥吗？可她是背向你的，我面朝着你不更美更动人吗？盯着我!”

寡公子转过头傻笑着。

隔了一会，莉莉见寡公子仍呆呆地坐着，毫无动作，便眯着眼望着寡公子，说道："知道吗，今天你就是我老公。你不会接吻吗？跟女人单独在一起，连这起码动作都不做，女人会笑你不是真正的男子汉的。"

说完，她微闭媚眼，紧紧搂住寡公子，将嘴唇凑了上去。

寡公子是从未吃过荤的猫，见了老鼠，顿时心慌意乱，连忙掉过头去，想躲过那张血红的口。女人见状，感到意外，淫荡地一扭屁股说："哎呀，偷牛老公，我还未遇上你这样的草包，要我来将就你哟！"一边浪笑，一边用她的手在寡公子身上捏着，从上身滑向大腿，直捣男人的军事要塞区域。

"哎哟，你人长得这么帅，这东西也帅！老公，你别装蒜了，来吧！"她嘴里浪叫，身子已在颤抖，扭动。

寡公子觉得自己的血液快沸腾起来，全身涌起一股奇妙的电流。男性荷尔蒙的作用使他的性器官勃然坚挺起来。他呼吸急促，终于经受不住欲火的焚烧，想伸出手去搂抱面前这个女人。正在这时他听到隔壁屋子里有女人的浪叫，男人的嬉笑声。不远处，听见街道上脚步和摩托车起动声。他的神志突然清醒过来。

"我想喝开水。"他推开那女人，站起身。

趁寡公子起身时，莉莉小姐用极快的速度把自己脱个精光。

"过来呀，老公，"她叫喊道。

寡公子从没和女人有染，顿时心跳加快，血往上涌，在摇曳的灯光下这女人的身体显得格外白嫩和丰满，一种巨大的肉欲诱惑从她那圆鼓鼓的双乳和胯下的暗处散发出来。

这是寡公子从来未见过的画面，是一幅迷人的魔鬼的画面。

他的脸涨得通红，周身哆嗦着。

那女子逼视着他，说着："来吧，还傻里傻气看个啥？"说着从沙发底下拖出一条被子，先钻进被子里去，并用黏糊糊的声音说道："来吧，老公，进来吧，你长得这么帅，我想你哩！"

"我，我，我怕——"

在这小女子面前，这个年纪比她大一倍的男子汉怯懦了。维克多·雨果有句名言："一个裸体的女人可以胜过十个全副武装的战士。"寡公子不是战士，在这裸体女人面前丢魂失魄了。

他周身发热，头上冒汗，走到后窗边推开窗子。夜，是寂静的；风，是清凉的。月牙儿刚刚从对面朦朦远山升起，那山脚下是他的家乡王家沟。这时，他仿佛感到无数只眼睛透过朦胧的夜色注视着他。他羞愧地低下了头。

"怕什么，有啥可怕，比你有身份的人都没有你这么胆小哩，哼！"

这时他听到身边的莉莉小姐的叫喊声。莉莉翻身起来，伸手想去抱他。寡公子如梦初醒，猛地挣脱她的纠缠，站起身，夺门欲出。

那女子大惊，尖声叫道："你这没良心的，白白让你看了呀！"她翻身爬起来，向寡公子扑去。

寡公子迅速从钱包里掏出五十元钞票，向她掷去。女人见钱一愣，伸手接时，寡公子掀开门帘窜出去，拔腿往巷道里跑。

七

寡公子惊出一身冷汗，提心吊胆走到收银台前。

餐厅和卡拉OK厅各给他一张收款单。一张单上写着：餐费150元。另一张白纸黑字写着："4号台：点歌费50元，饮料香烟120元，包厢费80元，服务费450元，两项合计850元。"

"850元？他傻了眼，楞楞地站在那里，嘴里反复念着这个对他很不寻常的数字。"

"850元！"

三年前的春天，寡公子的幺妹患急腹症，病人送进医院，医院收费处要他预交850元钱方可接收住院。为借这笔钱，他跑了整整一天。傍晚时分，钱凑齐了，幺妹却停止了呼吸。他气得捶胸瞪足，"钱，现在的钱比命还贵呀！"

两年前，粮食和农副产品调价。寡公子便同母亲商量，买回两个架子猪和十多只鸡，一面发展家庭副业，一面精耕细作在田地里绣花。春种秋收，五谷丰登。年终杀一头肥猪过年，卖一头肥猪变现钱。母子俩辛苦劳累，劳动成果着实喜人，除了自己吃穿外，收入现金800多元，令村子里好些人眼红了一阵子。

那是母子俩一年的劳动成果呀！难道他今晚上一两个钟头便会耗去一年的血汗钱吗？他终于鼓足了勇气，带着颤抖的声音大声问服务员："服务费指的是什么？"

"小姐的台费嘛，深更半夜的，难道小姐就白陪你吗？"服务台穿翠绿衣服的小姐显然有点不耐烦。

"先生，"另一位穿红衣裙的小姐声音温和。"现在是市场经济嘛，进入市场的东西都是有价值的。这里的每一个服务项目，包括小姐的微笑，都是要收费的嘛！"

寡公子冲着收银小姐嚷道："你们的饮料我没喝，小姐我没摸嘛，凭什么收这么多钱？"

"我们只认账单。快交钱，我们要下班了。"翠绿小姐说。

"反正我不给这么多。"寡公子说。

收银小姐对这位五大三粗的汉子，早就惧怕他几分。此时见他怪眼圆睁，须发倒竖，吓呆了。穿红衣裙的小姐拨通了保安部电话。

一会儿，两名高挑身材的保安人员走过来。问明情况后，其中一个瘦高个保安声色俱厉地对寡公子说道：

"先生，你要懂点规矩。到这里来，饮料是可以喝的，小姐么，就是不准摸嘛！"

"量你小子不敢在这里耍赖，不信，我一个电话就叫人把你抓去关上两个月！"另一个保安拿着警棍在寡公子眼前一幌，吼道："你没看见我们的招牌是'红玫瑰'吗？红色嘛，代表光明，代表进步，代表改革，代表——"

"代表个屁！"寡公子被激怒了，他高大健壮，在这两个保安面前，毫不虚火。他大声吼道："什么红色，梭叶子（娼妓）的月经也是红色的嘛，你们的招牌比她们的经血还要污浊！"

寡公子脸色铁青，见那两个人像要打架的样子，便自忖："好汉不吃眼前亏"。他犹豫了一下，从内衣荷包里摸出九张"老人头"抛在"收银台"上，把其余的钱塞进手提包转过身去正想走。身边突然冒出几个人来，拦住他的去路，个个眼里射出逼人的寒光，内中一个厉声对他下达命令：

"走，跟我们去派出所！"

陪他的那位莉莉小姐也跟在他后面，与他同戴一副手铐。

八

派出所值班警察是一位干瘦的老头，睡眼惺松，打着哈欠。

文化纠察队三名队员将寡公子和莉莉小姐带进办公室。老干警熟练地搜光寡公子全身，又叫醒一名女警察将莉莉小姐带到另一间屋去，照此办理，再把抓获的二人叫到一起，老干警自己坐在办公室里唯一的一根凳子上，打开记录本草草地问了几句。女警察把寡公子和莉莉小姐二人用一副手铐铐在一把三人椅上。安顿好了，她一边锁抽屉，一边对两个“俘虏”语气十分温和地说：“问题明摆着，一个嫖娼，一个卖淫。处理的办法也简单：罚款，男女双方各罚三千，啥时交齐啥时走。”

“是老板叫我进去的嘛！”寡公子说。

“嘴还挺硬哩！”老干警瞟寡公子一眼，提高声音说：“老板？老板非法经营也该罚，各算各的账。呵，你手里那提包装的啥？”这时，老干警突然发现寡公子的手提包，上前一手夺过去。

寡公子想护着包无法了，只是说，“没啥，尽是乱七八糟的东西。”

老干警将包翻了个底朝天，里面的东西全部倒在桌上。他胡乱地用手拨弄了两下，发现有一张厚纸包着东西，正想翻开。寡公子发疯似的吼起来，拉着椅子往桌边移动。

“钱，钱，那是我的钱！”他吼道。

“呵，这里面是钱！”老干警一惊，解开纸包，一大叠人民币显露出来。

“哪来这么多钱？”老干警厉声问。

“是我用汗水挣来的，”寡公子说：“我去深圳打了一年多的工钱。”

“多少钱？”

“二千五百块。”

“罚款三千，还差五百。”

“不，不，你们不能罚，不能啦！我家里有老母亲，正生病，你们不能啊！”他哭喊着，拖着那把椅子，想去夺桌上的钱。

这时，又来了两名年轻干警，内中一个走过来，朝寡公子当胸一拳，大声呵斥：“放老实点！”

寡公子失望了，跌坐在椅子上放声大哭。

莉莉小姐却很镇定，若无其事的样儿。她见寡公子哭，嘻嘻地笑着。“喂，有这么多钱还哭啥，把钱交了回家去就是了。”她又对另一名穿牛仔服的青年干警说道：“喂，三哥，给支烟我抽。把我放了，今晚陪你跳舞。”

“不准你抽烟，你这小流氓！”老干警火了。“你到这里来是第三次了吧，前次你在旅社与男人鬼混，把你送回重庆，现在又跑来了，这次非把你送劳教所整治一下不可！”

“就是这个不要脸的小流氓害我。”寡公子像得救了一样，大着胆子在警察面前说道：“一进去她就脱衣服挑逗我。可我又没有挨她，说我嫖娼，算得上吗？”

“不准你耍赖，她勾引你，为什么不勾引我呢？你送上门去的嘛。以按摩为借口进包厢去就是嫖嘛。还狡辩什么？”老干警大声喝斥道：“我不和你们磨嘴巴皮了，不交钱就铐在这里过夜，明天再说。”

他把桌上的钱收了，锁上办公桌，回屋睡了。

第二天下午，派出所所长陈武来了。同时带来了一个女子。寡公子一见，便大惊失色。原来那个女子就是他的未婚妻“丑女”。

虽是初夏，但丑女已经全身夏装，淡黄色的衣料裹着她壮健的身体，丰满的乳房高高隆起，袖口处露出粗壮的臂膀。她一走进派出所，见了两个铐在一起的男女，便火冒三丈，冲着他们骂道：

“嗬，是你们两个。我以为你姓龚的有多大本事，嫖了个漂亮女人，原来你却与那一天拉出来游街的臭婊子滚在一起，多下贱啊！”

“婊子又怎么，婊子总有吸引力，像你那种丑婆娘，男人见了就赶快躲！”莉莉小姐不惧丑女，她大声地同丑女对骂。

丑女再也无法忍受了，冲过去朝莉莉的脸上重重的两个耳光，莉莉便用脚踢丑女，两人扭打成一团。

派出所干警把她们拉开了。两个女人气喘吁吁，嘴里骂过不停。

陈武对老干警说了几句什么。派出所将寡公子手铐下了。陈武把寡公子叫去，态度十分严肃地说：“明白了吗？同你淫乱的女子是从外地跑来的卖淫女。你的未婚妻闻讯赶来了。这件事就这么处理，三千块罚款分文不少，你打工的钱不够，你未婚妻拿钱赎你回去。”

寡公子和丑女一起办手续，差五百元由丑女补交了。陈武态度温和地对寡公子说道：“表弟，打工挣钱不容易呵，你家还有七十岁的母亲，养家湖口都顾不上，更不该乱花钱啦！今天坐我的车走。回去要规规矩矩的。命里有时终须有，命里无时莫强求。女人嘛，要那么漂亮干什么，不管美的丑的，上床关了灯都一样的滋味嘛！”

临上车，陈武又叮咛丑女，说道：“回去把结婚手续办了，好好生活。关好自己的门，管好自己的人，办好自己的事。”

小车在乡村公路上颤颠着艰难地行驶。寡公子无心欣赏窗外的景物，他默默地坐着，心里生出一股悔意。此时，他才发现自己虽然已近不惑之年，却是多么幼稚无知。在人生道路上真是处处荆棘，一不小心便会遍体鳞伤。回想起这不平凡的一天一夜，他长长地叹了一口气：“唉，一年辛苦算是白费！”

此时，他听到一阵低低的抽泣声，一只女人的手紧紧地握住了他的手。他扭过头去，看到未婚妻正紧靠着他，一双泪眼望着他。一会，她对他说道：“我担心你路上带钱不安全，结果一没被偷，二没被抢，问题出在自己胡思乱想。”

“你会原谅我吧？”寡公子声音有些颤抖。

“我不原谅你，会来接你吗？巴不得判你两年徒刑！”未婚妻用衣襟拭了拭泪，没有了处女的羞涩和温存，而是一脸的严肃。

寡公子激动了，转脸看着未婚妻。他发现未婚妻在生气时并不丑，而是那么亲切，那样逗人爱，比他在包厢里见到那美丽而可怕的小姐要好受得多。此时，他才感觉到坐在身边的这个女人才真正是属于自己的。

晶莹的泪珠挂满他胡茬满腮的脸上。

（写于1995年10月）

【长篇小说】

《金剪之恋》

长编小说《金剪之恋》，作者，陈长春；《宁夏人民出版社》出版发行。正文略。

附　　录

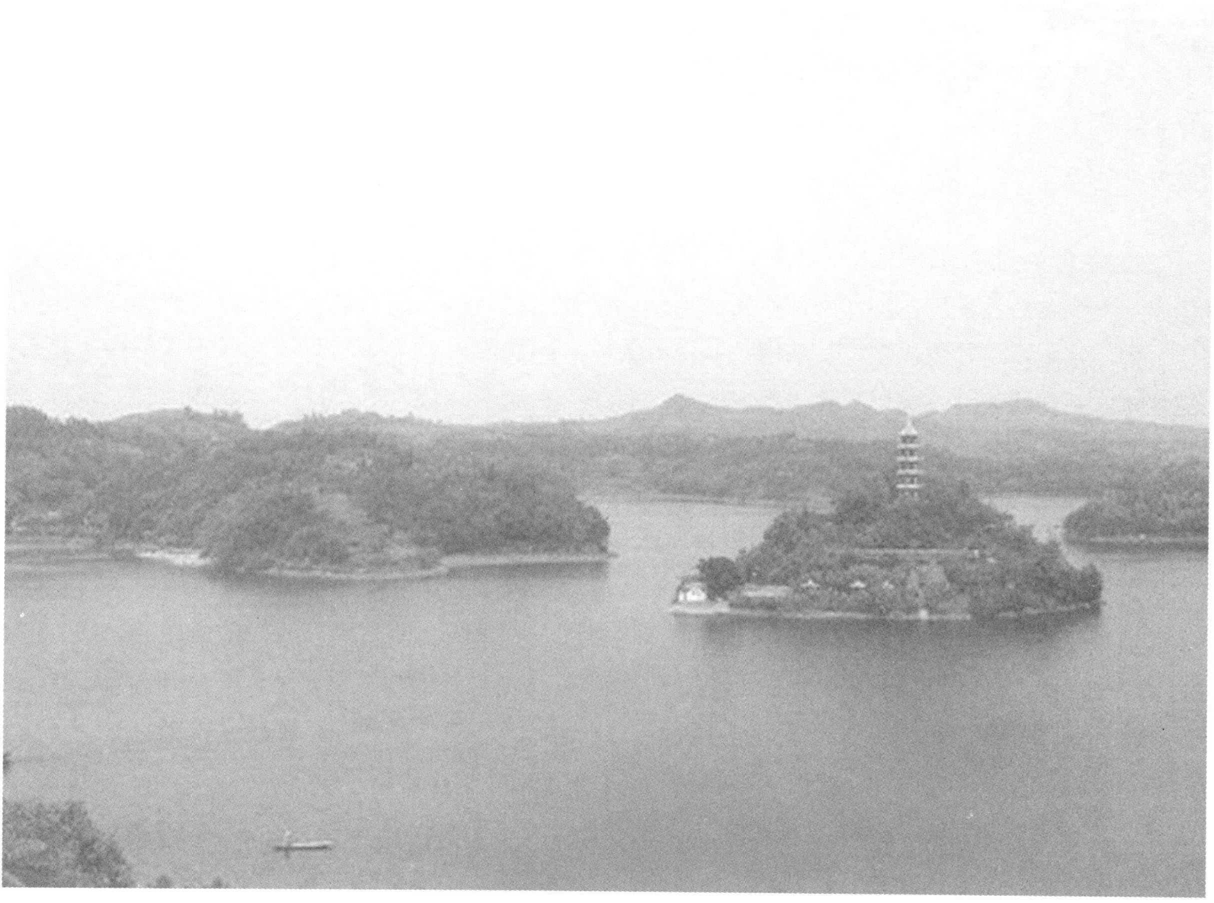

一、农家文化论坛

岳池农家与稻香文化

岳池，位于四川东部，唐武周通天二年（697年）分南充、相如（今蓬安）部分地而置县。全县幅员1457平方公里，有耕地54万公顷，自古盛产水稻，享有“银岳池”之美称。

岳池，山青水秀，地灵人杰，为历代文人墨客所赞叹。南宋大诗人陆游途经这里，留下《岳池农家》之绝唱。

岳池因水而为稻，岳池因农而成文。追溯岳池历史，探寻岳池人文，“岳池农家”与稻乡文化有着必然的联系，岳池农家文化就是在稻乡这一特定的环境土壤中生长出来的一种特质文化。

悠久的岳池农家

农家源于父系氏族时期，相传古羌人氏族发明农业，号称神农氏。父系氏族时期，由于石器、陶器和骨器的大量使用，人们的生活来源不再主要依靠狩猎、捕鱼，而是依靠农业和畜牧饲养业。男子代替了妇女在经济生活中的支配地位，婚姻也由对偶向一夫一妻的家庭过渡，原来的生产、生活以氏族为单位转变为以家庭为单位。从此，以男子为中心分裂成若干家庭进行农作劳动，农家就这样出现了。

“岳池农家”的祖先为巴人板楯蛮。早在商代，有一弓鱼族，世代以渔猎为生。后武王伐纣，用弓鱼族为先锋，弓鱼手持木楯，脸戴铜壳面具，“歌舞以凌殷人”，大胜纣王于牧野，显现出无比的英武，后世称这无畏之师为板楯蛮。战国初期，世居汉水流域的板楯蛮随廪君蛮沿汉水支流而下，进入长江巫峡，溯长江而上，在川东建立巴国。逐水而居的板楯蛮到达重庆后再沿嘉陵江迁徙，最后定居在渠江、嘉陵江一带，从事狩猎种植。秦并巴蜀，迁六国贵族和中原豪富到这里，开垦荒野、种植水稻，巴人也开始与华厦人融合，“富者与夏人为婚，衣服居处言语、殆与华不别。”西汉、三国时，刘邦、刘备军队曾驻屯这里，和当地人一道耕作，与巴人通婚，张飞之子张苞娶巴人女为婚就是一例，板楯蛮再次融合于汉族之中，与汉人一道发展演变成后来的“岳池农家”。

岳池很早就是稻谷之乡。我国是一个以水为生，以农立国的文明古国。我们的祖先总是“观其流泉”，“度其湿原”，以便“彻田为粮”（诗经・大雅）。岳池位于四川东部，地处嘉陵江与渠江的三角台上，境内雨量充沛，溪河纵横，地势低平浅丘，土地肥沃，气候温和，是种植水稻的好地方。大约秦汉时期，岳池就开始种水稻，《史记・货殖列传》记载了当时巴渠“地广人稀、饭稻羹鱼，或火耕或水耨”的稻谷种植情况。三国刘备入蜀，诸葛亮屯兵岳池坝上，姜维屯兵于石垭、大石一带，与百姓一道种植水稻，被传为佳话。清代岳池知县黄克显留墨“将军池畔草初盈，父老相传汉相营，一望平原迷故垒，半溪流水足春耕”。说的就是这一历史故事，后人称县城东门坝子为“亮坝”。并在石庙子修建“姜山寺”。由于岳池属盆地东部，受大巴山巫山之阻，交通极不方便，历史上很少遭受战争侵扰，人民安居乐业，生产发展较快，唐、宋时期，岳池早已是闻名的稻米之乡了。

岳池是“农家乐”的发源地。“岳池农家”出自南宋大诗人陆游之手，公元1172年春，陆游自夔州（四川奉节）赴南郑（陕西汉中）任四川宣抚使司干办公事兼检法官，路经岳池住朋友处，见到岳池如诗如画的田园风光和温馨自然的农家生活，挥毫写下著名诗篇《岳池农家》。诗中那“春深农家耕未足，原头叱叱两黄犊，泥融无块水初浑，雨细有痕秧正缘”的春天景色；“买花西舍喜成婚，持酒东邻贺生子”的淳朴民风；“谁言农家不入时，小姑画得城中眉。一双素手无人识，空村相唤看缫丝”的漂亮村姑和欢乐劳动场面构成的乡间美景让人赞叹。岳池真是山美水美人更美，尤其是最后“农家农家乐复乐，我已三年废东作”把农家那种亲邻融融，自由自在的农家生活从心底呼出，成为人们赞美自然、向往美好农家生活的精典绝句，为后世“农家乐”之源出。“岳池农家”源于岳池，开天下农家之先河，盖举世田园之风光。“岳池农家”成典诗坛，作历代诗集之首选，为各派文人之必唱。“岳池农家”也以其旖旎的田园风光和独特的农家文化成为天下“农家乐”的一张王牌。

独特的稻乡文化

岳池是个天然“乐园”，由于特殊的地理位置和丰富的自然资源，外地人争相移民迁居这里，几朝几代，发生过殷商文化、秦汉文化、荆楚文化、巴蜀文化的交流和融合，形成了一种内涵丰富、风格独特的稻乡文化——“岳池农家”。其显著特点有以下几个方面。

农家“三合院”及宗族祠堂。坐落在岳池这块土地上的民居是“岳池农家”的所在。岳池农家院既具有血缘亲情关系，宗法伦理思想，又体现了自然朴实，不讲朝向，顺势而建的地方特色，是典型的稻乡“三合院”。

一般一个院子一个姓，每座院布局基本都是由正房和两侧厢房构成的“三合院”，结构多数采用青瓦屋面穿斗墙。正堂供奉着“天地君亲师”牌位，用来举行家祖礼仪，接待客人，左右耳房是长辈居住，厢房是晚辈居住或生活用房。院内铺有青石地坝，用着摊晒稻谷。房前屋后种有树竹，绿叶掩映，冬暖夏凉。这种“三合院”是情感与审美的结合，是农作与自然的协调，虽然现在多已被砖混结构的楼房所代替，但仍不失稻乡之风俗。

岳池境内居民大多是从湖广、江西、福建、陕西、甘肃等地的外来移民。早期同姓氏族居住同一院落，后因子孙繁衍，便逐渐散居各乡。为了祭祀家祖，维护本族人利益，一些族人开始“合族联宗”，编修家谱，集资修建祠堂、家庙，以此来强化家训，壮大宗族势力，据统计，岳池解放时共有96个家祠家庙，仅县城就有文昌、万寿、禹王、福圣、观音庙、文庙等“九宫十八庙”。每到祭祖或庙会，香火不断，甚是热闹。

农家“八大碗”及名特小吃。“岳池农家”宴席上普遍是品种多样、花色齐全的“八大碗”。即凉拌瘦肉片、八宝蛋、夹沙肉、宝肋膀、肉片扣、酥肉排骨汤、回锅肉、粉蒸肉。“八大碗”都以农副产品搭底，做到凉热炒烩炖蒸样样有，麻辣甜酸咸味味全。其中“八宝蛋”选料精，做工细，火候讲究，是一道人人都喜爱的佳肴，至今还是待贵客的特色菜。除了农家主菜“八大碗”外，岳池还有许多有名的传统小吃。如羊肉米粉。岳池羊肉米粉是用优质大米，经磨碎、发酵、蒸煮、冲压等多道工序加工成的洁白如银、形细如丝的米粉，调之以仔羊羔肉、嫩碗豆汤等多种佐料，看起来色泽，食起来味美，闻起来醇香的一种老少皆宜的传统食品。岳池名小吃还有顾县豆腐干、八块鸡、黄凉粉、元宵汤圆、酥儿糕等。

岳池盛产水稻，稻米特制品繁多，其中一红（岳特中华高粱红）、二白（黄龙贡米）、三黑（天登酱油老陈醋）已成为遍销全国、名扬四海的“岳池三宝”。

农家“粽粑会”及民间喜事。“岳池农家”多是从外地来，不仅给这里带来先进的种植技术，而且也带来了各地的风俗文化，全国各地的一些传统节日，如春节、元宵、端午、中秋、重阳等多在这里时兴。在这些传统节日中，尤其以中秋节最为隆重。农历八月十五那天，家家户户用精糯米、蒸熟后倒入石碓中舂打成糍粑。晚上，在皎洁的月光下，设香案，摆上糍粑、月饼、瓜果祭月亮。祭完月亮后，阖家人围坐一团，听老人讲述天狗吃太阳的故事：据说很早以前，月宫中的天狗经常偷吃太阳，川东一带多是阴天，种上的水稻因缺少阳光而欠收。于是人们想了一个办法，用糯米做成太阳大的圆糍粑，请月宫中的嫦娥在太阳未出山之前拿去喂天狗，天狗吃饱了糍粑，就不会再去伤太阳，太阳就会天天出现在天上。后来，每年八月十五，岳池一些地方都要举行“糍粑会”，家家户户舂打糍粑，到祠堂或祭月坛去祭月亮，祈祷来年丰收。“糍粑会”上，大家都要把各自的糍粑摆放好，让祭司依次观看检查，看谁家的糍粑做得又大又圆又好，最后评出“状元粑”。作为族人宴会上的一道好佳肴。

岳池除时兴这些节日外，同时还有许多民间喜俗，如以添人进口为喜事的“婚礼”和“打三朝”。由于受自然经济模式影响，每一家庭都以添人进口来增加劳动力，每一家族都以增人来扩大家族势力，人们往往以人丁兴旺为荣，不断进行人口生产。“迎亲礼”在岳池最热闹、复杂，贺生子“打三朝”礼在岳池最贵重、繁多，这当中的许多礼仪和礼品都体现了稻乡文化，如姑娘出阁跨米斗，喜酒送糯米，“打三朝”送米涝糟、阴米饭……。那“岳池农家”中的“买花西舍喜成婚，持酒东邻贺生子”的喜对，说明在宋代岳池就有这些风俗了。

农家“灯戏”及民间艺术。堪称“岳池农家”一绝的“岳池灯戏”又名“喜乐神”，它是在过去民间“跳端公”的基础上，融汇民间歌舞、皮影、木偶、杂技等表演手法，采用川东地方小调，来反映稻乡的凡人小事和豁达乐观精神的地方小戏。它演出场地为庭院晒坝，舞台以农家打谷的拌桶（翻过来），照明在四角挂摆上油灯。每到闲暇时节，农家就聚集在晒场上，观看起短小、夸张、风趣、幽默的灯戏来。真如清代嘉陵公子写的《竹枝词》“一堂歌舞一堂灯，灯有戏文戏有灯，庭前坝后灯弦调，满座捧腹妙趣生。”现在“岳池灯戏”不仅活跃在民间，而且走进了城市，冲出了四川，走向了全国。1987 年参咖全国戏曲研究会第六届年一炮打响，1988 年首次登上北京长安，吉祥和中南海等剧场演出《包公照镜子》《幺妹嫁给谁》《周元献鸡》等灯戏，深得首都观众各央领导赞赏。

除灯戏外，岳池还有许多民间艺术，木偶、车灯、竹琴、花鼓、秧歌、清音、荷叶、评书、被单戏、高亭等。其中以男女栽秧时的对歌最有趣，如男唱：“大田栽秧行对行，大姐二姐来帮忙；没有好的招待你，摸个鱼儿笆篓装。”女对唱：“大田栽秧排对排，莫把身子挨拢来，退步要端行行正，端端正正姐才爱……”，这种一唱一和，见物起兴，自编自唱，真是别具情趣。另外岳池的稻草龙也颇具特色。秋收后，人们用稻草扎成长长的草龙，在街头院坝飞舞，草龙制作精湛，舞龙技术高超，具有很高的艺术价值。近些年，草龙舞进了中、省电视台。

农家“状元”及稻乡文人。岳池的石圣山（古名金陇山）有一农家青年，名叫蒲信。蒲信从小品行端正，聪慧好学，除帮父母农作外，还常帮乡邻干活，农活之余一有空闲时间，就到金陇山上的石庙子后面的一块大石上伏案修读“四书五经”。族人为之感动，纷纷出资助之参考。蒲信院试、乡试屡屡夺冠。仁宗庆历年间，压五百进士一举夺魁，成为从农家走出的唯一状元（历代状元榜录）。蒲信系农家子弟，作官后积极支持王安石变法，后来变法失败，蒲信被贬官而客死他乡。蒲信除在家乡石陇山上留下石头读书台外，其余什么也没有留下。明代诗人杜日章回归岳池访状元台留诗为：“为爱幽居处，天然落韵长。台高山翠远，峰转阁风凉。石圣今朝寺，金陇古道场。不凭骚客迹，谁记状元郎?”的确，今人知道蒲信这位农家状元的真是寥寥无几。岳池古今文人众多，仅古代就有91位进士，如古代康以铭、何棻同榜进士，杨昂、杨缙兄弟同榜中举皆成为美谈。现代更是人才辈出，其中著名版画家刘旷、著名翻译家罗玉君和电影“抓壮丁”作者、原文化部副部长吴雪、现任中科院副院长，经济管理学博士陈佳贵、哲学博士祝明发，都是“岳池农家”走出去的名人代表。

上述简单介绍与分析，多是从传统“岳池农家”文化中发现和找寻到的一些点滴。“岳池农家”文化并非一成不变，它是与时俱进的。它不是生命已经消亡的木乃伊，而是影响岳池经济社会发展的精神因素。特别是在人们由传统农业向现代家业的转变中，在全面建设社会主义小康社会的时候，如何辩证地去认识它、弘扬它，如何用现代精神去丰富它、改铸它，使之为现代化服务，这是值得认真研究和思考的问题。岳池县两年一届的“岳池农家”文化节其目的宗旨就在这里。(雷允树)

农耕文明的赞歌

——读陆游诗《岳池农家》

南宋时代，民族矛盾异常尖锐。和与战是当时政治斗争的焦点。在国家分裂、人民颠沛流离的严酷现实面前，南宋统治者却偏安江南，过着屈辱的然而又骄奢淫逸的生活。国家命运、民族的前途紧压着每一个正直人的心。伟大的爱国诗人陆游以他悲怆激昂的歌声，唱出了爱国御侮的时代精神。清代学者梁启超评价陆游是“亘古男儿一放翁。”

陆游是一个具有多方面创作才能的作家，在他的作品中，除了大量的充满爱国主义精神的诗篇以外，还有许多别具风采的诗。这些诗描写身边的景物，抒发生活中的情感，写得清新俊逸，自然流畅，尤其写农村和农民的作品特别优美动人。《岳池农家》便是其中一例。

一、陆游的生平和著作

陆游（1125—1210），字务观，号放翁，越州山阴（今浙江绍兴）人。陆游出生和成长的年代，正是宋王朝腐败不振，国家遭受女真族侵略压迫的时候。陆游从小内心滋长着爱国热情，想着为国雪耻，抗敌御侮。这就注定了他必然遭到媚外无能的统治集团的厌恶和打击。他30岁时参加礼部考试，名列第一，而因“喜论恢复”，语触秦桧，被黜落，待大汉奸秦桧死后出仕，他已人到中年。又两度上书，两次遭罢官。乾道八年（1172年），在川陕宣抚使王炎幕下办理军务。这时，诗人换上戎装，驰聘在当时国防边境线上。铁马秋风，豪雄飞纵的军营生活使诗人的胸怀为之舒展，创作也进入高潮。淳熙二年（1175年），陆游出任四川制置使范成大的参议官。因被人指责为“不拘礼法，恃酒颓放”。他便索性自封“放翁”。后在江西做官时，遇水灾而发粮济民，获“擅权”的罪名被免职还乡。闲居6年后，起用为严州知府。又因作诗爱国有罪而被免。此后20年，“身杂老农间”，过着简朴宁静的生活。嘉泰二年（1202年），韩侂胄主张恢复中原，陆游最后一次出仕。韩侂胄北伐失败，陆游也落职回家。最后怀着悲愤的心情与世长辞。终年85岁。

著名学者朱熹说：“陆游作好诗不得作好官。”陆游一生给我们留下93000多首诗作，还有多篇词和散文。他的诗词、散文作品收集在《剑南诗稿》《渭南文集》《老学庵笔记》等著作中。陆游诗作中，雄浑悲壮的爱国诗篇占一半以上。其中，如《书叹》的“少年志欲扫胡尘”；《金错刀行》的“楚虽三户能亡秦，岂有堂堂中国空无人。”尤其是《示儿》绝笔诗：“死去原知万事空，但悲不见九州同。王师北定中原日，家祭毋忘告乃翁。”已成为千古传颂的名篇。爱国诗人陆游同时还写有一些同情人民疾苦，揭露阶级矛盾的作品，如《农家叹》等。此外，还有描写祖国山河、自然景物的诗作，格调清新俊逸，自然圆润。诗作《游山西村》的“山重水复疑无路，柳暗花明又一村。”《临安春雨初霁》的“小楼一夜听春雨，深巷明朝卖杏花。”等等都是描写农村风光的。总之，陆游诗歌的艺术特色多样，既有沉郁雄浑的一面，又有清新婉丽的一面。语言明白流畅，而感情炽热，具有极高的成就，是中华民族文化宝库中最璀灿的艺术瑰宝。

二、《岳池农家》的创作

抗战派领袖王炎做了川陕宣抚使，聘时任夔州（今奉节）通判的陆游担任干办公事（官名），襄理军务。乾道八年（1172年）春天，陆游从夔州出发，前往南郑（今陕西汉中）赴任。途经万州、邻水入广安。在广安作七律诗《过广安吊张才淑谏议》，表达他以身许国的崇高理想，并以“后世忠邪自有评”来勉励自己。随后，陆游从广安到岳池。

自古以来，岳池多以旱路与外界相连结。宋代设置驿站和邮传递铺。世传5里一店，10里一铺。为商贾贸易、兵戎征战、公文传递和官员往来提供方便。陆游当年从广安浓洄铺出发，经枣山铺（今广安枣山镇）、岳门铺（今广安广门乡）、周罗铺（今岳池红庙乡境）、营山铺（今大石乡境）、土门铺（今龙藏乡境），底铺（今九龙镇兴隆街）、千合铺（今北城乡千佛寺），到达封山寺下的伏江里（旧县铺，今铺芽乡周家坝村），这里便是宋代岳池县治所。

伏江里是一片平坝。此时正是麦黄秧绿、布谷催春的季节，细雨纷纷。农夫们三三两两赶着牛儿冒雨耕作，不时传出叱叱的吆牛声。一块块水田犁得泥融融的，耙得平展展的。插秧的人们趁着田水浑浊时开始栽插。在被雨点溅起密密小圆圈的水田里，一会儿便披上了绿装。这美丽如画的田原风光深深地打动了陆游。他一家人在岳池城住下作短暂休整。直住到秧苗分蘖，遍野铺翠。在这风和日丽的日子里，诗人眼中的岳池处处是欢声笑语，喜事盈门，人们像生活在太平盛世一样，欢乐而祥和。西边村子里娶媳妇，姑娘小伙成群结队，买上一束束艳丽的花朵献给新郎新娘，尽情喧闹嬉戏；东边的邻居喜添贵子，父老乡亲纷纷提着一壶壶家酿美酒，前去祝贺。这添贵子的和办喜酒的主人家用最好的酒菜款待客人，家家扶得醉人归。正是这种纯朴的友谊结交了千家万户，酿就了淳厚的民风民俗。

岳池的自然风光美，民风民俗美，生活在这种环境里的岳池人也是美好的。在大诗人陆游眼中，岳池农家女子不土俗，挺时髦。她们穿着大镶大滚花边衫，百褶裙，头上和手上有五光十色的饰物。姑娘们涂脂抹粉，眉毛描绘得像城里人流行的一弯新月，一个个面若桃花，口若含丹，一双双纤细的手洁白细嫩。真难分辨是村姑还是街妹。能说她们光打扮不劳动吗？不！一些女子养了蚕，收了茧，在自己的缫丝作坊进行紧张的劳作，那一粒粒欢快跳荡着的蚕茧从白茫茫的水雾中抽出雪白的蚕丝。村里的姑娘、媳妇们你呼我唤，打打闹闹前去观看缫丝妹儿的精彩表演。不少人在默默地学习别人的缫丝技能。

5年前，陆游在家乡绍兴闲居时，写有一首《游山西村》的诗作，诗中写道：

莫笑农家腊酒浑，丰年留客足鸡豚。
山重水复疑无路，柳暗花明又一村。
箫鼓追随春社近，衣冠简朴古风存。
从今若许闲乘月，拄仗无时夜叩门。

这首诗生动地描绘了农村淳朴的习俗和美丽的自然景物，表达出诗人与农民相处融洽，感情真挚。5年后，来到了他乡异域的岳池，诗人对农民和农村的热爱之情并未改变。岳池，这块魅力无穷的热土地和生活在这片土地的可亲可爱的农家人，深深地触动了久经战乱之苦的大诗人陆游。他心潮起伏，夜不能寐，挥毫泼墨，《岳池农家》诗作一气呵成：

春深农家耕未足，原头叱叱两黄犊。
泥融无块水初浑，雨细有痕秧正绿。
绿秧分时风日美，时平未有差科起。
买花西舍喜成婚，持酒东邻贺生子。
谁言农家不入时？小姑画得城中眉。
一双素手无人识，空村相唤看缫丝。
农家农家乐复乐，不比市朝争夺恶。
宦游所得真几何？我已三年废东作。

这首诗以细腻的笔融描绘出岳池农村美丽田园风光和淳厚的乡土人情，流露出诗人对农家生活强烈的羡慕之情。同时，这首诗同他《临安春雨初霁》里写的“世味年来薄似纱”一样，表现出诗人对弱肉强食的市井和争权夺位的官场生活的厌恶和冷漠，反映了他的人生追求和理想。这对一个封建时代的文人来说，是十分难能可贵的品质。

陆游离开岳池之后，途经清溪铺（今岳池秦溪镇），沿此路西行去果州（今南充市）。在果州作七律《果州驿》。诗人在果州停留时，曾在当时城内的樊亭住三日，在赏海棠花时，赋诗二首。

三、《岳池农家》与农家文化

陆游的《岳池农家》为我们描绘了一幅富庶文明的农耕社会图景，唱出了一曲和谐欢乐的田园牧歌。我们由此看到在830多年前，岳池先民为我们创造了美好家园和灿烂文化。

昨天的现实就是今天的历史。“南宋统治时期，人口在急速增长。这在很大程度上是由于北方汉人大量南迁的缘故。北宋时，经济发达的地区都在南方。大批劳动力的南迁，使南方经济得到进一步的发展，为宋朝的南方立国抗战提供了物质基础。”（见《中国通史》第5册363页），北方大批劳力南迁，和南方农民一起，进一步开发了江南的农田，交流了耕作经验。“福建、江西、浙东、四川的农民，开垦山垅为田，层起如阶级，远引溪谷水灌溉，种植水稻等农作物”（《中国通史》第5册365页）。巴蜀人早有筑堰修渠，引水灌溉农田的史料记载。岳池也不例外。早在三国时，蜀相诸葛亮曾在岳池屯兵。令兵士开垦荒地，将荒野变为沃壤。诸葛亮屯兵之地称为亮坝（岳池县城东门坝子），如今这里沃野平坝，良田千顷，粮丰畜壮，五谷丰登。唐宋以后，修山塘，引水把旱地变为水稻田。水稻是宋代的主要粮食作物。据史载，北宋时，越南的优良稻种占城稻传入中国，先在福建，后逐步在长江流域和南方各州、郡推广。此稻成熟早，抗旱力强，不择地域，适宜于普遍栽种。经过农民长期培育，南宋时，水稻品种粳稻140多种，糯稻50多种，其中一些已成为优良品种。《岳池农家》开头5句诗描绘的是水稻栽种场景，是一幅农耕风俗画。可以看出，南宋时期的岳池已是水稻的主产区。这里和江南一样富庶，是南宋的大后方，是战时的“南泥湾”。

从陆游诗中，我们不仅可以看到岳池农民开垦了大量田地，兴修了农田水利，引水灌溉农田，而且看到了农具的改进，铁器的使用，看到了用牛犁田、耙田的耕作方法。我们的先民用他们聪明的才智和辛勤的劳动推动了农业生产的发展，创造了丰富的物质财富，带来了经济的繁荣。

“买花西舍喜成婚，持酒东邻贺生子。谁言农家不入时？小姑画得城中眉。一双素手无人识，空村相唤看缫丝。”陆游诗给我们描绘了岳池商业的繁荣，手工业的的兴盛。在封建的自然经济占主导地位的宋代社会，中小城镇和农村集市贸易已在岳池兴起，商品经济在岳池已初见端倪，农民的思想，尤其年轻人很前卫，很时髦。唐宋时期，纺织业以两浙和川蜀最为发达。从陆游诗中，我们可以看到岳池的缫丝业已开始兴旺。

岳池是我们的美好家园。这里山川秀丽，碧水蓝天，粮丰果硕，四季花香。如今，岳池是全省著名的水稻产区，获得“银岳池”之美誉，成为全国500个、全省30个每年向国家提供上亿斤的商品粮基地。这些荣誉都少不了像陆游诗《岳池农家》记载的那些先民们的辛勤努力。我们一代代的先民创造了灿烂的农家文化，我们应当永远珍爱，进而发扬光大。

《岳池农家》诗是陆游对岳池农家生活的诗意表达。岳池农家文化因陆游诗《岳池农家》而得名。这是一种文化品牌，一种地域资源。这种品牌和资源给巴蜀文化增添了十分鲜活，十分靓丽的色彩。我们应当爱护她，珍惜她，发扬她。

如今，我们因有勤劳智慧的岳池先民，因有古老的岳池农家文化而自豪，而骄傲。今天的岳池人有多少令我们的先民感到欣慰和满意的呢？我们每个有自尊心的岳池人都要好好想一想，交一份负责任的答卷。

四、关于岳池农家文化的思考

我国是个农业大国。中华文明始于原始的农耕文明。通过土壤耕作从事农作物和经济作物栽培和种植的生产行业统称农业或农耕业，它是区别于渔业、畜牧业等生产劳动的一种行业。全国农耕业的区域广泛，从业人口众多。长期的劳作形成了灿烂的农耕文化，或者叫农家文化。这种文化不是某时某地某些群体所独有，而是不分地域和民族都共有的文化现象。在现存的许多文史典籍中均可找到有关农耕文明的现存资料和论述。这是民族文化的宝贵财富。岳池当然不例外。

如今，当岳池农家“叱叱”地赶着牛儿在田地里吆喝的时候，当他们高唱着动听的薅秧歌的时候，我们的时代正一日千里地飞速前进了。我们国家早已步入工业文明的快车道，世界已进入信息社会了。时代早已把自给自足的农耕社会抛得远远的了。农耕文明早已是昨日黄花。“昨日黄花蝶也愁。”不能不承认，我们缅怀的那个时代一去不复返了。承袭了农耕文明传统的岳池如今已经落伍了。想一想，时至今日，我们地域经济增长的支撑点还主要靠日出而作的农业，靠家禽家畜养殖，靠外出打工出卖劳力，靠炒作资源、经营土地。我们没有像样的现代工业和科技含量高的产业，我们赖以生存的基础仍然依仗着原始的土地资源和简单的体力劳动。我们不为之汗颜吗？

有人讲，越穷的地方民风越纯，民俗越雅，其实这是骗人的话。古人云：“仓廪实，则知礼仪”。正因为穷，我们把曾经拥有的纯正民风民俗败坏了；正因为穷，我们把许多宝贵的文化资源破坏了。我们失去了记忆，剩下的几乎是一片空白。说实在的，农家文化这个概念很抽象和虚幻。作为这种文化的主体农家人并不提什么“农家文化”的。正如他们并不像城市人骂别人“很农民”一样。

其实，我发现，存在于我们许多文人心目中的农家文化不过是虚幻的田园牧歌式的图景，或者是过惯了都市生活的城里人对乡村的一种美好的向往。而现实生活中的农村并非如此，农家文化也并非如此。因为居住在农村广阔天地的农民从来都没有陆游诗中那种“乐复乐”的浪漫情怀。当代集餐饮娱乐休闲为一体的“农家乐”这种场所欢乐着的绝非农家人。富庶、康乐、闲适的生活离农家人似乎遥远而陌生。农家人活得很累，很苦，很沉重。

我认为，我们在当今举办农家文化节，其目的要让大家，尤其是各级官员和先富起来的大款大姐大爷们充分认识农村穷，农民苦，农业落后的现实，进而关注农村，扶持农民，支援农业。痛苦着农家的痛苦，欢乐着农家的欢乐。而不是为消遣，为猎奇，为寻找刺激，而把农家文化当成一种点缀，一块招牌，去招摇闯骗，甚至借此机会坑农、骗农、伤农。

8个多世纪以前的陆游描写的田园牧歌式的农耕社会离我们远去。我们的农家文化节不过为一去不复返的农耕文明唱上一曲苍凉的挽歌。“劝君莫奏前朝曲，静听新翻杨柳枝。”我们应当创造新时代的文化，谱写新时代的辉煌。

（周杰）

我与岳池农家文化

2002年我还在市委副书记岗位上分管意识形态、科教文卫体及旅游方面的工作，岳池农家文化节的诞生，我起到了推波助澜的作用。

说到岳池农家文化节，还得先说说岳池第一个“农家乐”。我是岳池人，也在岳池工作过，也曾经分管过文教卫生科技工作，所以很早就知道，大诗人陆游对岳池农家羡恋有加，留下了千古绝唱。但在温饱尚未解决的年月，谁也没有把《岳池农家》这首诗与发展旅游业联系起来。2001年以后，广安市加快了旅游业发展的步伐，一个全面规划，招商引资建设景区景点的热潮一浪高过一浪，而当时岳池县仅有翠湖公园一处不成熟的旅游区。市上旅游大会后，我到岳池花园镇调研，提出把花园镇办成名符其实的花园，向温江学习，做好县城卫星镇的文章，把人们吸引到乡下来休闲，还可与翠湖连成一线拓展景区的设想。时任花园镇党委书记的欧彦同志对此建议欣然接受，不久就引进业主建起了金桥花木基地。第二次我去的时候他给我介绍，花园镇准备依托金桥花木公司基地搞一个供县城的人休闲娱乐的场所，并带我去看现在“老农家乐”的地方，我去时工人们正在拆房子，保存如此完整的川东农家民居为什么要拆？我忙问他们。他们告诉我，这里有几户人已搬走，剩下三户也准备动员他们搬出，再改造改造，然后修葺一新。我说不能再拆了，同时又详细讲了我的设想，在场人一拍即合。又过了不久，“农家乐”开业了，我也有幸参加，欧彦一班人思想解放、思路清晰、思维敏捷，在他们指挥下打造出来的作品比我预想的好得多。此后，我又给他们提出如何再把“农家”的氛围营造得更浓一些的建议，他们接受了。在他们精心呵护下，这家农家乐越办越兴旺，直到现在也没衰败。由于“老农家乐”的带动作用，以后才有了接二连三的再造，形成了现在农家文化带的规模。

随着旅游开发的逐步深入，景点打造了不少，但就是人气不旺，当时这件事我思考得很多，如何才能把人们的注意力吸引过来呢？小平百周年诞辰是个机遇，但目前我们不能坐等，总得有些其他办法。这时全国流行一个口号叫“文化搭台，经济唱戏”，而最有效的手段就是“办节”“办会”，近些年“办节”，大连市最盛。我想到了华蓥山庙会、武胜龙舟会（当时也不称节），除此而外还可办吗？岳池文化底蕴深厚，这条线上的人又熟些，于是，我常通过各种机会与中共岳池县委宣传部部长张超、副部长郭勇、文体局局长彭善平谈及此事，并多次找岳池的老文化人、朋友雷允树同志商量，并恳请他们把这些想法给县委主要领导汇报。不久，彭善平局长便告诉我县委已同意办文化节，以陆游《岳池农家》为载体，突出农家文化，我十分欣喜。我认为县委的决策是对的，内容也抓得很准，并嘱他们认真策划。当然他们也多次与我共商节事，我也把我的想法告诉他们，主要是：一定要与招商引资、推动经济发展结合起来，突出“农家”主题，突出“节”的内容等。后来有的建议他们接受了，比如我认为要有农民参加，节日中文体局就招回了全县在外的农民文化队伍一展风采；比如节的看点要具有岳池地方特色，他们就搞了几十台精湛的“高亭”；同时还开展了以“岳池农家”为主题的赛诗会，我也乘兴在诗会上吟唱了一首“漫步和溪进农家，温翁邀我试新茶。半亩池塘鱼戏水，一园瓜菜蝶穿花。促膝细语讲家事，举杯谈笑话桑麻。好个热情东道主，夕阳西下又烹虾。”还有一些具体建议也得到了他们重视，这是后话。

县委对办好“农家文化节”确实重视，成立了以书记、县长为正副组长，县委、人大、政府、政协全体领导和多个部门参与的领导小组，统一安排，统一管理，统一指挥，并召开了动员大会，提出了加快基础设施建设步伐，创建卫生城市，做好招商引资准备等各项工作，以实际行动办好“农家文化节”的要求。号召发出，上下拥护，全县立即行动起来，掀起了促发展、迎佳节的热潮。

农家文化节具体举办的日子订在9月27日。中旬，眼看节日临近，却发生了意想不到的变化。当时市委主要领导从省上开完会回来，说有重要精神传达，令我赶往岳池，一个非常会议在岳池县委的常委会议室召开了。主要内容是为了维护稳定，为了节省开支，为了避免形式主义等等，目前中央不提倡再“办节”，我们要与党中央在政治上保持高度一致。在场的人听了，久久无言，沉默了好一会，我冒昧率先表态，当然首先是拥护中央决策，以后定要严格要求，但鉴于岳池“农家文化节”已准备就绪，钱也用了，客也请了，箭在弦上，不得不发，我建议能否变通一下？很多同志认为言之有理，市委领导也表示支持这件事。于是，大家便七嘴八舌，围绕“变通”各显其才，一直到下午六点半过了，也没有什么高招，最后统一到已准备的工作还是要继续，压缩一下规模，不提办节，换换名称，换个提法，后来就把原定的“川东岳池农家文化节”更名为“岳池农家文化展示活动。”

活动的内容很丰富，以著名影视表演艺术家唐国强为主持人的开幕式很有气派，现外滩文化广场、同创花园处当时还是一片空地，开幕式文艺演出就在此举行。那天，黑压压地坐满了人，但秩序井然，李谷一、毛阿敏、郭峰、郭蓉、容中尔甲等一批明星登台献艺，气氛热烈，省级机关有关领导、市上领导、还有外国友人，济济一堂，共襄盛举，我还代表市委、市政府讲了话。开幕式后举行了大规模的游行，以“高亭”为主的组合，展示了岳池非物质文化遗产的丰富，晚上的灯会，焰火晚会，万人空巷，盛况空前。民间文艺展示，诗书画展，特别是招商引资的奠基活动更是有声有色。整个活动持续三天，办得很成功。在此基础上有了第二届，今年是第三届了。

这个节该不该办？该办。这个节办得好不好？很好。我认为主要有以下收获：

首先，集聚了人气，促进了商贸。节日期间招商引资38项，协议引资3.8亿元，到位资金2.25亿元，当年开工项目21个。这一年全县社会销售零售额实现了152262万元，比上年135308万元增加16954万元，增长12.53%；餐饮销售实现12643万元，比上年10I70万元增加2473万元，增长24.32%；其它行业销售实现17383万元，比上年5317万元增加12066万元，增长226.93%，人流旺盛，对宣传岳池、提高岳池的知名度起到了积极的作用，从以后几年的招商引资情况看完全证实了这一点。

其次，加快了城市建设步伐，提高了城市管理水平。这一年基本建设投资由上年48854万元上升到85881万元，增加37027万元，增长75.79%。先后完善九龙广场、建成米粉一条街、50米大道；街口安装了高规格红绿灯，城市绿化、亮化工程提前完成，有效地改善了人居环境。

第三，锻炼了队伍，提高了市民素质。办节、办好节，这是一项综合工程，没有坚强的领导，没有周密的策划，没有精心的实施，没有有力的保障都是不行的。“岳池农家文化节”规模之大，岳池历史上是空前的，客人的接待、安全保卫是最棘手的事。在整个过程中．没有得罪一位客人，没有出一件安全事故，真是不容易呀！与此同时，市民素质得到了提高，给很多外地人留下了深刻的印象。他们都称赞岳池人好客、热情洋溢、有礼貌，也真是难能可贵呀！

还有很多收获，我以为，我体会这三点至关重要。当然工作中也还有很多不足，比如．如何用更少的钱办更多的事；如何在对外宣传上把面扩得更大些。现在有一个很重要的问题值得商榷，那就是办节必须有一个突出的主题，较固定的日期，持之以恒，节庆的形式可变，内容一般不要变，才能称之为节。比如说“端午”，以纪念屈原为主题，吃粽粑、划龙船必不可少；又比如“中秋节”以庆团圆为主题，打糍粑、吃月饼必不可少；四月“清明节”“七夕”情人节、“九九”重阳节都有突出的主题和表现形式。“三八”节、“五一”节、“六一”节等节日都是如此。那么“岳池农家文化节”以什么为主题？每年什么时候办？尚无定数。节日放在秋天是对的，我建议以什么为主题应发动大家讨论一下，群策群力出主意，最后选定。比如可以以“颂党恩，话丰收，农家乐”这样的思路来考虑。每年秋收后，农民们也该歇一歇了，庆贺庆贺，以各种形式展示丰收硕果，坐下来，回顾一年如何在党的政策指引下，新农村的变化，再与陆游《岳池农家》挂起勾来，倘陆游目击，是否该合泪唱丰收？于是再突出一种或几种文化表现形式，歌舞是“放之四海而皆准”的，而“岳池灯戏”“高亭彩车”“民间文艺”很有岳池特色，“打糍粑”与“中秋节”雷同，能否有规模地推出岳池名小吃……。当然，这些仅是我的一孔之见，讲出来无非是想起到抛砖引玉之功。

又是一年秋高洁，岳池第三届“农家文化节”将至，写下以上文字。以表达我对家乡的不了情思。

（李成轩）

“岳池农家文化”解读

岳池县已举办了两届“农家文化旅游节”，人们感受了多种多样富有岳池地方特色的民间习俗和民间艺术。但无论是本地人或者外地观光旅游者，都提出了同一个问题：“岳池农家文化”究竟是指什么？能否用一句简略而通俗的话来概括？探讨“岳池农家文化”，我认为就是要表现出陆游描写的岳池农家其乐融融的生活。在改革开放的今天，人们努力追求经济社会发展的同时，更需要这种人文关怀，需要把这种其乐融融的气氛融合在日常生活中，使人们在日常生活审美化中愉悦身心，得到精神文化的享受，促进岳池经济社会的发展。所以本文试着解读“岳池农家文化”，探讨其特征。

我县一些有识之士已对“岳池农家文化”进行了艰辛探索，产生了一批成果：如岳池县文联编辑的《岳池农家文化概览》。它从岳池农家文化悠久的历史；多元化的特点；广泛性和多样性进行了总结。厘清了岳池农家文化的范围，即民间艺术、民俗文化、农耕文化、饮食文化、民居文化、旅游文化等。又如雷允树先生撰写的《岳池农家与稻香文化》，认为岳池人从祖先巴人板楯蛮的迁徙定居于渠江、嘉陵江一带后，与华夏人融合、与汉族一道发展演变成后来的“岳池农家”。几朝几代的多种文化的交流与融合，形成了一种内涵丰富、风格独特的稻香文化——“岳池农家”。再如邓庆贵先生撰写的《岳池农家文化概念初探》。他从地域民俗、民间文艺的角度讨论了岳池农家文化的概念，认为岳池农家文化是在传统民俗的基础上提炼发展，形成的具有岳池地方特色的一种文化意识。

他们从不同角度认识、分析、讨论了岳池农家文化，很值得肯定。在这里对“岳池农家文化”，我想从文化的范畴、农家生活特色、岳池地域特征三方面进行解读。我认为它是因特定地域环境、传统民俗与外来文化等多种因素的影响和碰撞，塑造了岳池农家文化的独特品格，从而形成“岳池农家文化”的。

一、“岳池农家文化”概念的解读

1. “文化”的理解

岳池农家文化的“文化”是其最基本的概念。我们首先对它进行解读。各类学者以其自己研究的角度对“文化”进行了不同的定义。我赞同美国社会学家戴维·波普诺的观点。他认为，文化是“人类群体或社会的共享成果，这些共有产物不仅包括价值观、语言、知识，而且包括物质对象。”我认为它从精神和物质两个方面解析了文化内涵及所包含的范围。在对文化的区分上他还提出了“亚文化”这个概念。亚文化是“当一个社会的某一群体形成一种既包括主文化的某些特征，又包括一些其他群体所不具备的文化要素的生活方式时，这种群体文化被称为亚文化。”他还认为“亚文化”的产生可能是基于种族或民族的差异，也可能源于地区的差异。他清晰地说明了亚文化与文化的区别及产生的原因。也正如民间所说的“十里不同风，百里不同俗”。岳池先人巴人板楯蛮（在一些文献中又称为“賨人”），其民族性质与其不同地域的族人有着很大差异，而且它又源于岳池这特殊地域的差异而形成了区域文化，所以它是一种“亚文化”，或者说是一种区别于其他文化的边缘区域的社会群体文化。它既有巴蜀文化和巴渝文化的特征，也具备了处于两种文化传播的边沿地带的特殊地理环境和本地域传统民俗特征，并在这样一个特定边缘区域的环境中发挥着自身文化的作用。我们看一种文化是不是活着的，就要看它的基本精神是否还能打动现实的人群，而且与实际生活和历史进程有无呼应。从这个角度上说，今天广大群众参与并以自己特有的生活方式和行为方式传承着岳池农家文化，并以其基本价值取向在今天社会生活中影响着人们的生产生活；以自己的语言、习俗和民间艺术形式反映着自己的思想和情感，并在经济社会特别是旅游业中发挥着积极的作用。所以岳池农家文化是活着的边缘区域文化。

在岳池农家文化的外延理解上，我认为人类学之父的英国人类学家爱德华·泰勒给出的定义范围是比较全面的。他在《原始文化》“关于文化的科学”一章中说：“文化或文明，就其广泛的民族学意义来讲，是一复合整体，包括知识、信仰、艺术、道德、法律、习俗以及作为一个社会成员的人所习得的其他一切能力和习惯。”岳池农家文化所体现的民间语言（歌谣）特色、民间艺术（包括民居等建筑艺术）特色、民间信仰的特有方式、民间习俗的特点、民众行为的道德要求和法律约束都有着特殊方式，传承并形成了自己特有的习惯。县文联所编辑的《岳池农家文化概览》中基本上阐述了其特色，从它确定和编排体例来看是比较全面的。但忽略了“宗教文化”这一方面，它也应是岳池农家文化的一个重要内容。上千年来宗教信仰渗透在民间习俗以及民间艺术、民居建筑等各方面，它以其多种形式来教化民众，与社会保持和谐。所以，宗教文化是不可回避的。

2. “岳池农家”丰富多彩的民俗生活

陆游的《岳池农家》（载《剑南诗稿》）充分展示了岳池农家生活和民间习俗、民间艺术，它是我们认识岳池农家文化的最好范本。其一，展示了忙碌与闲适的田园风光。“原头叱叱两黄犊”“雨细有痕秧正绿”“绿秧分时风日美，时平未有差科起。”表现了岳池农家农耕农事的忙碌与恬静、闲适，没有平时苛税人的吆喝。诗中体现出陆游来时是“春深”时节，农耕正忙。所滞留正是栽秧薅秧时，他亲身体验感受了岳池农家农事生活。岳池农家人的栽秧别有一番情趣。农家青年男女在栽秧时嬉戏田间地头，“大田栽秧排对排，情歌情妹跳下来。哥栽前头妹栽后，永生永世不分开。”“大田栽秧排对排，十八妹子送茶来，哥不喝茶妹不爱，喝口热茶暖胸怀。要喝茶儿自己倒，要玩妹儿明晚来。”（《岳池农家文化概览》第四章“岳池农耕文化”）在秧绿后的薅秧时也情趣盎然。农家青年男女薅秧时即兴编唱薅秧歌：“太阳出来喜洋洋，大田薅秧行对行。这边唱歌逗幺妹，那边唱歌惹情郎。”“大田薅秧沟对沟，捡个螺蛳往上丢。哥哥晒得脸黝黑，妹妹晒得汗水流。”（《岳池民俗》“生产”）这一幅幅农家农耕风俗画给恬静的田园，撩起了一派欢愉的气氛。延续到秋后的打谷收割，人们劳累了，也以自己特有的乐趣方式来消除疲劳。在院坝中，他们将拌桶翻过来底朝天，拼凑在一起，铺上凉席，搭成四面八方都可观看的舞台，舞台上方挂上各式各样的灯，构成“火树银花”景致，在灯下演戏，非常热闹，即今称为的“灯戏”。人们劳累后观看灯戏，既解除疲劳，又愉悦身心。这就是岳池人在“傩祭”的基础上改造发展起来的“傩戏”到比较完美、独具特色的民间艺术——“灯戏”。

其二，表现了淳朴敦厚的民风民俗。“买花西舍喜成婚，持酒东邻贺生子。”反映出当时的婚姻习俗：“拜香火、坐歌堂、迎亲、闹房、逢生、报喜、打三朝、满月”等婚姻程式，人们为此操办得隆重喜庆、雅俗相娱，（《岳池民俗》“婚姻”）也反映出民俗的规范约束，使民众风气纯朴，和睦融洽。“谁言农家不如时，小姑画得城中眉。”展现出农家生活的富足与姑娘的柔媚风貌，隐喻出青年男子对美貌姑娘的努力追求，也反映出岳池农家人的观念适时和开放，与时代潮流相合拍。

其三，显示出比较发达的商贸、手工业。“一双素手无人识，空村相唤看缫丝。”反映出南宋时期岳池农家女缫丝纺织的盛大场面和岳池农家女的心灵手巧，以及现时商贸、丝织手工业的发达。其缫丝历史悠久，相沿成俗。那时男耕女织，妇女朴实、勤劳、手巧，昼纺夜绩，丝纺织品销往四川、云南、贵州等地（《岳池县志》清光绪版记载）。现代人们承袭了传统纺丝业，也曾较为发达，产品销往沿海东部和出口。

其四，展现了其乐融融的和谐社会。“农家农家乐复乐，不比市朝争夺恶。”反映出岳池农家的民众快乐耕作，闲适作息，生活其乐融融、和睦相处，没有市朝的交恶，社会安定祥和。

3. 岳池农家文化的“地域特色”

（1）地域环境对岳池农家文化的影响。一个地方的地域文化是由当地的地理、人文、气候、生产、生活条件等因素影响所形成的。好的地域文化能契合当地生活，影响和塑造当地精神文化。

谭继和先生认为“巴蜀文化”是具有悠久而独立的史源，从古至今的历史连续性，具有延续的表现形式的区域性文化。并指出了其基本特征：巴蜀文化中农业文明时间最长，所以又可称为农耕文化。巴蜀文化是小农业生产方式（静态文化）与工商运动方式（动态文化）矛盾运动的产物，它既有安宁闲适的一面，又能有开拓、开放的一面。（谭继和《巴蜀文化纵横谈》，载《巴蜀文化网》2004－2－23）

“岳池地属西蜀，天府之国也。全川形胜，悉数难终；而嘉陵山水乃吾郡之最著者。岳邑地偏一隅，纵横百余里耳，然秀水明山，钟灵有自；岩疆险隘，备卫无虞。津梁舟车四达。市镇烟火万家。”（《岳池县志》清光绪版；县志办1995年4月印《岳池县志卷三》疆域）其县志说明岳池是灵山秀水、比较发达的地域。从岳池历史地域沿革也可看出，岳池古之就为禹贡梁洲之域，经古蜀国地，春秋为巴国，秦属巴郡等历史演变。（《岳池县志》清光绪版）岳池既属巴郡，又属蜀国，地域环境属于二者交汇之地，接受了二者文化的影响。岳池多为丘陵，以农耕为主，千余年来传承了巴蜀农耕文化；但也倚临华蓥山，嘉陵江和渠江流经境内，世居川东地区的土著民族——板楯蛮（賨人），岳池也是賨人的集聚地，他们传承了巴渝文化的豪爽、耐劳、辣劲之风。岳池县的中和、罗渡一带，紧靠华蓥山麓，有山道出入重庆，历史上的赍人又借渠江、嘉陵江之水，下重庆贩运经商，深受巴渝文化的影响，一定程度上具有巴渝——重庆人的性格；九龙、石垭、白庙一片，地处坪坝浅丘，气候适宜、土地肥沃，近县治所在地，接受巴蜀文化的熏陶，具有巴蜀农耕文化之习俗。岳池县的顾县、苟角、兴隆、酉溪、坪滩一片，是山岭丘陵交汇之地，民生勤劳、敦厚、豪爽，两者文化兼有之。应该说这就是岳池特殊地域环境造就了特殊地域文化，是历代文化所表现出的土著文化的主流，它代表着一种区域环境的文化和生活方式，形成了独特思维模式和文化心理，从而产生相近的文化品格。

（2）人口迁徙变化对岳池土著文化的影响。

我县人口的迁徙凸现出民俗文化的多元性。《岳池民俗》（县地方志办公室编）记载：县境土著居民姓氏较少，明洪武年间，由湖广移民入县，姓氏逐渐增多。清顺治至乾隆年间，外省人民奉诏入川，湖北、湖南、江西、福建、广东、广西、陕西、甘肃、贵州等省不同姓氏者先后偕妻携子迁入岳池，移民尤以湖北麻城、孝感、湖南永州、沅州为甚，插占垦荒，聚族而居，后子孙繁衍，便散居各乡种田谋生。我县移民文化表现出的多以巴楚文化、长江三峡文化、湖湘文化的风情民俗为主，一直就这样沿袭了下来。同时以自己的客家文化积极地影响着土著文化，改变和逐步完善着自己在新地域上的新文化——“新客家”文化。麻城、孝感的移民文化属巴楚文化，巴人为白虎崇拜、楚人为凤崇拜，巴人的巫风巫习也与楚人的巫风巫习融合为一体，成为同一巴楚文化类型。麻城、孝感人从订亲到完婚要经过五道程序：一允许酒；二过贴（庚贴）；三谋媒；四报期；五完婚。而且还有“新婚三天无大小”的说法，人们认为越闹越发，不闹就觉得冷清（《巴楚古老的文化》—楚文化网）。以及四川民间凡遇婚嫁丧寿或庆贺开业、请“满月”等等所办传统席面多为备办九种荤菜宴客，此即俗称“九大碗”或“九斗碗”。此种“九大碗”待客之俗即源于湖北麻城县孝感乡（《寻根圣地：湖北麻城孝感乡》作者：村学究）。而今岳池农家仍保留着这些民俗传统，盛行着“八大碗”，（其菜肴内容相同）可看作是这民俗的延伸。湖南永州、沅州移民主要的是“傩文化”。“傩文化”是湖湘文化的根，由于“傩文化”是农耕时代的意识形态，它只能依附农耕文化才能生存（林河，湖南省文史研究馆馆员）。岳池是以农耕文化为主，这种文化也很自然的与土著文化契合。湖湘移民带来的以“傩祭”为主的农耕文化为岳池农家文化的民俗以及发展为后来的川北灯戏奠定了基础。

无论是来自哪省的移民，他们都有其共同点，是以一族一群而聚居，所以建有各姓氏的祠堂、祖屋与茔盘，这些建筑物是客家人经过再三迁徙，最终落籍的标志，是客家人在最终迁徙落籍过程中创造和形成的客家文化存在的重要形式。岳池各地特别是县治所在地建有许多各姓氏家族的会馆与祠堂，这就成了客家文化的标志形式。岳池县城建有九宫十八庙（已仅存少数），这些会馆与祠堂形成了农、商优势地带，其会馆、祠堂不仅是族居会合和祭祀的地方，也是经商的集所，它直接推动了岳池特色文化和经济社会的发展。

（3）岳池土著文化与外来文化的融合。

多省移民来到岳池在这块陌生的巴蜀、巴渝地域交汇的土地上，为适应其自然条件与人文环境，他们又一次有选择地容纳、吸收当地的土著文化，历经演绎融合为一种既有巴楚文化、湖湘文化，又有巴蜀文化、巴渝文化紧密结合的新形态的客家文化。

外来迁徙人口所带来的多元文化对岳池这块巴蜀、巴渝交汇三角地域上的本地土著文化以冲击、碰撞和融合，使岳池农家文化在土著文化的基础上，又呈现出具有开放、开拓的文化态势，显示出了岳池农家文化的独特性——以土著文化为基础，较多地表现出新形态的客家文化特征。

从上述三方面看，我认为“岳池农家文化”就是指具有岳池地方特色，丰富多样的传承复合型的一种边缘区域的社会群体文化。

二、“岳池农家文化”特征的解读

1. 土著文化与巴蜀文化的统一

岳池土著文化是以上所述的岳池特定地域环境对文化影响形成地域特点的边缘区域的土著文化。这种文化与巴蜀（渝）文化有机融合的基础是岳池特定地域环境与上千年来的文化传承的影响、演变和发展，形成了岳池农家文化的特质——两者文化相融的具有独具特色形态的土著农家文化。

2. 多样文化与农耕文化的统一

由于移民迁徙，他们带来了自己原生地的文化，保持和传承下来；在迁徙地插垦生产、生活作息中，接受了当地土著文化的侵染；他们来自多个省份，又受多种文化熏陶，沿袭约束思想和行为，表现出了客家文化的多样性。岳池土著居民以特有的长期生产种植的农耕生活习俗及产生的思想、信仰和价值观念、审美意趣等，表现出岳池人的聪明智慧，创造了岳池民间歌谣、民间艺术、民间习俗等特色文化。外来迁徙移民与土著民众在这块地域上共生共居，相互吸纳其优秀的文化精华，在长期的历史演进中逐步相融，形成了共生的边缘区域文化——岳池农家文化。

3. 现代文化和传统文化的统一

岳池农家文化具有中华文化这个大家庭的传统文化特点，也体现出巴蜀（渝）文化的特征，更具有岳池土著、移民文化的特质，表现出岳池农家文化的特有思想内涵、风俗习惯、宗教艺术、思维方式和行为方式。它不仅属于优秀的传统农家文化，又以其开放、包容的精神，在今天更具有了新的生命力。传统的精华内容伴随着社会的发展而不断丰富、不断充实、不断提高、不断熏陶现代的岳池人，它以其浓郁的民间特色、独有的民间艺术形式、纯朴的民间习俗、其乐融融的农家生活、色形俱佳的农家美食、独特造型的农家居所、传承延续的宗教信仰等特色农家文化，影响着我们今天的社会，丰富着我们的日常生活，熏陶着我们的思想。岳池人将以日常生活审美化的眼光来审视岳池农家文化，将更深层次地发掘其民间习俗、民间艺术等文化特质，演绎出岳池农家文化精彩的现代版，凸现岳池农家文化的价值，愉悦人们的心情，升华人们的精神，产生极大的文化凝聚力，推动岳池经济社会和谐发展。

（廖纯洁）

岳池农家文化概念初探

2002 年，岳池成功地举办了首届农家文化节，吸引了全国各地朋友及一些外国贵宾光临岳池、了解岳池，实现了“文化搭台经济唱戏”的目的，取得了城镇美化、招商引资、工商贸易、弘扬民间文艺的可喜成绩，省及中央新闻媒体多次宣传介绍岳池，岳池的名声一下子提高了许多倍。尝到甜头的岳池党政领导和群众，决定每两年举办一次农家文化节，并下决心越办越有特色新意，越办越受中外来宾和本县群众欢迎。

第一届岳池农家文化节后，不少外地朋友来岳池学习传承、弘扬农家文化的经验；不少新闻媒体包括中央电视台来岳池采访农家特色文艺。凡来岳池的客人，都提出了“岳池农家文化指什么，其内涵、特点是什么”等一串问题。而这些问题，我们较难给予人家满意的回答。为什么呢？因为我们尚未对农家文化进行系统的深层次的研究。作为岳池的一名群众文化工作者，有责任对农家文化做一些理论探索，为有关职能部门、组织者和研究岳池农家文化的专家学者提供一些参考素材。因此，在第二届岳池农家文化节来临之际，笔者斗胆就岳池农家文化的概念谈谈个人肤浅的看法。

一、概念的构想

笔者曾听到有人在回答“什么是岳池农家文化?”时说：“岳池灯戏就是岳池农家文化。”为什么会有这个结论呢？因为岳池川剧团曾于1987年晋京入中南海演出川北灯戏，为岳池赢得了荣誉。出于这种见地，凡外地来岳池参观学习，或是新闻媒体来岳池采访，岳池接待演出的文艺节目常常是灯戏，而且常演的节目是《嫁妈》。岳池有关人士说灯戏是富有岳池特色的农家文化，而南充有关人士却说岳池灯戏是南充扶持起来的。因为岳池引为骄傲的1987年晋京演出的川北灯戏，是当时的南充地区文化局集中南充地区十二县市的文艺精英打造出来的，编剧、导演、作曲、主要演员、鼓师都是南充人。即使是当今岳池引为重点剧目的《嫁妈》，也是向南充川剧团学来的。在此之前，岳池虽有灯戏演出，却名气不大，现在将川北灯戏变为岳池农家文化，难免有贪天之功为己有之嫌。

既有争议，只得改口。于是，有关人士又称高亭是岳池农家文化，这种结论的争议不大，因为附近县市很少有人能制作高亭，即使有高亭现世，其作品也无岳池高亭精美。笔者认为，无论灯戏，或是高亭，都只是岳池农家文化的一种表现形式，说它就是岳池农家文化，是一种片面的说法。

什么是岳池农家文化？或者说岳池农家文化的概念怎样来表述？笔者认为，岳池农家文化是在传统民俗的基础上，提炼发展，形成的具有岳池地方特色的一种文化意识。此说的理由是什么？首先从其基础——民俗来入手探讨。

二、基础的探讨

在人类文化意识的长河中，民俗是以原生态的文化意识团为核心，构成人类文化意识的意象原型，反复出现，奠定了人类文化意识的理性基调和现实的倾向性。现代的各种事物，粗看是当今时代时髦的东西，如果稍稍分析一下，追根溯源，就会发现其间沉淀着初民社会就有的民俗的思维基因。例如，现代的小孩大多是独生子女，父母将心血大部分花费在教育培训子女身上，人们俗称这是“望子成龙”“望女成凤”。龙凤原本是我们民族先祖中产生的幻想综合型图腾崇拜物，它作为初民民俗中的意象原型，几千年来一直成为人们认识权威、希冀新人的理想模式。在岳池农家文化活动中，逢年过节或重大庆仪活动，人们喜欢舞龙，且有彩龙、火龙、水龙、草龙等多种形态，相沿至今。再如岳池人从古至今遵循的孝道，就是中华民族民俗思考原型礼仪化的产物。远祖狩猎社会中，老年人无力上山狩猎，被视为“包袱”，受人歧视甚至被杀掉。而在农耕社会，早期的农业生产一靠天公作美，二靠有经验的人传授耕种技术与管理，饱经风霜而积累了丰富农耕经验的老年人，得到了大家的爱戴和敬重，逐渐习俗化。加上人们对血统和家庭、宗族利益的重视，孝的观念和行为不断强化，形成孝俗。直至当今，岳池老人的花甲、古稀等寿辰，其子孙后代、三亲六戚、邻里乡亲要为之举办寿庆活动，唱寿戏；老人辞世，要为之举行传统的丧葬仪式，打白期（唱戏）。上面几个事例中说到的玩龙、唱寿戏、打白期，都是岳池至今传承着的农家文化活动，而它自古以来与岳池的地方民俗紧紧相连。文化因素是民俗的重要组成部分，各种民俗活动的词、曲，很多是优美的民间歌谣和民间文学作品；民俗活动依靠文化活动来展现，靠它吸引民众共同参与以完成整套程序。因此，民俗是人类社会群体固有的传承性的文化生活现象。放眼现时岳池农家文化的各种品类，无不与传统民俗文化陈陈相因。半个多世纪以来，一些人将民俗与封建迷信等同视之，谈民俗而色变。因此，凡与民俗有关的文化活动如“川剧玩友”活动，不愿沾边，更何谈扶持？视曲艺、杂技、木偶、皮影为黄泥巴脚杆的艺术，认为无观赏价值，故岳池农家文化的一些独有表现形式，只好“墙内开花墙外香”。或许是出于这些缘故，人家问道什么是岳池农家文化，只好回答：“灯戏就是岳池农家文化”，因为灯戏进过中南海，“中央首长看得我也说得”。或者说“高亭就是农家文化”，因为高亭演员只走过场表演，不开腔，不会说封建迷信话，组织者亦不会犯错误。殊不知灯戏、高亭也与传统民俗紧紧相连，灯戏源巴蜀古代的民间庆仪活动——跳端公；高亭展现的是神话传说或民间故事的某个情节，仍脱不了与民俗有染的干系。

这就是说，无论你沾不沾边，重不重视，民俗实实在在的存在于民众生活之中。因为它是民众文化与生活的双重复合体，是人类社会发展中不可避免的必然要出现的伴生物，人类任何一个时期都在萌发形成新的民俗。我们要打造岳池农家文化品牌，就不可能避开民俗。固然，传统民俗与现代三个文明建设有许多不合拍的东西，对三个文明建设有制约作用，某些因素还有较大的破坏力，但其中也有很多真知灼见的东西，对现代三个文明建设有很大的促进作用。只要认真诱导，剔除陋习，树立新风，民俗就会很好地为现代建设服务。

三、形成特色的原因

笔者认为，岳池农家文化有广泛参与、娱乐教化、传承变异和地方风韵浓厚等特色，囿于本文主题及篇幅，不在此论证特点，仅就为什么说它具有地方特色和为什么会形成这些特色谈谈管见。要说明这个问题，还得从其基石——民俗说起。

民俗在社会现时中展现出来的，就是社会群体生活里那些没有明文约定的规矩。所谓社会群体，是指人类的一部分而不是整个人类。这种群体大一点便是民族，小一些即是区域民众。民俗只与一定区域的民众相适应，即一个民族有一个民族的民俗，同一个民族区域不同民俗亦不尽相同，这就是说，民俗有鲜明的民族性和区域性，民俗作为一种约定俗成的规矩，在实施过程中有一种固有的模式和相对稳定的程序，且具有一定质的规范性。如岳池农家的婚娶、丧葬习俗，都有一套固定的程序和要求，参与者只有依照约定俗成的要求，按部就班完成整套程序，否则，便会受到责备。去年，北京某新闻媒体来岳池摄制反映婚嫁习俗的片子，有关接待人士组织剧团演员到新郎家在拜堂成亲时演出灯戏。组织者的初衷一则以文艺节目表示对新郎新娘的祝福，二则在记者面前展示岳池婚娶习俗的热闹场面。倘若演出一个喜庆节目，效果肯定很好。谁知组织者又安排演出《嫁妈》，就事与愿违了，遭到当地部分民众特别是老年人的暗地指责。为什么呢？依照本地习俗，人们对新婚夫妇的祝福及新郎新娘自己的期望，都是能终身相伴、白头偕老。而《嫁妈》演唱的赞扬的却是嫁第二嫁，人家刚结婚你就在祝他死男人嫁二嫁，谁能忍受？幸好，岳池农家人通情达理，顾及正办喜事且有外地记者在场而没有乱吵乱骂，否则还会白送给记者一条笑话新闻。为什么这条笑话新闻记者没采到呢？因为记者是北京人，虽同是汉人，但地域不同，习俗不尽相同，所以，他以为岳池的民俗就是如此，没发现其中的不妥之处。再如，岳池县顾县镇、齐福乡隔县城都只有二十来公里，而这两个地方的民众说话与县城及其他乡镇语音不尽相同。黄龙乡、兴隆乡一带与中和罗渡一带同属于岳池县，兴隆、黄龙一带嫁女坐歌堂以腌大蒜、水咸菜待客，中和、罗渡一带以糖果、瓜子待客。这就说明，即使是同一民俗圈内的民众，所遵循的民俗也大同小异，由于地域不同，民俗文化不尽相同，人们的爱好和审美观念不尽相同，这就为不同区域提供了形成具有当地特色文化艺术的土壤。岳池的坪滩、嘉陵、龙孔、镇裕一带多爱好民间杂技，乔家、朝阳、石垭一带多爱好木偶，镇龙、大石一带多爱好曲艺，九龙喜欢高亭。

在民间美术、书法、工艺品等方面亦是如此，顾县、苟角喜欢书法，长于竹编篾席；花园、九龙一带长于石刻、泥塑；同兴、兴隆一带喜欢根雕；大佛、裕民一带擅编竹扇；乔家、普安一带长于竹编草编花篮。土特产品，风味食品等方面皆是如此，白庙米粉，中和陈醋，顾县牛皮豆腐干，双龙柚子。民间表演艺术、美术书法艺术、工艺品艺术、风味小吃艺术、土特产品艺术等等，都是岳池农家文化的组成部分，各乡镇具有地方特色的门类组合起来，岳池的农家文化就显得品类多、内容丰富、内涵深刻，且具有农家韵味和特色。仅以表演艺术为例，当今岳池共有 110 多个民间文艺团体，从艺者 1000 多人。其中 30 多个曲艺，戏剧、杂技、木偶、皮影等品类的民间职业剧团，常年在全国各地巡回演出，演出的多是具有岳池特色的节目，很受欢迎。其中，乔家镇郭宗勋能一个人取代六七个人演一台被单戏，此技艺在全国绝无仅有，曾为德国、日本外宾表演，受到赞扬。坪滩的胡泽、王芳，嘉陵的胡成、胡勇等几个中青年演员表演的电钻刺腹、铁头功等岳池独有的节目，令人惊叹折服。这些演员被中外观众誉为“大师”，被很多大城市的文艺中介公司奉为“佳宾”，迎来送往。全县有 76 个民间“川剧玩友”班组，近 400 艺人，常年参与农家红白喜事民俗活动，座唱川戏。如果加上县城乡镇社区民众组建的于节庆、促销、时政宣传时方上街表演的玩龙、舞狮、高亭、车灯、彩船、连厢、腰鼓、秧歌等队伍及管弦乐队，全县有一万多人经常参与文化活动，由此可见岳池农家文化的深厚底蕴和风韵特色。

四、“文化意识”的理解

民俗学界的专家学者将人类文化意识的结构分为三个层次，第一层次是它未经分化的原生态的文化意识团，第二层次是由民俗提炼分化出来的宗教、伦理、文艺、法律、历史、技艺等各分类学科，第三层次即是由人文及自然学科高度理论抽象的结晶——哲学。笔者认为，岳池农家文化因素特别是作为其基础的民俗文化因素，渗透于前面所说的宗教、伦理、文艺等各个领域，在各个领域中都有不同程度的体现。岳池代代传承着民间曲艺艺术，直至当今岳池尚能创作演出扬琴、竹琴、盘子、清音、车灯、评书、相书、双黄、连厢、快板、相声、方言、谐剧、莲花闹、三句半等近二十种形式的曲艺节目，而这些民间说唱节目却与佛教有很深的渊源。尽管它萌芽于原始社会的“嗨哟”声，继承了先秦的民间文学，但在先秦并未形成自己的样式。六朝时佛教传入中国，在庙堂采用散文、韵文相结合讲述佛教故事和民间故事。后来和尚说经由庙堂走向民间，讲书人不再是和尚而是民间艺人，在唐代方形成民间说唱文艺的样式，即后来统称的曲艺。时至今日，岳池农家还在传唱着佛教宣扬因果循环的歌谣：“昔日螳螂去捕蝉，偶遇黄雀在树间，黄雀又遭弓弹打，打弹之人被虎餐……”这个事例说明宗教为让其主张易于为人们所接受，便利用民间文艺来进行宣传，也就是说宗教中渗透着民俗文化因素。再如，旧时，按传统习俗，妇女应遵循三从四德的道德规范，为了让妇女记住三从四德，便编出了《女儿三字经》。三从四德原本是传统民俗对妇女的制约，还要用民间文学作品《三字经》来强化，可见在伦理道德方面，民俗文化因素起着多大的作用。在技艺方面展现的事例，更是举不胜举。无论是工艺品，或是机械化产品，其外观造型、包装妆饰、宣传广告、促销活动，无不体现民俗文化因素，无不体现特色文化意蕴。国家法律，地方政府政令，是严肃、庄重的，但在制订时，充分考虑了民俗文化因素。如新《婚姻法》，就充分考虑中国的孝俗、血缘关系、一夫一妻意愿等民俗因素。政府对少数民族的法规与对汉人的法规不完全相同，更说明法律尊重不同民族的不同习俗，也说明民俗文化因素渗透于法律之中。因此，笔者认为岳池农家文化是在民俗基础上提炼、发展而形成的一种文化意识。

综上所述，笔者认为岳池农家文化不是指某一方面的文化艺术现象，它是由传统民俗文化提炼、发展而形成的一种文化意识，这种文化意识具有岳池的地方风韵特色，在岳池人社会生活的方方面面展示出来。岳池党政领导决心打造农家文化品牌，是代表中国先进文化前进方向的体现，是顺民心和民意的。岳池农家文化底蕴深厚，要使它大放光彩，也是切实可行的。但愿能在第二届农家文化节后，组织力量对岳池农家文化各方面进行大胆探索研究，形成一套系统理论，用以指导农家文化活动，在第三届岳池农家文化节时，展现出岳池农家文化更新的风采。笔者坚信，岳池农家文化将会在当代的物质文明、精神文明、政治文明建设中，做出更大贡献。

（邓庆贵）

二、“中国曲艺之乡·岳池论坛”文章选载

共谋新举，繁荣发展基层曲艺事业

——在中国曲艺之乡·岳池论坛上的讲话（摘要）

中国文联副主席、中国曲协主席　刘兰芳

近年来，党和国家越来越重视中国特色社会主义文化建设，重视发挥文化教育人民、引导社会、推动发展的重要作用。中国曲艺家协会也通过搭建中国曲艺之乡这个平台，推动曲艺的传承创新，促进全国各地曲艺之乡之间的广泛交流，在繁荣发展基层曲艺事业、活跃基层群众文化生活，推动社会主义新农村建设与和谐文化建设方面发挥出日益重要的独特作用。

在座的许多同志长期在基层一线从事曲艺工作，你们的观点和建议对于中国曲艺之乡的繁荣发展必将产生广泛、深远的影响，对曲艺艺术的传承创新将起到重要的推动作用；对于中国曲协而言，这也是一次难得的调查研究，使我们对当前各曲艺之乡的发展现状能有更为全面和深入的了解。今天的论坛，希望各位在座的艺术家和理论家都开诚布公、畅所欲言，彼此分享各曲艺之乡在继承传统、挖掘保护以及服务基层百姓中的宝贵经验，也对当前曲艺之乡发展中存在的问题提出积极的意见与主张，以有利于我们进一步做好基层群众曲艺工作，促进中国曲艺之乡的全面健康发展。

同志们，四川岳池在创建中国曲艺之乡工作方面走在了全国前列，为全国的曲艺之乡建设事业起到了示范作用。此次岳池论坛，必将进一步推动岳池曲艺的蓬勃开展，为岳池文化事业和经济社会的发展注入新的活力。今天的论坛也是各曲艺之乡曲艺家和理论家们的一次团聚，我们在坦诚的交流中将进一步加深友谊，促进团结。我相信，只要我们牢牢把握住先进文化的前进方向，遵循曲艺艺术的特点和规律，共同努力，携手同心，大胆探索，不断攀登，曲艺一定会更受广大基层观众的欢迎和喜爱，中华民族曲苑一定会更加芬芳，更加鲜艳！

打造曲艺品牌　服务基层群众

——在中国曲艺之乡·岳池论坛上的总结讲话（摘要）

中国曲协分党组书记、驻会副主席　董耀鹏

两年前，中国曲协在岳池召开中国曲艺之乡建设研讨会。两年后，我们今天再次相聚，举办岳池论坛，共叙深情厚谊，共商发展大计，共话美好前景。岳池论坛是岳池杯——首届中国曲艺之乡建设系列活动的一项重要内容。这次论坛的主题是：认真总结创建中国曲艺之乡取得的成绩和存在的问题，深入研究中国曲艺之乡建设与发展的特点和规律，全面分析面临的机遇和挑战，科学提出健康发展的思路和对策，推动中国曲艺之乡建设再上新台阶新水平。下面，结合今年中国曲协开展全国曲艺大调研的情况，就当前和今后一个时期中国曲艺之乡的建设与发展，谈四点意见：

第一，坚持一个宗旨：围绕中心、服务大局

文化的发展离不开特定的经济社会的发展，离不开具体的历史条件和现实环境。我们党从现代化建设“四位一体”总体布局的高度，一贯重视中国特色社会主义文化建设，重视发挥文化教育人民、引导社会、推动发展的不可替代的重要作用。保障人民群众的基本文化权益，让人民群众共享文化发展成果，是推动中国曲艺之乡健康发展的根本目的。我们要坚持不懈地用科学发展观统领中国曲艺之乡的建设与发展，有效发挥曲艺作为“文艺轻骑兵”在服务地方党委和政府重大决策部署、引领社会风尚方面的重要作用，大力培育和弘扬以爱国主义为核心的民族精神和以改革创新为核心的时代精神，为促进当地经济社会全面、协调、可持续发展提供智力支持和精神支撑。

依托基层，面向基层，服务基层，满足人民群众的精神文化需求，是中国曲艺之乡的基本特征。我们要进一步发挥中国曲艺之乡（曲艺创作培训基地）在繁荣发展基层曲艺事业中的积极作用，努力建设和谐文化，不断满足基层百姓求乐、求知、求富、求美的强烈愿望和新的期待。要切实贯彻“三贴近”原则，认真落实国务院《关于加强公共文化服务体系建设的若干意见》，借助“中国曲艺之乡”品牌，持之以恒地开展文化惠民活动，充分发挥曲艺在围绕中心、服务大局方面的独特作用。

第二，抓住两个基点：抓基层打基础、抓建设谋长远

创建中国曲艺之乡，既是一项长期的重大任务，也是一项必须抓紧的现实工作。因此，立足现实，抓基层打基础；着眼未来，抓建设谋长远；这是我们创建中国曲艺之乡必须长期坚持和贯彻落实的重大基本方针。一个基点是立足现实，抓基层、打基础。包括曲艺在内的所有民族民间的传统艺术，都是在一定的乡土范围内生成并且传衍的，离开了基层，曲艺也就失去了生存和发展的土壤。创建中国曲艺之乡，就应该突出一个“乡”字，要背靠“乡土”“乡景”，面对“乡亲”“乡里”，演出“乡音”“乡情”，弘扬“乡韵”“乡味”。作为中华民族传统文化的重要组成部分，曲艺在民族土壤中扎下了牢固的根基，以其独有的民间性、大众性、通俗性和多样性，在不断满足人民群众日益增长的精神文化需求方面发挥着极为重要而特殊的作用。举个例子，岳池风光秀丽，曲艺历史悠久，品种之繁，艺人之多，影响之广，实不多见，全县拥有清音、扬琴、竹琴、盘子、荷叶、连厢、车灯、灯调、金钱板等20余种曲艺形式，有民间职业演出团体22个，还有40多个乡镇、社区组建的业余曲艺演出队，曲艺超市、曲艺广场活动方兴未艾，这是十分难得的资源优势和可贵的发展基础。四川省曲协在调研论

证岳池曲艺的基础上，命名了一批曲艺社区、曲艺学校，对岳池曲艺的发展给予及时的指导和有力的推动。在岳池，群众性曲艺活动生机勃勃，写曲艺、演曲艺、听曲艺蔚然成风，许多反映百姓现实生活、群众喜闻乐见的曲艺节目应运而生。可以说，深厚的曲艺文化底蕴、浓郁的群众曲艺氛围和独特的乡土地域特色，为岳池这个“中国曲艺之乡”的发展奠定了基石，创造了条件。岳池创建中国曲艺之乡的经验和做法值得总结和推广，需要很好地进行宣传。

另一个基点是着眼未来，抓建设、谋长远。中国曲艺之乡的建设涉及到方方面面和诸多环节，不是一个可以单兵突进的片面过程，而是一个需要统筹兼顾的系统工程，必须按照科学发展观的要求加以综合考虑和未来规划。中国曲艺之乡的建设和发展，应当从历史渊源、文化传统、艺术传承、生态环境、遗产挖掘整理、人才受众培养、学术理论研究、政策法规保障、资金智力投入、文化设施建设等方面，进行科学的论证和合理的规划，采取有效措施，搞好综合配套。建设中国曲艺之乡，应当是让曲艺扎根于群众之中，得以弘扬下去；应当是为当地经济社会建设服务；应当是在提升一方百姓生活质量中发挥不可替代的作用。中国曲艺之乡是一种荣誉，更是一种责任，切忌牌子到手，创建到头。这些年来，中国曲艺之乡立足实际，重在建设，各尽所能，为繁荣发展曲艺事业作出了特殊贡献。比如：广东省现拥有 11 个“中国曲艺之乡”，除了专业演唱外，全省以演唱粤曲为主的文化活动空前活跃，初步形成了“广东粤曲无淡季、万家灯火万家弦”的喜人景象。又比如：浙江省绍兴县、湖南省祁东县成为“中国曲艺之乡”后，地方曲种绍兴莲花落和祁东渔鼓经过改革创新，赢得了当地广大听众，获得了经济效益和社会效益双丰收，为全国各地振兴基层唱曲艺术提供了有益的经验。

第三，把握三者结合：把党委政府的要求、群众的需求和曲艺工作者的追求结合起来

坚持从实际出发，努力把党委政府的要求、群众的需求和曲艺工作者的追求有机结合起来，从中找到并不断扩大三者之间的结合部和共识面，是促进中国曲艺之乡科学发展的重要途径。中国曲艺之乡的创建和发展，有赖于各级党委政府对曲艺事业的重视、关心和支持，同时更为重要的是要贯彻和体现党委政府的部署和要求。中国曲艺之乡应当在党委政府的领导下，以改革创新为动力，以服务地方经济社会为重点，以满足人民群众精神文化需求为根本，团结凝聚活跃在基层一线的广大曲艺工作者和曲艺爱好者，开拓进取，为推动曲艺事业的大发展大繁荣而不懈奋斗。

中国曲艺之乡的创建和发展，要依托于广泛而深厚的群众基础，更要下大气力，努力满足人民群众的精神文化需求。中国曲艺之乡举办的曲艺研讨、曲艺交流、曲艺比赛、曲艺展演等曲艺活动，已经发展成为各地的重要文化品牌，它们面向基层、贴近百姓、服务群众，营造出喜庆热闹、欢乐祥和的浓郁文化氛围，不仅保障了人民基本文化权益的实现，而且还为中国曲艺之乡注入了充沛的人文精神。中国曲艺之乡通过曲艺活动的蓬勃开展，应当有利于普及曲艺知识、弘扬传统美德，有利于倡导良好社会风气、促进社会和谐，有利于践行社会主义核心价值体系，为推动社会主义精神文明建设作出新贡献。

第四，发挥四个作用：曲艺创演交流平台的作用、曲艺成果展示窗口的作用、曲艺文化传承基地的作用和曲艺人才培养摇篮的作用

17 年的发展历程充分证明了中国曲艺之乡存在的意义和价值，主要体现在这样几个方面。中国曲艺之乡要发挥曲艺创演交流平台的作用。体育靠比赛，艺术靠交流。在经济社会快速发展的今天，要提高曲艺在当代文化艺术之林中的竞争力和影响力，进一步推动曲艺的创作演出交流就成为一项十分紧要的重大任务。各地中国曲艺之乡坚持开展的一系列品牌活动，为曲艺创演和交流提供了有效的平

台和载体。大连市西岗区多次与中国曲协合作，举办“西岗杯”全国相声新人新作大赛，成绩显著；河南平顶山市人民政府与中国曲协联办了两届中国曲艺节，影响深远；河南宝丰县坚持每年农历正月十一日至十三日，在旷野上举办跨地区的盛大“马街书会”，这项以演唱农村曲艺为主的民俗活动已经延续七百余年，引起众多国内外人士的广泛关注。岳池杯——首届中国曲艺之乡曲艺大赛，吸引了来自全国各地“中国曲艺之乡”的五十多部作品报名参赛，这些作品的水平和质量体现和验证了近年来中国曲艺之乡建设取得的丰硕成果。我们希望借助中国曲艺之乡这个大平台，能够进一步加强和促进全国曲艺创演交流，在互相学习和真诚探讨中实现各地曲艺事业的整体推进。同时，我们需要具备深邃的历史眼光和宽广的世界眼光，齐心协力地提升曲艺的创作演出质量，推动曲艺在更高层次、更大范围上发挥作用，扩大影响。

中国曲艺之乡要发挥曲艺成果展示窗口的作用。中国曲艺之乡自创建以来，为弘扬民族民间优秀文化、发展地方曲艺事业作出了积极贡献，尤其是在抢救曲艺遗产、挖掘整理传统曲目、扶持中青年演员、活跃文化市场、服务人民群众等方面成绩斐然，功不可没。2009 年，中国曲协将各地的好经验、好做法编辑成《乡音·乡韵·乡情——走进中国曲艺之乡》论文、声像资料，集中展示了地方曲艺工作和基层曲艺艺术取得的突出成绩，以促使大家在互动中提高认识，在提高中推动发展。今天，中国曲艺之乡建设系列活动，岳池论坛的召开以及后续文集的出版，同样是对 34 个中国曲艺之乡（曲艺创作培训基地）蓬勃风貌和建设成果的全面展示和集中检阅。

中国曲艺之乡要发挥曲艺文化传承基地的作用。大家知道，曲艺是民族方言表演艺术，地域性很强。近些年来，随着国家非遗工作的深入开展，特别是今年（2011 年）6 月《中华人民共和国非物质文化遗产法》的颁布施行，曲艺非遗保护也提上了重要的议事日程。各地中国曲艺之乡内含的文化品格和文化观念是曲艺文化遗产生存的最好环境，我们应当根据历史的价值和现实的需要，组织人力、投入物力、集中精力，采取多种行之有效的方式和手段，切实保护代表性传承曲种所具有的历史性、地域性和民族性特质。同时，我们更应当在丰富和活跃当地文化生活中继续发挥曲艺的作用，使古老的曲目有人排练演出，使活跃的曲种有人学习传承，使群众需要的新节目有人创作表演，从而使曲艺的非物质文化遗产保护与中国曲艺之乡建设，相互促进，共同发展。

中国曲艺之乡要发挥曲艺人才培养摇篮的作用。曲艺人才队伍的建设与发展以及培训教育机构的设立与完善，是衡量曲艺事业繁荣发展的重要标志。各地中国曲艺之乡在培养曲艺人才方面具备独特的优势和作用，不但可以而且能够成为曲艺教育培训在学校教育培训外的重要补充。中国曲艺之乡既有来自悠久文化历史内涵的强力支撑，也不乏具有较高艺术水准的曲艺人才，同时还有适宜曲艺艺术传播发展的文化土壤。2007 年，河南南阳师院音乐学院聘请板头曲传承人宋光生、大调曲子传承人黄天锡为客座教授，向学生口传心授板头曲和大调曲子的演奏、弹唱技艺，在全国率先把地方曲艺作为一门课程引入大学课堂。2010 年，他们排演的大调曲子《雪中红梅》参加了第六届中国曲艺牡丹奖比赛，2011 年赴京参加建党 90 周年曲艺展演，12 名在校女大学生的弹唱与表演令人耳目一新，感动了首都观众，获得了广泛好评。这是中国曲艺之乡曲艺人才培养将民间艺术传承与学校教育培训有机结合的有益尝试。我们有理由相信，中国曲艺之乡必将在培养造就广大人民群众喜爱的曲艺人才方面起到应有的摇篮作用。

中国曲艺之乡作为中国曲协和各地曲协共同联手打造的一个重大文化品牌，是新形势下开展基层曲艺工作的重要载体、有力抓手和可靠依托。但是我们必须清醒地认识到，要真正形成一个有品位、有质量、有影响、有口碑并且立得住、叫得响、传得开、留得下，深受人民群众喜爱的文化品牌，不是一件容易的事情，它需要经过时间的检验、历史的检验、人民的检验和市场的检验。目前，全国31个省区市当中仍有17个省区市，尚未申报中国曲艺之乡。从这个意义上说，创建中国曲艺之乡只是迈出了一小步，今后任重道远，还有大量艰苦细致的工作要做。为进一步做好中国曲艺之乡（曲艺创作培训基地）的建设与发展工作，我向在座的各位同仁提三点建议，供大家参考：

一是加强联系，相互学习。创建中国曲艺之乡，是一个新生事物，需要各个方面共同来做。这就需要我们加强联系，相互学习，共同提高。毋庸讳言，每个中国曲艺之乡都有自身的特殊性，但共同的文化使命和责任担当，促使各个“中国曲艺之乡”务必紧密地联系在一起，团结在一起，凝聚在一起。为了统筹协调中国曲艺之乡的建设工作，中国曲协成立了“中国曲艺之乡（曲艺创作培训基地）建设委员会”，设主任、副主任、委员和秘书长、副秘书长，具体负责中国曲艺之乡（曲艺创作培训基地）之间的联络、协调、服务，指导开展艺术交流、相互联谊和研讨活动，以促进中国曲艺之乡（曲艺创作培训基地）的健康发展。

二是加强交流，相互借鉴。创建中国曲艺之乡以来，从曲艺作品的创演，到曲艺文化的传承，再到曲艺人才的培养，各地积累了许多成功做法和有益经验，基层曲艺工作呈现出许多新创造、新亮点。本届岳池论坛汇集了来自各个中国曲艺之乡的优秀论文，这些文章立足各自实际，直面当下问题，从理论与实践的相结合上，从不同侧面展现了各地开展民间曲艺工作的生动画卷：有的对城市化进程中农村的曲艺创作进行了探讨；有的对地方曲艺表演形式的流变进行了解析；有的提出了民间曲艺表演团体的发展思路；有的介绍了曲艺人才中职教育培养的新型模式；有的梳理了地方曲艺传承发展中存在的突出矛盾和问题；有的发表了繁荣发展基层曲艺事业的新见解、新建议。这些思考认识成果是一笔十分宝贵的思想财富，我们应当很好地交流和借鉴，并在今后的工作中进一步丰富和发展。根据大家要求，中国曲协决定，每两年举办一次全国范围内的中国曲艺之乡建设系列活动，希望各地积极申办。

三是加强合作，相互促进。岳池在创建中国曲艺之乡方面走在了全国前列，岳池的经验值得认真总结和宣传推广。这是中国曲协决定在岳池县宣布成立“中国曲艺之乡建设委员会”的重要原因。目前，创建中国曲艺之乡既面临着难得的历史新机遇，也面临着一些必须应对的新的挑战，总体上机遇多于挑战，希望大于困难。我们一定要抓住机遇，乘势而上，在竞争与合作中相互促进，实现中国曲艺之乡的跨越式发展。为进一步规范中国曲艺之乡（曲艺创作培训基地）的考察、评定、命名、授牌等程序，切实加强中国曲艺之乡的监督管理服务，我们今年（2011年）制定了《中国曲艺之乡评定管理办法》和《中国曲艺之乡建设委员会规则》。我们委托各省区市曲协对申报的中国曲艺之乡进行初评，对已命名授牌的中国曲艺之乡组织年度检查并写出书面报告，中国曲协将每三年对所有中国曲艺之乡进行一次全面复查。我们希望通过规章制度来进一步指导和规范中国曲艺之乡的评定、管理、服务等各项工作，建立健全准入和退出机制，激发各地创建中国曲艺之乡和广大曲艺工作者投身建设中国曲艺之乡的积极性，不断提升中国曲艺之乡建设和发展的科学化水平。

总结岳池曲艺经验　推动曲艺事业繁荣发展

——在中国曲艺之乡·岳池论坛上的讲话（摘要）

四川省文联党组书记、常务副主席　黄启国

2009年，同样在岳池，我参加了“中国曲艺之乡建设研讨会”并发言，我非常荣幸在两年后与曲艺界的朋友们再次进行交流。两年来，正是在中国曲协、四川省曲协的大力支持和岳池县委、县政府的积极努力下，岳池县成为了全国首个“中国曲艺之乡”活动固定基地，“岳池杯·首届中国曲艺之乡曲艺大赛”和“中国曲艺之乡·岳池论坛”也成功举办。在此，我代表四川省文联，向中国曲协的领导和专家表示诚挚的谢意！向来自全国各地曲艺之乡的代表们表示热烈的欢迎！同时对岳池县拥有这项殊荣表示热烈的祝贺！

四川山川秀美，物华天宝，人杰地灵，素有“天府之国”的美誉。四川地处中国西南和长江上游，是我国西部的经济大省、文化大省、资源大省和旅游大省。四川省幅员面积48.5万平方公里，居全国第5位。人口9000万，居全国第3位。辖21个市（州），181个县（市、区）。四川是一个多民族大省，有全国第二大藏区、最大的彝族聚居区和唯一的羌族聚居区。四川经济在中国西部举足轻重，生产总值、粮食总产量、工业总产值和社会消费品零售总额均约占西部12省市区的1/4。四川历史悠久，人文荟萃，文化底蕴非常深厚，文化资源非常富集。三星堆、金沙遗址，是古代长江上游文明的体现。都江堰是世界古代水利工程的经典。从古至今，四川产生了一大批文化名人。汉代有著名的辞赋家司马相如、杨雄，唐代有诗仙李白和陈子昂，宋代有苏轼、苏洵、苏辙，明代有杨升庵，清代有李调元，近现代有郭沫若、巴金、沙汀、艾芜、李劼人、张大千等等。更值得称道的是，四川是我们党、国家和军队卓越领导人邓小平、朱德、陈毅的故乡。这些丰厚的历史文化资源和人文精神，成为四川文艺发展的重要基础和不竭源泉。

四川曲艺有着悠久厚实的传统，又有创新发展的今天。从明、清时期逐渐形成的四川清音、扬琴、金钱板、相书等，到30年代王永梭独创的谐剧艺术，四川曲艺以其曲种多、风格异、人才众、作品丰富等特点在曲坛上独树一帜。近两年来，四川省曲协在四川省文联的领导下，积极作为、勇于创新，以繁荣创作为中心，以服务基层为导向，以品牌活动为载体，推动了作品创作、人才培养、队伍建设、对外交流、文化保护和传承等各项工作的协调发展，取得了可喜的成绩。先后出版了《张永贵竹琴演唱精品DVD》、蒋守文著《四川曲艺史话》等一批优秀曲艺音像书籍，为保护、传承和研究我省曲艺留下了珍贵的资料。着手建设了四川省曲艺人才数据库，科学系统全面准确地保存了我省曲艺人才资料。积极组织和推荐优秀曲艺作品和人才参与全国性曲艺评奖，屡获佳绩，如吴瑕演唱四川扬琴《贵妃醉酒》获第六届中国曲艺牡丹奖新人奖，曾晓利、唐瑜曼演唱四川扬琴《船会》分获2009年、2010年“中国宝丰·马街书会曲艺擂台赛”一等奖。另外，在抓作品创作上初现成效，组织四川谐剧人共同谋划、创作推出了“2011四川谐剧展演专场”，展现了四川谐剧的实力水平，受到观众的热烈欢迎。今年，四川曲艺专场晚会“感恩天下”在省曲协的积极协调之下，由中央电视台《曲苑杂坛》栏目录制，并在中央电视台第三套节目播出数次，在全国取得了非常好的反响。

尤其值得一提的是，省曲协在推动四川曲艺基地的建设上做了大量工作。当然，这与岳池县委、县政府的高度重视、开拓进取、求真务实、不懈努力是分不开的。从2007年，岳池被中国曲协授予“中国曲艺之乡”称号后，为进一步传承、创新曲艺艺术，做响“中国曲艺之乡”品牌，岳池县新建了和溪曲苑、吴雪剧场、“中国曲艺之乡·中国农家乐之源”牌坊等展示、交流、宣传曲艺文化的设施，为曲艺表演、曲艺培训和曲艺展示日常化提供了重要阵地。岳池县委、县政府抓住机遇，继续加大对“中国曲艺之乡”建设的领导力度，出台了新的促进曲艺发展的政策措施，曲艺阵地日臻完善，曲艺活动日渐普及，曲艺新作新人不断涌现。2009年，在中国曲协、四川省曲协的大力支持下，全国“中国曲艺之乡”的代表，汇聚岳池，举办了规模宏大、规格甚高的系列活动，在全国曲艺界形成了良好影响。2010年，在四川省曲协的提议和支持下，岳池积极创建“四川省少儿曲艺培训基地”“四川省曲艺社区”“四川省少儿曲艺学校”，并开展了丰富多彩的曲艺活动，组织创作的3个少儿曲艺节目参加第四届全国少儿曲艺大赛取得了优异的成绩。蓬勃发展的岳池曲艺，已成为四川曲艺和群众文化发展的一张名片。岳池县拓展“中国曲艺之乡”建设的经验做法，也得到了中国曲协的高度肯定，并把岳池经验在全国推介。正是有了中国曲协的大力支持，四川省曲协的积极帮助，岳池县委、县政府的主动作为，岳池的曲艺活动才能开展得如此如火如荼，生机勃勃。

今天在这里举行“中国曲艺之乡·岳池论坛”，是荣誉，更是责任。曲艺是中华传统文化的重要组成部分，曲艺艺术是中国特色艺术文化的典范代表。但是，随着经济全球化和生活现代化的不断加速，一个时期以来，包括曲艺在内的各类传统文化的生存和发展都面临着严峻的挑战。如何保护、传承、弘扬和发展包括曲艺在内的这些传统优秀民族文化，如何倡导这个时代的审美，如何来引导这个时代审美的倾向，成为当今时代的一个热点话题，更是我们这个时代艺术家的责任。正因为肩负着这份责任，此次论坛更显得意义重大。作为总结交流建设“中国曲艺之乡”经验，研究探讨“中国曲艺之乡”发展的重要平台，各位专家在这里发表意见，相互交流切磋，相互学习探讨，共同为曲艺艺术的当代传承、曲艺文化的保护弘扬和曲艺事业的健康发展，集思广益、献计献策，我相信，必将对曲艺的发展起到积极的推动作用。

我衷心希望岳池能以此为契机和新的起点，认真学习兄弟“曲艺之乡”建设的先进经验，进一步加强曲艺理论研究，探索曲艺发展道路，努力创作一批高质量的曲艺作品，努力培养一批高素质的曲艺人才，坚持面向群众，深入基层，不断满足广大群众的曲艺欣赏需求，以强烈的事业心和高度的责任感，振作精神，昂扬奋进，为推进岳池曲艺的发展繁荣作出新的努力和更大成绩。同时，我们也期待着四川能有更多的地方能够获得“中国曲艺之乡”的殊荣，共同承担起保护曲艺艺术和传承曲艺文化的历史重任。

在《关于创建中国曲艺之乡的理论思考》中
关于中国曲艺之乡—岳池的论述

中国曲协分党组书记、常务副主席　董耀鹏

——当前创建中国曲艺之乡（曲艺创作培训基地）的动力在增强，工作在拓展，队伍在壮大，影响在提升。我们不会忘记“西岗杯”全国相声新人新作大赛在艰难中前行的脚步；我们不会忘记马街书会数十万人热情涌动的场面；我们不会忘记中国曲艺牡丹奖粤曲大赛的盛况；我们更不会忘记，近年来西部第一个中国曲艺之乡——岳池共襄基层曲艺繁荣发展大计的举措。中国曲协授予中国曲艺之乡的地区，历史悠久、底蕴深厚，传承和发展着具有深刻文化内涵的代表性曲种。

——2009年召开的中国曲艺之乡建设经验交流会，为促进曲艺之乡创建工作的健康发展注入了新的动力。2011年首届岳池论坛的举办，既是对全国创建中国曲艺之乡工作的阶段性梳理，也是对中国曲艺之乡未来发展的全局性的深入探讨和前瞻性的理性思考，更是进一步凸显了中国曲艺之乡所承载的文化使命和艺术价值。2011年“中国曲艺之乡建设委员会”的正式成立，标志着中国曲艺之乡的评定、管理和服务工作迈上了一个新的层次，标志着中国曲艺之乡创建工作进入了一个新的发展阶段。

——岳池风光秀丽，曲艺历史悠久，品种之繁，艺人之多，影响之广，实不多见，全县拥有清音、扬琴、竹琴、盘子、荷叶、连厢、车灯、灯调、金钱板等20余种曲艺形式，有民间职业演出团体22个，还有40多个乡镇、社区组建的业余曲艺演出队，曲艺超市、曲艺广场活动方兴未艾，这是十分难得的资源优势和可贵的发展基础。四川省曲协在调研论证岳池曲艺发展情况的基础上，命名了一批曲艺社区、曲艺学校，对岳池曲艺的发展给予了及时的指导和有力的推动。在岳池，群众性曲艺活动生机勃勃，写曲艺、演曲艺、听曲艺蔚然成风，许多反映百姓现实生活、群众喜闻乐见的曲艺节目应运而生。可以说，深厚的曲艺文化底蕴、浓郁的群众曲艺氛围和独特的乡土地域特色，为岳池这个中国曲艺之乡的发展奠定了基石，创造了条件。岳池创建中国曲艺之乡的经验和做法值得总结和推广，需要很好地进行宣传。

——“岳池杯”首届中国曲艺之乡曲艺大赛，吸引了全国各地中国曲艺之乡的50多部作品报名参赛，这些作品水平和质量体现和验证了近年来中国曲艺之乡建设取得的丰硕成果。希望借助中国曲艺之乡这个大平台，能够进一步加强和促进全国曲艺创演交流，在互相学习和真诚探讨中实现各地曲艺事业的整体推进。

——2009年，中国曲协将各地的好经验、好做法编辑成《乡音乡韵乡情——走进中国曲艺之乡》论文声像资料，集中展示了地方曲艺工作和基层曲艺艺术取得的突出成绩，以促使大家在互动中提高认识，在提高中推动发展。2011年，“岳池杯”首届中国曲艺之乡建设系列活动的举办以及岳池论坛后续文集的出版，同样是对33个中国曲艺之乡（曲艺创作培训基地）蓬勃风貌和建设成果的全面展示和集中检阅。

——岳池论坛汇集了各个中国曲艺之乡的优秀论文，这些文章立足实际，直面当下问题，从不同角度不同侧面展现了各地开展民间曲艺工作的生动画卷：有的对城市化进程中农村的曲艺创作进行了探讨；有的对地方曲艺表演形式的流变进行了解析；有的提出了民间曲艺表演团体的发展思路；有的介绍了曲艺人才中职教育培养的新型模式；有的梳理了地方曲艺传承发展中存在的突出矛盾和问题；有的发表了繁荣发展基层曲艺事业的新见解新建议。

——岳池在创建中国曲艺之乡方面走在了全国前列，岳池的经验值得认真总结和宣传推广。这是中国曲协决定在岳池县宣布成立“中国曲艺之乡建设委员会”的重要原因。

从岳池开始：中国曲艺之乡的全新视界

《中国艺术报》记者　郑荣健

中国曲艺之乡建设委员会的成立，意味着“牌匾到手，创建到头”的路途从此终结；而“整合资源、联动建设”的岳池经验，则拓展了曲艺群体性传承和曲艺之乡建设的新空间。

从岳池开始：中国曲艺之乡的全新视界

——“岳池杯”首届中国曲艺之乡建设系列活动透视

岳池，一方古老而富庶的土地。

这里丘陵毗连，山林葱郁，正是典型的川东地貌。公元697年，岳池置县，迄今已历1300多载悠悠岁月。从古至今，这里就盛产优质水稻，是渠江、嘉陵江流域著名的鱼米之乡，素有“银岳池”的美誉。

800多年前，著名爱国诗人陆游因被免去夔州（今四川奉节）通判，去驻汉中的四川宣抚使王炎手下当幕僚，经广安，过岳池，被农村一片祥和景象所感，写下了著名诗篇《岳池农家》：“春深农家耕未足，原头叱叱两黄犊。泥融无块水初浑，雨细有痕秧正绿……”

诗人描绘的安谧祥和的农家氛围一直延续了下来，形成了独特的农家文化并哺育了当地的曲艺文化。如今，围绕曲艺文化和农家文化，一场以曲艺文化为内容、整合农家旅游文化的大胆布局正逐渐铺开。9月7日至9日，由中国曲协、四川省文联、广安市人民政府主办，四川省曲协、岳池县人民政府承办的第五届岳池农家文化旅游节暨“岳池杯”首届中国曲艺之乡建设系列活动隆重举办。其间，“岳池杯”首届中国曲艺之乡曲艺大赛对全国34个中国曲艺之乡（曲艺创作培训基地）进行了集中检阅。全国各省市曲协和曲艺之乡的代表专家聚会中国曲艺之乡，共襄曲艺发展。1600人参加表演的群众曲艺坝坝舞大赛，11台同时由当地曲艺社区、曲艺学校表演的广场曲艺超市，大型曲艺民俗风情剧《岳池农家》等荟萃曲艺盛宴，各类商贸展销、招商活动相继举办，瞬时使岳池成为一座曲艺之城、节日之城，展现出一幅文化助推经济社会全面发展的壮阔图景。

无论对曲艺，还是对岳池人，汇合的契机正在形成全新的发展局面。

相聚岳池　中国曲艺之乡的集中检阅

9月8日，岳池县城。

虽然天色欲雨，陆游广场上早已人头攒动，彩球飘扬。

当晚，“岳池杯”首届中国曲艺之乡曲艺大赛颁奖晚会暨大型曲艺民俗风情剧《岳池农家》将在这里举办。经过两天的激烈角逐，亲历曲艺盛宴的人们正在等待结果最后的揭晓。

傍晚时分，雨点飘洒了起来。可这并没能浇灭观众的热情，雨衣、雨伞迅速点缀起整个广场。中国文联副主席、中国曲协主席刘兰芳，中国曲协分党组副书记、秘书长刁惠香以及四川省文联党组书记、常务副主席黄启国，副书记、副主席杨茂成、陈黔鲁，机关党委书记、副主席兼秘书长杨时川，和广安市、岳池县有关领导出席了颁奖晚会。

黄启国在晚会上讲话，岳池县委书记李永平主持颁奖礼。

黄启国说，文化是民族凝聚力和创造力的重要源泉，是综合国力竞争的重要因素，是经济社会发展的重要支撑。农家文化源远流长，是中华文化的重要组成部分。岳池作为中国曲艺之乡、中国农家乐之源，在大力促进经济繁荣发展的同时，狠抓文艺事业发展，不断壮大文化产业，加强文艺人才培养，繁荣发展文化市场，文化软实力不断增强。岳池已成功举办4届文化旅游节，该节已被评为“中国·四川十大名节”，文化品牌力和文化影响力不断扩大，对弘扬曲艺文化、民俗文化，推动经济发展发挥了重要作用。此次岳池举办农家文化旅游节，除了潜心挖掘、筹办具有本土特色的文化活动，还迎来了“岳池杯”首届中国曲艺之乡建设系列活动的举办，这必将再次展示岳池农家文化的独特魅力，进一步提升岳池的知名度和美誉度，加强中国曲艺之乡的艺术交流与合作，促进全国曲艺事业的繁荣与发展。

随后，刘兰芳向岳池县授牌“中国曲艺之乡活动基地”“全国青少年曲艺培养基地”，杨茂成向岳池县授牌“四川省少儿曲艺活动基地”“四川省曲艺创作基地”。而经两天角逐后，“岳池杯”首届中国曲艺之乡曲艺大赛各奖项也揭晓。其中，《麻将人生》《农家溜》《局长摆宴》《赤子情》《香妃梦》《情中情》《废品的报复》等7个节目荣获金奖，《帮倒忙》等9个节目获银奖，《香凝痛悼李小龙》等9个节目获铜奖。

作为本次比赛的评委会主任，刘兰芳深有感触。她说：“来自全国各曲艺之乡的演员，水平提高了，有好多新面孔，老的宝刀不老，年轻的新苗也很有成绩。这是大家辛勤努力的结果。”中国曲协分党组书记、驻会副主席董耀鹏评价：“这是对34个中国曲艺之乡蓬勃风貌和建设成果的全面展示和集中检阅。”中国曲协副主席、四川省文联副主席程永玲也表示，跟“牡丹奖”相比，此次比赛更侧重关注基层的群众文化，“像鄱阳大鼓、乐亭大鼓，很多过去很少见的曲艺形式都在这里亮相了”。专家们认为，虽然个别作品有空洞宣讲之嫌，但整体上看，比赛的基层特点，依然使其群众特色鲜明，对曲艺发展是很好的启示。

在人们越来越关注曲艺之乡的建设之际，以大赛为依托，通过整合本土农家文化资源，本届岳池农家文化旅游节再创佳绩。李永平介绍，本届岳池农家文化旅游节集中开工项目17个，总投资14.65亿元，集中签约重大工业项目13个，签约资金10.2亿元。在文化助推经济的同时，经济再度“反哺”文化，诸如“和溪曲苑”曲艺馆、吴雪艺术中心等文化设施相继落成，当地群众曲艺活动空前活跃。

据透露，目前岳池县曲艺家协会共有会员150余人，建有曲艺个人档案200余个；常年活跃在全国各地的曲艺民间团队40多支，文艺表演人才2200余人；已建成四川省曲艺社区15个、四川省曲艺学校10所。对一个县来说，如此规模的曲艺局面并不多见。

也许正因如此，岳池县才成为本届大赛的首选之地，其经验也被广为关注。

但在惊喜之余，人们不禁要问：岳池是怎么做到的？

这一切，可以说交织着各个方面的艰辛努力。

岳池经验　锻造曲艺之乡建设新抓手

四川，自古就有“天府之国”的美誉。

它不仅是经济大省、文化大省，也是资源大省、旅游大省。48.5万平方公里的幅员面积，逾9000万人口，经济在西部举足轻重，历史悠久，人文荟萃，文化资源丰厚。这些丰富的历史文化资源和人文精神，成为四川文艺发展的重要基础和不竭源泉。

在这其中，四川曲艺有着悠久的历史、厚重的传统，又有创新发展的今天，从明清时期逐渐形成的清音、扬琴、金钱板等，到上世纪30年代由王永梭独创的谐剧艺术，四川曲艺以其曲种多、风格异、人才众、作品多在曲坛上独树一帜。地处川东的岳池县，就拥有扬琴、竹琴、盘子、清音、荷叶等20余种曲艺形式，群众曲艺文化尤其活跃。

坐拥如此丰厚的曲艺文化资源，在2002年举办首届岳池农家文化旅游节时，岳池人并没有想到该如何利用，更没想到它在经济社会发展中可能发挥的巨大作用。

转机发生在此后不久。就在那届农家文化旅游节上，前来岳池的四川省文联、四川省曲协有关领导在看完岳池举办的系列活动后很惊讶，你们有这么好的资源，为什么不打好这张牌呢？他们建议，向中国曲协申请命名为“中国曲艺之乡”。

这是一个新的起点。受到启发，岳池人开始向四川省文联、四川省曲协寻求支持。

事实上，针对全省曲艺门类众多、曲艺资源丰厚的特点，四川省文联、四川省曲协早有自己的规划部署和清晰思路。岳池只是给他们提供了一个布局的契机。

随后，四川省文联、四川省曲协先后多次派专家前来考察调研，并为岳池县申报“中国曲艺之乡”积极联络、协调和提供各种帮助。在省文联、省曲协的支持下，岳池县联系到了中国曲协，并从中国曲协获得了各地创建中国曲艺之乡的资料和光盘。县领导班子当即进行了深入的阅读、观看和研究、探讨，并拟出了一系列申报方案。中国曲协在审核了申请报告后，特地到岳池进行了考察，并对当地的曲艺文化建设给予了肯定。

2007年，岳池被中国曲协授予“中国曲艺之乡”称号。

2009年，中国曲协正式授予岳池县“中国曲艺之乡”牌匾，岳池人开始尝试把曲艺文化融入到农家文化旅游节的开展当中。在此期间，中国曲艺之乡的建设问题引起了关注，相关研讨也为中国曲艺之乡建设委员会的成立做了良好的铺垫。

而对曲艺大省四川来说，四川省文联、四川省曲协则看到了岳池县在曲艺文化建设中将具有的典型性和示范性。他们决定把此事作为一项重要工作来抓。2010年新年伊始，他们协同岳池县委宣传部报请中国曲协，承办“岳池杯”首届中国曲艺之乡曲艺大赛，为中国曲艺之乡未来的展演、交流、研讨搭建起新的平台。

2010年，在四川省曲协的提议和支持下，岳池县积极开展中国曲艺之乡拓展年活动，创办四川省曲艺社区和四川省曲艺学校等。这些做法得到了中国曲协的充分肯定，并将其经验转发推广。四川省曲协副主席、秘书长李蓉告诉记者，四川省文联、四川省曲协指导基层曲艺工作思路清晰，把建设四川省少儿曲艺活动基地、四川省曲艺创作基地的长期化、日常化提到了新的高度。省曲协为此多次专门组派了专家到岳池等地授课指导，并深入社区、学校考察，给新人新作提供展示平台。这一系列举措，产生了显著的效果。

在黄启国看来，如今岳池农家文化旅游节俨然已成为四川省曲艺发展和群众文化发展的一张名片，岳池的曲艺活动已“成为文化助力经济社会发展的典型代表”。

这一过程，岳池人走得“风尘仆仆”。岳池县文联主席郭勇告诉记者，在此期间，岳池县以曲艺文化为内容、以农家文化旅游节为平台，积极推动全县城市建设、商贸旅游、招商引资和文化发展。县四大领导班子也对此做了统一部署，明细分工，逐一落实。

他们要探索一条路。如今看来，这条路也正在逐渐清晰。那就是：整合资源，以文化带动经济社会全面发展。在获得命名后的几年里，陆游广场、“和溪曲苑”曲艺馆、中国曲艺之乡牌坊、吴雪艺术中心先后落成；过去还是弯曲的田间小道，如今变成了贯穿城区的宽阔迎宾大道。“每届留下一个”，一批文化设施的建成，更使城市的文化品位得到了提升。仅仅几年，当刁惠香再度到岳池时，几乎不敢相信，当年的小路竟已变成平展大道，新的文化场馆也已神奇崛起。对岳池人来说，文化已不再单纯为经济“搭台唱戏”，而是融入到经济社会建设之中，成为一个重要抓手和动力。

岳池，成功打造了自己的“中国曲艺之乡”品牌。

岳池论坛　关注基层着力持续建设

9 月 9 日，岳池花园酒店，中国曲艺之乡·岳池论坛正在这里举办。

经过两天的比赛，又观看了舞台呈现大气磅礴、美轮美奂、融合众多四川曲种的大型曲艺风情剧《岳池农家》和丰富多彩的群众曲艺文化活动，人们从彼此的眼中都读到了交流的渴望。

论坛议题集中在：城市化进程中的农村曲艺创作、曲艺之乡的现实意义与发展、人口流动下曲艺观众的培养路径。来自中国曲协、各省市区曲协负责人、全国各曲艺之乡代表和专家共 100 余人参加了研讨。对此，董耀鹏形象地说：“体育靠比赛，艺术靠交流。”

从 1994 年诞生第一个中国曲艺之乡以来，至今全国已有 34 个经中国曲协授牌的中国曲艺之乡（曲艺创作培训基地）。这些地区，传承和发展着具有深刻文化内涵的代表性曲种，大多有着很好的群众曲艺基础。它们历年来举办的曲艺活动、曲艺比赛、曲艺展演，也已发展成为各地重要的文化品牌。其中，大连市西岗区多次与中国曲协合作，举办“西岗杯”全国相声新人新作大赛；河南平顶山市与中国曲协联办了两届中国曲艺节，影响深远；河南宝丰县坚持每年农历正月十一至十三日，在旷野上举办跨地区盛大的“马街书会”，这项已延续 700 余年、以演唱农村曲艺为主的民俗活动引起了广泛关注。

但是，目前全国的曲艺生存现状不容乐观。曲艺品种众多，曲艺存续的群众性特点，在快节奏的现代社会环境下，其保护、传承和发展均面临挑战。用相声表演艺术家李立山的话说，是“短”“软”“散”。演员在老化，市场不乐观，这都给曲艺的基层传承和发展带来沉重的压力。某种程度上，这也是当前曲艺发展存在门类、地区不平衡的重要原因。那么，政府该在曲艺发展和基层传承上发挥什么作用？中国曲艺之乡的路又该往哪里走？

在董耀鹏看来，曲艺是来自民间、面向社会、服务人民的大众艺术，曲艺的“根”在基层，曲艺的“命”在民间，曲艺的“本”在群众。因此，“抓基层，打基础；抓建设，谋长远”，这也成为他对中国曲艺之乡建设的基本要求。董耀鹏指出，曲艺活动离开了基层也就失去了生存和发展的土壤，创建中国曲艺之乡，就应该突出一个“乡”字，要背靠“乡土”“乡景”，面对“乡亲”“乡里”，演出“乡音”“乡情”，弘扬“乡韵”“乡味”。

在本次论坛上，关注基层、关注群众性的曲艺保护与传承，表达了专家们的普遍观点。多年关注非物质文化遗产保护工作的四川大学教授李祥林认为，中国曲艺之乡的命名，实际上是把关注点放在了非物质文化遗产的群体性传承上。如果说“牡丹奖”更多地关注专业的曲艺层面，中国曲艺之乡曲艺大赛恰好做了前者的重要补充，用行动实践了一项非物质文化遗产的保护工作。他强调，非遗保护与传承不是建博物馆，而是要进行生产性保护。把曲艺传承放在群众基础上，契合了曲艺自身的特点，只有基础夯实了，拓宽了，才更有利于专业层面的创新和发展。云南省曲协副主席、红河州艺术研究所主任徐远征认为，许多曲艺特别是一些少数民族曲艺已跟当地的生活融为一体，曲艺的保护与传承应尊重、顺应当地的生存环境和风俗流变。河南省南阳市曲协副主席、秘书长李文武也表示，关注基层曲艺的群体性传承是曲艺发展的应有之义，曲艺之乡的建设离不开对基层观众的培养。

但是，不管是“群体性传承”还是“关注基层”，具有典范意义的经验仍少之又少。以授牌命名的形式对地方文艺的此类发展给予支持，虽曾发挥了重要作用，但一些地方“牌匾到手，创建到头”的现象仍然存在。

此时，岳池县的探索给出了一个可喜的案例。

在获得“中国曲艺之乡”命名之后，岳池县领导班子认为，沿着既有的路子就曲艺抓曲艺很难抓出一个新局面来，必须要有新的观念，拓展新的路子。这个“路子”，用岳池县委常委、宣传部部长曾邦才的话说，就是“从专业向群众、从有形向无形、从自发向自觉、从小品向大剧、从本土向外界、从表演向城建、从文化向经济拓展”，就是跳出曲艺的圈子去盘整、布局曲艺事业，通过政府“抓手”去活跃基层曲艺活动，培养更多曲艺观众，确保曲艺良性的传承发展。只有这样，曲艺市场才能够形成。这时，政府再逐渐淡出，基层曲艺才能走上健康发展之路。而其关键，就是要整合、打包，做整体包装和协同发展。可喜的是，在岳池县领导班子的“拓展”计划和本届岳池农家文化旅游节中，“整合”已在事实上成了岳池打造曲艺文化品牌的重要经验。

董耀鹏评价：“在岳池，群众性曲艺活动生机勃勃，写曲艺、演曲艺蔚然成风，创作出许多反映百姓现实生活、群众喜闻乐见的曲艺节目。可以说，深厚的曲艺文化底蕴、浓郁的群众曲艺氛围和独特的乡土地域特色，这些都为岳池作为中国曲艺之乡的发展奠定了基石，创造了条件。”对岳池县来说，牌匾到手，一切才刚刚开始。

经过关于中国曲艺之乡建设问题的若干研讨后，“岳池杯”首届中国曲艺之乡系列活动成为一个契机，在与大赛配套的中国曲艺之乡·岳池论坛上，中国曲艺之乡建设委员会成立，正式引入考核、退出机制。如果说曲艺大赛和论坛是为全国各曲艺之乡提供了重要的展示与交流的平台，建设委员会的成立无疑确立了一个长远建设的有效机制。退出机制喊停“终身制”，从而确保了中国曲艺之乡建设的良性循环。

岳池经验，能否成为一个“岳池现象”或者说“岳池模式”“岳池路径”？定论还为时过早，但本届活动所产生的成果必将影响深远：中国曲艺之乡建设委员会的成立，意味着“牌匾到手，创建到头”的路途从此终结；而“整合资源、联动建设”的岳池经验，则打开了曲艺群体性传承和曲艺之乡建设的全新视界。

这一切，都值得乐观期待。

三、文史考辨

陆游在广安考

钟再原

史料记载，南宋乾道八年（1172年），陆游从夔州路（治地今重庆市奉节县）赴利州路（治地今陕西省汉中市）南郑军营时，途经今广安市境内时，写下了多首诗篇，以及传说他的故事。笔者对陆游为何来广安、他经过了哪些地方、停留了多长时间、每首诗作的背景等等，进行探访考证后，撰写成文，以飨读者。

一、时代背景

因1127年金人攻入北宋京都汴京（今河南省开封市）后，将徽宗、钦宗二帝掳持北去，北宋灭亡，这就是历史上著名的“靖康之耻”事件。之后，宋高宗赵构被金兵追得狼狈逃窜，南逃至今浙江省杭州市，开始称帝建都名“临安”，史称南宋。高宗称帝后心里十分矛盾，如收复失地，老皇帝回来自己怎么办，如不积极北伐又遭朝野反对，所以，一直苟且偏安。但他的行为遭到朝野主战派的反对，后来迫不得已禅位当上了太上皇。接任之帝赵慎，启用张浚（今四川省绵竹市人）为相后，召见了陆游等一大批有识之士纳谏，力主抗金，积极北伐，收复失地，统一全国。后来因北伐失利，张浚遭弹劾，陆游被株连，罢官回家3年之久，生活十分困难。在友人的关心下，南宋朝廷才给他一个夔州（今重庆市奉节县）通判（南宋在有的州、军一级设通判，作为副职，直隶州、军与散州、军分别为正六至七品官。其职责与权知州、军共同签署人、钱、物及审案等，还可直接向朝廷奏报所辖区域县官以上的一切情况，有监察官职权）职务。任职一年多，由于种种原因，他被人推荐去南郑参加北伐抗金大业。

当时陆游去利州路（治地今陕西省汉中市）南郑军营时，最近的路径应该是走夔州（今重庆市奉节县）西北的巫溪、镇坪、安康至南郑。他却为何选择绕道走西部的潼川路境地去南郑呢？同时，他到梁山军（今重庆市梁平县）停留后，再往西走又有两条捷径，一条是进入邻山县（今大竹县）、流江县（今渠县）后，向北进入巴州（今巴中市）境内，由南江县出米苍山到南郑；另一条是向西，沿今318国道公路方向进入果州（今南充市），再向北经阆州（今阆中市）、苍溪县、广元市到南郑。然而，他都未走这两条捷径，却从梁山军（今重庆市梁平县）向西南绕道100多里入垫江县后，进入今邻水县，到广安军渠江县（今广安区）、岳池县，再进入果州（今南充市）向北走。据考证，主要有以下三方面的原因。

（一）了解抗金大后方的四川地情。宋代特别是在北宋时代，川峡四路（俗称四川）的行政建置分分合合，变化很大，但管辖区域大致包括今四川大部、重庆全境、陕西汉中，湖北恩施、贵州的安顺、贵阳、遵义、铜仁等区域，以及甘肃文县等。1172年，南宋时代，陆游是从夔州路（治地今重庆市奉节县），绕道潼川路（治地今绵阳市三台区）境地去利州路（治地今陕西省汉中市）的。潼川路是当时川峡四路中的第二大行政区（第一大行政区是夔州路），管辖今绵阳市的三台区、盐亭县，遂宁市、内江市、自贡市、宜宾市、南充市大部，广安市、泸州市，达州市的渠县、大竹县和重庆市合川区、潼南、铜梁、大足、荣昌县、永川区及贵州省的六盘水、毕节和云南省的昭通等区域。

陆游当时从明山风门铺进入的邻山县境，属今邻水县兴仁镇，也是潼川路与夔州路的交界处，如今四川省与重庆市界一样，以明月山脊分水为界。就当时川峡四路抗金前线的司令部设南郑而言，潼川路与利州路相邻，今巴中市、广元市、绵阳市部分，以及南充市的蓬安、营山县，皆属利州路。所以，潼川路成为了北伐的后方基地，承担着为前线提供兵源、粮草等。后来，陆游在南郑军营时，王炎鉴于他刚途经后方的潼川路而来，于是，又派他出差到广元、苍溪、阆州（今阆中市）等地，检查军中防务，与地方政府商量兵源征集、军粮等物资筹备，以及如何贮运等等，以保障战争之需，为出兵抗金作战略准备。同时，从长江三峡至剑门天险，这条路线自古以来就是兵家争夺之地，并作为战略要地来布兵。可见，陆游途经这条路线去南郑，既说明了是他深思熟虑后而确定的，又证实了为他在后来军营工作中起到了积极的作用。

（二）拜访崇敬的广安人张才叔。张才叔，又名张庭坚（生、卒年不详），广安军渠江县（今广安市广安区北辰街道办事处）人（祖籍成都市新津县）。北宋元祐六年（1091 年），中及第进士，任成都观察推官，做太学春秋博士。后任汉州（今四川省绵竹市）知府不久，进入枢密院任编修。微宗帝时被任命为著作郎，后被推荐任左正言（谏议官）。他力荐朝廷重用司马光、苏轼、苏辙等。由于他忠鲠切直，不屈服于压力，后被贬职，继而又调离朝廷外任职。因他的政绩、德才和人格受到朝野和老百姓的赞美，后来皇帝下诏赠“猷阁学士”。他父亲是宋御史张唐英，因其兄张廷玉迁居渠江县城郊后，将在双流县的父墓移葬在今广安区广门乡南峰山下。清代编修的《广安州志》茔墓志记载：“治北五里。唐英子，谥节愍。”张才叔一生几起几落，宋史为他立有传记，是一位很有影响、很了不起的宋代名人。

据考证，时任朝廷之相的虞允文，推荐陆游去当时正在南郑筹划恢复四川宣抚使王炎（相当于副宰相级别的西南战区总司令，虞允文系王炎的前任）幕府，一方面是看中了他坚定不移的抗金意志，另一方面军队急需他这样的人才。陆游为了实现他的远大理想，舍近求远，绕道来拜访张才叔，这是他到广安的主要原因。张曾经任职于朝廷枢密院编修，是枢密院文官最高职位，为三品官衔，其主要职责是负责拟草军队的规章、条令等。陆游来拜访对他去南郑军营是有一定的意义之举。到了张才叔故居，他怀着崇敬与悲痛之情，写下了感人肺腑的诗篇。后来，他到了南郑（四川宣抚使原治地在益昌，即利州今广元市），果然被四川宣抚使王炎任命为办理军务、兼检法官（相当于军事参谋兼管法律事务）。这时的陆游已经 48 岁了，但他以饱满的激情投入到了火热的军事工作中去，因为这毕竟来到了他梦寐以求的抗金前线，于是，积极向王炎提出收复中原的作战策略。

（三）探访巴蜀名胜与风土人情。陆游在宦海奔赴新职的途中自然也是踏青赏景的行家，他赴夔州（治地今重庆市奉节县）任职时，携带家眷沿途历时近半年，日记月累，耕笔不停，写下的《入蜀记》是历史上旅游佳作，流传至今。浪漫的伟大诗人陆游，选择川东北这条路线去南郑，一是巴山蜀水有数不清的奇异风景名胜吸引着他，二是巴、蜀曾经是诗仙李白和诗圣杜甫游历寓居之地，三是“天府之国”的风土人情五彩缤纷，使他魂牵梦索。

陆游从夔州（今重庆市奉节县）经云阳、万州，到梁山军（今重庆市梁平县），这些地方属夔州路管辖，沿途 600 多里，自然有官方一站一站地接待，并陪同他游览风景名胜。万州曾是李白流放之地，他踏着诗圣足迹，写下了怀念先人的诗篇，而今的“太白岩”成为著名的风景区。

2014 年 3 月 25 日，市地志办原主任钟再原，率领编审科、邻水、岳池县史志办的李有毅、丁禹强、戴苏岳等，到重庆市梁平县探访了陆游到梁山军（今重庆市梁平县）境内的足迹。梁平县档案局（地志办合并）给我们复印了旧志记载陆游在梁山军的史料。我们驱车翻越东山，到了距县城 20 多公里的蟠龙镇，陪同的领导介绍：“旧志记载，陆游去抗金前线南郑途经梁山军时，三访蟠龙洞。蟠龙摩崖石刻群，为梁山古八景之一，历史名人魏了翁、陆游、范成大等人临胜景而情生，流连往返，题咏成集。蟠龙洞位于蟠龙镇，又名古洞蟠龙，左洞有清泉流出，长年不断。右洞是一干洞，陆游曾路经此地，留下‘三访蟠龙洞’的传说。自蟠龙洞流出的泉水，在附近喷雾崖形成二三百丈的瀑布，又名崖泉瀑布，范成大亦称其为‘天下第一瀑布。’陆游到此吟诗一首，《蟠龙瀑布》：‘远望纷珠缨，近观转雷霆。人言水出奇，意使行人惊。人惊我何得？定非水之情。水亦有何情？因物以赋形。’他在梁山军共写了 3 首诗和词……。”

我们进入现在开发的右洞，长近 100 米，很干燥。陆游因几次到此风景名胜之地，停留时间较长，在当地官员陪同下，于右洞的小溪边载植了两棵银杏树。距今800多年的古树仍枝叶繁茂，雄树高38米，胸径1.33米，雌树略小一点。雄树枝干稍弯向雌村呈环抱状，因而被誉为“夫妻树。”历代名人骚客到此游览作诗，传说陆游还为新修的蟠龙桥“踩”桥题词等等。尔后，陆游从梁山军向南绕道100多里到了垫江县，然后翻明月山进入今邻水县兴仁镇境内。

陆游从夔州路的垫江县进入潼川路（治地今绵阳市三台区），即今广安市境内，穿越了古容山（今明月山）、古邻山（今铜锣山）后，孤身借宿延福寺（今邻水县城北镇原延胜乡，现已扩建为县城挞子丘处）。尔后，骑马翻越古宕渠山（今华蓥山）西进，横渡古潜水（今渠江），拜访广安名人，停留伏江里（今秦溪镇岳池县治故城）。这一路风光旖旎的长山大水，人杰地灵的悠久历史，民风淳朴的风土人情，繁荣昌盛的城乡面貌，使他感叹赞美不已，诗兴大发，连续挥笔写下了《过邻山县道上作》《马上》《邻水延福寺早行》《过广安吊张才叔谏议》《岳池农家》5首诗。这是他去南郑路途中作诗最集中、最多的地方。随后，他扬鞭策马去果州（今南充市），沿古渝水（今嘉陵江）北上，过阆州（今阆中市）古城，入苍溪，进广元，翻越剑门天险，一路赏景吟诗后，到达目的地南郑。

二、途经广安

关于陆游途经广安的走向和停留时间，以及诗作背景等，从现存史料，地情文献和网站博文看，众说纷纭，五花八门。归纳起来，一说陆游是从邻水县骑马，由西槽上华蓥山宝鼎后，下山到大溪口去岳池县城的（今秦溪镇伏江里）；二说陆游到了岳池县城（今秦溪镇伏江里）后，返回从今坪滩镇乘船，沿嘉陵江而上去果州（今南充市）的；三说陆游到了岳池县城（今秦溪镇伏江里），后来才到广安军渠江县张才叔故居的；四说陆从邻水县骑马由西槽上华蓥山宝鼎后，再返回邻水县翻越华蓥山到广安军渠江县的；五说陆游是由延福寺（今邻水县城北镇原延胜乡，现已扩建为县城挞子丘处）骑马翻越华蓥山界碑，过渠江入广安军渠江县的等等。同时，对陆游在广安境内究竟停留多久，到过哪些地方，都无正史记载，孰是孰非，还得去伪存真，以史为据，考证分析。

（一）陆游途经广安境内路线考。陆游在夔州（今重庆市奉节县）任职时，把妻室儿女全部由老家携带至身边。当时去南郑军营，一方面是主动求援他人，去实现其矢志不移的抱负；另一方面也是考虑到通判任职期满后又去何处，忧虑之中不得不另寻门路。据考证，陆游是到了梁山军（今重庆市梁平县）停留后，因想拜访张才叔，才绕道向西南的垫江县进入潼川路边境，即今广安市邻水县境内的。

陆游诗中多次出现的邻山和邻水两县，在历史上有着密切的渊源。这两个县原是宕渠县（治地今渠县土溪镇城坝村，古賨国国都遗址）东面境地，至南朝梁大同三年（537年），同时设立邻山县和邻水县。邻山县的境域就是今大竹县的前身，但邻山县与邻水县东面的境地，以及今重庆市垫江县（公元555年设置）西部，历史上有交集。今大竹县四合乡、张家乡与邻水县护邻乡、兴仁镇，以及垫江县西部的太平镇，是这3个县的交界处，古时多次出现过境地相互划进划出，至今还存在插花“飞地。”新中国成立后，渠县、邻水、大竹、垫江、梁平县，皆为大竹专区管辖。据清康熙《邻水县志》载：“梁始立邻水县，置邻州，兼辖渠、竹、垫江。魏改邻山县，置邻州。宋元复立邻州，并邻山入焉……”。即在隋、唐建置沿革发生演变后，到了宋代复设邻州（治地今邻水县兴仁镇古邻村）时，今大竹县境内的邻山县并入邻州直辖，州、县同治。因此，陆游诗中的邻山县道上作，系今邻水县境地无疑。

3月26日，我们从梁平县探访后到了垫江县，因陆游在垫江县没有史料记载他的行程。于是，上午8点从县城出发，沿着陡峻的盘山公路，向太平镇的明月山开车约1个多小时，来到与邻水县兴仁镇的明月山交界处，停车于海拔900米的明月山顶垭口上。我们走了一段小路，来到古驿道山口，这里就是夔州路（治地今重庆市奉节县）与潼川路（治地今绵阳市三台区）的交界处。古代的路相当于今省、直辖市，因沿袭历史，今天的四川省与重庆市的交界处仍沿袭于此，只是古驿道成为遗迹。邻水县兴仁镇与垫江县太平镇都称这个交界处的小地名为风门铺，又名风门关、峰门铺、峰门关、丰隆铺或峰门垭，因地处明月山口，历来多风和双峰夹峙，自然而成门户得其名。

经我们考辨，垭口长约50米，高约20多米，地面最窄处2米多，地形险隘如风门，地上散落一些疑为屋基的大条石。左边沙石岩壁上有大大小小近10幅石刻，有石佛像，一座梅花鹿造像栩栩如生，石刻上方横凿有一条引水的小沟，古人为防雨水下流冲刷。随着漫长的时间岁月，有些石刻文字斑斑驳驳不可辨认。但有幅《潼川府路界》石刻字较为清楚。史料记载，在古代从这过关口向北去剑门天险，向东去忠州（今重庆市忠县），经长江三峡出巴、蜀。传说古代在这咽喉要道，曾经还修有官厅房舍、亭台假山、池塘，以及路人歇脚的凉亭等。我们沿着兴仁镇方向，向下走了近100米的古驿道石板路，附近还遗存一些佛像、参天古树、水塘等等。我们寻访村民说：“风门铺属于兴仁镇丰隆村六组，以风门垭口一分为二，东为垫江西为邻水。古道连接山下大渔村，路板石有些还在，是走垫江县的老路。公路修上风门垭口后，老路就没有人走了……。”

陆游诗中写道：“微雨晴时出驿门”，我们实地探访，诗中这个“驿门”就是风门铺，这说明陆游途经了这条古驿道。从诗中的内容证实，陆游是从垫江县城到太平场（今太平镇），翻明月山，由风门铺古驿道进入今广安市邻水县兴仁镇境内的。我们乘车下山到了大渔村，在村民指引下，来到一条小溪上的一座单孔石桥，村民说这是连接老路的哭笼嘴拱桥，桥面是后来修公路打的水泥路。过了哭笼嘴拱桥，来到兴仁场镇附近大洪河上游的南坝村，这条河古时称大邻水和东溪。在河边有座古石桥被洪水冲毁了，遗石尚存，桥头还有棵古黄桷树。在下游约2公里还有座宋代修的石拱桥，仍在通行，这些桥梁是兴仁镇去垫江县的必经之路。据考证，陆游从风门铺古驿道下明月山，骑马来到河边，过桥进入兴仁场时，又吟诗一首名《马上》。诗中写道：“涨深水过去年痕”，这是他过河有感而作。这首诗也是新近才发现，广安境内历史上没有文献记载。

陆游进入今兴仁镇时，邻水县治地已从兴仁镇迁徒到了今城北镇境内华蓥山下的崑楼镇（岳池溪），距今鼎屏镇10多里，遗址在今城北镇关门石水库被淹没了，但邻州治地仍在兴仁镇。我们曾4次实地探访，在该镇古邻村，古时始设的邻水县与邻州（州、县同治），故城遗址尚存，还遗存“官井”、城墙遗址、出土文物等。据实地探访，陆游从垫江县骑马到兴仁场最快需1天时间，看来他在邻州城附近住宿过。然后经兴仁场（今兴仁镇）、石稻场（今石永镇）古路口（今古路乡）金垭、贵人槽，翻越铜锣山（古邻山），跨长安桥（长安乡境内），沿途作诗后，住入历史悠久的延福寺（该寺在今城北镇原延胜乡境内，于民国年间军阀混战而毁）。因陆游急着拜访张才叔，于是，“闻鸡又著鞭”，启程赴广安军渠江县。

陆游从今邻水县城北镇境内的石垭口、锣锅铺、白磁洞，翻越华蓥山界牌，进入华蓥市境内的凌云铺、天池铺（今天池镇境内）、跨入今前锋区境内的三台（原三台乡）、观音塘（今观塘镇）、护安场（今护安镇），渡过渠江，进入浓洄镇广安军渠江县（军、县治），到城附近张才叔旧居拜访。我们曾几次实地探访，并查阅史料记载，因张曾任过朝廷谏议官，为纪念他将其故居附近出入城的一条古坡驿道，改名为“谏议坡”，在今协兴镇宝安村的宝安寨下，坡侧仍存几棵古黄桷树，“谏议坡”一名沿袭至今。由于历史久远，张才叔的故居和葬墓无可考，正史记载也不十分全面。陆游怀着无比悲痛的心情作诗怀念。然后，“春风匹马过孤城”，去见他的好友岳池知县陈忠思。

为了探访陆游去岳池县的路径，2014年2月，春回大地，万物复苏，阳火灿烂时，我们开车到广安区枣山场镇后，在村民指引下，沿着遗存的枣山铺古驿道探访，寻找陆游走过的故道。通过村民介绍和我们实地探访，现存的一段古驿道在枣山镇枣山村一组，小地名叫大石坝，临场镇边，其中一段驿道上的石板路铺在田坎上，由东向西延伸入枣山场镇。中间一段驿道经过光秃的大石坝，大石坝下是陡坡，为了连接大石坝，古人在陡坡上开凿了上下近10米多的石梯步道，我们沿陡坡驿道向下走了一段。站在古驿道上眺望，驿道东面是西溪河五福桥方向，而今广安新城一大片高楼尽收眼底，在蓝天白云下，显得格外美丽。古时的枣山铺是出入广安城的要道，而今还遗存一段段古驿道。

当我们来到枣山铺遗址（原公社粮站）处，居民介绍说，后来场镇就是由粮站向西扩建，特别是修了过场镇公路后，两侧逐渐修建了很多民房，古时的枣山铺，东临广安城，向西去广门铺。于是，我们到了广门乡，上年纪的村民介绍说，广门境内的古道没有了，去岳池县古道上的广门铺遗址在乡上学校处，岳池县石垭镇吕家桥那边可能还有古石板路，你们去那里寻问。

我们来到石垭镇吕家桥村二组，老村民苑隆春介绍说：“历史上这里有庙、牌坊、界碑，距广门铺1公里。古路上的石板70年代撤去搞了农田基本建设，古道经过金桥河沟上的小桥，桥面和连接两头的路面铺上了水泥路板，但桥下古代砌桥的大条石还在，有2米多高，水泥路板下仍有零星遗存的古石板。后面山上还有石刻古迹，听老人传说陆游曾路过这里，前面就是营山铺……。”我们耳闻目睹，实地探访，感受到这里文化底蕴深厚，古代遗迹尚存，民间很多传说。

下午3点多，我们与岳池县史志办的同志会合后，前往大石乡境内的营山铺古驿道探访。在大石乡场镇附近有个营山铺村，我们来到该村一组，几位村民你一言我一语向我们介绍情况。80多岁的朱理玉老大娘介绍说：“相传以前这里是营山县县城，这一带地上还有古瓦、砖头、老井等。自古以来这里叫营山铺，这个村也叫营山村，现在修的约10公里的公路，就是沿古道方向去县城的。”

我们四处寻访，这一带因处于平坝，历史久远，在田埂下面偶而看到古驿道的痕迹。据考证，这里曾是营山县县治仅为传说，无正史记载。但古时确有营山铺，在明初以前，由此向西北是今北城乡境内的千佛铺、兴隆铺（今兴隆镇境内），再往前到岳池县城（今秦溪镇伏江里）。至明初，岳池县治地南迁今翔凤山下的九龙镇后，这时的营山铺又成为岳池县通往广安军（治地今浓洄街道办）的门户。陆游就是沿着这条古驿道前往岳池县城的。

（二）陆游在广安停留时间考。陆游在广安境内究竟到过哪些地方，停留了多长时间，这都与他出入的路线，以及写下的诗篇和民间传说等紧密相关。外地大量的官方正史记载，陆游是于乾道八年（1172年）夏历正月，从夔州（今重庆市奉节县）出发，于三月底到达今陕西省南郑的，沿途历时两个多月，这是不容质疑的历史。于是，笔者依据这一铁定的线索，对陆游进出广安，以及停留时间等，进行了史料考证与实地探访。

陆游离开夔州（今重庆市奉节县），应该是过了传统的新春佳节，告别家人后，于正月下旬启程的。据史料记载，古时从夔州（今重庆市奉节县）至梁山军（今梁平县）的驿道有六百里。按照里程和他沿途停留时间考证分析，陆游是夏历二月下旬进入今邻水县境内的。这在他写的“桃花应笑客”的诗句得了佐证，即二月“惊蛰、春分”的农事季节，正值桃花盛开的时候。他进入今邻水县境地，即进入了潼川路（治地今绵阳市三台区）的边界，那时的路相当于现在的省。所以，进入异省之地，他就不便去找地方官署了，也没进县城住宿，住入了当时距邻水县城仅10多里的延福寺。难免他诗中流露出了“客路一身真吊影”的低落心情。这显然与他在万州、梁山军（今梁平县）等地有官员陪同时写诗的心情是不一样的。

陆游在邻水延福寺住留多久，无史料记载，但从他诗中反映的情节和急于拜访张才叔等原因看，可能也只停留了一两天。他到了广安军渠江县张才叔故居悼念后，陆游怀着沉闷的心情，骑着白马，出广安城，翻枣山铺（今枣山镇）、广门铺（今广门乡），进入岳池县营山铺（今大石乡）、千佛铺（今北城乡）、兴隆铺（今兴隆镇），到达岳池县城（今秦溪镇伏江里），见到了他的好友，岳池知县陈忠思。陈知县热情款留他，于是，在此停留了约半月左右，而今留下了他的诗篇与传说的故事。通过陆游在广安境内所作5首诗的内容剖析，以及民间传说故事的历史考辨，说明他在岳池县停留时，生活舒适，心情愉悦，吟诗盛赞。

陆游离开岳池县的时间，从他诗中的“春深农家耕未足”可以佐证。“春深”时节正是农村大闹春耕，他笔下的诗描述了农村栽秧、养蚕的繁忙景象。再把他写的几首诗中的景物连贯起来看，在今邻水县境写有初春“微雨”丝丝润万物的天气和“桃花”盛开的美景，在广安军渠江县写有仲春的“春风”习习景色，在岳池县写有暮春的“春深”大忙季节。所以，按他诗中描写的物候来推测，陆游是夏历二月下旬进入今广安境内，三月中旬离开，停留20多天，于三月底前抵达南郑军营。至当年冬月，因朝廷主和派掌权，与金国又议和，正在南郑筹划恢复四川宣抚使的王炎急诏回朝，幕府解散。陆游非常悲愤之下，又从剑门关入成都府路，先后在范成大幕府及周边州、府任闲职，长达8年之久。后因朝廷诏见，他顺长江而下出三峡到临安（今浙江省杭州市），结束了颠沛流离的生涯。

三、广安诗篇

陆游历时两个多月赴南郑，沿途吟诗尚存10余首，在今广安境内就占了5首。笔者按他在广安行进路线和写下诗篇顺序，将每首诗写作的地点、时间和背景等进行了考辨分析，并简略介绍其诗作大意。

他进入今广安境内吟的第一首诗，名为《过邻山县道上作》，其诗曰：“微雨晴时出驿门，乱莺啼处过江村。挽花醉袖沾余馥，迎日征安借小温。客路一身真吊影，故园万里欲招魂。鬓毛无色心犹壮，藉草悲歌对酒樽。”据考证，这首诗是他登上明月山顶的风门铺（今邻水县兴仁镇与垫江县太平镇交界处），刚刚细雨之后，天晴出驿门时，恋恋不舍地回望自己工作过的地方和留在那里的家人，再抬头遥望东方，不由回想起了万里之遥的故里绍兴。继续前行，驿门下面就是陌生异地的潼川路了（治地今绵阳市三台区）。尽管自己快到天命之年，鬓毛已白，仍然胸怀精忠报国的雄心壮志，孤身一人西行。

关于邻山县道上作这首诗，有些史料和报刊书籍中的文章，阐释为陆游在游历华蓥山宝鼎时而写，这显然是错的。其理由一是陆游的诗名为《过邻山县道上作》，历史上的邻山县前后延续746年，治地先在今大竹县内，到宋代，邻山县治迁移至邻州，州、县同治（治地在今邻水县兴仁镇古邻村），与邻水县有历史渊源，但从未管辖过华蓥山宝鼎及周边境地。把陆游在邻山县境内（今邻水县兴仁镇境内）作的诗搬上了华蓥山宝鼎，这是未弄清历史上建置沿革的来龙去脉而误；二是陆游在华蓥山宝鼎游历赏景也好，是否吟诗也罢，清代编修的《华蓥山志》是一部内容丰富和翔实的专志，志中根本没有陆游活动的记载；三是陆游绕道广安主要是拜访张才叔，如果他从延福寺去华蓥山宝鼎游历，要穿越今城南、牟家、甘坝、合流、四海、坛同、华蓥等乡（镇），需1~2天才能翻山越岭到达。如说他又原路返回邻水县城，再翻华蓥山界牌，来回折腾后到广安军渠江县，这显然也是不合情理的。

陆游在广安境内吟的第二首诗，名为《马上》，其诗曰："残年流转似萍根，马上伤春易断魂。烘暖花无经日蕊，涨深水过去年痕。"在广安所有的史料和书籍中，都没有这首诗的记载，是笔者从华东师范大学学位指导教师（中国古代文学）王铁等人的学术研究成果中发现的。文中写道陆游去南郑，途经邻山、邻水两县作了这首诗。根据诗中的内容分析，陆游写这首诗的地点在今邻水县与大竹县（邻山前身）东面的交界处。从诗名看，是他骑在马上有感而写，所以，名曰《马上》。诗中的"涨深水过去年痕"，这说明是他骑马过河时，看到去年洪水过后，河边冲击的痕迹，乱七八糟仍存，但这是借喻。他诗中的"似萍根"，可理解为比喻自己这个年龄如水中的浮萍一样，四处漂流。虽然阳光和煦，春暖花开，不快的心情仍在，这与他进入今广安境内吟第一首诗的心情几乎一样。

据考证，在今邻水县与大竹县接壤的几个乡（镇），有一条河流穿越而过，古时名叫大邻水，又名东溪，发源于大竹县（邻山县）境内。邻水县治地始设在兴仁镇时，因紧临此河，故取名邻水县，沿袭至今。至20世纪60年代，该河的下游今重庆市长寿区洪湖镇境内修了电站堤坝，河水倒灌形成库区，库中尾水漫延至今石滓、兴仁镇一带，于是，这条河改称大洪河。陆游从丰门铺下山后，经过大洪河上的古石桥进入邻州城（治地今兴仁镇）。历史上古邻州城附近也有几处规模较大的寺庙，现已毁，陆游路过可能住入寺庙之中。我们寻访当地村民，兴仁场镇附近有座宋代的老石孔桥，现仍在通行。另一座石桥被洪水冲毁，遗石尚存。所以，陆游骑马过桥经过大洪河时，触景生情，吟诗一首名《马上》。

陆游进入今广安境内吟的第三首诗，名为《邻水延福寺早行》，其诗曰："化蝶方酣枕，闻鸡又著鞭。乱山徐吐日，积水远生烟。淹泊真衰矣，登临独惘然。桃花应笑客，无酒到愁边。"这首诗是陆游"闻鸡"起早赶路离开延福寺后，沿今城北镇境内的石垭口、罗锅铺古驿道，来到华蓥山腰时而作。从诗中内容看，由延福寺骑马到华蓥山腰只需2个多小时，此时此地，春天的晨雾渐渐散去，朝阳冉冉升起。当他站在华蓥山上，回首看到邻水境内的铜锣山、明月山，以及众多的小山峦和纵横的溪河与稻田情景后，于是，诗中写道："乱山徐吐日，积水远生烟。"

当陆游继续翻越华蓥山时，心情非常失落，于是，诗中写道："淹泊真衰矣，登临独惘然。"这时，他看到满山遍野盛开的桃花，写道："桃花应笑客"的美丽景色。可以从诗中看到，陆游无不感叹，这里虽然山清水秀，风景惹人醉，但我心中仍然不快，只好"无酒到愁边。"由此说明陆游在登临华蓥山时是吟了诗的。

陆游进入今广安境内吟的第四首诗，名为《过广安吊张才叔谏议》，其诗曰："春风匹马过孤城，欲吊先贤涕已倾。许国肺肝知激烈，照人眉宇尚峥嵘。中原成败宁非数？后世忠邪自有评。叹息知人真未易，流水遗臭尽书生。"这首诗是陆游在张才叔旧居而作，遗址在今城北环城公路"谏议坡"附近。从诗中内容看，陆游对张才叔十分崇敬，对他的评价非常之高，称他为"先贤"，尤其对他的人品和对国家的忠诚，被赞颂为"照人眉宇"。陆游停留四川8年多，写了200多首诗，像这样赞不绝口的诗是罕见的。几年前，成都崇州市修建陆游纪念馆后，请了全国和省内的专家学者齐聚，为纪念馆如何布局和打陆游牌，发展旅游产业决策把脉时，北大一位教授从陆游近万首诗中，选了《过广安吊张才叔谏议》诗中的"照人眉宇"4个字，挥笔书写条幅赠送，悬挂于纪念馆内，供游人怀念陆游和张才叔。

有的史料和书籍中写道，陆游到华蓥山宝鼎后，再下山经大溪口（今华蓥市溪口镇）去岳池县的。那么，一是陆游骑马是怎么通过华蓥山中险峻的三百梯的？二是陆游经大溪口（今华蓥市溪口镇）去了岳池县，吊张才叔这首诗又是怎么出现的呢？这显然与陆游行径路线和吟诗的时间、地点、背景等都是不相符的。

陆游进入今广安境内吟最后一首诗，名为《岳池农家》，其诗曰："春深农家耕未足，原头叱叱两黄犊。泥融无块水初浑，细雨有痕秧正绿。绿秧分时风日美，时平未有差科起。买花西舍喜成婚，持酒东邻贺生子。谁言农家不入时？小姑画得城中眉。一双素手无人识，空村相唤看缫丝。农家农家乐复乐，不比市朝争夺恶。宦游听得真几何？我已三年废东作。"陆游在广安写下的5首诗，共计292个字，其中《岳池农家》一首占了112个字，是最长的一首。

据考证分析，《岳池农家》这首诗比较独特，一方面反映了陆游吟诗时心情舒畅。其他4首诗都是在心境郁闷之下而写，如第一首诗中的"客路一身真吊影"，第二首诗中的"残年流转似萍根"，第三首诗中的"无酒到愁边"，第四首诗中的"欲吊先贤涕已倾"，这都流露出了他当时的内心世界。而到了岳池县城（治地今秦溪镇伏江里），有官方朋友热情款待，不再是孤身一人，天天有人陪同，餐餐也有酒喝，就不像拜访已故先贤张才叔"涕已倾"那样的悲伤之情。当然他也通过"不比市朝争夺恶"的诗句来揭露当朝的阴暗面。另一方面反映了《岳池农家》一诗内容丰富。据考证，陆游历时2个多月，沿途写下诗篇10余首，但大都是在行进途中有感而作，因而内容比较单一。然而，《岳池农家》这首诗就特殊些，既有农村春耕大忙季节的情景描写，又有民风习俗内容的赞美之词。关于《岳池农家》一诗的写作地点、时间和背景等，都没有官方详实的正史记载。于是，就有了不同版本的书刊阐释和传说。据考证，这首诗是陆游在岳池县（治地今秦溪镇伏江里）停留10多天，了解熟悉县城及附近农村风土人情之后，即将离开时，正值农村春耕大忙季节，欣然挥笔写下这首诗后，于夏历三月上旬启程，扬鞭策马去果州（今南充市），三月底前到达陕西南郑，这才符合他从夔州（今重庆市奉节县）离开和到达陕西南郑的正史记载。有的书刊阐释，陆游在今九龙镇，看到一马平川的田园风光而写此诗。那时的九龙镇是岳池县（治地今秦溪镇伏江里）最边远的地方，他既未停留此地，又怀着低落的心绪，只骑马路过而已。他笔下的"西舍喜成婚""东邻贺生子"和村中"看缫丝"等情景的细腻描写，如不深入生活和体验等，尽管是诗人，这在途经道上骑马观景是写不出来的。还有的书刊阐释，陆游是从岳池县今坪滩镇乘船沿嘉陵江去果州（今南充市）的。从岳池县城（治地今秦溪镇伏江里）到今高坪区，陆路既是一条捷径，又是古时的正驿，骑着马比乘船快，他怎么会无缘无故舍近求远到坪滩去逆水行舟呢？并且今坪滩及其相邻乡（镇），那时属于新民县（治地今大佛乡）境地，这些说法无任何史料佐证，有凭空臆造之嫌。

陆游途经广安距今已有800多年了，历史久远，沧海桑田。他骑马走过的古驿道，而今消失得零星残缺，他憩息的驿站、寺庙、故城等，随着漫长的时间岁月，如今也只剩下斑斑驳驳的遗址和遗迹。然而，他妙笔之下大自然的河流山川美景仍在，更值得欣慰的是，史书和地情文献把他的诗作代代传了下来。他那入木三分的神笔，描写广安这些诗篇，既是我们灿烂悠久历史文化的骄傲，又是广安人民的宝贵财富。而今以他《岳池农家》一诗为内涵，演绎打造的农家文化节享誉省内外，吸引了无数的观光者和投资商来他停留过的地方，崇仰和深情缅怀伟大的爱国诗人，出力建设他走过的这块热土。这里的人民正传承他爱国爱家的崇高美德，推动着历史巨轮滚滚向前，为实现"中国梦"，谱写广安新篇章而努力奋斗！

四、文　存

中国曲艺家协会
关于授予四川省岳池县“中国曲艺之乡”称号的决定

中曲字［2007］第45号

我会收到四川省岳池县申请参评中国曲艺之乡书面材料后，进行了认真研究，并于6月10日至12日组织曲艺之乡考察评定小组对该地区进行了实地考察。经考察认为，岳池县委县政府对曲艺工作高度重视，多个民间曲艺演出团体和乡镇业余演出队积极开展群众性曲艺活动，促进了岳池曲艺事业的蓬勃发展；县曲艺家协会有固定的活动场所和经费来源，同时县内曲种丰富，无论是扬琴、盘子、清音等四川地方曲种，还是快板、评书、相声等都能在当地创作和演出。

鉴于该县在组织申报曲艺之乡活动中，准备充分，材料详实，并与实地考察情况相符，根据《中国曲艺之乡评定与管理暂行办法》，经研究，同意授予四川省岳池县为中国曲艺之乡。

中国曲艺家协会
2007年9月6日

中共岳池县委
关于实施文化立县战略推进文化大发展大繁荣的决定

岳委发〔2012〕5号

各乡镇党委，翠湖景区管委会党委，县委各部门，县属各部门党组（党委），各群团党组织，省市驻岳单位党组织：

为认真贯彻党的十七届六中全会、省委九届九次全会、市委四届二次全会和县第十一次党代会精神，全面落实《中共中央关于深化文化体制改革推动社会主义文化大发展大繁荣若干重大问题的决定》《中共四川省委关于深化文化体制改革加快建设文化强省的决定》和《中共广安市委关于进一步加快推进文化大发展大繁荣的决定》，现就实施文化立县战略、加快推进全县文化大发展大繁荣作出如下决定。

一、增强文化自觉，确立文化立县战略奋斗目标

文化是民族的血脉，是人民的精神家园。文化建设是中国特色社会主义事业总体布局的重要组成部分。改革开放以来特别是近年来，全县精神文明建设和未成年人思想道德建设扎实推进，公民思想道德素质明显提升；公共文化服务水平大幅提高，群众文化活动丰富多彩；文艺新作不断涌现，岳池农家文化和曲艺文化影响不断扩大。同时，全县文化发展同经济社会发展和人民群众快速增长的精神文化需求还不完全适应，主要表现在一些地方和单位对文化在经济社会发展中的地位和作用认识不足；公共文化服务体系底子薄，文化基础设施不完善；文化人才队伍规模小，缺乏领军人物和高层次人才；

文艺精品力作不多，文化品牌的影响力不大；文化产业规模小，对经济的贡献率低等。因此，推动文化与经济社会协调发展任重道远。

当前，全县上下正按照“加快发展，争先升位”的总体取向，全力实施“产业强县、文化立县、开放兴县、民生和县”发展战略，努力建设富裕、文明、活力、幸福新岳池。实施文化立县战略，凸显文化在经济社会发展中的特殊地位和作用。在物质生活日渐富裕的同时，不断丰富精神文化生活，越来越成为全县干部群众的热切愿望。我们要切实把思想和行动统一到中央、省委和市委的决策部署上来，紧紧围绕县第十一次党代会确定的目标任务，培养高度的文化自觉和文化自信，推动文化建设与经济建设、政治建设、社会建设以及生态文明建设协调发展。

到2020年，全县文化建设的基本思路是：发展文化事业，壮大文化产业，实施文化惠民，建设文化强县；全县文化建设的奋斗目标是：社会主义核心价值体系深入人心，全县人民思想道德素质明显提高；推出一批全国知名、影响全省的岳池特色文化精品；建设一批标志性文化工程，县、乡镇、村三级公共文化服务体系基本建立；文化产业发展壮大；高素质文化人才队伍基本建立；有利于文化发展的体制机制更加完善；文化形象、文明程度大幅提升，岳池农家文化和“中国曲艺之乡”品牌效应显著增强。

二、打造特色文化，增强岳池文化品牌效应

（一）建设特色文化标志工程。城市建设要凸显文化元素，城市建筑、广告创意均要体现岳池特色文化。增加文化部门为城乡规划委成员单位，落实从城市住房开发投资中提取1%用于社区公共文化设施建设的规定。完善吴雪艺术中心功能，充分发挥其文化阵地作用。重点规划建设“一城一带十广场”，即在县城规划建设“川东休闲文化城”，在花园镇、翠管会建设“岳池农家文化旅游带”，在全县十个中心镇各建设一个文化中心广场，不断提高文化标志工程的利用率和影响力，提升岳池城市文化品位。

（二）办好岳池农家文化旅游节。坚持每三年举办一届岳池农家文化旅游节，把岳池农家文化旅游节办成四川一流、全国知名的地方节会。借助节会平台，开展全国性的文化交流活动，传递岳池特色名片；加强岳池农家文化研究，深入挖掘岳池农家文化内涵，创作岳池农家文化精品，切实扩大岳池农家文化的对外影响；加强以“岳池米粉”“翠湖土鸡”等为代表的岳池饮食文化的总结研究，丰富岳池的地方特色文化，促进特色餐饮业的发展；坚持注重特色，强化节会功能，大力发挥节会活动的招商引资作用。

（三）深入建设岳池“中国曲艺之乡”。总结和拓展“党政重视，群众参与，坚持不懈，塑造品牌”的曲艺发展的“岳池模式”。争取承办国家级、省级大型曲艺文化活动及赛事，吸引全国各地更多的“中国曲艺之乡”来岳池开展活动。积极组织参加上级文联曲协举办的各项曲艺大赛。与上级文联曲协部门合作，在岳池开展各项曲艺创建命名活动，充分发挥“中国曲艺之乡活动基地”“全国青少年曲艺培训基地”“四川省少儿曲艺活动基地”“四川省曲艺创作基地”功能。逐年分系统举办群众文艺汇演活动，提升曲艺表演水平。

（四）打造“中国输变电之乡”文化品牌。总结提炼岳池作为“中国输变电之乡”的演变历程和发展经验，丰富拓展“中国输变电之乡”的企业文化，把“中国输变电之乡”打造成为岳池又一张对外的文化名片。输变电协会要组织各企业开展丰富多彩的职工文化活动，培养健康向上的企业精神。城市建设要融入“输变电之乡”的文化元素，使之正真成为岳池经济文化的亮丽品牌。

（五）深入开展“讲咏习演”活动。以“讲国学、咏诗词、习书法、演曲艺”为载体，开展丰富多彩的群众文化活动。努力丰富“讲咏习演”的内容，推出一批“讲咏习演”的文化精品；培养一支“讲咏习演”的人才队伍，充分利用传统节日、重大节庆等开展“讲咏习演”活动；深入开展“讲咏习演”进机关、进学校、进社区、进村社、进企业活动，不断提高干部群众的积极性和参与性。

（六）创建中国书法之乡。开展丰富多彩的书法活动，定期举办具有一定规模的书法展览、书法节或与书法艺术有关联的文化活动，争取承办全国或省市书法展览、比赛；建设和完善一批书法活动阵地和书法活动设施；大力培养书法人才，形成稳定的书法创作队伍。广泛开展书法进学校进课堂活动，建成一批少儿书法学校；夯实群众书法基础，提升书法作者的艺术水平，推出一批优秀书法产品。

三、实施“五大工程”，夯实文化大发展大繁荣的基础

（一）实施社会主义核心价值体系建设工程，巩固全县人民团结奋斗的共同思想道德基础

1. 大力加强中国特色社会主义理论体系教育。以各级领导班子和领导干部为重点，加强党委（党组）中心组学习，建立和完善以考促学、学习督导等制度，深入推进以学习型党组织建设促进学习型社会建设，广泛开展学习型单位、学习型企业、学习型社区（村组）、学习型家庭等建设活动。进一步加强和改进思想政治工作，开展热点难点问题引导，用社会主义核心价值体系武装干部群众头脑，树立正确的世界观、人生观、价值观。深入开展理想信念教育、形势政策教育、革命传统教育和改革开放教育。

2. 大力培育提炼岳池精神。广泛开展岳池精神的总结提炼活动，把总结提炼岳池精神的过程变为凝聚人心、引领风尚的过程。开展岳池精神主题教育实践活动，在全县营造自觉践行岳池精神的良好氛围。加强岳池县爱国主义教育基地建设，用好红色旅游资源，使之成为培育岳池精神的重要课堂。深化典型宣传，培育树立一批践行岳池精神的先进典型，发挥典型的示范效应。

3. 开展群众性精神文明创建活动。积极创建省级文明县城，大力开展创先争优活动，深入开展“做一个有道德的人”等主题活动，大力开展道德模范、身边好人、美德少年、优秀志愿者等先进典型评选表彰和学习宣传活动，建立生活困难道德模范帮扶基金。完善学校、社会、家庭三结合教育网络。深入推进文明村镇、文明单位、文明校园创建工作和城市公共文明指数测评，巩固提升城市文明程度。继续以“科学生产、文明生活”为主题开展农村精神文明创建活动，不断改善人居环境，塑造文明乡风。

（二）实施文化精品创作工程，为广大群众提供更好更多的精神文化产品

1. 加强文艺作品创作生产。坚持以人民群众为中心的创作导向，大力推动文艺创作。充分发挥“岳池文艺奖”对文艺创作的激励作用。坚持办好《岳池文艺》，充分发挥文联各专门协会的作用，引导文艺工作者牢记为人民服务、为社会主义服务的神圣职责，积极追求文化产品健康向上社会效益，深入挖掘优秀民俗文化资源，创作出反映具有岳池地方特色的文艺精品。

2. 繁荣发展哲学社会科学。加强县社科联组织建设，切实改善社科工作条件，加强和规范学会、协会、研究会建设。改进和完善社科课题立项及评奖办法，在全县重点培育选拔社科拔尖人才，充实县社科理论人才库，每年有计划地从中选送一批理论骨干到高校脱产学习。实施社会科学普及工程，广泛开展哲学社会科学知识宣传普及，办好县委机关刊物《和谐岳池》杂志，努力推进全县哲学社会科学繁荣发展。

3. 强化新闻宣传和舆论引导。加强县广播电视台、岳池公众网和县网络舆情中心建设，着力构建

功能互补、覆盖广泛的舆论引导格局。把握“对外宣传岳池、对内宣传群众”的总体要求，设立“岳池新闻奖”，加强对内对外宣传工作。推进舆情组织体系建设，加强舆情分析研判，加强社会热点难点引导。做好重大突发事件新闻报道，完善新闻发布制度，健全主体明确、协作高效的应急报道和舆论引导机制。

4. 办好特色频率频道。县广播电视台要在时效性和本土化上下功夫，办出具有地方特点的广播电视节目。办好新闻频道，改进会议报道的方式和内容，把镜头和话筒留给基层群众，开辟时政评论栏目，发挥广播电视媒体舆论监督作用。办好岳池农家文化频道，介绍岳池历史、人文、旅游、风光，关注百姓生活、讲述百姓故事，制作编播乡土气息浓郁的小电视剧，丰富电视荧屏。办好影视频道，突出红色文化主题，展播红色影视作品，打造红色频道，不断提升广播电视的节目质量和宣传水平。

5. 发展积极健康的网络文化。认真贯彻积极利用、科学发展、依法管理、确保安全的方针，培育健康、文明、诚信的网络文化。加强对互联网管理工作的领导，配强工作人员，完善工作制度。加强与中省市重点新闻网站合作，努力形成以岳池公众网和各单位网站为骨干、各类网站积极参与的网络文化发展格局。明确电信运营企业、接入服务企业、信息服务企业和信息发布者的法律责任，推动形成行政监管、行业自律、技术保障、公众监督、社会教育相结合的互联网管理机制。

（三）实施文化事业推进工程，大幅提高公共文化服务水平

1. 构建公共文化服务体系。积极创建全国文化先进县，建立健全以县级大型公共文化设施为骨干，以乡镇文化设施为依托，以村、社区文化设施为基础的三级公共文化服务体系。在县城，规划建设国家二级馆以上标准的县文化馆、图书馆，规划建设多功能数字电影院、艺术培训中心，规划建设一批功能配套的文化活动广场。加强乡镇文化站、村级文化室、村级广播室、社区文化中心、农家书屋和出版物发行网点等建设，实现全覆盖。在车站、学校、休闲广场等人流集中场所，兴建一批公共阅报栏。继续推进广播电视村村通工程，实现全区域、全方位、立体化的广播电视网络无缝覆盖。加快推进电信网、广电网、互联网三网融合，建设数字图书馆和公益性电子阅览室，免费向群众开放。

2. 建设优秀文化传承体系。建立完善全县历史文化遗存保护规划、制度，县内省级以上重点文物保护单位完好率达到100%，市级文物保护单位完好率达到90%以上，县级文物保护单位完好率达到85%以上。建立健全非物质文化遗产保护和传承体系，力争到2020年，全县入围国家级非遗保护名录1项，省级名录2项。打造代表性的非遗文化项目品牌，积极推介岳池灯戏、高亭、被单戏等演艺项目，大力培养四川清音、扬琴表演新人，积极提升岳池文化品位和影响力。

（四）实施文化产业培育工程，提升文化产业对国民经济的贡献率

1. 大力培育文化企业。规划建设文化产业园，支持县广播电视台拓展相关服务项目。加快城市电影院线建设。壮大文艺演展产业，着力培育组建一支既能承担公益性文艺创作、演出任务，又能适应市场需求，承接商业性文艺演出交流的文艺团队。大力发展本地特色文化艺术产品制造业及文化旅游产业，充分利用农家文化、历史文化古镇和名特产品资源，加大投入、科学规划、保护特色，使之成为促进文化旅游产业发展、扩大就业岗位、增加群众收入的重要载体。

2. 形成多元投入的文化产业发展格局。贯彻落实好中省市出台的关于加快文化产业发展的政策，加大政府对文化基础设施的投入力度，优化文化产业的发展环境。鼓励文艺团体实施文企联姻，整合文化产业资源，增强文化竞争实力。引导和鼓励民营资本进入文化产业领域。在国家许可范围内，引导社会资本参与重大文化产业项目实施和文化产业园区建设，鼓励资金、技术、人才流向文化产业。

对非公有制文化企业在投资、融资、用地、税收、外贸和申请专项资金等方面给予支持。

3. 拓展大众性文化消费。提高文化消费在城乡居民日常消费中的比重，推动文化消费成为新的消费热点。开发群众喜闻乐见、参与性强的文化产品和服务，吸引广大群众主动消费。精心打造“农家文化、戏曲文化”等文化品牌，多渠道开发衍生产品，推动文化消费市场的繁荣发展。大力开发与文化结合的影视、演艺、教育、培训、健身、旅游、休闲等服务性、综合型消费，发展电子商务、网络创作、视频艺术等生产与服务，不断扩大文化消费领域。

（五）实施文化人才队伍培养引进工程，为岳池文化发展提供有力人才支撑

1. 造就高素质专业宣传文化人才。制定我县“四个一批”人才培养管理办法，加快造就一批理论人才、地方特色文化人才、新闻和出版人才、文化产业经营管理人才以及文化市场监管人才。拓展思路，大力引进高端紧缺文化人才，带动帮助本地文化人才提高研究开发能力和创新创业能力。加强中青年文化人才的实践锻炼，支持其主持重大课题、领衔重点项目，采取挂职锻炼、外出培训交流等多种途径，加快培养造就中青年文化骨干。

2. 建设基层宣传文化骨干队伍。制定实施基层文化人才队伍建设规划，加强县电视台、文化馆、图书馆工作队伍建设，选好配齐乡镇党委宣传委员、文化干事和乡镇综合文化站专职人员，乡村、社区配备公共文化服务工作人员。加强县社科联、文联、各协会组织队伍建设。建立乡土文化能人库、民间文化传承人特别是非物质文化遗产项目传承人库，充分发挥其带动辐射作用。支持、资助民间组建各种业余文体队伍，充分发挥其群众文化建设的主力军作用。

3. 优化宣传文化人才成长环境。完善宣传文化人才的任用制度，加大宣传文化人才建设工作的政策扶持。对文化产业领军人才带技术、带项目、带资金在本县开办文化产业项目的，给予启动资金资助、一定期限免税等政策扶持；对活跃在乡村有影响力的乡土文化人才给予培训和活动经费资助。加强培养和选拔工作，让更多文化人才进入人大代表和政协委员队伍。完善“岳池文艺奖”“社科优秀成果奖”“岳池新闻奖”等政府奖项，随着经济的发展逐步提高奖金额度。认真开展岳池县十佳“德艺双馨”艺术家评选活动，加大县委直接掌握优秀人才中宣传文化人才的比例。

四、强化“三个保障”，形成促进文化建设的长效机制

（一）深化文化体制改革。进一步明确公益性文化事业的功能和定位，坚持以政府为主导，加大投入力度；进一步深化公益性事业单位三项制度改革，积极推行聘用制度和岗位管理制度，健全岗位目标责任制；不断完善工作评价和绩效考核评价机制，规范建立社会保险制度，依法保障职工合法权益等。深化国有文艺院团改革，成立县非物质文化遗产保护中心，建立扶持转制院团发展的长效机制。创新文化管理体制，适时整合文化、广电、新闻出版等部门职能，深入推进政企、政事、政资分开以及政府与中介组织分开，推动文化行政管理部门切实履行政策调节、市场监管、社会管理、公共服务职能；建立健全文化市场准入管理机制，综合运用法律、行政、经济、科技等手段提高管理效能。

（二）完善政策保障机制。加大财政投入，县财政将宣传文化建设经费纳入预算，保证公共财政对宣传文化建设投入的增长幅度高于财政经常性收入增长幅度。全面落实重点宣传文化惠民工程的地方配套经费和运行经费，加大公共宣传文化设施建设和设备更新的投入力度，加大公共宣传文化产品和服务的政府采购力度。设立农村文化建设专项资金，用于奖励农村文化建设先进乡镇。加大县财政对县电视台演播厅、大型设备和县网络宣传管理平台建设的投入力度。设立文化产业发展专项资金，用于奖励在岳池县注册、具有独立法人资格并从事文化产业开发、生产、经营和中介活动的企、事业

单位。全面落实国家宣传文化改革发展配套政策。把宣传文化产业信贷融资纳入区域信贷政策的重点支持领域，引导金融机构积极支持辖区内宣传文化产业的信贷融资。引导和鼓励社会资金投资兴办公益性文化事业，在投资核准、信用信贷、土地使用等方面，与国有宣传文化企业享有同等待遇。把宣传文化建设用地纳入县土地利用总体规划和城乡建设总体规划，认真贯彻落实国家支持文化产业发展的各项税收优惠政策。县财政要安排专门经费，保障县文联及各专门协会开展活动的经费需要。

（三）加强和改进党对文化工作的领导。各级党委要树立敢于管理、善于管理、科学管理的政治责任意识，提高引领文化科学发展能力，切实担负起推进文化改革发展的政治责任。各级党委和政府要牢固树立抓文化就是抓发展的理念，把文化建设纳入经济社会发展总体规划，与经济社会发展一同研究部署、一同组织实施、一同督促检查。把文化改革发展成效尤其是公共文化服务水平纳入科学发展考核评价体系，作为衡量领导班子和领导干部工作业绩的重要依据。充实和配强各级文化改革发展职能部门领导力量。要加强文化领域领导班子和党组织建设。乡镇党委宣传委员的任免、调动，应事先征求县委宣传部的意见。要建立健全“党委统一领导、党政齐抓共管、宣传部门组织协调、有关部门分工负责、社会力量积极参与”的文化建设工作体制和工作格局，形成全社会推动文化建设的强大合力。

中共岳池县委

2012 年 2 月 17 日

后　记

岳池建县1300多年来，岳池农家人在岳池这片土地上生生不息，他们在创造物质文明的同时，也创造了内涵丰富、绚丽多彩的农耕文明和农家文化，农家文化已成为岳池农家人世代相守的精神家园。近年来，中共岳池县委、岳池县人民政府高度重视农家文化的发掘、传承和弘扬。为深入整理、传承和研究农家文化，使其更好地服务于岳池经济社会发展，经县委、县政府批准，县史志办组织力量，历时近三年完成了《岳池农家文化志》的编纂。

《农家文化志》的编修，是一项开创性的工作，无先例可循。2011年下年，在县史志办原主任戴苏岳的主持下，县史志办便着手策划《岳池农家文化志》的编纂工作。岳池农家文化的内涵外延怎样界定?《岳池农家文化志》入志内容收些什么？怎么样谋篇布局？篇章结构怎样安排？县史志办在查阅大量资料和经过认真研究分析后，拟制了《岳池农家文化志》编纂提纲。邀请县内文化界特别是近年来从事农家文化研究的行家里手专题召开研讨会，统一了认识，明确了方向，确定了《岳池农家文化志》编修大纲。

2012年，县史志办聘请杨顺光、邓庆贵、周杰、金青禾具体从事《岳池农家文化志》资料征集、初稿编纂，史志办蔡勤忠负责揽总协调，田华、蒋芝全具体分篇联系。到年底，基本完成《岳池农家文化志》资料征集和初稿编纂。

《岳池农家文化志》的资料征集和初稿编纂工作，周杰负责“概述”、第一篇《岳池农家》、第九篇《岳池农家文化旅游节》和第十篇《农家人物》；杨顺光负责第二篇《农家习俗》；邓庆贵负责第三篇《农家戏剧》、第四篇《农家曲艺》和第五篇《农家表演艺术、电影》；金青禾负责第六篇《农家工艺》和第八篇《文物古迹名胜》；第七篇《农家文学》由杨顺光、金青禾共同完成

志稿初稿形成后，县史志办主任刘明富对《岳池农家文化志》的编修工作高度重视，将其作为县史志办重要工作纳入总体工作部署。明确戴苏岳对《岳池农家文化志》初稿从篇、章、节、目结构层次和志稿体例、入志内容等方面进行了审核总纂。田华、蒋芝全、杨顺光、邓庆贵协助总纂审稿，再次对志稿内容进行了修改补充完善。

为完善志稿内容、提高志稿质量，我们广泛征求了意见。在志稿征求意见的工作中，广安市地方志办公室及市志办原主任钟再原对志稿进行了全面审改和把关。雷允树、郭勇、杨顺光、周杰、邓庆贵、金青禾、尹志伦等对农家文化有深入研究的老领导、老专家对志稿的修改完善提出了大量修改意见。其间，杨顺光做了大量的工作，付出了艰辛的努力。邓庆贵、县川剧团有关人员对“志稿”中的戏剧、曲艺从专业的角度进行了把关。县文管所对“志稿”文物部分进行了审核。在此，我们表示诚

挚的谢意！

县委宣传部、县文联、县档案局、县文化馆、县文管所等单位为《岳池农家文化志》资料征集和志稿编纂给予了大力支持与帮助，我们一并致以真挚的谢意！

《岳池农家文化志》内容丰富，篇幅庞大，篇章节目层次结构复杂。由于我们对岳池农家文化的认识水平不高和总体研究不够，志稿中难免存在不足和遗漏，甚至存在一些争议，敬请各位对岳池农家文化有深入研究的专家和广大读者批评指正。

《岳池农家文化志》编辑部

二〇一四年六月

图书在版编目(CIP)数据

岳池农家文化志/岳池县党史县志办公室编
——北京:方志出版社,2014.12

ISBN 978-7-5144-1517-9

Ⅰ.①岳… Ⅱ.①岳… Ⅲ.①农村文化—概况—岳池县
Ⅳ.①G127.714

中国版本图书馆 CIP 数据核字(2015)第 005144 号

岳池农家文化志

编　　者: 岳池县党史县志办公室
责任编辑: 何明忠

出 版 人: 冀祥德
出 版 者: 方志出版社
地址　北京市朝阳区潘家园东里 9 号(国家方志馆 4 层)
邮编　100021
网址　http://www.fzph.org
发　　行: 方志出版社发行部
(010)67110500
经　　销: 各地新华书店
装祯设计: 成都市标点制版印务有限责任公司
印　　刷: 彭州市盛发印务有限责任公司

开　　本: 889×1194　1/16
印　　张: 41.5
字　　数: 1074 千
版　　次: 2015 年 1 月第 1 版　　2015 年 1 月第 1 次印刷
印　　数: 0001～1600 册

ISBN 978-7-5144-1517-9/K·1270　　定价:368.00 元